革命文献与民国时期文献
保护计划

成　果

国家图书馆 编

民国时期
图书总目

综合性图书

国家图书馆出版社

图书在版编目（CIP）数据

民国时期图书总目.综合性图书 / 国家图书馆编 .—北京：国家图书馆出版社，2024.6
ISBN 978-7-5013-8088-6

Ⅰ.①民…　Ⅱ.①国…　Ⅲ.①图书目录—中国—民国　Ⅳ.① Z812.6

中国国家版本馆 CIP 数据核字 (2024) 第 037801 号

书　　名	民国时期图书总目·综合性图书
著　　者	国家图书馆　编
责任编辑	潘云侠　乔　爽
助理编辑	霍　玮
封面设计	陆智昌

出版发行	国家图书馆出版社（北京市西城区文津街7号　　100034）
	（原书目文献出版社　北京图书馆出版社）
	010-66114536　63802249　nlcpress@nlc.cn（邮购）
网　　址	http://www.nlcpress.com
排　　版	京荷（北京）科技有限公司
印　　装	河北三河弘翰印务有限公司
版次印次	2024年6月第1版　2024年6月第1次印刷

开　　本	787×1092　1/16
印　　张	45.5
字　　数	1185千字
书　　号	ISBN 978-7-5013-8088-6
定　　价	398.00元

革命文献与民国时期文献整理出版

编纂委员会

《民国时期图书总目》编委会

本卷编委会

主　编：王彦侨

编　委（按姓氏笔画排列）：

　　　王广平　白　鸽　刘　俊　张力群　胡　媛　韩佳芮

出版说明

《民国时期图书总目》主要收录1911年1月—1949年9月我国出版的中文图书，酌情收录这段时间内国外出版的中文图书，是一部大型的回溯性书目。

基于目前普查情况统计，在这段时期里，我国出版的中文图书约20余万种。20世纪80—90年代，北京图书馆（今国家图书馆）曾编过一套《民国时期总书目》，主要收录了北京图书馆、上海图书馆和重庆图书馆收藏的中文图书，并补充了一些其他图书馆的藏书，基本上反映了这段时期中文图书的出版概貌。《民国时期总书目》由北京图书馆参考研究部自1961年开始组织编纂，编委和顾问主要成员包括田大畏、王润华、邱崇丙、朱光暄等，1985年开始分卷册陆续出版，为民国时期的书目存录、学术研究和文献保护提供了便利。前辈专家学者严谨求实的工作作风，他们为民国时期文献整理和保护事业做出的卓越贡献，值得我们永远铭记。感念于斯，我们深知责任重大，只有砥砺前行，在前辈专家学者工作的基础上不断充实和完善其内容，争取为广大读者提供一部可供参考利用的书目。

《民国时期图书总目》是在参与民国时期文献普查的各个机构的大力支持下，依托"革命文献与民国时期文献联合目录"并吸收了全国图书馆联合编目中心各省级成员馆，"大学数字图书馆国际合作计划"（China Academic Digital Associative Library, CADAL）的主要高校成员馆以及一些专业图书馆等民国时期文献主要收藏机构的书目数据，在此基础上编纂而成。在收书范围、书目分类、著录方式及编纂体例上，大体延续了《民国时期总书目》的做法，同时根据目前书目数据的实际情况进行了一些调整。从书目的完整性、藏书机构的代表性等各方面都较《民国时期总书目》有了显著的提高。此外，本书目一大特色是待陆续出版完成后将实现与"革命文献与民国时期文献联合目录"线上数据联动，以满足在数字时代大背景下读者对于民国时期文献数据的实时便捷查找、识别、选择和获取。

本书目基本依据《中国图书馆分类法》（第四版）体系，按学科分为哲学，宗教，社会科学总论，政治，法律，军事，经济，文化、科学、教育、体育，语言文字，文学理论、世界文

1

学、外国文学，中国文学，艺术，历史、地理，自然科学（基础科学），医药卫生，农业科学，工业技术、交通运输、航空航天、环境科学，综合性图书18卷，将分卷陆续出版。

随着时代的发展和技术的进步，图书馆编目工作发生了巨大变化，编目方式由卡片目录发展为机读目录，各藏书机构间的书目交流也日趋频繁和便捷。如何以海量的机读格式书目数据为基础，编纂一部大型的印刷本回溯性书目，对于编纂人员来说充满挑战，实施过程复杂且动态，不易掌控，而且这部书目涉及的藏书机构多、书目数据量大、图书版本情况复杂、学科范围广，并且有一些图书破损严重，著录信息无从查起，需要编纂人员考证或推测，加之编纂人员水平有限，难免会有错误或不当之处，敬请读者批评指正。

本书编委会

2018 年 4 月

前　言

民国时期是中国历史上一个短暂但又十分重要的时期。这一时期，社会变化剧烈，学术思想活跃，留下了大量文献，包括图书、期刊、报纸、档案、日记、手稿、票据、传单、海报、图片及声像资料等。这些文献是反映民国时期政治、经济、社会、文化、军事等方面情况的重要资料。但是，由于种种原因，民国时期文献老化、损毁现象严重，亟待抢救与保护。自20世纪80年代以来，民国时期文献日益受到关注，抢救、保护与开发利用工作逐步展开，并取得了阶段性成果。

为了进一步促进民国时期文献的保护和利用，2011年，国家图书馆联合国内部分文献收藏单位策划了"民国时期文献保护计划"，希望通过文献普查、海内外文献征集与整理出版、文献保护技术研究等工作的开展，加强民国时期文献的原生性和再生性保护。这一计划，得到了文化部（今文化和旅游部）、财政部的大力支持，并于2012年正式启动。

项目开展以来，在各收藏单位以及相关专家学者的大力支持下，各方面工作均取得了重要成果。在文献普查方面，建成"民国时期文献联合目录"系统，收录国家图书馆等22家大型文献收藏机构的书目数据30余万条，馆藏数据60余万条。在此基础上，2015年2月，《民国时期图书总目》编纂工作正式启动，力争全面揭示普查成果，提供社会各界使用。为了做好这项工作，我们制订了《〈民国时期图书总目〉实施方案》，确定了客观著录图书信息的原则，界定了文献收录时间，规范了编纂体例与工作细则等。

《民国时期图书总目》是一部收集、整理民国时期图书的大型工具书，收录1911年1月—1949年9月除线装古籍以外在我国出版的中文图书，并酌情收录这段时间内国外出版的中文图书。

北京图书馆（今国家图书馆）曾于20世纪80年代中期陆续整理出版了一套联合目录性质的《民国时期总书目》，被学者广泛使用。为使书目更加丰富完整、资料来源更加可靠、著录更加详细准确、分类更加合理，我们在充分吸收《民国时期总书目》成果的基础上，对书目及著录内容进行了大量的补充和校订，收藏单位数量也大大增加。

《民国时期图书总目》按学科分卷出版，同时还将发行《民国时期图书总目》数据库版，并随时补充、订正，以方便读者查检使用。

陈力

2018 年 4 月

凡　例

一、收录范围

1.本书目主要收录 1911 年 1 月至 1949 年 9 月我国出版的中文图书，酌情收录这段时间内国外出版的中文图书。

2.连续出版的丛书、多卷书涉及 1911 年前或 1949 年 10 月后的卷次，酌情收录；同一著作，1911 年前的版本不予收录。

3.期刊、报纸、少数民族文字图书及线装书等不在本书目收录范围。

二、著录项目

1.著录内容：顺序号、题名、责任说明、版本、出版发行、形态细节、丛书、提要及附加说明、馆藏标记，共 9 个项目。

（1）顺序号：每个条目有 5 位数字序号，各卷依条目顺序单独编号。

（2）题名：包括正题名、副题名、分辑题名、交替题名、外文题名等。正题名、外文题名单独著录，其他题名信息一律置于正题名后的圆括号内，之间按性质用空格隔开（交替题名单独列出）。三种及以下的合订书，依次著录各题名，其间用中圆点隔开。三种以上的合订书，正题名著录第一种，其他题名在附注中说明。

（3）责任说明：包括责任者名称和责任方式。责任方式包括著、译、编等。责任说明之间以空格隔开，不同责任者的合订书，责任说明之间用中圆点隔开。

（4）版本：包括版次、版本的附加说明等。"初版"不予著录。

（5）出版发行：包括出版地（或发行地、经售地点）、出版者（或发行者、印刷者、经售者）、出版时间（或发行时间、印刷时间）等。发行者为个人的，在发行者个人名称后著录 [发行者]。

（6）形态细节：包括册数、页数、开本、装帧等。图书中分段表示的页码，用加号相连。开本依据普查数据著录的载体尺寸和民国时期的通用纸型标准转换，并参照《民国时期总书目》进行整理。特殊尺寸以厘米（cm）为单位著录，个别数据缺失尺寸信息。普通平装本不著录装帧形式。

（7）丛书：包括丛书名、丛书编号等，丛书责任者不予著录。丛书项置于出版发行项后的圆括号内，有多个丛书名时，分别置于各自的圆括号内。

（8）提要及附加说明：包括图书的内容提要、适用范围、题名及责任者的补充说明以及其他著录内容的补充说明。同一条目内容相同的，只保留一个提要及附加说明。根据普查数据的实际情况，有部分书目提要及附加说明原缺。

（9）馆藏标记：按条目著录提供馆藏数据的收藏单位简称，以汉语拼音排序。此外，本书还收录了部分来自《民国时期总书目》和其他来源的书目信息，因为无对应普查馆，所以无馆藏标记。

2. 著录标准：依照中文图书著录规则，以题名页、版权页为主要信息源，同时参考其他信息源。以客观著录为基本原则，对相关内容进行必要的规范化处理。原书著录项目缺漏，经编者考证后酌情补充，加方括号以示区别。未能详考补充者，以缺省方式处理。

三、分类与编排

1. 本书目按学科分卷，分册编辑出版。按照书目数量的多寡一个学科编成一册或多册；或由若干学科合成一册。

2. 本书目分类和类目设置主要依据《中国图书馆分类法》（第四版），并结合各卷收录图书的具体情况进行调整。

3. 本书目类目不作交替和互见。凡属学科界限不清或有争议者，一般归入上一级类目或按照主要内容归类。

4. 本书目把《四部丛刊》《丛书集成》和《四部备要》三套丛书统一放在"综合性图书"卷。

5. 本书目各卷在划分类目的基础上，依次按照题名、责任者和出版者三个项目汉语拼音顺序编排。三个项目完全相同的，原则上合并为一个条目，计为一种；三个项目相同但内容差异较大的，可析为单独条目。

6. 同一条目下的不同版本，按出版时间先后排序，同时兼顾版次顺序。出版发行信息不全的版本，放在最后。

7. 在编排上，为集中同一责任者的同一作品，凡使用不同笔名和署名，以及有不同中译名的外国原著者，一般选用当时较常见的署名，不拘于本名和标准译名，必要时在附注中说明。

四、索引及用字

1. 本书目各卷都附有汉语拼音为序的题名索引以及题名首字汉语拼音检索表。

2. 本书目使用的汉字除了按规定必须使用的繁体字和异体字外，均以现行的简化字为标准。

本卷编制说明

一、本卷主要收录 1911 年 1 月至 1949 年 9 月我国出版的综合性中文图书，并酌情收录这段时间内国外出版的此类图书，共计 4800 种，其中很多图书由多种图书合订而成，实际收书 6344 种。

二、本卷分丛书，百科全书、类书，辞典，论文集、全集、选集、杂著，年鉴、年刊，图书报刊目录、文摘、索引 6 个类目，在 6 个类目下，又分为四部丛刊初编、四部备要、丛书集成初编、其他丛书等二级类目 17 个，经部、史部、子部、集部等三级类目 38 个。

三、丛书类只收《四部丛刊初编》《四部备要》《丛书集成初编》三套。其他丛书有单独刊行者，已据内容收入有关分册，以避免重复。《四部丛刊》续编、三编为线装书，未收录。《丛书集成初编》原计划出 4000 册，后因抗日战争爆发，出版中断，丛书号不连续。

四、本卷收录的三套丛书依据丛书名及内容归类；其他图书归类主要依据《中国图书馆分类法》（第四版），并根据民国时期图书具体情况分编。凡属学科界限不清或有争议者，一般归入上一级类目或按照主要内容归类。

五、综合性论文和报告的抽印本、单行本，均予以收录。

六、有些书籍内容虽偏重于社会科学，但较为庞杂，且兼有多种文体，亦视为综合性图书收录。

七、本卷基本依题名、责任者、出版者相同的原则划分条目，每一条目计为一种。

八、丛书中子目按原有顺序排列；其他类目图书的排序，原则上以正题名、责任者、出版者三个项目的汉语拼音顺序编排。同一条目下的不同版本，按出版时间排序，兼顾版次顺序；个别出版发行信息不全的图书，放在该条目的最后。

九、书目编纂以客观著录文献信息为基本原则，但为了给读者提供更多丰富有效的信息，对于古代责任者的朝代，外国责任者的国别、原名形式等，即使著录信息源上没有，亦尽可能予以补充。亦对部分著录内容实施必要的规范化处理，如对责任者形式、责任方式、尺寸等信息进行转换与人为统一。

十、合订书尽量著录所有的题名和作者，不同图书间用·（中圆点）分隔。

十一、部分图书无题名页、版权页等著录信息源，或破损严重，因此某些著录项目存

1

在空缺，或由编纂者推测考证后加方括号注明。

十二、本卷书目编纂由王彦侨总体负责，本卷编委会成员对书目进行了多次核查和反复修改。此外，延卫平、张新宇两位老师在数据处理和校验方面做了很多工作；戴建武、刘雪雯、王华、张姮等老师前期参与了书影的核查；重庆图书馆、首都图书馆的老师后期参与了疑问书目信息的核查。

本卷收藏单位简称表

收藏单位简称	收藏单位全称
安徽馆	安徽省图书馆
北大馆	北京大学图书馆
北师大馆	北京师范大学图书馆
长春馆	长春市图书馆
重庆馆	重庆图书馆
大理馆	大理白族自治州图书馆
大连馆	大连市图书馆
大庆馆	大庆市图书馆
东北师大馆	东北师范大学图书馆
福建馆	福建省图书馆
复旦馆	复旦大学图书馆
甘肃馆	甘肃省图书馆
广东馆	广东省立中山图书馆
广西馆	广西壮族自治区图书馆
贵州馆	贵州省图书馆
桂林馆	广西壮族自治区桂林图书馆
国家馆	国家图书馆
河南馆	河南省图书馆
黑龙江馆	黑龙江省图书馆
湖北馆	湖北省图书馆
湖南馆	湖南图书馆
华东师大馆	华东师范大学图书馆
惠州馆	惠州市图书馆
吉大馆	吉林大学图书馆
吉林馆	吉林省图书馆
江西馆	江西省图书馆
近代史所	中国社会科学院近代史研究所
辽大馆	辽宁大学图书馆
辽东学院馆	辽东学院图书馆

收藏单位简称	收藏单位全称
辽宁馆	辽宁省图书馆
辽师大馆	辽宁师范大学图书馆
柳州馆	柳州市图书馆
南大馆	南京大学图书馆
南京馆	南京图书馆
内蒙古馆	内蒙古自治区图书馆
宁夏馆	宁夏回族自治区图书馆
青海馆	青海省图书馆
清华馆	清华大学图书馆
人大馆	中国人民大学图书馆
山东馆	山东省图书馆
山西馆	山西省图书馆
陕西馆	陕西省图书馆
上海馆	上海图书馆（上海科学技术情报研究所）
绍兴馆	绍兴图书馆
首都馆	首都图书馆
四川馆	四川省图书馆
天津馆	天津图书馆
武大馆	武汉大学图书馆
西交大馆	西安交通大学图书馆
西南大学馆	西南大学图书馆
新疆馆	新疆维吾尔自治区图书馆
浙江馆	浙江图书馆
中科图	中国科学院文献情报中心

说明：

1. 本表按收藏单位简称汉语拼音顺序排序。

2. 简称规则：公共图书馆一般以行政区划名称加"馆"字简称，如吉林省图书馆简称为"吉林馆"；高校图书馆以高校简称加"馆"字简称，如北京大学图书馆简称为"北大馆"；其他类型图书馆以常用简称为准，如中国科学院文献情报中心简称为"中科图"。

3. 本书目中所收录的首都图书馆的部分馆藏，来源于"北京市公共图书馆联合目录"。

目　录

丛　书

四部丛刊初编

00001

四部丛刊初编　商务印书馆编

上海：商务印书馆，1936，110 册，16 开，精装缩印本

上海：商务印书馆，1936，440 册，长 25 开，平装缩印本

本书为初编影印线装书的增订本，收书323 种 8573 卷，依四部分类排列。精、平装子目相同。子目依平装本著录于后。续编、三编因系线装，不再著录。收藏单位见各分册。

00002

四部丛刊初续三编分组发售书目　商务印书馆编

上海：商务印书馆，1948.5，19 页，32 开

本书将《四部丛刊》初、续、三编积存的图书，重依科目、时代、撰人编排，成书70 组。此为发售书目。

收藏单位：国家馆、上海馆

00003

四部丛刊单行本目录　商务印书馆编

上海：商务印书馆，1932.11，29 页，32 开

本书分经、史、子、集等类。书前有商务印书馆发售《四部丛刊》单行本之启事。

收藏单位：重庆馆、国家馆、陕西馆、上海馆、天津馆

00004

缩本四部丛刊初编书录　商务印书馆编

上海：商务印书馆，1936.12，影印本，134 页，32 开

本书收录《四部丛刊》初编所收各书提要，并说明版本、卷次等。

收藏单位：安徽馆、长春馆、广东馆、广西馆、黑龙江馆、湖南馆、江西馆、辽大馆、辽师大馆、内蒙古馆

00005

缩本四部丛刊初编预约样本（附缘起书目及预约简章）　商务印书馆编

上海：商务印书馆，1936.2，1 册，21 开

本书内容包括：印行缩本四部丛刊初编缘起、缩本四部丛刊初编预约简章、四部丛刊初编目录、四部丛刊初编样张。

收藏单位：重庆馆、国家馆、首都馆、天津馆

经　部

00006

周易　（三国魏）王弼　（晋）韩康伯注·**尚书**（汉）孔安国传　（唐）陆德明释文

上海：商务印书馆，1936，65+88 页，长 25 开（四部丛刊初编 经部 001）

本书为合订书。《周易》10 卷，《尚书》（又名《监本纂图重言重意互注点校尚书》）13 卷，均据宋刊本影印。

收藏单位：安徽馆、长春馆、大庆馆、国家馆、黑龙江馆、江西馆、辽师大馆、内蒙古馆、首都馆、天津馆

00007

毛诗　（汉）毛亨传　（汉）郑玄笺　（唐）陆德明音义

上海：商务印书馆，1936，165 页，长 25 开（四部丛刊初编 经部 002）

本书共 20 卷，据宋刊巾箱本影印。

收藏单位：安徽馆、长春馆、大庆馆、广东馆、国家馆、黑龙江馆、江西馆、辽大馆、辽师大馆、南大馆、内蒙古馆、首都馆、天津馆

00008

周礼 （汉）郑玄注 （唐）陆德明音义

上海：商务印书馆，1936，232 页，长 25 开
（四部丛刊初编 经部 003）

　　本书共 12 卷，据明翻宋岳氏相台本影印。

　　收藏单位：安徽馆、长春馆、重庆馆、大庆馆、国家馆、河南馆、黑龙江馆、江西馆、辽师大馆

00009

仪礼 （汉）郑玄注

上海：商务印书馆，1936，186 页，长 25 开
（四部丛刊初编 经部 004）

　　本书共 17 卷，据明徐氏仿宋刊本影印。

　　收藏单位：安徽馆、大庆馆、广西馆、国家馆、黑龙江馆、江西馆、辽师大馆、天津馆

00010

纂图互注礼记 （汉）郑玄注 （唐）陆德明音义

上海：商务印书馆，1936，194 页，长 25 开
（四部丛刊初编 经部 005）

　　本书共 20 卷，据宋刊本影印。

　　收藏单位：安徽馆、重庆馆、国家馆、黑龙江馆、江西馆、辽师大馆、内蒙古馆、天津馆

00011

春秋经传集解 （晋）杜预集解 （唐）陆德明音义

上海：商务印书馆，1936，2 册（270 页），长 25 开（四部丛刊初编 经部 006—007）

　　本书共 30 卷，据宋刊巾箱本影印。

　　收藏单位：安徽馆、长春馆、大庆馆、国家馆、江西馆、首都馆、天津馆

00012

春秋公羊经传解诂 （战国）公羊高传 （汉）何休解诂 （唐）陆德明音义·**春秋穀梁传**
（晋）范宁集解 （唐）陆德明音义

上海：商务印书馆，1936，103+83 页，长 25 开（四部丛刊初编 经部 008）

　　本书为合订书。每种各 12 卷，均据宋建安余氏刊本影印。

　　收藏单位：安徽馆、大庆馆、广西馆、国家馆、江西馆、内蒙古馆

00013

孝经 （唐）玄宗注·**论语集解** （三国魏）何晏集解

上海：商务印书馆，1936，8+93 页，长 25 开
（四部丛刊初编 经部 009）

　　本书为合订书。《孝经》1 卷，据宋刊本影印；《论语集解》10 卷，据日本正平刊本影印。

　　收藏单位：大庆馆、国家馆、江西馆、内蒙古馆、首都馆、天津馆

00014

孟子 （汉）赵岐注·**尔雅** （晋）郭璞注

上海：商务印书馆，1936，124+30 页，长 25 开（四部丛刊初编 经部 010）

　　本书为合订书。《孟子》14 卷，《尔雅》3 卷，均据宋刊本影印。

　　收藏单位：安徽馆、重庆馆、大庆馆、广东馆、广西馆、国家馆、黑龙江馆、江西馆、辽大馆、内蒙古馆、宁夏馆、首都馆、天津馆

00015

京氏易传 （汉）京房撰 （三国吴）陆绩注·**尚书大传** （汉）伏胜撰 （汉）郑玄注
（清）陈寿祺校·**诗外传** （汉）韩婴撰

上海：商务印书馆，1936，31+70+91 页，长 25 开（四部丛刊初编 经部 011）

　　本书为合订书。《京氏易传》3 卷，据明天一阁刊本影印；《尚书大传》7 卷，附序录 1 卷、辨伪 1 卷，据清陈寿祺本影印；《诗外传》10 卷，据明沈氏野竹斋刊本影印，封面、书脊题名：韩诗外传。

　　收藏单位：安徽馆、长春馆、大庆馆、广西馆、国家馆、黑龙江馆、江西馆、辽大馆、南大馆、内蒙古馆、首都馆、天津馆

00016

大戴礼记 （汉）戴德撰 （北周）卢辩注·**春秋繁露** （汉）董仲舒撰

上海：商务印书馆，1936，70+96 页，长 25 开（四部丛刊初编 经部 012）

本书为合订书。《大戴礼记》13 卷，据明袁氏嘉趣堂刊本影印；《春秋繁露》17 卷，据清武英殿聚珍版本影印。

收藏单位：安徽馆、长春馆、重庆馆、大庆馆、国家馆、黑龙江馆、江西馆、辽大馆、内蒙古馆、天津馆

00017

经典释文 （唐）陆德明著

上海：商务印书馆，1936，2 册（467 页），长 25 开（四部丛刊初编 经部 013—014）

本书共 33 卷，包括释文 30 卷、校勘记 3 卷，据清通志堂刊本影印。

收藏单位：安徽馆、大庆馆、国家馆、黑龙江馆、江西馆、辽师大馆、首都馆、天津馆

00018

方言 （汉）扬雄著 （晋）郭璞注·**释名** （汉）刘熙著

上海：商务印书馆，1936，46+35 页，长 25 开（四部丛刊初编 经部 015）

本书为合订书。《方言》13 卷，据宋刊本影印；《释名》8 卷，据明嘉靖翻宋本影印。

收藏单位：安徽馆、大庆馆、广西馆、国家馆、黑龙江馆、江西馆、辽大馆、辽师大馆、首都馆、天津馆

00019

说文解字 （汉）许慎著 （宋）徐铉等校定

上海：商务印书馆，1936，137 页，长 25 开（四部丛刊初编 经部 016）

本书共 15 卷，每卷分上、下两部分，书前有标目卷，据北宋刊本影印。

收藏单位：广东馆、国家馆、首都馆、天津馆

00020

说文解字系传通释 （五代）徐锴著

上海：商务印书馆，1936，2 册（333 页），长 25 开（四部丛刊初编 经部 017—018）

本书共 40 卷，卷首至二十九据宋写本影印，卷三十至四十据宋刊本影印。

收藏单位：安徽馆、长春馆、大庆馆、国家馆、黑龙江馆、江西馆、辽大馆、内蒙古馆、首都馆、天津馆、西南大学馆

00021

大广益会玉篇 （宋）陈彭年等重修

上海：商务印书馆，1936，108 页，长 25 开（四部丛刊初编 经部 019）

本书共 30 卷，附玉篇总目偏旁篆书之法，据建德周氏藏元刊本影印。封面、书脊题名：玉篇。

收藏单位：长春馆、大庆馆、国家馆、江西馆、辽大馆、首都馆

00022

广韵 （宋）陈彭年等重修

上海：商务印书馆，1936，162 页，长 25 开（四部丛刊初编 经部 020）

本书共 5 卷，据宋刊巾箱本影印。全称《大宋重修广韵》，原为增广《切韵》而作。

收藏单位：安徽馆、长春馆、大庆馆、广东馆、国家馆、黑龙江馆、江西馆、辽大馆、内蒙古馆、天津馆

史 部

00023

竹书纪年 （南朝梁）沈约注·**前汉纪** （汉）荀悦著

上海：商务印书馆，1936，2 册（36+218 页），长 25 开（四部丛刊初编 史部 021—022）

本书为合订书。《竹书纪年》2 卷，据明天一阁刊本影印；《前汉纪》30 卷，据明嘉靖刊本影印。

收藏单位：安徽馆、长春馆、大庆馆、广西馆、国家馆、黑龙江馆、江西馆、辽大馆、

辽师大馆、内蒙古馆、天津馆

00024

后汉纪 （晋）袁宏著

上海：商务印书馆，1936，2 册（251 页），长 25 开（四部丛刊初编 史部 023—024）

　　本书共 30 卷，据明嘉靖刊本影印。

　　收藏单位：安徽馆、长春馆、大庆馆、国家馆、黑龙江馆、江西馆、辽大馆、辽师大馆、内蒙古馆、天津馆

00025

资治通鉴 （宋）司马光著

上海：商务印书馆，1936，18 册（2934 页），长 25 开（四部丛刊初编 史部 025—042）

　　本书共 294 卷，据宋刊本影印。

　　收藏单位：安徽馆、长春馆、大庆馆、国家馆、黑龙江馆、江西馆、辽大馆、辽师大馆、内蒙古馆、首都馆、天津馆

00026

资治通鉴考异 （宋）司马光著

上海：商务印书馆，1936，211 页，长 25 开（四部丛刊初编 史部 043）

　　本书共 30 卷，据宋刊本影印。

　　收藏单位：安徽馆、长春馆、大庆馆、广西馆、国家馆、黑龙江馆、江西馆、辽大馆、辽师大馆、内蒙古馆、首都馆、天津馆

00027

资治通鉴目录 （宋）司马光编

上海：商务印书馆，1936，3 册（488 页），长 25 开（四部丛刊初编 史部 044—046）

　　本书共 30 卷，据北宋刊本影印。

　　收藏单位：安徽馆、长春馆、大庆馆、广西馆、国家馆、黑龙江馆、江西馆、辽大馆、辽师大馆、内蒙古馆、首都馆、天津馆

00028

稽古录 （宋）司马光著

上海：商务印书馆，1936，130 页，长 25 开（四部丛刊初编 史部 047）

　　本书共 20 卷，据明翻宋刊本影印。封面

及卷端题名：司马温公稽古录。

　　收藏单位：安徽馆、大庆馆、广西馆、国家馆、江西馆、南大馆、首都馆、天津馆

00029

资治通鉴外纪 （宋）刘恕著

上海：商务印书馆，1936，2 册（279 页），长 25 开（四部丛刊初编 史部 048—049）

　　本书共 15 卷，包括正文 10 卷、目录 5 卷。据明刊本影印。

　　收藏单位：安徽馆、长春馆、大庆馆、广西馆、国家馆、江西馆、辽大馆、内蒙古馆、首都馆、天津馆

00030

资治通鉴释文 （宋）史炤著

上海：商务印书馆，1936，181 页，长 25 开（四部丛刊初编 史部 050）

　　本书共 30 卷，据宋刊本影印。

　　收藏单位：大庆馆、广西馆、国家馆、江西馆、辽大馆、内蒙古馆、绍兴馆、天津馆

00031

通鉴纪事本末 （宋）袁枢著

上海：商务印书馆，1936，6 册（972 页），长 25 开（四部丛刊初编 史部 051—056）

　　本书共 42 卷，据宋刊大字本影印。

　　收藏单位：安徽馆、长春馆、大庆馆、广西馆、国家馆、江西馆、辽大馆、首都馆、天津馆

00032

汲冢周书 （晋）孔晁注・**国语** （三国吴）韦昭注

上海：商务印书馆，1936，58+152 页，长 25 开（四部丛刊初编 史部 057）

　　本书为合订书。《汲冢周书》10 卷，据明嘉靖二十二年刊本影印；《国语》21 卷，据明金李校刊本影印。

　　收藏单位：安徽馆、长春馆、大庆馆、广西馆、国家馆、黑龙江馆、江西馆、辽大馆、辽师大馆、内蒙古馆、首都馆、天津馆

00033

战国策校注 （宋）鲍彪校注 （元）吴师道重校注

上海：商务印书馆，1936，2 册（265 页），长 25 开（四部丛刊初编 史部 058—059）

本书共 10 卷，据元至正十五年刊本影印。

收藏单位：安徽馆、长春馆、大庆馆、国家馆、江西馆、辽大馆、内蒙古馆、天津馆

00034

晏子春秋 （春秋）晏婴著·**古列女传** （汉）刘向著

上海：商务印书馆，1936，90+119 页，长 25 开（四部丛刊初编 史部 60）

本书为合订书。《晏子春秋》8 卷，据明活字本影印;《古列女传》8 卷、续 1 卷，据明刊本影印。

收藏单位：大庆馆、国家馆、江西馆、首都馆、天津馆

00035

五朝名臣言行录 （宋）朱熹著

上海：商务印书馆，1936，208 页，长 25 开（四部丛刊初编 史部 061）

本书共 10 卷，据宋刊本影印。

收藏单位：安徽馆、长春馆、大庆馆、广西馆、国家馆、黑龙江馆、江西馆、辽大馆、辽师大馆、内蒙古馆、首都馆、天津馆

00036

三朝名臣言行录 （宋）朱熹著

上海：商务印书馆，1936，2 册（355 页），长 25 开（四部丛刊初编 史部 062—063）

本书共 14 卷，据宋刊本影印。

收藏单位：大庆馆、国家馆、江西馆、南京馆、首都馆、天津馆

00037

吴越春秋 （汉）赵晔著 （元）徐天祜音注·**越绝书** （汉）袁康著

上海：商务印书馆，1936，79+68 页，长 25 开（四部丛刊初编 史部 064）

本书为合订书。《吴越春秋》10 卷，据明弘治邝璠刊本影印;《越绝书》15 卷，据明双柏堂刊本影印。

收藏单位：安徽馆、长春馆、大庆馆、国家馆、黑龙江馆、江西馆、辽师大馆、天津馆

00038

华阳国志 （晋）常璩著

上海：商务印书馆，1936，126 页，长 25 开（四部丛刊初编 史部 065）

本书共 12 卷，据明钱叔宝抄本影印。

收藏单位：安徽馆、长春馆、大庆馆、国家馆、江西馆、首都馆、天津馆

00039

水经注 （北魏）郦道元注

上海：商务印书馆，1936，3 册（527 页），长 25 开（四部丛刊初编 史部 066—068）

本书共 40 卷，据清武英殿聚珍版本影印。

收藏单位：长春馆、重庆馆、大庆馆、广西馆、国家馆、湖南馆、江西馆、内蒙古馆、山西馆、首都馆、天津馆

00040

大唐西域记 （唐）释玄奘译 （唐）释辩机撰

上海：商务印书馆，1936，144 页，长 25 开（四部丛刊初编 史部 069）

本书共 12 卷，据宋刊梵夹本影印。

收藏单位：安徽馆、长春馆、重庆馆、大庆馆、国家馆、黑龙江馆、江西馆、辽师大馆、内蒙古馆、天津馆

00041

史通 （唐）刘知几著

上海：商务印书馆，1936，179 页，长 25 开（四部丛刊初编 史部 070）

本书共 20 卷，附札记，据明万历张鼎思刊本影印。

收藏单位：安徽馆、长春馆、重庆馆、大庆馆、国家馆、江西馆、首都馆、天津馆

子 部

00042

孔子家语 （三国魏）王肃注

上海：商务印书馆，1936，123 页，长 25 开（四部丛刊初编 子部 071）

　　本书共 10 卷，据明覆宋刊本影印。

　　收藏单位：安徽馆、长春馆、重庆馆、大庆馆、广西馆、国家馆、黑龙江馆、湖南馆、辽师大馆、内蒙古馆、天津馆

00043

荀子 （战国）荀况著 （唐）杨倞注

上海：商务印书馆，1936，224 页，长 25 开（四部丛刊初编 子部 072）

　　本书共 20 卷，据清《古逸丛书》本影印。

　　收藏单位：安徽馆、长春馆、重庆馆、大庆馆、国家馆、黑龙江馆、江西馆、内蒙古馆、首都馆、天津馆、中科图

00044

孔丛子 （汉）孔鲋著·**新语** （汉）陆贾著·**新书** （汉）贾谊著

上海：商务印书馆，1936，84+18+99 页，长 25 开（四部丛刊初编 子部 073）

　　本书为合订书。《孔丛子》7 卷，据明翻宋刊本影印；《新语》2 卷，据明弘治刊本影印；《新书》10 卷，据明正德长沙刊本影印。

　　收藏单位：安徽馆、国家馆、黑龙江馆、江西馆、辽师大馆、内蒙古馆、天津馆

00045

盐铁论 （汉）桓宽著·**新序** （汉）刘向著

上海：商务印书馆，1936，85+66 页，长 25 开（四部丛刊初编 子部 074）

　　本书为合订书。《盐铁论》10 卷，据明弘治涂氏江阴刊本影印；《新序》10 卷，据明嘉靖翻宋刊本影印。

　　收藏单位：安徽馆、长春馆、广西馆、国家馆、黑龙江馆、江西馆、辽大馆、辽师大馆、内蒙古馆、天津馆

00046

说苑 （汉）刘向著·**扬子法言** （汉）扬雄著 （晋）李轨注

上海：商务印书馆，1936，98+40 页，长 25 开（四部丛刊初编 子部 075）

　　本书为合订书。《说苑》20 卷，据明抄本影印；《扬子法言》13 卷，附《扬子法言音义》1 卷，据清江都秦氏石砚斋翻宋治平监本影印。

　　收藏单位：安徽馆、长春馆、重庆馆、国家馆、江西馆、辽大馆、首都馆、天津馆

00047

潜夫论 （汉）王符著·**申鉴** （汉）荀悦著 （明）黄省曾注·**徐幹中论** （汉）徐幹著·**文中子中说** （隋）王通著 （宋）阮逸注

上海：商务印书馆，1936，[200] 页，长 25 开（四部丛刊初编 子部 076）

　　本书为合订书。《潜夫论》10 卷，据清述古堂影宋写本影印；《申鉴》5 卷，据明文始堂刊本影印；《徐幹中论》2 卷，据明嘉靖四十四年青州刊本影印；《文中子中说》10 卷，据宋刊本影印。

　　收藏单位：安徽馆、长春馆、重庆馆、国家馆、江西馆、辽大馆、天津馆

00048

孙子集注 （春秋）孙武著 （汉）曹操等注·**六韬** （西周）吕望著·**吴子** （战国）吴起著·**司马法** （春秋）司马穰苴著

上海：商务印书馆，1936，[219] 页，长 25 开（四部丛刊初编 子部 077）

　　本书为合订书。《孙子集注》13 卷，据明嘉靖刊本影印；《六韬》6 卷，《吴子》2 卷，《司马法》3 卷，均据常熟瞿氏藏影宋写本影印。

　　收藏单位：安徽馆、长春馆、广西馆、国家馆、江西馆、辽大馆、内蒙古馆、首都馆、天津馆

00049

管子 （春秋）管仲著　（唐）房玄龄注

上海：商务印书馆，1936，154 页，长 25 开（四部丛刊初编 子部 078）

本书共 24 卷，据宋刊本影印。

收藏单位：安徽馆、长春馆、重庆馆、国家馆、黑龙江馆、辽大馆、辽师大馆、内蒙古馆、天津馆

00050

邓析子 （春秋）邓析著·**商子** （战国）商鞅著·**韩非子** （战国）韩非著

上海：商务印书馆，1936，6+33+111 页，长 25 开（四部丛刊初编 子部 079）

本书为合订书。《邓析子》2 卷，据明初刊本影印；《商子》5 卷，据明范氏天一阁刊本影印；《韩非子》20 卷，据黄尧圃校影宋抄本影印。

收藏单位：安徽馆、长春馆、国家馆、黑龙江馆、江西馆、辽大馆、辽师大馆、内蒙古馆、天津馆

00051

齐民要术 （北魏）贾思勰著

上海：商务印书馆，1936，148 页，长 25 开（四部丛刊初编 子部 080）

本书共 10 卷，据明抄本影印。

收藏单位：安徽馆、长春馆、国家馆、江西馆、辽大馆、天津馆

00052

黄帝内经 （唐）王冰注

上海：商务印书馆，1936，203 页，长 25 开（四部丛刊初编 子部 081）

本书共 24 卷，据明顾氏翻北宋刊本影印。封面及书脊题名：黄帝内经素问。

收藏单位：长春馆、广东馆、广西馆、国家馆、江西馆、辽大馆、内蒙古馆、天津馆

00053

灵枢经 （宋）史崧音释

上海：商务印书馆，1936，134 页，长 25 开（四部丛刊初编 子部 082）

本书共 12 卷，据明赵府居敬堂刊本影印。

收藏单位：长春馆、重庆馆、国家馆、黑龙江馆、江西馆、辽大馆、辽师大馆、内蒙古馆、天津馆

00054

难经集注 （战国）秦越人著　（明）王九思等注·**金匮要略方论** （汉）张仲景著　（晋）王叔和集　（宋）林亿等编

上海：商务印书馆，1936，98+60 页，长 25 开（四部丛刊初编 子部 083）

本书为合订书。《难经集注》5 卷，据日本活字本影印，有插图，卷端题名：王翰林集注黄帝八十一难经；《金匮要略方论》3 卷，据明嘉靖俞桥刊本影印。

收藏单位：安徽馆、国家馆、黑龙江馆、江西馆、辽大馆、天津馆

00055

注解伤寒论 （汉）张仲景著　（晋）王叔和编　（金）成无己注

上海：商务印书馆，1936，160 页，长 25 开（四部丛刊初编 子部 084）

本书共 10 卷，据明嘉靖汪济明刊本影印。

收藏单位：安徽馆、长春馆、国家馆、黑龙江馆、江西馆、辽大馆、辽师大馆、内蒙古馆、天津馆

00056

脉经 （晋）王叔和著　（宋）林亿等编

上海：商务印书馆，1936，87 页，长 25 开（四部丛刊初编 子部 085）

本书共 10 卷，据元广勤书堂刊本影印。

收藏单位：安徽馆、重庆馆、国家馆、江西馆、内蒙古馆、天津馆

00057

重修政和备用本草 （宋）唐慎微著

上海：商务印书馆，1936，3 册（591 页），长 25 开（四部丛刊初编 子部 086—088）

本书共 30 卷，据金泰和甲子己酉晦明轩

刊本影印。封面及书脊题名：重修政和证类本草。

收藏单位：长春馆、重庆馆、国家馆、黑龙江馆、江西馆、辽大馆、内蒙古馆

00058

周髀算经 （汉）赵君卿注 （北周）甄鸾重述 （唐）李淳风等注释·**九章算术** （晋）刘徽注 （唐）李淳风等注释

上海：商务印书馆，1936，70+104 页，长 25 开（四部丛刊初编 子部 089）

本书为合订书。《周髀算经》2 卷，附音义 1 卷，据明赵开美刊本影印；《九章算术》9 卷，附音义 1 卷，据清曲阜孔氏微波榭刊《算经十书》本影印。

收藏单位：长春馆、重庆馆、广西馆、国家馆、江西馆、内蒙古馆、天津馆

00059

太玄经 （汉）扬雄著 （晋）范望注

上海：商务印书馆，1936，120 页，长 25 开（四部丛刊初编 子部 090）

本书共 10 卷，附《说玄》5 篇（王涯）、《太玄经释文》1 卷（林瑀），据明万玉堂翻宋刊本影印。

收藏单位：安徽馆、长春馆、重庆馆、国家馆、黑龙江馆、江西馆、辽大馆、辽师大馆、内蒙古馆、天津馆

00060

易林注 （汉）焦延寿著

上海：商务印书馆，1936，2 册（261 页），长 25 开（四部丛刊初编 子部 091—092）

本书共 16 卷，据元刊残本及写本影印。封面及书脊题名：焦氏易林。

收藏单位：安徽馆、长春馆、重庆馆、国家馆、黑龙江馆、江西馆、辽大馆、天津馆

00061

墨子 （战国）墨翟著

上海：商务印书馆，1936，149 页，长 25 开（四部丛刊初编 子部 093）

本书共 15 卷，据明嘉靖三十二年唐尧臣

刊本影印。

收藏单位：安徽馆、长春馆、重庆馆、国家馆、黑龙江馆、江西馆、辽大馆、辽师大馆、内蒙古馆、天津馆

00062

尹文子 （战国）尹文撰·**慎子内外篇** （战国）慎到撰 （明）慎懋赏校·**鹖冠子** （战国）鹖冠子撰 （宋）陆佃解·**鬼谷子** （战国）鬼谷子撰 （南朝梁）陶弘景注

上海：商务印书馆，1936，[108] 页，长 25 开（四部丛刊初编 子部 094）

本书为合订书。《尹文子》1 卷，据宋刊本影印；《慎子》1 卷，附补遗、逸文，据江阴缪氏满香簃写本影印；《鹖冠子》3 卷，据明覆宋刊本影印；《鬼谷子》3 卷，据明正统《道藏》本影印。

收藏单位：安徽馆、重庆馆、国家馆、江西馆、内蒙古馆、天津馆

00063

吕氏春秋 （秦）吕不韦著 （汉）高诱注

上海：商务印书馆，1936，188 页，长 25 开（四部丛刊初编 子部 095）

本书共 26 卷，据明云间宋邦乂等刊本影印。

收藏单位：安徽馆、重庆馆、国家馆、江西馆、天津馆

00064

淮南子 （汉）刘安著 （汉）许慎注

上海：商务印书馆，1936，164 页，长 25 开（四部丛刊初编 子部 096）

本书共 21 卷，据清刘泖生影写北宋本影印。卷端题名：淮南鸿烈解。

收藏单位：安徽馆、重庆馆、国家馆、江西馆、山东馆、天津馆

00065

人物志 （三国魏）刘邵著 （北魏）刘昞注·**颜氏家训** （北齐）颜之推著·**白虎通德论** （汉）班固著

上海：商务印书馆，1936，42+44+83 页，长

25 开（四部丛刊初编 子部 097）

　　本书为合订书。《人物志》3 卷，据明正德刊本影印；《颜氏家训》2 卷，据明辽阳傅氏刊本影印；《白虎通德论》10 卷，据元大德翻宋监本影印。

　　收藏单位：安徽馆、重庆馆、广西馆、国家馆、江西馆

00066

论衡 （汉）王充著

上海：商务印书馆，1936，2 册（268 页），长 25 开（四部丛刊初编 子部 098—099）

　　本书共 30 卷，据明通津草堂刊本影印。

　　收藏单位：安徽馆、长春馆、重庆馆、国家馆、黑龙江馆、江西馆、内蒙古馆、首都馆

00067

风俗通义 （汉）应劭著

上海：商务印书馆，1936，73 页，长 25 开（四部丛刊初编 子部 100）

　　本书共 10 卷，据元大德刊本影印。

　　收藏单位：安徽馆、重庆馆、国家馆、江西馆、天津馆

00068

群书治要 （唐）魏徵等著

上海：商务印书馆，1936，4 册（685 页），长 25 开（四部丛刊初编 子部 101—104）

　　本书共 50 卷，据日本天明七年尾张藩刊本影印。

　　收藏单位：安徽馆、长春馆、重庆馆、广西馆、国家馆、黑龙江馆、江西馆、内蒙古馆、天津馆

00069

意林 （唐）马总著

上海：商务印书馆，1936，86 页，长 25 开（四部丛刊初编 子部 105）

　　本书共 5 卷，据清武英殿聚珍版本影印。

　　收藏单位：安徽馆、长春馆、重庆馆、国家馆、黑龙江馆、江西馆、辽大馆、辽师大馆、内蒙古馆、天津馆

00070

西京杂记 （晋）葛洪集·**世说新语** （南朝宋）刘义庆著 （南朝梁）刘孝标注

上海：商务印书馆，1936，20+163 页，长 25 开（四部丛刊初编 子部 106）

　　本书为合订书。《西京杂记》6 卷，据明嘉靖孔天胤刊本影印；《世说新语》3 卷，据明袁氏嘉趣堂刊本影印。

　　收藏单位：安徽馆、长春馆、重庆馆、广东馆、广西馆、国家馆、黑龙江馆、江西馆、辽大馆、辽师大馆、内蒙古馆

00071

山海经 （晋）郭璞注·**穆天子传** （晋）郭璞注

上海：商务印书馆，1936，79+18 页，长 25 开（四部丛刊初编 子部 107）

　　本书为合订书。《山海经》18 卷，据明成化六年刊本影印；《穆天子传》6 卷，据明范氏天一阁刊本影印。

　　收藏单位：长春馆、重庆馆、国家馆、辽大馆、内蒙古馆、天津馆

00072

酉阳杂俎 （唐）段成式著 （明）李云鹄校

上海：商务印书馆，1936，165 页，长 25 开（四部丛刊初编 子部 108）

　　本书共 30 卷，包括前集 20 卷、续集 10 卷，据明赵氏脉望馆刊本影印。

　　收藏单位：安徽馆、长春馆、重庆馆、国家馆、黑龙江馆、江西馆、辽大馆、辽师大馆、天津馆

00073

弘明集 （梁释）僧祐撰

上海：商务印书馆，1936，186 页，长 25 开（四部丛刊初编 子部 109）

　　本书共 14 卷，据明汪道昆刊本影印。

　　收藏单位：安徽馆、长春馆、重庆馆、国家馆、黑龙江馆、江西馆、辽大馆、辽师大馆、内蒙古馆、首都馆、天津馆

00074

广弘明集 （唐释）道宣撰

上海：商务印书馆，1936，3 册（501 页），长 25 开（四部丛刊初编 子部 110—112）

本书共 30 卷，据明汪道昆刊本影印。

收藏单位：安徽馆、重庆馆、国家馆、江西馆、辽大馆、内蒙古馆、天津馆

00075

法苑珠林 （唐释）道世著

上海：商务印书馆，1936，8 册（1435 页），长 25 开（四部丛刊初编 子部 113—120）

本书共 120 卷，据明万历径山寺刊本影印。

收藏单位：安徽馆、重庆馆、广西馆、国家馆、江西馆、辽大馆、内蒙古馆、天津馆

00076

翻译名义集 （宋释）法云编

上海：商务印书馆，1936，239 页，长 25 开（四部丛刊初编 子部 121）

本书共 7 卷，据宋刊本影印。

收藏单位：安徽馆、长春馆、重庆馆、广东馆、国家馆、黑龙江馆、江西馆、辽大馆、辽师大馆、内蒙古馆、天津馆

00077

老子道德经 （春秋）李耳著 （汉）河上公章句·**冲虚至德真经** （战国）列御寇著 （晋）张湛注·**南华真经** （战国）庄周著 （晋）郭象注 （唐）陆德明音义

上海：商务印书馆，1936，2 册（23+32+248 页），长 25 开（四部丛刊初编 子部 122—123）

本书为合订书。《道德经》2 卷，据北宋刊本影印；《冲虚至德真经》8 卷，据北宋刊本影印；《南华真经》10 卷，据明世德堂刊本影印。

收藏单位：安徽馆、长春馆、重庆馆、国家馆、黑龙江馆、江西馆、辽大馆、辽师大馆、内蒙古馆、天津馆

00078

抱朴子 （晋）葛洪著

上海：商务印书馆，1936，2 册（252 页），长 25 开（四部丛刊初编 子部 124—125）

本书共 70 卷，包括内篇 20 卷、外篇 50 卷，据明嘉靖四十四年鲁藩刊本影印。

收藏单位：安徽馆、长春馆、重庆馆、国家馆、黑龙江馆、江西馆、辽大馆、辽师大馆、内蒙古馆

00079

云笈七签 （宋）张君房著

上海：商务印书馆，1936，5 册（852 页），长 25 开（四部丛刊初编 子部 126—130）

本书共 122 卷，据明正统《道藏》本影印。

收藏单位：安徽馆、长春馆、重庆馆、广东馆、广西馆、国家馆、黑龙江馆、江西馆、辽大馆、辽师大馆、内蒙古馆、天津馆

集　部

00080

楚辞补注 （战国）屈原等著 （汉）刘向辑 （汉）王逸章句 （宋）洪兴祖补注

上海：商务印书馆，1936，176 页，长 25 开（四部丛刊初编 集部 131）

本书共 17 卷，据明覆宋刊本影印。

收藏单位：安徽馆、长春馆、重庆馆、广西馆、国家馆、黑龙江馆、辽大馆、辽师大馆、内蒙古馆、天津馆

00081

蔡中郎文集 （汉）蔡邕著·**曹子建集** （三国魏）曹植著·**嵇中散集** （三国魏）嵇康著

上海：商务印书馆，1936，67+66+46 页，长 25 开（四部丛刊初编 集部 132）

本书为合订书。《蔡中郎文集》11 卷，有外传 1 卷，据明正德十年锡山华氏兰雪堂铜活字本影印；《曹子建集》10 卷，据明活字本影印；《嵇中散集》10 卷，据明嘉靖四年汝南黄氏南星精舍刊本影印。

收藏单位：安徽馆、广西馆、国家馆、江西馆、天津馆

00082

陆士衡文集 （晋）陆机著·**陆士龙文集**
（晋）陆云著·**笺注陶渊明集** （晋）陶潜著
（宋）李公焕笺注

上海：商务印书馆，1936，50+64+93 页，长
25 开（四部丛刊初编 集部 133）

　　本书为合订书。《陆士衡文集》10 卷，据
明正德间吴郡陆氏覆宋刊本影印；《陆士龙文
集》10 卷，据明正德间吴郡陆氏覆宋刊本影
印；《笺注陶渊明集》10 卷，据宋刊巾箱本影
印。

　　收藏单位：安徽馆、长春馆、重庆馆、国
家馆、江西馆、辽大馆、辽师大馆、内蒙古
馆、天津馆

00083

鲍氏集 （南朝宋）鲍照著·**谢宣城诗集**
（南朝齐）谢朓著·**梁昭明太子文集** （南朝
梁）昭明太子著·**梁江文通集** （南朝梁）江
淹著

上海：商务印书馆，1936，[203] 页，长 25 开
（四部丛刊初编 集部 134）

　　本书为合订书。《鲍氏集》10 卷，据清毛
扆校宋刊本影印；《谢宣城诗集》5 卷，据明
翻宋抄本影印；《梁昭明太子文集》5 卷，据
明辽府刊本影印；《梁江文通集》10 卷，据明
翻宋刊本影印。

　　收藏单位：安徽馆、长春馆、广西馆、国
家馆、江西馆、辽大馆、天津馆

00084

徐孝穆集 （南朝陈）徐陵著 （明）屠隆
评·**庚子山集** （北周）庚信著 （明）屠隆
评

上海：商务印书馆，1936，68+137 页，长 25
开（四部丛刊初编 集部 135）

　　本书为合订书。《徐孝穆集》10 卷，《庚
子山集》16 卷，均据明东海屠隆刊本影印。

　　收藏单位：安徽馆、长春馆、重庆馆、国
家馆、黑龙江馆、江西馆、辽大馆、辽师大
馆、天津馆

00085

寒山子诗集 （唐释）寒山著·**王子安集**
（唐）王勃著 （明）张燮辑

上海：商务印书馆，1936，30+153 页，长 25
开（四部丛刊初编 集部 136）

　　本书为合订书。《寒山子诗集》1 卷，据
影宋刊本影印；《王子安集》17 卷，有附录 1
卷，据明崇祯间闽漳张氏刊本影印。

　　收藏单位：安徽馆、长春馆、重庆馆、广
东馆、广西馆、国家馆、黑龙江馆、江西馆、
辽大馆、辽师大馆、内蒙古馆、天津馆

00086

杨盈川集 （唐）杨炯著·**幽忧子集** （唐）
卢照邻著 （明）张燮纂·**骆宾王文集** （唐）
骆宾王著

上海：商务印书馆，1936，78+58+48 页，长
25 开（四部丛刊初编 集部 137）

　　本书为合订书。《杨盈川集》11 卷，有
附录 1 卷，据明刊本影印；《幽忧子集》7 卷，
有附录 1 卷，据明崇祯间闽漳张氏刊本影印；
《骆宾王文集》10 卷，据明翻元刊本影印。

　　收藏单位：安徽馆、长春馆、重庆馆、国
家馆、江西馆、辽大馆、内蒙古馆、绍兴馆、
天津馆

00087

陈伯玉文集 （唐）陈子昂著

上海：商务印书馆，1936，100 页，长 25 开
（四部丛刊初编 集部 138）

　　本书共 10 卷，据明弘治间杨澄刊本影
印。

　　收藏单位：安徽馆、长春馆、重庆馆、国
家馆、江西馆、辽大馆、内蒙古馆、天津馆

00088

张说之集 （唐）张说著

上海：商务印书馆，1936，170 页，长 25 开
（四部丛刊初编 集部 139）

　　本书共 26 卷，包括文集 25 卷、补遗 1
卷，据明嘉靖十六年伍氏龙池草堂刊本影印。
封面题名：张说之文集。

　　收藏单位：安徽馆、长春馆、重庆馆、国

家馆、黑龙江馆、江西馆、辽大馆、辽师大馆、内蒙古馆、天津馆

00089

曲江张先生文集 （唐）张九龄著

上海：商务印书馆，1936，146 页，长 25 开（四部丛刊初编 集部 140）

　　本书共 21 卷，包括文集 20 卷、附录 1 卷，据明成化九年韶州刊本影印。

　　收藏单位：安徽馆、长春馆、重庆馆、国家馆、河南馆、黑龙江馆、江西馆、辽大馆、辽师大馆、内蒙古馆、绍兴馆、天津馆

00090

李太白诗文 （唐）李白著 （宋）杨齐贤集注 （元）萧士赟补注

上海：商务印书馆，1936，2 册（388 页），长 25 开（四部丛刊初编 集部 141—142）

　　本书共 30 卷，据明嘉靖二十二年郭云鹏刊本影印。郭氏后跋题名：李翰林集，封面及书脊题名：分类补注李太白诗。

　　收藏单位：安徽馆、重庆馆、广西馆、国家馆、江西馆、辽大馆、内蒙古馆、首都馆、天津馆

00091

分门集注杜工部诗 （唐）杜甫著

上海：商务印书馆，1936，2 册（426 页），长 25 开（四部丛刊初编 集部 143—144）

　　本书共 25 卷，据宋刊本影印。其他题名：杜工部诗。

　　收藏单位：安徽馆、重庆馆、国家馆、黑龙江馆、江西馆、辽大馆、辽师大馆、内蒙古馆、首都馆、天津馆

00092

须溪校唐王右丞集 （唐）王维著·**高常侍集** （唐）高适著·**孟浩然集** （唐）孟浩然著·**元次山文集** （唐）元结著

上海：商务印书馆，1936，[200] 页，长 25 开（四部丛刊初编 集部 145）

　　本书为合订书。《须溪校唐王右丞集》6 卷，据元刊本影印，封面及书脊题名：王右

丞集；《高常侍集》8 卷，据明活字本影印；《孟浩然集》4 卷，据明刊本影印；《元次山文集》11 卷、拾遗 1 卷，据明正德间郭勋刊本影印。

　　收藏单位：广西馆、国家馆、黑龙江馆、江西馆、辽大馆、辽师大馆、内蒙古馆、绍兴馆、天津馆

00093

颜鲁公文集 （唐）颜真卿著·**岑嘉州诗** （唐）岑参著

上海：商务印书馆，1936，123+58 页，长 25 开（四部丛刊初编 集部 146）

　　本书为合订书。《颜鲁公文集》21 卷，有补遗 1 卷、年谱 1 卷、行状 1 卷、碑铭 1 卷、新史本传 1 卷、旧史本传 1 卷，据明嘉靖间锡山安氏馆刊本影印；《岑嘉州诗》7 卷，据明正德十五年熊氏济南刊本影印。

　　收藏单位：安徽馆、重庆馆、国家馆、黑龙江馆、江西馆、辽大馆、内蒙古馆、天津馆

00094

皎然集 （唐释）皎然著·**刘随州诗集** （唐）刘长卿著·**韦江州集** （唐）韦应物著

上海：商务印书馆，1936，70+79+68 页，长 25 开（四部丛刊初编 集部 147）

　　本书为合订书。《皎然集》10 卷，据影宋精抄本影印；《刘随州诗集》11 卷，有外集 1 卷，据明正德十二年刊本影印，卷端题名：刘随州文集；《韦江州集》11 卷，有附录 1 卷，据明嘉靖二十七年华云江州刊本影印。

　　收藏单位：重庆馆、广东馆、国家馆、辽大馆、绍兴馆、天津馆

00095

昆陵集 （唐）独孤及著·**钱考功集** （唐）钱起著

上海：商务印书馆，1936，139+63 页，长 25 开（四部丛刊初编 集部 148）

　　本书为合订书。《昆陵集》22 卷，有附录 1 卷、补遗 1 卷，据清乾隆五十六年武进赵氏亦有生斋刊本影印；《钱考功集》10 卷，据明

活字本影印。

收藏单位：长春馆、重庆馆、广西馆、国家馆、黑龙江馆、江西馆、辽大馆、辽师大馆、内蒙古馆、绍兴馆、天津馆

00096

陆宣公翰苑集 （唐）陆贽著

上海：商务印书馆，1936，197 页，长 25 开（四部丛刊初编 集部 149）

本书共 22 卷，据宋刊本影印。

收藏单位：安徽馆、重庆馆、广东馆、国家馆、黑龙江馆、江西馆、辽大馆、辽师大馆、内蒙古馆、天津馆

00097

新刊权载之文集 （唐）权德舆著

上海：商务印书馆，1936，2 册（332 页），长 25 开（四部丛刊初编 集部 150—151）

本书共 51 卷，包括正文 50 卷，附补刻、校补、补遗，据清嘉庆十一年大兴朱氏刊本影印。其他题名：权载之文集。

收藏单位：安徽馆、重庆馆、国家馆、黑龙江馆、江西馆、辽大馆、辽师大馆、内蒙古馆、绍兴馆、天津馆

00098

朱文公校昌黎先生集 （唐）韩愈著 （宋）朱熹考异 （宋）王伯大音释

上海：商务印书馆，1936，2 册（285 页），长 25 开（四部丛刊初编 集部 152—153）

本书共 51 卷，包括文集 40 卷、外集 10 卷、遗文 1 卷，据元刊本影印。封面题名：朱文公校昌黎文集。

收藏单位：安徽馆、重庆馆、国家馆、黑龙江馆、江西馆、辽大馆、辽师大馆、内蒙古馆、天津馆

00099

唐柳先生文集 （唐）柳宗元著 （宋）童宗说注释 （宋）张敦颐音辩 （宋）潘纬音义

上海：商务印书馆，1936，2 册（252 页），长 25 开（四部丛刊初编 集部 154—155）

本书共 48 卷，包括文集 43 卷、别集 2 卷、外集 2 卷、附录 1 卷，据元刊本影印。封面及书脊题名：注释音辩唐柳先生集。

收藏单位：长春馆、重庆馆、国家馆、江西馆、内蒙古馆、天津馆

00100

刘梦得文集 （唐）刘禹锡著

上海：商务印书馆，1936，2 册（270 页），长 25 开（四部丛刊初编 集部 156—157）

本书共 40 卷，包括文集 30 卷、外集 10 卷。据武进董氏影宋刊本影印。

收藏单位：安徽馆、重庆馆、国家馆、黑龙江馆、江西馆、辽师大馆、内蒙古馆、天津馆

00101

吕和叔文集 （唐）吕温著·**张司业集** （唐）张籍著·**皇甫持正文集** （唐）皇甫湜著

上海：商务印书馆，1936，[146] 页，长 25 开（四部丛刊初编 集部 158）

本书为合订书。《吕和叔文集》10 卷，据清钱遵王述古堂影宋抄本影印;《张司业集》8 卷，据明刊本影印，封面及书脊题名：张司业诗集;《皇甫持正文集》6 卷，据宋刊本影印。

收藏单位：安徽馆、长春馆、重庆馆、广西馆、国家馆、江西馆、内蒙古馆、天津馆

00102

李文公集 （唐）李翱著·**欧阳行周文集**（唐）欧阳詹著

上海：商务印书馆，1936，82+50 页，长 25 开（四部丛刊初编 集部 159）

本书为合订书。《李文公集》18 卷，据明成化十一年刊本影印;《欧阳行周文集》10 卷，据明正德间刊本影印。

收藏单位：长春馆、重庆馆、国家馆、黑龙江馆、江西馆、辽大馆、辽师大馆、内蒙古馆、天津馆

00103

孟东野诗集 （唐）孟郊著·**唐贾浪仙长江集** （唐）贾岛著·**李贺歌诗编** （唐）李贺

著·**沈下贤文集**　（唐）沈亚之著

上海：商务印书馆，1936，[223] 页，长 25 开
（四部丛刊初编 集部 160）

　　本书为合订书。《孟东野诗集》10 卷，据明弘治十二年刊本影印；《唐贾浪仙长江集》10 卷，据明翻宋刊本影印，封面及书脊题名：贾浪仙长江集；《李贺歌诗编》5 卷，有集外诗 1 卷，据金刊本影印，序题：李贺歌诗集；《沈下贤文集》12 卷，据明翻宋刊本影印。

　　收藏单位：重庆馆、国家馆、江西馆

00104

李文饶文集　（唐）李德裕著

上海：商务印书馆，1936，201 页，长 25 开
（四部丛刊初编 集部 161）

　　本书共 35 卷，包括文集 20 卷、别集 10 卷、外集 4 卷、集补 1 卷，据明刊本影印。封面题名：李卫公集。

　　收藏单位：安徽馆、重庆馆、国家馆、黑龙江馆、江西馆、辽大馆、辽师大馆、内蒙古馆、天津馆

00105

元氏长庆集　（唐）元稹著

上海：商务印书馆，1936，203 页，长 25 开
（四部丛刊初编 集部 162）

　　本书共 61 卷，包括文集 60 卷、集外文章 1 卷，据明嘉靖三十一年东吴董氏翻宋刊本影印。

　　收藏单位：重庆馆、国家馆、江西馆、天津馆

00106

白氏长庆集　（唐）白居易著

上海：商务印书馆，1936，2 册（398 页），长 25 开（四部丛刊初编 集部 163—164）

　　本书共 71 卷，原为 75 卷，包含文集 50 卷、后集 20 卷、续集 5 卷，佚 4 卷，据日本元和戊午活字本影印。卷端题名：白氏文集。

　　收藏单位：安徽馆、重庆馆、国家馆、黑龙江馆、江西馆、辽大馆、辽师大馆、内蒙古馆、首都馆、天津馆

00107

樊川文集　（唐）杜牧著

上海：商务印书馆，1936，188 页，长 25 开
（四部丛刊初编 集部 165）

　　本书共 22 卷，包括文集 20 卷、外集 1 卷、别集 1 卷，据明翻宋刊本影印。

　　收藏单位：安徽馆、长春馆、重庆馆、国家馆、黑龙江馆、江西馆、辽大馆、辽师大馆、内蒙古馆、天津馆

00108

姚少监诗集　（唐）姚合著·**唐李义山诗集**（唐）李商隐著·**李义山文集**　（唐）李商隐著·**温庭筠诗集**　（唐）温庭筠著

上海：商务印书馆，1936，[226] 页，长 25 开
（四部丛刊初编 集部 166）

　　本书为合订书。《姚少监诗集》10 卷，据明抄本影印；《唐李义山诗集》6 卷，据明嘉靖间刊本影印；《李义山文集》5 卷，据清陈氏稽瑞楼抄本影印；《温庭筠诗集》8 卷，有别集 1 卷，据清钱氏述古堂影宋写本影印。

　　收藏单位：安徽馆、长春馆、重庆馆、广西馆、国家馆、江西馆、辽大馆、宁夏馆、绍兴馆、天津馆

00109

丁卯集　（唐）许浑著·**唐刘蜕集**　（唐）刘蜕著·**唐孙樵集**　（唐）孙樵著·**李群玉诗集**　（唐）李群玉著·**碧云集**　（五代）李中著·**披沙集**　（唐）李咸用著

上海：商务印书馆，1936，[231] 页，长 25 开
（四部丛刊初编 集部 167）

　　本书为合订书。《丁卯集》2 卷，据影宋写本影印；《唐刘蜕集》6 卷，据明天启四年吴馡问青堂刊本影印，封面及书脊题名：刘蜕集；《唐孙樵集》10 卷，据明吴氏问青堂刊本影印，封面及书脊题名：孙樵集；《李群玉诗集》8 卷，有后集 5 卷，据宋刊书棚本影印；《碧云集》3 卷，据宋刊书棚本影印；《披沙集》6 卷，据宋刊书棚本影印。

　　收藏单位：安徽馆、长春馆、重庆馆、国家馆、黑龙江馆、江西馆、辽大馆、天津馆

00110

皮子文薮　（唐）皮日休著·**唐甫里先生文集**
（唐）陆龟蒙著

上海：商务印书馆，1936，70+170 页，长 25
开（四部丛刊初编 集部 168）

　　本书为合订书。《皮子文薮》10 卷，据明
刊本影印；《唐甫里先生文集》20 卷，据清黄
荛圃校明抄本影印，封面及书脊题名：甫里先
生文集。

　　收藏单位：安徽馆、重庆馆、广东馆、国
家馆、黑龙江馆、江西馆、辽大馆、内蒙古
馆、天津馆

00111

玉川子诗集　（唐）卢仝著·**司空表圣文集**
（唐）司空图著·**司空表圣诗集**　（唐）司空
图著·**玉山樵人集**　（唐）韩偓著

上海：商务印书馆，1936，[140] 页，长 25 开
（四部丛刊初编 集部 169）

　　本书为合订书。《玉川子集》3 卷，有外
集 1 卷，据旧抄本影印；《司空表圣文集》10
卷，据旧抄本影印；《司空表圣诗集》5 卷，
据明胡震亨《唐音统签》本影印；《玉山樵人
集》1 卷，附《香奁集》1 卷，据旧抄本影
印。

　　收藏单位：重庆馆、广西馆、国家馆、黑
龙江馆、江西馆、辽大馆、辽师大馆、内蒙
古馆、绍兴馆、天津馆

00112

桂苑笔耕集　（唐）崔致远著

上海：商务印书馆，1936，118 页，长 25 开
（四部丛刊初编 集部 170）

　　本书共 20 卷，据高丽刊本影印。

　　收藏单位：安徽馆、重庆馆、国家馆、黑
龙江馆、江西馆、辽师大馆、内蒙古馆、绍
兴馆、天津馆

00113

唐黄御史集　（唐）黄滔著·**甲乙集**　（唐）
罗隐著

上海：商务印书馆，1936，108+56 页，长 25
开（四部丛刊初编 集部 171）

　　本书为合订书。《唐黄御史集》8 卷，有
附录 1 卷，据明万历三十四年曹学佺刊本影
印，封面题名：黄御史公集；《甲乙集》10 卷，
据宋刊书棚本影印。

　　收藏单位：安徽馆、重庆馆、国家馆、黑
龙江馆、江西馆、辽师大馆、内蒙古馆、天
津馆

00114

白莲集　（唐释）齐己著·**禅月集**　（五代释）
贯休著·**浣花集**　（五代）韦庄著·**广成集**
（五代）杜光庭著

上海：商务印书馆，1936，[249] 页，长 25 开
（四部丛刊初编 集部 172）

　　本书为合订书。《白莲集》10 卷，据影明
精抄本影印；《禅月集》25 卷，据影宋抄本影
印；《浣花集》11 卷，有补遗 1 卷，据明朱子
儋刊本影印；《广成集》17 卷，据明正统《道
藏》本影印。

　　收藏单位：重庆馆、广东馆、国家馆、江
西馆、辽大馆、内蒙古馆、天津馆

00115

徐公文集　（宋）徐铉著

上海：商务印书馆，1936，220 页，长 25 开
（四部丛刊初编 集部 173）

　　本书共 30 卷，据清黄丕烈校宋抄本影
印。卷端题名：徐骑省集。

　　收藏单位：安徽馆、长春馆、重庆馆、广
西馆、国家馆、黑龙江馆、江西馆、辽大馆、
辽师大馆、内蒙古馆、天津馆

00116

河东先生集　（宋）柳开著　（宋）张景编

上海：商务印书馆，1936，103 页，长 25 开
（四部丛刊初编 集部 174）

　　本书共 16 卷，据旧抄本影印。

　　收藏单位：安徽馆、重庆馆、大庆馆、国
家馆、黑龙江馆、江西馆、辽大馆、辽师大
馆、内蒙古馆、绍兴馆、天津馆

00117

小畜集·小畜外集　（宋）王禹偁著

上海：商务印书馆，1936，210+41页，长25开（四部丛刊初编 集部175）

本书为合订书。《小畜集》30卷附札记，据宋刊配吕无党抄本影印；《小畜外集》原书20卷，存7—13卷，据影宋写本影印。

收藏单位：安徽馆、长春馆、重庆馆、国家馆、黑龙江馆、江西馆、辽大馆、天津馆

00118

林和靖先生诗集 （宋）林逋著·**河南穆公集**（宋）穆修著·**范文正公集** （宋）范仲淹著

上海：商务印书馆，1936，2册（28+32+370页），长25开（四部丛刊初编 集部176—177）

本书为合订书。《林和靖先生诗集》4卷，有校补1卷，据影明抄本影印；《河南穆公集》5卷，有遗事1卷、校补1卷，据清述古堂影宋抄本影印；《范文正公集》（又名《范文正公文集》）30卷，有别集、政府奏议、尺牍等，据明翻元刊本影印。

收藏单位：安徽馆、长春馆、重庆馆、广西馆、国家馆、黑龙江馆、江西馆、辽师大馆、内蒙古馆、天津馆

00119

河南先生文集 （宋）尹洙著

上海：商务印书馆，1936，156页，长25开（四部丛刊初编 集部178）

本书共28卷，据春岑阁抄本影印。序题：尹师鲁河南集。

收藏单位：安徽馆、长春馆、重庆馆、国家馆、黑龙江馆、江西馆、辽师大馆、内蒙古馆、天津馆

00120

苏学士文集 （宋）苏舜钦著

上海：商务印书馆，1936，125页，长25开（四部丛刊初编 集部179）

本书共16卷，据清白华书屋本影印。序题：苏子美文集。

收藏单位：安徽馆、重庆馆、大庆馆、国家馆、黑龙江馆、江西馆、辽大馆、辽师大

馆、内蒙古馆、天津馆

00121

温国文正司马公文集 （宋）司马光著

上海：商务印书馆，1936，3册（580页），长25开（四部丛刊初编 集部180—182）

本书共80卷，据宋绍兴刊本影印。封面题名：温国文正司马公集。

收藏单位：安徽馆、长春馆、重庆馆、国家馆、黑龙江馆、湖南馆、江西馆、辽大馆、辽师大馆、内蒙古馆、绍兴馆、天津馆

00122

直讲李先生文集 （宋）李觏著

上海：商务印书馆，1936，2册（294页），长25开（四部丛刊初编 集部183—184）

本书共40卷，包括文集37卷、外集3卷。据明成化刊本影印。

收藏单位：安徽馆、重庆馆、国家馆、黑龙江馆、江西馆、辽师大馆、内蒙古馆、天津馆

00123

丹渊集 （宋）文同著

上海：商务印书馆，1936，2册（326页），长25开（四部丛刊初编 集部185—186）

本书共43卷，包括正集40卷、拾遗2卷、附录1卷，据明刊本影印。卷首题名：陈眉公先生订正丹渊集。

收藏单位：重庆馆、国家馆、黑龙江馆、江西馆、辽大馆、辽师大馆、内蒙古馆、天津馆

00124

元丰类稿 （宋）曾巩著

上海：商务印书馆，1936，2册（331页），长25开（四部丛刊初编 集部187—188）

本书共51卷，包括正文50卷、附录1卷，据元刊黑口本影印。封面题名：南丰先生元丰类稿。

收藏单位：安徽馆、重庆馆、国家馆、江西馆、内蒙古馆

00125

宛陵先生集 （宋）梅尧臣著

上海：商务印书馆，1936，3 册（507 页），长 25 开（四部丛刊初编 集部 189—191）

本书共 62 卷，包括文集 60 卷、拾遗 1 卷、附录 1 卷，据明万历间梅氏祠堂刊本影印。

收藏单位：安徽馆、长春馆、重庆馆、国家馆、江西馆、辽大馆、天津馆

00126

伊川击壤集 （宋）邵雍著

上海：商务印书馆，1936，163 页，长 25 开（四部丛刊初编 集部 192）

本书共 21 卷，包括诗文 20 卷、集外诗 1 卷，据明成化十一年毕亨刊本影印。

收藏单位：安徽馆、重庆馆、国家馆、黑龙江馆、江西馆、辽大馆、辽师大馆、内蒙古馆、宁夏馆、首都馆、天津馆

00127

欧阳文忠公全集 （宋）欧阳修著

上海：商务印书馆，1936，6 册（1299 页），长 25 开（四部丛刊初编 集部 193—198）

本书共 158 卷，包括居士集 50 卷、外集 25 卷、易童子问 3 卷、外制集 3 卷、内制集 8 卷、表奏书启四六集 7 卷、奏议集 18 卷、杂著述 19 卷、集古录跋尾 10 卷、书简 10 卷、附录 5 卷。据元刻本影印。封面及书脊题名：欧阳文忠公文集。

收藏单位：安徽馆、重庆馆、广西馆、国家馆、黑龙江馆、江西馆、辽大馆、辽师大馆、内蒙古馆、绍兴馆、首都馆、天津馆

00128

嘉祐集 （宋）苏洵著·**临川先生文集** （宋）王安石著

上海：商务印书馆，1936，3 册（60+648 页），长 25 开（四部丛刊初编 集部 199—201）

本书为合订书。《嘉祐集》15 卷，据影宋抄巾箱本影印;《临川先生文集》100 卷，据明嘉靖三十九年抚州刊本影印。

收藏单位：重庆馆、大庆馆、广西馆、国家馆、江西馆、辽大馆、内蒙古馆、天津馆

00129

集注分类东坡诗 （宋）苏轼著 （宋）王十朋注

上海：商务印书馆，1936，3 册（481 页），长 25 开（四部丛刊初编 集部 202—204）

本书共 25 卷，据宋务本堂刊本影印。封面题名：集注分类东坡先生诗。

收藏单位：重庆馆、大庆馆、国家馆、江西馆、天津馆

00130

经进东坡文集事略 （宋）苏轼著 （宋）郎晔注

上海：商务印书馆，1936，2 册（353 页），长 25 开（四部丛刊初编 集部 205—206）

本书共 60 卷，据宋刊本影印。

收藏单位：安徽馆、重庆馆、大庆馆、国家馆、江西馆、辽大馆、南大馆、天津馆

00131

栾城三集·栾城应诏集 （宋）苏辙著

上海：商务印书馆，1936，4 册（726+76 页），长 25 开（四部丛刊初编 集部 207—210）

本书为合订书。《栾城集》84 卷，包括初集 50 卷、后集 24 卷、三集 10 卷，据明嘉靖二十年蜀府活字本影印;《栾城应诏集》12 卷，据影宋旧抄本影印。

收藏单位：重庆馆、大庆馆、广西馆、国家馆、黑龙江馆、江西馆、辽大馆、辽师大馆、内蒙古馆、天津馆

00132

豫章黄先生文集 （宋）黄庭坚著

上海：商务印书馆，1936，2 册（340 页），长 25 开（四部丛刊初编 集部 211—212）

本书共 30 卷，据宋乾道刊本影印。

收藏单位：安徽馆、长春馆、重庆馆、大庆馆、国家馆、江西馆、辽大馆、内蒙古馆、天津馆

00133

后山诗注 （宋）陈师道著 （宋）任渊注

上海：商务印书馆，1936，152 页，长 25 开（四部丛刊初编 集部 213）

　　本书共 12 卷，据高丽活字本影印。

　　收藏单位：安徽馆、重庆馆、大庆馆、国家馆、江西馆、天津馆

00134

张右史文集 （宋）张耒著

上海：商务印书馆，1936，2 册（481 页），长 25 开（四部丛刊初编 集部 214—215）

　　本书共 60 卷，据旧抄本影印。

　　收藏单位：安徽馆、重庆馆、大庆馆、国家馆、黑龙江馆、江西馆、辽大馆、辽师大馆、内蒙古馆、天津馆

00135

秦淮海集 （宋）秦观著

上海：商务印书馆，1936，185 页，长 25 开（四部丛刊初编 集部 216）

　　本书共 49 卷，包括正集 40 卷、后集 6 卷、长短句 3 卷，据明嘉靖十八年刊小字本影印。封面、书脊、书口题名：淮海集。

　　收藏单位：安徽馆、长春馆、重庆馆、大庆馆、广东馆、国家馆、黑龙江馆、湖南馆、江西馆、辽大馆、辽师大馆、内蒙古馆、天津馆

00136

石门文字禅 （宋释）惠洪著

上海：商务印书馆，1936，2 册（346 页），长 25 开（四部丛刊初编 集部 217—218）

　　本书共 30 卷，据江南图书馆藏明径山寺本影印。

　　收藏单位：安徽馆、重庆馆、大庆馆、广西馆、国家馆、黑龙江馆、江西馆、辽大馆、辽师大馆、内蒙古馆、天津馆

00137

济北晁先生鸡肋集 （宋）晁补之著

上海：商务印书馆，1936，3 册（572 页），长 25 开（四部丛刊初编 集部 219—221）

　　本书共 70 卷，据明诗瘦阁仿宋刊本影印。书口题名：鸡肋集。

　　收藏单位：安徽馆、重庆馆、大庆馆、国家馆、江西馆、辽大馆、南大馆、内蒙古馆、天津馆

00138

浮溪集 （宋）汪藻著

上海：商务印书馆，1936，2 册（289 页），长 25 开（四部丛刊初编 集部 222—223）

　　本书共 32 卷，据清乾隆武英殿聚珍版本影印。

　　收藏单位：安徽馆、长春馆、重庆馆、大庆馆、国家馆、黑龙江馆、江西馆、辽大馆、辽师大馆、内蒙古馆、天津馆

00139

简斋诗集（附无住词）·简斋诗外集 （宋）陈与义著 （宋）胡穉笺注

上海：商务印书馆，1936，132+16 页，长 25 开（四部丛刊初编 集部 224）

　　本书为合订书。《简斋诗集》30 卷，据宋刊本影印，封面题名：增广笺注简斋诗集；《简斋诗外集》1 卷，据元抄本影印。

　　收藏单位：安徽馆、重庆馆、大庆馆、国家馆、黑龙江馆、江西馆、辽大馆、辽师大馆、内蒙古馆、天津馆

00140

于湖居士文集 （宋）张孝祥著

上海：商务印书馆，1936，237 页，长 25 开（四部丛刊初编 集部 225）

　　本书共 41 卷，包括文集 40 卷、附录 1 卷，据宋刊本影印。

　　收藏单位：安徽馆、长春馆、重庆馆、大庆馆、广东馆、国家馆、黑龙江馆、江西馆、辽大馆、辽师大馆、内蒙古馆、天津馆

00141

晦庵先生朱文公集 （宋）朱熹著

上海：商务印书馆，1936，10 册（1960 页），长 25 开（四部丛刊初编 集部 226—235）

　　本书共 121 卷，包括正集 100 卷、续集

11 卷、别集 10 卷，据明嘉靖刊本影印。封面、书脊、书口题名：朱文公文集。

收藏单位：安徽馆、长春馆、重庆馆、大庆馆、国家馆、江西馆、辽大馆、辽师大馆、内蒙古馆、绍兴馆、天津馆

00142

止斋先生文集 （宋）陈傅良著

上海：商务印书馆，1936，2 册（272 页），长 25 开（四部丛刊初编 集部 236—237）

本书共 53 卷，包括文集 52 卷、附录 1 卷，据明弘治十八年刊本影印。

收藏单位：安徽馆、重庆馆、大庆馆、广东馆、国家馆、黑龙江馆、江西馆、辽大馆、辽师大馆、内蒙古馆、首都馆、天津馆

00143

梅溪先生全集 （宋）王十朋著

上海：商务印书馆，1936，3 册（497 页），长 25 开（四部丛刊初编 集部 238—240）

本书共 55 卷，包括廷试策及奏议 5 卷、前集 20 卷、后集 29 卷、附录 1 卷。据明正统五年刘谦温州刊本影印。封面、书脊、书口题名：梅溪王先生文集。

收藏单位：重庆馆、大庆馆、广西馆、国家馆、江西馆、辽大馆、天津馆

00144

攻媿集 （宋）楼钥著

上海：商务印书馆，1936，5 册（1121 页），长 25 开（四部丛刊初编 集部 241—245）

本书共 112 卷，据清乾隆十五年武英殿聚珍版本影印。

收藏单位：安徽馆、长春馆、重庆馆、大庆馆、国家馆、黑龙江馆、江西馆、辽大馆、辽师大馆、南京馆、内蒙古馆、首都馆、天津馆

00145

象山先生集 （宋）陆九渊著

上海：商务印书馆，1936，2 册（347 页），长 25 开（四部丛刊初编 集部 246—247）

本书共 36 卷，据明嘉靖四十年江西刊本影印。封面、书脊、书口题名：象山先生全集。

收藏单位：重庆馆、国家馆、黑龙江馆、江西馆、天津馆

00146

盘洲集 （宋）洪适著

上海：商务印书馆，1936，3 册（533 页），长 25 开（四部丛刊初编 集部 248—250）

本书共 82 卷，包括文集 80 卷、附录 1 卷、拾遗 1 卷，附札记。据宋刊本影印。封面题名：盘洲文集。

收藏单位：长春馆、重庆馆、大庆馆、国家馆、江西馆、辽大馆、内蒙古馆、首都馆、天津馆

00147

石湖居士诗集 （宋）范成大著

上海：商务印书馆，1936，184 页，长 25 开（四部丛刊初编 集部 251）

本书共 34 卷，据清康熙二十七年吴郡顾氏爱汝堂刊本影印。

收藏单位：长春馆、重庆馆、广东馆、国家馆、黑龙江馆、江西馆、辽大馆、辽师大馆、天津馆

00148

杨诚斋集 （宋）杨万里著

上海：商务印书馆，1936，6 册（1225 页），长 25 开（四部丛刊初编 集部 252—257）

本书共 133 卷，据日本抄宋本影印。封面、书脊、书口题名：诚斋集。

收藏单位：安徽馆、长春馆、重庆馆、国家馆、江西馆、辽大馆、内蒙古馆、首都馆、天津馆

00149

渭南文集 （宋）陆游著

上海：商务印书馆，1936，2 册（441 页），长 25 开（四部丛刊初编 集部 258—259）

本书共 50 卷，据明弘治间锡山华氏活字本影印。

收藏单位：长春馆、国家馆、黑龙江馆、

江西馆、辽大馆、辽师大馆、内蒙古馆、天津馆

00150

放翁诗选 （宋）陆游著 （宋）罗椅选 （宋）刘辰翁续选 （明）刘景寅又选

上海：商务印书馆，1936，75 页，长 25 开 （四部丛刊初编 集部 260）

本书共 19 卷，包括前集 10 卷、后集 8 卷、别集 1 卷，据明弘治十年刊本影印。封面题名：精选陆放翁诗集。

收藏单位：国家馆、黑龙江馆、江西馆、辽大馆、辽师大馆、内蒙古馆、天津馆

00151

水心先生文集 （宋）叶适著

上海：商务印书馆，1936，2 册（337 页），长 25 开（四部丛刊初编 集部 261—262）

本书共 29 卷，据明正统十三年黎谅刊黑口本影印。

收藏单位：安徽馆、长春馆、国家馆、黑龙江馆、江西馆、辽师大馆、内蒙古馆、绍兴馆、首都馆、天津馆

00152

鹤山先生大全集 （宋）魏了翁著

上海：商务印书馆，1936，5 册（945 页），长 25 开（四部丛刊初编 集部 263—267）

本书共 110 卷，据宋刊本影印。封面题名：鹤山先生大全文集。

收藏单位：长春馆、广西馆、国家馆、黑龙江馆、江西馆、辽师大馆、内蒙古馆、首都馆、天津馆

00153

真文忠公文集 （宋）真德秀著

上海：商务印书馆，1936，4 册（788 页），长 25 开（四部丛刊初编 集部 268—271）

本书共 51 卷，据明正德间刊本影印。封面题名：西山先生真文忠公文集。

收藏单位：安徽馆、长春馆、重庆馆、广西馆、国家馆、黑龙江馆、江西馆、辽师大馆、内蒙古馆、首都馆、天津馆

00154

白石道人诗集 （宋）姜夔著

上海：商务印书馆，1936，67 页，长 25 开 （四部丛刊初编 集部 272）

本书共 10 卷，包括诗集 2 卷、集外诗 1 卷、诗说 1 卷、歌曲 4 卷、歌曲别集 1 卷、附录 1 卷，据清乾隆八年江都陆氏刊本影印。

收藏单位：安徽馆、重庆馆、国家馆、天津馆

00155

后村先生大全集 （宋）刘克庄著

上海：商务印书馆，1936，8 册（1747 页），长 25 开（四部丛刊初编 集部 273—280）

本书共 196 卷，据清赐砚堂抄本影印。

收藏单位：安徽馆、长春馆、国家馆、黑龙江馆、江西馆、辽大馆、辽师大馆、南大馆、内蒙古馆、首都馆、天津馆

00156

文山先生集 （宋）文天祥著

上海：商务印书馆，1936，2 册（424 页），长 25 开（四部丛刊初编 集部 281—282）

本书共 20 卷，据明刊本影印。封面题名：文山先生全集。

收藏单位：安徽馆、长春馆、广东馆、广西馆、国家馆、黑龙江馆、江西馆、辽师大馆、内蒙古馆、首都馆、天津馆

00157

闲闲老人滏水文集 （金）赵秉文著

上海：商务印书馆，1936，206 页，长 25 开 （四部丛刊初编 集部 283）

本书共 21 卷，包括文集 20 卷、附录 1 卷，据汲古阁精写本影印。

收藏单位：安徽馆、长春馆、广西馆、国家馆、江西馆、辽师大馆、首都馆

00158

滹南遗老集 （金）王若虚著

上海：商务印书馆，1936，243 页，长 25 开 （四部丛刊初编 集部 284）

本书共 46 卷，据旧抄本影印。

收藏单位：安徽馆、长春馆、国家馆、黑龙江馆、江西馆、辽师大馆、内蒙古馆、天津馆

00159

遗山先生文集 （金）元好问著

上海：商务印书馆，1936，2册（431页），长25开（四部丛刊初编 集部285—286）

　　本书共41卷，包括文集40卷、附录1卷，据明弘治十一年李氏刊本影印。

　　收藏单位：安徽馆、长春馆、国家馆、黑龙江馆、江西馆、辽师大馆、首都馆、天津馆

00160

湛然居士文集 （元）耶律楚材著

上海：商务印书馆，1936，152页，长25开（四部丛刊初编 集部287）

　　本书共14卷，据影元本影印。

　　收藏单位：安徽馆、广西馆、国家馆、江西馆、内蒙古馆、首都馆、天津馆

00161

秋涧先生大全文集 （元）王恽著

上海：商务印书馆，1936，4册（947页），长25开（四部丛刊初编 集部288—291）

　　本书共101卷，包括文集100卷、附录1卷，据明弘治间翻元刊本影印。

　　收藏单位：长春馆、广西馆、国家馆、黑龙江馆、江西馆、辽大馆、辽师大馆、内蒙古馆、首都馆、天津馆

00162

剡源戴先生文集 （元）戴表元著

上海：商务印书馆，1936，250页，长25开（四部丛刊初编 集部292）

　　本书共30卷，据明万历九年刊本影印。

　　收藏单位：安徽馆、长春馆、国家馆、黑龙江馆、江西馆、辽大馆、辽师大馆、内蒙古馆、天津馆

00163

松雪斋文集 （元）赵孟頫著

上海：商务印书馆，1936，128页，长25开（四部丛刊初编 集部293）

　　本书共11卷，包括文集10卷、外集1卷，据元至元五年沈伯玉刊本影印。

　　收藏单位：安徽馆、长春馆、国家馆、黑龙江馆、江西馆、辽大馆、辽师大馆、内蒙古馆、首都馆、天津馆

00164

静修先生文集 （元）刘因著

上海：商务印书馆，1936，107页，长25开（四部丛刊初编 集部294）

　　本书共22卷，据元至顺元年宗文堂刊小字本影印。

　　收藏单位：安徽馆、国家馆、江西馆、首都馆、天津馆

00165

清容居士集 （元）袁桷著

上海：商务印书馆，1936，3册（719页），长25开（四部丛刊初编 集部295—297）

　　本书共50卷，据元刊本影印。

　　收藏单位：安徽馆、广西馆、国家馆、湖南馆、江西馆、辽师大馆、首都馆、天津馆

00166

牧庵集 （元）姚燧著

上海：商务印书馆，1936，2册（335页），长25开（四部丛刊初编 集部298—299）

　　本书共37卷，包括正文36卷、附录1卷，据清武英殿聚珍版本影印。

　　收藏单位：安徽馆、重庆馆、国家馆、黑龙江馆、江西馆、辽大馆、辽师大馆、内蒙古馆、首都馆、天津馆

00167

道园学古录 （元）虞集著

上海：商务印书馆，1936，2册（433页），长25开（四部丛刊初编 集部300—301）

　　本书共50卷，据明刻本影印。

　　收藏单位：安徽馆、重庆馆、大庆馆、国家馆、黑龙江馆、江西馆、辽师大馆、内蒙古馆、首都馆、天津馆

00168

翰林杨仲弘诗集 （元）杨载著·**揭文安公全集** （元）揭傒斯著

上海：商务印书馆，1936，59+159 页，长 25 开（四部丛刊初编 集部 302）

本书为合订书。《翰林杨仲弘诗集》8 卷，据明嘉靖十五年翁氏刊本影印；《揭文安公全集》14 卷，有补遗 1 卷，据旧抄本影印。

收藏单位：重庆馆、大庆馆、广西馆、国家馆、黑龙江馆、江西馆、辽大馆、辽师大馆、内蒙古馆、首都馆、天津馆

00169

范德机诗集 （元）范椁著·**吴渊颖集** （元）吴莱著

上海：商务印书馆，1936，59+127 页，长 25 开（四部丛刊初编 集部 303）

本书为合订书。《范德机诗集》7 卷，据影抄元刊本影印；《吴渊颖集》13 卷，有附录 1 卷，据元至正间刊本影印，封面题名：渊颖吴先生集。

收藏单位：安徽馆、重庆馆、大庆馆、国家馆、黑龙江馆、江西馆、辽大馆、辽师大馆、内蒙古馆、首都馆、天津馆

00170

金华黄先生文集 （元）黄溍著

上海：商务印书馆，1936，2 册（466 页），长 25 开（四部丛刊初编 集部 304—305）

本书共 43 卷，据元刊本影印。

收藏单位：安徽馆、重庆馆、大庆馆、国家馆、江西馆、辽大馆、首都馆、天津馆

00171

圭斋集 （元）欧阳玄著

上海：商务印书馆，1936，150 页，长 25 开（四部丛刊初编 集部 306）

本书共 16 卷，据明成化七年刊黑口本影印。封面题名：圭斋文集。

收藏单位：重庆馆、大庆馆、广西馆、国家馆、江西馆、内蒙古馆、首都馆、天津馆

00172

柳待制文集 （元）柳贯著

上海：商务印书馆，1936，2 册（273 页），长 25 开（四部丛刊初编 集部 307—308）

本书共 21 卷，包括文集 20 卷、附录 1 卷，据元至正十年浦江刊本影印。

收藏单位：长春馆、重庆馆、大庆馆、国家馆、黑龙江馆、江西馆、辽大馆、辽师大馆、内蒙古馆、首都馆、天津馆

00173

萨天锡前后集 （元）萨都刺著·**句曲外史诗集** （元）张雨著

上海：商务印书馆，1936，72+46 页，长 25 开（四部丛刊初编 集部 309）

本书为合订书。《萨天锡前后集》不分卷，据明弘治十六年刊黑口本影印，封面题：萨天锡诗集；《句曲外史诗集》5 卷，据影写元刊本影印，封面、卷端题名：句曲外史贞居先生诗集。

收藏单位：重庆馆、大庆馆、国家馆、黑龙江馆、江西馆、辽师大馆、内蒙古馆、天津馆

00174

九灵山房集 （元）戴良著

上海：商务印书馆，1936，221 页，长 25 开（四部丛刊初编 集部 310）

本书共 30 卷，据明正统十年戴统刊黑口本影印。

收藏单位：重庆馆、大庆馆、国家馆、江西馆、辽大馆、首都馆、天津馆

00175

倪云林先生诗集 （元）倪瓒著

上海：商务印书馆，1936，89 页，长 25 开（四部丛刊初编 集部 311）

本书共 7 卷，包括诗集 6 卷、附录 1 卷，据明天顺四年刊本影印。

收藏单位：安徽馆、重庆馆、大庆馆、国家馆、黑龙江馆、江西馆、辽大馆、辽师大馆、内蒙古馆、首都馆

00176

东维子文集 （元）杨维桢著

上海：商务印书馆，1936，263 页，长 25 开（四部丛刊初编 集部 312）

本书共 31 卷，据清鸣野山房旧抄本影印。

收藏单位：安徽馆、重庆馆、大庆馆、国家馆、江西馆、辽大馆、内蒙古馆、首都馆

00177

铁崖古乐府复古诗 （元）杨维桢著

上海：商务印书馆，1936，88 页，长 25 开（四部丛刊初编 集部 313）

本书共 16 卷，包括古乐府 10 卷、复古诗集 6 卷，据明成化五年海虞刘氏刊本影印。封面题名：铁崖先生古乐府。

收藏单位：重庆馆、大庆馆、广东馆、国家馆、江西馆、首都馆

00178

宋学士全集 （明）宋濂著

上海：商务印书馆，1936，3 册（551 页），长 25 开（四部丛刊初编 集部 314—316）

本书共 8 编 75 卷，据明正德九年张氏刊本影印。封面题名：宋学士文集。

收藏单位：安徽馆、重庆馆、大庆馆、广东馆、国家馆、黑龙江馆、江西馆、辽大馆

00179

诚意伯文集 （明）刘基著

上海：商务印书馆，1936，2 册（414 页），长 25 开（四部丛刊初编 集部 317—318）

本书共 20 卷，据明隆庆六年刊本影印。

收藏单位：重庆馆、大庆馆、国家馆、黑龙江馆、江西馆、辽大馆、辽师大馆、首都馆

00180

清江贝先生集 （明）贝琼著

上海：商务印书馆，1936，219 页，长 25 开（四部丛刊初编 集部 319）

本书共 41 卷，包括文集 30 卷、诗集 10 卷、诗余 1 卷，据明洪武刊本影印。

收藏单位：重庆馆、大庆馆、广西馆、国家馆、黑龙江馆、江西馆、辽大馆、辽师大馆、内蒙古馆、首都馆

00181

苏平仲文集 （明）苏伯衡著

上海：商务印书馆，1936，206 页，长 25 开（四部丛刊初编 集部 320）

本书共 16 卷，据明正统七年黎谅刊本影印。

收藏单位：安徽馆、重庆馆、大庆馆、国家馆、江西馆、辽大馆、辽师大馆、内蒙古馆、首都馆

00182

高太史大全集 （明）高启著 （明）徐庸编·**高太史凫藻集** （明）高启著 （明）周立编辑

上海：商务印书馆，1936，2 册（205+70 页），长 25 开（四部丛刊初编 集部 321—322）

本书为合订书。《高太史大全集》18 卷，据明景泰元年徐庸刊本影印；《高太史凫藻集》5 卷，附《高太史扣舷集》1 卷，据明正统九年周忱刊本影印。

收藏单位：安徽馆、长春馆、重庆馆、大庆馆、国家馆、黑龙江馆、江西馆、辽大馆、首都馆

00183

逊志斋集 （明）方孝孺著

上海：商务印书馆，1936，3 册（602 页），长 25 开（四部丛刊初编 集部 323—325）

本书共 25 卷，包括正集 24 卷、附录 1 卷，据明嘉靖四十年王可大台州刊本影印。

收藏单位：安徽馆、大庆馆、广西馆、国家馆、黑龙江馆、江西馆、辽大馆、辽师大馆

00184

匏翁家藏集 （明）吴宽著

上海：商务印书馆，1936，3 册（513 页），长 25 开（四部丛刊初编 集部 326—328）

本书共 78 卷，包括正集 77 卷、补遗 1

卷，据明正德年间家刊本影印。

收藏单位：安徽馆、长春馆、重庆馆、大庆馆、国家馆、黑龙江馆、江西馆、辽大馆、辽师大馆、内蒙古馆、首都馆

00185

王文成公全书 （明）王守仁著

上海：商务印书馆，1936，5 册（1143 页），长 25 开（四部丛刊初编 集部 329—333）

本书共 38 卷，据明隆庆刊本影印。

收藏单位：安徽馆、重庆馆、大庆馆、国家馆、江西馆、辽大馆、南京馆、天津馆

00186

荆川先生文集 （明）唐顺之著

上海：商务印书馆，1936，2 册（428 页），长 25 开（四部丛刊初编 集部 334—335）

本书共 20 卷，包括文集 17 卷、外集 3 卷，据明万历元年纯白斋重刊本影印。

收藏单位：长春馆、重庆馆、大庆馆、国家馆、黑龙江馆、江西馆、辽大馆、辽师大馆、内蒙古馆、首都馆、天津馆

00187

震川先生集 （明）归有光著

上海：商务印书馆，1936，3 册（530 页），长 25 开（四部丛刊初编 集部 336—338）

本书共 40 卷，包括正集 30 卷、别集 10 卷，据清康熙十四年重刊本影印。

收藏单位：安徽馆、长春馆、重庆馆、大庆馆、国家馆、黑龙江馆、江西馆、辽大馆、辽师大馆、内蒙古馆、天津馆、西南大学馆

00188

亭林诗文集·亭林余集 （清）顾炎武著

上海：商务印书馆，1936，141+18 页，长 25 开（四部丛刊初编 集部 339）

本书为合订书。《亭林诗文集》11 卷，据清康熙刊本影印；《亭林余集》1 卷，据清光绪二年合肥蒯氏诵芬楼刊本影印。

收藏单位：重庆馆、大庆馆、广西馆、国家馆、黑龙江馆、江西馆、辽大馆、辽师大馆、内蒙古馆、天津馆

00189

南雷文案 （清）黄宗羲著

上海：商务印书馆，1936，2 册（287 页），长 25 开（四部丛刊初编 集部 340—341）

本书共 23 卷，据清康熙十九年郑梁刊本影印。封面题名：南雷集。

收藏单位：安徽馆、重庆馆、大庆馆、国家馆、江西馆、辽大馆、天津馆

00190

姜斋诗文集 （清）王夫之著

上海：商务印书馆，1936，234 页，长 25 开（四部丛刊初编 集部 342）

本书共 28 卷，据清《船山遗书》本影印。封面题名：姜斋先生诗文集。

收藏单位：安徽馆、重庆馆、大庆馆、国家馆、黑龙江馆、江西馆、辽大馆、辽师大馆、内蒙古馆、首都馆、天津馆

00191

牧斋初学集 （清）钱谦益著

上海：商务印书馆，1936，6 册（1162 页），长 25 开（四部丛刊初编 集部 343—348）

本书共 110 卷，据明崇祯十六年海虞瞿稼轩刊本影印。

收藏单位：安徽馆、重庆馆、大庆馆、广西馆、国家馆、黑龙江馆、江西馆、辽大馆、辽师大馆、内蒙古馆、首都馆、天津馆、西南大学馆

00192

牧斋有学集 （清）钱谦益著

上海：商务印书馆，1936，3 册（568 页），长 25 开（四部丛刊初编 集部 349—351）

本书共 51 卷，包括正集 50 卷、补遗 1 卷，据清康熙三年刊本影印。

收藏单位：安徽馆、重庆馆、大庆馆、国家馆、江西馆、辽大馆、内蒙古馆、首都馆、天津馆

00193

梅村家藏稿 （清）吴伟业著

上海：商务印书馆，1936，2 册（286 页），长

25 开（四部丛刊初编 集部 352—353）

　　本书共 63 卷，包括诗文集 58 卷、补遗 1 卷、年谱 4 卷，据清宣统三年武进董氏诵芬室刊本影印。

　　收藏单位：安徽馆、长春馆、重庆馆、大庆馆、国家馆、黑龙江馆、江西馆、辽大馆、辽师大馆、内蒙古馆、天津馆

00194

渔洋山人精华录 （清）王士禛著 （清）林佶编

上海：商务印书馆，1936，145 页，长 25 开（四部丛刊初编 集部 354）

　　本书共 10 卷，据清康熙三十九年侯官林佶写刊本影印。

　　收藏单位：安徽馆、重庆馆、大庆馆、广东馆、国家馆、黑龙江馆、江西馆、辽大馆、辽师大馆、天津馆

00195

尧峰文钞 （清）汪琬著

上海：商务印书馆，1936，2 册（316 页），长 25 开（四部丛刊初编 集部 355—356）

　　本书共 50 卷，包括诗 10 卷、文抄 40 卷，据清康熙三十一年侯官林佶写刊本影印。

　　收藏单位：安徽馆、重庆馆、大庆馆、国家馆、黑龙江馆、江西馆、辽大馆、辽师大馆、内蒙古馆、天津馆

00196

曝书亭集 （清）朱彝尊著

上海：商务印书馆，1936，3 册（655 页），长 25 开（四部丛刊初编 集部 357—359）

　　本书共 80 卷，据清康熙间原刊本影印，附《笛渔小稿》（朱昆田）10 卷。

　　收藏单位：安徽馆、重庆馆、大庆馆、广西馆、国家馆、江西馆、南京馆

00197

陈迦陵诗文词全集 （清）陈维崧著

上海：商务印书馆，1936，3 册（565 页），长 25 开（四部丛刊初编 集部 360—362）

　　本书共 54 卷，包括文集 6 卷、俪体文集 10 卷、《湖海楼诗集》8 卷、《迦陵词》30 卷，据清患立堂刊本影印，封面题名：陈迦陵文集。

　　收藏单位：重庆馆、大庆馆、广西馆、国家馆、黑龙江馆、江西馆、辽大馆、辽师大馆、内蒙古馆、首都馆、天津馆

00198

敬业堂诗集 （清）查慎行著

上海：商务印书馆，1936，3 册（645 页），长 25 开（四部丛刊初编 集部 363—365）

　　本书共 56 卷，包括诗集 50 卷、续集 6 卷，据清康熙五十八年刊本影印。

　　收藏单位：安徽馆、重庆馆、大庆馆、广西馆、国家馆、黑龙江馆、江西馆、首都馆、天津馆

00199

方望溪先生全集 （清）方苞著

上海：商务印书馆，1936，2 册（473 页），长 25 开（四部丛刊初编 集部 366—367）

　　本书共 30 卷，包括文集 18 卷、集外文 10 卷、补遗 2 卷，据清咸丰元年戴钧衡刊本影印。

　　收藏单位：长春馆、重庆馆、大庆馆、国家馆、黑龙江馆、江西馆、辽大馆、内蒙古馆、首都馆、天津馆

00200

樊榭山房全集 （清）厉鹗著

上海：商务印书馆，1936，2 册（338 页），长 25 开（四部丛刊初编 集部 368—369）

　　本书共 39 卷，包括正集 10 卷、续集 10 卷、文集 8 卷、集外诗 3 卷又 1 卷、集外词 4 卷又 1 卷、集外曲 2 卷，据清振绮堂刊本影印。封面题名：樊榭山房集。

　　收藏单位：重庆馆、大庆馆、国家馆、黑龙江馆、江西馆、辽大馆、辽师大馆、内蒙古馆、首都馆

00201

惜抱轩文集诗集 （清）姚鼐著

上海：商务印书馆，1936，215 页，长 25 开

（四部丛刊初编 集部370）

本书共26卷，包括文集16卷、诗集10卷，据清嘉庆十二年刊本影印。封面题名：惜抱轩诗文集。

收藏单位：长春馆、重庆馆、大庆馆、国家馆、黑龙江馆、辽大馆、内蒙古馆、天津馆

00202

戴东原集 （清）戴震著

上海：商务印书馆，1936，167页，长25开（四部丛刊初编 集部371）

本书共12卷，据清乾隆五十七年金坛段氏经韵楼刊本影印。

收藏单位：安徽馆、长春馆、重庆馆、国家馆、黑龙江馆、江西馆、辽大馆、辽宁馆、辽师大馆、内蒙古馆、天津馆

00203

鲒埼亭集 （清）全祖望著

上海：商务印书馆，1936，5册（1077页），长25开（四部丛刊初编 集部372—376）

本书共98卷，包括文集38卷、经史问答10卷、外编50卷，据清姚江借树山房刊本影印。

收藏单位：安徽馆、长春馆、重庆馆、大庆馆、贵州馆、国家馆、江西馆、辽大馆、内蒙古馆、首都馆

00204

鲒埼亭诗集 （清）全祖望著

上海：商务印书馆，1936，102页，长25开（四部丛刊初编 集部377）

本书共10卷，据清四明卢氏抱经楼抄本影印。

收藏单位：安徽馆、长春馆、重庆馆、广西馆、国家馆、黑龙江馆、江西馆、辽大馆、内蒙古馆、首都馆

00205

洪北江诗文集 （清）洪亮吉著

上海：商务印书馆，1936，4册（723页），长25开（四部丛刊初编 集部378—381）

本书共66卷，附年谱1卷，据清《北江遗书》本影印。

收藏单位：安徽馆、长春馆、重庆馆、大庆馆、广西馆、国家馆、黑龙江馆、江西馆、辽大馆、辽师大馆、内蒙古馆

00206

孙渊如诗文集 （清）孙星衍著

上海：商务印书馆，1936，2册（296页），长25开（四部丛刊初编 集部382—383）

本书共21卷，附《长离阁集》1卷，据清刊本影印。

收藏单位：安徽馆、长春馆、重庆馆、大庆馆、国家馆、江西馆、辽大馆、内蒙古馆

00207

抱经堂文集 （清）卢文弨著

上海：商务印书馆，1936，2册（294页），长25开（四部丛刊初编 集部384—385）

本书共34卷，据清嘉庆二年鲍氏刊本影印。

收藏单位：安徽馆、重庆馆、大庆馆、广西馆、国家馆、江西馆、辽大馆

00208

潜研堂文集诗集 （清）钱大昕著

上海：商务印书馆，1936，3册（677页），长25开（四部丛刊初编 集部386—388）

本书共70卷，包括文集50卷、诗集10卷、诗续集10卷，据清嘉庆丙寅刊本影印。封面题名：潜研堂文集。

收藏单位：安徽馆、长春馆、重庆馆、大庆馆、国家馆、黑龙江馆、江西馆、辽大馆

00209

述学内外篇·汪容甫遗诗 （清）汪中著

上海：商务印书馆，1936，60+25页，长25开（四部丛刊初编 集部389）

本书为合订书。《述学内外篇》共7卷，包含内篇3卷、外篇1卷、补遗1卷、别录1卷、春秋述义1卷，据清嘉庆二十年汪氏刊本影印，封面题名：述学；《汪容甫遗诗》5卷，有补遗1卷、附录1卷，据清嘉庆间汪氏刊本影印，封面题名：容甫先生遗诗。

收藏单位：长春馆、重庆馆、大庆馆、国家馆、江西馆、内蒙古馆

00210

揅经室全集　（清）阮元著

上海：商务印书馆，1936，4 册（741 页），长 25 开（四部丛刊初编　集部 390—393）

　　本书共 54 卷，包括一集 14 卷，二集 8 卷，三集 5 卷，四集文 2 卷、诗 11 卷，续集 9 卷，外集 5 卷，据清道光三年阮氏刊本影印。

　　收藏单位：长春馆、重庆馆、大庆馆、国家馆、江西馆、辽大馆

00211

大云山房文稿　（清）恽敬著

上海：商务印书馆，1936，2 册（305 页），长 25 开（四部丛刊初编　集部 394—395）

　　本书共 11 卷，包括初集 4 卷、二集 4 卷、言事 2 卷、补编 1 卷。据清同治本影印。

　　收藏单位：安徽馆、重庆馆、大庆馆、国家馆、江西馆、内蒙古馆

00212

龚定庵全集·定庵文集补编　（清）龚自珍著

上海：商务印书馆，1936，146+51 页，长 25 开（四部丛刊初编　集部 396）

　　本书为合订书。《龚定庵全集》13 卷，有续集 4 卷、补 6 卷，据清同治间吴煦刊本影印，封面题名：定盦文集；《定庵文集补编》4 卷，据清光绪二十八年平湖朱之榛校刊本影印。

　　收藏单位：长春馆、重庆馆、大庆馆、国家馆、黑龙江馆、江西馆、辽大馆、辽师大馆、内蒙古馆、天津馆

00213

茗柯文四编·茗柯文补编外编　（清）张惠言著

上海：商务印书馆，1936，77+59 页，长 25 开（四部丛刊初编　集部 397）

　　本书为合订书。《茗柯文四编》5 卷，据清同治八年武进张式曾重刊评点本影印，封面题名：茗柯文；《茗柯文补编外编》包含补编 2 卷、外编 2 卷，据清道光十四年富阳周氏刊本影印。

　　收藏单位：重庆馆、大庆馆、国家馆、湖南馆、江西馆、辽大馆

00214

曾文正公诗文集　（清）曾国藩著

上海：商务印书馆，1936，166 页，长 25 开（四部丛刊初编　集部 398）

　　本书共 6 卷，据清同治、光绪间原刊本影印。

　　收藏单位：长春馆、重庆馆、大庆馆、国家馆、黑龙江馆、江西馆、辽大馆、辽师大馆、内蒙古馆、天津馆

00215

六臣注文选　（南朝梁）萧统辑　（唐）李善等注

上海：商务印书馆，1936，5 册（1128 页），长 25 开（四部丛刊初编　集部 399—403）

　　本书共 60 卷，据宋刊本影印。

　　收藏单位：安徽馆、长春馆、重庆馆、大庆馆、广西馆、国家馆、黑龙江馆、江西馆、辽大馆、辽师大馆、内蒙古馆

00216

玉台新咏集　（南朝陈）徐陵辑

上海：商务印书馆，1936，94 页，长 25 开（四部丛刊初编　集部 404）

　　本书共 10 卷，据明五云溪馆活字本影印。

　　收藏单位：长春馆、重庆馆、国家馆、江西馆、首都馆

00217

中兴间气集　（唐）高仲武辑·**河岳英灵集**（唐）殷璠辑·**国秀集**　（唐）芮挺章辑

上海：商务印书馆，1936，38+54+27 页，长 25 开（四部丛刊初编　集部 405）

　　本书为合订书。《中兴间气集》3 卷，有校补 1 卷，据明翻宋刊本影印；《河岳英灵集》4 卷，有札记 1 卷，据明翻宋刊本影印；《国

秀集》3卷，据明刻本影印。

　　收藏单位：安徽馆、长春馆、重庆馆、国家馆、黑龙江馆、江西馆、辽大馆、辽师大馆、内蒙古馆、首都馆

00218

才调集 （五代）韦縠辑

上海：商务印书馆，1936，125页，长25开（四部丛刊初编 集部406）

　　本书共10卷，据清述古堂影宋写本影印。

　　收藏单位：安徽馆、长春馆、重庆馆、国家馆、黑龙江馆、江西馆、辽大馆、辽师大馆、内蒙古馆、首都馆

00219

古文苑 （宋）章樵注

上海：商务印书馆，1936，147页，长25开（四部丛刊初编 集部407）

　　本书共21卷，据宋刊本影印。

　　收藏单位：安徽馆、重庆馆、国家馆、江西馆

00220

唐文粹 （宋）姚铉辑

上海：商务印书馆，1936，3册（688页），长25开（四部丛刊初编 集部408—410）

　　本书共100卷，据明嘉靖三年姑苏徐焴刊本影印。

　　收藏单位：长春馆、重庆馆、广西馆、国家馆、江西馆、辽大馆、内蒙古馆、首都馆

00221

西昆酬唱集 （宋）杨亿辑·**乐府诗集** （宋）郭茂倩辑

上海：商务印书馆，1936，3册（24+671页），长25开（四部丛刊初编 集部411—413）

　　本书为合订书。《西昆酬唱集》2卷，据明嘉靖刻本影印；《乐府诗集》102卷，有目录2卷，据明汲古阁刊本影印。

　　收藏单位：安徽馆、长春馆、重庆馆、广西馆、国家馆、黑龙江馆、湖南馆、江西馆、辽大馆、辽师大馆、南大馆、内蒙古馆、首

都馆

00222

皇朝文鉴 （宋）吕祖谦辑

上海：商务印书馆，1936，7册（1530页），长25开（四部丛刊初编 集部414—420）

　　本书共153卷，包括正文150卷、目录3卷，据宋刊本影印。

　　收藏单位：安徽馆、长春馆、重庆馆、国家馆、黑龙江馆、江西馆、辽大馆、辽师大馆、内蒙古馆

00223

中州集 （金）元好问辑·**谷音** （元）杜本辑·**河汾诸老诗集** （元）房祺辑

上海：商务印书馆，1936，171+13+32页，长25开（四部丛刊初编 集部421）

　　本书为合订书。《中州集》10卷，有附录1卷，据武进董氏诵芬室影元刊本影印；《谷音》2卷，据清惠氏红豆书屋抄本影印；《河汾诸老诗集》8卷，据影元写本影印。

　　收藏单位：重庆馆、国家馆、黑龙江馆、江西馆、辽大馆、南京馆、首都馆

00224

国朝文类 （元）苏天爵辑

上海：商务印书馆，1936，4册（777页），长25开（四部丛刊初编 集部422—425）

　　本书共73卷，包括正文70卷、目录3卷，据元至正二年杭州路西湖书院刊本影印。

　　收藏单位：安徽馆、长春馆、重庆馆、国家馆、黑龙江馆、江西馆、辽大馆、辽师大馆、内蒙古馆

00225

皇元风雅 （元）傅习 （元）孙存吾辑（元）虞集选

上海：商务印书馆，1936，99页，长25开（四部丛刊初编 集部426）

　　本书共12卷，包括前集（傅习）6卷、后集（孙存吾）6卷，据高丽翻元刊本影印。

　　收藏单位：安徽馆、长春馆、重庆馆、国家馆、黑龙江馆、江西馆、辽大馆、辽师大

馆、内蒙古馆、首都馆

00226

皇明文衡 （明）程敏政辑

上海：商务印书馆，1936，4册（761页），长25开（四部丛刊初编 集部427—430）

　　本书共102卷，包括正文100卷、目录2卷，据明嘉靖六年卢焕刊本影印。

　　收藏单位：安徽馆、长春馆、重庆馆、广西馆、国家馆、黑龙江馆、江西馆、辽大馆、辽师大馆、内蒙古馆

00227

文心雕龙 （南朝梁）刘勰著·**唐诗纪事** （宋）计有功辑

上海：商务印书馆，1936，4册（57+631页），长25开（四部丛刊初编 集部431—434）

　　本书为合订书。《文心雕龙》10卷，据明嘉靖间刊本影印；《唐诗纪事》81卷，据明嘉靖四年钱塘洪楩刊本影印。

　　收藏单位：长春馆、重庆馆、广西馆、国家馆、江西馆、天津馆

00228

增修诗话总龟 （宋）阮阅辑

上海：商务印书馆，1936，2册（401页），长25开（四部丛刊初编 集部435—436）

　　本书共98卷，包括前集48卷、后集50卷，据明嘉靖二十四年月窗道人刊本影印。

　　收藏单位：安徽馆、长春馆、广西馆、国家馆、江西馆、辽大馆、内蒙古馆、首都馆

00229

花间集 （五代）赵崇祚集 （明）温博补·**乐府雅词** （宋）曾慥辑

上海：商务印书馆，1936，49+118页，长25开（四部丛刊初编 集部437）

　　本书为合订书。《花间集》14卷，有补2卷，据明万历三年玄览斋刊巾箱本影印；《乐府雅词》5卷，有拾遗2卷，据清鲍廷博校旧抄本影印。

　　收藏单位：安徽馆、长春馆、重庆馆、国家馆、黑龙江馆、江西馆、辽大馆、辽师大

馆、内蒙古馆、首都馆、天津馆

00230

唐宋诸贤绝妙词选·中兴以来绝妙词选 （宋）黄升辑

上海：商务印书馆，1936，76+113页，长25开（四部丛刊初编 集部438）

　　本书为合订书，每种各10卷，均据明翻宋刊本影印。

　　收藏单位：安徽馆、广东馆、国家馆、黑龙江馆、江西馆、辽大馆、辽师大馆、内蒙古馆、首都馆

00231

草堂诗余前后集

上海：商务印书馆，1936，90页，长25开（四部丛刊初编 集部439）

　　本书共4卷，据明刊本影印。封面题名：增修笺注草堂诗余。

　　收藏单位：长春馆、国家馆、江西馆、辽大馆、内蒙古馆、首都馆

00232

朝野新声太平乐府 （元）杨朝英辑

上海：商务印书馆，1936，89页，长25开（四部丛刊初编 集部440）

　　本书共9卷，据元刊本影印。

　　收藏单位：安徽馆、广东馆、国家馆、黑龙江馆、辽大馆、辽师大馆、首都馆

四部备要

00233

四部备要 中华书局编

上海：中华书局，1935，280册，16开

上海：中华书局，1936，100册，16开，精装

　　本书为重印本，线装本出版于1924年至1931年间。精、平装子目相同。子目依平装本著录于后，著录体例同《四部丛刊》初编。收藏单位见各分册。

00234

四部备要分期出书单

[上海]：中华书局，[1924—1949]，30 页，25 开

　　收藏单位：江西馆

00235

四部备要书目提要　中华书局编

上海：中华书局，1936.8，193 页，16 开

　　本书按经、史、子、集分类。各书下均列有著者小传、四库提要。书后附有：校印四部备要缘起、增辑四部备要缘起（陆费逵）、四部备要改印洋装缘起（编者）。

　　收藏单位：北师大馆、重庆馆、桂林馆、国家馆、湖南馆、江西馆、辽大馆、辽宁馆、南京馆、上海馆、西南大学馆、中科图

00236

洋装本四部备要分册定价目录　中华书局编

上海：中华书局，1939.2，37 页，32 开

　　本书按期（1—8 期）列出各分册的定价。书前有：校印四部备要缘起、增辑四部备要缘起（陆费逵）、辑校四部备要各书大意、四部备要改印洋装缘起、买书的感想（严独鹤）等。

　　收藏单位：上海馆

经　部

00237

周易　（三国魏）王弼注　（晋）韩康伯注（唐）陆德明音义 · **尚书**　（汉）孔安国传（唐）陆德明音义 · **毛诗**　（汉）毛亨传（汉）郑玄笺　（唐）陆德明音义

上海：中华书局，1935，74+85+168 页，16 开（四部备要 经部 001）

　　本书为合订书。《周易》10 卷，有略例 1 卷，据宋相台岳氏家塾本排印，封面题名：周易王韩注；《尚书》13 卷，据宋相台岳氏家塾本排印，封面题名：尚书孔传；《毛诗》20 卷，据宋相台岳氏家塾本排印，封面题名：毛诗郑笺。

　　收藏单位：国家馆、江西馆、辽师大馆、内蒙古馆

00238

周礼　（汉）郑玄注　（唐）陆德明音义

上海：中华书局，1935，289 页，16 开（四部备要 经部 002）

　　本书共 42 卷，据明永怀堂原刻本排印。封面题名：周礼郑注。

　　收藏单位：重庆馆、国家馆、江西馆、辽师大馆、内蒙古馆

00239

仪礼　（汉）郑玄注

上海：中华书局，1935，252 页，16 开（四部备要 经部 003）

　　本书共 17 卷，据明永怀堂原刻本排印。封面题名：仪礼郑注。

　　收藏单位：重庆馆、国家馆、江西馆、辽师大馆、内蒙古馆

00240

礼记　（汉）郑玄注　（唐）陆德明音义

上海：中华书局，1935，236 页，16 开（四部备要 经部 004）

　　本书共 20 卷，据宋相台岳氏家塾本排印。封面题名：礼记郑注。

　　收藏单位：长春馆、重庆馆、国家馆、江西馆、辽师大馆、内蒙古馆

00241

春秋经传集解　（晋）杜预集解　（唐）陆德明音义

上海：中华书局，1935，443 页，18 开（四部备要 经部 005）

　　本书共 30 卷，据宋相台岳氏家塾本排印。封面题名：春秋左氏传杜氏集解。

　　收藏单位：重庆馆、国家馆、江西馆、辽师大馆、南京馆、内蒙古馆

00242

春秋公羊传　（战国）公羊高传　（汉）何休解诂　（唐）陆德明音义

上海：中华书局，1935，195 页，16 开（四部备要 经部 006）

本书共 28 卷，据明永怀堂原刻本排印。

封面题名：春秋公羊传何氏解诂。

收藏单位：重庆馆、国家馆、江西馆、辽师大馆、内蒙古馆

00243

春秋榖梁传 （晋）范宁集解 （唐）陆德明音义

上海：中华书局，1935，155 页，16 开（四部备要 经部 007）

本书共 20 卷，据明永怀堂原刻本排印。

封面题名：春秋榖梁传范氏集解。

收藏单位：重庆馆、国家馆、江西馆、辽师大馆

00244

孝经 （汉）郑玄注·**论语** （三国魏）何晏集解·**孟子** （汉）赵岐注

上海：中华书局，1935，22+90+129 页，16 开（四部备要 经部 008）

本书为合订书。《孝经》9 卷，据明永怀堂原刻本排印，封面题名：孝经唐玄宗御注；《论语》20 卷，据明永怀堂原刻本排印，封面题名：论语何氏等集解;《孟子》14 卷，据明永怀堂原刻本排印，封面题名：孟子赵注。

收藏单位：重庆馆、国家馆、江西馆、辽师大馆、南京馆、内蒙古馆

00245

尔雅 （晋）郭璞注

上海：中华书局，1935，113 页，16 开（四部备要 经部 009）

本书共 11 卷，据明永怀堂原刻本排印。

封面题名：尔雅郭注。

收藏单位：重庆馆、国家馆、江西馆、辽师大馆、内蒙古馆

00246

四书集注 （宋）朱熹编注

上海：中华书局，1935，184 页，18 开（四部备要 经部 010）

本书共 19 卷，据吴县吴氏仿宋本排印。

收藏单位：重庆馆、国家馆、江西馆、南京馆、内蒙古馆

00247

周易注疏 （三国魏）王弼注 （晋）韩康伯注 （唐）孔颖达疏 （唐）陆德明音义

上海：中华书局，1935，147 页，16 开（四部备要 经部 011）

本书共 9 卷，据清阮元刻《十三经注疏》本排印。

收藏单位：重庆馆、国家馆、江西馆、内蒙古馆

00248

尚书注疏 （汉）孔安国传 （唐）孔颖达疏 （唐）陆德明音义

上海：中华书局，1935，206 页，16 开（四部备要 经部 012）

本书共 20 卷，据清阮元刻《十三经注疏》本排印。

收藏单位：重庆馆、国家馆、江西馆、内蒙古馆

00249

毛诗注疏 （汉）毛亨传 （汉）郑玄笺 （唐）孔颖达疏 （唐）陆德明音义

上海：中华书局，1935，538 页，16 开（四部备要 经部 013）

本书共 20 卷，据清阮元刻《十三经注疏》本排印。

收藏单位：重庆馆、国家馆、江西馆

00250

周礼注疏 （汉）郑玄注 （唐）贾公彦疏 （唐）陆德明释文

上海：中华书局，1935，426 页，16 开（四部备要 经部 014）

本书共 42 卷，据清阮元刻《十三经注疏》本排印。

收藏单位：国家馆、江西馆

00251

仪礼注疏 （汉）郑玄注 （唐）贾公彦疏 （唐）陆德明音义

上海：中华书局，1935，416 页，18 开（四部备要 经部 015）

本书共 50 卷，据清阮元刻《十三经注疏》本排印。卷端题名：仪礼疏。

收藏单位：重庆馆、国家馆、江西馆、内蒙古馆

00252

礼记注疏 （汉）郑玄注 （唐）孔颖达疏 （唐）陆德明释文

上海：中华书局，1935，2 册（665 页），16 开（四部备要 经部 016—017）

本书共 63 卷，据清阮元刻《十三经注疏》本排印。卷端题名：附释音礼记注疏。

收藏单位：重庆馆、国家馆、江西馆、内蒙古馆

00253

春秋左传注疏 （晋）杜预注 （唐）孔颖达疏 （唐）陆德明音义

上海：中华书局，1935，2 册（672 页），16 开（四部备要 经部 018—019）

本书共 60 卷，据清阮元刻《十三经注疏》本排印。封面题名：左传注疏。卷端题名：附释音春秋左传注疏。

收藏单位：重庆馆、国家馆、江西馆、南京馆、内蒙古馆

00254

公羊注疏 （战国）公羊高传 （汉）何休解诂 （唐）徐彦疏 （唐）陆德明音义·**穀梁传注疏** （晋）范宁集解 （唐）杨士勋疏 （唐）陆德明音义

上海：中华书局，1935，235+136 页，16 开（四部备要 经部 020）

本书为合订书。《公羊注疏》28 卷，据清阮元刻《十三经注疏》本排印，封面题名：春秋公羊传注疏；《穀梁传注疏》20 卷，据清阮元刻《十三经注疏》本排印，封面题名：春秋穀梁传注疏。

收藏单位：重庆馆、国家馆、江西馆、内蒙古馆

00255

孝经注疏 （唐）李隆基注 （宋）邢昺疏·**论语注疏** （三国魏）何晏注 （宋）邢昺疏·**孟子注疏** （汉）赵岐注 （宋）孙奭疏

上海：中华书局，1935，47+133+182 页，16 开（四部备要 经部 021）

本书为合订书。《孝经注疏》9 卷，据清阮元刻《十三经注疏》本排印；《论语注疏》20 卷，据清阮元刻《十三经注疏》本排印；《孟子注疏》14 卷，据清阮元刻《十三经注疏》本排印。

收藏单位：重庆馆、国家馆、江西馆、内蒙古馆、青海馆

00256

尔雅注疏 （晋）郭璞注 （宋）邢昺疏

上海：中华书局，1935，133 页，16 开（四部备要 经部 022）

本书共 10 卷，据清阮元刻《十三经注疏》本排印。卷端题名：尔雅疏。

收藏单位：重庆馆、国家馆、内蒙古馆、青海馆

00257

周易述 （清）惠栋著·**江氏周易述补** （清）江藩著·**李氏周易述补** （清）李松林著

上海：中华书局，1935，170+30+38 页，16 开（四部备要 经部 023）

本书为合订书。《周易述》21 卷，据清《学海堂经解》本排印；《江氏周易述补》4 卷，据清《学海堂经解》本排印；《李氏周易述补》5 卷，据清南菁书院《皇清经解续编》本排印。

收藏单位：重庆馆、国家馆、首都馆

00258

尚书今古文注疏 （清）孙星衍著

上海：中华书局，1935，187 页，16 开（四部备要 经部 024）

本书共 30 卷，据清冶城山馆本校刊。

收藏单位：长春馆、重庆馆、国家馆

00259

毛诗传笺通释 （清）马瑞辰著

上海：中华书局，1935，396 页，16 开（四部备要 经部 025）

本书共 32 卷，据清南菁书院刻《皇清经解续编》本排印。

收藏单位：重庆馆、国家馆

00260

周礼正义 （清）孙诒让著

上海：中华书局，1935，2 册（941 页），18 开（四部备要 经部 026—027）

本书共 86 卷，据清光绪瑞安孙氏刻本排印。

收藏单位：重庆馆、国家馆

00261

仪礼正义 （清）胡培翚著

上海：中华书局，1935，2 册（563 页），18 开（四部备要 经部 028—029）

本书共 40 卷，据清南菁书院刻《皇清经解续编》本排印。

收藏单位：重庆馆、国家馆

00262

礼记训纂 （清）朱彬辑

上海：中华书局，1935，289 页，16 开（四部备要 经部 030）

本书共 49 卷，据清咸丰刻本排印。

收藏单位：重庆馆、国家馆、四川馆

00263

春秋左传诂 （清）洪亮吉著

上海：中华书局，1935，291 页，16 开（四部备要 经部 031）

本书共 20 卷，据清南菁书院刻《皇清经解续编》本排印。

收藏单位：重庆馆、国家馆

00264

公羊义疏 （清）陈立著

上海：中华书局，1935，2 册（640 页），16 开（四部备要 经部 032—033）

本书共 76 卷，据清南菁书院刻《皇清经解续编》本排印。

收藏单位：重庆馆、国家馆、四川馆

00265

穀梁补注 （清）钟文烝著

上海：中华书局，1935，231 页，16 开（四部备要 经部 034）

本书共 24 卷，据清南菁书院刻《皇清经解续编》本排印。

收藏单位：重庆馆、国家馆

00266

论语正义 （清）刘宝楠著 （清）刘恭冕补·**孟子正义** （清）焦循著·**孝经郑注疏** （汉）郑玄注 （清）皮锡瑞疏

上海：中华书局，1935，220+305+28 页，16 开（四部备要 经部 035）

本书为合订书。《论语正义》24 卷，据清南菁书院刻《皇清经解续编》本排印；《孟子正义》30 卷，据清《学海堂经解》本排印；《孝经郑注疏》2 卷，据清光绪间善化皮氏刻本排印。

收藏单位：重庆馆、国家馆

00267

尔雅义疏 （清）郝懿行著

上海：中华书局，1935，220 页，16 开（四部备要 经部 036）

本书共 20 卷，据清同治间郝氏家刻足本排印。卷端题名：尔雅郭注义疏。

收藏单位：重庆馆、国家馆

00268

经义述闻 （清）王引之著

上海：中华书局，1935，496 页，18 开（四部备要 经部 037）

本书共 32 卷，据清高邮王氏刻本排印。

收藏单位：重庆馆、国家馆

00269

经义考 （清）朱彝尊著

上海：中华书局，1935，4 册（1538 页），18 开（四部备要 经部 038—041）

本书共 302 卷，包括正文 300 卷、总目 2 卷，据清德州卢氏刻本排印。

收藏单位：安徽馆、国家馆

00270

说文解字真本 （汉）许慎著 （宋）徐铉等校

上海：中华书局，1935，304 页，16 开（四部备要 经部 042）

本书共 31 卷，包括正文 30 卷、标目 1 卷，据清大兴朱氏依宋重刊本影印。

收藏单位：东北师大馆、国家馆、江西馆、内蒙古馆

00271

说文系传 （五代）徐锴著

上海：中华书局，1935，244 页，16 开（四部备要 经部 043）

本书共 40 卷，据清《小学汇函》本排印。

收藏单位：国家馆

00272

说文解字段注 （汉）许慎著 （清）段玉裁注·**说文通检** （清）黎永椿编

上海：中华书局，1935，2 册（631+68 页），16 开（四部备要 经部 044—045）

本书为合订书。《说文解字段注》30 卷，《说文通检》16 卷，有卷首末各 1 卷，均据清原刻本排印。

收藏单位：国家馆

00273

玉篇 （南朝陈）顾野王著 （唐）孙强增字 （宋）陈彭年等重修·**广韵** （宋）陈彭年等奉敕著

上海：中华书局，1935，113+149 页，16 开（四部备要 经部 046）

本书为合订书。《玉篇》30 卷，据清《小学汇函》本排印；《广韵》5 卷，据清遵义黎氏覆宋重修本排印。

收藏单位：国家馆、内蒙古馆

00274

集韵 （宋）丁度等奉敕著

上海：中华书局，1935，181 页，16 开（四部备要 经部 047）

本书共 10 卷，据清《曹楝亭五种》本排印。

收藏单位：国家馆

00275

小尔雅义证 （清）胡承珙著·**方言疏证** （汉）扬雄著 （晋）郭璞注 （清）戴震疏证·**广雅疏证** （三国魏）张揖著 （清）王念孙注

上海：中华书局，1935，61+82+294 页，16 开（四部备要 经部 048）

本书为合订书。《小尔雅义证》13 卷，据清《墨庄遗书》本排印；《方言疏证》13 卷，据清《戴氏遗书》本排印，卷端题名：輶轩使者绝代语释别国方言；《广雅疏证》10 卷，据清高邮王氏家刻本排印。

收藏单位：国家馆、首都馆

史 部

00276

史记 （汉）司马迁著 （南朝宋）裴骃集解 （唐）司马贞索隐 （唐）张守节正义

上海：中华书局，1935，2 册（1201 页），16 开（四部备要 史部 049—050）

本书共 130 卷，据清武英殿本排印。

收藏单位：重庆馆、国家馆、江西馆、辽师大馆、内蒙古馆

00277

前汉书 （汉）班固著 （唐）颜师古注

上海：中华书局，1935，3 册（1406 页），16 开（四部备要 史部 051—053）

本书共 120 卷，据清武英殿本排印。

收藏单位：重庆馆、国家馆、辽师大馆、南京馆

00278
后汉书 （南朝宋）范晔著　（唐）李贤注
（晋）司马彪撰志　（南朝梁）刘昭注补
上海：中华书局，1935，2 册（1122 页），16
开（四部备要 史部 054—055）
　　本书共 130 卷，据清武英殿本排印。
　　收藏单位：重庆馆、国家馆、湖南馆、江
西馆、辽师大馆、南京馆、内蒙古馆、首都
馆

00279
三国志 （晋）陈寿著　（南朝宋）裴松之注
上海：中华书局，1935，640 页，16 开（四部
备要 史部 056）
　　本书共 65 卷，据清武英殿本排印。
　　收藏单位：国家馆、江西馆、辽师大馆、
南京馆、内蒙古馆

00280
晋书 （唐）房玄龄等著　（唐）何超音义
上海：中华书局，1935，2 册（1023 页），16
开（四部备要 史部 057—058）
　　本书共 133 卷，附音义 3 卷，据清武英
殿本排印。
　　收藏单位：重庆馆、国家馆、辽师大馆、
内蒙古馆

00281
宋书 （南朝梁）沈约著
上海：中华书局，1935，2 册（768 页），16
开（四部备要 史部 059—060）
　　本书共 100 卷，据清武英殿本排印。
　　收藏单位：重庆馆、广西馆、国家馆、辽
师大馆、内蒙古馆

00282
南齐书 （南朝梁）萧子显著
上海：中华书局，1935，315 页，16 开（四部
备要 史部 061）
　　本书共 59 卷，据清武英殿本排印。

收藏单位：重庆馆、广西馆、国家馆、辽
师大馆、南京馆

00283
梁书 （唐）姚思廉著
上海：中华书局，1935，290 页，16 开（四部
备要 史部 062）
　　本书共 56 卷，据清武英殿本排印。
　　收藏单位：重庆馆、广西馆、国家馆、辽
师大馆、南京馆、内蒙古馆

00284
陈书 （唐）姚思廉著
上海：中华书局，1935，170 页，16 开（四部
备要 史部 063）
　　本书共 36 卷，据清武英殿本排印。
　　收藏单位：重庆馆、广西馆、国家馆、辽
师大馆、南京馆、内蒙古馆

00285
魏书 （北齐）魏收著
上海：中华书局，1935，2 册（950 页），16
开（四部备要 史部 064—065）
　　本书共 130 卷，据清武英殿本排印。
　　收藏单位：重庆馆、广西馆、国家馆、南
京馆、内蒙古馆

00286
北齐书 （唐）李百药撰
上海：中华书局，1935，220 页，16 开（四部
备要 史部 066）
　　本书共 50 卷，据清武英殿本排印。
　　收藏单位：重庆馆、广西馆、国家馆、辽
师大馆、南京馆、内蒙古馆

00287
周书 （唐）令狐德棻等撰
上海：中华书局，1935，261 页，16 开（四部
备要 史部 067）
　　本书共 50 卷，据清武英殿本排印。
　　收藏单位：重庆馆、国家馆、辽师大馆、
南京馆、内蒙古馆

00288

隋书 （唐）魏徵等撰

上海：中华书局，1935，612 页，18 开（四部备要 史部 068）

　　本书共 85 卷，据清武英殿本排印。

　　收藏单位：重庆馆、广西馆、国家馆、辽师大馆、南京馆、内蒙古馆

00289

南史 （唐）李延寿撰

上海：中华书局，1935，579 页，16 开（四部备要 史部 069）

　　本书共 80 卷，据清武英殿本排印。

　　收藏单位：重庆馆、广西馆、国家馆、辽师大馆

00290

北史 （唐）李延寿撰

上海：中华书局，1935，2 册（906 页），16 开（四部备要 史部 070—071）

　　本书共 100 卷，据清武英殿本排印。

　　收藏单位：重庆馆、广西馆、国家馆、辽师大馆

00291

旧唐书 （五代）刘昫等撰

上海：中华书局，1935，3 册（1690 页），16 开（四部备要 史部 072—074）

　　本书共 200 卷，据清武英殿本排印。

　　收藏单位：重庆馆、广西馆、国家馆、辽师大馆、首都馆

00292

新唐书 （宋）欧阳修撰 （宋）宋祁著

上海：中华书局，1935，4 册（1814 页），16 开（四部备要 史部 075—078）

　　本书共 250 卷，附释音 25 卷，据清武英殿本排印。卷端题名：唐书。

　　收藏单位：重庆馆、国家馆

00293

旧五代史 （宋）薛居正等撰

上海：中华书局，1935，667 页，16 开（四部备要 史部 079）

　　本书共 150 卷，据清武英殿本排印。

　　收藏单位：重庆馆、国家馆、辽师大馆

00294

新五代史 （宋）欧阳修撰 （宋）徐无党注

上海：中华书局，1935，321 页，16 开（四部备要 史部 080）

　　本书共 74 卷，据清武英殿本排印。卷端及书口题名：五代史。

　　收藏单位：重庆馆、国家馆、辽师大馆

00295

宋史 （元）脱脱等修

上海：中华书局，1935，8 册（3868 页），16 开（四部备要 史部 081—088）

　　本书共 499 卷，包括正文 496 卷、目录 3 卷，据清武英殿本排印。

　　收藏单位：重庆馆、广西馆、国家馆、辽师大馆、内蒙古馆

00296

辽史 （元）脱脱等修

上海：中华书局，1935，434 页，16 开（四部备要 史部 089）

　　本书共 116 卷，据清武英殿本排印。

　　收藏单位：国家馆、辽师大馆

00297

金史 （元）脱脱等修

上海：中华书局，1935，2 册（841 页），16 开（四部备要 史部 090—091）

　　本书共 135 卷，据清武英殿本排印。

　　收藏单位：国家馆、辽师大馆

00298

元史 （明）宋濂等修

上海：中华书局，1935，3 册（1429 页），16 开（四部备要 史部 092—094）

　　本书共 212 卷，包括正文 210 卷、目录 2 卷，据清武英殿本排印。

　　收藏单位：国家馆、辽师大馆

00299

明史 （清）张廷玉等纂修

上海：中华书局，1935，4 册（2358 页），16 开（四部备要 史部 095—098）

本书共 336 卷，包括正文 332 卷、目录 4 卷，据清武英殿本排印。

收藏单位：国家馆、辽师大馆

00300

资治通鉴 （宋）司马光编 （元）胡三省音注

上海：中华书局，1935，8 册（3599 页），16 开（四部备要 史部 099—106）

本书共 294 卷，据清鄱阳胡氏仿元本校刊排印。

收藏单位：安徽馆、重庆馆、贵州馆、国家馆、江西馆、辽师大馆

00301

通鉴目录 （宋）司马光编

上海：中华书局，1935，252 页，16 开（四部备要 史部 107）

本书共 30 卷，据清江苏书局刻本排印。

收藏单位：国家馆、江西馆

00302

续资治通鉴 （清）毕沅著

上海：中华书局，1935，5 册（2402 页），16 开（四部备要 史部 108—112）

本书共 220 卷，据清镇洋毕氏原刊本排印。

收藏单位：重庆馆、国家馆、辽大馆、辽师大馆

00303

明纪 （清）陈鹤纂 （清）陈克家参订

上海：中华书局，1935，2 册（782 页），16 开（四部备要 史部 113—114）

本书共 60 卷，据清江苏书局刻本排印。

收藏单位：重庆馆、国家馆、辽师大馆

00304

逸周书 （晋）孔晁注 · **竹书纪年** （南朝梁）

沈约注 （清）洪颐煊校 · **穆天子传** （晋）郭璞注 （清）洪颐煊校 · **越绝书** （汉）袁康著 · **吴越春秋** （汉）赵晔著 （元）徐天祐注

上海：中华书局，1935，[231] 页，16 开（四部备要 史部 115）

本书为合订书。《逸周书》10 卷，据清抱经堂本排印；《竹书纪年》2 卷，据清平津馆本排印；《穆天子传》7 卷，有附录 1 卷，据清平津馆本排印；《越绝书》15 卷，据明刻本排印；《吴越春秋》10 卷，据明万历武林冯氏刻本排印。

收藏单位：重庆馆、国家馆

00305

国语 （三国吴）韦昭注

上海：中华书局，1935，183 页，16 开（四部备要 史部 116）

本书共 21 卷，附札记 1 卷、考异 4 卷，据清士礼居黄氏重雕本排印。

收藏单位：重庆馆、国家馆、辽师大馆

00306

战国策 （汉）高诱注 （宋）姚宏续注

上海：中华书局，1935，216 页，16 开（四部备要 史部 117）

本书共 33 卷，附札记 3 卷，据清士礼居黄氏覆剡川姚氏本排印。

收藏单位：重庆馆、国家馆

00307

路史 （宋）罗泌纂

上海：中华书局，1935，416 页，16 开（四部备要 史部 118）

本书共 47 卷，据清光绪越氏红杏山房补刻本排印。

收藏单位：重庆馆、国家馆

00308

东观汉记 （汉）刘珍等撰 · **华阳国志** （晋）常璩著 · **十六国春秋** （北魏）崔鸿著

上海：中华书局，1935，105+111+58 页，16 开（四部备要 史部 119）

本书为合订书。《东观汉记》24 卷，据清扫叶山房翻武英殿本排印;《华阳国志》12 卷，据清顾校廖刻本排印;《十六国春秋》16 卷，据清《汉魏丛书》本排印。

收藏单位：重庆馆、国家馆

00309

晋略 （清）周济著

上海：中华书局，1935，441 页，16 开（四部备要 史部 120）

本书共 66 卷，据清道光十九年刻本排印。

收藏单位：重庆馆、国家馆、内蒙古馆

00310

贞观政要 （唐）吴兢撰

上海：中华书局，1935，140 页，16 开（四部备要 史部 121）

本书共 10 卷，据明刻本排印。

收藏单位：重庆馆、国家馆、内蒙古馆

00311

摭言 （五代）王定保撰·**宣和遗事·靖康传信录** （宋）李纲撰·**长春真人西游记** （元）李志常述

上海：中华书局，1935，[160] 页，16 开（四部备要 史部 122）

本书为合订书。《摭言》15 卷，据清《学津讨原》本排印，卷端题名：唐摭言;《宣和遗事》2 卷，据清士礼居本排印;《靖康传信录》3 卷，据清《海山仙馆丛书》排印;《长春真人西游记》2 卷，据清连筠簃本排印。

收藏单位：重庆馆、国家馆

00312

圣武记 （清）魏源著

上海：中华书局，1935，288 页，18 开（四部备要 史部 123）

本书共 14 卷，据清魏氏古微堂原刻本排印。

收藏单位：重庆馆、国家馆、江西馆、辽大馆、内蒙古馆

00313

说苑 （汉）刘向著·**列女传校注** （汉）刘向著 （清）梁端校注·**高士传** （晋）皇甫谧著

上海：中华书局，1935，141+62+24 页，16 开（四部备要 史部 124）

本书为合订书。《说苑》20 卷，据明刻本排印;《列女传校注》8 卷，含续 1 卷，据清钱塘汪氏刻本排印，卷端题名：列女传;《高士传》3 卷，据清《汉魏丛书》本排印。

收藏单位：国家馆

00314

国朝先正事略 （清）李元度著

上海：中华书局，1935，576 页，16 开（四部备要 史部 125）

本书共 60 卷，据清原刻本排印。

收藏单位：国家馆、江西馆、内蒙古馆、西南大学馆

00315

中兴将帅别传 （清）朱孔彰著

上海：中华书局，1935，174 页，16 开（四部备要 史部 126）

本书共 30 卷，据清长洲泉氏刻本排印。

收藏单位：重庆馆、国家馆、江西馆、内蒙古馆

00316

水经注 （北魏）郦道元注 （清）王先谦校

上海：中华书局，1935，548 页，16 开（四部备要 史部 127）

本书共 41 卷，包括正文 40 卷、卷首 1 卷，据清长沙王氏校本排印。封面题名：王氏合校水经注。

收藏单位：重庆馆、国家馆

00317

山海经笺疏 （晋）郭璞传 （清）郝懿行疏·**洛阳伽蓝记** （北魏）杨衒之著·**荆楚岁时记** （南朝梁）宗懔著

上海：中华书局，1935，156+42+7 页，16 开（四部备要 史部 128）

本书为合订书。《山海经笺疏》18 卷，据清《郝氏遗书》本排印，卷端题及书口题名：山海经；《洛阳伽蓝记》5 卷，据清吴若准刻本排印；《荆楚岁时记》1 卷，据清《汉魏丛书》本排印。

收藏单位：重庆馆、国家馆

00318

历代地理志韵编今释 （清）李兆洛等辑

上海：中华书局，1935，248 页，16 开（四部备要 史部 129）

本书共 20 卷，据清江宁书局刻本排印。

收藏单位：重庆馆、国家馆、辽宁馆、首都馆

00319

通志略 （宋）郑樵著

上海：中华书局，1935，616 页，16 开（四部备要 史部 130）

本书共 52 卷，据清金坛刻本排印。

收藏单位：安徽馆、重庆馆、内蒙古馆

00320

汉官六种 （清）孙星衍辑·**吾学录** （清）吴荣光等著

上海：中 华 书 局，1935，63+154 页，16 开（四部备要 史部 131）

本书为合订书。《汉官六种》10 卷，据清平津馆本排印；《吾学录》24 卷，据清广州刻本排印。

收藏单位：国家馆

00321

历代帝王年表 （清）齐召南编 （清）阮福续编·**历代帝王庙谥年讳谱** （清）陆费墀编·**历代纪元编** （清）李兆洛等编

上海：中华书局，1935，88+14+68 页，16 开（四部备要 史部 132）

本书为合订书。《历代帝王年表》14 卷，附明年表 1 卷，据清文选楼本排印；《历代帝王庙谥年讳谱》1 卷，据清阮福刻本排印；《历代纪元编》4 卷，据清江宁局刻本排印。

收藏单位：国家馆

00322

历代职官表 （清）永瑢等修纂

上海：中华书局，1935，2 册（746 页），16 开（四部备要 史部 133—134）

本书共 72 卷，据清乾隆间武英殿本排印。

收藏单位：国家馆、南京馆

00323

历代史表 （清）万斯同编

上海：中华书局，1935，388 页，16 开（四部备要 史部 135）

本书共 59 卷，据清原刻本排印。

收藏单位：国家馆

00324

历代统纪表 （清）段长基编

上海：中华书局，1935，634 页，16 开（四部备要 史部 136）

本书共 13 卷，据清同治间宜黄曾氏重刊自刻本排印。

收藏单位：国家馆

00325

历代疆域表 （清）段长基编 （清）段撝书等注

上海：中华书局，1935，224 页，16 开（四部备要 史部 137）

本书共 3 卷，据清段氏自刻本排印。

收藏单位：国家馆、湖南馆

00326

历代沿革表 （清）段长基编 （清）段撝书等注

上海：中华书局，1935，327 页，16 开（四部备要 史部 138）

本书共 3 卷，据清段氏自刻本排印。

收藏单位：国家馆

00327

史通通释 （唐）刘知几著 （清）浦起龙释

上海：中华书局，1935，226 页，16 开（四部备要 史部 139）

　　本书共 20 卷，据清浦氏重校本排印。

　　收藏单位：国家馆、内蒙古馆

00328

读通鉴论·宋论 （清）王夫之撰

上海：中华书局，1935，456+135 页，16 开（四部备要 史部 140）

　　本书为合订书。《读通鉴论》31 卷（含卷末 1 卷），《宋论》15 卷，均据清《船山遗书》本排印。

　　收藏单位：国家馆

00329

文史通义·校雠通义 （清）章学诚著

上海：中华书局，1935，184+29 页，16 开（四部备要 史部 141）

　　本书为合订书。《文史通义》8 卷，据清光绪间刻本排印；《校雠通义》3 卷，据清原刻本排印。

　　收藏单位：国家馆

00330

廿二史札记 （清）赵翼著

上海：中华书局，1935，454 页，16 开（四部备要 史部 142）

　　本书共 36 卷，据清原刻本排印。

　　收藏单位：国家馆、辽师大馆

子　部

00331

孔子家语 （三国魏）王肃注·**荀子** （战国）荀况著 （唐）杨倞注·**孔丛子** （汉）孔鲋著

上海：中华书局，1935，71+150+42 页，16 开（四部备要 子部 143）

　　本书为合订书。《孔子家语》10 卷，据明汲古阁本排印；《荀子》20 卷，据清嘉善谢氏校本排印；《孔丛子》7 卷，据清《汉魏丛书》本排印。

　　收藏单位：重庆馆、国家馆、江西馆、辽师大馆

00332

孙子 （春秋）孙武著 （汉）曹操等注 （宋）吉天保辑 （清）孙星衍 （清）吴人骥校·**吴子** （战国）吴起著·**司马法** （春秋）司马穰苴著

上海：中华书局，1935，175+10+8 页，16 开（四部备要 子部 144）

　　本书为合订书。《孙子》13 卷，据清平津馆校本排印；《吴子》2 卷，据清平津馆校本排印；《司马法》3 卷，据宋本排印。

　　收藏单位：国家馆、辽师大馆

00333

管子 （春秋）管仲著 （唐）房玄龄注

上海：中华书局，1935，216 页，16 开（四部备要 子部 145）

　　本书共 24 卷，据明吴郡赵氏本排印。

　　收藏单位：重庆馆、国家馆、江西馆、辽师大馆

00334

慎子 （战国）慎到撰·**商君书** （战国）商鞅著·**邓析子** （春秋）邓析著·**韩非子** （战国）韩非著

上海：中华书局，1935，14+48+10+183 页，16 开（四部备要 子部 146）

　　本书为合订书。《慎子》1 卷，据清《守山阁丛书》本排印；《商君书》5 卷，据清西吴严万里校本排印；《邓析子》1 卷，据清《指海》本排印；《韩非子》20 卷，据清吴氏影宋乾道本排印。

　　收藏单位：国家馆、江西馆、辽师大馆、内蒙古馆

00335

晏子春秋 （春秋）晏婴著

上海：中华书局，1935，121 页，16 开（四部备要 子部 147）

　　本书共 9 卷，附音义 2 卷、校勘 2 卷，据清平津馆校刊本排印。

收藏单位：重庆馆、国家馆、江西馆、辽师大馆、内蒙古馆

00336

墨子　（战国）墨翟著　（清）毕沅注

上海：中华书局，1935，124 页，16 开（四部备要 子部 148）

本书共 16 卷，据清镇洋毕氏灵岩山馆校本排印。

收藏单位：重庆馆、国家馆、江西馆、内蒙古馆

00337

公孙龙子　（战国）公孙龙著　（宋）谢希深注·**尹文子**　（战国）尹文著·**鬼谷子**　（战国）鬼谷子著　（南朝梁）陶弘景注·**尸子**（战国）尸佼著　（清）孙星衍辑·**鹖冠子**（战国）鹖冠子著　（宋）陆佃注·**燕丹子**（清）孙星衍辑

上海：中华书局，1935，[134] 页，16 开（四部备要 子部 149）

本书为合订书。《公孙龙子》1 卷，据清《守山阁丛书》本排印；《尹文子》1 卷，据清《守山阁丛书》排印；《鬼谷子》3 卷，据清秦恩复校刻本排印；《尸子》2 卷，据清《平津馆丛书》本排印；《鹖冠子》3 卷，据清《学津讨原》本排印；《燕丹子》3 卷，据清《平津馆丛书》本排印。

收藏单位：重庆馆、国家馆、辽师大馆

00338

吕氏春秋　（战国）吕不韦著　（汉）高诱注（清）毕沅校

上海：中华书局，1935，198 页，16 开（四部备要 子部 150）

本书共 26 卷，据清镇洋毕氏灵岩山馆校本排印。

收藏单位：重庆馆、广东馆、国家馆、江西馆、辽师大馆

00339

老子　（春秋）李耳著　（三国魏）王弼注·**关尹子**　（战国）尹喜著·**列子**　（战国）列御寇

著　（晋）张湛注·**庄子**　（战国）庄周著（晋）郭象注　（唐）陆德明音义·**文子**　（战国）辛钘著·**文子缵义**　（元）杜道坚著

上海：中华书局，1935，1 册（[381] 页），16 开（四部备要 子部 151）

本书为合订书。《老子》2 卷，据明华亭张氏本排印，卷端及书口题名：老子道德经；《关尹子》1 卷，据清《墨海金壶》本排印；《列子》8 卷，据明世德堂本排印；《庄子》10 卷，据明世德堂本排印；《文子》2 卷，据清守山阁本排印；《文子缵义》12 卷，据清武英殿聚珍版本排印。

收藏单位：重庆馆、国家馆、江西馆、辽师大馆、内蒙古馆

00340

新语　（汉）陆贾著　（清）卢文弨校·**新书**（汉）贾谊著　（清）卢文弨校·**春秋繁露**（汉）董仲舒著　（清）卢文弨校

上海：中华书局，1935，14+66+104 页，16 开（四部备要 子部 152）

本书为合订书。《新语》2 卷，据明刻本排印；《新书》10 卷，据清《抱经堂丛书》本排印；《春秋繁露》18 卷，有附录 1 卷，据清《抱经堂丛书》本排印。

收藏单位：重庆馆、国家馆、江西馆、辽师大馆、南京馆、内蒙古馆

00341

淮南子　（汉）刘安著　（汉）高诱注

上海：中华书局，1935，192 页，16 开（四部备要 子部 153）

本书共 21 卷，据清武进庄氏校本排印。

收藏单位：重庆馆、国家馆、江西馆、辽师大馆、内蒙古馆

00342

盐铁论　（汉）桓宽撰　（清）王先谦集注·**扬子法言**　（汉）扬雄著　（晋）李轨注·**桓子新论**　（汉）桓谭著　（清）孙冯翼辑·**潜夫论**　（汉）王符著　（清）汪继培笺

上海：中华书局，1935，[294] 页，16 开（四部备要 子部 154）

本书为合订书。《盐铁论》10 卷，据清光绪十七年长沙王氏刻本排印；《扬子法言》13 卷，据清江都秦氏翻宋治平监本排印；《桓子新论》1 卷，据清问经堂本排印；《潜夫论》10 卷，据清湖海楼本排印。

收藏单位：重庆馆、国家馆、辽师大馆

00343

论衡 （汉）王充著·**申鉴** （汉）荀悦著·**人物志** （三国魏）刘邵著 （北魏）刘昞注

上海：中华书局，1935，250+18+24 页，16 开（四部备要 子部 155）

本书为合订书。《论衡》30 卷，据明刻本排印；《申鉴》5 卷，据清《汉魏丛书》本排印；《人物志》3 卷，据清《墨海金壶》本排印。

收藏单位：重庆馆、国家馆、江西馆、辽师大馆、内蒙古馆、西南大学馆

00344

抱朴子 （晋）葛洪著·**参同契考异** （宋）朱熹撰

上海：中华书局，1935，205+17 页，16 开（四部备要 子部 156）

本书为合订书。《抱朴子》内篇 20 卷、外篇 50 卷，据清平津馆本排印；《参同契考异》1 卷，据清守山阁本排印，书口题名：参同契。

收藏单位：重庆馆、国家馆、辽师大馆

00345

颜氏家训 （北齐）颜之推著 （清）赵曦明注 （清）卢文弨补注·**中说** （隋）王通著 （宋）阮逸注·**意林** （唐）马总辑·**子略** （宋）高似孙著

上海：中华书局，1935，99+49+68+28 页，16 开（四部备要 子部 157）

本书为合订书。《颜氏家训》7 卷，据清抱经堂校定本排印；《中说》10 卷，据明世德堂本排印；《意林》6 卷，据清《学津讨原》本排印；《子略》5 卷，有目 1 卷，据清《学津讨原》本排印。

收藏单位：重庆馆、国家馆、江西馆、辽师大馆、南京馆、内蒙古馆

00346

世说新语 （南朝宋）刘义庆撰 （南朝梁）刘孝标注·**续世说** （宋）孔平仲撰

上海：中华书局，1935，127+116 页，16 开（四部备要 子部 158）

本书为合订书。《世说新语》3 卷，据明刻本排印；《续世说》12 卷，据清守山阁校刻本排印。

收藏单位：重庆馆、国家馆、江西馆、辽师大馆、内蒙古馆

00347

弘明集 （南朝梁释）僧祐辑著·**广弘明集** （唐释）道宣撰

上海：中华书局，1935，122+336 页，16 开（四部备要 子部 159）

本书为合订书。《弘明集》14 卷，据明汪道昆刻本排印；《广弘明集》40 卷，据常州天宁寺本排印。

收藏单位：重庆馆、国家馆、江西馆、辽师大馆、内蒙古馆

00348

周子通书 （宋）周敦颐著·**张子全书** （宋）张载著

上海：中华书局，1935，8+143 页，16 开（四部备要 子部 160）

本书为合订书。《周子通书》1 卷，据清《榕村全集》本排印；《张子全书》15 卷，据清高安朱氏校刻本排印。

收藏单位：重庆馆、国家馆、内蒙古馆

00349

二程全书 （宋）程颢 （宋）程颐著 （宋）朱熹等辑

上海：中华书局，1935，514 页，16 开（四部备要 子部 161）

本书共 7 种 67 卷，据清江宁刻本排印。

收藏单位：重庆馆、国家馆

00350

朱子大全 （宋）朱熹著

上海：中华书局，1935，4 册（1921 页），16

开（四部备要 子部 162—165）

本书共 121 卷，包括正集 100 卷、续集 11 卷、别集 10 卷，据明嘉靖刻本排印。

收藏单位：重庆馆、国家馆、江西馆、内蒙古馆

00351

象山全集 （宋）陆九渊著

上海：中华书局，1935，229 页，16 开（四部备要 子部 166）

本书共 36 卷，据明李氏刻本排印。卷端题名：陆象山先生全集。

收藏单位：重庆馆、国家馆、内蒙古馆、绍兴馆

00352

阳明全集 （明）王守仁著·**明夷待访录** （清）黄宗羲著

上海：中 华 书 局，1935，555+22 页，16 开（四部备要 子部 167）

本书为合订书。《阳明全集》38 卷，据明谢氏刻本排印，封面及书口题名：阳明全书；《明夷待访录》1 卷，据清海山仙馆本排印。

收藏单位：国家馆

00353

近思录集注 （清）江永注·**小学集注** （宋）朱熹著 （明）陈选集注·**性理精义** （清）李光地等奉敕编

上海：中 华 书 局，1935，80+51+112 页，16 开（四部备要 子部 168）

本书为合订书。《近思录集注》14 卷，据通行本排印；《小学集注》6 卷，据通行本排印；《性理精义》12 卷，据通行本排印，卷端及书口题名：御纂性理精义。

收藏单位：重庆馆、国家馆

00354

五种遗规 （清）陈弘谋编

上海：中华书局，1935，331 页，16 开（四部备要 子部 169）

本书共 16 卷，据通行本排印。

收藏单位：安徽馆、重庆馆、国家馆、辽师大馆、内蒙古馆、西南大学馆

00355

宋元学案 （清）黄宗羲著 （清）黄百家辑 （清）全祖望修定 （清）王梓材等校定

上海：中华书局，1935，2 册（1186 页），16 开（四部备要 子部 170—171）

本书共 101 卷，包括正文 100 卷、卷首 1 卷，据清道州何氏刻本排印。

收藏单位：重庆馆、国家馆

00356

明儒学案 （清）黄宗羲著

上海：中华书局，1935，515 页，16 开（四部备要 子部 172）

本书共 62 卷，据清会稽莫氏刻本排印。

收藏单位：重庆馆、国家馆、内蒙古馆

00357

国朝学案小识 （清）唐鉴著·**国朝汉学师承记** （清）江藩著

上海：中华书局，1935，208+76 页，16 开（四部备要 子部 173）

本书为合订书。《国朝学案小识》15 卷，有卷末 1 卷，据原刻本排印，卷端及书口题名：学案小识；《国朝汉学师承记》8 卷，据原刻本排印。

收藏单位：重庆馆、国家馆

00358

风俗通义 （汉）应劭著·**博物志** （晋）张华著·**古今注** （晋）崔豹著·**中华古今注** （五代）马缟著

上海：中华书局，1935，[110] 页，16 开（四部备要 子部 174）

本书为合订书。《风俗通义》10 卷，据清翻元刻本排印；《博物志》10 卷，据清士礼居本排印；《古今注》3 卷，据明《古今逸史》本排印；《中华古今注》3 卷，据明《古今逸史》本排印。

收藏单位：国家馆

00359

困学纪闻 （宋）王应麟著 （清）翁元圻辑注

上海：中华书局，1935，543 页，16 开（四部备要 子部 175）

　　本书共 21 卷，包括正文 20 卷、卷首 1 卷。内容涉及传统学术的各个方面，其中以论述经学为重点。据清通行本排印。封面及书口题名：翁注困学纪闻。

　　收藏单位：重庆馆、国家馆、内蒙古馆

00360

日知录集释 （清）顾炎武著 （清）黄汝成集释

上海：中华书局，1935，638 页，16 开（四部备要 子部 176）

　　本书共 32 卷，据清原刻本排印。

　　收藏单位：国家馆、湖南馆、首都馆

00361

十驾斋养新录 （清）钱大昕著

上海：中华书局，1935，196 页，16 开（四部备要 子部 177）

　　本书共 23 卷，包括新录 20 卷、余录 3 卷，据清《潜研堂集》本排印。

　　收藏单位：国家馆、河南馆

00362

东塾读书记 （清）陈澧著

上海：中华书局，1935，160 页，16 开（四部备要 子部 178）

　　本书据清原刻本排印。作者原意作 25 卷，分论经、史、子及小学，但论史之 10 卷未完成。原缺卷十三、十四、十七至二十、二十二至二十五。

　　收藏单位：国家馆

00363

齐民要术 （北魏）贾思勰著·**农桑辑要** （元）司农司著

上海：中华书局，1935，112+66 页，16 开（四部备要 子部 179）

　　本书为合订书。《齐民要术》10 卷，据清《学津讨原》本排印；《农桑辑要》7 卷，据清浙江局刻本排印。

　　收藏单位：国家馆、内蒙古馆

00364

内经素问 （唐）王冰注 （宋）林亿等校·**灵枢经·难经集注** （战国）秦越人著 （明）王九思等注

上海：中华书局，1935，221+81+84 页，16 开（四部备要 子部 180）

　　本书为合订书。《内经素问》24 卷、附遗篇，据清浙江局刻本排印，封面题名：素问王冰注；《灵枢经》12 卷，据《古今医统》本排印，卷端题名：黄帝内经灵枢；《难经集注》5 卷，据清守山阁本排印。

　　收藏单位：国家馆

00365

神农本草经 （三国魏）吴普等著 （清）孙星衍 （清）冯孙翼辑·**伤寒论·金匮要略** （汉）张仲景著

上海：中华书局，1935，75+127+48 页，16 开（四部备要 子部 181）

　　本书为合订书。《神农本草经》3 卷，据清问经堂本排印，卷端题名：本草经；《伤寒论》10 卷，据《古今医统》本排印；《金匮要略》3 卷，据《古今医统》本排印，卷端题名：金匮函要略方论。

　　收藏单位：国家馆

00366

周髀算经 （汉）赵爽注·**长术辑要** （清）汪曰桢著

上海：中华书局，1935，41+158 页，16 开（四部备要 子部 182）

　　本书为合订书。《周髀算经》2 卷，据清《学津讨原》本排印；《长术辑要》10 卷，据清《荔墙丛刻》本排印。

　　收藏单位：国家馆

00367

易林 （汉）焦延寿著·**太玄经** （汉）扬雄著

上海：中华书局，1935，196+77 页，16 开（四部备要 子部 183）

本书为合订书。《易林》16 卷，据清士礼居校宋本排印;《太玄经》10 卷，据清嘉庆刻本排印。

收藏单位：国家馆、江西馆

00368

皇极经世绪言 （宋）邵雍著

上海：中华书局，1935，257 页，16 开（四部备要 子部 184）

本书共 11 卷，包括正文 9 卷、卷首 2 卷，据通行本排印。

收藏单位：国家馆

集　部

00369

蔡中郎集 （汉）蔡邕著

上海：中华书局，1935，167 页，16 开（四部备要 集部 185）

本书共 16 卷，包括正集 10 卷、外纪 1 卷、外集 4 卷、卷末 1 卷，据清聊城杨氏海源阁校刻本排印。

收藏单位：重庆馆、国家馆、内蒙古馆

00370

曹子建集 （三国魏）曹植著·**嵇中散集**（三国魏）嵇康著·**陆士衡集** （晋）陆机著·**陆士龙集** （晋）陆云著

上海：中华书局，1935，[214] 页，16 开（四部备要 集部 186）

本书为合订书。《曹子建集》10 卷，据明刻本排印;《嵇中散集》10 卷，据明刻本排印;《陆士衡集》10 卷，据明汪士贤刻本排印;《陆士龙集》10 卷，据明汪士贤刻本排印。

收藏单位：国家馆、辽大馆、内蒙古馆

00371

靖节先生集 （晋）陶潜著 （清）陶澍集注

上海：中华书局，1935，140 页，16 开（四部备要 集部 187）

本书共 12 卷，包括正文 10 卷、卷首 1 卷、卷末 1 卷，据清安化陶文毅集注排印。

收藏单位：重庆馆、国家馆、江西馆、内蒙古馆

00372

鲍氏集 （南朝宋）鲍照著·**谢宣城集** （南朝齐）谢朓著·**昭明太子文集** （南朝梁）萧统著·**江文通集** （南朝梁）江淹著·**何水部集** （南朝梁）何逊著

上海：中华书局，1935，[214] 页，16 开（四部备要 集部 188）

本书为合订书。《鲍氏集》10 卷，据宋刻本排印，封面题名：鲍参军集，序题名：鲍照集;《谢宣城集》5 卷，据清拜经楼本排印;《昭明太子文集》5 卷，据明辽府刻本排印;《江文通集》4 卷，据清梁氏校刻本排印;《何水部集》1 卷，据明刻本排印。

收藏单位：重庆馆、国家馆、内蒙古馆

00373

庾开府全集 （北周）庾信著 （清）倪璠注·**徐孝穆集笺注** （南朝陈）徐陵撰 （清）吴兆宜注

上海：中华书局，1935，260+82 页，16 开（四部备要 集部 189）

本书为合订书。《庾开府全集》16 卷，据清钱塘倪氏刻本排印，封面题名：庾子山集注，书口题名：庾子山集;《徐孝穆集笺注》6 卷，据清吴氏刻本排印，书口题名：徐孝穆全集。

收藏单位：重庆馆、国家馆

00374

初唐四杰集 （唐）王勃等著·**曲江集** （唐）张九龄著

上海：中华书局，1935，187+136 页，16 开（四部备要 集部 190）

本书为合订书。《初唐四杰集》21 卷，据通行本排印，卷端及书口题名：初唐四杰文集;《曲江集》12 卷，据清张氏祠堂本排印，卷端题名：唐丞相张文献公集。

收藏单位：重庆馆、国家馆、江西馆、内蒙古馆

00375

李太白全集 （唐）李白著 （清）王琦辑注

上海：中华书局，1935，484 页，16 开（四部备要 集部 191）

本书共 36 卷，据清王氏注本排印。封面题名：李太白诗集。

收藏单位：重庆馆、国家馆、江西馆、内蒙古馆、首都馆

00376

杜工部集 （唐）杜甫著

上海：中华书局，1935，243 页，16 开（四部备要 集部 192）

本书共 21 卷，包括正文 20 卷、卷首 1 卷，据清郑氏玉钩草堂本排印。封面题名：杜工部诗集。

收藏单位：重庆馆、国家馆、江西馆、首都馆

00377

王右丞集笺注 （唐）王维著 （清）赵殿成注·**孟浩然集** （唐）孟浩然著·**韦苏州集** （唐）韦应物著·**刘随州集** （唐）刘长卿著

上海：中华书局，1935，234+30+63+69 页，16 开（四部备要 集部 193）

本书为合订书。《王右丞集笺注》30 卷，有卷首 1 卷、卷末 1 卷，据清乾隆仁和赵氏刻本排印，封面题名：王右丞集注；《孟浩然集》4 卷，据明刻本排印，封面题名：孟襄阳集；《韦苏州集》10 卷，据清项氏翻宋本排印；《刘随州集》11 卷，有外集 1 卷，据清席氏刻本排印。

收藏单位：重庆馆、国家馆、江西馆、内蒙古馆

00378

元次山集 （唐）元结著·**颜鲁公集** （唐）颜真卿著

上海：中华书局，1935，45+241 页，16 开（四部备要 集部 194）

本书为合订书。《元次山集》11 卷，附拾遗 1 卷，据明刻本排印；《颜鲁公集》32 卷，有卷首 1 卷、补遗 1 卷，据清黄氏三长物斋本排印。

收藏单位：重庆馆、国家馆、江西馆、内蒙古馆

00379

陆宣公集 （唐）陆贽著 （清）耆英等增辑

上海：中华书局，1935，430 页，16 开（四部备要 集部 195）

本书共 24 卷，据清光绪间耆氏增辑年羹尧本排印。序题：唐陆宣公翰苑集。

收藏单位：重庆馆、国家馆、内蒙古馆

00380

昌黎先生集 （唐）韩愈著 （唐）李汉编 （宋）廖莹中辑注

上海：中华书局，1935，430 页，16 开（四部备要 集部 196）

本书共 51 卷，包括正集 40 卷、外集 10 卷、遗文 1 卷，据明徐氏东雅堂本排印。封面题名：韩昌黎全集。

收藏单位：重庆馆、国家馆、江西馆

00381

柳河东集 （唐）柳宗元著 （明）蒋之翘辑注

上海：中华书局，1935，411 页，16 开（四部备要 集部 197）

本书共 52 卷，包括正集 45 卷、外集 5 卷、遗文 1 卷、附录 1 卷，据清蒋氏三经藏书本排印。封面题名：柳河东全集。

收藏单位：重庆馆、国家馆、江西馆、内蒙古馆

00382

孟东野集 （唐）孟郊著 （清）王琦注·**贾长江集** （唐）贾岛著 （清）王琦注·**李长吉歌诗** （唐）李贺著 （清）王琦注

上海：中华书局，1935，60+43+76 页，16 开（四部备要 集部 198）

本书为合订书。《孟东野集》10 卷，据明

刻本排印，书口题：孟东野诗集;《贾长江集》10 卷，据明刻本排印，封面题：长江集;《李长吉歌诗》6 卷，有卷首 1 卷、外集 1 卷，据清钱塘王氏刻本排印。

　　收藏单位：重庆馆、国家馆

00383

元氏长庆集 （唐）元稹著

上海：中华书局，1935，220 页，16 开（四部备要 集部 199）

　　本书共 61 卷，包括文集 60 卷、集外文章 1 卷，据明嘉靖三十一年东吴董氏翻宋刊本影印。

　　收藏单位：重庆馆、国家馆、江西馆、内蒙古馆

00384

白香山诗集 （唐）白居易著 （清）汪立名编

上海：中华书局，1935，353 页，16 开（四部备要 集部 200）

　　本书共 40 卷，据清汪氏一隅草堂本排印。

　　收藏单位：重庆馆、国家馆、江西馆、内蒙古馆

00385

刘宾客文集 （唐）刘禹锡著

上海：中华书局，1935，162 页，16 开（四部备要 集部 201）

　　本书共 40 卷，包括文集 30 卷、外集 10 卷，据清刘氏刻本排印。封面题名：刘宾客集。

　　收藏单位：重庆馆、国家馆、内蒙古馆

00386

玉溪生诗笺注 （唐）李商隐撰 （清）冯浩注·**樊南文集详注** （唐）李商隐著 （清）冯浩注·**樊南文集补编** （唐）李商隐著 （清）钱振伦笺 （清）钱振常注

上海：中华书局，1935，206+168+157 页，16 开（四部备要 集部 202）

　　本书为合订书。《玉溪生诗笺注》7 卷，有卷首 1 卷，据清刻本排印;《樊南文集详注》8 卷，据清同治七年冯氏补刻本排印;《樊南文集补编》13 卷，有卷首 1 卷，据清同治五年盱眙吴氏刻本排印。

　　收藏单位：重庆馆、国家馆、江西馆、内蒙古馆

00387

樊川诗集注 （唐）杜牧著 （清）冯集梧注·**温飞卿集笺注** （唐）温庭筠著 （清）曾益注 （清）顾予咸补注·**唐女郎鱼玄机诗** （唐）鱼玄机著·**南唐二主词** （五代）李璟 （五代）李煜著

上海：中华书局，1935，108+85+17+5 页，16 开（四部备要 集部 203）

　　本书为合订书。《樊川诗集注》共 7 卷，包括诗集 4 卷、别集 1 卷、外集 1 卷、补遗 1 卷，据清冯氏集注本排印，书口题名：樊川诗;《温飞卿集笺注》9 卷，据清秀埜草堂校本排印，书口题名：温飞卿诗集;《唐女郎鱼玄机诗》1 卷，据清吴县黄氏百宋一廛藏宋本排印，封面题名：鱼玄机诗;《南唐二主词》1 卷，据清《粟香室丛书》本排印，卷端题名：二主词。

　　收藏单位：重庆馆、国家馆、江西馆、内蒙古馆

00388

徐公集 （宋）徐铉著

上海：中华书局，1935，164 页，16 开（四部备要 集部 204）

　　本书共 30 卷，据明刻本排印。封面题名：骑省集。

　　收藏单位：重庆馆、国家馆、内蒙古馆

00389

和靖诗集 （宋）林逋著·**苏学士集** （宋）苏舜钦著

上海：中华书局，1935，37+86 页，16 开（四部备要 集部 205）

　　本书为合订书。《和靖诗集》共 6 卷，包括诗集 4 卷、拾遗 1 卷、附录 1 卷，据清同治间长洲朱氏刻本排印，卷端题名：林和靖诗

集;《苏学士集》16卷,据清康熙三十七年吴门徐氏白华书屋刻本排印,书口题名:苏学士文集。

　　收藏单位:重庆馆、国家馆、江西馆、内蒙古馆

00390

宛陵集 (宋)梅尧臣著

上海:中华书局,1935,257页,16开(四部备要 集部206)

　　本书共60卷,据清康熙徐氏刻本排印。

　　收藏单位:重庆馆、国家馆、江西馆、内蒙古馆

00391

司马温公集 (宋)司马光著

上海:中华书局,1935,139页,16开(四部备要 集部207)

　　本书共15卷,包括正文14卷、卷首1卷,据清光绪赵氏修镌清康熙间仪封张氏刻本排印。封面题名:司马文正公集。

　　收藏单位:重庆馆、国家馆、内蒙古馆

00392

欧阳文忠全集 (宋)欧阳修著

上海:中华书局,1935,2册(875页),16开(四部备要 集部208—209)

　　本书共158卷,包括正文153卷、附录5卷,据清乾隆十一年卢陵欧阳氏祠堂本排印。封面题名:欧阳文忠集。

　　收藏单位:重庆馆、国家馆、江西馆

00393

南丰先生元丰类稿 (宋)曾巩著

上海:中华书局,1935,360页,16开(四部备要 集部210)

　　本书共51卷,据明刻本排印。

　　收藏单位:重庆馆、国家馆、江西馆、内蒙古馆、天津馆

00394

王临川全集 (宋)王安石著

上海:中华书局,1935,2册(660页),16开

(四部备要 集部211—212)

　　本书共102卷,包括正文100卷、目录2卷,据明刻本排印。封面及书口题名:临川集。

　　收藏单位:重庆馆、国家馆、江西馆、内蒙古馆

00395

嘉祐集 (宋)苏洵著·**斜川集** (宋)苏过著

上海:中华书局,1935,87+67页,16开(四部备要 集部213)

　　本书为合订书。《嘉祐集》15卷,据明刻本排印;《斜川集》6卷,据清知不足斋本排印。

　　收藏单位:重庆馆、国家馆

00396

东坡七集 (宋)苏轼著

上海:中华书局,1935,2册(855页),16开(四部备要 集部214—215)

　　本书共100卷,据清宣统匋斋校刻本排印。

　　收藏单位:重庆馆、国家馆

00397

栾城集 (宋)苏辙著

上海:中华书局,1935,645页,16开(四部备要 集部216)

　　本书共74卷,包括前集50卷、后集24卷,据明嘉靖二十年蜀府本排印。

　　收藏单位:重庆馆、国家馆

00398

山谷全集 (宋)黄庭坚著 (宋)任渊等注

上海:中华书局,1935,332页,16开(四部备要 集部217)

　　本书共39卷,包括正集20卷、外集17卷、别集2卷,据清光绪义宁陈氏重刻日本宋本及朝鲜活字本排印。

　　收藏单位:重庆馆、国家馆

00399

淮海集 (宋)秦观著

上海：中华书局，1935，184 页，16 开（四部备要 集部 218）

本书共 22 卷，包括前集 17 卷、后集 2 卷、词 1 卷、补遗 1 卷、续补遗 1 卷，据清道光重刻本排印。

收藏单位：重庆馆、国家馆

00400

后山集 （宋）陈师道著·**简斋诗集** （宋）陈与义著

上海：中华书局，1935，126+149 页，16 开（四部备要 集部 219）

本书为合订书。《后山集》24 卷，据清雍正赵氏刻本排印；《简斋诗集》30 卷，附《无住词》1 卷、外集 1 卷，据清乾隆间《武英殿聚珍版丛书》本排印。

收藏单位：重庆馆、国家馆

00401

诚斋集 （宋）杨万里著

上海：中华书局，1935，304 页，16 开（四部备要 集部 220）

本书共 42 卷，据清乾隆吉水杨氏刻本排印。封面及书口题名：诚斋诗集。

收藏单位：重庆馆、国家馆

00402

陆放翁全集 （宋）陆游著

上海：中华书局，1935，3 册（814+353+87 页），16 开（四部备要 集部 221—223）

本书共 153 卷，据汲古阁本排印。

收藏单位：重庆馆、国家馆

00403

水心集 （宋）叶适著

上海：中华书局，1935，255 页，16 开（四部备要 集部 224）

本书共 29 卷，据清乾隆刻本排印。

收藏单位：重庆馆、国家馆

00404

龙川文集 （宋）陈亮著

上海：中华书局，1935，189 页，16 开（四部备要 集部 225）

本书共 32 卷，包括文集 30 卷、卷首 1 卷、补遗 1 卷，据清同治胡氏刻本排印。

收藏单位：重庆馆、国家馆

00405

张子野词 （宋）张先著·**片玉集** （宋）周邦彦著 （宋）陈元龙注·**石湖词** （宋）范成大著·**稼轩词** （宋）辛弃疾著·**白石道人诗集歌曲** （宋）姜夔著·**梦窗词集** （宋）吴文英著·**蘋洲渔笛谱** （宋）周密著 （清）江昱考证·**山中白云** （宋）张炎著 （清）江昱疏证·**花外集** （宋）王沂孙著

上海：中华书局，1935，[375] 页，16 开（四部备要 集部 226）

本书为合订书。《张子野词》2 卷，有补遗 2 卷，据清知不足斋本排印；《片玉集》10 卷，《石湖词》1 卷，有补遗 1 卷，据《彊村丛书》排印；《稼轩词》12 卷，有补遗 1 卷，据清临桂王氏四印斋刻本及万载辛氏刻补遗本排印；《白石道人诗集歌曲》2 卷，有诗说 1 卷、集外诗 1 卷，据清《榆园丛刻》本排印；《梦窗词集》1 卷，有补遗 1 卷，据《彊村丛书》本排印；《蘋洲渔笛谱》2 卷，集外词 1 卷，《山中白云》8 卷，据《彊村丛书》本排印；《花外集》1 卷，据清临桂王氏四印斋刻本排印。

收藏单位：国家馆、辽大馆

00406

元遗山诗笺注 （金）元好问著 （清）施国祁笺

上海：中华书局，1935，236 页，16 开（四部备要 集部 227）

本书共 16 卷，包括正文 14 卷、卷首 1 卷、卷末 1 卷，据清蒋氏刻本排印。书口题名：遗山诗集，封面题名：元遗山诗注。

收藏单位：重庆馆、国家馆

00407

清容居士集 （元）袁桷著

上海：中华书局，1935，415 页，16 开（四部备要 集部 228）

本书共 50 卷，据清郁氏《宜稼堂丛书》本排印。

收藏单位：重庆馆、国家馆、黑龙江馆

00408

道园学古录 （元）虞集著

上海：中华书局，1935，348 页，16 开（四部备要 集部 229）

本书共 50 卷，据通行本排印。

收藏单位：重庆馆、国家馆

00409

铁崖古乐府注 （元）杨维桢著·**贞居词** （元）张雨著·**蜕岩词** （元）张翥著

上海：中华书局，1935，243+9+19 页，16 开（四部备要 集部 230）

本书为合订书。《铁崖古乐府注》10 卷，附《铁崖咏史注》8 卷、《铁崖逸编注》8 卷，据清乾隆间楼氏刻本排印;《贞居词》1 卷，附补遗，据《彊村丛书》本排印;《蜕岩词》2 卷，据清厉樊榭校本排印。

收藏单位：国家馆

00410

宋文宪公全集 （明）宋濂著

上海：中华书局，1935，601 页，16 开（四部备要 集部 231）

本书共 54 卷，包括正文 53 卷、卷首 1 卷，据清嘉庆间严氏刻本排印。封面题名：宋文宪全集。

收藏单位：重庆馆、国家馆、绍兴馆

00411

高青邱诗集注 （明）高启著 （清）金檀辑注

上海：中华书局，1935，353 页，16 开（四部备要 集部 232）

本书共 20 卷，包括诗集 18 卷、卷首 1 卷、遗诗 1 卷，附《扣舷集》1 卷、《凫藻集》5 卷。据清雍正桐乡金氏刻本排印。封面题名：青邱诗集注。

收藏单位：重庆馆、国家馆

00412

逊志斋集 （明）方孝孺著

上海：中华书局，1935，326 页，16 开（四部备要 集部 233）

本书共 24 卷，据明刻本排印。卷端题名：方正学先生逊志斋集。

收藏单位：重庆馆、国家馆

00413

震川文集 （明）归有光著

上海：中华书局，1935，325 页，16 开（四部备要 集部 234）

本书共 40 卷，包括文集 30 卷、别集 10 卷，据清康熙家刻本排印。

收藏单位：重庆馆、国家馆

00414

亭林全集 （清）顾炎武著·**姜斋文集** （清）王夫之著

上海：中华书局，1935，153+42 页，16 开（四部备要 集部 235）

本书为合订书。《亭林全集》5 卷、文集 6 卷、余集 1 卷，据清光绪间嘉定张修府刻本排印，封面题名：亭林诗文集;《姜斋文集》10 卷，据清《船山遗书》本排印。

收藏单位：重庆馆、国家馆

00415

南雷文定 （清）黄宗羲著

上海：中华书局，1935，186 页，16 开（四部备要 集部 236）

本书共 22 卷，包括前集 11 卷、后集 4 卷、三集 3 卷、诗历 4 卷，据清粤雅堂本排印。

收藏单位：重庆馆、国家馆

00416

曝书亭全集 （清）朱彝尊著

上海：中华书局，1935，628 页，16 开（四部备要 集部 237）

本书共 80 卷，据清刻本排印。

收藏单位：重庆馆、国家馆

00417

吴诗集览 （清）吴伟业著 （清）靳荣藩辑注

上海：中华书局，1935，400 页，16 开（四部备要 集部 238）

本书共 20 卷，据清刻本排印。

收藏单位：国家馆

00418

渔洋山人精华录训纂 （清）王士禛著 （清）惠栋注

上海：中华书局，1935，393 页，16 开（四部备要 集部 239）

本书共 10 卷，据清刻本排印。书口题名：精华录训纂。

收藏单位：国家馆

00419

饴山堂诗文集 （清）赵执信著

上海：中华书局，1935，189 页，16 开（四部备要 集部 240）

本书共 33 卷，包括诗集 20 卷、文集 12 卷、附录 1 卷，据清乾隆刻本排印。

收藏单位：国家馆

00420

壮悔堂集 （清）侯方域著 （清）费开宗等评注

上海：中华书局，1935，154 页，16 开（四部备要 集部 241）

本书共 16 卷，包括《壮悔堂集》10 卷（附遗稿）、《四忆堂诗集》6 卷（附遗稿），据清刻本排印。

收藏单位：国家馆

00421

安雅堂诗集 （清）宋琬著·**莲洋诗钞** （清）吴雯著

上海：中华书局，1935，108+145 页，16 开（四部备要 集部 242）

本书为合订书。《安雅堂诗集》不分卷，附《安雅堂未刻稿》5 卷、《入蜀集》1 卷，据清乾隆宋氏刻本排印；《莲洋诗钞》20 卷，

据清乾隆浮山张氏校刻本排印。

收藏单位：国家馆

00422

敬业堂诗集 （清）查慎行著

上海：中华书局，1935，511 页，16 开（四部备要 集部 243）

本书共 56 卷，包括正集 50 卷、续集 6 卷，据清康熙刻本排印。

收藏单位：国家馆

00423

樊榭山房全集 （清）厉鹗著

上海：中华书局，1935，372 页，16 开（四部备要 集部 244）

本书共 40 卷，包括正集 10 卷、续集 10 卷、文集 8 卷、集外诗 3 卷又 1 卷、集外词 4 卷又 1 卷、集外曲 2 卷、集外文 1 卷，据清光绪钱塘汪氏刻本排印。

收藏单位：国家馆

00424

小仓山房诗文集 （清）袁枚著

上海：中华书局，1935，649 页，16 开（四部备要 集部 245）

本书共 82 卷，包括诗集 37 卷、补遗 2 卷、文集 35 卷、外集 8 卷，据清刻本排印。卷端题名：小仓山房诗集。

收藏单位：广西馆、国家馆

00425

望溪先生全集 （清）方苞著

上海：中华书局，1935，372 页，16 开（四部备要 集部 246）

本书共 30 卷，包括文集 18 卷、集外文 10 卷、补遗 2 卷，据清咸丰元年桐城戴氏刻本排印。封面题名：望溪文集。

收藏单位：安徽馆、国家馆

00426

惜抱轩全集 （清）姚鼐著

上海：中华书局，1935，361 页，16 开（四部备要 集部 247）

本书共 49 卷，据清嘉庆、道光刻本排印。

收藏单位：国家馆

00427

大云山房集 （清）恽敬著·**茗柯文编** （清）张惠言著

上海：中华书局，1935，153+62 页，16 开（四部备要 集部 248）

本书为合订书。《大云山房集》4 卷、二集 4 卷、言事 2 卷、补编 1 卷，据清同治刻本排印，封面题名：大云山房全集，书口题名：大云山房文稿；《茗柯文编》4 编 5 卷、词 1 卷，据清嘉庆刻本排印，书口题名：茗柯文。

收藏单位：国家馆

00428

养一斋集 （清）李兆洛著

上海：中华书局，1935，309 页，16 开（四部备要 集部 249）

本书共 26 卷，包括文集 20 卷、诗集 4 卷、赋 1 卷、诗余 1 卷，据清光绪戊寅重刻本排印。

收藏单位：国家馆

00429

东原集 （清）戴震著·**述学内外篇** （清）汪中著

上海：中华书局，1935，102+66 页，16 开（四部备要 集部 250）

本书为合订书。《东原集》12 卷，据清金坛段氏经韵楼刻本排印，书口题名：戴东原集；《述学内外篇》内篇 3 卷、外篇 1 卷，有补遗 1 卷、别录 1 卷，据清扬州诗局本排印。

收藏单位：国家馆、内蒙古馆

00430

卷施阁集 （清）洪亮吉著

上海：中华书局，1935，247 页，16 开（四部备要 集部 251）

本书共 38 卷，包括甲集 10 卷、乙集 8 卷、诗 20 卷，据清原刻本排印。

收藏单位：国家馆

00431

更生斋集 （清）洪亮吉著·**仪郑堂骈体文** （清）孔广森著

上海：中华书局，1935，163+26 页，16 开（四部备要 集部 252）

本书为合订书。《更生斋集》共 18 卷，包括甲集 4 卷、乙集 4 卷、诗 8 卷、诗余 2 卷，据清原刻本排印；《仪郑堂骈体文》3 卷，据清原刻本排印，卷端及书口题名：骈俪文。

收藏单位：国家馆

00432

唐确慎公集 （清）唐鉴著

上海：中华书局，1935，163 页，16 开（四部备要 集部 253）

本书共 12 卷，包括正文 10 卷、卷首 1 卷、卷末 1 卷，据清光绪善化贺氏刻本排印。

收藏单位：国家馆

00433

定庵全集 （清）龚自珍著

上海：中华书局，1935，156 页，16 开（四部备要 集部 254）

本书共 16 卷，包括正集 3 卷、续集 4 卷、文集补 5 卷、补编 4 卷，附增补，据清同治钱塘吴氏刻本及光绪间平湖朱氏补刻本排印。

收藏单位：安徽馆、国家馆

00434

巢经巢集 （清）郑珍著

上海：中华书局，1935，185 页，16 开（四部备要 集部 255）

本书共 20 卷，包括文集 6 卷、诗集 9 卷、诗后集 4 卷、遗诗 1 卷，据清光绪刻本排印。

收藏单位：国家馆

00435

定山堂诗余 （清）龚鼎孳著·**珂雪词** （清）曹贞吉著·**湖海楼词集** （清）陈维崧著·**弹指词** （清）顾贞观著·**纳兰词** （清）纳兰性德著·**灵芬馆词四种** （清）郭麐著

上海：中华书局，1935，[390] 页，16 开（四部备要 集部256）

本书为合订书。《定山堂诗余》4 卷，据清龚端毅公全集本排印；《珂雪词》2 卷，附补遗 1 卷，据清刻本排印；《湖海楼词集》30 卷，据清原刻本排印；《弹指词》2 卷，据清乾隆刻本排印；《纳兰词》5 卷，有补遗 1 卷，《灵芬馆词四种》7 卷，据清《榆园丛刻》本排印。

收藏单位：国家馆

00436

楚辞 （战国）屈原等著 （汉）王逸章句（宋）洪兴祖补注

上海：中华书局，1935，155 页，16 开（四部备要 集部257）

本书共 17 卷，据汲古阁本排印。封面题名：楚辞补注。

收藏单位：重庆馆、国家馆、黑龙江馆、江西馆、辽师大馆、内蒙古馆

00437

文选李善注 （南朝梁）昭明太子辑 （唐）李善注

上海：中华书局，1935，2 册（724 页），16 开（四部备要 集部258—259）

本书共 60 卷，据清嘉庆间鄱阳胡氏刻本排印。

收藏单位：重庆馆、国家馆、江西馆、辽师大馆、内蒙古馆、首都馆

00438

古文辞类纂 （清）姚鼐辑

上海：中华书局，1935，520 页，16 开（四部备要 集部260）

本书共 75 卷，据清光绪滁州李氏刻本排印。

收藏单位：重庆馆、国家馆、江西馆、辽师大馆、内蒙古馆

00439

续古文辞类纂 （清）黎庶昌辑

上海：中华书局，1935，615 页，16 开（四部备要 集部261）

本书共 28 卷，据清光绪间刻本排印。

收藏单位：重庆馆、国家馆、江西馆、辽师大馆、内蒙古馆

00440

骈体文钞 （清）李兆洛辑·**六朝文絜** （清）许梿辑

上海：中华书局，1935，328+25 页，16 开（四部备要 集部262）

本书为合订书。《骈体文钞》31 卷，据清仁和谭氏校本排印；《六朝文絜》4 卷，据清道光海昌许氏刻本排印。

收藏单位：长春馆、重庆馆、桂林馆、国家馆、江西馆、辽师大馆、内蒙古馆

00441

经史百家杂钞 （清）曾国藩辑

上海：中华书局，1935，545 页，16 开（四部备要 集部263）

本书共 26 卷，据清曾文正公集本排印。

收藏单位：重庆馆、国家馆、江西馆、辽师大馆、内蒙古馆

00442

乐府诗集 （宋）郭茂倩辑

上海：中华书局，1935，2 册（583 页），16 开（四部备要 集部264—265）

本书共 102 卷，包括正文 100 卷、目录 2 卷，据清武昌刻本排印。

收藏单位：重庆馆、国家馆、首都馆

00443

十八家诗钞 （清）曾国藩辑

上海：中华书局，1935，2 册（759 页），16 开（四部备要 集部266—267）

本书共 28 卷，据清原刻本排印。

收藏单位：重庆馆、国家馆、辽师大馆、绍兴馆

00444

玉台新咏 （南朝陈）徐陵辑 （清）吴兆宜注 （清）程琰删补

上海：中华书局，1935，138 页，16 开（四部备要 集部 268）

本书共 10 卷，据清乾隆长洲程氏刻本排印。

收藏单位：重庆馆、国家馆、南京馆

00445

古诗选 （清）王士禛辑·**古诗源** （清）沈德潜辑·**今体诗钞** （清）姚鼐辑

上海：中华书局，1935，300+107+102 页，16 开（四部备要 集部 269）

本书为合订书。《古诗选》32 卷，据康熙间刻本排印；《古诗源》14 卷，据清原刻本排印；《今体诗钞》18 卷，据清嘉庆绩溪程氏刻本排印。

收藏单位：国家馆、辽师大馆、内蒙古馆

00446

花间集 （五代）赵崇祚辑·**草堂诗余** （宋）武陵逸史辑·**绝妙好词笺** （宋）周密辑 （清）查为仁笺 （清）厉鹗笺·**词选** （清）张惠言辑 （清）董毅续辑

上海：中华书局，1935，[327] 页，16 开（四部备要 集部 270）

本书为合订书。《花间集》10 卷，据清光绪临桂王氏影宋刻本排印；《草堂诗余》4 卷，据《词苑英华》本排印；《绝妙好词笺》7 卷，有续抄 1 卷、补录 1 卷，据清会稽章氏重刻本排印；《词选》2 卷，有续词选 2 卷、附录 1 卷，据清嘉庆道光间刻本排印。

收藏单位：国家馆、辽师大馆

00447

词综 （清）朱彝尊辑 （清）汪森增订 （清）王昶续辑·**明词综** （清）王昶辑

上海：中华书局，1935，231+65 页，16 开（四部备要 集部 271）

本书为合订书。《词综》38 卷，附王昶续辑补入 2 卷，据清康熙十七年休阳汪氏裘杼楼刻本排印，《明词综》12 卷，据清嘉庆七年青浦王氏刻本排印。

收藏单位：国家馆、辽师大馆

00448

国朝词综 （清）王昶辑·**国朝词综续编** （清）黄燮清辑·**国朝词综二集** （清）王昶辑

上海：中华书局，1935，247+166+49 页，16 开（四部备要 集部 272）

本书为合订书。《国朝词综》48 卷，据清嘉庆七年青浦王氏刻本排印；《国朝词综续编》24 卷，据清同治十二年钱塘宗氏刻本排印；《国朝词综二集》8 卷，据清嘉庆八年清浦王氏刻本排印。

收藏单位：国家馆、辽师大馆

00449

宋六十名家词 （明）毛晋辑

上海：中华书局，1935，2 册（705 页），16 开（四部备要 集部 273—274）

本书共 61 种 89 卷，据汲古阁本排印。

收藏单位：国家馆、辽师大馆、内蒙古馆

00450

十五家词 （清）孙默辑

上海：中华书局，1935，240 页，16 开（四部备要 集部 275）

本书共 37 卷，据清《四库全书》本排印。

收藏单位：国家馆

00451

元曲选 （明）臧晋叔辑

上海：中华书局，1935，2 册（868 页），16 开（四部备要 集部 276—277）

本书共 10 卷，据明刻本排印。

收藏单位：国家馆、辽师大馆

00452

文心雕龙 （南朝梁）刘勰著 （清）黄叔琳注 （清）纪昀评 （清）吴德旋述·**古文绪论** （清）吕璜记·**词源** （宋）张炎著·**钟嵘诗品** （南朝梁）钟嵘著·**司空诗品** （唐）司空图著

上海：中华书局，1935，[160] 页，16 开（四部备要 集部 278）

本书为合订书。《文心雕龙》10 卷，据清道光间刻本排印，封面题名：文心雕龙辑注；《古文绪论》1 卷，据清别下斋本排印；《词源》2 卷，据清《榆园丛刻》本排印；《钟嵘诗品》3 卷，《司空诗品》1 卷，据清《学津讨原》本排印。

　　收藏单位：国家馆、辽师大馆、首都馆

00453

苕溪渔隐丛话 （宋）胡仔辑 · **说诗晬语** （清）沈德潜著 · **诗韵** （清）周兆基编

上海：中华书局，1935，416+17+48 页，16 开（四部备要 集部 279）

　　本书为合订书。《苕溪渔隐丛话》包括前集 60 卷、后集 40 卷，据明刻本排印，卷端及书口题名：渔隐丛话；《说诗晬语》2 卷，据清原刻本排印；《诗韵》5 卷，据清光绪刻本排印，封面、卷端及书口题名：佩文诗韵释要。

　　收藏单位：国家馆、内蒙古馆

00454

词律 （清）万树辑 （清）徐本立拾遗 （清）杜文澜补遗 · **白香词谱** （清）舒梦兰辑 （清）谢朝徵笺 · **词林韵释**

上海：中华书局，1935，354+45+31 页，16 开（四部备要 集部 280）

　　本书为合订书。《词律》20 卷，有拾遗 8 卷、补遗 1 卷，据清道光间刻本排印；《白香词谱》4 卷，据清《半厂丛书》本排印，卷端及书口题名：白香词谱笺；《词林韵释》1 卷，据清嘉庆间刻本排印，目录页题名：新增词林要韵。

　　收藏单位：国家馆、南京馆

丛书集成初编

00455

丛书集成初编　王云五主编

上海：商务印书馆，1935—1940，4000 册，36 开

　　本书汇集宋代至清代重要丛书 100 部，

原拟分订 4000 册，每册 1 号，共 4000 号，计划分 10 批出齐。后因抗日战争爆发，出书中断，初编已出版的计 3467 册、未出者 533 册。多数排印，少数影印，依王云五《中外图书统一分类法》编排。分 10 类：总类、哲学、宗教、社会科学、语文学、自然科学、应用科学、艺术、文学、史地。子目著录于后，著例体例仿《四部丛刊初编》《四部备要》。收藏单位见各分册。

00456

丛书集成初编目录　商务印书馆编

上海：商务印书馆，[1935.5]，[331] 页，32 开

　　本书内容包括：百部丛书的提要和丛书集成初编目录。附辑印丛书集成初编缘起（王云五）、凡例、丛书百部提要目录、目录分类说明、丛书集成初编纸样、预约简章。

　　收藏单位：安徽馆、长春馆、重庆馆、大理馆、广东馆、贵州馆、国家馆、黑龙江馆、湖南馆、江西馆、近代史所、辽大馆、辽宁馆、柳州馆、南京馆、内蒙古馆、上海馆、绍兴馆、首都馆、天津馆、西南大学馆

00457

丛书集成初编样张　商务印书馆编

上海：商务印书馆，1935，[26] 页，36 开

　　本书内容包括：丛书集成初编样张、辑印丛书集成初编缘起、丛书凡例、丛书百部目录、分类子目统计、丛书集成初编预约简章。

00458

丛书集成初编预约样张　商务印书馆辑

上海：商务印书馆，1935，1 册，32 开

　　收藏单位：国家馆

总　类

00459

前汉书艺文志 （汉）班固撰 （唐）颜师古注 · **补续汉书艺文志** （清）钱大昭撰

上海：商务印书馆，1936.6，78+32 页，32 开（丛书集成初编 1）

本书为合订书。《前汉书艺文志》1卷，据清《八史经籍志》本排印;《补续汉书艺文志》1卷，据清《史学丛书》本排印。版权页题名：前汉书艺文志及其他一种。

收藏单位：安徽馆、重庆馆、大理馆、大连馆、东北师大馆、广西馆、贵州馆、国家馆、黑龙江馆、湖南馆、惠州馆、辽大馆、辽宁馆、辽师大馆、柳州馆、内蒙古馆、宁夏馆、绍兴馆、天津馆、西南大学馆

00460

补后汉书艺文志 （清）侯康撰

长沙：商务印书馆，1939.12，88页，32开（丛书集成初编2）

本书共4卷，据清《岭南遗书》本排印。

收藏单位：重庆馆、大理馆、大连馆、广西馆、国家馆、黑龙江馆、湖南馆、辽大馆、辽宁馆、辽师大馆、内蒙古馆、西南大学馆

00461

补三国艺文志 （清）侯康撰

上海：商务印书馆，1937.12，82页，32开（丛书集成初编3）

本书共4卷，据清《岭南遗书》本排印。

收藏单位：安徽馆、重庆馆、大理馆、国家馆、黑龙江馆、湖南馆、辽大馆、辽宁馆、辽师大馆、内蒙古馆、天津馆、西南大学馆

00462

补晋书艺文志 （清）丁国钧撰·**补晋书艺文志刊误** （清）丁辰述录

长沙：商务印书馆，1939.12，2册（169+6页），32开（丛书集成初编4—5）

本书为合订书。《补晋书艺文志》6卷，有附录、补遗，《补晋书艺文志刊误》1卷，均据清《史学丛书》本排印。版权页题名：补晋书艺文志及其他一种。

收藏单位：安徽馆、重庆馆、大理馆、大连馆、东北师大馆、广西馆、贵州馆、国家馆、黑龙江馆、湖南馆、辽大馆、辽宁馆、辽师大馆、内蒙古馆、宁夏馆、西南大学馆

00463

隋书经籍志 （唐）长孙无忌等撰

上海：商务印书馆，1936.6，134页，32开（丛书集成初编6）

本书共4卷，据清《八史经籍志》本排印。

收藏单位：安徽馆、长春馆、重庆馆、大理馆、大连馆、东北师大馆、广西馆、贵州馆、国家馆、黑龙江馆、湖南馆、惠州馆、辽大馆、辽宁馆、辽师大馆、柳州馆、内蒙古馆、宁夏馆、天津馆、西南大学馆

00464

旧唐书经籍志 （宋）刘昫等修

上海：商务印书馆，1936.6，120页，32开（丛书集成初编7）

本书共2卷，据清《八史经籍志》本排印。

收藏单位：安徽馆、重庆馆、大理馆、大连馆、东北师大馆、广西馆、贵州馆、国家馆、黑龙江馆、湖南馆、惠州馆、辽大馆、辽宁馆、辽师大馆、柳州馆、内蒙古馆、宁夏馆、绍兴馆、天津馆、西南大学馆

00465

唐书艺文志 （宋）欧阳修撰

上海：商务印书馆，1936.6，89页，32开（丛书集成初编8）

本书共4卷，据清《八史经籍志》本排印。

收藏单位：安徽馆、长春馆、重庆馆、大理馆、大连馆、东北师大馆、广西馆、贵州馆、国家馆、黑龙江馆、湖南馆、惠州馆、辽大馆、辽宁馆、辽师大馆、柳州馆、内蒙古馆、宁夏馆、绍兴馆、西南大学馆

00466

补五代史艺文志 （清）顾櫰三纂·**宋史艺文志** （元）脱脱等修

上海：商务印书馆，1936.6，2册（18+157页），32开（丛书集成初编9—10）

本书为合订书。《补五代史艺文志》1卷，据清《史学丛书》本排印;《宋史艺文志》8

卷，据清《八史经籍志》本排印。版权页题名：补五代史艺文志及其他一种。

收藏单位：安徽馆、长春馆、重庆馆、大理馆、大连馆、东北师大馆、广西馆、贵州馆、国家馆、黑龙江馆、湖南馆、惠州馆、辽大馆、辽宁馆、辽师大馆、柳州馆、内蒙古馆、宁夏馆、绍兴馆、西南大学馆

00467

宋史艺文志补　（清）倪灿撰　（清）卢文弨订正

上海：商务印书馆，1936.6，54页，32开（丛书集成初编11）

本书共1卷，据清《史学丛书》本排印。

收藏单位：长春馆、重庆馆、大理馆、大连馆、东北师大馆、广西馆、贵州馆、国家馆、黑龙江馆、湖南馆、惠州馆、辽大馆、辽宁馆、辽师大馆、柳州馆、内蒙古馆、宁夏馆、绍兴馆、天津馆、西南大学馆

00468

补辽金元艺文志　（清）倪灿撰　（清）卢文弨订正

上海：商务印书馆，1937.12，120页，32开（丛书集成初编12）

本书共1卷，据清《史学丛书》本排印。

收藏单位：安徽馆、重庆馆、大理馆、广东馆、广西馆、国家馆、黑龙江馆、湖南馆、辽大馆、辽宁馆、辽师大馆、天津馆、西南大学馆

00469

补三史艺文志　（清）金门诏撰

长沙：商务印书馆，1939.12，27页，32开（丛书集成初编13）

本书共1卷，据清《史学丛书》本排印。

收藏单位：安徽馆、重庆馆、大理馆、大连馆、广西馆、贵州馆、国家馆、黑龙江馆、湖南馆、辽大馆、辽师大馆、内蒙古馆、宁夏馆、西南大学馆

00470

补元史艺文志　（清）钱大昕撰

上海：商务印书馆，1937.12，58页，32开（丛书集成初编14）

本书共4卷，据清《史学丛书》本排印。

收藏单位：安徽馆、重庆馆、大理馆、广西馆、国家馆、黑龙江馆、湖南馆、辽大馆、内蒙古馆、西南大学馆

00471

明史艺文志　（清）张廷玉等修

上海：商务印书馆，1936.6，81页，32开（丛书集成初编15）

本书共4卷，据清《八史经籍志》本排印。

收藏单位：安徽馆、长春馆、重庆馆、大理馆、大连馆、东北师大馆、广西馆、贵州馆、国家馆、黑龙江馆、湖南馆、惠州馆、辽大馆、柳州馆、内蒙古馆、宁夏馆、绍兴馆、西南大学馆

00472

经义考补正　（清）翁方纲撰

上海：商务印书馆，1937.6，191页，32开（丛书集成初编17）

本书共12卷，据清《粤雅堂丛书》本排印。

收藏单位：重庆馆、大理馆、广西馆、国家馆、黑龙江馆、湖南馆、辽大馆、辽师大馆、内蒙古馆、西南大学馆

00473

通志堂经解目录　（清）翁方纲订·**读易别录**（清）全祖望撰

上海：商务印书馆，1937.12，19+33页，32开（丛书集成初编18）

本书为合订书。《通志堂经解目录》1卷，据清《粤雅堂丛书》本排印；《读易别录》3卷，据清《知不足斋丛书》本排印。版权页题名：通志堂经解目录及其他一种。

收藏单位：安徽馆、重庆馆、大理馆、广西馆、国家馆、黑龙江馆、湖南馆、辽大馆、辽师大馆、西南大学馆

00474

史略 （宋）高似孙辑·**子略** （宋）高似孙撰

长沙：商务印书馆，1939.12，115+72 页，32开（丛书集成初编 19）

　　本书为合订书。《史略》6 卷，据清《古逸丛书》本排印;《子略》5 卷，据清《学津讨原》本排印。版权页题名：子略及其他一种。

　　收藏单位：安徽馆、重庆馆、大理馆、大连馆、广西馆、贵州馆、国家馆、黑龙江馆、湖南馆、辽大馆、辽师大馆、内蒙古馆、宁夏馆、西南大学馆

00475

勿庵历算书目 （清）梅文鼎撰 （清）梅毂成校正

长沙：商务印书馆，1939.12，37 页，32 开（丛书集成初编 20）

　　本书共 1 卷，据清《知不足斋丛书》本排印。

　　收藏单位：重庆馆、大理馆、大连馆、国家馆、黑龙江馆、湖南馆、辽大馆、辽师大馆、内蒙古馆、宁夏馆、西南大学馆

00476

崇文总目 （宋）王尧臣等编次 （清）钱东垣等辑释·**崇文总目附录** （清）钱侗辑

上海：商务印书馆，1937.12，4 册（408 页），32 开（丛书集成初编 21—24）

　　本书为合订书。《崇文总目》7 卷，附补遗，《崇文总目附录》1 卷，均据清《粤雅堂丛书》本排印。版权页题名：崇文总目及其他一种。

　　收藏单位：重庆馆、大理馆、大连馆、东北师大馆、广西馆、贵州馆、国家馆、黑龙江馆、湖南馆、辽大馆、辽师大馆、内蒙古馆、宁夏馆、西南大学馆

00477

国史经籍志 （明）焦竑辑

长沙：商务印书馆，1939.12，4 册（297+8 页），32 开（丛书集成初编 25—28）

本书共 6 卷，有附录，据清《粤雅堂丛书》排印。

　　收藏单位：安徽馆、重庆馆、大理馆、大连馆、广西馆、贵州馆、国家馆、黑龙江馆、湖南馆、辽大馆、辽宁馆、辽师大馆、内蒙古馆、宁夏馆、西南大学馆

00478

文渊阁书目 （明）杨士奇等编·**尊经阁藏书目** （清）王呈祥辑

上海：商务印书馆，1935.12，3 册（273+37页），32 开（丛书集成初编 29—31）

　　本书为合订书。《文渊阁书目》20 卷，据清《读画斋丛书》本排印;《尊经阁藏书目》1卷，据清《渐西村舍丛书》本排印。版权页题名：文渊阁书目及其他一种。

　　收藏单位：安徽馆、长春馆、重庆馆、大理馆、大连馆、东北师大馆、广西馆、贵州馆、桂林馆、国家馆、黑龙江馆、湖南馆、惠州馆、辽大馆、辽师大馆、柳州馆、内蒙古馆、宁夏馆、绍兴馆、西南大学馆

00479

遂初堂书目 （宋）尤袤撰

上海：商务印书馆，1935.12，35 页，32 开（丛书集成初编 32）

　　本书共 1 卷，据清《海山仙馆丛书》本排印。

　　收藏单位：安徽馆、长春馆、重庆馆、大理馆、大连馆、东北师大馆、广西馆、贵州馆、国家馆、黑龙江馆、湖南馆、惠州馆、辽大馆、辽师大馆、柳州馆、内蒙古馆、宁夏馆

00480

箓竹堂书目 （明）叶盛编

上海：商务印书馆，1935.12，153 页，32 开（丛书集成初编 33）

　　本书共 6 卷，据清《粤雅堂丛书》本排印。

　　收藏单位：长春馆、重庆馆、大理馆、大连馆、东北师大馆、广西馆、贵州馆、国家馆、黑龙江馆、湖南馆、惠州馆、辽大馆、辽宁馆、辽师大馆、柳州馆、内蒙古馆、宁夏馆、绍兴馆、西南大学馆

00481

世善堂藏书目录 （明）陈第编·**汲古阁珍藏秘本书目** （明）毛扆编

上海：商务印书馆，1937.6，74+36 页，32 开（丛书集成初编 34）

本书为合订书。《世善堂藏书目录》2 卷，据清《知不足斋丛书》本排印；《汲古阁珍藏秘本书目》1 卷，据清《士礼居丛书》本排印。版权页题名：世善堂藏书目录及其他一种。

收藏单位：重庆馆、大理馆、广西馆、国家馆、黑龙江馆、湖南馆、辽大馆、辽宁馆、辽师大馆、天津馆、西南大学馆

00482

绛云楼书目 （清）钱谦益撰 （清）陈景云注

上海：商务印书馆，1935.12，113 页，32 开（丛书集成初编 35）

本书共 4 卷，据清《粤雅堂丛书》本排印。

收藏单位：安徽馆、长春馆、重庆馆、大理馆、大连馆、东北师大馆、广西馆、贵州馆、国家馆、黑龙江馆、湖南馆、惠州馆、辽大馆、辽师大馆、柳州馆、内蒙古馆、宁夏馆、绍兴馆、西南大学馆

00483

述古堂藏书目 （清）钱曾撰

上海：商务印书馆，1935.12，55 页，32 开（丛书集成初编 36）

本书共 5 卷，附宋版书目，据清《粤雅堂丛书》本排印。

收藏单位：安徽馆、长春馆、重庆馆、大理馆、大连馆、东北师大馆、广西馆、贵州馆、国家馆、黑龙江馆、湖南馆、惠州馆、辽大馆、辽师大馆、柳州馆、内蒙古馆、宁夏馆、绍兴馆、西南大学馆

00484

季沧苇藏书目 （清）季振宜撰

上海：商务印书馆，1935.12，86 页，32 开（丛书集成初编 37）

本书共 1 卷，据清《粤雅堂丛书》本排印。

收藏单位：长春馆、重庆馆、大理馆、大连馆、东北师大馆、广西馆、贵州馆、国家馆、黑龙江馆、湖南馆、惠州馆、辽大馆、辽师大馆、柳州馆、南京馆、内蒙古馆、宁夏馆、绍兴馆、西南大学馆

00485

文瑞楼藏书目录 （清）金星轺编

上海：商务印书馆，1935.12，140 页，32 开（丛书集成初编 38）

本书共 12 卷，据清《读画斋丛书》本排印。

收藏单位：安徽馆、长春馆、重庆馆、大理馆、大连馆、东北师大馆、广西馆、贵州馆、国家馆、黑龙江馆、湖南馆、惠州馆、辽大馆、辽师大馆、柳州馆、内蒙古馆、宁夏馆、绍兴馆、西南大学馆

00486

稽瑞楼书目 （清）陈揆编

长沙：商务印书馆，1939.12，157 页，32 开（丛书集成初编 39）

本书共 14 卷，据清《滂喜斋丛书》本排印。

收藏单位：重庆馆、大理馆、大连馆、广西馆、国家馆、黑龙江馆、湖南馆、辽大馆、辽师大馆、西南大学馆

00487

孙氏祠堂书目 （清）孙星衍撰

上海：商务印书馆，1935.12，185 页，32 开（丛书集成初编 40）

本书共 4 卷，据清《岱南阁丛书》本排印。

收藏单位：安徽馆、长春馆、重庆馆、大理馆、大连馆、广西馆、贵州馆、国家馆、黑龙江馆、湖南馆、惠州馆、辽大馆、辽师大馆、柳州馆、内蒙古馆、宁夏馆、绍兴馆、西南大学馆

00488

百宋一廛赋 （清）顾广圻撰 （清）黄丕烈注·**艺芸书舍宋元本书目** （清）汪士钟编·**袁氏艺文金石录** （清）袁渭渔等辑

长沙：商务印书馆，1939.12，22+38+77 页，32 开（丛书集成初编 41）

本书为合订书。《百宋一廛赋》1 卷，据清《士礼居丛书》本排印；《艺芸书舍宋元本书目》1 卷，据清《滂喜斋丛书》本排印；《袁氏艺文金石录》2 卷，据清《渐西村舍丛刻》本排印。版权页题名：百宋一廛赋及其他二种。

收藏单位：安徽馆、重庆馆、大理馆、大连馆、广西馆、贵州馆、国家馆、黑龙江馆、湖南馆、辽大馆、辽师大馆、内蒙古馆、宁夏馆、西南大学馆

00489

全毁抽毁书目 （清）英廉等编·**禁书总目** （清）军机处编·**违碍书目** （清）荣柱刊

上海：商务印书馆，1937.6，180 页，32 开（丛书集成初编 42）

本书为合订书，每种各 1 卷，均据清《咫进斋丛书》本排印。版权页题名：全毁抽毁书目及其他二种。

收藏单位：安徽馆、长春馆、重庆馆、大理馆、大连馆、东北师大馆、广西馆、贵州馆、桂林馆、国家馆、黑龙江馆、湖南馆、辽大馆、辽师大馆、内蒙古馆、宁夏馆、西南大学馆

00490

宛丘题跋 （宋）张耒撰·**容斋题跋** （宋）洪迈撰

长沙：商务印书馆，1939.12，8+28 页，32 开（丛书集成初编 43）

本书为合订书。《宛丘题跋》1 卷，《容斋题跋》2 卷，均据明《津逮秘书》本影印。版权页题名：宛丘题跋及其他一种。

收藏单位：重庆馆、大理馆、大连馆、广西馆、国家馆、黑龙江馆、湖南馆、辽大馆、辽师大馆、内蒙古馆、西南大学馆

00491

直斋书录解题 （宋）陈振孙撰

长沙：商务印书馆，1937.12，5 册（617 页），32 开（丛书集成初编 44—48）

本书共 22 卷，据清聚珍版丛书本排印。

收藏单位：长春馆、重庆馆、大理馆、大连馆、东北师大馆、广西馆、贵州馆、国家馆、黑龙江馆、湖南馆、辽大馆、辽师大馆、内蒙古馆、宁夏馆、西南大学馆

00492

读书敏求记 （清）钱曾撰

上海：商务印书馆，1936.6，167 页，32 开（丛书集成初编 49）

本书共 4 卷，附刊误，据清《海山仙馆丛书》本排印。

收藏单位：安徽馆、长春馆、重庆馆、大理馆、大连馆、东北师大馆、广西馆、贵州馆、国家馆、黑龙江馆、湖南馆、惠州馆、辽大馆、辽师大馆、柳州馆、内蒙古馆、宁夏馆、绍兴馆、西南大学馆

00493

知圣道斋读书跋 （清）彭元瑞撰·**经籍跋文** （清）陈鱣著

上海：商务印书馆，1936.6，38+31 页，32 开（丛书集成初编 50）

本书为合订书。《知圣道斋读书跋》2 卷，据清《式训堂丛书》本排印；《经籍跋文》1 卷，据清《涉闻梓旧》本排印。版权页题名：知圣道斋读书跋及其他一种。

收藏单位：长春馆、重庆馆、大理馆、大连馆、东北师大馆、广西馆、贵州馆、国家馆、黑龙江馆、湖南馆、惠州馆、辽大馆、辽宁馆、辽师大馆、柳州馆、内蒙古馆、宁夏馆、绍兴馆、天津馆、西南大学馆

00494

平津馆鉴藏记 （清）孙星衍撰

上海：商务印书馆，1936.6，93 页，36 开（丛书集成初编 51）

本书共 5 卷，附补遗、续编，据清《式训堂丛书》本排印。

收藏单位：安徽馆、长春馆、重庆馆、大理馆、大连馆、大庆馆、东北师大馆、广西馆、贵州馆、国家馆、黑龙江馆、湖南馆、惠州馆、辽大馆、辽宁馆、辽师大馆、柳州馆、内蒙古馆、宁夏馆、绍兴馆、西南大学馆

00495

廉石居藏书记 （清）孙星衍撰 （清）陈宗彝编·**半毡斋题跋** （清）江藩著

上海：商务印书馆，1936.6，49+17 页，32 开（丛书集成初编 52）

本书为合订书。《廉石居藏书记》2 卷，包含内外编，据清《式训堂丛书》本排印；《半毡斋题跋》2 卷，据清《功顺堂丛书》本排印。版权页题名：廉石居藏书记及其他一种。

收藏单位：安徽馆、重庆馆、大理馆、大连馆、东北师大馆、广西馆、贵州馆、国家馆、黑龙江馆、湖南馆、惠州馆、辽大馆、辽宁馆、辽师大馆、柳州馆、内蒙古馆、宁夏馆、绍兴馆、西南大学馆

00496

士礼居藏书题跋记续 （清）黄丕烈撰

上海：商务印书馆，1936.6，57 页，32 开（丛书集成初编 53）

本书共 1 卷，据清《灵鹣阁丛书》本排印。

收藏单位：重庆馆、大理馆、大连馆、东北师大馆、广西馆、贵州馆、国家馆、黑龙江馆、湖南馆、惠州馆、辽大馆、辽宁馆、辽师大馆、柳州馆、内蒙古馆、宁夏馆、绍兴馆、天津馆、西南大学馆

00497

拜经楼藏书题跋记 （清）吴骞撰 （清）吴寿旸辑录

长沙：商务印书馆，1939.12，2 册（159 页），32 开（丛书集成初编 54—55）

本书共 6 卷，有附录，据清《别下斋丛书》本排印。

收藏单位：重庆馆、大理馆、大连馆、东北师大馆、广西馆、国家馆、黑龙江馆、辽大馆、辽宁馆、辽师大馆、西南大学馆

00498

刊正九经三传沿革例 （宋）岳珂撰·**竹汀先生日记钞** （清）钱大昕著 （清）何元锡编次

上海：商务印书馆，1936.6，19+48 页，32 开（丛书集成初编 56）

本书为合订书。《刊正九经三传沿革例》1 卷，据清《粤雅堂丛书》本排印；《竹汀先生日记钞》3 卷，据清《式训堂丛书》本排印。版权页题名：刊正九经三传沿革例及其他一种。

收藏单位：重庆馆、大理馆、大连馆、东北师大馆、广西馆、贵州馆、国家馆、黑龙江馆、湖南馆、惠州馆、辽大馆、辽师大馆、柳州馆、内蒙古馆、宁夏馆、绍兴馆、西南大学馆

00499

曝书杂记 （清）钱泰吉著·**非石日记钞** （清）钮树玉著

长沙：商务印书馆，1939.12，95+19 页，32 开（丛书集成初编 57）

本书为合订书。《曝书杂记》3 卷，据清《式训堂丛书》本排印；《非石日记钞》1 卷，附遗文，据清《滂喜斋丛书》本排印。版权页题名：曝书杂记及其他一种。

收藏单位：安徽馆、重庆馆、大理馆、大连馆、广西馆、贵州馆、国家馆、黑龙江馆、湖南馆、辽大馆、辽师大馆、内蒙古馆、宁夏馆、西南大学馆

00500

程氏家塾读书分年日程 （元）程端礼编

上海：商务印书馆，1936.12，123 页，36 开（丛书集成初编 59）

本书共 4 卷，附纲领，据清《正谊堂全书》本排印。

收藏单位：安徽馆、长春馆、重庆馆、大理馆、大连馆、东北师大馆、广西馆、贵州馆、国家馆、黑龙江馆、湖南馆、辽大馆、辽师大馆、柳州馆、内蒙古馆、宁夏馆、绍兴馆、西南大学馆

00501

群书拾补 （清）卢文弨撰

上海：商务印书馆，1935.12，10 册（884 页），32 开（丛书集成初编 61—70）

　　本书共 39 卷，据清《抱经堂丛书》本排印。

　　收藏单位：长春馆、重庆馆、大理馆、大连馆、东北师大馆、广西馆、贵州馆、国家馆、黑龙江馆、湖南馆、惠州馆、辽大馆、辽宁馆、辽师大馆、柳州馆、内蒙古馆、宁夏馆、绍兴馆、西南大学馆

00502

先正读书诀 （清）周永年辑·校雠通义 （清）章学诚著

长沙：商务印书馆，1939.12，46+54 页，32 开（丛书集成初编 71）

　　本书为合订书。《先正读书诀》1 卷，据清《灵鹣阁丛书》本排印；《校雠通义》3 卷，据清《粤雅堂丛书》本排印。版权页题名：先正读书诀及其他一种。

　　收藏单位：安徽馆、重庆馆、大理馆、大连馆、广西馆、贵州馆、国家馆、黑龙江馆、湖南馆、辽大馆、辽宁馆、辽师大馆、内蒙古馆、宁夏馆、山东馆、天津馆、西南大学馆

00503

四库全书考证 （清）王太岳等纂辑

上海：商务印书馆，1936.6，40 册（4125 页），32 开（丛书集成初编 72—111）

　　本书共 100 卷，据清聚珍版丛书本排印。

　　收藏单位：安徽馆、长春馆、重庆馆、大理馆、大连馆、东北师大馆、广西馆、贵州馆、桂林馆、国家馆、黑龙江馆、湖南馆、惠州馆、辽大馆、辽宁馆、辽师大馆、柳州馆、内蒙古馆、宁夏馆、绍兴馆、西南大学馆

00504

斠补隅录 （清）蒋光煦辑校

长沙：商务印书馆，1937.12，2 册（330 页），32 开（丛书集成初编 112—113）

　　本书共 14 卷，据清《涉闻梓旧》本排印。

　　收藏单位：安徽馆、重庆馆、大理馆、广西馆、国家馆、黑龙江馆、湖南馆、惠州馆、辽大馆、辽宁馆、辽师大馆、内蒙古馆、西南大学馆

00505

古今伪书考 （清）姚际恒著·经籍举要 （清）龙启瑞编 （清）袁昶增订

长沙：商务印书馆，1939.12，34+37 页，32 开（丛书集成初编 114）

　　本书为合订书。《古今伪书考》1 卷，据清《知不足斋丛书》本排印；《经籍举要》1 卷，据清《渐西村舍丛刻》本排印。版权页题名：古今伪书考及其他一种。

　　收藏单位：安徽馆、重庆馆、大理馆、大连馆、广西馆、贵州馆、国家馆、湖南馆、辽大馆、辽宁馆、辽师大馆、内蒙古馆、宁夏馆、天津馆、西南大学馆

00506

七经孟子考文并补遗 （日）山井鼎辑 （日）物观等补遗

上海：商务印书馆，1936.12，10 册（1448 页），32 开（丛书集成初编 115—124）

　　本书共 200 卷，附补遗，据清《文选楼丛书》本排印。

　　收藏单位：安徽馆、长春馆、重庆馆、大理馆、大连馆、大庆馆、东北师大馆、广西馆、贵州馆、国家馆、黑龙江馆、湖南馆、辽大馆、辽师大馆、柳州馆、内蒙古馆、宁夏馆、绍兴馆、首都馆、武大馆、西南大学馆

00507

周礼释文问答 （清）辛绍业著·仪礼识误 （宋）张淳撰

上海：商务印书馆，1936.12，110+64 页，32 开（丛书集成初编 126）

　　本书为合订书。《周礼释文问答》1 卷，据清《豫章丛书》本影印；《仪礼识误》3 卷，据清《得月簃丛书》本影印。封面题名：周礼

释文问答、仪礼释误。版权页题名：周礼释文问答及其他一种。

收藏单位：安徽馆、重庆馆、大理馆、大连馆、东北师大馆、广西馆、贵州馆、国家馆、黑龙江馆、湖南馆、辽大馆、辽宁馆、辽师大馆、柳州馆、内蒙古馆、宁夏馆、天津馆、西南大学馆

00508

汲古阁说文订 （清）段玉裁撰

上海：商务印书馆，1936.6，97 页，32 开（丛书集成初编 128）

本书共 1 卷，据清《岊进斋丛书》本影印。

收藏单位：安徽馆、长春馆、重庆馆、大理馆、大连馆、东北师大馆、广西馆、贵州馆、国家馆、黑龙江馆、湖南馆、惠州馆、辽大馆、辽宁馆、辽师大馆、柳州馆、内蒙古馆、宁夏馆、绍兴馆、天津馆、西南大学馆

00509

说文检字 （清）毛谟辑·**说文检字补遗** （清）姚觐元辑

上海：商务印书馆，1936.6，126+24 页，32 开（丛书集成初编 129）

本书为合订书。《说文检字》2 卷，《说文检字补遗》3 卷，均据清《岊进斋丛书》本影印。版权页题名：说文检字及其他一种。

收藏单位：安徽馆、长春馆、重庆馆、大理馆、大连馆、东北师大馆、广西馆、贵州馆、国家馆、黑龙江馆、湖南馆、惠州馆、辽大馆、辽宁馆、辽师大馆、柳州馆、内蒙古馆、宁夏馆、绍兴馆、天津馆、西南大学馆

00510

汪本隶释刊误 （清）黄丕烈著

长沙：商务印书馆，1939.12，164 页，32 开（丛书集成初编 130）

本书共 1 卷，据清《士礼居丛书》本影印。

收藏单位：重庆馆、大理馆、大连馆、广

西馆、国家馆、黑龙江馆、湖南馆、辽大馆、辽宁馆、辽师大馆、内蒙古馆、天津馆、西南大学馆

00511

石经考 （清）顾炎武撰·**汉石经残字考**（清）翁方纲撰·**魏三体石经遗字考** （清）孙星衍订

上海：商务印书馆，1936.12，64+38+48 页，32 开（丛书集成初编 131）

本书为合订书。《石经考》1 卷，据清《借月山房汇钞》本影印；《汉石经残字考》1 卷，据清《知不足斋丛书》本影印；《魏三体石经遗字考》1 卷，据清《平津馆丛书》本影印。版权页题名：石经考及其他二种。

收藏单位：安徽馆、重庆馆、大理馆、大连馆、东北师大馆、广西馆、贵州馆、国家馆、黑龙江馆、湖南馆、辽大馆、辽宁馆、辽师大馆、柳州馆、内蒙古馆、宁夏馆、天津馆、武大馆、西南大学馆

00512

唐石经考正 （清）王朝渠述·**诸史然疑**（清）杭世骏撰

上海：商务印书馆，1936.12，122+40 页，32 开（丛书集成初编 132）

本书为合订书。《唐石经考正》1 卷，据清《豫章丛书》本影印；《诸史然疑》1 卷，据清《知不足斋丛书》本影印。版权页题名：唐石经考正及其他一种。

收藏单位：安徽馆、长春馆、重庆馆、大理馆、大连馆、大庆馆、东北师大馆、广西馆、贵州馆、国家馆、黑龙江馆、湖南馆、辽大馆、辽宁馆、辽师大馆、柳州馆、内蒙古馆、宁夏馆、绍兴馆、天津馆、武大馆、西南大学馆

00513

文史通义·文史通义补编 （清）章学诚著

长沙：商务印书馆，1939.12，4 册（304+39+7 页），32 开（丛书集成初编 133—136）

本书为合订书。《文史通义》8 卷，据清《粤雅堂丛书》本排印；《文史通义补编》2

卷，附文史通义目，据清《灵鹣阁丛书》本排印。版权页题名：文史通义及其他一种。

收藏单位：安徽馆、重庆馆、大理馆、大连馆、国家馆、黑龙江馆、湖南馆、辽大馆、辽宁馆、辽师大馆、内蒙古馆、宁夏馆、西南大学馆

00514

唐虞考信录 （清）崔述著

上海：商务印书馆，1937.6，87 页，32 开（丛书集成初编 137）

本书共 4 卷，据清《畿辅丛书》本排印。

收藏单位：安徽馆、长春馆、重庆馆、大理馆、大连馆、大庆馆、东北师大馆、广西馆、贵州馆、国家馆、黑龙江馆、湖南馆、辽大馆、辽宁馆、辽师大馆、柳州馆、内蒙古馆、宁夏馆、天津馆、武大馆、西南大学馆

00515

夏考信录·商考信录 （清）崔述著

上海：商务印书馆，1937.6，33+51 页，32 开（丛书集成初编 138）

本书为合订书，每种各 2 卷，均据清《畿辅丛书》本排印。版权页题名：夏考信录及其他一种。

收藏单位：安徽馆、重庆馆、大理馆、大连馆、东北师大馆、广西馆、贵州馆、国家馆、湖南馆、辽大馆、辽宁馆、辽师大馆、柳州馆、内蒙古馆、宁夏馆、天津馆、西南大学馆

00516

丰镐考信录 （清）崔述著

上海：商务印书馆，1937.6，2 册（162 页），32 开（丛书集成初编 139—140）

本书共 8 卷，据清《畿辅丛书》本排印。

收藏单位：安徽馆、长春馆、重庆馆、大理馆、东北师大馆、广西馆、贵州馆、国家馆、黑龙江馆、湖南馆、辽大馆、辽宁馆、辽师大馆、柳州馆、内蒙古馆、宁夏馆、西南大学馆

00517

丰镐考信别录 （清）崔述著

上海：商务印书馆，1937.6，59 页，32 开（丛书集成初编 141）

本书共 3 卷，据清《畿辅丛书》本排印。

收藏单位：安徽馆、长春馆、重庆馆、大理馆、大连馆、东北师大馆、广西馆、贵州馆、国家馆、黑龙江馆、湖南馆、辽大馆、辽宁馆、辽师大馆、柳州馆、内蒙古馆、宁夏馆、天津馆、西南大学馆

00518

补上古考信录 （清）崔述著

上海：商务印书馆，1937.6，42 页，32 开（丛书集成初编 142）

本书共 2 卷，据清《畿辅丛书》本排印。

收藏单位：安徽馆、长春馆、重庆馆、大理馆、大连馆、东北师大馆、广西馆、贵州馆、国家馆、黑龙江馆、湖南馆、辽大馆、辽宁馆、辽师大馆、柳州馆、内蒙古馆、宁夏馆、天津馆、武大馆、西南大学馆

00519

洙泗考信录 （清）崔述著

上海：商务印书馆，1937.6，104 页，32 开（丛书集成初编 143）

本书共 4 卷，据清《畿辅丛书》本排印。

收藏单位：安徽馆、长春馆、重庆馆、大理馆、大连馆、东北师大馆、广西馆、贵州馆、国家馆、黑龙江馆、湖南馆、辽大馆、辽宁馆、辽师大馆、柳州馆、内蒙古馆、宁夏馆、天津馆、西南大学馆

00520

洙泗考信余录 （清）崔述著

上海：商务印书馆，1937.6，73 页，32 开（丛书集成初编 144）

本书共 3 卷，据清《畿辅丛书》本排印。

收藏单位：安徽馆、长春馆、重庆馆、大理馆、大连馆、东北师大馆、广西馆、贵州馆、国家馆、黑龙江馆、湖南馆、辽大馆、辽宁馆、辽师大馆、内蒙古馆、宁夏馆、天津馆、西南大学馆

00521

考信录提要·考信附录·考信续说 （清）崔述著

上海：商务印书馆，1937.6，37+15+42 页，32开（丛书集成初编 145）

本书为合订书，每种各 2 卷，均据清《畿辅丛书》本排印。版权页题名：考信录提要及其他二种。

收藏单位：安徽馆、重庆馆、大理馆、大连馆、东北师大馆、广西馆、贵州馆、国家馆、黑龙江馆、湖南馆、辽大馆、辽师大馆、柳州馆、内蒙古馆、宁夏馆、西南大学馆

00522

史记三书正伪 （清）王元启撰·**史记毛本正误** （清）丁晏撰

上海：商务印书馆，1937.6，122+16 页，32开（丛书集成初编 147）

本书为合订书。《史记三书正伪》3 卷，《史记毛本正误》1 卷，均据清《史学丛书》本排印。版权页题名：史记三书正伪及其他一种。

收藏单位：安徽馆、重庆馆、大理馆、大连馆、大庆馆、东北师大馆、广西馆、贵州馆、国家馆、黑龙江馆、湖南馆、惠州馆、辽大馆、辽宁馆、辽师大馆、柳州馆、内蒙古馆、宁夏馆、天津馆、西南大学馆

00523

史记志疑 （清）梁玉绳撰

上海：商务印书馆，1937.6，12 册（1422+17页），32 开（丛书集成初编 148—159）

本书共 39 卷，有附录，据清《史学丛书》本排印。

收藏单位：安徽馆、长春馆、重庆馆、大理馆、大连馆、东北师大馆、广西馆、贵州馆、国家馆、黑龙江馆、湖南馆、惠州馆、辽大馆、辽宁馆、辽师大馆、内蒙古馆、宁夏馆、武大馆、西南大学馆

00524

史表功比说 （清）张锡瑜撰

上海：商务印书馆，1937.6，55 页，32 开（丛

书集成初编 160）

本书 1 卷，附侯第表，据清《史学丛书》本排印。

收藏单位：安徽馆、重庆馆、大理馆、广西馆、国家馆、黑龙江馆、湖南馆、辽大馆、辽宁馆、辽师大馆、内蒙古馆、天津馆、西南大学馆

00525

汉书辨疑 （清）钱大昭撰

上海：商务印书馆，1936.12，4 册（374 页），32 开（丛书集成初编 161—164）

本书共 22 卷，据清《史学丛书》本排印。

收藏单位：长春馆、重庆馆、大理馆、大连馆、大庆馆、东北师大馆、广西馆、贵州馆、国家馆、黑龙江馆、湖南馆、辽大馆、辽宁馆、辽师大馆、柳州馆、内蒙古馆、宁夏馆、绍兴馆、西南大学馆

00526

后汉书辨疑 （清）钱大昭撰

上海：商务印书馆，1937.6，2 册（153 页），32 开（丛书集成初编 165—166）

本书共 11 卷，据清《史学丛书》本排印。

收藏单位：安徽馆、长春馆、重庆馆、大理馆、大连馆、大庆馆、东北师大馆、广西馆、贵州馆、国家馆、黑龙江馆、湖南馆、辽大馆、辽宁馆、辽师大馆、柳州馆、内蒙古馆、宁夏馆、西南大学馆

00527

续汉书辨疑·三国志辨疑 （清）钱大昭撰

上海：商务印书馆，1936.12，104+56 页，32 开（丛书集成初编 167）

本书为合订书。《续汉书辨疑》9 卷，《三国志辨疑》3 卷，均据清《史学丛书》本排印。版权页题名：续汉书辨疑及其他一种。

收藏单位：安徽馆、重庆馆、大理馆、大连馆、东北师大馆、广西馆、贵州馆、国家馆、黑龙江馆、湖南馆、辽大馆、辽宁馆、辽师大馆、柳州馆、内蒙古馆、宁夏馆、绍

兴馆、天津馆、西南大学馆

00528

魏书校勘记 （清）王先谦编·**晋书校勘记** （清）劳格撰

上海：商务印书馆，1936.12，70+67 页，32 开（丛书集成初编 168）

本书为合订书。《魏书校勘记》1 卷，《晋书校勘记》3 卷，均据清《史学丛书》本排印。版权页题名：魏书校勘记及其他一种。

收藏单位：安徽馆、长春馆、重庆馆、大理馆、大连馆、大庆馆、东北师大馆、广西馆、贵州馆、国家馆、黑龙江馆、湖南馆、辽大馆、辽宁馆、辽师大馆、柳州馆、内蒙古馆、宁夏馆、绍兴馆、天津馆、西南大学馆

00529

晋书校勘记 （清）周家禄撰·**五胡十六国考镜** （宋）石延年著·**宋州郡志校勘记** （清）成孺著

上海：商务印书馆，1936.12，117+4+10 页，32 开（丛书集成初编 169）

本书为合订书。《晋书校勘记》5 卷，据清《史学丛书》本排印；《五胡十六国考镜》1 卷，据清《学海类编》本排印；《宋州郡志校勘记》1 卷，据清《史学丛书》本排印。版权页题名：晋书校勘记及其他二种。

收藏单位：安徽馆、长春馆、重庆馆、大理馆、大连馆、大庆馆、东北师大馆、广西馆、贵州馆、国家馆、黑龙江馆、湖南馆、辽大馆、辽宁馆、辽师大馆、柳州馆、内蒙古馆、宁夏馆、绍兴馆、天津馆、西南大学馆

00530

黄帝内经素问校义 （清）胡澍学·**文苑英华辨证** （宋）彭叔夏著·**诗纪匡谬** （明）冯舒著

长沙：商务印书馆，1939.12，16+84+23 页，32 开（丛书集成初编 171）

本书为合订书。《黄帝内经素问校义》1 卷，据清《滂喜斋丛书》本排印；《文苑英华辨证》10 卷，据清《知不足斋丛书》本排印；《诗纪匡谬》1 卷，据清《知不足斋丛书》本排印。版权页题名：黄帝内经素问校义及其他二种。

收藏单位：安徽馆、重庆馆、大理馆、大连馆、东北师大馆、广西馆、贵州馆、国家馆、黑龙江馆、湖南馆、辽大馆、辽宁馆、辽师大馆、内蒙古馆、宁夏馆、天津馆、西南大学馆

00531

皇览 （三国）佚名撰 （清）孙冯翼辑·**岁华纪丽** （唐）韩鄂著

长沙：商务印书馆，1937.12，11+130 页，32 开（丛书集成初编 172）

本书为合订书。《皇览》1 卷，据清《问经堂丛书》本排印；《岁华纪丽》4 卷，据明《秘册汇函》本影印。版权页题名：皇览及其他一种。

收藏单位：安徽馆、长春馆、重庆馆、大理馆、大连馆、东北师大馆、广西馆、贵州馆、国家馆、黑龙江馆、湖南馆、辽大馆、辽宁馆、辽师大馆、内蒙古馆、宁夏馆、四川馆、天津馆、西南大学馆

00532

珝玉集 （唐）佚名撰

上海：商务印书馆，1936.12，112 页，32 开（丛书集成初编 173）

本书共 2 卷，据清《古逸丛书》本影印。

收藏单位：安徽馆、长春馆、重庆馆、大理馆、大连馆、大庆馆、东北师大馆、广西馆、贵州馆、国家馆、黑龙江馆、湖南馆、辽大馆、辽宁馆、辽师大馆、柳州馆、内蒙古馆、宁夏馆、绍兴馆、西南大学馆

00533

诗律武库 （宋）吕祖谦撰

长沙：商务印书馆，1939.12，111 页，32 开（丛书集成初编 174）

本书共 15 卷，据清《金华丛书》本排印。

收藏单位：安徽馆、重庆馆、大理馆、大

连馆、广西馆、贵州馆、国家馆、黑龙江馆、湖南馆、辽大馆、辽宁馆、辽师大馆、内蒙古馆、宁夏馆、天津馆、西南大学馆

00534

诗律武库后集 （宋）吕祖谦撰·**计然万物录** （清）茆泮林辑·**鸡肋** （宋）赵崇绚撰

长沙：商务印书馆，1939.12，108+16+9 页，32 开（丛书集成初编 175）

　　本书为合订书。《诗律武库后集》15 卷，据清《金华丛书》本排印；《计然万物录》1 卷，据清《十种古逸书》本排印；《鸡肋》1 卷，据宋《百川学海》本排印。版权页题名：诗律武库后集及其他二种。

　　收藏单位：安徽馆、重庆馆、大理馆、广西馆、贵州馆、国家馆、黑龙江馆、辽大馆、辽宁馆、内蒙古馆、宁夏馆、天津馆、西南大学馆

00535

小学绀珠 （宋）王应麟撰

上海：商务印书馆，1935.12，3 册（424 页），32 开（丛书集成初编 176—178）

　　本书共 10 卷，据明《津逮秘书》本排印。

　　收藏单位：安徽馆、长春馆、重庆馆、大理馆、大连馆、东北师大馆、广东馆、广西馆、贵州馆、国家馆、黑龙江馆、湖南馆、惠州馆、辽大馆、辽宁馆、辽师大馆、柳州馆、内蒙古馆、宁夏馆、绍兴馆、西南大学馆

00536

岁时广记 （宋）陈元靓编

长沙：商务印书馆，1939.12，3 册（450 页），32 开（丛书集成初编 179—181）

　　本书共 41 卷，据清《十万卷楼丛书》本排印。

　　收藏单位：安徽馆、重庆馆、大理馆、大连馆、广西馆、贵州馆、国家馆、黑龙江馆、湖南馆、辽大馆、辽宁馆、辽师大馆、内蒙古馆、西南大学馆

00537

物原 （明）罗颀辑著

上海：商务印书馆，1937.6，35 页，32 开（丛书集成初编 182）

　　本书共 1 卷，据清《续知不足斋丛书》本排印。

　　收藏单位：安徽馆、长春馆、重庆馆、大理馆、大连馆、东北师大馆、广西馆、贵州馆、国家馆、黑龙江馆、湖南馆、辽大馆、辽宁馆、辽师大馆、柳州馆、内蒙古馆、宁夏馆、天津馆、西南大学馆

00538

哲匠金桴 （明）杨慎撰

长沙：商务印书馆，1939.12，178 页，32 开（丛书集成初编 183）

　　本书共 5 卷，据清《函海》本排印。

　　收藏单位：安徽馆、重庆馆、大连馆、广东馆、广西馆、贵州馆、国家馆、黑龙江馆、湖南馆、辽大馆、辽宁馆、辽师大馆、天津馆、西南大学馆

00539

骈语雕龙 （明）游日章著 （明）林世勤注

上海：商务印书馆，1936.12，4 册（211 页），32 开（丛书集成初编 185—188）

　　本书共 4 卷，据明《宝颜堂秘笈》本排印。

　　收藏单位：安徽馆、长春馆、重庆馆、大理馆、大连馆、东北师大馆、广西馆、贵州馆、国家馆、黑龙江馆、湖南馆、辽大馆、辽宁馆、辽师大馆、柳州馆、内蒙古馆、宁夏馆、绍兴馆、西南大学馆

00540

焦氏类林 （明）焦竑辑

上海：商务印书馆，1936.12，5 册（388 页），32 开（丛书集成初编 189—193）

　　本书共 8 卷，据清《粤雅堂丛书》本排印。

　　收藏单位：安徽馆、长春馆、重庆馆、大理馆、大连馆、东北师大馆、广西馆、贵州馆、国家馆、黑龙江馆、湖南馆、辽大馆、

辽宁馆、辽师大馆、柳州馆、内蒙古馆、宁夏馆、绍兴馆、西南大学馆

00541

表异录 （明）王志坚辑·**比事摘录** （明）佚名撰·**广事同纂** （清）沈廷文述

上海：商务印书馆，1937.6，151+38+4页，32开（丛书集成初编194）

　　本书为合订书。《表异录》20卷，据清《惜阴轩丛书》本排印；《比事摘录》1卷，据明《今献汇言》本影印；《广事同纂》1卷，据清《学海类编》本排印。版权页题名：表异录及其他二种。

　　收藏单位：安徽馆、长春馆、重庆馆、大理馆、大连馆、大庆馆、东北师大馆、广西馆、贵州馆、国家馆、黑龙江馆、湖南馆、辽大馆、辽宁馆、辽师大馆、内蒙古馆、宁夏馆、天津馆、西南大学馆

00542

群书治要 （唐）魏徵等撰

上海：商务印书馆，1936.6，10册（900页），32开（丛书集成初编195—204）

　　本书共50卷，据清《连筠簃丛书》本排印。

　　收藏单位：安徽馆、重庆馆、大理馆、大连馆、东北师大馆、广西馆、贵州馆、国家馆、黑龙江馆、湖南馆、惠州馆、辽大馆、辽宁馆、辽师大馆、柳州馆、内蒙古馆、宁夏馆、绍兴馆、西南大学馆

00543

履斋示儿编 （宋）孙奕撰

上海：商务印书馆，1935.12，3册（244页），32开（丛书集成初编205—207）

　　本书共24卷，附校补，据清《知不足斋丛书》本排印。

　　收藏单位：安徽馆、长春馆、重庆馆、大理馆、大连馆、东北师大馆、广西馆、贵州馆、国家馆、黑龙江馆、湖南馆、惠州馆、辽大馆、辽宁馆、辽师大馆、柳州馆、内蒙古馆、宁夏馆、绍兴馆、西南大学馆

00544

麈史 （宋）王得臣撰

上海：商务印书馆，1937.12，65页，32开（丛书集成初编208）

　　本书共3卷，据清《知不足斋丛书》本排印。

　　收藏单位：安徽馆、重庆馆、大理馆、广西馆、国家馆、黑龙江馆、湖南馆、辽大馆、辽宁馆、辽师大馆、内蒙古馆、天津馆、西南大学馆

00545

渑水燕谈录 （宋）王辟之撰

上海：商务印书馆，1935.12，89页，32开（丛书集成初编209）

　　本书共10卷，据清《知不足斋丛书》本排印。

　　收藏单位：安徽馆、长春馆、重庆馆、大理馆、大连馆、东北师大馆、广西馆、贵州馆、国家馆、黑龙江馆、湖南馆、惠州馆、辽大馆、辽宁馆、辽师大馆、柳州馆、内蒙古馆、宁夏馆、绍兴馆、天津馆、西南大学馆

00546

东园丛说 （宋）李如箎撰

上海：商务印书馆，1937.6，65页，32开（丛书集成初编210）

　　本书共3卷，据清《指海》本排印。

　　收藏单位：安徽馆、长春馆、重庆馆、大理馆、大连馆、东北师大馆、广西馆、贵州馆、国家馆、黑龙江馆、湖南馆、辽大馆、辽宁馆、辽师大馆、柳州馆、内蒙古馆、宁夏馆、天津馆、西南大学馆

00547

调燮类编 （宋）赵希鹄著

上海：商务印书馆，1936.6，96页，32开（丛书集成初编211）

　　本书共4卷，据清《海山仙馆丛书》本排印。

　　收藏单位：安徽馆、长春馆、重庆馆、大理馆、大连馆、东北师大馆、广西馆、贵州馆、国家馆、黑龙江馆、湖南馆、惠州馆、

辽大馆、辽宁馆、辽师大馆、柳州馆、内蒙古馆、宁夏馆、绍兴馆、天津馆、西南大学馆

00548

隐居通议 （元）刘壎著

上海：商务印书馆，1937.12，4 册（339 页），32 开（丛书集成初编 212—215）

本书共 31 卷，据清《读画斋丛书》本排印。

收藏单位：安徽馆、重庆馆、大理馆、东北师大馆、广西馆、国家馆、黑龙江馆、湖南馆、辽大馆、辽宁馆、辽师大馆、内蒙古馆、西南大学馆

00549

敬斋古今黈 （元）李冶撰

上海：商务印书馆，1935.12，190 页，32 开（丛书集成初编 216）

本书共 13 卷，附拾遗，据清聚珍版丛书本排印。

收藏单位：安徽馆、重庆馆、大理馆、大连馆、东北师大馆、广西馆、贵州馆、国家馆、黑龙江馆、湖南馆、惠州馆、辽大馆、辽宁馆、柳州馆、内蒙古馆、宁夏馆、绍兴馆、天津馆、西南大学馆

00550

日损斋笔记 （元）黄溍撰 （清）陈熙晋考证

上海：商务印书馆，1937.12，33 页，32 开（丛书集成初编 217）

本书共 3 卷，含附录和考证，据清《金华丛书》本排印。

收藏单位：安徽馆、重庆馆、大理馆、广西馆、国家馆、黑龙江馆、湖南馆、辽大馆、辽宁馆、辽师大馆、天津馆、西南大学馆

00551

辍耕录 （元）陶宗仪撰

上海：商务印书馆，1936.6，3 册（471 页），32 开（丛书集成初编 218—220）

本书共 30 卷，据明《津逮秘书》本排印。

印。

收藏单位：安徽馆、长春馆、重庆馆、大理馆、大连馆、东北师大馆、广西馆、贵州馆、国家馆、黑龙江馆、湖南馆、惠州馆、辽大馆、辽宁馆、辽师大馆、柳州馆、内蒙古馆、宁夏馆、绍兴馆、西南大学馆

00552

六艺纲目 （元）舒天民撰

长沙：商务印书馆，1937.12，180+26 页，32 开（丛书集成初编 221）

本书共 3 卷，有附录，据清《指海》本影印。

收藏单位：安徽馆、长春馆、重庆馆、大理馆、大连馆、大庆馆、东北师大馆、广西馆、贵州馆、国家馆、黑龙江馆、湖南馆、辽大馆、辽宁馆、辽师大馆、内蒙古馆、宁夏馆、天津馆、西南大学馆

00553

震泽长语 （明）王鏊撰

上海：商务印书馆，1937.6，49 页，32 开（丛书集成初编 222）

本书共 2 卷，据明《宝颜堂秘笈》本排印。

收藏单位：安徽馆、长春馆、重庆馆、大理馆、大连馆、大庆馆、东北师大馆、广西馆、贵州馆、国家馆、黑龙江馆、湖南馆、辽大馆、辽宁馆、辽师大馆、柳州馆、内蒙古馆、宁夏馆、天津馆、西南大学馆

00554

钝吟杂录 （清）冯班著 （清）何焯评·**论学三说** （清）黄与坚述

长沙：商务印书馆，1937.12，115+8 页，32 开（丛书集成初编 223）

本书为合订书。《钝吟杂录》10 卷，据清《借月山房汇钞》本排印；《论学三说》1 卷，据清《学海类编》本排印。版权页题名：钝吟杂录及其他一种。

收藏单位：安徽馆、长春馆、重庆馆、大理馆、大连馆、大庆馆、东北师大馆、广西馆、贵州馆、国家馆、黑龙江馆、湖南馆、

辽大馆、辽师大馆、柳州馆、内蒙古馆、宁夏馆、天津馆、西南大学馆

00555

对策 （清）陈鳣撰

上海：商务印书馆，1937.6，68页，32开（丛书集成初编224）

　　本书共6卷，据清《式训堂丛书》本排印。

　　收藏单位：安徽馆、重庆馆、大理馆、广西馆、国家馆、黑龙江馆、湖南馆、辽大馆、辽宁馆、辽师大馆、内蒙古馆、天津馆、西南大学馆

00556

蠡勺编 （清）凌扬藻撰 · **游戏录** （清）程景沂辑

上海：商务印书馆，1936.6，6册（659+30页），32开（丛书集成初编225—230）

　　本书为合订书。《蠡勺编》40卷，据清《岭南遗书》本排印；《游戏录》2卷，据清《续知不足斋丛书》本排印。版权页题名：蠡勺编及其他一种。

　　收藏单位：安徽馆、长春馆、重庆馆、大理馆、大连馆、东北师大馆、广西馆、贵州馆、国家馆、黑龙江馆、湖南馆、惠州馆、辽大馆、辽宁馆、辽师大馆、柳州馆、内蒙古馆、宁夏馆、绍兴馆、西南大学馆

00557

平书 （清）秦笃辉著

上海：商务印书馆，1937.12，2册（215页），32开（丛书集成初编231—232）

　　本书共8卷，据清《湖北丛书》本排印。

　　收藏单位：安徽馆、重庆馆、大理馆、广西馆、国家馆、黑龙江馆、湖南馆、辽大馆、辽宁馆、辽师大馆、内蒙古馆、西南大学馆

00558

沅湘通艺录 （清）江标编校

上海：商务印书馆，1935.12，5册（387+71页），32开（丛书集成初编233—237）

　　本书共8卷，据清《灵鹣阁丛书》本排印

印。

　　收藏单位：安徽馆、长春馆、重庆馆、大理馆、大连馆、东北师大馆、广西馆、贵州馆、国家馆、黑龙江馆、湖南馆、惠州馆、辽大馆、辽宁馆、辽师大馆、柳州馆、内蒙古馆、宁夏馆、绍兴馆、西南大学馆

00559

白虎通 （汉）班固等撰 · **驳五经异义** （汉）许慎撰 （汉）郑玄驳 （清）王复辑

上海：商务印书馆，1936.12，2册（438页），32开（丛书集成初编238—239）

　　本书为合订书。《白虎通》又名《白虎通义》《白虎通德论》，共4卷，据清《抱经堂丛书》本影印；《驳五经异义》2卷，附补遗，据清《问经堂丛书》本影印。版权页题名：白虎通及其他一种。

　　收藏单位：安徽馆、长春馆、重庆馆、大理馆、东北师大馆、贵州馆、国家馆、黑龙江馆、辽大馆、柳州馆、内蒙古馆、宁夏馆、绍兴馆、西南大学馆

00560

郑志 （汉）郑玄撰 （三国魏）郑小同编 （清）钱东垣校订 · **郑志** （汉）郑玄撰 （三国魏）郑小同编 （清）王复 （清）武亿辑校

长沙：商务印书馆，1939.12，50+40页，32开（丛书集成初编240）

　　本书为合订书。《郑志》4卷，有附录，据清《粤雅堂丛书》本排印；《郑志》4卷，附补遗，据清《问经堂丛书》本排印。版权页题名：郑志两种。

　　收藏单位：安徽馆、重庆馆、大理馆、大连馆、广西馆、贵州馆、国家馆、黑龙江馆、湖南馆、辽大馆、辽宁馆、辽师大馆、内蒙古馆、宁夏馆、天津馆、西南大学馆、中科图

00561

方舟经说 （宋）李石撰

上海：商务印书馆，1935.12，126页，32开（丛书集成初编241）

本书共 6 卷，据清《涉闻梓旧》本排印。

收藏单位：安徽馆、长春馆、重庆馆、大理馆、大连馆、东北师大馆、广西馆、贵州馆、国家馆、黑龙江馆、湖南馆、惠州馆、辽大馆、辽宁馆、辽师大馆、柳州馆、内蒙古馆、宁夏馆、绍兴馆、天津馆、西南大学馆、中科图

00562

项氏家说 （宋）项安世撰

上海：商务印书馆，1935.12，116+29 页，32 开（丛书集成初编 242）

本书共 12 卷，据清聚珍版丛书本排印。

收藏单位：安徽馆、长春馆、重庆馆、大理馆、大连馆、东北师大馆、广西馆、贵州馆、国家馆、湖南馆、惠州馆、辽大馆、辽宁馆、辽师大馆、柳州馆、内蒙古馆、宁夏馆、绍兴馆、天津馆、西南大学馆、中科图

00563

三礼考 （宋）真德秀著·**礼经奥旨** （宋）郑樵著·**鹤山渠阳读书杂钞** （宋）魏了翁著

上海：商务印书馆，1936.6，4+13+51 页，32 开（丛书集成初编 243）

本书为合订书。《三礼考》1 卷，据清《学海类编》本排印；《礼经奥旨》1 卷，据清《学海类编》本排印；《鹤山渠阳读书杂钞》2 卷，据明《宝颜堂秘笈》本排印。版权页题名：三礼考及其他二种。

收藏单位：安徽馆、长春馆、重庆馆、大理馆、大连馆、东北师大馆、广西馆、贵州馆、国家馆、黑龙江馆、湖南馆、惠州馆、辽大馆、辽宁馆、辽师大馆、柳州馆、内蒙古馆、宁夏馆、绍兴馆、天津馆、西南大学馆、中科图

00564

四书笺义 （宋）赵惪撰

上海：商务印书馆，1936.12，2 册（386 页），32 开（丛书集成初编 244—245）

本书共 14 卷，有补遗、续补，据清《守山阁丛书》本影印。

收藏单位：安徽馆、长春馆、重庆馆、大

理馆、大连馆、大庆馆、东北师大馆、广西馆、贵州馆、国家馆、黑龙江馆、湖南馆、辽大馆、辽宁馆、辽师大馆、柳州馆、内蒙古馆、宁夏馆、西南大学馆、中科图

00565

读四书丛说 （元）许谦撰

上海：商务印书馆，1936.12，3 册（304 页），32 开（丛书集成初编 246—248）

本书共 8 卷，据清《经苑》本排印。

收藏单位：安徽馆、长春馆、重庆馆、大理馆、大连馆、大庆馆、东北师大馆、广西馆、贵州馆、国家馆、黑龙江馆、湖南馆、辽大馆、辽宁馆、辽师大馆、柳州馆、内蒙古馆、宁夏馆、绍兴馆、西南大学馆、中科图

00566

群英书义 （明）张泰编辑 （明）刘锦文编选·**石渠意见** （明）王恕著

上海：商务印书馆，1936.6，32+57 页，32 开（丛书集成初编 249）

本书为合订书。《群英书义》2 卷，据清《粤雅堂丛书》本排印；《石渠意见》7 卷，附拾遗、补缺，据清《惜阴轩丛书》本排印。版权页题名：群英书义及其他一种。

收藏单位：安徽馆、长春馆、重庆馆、大理馆、大连馆、东北师大馆、广西馆、贵州馆、国家馆、黑龙江馆、湖南馆、惠州馆、辽大馆、辽宁馆、辽师大馆、柳州馆、内蒙古馆、宁夏馆、绍兴馆、天津馆、西南大学馆、中科图

00567

升庵经说 （明）杨慎撰

上海：商务印书馆，1936.12，2 册（226 页），32 开（丛书集成初编 250—251）

本书共 14 卷，据清《函海》本排印。

收藏单位：安徽馆、长春馆、重庆馆、大理馆、大连馆、东北师大馆、广西馆、贵州馆、国家馆、黑龙江馆、湖南馆、辽大馆、辽宁馆、辽师大馆、柳州馆、内蒙古馆、宁夏馆、西南大学馆、中科图

00568

四书索解 （清）毛奇龄说 （清）王锡纂·**三礼指要** （清）陈廷敬著

上海：商务印书馆，1937.12，44+3 页，32 开（丛书集成初编 252）

本书为合订书。《四书索解》4 卷，据清《艺海珠尘》本排印；《三礼指要》1 卷，据清《学海类编》本排印。版权页题名：四书索解及其他一种。

收藏单位：长春馆、重庆馆、大理馆、大连馆、广东馆、广西馆、国家馆、黑龙江馆、湖南馆、辽大馆、辽宁馆、辽师大馆、天津馆、西南大学馆、中科图

00569

读礼志疑 （清）陆陇其辑

长沙：商务印书馆，1939.12，122 页，32 开（丛书集成初编 253）

本书共 12 卷，据清《学海类编》本排印。

收藏单位：重庆馆、大理馆、大连馆、广西馆、贵州馆、国家馆、黑龙江馆、湖南馆、辽大馆、辽宁馆、辽师大馆、内蒙古馆、宁夏馆、天津馆、西南大学馆、中科图

00570

九经古义 （清）惠栋学

上海：商务印书馆，1937.12，2 册（180 页），32 开（丛书集成初编 254—255）

本书共 16 卷，据清《贷园丛书》本排印。

收藏单位：安徽馆、重庆馆、大理馆、大连馆、广西馆、国家馆、黑龙江馆、湖南馆、辽大馆、辽宁馆、辽师大馆、内蒙古馆、西南大学馆、中科图

00571

质疑 （清）任泰学·**质疑** （清）杭世骏著

上海：商务印书馆，1937.12，24+49 页，32 开（丛书集成初编 256）

本书为合订书。第 1 种 1 卷，第 2 种 2 卷，均据清《读画斋丛书》本排印。

收藏单位：安徽馆、重庆馆、大理馆、大连馆、广西馆、国家馆、黑龙江馆、湖南馆、辽大馆、辽宁馆、辽师大馆、内蒙古馆、天津馆、西南大学馆、中科图

00572

四书逸笺 （清）程大中撰

上海：商务印书馆，1937.12，70 页，32 开（丛书集成初编 258）

本书共 6 卷，据清《湖北丛书》本排印。

收藏单位：安徽馆、重庆馆、大理馆、大连馆、广西馆、国家馆、黑龙江馆、湖南馆、辽大馆、辽宁馆、辽师大馆、内蒙古馆、天津馆、西南大学馆、中科图

00573

经义知新记 （清）汪中著·**健余先生读书笔记** （清）尹会一撰 （清）苑缩辑录·**六艺论** （汉）郑玄著 （清）陈鳣辑

上海：商务印书馆，1937.12，30+55+6 页，32 开（丛书集成初编 259）

本书为合订书。《经义知新记》1 卷，据清《艺海珠尘》本排印；《健余先生读书笔记》6 卷，据清《畿辅丛书》本排印；《六艺论》1 卷，据清《涉闻梓旧》本排印。版权页题名：经义知新记及其他二种。

收藏单位：安徽馆、重庆馆、大理馆、大连馆、广东馆、广西馆、国家馆、黑龙江馆、湖南馆、辽大馆、辽宁馆、辽师大馆、天津馆、西南大学馆、中科图

00574

隶经文 （清）江藩著·**九经学** （清）王聘珍著

上海：商务印书馆，1936.6，61+43 页，32 开（丛书集成初编 260）

本书为合订书。《隶经文》4 卷，据清《粤雅堂丛书》本排印；《九经学》3 卷，据清《仰视千七百二十九鹤斋丛书》本排印。版权页题名：隶经文及其他一种。

收藏单位：安徽馆、长春馆、重庆馆、大理馆、大连馆、东北师大馆、广西馆、贵州馆、国家馆、黑龙江馆、湖南馆、惠州馆、辽大馆、辽宁馆、辽师大馆、柳州馆、内蒙

古馆、宁夏馆、绍兴馆、天津馆、西南大学馆、中科图

00575

诗书古训 （清）阮元录

上海：商务印书馆，1936.6，4 册（398 页），32 开（丛书集成初编 261—264）

本书共 6 卷，据清《粤雅堂丛书》本排印。

收藏单位：安徽馆、长春馆、重庆馆、大理馆、大连馆、东北师大馆、广西馆、贵州馆、国家馆、黑龙江馆、湖南馆、惠州馆、辽大馆、辽宁馆、辽师大馆、柳州馆、内蒙古馆、宁夏馆、绍兴馆、西南大学馆、中科图

00576

介庵经说 （清）雷学淇述

上海：商务印书馆，1936.6，357+32 页，32 开（丛书集成初编 265）

本书共 12 卷，附补，据清《畿辅丛书》本排印。

收藏单位：安徽馆、长春馆、重庆馆、大理馆、大连馆、东北师大馆、广西馆、贵州馆、国家馆、黑龙江馆、湖南馆、惠州馆、辽大馆、辽宁馆、辽师大馆、柳州馆、内蒙古馆、宁夏馆、绍兴馆、天津馆、西南大学馆、中科图

00577

刘贵阳说经残稿 （清）刘书年撰·**凤氏经说**（清）凤韶著

上海：商务印书馆，1936.6，47+85 页，32 开（丛书集成初编 266）

本书为合订书。《刘贵阳说经残稿》2 卷、附经说，据清《滂喜斋丛书》本排印；《凤氏经说》3 卷，据清《粤雅堂丛书》本排印。版权页题名：刘贵阳说经残稿及其他一种。

收藏单位：安徽馆、长春馆、重庆馆、大理馆、大连馆、东北师大馆、广西馆、贵州馆、国家馆、黑龙江馆、湖南馆、惠州馆、辽大馆、辽宁馆、辽师大馆、柳州馆、内蒙古馆、宁夏馆、绍兴馆、天津馆、西南大学馆、中科图

00578

王氏经说 （清）王绍兰撰

上海：商务印书馆，1937.6，99 页，32 开（丛书集成初编 268）

本书共 6 卷，据清《功顺堂丛书》本排印。

收藏单位：安徽馆、长春馆、重庆馆、大理馆、大连馆、大庆馆、东北师大馆、广西馆、贵州馆、国家馆、黑龙江馆、湖南馆、辽大馆、辽宁馆、辽师大馆、柳州馆、内蒙古馆、宁夏馆、天津馆、西南大学馆、中科图

00579

授经图 （明）朱睦㮮著

上海：商务印书馆，1937.12，149 页，32 开（丛书集成初编 269）

本书共 20 卷，据清《惜阴轩丛书》本排印。

收藏单位：重庆馆、大理馆、大连馆、广西馆、国家馆、黑龙江馆、湖南馆、辽大馆、辽宁馆、辽师大馆、天津馆、西南大学馆、中科图

00580

儒林谱 （清）焦袁熹撰·**传经表** （清）毕沅撰·**国朝经师经义目录** （清）江藩纂

长沙：商务印书馆，1937.12，14+216+11 页，32 开（丛书集成初编 270）

本书为合订书。《儒林谱》1 卷，据清《艺海珠尘》本排印；《传经表》2 卷，附通经表，据清《式训堂丛书》本影印；《国朝经师经义目录》1 卷，据清《粤雅堂丛书》本排印。版权页题名：儒林谱及其他二种。

收藏单位：安徽馆、重庆馆、大理馆、大连馆、大庆馆、东北师大馆、贵州馆、国家馆、黑龙江馆、湖南馆、辽大馆、辽宁馆、辽师大馆、内蒙古馆、宁夏馆、天津馆、西南大学馆、中科图

00581

续谈助 （宋）晁载之著

长沙：商务印书馆，1939.12，116 页，32 开

（丛书集成初编 272）

　　本书共 5 卷，据清《十万卷楼丛书》本排印。

　　收藏单位：安徽馆、重庆馆、大理馆、大连馆、东北师大馆、广西馆、贵州馆、国家馆、黑龙江馆、湖南馆、辽大馆、辽宁馆、辽师大馆、内蒙古馆、宁夏馆、天津馆、西南大学馆、中科图

00582

古隽 （明）杨慎辑

上海：商务印书馆，1937.12，111 页，32 开（丛书集成初编 273）

　　本书共 8 卷，据清《函海》本排印。

　　收藏单位：安徽馆、重庆馆、大理馆、大连馆、广西馆、国家馆、黑龙江馆、湖南馆、辽大馆、辽宁馆、辽师大馆、天津馆、西南大学馆、中科图

00583

风俗通义 （汉）应劭撰 · **古今注** （晋）崔豹著

长沙：商务印书馆，1937.12，260+23 页，32 开（丛书集成初编 274）

　　本书为合订书。《风俗通义》2 卷，据明《两京遗编》本影印；《古今注》3 卷，据明阳山顾氏文房本排印。版权页题名：风俗通义及其他二种。

　　收藏单位：安徽馆、长春馆、重庆馆、大理馆、大连馆、大庆馆、东北师大馆、广西馆、贵州馆、国家馆、黑龙江馆、湖南馆、辽大馆、辽宁馆、辽师大馆、内蒙古馆、宁夏馆、天津馆、西南大学馆、中科图

00584

封氏闻见记 （唐）封演撰

上海：商务印书馆，1936.12，144 页，32 开（丛书集成初编 275）

　　本书共 10 卷，据清《雅雨堂丛书》本影印。

　　收藏单位：安徽馆、长春馆、重庆馆、大理馆、大连馆、东北师大馆、广西馆、贵州馆、国家馆、黑龙江馆、湖南馆、辽大馆、

辽师大馆、柳州馆、内蒙古馆、宁夏馆、绍兴馆、天津馆、西南大学馆、中科图

00585

酉阳杂俎 （唐）段成式撰

上海：商务印书馆，1937.12，3 册（252 页），32 开（丛书集成初编 276—278）

　　本书共 30 卷，附续集，据清《学津讨原》本排印。

　　收藏单位：安徽馆、重庆馆、大理馆、大连馆、东北师大馆、广西馆、贵州馆、国家馆、黑龙江馆、湖南馆、辽大馆、辽宁馆、辽师大馆、内蒙古馆、西南大学馆、中科图

00586

资暇集 （唐）李匡乂撰 · **苏氏演义** （唐）苏鹗纂 · **中华古今注** （五代）马缟集

长沙：商务印书馆，1939.12，28+30+40 页，32 开（丛书集成初编 279）

　　本书为合订书。《资暇集》3 卷，据明阳山顾氏文房、明《唐宋丛书》本排印；《苏氏演义》2 卷，据清《艺海珠尘》本排印；《中华古今注》3 卷，据宋《百川学海》本排印。版权页题名：资暇集及其他二种。

　　收藏单位：安徽馆、重庆馆、大理馆、大连馆、东北师大馆、广西馆、贵州馆、国家馆、黑龙江馆、湖南馆、辽大馆、辽宁馆、辽师大馆、内蒙古馆、宁夏馆、天津馆、西南大学馆、中科图

00587

兼明书 （五代）丘光庭著 · **宋景文公笔记** （宋）宋祁著 · **东原录** （宋）龚鼎臣撰

上海：商务印书馆，1936.6，50+27+23 页，32 开（丛书集成初编 280）

　　本书为合订书。《兼明书》5 卷，据明《宝颜堂秘笈》本排印；《宋景文公笔记》3 卷，据宋《百川学海》本排印；《东原录》1 卷，据清《艺海珠尘》本排印。版权页题名：兼明书及其他二种。

　　收藏单位：安徽馆、长春馆、重庆馆、大理馆、大连馆、东北师大馆、广西馆、贵州馆、国家馆、黑龙江馆、湖南馆、惠州馆、

辽大馆、辽宁馆、辽师大馆、柳州馆、内蒙古馆、宁夏馆、绍兴馆、天津馆、西南大学馆、中科图

00588

梦溪笔谈 （宋）沈括著

上海：商务印书馆，1937.12，2 册（183 页），32 开（丛书集成初编 281—282）

本书共 26 卷，据明《津逮秘书》本排印。

收藏单位：长春馆、重庆馆、大理馆、大连馆、东北师大馆、广西馆、贵州馆、国家馆、黑龙江馆、湖南馆、辽大馆、辽宁馆、辽师大馆、内蒙古馆、宁夏馆、西南大学馆、中科图

00589

梦溪补笔谈·梦溪续笔谈 （宋）沈括著

长沙：商务印书馆，1937.12，43 页，32 开（丛书集成初编 283）

本书为合订书。《梦溪补笔谈》2 卷，《梦溪续笔谈》1 卷，均据清《学津讨原》本排印。版权页题名：梦溪补笔谈及其他一种。

收藏单位：长春馆、重庆馆、大理馆、大连馆、东北师大馆、广西馆、贵州馆、国家馆、黑龙江馆、湖南馆、辽大馆、辽宁馆、辽师大馆、内蒙古馆、宁夏馆、山西馆、天津馆、西南大学馆、中科图

00590

珩璜新论 （宋）孔平仲撰·**猗觉寮杂记**（宋）朱翌撰

长沙：商务印书馆，1939.12，47+81 页，32 开（丛书集成初编 284）

本书为合订书。《珩璜新论》4 卷，据清《学海类编》本排印；《猗觉寮杂记》2 卷，据清《知不足斋丛书》本排印。版权页题名：珩璜新论及其他一种。

收藏单位：安徽馆、重庆馆、大理馆、大连馆、广西馆、贵州馆、国家馆、黑龙江馆、湖南馆、辽大馆、辽宁馆、辽师大馆、内蒙古馆、宁夏馆、天津馆、中科图

00591

嬾真子 （宋）马永卿撰·**肯綮录** （宋）赵叔向著

长沙：商务印书馆，1939.12，68+10 页，32 开（丛书集成初编 285）

本书为合订书。《嬾真子》5 卷，据宋《儒学警悟》本排印；《肯綮录》1 卷，据清《学海类编》本排印。版权页题名：嬾真子及其他一种。

收藏单位：安徽馆、重庆馆、大理馆、大连馆、广西馆、贵州馆、国家馆、湖南馆、辽大馆、内蒙古馆、宁夏馆、天津馆、中科图

00592

甕牖闲评 （宋）袁文撰

长沙：商务印书馆，1939.12，86 页，32 开（丛书集成初编 286）

本书共 8 卷，据清聚珍版丛书本排印。

收藏单位：安徽馆、重庆馆、大理馆、大连馆、贵州馆、国家馆、黑龙江馆、湖南馆、辽大馆、辽宁馆、辽师大馆、内蒙古馆、宁夏馆、天津馆、中科图

00593

西溪丛语 （宋）姚宽辑

长沙：商务印书馆，1939.12，68 页，32 开（丛书集成初编 287）

本书共 2 卷，据清《学津讨原》本排印。

收藏单位：重庆馆、大连馆、贵州馆、国家馆、黑龙江馆、湖南馆、辽大馆、辽宁馆、辽师大馆、内蒙古馆、天津馆、西南大学馆、中科图

00594

辨误录 （宋）吴曾纂

上海：商务印书馆，1937.12，75 页，32 开（丛书集成初编 288）

本书共 3 卷，据清《学海类编》本排印。

收藏单位：安徽馆、重庆馆、大理馆、大连馆、广西馆、国家馆、黑龙江馆、湖南馆、辽大馆、辽宁馆、辽师大馆、内蒙古馆、天津馆、西南大学馆、中科图

00595

能改斋漫录 （宋）吴曾撰

长沙：商务印书馆，1939.12，3 册（459 页），32 开（丛书集成初编 289—291）

本书共 18 卷，据清聚珍版丛书本排印。

收藏单位：安徽馆、重庆馆、大连馆、国家馆、黑龙江馆、辽大馆、辽宁馆、辽师大馆、内蒙古馆、中科图

00596

考古编 （宋）程大昌撰

长沙：商务印书馆，1939.12，82 页，32 开（丛书集成初编 292）

本书共 10 卷，据宋《儒学警悟》本排印。

收藏单位：安徽馆、重庆馆、大理馆、大连馆、广西馆、贵州馆、国家馆、黑龙江馆、湖南馆、辽大馆、辽宁馆、辽师大馆、内蒙古馆、宁夏馆、天津馆、西南大学馆、中科图

00597

宜斋野乘 （宋）吴枋著·**五总志** （宋）吴坰述·**石林燕语辨** （宋）叶梦得撰 （宋）汪应辰辨

长沙：商务印书馆，1939.12，7+20+92 页，32 开（丛书集成初编 295）

本书为合订书。《宜斋野乘》1 卷，据明阳山顾氏文房本排印；《五总志》1 卷，据清《知不足斋丛书》本排印；《石林燕语辨》10 卷，据宋《儒学警悟》本排印。版权页题名：宜斋野乘及其他二种。

收藏单位：重庆馆、大理馆、大连馆、广西馆、贵州馆、国家馆、黑龙江馆、湖南馆、辽大馆、辽宁馆、辽师大馆、内蒙古馆、宁夏馆、天津馆、中科图

00598

寓简 （宋）沈作喆纂

长沙：商务印书馆，1937.6，86 页，32 开（丛书集成初编 296）

本书共 11 卷，据清《知不足斋丛书》本排印。

收藏单位：安徽馆、重庆馆、大理馆、大

连馆、广西馆、国家馆、黑龙江馆、湖南馆、惠州馆、辽大馆、辽宁馆、辽师大馆、柳州馆、内蒙古馆、天津馆、西南大学馆、中科图

00599

云麓漫钞 （宋）赵彦卫著

上海：商务印书馆，1936.12，2 册（440 页），32 开（丛书集成初编 297—298）

本书共 15 卷，据清《涉闻梓旧》本影印。

收藏单位：安徽馆、长春馆、重庆馆、大理馆、大连馆、大庆馆、东北师大馆、广西馆、贵州馆、国家馆、黑龙江馆、湖南馆、辽大馆、辽宁馆、辽师大馆、柳州馆、内蒙古馆、宁夏馆、绍兴馆、西南大学馆、中科图

00600

靖康缃素杂记 （宋）黄朝英撰

长沙：商务印书馆，1939.12，58 页，32 开（丛书集成初编 299）

本书共 10 卷，据清《墨海金壶》本排印。

收藏单位：安徽馆、重庆馆、大理馆、大连馆、广西馆、贵州馆、国家馆、黑龙江馆、湖南馆、辽大馆、辽宁馆、辽师大馆、内蒙古馆、宁夏馆、天津馆、中科图

00601

学林 （宋）王观国撰

长沙：商务印书馆，1939.12，4 册（309 页），32 开（丛书集成初编 300—303）

本书共 10 卷，据清《湖海楼丛书》本排印。

收藏单位：安徽馆、重庆馆、大理馆、大连馆、广西馆、贵州馆、国家馆、黑龙江馆、湖南馆、辽大馆、辽师大馆、内蒙古馆、宁夏馆、天津馆、西南大学馆、中科图

00602

野客丛书 （宋）王楙撰

长沙：商务印书馆，1939.12，3 册（301 页），32 开（丛书集成初编 304—306）

本书共 31 卷，有附录，据明《稗海》本排印。

收藏单位：安徽馆、重庆馆、大理馆、大连馆、广西馆、贵州馆、国家馆、黑龙江馆、湖南馆、辽大馆、辽宁馆、辽师大馆、内蒙古馆、宁夏馆、西南大学馆、中科图

00603

辩言 （宋）员兴忠纂·**常谈** （宋）吴箕撰

长沙：商务印书馆，1939.12，15+23 页，32 开（丛书集成初编 307）

本书为合订书。《辩言》1 卷，据清《艺海珠尘》本排印；《常谈》1 卷，据清《函海》本排印。版权页题名：辩言及其他一种。

收藏单位：安徽馆、重庆馆、大理馆、大连馆、广西馆、贵州馆、国家馆、黑龙江馆、湖南馆、辽大馆、辽师大馆、内蒙古馆、宁夏馆、天津馆、西南大学馆、中科图

00604

纬略 （宋）高似孙撰

长沙：商务印书馆，1939.12，2 册（209 页），32 开（丛书集成初编 308—309）

本书共 12 卷，据清《守山阁丛书》本排印。

收藏单位：安徽馆、重庆馆、大理馆、大连馆、广西馆、贵州馆、国家馆、黑龙江馆、湖南馆、辽大馆、辽宁馆、辽师大馆、内蒙古馆、宁夏馆、西南大学馆、中科图

00605

扪虱新话 （宋）陈善著

长沙：商务印书馆，1939.12，2 册（92 页），32 开（丛书集成初编 310—311）

本书共 8 卷，据宋《儒学警悟》本排印。

收藏单位：安徽馆、重庆馆、大理馆、大连馆、广西馆、贵州馆、国家馆、黑龙江馆、湖南馆、辽大馆、辽宁馆、辽师大馆、内蒙古馆、宁夏馆、西南大学馆、中科图

00606

鹤山渠阳经外杂抄 （宋）魏了翁辑著·**芥隐笔记** （宋）龚颐正撰

上海：商务印书馆，1937.6，42+34 页，32 开（丛书集成初编 312）

本书为合订书。《鹤山渠阳经外杂抄》2 卷，据明《宝颜堂秘笈》本影印；《芥隐笔记》1 卷，据明阳山顾氏文房本排印。版权页题名：鹤山渠阳经外杂抄及其他一种。

收藏单位：安徽馆、长春馆、重庆馆、大理馆、大连馆、东北师大馆、广西馆、贵州馆、国家馆、黑龙江馆、湖南馆、辽大馆、辽宁馆、辽师大馆、内蒙古馆、宁夏馆、天津馆、西南大学馆、中科图

00607

学斋佔毕 （宋）史绳祖撰

长沙：商务印书馆，1939.12，70 页，32 开（丛书集成初编 313）

本书共 4 卷，据宋《百川学海》本排印。

收藏单位：安徽馆、重庆馆、大理馆、大连馆、广西馆、贵州馆、国家馆、黑龙江馆、湖南馆、辽大馆、辽宁馆、辽师大馆、内蒙古馆、宁夏馆、西南大学馆、中科图

00608

宾退录 （宋）赵与时著

长沙：商务印书馆，1939.12，2 册（123 页），32 开（丛书集成初编 314—315）

本书共 10 卷，据清《学海类编》本排印。

收藏单位：安徽馆、重庆馆、大连馆、国家馆、黑龙江馆、湖南馆、辽大馆、辽宁馆、辽师大馆、内蒙古馆、西南大学馆、中科图

00609

芦浦笔记 （宋）刘昌诗撰

长沙：商务印书馆，1939.12，59 页，32 开（丛书集成初编 316）

本书共 10 卷，据清《知不足斋丛书》本排印。

收藏单位：安徽馆、重庆馆、大理馆、大连馆、广西馆、贵州馆、国家馆、黑龙江馆、湖南馆、辽大馆、辽宁馆、辽师大馆、内蒙古馆、宁夏馆、天津馆、西南大学馆、中科图

00610

鼠璞　（宋）戴埴著·**坦斋通编**　（宋）邢凯著·**臆乘**　（宋）杨伯嵒著

长沙：商务印书馆，1939.12，48+14+9 页，32 开（丛书集成初编 319）

　　本书为合订书。《鼠璞》2 卷，据宋《百川学海》本排印；《坦斋通编》1 卷，据清《守山阁丛书》本排印；《臆乘》1 卷，据清《龙威秘书》本排印。版权页题名：鼠璞及其他二种。

　　收藏单位：重庆馆、大理馆、大连馆、广西馆、国家馆、黑龙江馆、湖南馆、辽大馆、辽宁馆、辽师大馆、天津馆、西南大学馆

00611

席上腐谈　（宋）俞琰著·**颍川语小**　（宋）陈叔方撰

上海：商务印书馆，1936.6，34+27 页，32 开（丛书集成初编 322）

　　本书为合订书。《席上腐谈》2 卷，据明《宝颜堂秘笈》本排印；《颍川语小》2 卷，据清《守山阁丛书》本排印。版权页题名：席上腐谈及其他一种。

　　收藏单位：安徽馆、长春馆、重庆馆、大理馆、大连馆、东北师大馆、广西馆、贵州馆、国家馆、黑龙江馆、湖南馆、惠州馆、辽大馆、辽宁馆、辽师大馆、柳州馆、内蒙古馆、宁夏馆、天津馆、西南大学馆

00612

佩韦斋辑闻　（宋）俞德邻撰·**东斋记事**　（宋）许观撰·**释常谈**　（宋）佚名撰

长沙：商务印书馆，1939.12，42+10+29 页，32 开（丛书集成初编 323）

　　本书为合订书。《佩韦斋辑闻》4 卷，据清《读画斋丛书》本排印；《东斋记事》1 卷，据清《龙威秘书》本排印；《释常谈》3 卷，据宋《百川学海》本排印。版权页题名：佩韦斋辑闻及其他二种。

　　收藏单位：安徽馆、长春馆、大理馆、东北师大馆、广西馆、国家馆、黑龙江馆、湖南馆、辽大馆、辽宁馆、辽师大馆、内蒙古馆、西南大学馆

00613

续释常谈　（宋）龚熙正著·**林下偶谈**　（宋）吴子良著

上海：商务印书馆，1936.6，6+45 页，32 开（丛书集成初编 324）

　　本书为合订书。《续释常谈》1 卷，据明《唐宋丛书》本排印；《林下偶谈》4 卷，据明《宝颜堂秘笈》本排印。版权页题名：续释常谈及其他一种。

　　收藏单位：安徽馆、长春馆、重庆馆、大理馆、大连馆、东北师大馆、广西馆、贵州馆、国家馆、黑龙江馆、湖南馆、惠州馆、辽大馆、辽宁馆、辽师大馆、柳州馆、内蒙古馆、宁夏馆、绍兴馆、天津馆、西南大学馆

00614

爱日斋丛钞　（宋）佚名撰

上海：商务印书馆，1936.12，214 页，32 开（丛书集成初编 325）

　　本书共 5 卷，据清《守山阁丛书》本影印。

　　收藏单位：安徽馆、长春馆、重庆馆、大理馆、大连馆、东北师大馆、广西馆、贵州馆、国家馆、黑龙江馆、湖南馆、辽大馆、辽宁馆、辽师大馆、柳州馆、内蒙古馆、宁夏馆、绍兴馆、天津馆、西南大学馆

00615

玉堂嘉话　（宋）王恽撰

长沙：商务印书馆，1939.12，92 页，32 开（丛书集成初编 326）

　　本书共 8 卷，据清《墨海金壶》本排印。

　　收藏单位：重庆馆、大连馆、广西馆、贵州馆、国家馆、黑龙江馆、湖南馆、辽大馆、辽宁馆、辽师大馆、内蒙古馆、天津馆、西南大学馆

00616

湛渊静语　（元）白珽撰

长沙：商务印书馆，1939.12，42 页，32 开（丛书集成初编 327）

　　本书共 2 卷，据清《知不足斋丛书》本

排印。

　　收藏单位：安徽馆、重庆馆、大理馆、大连馆、贵州馆、国家馆、黑龙江馆、湖南馆、辽大馆、辽宁馆、辽师大馆、内蒙古馆、宁夏馆、天津馆、西南大学馆

00617

庶斋老学丛谈 （元）盛如梓撰·**日闻录**（元）李翀撰·**霏雪录** （明）刘绩撰

长沙：商务印书馆，1939.12，53+16+13 页，32 开（丛书集成初编 328）

　　本书为合订书。《庶斋老学丛谈》3 卷，据清《知不足斋丛书》本排印；《日闻录》1 卷，据清《守山阁丛书》本排印；《霏雪录》1 卷，据明《古今说海》本排印。版权页题名：庶斋老学丛谈及其他二种。

　　收藏单位：安徽馆、重庆馆、大理馆、大连馆、广西馆、贵州馆、国家馆、黑龙江馆、湖南馆、辽大馆、辽宁馆、辽师大馆、内蒙古馆、宁夏馆、天津馆、西南大学馆

00618

菽园杂记 （明）陆容撰·**井观琐言** （明）郑瑗著

上海：商务印书馆，1936.6，2 册（176+27 页），32 开（丛书集成初编 329—330）

　　本书为合订书。《菽园杂记》15 卷，据清《墨海金壶》本排印；《井观琐言》3 卷，据明《宝颜堂秘笈》本排印。版权页题名：菽园杂记及其他一种。

　　收藏单位：安徽馆、长春馆、重庆馆、大理馆、大连馆、东北师大馆、广西馆、贵州馆、国家馆、黑龙江馆、湖南馆、惠州馆、辽大馆、辽宁馆、辽师大馆、柳州馆、内蒙古馆、宁夏馆、绍兴馆、西南大学馆

00619

两山墨谈 （明）陈霆著

上海：商务印书馆，1936.6，157 页，32 开（丛书集成初编 331）

　　本书共 18 卷，据清《惜阴轩丛书》本排印。

　　收藏单位：安徽馆、重庆馆、大理馆、大连馆、东北师大馆、广西馆、贵州馆、国家馆、黑龙江馆、湖南馆、惠州馆、辽大馆、辽宁馆、辽师大馆、柳州馆、内蒙古馆、宁夏馆、天津馆、西南大学馆

00620

传疑录·俨山纂录 （明）陆深撰

上海：商务印书馆，1936.6，20+4 页，32 开（丛书集成初编 332）

　　本书为合订书。《传疑录》1 卷，据明《宝颜堂秘笈》本排印；《俨山纂录》1 卷，据明《百陵学山》本排印。版权页题名：传疑录及其他一种。

　　收藏单位：安徽馆、长春馆、重庆馆、大理馆、大连馆、东北师大馆、广西馆、贵州馆、国家馆、黑龙江馆、湖南馆、惠州馆、辽大馆、辽宁馆、柳州馆、内蒙古馆、宁夏馆、天津馆、西南大学馆

00621

读书札记 （明）徐问志著

上海：商务印书馆，1936.6，86 页，32 开（丛书集成初编 333）

　　本书共 8 卷，据清《得月簃丛书》本排印。

　　收藏单位：安徽馆、长春馆、重庆馆、大理馆、大连馆、东北师大馆、贵州馆、国家馆、黑龙江馆、湖南馆、惠州馆、辽大馆、柳州馆、内蒙古馆、宁夏馆、绍兴馆、西南大学馆

00622

谭苑醍醐 （明）杨慎撰

上海：商务印书馆，1936.6，80 页，32 开（丛书集成初编 334）

　　本书共 8 卷，据清《函海》本排印。

　　收藏单位：安徽馆、长春馆、重庆馆、大理馆、大连馆、东北师大馆、广西馆、贵州馆、国家馆、黑龙江馆、湖南馆、惠州馆、辽大馆、辽宁馆、辽师大馆、柳州馆、内蒙古馆、宁夏馆、绍兴馆、天津馆、西南大学馆

00623

艺林伐山 （明）杨慎撰

上海：商务印书馆，1936.6，157页，32开（丛书集成初编335）

本书共20卷，据清《函海》本排印。

收藏单位：重庆馆、大理馆、大连馆、东北师大馆、广西馆、贵州馆、国家馆、黑龙江馆、湖南馆、惠州馆、辽大馆、辽师大馆、柳州馆、内蒙古馆、宁夏馆、绍兴馆、西南大学馆

00624

丹铅杂录·丹铅续录·俗言 （明）杨慎撰

上海：商务印书馆，1936.6，100+108+10页，32开（丛书集成初编336）

本书为合订书。《丹铅杂录》10卷，据清《函海》本排印；《丹铅续录》8卷，据明《宝颜堂秘笈》本排印；《俗言》1卷，据清《函海》本排印。版权页题名：丹铅杂录及其他二种。

收藏单位：安徽馆、重庆馆、大理馆、大连馆、东北师大馆、广西馆、贵州馆、国家馆、黑龙江馆、湖南馆、惠州馆、辽大馆、辽师大馆、柳州馆、内蒙古馆、宁夏馆、西南大学馆

00625

余冬序录摘抄内外篇 （明）何孟春撰

上海：商务印书馆，1937.6，86页，32开（丛书集成初编337）

本书共6卷，据明《纪录汇编》本影印。

收藏单位：安徽馆、长春馆、重庆馆、大理馆、大连馆、东北师大馆、广西馆、国家馆、黑龙江馆、湖南馆、辽大馆、辽宁馆、辽师大馆、内蒙古馆、宁夏馆、天津馆、西南大学馆

00626

真珠船 （明）胡侍著·**簋斋杂著** （明）陆埰撰

上海：商务印书馆，1936.6，90+12页，32开（丛书集成初编338）

本书为合订书。《真珠船》8卷，据明《宝颜堂秘笈》本排印；《簋斋杂著》1卷，据清《学海类编》本排印。版权页题名：真珠船及其他一种。

收藏单位：安徽馆、重庆馆、大理馆、大连馆、东北师大馆、广西馆、贵州馆、国家馆、黑龙江馆、湖南馆、惠州馆、辽大馆、辽宁馆、辽师大馆、柳州馆、内蒙古馆、宁夏馆、天津馆、西南大学馆

00627

古言类编 （明）郑晓撰·**群碎录** （明）陈继儒著·**枕谭** （明）陈继儒撰

上海：商务印书馆，1936.6，148+18+12页，32开（丛书集成初编339）

本书为合订书。《古言类编》2卷，据明《盐邑志林》本影印；《群碎录》1卷，据明《宝颜堂秘笈》本排印；《枕谭》1卷，据明《宝颜堂秘笈》本排印。版权页题名：古言类编及其他二种。

收藏单位：安徽馆、重庆馆、大理馆、大连馆、东北师大馆、广西馆、贵州馆、国家馆、黑龙江馆、湖南馆、惠州馆、辽大馆、辽宁馆、辽师大馆、柳州馆、内蒙古馆、宁夏馆、绍兴馆、天津馆、西南大学馆

00628

疑耀 （明）张萱撰

长沙：商务印书馆，1939.12，2册（159页），32开（丛书集成初编340—341）

本书共7卷，据清《岭南遗书》本排印。

收藏单位：安徽馆、重庆馆、大理馆、大连馆、国家馆、黑龙江馆、湖南馆、辽大馆、辽宁馆、辽师大馆、内蒙古馆、宁夏馆、西南大学馆

00629

槎上老舌 （明）陈衎撰·**余庵杂录** （明）陈恂著

长沙：商务印书馆，1939.12，37+27页，32开（丛书集成初编342）

本书为合订书。《槎上老舌》1卷，据清《砚云甲乙编》排印；《余庵杂录》3卷，据清《学海类编》本排印。版权页题名：槎上老舌

及其他一种。

收藏单位：重庆馆、大理馆、大连馆、广西馆、国家馆、黑龙江馆、湖南馆、辽大馆、辽宁馆、辽师大馆、内蒙古馆、天津馆、西南大学馆

00630

卮林 （明）周婴纂

上海：商务印书馆，1936.12，3 册（316 页），32 开（丛书集成初编 343—345）

本书共 11 卷，附补遗，据清《湖海楼丛书》本排印。

收藏单位：安徽、重庆馆、大理馆、大连馆、大庆馆、东北师大馆、贵州馆、国家馆、黑龙江馆、湖南馆、辽大馆、辽宁馆、辽师大馆、柳州馆、内蒙古馆、宁夏馆、绍兴馆、西南大学馆

00631

吕锡侯笔记 （明）吕兆禧撰·**遯翁随笔** （明）祁骏佳著

上海：商务印书馆，1936.6，14+63 页，32 开（丛书集成初编 346）

本书为合订书。《吕锡侯笔记》1 卷，据明《盐邑志林》本排印；《遯翁随笔》2 卷，据清《仰视千七百二十九鹤斋丛书》本排印。版权页题名：吕锡侯笔记及其他一种。

收藏单位：安徽馆、重庆馆、大理馆、大连馆、东北师大馆、广西馆、贵州馆、国家馆、黑龙江馆、湖南馆、惠州馆、辽大馆、辽宁馆、辽师大馆、柳州馆、内蒙古馆、宁夏馆、绍兴馆、天津馆、西南大学馆

00632

蒿庵闲话 （清）张尔岐撰·**谲觚** （清）顾炎武著

长沙：商务印书馆，1939.12，75+9 页，32 开（丛书集成初编 347）

本书为合订书。《蒿庵闲话》2 卷，据清《贷园丛书》本排印；《谲觚》1 卷，据清《借月山房汇钞》本排印。版权页题名：蒿庵闲话及其他一种。

收藏单位：安徽馆、重庆馆、大理馆、大

连馆、广西馆、贵州馆、国家馆、黑龙江馆、湖南馆、辽大馆、辽宁馆、辽师大馆、内蒙古馆、宁夏馆、天津馆、西南大学馆

00633

菰中随笔 （清）顾炎武著·**卡芦札记** （清）丁泰著

上海：商务印书馆，1936.12，60+9 页，32 开（丛书集成初编 348）

本书为合订书。《菰中随笔》1 卷，据清《海山仙馆丛书》本排印；《卡芦札记》1 卷，据清《仰视千七百二十九鹤斋丛书》本排印。版权页题名：菰中随笔及其他一种。

收藏单位：安徽馆、重庆馆、大理馆、大连馆、东北师大馆、广西馆、贵州馆、国家馆、黑龙江馆、湖南馆、辽大馆、辽宁馆、辽师大馆、柳州馆、内蒙古馆、宁夏馆、绍兴馆、天津馆、西南大学馆

00634

义府 （清）黄生撰

上海：商务印书馆，1936.6，102 页，32 开（丛书集成初编 349）

本书共 2 卷，据清《指海》本排印。

收藏单位：安徽馆、长春馆、重庆馆、大理馆、大连馆、东北师大馆、广西馆、贵州馆、国家馆、黑龙江馆、湖南馆、惠州馆、辽大馆、辽宁馆、辽师大馆、柳州馆、内蒙古馆、宁夏馆、绍兴馆、天津馆、西南大学馆

00635

订讹杂录 （清）胡鸣玉述

上海：商务印书馆，1936.6，121 页，32 开（丛书集成初编 350）

本书共 10 卷，据清《湖海楼丛书》本排印。

收藏单位：安徽馆、长春馆、重庆馆、大理馆、大连馆、东北师大馆、广西馆、贵州馆、国家馆、黑龙江馆、湖南馆、惠州馆、辽大馆、辽宁馆、辽师大馆、柳州馆、内蒙古馆、宁夏馆、绍兴馆、天津馆、西南大学馆

00636

学福斋杂著 （清）沈大成纂·**樵香小记**（清）何琇撰·**龙城札记**（清）卢文弨撰

长沙：商务印书馆，1939.12，17+31+30 页，32 开（丛书集成初编 351）

本书为合订书。《学福斋杂著》1 卷，据清《艺海珠尘》本排印；《樵香小记》2 卷，据清《守山阁丛书》本排印；《龙城札记》3 卷，据清《抱经堂丛书》本排印。版权页题名：学福斋杂著及其他二种。

收藏单位：安徽馆、重庆馆、大理馆、大连馆、广西馆、贵州馆、国家馆、黑龙江馆、湖南馆、辽大馆、辽宁馆、辽师大馆、内蒙古馆、宁夏馆、天津馆、西南大学馆

00637

钟山札记 （清）卢文弨著·**鲁斋述得**（清）丁传纂

长沙：商务印书馆，1939.12，74+9 页，32 开（丛书集成初编 352）

本书为合订书。《钟山札记》4 卷，据清《抱经堂丛书》本排印；《鲁斋述得》1 卷，据清《艺海珠尘》本排印。版权页题名：钟山札记及其他二种。

收藏单位：重庆馆、大理馆、大连馆、广西馆、国家馆、黑龙江馆、湖南馆、辽大馆、辽宁馆、辽师大馆、天津馆、西南大学馆

00638

炳烛偶钞 （清）陆锡熊纂·**卍斋璅录**（清）李调元撰

上海：商务印书馆，1937.12，14+79 页，32 开（丛书集成初编 353）

本书为合订书。《炳烛偶钞》1 卷，据清《艺海珠尘》本排；《卍斋璅录》10 卷，据清《函海》本排印。版权页题名：炳烛偶钞及其他一种。

收藏单位：安徽馆、重庆馆、大理馆、大连馆、广西馆、国家馆、黑龙江馆、湖南馆、辽大馆、辽宁馆、辽师大馆、天津馆、西南大学馆

00639

勤说 （清）李调元撰·**识小编**（清）董丰垣撰

上海：商务印书馆，1936.6，47+39 页，32 开（丛书集成初编 354）

本书为合订书。《勤说》4 卷，据清《函海》本排印；《识小编》2 卷，据清《指海》本排印。版权页题名：勤说及其他二种。

收藏单位：安徽馆、重庆馆、大理馆、大连馆、东北师大馆、广西馆、贵州馆、国家馆、黑龙江馆、湖南馆、惠州馆、辽大馆、辽宁馆、辽师大馆、柳州馆、内蒙古馆、宁夏馆、天津馆、西南大学馆

00640

炳烛编 （清）李赓芸撰

长沙：商务印书馆，1937.12，137 页，32 开（丛书集成初编 355）

本书共 4 卷，据清《滂喜斋丛书》本排印。

收藏单位：安徽馆、长春馆、重庆馆、大理馆、大连馆、东北师大馆、广西馆、贵州馆、国家馆、黑龙江馆、湖南馆、辽大馆、辽宁馆、辽师大馆、柳州馆、内蒙古馆、宁夏馆、绍兴馆、天津馆、西南大学馆

00641

读书琐记 （清）凤应韶纂·**郑堂札记**（清）周中孚著

上海：商务印书馆，1937.6，19+44 页，32 开（丛书集成初编 358）

本书为合订书。《读书琐记》1 卷，据清《艺海珠尘》本排印；《郑堂札记》5 卷，据清《仰视千七百二十九鹤斋丛书》本排印。版权页题名：读书琐记及其他一种。

收藏单位：安徽馆、重庆馆、大理馆、东北师大馆、广西馆、国家馆、黑龙江馆、湖南馆、辽大馆、辽宁馆、柳州馆、内蒙古馆、宁夏馆、天津馆、西南大学馆

00642

读书丛录 （清）洪颐煊撰

长沙：商务印书馆，1939.12，127 页，32 开

（<u>丛书</u>集成初编 359）

　　本书共 7 卷，据清《<u>史学丛书</u>》本排印。

　　收藏单位：安徽馆、重庆馆、大理馆、广西馆、贵州馆、国家馆、黑龙江馆、湖南馆、辽大馆、辽宁馆、辽师大馆、内蒙古馆、宁夏馆、天津馆、西南大学馆

00643

癸巳存稿 （清）俞正燮撰

上海：商务印书馆，1937.6，5 册（465 页），32 开（丛书集成初编 360—364）

　　本书共 15 卷，据清《连筠簃丛书》本排印。

　　收藏单位：安徽馆、重庆馆、大理馆、大连馆、大庆馆、东北师大馆、广西馆、贵州馆、国家馆、黑龙江馆、湖南馆、辽大馆、辽宁馆、辽师大馆、柳州馆、内蒙古馆、宁夏馆、绍兴馆、天津馆、西南大学馆

00644

菉友肊说 （清）王筠撰·**武陵山人杂著** （清）顾观光著

上海：商务印书馆，1937.12，33+63 页，32 开（丛书集成初编 365）

　　本书为合订书。《菉友肊说》1 卷，有附录，据清《灵鹣阁丛书》本排印；《武陵山人杂著》1 卷，据清《小万卷楼丛书》本排印。版权页题名：菉友肊说及其他一种。

　　收藏单位：安徽馆、重庆馆、大理馆、大连馆、广西馆、国家馆、黑龙江馆、湖南馆、辽大馆、辽宁馆、辽师大馆、西南大学馆

00645

寒秀草堂笔记 （清）姚衡著

上海：商务印书馆，1937.12，106 页，32 开（丛书集成初编 367）

　　本书共 4 卷，据清《咫进斋丛书》本排印。

　　收藏单位：安徽馆、重庆馆、大理馆、大连馆、广西馆、国家馆、黑龙江馆、湖南馆、辽大馆、辽宁馆、辽师大馆、天津馆、西南大学馆

00646

握兰轩随笔 （清）卜陈彝著·**刘氏遗著** （清）刘禧延撰·**养和轩随笔** （清）陈作霖著·**困学纪闻参注** （清）赵敬襄著

长沙：商务印书馆，1939.12，[151] 页，32 开（丛书集成初编 368）

　　本书为合订书。《握兰轩随笔》2 卷，据清《学海类编》本排印；《刘氏遗著》3 卷，据清《滂喜斋丛书》本排印；《养和轩随笔》1 卷，据清《金陵丛刻》本排印；《困学纪闻参注》1 卷，据清《豫章丛书》本排印。版权页题名：握兰轩随笔及其他三种。

　　收藏单位：安徽馆、重庆馆、大理馆、大连馆、广西馆、国家馆、黑龙江馆、湖南馆、辽大馆、辽宁馆、辽师大馆、天津馆、西南大学馆

00647

鹿门子 （唐）皮日休著·**省心录** （宋）林逋著·**晁氏客语** （宋）晁说之著·**栾城先生遗言** （宋）苏籀记·**西畴老人常言** （宋）何坦著·**樵谈** （宋）许棐著

上海：商务印书馆，1936.6，[91] 页，32 开（丛书集成初编 369）

　　本书为合订书。《鹿门子》1 卷，据明《子汇》本排印；《省心录》1 卷，据明《宝颜堂秘笈》本排印；《晁氏客语》1 卷，《栾城先生遗言》1 卷，《西畴老人常言》1 卷，据宋《百川学海》本排印；《樵谈》1 卷，据明《盐邑志林》本排印。版权页题名：鹿门子及其他五种。

　　收藏单位：安徽馆、重庆馆、大理馆、大连馆、东北师大馆、广西馆、贵州馆、国家馆、黑龙江馆、湖南馆、惠州馆、辽大馆、辽宁馆、辽师大馆、柳州馆、内蒙古馆、宁夏馆、绍兴馆、天津馆、西南大学馆

00648

勤有堂随录 （元）陈栎著·**学易居笔录** （元）俞镇著·**笔畴** （明）王达著·**卮辞** （明）王祎著·**密箴** （明）蔡清撰

长沙：商务印书馆，1939.12，[54] 页，32 开

（丛书集成初编 372）

本书为合订本。《勤有堂随录》1卷，据清《学海类编》本排印;《学易居笔录》1卷，据清《清学海类编》本排印;《笔畴》2卷，据明《宝颜堂秘笈》本排印;《巵辞》1卷，据清《函海》本排印;《密箴》1卷，据明《百陵学山》本排印。版权页题名：勤有堂随录及其他四种。

收藏单位：安徽馆、重庆馆、大理馆、东北师大馆、广西馆、国家馆、黑龙江馆、湖南馆、辽大馆、辽宁馆、辽师大馆、西南大学馆

00649
读书笔记 （明）祝允明著·**蜩笑偶言** （明）郑瑗著·**松窗寤言** （明）崔铣著·**经世要谈** （明）郑善夫著

长沙：商务印书馆，1939.12，[28] 页，32 开（丛书集成初编 373）

本书为合订书。《读书笔记》1卷，据明《宝颜堂秘笈》本排印;《蜩笑偶言》1卷，据明《宝颜堂秘笈》本排印;《松窗寤言》1卷，据清《借月山房汇钞》本排印;《经世要谈》1卷，据明《百陵学山》本排印。版权页题名：读书笔记及其他三种。

收藏单位：重庆馆、大理馆、大连馆、国家馆、黑龙江馆、湖南馆、辽大馆、辽宁馆、辽师大馆、内蒙古馆、天津馆、西南大学馆

00650
钱公良测语 （明）钱琦撰·**钱子语测** （明）钱琦撰·**四箴杂言** （明）何大复撰·**慎言集训** （明）敖英纂·**玉笑零音** （明）田艺蘅撰

上海：商务印书馆，1936.6，[282] 页，32 开（丛书集成初编 374）

本书为合订书。《钱公良测语》2卷，据明《盐邑志林》本影印;《钱子语测》2卷，《四箴杂言》1卷，均据明《百陵学山》本影印;《慎言集训》2卷，《玉笑零音》1卷，均据明《宝颜堂秘笈》本影印。版权页题名：钱公良测语及其他四种。

收藏单位：安徽馆、重庆馆、大理馆、大

连馆、广西馆、贵州馆、国家馆、黑龙江馆、湖南馆、惠州馆、辽大馆、辽宁馆、辽师大馆、柳州馆、内蒙古馆、宁夏馆、绍兴馆、天津馆、武大馆、西南大学馆

00651
薛方山纪述 （明）薛应旂著·**归有园麈谈** （明）徐学谟著·**古今药石** （明）宋纁辑·**呻吟语选** （明）吕坤著 （清）阮元选·**安得长者言** （明）陈继儒著·**郑敬中摘语** （明）郑心材撰·**仰子遗语** （明）胡宪仲著·**耻言** （明）徐祯稷纂·**木几冗谈** （明）彭汝让著

上海：商务印书馆，1936.6，[160] 页，32 开（丛书集成初编 375）

本书为合订书。《薛方山纪述》1卷，据明《宝颜堂秘笈》本排印;《归有园麈谈》1卷，据明《宝颜堂秘笈》本排印;《古今药石》2卷，据清《得月簃丛书》本排印;《呻吟语选》2卷，据清《文选楼丛书》本排印;《安得长者言》1卷，据明《宝颜堂秘笈》本排印;《郑敬中摘语》1卷，据明《盐邑志林》本排印;《仰子遗语》1卷，据明《百陵学山》本排印;《耻言》2卷，据清《艺海珠尘》本排印;《木几冗谈》1卷，据明《宝颜堂秘笈》本排印。版权页题名：薛方山纪述及其他八种。

收藏单位：安徽馆、重庆馆、大理馆、大连馆、东北师大馆、广西馆、贵州馆、国家馆、黑龙江馆、惠州馆、辽大馆、辽师大馆、柳州馆、内蒙古馆、宁夏馆、绍兴馆、武大馆、西南大学馆

00652
琼琚佩语 （清）魏裔介纂·**荆园小语·荆园进语** （清）申涵光著·**省心短语** （清）申涵煜述·**日录里言** （清）魏禧著

长沙：商务印书馆，1939.12，[75] 页，32 开（丛书集成初编 376）

本书为合订书。《琼琚佩语》1卷，《荆园小语》1卷，《荆园进语》1卷，《省心短语》1卷，均据清《畿辅丛书》本排印;《日录里言》1卷，据清《学海类编》本排印。版权页

题名：琼琚佩语及其他四种。

收藏单位：重庆馆、大理馆、大连馆、广西馆、国家馆、黑龙江馆、湖南馆、辽大馆、辽宁馆、辽师大馆、天津馆、西南大学馆

00653

吕语集粹 （清）尹会一辑

上海：商务印书馆，1937.6，56 页，32 开（丛书集成初编 377）

本书共 4 卷，据清《畿辅丛书》本排印。

收藏单位：安徽馆、重庆馆、大理馆、大连馆、东北师大馆、广西馆、贵州馆、国家馆、黑龙江馆、湖南馆、辽大馆、辽宁馆、辽师大馆、柳州馆、内蒙古馆、宁夏馆、天津馆、西南大学馆

00654

四鉴录 （清）尹会一辑

上海：商务印书馆，1937.6，2 册（161 页），32 开（丛书集成初编 378—379）

本书共 16 卷，据清《畿辅丛书》本排印。

收藏单位：安徽馆、长春馆、重庆馆、大理馆、大连馆、大庆馆、东北师大馆、广西馆、贵州馆、国家馆、黑龙江馆、湖南馆、辽大馆、辽宁馆、辽师大馆、柳州馆、内蒙古馆、宁夏馆、西南大学馆

00655

蕉窗日记 （清）王豫撰·**西岩赘语** （清）申居郧著·**幽梦续影** （清）朱锡撰·**箴友言** （清）赵青藜著·**修慝余编** （清）陈荩纂

上海：商务印书馆，1937.6，[80] 页，32 开（丛书集成初编 380）

本书为合订书。《蕉窗日记》2 卷，据清《读画斋丛书》本排印；《西岩赘语》1 卷，据清《畿辅丛书》本排印；《幽梦续影》1 卷，据清《滂喜斋丛书》本排印；《箴友言》1 卷，据清《泾川丛书》本排印；《修慝余编》1 卷，据清《艺海珠尘》本排印。版权页题名：蕉窗日记及其他四种。

收藏单位：安徽馆、重庆馆、大理馆、大连馆、东北师大馆、广西馆、贵州馆、国家

馆、黑龙江馆、湖南馆、辽大馆、辽宁馆、辽师大馆、柳州馆、内蒙古馆、宁夏馆、绍兴馆、天津馆、西南大学馆

00656

迁言百则 （清）陈遇夫撰·**简通录** （清）马辉述

长沙：商务印书馆，1939.12，16+51 页，32 开（丛书集成初编 381）

本书为合订书。《迁言百则》1 卷，据清《岭南遗书》本排印；《简通录》2 卷，据清《畿辅丛书》本排印。版权页题名：迁言百则及其他一种。

收藏单位：重庆馆、大理馆、大连馆、广西馆、国家馆、黑龙江馆、湖南馆、辽大馆、辽宁馆、辽师大馆、内蒙古馆、天津馆、西南大学馆

哲学类

00657

郑氏周易注 （汉）郑玄撰 （宋）王应麟辑 （清）惠栋增补 （清）孙堂补遗

长沙：商务印书馆，1939.12，68 页，32 开（丛书集成初编 383）

本书共 4 卷，附补遗，据清《古经解汇函》本排印。

收藏单位：重庆馆、大理馆、大连馆、国家馆、黑龙江馆、湖南馆、辽大馆、辽宁馆、辽师大馆、内蒙古馆、天津馆

00658

周易郑注 （汉）郑玄注 （宋）王应麟辑 （清）丁杰等校订·**易解附录** （汉）郑玄注 （明）胡震亨辑 （明）姚士舜补

上海：商务印书馆，1936.12，182+88 页，32 开（丛书集成初编 384）

本书为合订书。《周易郑注》13 卷，据清《湖海楼丛书》本排印；《易语附录》1 卷，据明《秘册汇函》本影印。版权页题名：周易郑注及其他一种。

收藏单位：重庆馆、大理馆、大连馆、东

北师大馆、广西馆、贵州馆、国家馆、黑龙江馆、湖南馆、辽大馆、辽宁馆、辽师大馆、柳州馆、内蒙古馆、宁夏馆、绍兴馆、天津馆、西南大学馆

00659

周易集解 （唐）李鼎祚辑

上海：商务印书馆，1936.12，4 册（447 页），32 开（丛书集成初编 386—389）

　　本书共 17 卷，据清《学津讨原》本排印。

　　收藏单位：安徽馆、长春馆、大理馆、大连馆、东北师大馆、广西馆、贵州馆、国家馆、黑龙江馆、湖南馆、辽大馆、辽师大馆、柳州馆、内蒙古馆、宁夏馆、绍兴馆、西南大学馆

00660

周易口诀义 （唐）史徵撰·**周易举正** （唐）郭京撰

长沙：商务印书馆，1939.12，81+21 页，32 开（丛书集成初编 390）

　　本书为合订书。《周易口诀义》6 卷，据清《岱南阁丛书》本排印；《周易举正》3 卷，据明《范氏二十一种奇书》排印。版权页题名：周易口诀义及其他一种。

　　收藏单位：重庆馆、大理馆、大连馆、国家馆、黑龙江馆、湖南馆、辽大馆、辽宁馆、辽师大馆、内蒙古馆、天津馆、西南大学馆

00661

易说 （宋）司马光撰

上海：商务印书馆，1936.12，150 页，32 开（丛书集成初编 391）

　　本书共 6 卷，据清聚珍版丛书本排印。

　　收藏单位：安徽馆、长春馆、重庆馆、大理馆、大连馆、东北师大馆、广西馆、贵州馆、国家馆、黑龙江馆、湖南馆、辽大馆、辽师大馆、柳州馆、内蒙古馆、宁夏馆、绍兴馆、天津馆、西南大学馆

00662

苏氏易传 （宋）苏轼著

上海：商务印书馆，1936.12，2 册（201 页），32 开（丛书集成初编 392—393）

　　本书共 9 卷，据清《学津讨原》本排印。

　　收藏单位：安徽馆、长春馆、重庆馆、大理馆、大连馆、东北师大馆、广西馆、贵州馆、国家馆、湖南馆、辽大馆、辽宁馆、辽师大馆、柳州馆、内蒙古馆、宁夏馆、绍兴馆、西南大学馆

00663

易程传 （宋）程颐撰

上海：商务印书馆，1936.12，4 册（298 页），32 开（丛书集成初编 394—397）

　　本书共 6 卷，据清《古逸丛书》本影印。

　　收藏单位：安徽馆、长春馆、重庆馆、大理馆、大连馆、大庆馆、东北师大馆、广西馆、贵州馆、国家馆、黑龙江馆、湖南馆、辽大馆、辽宁馆、辽师大馆、柳州馆、内蒙古馆、宁夏馆、绍兴馆、西南大学馆

00664

吴园周易解 （宋）张根撰

上海：商务印书馆，1936.12，2 册（212 页），32 开（丛书集成初编 398—399）

　　本书共 10 卷，据清聚珍版丛书本排印。

　　收藏单位：安徽馆、重庆馆、大理馆、大连馆、东北师大馆、广西馆、贵州馆、国家馆、黑龙江馆、湖南馆、辽大馆、辽宁馆、辽师大馆、柳州馆、内蒙古馆、宁夏馆、绍兴馆、西南大学馆

00665

易原 （宋）程大昌撰

上海：商务印书馆，1935.12，116 页，32 开（丛书集成初编 404）

　　本书共 8 卷，据清聚珍版丛书本排印。

　　收藏单位：安徽馆、长春馆、重庆馆、大理馆、大连馆、东北师大馆、广西馆、贵州馆、国家馆、黑龙江馆、湖南馆、惠州馆、辽大馆、辽宁馆、辽师大馆、柳州馆、内蒙古馆、宁夏馆、绍兴馆、天津馆、西南大学馆

00666

诚斋易传 （宋）杨万里撰

上海：商务印书馆，1935.12，4 册（309 页），32 开（丛书集成初编 405—408）

本书共 20 卷，据清《经苑》本排印。

收藏单位：安徽馆、重庆馆、大理馆、大连馆、东北师大馆、广西馆、贵州馆、国家馆、黑龙江馆、湖南馆、惠州馆、辽大馆、辽宁馆、辽师大馆、柳州馆、内蒙古馆、宁夏馆、绍兴馆、西南大学馆

00667

晦庵先生校正周易系辞精义 （宋）吕祖谦编

上海：商务印书馆，1936.12，116 页，32 开（丛书集成初编 410）

本书共 2 卷，据清《古逸丛书》本影印。

收藏单位：安徽馆、重庆馆、大理馆、大连馆、东北师大馆、广西馆、贵州馆、国家馆、黑龙江馆、湖南馆、辽大馆、辽宁馆、辽师大馆、柳州馆、内蒙古馆、宁夏馆、绍兴馆、天津馆、西南大学馆

00668

易说 （宋）赵善誉撰

上海：商务印书馆，1936.12，68 页，32 开（丛书集成初编 411）

本书共 4 卷，据清《守山阁丛书》本排印。

收藏单位：安徽馆、长春馆、重庆馆、大理馆、大连馆、东北师大馆、广西馆、贵州馆、国家馆、黑龙江馆、湖南馆、辽大馆、辽师大馆、柳州馆、内蒙古馆、宁夏馆、天津馆、西南大学馆

00669

郭氏传家易说 （宋）郭雍著

上海：商务印书馆，1935.12，5 册（324 页），32 开（丛书集成初编 412—416）

本书共 12 卷，附总论，据清聚珍版丛书本排印。

收藏单位：安徽馆、长春馆、重庆馆、大理馆、大连馆、东北师大馆、广西馆、贵州馆、国家馆、黑龙江馆、湖南馆、惠州馆、辽大馆、辽宁馆、辽师大馆、柳州馆、内蒙古馆、宁夏馆、绍兴馆、西南大学馆

00670

易传灯 （宋）徐总干撰·**易象意言** （宋）蔡渊撰

长沙：商务印书馆，1939.12，47+18 页，32 开（丛书集成初编 417）

本书为合订书。《易传灯》4 卷，据清《经苑》本排印；《易象意言》1 卷，据清聚珍版丛书本排印。版权页题名：易传灯及其他一种。

收藏单位：重庆馆、大理馆、大连馆、广西馆、国家馆、黑龙江馆、湖南馆、辽大馆、辽宁馆、辽师大馆、内蒙古馆、天津馆、西南大学馆

00671

泰轩易传 （宋）李中正撰

上海：商务印书馆，1936.12，2 册（225 页），32 开（丛书集成初编 418—419）

本书共 6 卷，据日本《佚存丛书》本排印。

收藏单位：安徽馆、长春馆、重庆馆、大理馆、大连馆、东北师大馆、广西馆、贵州馆、国家馆、黑龙江馆、湖南馆、辽大馆、辽宁馆、辽师大馆、柳州馆、内蒙古馆、宁夏馆、绍兴馆、武大馆、西南大学馆

00672

读易私言 （元）许衡著·**易学滥觞** （元）黄泽撰

上海：商务印书馆，1936.12，7+15 页，32 开（丛书集成初编 420）

本书为合订书。《读易私言》1 卷，据清《学海类编》本排印；《易学滥觞》1 卷，据清聚珍版丛书本排印。版权页题名：读易私言及其他一种。

收藏单位：安徽馆、重庆馆、大理馆、大连馆、大庆馆、东北师大馆、广西馆、贵州馆、国家馆、黑龙江馆、湖南馆、辽大馆、辽宁馆、辽师大馆、柳州馆、内蒙古馆、宁夏馆、绍兴馆、天津馆、西南大学馆

00673

周易集传 （元）龙仁夫撰·**玩易意见** （明）王恕著

上海：商务印书馆，1937.12，2册（144+20页），32开（丛书集成初编421—422）

　　本书为合订书。《周易集传》8卷，据清《别下斋丛书》本排印；《玩易意见》2卷，据清《惜阴轩丛书》本排印。版权页题名：周易集传及其他一种。

　　收藏单位：安徽馆、大理馆、大连馆、广西馆、国家馆、黑龙江馆、湖南馆、辽大馆、辽宁馆、辽师大馆、西南大学馆

00674

泾野先生周易说翼 （明）吕柟著

上海：商务印书馆，1936.12，79页，32开（丛书集成初编423）

　　本书共3卷，据清《惜阴轩丛书》本排印。

　　收藏单位：安徽馆、长春馆、重庆馆、大连馆、东北师大馆、广西馆、贵州馆、国家馆、黑龙江馆、湖南馆、辽大馆、辽宁馆、辽师大馆、柳州馆、宁夏馆、绍兴馆、天津馆、西南大学馆

00675

周易议卦 （明）王崇庆著·**学易记** （明）金贲亨著·**易图** （明）田艺蘅撰

长沙：商务印书馆，1939.12，17+79+16页，32开（丛书集成初编424）

　　本书为合订书。《周易议卦》2卷，据清《学海类编》本排印；《学易记》5卷，据清《惜阴轩丛书》本排印；《易图》1卷，据明《百陵学山》本影印。版权页题名：周易议卦及其他二种。

　　收藏单位：安徽馆、重庆馆、大理馆、大连馆、国家馆、黑龙江馆、湖南馆、辽大馆、辽宁馆、辽师大馆、内蒙古馆、天津馆、西南大学馆

00676

易象钩解 （明）陈士元撰

上海：商务印书馆，1936.12，112页，32开（丛书集成初编425）

　　本书共4卷，据清《守山阁丛书》本排印。

　　收藏单位：安徽馆、长春馆、重庆馆、大理馆、大连馆、东北师大馆、广西馆、贵州馆、国家馆、黑龙江馆、湖南馆、辽大馆、辽宁馆、辽师大馆、柳州馆、内蒙古馆、宁夏馆、绍兴馆、天津馆、西南大学馆

00677

易领 （明）郝敬著

上海：商务印书馆，1936.12，84页，32开（丛书集成初编426）

　　本书共4卷，据清《湖北丛书》本排印。

　　收藏单位：安徽馆、长春馆、重庆馆、大理馆、大连馆、大庆馆、东北师大馆、广西馆、贵州馆、国家馆、黑龙江馆、湖南馆、辽大馆、辽宁馆、辽师大馆、柳州馆、内蒙古馆、宁夏馆、天津馆、西南大学馆

00678

儿易内仪以 （明）倪元璐著

上海：商务印书馆，1936.12，75页，32开（丛书集成初编427）

　　本书共6卷，据清《粤雅堂丛书》本排印。

　　收藏单位：安徽馆、长春馆、重庆馆、大理馆、大连馆、东北师大馆、广西馆、贵州馆、国家馆、黑龙江馆、湖南馆、辽大馆、辽宁馆、辽师大馆、柳州馆、内蒙古馆、宁夏馆、绍兴馆、天津馆、西南大学馆

00679

儿易外仪 （明）倪元璐著

上海：商务印书馆，1935.12，2册（194页），32开（丛书集成初编428—429）

　　本书共15卷，据清《粤雅堂丛书》本排印。

　　收藏单位：安徽馆、长春馆、重庆馆、大理馆、大连馆、东北师大馆、广西馆、贵州馆、国家馆、黑龙江馆、湖南馆、惠州馆、辽大馆、辽宁馆、辽师大馆、柳州馆、内蒙古馆、宁夏馆、绍兴馆、西南大学馆

00680

易经增注 （明）张镜心著

上海：商务印书馆，1935.12，2 册（173 页），32 开（丛书集成初编 430—431）

本书共 11 卷，附《易考》，据清《畿辅丛书》本排印。

收藏单位：安徽馆、重庆馆、大理馆、大连馆、东北师大馆、广西馆、贵州馆、国家馆、黑龙江馆、湖南馆、惠州馆、辽大馆、辽宁馆、辽师大馆、柳州馆、内蒙古馆、宁夏馆、绍兴馆、西南大学馆

00681

周易爻物当名 （明）黎遂球撰

上海：商务印书馆，1936.12，2 册（123 页），32 开（丛书集成初编 432—433）

本书共 2 卷，据清《岭南遗书》本排印。

收藏单位：安徽馆、长春馆、重庆馆、大理馆、大连馆、东北师大馆、广西馆、贵州馆、国家馆、黑龙江馆、湖南馆、辽大馆、辽宁馆、辽师大馆、柳州馆、内蒙古馆、宁夏馆、绍兴馆、西南大学馆

00682

易经通注 （清）傅以渐 （清）曹本荣撰

上海：商务印书馆，1936.12，2 册（155 页），32 开（丛书集成初编 434—435）

本书共 4 卷，据清《湖北丛书》本排印。

收藏单位：安徽馆、长春馆、重庆馆、大理馆、大连馆、东北师大馆、广西馆、贵州馆、国家馆、黑龙江馆、湖南馆、辽大馆、辽宁馆、辽师大馆、柳州馆、内蒙古馆、宁夏馆、西南大学馆

00683

周易本义爻征 （清）吴曰慎著

上海：商务印书馆，1936.12，93 页，32 开（丛书集成初编 436）

本书共 2 卷，据清《惜阴轩丛书》本排印。

收藏单位：安徽馆、重庆馆、大理馆、大连馆、东北师大馆、广东馆、广西馆、贵州馆、国家馆、黑龙江馆、湖南馆、辽大馆、辽宁馆、辽师大馆、柳州馆、内蒙古馆、宁夏馆、天津馆、西南大学馆

00684

易图明辨 （清）胡渭辑著

上海：商务印书馆，1935.12，2 册（244 页），32 开（丛书集成初编 438—439）

本书共 10 卷，据清《守山阁丛书》本排印。

收藏单位：安徽馆、重庆馆、大理馆、大连馆、东北师大馆、广西馆、贵州馆、国家馆、黑龙江馆、湖南馆、惠州馆、辽大馆、辽宁馆、辽师大馆、柳州馆、内蒙古馆、宁夏馆、绍兴馆、西南大学馆

00685

周易本义注 （清）胡方撰·**读易经** （清）赵良澍著

上海：商务印书馆，1936.12，5 册（512+7 页），32 开（丛书集成初编 440—444）

本书为合订书。《周易本义注》6 卷，据清《岭南遗书》本排印；《读易经》1 卷，据清《泾川丛书》本排印。版权页题名：周易本义注及其他一种。

收藏单位：安徽馆、长春馆、重庆馆、大理馆、大连馆、东北师大馆、广西馆、贵州馆、国家馆、黑龙江馆、湖南馆、辽大馆、辽宁馆、辽师大馆、柳州馆、内蒙古馆、宁夏馆、绍兴馆、西南大学馆

00686

周易集解 （清）孙星衍撰

上海：商务印书馆，1936.6，10 册（763 页），32 开（丛书集成初编 445—454）

本书共 10 卷，据清《岱南阁丛书》本排印。

收藏单位：安徽馆、长春馆、重庆馆、大理馆、大连馆、东北师大馆、广西馆、贵州馆、国家馆、黑龙江馆、湖南馆、惠州馆、辽大馆、辽师大馆、柳州馆、内蒙古馆、宁夏馆、山东馆、绍兴馆、西南大学馆

00687

虞氏易事 （清）张惠言著

上海：商务印书馆，1937.6，45页，32开（丛书集成初编455）

　　本书共2卷，据清《仰视千七百二十九鹤斋丛书》本排印。

　　收藏单位：安徽馆、长春馆、重庆馆、大理馆、大连馆、东北师大馆、广西馆、贵州馆、国家馆、黑龙江馆、湖南馆、辽大馆、辽宁馆、辽师大馆、柳州馆、内蒙古馆、宁夏馆、天津馆、西南大学馆

00688

李氏易解賸义 （清）李富孙辑

上海：商务印书馆，1937.6，88页，32开（丛书集成初编456）

　　本书共3卷，据清《读画斋丛书》本排印。

　　收藏单位：安徽馆、重庆馆、大理馆、大连馆、东北师大馆、广西馆、贵州馆、国家馆、黑龙江馆、湖南馆、辽大馆、辽宁馆、辽师大馆、柳州馆、内蒙古馆、宁夏馆、西南大学馆

00689

易汉学 （清）惠栋撰

上海：商务印书馆，1937.12，116页，32开（丛书集成初编457）

　　本书共8卷，据清《经训堂丛书》本排印。

　　收藏单位：安徽馆、重庆馆、大理馆、广西馆、国家馆、湖南馆、辽大馆、辽宁馆、辽师大馆、天津馆、西南大学馆

00690

易例 （清）惠栋撰·**虞氏易消息图说初稿** （清）胡祥麟撰·**卦本图考** （清）胡秉虔学

上海：商务印书馆，1936.12，102+27+12页，32开（丛书集成初编458）

　　本书为合订书。《易例》2卷，据清《贷园丛书》本排印；《虞氏易消息图说初稿》1卷，据清《滂喜斋丛书》本排印；《卦本图考》1卷，据清《艺海珠尘》本排印。版权页题

名：易例及其他二种。

　　收藏单位：安徽馆、重庆馆、大理馆、大连馆、东北师大馆、广西馆、贵州馆、国家馆、黑龙江馆、辽大馆、辽宁馆、辽师大馆、柳州馆、南京馆、内蒙古馆、宁夏馆、天津馆、西南大学馆

00691

易象通义 （清）秦笃辉撰

上海：商务印书馆，1936.12，3册（166页），32开（丛书集成初编459—461）

　　本书共6卷，据清《湖北丛书》本排印。

　　收藏单位：安徽馆、重庆馆、大理馆、大连馆、东北师大馆、广西馆、贵州馆、国家馆、黑龙江馆、湖南馆、辽大馆、辽宁馆、辽师大馆、柳州馆、内蒙古馆、宁夏馆、绍兴馆、西南大学馆

00692

周易集解纂疏 （清）李道平著

上海：商务印书馆，1936.12，10册（509页），32开（丛书集成初编462—471）

　　本书共10卷，据清《湖北丛书》本排印。

　　收藏单位：安徽馆、长春馆、重庆馆、大理馆、大连馆、东北师大馆、广西馆、贵州馆、国家馆、黑龙江馆、湖南馆、辽大馆、辽宁馆、辽师大馆、柳州馆、内蒙古馆、宁夏馆、绍兴馆、西南大学馆

00693

周易略解 （清）冯经撰

长沙：商务印书馆，1937.12，3册（243页），32开（丛书集成初编472—474）

　　本书共8卷，据清《岭南遗书》本排印。

　　收藏单位：安徽馆、长春馆、重庆馆、大理馆、大连馆、东北师大馆、贵州馆、国家馆、黑龙江馆、湖南馆、辽大馆、辽宁馆、辽师大馆、内蒙古馆、宁夏馆、西南大学馆

00694

易图存是 （清）辛绍业著

上海：商务印书馆，1936.12，132页，32开

（丛书集成初编 475）

本书共 2 卷，据清《豫章丛书》本影印。

收藏单位：安徽馆、长春馆、重庆馆、大理馆、大连馆、东北师大馆、广西馆、贵州馆、国家馆、黑龙江馆、湖南馆、辽大馆、辽宁馆、辽师大馆、柳州馆、内蒙古馆、宁夏馆、绍兴馆、天津馆、西南大学馆

00695

周易本义考·礼记通注 （明）朱元弼撰·**大学古本** （春秋）曾参述·**大学石经古本** （春秋）曾参述 （明）王文禄申释·**大学疏义** （宋）金履祥撰

长沙：商务印书馆，1937.12，[172] 页，32 开（丛书集成初编 476）

本书为合订书。《周易本义考》1 卷，据清《金华丛书》本排印；《礼记通注》1 卷，据明《盐邑志林》本影印；《大学古本》2 卷，附旁释及问，据明《百陵学山》本影印；《大学石经古本》2 卷，附旁释及申释，据明《百陵学山》本影印；《大学疏义》1 卷，据清《金华丛书》本排印。版权页题名：周易本义考及其他四种。

收藏单位：安徽馆、重庆馆、大理馆、大连馆、东北师大馆、广西馆、贵州馆、国家馆、黑龙江馆、湖南馆、辽大馆、辽宁馆、辽师大馆、内蒙古馆、宁夏馆、天津馆、西南大学馆

00696

古本大学辑解 （清）杨亶骅述

上海：商务印书馆，1937.6，79 页，32 开（丛书集成初编 478）

本书共 2 卷，据清《畿辅丛书》本排印。

收藏单位：安徽馆、长春馆、重庆馆、大理馆、大连馆、大庆馆、东北师大馆、广西馆、贵州馆、国家馆、黑龙江馆、湖南馆、辽大馆、辽宁馆、辽师大馆、柳州馆、内蒙古馆、宁夏馆、天津馆、西南大学馆

00697

中庸分章 （宋）黎立武著·**中庸本解** （清）杨亶骅述·**易大谊** （清）惠栋撰

长沙：商务印书馆，1939.12，20+40+13 页，32 开（丛书集成初编 480）

本书为合订书。《中庸分章》2 卷，附《元中子碑》，据清《学海类编》本排印；《中庸本解》3 卷，附提要，据清《畿辅丛书》本排印；《易大谊》1 卷，据清《指海》本排印。版权页题名：中庸分章及其他二种。

收藏单位：重庆馆、大理馆、广西馆、国家馆、黑龙江馆、湖南馆、辽大馆、辽宁馆、辽师大馆、天津馆

00698

论语集解义疏 （三国魏）何晏集解 （南朝梁）皇侃义疏

上海：商务印书馆，1937.6，4 册（281 页），32 开（丛书集成初编 481—484）

本书共 10 卷，据清《知不足斋丛书》本排印。

收藏单位：安徽馆、长春馆、重庆馆、大理馆、大连馆、大庆馆、东北师大馆、广西馆、贵州馆、国家馆、黑龙江馆、湖南馆、辽大馆、辽宁馆、辽师大馆、柳州馆、内蒙古馆、宁夏馆、西南大学馆

00699

癸巳论语解 （宋）张栻撰

上海：商务印书馆，1937.6，2 册（167 页），32 开（丛书集成初编 486—487）

本书共 10 卷，据清《学津讨原》本排印。

收藏单位：重庆馆、大理馆、大连馆、大庆馆、东北师大馆、广西馆、贵州馆、国家馆、黑龙江馆、湖南馆、辽大馆、辽宁馆、辽师大馆、柳州馆、内蒙古馆、宁夏馆、西南大学馆

00700

论语意原 （宋）郑汝谐撰

上海：商务印书馆，1937.6，98 页，32 开（丛书集成初编 488）

本书共 4 卷，据清聚珍版丛书本排印。

收藏单位：安徽馆、长春馆、重庆馆、大理馆、大连馆、大庆馆、东北师大馆、广西

馆、贵州馆、国家馆、黑龙江馆、湖南馆、辽大馆、辽宁馆、辽师大馆、柳州馆、内蒙古馆、宁夏馆、天津馆、西南大学馆

00701
论语集注考证 （宋）金履祥撰
上海：商务印书馆，1937.6，2 册（103 页），32 开（丛书集成初编 489—490）

　　本书共 10 卷，据清《金华丛书》本排印。

　　收藏单位：安徽馆、长春馆、重庆馆、大理馆、大连馆、大庆馆、东北师大馆、广西馆、贵州馆、国家馆、黑龙江馆、湖南馆、辽大馆、辽宁馆、辽师大馆、柳州馆、内蒙古馆、宁夏馆、西南大学馆

00702
论语竢质 （清）江声撰·**论语注参** （清）赵良猷著
上海：商务印书馆，1937.12，49+57 页，32 开（丛书集成初编 495）

　　本书为合订书。《论语竢质》5 卷，附校伪及续校，据清《琳琅秘室丛书》本排印；《论语注参》2 卷，据清《泾川丛书》本排印。版权页题名：论语竢质及其他一种。

　　收藏单位：安徽馆、重庆馆、大理馆、大连馆、大庆馆、东北师大馆、广西馆、贵州馆、国家馆、黑龙江馆、湖南馆、辽大馆、辽宁馆、辽师大馆、柳州馆、内蒙古馆、宁夏馆、天津馆、西南大学馆

00703
论语附记 （清）翁方纲著·**论语孔注辨伪**（清）沈涛撰
长沙：商务印书馆，1939.12，73+40 页，32 开（丛书集成初编 496）

　　本书为合订书。《论语附记》2 卷，据清《畿辅丛书》本排印；《论语孔注辨伪》2 卷，据清《仰视千七百二十九鹤斋丛书》本排印。版权页题名：论语附记及其他一种。

　　收藏单位：重庆馆、大理馆、广西馆、国家馆、湖南馆、辽大馆、辽宁馆、辽师大馆、内蒙古馆、天津馆、西南大学馆

00704
尊孟辨 （宋）余允文撰
上海：商务印书馆，1937.6，62 页，32 开（丛书集成初编 499）

　　本书共 6 卷，附续辨、别录，据清《守山阁丛书》本排印。

　　收藏单位：安徽馆、长春馆、重庆馆、大理馆、大连馆、东北师大馆、广西馆、贵州馆、国家馆、黑龙江馆、湖南馆、辽大馆、辽宁馆、辽师大馆、柳州馆、内蒙古馆、宁夏馆、天津馆、西南大学馆

00705
孟子杂记 （明）陈士元著
上海：商务印书馆，1937.6，80 页，32 开（丛书集成初编 500）

　　本书共 4 卷，据清《湖海楼丛书》本排印。

　　收藏单位：安徽馆、长春馆、重庆馆、大连馆、大庆馆、东北师大馆、广西馆、贵州馆、国家馆、黑龙江馆、湖南馆、辽大馆、辽宁馆、辽师大馆、柳州馆、内蒙古馆、宁夏馆、绍兴馆、天津馆、西南大学馆

00706
孟子附记 （清）翁方纲著·**孟子事实录**（清）崔述著
长沙：商务印书馆，1940.12，48+45 页，32 开（丛书集成初编 501）

　　本书为合订书。每种各 2 卷，均据清《畿辅丛书》本排印。版权页题名：孟子附记及其他一种。

　　收藏单位：长春馆、重庆馆、大理馆、东北师大馆、广西馆、国家馆、黑龙江馆、湖南馆、辽大馆、辽宁馆、辽师大馆、西南大学馆

00707
孟子要略 （清）刘传莹辑·**逸孟子** （清）李调元辑
长沙：商务印书馆，1939.12，40+9 页，32 开（丛书集成初编 502）

　　本书为合订书。《孟子要略》7 卷，据清

《湖北丛书》本排印;《逸孟子》1卷，据清《函海》本排印。版权页题名：孟子要略及其他一种。

收藏单位：重庆馆、大理馆、广西馆、国家馆、黑龙江馆、湖南馆、辽大馆、辽宁馆、辽师大馆、天津馆、西南大学馆

00708

孔子家语疏证 （清）陈士珂辑

长沙：商务印书馆，1939.12，4册（291页），32开（丛书集成初编506—509）

本书共10卷，据清《湖北丛书》本排印。

收藏单位：重庆馆、大理馆、东北师大馆、广西馆、国家馆、黑龙江馆、湖南馆、辽大馆、辽宁馆、辽师大馆、内蒙古馆、上海馆、天津馆、西南大学馆

00709

曾子十篇 （清）阮元注释

长沙：商务印书馆，1939.12，83页，32开（丛书集成初编510）

本书共5卷，据清《文选楼丛书》本排印。

收藏单位：重庆馆、大理馆、国家馆、黑龙江馆、辽大馆、辽宁馆、辽师大馆、内蒙古馆、天津馆、西南大学馆

00710

晏子春秋 （春秋）晏婴撰

上海：商务印书馆，1937.6，77页，32开（丛书集成初编511）

本书共7卷，据清《经训堂丛书》本排印。

收藏单位：安徽馆、长春馆、重庆馆、大理馆、东北师大馆、广西馆、国家馆、黑龙江馆、湖南馆、惠州馆、辽大馆、辽师大馆、西南大学馆

00711

荀子 （战国）荀况撰 （唐）杨倞注

上海：商务印书馆，1936.12，5册（664+34页），32开（丛书集成初编512—516）

本书共21卷，附校勘、补遗，据清《抱经堂丛书》本影印。

收藏单位：安徽馆、长春馆、大理馆、大连馆、东北师大馆、广西馆、贵州馆、国家馆、黑龙江馆、湖南馆、辽大馆、辽宁馆、辽师大馆、内蒙古馆、宁夏馆、武大馆、西南大学馆

00712

孔丛子 （汉）孔鲋撰 （宋）宋咸注

上海：商务印书馆，1936.12，180页，32开（丛书集成初编517）

本书共3卷，据明《子汇》本影印。

收藏单位：安徽馆、长春馆、重庆馆、大理馆、大连馆、东北师大馆、广西馆、贵州馆、国家馆、黑龙江馆、湖南馆、辽大馆、辽宁馆、辽师大馆、柳州馆、内蒙古馆、宁夏馆、天津馆、西南大学馆

00713

陆子 （汉）陆贾撰

长沙：商务印书馆，1939.12，50页，32开（丛书集成初编518）

本书共1卷，据明《子汇》本影印。

收藏单位：重庆馆、大连馆、东北师大馆、广西馆、国家馆、黑龙江馆、湖南馆、辽大馆、辽宁馆、辽师大馆、天津馆、西南大学馆

00714

新书 （汉）贾谊著 （清）卢文弨校

上海：商务印书馆，1937.12，112页，32开（丛书集成初编519）

本书共10卷，据清《抱经堂丛书》本排印。版权页题名：贾谊新书。

收藏单位：国家馆、辽大馆

00715

董子文集 （汉）董仲舒著

上海：商务印书馆，1937.12，30页，32开（丛书集成初编523）

本书共1卷，据清《畿辅丛书》本排印。

收藏单位：重庆馆、大理馆、广西馆、国

家馆、黑龙江馆、湖南馆、辽大馆、辽宁馆、辽师大馆、天津馆、西南大学馆

00716

韩诗外传 （汉）韩婴著 （清）周廷寀校注

长沙：商务印书馆，1939.12，2 册（136 页），32 开（丛书集成初编 524—525）

　　本书共 12 卷，附补逸、校注、拾遗，据清《畿辅丛书》本排印。

　　收藏单位：重庆馆、大理馆、国家馆、黑龙江馆、湖南馆、辽大馆、辽宁馆、辽师大馆、西南大学馆

00717

说苑 （汉）刘向撰 （清）杨以滢校

上海：商务印书馆，1937.6，3 册（209 页），32 开（丛书集成初编 526—528）

　　本书共 20 卷，据明《汉魏丛书》本排印。

　　收藏单位：安徽馆、重庆馆、大连馆、东北师大馆、广西馆、国家馆、辽大馆、内蒙古馆、宁夏馆

00718

新序 （汉）刘向著

上海：商务印书馆，1936.12，180 页，32 开（丛书集成初编 0529）（国学基本丛书）

　　本书共 10 卷，据清《铁华馆丛书》本影印。

　　收藏单位：安徽馆、长春馆、重庆馆、大理馆、大连馆、大庆馆、东北师大馆、广西馆、贵州馆、国家馆、黑龙江馆、湖南馆、辽大馆、辽宁馆、辽师大馆、柳州馆、内蒙古馆、宁夏馆、天津馆、西南大学馆、浙江馆

00719

法言 （汉）扬雄著 · **中论** （汉）徐幹著

长沙：商务印书馆，1939.12，43+47 页，32 开（丛书集成初编 530）

　　本书为合订书。《法言》10 卷，据明《汉魏丛书》本排印；《中论》3 卷，据清《小万卷楼丛书》本排印。版权页题名：法言及其他一种。

　　收藏单位：重庆馆、大理馆、大连馆、广

西馆、国家馆、黑龙江馆、湖南馆、辽大馆、辽宁馆、辽师大馆、柳州馆、内蒙古馆、天津馆、西南大学馆

00720

潜夫论 （汉）王符撰 （清）汪继培笺 · **申鉴** （清）荀悦著

长沙：商务印书馆，1937.12，3 册（278+25 页），32 开（丛书集成初编 531—533）

　　本书为合订书。《潜夫论》10 卷，据清《湖海楼丛书》本排印；《申鉴》5 卷，附札记，据清《小万卷楼丛书》本排印。版权页题名：潜夫论及其他一种。

　　收藏单位：安徽馆、长春馆、重庆馆、大理馆、大连馆、东北师大馆、广西馆、贵州馆、国家馆、黑龙江馆、湖南馆、辽大馆、辽宁馆、辽师大馆、内蒙古馆、宁夏馆、西南大学馆

00721

周生烈子 （三国魏）周生烈纂 （清）张澍钞辑 · **傅子** （晋）傅玄撰 · **中说** （隋）王通撰 （宋）阮逸注 · **伸蒙子** （唐）林慎思纂 · **素履子** （唐）张弧纂

长沙：商务印书馆，1940.6，[133] 页，32 开（丛书集成初编 534）

　　本书为合订书。《周生烈子》1 卷，据清《二酉堂丛书》本排印；《傅子》6 卷，据清聚珍版丛书本排印；《中说》2 卷，据明《汉魏丛书》本排印；《伸蒙子》3 卷，据清《知不足斋丛书》本排印；《素履子》3 卷，据清《艺海珠尘》本排印。版权页题名：周生烈子及其他四种。

　　收藏单位：长春馆、大理馆、东北师大馆、国家馆、黑龙江馆、湖南馆、辽大馆、辽宁馆、辽师大馆、西南大学馆

00722

老子道德经 （春秋）李耳著 （晋）王弼注 · **道德指归论** （汉）严遵撰

长沙：商务印书馆，1939.12，75+64 页，32 开（丛书集成初编 536）

　　本书为合订书。《老子道德经》2 卷，据

清聚珍版丛书本排印;《道德指归论》6卷,据明《秘册汇函》本影印。版权页题名:老子道德经及其他一种。

收藏单位:重庆馆、大理馆、广西馆、国家馆、黑龙江馆、湖南馆、辽大馆、辽宁馆、辽师大馆、天津馆、西南大学馆

00723

老子解　(宋)苏辙注·**蟾仙解老**　(宋)白玉蟾注·**道德真经集解**　(金)赵秉文著

长沙:商务印书馆,1939.12,65+23+86页,32开(丛书集成初编537)

本书为合订书。《老子解》4卷,据明《宝颜堂秘笈》本排印;《蟾仙解老》1卷,据明《宝颜堂秘笈》本排印;《道德真经集解》4卷,据清《小万卷楼丛书》本排印。版权页题名:老子解及其他二种。

收藏单位:重庆馆、大理馆、广西馆、国家馆、黑龙江馆、湖南馆、辽大馆、辽宁馆、辽师大馆、内蒙古馆、天津馆、西南大学馆

00724

太上老子道德经集解　(元)董思靖集解

长沙:商务印书馆,1939.12,90页,32开(丛书集成初编539)

本书共2卷,据清《十万卷楼丛书》本排印。

收藏单位:重庆馆、大理馆、大连馆、国家馆、黑龙江馆、湖南馆、辽大馆、辽宁馆、辽师大馆、天津馆、西南大学馆

00725

老子集解　(明)薛蕙著

长沙:商务印书馆,1939.12,49页,32开(丛书集成初编540)

本书共3卷,附考异,据清《惜阴轩丛书》本排印。

收藏单位:重庆馆、大理馆、大连馆、国家馆、黑龙江馆、湖南馆、辽大馆、辽宁馆、辽师大馆、内蒙古馆、天津馆、西南大学馆

00726

老子翼　(明)焦竑撰·**老子道德经考异**

(清)毕沅辑

长沙:商务印书馆,1940.12,216+75页,32开(丛书集成初编541)

本书为合订书。《老子翼》8卷,据清《渐西村舍丛刻》本排印;《老子道德经考异》2卷,据清《经训堂丛书》本排印。版权页题名:老子翼及其他一种。

收藏单位:长春馆、大理馆、东北师大馆、广西馆、国家馆、黑龙江馆、湖南馆、辽大馆、辽宁馆、辽师大馆、内蒙古馆

00727

老子本义　(清)魏源著

上海:商务印书馆,1937.6,94页,32开(丛书集成初编542)

本书共3卷,据清《渐西村舍丛刻》本排印。

收藏单位:安徽馆、长春馆、重庆馆、大理馆、大连馆、东北师大馆、广西馆、贵州馆、国家馆、黑龙江馆、湖南馆、辽大馆、辽宁馆、辽师大馆、柳州馆、内蒙古馆、宁夏馆、天津馆

00728

参同契正文　(汉)魏伯阳撰·**周易参同契考异**　(宋)朱熹撰·**参同契疏略**　(明)王文禄撰

长沙:商务印书馆,1937.12,34+25+18页,32开(丛书集成初编550)

本书为合订书。《参同契正文》2卷,据明《百陵学山》本影印;《周易参同契考异》1卷,据清《守山阁丛书》本排印;《参同契疏略》1卷,据明《百陵学山》本影印。版权页题名:参同契正文及其他二种。

收藏单位:安徽馆、长春馆、重庆馆、大理馆、大连馆、东北师大馆、广西馆、贵州馆、国家馆、黑龙江馆、湖南馆、辽大馆、辽宁馆、辽师大馆、内蒙古馆、宁夏馆、天津馆、武大馆

00729

古文参同契集解　(汉)魏伯阳著　(明)蒋一彪辑

长沙：商务印书馆，1939.12，164 页，32 开（丛书集成初编 551）

本书共 8 卷，据明《津逮秘书》本影印。

收藏单位：重庆馆、大理馆、大连馆、广西馆、国家馆、黑龙江馆、湖南馆、辽大馆、辽宁馆、辽师大馆、内蒙古馆、天津馆

00730

古文周易参同契注 （清）袁仁林注

长沙：商务印书馆，1939.12，2 册（121 页），32 开（丛书集成初编 552—553）

本书共 8 卷，据清《惜阴轩丛书》本排印。

收藏单位：重庆馆、大理馆、大连馆、国家馆、黑龙江馆、湖南馆、辽大馆、辽宁馆、辽师大馆

00731

列子 （战国）列御寇著 （晋）张湛注·**冲虚至德真经释文** （唐）殷敬顺撰 （宋）陈景元补遗

长沙：商务印书馆，1939.12，110+60 页，32 开（丛书集成初编 554）

本书为合订书。《列子》8 卷，据清《铁华馆丛书》本排印；《冲虚至德真经释文》2 卷，据清《湖海楼丛书》本影印。版权页题名：列子及其他一种。

收藏单位：重庆馆、大理馆、广西馆、国家馆、黑龙江馆、湖南馆、辽大馆、辽宁馆、辽师大馆、天津馆

00732

文始真经言外经旨 （春秋）尹喜著 （宋）陈显微述

上海：商务印书馆，1936.12，114 页，32 开（丛书集成初编 555）

本书共 3 卷，据清《守山阁丛书》本影印。

收藏单位：安徽馆、长春馆、重庆馆、大理馆、大连馆、大庆馆、东北师大馆、广西馆、贵州馆、国家馆、黑龙江馆、湖南馆、辽大馆、辽宁馆、辽师大馆、柳州馆、内蒙古馆、宁夏馆、绍兴馆、天津馆

00733

关尹子 （春秋）尹喜撰

上海：商务印书馆，1936.12，64 页，32 开（丛书集成初编 556）

本书共 1 卷，据明《子汇》本影印。

收藏单位：安徽馆、长春馆、重庆馆、大理馆、大连馆、大庆馆、东北师大馆、广西馆、贵州馆、国家馆、黑龙江馆、湖南馆、辽大馆、辽宁馆、辽师大馆、柳州馆、内蒙古馆、宁夏馆、天津馆

00734

通玄真经 （唐）徐灵府注

上海：商务印书馆，1936.12，216 页，32 开（丛书集成初编 557）

本书共 12 卷，据清《铁华馆丛书》本影印。

收藏单位：安徽馆、长春馆、重庆馆、大理馆、大连馆、东北师大馆、广西馆、贵州馆、国家馆、黑龙江馆、湖南馆、辽大馆、辽宁馆、辽师大馆、柳州馆、内蒙古馆、宁夏馆、天津馆

00735

文子缵义 （宋）杜道坚撰

长沙：商务印书馆，1939.12，157 页，32 开（丛书集成初编 559）

本书共 12 卷，据清聚珍版丛书本排印。

收藏单位：重庆馆、大理馆、东北师大馆、广西馆、国家馆、黑龙江馆、湖南馆、辽大馆、辽宁馆、辽师大馆、内蒙古馆、天津馆

00736

亢仓子 （唐）王士元补亡

长沙：商务印书馆，1939.12，48 页，32 开（丛书集成初编 560）

本书共 1 卷，据明《子汇》本影印。

收藏单位：重庆馆、大理馆、国家馆、黑龙江馆、湖南馆、辽大馆、辽宁馆、辽师大馆、天津馆

00737

抱朴子内外篇 （晋）葛洪撰

上海：商务印书馆，1936.12，9 册（834 页），
32 开（丛书集成初编 561—569）

　　本书共 70 卷，包括内篇 20 卷、外篇 50
卷，据清《平津馆丛书》本影印。

　　收藏单位：安徽馆、长春馆、重庆馆、大
理馆、大连馆、东北师大馆、广西馆、贵州
馆、国家馆、黑龙江馆、湖南馆、辽大馆、
辽宁馆、辽师大馆、柳州馆、内蒙古馆、宁
夏馆、天津馆

00738

真诰 （晋）陶弘景撰

长沙：商务印书馆，1939.12，3 册（255 页），
32 开（丛书集成初编 570—572）

　　本书共 20 卷，据清《学津讨原》本排
印。

　　收藏单位：重庆馆、大理馆、广西馆、国
家馆、黑龙江馆、湖南馆、辽大馆、辽宁馆、
辽师大馆、内蒙古馆

00739

天隐子 （唐）司马承祯撰·**玄真子** （唐）
张志和撰·**无能子**

上海：商务印书馆，1937.6，14+55+52 页，32
开（丛书集成初编 573）

　　本书为合订书。《天隐子》1 卷，据明
《子汇》本影印；《玄真子》3 卷，据清《知
不足斋丛书》本影印；《无能子》3 卷，据明
《子汇》本影印。版权页题名：天隐子及其他
二种。

　　收藏单位：长春馆、大理馆、大连馆、大
庆馆、东北师大馆、广西馆、贵州馆、国家
馆、黑龙江馆、湖南馆、辽大馆、辽宁馆、
辽师大馆、柳州馆、内蒙古馆、宁夏馆、天
津馆

00740

听心斋客问 （明）万尚父著·**无上秘要**·**至
游子**

上海：商务印书馆，1936.6，13+8+68 页，32
开（丛书集成初编 575）

　　本书为合订书。《听心斋客问》1 卷，《无
上秘要》1 卷，据明《宝颜堂秘笈》本排印；
《至游子》2 卷，据清《艺海珠尘》本排印。
版权页题名：听心斋客问及其他二种。

　　收藏单位：安徽馆、长春馆、重庆馆、大
理馆、大连馆、广西馆、贵州馆、国家馆、
黑龙江馆、湖南馆、惠州馆、辽大馆、辽宁
馆、柳州馆、内蒙古馆、宁夏馆、绍兴馆、
天津馆

00741

墨子 （战国）墨翟撰 （清）毕沅校注

长沙：商务印书馆，1939.12，209 页，32 开
（丛书集成初编 576）

　　本书共 16 卷，附篇目考，据清《经训堂
丛书》本排印。

　　收藏单位：安徽馆、重庆馆、大理馆、东
北师大馆、福建馆、广西馆、贵州馆、国家
馆、黑龙江馆、湖南馆、辽大馆、辽宁馆、
辽师大馆、内蒙古馆、宁夏馆、天津馆

00742

慎子 （战国）慎到撰 （清）钱熙祚校·**於
陵子** （战国）陈仲子撰 （明）沈士龙
（明）胡震亨校·**鹖冠子** （宋）陆佃解

长沙：商务印书馆，1939.12，19+22+122 页，
32 开（丛书集成初编 581）

　　本书为合订书。《慎子》2 卷，附逸文，
据清《守山阁丛书》本排印；《於陵子》1 卷，
据明《秘册汇函》本影印；《鹖冠子》3 卷，
附提要，据明《子汇》本影印。版权页题名：
慎子及其他二种。

　　收藏单位：重庆馆、大理馆、广西馆、国
家馆、黑龙江馆、湖南馆、辽大馆、辽宁馆、
辽师大馆、天津馆

00743

淮南鸿烈解 （汉）刘安著·**许慎淮南子注**
（清）孙冯翼辑

长沙：商务印书馆，1937.12，3 册（842+24 页），
32 开（丛书集成初编 586—588）

　　本书为合订书。《淮南鸿烈解》21 卷，据

明《汉魏丛书》本影印;《许慎淮南子注》1卷,据清《问经堂丛书》本排印。版权页题名:淮南鸿烈解及其他一种。

收藏单位:安徽馆、长春馆、重庆馆、大理馆、大连馆、大庆馆、东北师大馆、广西馆、贵州馆、国家馆、黑龙江馆、湖南馆、辽大馆、辽宁馆、辽师大馆、柳州馆、内蒙古馆、宁夏馆、中科图

00744

论衡 (汉) 王充著

长沙:商务印书馆,1939.12,5册(314页),32开(丛书集成初编589—593)

本书共30卷,据明《汉魏丛书》本影印。

收藏单位:安徽馆、重庆馆、大理馆、大连馆、东北师大馆、广西馆、贵州馆、国家馆、黑龙江馆、湖南馆、辽大馆、辽宁馆、辽师大馆、柳州馆、内蒙古馆、宁夏馆、天津馆

00745

仲长统论 (汉) 仲长统撰·**桓子新论** (汉) 桓谭撰 (清) 孙冯翼辑·**物理论** (晋) 杨泉撰·**金楼子** (南朝梁) 梁元帝撰

长沙:商务印书馆,1939.12,[188]页,32开(丛书集成初编594)

本书为合订书。《仲长统论》1卷,据明《两京遗编》本影印;《桓子新论》1卷,据清《问经堂丛书》本排印;《物理论》1卷,据清《平津馆丛书》本排印;《金楼子》6卷,据清《知不足斋丛书》本排印。版权页题名:仲长统论及其他三种。

收藏单位:长春馆、大理馆、东北师大馆、国家馆、黑龙江馆、湖南馆、辽大馆、辽宁馆、辽师大馆、内蒙古馆

00746

刘子 (北齐) 刘昼著 (唐) 袁孝政注

长沙:商务印书馆,1939.12,69页,32开(丛书集成初编595)

本书共10卷,据清《畿辅丛书》本排印。

收藏单位:重庆馆、广西馆、贵州馆、国家馆、黑龙江馆、湖南馆、辽大馆、辽宁馆、辽师大馆、内蒙古馆

00747

长短经 (唐) 赵蕤撰

上海:商务印书馆,1937.6,3册(288页),32开(丛书集成初编596—598)

本书共9卷,据清《读画斋丛书》本排印。

收藏单位:安徽馆、长春馆、重庆馆、大理馆、大连馆、东北师大馆、广西馆、国家馆、黑龙江馆、湖南馆、辽大馆、辽宁馆、辽师大馆、内蒙古馆、宁夏馆

00748

因论 (唐) 刘禹锡著·**两同书** (唐) 罗隐撰·**谗书** (唐) 罗隐著 (清) 吴骞校·**宋景文杂说** (宋) 宋祁著

上海:商务印书馆,1936.6,[66]页,32开(丛书集成初编599)

本书为合订书。《因论》1卷,据宋《百川学海》本排印;《两同书》2卷,据明《宝颜堂秘笈》本排印;《谗书》6卷,附校,据清《拜经楼丛书》本排印;《宋景文杂说》1卷,据清《学海类编》本排印。版权页题名:因论及其他三种。

收藏单位:安徽馆、长春馆、重庆馆、大理馆、大连馆、东北师大馆、广西馆、贵州馆、国家馆、黑龙江馆、湖南馆、惠州馆、辽大馆、辽宁馆、辽师大馆、柳州馆、内蒙古馆、宁夏馆、绍兴馆、天津馆

00749

公是弟子记 (宋) 刘敞撰·**聱隅子歔欷琐微论** (宋) 黄晞撰

长沙:商务印书馆,1939.12,42+15页,32开(丛书集成初编600)

本书为合订书。《公是弟子记》2卷,含附录;《聱隅子歔欷琐微论》2卷,均据清《知不足斋丛书》本排印。版权页题名:公是弟子记及其他一种。

收藏单位:重庆馆、大理馆、广西馆、国

家馆、黑龙江馆、湖南馆、辽大馆、辽宁馆、辽师大馆、内蒙古馆、天津馆

00750

元城语录解 （宋）马永卿辑 （明）王崇庆解 （明）崔铣编行录 （清）钱培名补脱文

长沙：商务印书馆，1939.12，65页，32开（丛书集成初编 601）

　　本书共 5 卷，附行录解、脱文，据清《惜阴轩丛书》本排印。

　　收藏单位：安徽馆、重庆馆、大理馆、广西馆、贵州馆、国家馆、黑龙江馆、湖南馆、辽大馆、辽宁馆、辽师大馆、内蒙古馆、宁夏馆、天津馆

00751

刍言 （宋）崔敦礼撰 · **子华子** · **潜溪邃言** （明）宋濂撰

上海：商务印书馆，1936.12，21+33+10页，32开（丛书集成初编 602）

　　本书为合订书。《刍言》3 卷，据清《函海》本排印；《子华子》2 卷，据明《子汇》本排印；《潜溪邃言》1 卷，据明《百陵学山》本影印。版权页题名：刍言及其他二种。

　　收藏单位：安徽馆、长春馆、重庆馆、大理馆、大连馆、大庆馆、东北师大馆、广西馆、贵州馆、国家馆、黑龙江馆、湖南馆、辽大馆、辽宁馆、辽师大馆、柳州馆、内蒙古馆、宁夏馆、天津馆

00752

龙门子凝道记 （明）宋濂撰

上海：商务印书馆，1937.6，54页，32开（丛书集成初编 603）

　　本书共 3 卷，据清《金华丛书》本排印。

　　收藏单位：安徽馆、长春馆、重庆馆、大理馆、大连馆、东北师大馆、广东馆、广西馆、贵州馆、国家馆、黑龙江馆、湖南馆、辽大馆、辽宁馆、辽师大馆、柳州馆、内蒙古馆、宁夏馆、天津馆

00753

思玄庸言 （明）桑悦撰 · **凝斋笔语** （明）

王鸿儒撰 · **空同子纂** （明）李梦阳撰 · **萝山杂言** （明）宋濂著 · **后渠庸书** （明）崔铣著 · **约言** （明）薛蕙撰 · **拘虚晤言** （明）陈沂著 · **螽龙子** （明）董谷撰 · **冥影契** （明）董谷撰 · **海石子内外篇** （明）钱薇撰 · **海樵子** （明）王崇庆著 · **汲古丛语** （明）陆树声著

长沙：商务印书馆，1939.12，著，[168] 页，32开（丛书集成初编 605）

　　本书为合订书。《思玄庸言》1 卷，《凝斋笔语》1 卷，《空同子纂》1 卷，均据明《百陵学山》本影印；《萝山杂言》1 卷，据明《今献汇言》本影印；《后渠庸书》1 卷，《约言》1 卷，均据明《百陵学山》本影印；《拘虚晤言》1 卷，据明《今献汇言》本影印；《螽龙子》1 卷，《冥影契》1 卷，均据明《百陵学山》本影印；《海石子内外篇》2 卷，据明《盐邑志林》本影印；《海樵子》1 卷，据明《百陵学山》本影印；《汲古丛语》1 卷，据明《宝颜堂秘笈》本排印。版权页题名：思玄庸言及其他十一种。

　　收藏单位：安徽馆、长春馆、大理馆、东北师大馆、广西馆、国家馆、黑龙江馆、湖南馆、辽大馆、辽师大馆

00754

本语 （明）高拱撰 · **三事溯真** （明）李豫亨著 · **观微子** （明）朱衮撰 · **浑然子** （明）张翀著 · **海沂子** （明）王文禄著

上海：商务印书馆，1936.6，[120] 页，32开（丛书集成初编 606）

　　本书为合订书。《本语》6 卷，据清《指海》本排印；《三事溯真》1 卷，据明《宝颜堂秘笈》本排印；《观微子》1 卷，据明《百陵学山》本排印；《浑然子》1 卷，据明《宝颜堂秘笈》本排印；《海沂子》5 卷，据明《百陵学山》本排印。版权页题名：本语及其他四种。

　　收藏单位：安徽馆、重庆馆、大理馆、大连馆、东北师大馆、广西馆、贵州馆、国家馆、黑龙江馆、湖南馆、惠州馆、辽大馆、辽宁馆、辽师大馆、柳州馆、内蒙古馆、宁夏馆、天津馆

00755

竹下寱言·廉矩·补衍 （明）王文禄撰

长沙：商务印书馆，1937.12，84+14+32 页，32 开（丛书集成初编 607）

本书为合订书。《竹下寱言》2 卷，《廉矩》1 卷，《补衍》2 卷，均据明《百陵学山》本影印。版权页题名：竹下寱言及其他二种。

收藏单位：安徽馆、长春馆、重庆馆、大理馆、大连馆、东北师大馆、广西馆、贵州馆、国家馆、黑龙江馆、辽大馆、辽宁馆、辽师大馆、柳州馆、内蒙古馆、宁夏馆、天津馆

00756

叔苴子内外编 （明）庄元臣撰

长沙：商务印书馆，1939.12，113 页，32 开（丛书集成初编 609）

本书共 8 卷，据清《粤雅堂丛书》本排印。

收藏单位：重庆馆、大理馆、国家馆、黑龙江馆、湖南馆、辽大馆、辽宁馆、辽师大馆、内蒙古馆、天津馆

00757

观心约 （明）邹森著·**闲说** （明）赵明伦撰·**廓然子五述·蒙泉杂言**

长沙：商务印书馆，1937.12，[70] 页，32 开（丛书集成初编 612）

本书为合订书。《观心约》1 卷，据清《畿辅丛书》本排印；《闲说》1 卷、《廓然子五述》1 卷，均据明《百陵学山》本影印；《蒙泉杂言》1 卷，据明《今献汇言》本影印。版权页题名：观心约及其他三种。

收藏单位：安徽馆、长春馆、重庆馆、大理馆、大连馆、东北师大馆、贵州馆、国家馆、黑龙江馆、湖南馆、辽大馆、辽宁馆、辽师大馆、柳州馆、内蒙古馆、宁夏馆、天津馆

00758

宋四子抄释 （明）吕柟撰

上海：商务印书馆，1936.6，4 册 [379] 页，32 开（丛书集成初编 613—616）

本书共 21 卷，据清《惜阴轩丛书》本排印。

收藏单位：安徽馆、长春馆、重庆馆、大理馆、大连馆、东北师大馆、广西馆、贵州馆、国家馆、黑龙江馆、湖南馆、惠州馆、辽大馆、辽宁馆、辽师大馆、柳州馆、内蒙古馆、宁夏馆、绍兴馆

00759

濂洛关闽书 （清）张伯行集解

上海：商务印书馆，1937.6，4 册（333 页），32 开（丛书集成初编 617—620）

本书共 19 卷。《周子》1 卷，《张子》1 卷，《二程子》10 卷，《朱子》7 卷，均据清《正谊堂全书》本排印。内容主要诠解宋代的周敦颐、张载、程颖、程颐、朱熹的著作。

收藏单位：安徽馆、长春馆、重庆馆、大理馆、大连馆、东北师大馆、广西馆、贵州馆、国家馆、黑龙江馆、湖南馆、辽大馆、辽宁馆、辽师大馆、柳州馆、内蒙古馆、宁夏馆

00760

二程粹言 （宋）杨时编辑

上海：商务印书馆，1936.6，103 页，32 开（丛书集成初编 621）

本书共 2 卷，据清正谊堂丛书（《正谊堂全书》）本排印。

收藏单位：安徽馆、长春馆、重庆馆、大理馆、大连馆、东北师大馆、广西馆、贵州馆、国家馆、黑龙江馆、湖南馆、惠州馆、江西馆、辽大馆、辽宁馆、辽师大馆、柳州馆、内蒙古馆、宁夏馆、绍兴馆、天津馆

00761

二程语录 （宋）朱熹编辑

上海：商务印书馆，1936.6，4 册（311 页），32 开（丛书集成初编 622—625）

本书共 18 卷，据清正谊堂丛书（《正谊堂全书》）本排印。

收藏单位：安徽馆、长春馆、重庆馆、大理馆、大连馆、东北师大馆、广西馆、贵州馆、国家馆、黑龙江馆、湖南馆、惠州馆、

江西馆、辽大馆、辽宁馆、辽师大馆、柳州馆、内蒙古馆、宁夏馆、绍兴馆

00762

渔樵对问 （宋）邵雍著·**晁氏儒言** （宋）晁说之著·**上蔡先生语录** （宋）谢良佐语（宋）朱熹编

长沙：商务印书馆，1939.12，11+21+40 页，32 开（丛书集成初编 626）

　　本书为合订书。《渔樵对问》1 卷，据宋《百川学海》本排印;《晁氏儒言》1 卷，据清《学海类编》本排印;《上蔡先生语录》3 卷，据清《正谊堂全书》本排印。版权页题名：渔樵对问及其他二种。

　　收藏单位：长春馆、大理馆、东北师大馆、广西馆、国家馆、黑龙江馆、湖南馆、辽大馆、辽宁馆、辽师大馆、内蒙古馆

00763

至书 （宋）蔡沈撰·**明本释** （宋）刘荀撰

长沙：商务印书馆，1939.12，55+63 页，32 开（丛书集成初编 628）

　　本书为合订书。《至书》1 卷，据清《十万卷楼丛书》本排印;《明本释》3 卷，据清聚珍版丛书本排印。版权页题名：至书及其他一种。

　　收藏单位：安徽馆、重庆馆、大理馆、广西馆、贵州馆、国家馆、黑龙江馆、湖南馆、江西馆、辽大馆、辽宁馆、辽师大馆、内蒙古馆、宁夏馆、天津馆

00764

东莱吕紫微师友杂志·紫微杂说 （宋）吕本中撰

长沙：商务印书馆，1939.12，21+31 页，32 开（丛书集成初编 629）

　　本书为合订书。《东莱吕紫微师友杂志》1 卷，据《十万卷楼丛书》本排印;《紫微杂说》1 卷，据清《指海》本排印。版权页题名：东莱吕紫微师友杂志及其他一种。

　　收藏单位：安徽馆、重庆馆、大理馆、广西馆、贵州馆、国家馆、黑龙江馆、湖南馆、江西馆、辽大馆、辽宁馆、辽师大馆、内蒙

古馆、宁夏馆、天津馆

00765

近思录 （宋）朱熹编 （清）张伯行集解

上海：商务印书馆，1936.6，4 册（346 页），32 开（丛书集成初编 630—633）

　　本书共 14 卷，据清正谊堂丛书（《正谊堂全书》)本排印。

　　收藏单位：安徽馆、重庆馆、大理馆、大连馆、东北师大馆、广西馆、贵州馆、国家馆、黑龙江馆、湖南馆、惠州馆、江西馆、辽大馆、辽宁馆、辽师大馆、柳州馆、内蒙古馆、宁夏馆、山东馆、绍兴馆、武大馆

00766

续近思录 （清）张伯行集解

上海：商务印书馆，1936.6，3 册（263 页），32 开（丛书集成初编 634—636）

　　本书共 14 卷，据清《正谊堂全书》本排印。

　　收藏单位：安徽馆、长春馆、重庆馆、大理馆、大连馆、东北师大馆、广西馆、贵州馆、国家馆、黑龙江馆、湖南馆、惠州馆、江西馆、辽大馆、辽宁馆、辽师大馆、柳州馆、内蒙古馆、宁夏馆、绍兴馆

00767

广近思录 （清）张伯行辑

上海：商务印书馆，1936.6，2 册（196 页），32 开（丛书集成初编 637—638）

　　本书共 14 卷，据清《正谊堂全书》本排印。

　　收藏单位：安徽馆、长春馆、重庆馆、大理馆、大连馆、东北师大馆、广西馆、贵州馆、国家馆、黑龙江馆、湖南馆、惠州馆、江西馆、辽大馆、辽宁馆、辽师大馆、柳州馆、内蒙古馆、宁夏馆、绍兴馆

00768

朱子学的 （明）丘濬编辑

上海：商务印书馆，1936.6，105 页，32 开（丛书集成初编 639）

　　本书共 2 卷，据清《正谊堂全书》本排印。

收藏单位：安徽馆、长春馆、重庆馆、大理馆、大连馆、东北师大馆、广西馆、贵州馆、国家馆、黑龙江馆、湖南馆、惠州馆、江西馆、辽大馆、辽宁馆、辽师大馆、柳州馆、内蒙古馆、宁夏馆、天津馆

00769

朱子学归 （清）郑端辑

上海：商务印书馆，1936.6，3册（231页），32开（丛书集成初编640—642）

本书共23卷，据清《畿辅丛书》本排印。

收藏单位：安徽馆、长春馆、重庆馆、大理馆、大连馆、东北师大馆、广西馆、贵州馆、国家馆、黑龙江馆、湖南馆、惠州馆、江西馆、辽大馆、辽宁馆、辽师大馆、柳州馆、内蒙古馆、宁夏馆、西南大学馆

00770

朱子语类辑略 （清）张伯行辑订

上海：商务印书馆，1936.12，282页，32开（丛书集成初编644）

本书共8卷，据清《正谊堂全书》本排印。

收藏单位：安徽馆、长春馆、重庆馆、大理馆、大连馆、东北师大馆、广东馆、广西馆、贵州馆、国家馆、黑龙江馆、湖南馆、江西馆、辽大馆、辽宁馆、辽师大馆、柳州馆、内蒙古馆、宁夏馆、天津馆

00771

研几图 （宋）王柏撰·**北溪字义** （宋）陈淳著 （宋）王隽编

上海：商务印书馆，1937.6，88+81页，32开（丛书集成初编645）

本书为合订书。《研几图》1卷，据清《金华丛书》本影印；《北溪字义》4卷，附补遗、严陵讲义，据清《惜阴轩丛书》本排印。版权页题名：研几图及其他一种。

收藏单位：安徽馆、重庆馆、广东馆、广西馆、国家馆、黑龙江馆、湖南馆、江西馆、辽大馆、辽宁馆、辽师大馆、内蒙古馆、天津馆

00772

准斋杂说 （宋）吴愚如撰·**迩言** （宋）刘炎著·**侯城杂诫** （明）方孝孺著·**薛子道论（两种）** （明）薛瑄撰

长沙：商务印书馆，1937.12，29+12+6+14+17页，32开（丛书集成初编646）

本书为合订书。《准斋杂说》1卷，据清《墨海金壶》本排印；《迩言》1卷，《侯城杂诫》1卷，据明《百陵学山》本排印；《薛子道论》两种，第1种1卷，据明《百陵学山》本影印，第2种3卷，据清《学海类编》本排印。版权页题名：准斋杂说及其他四种。

收藏单位：安徽馆、长春馆、重庆馆、大理馆、大连馆、东北师大馆、贵州馆、国家馆、湖南馆、江西馆、辽大馆、辽宁馆、辽师大馆、内蒙古馆、宁夏馆、天津馆

00773

薛文清公读书录 （明）薛瑄撰·**白沙语要** （明）陈献章著·**枫山章先生语录** （明）章懋撰

长沙：商务印书馆，1939.12，2册[146+8+38]页，32开（丛书集成初编647—648）

本书为合订书。《薛文清公读书录》8卷，据清《正谊堂全书》本排印；《白沙语要》1卷，据明《百陵学山》本影印；《枫山章先生语录》2卷，附考异，据清《金华丛书》本排印。版权页题名：薛文清公读书录及其他二种。

收藏单位：安徽馆、重庆馆、大理馆、大连馆、东北师大馆、广西馆、贵州馆、国家馆、黑龙江馆、湖南馆、江西馆、辽大馆、辽宁馆、辽师大馆、柳州馆、内蒙古馆、宁夏馆

00774

正蒙会稿 （明）刘玑著

上海：商务印书馆，1936.6，2册[169]页，32开（丛书集成初编649—650）

本书共4卷，据清《惜阴轩丛书》本排印。

收藏单位：安徽馆、长春馆、重庆馆、大

理馆、大连馆、东北师大馆、广西馆、贵州馆、国家馆、黑龙江馆、湖南馆、惠州馆、江西馆、辽大馆、辽宁馆、辽师大馆、柳州馆、内蒙古馆、宁夏馆、绍兴馆

00775

适园语录（明）陆树声撰·**毅斋经说**（明）查铎著·**水西会语**（明）查铎著·**水西答问**（明）翟台著·**二谷读书记**（明）侯一元著·**惜阴书院绪言**（明）翟台著·**白水质问**（明）徐榜著

长沙：商务印书馆，1939.12，1册[106]页，32开（丛书集成初编652）

本书为合订书。《适园语录》1卷，据明《稗乘》本影印；《毅斋经说》1卷，《水西会语》1卷，《水西答问》1卷，均据清《泾川丛书》本排印；《二谷读书记》3卷，据清《学海类编》本排印；《惜阴书院续言》1卷，《白水质问》1卷，均据清《泾川丛书》本排印。版权页题名：适园语录及其他六种。

收藏单位：重庆馆、大理馆、国家馆、黑龙江馆、湖南馆、江西馆、辽大馆、辽师大馆

00776

困知记（明）罗钦顺撰·**学蔀通辨**（明）陈建撰

上海：商务印书馆，1936.6，2册（38+164页），32开（丛书集成初编653—654）

本书为合订书。《困知记》4卷，《学蔀通辨》12卷，均据清《正谊堂全书》本排印。版权页题名：困知记及其他一种。

收藏单位：长春馆、重庆馆、大理馆、大连馆、东北师大馆、广西馆、贵州馆、国家馆、黑龙江馆、湖南馆、惠州馆、江西馆、辽大馆、辽宁馆、辽师大馆、柳州馆、内蒙古馆、宁夏馆、绍兴馆、武大馆、西南大学馆

00777

梅峰语录（明）赵仲全著·**居业录**（明）胡居仁撰

上海：商务印书馆，1936.6，2册（26+130页），32开（丛书集成初编656—657）

本书为合订书。《梅峰语录》2卷，据清《泾川丛书》本排印；《居业录》8卷，据清《正谊堂全书》本排印。版权页题名：梅峰语录及其他一种。

收藏单位：安徽馆、长春馆、重庆馆、大理馆、大连馆、东北师大馆、广西馆、贵州馆、国家馆、黑龙江馆、湖南馆、惠州馆、江西馆、辽大馆、辽宁馆、辽师大馆、柳州馆、内蒙古馆、宁夏馆、绍兴馆、西南大学馆

00778

拙斋学测（明）萧良榦著·**赤山会语**（明）萧雍著·**读书些子会心**（明）朱苞著

长沙：商务印书馆，1939.12，8+12+32页，32开（丛书集成初编658）

本书为合订书。每种各1卷，均据清《泾川丛书》本排印。版权页题名：拙斋学测及其他二种。

收藏单位：重庆馆、大理馆、广西馆、国家馆、黑龙江馆、湖南馆、江西馆、辽大馆、辽宁馆、辽师大馆、天津馆、西南大学馆

00779

潜室札记（清）刁包著

上海：商务印书馆，1936.6，60页，32开（丛书集成初编660）

本书共2卷，据清《畿辅丛书》本排印。

收藏单位：长春馆、重庆馆、大理馆、大连馆、大庆馆、东北师大馆、贵州馆、国家馆、黑龙江馆、湖南馆、江西馆、辽大馆、辽师大馆、柳州馆、内蒙古馆、宁夏馆、西南大学馆

00780

绎志（清）胡承诺撰

上海：商务印书馆，1936.6，5册（439页），32开（丛书集成初编661—665）

本书共20卷，附札记，据清《湖北丛书》本排印。

收藏单位：安徽馆、长春馆、重庆馆、大理馆、大连馆、东北师大馆、广西馆、贵州

馆、国家馆、黑龙江馆、湖南馆、惠州馆、江西馆、辽大馆、辽宁馆、辽师大馆、柳州馆、内蒙古馆、宁夏馆、绍兴馆、西南大学馆

00781

读书说 （清）胡承诺著·**常语笔存** （清）汤斌著

上海：商务印书馆，1936.6，2 册（185+5 页），32 开（丛书集成初编 666—667）

本书为合订书。《读书说》5 卷，附年谱，据清《湖北丛书》本排印；《常语笔存》1 卷，据清《学海类编》本排印。版权页题名：读书说及其他一种。

收藏单位：安徽馆、长春馆、重庆馆、大理馆、大连馆、东北师大馆、广西馆、贵州馆、国家馆、黑龙江馆、湖南馆、惠州馆、江西馆、辽大馆、辽宁馆、辽师大馆、柳州馆、内蒙古馆、宁夏馆、西南大学馆

00782

陆桴亭思辨录辑要 （明）陆世仪撰

上海：商务印书馆，1936.6，3 册（236 页），32 开（丛书集成初编 668—670）

本书共 22 卷，据清《正谊堂全书》本排印。

收藏单位：安徽馆、长春馆、重庆馆、大理馆、大连馆、东北师大馆、广西馆、贵州馆、国家馆、黑龙江馆、湖南馆、惠州馆、江西馆、辽大馆、辽宁馆、辽师大馆、柳州馆、内蒙古馆、宁夏馆、山东馆、绍兴馆、西南大学馆

00783

学术辨·问学录·松阳钞存 （清）陆陇其著

上海：商务印书馆，1936.6，6+45+8 页，32 开（丛书集成初编 671）

本书为合订书。《学术辨》1 卷，据清《学海类编》本排印；《问学录》4 卷，《松阳钞存》1 卷，均据清《正谊堂全书》本排印。版权页题名：学术辨及其他二种。

收藏单位：长春馆、重庆馆、大理馆、大连馆、大庆馆、东北师大馆、广西馆、国家

00784

存学编·存性编 （清）颜元著

上海：商务印书馆，1937.6，64+38 页，32 开（丛书集成初编 672）

本书为合订书。《存学编》4 卷，《存性编》2 卷，均据清《畿辅丛书》本排印。版权页题名：存学编及其他一种。

收藏单位：安徽馆、长春馆、重庆馆、大理馆、大连馆、大庆馆、东北师大馆、广西馆、贵州馆、国家馆、黑龙江馆、湖南馆、江西馆、辽大馆、辽宁馆、辽师大馆、柳州馆、内蒙古馆、宁夏馆、天津馆、西南大学馆

00785

颜习斋先生言行录 （清）钟錂纂

长沙：商务印书馆，1939.12，64 页，32 开（丛书集成初编 673）

本书共 2 卷，据清《畿辅丛书》本排印。

收藏单位：重庆馆、大理馆、国家馆、黑龙江馆、湖南馆、江西馆、辽大馆、辽宁馆、辽师大馆、天津馆、西南大学馆

00786

质孔说 （清）周梦颜辑

上海：商务印书馆，1936.6，43 页，32 开（丛书集成初编 674）

本书共 2 卷，据清《琳琅秘室丛书》本排印。

收藏单位：安徽馆、长春馆、重庆馆、大理馆、大连馆、东北师大馆、广西馆、贵州馆、国家馆、黑龙江馆、湖南馆、惠州馆、江西馆、辽大馆、辽宁馆、辽师大馆、柳州馆、内蒙古馆、宁夏馆、天津馆、西南大学馆

00787

困学录集粹 （清）张伯行著

上海：商务印书馆，1936.6，142 页，25 开（丛

书集成初编 675）

本书共 8 卷，据清《正谊堂全书》本排印。

收藏单位：安徽馆、长春馆、重庆馆、大理馆、大连馆、东北师大馆、广西馆、贵州馆、国家馆、黑龙江馆、湖南馆、惠州馆、江西馆、辽大馆、辽宁馆、辽师大馆、柳州馆、内蒙古馆、宁夏馆、绍兴馆、西南大学馆

00788

学规类编 （清）张伯行纂

上海：商务印书馆，1936.6，4 册（318 页），32 开（丛书集成初编 676—679）

本书共 27 卷，据清《正谊堂全书》本排印。

收藏单位：安徽馆、长春馆、重庆馆、大理馆、大连馆、东北师大馆、广西馆、贵州馆、国家馆、黑龙江馆、湖南馆、惠州馆、江西馆、辽大馆、辽宁馆、辽师大馆、柳州馆、内蒙古馆、宁夏馆、绍兴馆、西南大学馆

00789

圣经学规纂 （清）李塨稿·**论学** （清）李塨稿·**健余札记** （清）尹会一撰

长沙：商务印书馆，1939.12，27+17+54 页，32 开（丛书集成初编 680）

本书为合订书。《圣经学规纂》2 卷，《论学》2 卷，《健余札记》4 卷，均据清《畿辅丛书》本排印。版权页题名：圣经学规纂及其他二种。

收藏单位：重庆馆、大理馆、广西馆、国家馆、黑龙江馆、湖南馆、江西馆、辽大馆、辽宁馆、辽师大馆、天津馆、西南大学馆

00790

绪言 （清）戴震撰·**星阁正论** （清）赵青藜著·**子贯附言** （清）胡元晖著·**业儒臆说** （清）陶圻著

长沙：商务印书馆，1939.12，46+10+13+11 页，32 开（丛书集成初编 681）

本书为合订书。《绪言》3 卷，据清《粤雅堂丛书》本排印；《星阁正论》1 卷，《子贯附言》1 卷，均据清《泾川丛书》本排印；《业儒臆说》1 卷，据清《学海类编》本排印。版权页题名：绪言及其他三种。

收藏单位：重庆馆、大理馆、大连馆、广西馆、国家馆、黑龙江馆、湖南馆、江西馆、辽大馆、辽宁馆、辽师大馆、内蒙古馆、天津馆、西南大学馆

00791

郝雪海先生笔记 （清）郝浴撰·**论学偶言** （清）萧继炳著·**王学质疑** （清）张烈撰

长沙：商务印书馆，1939.12，27+33+36 页，32 开（丛书集成初编 682）

本书为合订书。《郝雪海先生笔记》3 卷，据清《畿辅丛书》本排印；《论学偶言》1 卷，据清《泾川丛书》本排印；《王学质疑》6 卷，有附录，据清《正谊堂全书》本排印。版权页题名：郝雪海先生笔记及其他二种。

收藏单位：重庆馆、大理馆、广西馆、国家馆、黑龙江馆、湖南馆、江西馆、辽大馆、辽宁馆、辽师大馆、天津馆、西南大学馆

00792

东宫备览 （宋）陈模撰·**吾师录** （明）黄淳耀纂·**宦游日记** （明）徐榜著

长沙：商务印书馆，1939.12，35+15+5 页，32 开（丛书集成初编 683）

本书为合订书。《东宫备览》6 卷，据清《学海类编》本排印；《吾师录》1 卷，据清《艺海珠尘》本排印；《宦游日记》1 卷，据清《泾川丛书》本排印。版权页题名：东宫备览及其他二种。

收藏单位：重庆馆、大理馆、广西馆、国家馆、黑龙江馆、湖南馆、江西馆、辽大馆、辽宁馆、辽师大馆、天津馆、西南大学馆

00793

南岳遇师本末 （宋）夏元鼎编·**胎息经** （唐）幻真先生注·**胎息经疏略** （明）王文禄撰·**脉望** （明）赵台鼎著

上海：商务印书馆，1936.6，[139] 页，32 开（丛书集成初编 684）

本书为合订书。《南岳遇师本末》1卷，据明《宝颜堂秘笈》本排印；《胎息经》1卷，据明《夷门广牍》本排印；《胎息经疏略》1卷，据明《百陵学山》本排印；《脉望》8卷，据明《宝颜堂秘笈》本排印。版权页题名：南岳遇师本末及其他三种。

收藏单位：安徽馆、长春馆、重庆馆、大理馆、大连馆、东北师大馆、广东馆、广西馆、贵州馆、国家馆、黑龙江馆、湖南馆、惠州馆、江西馆、辽大馆、辽宁馆、辽师大馆、内蒙古馆、宁夏馆、绍兴馆、天津馆、西南大学馆

00794

赤凤髓 （明）周履靖编辑·**逍遥子导引诀** （明）逍遥子著

长沙：商务印书馆，1939.12，[158]+14页，32开（丛书集成初编685）

本书为合订书。《赤凤髓》3卷，《逍遥子导引诀》1卷，均据明《夷门广牍》本影印。版权页题名：赤凤髓及其他一种。

收藏单位：重庆馆、大理馆、东北师大馆、广西馆、国家馆、黑龙江馆、湖南馆、江西馆、辽大馆、辽宁馆、辽师大馆、内蒙古馆、天津馆、西南大学馆

00795

卧游录 （宋）吕祖谦撰·**岩栖幽事** （明）陈继儒撰·**嬲采馆清课** （明）费元禄纂·**屏居十二课** （明）黄东崖著·**怡情小录** （清）马大年述

上海：商务印书馆，1936.12，[91]页，32开（丛书集成初编687）

本书为合订书。《卧游录》1卷，据明阳山顾氏文房本排印；《岩栖幽事》1卷，《嬲采馆清课》2卷，均据明《宝颜堂秘笈》本排印；《屏居十二课》1卷，据清《砚云甲乙编》本排印；《怡情小录》1卷，据清《学海类编》本排印。版权页题名：卧游录及其他四种。

收藏单位：安徽馆、长春馆、重庆馆、大理馆、大连馆、东北师大馆、广西馆、贵州馆、国家馆、黑龙江馆、湖南馆、江西馆、辽大馆、辽宁馆、辽师大馆、柳州馆、内蒙

古馆、宁夏馆、天津馆、西南大学馆

00796

易纬是类谋 （汉）郑玄注·**易纬乾凿度** （汉）郑玄注·**易纬乾坤凿度** （汉）郑玄注·**易纬乾元序制记** （汉）郑玄注·**易纬坤灵图** （汉）郑玄注

长沙：商务印书馆，1937.12，[134]页，32开（丛书集成初编688）

本书为合订书。《易纬是类谋》1卷，《易纬乾凿度》2卷，《易纬乾坤凿度》2卷，《易纬乾元序制记》1卷，《易纬坤灵图》1卷，均据清聚珍版丛书本影印。版权页题名：易纬是类谋及其他四种。

收藏单位：长春馆、重庆馆、大理馆、大连馆、东北师大馆、贵州馆、国家馆、黑龙江馆、湖南馆、江西馆、辽大馆、辽宁馆、辽师大馆、内蒙古馆、宁夏馆、天津馆、西南大学馆

00797

古微书 （明）孙毂编

长沙：商务印书馆，1939.12，4册（710页），32开（丛书集成初编690—693）

本书共36卷，据清《墨海金壶》本影印。

收藏单位：重庆馆、大理馆、东北师大馆、国家馆、黑龙江馆、湖南馆、江西馆、辽大馆、辽宁馆、辽师大馆、内蒙古馆、西南大学馆

00798

淮南万毕术 （汉）刘安撰 （清）孙冯翼辑·**淮南万毕术** （汉）刘安撰 （清）茆泮林辑·**出行宝镜** （汉）佚名撰·**元包经传** （五代）卫元嵩述 （唐）苏源明传 （唐）李江注·**元包数总义** （宋）张行成述

长沙：商务印书馆，1939.12，[147]页，32开（丛书集成初编694）

本书为合订书。《淮南万毕术》第1种1卷，据清《问经堂丛书》本排印，第2种2卷，附补遗、再补遗，据清《十种古逸书》本排印；《出行宝镜》1卷，据清《函海》本

排印;《元包经传》5卷,《元包数总义》2卷,均据清《学津讨原》本排印。版权页题名:淮南万毕术及其他四种。

收藏单位:重庆馆、大理馆、广西馆、国家馆、黑龙江馆、湖南馆、江西馆、辽大馆、辽宁馆、辽师大馆、内蒙古馆、天津馆、西南大学馆

00799

五行大义 （隋）萧吉撰·**麻衣道者正易心法** （宋）陈希夷先生受并消息

长沙:商务印书馆,1939.12,2册（117+18页）,32开（丛书集成初编695—696）

本书为合订书。《五行大义》5卷,据日本《佚存丛书》本排印;《麻衣道者正易心法》1卷,据明《津逮秘书》本排印。版权页题名:五行大义及其他一种。

收藏单位:重庆馆、大理馆、大连馆、广西馆、国家馆、黑龙江馆、湖南馆、江西馆、辽大馆、辽宁馆、辽师大馆、内蒙古馆、西南大学馆

00800

潜虚 （宋）司马光撰 （宋）张敦实论述·**潜虚述义** （宋）司马光撰 （清）苏天木述·**潜虚解** （清）焦袁熹纂

长沙:商务印书馆,1939.12,47+107+2页,32开（丛书集成初编697）

本书为合订书。《潜虚》2卷,附《发微论》,据清《知不足斋丛书》本排印。《潜虚述义》4卷,有附录、考异,据清《岭南遗书》本排印;《潜虚解》1卷,据清《艺海珠尘》本排印。版权页题名:潜虚及其他二种。

收藏单位:重庆馆、大理馆、大连馆、广西馆、国家馆、黑龙江馆、湖南馆、江西馆、辽大馆、辽宁馆、辽师大馆、内蒙古馆、天津馆、西南大学馆

00801

翼玄 （宋）张行成撰

上海:商务印书馆,1936.6,2册（202页）,32开（丛书集成初编698—699）

本书共12卷,据清《函海》本排印。

收藏单位:安徽馆、长春馆、重庆馆、大理馆、大连馆、大庆馆、东北师大馆、广西馆、贵州馆、国家馆、黑龙江馆、湖南馆、惠州馆、江西馆、辽大馆、辽宁馆、辽师大馆、柳州馆、内蒙古馆、宁夏馆、绍兴馆、西南大学馆

00802

丙丁龟鉴 （宋）柴望辑·**随笔兆** （宋）洪迈撰

上海:商务印书馆,1936.6,48+2页,32开（丛书集成初编700）

本书为合订书。《丙丁龟鉴》6卷,据明《宝颜堂秘笈》本排印;《随笔兆》1卷,据明《百陵学山》本排印。版权页题名:丙丁龟鉴及其他一种。

收藏单位:安徽馆、长春馆、重庆馆、大理馆、大连馆、东北师大馆、广西馆、贵州馆、国家馆、黑龙江馆、湖南馆、惠州馆、江西馆、辽大馆、辽宁馆、辽师大馆、柳州馆、内蒙古馆、宁夏馆、绍兴馆、天津馆、西南大学馆

00803

稽瑞 （唐）刘赓辑

上海:商务印书馆,1936.12,126页,32开（丛书集成初编702）

本书共1卷,据清《后知不足斋丛书》本影印。

收藏单位:安徽馆、长春馆、重庆馆、大理馆、大连馆、大庆馆、东北师大馆、广西馆、贵州馆、国家馆、黑龙江馆、湖南馆、江西馆、辽大馆、辽宁馆、辽师大馆、柳州馆、内蒙古馆、宁夏馆、绍兴馆、天津馆、西南大学馆

00804

焦氏易林 （汉）焦延寿撰

长沙:商务印书馆,1937.12,3册（302页）,32开（丛书集成初编703—705）

本书共16卷,据清《学津讨原》本排印。

收藏单位:安徽馆、重庆馆、大理馆、大

连馆、东北师大馆、贵州馆、国家馆、黑龙
江馆、湖南馆、江西馆、辽大馆、辽宁馆、
辽师大馆、内蒙古馆、宁夏馆、西南大学馆

00805

春秋占筮书 （清）毛奇龄撰

上海：商务印书馆，1936.6，36 页，32 开
（丛书集成初编 707）

　　本书共 3 卷，据清《龙威秘书》本排印。

　　收藏单位：安徽馆、重庆馆、大理馆、大
连馆、东北师大馆、广西馆、贵州馆、国家
馆、黑龙江馆、湖南馆、惠州馆、江西馆、
辽大馆、辽宁馆、辽师大馆、柳州馆、内蒙
古馆、宁夏馆、绍兴馆、天津馆、西南大学
馆

00806

灵棋经 （汉）东方朔撰 （晋）颜幼明 （南
朝宋）何承天注 （元）陈师凯 （明）刘基
解

上海：商务印书馆，1936.6，89 页，32 开（丛
书集成初编 708）

　　本书共 2 卷，据清《墨海金壶》本排印。

　　收藏单位：安徽馆、长春馆、重庆馆、大
理馆、大连馆、东北师大馆、广西馆、贵州
馆、国家馆、黑龙江馆、湖南馆、惠州馆、
江西馆、辽大馆、辽宁馆、辽师大馆、柳州
馆、内蒙古馆、宁夏馆、绍兴馆、天津馆、
西南大学馆

00807

景祐六壬神定经 （宋）杨维德撰集·**大六壬
苗公射覆鬼撮脚**

长沙：商务印书馆，1939.12，32+30 页，32
开（丛书集成初编 709）

　　本书为合订书。《景祐六壬神定经》2 卷，
据清《仰视千七百二十九鹤斋丛书》本排印；
《大六壬苗公射覆鬼撮脚》3 卷，据清《续知
不足斋丛书》本排印。版权页题名：景祐六壬
神定经及其他一种。

　　收藏单位：重庆馆、大理馆、大连馆、广
西馆、国家馆、黑龙江馆、湖南馆、辽大馆、
辽宁馆、辽师大馆、内蒙古馆、西南大学馆

00808

探春历记 （汉）东方朔著·**乙巳占** （唐）
李淳风撰

上海：商务印书馆，1936.6，3 册（9+217
页），32 开（丛书集成初编 711—713）

　　本书为合订书。《探春历记》1 卷，据明
《夷门广牍》本排印；《乙巳占》10 卷，据清
《十万卷楼丛书》本排印。版权页题名：探春
历记及其他一种。

　　收藏单位：安徽馆、长春馆、重庆馆、大
理馆、大连馆、东北师大馆、广西馆、贵州
馆、国家馆、黑龙江馆、湖南馆、惠州馆、
江西馆、辽大馆、辽宁馆、辽师大馆、柳州
馆、内蒙古馆、宁夏馆、绍兴馆、天津馆、
西南大学馆

00809

相雨书 （唐）黄子发撰·**天文占验** （明）
周履靖校梓·**占验录** （明）周履靖辑·**土牛
经** （明）周履靖校梓·**云气占候篇** （清）
韬庐子撰·**通占大象历星经**

长沙：商务印书馆，1939.12，[95] 页，32 开
（丛书集成初编 714）

　　本书为合订书。《相雨书》1 卷，据清
《渐西村舍丛刻》本排印；《天文占验》1 卷，
《占验录》1 卷，《土牛经》1 卷，均据明《夷
门广牍》本影印；《云气占候篇》2 卷，据清
《渐西村舍丛刻》本排印；《通占大象历星经》
2 卷，据明《津逮秘书》本影印。版权页题
名：相雨书及其他五种。

　　收藏单位：重庆馆、大理馆、广西馆、国
家馆、黑龙江馆、湖南馆、江西馆、辽大馆、
辽宁馆、辽师大馆、内蒙古馆、天津馆、西
南大学馆

00810

四字经 （唐释）德行禅师著·**李虚中命书**
（战国）鬼谷子撰 （唐）李虚中注·**珞琭子
三命消息赋注** （宋）徐子平撰

长沙：商务印书馆，1939.12，36+30+41 页，
32 开（丛书集成初编 715）

　　本书为合订书。《四字经》1 卷，据明
《夷门广牍》本影印；《李虚中命书》3 卷，

《珞琭子三命消息赋注》2 卷，均据清《墨海金壶》本排印。版权页题名：四字经及其他二种。

收藏单位：重庆馆、大理馆、广西馆、国家馆、湖南馆、江西馆、辽大馆、辽宁馆、辽师大馆、内蒙古馆、天津馆、西南大学馆

00811

珞琭子赋注　（宋释）昙莹撰

长沙：商务印书馆，1939.12，57 页，32 开（丛书集成初编 716）

本书共 2 卷，据清《墨海金壶》本排印。

收藏单位：重庆馆、大理馆、广西馆、国家馆、黑龙江馆、湖南馆、江西馆、辽大馆、辽宁馆、辽师大馆、天津馆、西南大学馆

00812

三命指迷赋　（宋）珞琭子撰　（宋）岳珂补注・**乾元秘旨**　（清）舒继英著

长沙：商务印书馆，1939.12，36+32 页，32 开（丛书集成初编 717）

本书为合订书。每种各 1 卷，均据清《读画斋丛书》本排印。版权页题名：三命指迷赋及其他一种。

收藏单位：重庆馆、大理馆、广西馆、国家馆、黑龙江馆、湖南馆、江西馆、辽大馆、辽宁馆、辽师大馆、天津馆、西南大学馆

00813

天步真原　（波兰）穆尼阁撰

上海：商务印书馆，1936.12，256 页，32 开（丛书集成初编 718）

本书共 3 卷，据清《守山阁丛书》本影印。

收藏单位：安徽馆、长春馆、重庆馆、大理馆、大连馆、东北师大馆、甘肃馆、广西馆、贵州馆、国家馆、黑龙江馆、湖南馆、江西馆、辽大馆、辽宁馆、辽师大馆、柳州馆、内蒙古馆、宁夏馆、绍兴馆、天津馆、西南大学馆

00814

太清神鉴

长沙：商务印书馆，1939.12，70 页，32 开（丛书集成初编 720）

本书共 6 卷，据清《墨海金壶》本排印。

收藏单位：重庆馆、大理馆、广西馆、国家馆、黑龙江馆、湖南馆、江西馆、辽大馆、辽宁馆、辽师大馆、天津馆、西南大学馆

00815

人伦大统赋　（金）张行简撰　（元）薛延年注

上海：商务印书馆，1937.6，45 页，32 开（丛书集成初编 721）

本书共 2 卷，据清《十万卷楼丛书》本排印。

收藏单位：安徽馆、重庆馆、大理馆、广西馆、国家馆、黑龙江馆、湖南馆、江西馆、辽大馆、辽宁馆、辽师大馆、内蒙古馆、天津馆、西南大学馆

00816

字触　（清）周亮工辑

上海：商务印书馆，1936.6，95 页，32 开（丛书集成初编 722）

本书共 6 卷，据清《粤雅堂丛书》本排印。

收藏单位：安徽馆、长春馆、重庆馆、大理馆、大连馆、东北师大馆、广西馆、贵州馆、国家馆、黑龙江馆、湖南馆、惠州馆、江西馆、辽大馆、辽宁馆、辽师大馆、柳州馆、南京馆、内蒙古馆、宁夏馆、绍兴馆、天津馆、西南大学馆

00817

秘传水龙经　（清）蒋平阶辑订

长沙：商务印书馆，1939.12，102 页，32 开（丛书集成初编 725）

本书共 5 卷，据清《借月山房汇钞》本影印。

收藏单位：大理馆、国家馆、黑龙江馆、湖南馆、江西馆、辽大馆、辽宁馆、辽师大馆、内蒙古馆、天津馆、西南大学馆

00818

梦占逸旨 （明）陈士元纂

长沙：商务印书馆，1939.12，72 页，32 开（丛书集成初编 727）

本书共 8 卷，据清《艺海珠尘》本排印。

收藏单位：大理馆、国家馆、黑龙江馆、湖南馆、江西馆、辽大馆、辽宁馆、辽师大馆、天津馆、西南大学馆

00819

孝经本义 （明）吕维祺撰·**孝经翼** （明）吕维祜撰·**孝经宗旨** （清）罗汝芳撰·**中文孝经** （清）周春纂·**孝经外传** （清）周春纂·**孝经郑注** （清）陈鳣撰集

长沙：商务印书馆，1939.12，1 册 [71] 页，32 开（丛书集成初编 730）

本书为合订书。《孝经本义》2 卷，《孝经翼》1 卷，均据清《经苑》本排印；《孝经宗旨》1 卷，据明宝颜堂丛书（《宝颜堂秘笈》）本排印；《中文孝经》1 卷，《孝经外传》1 卷，均据清《艺海珠尘》本排印；《孝经郑注》1 卷，据清《涉闻梓旧》本排印。版权页题名：孝经本义及其他五种。

收藏单位：大理馆、东北师大馆、国家馆、黑龙江馆、湖南馆、江西馆、辽大馆、辽师大馆、内蒙古馆、西南大学馆

00820

孝经郑注 （清）严可均辑·**孝经郑注补证** （清）洪颐煊补·**孝经郑氏解辑本** （清）臧镛堂述

长沙：商务印书馆，1939.12，13+14+23 页，32 开（丛书集成初编 731）

本书为合订书。《孝经郑注》1 卷，据清《咫进斋丛书》本排印；《孝经郑注补证》1 卷，《孝经郑氏解辑》1 卷，均据清《知不足斋丛书》本排印。版权页题名：孝经郑注及其他二种。

收藏单位：大理馆、东北师大馆、广西馆、国家馆、黑龙江馆、湖南馆、江西馆、辽大馆、辽宁馆、辽师大馆、内蒙古馆、西南大学馆

00821

孝经义疏补 （清）阮福撰·**孝经郑注** （日）冈田挺之补辑·**集事诗鉴** （宋）方昕著

长沙：商务印书馆，1939.12，128+11+15 页，32 开（丛书集成初编 732）

本书为合订书。《孝经义疏补》9 卷，据清《文选楼丛书》本排印；《孝经郑注》1 卷，《集事诗鉴》1 卷，均据清《知不足斋丛书》本排印。版权页题名：孝经义疏补及其他二种。

收藏单位：大理馆、广西馆、国家馆、黑龙江馆、江西馆、辽大馆、辽宁馆、辽师大馆、内蒙古馆、天津馆、西南大学馆

00822

证人社约 （明）刘宗周著·**楚中会条** （明）查铎著·**水西会条** （明）查铎著·**稽山会约** （明）萧良榦著·**赤山会约** （明）萧雍著·**友论** （意）利玛窦集

上海：商务印书馆，1936.12，[49] 页，32 开（丛书集成初编 733）

本书为合订书。《证人社约》1 卷，据清《学海类编》本排印；《楚中会条》1 卷，《水西会条》1 卷，《稽山会约》1 卷，《赤山会约》1 卷，均据清《泾川丛书》本排印；《友论》1 卷，据明《宝颜堂秘笈》本排印。版权页题名：证人社约及其他五种。

收藏单位：安徽馆、长春馆、重庆馆、大理馆、大连馆、东北师大馆、广西馆、贵州馆、国家馆、黑龙江馆、湖南馆、江西馆、辽大馆、辽宁馆、辽师大馆、柳州馆、内蒙古馆、宁夏馆、绍兴馆、天津馆、西南大学馆

宗教类

00823

三教平心论 （宋）刘谧撰

上海：商务印书馆，1937.6，35 页，32 开（丛书集成初编 734）

本书共 2 卷，据清《琳琅秘室丛书》本排印。

收藏单位：安徽馆、长春馆、重庆馆、大理馆、大连馆、大庆馆、东北师大馆、广东馆、广西馆、贵州馆、国家馆、黑龙江馆、湖南馆、辽大馆、辽宁馆、辽师大馆、柳州馆、内蒙古馆、宁夏馆、天津馆、西南大学馆

00824

宝藏论 （晋释）僧肇著·**象教皮编** （明）陈士元辑

长沙：商务印书馆，1939.12，2册（17+130页），32开（丛书集成初编736—737）

本书为合订书。《宝藏论》1卷，据清《函海》本排印；《象教皮编》6卷，据清《学津讨原》本排印。版权页题名：宝藏论及其他一种。

收藏单位：大理馆、广西馆、国家馆、黑龙江馆、湖南馆、辽大馆、辽宁馆、辽师大馆、内蒙古馆、西南大学馆

00825

西斋净土诗 （明释）梵琦撰·**宗禅辩** （宋）张商英撰

上海：商务印书馆，1936.12，158+46页，32开（丛书集成初编738）

本书为合订书。《西斋净土诗》4卷，有附录、校伪，据清《琳琅秘室丛书》影印；《宗禅辩》1卷，据明《稗乘》本影印。版权页题名：西斋净土诗及其他一种。

收藏单位：安徽馆、长春馆、重庆馆、大理馆、大连馆、大庆馆、东北师大馆、广东馆、广西馆、贵州馆、国家馆、黑龙江馆、湖南馆、辽大馆、辽宁馆、辽师大馆、柳州馆、内蒙古馆、宁夏馆、绍兴馆、天津馆、西南大学馆

00826

一切经音义 （唐释）元应撰 （清）庄炘等校

上海：商务印书馆，1936.12，6册（1158页），32开（丛书集成初编739—744）

本书共25卷，据清《海山仙馆丛书》本影印。

收藏单位：安徽馆、长春馆、重庆馆、大理馆、大连馆、东北师大馆、广西馆、贵州馆、国家馆、黑龙江馆、湖南馆、辽大馆、辽宁馆、辽师大馆、柳州馆、内蒙古馆、宁夏馆、绍兴馆、西南大学馆

00827

灵笈宝章 （汉）虚靖天师著·**禄嗣奇谈** （汉）冲一真君著·**祷雨杂记** （明）钱琦录·**求雨篇** （清）纪奎撰

上海：商务印书馆，1936.6，[114]页，32开（丛书集成初编748）

本书为合订书。《灵笈宝章》1卷，《禄嗣奇谈》2卷，均据明《夷门广牍》本影印；《祷雨杂记》1卷，据明《百陵学山》本影印；《求雨篇》1卷，据清《天壤阁丛书》本影印。版权页题名：灵笈宝章及其他三种。

收藏单位：安徽馆、长春馆、重庆馆、大理馆、大连馆、东北师大馆、广西馆、贵州馆、国家馆、黑龙江馆、湖南馆、惠州馆、辽大馆、辽宁馆、辽师大馆、柳州馆、内蒙古馆、宁夏馆、绍兴馆、天津馆、西南大学馆

00828

周氏冥通记 （南朝梁）陶弘景撰

上海：商务印书馆，1936.6，148页，32开（丛书集成初编750）

本书共4卷，据明《秘册汇函》本影印。

收藏单位：安徽馆、长春馆、重庆馆、大理馆、大连馆、东北师大馆、广西馆、贵州馆、国家馆、黑龙江馆、湖南馆、惠州馆、辽大馆、辽宁馆、辽师大馆、柳州馆、内蒙古馆、宁夏馆、绍兴馆、天津馆、西南大学馆

社会科学类

00829

商子 （战国）商鞅撰

长沙：商务印书馆，1939.12，44页，32开（丛书集成初编752）

本书共5卷，据清《指海》本排印。

收藏单位：大理馆、东北师大馆、福建馆、广西馆、国家馆、黑龙江馆、湖南馆、辽大馆、辽宁馆、辽师大馆、天津馆、西南大学馆

00830

李相国论事集 （唐）李绛著

长沙：商务印书馆，1939.12，51+14 页，32 开（丛书集成初编 753）

本书共7卷，附《李相国遗文》，据清《指海》本排印。

收藏单位：福建馆、广西馆、国家馆、黑龙江馆、湖南馆、江西馆、辽大馆、辽宁馆、辽师大馆、天津馆、西南大学馆

00831

书牍 （明）王文禄作

上海：商务印书馆，1936.6，84 页，32 开（丛书集成初编 755）

本书共2卷，据明《百陵学山》本影印。

收藏单位：安徽馆、长春馆、重庆馆、大理馆、大连馆、东北师大馆、广西馆、贵州馆、国家馆、黑龙江馆、湖南馆、惠州馆、江西馆、辽大馆、辽宁馆、辽师大馆、柳州馆、内蒙古馆、宁夏馆、绍兴馆、天津馆、西南大学馆

00832

策枢 （明）王文禄撰·**拙斋十议** （明）萧良榦著

上海：商务印书馆，1936.6，130+30 页，32 开（丛书集成初编 756）

本书为合订书。《策枢》5卷，据明《百陵学山本》影印；《拙斋十议》1卷，据清《泾川丛书》本影印。版权页题名：策枢及其他一种。

收藏单位：安徽馆、长春馆、重庆馆、大理馆、大连馆、东北师大馆、广西馆、贵州馆、国家馆、黑龙江馆、湖南馆、惠州馆、江西馆、辽大馆、辽宁馆、辽师大馆、柳州馆、内蒙古馆、宁夏馆、绍兴馆、天津馆、西南大学馆

00833

昭代经济言 （明）陈子壮撰

上海：商务印书馆，1936.6，3 册（319 页），32 开（丛书集成初编 757—759）

本书共14卷，据清《岭南遗书》本排印。

收藏单位：安徽馆、长春馆、重庆馆、大理馆、大连馆、东北师大馆、广西馆、贵州馆、国家馆、黑龙江馆、湖南馆、惠州馆、江西馆、辽大馆、辽宁馆、辽师大馆、柳州馆、内蒙古馆、宁夏馆、绍兴馆、西南大学馆

00834

明夷待访录 （清）黄宗羲撰·**存治编** （清）颜元著·**拟太平策** （清）李塨撰

长沙：商务印书馆，1939.12，33+15+27 页，32 开（丛书集成初编 760）

本书为合订书。《明夷待访录》1卷，据清《指海》本排印；《存治编》1卷，《拟太平策》7卷，均据清《畿辅丛书》本排印。版权页题名：明夷待访录及其他二种。

收藏单位：长春馆、重庆馆、大理馆、东北师大馆、国家馆、黑龙江馆、湖南馆、辽大馆、辽宁馆、辽师大馆、西南大学馆

00835

平书订 （清）李塨订

上海：商务印书馆，1937.6，98 页，32 开（丛书集成初编 761）

本书共14卷，据清《畿辅丛书》本排印。

收藏单位：安徽馆、长春馆、重庆馆、大理馆、大连馆、东北师大馆、广西馆、贵州馆、国家馆、黑龙江馆、湖南馆、江西馆、辽大馆、辽宁馆、辽师大馆、柳州馆、内蒙古馆、宁夏馆、天津馆、西南大学馆

00836

王制管窥 （清）耿极著·**枢言** （清）王柏心著·**德国议院章程** （清）徐建寅译

长沙：商务印书馆，1939.12，29+29+17 页，32 开（丛书集成初编 762）

本书为合订书。《王制管窥》1卷，据清《畿辅丛书》本排印;《枢言》2卷，据清《湖北丛书》本排印;《德国议院章程》1卷，据清《灵鹣阁丛书》本排印。版权页题名：王制管窥及其他二种。

收藏单位：大理馆、广西馆、国家馆、黑龙江馆、湖南馆、江西馆、辽大馆、辽宁馆、辽师大馆、天津馆、西南大学馆

00837

庆元党禁　（宋）樵川樵叟撰·**元祐党籍碑考**（明）海瑞撰

长沙：商务印书馆，1939.12，31+17 页，32 开（丛书集成初编 763）

本书为合订书。《庆元党禁》1卷，据清《知不足斋丛书》本排印;《元祐党籍碑考》2卷，附《庆元伪学逆党籍》，据清《岭南遗书》本排印。版权页题名：庆元党禁及其他一种。

收藏单位：大理馆、广西馆、国家馆、黑龙江馆、湖南馆、江西馆、辽大馆、辽宁馆、辽师大馆、天津馆、西南大学馆

00838

汉书食货志　（汉）班固撰　（唐）颜师古注·**邦计汇编**（宋）李维撰·**补宋书食货志**（清）郝懿行撰

上海：商务印书馆，1936.12，92+46+50 页，32 开（丛书集成初编 766）

本书为合订书。《汉书食货志》1卷，据清《古逸丛书》本影印;《邦计汇编》1卷，据清《学海类编》本影印;《补宋书食货志》1卷，据清《史学丛书》本影印。版权页题名：汉书食货志及其他二种。

收藏单位：安徽馆、长春馆、重庆馆、大理馆、大连馆、东北师大馆、广西馆、贵州馆、国家馆、黑龙江馆、湖南馆、江西馆、辽大馆、辽宁馆、辽师大馆、柳州馆、内蒙古馆、宁夏馆、绍兴馆、天津馆、西南大学馆

00839

泉志　（宋）洪尊撰·**钱法纂要**（明）丘濬编

长沙：商务印书馆，1939.12，78+3 页，32 开（丛书集成初编 767）

本书为合订书。《泉志》15卷，据明《秘册汇函》本影印;《钱法纂要》1卷，据清《学海类编》本排印。版权页题名：泉志及其他一种。

收藏单位：长春馆、大理馆、东北师大馆、广西馆、国家馆、黑龙江馆、辽大馆、辽宁馆、辽师大馆、内蒙古馆、西南大学馆

00840

钱录　清高宗敕撰

上海：商务印书馆，1937.6，2 册（350 页），32 开（丛书集成初编 768—769）

本书共 16 卷，据清《墨海金壶》本影印。

收藏单位：安徽馆、长春馆、重庆馆、大理馆、大连馆、东北师大馆、广西馆、贵州馆、国家馆、黑龙江馆、湖南馆、江西馆、辽大馆、辽宁馆、辽师大馆、柳州馆、内蒙古馆、宁夏馆

00841

癖谈　（清）蔡云撰

长沙：商务印书馆，1939.12，70 页，32 开（丛书集成初编 770）

本书共 6 卷，据清《式训堂丛书》本排印。

收藏单位：长春馆、大理馆、东北师大馆、国家馆、湖南馆、辽大馆、辽宁馆、辽师大馆、西南大学馆

00842

钱币考

上海：商务印书馆，1937.6，91 页，32 开（丛书集成初编 771）

本书共 2 卷，据清《艺海珠尘》本排印。

收藏单位：安徽馆、长春馆、重庆馆、大理馆、大连馆、东北师大馆、广西馆、贵州馆、国家馆、黑龙江馆、湖南馆、江西馆、辽大馆、辽宁馆、辽师大馆、柳州馆、内蒙古馆、宁夏馆、天津馆、西南大学馆

00843

箕田考 （朝鲜）韩百谦著 （朝鲜）李家焕（朝鲜）李义骏辑·**国赋纪略** （明）倪元璐辑·**历代关市征税记** （清）彭宁求著·**盐法考略** （明）丘濬编·**浙鹾纪事** （明）叶永盛著

长沙：商务印书馆，1939.12，[37] 页，32 开（丛书集成初编 773）

本书为合订书。《箕田考》1 卷，据清《别下斋丛书》本排印；《国赋纪略》1 卷，《历代关市征税记》1 卷，《盐法考略》1 卷，均据清《学海类编》本排印；《浙鹾记事》1 卷，据清《泾川丛书》本排印。版权页题名：箕田考及其他四种。

收藏单位：大理馆、广西馆、国家馆、黑龙江馆、湖南馆、江西馆、辽大馆、辽宁馆、辽师大馆、内蒙古馆、天津馆

00844

唐律疏议 （唐）长孙无忌等撰

长沙：商务印书馆，1939.12，6 册（734 页），32 开（丛书集成初编 775—780）

本书共 30 卷，据清《岱南阁丛书》本排印。

收藏单位：大理馆、广西馆、国家馆、黑龙江馆、湖南馆、江西馆、辽大馆、辽宁馆、辽师大馆、内蒙古馆

00845

补宋书刑法志 （清）郝懿行撰·**读律心得**（清）刘衡纂辑·**爽鸠要录** （清）蒋超伯辑

长沙：商务印书馆，1939.12，21+20+26 页，32 开（丛书集成初编 781）

本书为合订书。《补宋书刑法志》1 卷，据清《史学丛书》本排印；《读律心得》（明刑弼教录之一）3 卷，《爽鸠要录》（明刑弼教录之二）2 卷，均据清《天壤阁丛书》本排印。版权页题名：补宋书刑法志及其他二种。

收藏单位：大理馆、广西馆、国家馆、黑龙江馆、湖南馆、江西馆、辽大馆、辽宁馆、辽师大馆、天津馆、西南大学馆

00846

刑书释名 （宋）王键辑·**刑法叙略** （宋）刘筠编·**续刑法叙略** （清）谭瑄著·**棠阴比事原编** （宋）桂万荣辑 （明）吴讷删正·**棠阴比事续编补编** （明）吴讷辑

长沙：商务印书馆，1939.12，[76] 页，32 开（丛书集成初编 782）

本书为合订书。《刑书释名》1 卷，《刑法叙略》1 卷，《续刑法叙略》1 卷，《棠阴比事原编》1 卷，《棠阴比事续编补编》2 卷，均据清《学海类编》本排印。版权页题名：刑书释名及其他四种。

收藏单位：安徽馆、长春馆、重庆馆、大理馆、东北师大馆、广西馆、国家馆、黑龙江馆、辽大馆、辽宁馆、辽师大馆、内蒙古馆、西南大学馆

00847

折狱龟鉴 （宋）郑克撰·**折狱卮言** （清）陈士镛著

上海：商务印书馆，1937.6，2 册（141+5 页），32 开（丛书集成初编 783—784）

本书为合订书。《折狱龟鉴》8 卷，据清《墨海金壶》本排印；《折狱卮言》1 卷，据清《学海类编》本排印。版权页题名：折狱龟鉴及其他一种。

收藏单位：安徽馆、长春馆、大理馆、大连馆、大庆馆、东北师大馆、广西馆、贵州馆、国家馆、黑龙江馆、湖南馆、江西馆、辽大馆、辽师大馆、柳州馆、内蒙古馆、宁夏馆、西南大学馆

00848

东坡乌台诗案 （宋）朋九万撰·**诗谳** （宋）周紫芝录·**龙筋凤髓判** （唐）张鷟撰 （明）刘允鹏原注 （清）陈春补正

长沙：商务印书馆，1939.12，2 册（33+13+105 页），32 开（丛书集成初编 785—786）

本书为合订书。《东坡乌台诗案》1 卷，据清《函海》本排印；《诗谳》1 卷，据清《学海类编》本排印；《龙筋凤髓判》4 卷，据清《湖海楼丛书》本排印。版权页题名：东坡乌台诗案及其他二种。

收藏单位：大理馆、东北师大馆、国家馆、黑龙江馆、湖南馆、江西馆、辽大馆、辽宁馆、辽师大馆、内蒙古馆、天津馆、西南大学馆

00849

七国考 （明）董说撰

上海：商务印书馆，1936.12，3 册（582 页），32 开（丛书集成初编 787—789）

本书共 14 卷，据清《守山阁丛书》影印。

收藏单位：安徽馆、长春馆、重庆馆、大理馆、大连馆、东北师大馆、广西馆、贵州馆、国家馆、黑龙江馆、湖南馆、辽大馆、辽宁馆、辽师大馆、柳州馆、内蒙古馆、宁夏馆、绍兴馆、西南大学馆

00850

西汉会要 （宋）徐天麟撰

上海：商务印书馆，1936.12，16 册（723 页），32 开（丛书集成初编 790—805）

本书共 70 卷，据清聚珍版丛书本排印。

收藏单位：安徽馆、长春馆、重庆馆、大理馆、大连馆、大庆馆、东北师大馆、广西馆、贵州馆、国家馆、黑龙江馆、湖南馆、辽大馆、辽宁馆、辽师大馆、柳州馆、内蒙古馆、宁夏馆、西南大学馆

00851

汉礼器制度 （汉）叔孙通撰 （清）孙星衍校集·**汉官旧仪** （汉）卫宏撰·**汉旧仪** （汉）卫宏撰 （清）孙星衍校·**伏侯古今注** （汉）伏无忌撰 （清）茆泮林辑·**独断** （汉）蔡邕著·**汉仪** （三国吴）丁孚撰 （清）孙星衍校集

长沙：商务印书馆，1939.12，[123] 页，32 开（丛书集成初编 811）

本书为合订书。《汉礼器制度》1 卷，据清《平津馆丛书》本排印；《汉官旧仪》3 卷，附补遗，据清聚珍版丛书本排印；《汉旧仪》2 卷，附补遗，据清《平津馆丛书》本排印；《伏侯古今注》2 卷，据清《十种古逸书》本排印；《独断》2 卷，据清《抱经堂丛书》本排印；《汉仪》1 卷，据清《平津馆丛书》本排印。版权页题名：汉礼器制度及其他五种。

收藏单位：安徽馆、大理馆、广西馆、国家馆、黑龙江馆、湖南馆、辽大馆、辽宁馆、辽师大馆、天津馆、西南大学馆

00852

唐会要 （宋）王溥撰

上海：商务印书馆，1936.12，16 册（1799 页），32 开（丛书集成初编 813—828）

本书共 100 卷，据清聚珍版丛书本排印。

收藏单位：安徽馆、长春馆、重庆馆、大理馆、大连馆、东北师大馆、广西馆、贵州馆、国家馆、黑龙江馆、湖南馆、辽大馆、辽宁馆、辽师大馆、柳州馆、内蒙古馆、宁夏馆、西南大学馆

00853

五代会要 （宋）王溥撰

上海：商务印书馆，1936.12，4 册（369 页），32 开（丛书集成初编 829—832）

本书共 30 卷，据清聚珍版丛书本排印。

收藏单位：安徽馆、长春馆、重庆馆、大理馆、大连馆、大庆馆、东北师大馆、广西馆、贵州馆、国家馆、黑龙江馆、湖南馆、辽大馆、辽宁馆、辽师大馆、柳州馆、内蒙古馆、宁夏馆、西南大学馆

00854

宋朝事实 （宋）李攸著

上海：商务印书馆，1936.12，3 册（324 页），32 开（丛书集成初编 833—835）

本书共 20 卷，据清聚珍版丛书本排印。

收藏单位：安徽馆、长春馆、重庆馆、大理馆、东北师大馆、广西馆、贵州馆、国家馆、黑龙江馆、湖南馆、辽大馆、辽宁馆、辽师大馆、柳州馆、内蒙古馆、宁夏馆、西南大学馆

00855

建炎以来朝野杂记 （宋）李心传撰

上海：商务印书馆，1936.6，6 册（670 页），32 开（丛书集成初编 836—841）

本书共40卷，据清聚珍版丛书本排印。

收藏单位：安徽馆、长春馆、重庆馆、大理馆、大连馆、东北师大馆、广西馆、贵州馆、国家馆、黑龙江馆、湖南馆、惠州馆、辽大馆、辽宁馆、辽师大馆、柳州馆、内蒙古馆、宁夏馆、绍兴馆、西南大学馆

00856

愧郯录 （宋）岳珂撰

长沙：商务印书馆，1939.12，2 册（137 页），32 开（丛书集成初编 842—843）

本书共17卷，附校勘记、阙文补录，据清《学海类编》本排印。

收藏单位：大理馆、广西馆、国家馆、黑龙江馆、湖南馆、辽大馆、辽宁馆、辽师大馆

00857

朝野类要 （宋）赵升撰

长沙：商务印书馆，1939.12，60 页，32 开（丛书集成初编 844）

本书共5卷，据清聚珍版丛书本排印。

收藏单位：大理馆、广西馆、国家馆、黑龙江馆、湖南馆、辽大馆、辽宁馆、辽师大馆、天津馆

00858

历代职官表 （清）永瑢等修纂

上海：商务印书馆，1936.6，20 册（2045 页），32 开（丛书集成初编 846—865）

本书共72卷，据清《史学丛书》本排印。

收藏单位：安徽馆、长春馆、重庆馆、大理馆、大连馆、东北师大馆、广西馆、贵州馆、国家馆、黑龙江馆、湖南馆、惠州馆、辽大馆、辽宁馆、辽师大馆、柳州馆、内蒙古馆、宁夏馆、绍兴馆、西南大学馆

00859

周礼郑氏注 （汉）郑玄注

上海：商务印书馆，1936.12，3 册（330 页），32 开（丛书集成初编 866—868）

本书共13卷，附札记，据清《士礼居丛书》本排印。

收藏单位：安徽馆、长春馆、重庆馆、大理馆、大连馆、东北师大馆、广西馆、贵州馆、国家馆、黑龙江馆、湖南馆、辽大馆、辽宁馆、辽师大馆、柳州馆、内蒙古馆、宁夏馆、绍兴馆、天津馆、西南大学馆

00860

周官新义 （宋）王安石撰

上海：商务印书馆，1937.6，2 册（265 页），32 开（丛书集成初编 869—870）

本书共18卷，附《考工记解》，据清《经苑》本排印。

收藏单位：安徽馆、长春馆、重庆馆、大理馆、大连馆、东北师大馆、广西馆、贵州馆、国家馆、黑龙江馆、湖南馆、辽大馆、辽宁馆、辽师大馆、柳州馆、内蒙古馆、宁夏馆、西南大学馆

00861

太平经国之书 （宋）郑伯谦撰·**周礼五官考** （明）陈仁锡述

上海：商务印书馆，1937.6，87+10 页，32 开（丛书集成初编 871）

本书为合订书。《太平经国之书》11 卷，据清《学津讨原》本排印；《周礼五官考》1 卷，据清《学海类编》本排印。版权页题名：太平经国之书及其他一种。

收藏单位：安徽馆、长春馆、重庆馆、大理馆、大连馆、东北师大馆、广西馆、贵州馆、国家馆、黑龙江馆、湖南馆、辽大馆、辽宁馆、辽师大馆、柳州馆、内蒙古馆、宁夏馆、天津馆、西南大学馆

00862

周礼疑义举要 （清）江永撰

上海：商务印书馆，1935.12，89 页，32 开（丛书集成初编 872）

本书共7卷，据清《守山阁丛书》本排印。

收藏单位：安徽馆、长春馆、重庆馆、大理馆、大连馆、东北师大馆、广西馆、贵州馆、国家馆、黑龙江馆、湖南馆、惠州馆、辽大馆、辽宁馆、辽师大馆、柳州馆、内蒙古

馆、宁夏馆、绍兴馆、天津馆、西南大学馆

00863

左传职官 （清）沈淑纂·**左传官名考** （清）李调元辑·**汉官解诂** （汉）王隆撰 （汉）胡广注

长沙：商务印书馆，1939.12，7+53+13 页，32 开（丛书集成初编 874）

本书为合订书。《左传职官》1 卷，据清《艺海珠尘》本排印;《左传官名考》2 卷，据清《函海》本排印;《汉官解诂》1 卷，据清《平津馆丛书》本排印。版权页题名：左传职官及其他二种。

收藏单位：大理馆、广西馆、国家馆、黑龙江馆、湖南馆、辽大馆、辽宁馆、辽师大馆、天津馆、西南大学馆

00864

汉官仪 （汉）应劭撰·**汉官典职仪式选用** （汉）蔡质撰·**汉官** （清）孙星衍校集

长沙：商务印书馆，1939.12，52+10+9 页，32 开（丛书集成初编 875）

本书为合订书。《汉官仪》2 卷，《汉官典职仪式选用》1 卷，《汉官》1 卷，均据清《平津馆丛书》本排印。版权页题名：汉官仪及其他二种。

收藏单位：大理馆、广西馆、国家馆、黑龙江馆、湖南馆、辽大馆、辽宁馆、辽师大馆、内蒙古馆、天津馆、西南大学馆

00865

两汉五经博士考 （清）张金吾撰

上海：商务印书馆，1937.6，54 页，32 开（丛书集成初编 876）

本书共 3 卷，据清《后知不足斋丛书》本排印。

收藏单位：安徽馆、长春馆、重庆馆、大理馆、大连馆、大庆馆、东北师大馆、广西馆、贵州馆、国家馆、黑龙江馆、湖南馆、辽大馆、辽宁馆、辽师大馆、柳州馆、内蒙古馆、宁夏馆、天津馆、西南大学馆

00866

三国职官表 （清）洪饴孙撰

上海：商务印书馆，1937.6，3 册（296 页），32 开（丛书集成初编 877—879）

本书共 3 卷，据清《史学丛书》本排印。

收藏单位：安徽馆、长春馆、重庆馆、大理馆、大连馆、东北师大馆、广西馆、贵州馆、国家馆、黑龙江馆、湖南馆、辽大馆、辽宁馆、辽师大馆、柳州馆、内蒙古馆、宁夏馆、绍兴馆、西南大学馆

00867

翰林记 （明）黄佐撰

上海：商务印书馆，1936.6，3 册（353 页），32 开（丛书集成初编 882—884）

本书共 20 卷，据清《岭南遗书》本排印。

收藏单位：安徽馆、长春馆、重庆馆、大理馆、大连馆、东北师大馆、广西馆、贵州馆、国家馆、黑龙江馆、湖南馆、惠州馆、辽大馆、辽宁馆、辽师大馆、柳州馆、内蒙古馆、宁夏馆、绍兴馆、西南大学馆

00868

锦衣志 （明）王世贞撰·**官爵志** （明）徐石麟辑·**内阁小志** （清）叶凤毛撰

长沙：商务印书馆，1939.12，36+33+24 页，32 开（丛书集成初编 885）

本书为合订书。《锦衣志》1 卷，据明《纪录汇编》本影印;《官爵志》3 卷，据清《学海类编》本排印;《内阁小志》1 卷，附《内阁故事》，据清《指海》本排印。版权页题名：锦衣志及其他二种。

收藏单位：大理馆、广西馆、国家馆、黑龙江馆、湖南馆、辽大馆、辽宁馆、辽师大馆、天津馆、西南大学馆

00869

建立伏博士始末 （清）孙星衍述·**会典简明录** （清）张祥河订

长沙：商务印书馆，1939.12，17+43 页，32 开（丛书集成初编 886）

本书为合订书。《建立伏博士始末》2 卷，

据清《平津馆丛书》排印;《会典简明录》1卷,据清《渐西村舍丛刻》本排印。版权页题名:建立伏博士始末及其他一种。

收藏单位:大理馆、广西馆、国家馆、黑龙江馆、湖南馆、辽大馆、辽宁馆、辽师大馆、内蒙古馆、天津馆、西南大学馆

00870

内阁志 (清)席吴鳌撰 · **冬官旁求** (清)辛绍业著

上海:商务印书馆,1937.6,9+155页,32开(丛书集成初编887)

本书为合订书。《内阁志》1卷,据清《借月山房汇钞》本排印;《冬官旁求》2卷,据清《豫章丛书》本影印。版权页题名:内阁志及其他一种。

收藏单位:安徽馆、重庆馆、大理馆、广东馆、广西馆、国家馆、黑龙江馆、湖南馆、江西馆、辽大馆、辽宁馆、辽师大馆、天津馆、西南大学馆

00871

三事忠告 (元)张养浩著 · **薛文清公从政录** (明)薛瑄著

上海:商务印书馆,1936.6,57+8页,32开(丛书集成初编888)

本书为合订书。《三事忠告》4卷,据清《贷园丛书》本排印;《薛文清公从政录》1卷,据明《宝颜堂秘笈》本排印。版权页题名:三事忠告及其他一种。

收藏单位:安徽馆、长春馆、重庆馆、大理馆、大连馆、东北师大馆、广西馆、贵州馆、国家馆、黑龙江馆、湖南馆、惠州馆、辽大馆、辽宁馆、辽师大馆、柳州馆、内蒙古馆、宁夏馆、绍兴馆、天津馆、西南大学馆

00872

政学录 (清)尹会一撰 (清)郑端辑

上海:商务印书馆,1936.6,3册(214页),32开(丛书集成初编889—891)

本书共5卷,据清《畿辅丛书》本排印。

收藏单位:安徽馆、长春馆、重庆馆、大

理馆、大连馆、东北师大馆、广西馆、贵州馆、国家馆、黑龙江馆、湖南馆、惠州馆、辽大馆、辽宁馆、辽师大馆、柳州馆、内蒙古馆、宁夏馆、绍兴馆、西南大学馆

00873

学治臆说 · 学治续说 · 学治说赘 (清)汪辉祖纂

长沙:商务印书馆,1939.12,42+18+8页,32开(丛书集成初编892)

本书为合订书。《学治臆说》2卷,《学治续说》1卷,《学治说赘》1卷,均据清《读画斋丛书》本排印。版权页题名:学治臆说及其他二种。

收藏单位:大理馆、广西馆、国家馆、黑龙江馆、湖南馆、辽大馆、辽宁馆、辽师大馆、天津馆、西南大学馆

00874

忠经 (汉)马融著 (汉)郑玄注 · **臣轨** (唐)武后撰 · **朱文公政训** (宋)朱熹著 · **官箴** (宋)吕本中撰 · **西山政训** (宋)真德秀著 · **求志编** (明)王文禄撰

上海:商务印书馆,1936.6,[124]页(丛书集成初编893)

本书为合订书。《忠经》1卷,据明《津逮秘书》本排印;《臣轨》2卷,据日本《佚存丛书》本排印;《朱文公政训》1卷,据明《宝颜堂秘笈》本排印;《官箴》1卷,据宋《百川学海》本排印;《西山政训》1卷,据明《宝颜堂秘笈》本排印;《求志编》1卷,据明《百陵学山》本排印。版权页题名:忠经及其他五种。

收藏单位:安徽馆、重庆馆、大理馆、大连馆、东北师大馆、贵州馆、国家馆、黑龙江馆、湖南馆、惠州馆、辽大馆、辽师大馆、柳州馆、内蒙古馆、宁夏馆、绍兴馆、西南大学馆

00875

牧鉴 (明)杨昱辑

上海:商务印书馆,1937.6,133页,32开(丛书集成初编894)

本书共 10 卷，据清《得月簃丛书》本排印。

收藏单位：安徽馆、长春馆、重庆馆、大理馆、大连馆、东北师大馆、广西馆、贵州馆、国家馆、黑龙江馆、湖南馆、辽大馆、辽宁馆、辽师大馆、柳州馆、内蒙古馆、宁夏馆、天津馆、西南大学馆

00876

佐治药言·续佐治药言 （清）汪辉祖纂

上海：商务印书馆，1937.6，18+12 页，32 开（丛书集成初编 895）

本书为合订书，每种各 1 卷，均据清《知不足斋丛书》本排印。版权页题名：佐治药言及其他一种。

收藏单位：安徽馆、重庆馆、大理馆、大连馆、东北师大馆、广西馆、贵州馆、国家馆、黑龙江馆、湖南馆、辽大馆、辽宁馆、辽师大馆、柳州馆、内蒙古馆、宁夏馆、天津馆、西南大学馆

00877

历代贡举志 （明）冯梦祯著·**历代武举考**（清）谭吉璁述·**贡举叙略** （宋）陈彭年编·**科场条贯** （明）陆深撰·**学科考略**（明）董其昌编·**胪传纪事** （清）缪彤著

长沙：商务印书馆，1937.12，[41] 页，32 开（丛书集成初编 896）

本书为合订书。《历代贡举志》1 卷，《历代武举考》1 卷，《贡举叙略》1 卷，均据清《学海类编》本排印；《科场条贯》1 卷，据明《纪录汇编》本影印；《学科考略》1 卷，《胪传纪事》1 卷，均据清《学海类编》本排印。版权页题名：历代贡举志及其他五种。

收藏单位：安徽馆、重庆馆、大理馆、大连馆、东北师大馆、广西馆、贵州馆、国家馆、湖南馆、近代史所、辽大馆、辽宁馆、辽师大馆、内蒙古馆、宁夏馆、天津馆、西南大学馆

00878

制义科琐记 （清）李调元辑·**常谈** （清）陶福履述

上海：商务印书馆，1936.12，144+54 页，32 开（丛书集成初编 897）

本书为合订书。《制义科琐记》4 卷，据清《函海》本影印；《常谈》1 卷，据清《豫章丛书》本影印。版权页题名：制义科琐记及其他一种。

收藏单位：安徽馆、重庆馆、大理馆、大连馆、东北师大馆、广西馆、贵州馆、国家馆、黑龙江馆、湖南馆、辽大馆、辽宁馆、辽师大馆、柳州馆、内蒙古馆、宁夏馆、绍兴馆、天津馆、西南大学馆

00879

谥法 （宋）苏洵撰·**谥法考** （清）沈惠蘩录·**东井诰敕** （明）左锑著

长沙：商务印书馆，1939.12，50+13+24 页，32 开（丛书集成初编 898）

本书为合订书。《谥法》4 卷，据清《墨海金壶》本排印；《谥法考》1 卷，据清《学海类编》本排印；《东井诰敕》1 卷，据清《泾川丛书》本排印。版权页题名：谥法及其他二种。

收藏单位：大理馆、大连馆、广西馆、国家馆、黑龙江馆、湖南馆、辽大馆、辽宁馆、辽师大馆、天津馆、西南大学馆

00880

魏郑公谏录 （唐）王方庆辑·**魏郑公谏续录**（元）翟思忠辑·**梁公九谏** （唐）狄仁杰撰

长沙：商务印书馆，1939.12，61+10+10 页，32 开（丛书集成初编 899）

本书为合订书。《魏郑公谏录》5 卷，《魏郑公谏续录》2 卷，均据清《畿辅丛书》本排印；《梁公九谏》1 卷，据清《士礼居丛书》本排印。版权页题名：魏郑公谏录及其他二种。

收藏单位：大理馆、大连馆、东北师大馆、广西馆、黑龙江馆、湖南馆、辽大馆、辽宁馆、辽师大馆、内蒙古馆、天津馆、西南大学馆

00881

孝肃包公奏议 （宋）包拯撰

长沙：商务印书馆，1939.12，2 册（129 页），32 开（丛书集成初编 902—903）

本书共 10 卷，据清《粤雅堂丛书》本排印。

收藏单位：大理馆、大连馆、广西馆、国家馆、黑龙江馆、湖南馆、辽大馆、辽宁馆、辽师大馆

00882

尽言集 （宋）刘安世撰

上海：商务印书馆，1936.6，2 册（160 页），32 开（丛书集成初编 904—905）

本书共 13 卷，据清《畿辅丛书》本排印。

收藏单位：安徽馆、长春馆、重庆馆、大理馆、大连馆、东北师大馆、广西馆、贵州馆、国家馆、黑龙江馆、湖南馆、惠州馆、辽大馆、辽宁馆、辽师大馆、柳州馆、内蒙古馆、宁夏馆、绍兴馆、西南大学馆

00883

许国公奏议 （宋）吴潜著·**五城奏疏** （明）董杰著

长沙：商务印书馆，1939.12，119+8 页，32 开（丛书集成初编 906）

本书为合订书。《许国公奏议》4 卷，据清《十万卷丛书》本排印；《五城奏疏》1 卷，据清《泾川丛书》本排印。版权页题名：许国公奏议及其他一种。

收藏单位：大理馆、大连馆、广西馆、国家馆、黑龙江馆、湖南馆、辽大馆、辽宁馆、辽师大馆、内蒙古馆、天津馆

00884

讷溪奏疏 （明）周怡撰·**谕对录** （明）张孚敬撰·**毅斋奏疏** （明）查铎著

长沙：商务印书馆，1939.12，30+46+11，32 开（丛书集成初编 907）

本书为合订书。《讷溪奏疏》1 卷，据清《指海》本排印；《谕对录》1 卷，据明《纪录汇编》本影印；《毅斋奏疏》1 卷，据清《泾川丛书》本排印。版权页题名：讷溪奏疏及其他二种。

收藏单位：大理馆、大连馆、国家馆、黑龙江馆、湖南馆、辽大馆、辽宁馆、辽师大馆、西南大学馆

00885

郭给谏疏稿 （明）郭尚宾撰·**泰熙录** （明）王文禄录

上海：商务印书馆，1936.6，65+3 页，32 开（丛书集成初编 908）

本书为合订书。《郭给谏疏稿》2 卷，据清《岭南遗书》本排印；《泰熙录》1 卷，据明《百陵学山》本排印。版权页题名：郭给谏疏稿及其他一种。

收藏单位：安徽馆、重庆馆、大理馆、大连馆、东北师大馆、广西馆、贵州馆、国家馆、黑龙江馆、湖南馆、惠州馆、辽大馆、辽宁馆、辽师大馆、柳州馆、内蒙古馆、宁夏馆、天津馆、西南大学馆

00886

兰台奏疏 （明）马从聘著

上海：商务印书馆，1936.12，65 页，32 开（丛书集成初编 909）

本书共 3 卷，据清《畿辅丛书》本排印。

收藏单位：安徽馆、长春馆、重庆馆、大理馆、大连馆、东北师大馆、广西馆、贵州馆、国家馆、黑龙江馆、湖南馆、辽大馆、辽宁馆、辽师大馆、柳州馆、内蒙古馆、宁夏馆、绍兴馆、天津馆、西南大学馆

00887

制府疏草 （明）萧彦著·**三垣疏稿** （明）许誉卿纂

上海：商务印书馆，1936.12，36+38 页，32 开（丛书集成初编 910）

本书为合订书。《制府疏草》2 卷，据清《泾川丛书》本排印；《三垣疏稿》3 卷，据清《艺海珠尘》本排印。版权页题名：制府疏草及其他一种。

收藏单位：安徽馆、重庆馆、大理馆、大连馆、大庆馆、东北师大馆、广西馆、贵州馆、国家馆、黑龙江馆、湖南馆、辽大馆、辽宁馆、辽师大馆、柳州馆、内蒙古馆、宁

夏馆、绍兴馆、天津馆、西南大学馆

00888

王少司马奏疏 （明）王家桢著·**玉城奏疏**
（明）叶永盛著

上海：商务印书馆，1936.12，54+33 页，32
开（丛书集成初编 911）

　　本书为合订书。《王少司马奏疏》2 卷，
据清《畿辅丛书》本排印；《玉城奏疏》1 卷，
据清《泾川丛书》本排印。版权页题名：王少
司马奏疏及其他一种。

　　收藏单位：安徽馆、重庆馆、大理馆、大
连馆、大庆馆、东北师大馆、广西馆、贵州
馆、国家馆、黑龙江馆、湖南馆、辽大馆、
辽宁馆、辽师大馆、柳州馆、内蒙古馆、宁
夏馆、绍兴馆、天津馆、西南大学馆

00889

两垣奏议 （明）逯中立撰·**西台摘疏** （明）
吴尚默著·**伯仲谏台疏草** （明）郑钦 （明）
郑锐著·**敬修堂钧业** （清）查继佐撰

上海：商务印书馆，1936.12，[84] 页，32 开
（丛书集成初编 912）

　　本书为合订书。《两垣奏议》1 卷，据
清《借月山房汇钞》本排印；《西台摘疏》1
卷，《伯仲谏台疏草》2 卷，均据清《泾川丛
书》本排印；《敬修堂钧业》1 卷，据清《仰
视千七百二十九鹤斋丛书》本排印。版权页
题名：两垣奏议及其他三种。

　　收藏单位：安徽馆、重庆馆、大理馆、大
连馆、大庆馆、东北师大馆、广西馆、贵州
馆、国家馆、黑龙江馆、湖南馆、辽大馆、
辽宁馆、辽师大馆、柳州馆、内蒙古馆、宁
夏馆、绍兴馆、天津馆、西南大学馆

00890

明臣奏议 （清）清高宗敕选

上海：商务印书馆，1935.12，10 册（785 页），
32 开（丛书集成初编 913—922）

　　本书共 40 卷，据清聚珍版丛书本排印。

　　收藏单位：安徽馆、长春馆、重庆馆、大
理馆、大连馆、东北师大馆、广西馆、贵州
馆、国家馆、黑龙江馆、湖南馆、惠州馆、

辽大馆、辽宁馆、辽师大馆、柳州馆、内蒙
古馆、宁夏馆、绍兴馆、西南大学馆

00891

魏文毅公奏议 （清）魏裔介著·**条奏疏稿**
（清）蒋伊撰

上海：商务印书馆，1936.12，2 册（90+27 页），
32 开（丛书集成初编 923—924）

　　本书为合订书。《魏文毅公奏议》3 卷，
据清《畿辅丛书》本排印；《条奏疏稿》2 卷，
附《疏稿续刊》，据清《指海》本排印。版权
页题名：魏文毅公奏议及其他一种。

　　收藏单位：安徽馆、长春馆、重庆馆、大
理馆、大连馆、大庆馆、东北师大馆、广西
馆、贵州馆、国家馆、黑龙江馆、湖南馆、
近代史所、辽大馆、辽宁馆、辽师大馆、柳
州馆、内蒙古馆、宁夏馆、绍兴馆、西南大
学馆

00892

尹少宰奏议 （清）尹会一著 （清）张受长
编

上海：商务印书馆，1936.6，2 册（99 页），32
开（丛书集成初编 925—926）

　　本书共 10 卷，据清《畿辅丛书》本排
印。

　　收藏单位：安徽馆、长春馆、重庆馆、大
理馆、大连馆、东北师大馆、广西馆、贵州
馆、国家馆、黑龙江馆、湖南馆、惠州馆、
辽大馆、辽宁馆、辽师大馆、柳州馆、内蒙
古馆、宁夏馆、绍兴馆、西南大学馆

00893

帝范 （唐）唐太宗撰·**帝王经世图谱** （宋）
唐仲友撰

上海：商务印书馆，1937.6，4 册（45+562 页），
32 开（丛书集成初编 927—930）

　　本书为合订书。《帝范》4 卷，据清聚珍
版丛书本排印；《帝王经世图谱》17 卷，有附
录，据清《金华丛书》本排印。版权页题名：
帝范及其他一种。

　　收藏单位：安徽馆、重庆馆、大理馆、广
西馆、国家馆、黑龙江馆、湖南馆、辽大馆、

辽宁馆、辽师大馆、西南大学馆

00894

中兴备览 （宋）张浚著·**世纬** （明）袁衮撰

上海：商务印书馆，1937.12，19+30 页，32 开（丛书集成初编 931）

本书为合订书。《中兴备览》3 卷，据清《涉闻梓旧》本排印；《世纬》2 卷，据清《知不足斋丛书》本排印。版权页题名：中兴备览及其他一种。

收藏单位：安徽馆、重庆馆、大理馆、广西馆、国家馆、黑龙江馆、湖南馆、辽大馆、辽宁馆、辽师大馆、天津馆、西南大学馆

00895

州县提纲 （宋）陈襄撰·**昼帘绪论** （宋）胡太初撰·**阳明先生保甲法** （明）陈龙正录

长沙：商务印书馆，1939.12，39+24+6 页，32 开（丛书集成初编 932）

本书为合订书。《州县提纲》4 卷，据清《函海》本排印；《昼帘绪论》1 卷，据宋《百川学海》本排印；《阳明先生保甲法》1 卷，据清《学海类编》本排印。版权页题名：州县提纲及其他二种。

收藏单位：大理馆、大连馆、广西馆、国家馆、黑龙江馆、湖南馆、辽大馆、辽宁馆、辽师大馆、内蒙古馆、天津馆、西南大学馆

00896

健余先生抚豫条教 （清）尹会一著 （清）张受长辑·**公门不费钱功德录** 佚名撰·**阳明先生乡约法** （明）王守仁著 （明）陈龙正录

长沙：商务印书馆，1939.12，33+12+5 页，32 开（丛书集成初编 933）

本书为合订书。《健余先生抚豫条教》4 卷，据清《畿辅丛书》本排印；《公门不费钱功德》（明刑弼教之三）1 卷，据清《天壤阁丛书》本排印；《阳明先生乡约法》1 卷，据清《学海类编》本排印。版权页题名：健余先生抚豫条教及其他二种。

收藏单位：大理馆、大连馆、广西馆、国家馆、黑龙江馆、湖南馆、辽大馆、辽宁馆、

辽师大馆、天津馆、西南大学馆

00897

孙子 （春秋）孙武著 （汉）曹操注·**孙子十家注** （宋）吉天保辑 （清）孙星衍 （清）吴人骥校

长沙：商务印书馆，1937.12，3 册（24+296 页），32 开（丛书集成初编 935—937）

本书为合订书。《孙子》3 卷，据清《平津馆丛书》本排印，注者"曹操"原题：魏武帝；《孙子十家注》13 卷，据清《岱南阁丛书》本排印。版权页题名：孙子及其他一种。

收藏单位：安徽馆、长春馆、重庆馆、大理馆、大连馆、东北师大馆、广西馆、贵州馆、国家馆、黑龙江馆、湖南馆、辽大馆、辽宁馆、辽师大馆、内蒙古馆、宁夏馆、西南大学馆

00898

孙子叙录 （清）毕以珣撰·**孙子遗说** （清）郑友贤撰

上海：商务印书馆，1937.6，22+12 页，32 开（丛书集成初编 938）

本书为合订书。《孙子叙录》1 卷，《孙子遗说》1 卷，均据清《岱南阁丛书》本排印。版权页题名：孙子叙录及其他一种。

收藏单位：安徽馆、长春馆、重庆馆、大理馆、大连馆、东北师大馆、广西馆、贵州馆、国家馆、黑龙江馆、湖南馆、辽大馆、辽宁馆、辽师大馆、柳州馆、内蒙古馆、宁夏馆、天津馆、西南大学馆

00899

吴子 （战国）吴起著·**尉缭子** （战国）尉缭撰

长沙：商务印书馆，1937.12，10+54 页，32 开（丛书集成初编 939）

本书为合订书。《吴子》2 卷，《尉缭子》5 卷，均据宋《武经七书》本影印。版权页题名：吴子及其他一种。

收藏单位：安徽馆、重庆馆、大理馆、大连馆、东北师大馆、广西馆、贵州馆、国家馆、黑龙江馆、湖南馆、辽大馆、辽宁馆、

辽师大馆、内蒙古馆、宁夏馆、天津馆、西
南大学馆

00900

素书 （汉）黄石公著 （宋）张商英注
（清）赵秉裕校·**黄石公三略·新书** （三国
蜀）诸葛亮著·**武侯八阵兵法辑略** （清）汪
宗沂辑 （清）韬庐子述

长沙：商务印书馆，1939.12，[53] 页，32 开
（丛书集成初编 940）

本书为合订书。《素书》1卷，据明《汉
魏丛书》本排印；《黄石公三略》3卷，据宋
《武经七书》本排印；《新书》（一作《心书》）
1卷，据清《学海类编》本排印；《武侯八阵
兵法辑略》2卷，附《用阵杂录》，据清《浙
西村舍丛刻》本排印。版权页题名：素书及其
他三种。

收藏单位：大理馆、大连馆、东北师大
馆、广西馆、国家馆、黑龙江馆、湖南馆、
辽大馆、辽宁馆、辽师大馆、内蒙古馆、天
津馆、西南大学馆

00901

卫公兵法辑本 （唐）李靖撰 （清）汪宗沂
辑

上海：商务印书馆，1937.6，70页，32 开（丛
书集成初编 941）

本书共4卷，附考证，据清《浙西村舍
丛刻》本排印。

收藏单位：安徽馆、重庆馆、大理馆、大
连馆、广西馆、国家馆、黑龙江馆、湖南馆、
辽大馆、辽宁馆、辽师大馆、内蒙古馆、天
津馆、西南大学馆

00902

神机制敌太白阴经 （唐）李筌撰

长沙：商务印书馆，1937.12，2 册（308 页），
32 开（丛书集成初编 943—944）

本书共10卷，据清《守山阁丛书》本影
印。

收藏单位：安徽馆、长春馆、重庆馆、大
理馆、大连馆、东北师大馆、广西馆、贵州
馆、国家馆、黑龙江馆、湖南馆、辽大馆、

00903

虎钤经 （宋）许洞撰

上海：商务印书馆，1936.6，2 册（200 页），
32 开（丛书集成初编 945—946）

本书共 20 卷，据清《粤雅堂丛书》本排
印。

收藏单位：安徽馆、长春馆、重庆馆、大
理馆、大连馆、东北师大馆、广西馆、贵州
馆、国家馆、黑龙江馆、湖南馆、惠州馆、
辽大馆、辽宁馆、辽师大馆、柳州馆、内蒙
古馆、宁夏馆、绍兴馆、西南大学馆

00904

何博士备论 （宋）何去非撰·**九贤秘典**

上海：商务印书馆，1937.6，46+26 页，32 开
（丛书集成初编 947）

本书为合订书。《何博士备论》1卷，据
清《指海》本排印；《九贤秘典》1卷，据清
《琳琅秘室丛书》本排印。版权页题名：何博
士备论及其他一种。

收藏单位：安徽馆、重庆馆、大理馆、广
西馆、国家馆、黑龙江馆、湖南馆、辽大馆、
辽宁馆、辽师大馆、内蒙古馆、天津馆、西
南大学馆

00905

练兵实纪 （明）戚继光撰·**救命书** （明）
吕坤著

上海：商务印书馆，1936.6，3 册（283+28 页），
32 开（丛书集成初编 948—950）

本书为合订书。《练兵实纪》15 卷，附杂
集，据清《墨海金壶》本排印；《救命书》2
卷，据清《借月山房汇钞》本排印。版权页
题名：练兵实纪及其他一种。

收藏单位：安徽馆、长春馆、重庆馆、大
理馆、大连馆、东北师大馆、广西馆、贵州
馆、国家馆、黑龙江馆、湖南馆、惠州馆、
辽大馆、辽宁馆、辽师大馆、柳州馆、内蒙
古馆、宁夏馆、绍兴馆、西南大学馆

辽宁馆、辽师大馆、内蒙古馆、宁夏馆、西
南大学馆

00906

草庐经略

上海：商务印书馆，1936.6，3 册（205 页），32 开（丛书集成初编 951—953）

本书共 12 卷，据清《粤雅堂丛书》本排印。

收藏单位：安徽馆、长春馆、重庆馆、大理馆、大连馆、东北师大馆、广西馆、贵州馆、国家馆、黑龙江馆、湖南馆、惠州馆、辽大馆、辽宁馆、辽师大馆、柳州馆、内蒙古馆、宁夏馆、绍兴馆、西南大学馆

00907

乾坤大略 （清）王余佑著

上海：商务印书馆，1937.6，100 页，32 开（丛书集成初编 954）

本书共 11 卷，附补遗，据清《畿辅丛书》本排印。

收藏单位：安徽馆、重庆馆、大理馆、大连馆、广西馆、国家馆、黑龙江馆、湖南馆、惠州馆、辽大馆、辽宁馆、辽师大馆、天津馆、西南大学馆

00908

补汉兵志 （宋）钱文子撰·**莅戎要略** （明）戚继光著·**补晋兵志** （清）钱仪吉撰

上海：商务印书馆，1937.12，46+13+7 页，32 开（丛书集成初编 956）

本书为合订书。《补汉兵志》1 卷，据清《知不足斋丛书》本排印；《莅戎要略》1 卷，据清《学海类编》本排印；《补晋兵志》1 卷，据清《史学丛书》本排印。版权页题名：补汉兵志及其他二种。

收藏单位：安徽馆、重庆馆、大理馆、大连馆、东北师大馆、广西馆、贵州馆、国家馆、黑龙江馆、湖南馆、辽大馆、辽宁馆、辽师大馆、柳州馆、内蒙古馆、宁夏馆、天津馆、西南大学馆

00909

守城录 （宋）陈规 （清）汤璹撰·**八阵图合变说** （明）龙正撰

长沙：商务印书馆，1939.12，36+13 页，32 开（丛书集成初编 957）

本书为合订书。《守城录》4 卷，据清《墨海金壶》本排印；《八阵图合变说》1 卷，据清《学津讨原》本排印。版权页题名：守城录及其他一种。

收藏单位：大理馆、大连馆、广西馆、国家馆、黑龙江馆、湖南馆、辽大馆、辽宁馆、辽师大馆、天津馆、西南大学馆

00910

阵纪 （明）何良臣著

长沙：商务印书馆，1939.12，66 页，32 开（丛书集成初编 961）

本书共 4 卷，据清《惜阴轩丛书》本排印。

收藏单位：大理馆、大连馆、国家馆、黑龙江馆、湖南馆、辽大馆、辽宁馆、辽师大馆、天津馆、西南大学馆

00911

救荒活民书 （宋）董煟撰

上海：商务印书馆，1936.12，95 页，32 开（丛书集成初编 964）

本书共 4 卷，附拾遗，据清《墨海金壶》本排印。

收藏单位：安徽馆、长春馆、重庆馆、大理馆、大连馆、东北师大馆、广西馆、贵州馆、国家馆、黑龙江馆、湖南馆、辽大馆、辽宁馆、辽师大馆、柳州馆、内蒙古馆、宁夏馆、绍兴馆、天津馆、西南大学馆

00912

赈豫纪略 （明）钟化民撰·**救荒策** （清）魏禧撰·**郧襄赈济事宜** （清）俞森撰

长沙：商务印书馆，1939.12，16+11+17 页，32 开（丛书集成初编 966）

本书为合订书。每种各 1 卷，均据清《墨海金壶》本排印。版权页题名：赈豫纪略及其他二种。

收藏单位：大理馆、大连馆、国家馆、黑龙江馆、湖南馆、辽大馆、辽宁馆、辽师大馆、内蒙古馆、天津馆、西南大学馆

00913

常平仓考·义仓考 （清）俞森撰

长沙：商务印书馆，1939.12，31+23 页，32 开（丛书集成初编 967）

本书为合订书，每种各 1 卷，均据清《墨海金壶》本排印。版权页题名：常平仓考及其他一种。

收藏单位：大理馆、大连馆、广西馆、国家馆、黑龙江馆、湖南馆、辽大馆、辽宁馆、辽师大馆、天津馆、西南大学馆

00914

社仓考 （清）俞森撰

长沙：商务印书馆，1939.12，56 页，32 开（丛书集成初编 968）

本书共 2 卷，据清《墨海金壶》本排印。

收藏单位：大理馆、大连馆、广西馆、国家馆、黑龙江馆、湖南馆、辽大馆、辽宁馆、辽师大馆、天津馆、西南大学馆

00915

救荒备览 （清）劳潼撰

长沙：商务印书馆，1939.12，65 页，32 开（丛书集成初编 969）

本书共 5 卷，有附录，据清《岭南遗书》本排印。

收藏单位：大理馆、大连馆、广西馆、国家馆、黑龙江馆、湖南馆、辽大馆、辽宁馆、辽师大馆、天津馆、西南大学馆

00916

颜氏家训 （北齐）颜之推撰 （清）赵曦明注 （清）卢文弨补注

上海：商务印书馆，1937.6，4 册（191+30 页），32 开（丛书集成初编 970—973）

本书共 11 卷，附传、补遗、补正，据清《知不足斋丛书》本排印。

收藏单位：长春馆、重庆馆、大理馆、大连馆、东北师大馆、广西馆、贵州馆、国家馆、黑龙江馆、湖南馆、辽大馆、辽宁馆、辽师大馆

00917

黑心符 （唐）于义方撰·**家训笔录** （宋）赵鼎著·**放翁家训** （宋）陆游撰·**袁氏世范** （宋）袁采撰

长沙：商务印书馆，1939.12，[82] 页，32 开（丛书集成初编 974）

本书为合订书。《黑心符》1 卷，据清《龙威秘书》本排印；《家训笔录》1 卷，据清《函海》本排印；《放翁家训》1 卷，据清《知不足斋丛书》本排印；《袁氏世范》3 卷，据清《知不足斋丛书》本排印。版权页题名：黑心符及其他三种。

收藏单位：大理馆、广西馆、国家馆、黑龙江馆、湖南馆、辽大馆、辽宁馆、辽师大馆、天津馆

00918

郑氏规范 （元）郑太和著·**庭帏杂录** （明）袁衷等录 （明）钱晓订·**许云邨贻谋** （明）许相卿撰

长沙：商务印书馆，1939.12，18+18+22 页，32 开（丛书集成初编 975）

本书为合订书。《郑氏规范》1 卷，《庭帏杂录》2 卷，均据清《学海类编》本排印；《许云邨贻谋》1 卷，据明《盐邑志林》本影印。版权页题名：郑氏规范及其他二种。

收藏单位：大理馆、国家馆、黑龙江馆、湖南馆、辽大馆、辽宁馆、辽师大馆、天津馆、西南大学馆

00919

杨忠愍公遗笔 （明）杨继盛撰·**家诫要言** （明）吴麟徵著·**训子言** （明）袁黄撰·**庞氏家训** （明）庞尚鹏撰·**药言** （明）姚舜牧著·**温氏母训** （明）温以介述

长沙：商务印书馆，1939.12，[74] 页，32 开（丛书集成初编 976）

本书为合订书。《杨忠愍公遗笔》1 卷（一名《椒山遗嘱》），《家诫要言》1 卷，均据清《学海类编》本排印；《训子言》1 卷，据明《稗乘》本影印；《庞氏家训》1 卷，据清《岭南遗书》本影印；《药言》1 卷，据清《咫进斋丛书》本排印；《温氏母训》1 卷，据清

《学海类编》本排印。版权页题名：杨忠愍公遗笔及其他五种。

收藏单位：大理馆、广西馆、国家馆、黑龙江馆、湖南馆、辽大馆、辽宁馆、辽师大馆、天津馆、西南大学馆

00920

孝友堂家规 （清）孙奇逢著·**孝友堂家训** （清）孙奇逢著·**蒋氏家训** （清）蒋伊著·**恒产琐言** （清）张英纂·**聪训斋语** （清）张英纂·**德星堂家订** （清）许汝霖订

长沙：商务印书馆，1939.12，1 册 [65] 页，32 开（丛书集成初编 977）

本书为合订书。《孝友堂家规》1 卷，《孝友堂家训》1 卷，均据清《畿辅丛书》本排印；《蒋氏家训》1 卷，据清《借月山房汇钞》本排印；《恒产琐言》1 卷，《聪训斋语》2 卷，均据清《艺海珠尘》本排印；《德星堂家订》1 卷，据清《别下斋丛书》本排印。版权页题名：孝友堂家规及其他五种。

收藏单位：大理馆、国家馆、黑龙江馆、辽大馆、辽师大馆、内蒙古馆、西南大学馆

00921

蒙求集注 （五代）李瀚著 （宋）徐子光补注·**左氏蒙求注** （宋）吴化龙纂 （清）许乃济 （清）王庆麟注

长沙：商务印书馆，1940.12，140+39 页，32 开（丛书集成初编 978）

本书为合订书。《蒙求集注》2 卷，据清《学津讨原》本排印；《左氏蒙求注》1 卷，据清《艺海珠尘》本排印。版权页题名：蒙求集注及其他一种。

收藏单位：重庆馆、大理馆、东北师大馆、广西馆、国家馆、黑龙江馆、湖南馆、辽大馆、辽宁馆、辽师大馆、西南大学馆

00922

小儿语 （明）吕得胜纂·**续小儿语** （明）吕坤纂·**养正类编** （清）张伯行纂辑

上海：商务印书馆，1936.6，3+7+99 页，32 开（丛书集成初编 980）

本书为合订书。《小儿语》1 卷，据清

《艺海珠尘》本排印；《续小儿语》1 卷，据清《艺海珠尘》本排印；《养正类编》13 卷，据清《正谊堂全书》本排印。版权页题名：小儿语及其他二种。

收藏单位：安徽馆、重庆馆、大理馆、大连馆、东北师大馆、广西馆、贵州馆、国家馆、黑龙江馆、湖南馆、惠州馆、辽大馆、辽宁馆、辽师大馆、柳州馆、内蒙古馆、宁夏馆、天津馆、西南大学馆

00923

小学集解 （清）张伯行纂辑

上海：商务印书馆，1936.6，4 册（192 页），32 开（丛书集成初编 981—984）

本书共 6 卷，据清《正谊堂全书》本排印。

收藏单位：安徽馆、长春馆、重庆馆、大理馆、大连馆、东北师大馆、广西馆、贵州馆、国家馆、黑龙江馆、湖南馆、惠州馆、辽大馆、辽宁馆、辽师大馆、柳州馆、内蒙古馆、宁夏馆、绍兴馆、西南大学馆

00924

小学稽业 （清）李塨纂

上海：商务印书馆，1937.6，84 页，32 开（丛书集成初编 985）

本书共 5 卷，据清《畿辅丛书》本排印。

收藏单位：安徽馆、长春馆、重庆馆、大理馆、大连馆、东北师大馆、广西馆、贵州馆、国家馆、黑龙江馆、湖南馆、辽大馆、辽宁馆、辽师大馆、柳州馆、内蒙古馆、宁夏馆、天津馆、西南大学馆

00925

教童子法 （清）王筠撰·**弟子职正音** （清）王筠撰·**弟子职集解** （清）庄述祖撰·**弟子职注** （清）孙同元撰

长沙：商务印书馆，1937.12，[94] 页，32 开（丛书集成初编 986）

本书为合订书。《教童子法》1 卷，据清《灵鹣阁丛书》本排印；《弟子职正音》1 卷，据清《天壤阁丛书》本影印；《弟子职集解》1 卷，据清《式训堂丛书》本排印；《弟子职注》

1卷，据清《仰视千七百二十九鹤斋丛书》本排印。版权页题名：教童子法及其他三种。

收藏单位：安徽馆、重庆馆、大理馆、大连馆、广西馆、贵州馆、国家馆、黑龙江馆、湖南馆、辽大馆、辽宁馆、辽师大馆、内蒙古馆、宁夏馆、天津馆、西南大学馆

00926

谕俗文　（宋）真德秀述·**祛疑说**　（宋）储泳撰

长沙：商务印书馆，1939.12，9+23页，32开（丛书集成初编987）

本书为合订书。《谕俗文》1卷，据清《学海类编》本排印；《祛疑说》1卷，据宋《百川学海》本排印。版权页题名：谕俗文及其他一种。

收藏单位：大理馆、大连馆、广西馆、国家馆、黑龙江馆、湖南馆、辽大馆、辽宁馆、辽师大馆、内蒙古馆、天津馆、西南大学馆

00927

辨惑编　（元）谢应芳撰

上海：商务印书馆，1937.6，69页，32开（丛书集成初编988）

本书共5卷，包括正文4卷、附录1卷，据清《守山阁丛书》本排印。

收藏单位：安徽馆、长春馆、重庆馆、大理馆、大连馆、大庆馆、东北师大馆、广西馆、贵州馆、国家馆、黑龙江馆、湖南馆、辽大馆、辽宁馆、辽师大馆、柳州馆、内蒙古馆、宁夏馆、天津馆、西南大学馆

00928

存人编　（清）颜元著·**颜习斋先生辟异录**（清）钟錂纂·**阳宅辟谬**　（清）梅漪老人撰

长沙：商务印书馆，1939.12，35+13+6页，32开（丛书集成初编989）

本书为合订书。《存人编》4卷，《颜习斋先生辟异录》2卷，据清《畿辅丛书》本排印；《阳宅辟谬》1卷，据清《咫进斋丛书》本排印。版权页题名：存人编及其他二种。

收藏单位：大理馆、大连馆、广西馆、国家馆、黑龙江馆、湖南馆、辽大馆、辽宁馆、

辽师大馆、内蒙古馆、天津馆

00929

少仪外传　（宋）吕祖谦撰

上海：商务印书馆，1936.12，56页，32开（丛书集成初编991）

本书共2卷，据清《墨海金壶》本排印。

收藏单位：安徽馆、长春馆、重庆馆、大理馆、大连馆、东北师大馆、广西馆、贵州馆、国家馆、黑龙江馆、湖南馆、辽大馆、辽宁馆、辽师大馆、柳州馆、内蒙古馆、宁夏馆、绍兴馆、天津馆、西南大学馆

00930

厚德录　（宋）李元纲编

长沙：商务印书馆，1939.12，50页，32开（丛书集成初编992）

本书共4卷，据宋《百川学海》本排印。

收藏单位：大理馆、大连馆、广西馆、国家馆、黑龙江馆、湖南馆、辽大馆、辽宁馆、辽师大馆、天津馆

00931

自警篇　（宋）赵善璙撰

上海：商务印书馆，1936.6，250页，32开（丛书集成初编993）

本书共1卷，据明《历代小史》本影印。

收藏单位：安徽馆、长春馆、重庆馆、大理馆、大连馆、东北师大馆、广西馆、贵州馆、国家馆、黑龙江馆、湖南馆、惠州馆、辽大馆、辽宁馆、辽师大馆、柳州馆、内蒙古馆、宁夏馆、天津馆、西南大学馆

00932

畜德录　（明）陈沂撰·**内功图说**

上海：商务印书馆，1936.6，18+82页，32开（丛书集成初编994）

本书为合订书。《畜德录》1卷，据明《纪录汇编》本影印；《内功图说》1卷，据清《天壤阁丛书》本影印。版权页题名：畜德录及其他一种。

收藏单位：安徽馆、重庆馆、大理馆、大连馆、东北师大馆、广西馆、贵州馆、国家

馆、黑龙江馆、湖南馆、惠州馆、辽大馆、辽宁馆、辽师大馆、柳州馆、内蒙古馆、宁夏馆、绍兴馆、天津馆、西南大学馆

00933

学校问 （清）毛奇龄纂·**白鹿书院教规** （宋）朱熹撰·**程董二先生学则** （宋）饶鲁编·**初学备忘** （清）张履祥著·**读书十六观补** （明）吴恺著·**教习堂条约** （清）徐乾学著

长沙：商务印书馆，1939.12，[59] 页，32 开（丛书集成初编 995）

　　本书为合订书。《学校问》1卷，据清《艺海珠尘》本排印；《白鹿书院教规》1卷，《程董二先生学则》1卷，《初学备忘》2卷，据清《学海类编》本排印；《读书十六观补》1卷，据清《泾川丛书》本排印；《教习堂条约》1卷，据清《学海类编》本排印。版权页题名：学校问及其他五种。

　　收藏单位：重庆馆、大理馆、广西馆、国家馆、黑龙江馆、湖南馆、辽大馆、辽师大馆、西南大学馆

00934

元海运志 （元）危素撰·**海运编** （明）崔旦撰·**明漕运志** （清）曹溶编

上海：商务印书馆，1936.12，5+17+8 页，32 开（丛书集成初编 997）

　　本书为合订书。《元海运志》1卷，据清《学海类编》本排印；《海运编》2卷，据清《借月山房汇钞》本排印；《明漕运志》1卷，据清《学海类编》本排印。版权页题名：元海运志及其他二种。

　　收藏单位：安徽馆、重庆馆、大理馆、大连馆、东北师大馆、广西馆、贵州馆、国家馆、湖南馆、辽大馆、辽宁馆、辽师大馆、柳州馆、内蒙古馆、宁夏馆、绍兴馆、天津馆、西南大学馆

00935

仪礼 （汉）郑玄注 （清）黄丕烈校

上海：商务印书馆，1936.6，2 册（298 页），

32 开（丛书集成初编 998—999）

　　本书共 19 卷，附校录，据清《士礼居丛书》本排印。

　　收藏单位：安徽馆、长春馆、重庆馆、大理馆、大连馆、东北师大馆、广西馆、贵州馆、国家馆、黑龙江馆、湖南馆、惠州馆、江西馆、辽大馆、辽宁馆、辽师大馆、柳州馆、内蒙古馆、宁夏馆、绍兴馆、西南大学馆

00936

仪礼集释 （宋）李如圭撰

长沙：商务印书馆，1939.12，8 册（747 页），32 开（丛书集成初编 1000—1007）

　　本书共 30 卷，据清聚珍版丛书本排印。

　　收藏单位：安徽馆、长春馆、重庆馆、大理馆、大连馆、广西馆、国家馆、黑龙江馆、湖南馆、辽大馆、辽宁馆、辽师大馆、内蒙古馆、西南大学馆

00937

仪礼逸经传 （元）吴澄学·**仪礼释例** （清）江永撰

上海：商务印书馆，1936.6，31+9 页，32 开（丛书集成初编 1008）

　　本书为合订书。《仪礼逸经传》2卷，据清《学津讨原》本排印；《仪礼释例》1卷，据清《文选楼丛书》本排印。版权页题名：仪礼逸经传及其他一种。

　　收藏单位：安徽馆、长春馆、重庆馆、大理馆、大连馆、东北师大馆、广西馆、贵州馆、国家馆、黑龙江馆、湖南馆、惠州馆、江西馆、辽大馆、辽宁馆、辽师大馆、柳州馆、内蒙古馆、宁夏馆、绍兴馆、天津馆、西南大学馆

00938

仪礼管见 （清）褚寅亮撰

上海：商务印书馆，1935.12，2 册（165 页），32 开（丛书集成初编 1009—1010）

　　本书共 3 卷，据清《粤雅堂丛书》本排印。

　　收藏单位：安徽馆、长春馆、重庆馆、大

理馆、大连馆、东北师大馆、广西馆、贵州馆、国家馆、黑龙江馆、湖南馆、惠州馆、江西馆、辽大馆、辽宁馆、辽师大馆、柳州馆、内蒙古馆、宁夏馆、绍兴馆、西南大学馆

00939

仪礼注疏详校　（清）卢文弨辑

上海：商务印书馆，1935.12，4册（402页），32开（丛书集成初编 1011—1014）

　　本书共17卷，据清《抱经堂丛书》本排印。

　　收藏单位：安徽馆、长春馆、重庆馆、大理馆、大连馆、东北师大馆、广西馆、贵州馆、国家馆、黑龙江馆、湖南馆、惠州馆、江西馆、辽大馆、辽宁馆、辽师大馆、柳州馆、内蒙古馆、宁夏馆、山东馆、绍兴馆、西南大学馆

00940

礼经释例　（清）凌廷堪著

上海：商务印书馆，1936.6，5册（393页），32开（丛书集成初编 1015—1019）

　　本书共13卷，据清《文选楼丛书》本排印。

　　收藏单位：安徽馆、长春馆、重庆馆、大理馆、大连馆、东北师大馆、广西馆、贵州馆、国家馆、黑龙江馆、湖南馆、惠州馆、江西馆、辽大馆、辽宁馆、辽师大馆、柳州馆、内蒙古馆、宁夏馆、绍兴馆、西南大学馆

00941

礼记集说辨疑　（明）戴冠撰·**礼记偶笺**（清）万斯大学

上海：商务印书馆，1936.6，11+62页，32开（丛书集成初编 1020）

　　本书为合订书。《礼记集说辨疑》1卷，据清《涉闻梓旧》本排印；《礼记偶笺》3卷，据清《得月簃丛书》本排印。版权页题名：礼记集说辨疑及其他一种。

　　收藏单位：安徽馆、长春馆、重庆馆、大理馆、大连馆、大庆馆、东北师大馆、广西

馆、贵州馆、国家馆、黑龙江馆、湖南馆、惠州馆、江西馆、辽大馆、辽宁馆、辽师大馆、柳州馆、内蒙古馆、宁夏馆、绍兴馆、天津馆、西南大学馆

00942

礼记训义择言　（清）江永撰

长沙：商务印书馆，1937.12，124页，32开（丛书集成初编 1021）

　　本书共8卷，据清《墨海金壶》本排印。

　　收藏单位：安徽馆、长春馆、重庆馆、大理馆、大连馆、东北师大馆、广西馆、贵州馆、国家馆、黑龙江馆、湖南馆、江西馆、辽大馆、辽宁馆、辽师大馆、柳州馆、内蒙古馆、宁夏馆、天津馆、西南大学馆

00943

礼记附记　（清）翁方纲著

上海：商务印书馆，1936.6，2册（180页），32开（丛书集成初编 1022—1023）

　　本书共6卷，据清《畿辅丛书》本排印。

　　收藏单位：安徽馆、长春馆、重庆馆、大理馆、大连馆、东北师大馆、广西馆、贵州馆、国家馆、黑龙江馆、湖南馆、惠州馆、江西馆、辽大馆、辽宁馆、辽师大馆、柳州馆、内蒙古馆、宁夏馆、山东馆、绍兴馆、西南大学馆

00944

礼记补注　（清）李调元撰

上海：商务印书馆，1935.12，80页，32开（丛书集成初编 1024）

　　本书共4卷，据清《函海》本排印。

　　收藏单位：安徽馆、长春馆、重庆馆、大理馆、大连馆、东北师大馆、广西馆、贵州馆、国家馆、黑龙江馆、湖南馆、惠州馆、江西馆、辽大馆、辽宁馆、辽师大馆、柳州馆、内蒙古馆、宁夏馆、山东馆、绍兴馆、天津馆、西南大学馆

00945

读礼记　（清）赵良霈著

上海：商务印书馆，1937.6，2册（178页），

32 开（丛书集成初编 1025—1026）

本书共 12 卷，据清《泾川丛书》本排印。

收藏单位：安徽馆、长春馆、重庆馆、大理馆、大连馆、大庆馆、东北师大馆、广西馆、贵州馆、国家馆、黑龙江馆、湖南馆、江西馆、辽大馆、辽宁馆、辽师大馆、柳州馆、内蒙古馆、宁夏馆、西南大学馆

00946

大戴礼记 （汉）戴德撰 （北周）卢辩注

上海：商务印书馆，1937.6，2 册（228 页），32 开（丛书集成初编 1027—1028）

本书共 13 卷，据清聚珍版丛书本排印。

收藏单位：安徽馆、长春馆、重庆馆、大理馆、大连馆、东北师大馆、广西馆、贵州馆、国家馆、黑龙江馆、湖南馆、江西馆、辽大馆、辽宁馆、辽师大馆、内蒙古馆、宁夏馆、山东馆、西南大学馆

00947

大戴礼记补注 （北周）卢辩注 （清）孔广森补

长沙：商务印书馆，1939.12，2 册（160 页），32 开（丛书集成初编 1029—1030）

本书共 13 卷，据清《畿辅丛书》本排印。

收藏单位：重庆馆、大理馆、东北师大馆、广西馆、国家馆、黑龙江馆、辽大馆、辽宁馆

00948

校正孔氏大戴礼记补注 （清）王树枏撰

长沙：商务印书馆，1939.12，2 册（270 页），32 开（丛书集成初编 1031—1032）

本书共 13 卷，据清《畿辅丛书》本排印。

收藏单位：重庆馆、大理馆、广西馆、国家馆、湖南馆、辽大馆、辽宁馆、辽师大馆、西南大学馆

00949

檀弓丛训 （明）杨慎撰・**檀弓订误** （清）

毛奇龄稿・考定檀弓 （清）程穆衡章句

长沙：商务印书馆，1939.12，43+7+38 页，32 开（丛书集成初编 1034）

本书为合订书。《檀弓丛训》2 卷，据清《函海》本排印;《檀弓订误》1 卷，据清《学海类编》本排印;《考定檀弓》2 卷，据清《借月山房汇钞》本排印。版权页题名：檀弓丛训及其他二种。

收藏单位：重庆馆、大理馆、大连馆、东北师大馆、国家馆、黑龙江馆、湖南馆、辽大馆、辽宁馆、辽师大馆、内蒙古馆、天津馆、西南大学馆

00950

明堂大道录 （清）惠栋学

长沙：商务印书馆，1937.12，2 册（342 页），32 开（丛书集成初编 1035—1036）

本书共 8 卷，据清《经训堂丛书》本影印。

收藏单位：安徽馆、重庆馆、大理馆、大连馆、广西馆、贵州馆、国家馆、黑龙江馆、湖南馆、江西馆、辽大馆、辽宁馆、辽师大馆、内蒙古馆、宁夏馆、西南大学馆

00951

泾野先生礼问 （明）吕柟著

上海：商务印书馆，1936.6，53 页，32 开（丛书集成初编 1037）

本书共 2 卷，据清《惜阴轩丛书》本排印。

收藏单位：安徽馆、长春馆、重庆馆、大理馆、大连馆、东北师大馆、广西馆、贵州馆、国家馆、黑龙江馆、湖南馆、惠州馆、江西馆、辽大馆、辽宁馆、辽师大馆、柳州馆、内蒙古馆、宁夏馆、绍兴馆、天津馆、西南大学馆

00952

学礼 （清）李塨稿

上海：商务印书馆，1936.6，49 页，32 开（丛书集成初编 1038）

本书共 5 卷，据清《畿辅丛书》本排印。

收藏单位：安徽馆、长春馆、重庆馆、大

理馆、大连馆、东北师大馆、广西馆、贵州馆、国家馆、黑龙江馆、湖南馆、惠州馆、江西馆、辽大馆、辽宁馆、辽师大馆、柳州馆、内蒙古馆、宁夏馆、天津馆、西南大学馆

00953

缋礼补亡 （清）诸锦纂·**求古录礼说补遗** （清）金鹗著·**公羊逸礼考征** （清）陈奂学

长沙：商务印书馆，1939.12，11+29+19 页，32 开（丛书集成初编 1039）

　　本书为合订书。《缋礼补亡》1 卷，据清《艺海珠尘》本排印；《求古录礼说补遗》2 卷，《公羊逸礼考征》1 卷，均据清《滂喜斋丛书》本排印。版权页题名：缋礼补亡及其他二种。

　　收藏单位：重庆馆、大理馆、大连馆、广西馆、国家馆、黑龙江馆、湖南馆、江西馆、辽大馆、辽宁馆、辽师大馆、天津馆、西南大学馆

00954

司马氏书仪 （宋）司马光著

上海：商务印书馆，1936.6，122 页，32 开（丛书集成初编 1040）

　　本书共 10 卷，据清《学津讨原》本排印。

　　收藏单位：安徽馆、长春馆、重庆馆、大理馆、大连馆、东北师大馆、广西馆、贵州馆、国家馆、黑龙江馆、湖南馆、惠州馆、江西馆、辽大馆、辽宁馆、辽师大馆、柳州馆、内蒙古馆、宁夏馆、绍兴馆、天津馆、西南大学馆

00955

大小宗通绎 （清）毛奇龄纂·**辨定嘉靖大礼议** （清）毛奇龄纂·**昏礼辨证** （清）毛奇龄纂·**滇黔土司婚礼记** （清）陈鼎著

长沙：商务印书馆，1939.12，[78] 页，32 开（丛书集成初编 1041）

　　本书为合订书。《大小宗通绎》1 卷，《辨定嘉靖大礼议》2 卷，《昏礼辨证》1 卷，均据清《艺海珠尘》本排印；《滇黔土司婚礼记》1 卷，据清《知不足斋丛书》本排印。版权页题名：大小宗通绎及其他三种。

　　收藏单位：重庆馆、大理馆、大连馆、国家馆、黑龙江馆、湖南馆、辽大馆、辽宁馆、辽师大馆、内蒙古馆、西南大学馆

00956

太常因革礼 （宋）欧阳修等奉敕编·**太常因革礼校识** （清）廖廷相著

上海：商务印书馆，1936.6，4 册（515+78 页），32 开（丛书集成初编 1043—1046）

　　本书为合订书。《太常因革礼》100 卷（原缺卷五十一至六十七），《太常因革礼校识》2 卷，均据清《史学丛书》本排印。版权页题名：太常因革礼及其他一种。

　　收藏单位：安徽馆、长春馆、重庆馆、大理馆、大连馆、东北师大馆、广西馆、贵州馆、国家馆、黑龙江馆、湖南馆、惠州馆、江西馆、辽大馆、辽宁馆、辽师大馆、柳州馆、内蒙古馆、宁夏馆、绍兴馆、西南大学馆

00957

大金集礼

上海：商务印书馆，1936.6，2 册（381 页），32 开（丛书集成初编 1047—1048）

　　本书共 42 卷，附识语、校勘记，据清《史学丛书》本排印。

　　收藏单位：安徽馆、长春馆、重庆馆、大理馆、大连馆、东北师大馆、广西馆、贵州馆、国家馆、黑龙江馆、湖南馆、惠州馆、江西馆、辽大馆、辽宁馆、辽师大馆、柳州馆、内蒙古馆、宁夏馆、绍兴馆、西南大学馆

00958

绍熙州县释奠仪图 （宋）朱熹撰·**先圣庙林记** （清）屈大均著·**文庙从祀先贤先儒考** （清）郎廷极著·**郊社禘袷问** （清）毛奇龄纂·**北郊配位尊西向议** （清）毛奇龄纂

长沙：商务印书馆，1939.12，[87] 页，32 开（丛书集成初编 1049）

　　本书为合订书。《绍熙州县释奠仪图》1

卷，据清《指海》本排印；《先圣庙林记》1卷，《文庙从祀先贤先儒考》1卷，均据清《学海类编》本排印；《郊社禘祫问》1卷，《北郊配位尊西向议》1卷，均据清《艺海珠尘》本排印。版权页题名：绍熙州县释奠仪图及其他四种。

收藏单位：重庆馆、大理馆、大连馆、广西馆、国家馆、湖南馆、辽大馆、辽宁馆、辽师大馆、内蒙古馆、天津馆、西南大学馆

语文学类

00959
仓颉篇 （清）孙星衍学
上海：商务印书馆，1936.6，95页，32开（丛书集成初编1051）

本书共3卷，据清《岱南阁丛书》本影印。

收藏单位：安徽馆、长春馆、重庆馆、大理馆、大连馆、东北师大馆、广西馆、贵州馆、国家馆、黑龙江馆、湖南馆、惠州馆、江西馆、辽大馆、辽宁馆、辽师大馆、柳州馆、内蒙古馆、宁夏馆、绍兴馆、天津馆、西南大学馆

00960
急就篇 （汉）史游撰 （唐）颜师古注
（宋）王应麟补注 （清）钱保塘补音
上海：商务印书馆，1936.12，336页，32开（丛书集成初编1052）

本书共5卷，据清《天壤阁丛书》本影印。

收藏单位：安徽馆、长春馆、重庆馆、大理馆、大连馆、东北师大馆、广西馆、贵州馆、国家馆、黑龙江馆、湖南馆、江西馆、辽大馆、辽宁馆、辽师大馆、柳州馆、内蒙古馆、宁夏馆、天津馆、西南大学馆

00961
校定皇象本急就章 （汉）史游纂 （清）钮树玉校定·**急就章考异** （汉）史游著 （清）孙星衍校

上海：商务印书馆，1936.6，52+36页，32开（丛书集成初编1053）

本书为合订书。《校定皇象本急就章》4卷，附考证、音略及音略考证，据清《功顺堂丛书》本影印；《急就章考异》1卷，据清《岱南阁丛书》本影印。版权页题名：校定皇象本急就章及其他一种。

收藏单位：安徽馆、长春馆、重庆馆、大理馆、大连馆、东北师大馆、广西馆、贵州馆、国家馆、黑龙江馆、湖南馆、惠州馆、江西馆、辽大馆、辽师大馆、柳州馆、内蒙古馆、宁夏馆、西南大学馆

00962
玉篇零卷 （南朝梁）顾野王撰
上海：商务印书馆，1935.12，4册（378页），32开（丛书集成初编1054—1057）

本书共4卷，据清《古逸丛书》本影印。

收藏单位：安徽馆、长春馆、重庆馆、大理馆、大连馆、东北师大馆、广西馆、贵州馆、国家馆、黑龙江馆、湖南馆、惠州馆、江西馆、辽大馆、辽宁馆、辽师大馆、柳州馆、内蒙古馆、宁夏馆、绍兴馆、西南大学馆

00963
大广益会玉篇 （南朝梁）顾野王撰 （唐）孙强增订 （宋）陈彭年等重修
上海：商务印书馆，1936.6，5册（672页），32开（丛书集成初编1058—1062）

本书共30卷，据清《小学汇函》本影印。

收藏单位：安徽馆、长春馆、重庆馆、大理馆、大连馆、东北师大馆、广西馆、贵州馆、国家馆、黑龙江馆、湖南馆、惠州馆、江西馆、辽大馆、辽宁馆、辽师大馆、柳州馆、内蒙古馆、宁夏馆、绍兴馆、天津馆、西南大学馆

00964
玉篇直音 （南朝梁）顾野王撰
上海：商务印书馆，1936.6，200页，32开（丛书集成初编1063）

本书共 2 卷，据明《盐邑志林》本影印。

收藏单位：安徽馆、长春馆、重庆馆、大理馆、大连馆、广西馆、贵州馆、国家馆、黑龙江馆、湖南馆、惠州馆、江西馆、辽大馆、辽宁馆、辽师大馆、柳州馆、内蒙古馆、宁夏馆、绍兴馆、天津馆、西南大学馆

00965

干禄字书 （唐）颜元孙撰·**五经文字** （唐）张参撰

上海：商务印书馆，1936.6，40+83 页，32 开（丛书集成初编 1064）

本书为合订书。《干禄字书》1 卷，据明《夷门广牍》本影印;《五经文字》3 卷，据清《后知不足斋丛书》本影印。版权页题名：干禄字书及其他一种。

收藏单位：安徽馆、长春馆、重庆馆、大理馆、大连馆、东北师大馆、广西馆、贵州馆、国家馆、黑龙江馆、湖南馆、惠州馆、江西馆、辽大馆、辽宁馆、辽师大馆、柳州馆、内蒙古馆、宁夏馆、绍兴馆、天津馆、西南大学馆

00966

新加九经字样 （唐）唐玄度撰·**佩觽** （宋）郭忠恕记

上海：商务印书馆，1936.6，58+104 页，32 开（丛书集成初编 1065）

本书为合订书。《新加九经字样》1 卷，据清《后知不足斋丛书》本影印;《佩觽》3 卷，据清《铁华馆丛书》本影印。版权页题名：新加九经字样及其他一种。

收藏单位：安徽馆、长春馆、重庆馆、大理馆、大连馆、东北师大馆、广西馆、贵州馆、国家馆、黑龙江馆、湖南馆、惠州馆、江西馆、辽大馆、辽宁馆、辽师大馆、柳州馆、内蒙古馆、宁夏馆、绍兴馆、天津馆、西南大学馆

00967

班马字类 （宋）娄机著 （宋）李曾伯补

上海：商务印书馆，1936.12，2 册（320 页），32 开（丛书集成初编 1066—1067）

本书共 5 卷，据清《涉闻梓旧》本影印。

收藏单位：安徽馆、长春馆、重庆馆、大理馆、大连馆、东北师大馆、广西馆、贵州馆、国家馆、黑龙江馆、湖南馆、江西馆、辽大馆、辽宁馆、辽师大馆、柳州馆、内蒙古馆、宁夏馆、绍兴馆、西南大学馆

00968

字通 （宋）李从周编

上海：商务印书馆，1936.6，108 页，32 开（丛书集成初编 1068）

本书共 1 卷，据清《知不足斋丛书》本影印。

收藏单位：安徽馆、长春馆、重庆馆、大理馆、大连馆、东北师大馆、广西馆、贵州馆、国家馆、黑龙江馆、湖南馆、惠州馆、江西馆、辽大馆、辽宁馆、辽师大馆、柳州馆、内蒙古馆、宁夏馆、绍兴馆、天津馆、西南大学馆

00969

字鉴 （元）李文仲编

上海：商务印书馆，1936.6，188 页，32 开（丛书集成初编 1073）

本书共 5 卷，据清《铁华馆丛书》本影印。

收藏单位：安徽馆、长春馆、重庆馆、大理馆、大连馆、东北师大馆、广西馆、贵州馆、国家馆、黑龙江馆、湖南馆、惠州馆、江西馆、辽大馆、辽宁馆、辽师大馆、柳州馆、内蒙古馆、宁夏馆、绍兴馆、天津馆、西南大学馆

00970

经典文字辨证书 （清）毕沅撰·**音同义异辨** （清）毕沅撰·**六书分毫** （清）李调元撰

上海：商务印书馆，1937.6，51+11+31 页，32 开（丛书集成初编 1075）

本书为合订书。《经典文字辨证书》5 卷，《音同义异辨》1 卷，均据清《经训堂丛书》本影印;《六书分毫》3 卷，据清《函海》本影印。版权页题名：经典文字辨证书及其他二种。

收藏单位：安徽馆、长春馆、重庆馆、大理馆、大连馆、大庆馆、东北师大馆、广西馆、贵州馆、国家馆、黑龙江馆、湖南馆、吉大馆、江西馆、辽大馆、辽宁馆、辽师大馆、柳州馆、内蒙古馆、宁夏馆、天津馆、西南大学馆

00971

说文解字 （汉）许慎记 （宋）徐铉等校定

上海：商务印书馆，1935.12，5 册（534 页），32 开（丛书集成初编 1076—1080）

本书共 15 卷，据清《平津馆丛书》本影印。

收藏单位：安徽馆、长春馆、重庆馆、大理馆、大连馆、东北师大馆、广西馆、贵州馆、国家馆、黑龙江馆、湖南馆、惠州馆、江西馆、辽大馆、辽宁馆、辽师大馆、柳州馆、内蒙古馆、宁夏馆、首都馆、西南大学馆、中科图

00972

惠氏读说文记 （清）惠栋著 （清）江声参补

上海：商务印书馆，1936.6，2 册（422 页），32 开（丛书集成初编 1081—1082）

本书共 15 卷，据清《借月山房汇钞》本影印。

收藏单位：安徽馆、长春馆、重庆馆、大理馆、大连馆、东北师大馆、广西馆、贵州馆、国家馆、黑龙江馆、湖南馆、惠州馆、江西馆、辽大馆、辽宁馆、辽师大馆、柳州馆、内蒙古馆、宁夏馆、绍兴馆、西南大学馆

00973

席氏读说文记 （清）席世昌著

上海：商务印书馆，1936.6，3 册（624 页），32 开（丛书集成初编 1083—1085）

本书共 15 卷，据清《借月山房汇钞》本影印。

收藏单位：安徽馆、长春馆、重庆馆、大理馆、大连馆、东北师大馆、广西馆、贵州馆、国家馆、黑龙江馆、湖南馆、惠州馆、

江西馆、辽大馆、辽宁馆、辽师大馆、柳州馆、内蒙古馆、宁夏馆、绍兴馆、西南大学馆

00974

说文正字 （清）王石华等撰

上海：商务印书馆，1936.6，234 页，32 开（丛书集成初编 1086）

本书共 2 卷，据清《问经堂丛书》本影印。

收藏单位：安徽馆、长春馆、重庆馆、大理馆、大连馆、东北师大馆、广西馆、贵州馆、国家馆、黑龙江馆、湖南馆、惠州馆、江西馆、辽大馆、辽宁馆、辽师大馆、柳州馆、内蒙古馆、宁夏馆、绍兴馆、天津馆、西南大学馆

00975

说文校定本 （清）朱士端学

上海：商务印书馆，1936.6，76 页，32 开（丛书集成初编 1087）

本书共 2 卷，据清《咫进斋丛书》本影印。

收藏单位：安徽馆、长春馆、重庆馆、大理馆、大连馆、东北师大馆、广西馆、贵州馆、国家馆、黑龙江馆、湖南馆、惠州馆、江西馆、辽大馆、辽宁馆、辽师大馆、柳州馆、内蒙古馆、宁夏馆、天津馆、西南大学馆

00976

唐写本说文解字木部笺异 （清）莫友芝撰

上海：商务印书馆，1936.6，119 页，32 开（丛书集成初编 1088）

本书共 1 卷，据清《许学丛书》本影印。

收藏单位：安徽馆、长春馆、重庆馆、大理馆、大连馆、东北师大馆、广西馆、贵州馆、国家馆、黑龙江馆、湖南馆、惠州馆、江西馆、辽大馆、辽宁馆、辽师大馆、柳州馆、内蒙古馆、宁夏馆、绍兴馆、天津馆、西南大学馆

00977

说文补例 （清）张度学

上海：商务印书馆，1936.6，34 页，32 开（丛书集成初编 1089）

本书共 1 卷，据清《灵鹣阁丛书》本影印。

收藏单位：安徽馆、长春馆、重庆馆、大理馆、大连馆、东北师大馆、广西馆、贵州馆、国家馆、黑龙江馆、湖南馆、惠州馆、江西馆、辽大馆、辽宁馆、辽师大馆、柳州馆、内蒙古馆、宁夏馆、绍兴馆、天津馆、西南大学馆

00978

说文解字系传 （五代）徐锴传释 （五代）朱翱反切

上海：商务印书馆，1936.6，7 册（938+30 页），32 开（丛书集成初编 1090—1096）

本书共 41 卷，有附录，据清《小学汇函》本影印。

收藏单位：安徽馆、长春馆、重庆馆、大理馆、大连馆、东北师大馆、广西馆、贵州馆、国家馆、黑龙江馆、湖南馆、惠州馆、江西馆、辽大馆、辽宁馆、辽师大馆、柳州馆、内蒙古馆、宁夏馆、绍兴馆、西南大学馆

00979

说文解字系传校勘记 （清）苗夔等校定

上海：商务印书馆，1936.6，196 页，32 开（丛书集成初编 1097）

本书共 3 卷，据清《小学汇函》本影印。

收藏单位：安徽馆、长春馆、重庆馆、大理馆、大连馆、东北师大馆、广西馆、贵州馆、国家馆、黑龙江馆、湖南馆、惠州馆、江西馆、辽大馆、辽宁馆、辽师大馆、柳州馆、内蒙古馆、宁夏馆、绍兴馆、天津馆、西南大学馆

00980

说文新附考 （清）钮树玉撰

长沙：商务印书馆，1939.12，2 册（280+48 页），32 开（丛书集成初编 1098—1099）

本书共 8 卷，附续考、札记，据清《许学丛书》本影印。

收藏单位：重庆馆、大连馆、国家馆、黑龙江馆、江西馆、辽大馆、辽宁馆、辽师大馆、柳州馆、内蒙古馆、西南大学馆

00981

说文新附考 （清）郑珍记

上海：商务印书馆，1936.6，2 册（286 页），32 开（丛书集成初编 1100—1101）

本书共 6 卷，据清《咫进斋丛书》本影印。

收藏单位：安徽馆、长春馆、重庆馆、大理馆、大连馆、东北师大馆、广西馆、贵州馆、国家馆、黑龙江馆、湖南馆、惠州馆、江西馆、辽大馆、辽宁馆、辽师大馆、柳州馆、内蒙古馆、宁夏馆、绍兴馆、西南大学馆

00982

说文逸字 （清）郑珍记

上海：商务印书馆，1936.6，182 页，32 开（丛书集成初编 1102）

本书共 3 卷，有附录，据清《天壤阁丛书》本影印。

收藏单位：安徽馆、长春馆、重庆馆、大理馆、大连馆、东北师大馆、广西馆、贵州馆、国家馆、黑龙江馆、湖南馆、惠州馆、江西馆、辽大馆、辽宁馆、辽师大馆、柳州馆、内蒙古馆、宁夏馆、绍兴馆、天津馆、武大馆、西南大学馆

00983

六书说 （清）江声著·**说文解字索隐** （清）张度撰

上海：商务印书馆，1936.6，14+32 页，32 开（丛书集成初编 1103）

本书为合订书。《六书说》1 卷，据清《琳琅秘室丛书》本影印；《说文解字索隐》1 卷，据清《灵鹣阁丛书》本影印。版权页题名：六书说及其他一种。

收藏单位：安徽馆、长春馆、重庆馆、大理馆、大连馆、东北师大馆、广西馆、贵州

馆、国家馆、黑龙江馆、湖南馆、惠州馆、江西馆、辽大馆、辽宁馆、辽师大馆、柳州馆、内蒙古馆、宁夏馆、绍兴馆、天津馆、西南大学馆

00984

谐声补逸 （清）宋保著

上海：商务印书馆，1936.6，308 页，32 开（丛书集成初编 1104）

　　本书共 15 卷，附札记，据清《许学丛书》本影印。

　　收藏单位：安徽馆、长春馆、重庆馆、大理馆、大连馆、东北师大馆、广西馆、贵州馆、国家馆、黑龙江馆、湖南馆、惠州馆、江西馆、辽大馆、辽宁馆、辽师大馆、柳州馆、内蒙古馆、宁夏馆、绍兴馆、天津馆、西南大学馆

00985

转注古义考 （清）曹仁虎纂

上海：商务印书馆，1936.6，68 页，32 开（丛书集成初编 1105）

　　本书共 1 卷，据清《许学丛书》本影印。

　　收藏单位：安徽馆、长春馆、重庆馆、大理馆、大连馆、东北师大馆、广西馆、贵州馆、国家馆、黑龙江馆、湖南馆、惠州馆、江西馆、辽大馆、辽宁馆、辽师大馆、柳州馆、内蒙古馆、宁夏馆、绍兴馆、天津馆、西南大学馆

00986

六书转注录 （清）洪亮吉著

上海：商务印书馆，1936.6，3 册（560 页），32 开（丛书集成初编 1106—1108）

　　本书共 10 卷，据清《粤雅堂丛书》本影印。

　　收藏单位：安徽馆、长春馆、重庆馆、大理馆、大连馆、东北师大馆、广西馆、贵州馆、国家馆、黑龙江馆、湖南馆、惠州馆、江西馆、辽大馆、辽宁馆、辽师大馆、柳州馆、内蒙古馆、宁夏馆、绍兴馆、西南大学馆

00987

说文解字篆韵谱 （五代）徐锴撰

上海：商务印书馆，1936.6，2 册（264 页），32 开（丛书集成初编 1109—1110）

　　本书共 5 卷，据清《小学汇函》本影印。

　　收藏单位：安徽馆、长春馆、重庆馆、大理馆、大连馆、东北师大馆、广西馆、贵州馆、国家馆、黑龙江馆、湖南馆、惠州馆、江西馆、辽大馆、辽宁馆、辽师大馆、柳州馆、内蒙古馆、宁夏馆、西南大学馆

00988

说文解字旧音 （清）毕沅撰

上海：商务印书馆，1936.12，28 页，32 开（丛书集成初编 1111）

　　本书共 1 卷，据清《经训堂丛书》本影印。

　　收藏单位：安徽馆、长春馆、重庆馆、大理馆、大连馆、东北师大馆、广西馆、贵州馆、国家馆、黑龙江馆、湖南馆、江西馆、辽大馆、辽宁馆、辽师大馆、柳州馆、内蒙古馆、宁夏馆、绍兴馆、天津馆、西南大学馆

00989

说文声系 （清）姚文田述

上海：商务印书馆，1936.12，2 册（386 页），32 开（丛书集成初编 1112—1113）

　　本书共 14 卷，据清《粤雅堂丛书》本影印。

　　收藏单位：安徽馆、长春馆、重庆馆、大理馆、大连馆、东北师大馆、广西馆、贵州馆、国家馆、黑龙江馆、湖南馆、江西馆、辽大馆、辽宁馆、辽师大馆、柳州馆、内蒙古馆、宁夏馆、绍兴馆、西南大学馆

00990

说文声订 （清）苗夔撰

上海：商务印书馆，1936.6，2 册（270+45 页），32 开（丛书集成初编 1114—1115）

　　本书共 3 卷，附札记，据清《许学丛书》本影印。

　　收藏单位：安徽馆、长春馆、重庆馆、大

理馆、大连馆、东北师大馆、广西馆、贵州馆、国家馆、黑龙江馆、湖南馆、惠州馆、江西馆、辽大馆、辽宁馆、辽师大馆、柳州馆、内蒙古馆、宁夏馆、绍兴馆、西南大学馆

00991

说文审音 （清）张行孚撰

上海：商务印书馆，1936.6，5 册（526 页），32 开（丛书集成初编 1116—1120）

本书共 16 卷，据清《渐西村舍丛刻》本影印。

收藏单位：安徽馆、长春馆、重庆馆、大理馆、大连馆、东北师大馆、广西馆、贵州馆、国家馆、黑龙江馆、湖南馆、惠州馆、江西馆、辽大馆、辽宁馆、辽师大馆、柳州馆、内蒙古馆、宁夏馆、绍兴馆、西南大学馆

00992

说文声读表 （清）苗夔纂・说文字原韵表（清）胡重编

上海：商务印书馆，1936.6，2 册（338+46 页），32 开（丛书集成初编 1121—1122）

本书为合订书。《说文声读表》7 卷，据清《天壤阁丛书》本影印；《说文字原韵表》2 卷，据清《许学丛书》本影印。版权页题名：说文声读表及其他一种。

收藏单位：安徽馆、长春馆、重庆馆、大理馆、大连馆、东北师大馆、广西馆、贵州馆、国家馆、黑龙江馆、湖南馆、惠州馆、江西馆、辽大馆、辽宁馆、辽师大馆、柳州馆、内蒙古馆、宁夏馆、西南大学馆

00993

说文解字双声叠韵谱 （清）邓廷桢撰

上海：商务印书馆，1936.6，112 页，32 开（丛书集成初编 1123）

本书共 1 卷，据清《后知不足斋丛书》本影印。

收藏单位：安徽馆、长春馆、重庆馆、大理馆、大连馆、东北师大馆、广西馆、贵州馆、国家馆、黑龙江馆、湖南馆、惠州馆、

江西馆、辽大馆、辽宁馆、辽师大馆、柳州馆、内蒙古馆、宁夏馆、绍兴馆、天津馆、武大馆、西南大学馆

00994

说文引经考 （清）吴玉搢著

上海：商务印书馆，1936.6，204 页，32 开（丛书集成初编 1124）

本书共 2 卷，附补遗，据清《咫进斋丛书》本影印。

收藏单位：安徽馆、长春馆、重庆馆、大理馆、大连馆、东北师大馆、广西馆、贵州馆、国家馆、黑龙江馆、湖南馆、惠州馆、江西馆、辽大馆、辽宁馆、辽师大馆、柳州馆、内蒙古馆、宁夏馆、绍兴馆、天津馆、西南大学馆

00995

说文答问疏证 （清）薛传均撰

上海：商务印书馆，1936.6，132 页，32 开（丛书集成初编 1125）

本书共 6 卷，附碑志，据清《咫进斋丛书》本影印。

收藏单位：安徽馆、长春馆、重庆馆、大理馆、大连馆、东北师大馆、广西馆、贵州馆、国家馆、黑龙江馆、湖南馆、惠州馆、江西馆、辽大馆、辽宁馆、辽师大馆、柳州馆、内蒙古馆、宁夏馆、绍兴馆、天津馆、西南大学馆

00996

说文古籀疏证 （清）庄述祖著

上海：商务印书馆，1936.6，2 册（118 页），32 开（丛书集成初编 1126—1127）

本书共 6 卷，据清《功顺堂丛书》本影印。

收藏单位：安徽馆、长春馆、重庆馆、大理馆、大连馆、东北师大馆、广西馆、贵州馆、国家馆、黑龙江馆、湖南馆、惠州馆、江西馆、辽大馆、辽师大馆、柳州馆、内蒙古馆、宁夏馆

00997

说文部首歌 （清）冯桂芬著·**说文辨疑**
（清）顾广圻撰·**读说文杂识** （清）许槤撰

上海：商务印书馆，1936.6，25+46+42 页，32
开（丛书集成初编 1128）

　　本书为合订书。每种各 1 卷，均据清
《许学丛书》本影印。版权页题名：说文部首
歌及其他二种。

　　收藏单位：安徽馆、长春馆、重庆馆、大
理馆、大连馆、东北师大馆、广西馆、贵州
馆、国家馆、黑龙江馆、湖南馆、江西馆、
辽大馆、辽宁馆、辽师大馆、柳州馆、内蒙
古馆、宁夏馆、天津馆、西南大学馆

00998

说文疑疑 （清）孔广居稿

上海：商务印书馆，1936.6，2 册（378 页），
32 开（丛书集成初编 1129—1130）

　　本书共 3 卷，增附《昭孔谓三十四则》，
据清《许学丛书》本影印。

　　收藏单位：安徽馆、长春馆、重庆馆、大
理馆、大连馆、东北师大馆、广西馆、贵州
馆、国家馆、黑龙江馆、湖南馆、惠州馆、
江西馆、辽大馆、辽宁馆、辽师大馆、柳州
馆、内蒙古馆、宁夏馆、绍兴馆、西南大学
馆

00999

说文管见 （清）胡秉虔著·**许印林遗著**
（清）许瀚撰

上海：商务印书馆，1936.6，72+14 页，32 开
（丛书集成初编 1131）

　　本书为合订书。《说文管见》3 卷，《许印
林遗著》1 卷，均据清《滂喜斋丛书》本影
印。版权页题名：说文管见及其他一种。

　　收藏单位：安徽馆、长春馆、重庆馆、大
理馆、大连馆、东北师大馆、广西馆、贵州
馆、国家馆、黑龙江馆、湖南馆、惠州馆、
江西馆、辽大馆、辽宁馆、辽师大馆、柳州
馆、内蒙古馆、宁夏馆、绍兴馆、天津馆、
西南大学馆

01000

段氏说文注订 （清）钮树玉著

上海：商务印书馆，1936.6，2 册（388+13 页），
32 开（丛书集成初编 1132—1133）

　　本书共 9 卷，附札记，据清《许学丛书》
本影印。

　　收藏单位：安徽馆、长春馆、重庆馆、大
理馆、大连馆、东北师大馆、广西馆、贵州
馆、国家馆、黑龙江馆、湖南馆、惠州馆、
江西馆、辽大馆、辽宁馆、辽师大馆、柳州
馆、内蒙古馆、宁夏馆、绍兴馆、四川馆、
西南大学馆

01001

说文段注撰要 （清）马寿龄述

上海：商务印书馆，1936.6，5 册（870 页），
32 开（丛书集成初编 1134—1138）

　　本书共 9 卷，据清《许学丛书》本影印。

　　收藏单位：安徽馆、长春馆、重庆馆、大
理馆、大连馆、东北师大馆、广西馆、贵州
馆、国家馆、黑龙江馆、湖南馆、惠州馆、
江西馆、辽大馆、辽宁馆、辽师大馆、柳州
馆、内蒙古馆、宁夏馆、绍兴馆、西南大学
馆

01002

尔雅 （晋）郭璞注 （明）叶自本纠讹
（明）陈赵鹄重校

长沙：商务印书馆，1937.12，162 页，32 开
（丛书集成初编 1139）

　　本书共 2 卷，据明《五雅全书》本影印。

　　收藏单位：安徽馆、长春馆、重庆馆、大
理馆、大连馆、东北师大馆、广西馆、贵州
馆、国家馆、黑龙江馆、湖南馆、江西馆、
辽大馆、辽师大馆、内蒙古馆、宁夏馆、西
南大学馆

01003

尔雅汉注 （清）臧镛堂撰 （清）孙冯翼校
订

上海：商务印书馆，1936.6，192 页，32 开（丛
书集成初编 1140）

　　本书共 3 卷，据清《问经堂丛书》本影

印。

收藏单位：安徽馆、长春馆、重庆馆、大理馆、大连馆、东北师大馆、广西馆、贵州馆、国家馆、黑龙江馆、湖南馆、惠州馆、江西馆、辽大馆、辽宁馆、辽师大馆、柳州馆、内蒙古馆、宁夏馆、绍兴馆、天津馆、西南大学馆

01004

尔雅新义 （宋）陆佃撰

上海：商务印书馆，1937.6，3 册（616 页），32 开（丛书集成初编 1142—1144）

本书共 20 卷，据清《粤雅堂丛书》本影印。

收藏单位：安徽馆、长春馆、重庆馆、大理馆、大连馆、大庆馆、东北师大馆、广西馆、贵州馆、国家馆、黑龙江馆、湖南馆、江西馆、辽大馆、辽宁馆、辽师大馆、柳州馆、内蒙古馆、宁夏馆、西南大学馆

01005

尔雅翼 （宋）罗愿撰 （元）洪焱祖释

长沙：商务印书馆，1939.12，4 册（342 页），32 开（丛书集成初编 1145—1148）

本书共 32 卷，据清《学津讨原》本影印。

收藏单位：重庆馆、大理馆、大连馆、广西馆、国家馆、湖南馆、辽大馆、辽宁馆、辽师大馆、西南大学馆

01006

尔雅补郭 （清）翟灏学·**尔雅补注残本** （清）刘玉麐著·**尔雅直音**

上海：商务印书馆，1936.6，64+30+76 页，32 开（丛书集成初编 1149）

本书为合订书。《尔雅补郭》2 卷，据清《咫进斋丛书》本影印；《尔雅补注残本》1 卷，据清《功顺堂丛书》本影印；《尔雅直音》2 卷，据清《天壤阁丛书》本影印。版权页题名：尔雅补郭及其他二种。

收藏单位：安徽馆、长春馆、重庆馆、大理馆、大连馆、东北师大馆、广西馆、贵州馆、国家馆、黑龙江馆、湖南馆、惠州馆、

江西馆、辽大馆、辽宁馆、辽师大馆、柳州馆、内蒙古馆、宁夏馆、绍兴馆、天津馆、西南大学馆

01007

小尔雅 （汉）孔鲋著 （宋）宋咸注·**小尔雅疏证** （清）葛其仁学

长沙：商务印书馆，1939.12，6+95 页，32 开（丛书集成初编 1150）

本书为合订书。《小尔雅》1 卷，据明阳山顾氏文房本排印；《小尔雅疏证》5 卷，据清《咫进斋丛书》本排印。版权页题名：小尔雅及其他一种。

收藏单位：安徽馆、大理馆、大连馆、大庆馆、广西馆、国家馆、湖南馆、江西馆、辽大馆、辽宁馆、辽师大馆、天津馆

01008

释名 （汉）刘熙著

长沙：商务印书馆，1939.12，136 页，32 开（丛书集成初编 1151）

本书共 8 卷，据清《小学汇函》本影印。

收藏单位：大理馆、大连馆、东北师大馆、广西馆、国家馆、黑龙江馆、湖南馆、辽大馆、辽宁馆、辽师大馆、内蒙古馆、西南大学馆

01009

释名疏证 （清）毕沅疏证

上海：商务印书馆，1936.12，3 册（282+8+18 页），32 开（丛书集成初编 1152—1154）

本书共 10 卷，附《续释名》《释名补遗》，据清《经训堂丛书》本影印。

收藏单位：安徽馆、长春馆、重庆馆、大理馆、大连馆、东北师大馆、广西馆、贵州馆、国家馆、黑龙江馆、湖南馆、江西馆、辽大馆、辽宁馆、辽师大馆、柳州馆、内蒙古馆、宁夏馆、绍兴馆、武大馆、西南大学馆

01010

篆字释名疏证 （清）毕沅疏证

上海：商务印书馆，1936.12，4 册（256+8+

16 页），32 开（丛书集成初编 1155—1158）

本书共 10 卷，附《续释名》《释名补遗》，据清《经训堂丛书》本影印。

收藏单位：安徽馆、长春馆、重庆馆、大理馆、大连馆、大庆馆、东北师大馆、广西馆、贵州馆、国家馆、黑龙江馆、湖南馆、江西馆、辽大馆、辽宁馆、辽师大馆、柳州馆、内蒙古馆、宁夏馆、绍兴馆、西南大学馆

01011

广释名 （清）张金吾学

长沙：商务印书馆，1937.12，132 页，32 开（丛书集成初编 1159）

本书共 2 卷，据清《知不足斋丛书》本影印。

收藏单位：安徽馆、长春馆、重庆馆、大理馆、大连馆、东北师大馆、广西馆、贵州馆、国家馆、黑龙江馆、湖南馆、江西馆、辽大馆、辽宁馆、辽师大馆、内蒙古馆、宁夏馆、天津馆、西南大学馆

01012

广雅 （三国魏）张揖撰 （唐）曹宪音

上海：商务印书馆，1936.6，140 页，32 开（丛书集成初编 1160）

本书共 10 卷，据清《小学汇函》本影印。

收藏单位：安徽馆、长春馆、重庆馆、大理馆、大连馆、东北师大馆、贵州馆、国家馆、黑龙江馆、湖南馆、惠州馆、江西馆、辽大馆、辽宁馆、辽师大馆、柳州馆、内蒙古馆、宁夏馆、绍兴馆、天津馆、西南大学馆

01013

广雅疏证 （三国魏）张揖撰 （清）王念孙疏证

长沙：商务印书馆，1939.12，8 册（1495 页），32 开（丛书集成初编 1161—1168）

本书共 10 卷，据清《畿辅丛书》本影印。

收藏单位：重庆馆、大理馆、大连馆、广

西馆、国家馆、黑龙江馆、湖南馆、辽大馆、辽宁馆、辽师大馆

01014

博雅音 （唐）曹宪撰

长沙：商务印书馆，1939.12，[88] 页，32 开（丛书集成初编 1169）

本书共 10 卷，据清《畿辅丛书》本影印。

收藏单位：重庆馆、大理馆、国家馆、黑龙江馆、湖南馆、江西馆、辽大馆、辽宁馆、辽师大馆、内蒙古馆、天津馆、西南大学馆

01015

匡谬正俗 （唐）颜师古撰

上海：商务印书馆，1936.6，122 页，32 开（丛书集成初编 1170）

本书共 8 卷，据清《小学汇函》本影印。

收藏单位：安徽馆、长春馆、重庆馆、大理馆、大连馆、东北师大馆、广西馆、贵州馆、国家馆、黑龙江馆、湖南馆、惠州馆、江西馆、辽大馆、辽宁馆、辽师大馆、柳州馆、内蒙古馆、宁夏馆、绍兴馆、天津馆、西南大学馆

01016

埤雅 （宋）陆佃撰

上海：商务印书馆，1936.6，3 册（528 页），32 开（丛书集成初编 1171—1173）

本书共 20 卷，据明《五雅全书》本影印。

收藏单位：安徽馆、长春馆、重庆馆、大理馆、大连馆、东北师大馆、广西馆、贵州馆、国家馆、黑龙江馆、湖南馆、惠州馆、江西馆、辽大馆、辽宁馆、辽师大馆、柳州馆、内蒙古馆、宁夏馆、绍兴馆、西南大学馆

01017

骈雅 （明）朱谋㙔撰·**骈字分笺** （清）程际盛纂

上海：商务印书馆，1936.12，116+89 页，32 开（丛书集成初编 1174）

本书为合订书。《骈雅》7卷，据清《借月山房汇钞》本影印;《骈字分笺》2卷，据清《艺海珠尘》本排印。版权页题名:骈雅及其他一种。

收藏单位:安徽馆、长春馆、重庆馆、大理馆、大连馆、大庆馆、东北师大馆、广西馆、贵州馆、国家馆、黑龙江馆、湖南馆、江西馆、辽大馆、辽宁馆、辽师大馆、柳州馆、内蒙古馆、宁夏馆、天津馆、西南大学馆

01018

别雅订 （清）吴玉搢比辑 （清）许瀚校勘·**课业余谈** （清）陶炜述

长沙:商务印书馆,1939.12,64+17页,32开（丛书集成初编 1175）

本书为合订书。《别雅订》5卷，据清《滂喜斋丛书》本排印;《课业余谈》3卷，据清《学海类编》本排印。版权页题名:别雅订及其他一种。

收藏单位:重庆馆、大理馆、东北师大馆、广西馆、国家馆、黑龙江馆、湖南馆、江西馆、辽大馆、辽宁馆、辽师大馆、内蒙古馆、天津馆、西南大学馆

01019

比雅 （清）洪亮吉著·**通诂** （清）李调元学

上海:商务印书馆,1936.6,152+19页,32开（丛书集成初编 1176）

本书为合订书。《比雅》19卷，据清《粤雅堂丛书》本排印;《通诂》2卷，据清《函海》本影印。版权页题名:比雅及其他一种。

收藏单位:安徽馆、长春馆、重庆馆、大理馆、大连馆、东北师大馆、广西馆、贵州馆、国家馆、黑龙江馆、湖南馆、惠州馆、江西馆、辽大馆、辽宁馆、辽师大馆、柳州馆、内蒙古馆、宁夏馆、绍兴馆、天津馆、武大馆、西南大学馆

01020

方言 （汉）扬雄记 （晋）郭璞注

上海:商务印书馆,1936.6,136页,32开

（丛书集成初编 1177）

本书共 13卷，据明《古今逸史》本影印。

收藏单位:安徽馆、长春馆、重庆馆、大理馆、大连馆、东北师大馆、广西馆、贵州馆、国家馆、湖南馆、惠州馆、江西馆、辽大馆、辽师大馆、柳州馆、内蒙古馆、宁夏馆、绍兴馆、西南大学馆

01021

辎轩使者绝代语释别国方言 （汉）扬雄撰（晋）郭璞注 （清）戴震疏证

长沙:商务印书馆,1937.12,2册（326页）,32开（丛书集成初编 1178—1179）

本书共 13卷，据清聚珍版丛书影印。

收藏单位:安徽馆、长春馆、大理馆、大连馆、大庆馆、东北师大馆、广西馆、贵州馆、国家馆、黑龙江馆、江西馆、辽大馆、辽师大馆、内蒙古馆、宁夏馆、西南大学馆

01022

重校方言 （清）丁杰 （清）卢文弨校订

长沙:商务印书馆,1939.12,182+10+18页,32开（丛书集成初编 1180）

本书共 14卷，附校正、补遗，据清《抱经堂丛书》本影印。

收藏单位:重庆馆、大理馆、国家馆、黑龙江馆、湖南馆、江西馆、辽大馆、辽宁馆、辽师大馆、西南大学馆

01023

方言据 （明）岳元声辑·**续方言** （清）杭世骏纂·**续方言补正** （清）程继盛纂

长沙:商务印书馆,1939.12,39+58页,32开（丛书集成初编 1181）

本书为合订书。每种各 2卷，《方言据》据清《学海类编》本排印,《续方言》《续方言补正》据清《艺海珠尘》本排印。版权页题名:方言据及其他二种。

收藏单位:长春馆、重庆馆、大理馆、东北师大馆、广西馆、国家馆、黑龙江馆、湖南馆、辽大馆、辽宁馆、辽师大馆、内蒙古馆、西南大学馆

01024

方言藻 （清）李调元撰·**蜀语** （明）李实撰

上海：商务印书馆，1937.6，21+45 页，32 开（丛书集成初编 1182）

本书为合订书。《方言藻》2 卷，《蜀语》1 卷，均据清《函海》本排印。版权页题名：方言藻及其他一种。

收藏单位：安徽馆、重庆馆、大理馆、大连馆、广西馆、国家馆、黑龙江馆、湖南馆、江西馆、辽大馆、辽宁馆、辽师大馆、内蒙古馆、天津馆、西南大学馆

01025

经典释文 （唐）陆德明撰

上海：商务印书馆，1936.6，18 册（1732 页），32 开（丛书集成初编 1183—1200）

本书共 30 卷，据清《抱经堂丛书》本影印。

收藏单位：安徽馆、长春馆、重庆馆、大理馆、大连馆、东北师大馆、广西馆、贵州馆、国家馆、黑龙江馆、湖南馆、惠州馆、江西馆、辽大馆、辽宁馆、辽师大馆、柳州馆、内蒙古馆、宁夏馆、绍兴馆、西南大学馆

01026

经典释文考证 （清）卢文弨撰

上海：商务印书馆，1935.12，4 册（386 页），32 开（丛书集成初编 1201—1204）

本书共 3 卷，据清《抱经堂丛书》本影印。

收藏单位：安徽馆、长春馆、重庆馆、大理馆、大连馆、东北师大馆、广西馆、贵州馆、国家馆、黑龙江馆、湖南馆、惠州馆、江西馆、辽大馆、辽宁馆、柳州馆、内蒙古馆、宁夏馆、绍兴馆、武大馆、西南大学馆

01027

陆氏经典异文辑 （清）沈淑辑

上海：商务印书馆，1937.6，191 页，32 开（丛书集成初编 1205）

本书共 6 卷，据清《后知不足斋丛书》本影印。

收藏单位：安徽馆、长春馆、重庆馆、大理馆、大连馆、大庆馆、东北师大馆、广西馆、贵州馆、国家馆、黑龙江馆、湖南馆、江西馆、辽大馆、辽宁馆、辽师大馆、柳州馆、内蒙古馆、宁夏馆、天津馆、西南大学馆

01028

陆氏经典异文补 （清）沈淑补

上海：商务印书馆，1937.6，313 页，32 开（丛书集成初编 1206）

本书共 6 卷，据清《后知不足斋丛书》本影印。

收藏单位：安徽馆、长春馆、重庆馆、大理馆、大连馆、东北师大馆、广西馆、贵州馆、国家馆、黑龙江馆、湖南馆、江西馆、辽大馆、辽宁馆、辽师大馆、柳州馆、内蒙古馆、宁夏馆、天津馆、西南大学馆

01029

群经音辨 （宋）贾昌朝撰

长沙：商务印书馆，1939.12，162 页，32 开（丛书集成初编 1208）

本书共 7 卷，据清《畿辅丛书》本影印。

收藏单位：重庆馆、大理馆、广西馆、国家馆、黑龙江馆、湖南馆、江西馆、辽大馆、辽宁馆、辽师大馆、内蒙古馆、天津馆、西南大学馆

01030

事物纪原 （宋）高承撰 （明）李果订

上海：商务印书馆，1937.6，4 册（403 页），32 开（丛书集成初编 1209—1212）

本书共 10 卷，据清《惜阴轩丛书》本排印。

收藏单位：安徽馆、长春馆、重庆馆、大理馆、大连馆、大庆馆、东北师大馆、广西馆、贵州馆、国家馆、黑龙江馆、湖南馆、江西馆、辽大馆、辽宁馆、辽师大馆、内蒙古馆、宁夏馆、西南大学馆

01031

明本排字九经直音

上海：商务印书馆，1937.6，265 页，32 开（丛书集成初编 1213）

　　本书共 2 卷，据清《十万卷楼丛书》本影印。

　　收藏单位：安徽馆、长春馆、重庆馆、大理馆、大连馆、东北师大馆、广西馆、贵州馆、国家馆、黑龙江馆、湖南馆、江西馆、辽大馆、辽宁馆、辽师大馆、柳州馆、内蒙古馆、宁夏馆、天津馆、西南大学馆

01032

五色线　佚名撰·**古音骈字**　（明）杨慎撰·**古音复字**　（明）杨慎撰

长沙：商务印书馆，1940.6，182+62+54 页，32 开（丛书集成初编 1214）

　　本书为合订书。《五色线》2 卷，据明《津逮秘书》本影印；《古音骈字》《古音复字》各 5 卷，均据清《函海》本影印。版权页题名：五色线及其他二种。

　　收藏单位：长春馆、大理馆、东北师大馆、广西馆、国家馆、黑龙江馆、湖南馆、辽大馆、辽师大馆、内蒙古馆、西南大学馆

01033

屈宋古音义　（明）陈第著

上海：商务印书馆，1937.6，270 页，32 开（丛书集成初编 1215）

　　本书共 3 卷，据清《学津讨原》本影印。

　　收藏单位：安徽馆、长春馆、重庆馆、大理馆、大连馆、东北师大馆、广西馆、贵州馆、国家馆、黑龙江馆、湖南馆、江西馆、辽大馆、辽宁馆、辽师大馆、柳州馆、内蒙古馆、宁夏馆、天津馆、西南大学馆

01034

古今事物考　（明）王三聘辑·**询蒭录**

上海：商务印书馆，1936.6，2 册（174+3 页），32 开（丛书集成初编 1216—1217）

　　本书为合订书。《古今事物考》8 卷，据清《续知不足斋丛书》本排印；《询蒭录》1 卷，据明《今献汇言》本排印。版权页题名：古今事物考及其他一种。

　　收藏单位：安徽馆、长春馆、重庆馆、大理馆、大连馆、东北师大馆、广西馆、贵州馆、国家馆、黑龙江馆、湖南馆、惠州馆、江西馆、辽大馆、辽宁馆、辽师大馆、柳州馆、内蒙古馆、宁夏馆、绍兴馆、西南大学馆

01035

恒言录　（清）钱大昕纂

长沙：商务印书馆，1939.12，2 册（170 页），32 开（丛书集成初编 1219—1220）

　　本书共 6 卷，据清《文选楼丛书》本排印。

　　收藏单位：重庆馆、广西馆、国家馆、黑龙江馆、湖南馆、江西馆、辽大馆、辽宁馆、辽师大馆、内蒙古馆、西南大学馆

01036

晏子春秋音义　（清）孙星衍撰

上海：商务印书馆，1937.6，100 页，32 开（丛书集成初编 1221）

　　本书共 2 卷，据清《经训堂丛书》本排印。

　　收藏单位：安徽馆、长春馆、重庆馆、大理馆、大连馆、东北师大馆、广西馆、贵州馆、国家馆、黑龙江馆、湖南馆、江西馆、辽大馆、辽宁馆、辽师大馆、柳州馆、内蒙古馆、宁夏馆、天津馆、西南大学馆

01037

通俗编　（清）翟灏撰

上海：商务印书馆，1937.6，2 册（287 页），32 开（丛书集成初编 1222—1223）

　　本书共 25 卷，据清《函海》本排印。

　　收藏单位：安徽馆、长春馆、重庆馆、大理馆、大连馆、东北师大馆、广西馆、贵州馆、国家馆、黑龙江馆、湖南馆、江西馆、辽大馆、辽宁馆、辽师大馆、柳州馆、内蒙古馆、宁夏馆、西南大学馆

01038

覆宋本重修广韵　（隋）陆法言撰本　（宋）陈彭年等重修·**宋本广韵校札**　（清）黎庶昌

撰

上海：商务印书馆，1936.6，5 册（532+26 页），32 开（丛书集成初编 1224—1228）

本书为合订书。《覆宋本重修广韵》5 卷，《宋本广韵校札》1 卷，均据清《古逸丛书》本影印。版权页题名：覆宋本重修广韵及其他一种。

收藏单位：安徽馆、长春馆、重庆馆、大理馆、大连馆、东北师大馆、广西馆、贵州馆、国家馆、黑龙江馆、湖南馆、惠州馆、江西馆、辽大馆、辽宁馆、辽师大馆、柳州馆、内蒙古馆、宁夏馆、绍兴馆、西南大学馆

01039

覆元泰定本广韵

上海：商务印书馆，1935.12，5 册（366 页），32 开（丛书集成初编 1229—1233）

本书共 5 卷，据清《古逸丛书》本影印。

收藏单位：长春馆、重庆馆、大理馆、大连馆、东北师大馆、广西馆、贵州馆、国家馆、黑龙江馆、湖南馆、惠州馆、江西馆、辽大馆、辽宁馆、辽师大馆、柳州馆、内蒙古馆、宁夏馆、绍兴馆、西南大学馆

01040

切韵指掌图 （宋）司马光撰 （明）邵光祖补正·**切韵指掌图检例** （明）邵光祖撰

上海：商务印书馆，1936.6，80+40 页，32 开（丛书集成初编 1234）

本书为合订书。《切韵指掌图》2 卷，《切韵指掌图检例》1 卷，均据清《墨海金壶》本影印。版权页题名：切韵指掌图及检例。

收藏单位：安徽馆、长春馆、重庆馆、大理馆、大连馆、大庆馆、东北师大馆、广西馆、贵州馆、国家馆、黑龙江馆、湖南馆、江西馆、辽大馆、辽宁馆、辽师大馆、柳州馆、内蒙古馆、宁夏馆、绍兴馆、天津馆、武大馆、西南大学馆

01041

韵补 （宋）吴棫撰

上海：商务印书馆，1936.6，2 册（225 页），

32 开（丛书集成初编 1235—1236）

本书共 5 卷，据清《连筠簃丛书》本影印。

收藏单位：安徽馆、长春馆、重庆馆、大理馆、大连馆、东北师大馆、广西馆、贵州馆、国家馆、黑龙江馆、湖南馆、惠州馆、江西馆、辽大馆、辽宁馆、辽师大馆、柳州馆、内蒙古馆、宁夏馆、绍兴馆、西南大学馆

01042

韵补正 （清）顾炎武撰

上海：商务印书馆，1936.6，70 页，32 开（丛书集成初编 1237）

本书共 2 卷，附《小学韵补考》（谢启昆），据清《连筠簃丛书》本影印。

收藏单位：安徽馆、长春馆、重庆馆、大理馆、大连馆、东北师大馆、广西馆、贵州馆、国家馆、黑龙江馆、湖南馆、惠州馆、江西馆、辽大馆、辽宁馆、辽师大馆、柳州馆、内蒙古馆、宁夏馆、绍兴馆、天津馆、西南大学馆

01043

诗经协韵考异 （宋）辅广学·**九经补韵**（宋）杨伯嵒撰 （清）钱侗考证

上海：商务印书馆，1936.6，20+114 页，32 开（丛书集成初编 1238）

本书为合订书。《诗经协韵考异》1 卷，据清《学海类编》本影印；《九经补韵》2 卷，有附录，据清《汗筠斋丛书》本影印。版权页题名：诗经协韵考异及其他一种。

收藏单位：安徽馆、长春馆、重庆馆、大理馆、大连馆、大庆馆、东北师大馆、广西馆、贵州馆、国家馆、黑龙江馆、湖南馆、惠州馆、江西馆、辽大馆、辽宁馆、辽师大馆、柳州馆、内蒙古馆、宁夏馆、绍兴馆、天津馆、武大馆、西南大学馆

01044

韵镜 （宋）张麟之撰·**词林韵释**

上海：商务印书馆，1936.12，90+184 页，32 开（丛书集成初编 1239）

本书为合订书。《韵镜》1卷，据清《古逸丛书》本影印；《词林韵释》2卷，据清《粤雅堂丛书》本影印。版权页题名：韵镜及其他一种。

收藏单位：安徽馆、长春馆、重庆馆、大理馆、大连馆、东北师大馆、广东馆、广西馆、贵州馆、国家馆、黑龙江馆、湖南馆、江西馆、辽大馆、辽宁馆、辽师大馆、柳州馆、内蒙古馆、宁夏馆、天津馆、西南大学馆

01045

四声等子　佚名撰·**诗音辩略**　（明）杨贞一著

上海：商务印书馆，1937.6，57+38 页，32 开（丛书集成初编 1240）

本书为合订书。《四声等子》1卷，据清《咫进斋丛书》本影印；《诗音辩略》2卷，据清《函海》本影印。版权页题名：四声等子及其他一种。

收藏单位：安徽馆、重庆馆、大理馆、大连馆、东北师大馆、广西馆、国家馆、黑龙江馆、湖南馆、江西馆、辽大馆、辽宁馆、辽师大馆、内蒙古馆、天津馆、西南大学馆

01046

古音略例·古音余·古音附录　（明）杨慎撰

上海：商务印书馆，1936.12，42+96+32 页，32 开（丛书集成初编 1242）

本书为合订书。《古音略例》1卷，《古音余》5卷，《古音附录》1卷，均据清《函海》本影印。版权页题名：古音略例及其他二种。

收藏单位：安徽馆、长春馆、重庆馆、大理馆、大连馆、东北师大馆、广西馆、贵州馆、国家馆、黑龙江馆、湖南馆、江西馆、辽大馆、辽师大馆、柳州馆、内蒙古馆、宁夏馆、绍兴馆、天津馆、西南大学馆

01047

转注古音略·奇字韵　（明）杨慎撰

上海：商务印书馆，1937.6，194+70 页，32 开（丛书集成初编 1243）

本书为合订书。《转注古音略》6卷、附《古音后语》，《奇字韵》5卷，均据清《函海》本影印。版权页题名：转注古音略及其他一种。

收藏单位：安徽馆、重庆馆、大理馆、大连馆、大庆馆、东北师大馆、广西馆、贵州馆、国家馆、黑龙江馆、湖南馆、江西馆、辽大馆、辽宁馆、辽师大馆、柳州馆、内蒙古馆、宁夏馆、天津馆、西南大学馆

01048

重斠唐韵考　（清）纪容舒著　（清）钱熙祚斠　（清）钱恂重斠

上海：商务印书馆，1936.6，408 页，32 开（丛书集成初编 1246）

本书共 5 卷，据清《畿辅丛书》本影印。

收藏单位：安徽馆、长春馆、重庆馆、大理馆、大连馆、东北师大馆、广西馆、贵州馆、国家馆、黑龙江馆、湖南馆、惠州馆、江西馆、辽大馆、辽宁馆、辽师大馆、柳州馆、内蒙古馆、宁夏馆、绍兴馆、西南大学馆

01049

古韵标准　（清）江永编　（清）戴震参定

上海：商务印书馆，1936.6，2 册（292 页），32 开（丛书集成初编 1247—1248）

本书共 4 卷，据清《贷园丛书》本影印。

收藏单位：安徽馆、长春馆、重庆馆、大理馆、大连馆、东北师大馆、广西馆、贵州馆、国家馆、黑龙江馆、湖南馆、惠州馆、江西馆、辽大馆、辽宁馆、辽师大馆、柳州馆、内蒙古馆、宁夏馆、绍兴馆、西南大学馆

01050

四声切韵表　（清）江永编

上海：商务印书馆，1936.6，110 页，32 开（丛书集成初编 1249）

本书共 1 卷，据清《贷园丛书》本影印。

收藏单位：安徽馆、长春馆、重庆馆、大理馆、大连馆、东北师大馆、广西馆、贵州馆、国家馆、黑龙江馆、湖南馆、惠州馆、江西馆、辽大馆、辽宁馆、辽师大馆、柳州馆、内蒙古馆、宁夏馆、绍兴馆、天津馆、

西南大学馆

01051

音学辨微 （清）江永撰·**声韵考** （清）戴震撰

长沙：商务印书馆，1940.12，96+92 页，32 开（丛书集成初编 1250）

本书为合订书。《音学辨微》2 卷，有附录，据清《借月山房汇钞》本影印；《声韵考》4 卷，据清《贷园丛书》本影印。版权页题名：音学辨微及其他一种。

收藏单位：长春馆、大理馆、东北师大馆、广西馆、国家馆、黑龙江馆、湖南馆、辽大馆、辽宁馆、辽师大馆、山西馆、西南大学馆

01052

审定风雅遗音 （清）史荣撰本 （清）纪昀审定

上海：商务印书馆，1936.6，147 页，32 开（丛书集成初编 1251）

本书共 2 卷，据清《畿辅丛书》本影印。

收藏单位：安徽馆、长春馆、重庆馆、大理馆、大连馆、大庆馆、东北师大馆、广西馆、贵州馆、国家馆、黑龙江馆、湖南馆、惠州馆、江西馆、辽大馆、辽宁馆、辽师大馆、柳州馆、内蒙古馆、宁夏馆、绍兴馆、天津馆、西南大学馆

01053

沈氏四声考 （清）纪昀撰

上海：商务印书馆，1936.6，163 页，32 开（丛书集成初编 1252）

本书共 2 卷，据清《畿辅丛书》本影印。

收藏单位：安徽馆、长春馆、重庆馆、大理馆、大连馆、东北师大馆、广西馆、贵州馆、国家馆、黑龙江馆、湖南馆、惠州馆、江西馆、辽大馆、辽宁馆、辽师大馆、柳州馆、内蒙古馆、宁夏馆、绍兴馆、天津馆、西南大学馆

01054

声类 （清）钱大昕述

长沙：商务印书馆，1939.12，90 页，32 开（丛书集成初编 1253）

本书共 4 卷，据清《粤雅堂丛书》本影印。

收藏单位：重庆馆、大理馆、国家馆、黑龙江馆、湖南馆、江西馆、辽大馆、辽宁馆、辽师大馆、天津馆

01055

十三经音略 （清）周春学·**楚辞辨韵** （清）陈昌齐撰

上海：商务印书馆，1936.6，3 册（674+32+14 页），32 开（丛书集成初编 1255—1257）

本书为合订书。《十三经音略》14 卷，有附录，据清《粤雅堂丛书》本影印；《楚辞辨韵》1 卷，据清《岭南遗书》本影印。版权页题名：十三经音略及其他一种。

收藏单位：安徽馆、长春馆、重庆馆、大理馆、大连馆、东北师大馆、广西馆、贵州馆、国家馆、黑龙江馆、湖南馆、惠州馆、江西馆、辽大馆、辽宁馆、辽师大馆、柳州馆、内蒙古馆、宁夏馆、绍兴馆、武大馆、西南大学馆

01056

歌麻古韵考 （清）苗夔补注

上海：商务印书馆，1936.6，302 页，32 开（丛书集成初编 1258）

本书共 2 卷，据清《畿辅丛书》本影印。

收藏单位：安徽馆、长春馆、重庆馆、大理馆、大连馆、东北师大馆、广西馆、贵州馆、国家馆、黑龙江馆、湖南馆、惠州馆、江西馆、辽大馆、辽宁馆、辽师大馆、柳州馆、内蒙古馆、宁夏馆、绍兴馆、天津馆、西南大学馆

01057

古韵论 （清）胡秉虔著·**伸顾** （清）易本烺撰·**古今韵考** （清）李因笃 （清）杨传第校正 （清）王祖源附录

上海：商务印书馆，1936.6，70+62+58 页，32 开（丛书集成初编 1259）

本书为合订书。《古韵论》3 卷，据清

《潃喜斋丛书》本影印;《伸顾》2卷,附札记,据清《湖北丛书》本影印;《古今韵考》6卷,有附记、切韵法,据清《天壤阁丛书》本影印。版权页题名:古韵论及其他二种。

收藏单位:安徽馆、重庆馆、大理馆、大连馆、东北师大馆、广西馆、贵州馆、国家馆、黑龙江馆、湖南馆、惠州馆、江西馆、辽大馆、辽宁馆、辽师大馆、柳州馆、内蒙古馆、宁夏馆、绍兴馆、天津馆、西南大学馆

01058
虚字说 (清)袁仁林著·**经传释词** (清)王引之撰
长沙:商务印书馆,1939.12,48+168 页,32 开(丛书集成初编 1260)

本书为合订书。《虚字说》1卷,据清《惜阴轩丛书》本排印;《经传释词》10卷,据清《守山阁丛书》本排印。版权页题名:虚字说及其他一种。

收藏单位:安徽馆、大理馆、东北师大馆、广西馆、国家馆、黑龙江馆、湖南馆、辽大馆、辽宁馆、辽师大馆、西南大学馆

01059
西番译语
上海:商务印书馆,1936.6,52 页,32 开(丛书集成初编 1261)

本书共 1 卷,据清《龙威秘书》本影印。

收藏单位:安徽馆、长春馆、重庆馆、大理馆、大连馆、东北师大馆、广西馆、贵州馆、国家馆、黑龙江馆、湖南馆、惠州馆、江西馆、辽大馆、辽宁馆、辽师大馆、柳州馆、内蒙古馆、宁夏馆、绍兴馆、天津馆、西南大学馆

自然科学类

01060
周髀算经 (汉)赵爽注 (北周)甄鸾重述 (唐)李淳风释 (唐)李籍音义·**周髀算经述** (清)冯经撰

上海:商务印书馆,1937.6,109+13 页,32 开(丛书集成初编 1262)

本书为合订书。《周髀算经》3卷,附音义,据清聚珍版丛书本影印;《周髀算经述》1卷,据清《岭南遗书》本排印。版权页题名:周髀算经及其他一种。

收藏单位:安徽馆、重庆馆、大理馆、大连馆、东北师大馆、广西馆、贵州馆、国家馆、黑龙江馆、湖南馆、江西馆、辽大馆、辽宁馆、辽师大馆、柳州馆、内蒙古馆、宁夏馆、天津馆、西南大学馆

01061
九章算术 (晋)刘徽注 (唐)李淳风注释
上海:商务印书馆,1936.12,189 页,32 开(丛书集成初编 1263)

本书共 10 卷,附音义,据清聚珍版丛书本影印。

收藏单位:安徽馆、长春馆、重庆馆、大理馆、大连馆、东北师大馆、广西馆、贵州馆、国家馆、黑龙江馆、湖南馆、江西馆、辽大馆、辽宁馆、辽师大馆、柳州馆、南京馆、内蒙古馆、宁夏馆、绍兴馆、天津馆、西南大学馆

01062
详解九章算法 (宋)杨辉撰·**详解九章算法札记** (清)宋景昌撰
上海:商务印书馆,1936.6,2 册(111+42+33 页),32 开(丛书集成初编 1264—1265)

本书为合订书。《详解九章算法》2卷,《详解九章算法札记》1卷,均据清《宜稼堂丛书》本排印。版权页题名:详解九章算法及其他一种。

收藏单位:安徽馆、长春馆、重庆馆、大理馆、大连馆、东北师大馆、广西馆、贵州馆、国家馆、黑龙江馆、湖南馆、惠州馆、江西馆、辽大馆、辽宁馆、辽师大馆、柳州馆、内蒙古馆、西南大学馆

01063
孙子算经 (唐)李淳风注释·**数术记遗** (汉)徐岳撰 (北周)甄鸾注·**五曹算经**

李淳风注释·夏侯阳算经 （隋）夏侯阳撰

长沙：商务印书馆，1939.12，[109]页，32开（丛书集成初编1266）

　　本书为合订书。《孙子算经》3卷，据清聚珍版丛书本排印；《数术记遗》1卷，据明《秘册汇函》本影印；《五曹算经》5卷，《夏侯阳算经》3卷，均据清聚珍版丛书本排印。版权页题名：孙子算经及其他三种。

　　收藏单位：安徽馆、大理馆、东北师大馆、广西馆、国家馆、黑龙江馆、湖南馆、辽大馆、辽宁馆、辽师大馆、内蒙古馆、西南大学馆

01064

张丘建算经 （北周）甄鸾注经 （唐）李淳风注释 （唐）刘孝孙细草·**五经算术** （北周）甄鸾撰 （唐）李淳风注

长沙：商务印书馆，1939.12，56+37页，32开（丛书集成初编1267）

　　本书为合订书。《张丘建算经》3卷，据清《知不足斋丛书》本排印；《五经算术》2卷，据清聚珍版丛书本排印。版权页题名：张丘建算经及其他一种。

　　收藏单位：重庆馆、大理馆、广西馆、国家馆、黑龙江馆、湖南馆、江西馆、辽大馆、辽宁馆、辽师大馆、内蒙古馆、天津馆、西南大学馆

01065

缉古算经 （唐）王孝通撰并注 （清）张敦仁细草

长沙：商务印书馆，1939.12，134页，32开（丛书集成初编1268）

　　本书共3卷，附细草，据清《知不足斋丛书》本影印。

　　收藏单位：大理馆、东北师大馆、广西馆、国家馆、黑龙江馆、湖南馆、江西馆、辽大馆、辽宁馆、辽师大馆、柳州馆、内蒙古馆、天津馆、西南大学馆

01066

数书九章 （宋）秦九韶著

上海：商务印书馆，1936.6，5册（473页），

32开（丛书集成初编1269—1273）

　　本书共18卷，附考，据清《宜稼堂丛书》本排印。

　　收藏单位：安徽馆、长春馆、重庆馆、大理馆、大连馆、东北师大馆、广西馆、贵州馆、国家馆、黑龙江馆、湖南馆、惠州馆、江西馆、辽大馆、辽宁馆、辽师大馆、柳州馆、内蒙古馆、宁夏馆、绍兴馆、西南大学馆

01067

数书九章札记 （清）宋景昌撰

上海：商务印书馆，1936.6，2册（153页），32开（丛书集成初编1274—1275）

　　本书共4卷，据清《宜稼堂丛书》本排印。

　　收藏单位：安徽馆、长春馆、重庆馆、大理馆、大连馆、东北师大馆、广西馆、贵州馆、国家馆、黑龙江馆、湖南馆、惠州馆、江西馆、辽大馆、辽宁馆、辽师大馆、柳州馆、内蒙古馆、宁夏馆、绍兴馆、西南大学馆

01068

田亩比类乘除捷法·续古摘奇算法 （宋）杨辉集

长沙：商务印书馆，1939.12，54+21页，32开（丛书集成初编1276）

　　本书为合订书。《田亩比类乘除捷法》2卷，《续古摘奇算法》1卷，均据清《宜稼堂丛书》本排印。版权页题名：田亩比类乘除捷法及其他一种。

　　收藏单位：重庆馆、大理馆、国家馆、黑龙江馆、湖南馆、江西馆、辽大馆、辽宁馆、辽师大馆、天津馆、西南大学馆

01069

测圆海镜细草 （元）李冶撰

上海：商务印书馆，1935.12，2册（203页），32开（丛书集成初编1277—1278）

　　本书共12卷，据清《知不足斋丛书》本排印。

　　收藏单位：安徽馆、重庆馆、大理馆、大

连馆、东北师大馆、广西馆、贵州馆、国家
馆、黑龙江馆、湖南馆、惠州馆、江西馆、
辽大馆、辽宁馆、柳州馆、内蒙古馆、宁夏
馆、绍兴馆、西南大学馆

01070

益古演段 （元）李冶撰

上海：商务印书馆，1936.12，109 页，32 开
（丛书集成初编 1279）

本书共 1 卷，据清《知不足斋丛书》本
排印。

收藏单位：安徽馆、长春馆、重庆馆、大
理馆、大连馆、大庆馆、东北师大馆、广西
馆、国家馆、黑龙江馆、湖南馆、江西馆、
辽大馆、辽宁馆、柳州馆、内蒙古馆、宁夏
馆、绍兴馆、天津馆、西南大学馆

01071

丁巨算法 （元）丁巨撰·**同文算指前编**
（意）利玛窦授 （明）李之藻演

上海：商务印书馆，1936.12，19+143 页，32
开（丛书集成初编 1280）

本书为合订书。《丁巨算法》1 卷，据清
《知不足斋丛书》本排印；《同文算指前编》2
卷，据清《海山仙馆丛书》本影印。版权页
题名：丁巨算法及其他一种。

收藏单位：安徽馆、重庆馆、大理馆、大
连馆、大庆馆、东北师大馆、广西馆、贵州
馆、国家馆、黑龙江馆、湖南馆、江西馆、
辽大馆、辽宁馆、辽师大馆、柳州馆、内蒙
古馆、宁夏馆、绍兴馆、西南大学馆

01072

同文算指通编 （意）利玛窦授 （明）李之
藻演

上海：商务印书馆，1936.12，2 册（618 页），
32 开（丛书集成初编 1281—1282）

本书共 8 卷，据清《海山仙馆丛书》本
影印。

收藏单位：安徽馆、长春馆、重庆馆、大
理馆、大连馆、大庆馆、东北师大馆、广西
馆、贵州馆、国家馆、黑龙江馆、湖南馆、
江西馆、辽大馆、辽宁馆、辽师大馆、柳州

馆、内蒙古馆、宁夏馆、绍兴馆、西南大学
馆

01073

弧矢算术细草 （清）李锐学·**勾股截积和较
算术** （清）罗士琳撰

上海：商务印书馆，1937.6，8+73 页，32 开
（丛书集成初编 1283）

本书为合订书。《弧矢算术细草》1 卷，
据清《知不足斋丛书》本排印；《勾股截积和
较算术》2 卷，据清《连筠簃丛书》本排印。
版权页题名：弧矢算术细草及其他一种。

收藏单位：安徽馆、重庆馆、大理馆、大
连馆、广西馆、国家馆、黑龙江馆、湖南馆、
江西馆、辽大馆、辽宁馆、辽师大馆、柳州
馆、内蒙古馆、天津馆、西南大学馆

01074

算迪 （清）何梦瑶撰

上海：商务印书馆，1935.12，7 册（651 页），
32 开（丛书集成初编 1284—1290）

本书共 8 卷，据清《岭南遗书》本排印。

收藏单位：安徽馆、长春馆、重庆馆、大
理馆、大连馆、东北师大馆、广西馆、贵州
馆、国家馆、黑龙江馆、湖南馆、惠州馆、
江西馆、辽大馆、辽宁馆、辽师大馆、柳州
馆、内蒙古馆、宁夏馆、绍兴馆、西南大学
馆

01075

算略 （清）冯经撰·**杨辉算法札记** （清）
宋景昌撰·**务民义斋算学** （清）徐有壬学

上海：商务印书馆，1937.12，10+28+110 页，
32 开（丛书集成初编 1291）

本书为合订书。《算略》1 卷，据清《岭
南遗书》本排印；《杨辉算法札记》1 卷，据
清《宜稼堂丛书》本排印；《务民义斋算学》
11 卷，据清《咫进斋丛书》本排印。版权页
题名：算略及其他二种。

收藏单位：安徽馆、重庆馆、大理馆、大
连馆、广西馆、国家馆、黑龙江馆、湖南馆、
江西馆、辽大馆、辽宁馆、辽师大馆、内蒙
古馆、天津馆、西南大学馆

01076

算法通变本末 （宋）杨辉编集·**乘除通变算宝** （宋）杨辉编集·**法算取用本末** （宋）杨辉 （宋）史仲荣编集·**透帘细草**

上海：商务印书馆，1936.6，14+16+26+20 页，32 开（丛书集成初编 1292）

本书为合订书。每种各 1 卷，《算法通变本末》《乘除通变算宝》《法算取用本末》据清《宜稼堂丛书》本排印，《透帘细草》据清《知不足斋丛书》本排印。版权页题名：算法通变本末及其他三种。

收藏单位：安徽馆、重庆馆、大理馆、大连馆、大庆馆、东北师大馆、广西馆、贵州馆、国家馆、黑龙江馆、湖南馆、惠州馆、江西馆、辽大馆、辽宁馆、辽师大馆、柳州馆、内蒙古馆、宁夏馆、天津馆、西南大学馆

01077

对数简法·续对数简法·假数测圆 （清）戴煦撰

长沙：商务印书馆，1939.12，48+34+42 页，32 开（丛书集成初编 1293）

本书为合订书。《对数简法》2 卷，《续对数简法》1 卷，《假数测圆》2 卷，均据清《粤雅堂丛书》本排印。版权页题名：对数简法及其他二种。

收藏单位：重庆馆、大理馆、广西馆、国家馆、黑龙江馆、湖南馆、江西馆、辽大馆、辽宁馆、辽师大馆、天津馆、西南大学馆

01078

几何原本 （意）利玛窦口译 （明）徐光启笔受

长沙：商务印书馆，1939.12，4 册（356 页），32 开（丛书集成初编 1294—1297）

本书共 6 卷，据清《海山仙馆丛书》本排印。

收藏单位：重庆馆、大理馆、广西馆、国家馆、黑龙江馆、湖南馆、江西馆、辽大馆、辽宁馆、辽师大馆、内蒙古馆、西南大学馆

01079

外切密率 （清）戴煦撰

上海：商务印书馆，1936.12，84 页，32 开（丛书集成初编 1299）

本书共 4 卷，据清《粤雅堂丛书》本影印。

收藏单位：安徽馆、长春馆、重庆馆、大理馆、大连馆、东北师大馆、广西馆、贵州馆、国家馆、黑龙江馆、湖南馆、江西馆、辽大馆、辽宁馆、辽师大馆、柳州馆、内蒙古馆、宁夏馆、山西馆、绍兴馆、天津馆、西南大学馆

01080

海岛算经 （晋）刘徽撰 （唐）李淳风注·**测量法义** （意）利玛窦口授 （明）徐光启笔受·**测量异同** （明）徐光启撰·**勾股义** （明）徐光启撰·**王制里亩算法解** （清）谈泰著·**王制井田算法解** （清）谈泰著·**礼记义疏算法解** （清）谈泰著

长沙：商务印书馆，1939.12，[77] 页，32 开（丛书集成初编 1301）

本书为合订书。每种各 1 卷，《海岛算经》据清聚珍版丛书本排印，《测量法义》《测量异同》《勾股义》均据清《指海》本排印，《王制里亩算法解》《王制井田算法解》《礼记义疏算法解》均据清《金陵丛刻》本排印。版权页题名：海岛算经及其他六种。

收藏单位：安徽馆、大理馆、国家馆、黑龙江馆、湖南馆、江西馆、辽大馆、辽师大馆、内蒙古馆、西南大学馆

01081

新仪象法要 （宋）苏颂撰 （清）钱熙祚校

上海：商务印书馆，1937.6，134 页，32 开（丛书集成初编 1302）

本书共 3 卷，据清《守山阁丛书》本影印。

收藏单位：安徽馆、长春馆、大理馆、大连馆、大庆馆、东北师大馆、甘肃馆、广西馆、贵州馆、国家馆、黑龙江馆、湖南馆、江西馆、辽大馆、辽宁馆、辽师大馆、柳州馆、内蒙古馆、宁夏馆、天津馆、西南大学馆

01082

浑盖通宪图说 （明）李之藻撰·**简平仪说** （意）熊三拔撰

上海：商务印书馆，1936.12，150+48 页，32 开（丛书集成初编 1303）

本书为合订书。《浑盖通宪图说》2 卷，《简平仪说》1 卷，均据清《守山阁丛书》本影印。版权页题名：浑盖通宪图说及其他一种。

收藏单位：安徽馆、重庆馆、大理馆、大连馆、东北师大馆、广西馆、贵州馆、国家馆、黑龙江馆、湖南馆、江西馆、辽大馆、辽宁馆、辽师大馆、柳州馆、内蒙古馆、宁夏馆、绍兴馆、天津馆、西南大学馆

01083

六经天文编 （宋）王应麟著

上海：商务印书馆，1936.12，106 页，32 开（丛书集成初编 1304）

本书共 2 卷，据清《学津讨原》本排印。

收藏单位：安徽馆、长春馆、重庆馆、大理馆、大连馆、大庆馆、东北师大馆、广西馆、贵州馆、国家馆、黑龙江馆、湖南馆、江西馆、辽大馆、辽宁馆、辽师大馆、柳州馆、内蒙古馆、宁夏馆、绍兴馆、天津馆、西南大学馆

01084

天问略 （葡）阳玛诺答

上海：商务印书馆，1936.12，105 页，32 开（丛书集成初编 1305）

本书共 1 卷，据清《艺海珠尘》本影印。

收藏单位：安徽馆、长春馆、重庆馆、大理馆、大连馆、东北师大馆、广西馆、贵州馆、国家馆、黑龙江馆、湖南馆、江西馆、辽大馆、辽宁馆、辽师大馆、柳州馆、内蒙古馆、宁夏馆、绍兴馆、天津馆、西南大学馆

01085

远镜说 （德）汤若望纂·**星经** （汉）甘公 （汉）石申著·**星象考** （宋）邹淮著·**经天该** （意）利玛窦纂

上海：商务印书馆，1936.12，[154] 页，32 开（丛书集成初编 1308）

本书为合订书。《远镜说》1 卷，据清《艺海珠尘》本影印；《星经》2 卷，据明《汉魏丛书》本影印；《星象考》1 卷，据清《学海类编》本排印；《经天该》1 卷，据清《艺海珠尘》本影印。版权页题名：远镜说及其他三种。

收藏单位：安徽馆、重庆馆、大理馆、大连馆、东北师大馆、广西馆、贵州馆、国家馆、黑龙江馆、湖南馆、江西馆、辽大馆、辽宁馆、辽师大馆、柳州馆、宁夏馆、绍兴馆、天津馆、西南大学馆

01086

中西经星同异考 （清）梅文鼎撰·**史记天官书补目** （清）孙星衍撰

长沙：商务印书馆，1939.12，54+17 页，32 开（丛书集成初编 1309）

本书为合订书。《中西经星同异考》1 卷，据清《指海》本排印；《史记天官书补目》1 卷，据清《史学丛书》本排印。版权页题名：中西经星同异考及其他一种。

收藏单位：大理馆、广西馆、国家馆、黑龙江馆、湖南馆、江西馆、辽大馆、辽宁馆、辽师大馆、内蒙古馆、天津馆、西南大学馆

01087

交食经 （明）张寀臣指授 （明）欧阳斌元著法·**春秋日食质疑** （清）吴守一撰·**正朔考** （宋）魏了翁著·**戊申立春考证** （明）邢云路订

上海：商务印书馆，1936.12，[121] 页，32 开（丛书集成初编 1310）

本书为合订书。《交食经》4 卷，据清《豫章丛书》本影印；《春秋日食质疑》1 卷，据清《学海类编》本排印；《正朔考》1 卷，据明《宝颜堂秘笈》本排印；《戊申立春考证》1 卷，据明《宝颜堂秘笈》本排印。版权页题名：交食经及其他三种。

收藏单位：安徽馆、重庆馆、大理馆、大连馆、东北师大馆、广西馆、贵州馆、国家馆、黑龙江馆、湖南馆、江西馆、辽大馆、

辽宁馆、辽师大馆、柳州馆、内蒙古馆、宁夏馆、绍兴馆、天津馆、西南大学馆

01088

古今律历考 （明）邢云路辑·**春秋春王正月考** （明）张以宁述·**春秋春王正月考辨疑** （明）张以宁述

上海：商务印书馆，1936.6，13册（1205+39+21页），32开（丛书集成初编1311—1323）

　　本书为合订书。《古今律历考》72卷，据清《畿辅丛书》本排印；《春秋春王正月考》1卷，《春秋春王正月考辨疑》1卷，均据清《艺海珠尘》本排印。版权页题名：古今律历考及其他二种。

　　收藏单位：安徽馆、长春馆、重庆馆、大理馆、大连馆、东北师大馆、广西馆、贵州馆、国家馆、河南馆、黑龙江馆、湖南馆、惠州馆、江西馆、辽大馆、辽宁馆、辽师大馆、柳州馆、内蒙古馆、宁夏馆、绍兴馆、西南大学馆

01089

晓庵新法 （清）王锡阐撰

上海：商务印书馆，1936.12，121页，32开（丛书集成初编1324）

　　本书共6卷，据清《守山阁丛书》本排印。

　　收藏单位：安徽馆、长春馆、重庆馆、大理馆、大连馆、东北师大馆、广西馆、贵州馆、国家馆、黑龙江馆、湖南馆、江西馆、辽大馆、辽宁馆、辽师大馆、柳州馆、内蒙古馆、宁夏馆、绍兴馆、天津馆、西南大学馆

01090

五星行度解 （清）王锡阐撰 （清）钱熙祚校·**历学答问** （清）梅文鼎纂·**历学疑问补** （清）梅文鼎纂·**二仪铭补注** （清）梅文鼎纂

长沙：商务印书馆，1939.12，[76]页，32开（丛书集成初编1325）

　　本书为合订书。《五星行度解》1卷，据清《守山阁丛书》本排印；《历学答问》1卷，《历学疑问补》2卷，《二仪铭补注》1卷，均据清《艺海珠尘》本排印。版权页题名：五星行度解及其他三种。

　　收藏单位：大理馆、广西馆、国家馆、黑龙江馆、湖南馆、江西馆、辽大馆、辽宁馆、辽师大馆、内蒙古馆、天津馆、西南大学馆

01091

天步真原 （清）薛凤祚撰·**春秋夏正** （清）胡天游学

上海：商务印书馆，1936.12，18+69页，32开（丛书集成初编1326）

　　本书为合订书。《天步真原》1卷，据清《指海》本排印；《春秋夏正》2卷，据清《式训堂丛书》本排印。版权页题名：天步真原及其他一种。

　　收藏单位：安徽馆、重庆馆、大理馆、大连馆、大庆馆、东北师大馆、广西馆、贵州馆、国家馆、黑龙江馆、湖南馆、江西馆、辽师大馆、柳州馆、内蒙古馆、宁夏馆、绍兴馆、天津馆、西南大学馆

01092

推步法解 （清）江永撰

上海：商务印书馆，1936.12，129页，32开（丛书集成初编1327）

　　本书共5卷，据清《守山阁丛书》本排印。

　　收藏单位：安徽馆、长春馆、重庆馆、大理馆、大连馆、东北师大馆、广西馆、贵州馆、国家馆、黑龙江馆、湖南馆、江西馆、辽大馆、辽宁馆、辽师大馆、柳州馆、内蒙古馆、宁夏馆、绍兴馆、天津馆、西南大学馆

01093

数学 （清）江永撰

上海：商务印书馆，1936.12，2册（415页），32开（丛书集成初编1328—1329）

　　本书共9卷，据清《守山阁丛书》本影印。

　　收藏单位：安徽馆、长春馆、重庆馆、大理馆、大连馆、大庆馆、东北师大馆、广西

馆、贵州馆、国家馆、黑龙江馆、湖南馆、
江西馆、辽大馆、辽宁馆、辽师大馆、柳州
馆、内蒙古馆、宁夏馆、西南大学馆

01094

春秋或辩 （清）许之獬纂 · **礼记天算释**
（清）孔广牧撰 · **虞书命羲和章解** （清）曾
钊撰

长沙：商务印书馆，1939.12，11+23+19 页，
32 开（丛书集成初编 1332）

本书为合订书，每种各 1 卷。《春秋或
辩》据清《艺海珠尘》本排印，《礼记天算
释》据清《咫进斋丛书》本排印，《虞书命羲
和章解》据清《岭南遗书》本排印。版权页
题名：春秋或辩及其他二种。

收藏单位：大理馆、国家馆、黑龙江馆、
湖南馆、辽大馆、辽宁馆、辽师大馆、内蒙
古馆、西南大学馆

01095

太岁超辰表 （清）汪曰桢学

上海：商务印书馆，1936.12，162 页，32 开
（丛书集成初编 1333）

本书共 3 卷，据清《式训堂丛书》本影
印。

收藏单位：安徽馆、长春馆、重庆馆、大
理馆、大连馆、东北师大馆、广西馆、贵州
馆、国家馆、黑龙江馆、湖南馆、江西馆、
辽大馆、辽宁馆、辽师大馆、柳州馆、内蒙
古馆、宁夏馆、绍兴馆、天津馆、西南大学
馆

01096

海潮说 （清）周春纂 · **海潮辑说** （清）俞
思谦纂 · **地球图说** （法）蒋友仁 (P. Benoist
Michel) 译 （清）钱大昕等修改 · **地球图说
补图** （清）阮元撰

上海：商务印书馆，1937.12，[103] 页，32 开
（丛书集成初编 1334）

本书为合订书。《海潮说》3 卷，《海潮辑
说》2 卷，均据清《艺海珠尘》本排印；《地
球图说》1 卷，《地球图说补图》1 卷，均据
清《文选楼丛书》本排印。版权页题名：海潮

说及其他三种。

收藏单位：安徽馆、重庆馆、大理馆、大
连馆、广西馆、国家馆、黑龙江馆、湖南馆、
江西馆、辽大馆、辽宁馆、辽师大馆、内蒙
古馆、天津馆、西南大学馆

01097

夏小正笺 （汉）戴德传 （清）李调元
注 · **夏小正戴氏传** （宋）傅崧卿注 · **夏小正
考注** （清）毕沅撰 · **夏小正传** （清）孙星
衍校

长沙：商务印书馆，1937.12，[110] 页，32 开
（丛书集成初编 1335）

本书为合订书。《夏小正笺》1 卷，据清
《函海》本排印；《夏小正戴氏传》4 卷，附校
录，据清《士礼居丛书》本排印；《夏小正考
注》1 卷，据清《经训堂丛书》本影印；《夏
小正传》2 卷，据清《岱南阁丛书》本排印。
版权页题名：夏小正笺及其他三种。

收藏单位：安徽馆、重庆馆、大理馆、大
连馆、东北师大馆、广西馆、贵州馆、国家
馆、湖南馆、江西馆、辽大馆、辽宁馆、辽
师大馆、内蒙古馆、宁夏馆、天津馆、西南
大学馆

01098

夏小正正义 （清）王筠撰

上海：商务印书馆，1936.12，57 页，32 开
（丛书集成初编 1336）

本书共 1 卷，据清《天壤阁丛书》本排
印。

收藏单位：安徽馆、重庆馆、大理馆、大
连馆、大庆馆、东北师大馆、广西馆、贵州
馆、国家馆、黑龙江馆、湖南馆、江西馆、
辽大馆、辽宁馆、辽师大馆、柳州馆、内蒙
古馆、宁夏馆、绍兴馆、天津馆、西南大学
馆

01099

夏小正经传集解 （清）顾凤藻辑 · **夏小正解**
（清）徐世溥著 · **唐月令注** （清）茆泮林
辑 · **月令七十二候集解** （元）吴澄著 · **月令
气候图说** （清）李调元撰

上海：商务印书馆，1936.12，1 册 [108] 页，32 开（丛书集成初编 1337）

本书为合订书。《夏小正传经集解》4 卷，据清《士礼居丛书》本排印；《夏小正解》2 卷，附《徐本夏小正举异》，据清《豫章丛书》本排印；《唐月令注》2 卷，据清《十种古逸书》本排印；《月令七十二候集解》1 卷，据清《学海类编》本排印；《月令气候图说》1 卷，据清《函海》本排印。版权页题名：夏小正经传集解及其他四种。

收藏单位：重庆馆、大理馆、大连馆、大庆馆、东北师大馆、贵州馆、国家馆、黑龙江馆、湖南馆、江西馆、辽大馆、辽师大馆、柳州馆、内蒙古馆、宁夏馆、绍兴馆、西南大学馆

01100

玉烛宝典　（隋）杜台卿撰·**赏心乐事**　（宋）张鉴著·**四时宜忌**　（元）瞿祐著·**七十二候考**　（清）曹仁虎纂

长沙：商务印书馆，1939.12，2 册（[483] 页），32 开（丛书集成初编 1338—1339）

本书为合订书。《玉烛宝典》12 卷，据清《古逸丛书》本影印；《赏心乐事》1 卷，《四时宜忌》1 卷，据清《学海类编》本排印；《七十二候考》1 卷，据清《艺海珠尘》本排印。版权页题名：玉烛宝典及其他三种。

收藏单位：安徽馆、长春馆、重庆馆、大理馆、大连馆、东北师大馆、广西馆、贵州馆、国家馆、黑龙江馆、湖南馆、江西馆、辽大馆、辽宁馆、辽师大馆、柳州馆、内蒙古馆、宁夏馆、西南大学馆

01101

镜镜詅痴　（清）郑复光著

上海：商务印书馆，1936.12，89 页，32 开（丛书集成初编 1340）

本书共 5 卷，据清《连筠簃丛书》本影印。

收藏单位：安徽馆、长春馆、重庆馆、大理馆、大连馆、大庆馆、东北师大馆、广西馆、贵州馆、国家馆、黑龙江馆、湖南馆、江西馆、辽大馆、辽宁馆、辽师大馆、柳州

馆、内蒙古馆、宁夏馆、绍兴馆、天津馆、西南大学馆

01102

光论　（清）张福僖译·**中西度量权衡表**

上海：商务印书馆，1936.12，33+22 页，32 开（丛书集成初编 1341）

本书为合订书。每种各 1 卷，均据清《灵鹣阁丛书》本影印。版权页题名：光论及其他一种。

收藏单位：安徽馆、重庆馆、大理馆、大连馆、东北师大馆、广西馆、贵州馆、国家馆、黑龙江馆、湖南馆、江西馆、辽大馆、辽宁馆、辽师大馆、柳州馆、内蒙古馆、宁夏馆、绍兴馆、天津馆、西南大学馆

01103

博物志　（晋）张华撰

长沙：商务印书馆，1939.12，81 页，32 开（丛书集成初编 1342）

本书共 10 卷，据清《指海》本排印。

收藏单位：大理馆、广西馆、国家馆、黑龙江馆、湖南馆、江西馆、辽大馆、辽宁馆、辽师大馆、内蒙古馆、天津馆、西南大学馆

01104

续博物志　（宋）李石撰

上海：商务印书馆，1936.6，146 页，32 开（丛书集成初编 1343）

本书共 10 卷，据明《古今逸史》本影印。

收藏单位：安徽馆、重庆馆、大理馆、大连馆、东北师大馆、广西馆、贵州馆、国家馆、黑龙江馆、湖南馆、惠州馆、江西馆、辽大馆、辽宁馆、辽师大馆、柳州馆、内蒙古馆、宁夏馆、天津馆、西南大学馆

01105

格物粗谈·物类相感志　（宋）苏轼著

上海：商务印书馆，1937.6，38+32 页，32 开（丛书集成初编 1344）

本书为合订书。《格物粗谈》2 卷，据清《学海类编》本排印；《物类相感志》1 卷，据

明《宝颜堂秘笈》本排印。版权页题名：格物
粗谈及其他一种。

收藏单位：安徽馆、重庆馆、大理馆、大
连馆、东北师大馆、广西馆、贵州馆、国家
馆、黑龙江馆、湖南馆、江西馆、辽大馆、
辽宁馆、辽师大馆、内蒙古馆、宁夏馆、天
津馆、西南大学馆

01106

蠡海集 （明）王逵撰·**群物奇制** （明）周
履靖编次

长沙：商务印书馆，1939.12，38+58 页，32
开（丛书集成初编 1345）

本书为合订书。每种各 1 卷，《蠡海集》
据明《稗海》本排印，《群物奇制》据明《夷
门广牍》本影印。版权页题名：蠡海集及其他
一种。

收藏单位：大理馆、广西馆、国家馆、黑
龙江馆、湖南馆、辽大馆、辽宁馆、辽师大
馆、天津馆、西南大学馆

01107

毛诗草木鸟兽虫鱼疏 （三国吴）陆玑撰·**毛
诗草木鸟兽虫鱼疏广要** （三国吴）陆玑撰
（明）毛晋参·**益部方物略记** （宋）宋祁
撰·**辨物小志** （明）陈绛著

上海：商务印书馆，1936.12，2 册（[264] 页），
32 开（丛书集成初编 1346—1347）

本书为合订书。《毛诗草木鸟兽虫鱼疏》
2 卷，据清《古经解汇函》本影印；《毛诗草
木鸟兽虫鱼疏广要》2 卷，据明《津逮秘书》
本影印；《益部方物略记》1 卷，据明《秘册
汇函》本影印；《辨物小志》1 卷，据清《学
海类编》本影印。版权页题名：毛诗草木鸟兽
虫鱼疏及其他三种。

收藏单位：安徽馆、重庆馆、大理馆、大
连馆、东北师大馆、广西馆、贵州馆、桂林
馆、国家馆、黑龙江馆、湖南馆、惠州馆、
江西馆、辽大馆、辽师大馆、柳州馆、内蒙
古馆、宁夏馆、绍兴馆、武大馆、西南大学
馆

01108

诗传名物集览 （清）陈大章著

上海：商务印书馆，1937.6，4 册（327 页），
32 开（丛书集成初编 1348—1351）

本书共 12 卷，据清《湖北丛书》本排
印。

收藏单位：安徽馆、长春馆、重庆馆、大
理馆、大连馆、东北师大馆、广西馆、贵州
馆、国家馆、黑龙江馆、湖南馆、江西馆、
辽大馆、辽宁馆、辽师大馆、柳州馆、内蒙
古馆、宁夏馆、西南大学馆

01109

南方草木状 （晋）嵇含撰·**竹谱** （晋）戴
凯之撰·**离骚草木疏** （宋）吴仁杰撰·**桐谱**
（宋）陈翥著

长沙：商务印书馆，1939.12，[86] 页，32 开
（丛书集成初编 1352）

本书为合订书。《南方草木状》3 卷，《竹
谱》1 卷，均据宋《百川学海》本排印；《离
骚草木疏》4 卷，据清《知不足斋丛书》本排
印；《桐谱》1 卷，据明《唐宋丛书》本排印。
版权页题名：南方草木状及其他三种。

收藏单位：大理馆、广西馆、国家馆、黑
龙江馆、湖南馆、辽大馆、辽宁馆、辽师大
馆、南京馆、内蒙古馆、天津馆、西南大学
馆

01110

学圃杂疏 （宋）王世懋著·**北墅抱瓮录**
（清）高士奇著·**洛阳牡丹记** （宋）欧阳修
撰·**牡丹荣辱志** （宋）丘璿撰·**曹州牡丹谱**
（清）余鹏年著

上海：商务印书馆，1937.6，[82] 页，32 开
（丛书集成初编 1355）

本书为合订书。每种各 1 卷，《学圃杂
疏》据明宝颜堂丛书（《宝颜堂秘笈》）本排
印，《北墅抱瓮录》据清《学海类编》本排
印，《洛阳牡丹记》《牡丹荣辱志》据宋《百
川学海》本排印，《曹州牡丹谱》据清《仰视
千七百二十九鹤斋丛书》本排印。版权页题
名：学圃杂疏及其他四种。

收藏单位：重庆馆、大理馆、大连馆、广

东馆、广西馆、国家馆、黑龙江馆、湖南馆、江西馆、辽大馆、辽宁馆、辽师大馆、天津馆、西南大学馆

01111

扬州芍药谱 （宋）王观撰·**菊谱** （宋）刘蒙撰·**菊谱** （宋）范成大撰·**菊谱** （宋）史正志撰·**梅谱** （宋）范成大撰·**海棠谱** （宋）陈思撰·**玉蕊辨证** （宋）周必大著

长沙：商务印书馆，1939.12，[96] 页，32 开（丛书集成初编 1356）

本书为合订书。《扬州芍药谱》《菊谱》《（石湖）菊谱》《史老圃菊谱》《（石湖）梅谱》各 1 卷，《海棠谱》3 卷，均据宋《百川学海》本排印；《玉蕊辨证》1 卷，据明《津逮秘书》本影印。版权页题名：扬州芍药谱及其他六种。

收藏单位：大理馆、广西馆、国家馆、黑龙江馆、湖南馆、江西馆、辽大馆、辽师大馆、西南大学馆

01112

蠕范 （清）李元撰

上海：商务印书馆，1937.6，150 页，32 开（丛书集成初编 1358）

本书共 8 卷，据清《湖北丛书》本排印。

收藏单位：安徽馆、重庆馆、大理馆、大庆馆、东北师大馆、广西馆、贵州馆、国家馆、湖南馆、江西馆、辽大馆、辽师大馆、柳州馆、宁夏馆、西南大学馆、浙江馆

01113

蟹谱 （宋）傅肱撰·**闽中海错疏** （明）屠本畯疏 （明）徐㶿补疏·**然犀志** （清）李调元著

长沙：商务印书馆，1939.12，16+36+21 页，32 开（丛书集成初编 1359）

本书为合订书。《蟹谱》2 卷，据宋《百川学海》本排印；《闽中海错疏》3 卷，据清《学津讨原》本排印；《然犀志》2 卷，据清《函海》本排印。版权页题名：蟹谱及其他二种。

收藏单位：大理馆、广西馆、国家馆、黑

龙江馆、湖南馆、江西馆、辽大馆、辽宁馆、辽师大馆、天津馆、西南大学馆

01114

异鱼图赞 （明）杨慎著·**异鱼图赞补** （明）胡世安撰·**异鱼赞闰集** （明）胡世安撰·**鱼经** （明）黄省曾著

长沙：商务印书馆，1939.12，[87] 页，32 开（丛书集成初编 1360）

本书为合订书。《异鱼图赞》4 卷，据明《宝颜堂秘笈》本排印；《异鱼图赞补》3 卷，《异鱼赞闰集》1 卷，均据清《函海》本排印；《鱼经》1 卷，据明《夷门广牍》本影印。版权页题名：异鱼图赞及其他三种。

收藏单位：安徽馆、重庆馆、大理馆、东北师大馆、国家馆、黑龙江馆、湖南馆、辽大馆、辽宁馆、辽师大馆、西南大学馆

01115

兽经 （明）黄省曾撰·**蟆衣生马记** （明）郭子章辑

上海：商务印书馆，1936.6，20+35 页，32 开（丛书集成初编 1363）

本书为合订书，每种各 1 卷。《兽经》据明《夷门广牍》本排印，《蟆衣生马记》据明《宝颜堂秘笈》本排印。版权页题名：兽经及其他一种。

收藏单位：重庆馆、大理馆、大连馆、东北师大馆、广西馆、贵州馆、桂林馆、国家馆、黑龙江馆、湖南馆、惠州馆、江西馆、辽大馆、辽宁馆、辽师大馆、柳州馆、内蒙古馆、宁夏馆、天津馆、武大馆、西南大学馆

01116

虎荟 （明）陈继儒集

上海：商务印书馆，1936.6，85 页，32 开（丛书集成初编 1364）

本书共 6 卷，据明《宝颜堂秘笈》本排印。

收藏单位：安徽馆、重庆馆、大理馆、大连馆、东北师大馆、广西馆、贵州馆、国家馆、黑龙江馆、湖南馆、惠州馆、江西馆、

辽大馆、辽宁馆、辽师大馆、柳州馆、内蒙古馆、宁夏馆、天津馆、西南大学馆

应用科学类

01117
黄帝内经太素 （隋）杨上善撰注
上海：商务印书馆，1935.12，6 册（488 页），32 开（丛书集成初编 1371—1376）

　　本书共 33 卷，原缺卷一、四、七、十六、十八、二十、二十一，附遗文、内经明堂、附录，据清《渐西村舍丛刻》本排印。

　　收藏单位：安徽馆、重庆馆、大理馆、大连馆、东北师大馆、广西馆、贵州馆、国家馆、黑龙江馆、湖南馆、惠州馆、江西馆、辽大馆、辽宁馆、辽师大馆、柳州馆、内蒙古馆、宁夏馆、西南大学馆

01118
新编金匮要略方论 （汉）张仲景述 （晋）王叔和集
长沙：商务印书馆，1940.6，99 页，32 开（丛书集成初编 1377）

　　本书共 3 卷，据明《古今医统正脉全书》本排印。

　　收藏单位：大连馆、广西馆、国家馆、黑龙江馆、湖南馆、江西馆、辽大馆、辽师大馆、内蒙古馆、天津馆、西南大学馆

01119
华氏中藏经 （汉）华佗撰 （清）孙星衍校
长沙：商务印书馆，1939.12，63 页，32 开（丛书集成初编 1378）

　　本书共 3 卷，据清《平津馆丛书》本排印。

　　收藏单位：大理馆、广西馆、国家馆、黑龙江馆、湖南馆、辽大馆、辽宁馆、辽师大馆、内蒙古馆、天津馆

01120
类证活人书 （宋）朱肱撰
长沙：商务印书馆，1939.12，2 册（201 页），32 开（丛书集成初编 1379—1380）

　　本书共 25 卷，附释音、辨误、药性，据明《古今医统正脉全书》本排印。

　　收藏单位：大理馆、国家馆、黑龙江馆、湖南馆、辽大馆、辽宁馆、辽师大馆、天津馆

01121
宋徽宗圣济经 （宋）吴禔注
上海：商务印书馆，1936.12，2 册（155 页），32 开（丛书集成初编 1381—1382）

　　本书共 10 卷，据清《十万卷楼丛书》本排印。

　　收藏单位：安徽馆、长春馆、重庆馆、大理馆、大连馆、东北师大馆、广西馆、贵州馆、国家馆、黑龙江馆、湖南馆、江西馆、辽大馆、辽宁馆、辽师大馆、柳州馆、内蒙古馆、宁夏馆、绍兴馆、西南大学馆

01122
医经正本书 （宋）程迥撰·**学医随笔** （宋）魏了翁述·**内外伤辨** （宋）李杲撰
长沙：商务印书馆，1939.12，16+7+52 页，32 开（丛书集成初编 1383）

　　本书为合订书。《医经正本书》1 卷，附札记，据清《小万卷楼丛书》本排印；《学医随笔》1 卷，据清《学海类编》本排印；《内外伤辨》3 卷，据明《古今医统正脉全书》本排印。版权页题名：医经正本书及其他二种。

　　收藏单位：大理馆、广西馆、国家馆、黑龙江馆、湖南馆、江西馆、辽大馆、辽宁馆、辽师大馆、天津馆

01123
丹溪先生心法 （元）朱震亨撰 （明）程充编订
长沙：商务印书馆，1939.12，4 册（439 页），32 开（丛书集成初编 1389—1392）

　　本书共 6 卷，有附录，据明《古今医统正脉全书》本排印。

　　收藏单位：大理馆、广西馆、国家馆、黑龙江馆、湖南馆、江西馆、辽大馆、辽宁馆、辽师大馆、天津馆

01124

格致余论 （元）朱震亨撰

上海：商务印书馆，1936.12，41 页，32 开（丛书集成初编 1393）

本书共 1 卷，据明《古今医统正脉全书》本排印。

收藏单位：长春馆、重庆馆、大理馆、大连馆、东北师大馆、贵州馆、国家馆、黑龙江馆、湖南馆、江西馆、辽大馆、辽宁馆、辽师大馆、柳州馆、内蒙古馆、宁夏馆、天津馆、西南大学馆

01125

云岐子保命集论类要

上海：商务印书馆，1936.6，2 册（178 页），32 开（丛书集成初编 1394—1395）

本书共 2 卷，据元《济生拔萃》本影印。

收藏单位：安徽馆、长春馆、重庆馆、大理馆、大连馆、东北师大馆、广西馆、贵州馆、国家馆、黑龙江馆、湖南馆、惠州馆、江西馆、辽大馆、辽宁馆、辽师大馆、柳州馆、内蒙古馆、宁夏馆、西南大学馆

01126

秘传证治要诀 （明）戴元礼述

上海：商务印书馆，1937.6，118 页，32 开（丛书集成初编 1396）

本书共 12 卷，据明《古今医统正脉全书》本排印。

收藏单位：安徽馆、重庆馆、大理馆、大连馆、广西馆、国家馆、黑龙江馆、湖南馆、江西馆、辽大馆、辽宁馆、辽师大馆、天津馆、西南大学馆

01127

医经溯洄集 （明）王履著·**医先** （明）王文禄撰·**慎疾刍言** （清）徐灵胎著

长沙：商务印书馆，1937.12，48+16+17 页，32 开（丛书集成初编 1398）

本书为合订书。每种各 1 卷，《医经溯洄集》据明《古今医统正脉全书》本排印，《医先》据明《百陵学山》本影印，《慎疾刍言》据清《咫进斋丛书》本排印。版权页题名：医经溯洄集及其他二种。

收藏单位：安徽馆、重庆馆、大理馆、大连馆、东北师大馆、广西馆、贵州馆、国家馆、黑龙江馆、湖南馆、江西馆、辽大馆、辽宁馆、辽师大馆、内蒙古馆、宁夏馆、天津馆、西南大学馆

01128

脉诀刊误 （元）戴启宗撰

上海：商务印书馆，1937.6，92 页，32 开（丛书集成初编 1402）

本书共 3 卷，含附录，据清《指海》本排印。

收藏单位：安徽馆、长春馆、重庆馆、大理馆、大连馆、东北师大馆、广西馆、贵州馆、国家馆、黑龙江馆、湖南馆、江西馆、辽大馆、辽宁馆、柳州馆、内蒙古馆、宁夏馆、天津馆、武大馆、西南大学馆

01129

伤寒总病论 （宋）庞安时撰

上海：商务印书馆，1937.6，2 册（168 页），32 开（丛书集成初编 1406—1407）

本书共 6 卷，附札记，据清《士礼居丛书》本排印。

收藏单位：安徽馆、长春馆、重庆馆、大理馆、大连馆、东北师大馆、广西馆、贵州馆、国家馆、黑龙江馆、湖南馆、江西馆、辽大馆、辽宁馆、辽师大馆、柳州馆、内蒙古馆、宁夏馆、武大馆、西南大学馆

01130

伤寒微旨论 （宋）韩祗和撰·**伤寒九十论** （宋）许叔微述

长沙：商务印书馆，1939.12，38+42 页，32 开（丛书集成初编 1408）

本书为合订书。《伤寒微旨论》2 卷，据清《墨海金壶》本排印；《伤寒九十论》1 卷，据清《琳琅秘室丛书》本排印。版权页题名：伤寒微旨论及其他一种。

收藏单位：大理馆、广西馆、国家馆、黑龙江馆、湖南馆、辽大馆、辽宁馆、辽师大馆、天津馆

01131

新编张仲景注解伤寒发微论·新编张仲景注解伤寒百证歌　（宋）许叔微述

上海：商务印书馆，1937.6，20+81 页，32 开（丛书集成初编 1409）

　　本书为合订书。《新编张仲景注解伤寒发微论》2 卷，《新编张仲景注解伤寒百证歌》5 卷，均据清《十万卷楼丛书》本排印。版权页题名：新编张仲景注解伤寒发微论及其他一种。

　　收藏单位：重庆馆、大理馆、大连馆、国家馆、黑龙江馆、湖南馆、江西馆、辽大馆、辽宁馆、辽师大馆、内蒙古馆、西南大学馆

01132

伤寒明理论　（金）成无己撰·**伤寒标本心法类萃**　（金）刘守真编集

长沙：商务印书馆，1939.12，62+34 页，32 开（丛书集成初编 1410）

　　本书为合订书。《伤寒明理论》4 卷，《伤寒标本心法类萃》2 卷，均据明《古今医统正脉全书》本排印。版权页题名：伤寒明理论及其他一种。

　　收藏单位：大理馆、广西馆、国家馆、黑龙江馆、湖南馆、辽大馆、辽宁馆、辽师大馆、天津馆

01133

伤寒直格论　（金）刘守真述　（金）葛雍编

长沙：商务印书馆，1939.12，69 页，32 开（丛书集成初编 1411）

　　本书共 3 卷，据明《古今医统正脉全书》本排印。

　　收藏单位：长春馆、大理馆、东北师大馆、广西馆、国家馆、黑龙江馆、湖南馆、辽大馆、辽宁馆、内蒙古馆、武大馆、西南大学馆

01134

刘河间伤寒医鉴　（元）马宗素撰·**伤寒心要**　（元）镏洪编·**伤寒证脉药截江纲**　（明）陶华述·**伤寒一提金**　（明）陶华述

长沙：商务印书馆，1939.12，[56] 页，32 开

（丛书集成初编 1412）

　　本书为合订书。每种各 1 卷，均据明《古今医统正脉全书》本排印。版权页题名：刘河间伤寒医鉴及其他三种。

　　收藏单位：大理馆、广西馆、国家馆、黑龙江馆、湖南馆、辽大馆、辽宁馆、辽师大馆、天津馆

01135

伤寒琐言·伤寒家秘的本　（明）陶华述

长沙：商务印书馆，1939.12，31+43 页，32 开（丛书集成初编 1413）

　　本书为合订书。每种各 1 卷，均据明《古今医统正脉全书》本排印。版权页题名：伤寒琐言及其他一种。

　　收藏单位：大理馆、广西馆、国家馆、黑龙江馆、湖南馆、辽大馆、辽宁馆、辽师大馆、内蒙古馆、天津馆

01136

伤寒明理续论·杀车槌法　（明）陶华述

长沙：商务印书馆，1939.12，60+30 页，32 开（丛书集成初编 1414）

　　本书为合订书。每种各 1 卷，均据明《古今医统正脉全书》本排印。版权页题名：伤寒明理续论及其他一种。

　　收藏单位：大理馆、广西馆、国家馆、黑龙江馆、湖南馆、辽大馆、辽宁馆、辽师大馆、内蒙古馆、西南大学馆

01137

伤寒论翼　（清）柯琴纂

上海：商务印书馆，1937.12，64 页，32 开（丛书集成初编 1415）

　　本书共 2 卷，据清《艺海珠尘》本排印。

　　收藏单位：安徽馆、大理馆、大连馆、广西馆、国家馆、黑龙江馆、湖南馆、江西馆、辽大馆、辽宁馆、辽师大馆、天津馆、西南大学馆

01138

素问玄机原病式　（金）刘完素述

上海：商务印书馆，1937.12，40 页，32 开（丛

书集成初编 1416）

本书共 1 卷，据明《古今医统正脉全书》本排印。

收藏单位：安徽馆、重庆馆、大理馆、大连馆、广东馆、广西馆、国家馆、黑龙江馆、湖南馆、江西馆、辽大馆、辽宁馆、辽师大馆、内蒙古馆、天津馆、西南大学馆

01139

素问病机气宜保命集 （金）刘完素述

上海：商务印书馆，1937.6，148 页，32 开（丛书集成初编 1417）

本书共 3 卷，据明《古今医统正脉全书》本排印。

收藏单位：安徽馆、重庆馆、大理馆、大连馆、广西馆、国家馆、黑龙江馆、湖南馆、江西馆、辽大馆、辽宁馆、辽师大馆、天津馆、西南大学馆

01140

脾胃论 （金）李杲著

长沙：商务印书馆，1939.12，83 页，32 开（丛书集成初编 1418）

本书共 3 卷，据明《古今医统正脉全书》本排印。

收藏单位：大理馆、广西馆、国家馆、黑龙江馆、湖南馆、辽大馆、辽宁馆、辽师大馆、天津馆

01141

阴症略例 （元）王好古著

上海：商务印书馆，1936.12，75 页，32 开（丛书集成初编 1419）

本书共 1 卷，据清《十万卷楼丛书》本排印。

收藏单位：安徽馆、长春馆、重庆馆、大理馆、大连馆、东北师大馆、广西馆、贵州馆、国家馆、黑龙江馆、湖南馆、江西馆、辽大馆、辽宁馆、辽师大馆、柳州馆、内蒙古馆、宁夏馆、天津馆、西南大学馆

01142

外科精义 （元）齐德之纂集·窦太师流注指

要赋

上海：商务印书馆，1936.12，222+20 页，32 开（丛书集成初编 1420）

本书为合订书。《外科精义》2 卷，据明《古今医统正脉全书》本影印；《窦太师流注指要赋》1 卷，据元《济生拔萃》本影印。版权页题名：外科精义及其他一种。

收藏单位：安徽馆、重庆馆、大理馆、大连馆、东北师大馆、广西馆、贵州馆、国家馆、黑龙江馆、湖南馆、江西馆、辽大馆、辽宁馆、辽师大馆、内蒙古馆、宁夏馆、首都馆、天津馆、西南大学馆

01143

一草亭目科全书 （清）邓苑纂·**尤氏喉科秘本** （清）尤乘著·**咽喉脉证通论**

长沙：商务印书馆，1940.6，24+30+16 页，32 开（丛书集成初编 1421）

本书为合订书。《一草亭目科全书》1 卷，据清《艺海珠尘》本排印；《尤氏喉科秘本》2 卷，据清《借月山房汇钞》本排印；《咽喉脉证通论》1 卷，据清《昭进斋丛书》本排印。版权页题名：一草亭目科全书及其他二种。

收藏单位：大理馆、东北师大馆、国家馆、黑龙江馆、湖南馆、辽大馆、辽宁馆、辽师大馆、内蒙古馆、西南大学馆

01144

产育宝庆集 （宋）郭稽中纂·**卫生家宝产科备要** （宋）朱端章编

长沙：商务印书馆，1939.12，2 册（36+124 页），32 开（丛书集成初编 1422—1423）

本书为合订书。《产育宝庆集》2 卷，据清《函海》本排印；《卫生家宝产科备要》8 卷，据清《十万卷楼丛书》本排印。版权页题名：产育宝庆集及其他一种。

收藏单位：大理馆、广西馆、国家馆、黑龙江馆、湖南馆、辽大馆、辽宁馆、辽师大馆、内蒙古馆、西南大学馆

01145

女科 （清）傅山著

上海：商务印书馆，1936.6，73 页，32 开（丛

书集成初编 1424）

本书共 2 卷，据清《海山仙馆丛书》本排印。

收藏单位：安徽馆、长春馆、重庆馆、大理馆、大连馆、东北师大馆、广西馆、贵州馆、国家馆、黑龙江馆、湖南馆、江西馆、辽大馆、辽宁馆、辽师大馆、柳州馆、内蒙古馆、宁夏馆、天津馆、西南大学馆

01146

产后编 （清）傅山著

上海：商务印书馆，1936.6，50 页，32 开（丛书集成初编 1425）

本书共 2 卷，据清《海山仙馆丛书》本排印。

收藏单位：安徽馆、长春馆、重庆馆、大理馆、大连馆、东北师大馆、广西馆、贵州馆、国家馆、黑龙江馆、湖南馆、惠州馆、江西馆、辽大馆、辽宁馆、辽师大馆、柳州馆、内蒙古馆、宁夏馆、天津馆、西南大学馆

01147

小儿药证真诀 （宋）钱乙撰 · 颅囟经

长沙：商务印书馆，1939.12，61+18 页，32 开（丛书集成初编 1426）

本书为合订书。《小儿药证真诀》3 卷，据清聚珍版丛书本排印；《颅囟经》1 卷，据清《函海》本排印。版权页题名：小儿药证真诀及其他一种。

收藏单位：大理馆、广西馆、国家馆、黑龙江馆、湖南馆、辽大馆、辽宁馆、辽师大馆、内蒙古馆、天津馆、西南大学馆

01148

海藏癥论萃英 （元）王好古著 · 田氏保婴集 · 种痘心法 （清）朱奕梁撰 · 种痘指掌

上海：商务印书馆，1936.12，[113] 页，32 开（丛书集成初编 1427）

本书为合订书，每种各 1 卷。《海藏癥论萃英》《田氏保婴集》据元《济生拔萃》本影印，《种痘心法》《种痘指掌》据清《借月山房汇钞》本影印。版权页题名：海藏癥论萃英及其他三种。

收藏单位：安徽馆、重庆馆、大理馆、大连馆、东北师大馆、广西馆、贵州馆、国家馆、黑龙江馆、湖南馆、江西馆、辽大馆、辽宁馆、辽师大馆、柳州馆、内蒙古馆、宁夏馆、天津馆、西南大学馆

01149

神农本草经 （三国魏）吴普等述 （清）孙星衍 （清）冯孙翼辑 · 石药尔雅 （唐）梅彪集

上海：商务印书馆，1937.12，2 册（148+11 页），32 开（丛书集成初编 1428—1429）

本书为合订书。《神农本草经》3 卷，据清《问经堂丛书》本排印；《石药尔雅》2 卷，据清《别下斋丛书》本排印。版权页题名：神农本草经及其他一种。

收藏单位：安徽馆、重庆馆、大理馆、大连馆、东北师大馆、广西馆、贵州馆、国家馆、黑龙江馆、湖南馆、江西馆、辽大馆、辽宁馆、辽师大馆、柳州馆、内蒙古馆、宁夏馆、山西馆、武大馆

01150

本草衍义 （宋）寇宗奭编撰

上海：商务印书馆，1937.6，116 页，32 开（丛书集成初编 1430）

本书共 20 卷，据清《十万卷楼丛书》本排印。

收藏单位：安徽馆、长春馆、重庆馆、大理馆、大连馆、东北师大馆、广西馆、贵州馆、国家馆、黑龙江馆、湖南馆、江西馆、辽大馆、辽宁馆、辽师大馆、柳州馆、内蒙古馆、宁夏馆、天津馆、西南大学馆

01151

刘涓子鬼遗方 （南朝齐）龚庆宣撰 · 秘制大黄清宁丸方 （唐）孙思邈撰

上海：商务印书馆，1937.6，77+14 页，32 开（丛书集成初编 1432）

本书为合订书。《刘涓子鬼遗方》5 卷，据清《读画斋丛书》本排印；《秘制大黄清宁丸方》1 卷，据清《平津馆丛书》本排印。版

权页题名：刘涓子鬼遗方及其他一种。

收藏单位：安徽馆、重庆馆、大理馆、大连馆、东北师大馆、广西馆、贵州馆、国家馆、黑龙江馆、湖南馆、江西馆、辽大馆、辽宁馆、辽师大馆、柳州馆、内蒙古馆、宁夏馆、天津馆、西南大学馆

01152

千金宝要 （唐）孙思邈集

上海：商务印书馆，1937.6，114页，32开（丛书集成初编1433）

　　本书共6卷，据清《平津馆丛书》本排印。

　　收藏单位：安徽馆、长春馆、重庆馆、大理馆、大连馆、东北师大馆、广西馆、贵州馆、国家馆、黑龙江馆、湖南馆、江西馆、辽大馆、辽宁馆、辽师大馆、柳州馆、内蒙古馆、宁夏馆、天津馆、武大馆、西南大学馆

01153

苏沈良方 （宋）苏轼 （宋）沈括撰·**施舍备要方** （宋）董汲撰

长沙：商务印书馆，1939.12，106+14页，32开（丛书集成初编1434）

　　本书为合订书。《苏沈良方》10卷，据清聚珍版丛书本排印；《施舍备要方》1卷，据清《墨海金壶》本排印。版权页题名：苏沈良方及其他一种。

　　收藏单位：大理馆、广西馆、国家馆、黑龙江馆、湖南馆、辽大馆、辽宁馆、辽师大馆、天津馆、西南大学馆

01154

增广太平惠民和剂局方 （宋）陈师文等编

长沙：商务印书馆，1939.12，3册（396页），32开（丛书集成初编1435—1437）

　　本书共13卷，附用药总论，据清《学津讨原》本排印。

　　收藏单位：大理馆、广西馆、国家馆、黑龙江馆、湖南馆、江西馆、辽大馆、辽宁馆、辽师大馆、西南大学馆

01155

全生指迷方 （宋）王贶撰·**洪氏集验方** （宋）洪遵辑

长沙：商务印书馆，1939.12，68+72页，32开（丛书集成初编1438）

　　本书为合订书。《全生指迷方》4卷，据清《墨海金壶》本排印；《洪氏集验方》5卷，据清《士礼居丛书》本排印。版权页题名：全生指迷方及其他一种。

　　收藏单位：大理馆、广西馆、国家馆、黑龙江馆、湖南馆、江西馆、辽大馆、辽宁馆、辽师大馆、内蒙古馆、天津馆

01156

史载之方 （宋）史堪撰

长沙：商务印书馆，1939.12，87页，32开（丛书集成初编1441）

　　本书共2卷，据清《十万卷楼丛书》本排印。

　　收藏单位：大理馆、大连馆、广西馆、国家馆、黑龙江馆、湖南馆、江西馆、辽大馆、辽宁馆、辽师大馆、内蒙古馆、天津馆

01157

兰室秘藏 （宋）李杲撰

长沙：商务印书馆，1939.12，175页，32开（丛书集成初编1442）

　　本书共3卷，据明《古今医统正脉全书》本排印。

　　收藏单位：大理馆、广西馆、国家馆、黑龙江馆、湖南馆、辽大馆、辽宁馆、辽师大馆、内蒙古馆、天津馆

01158

活法机要·怪疴单 （元）朱震亨著

长沙：商务印书馆，1937.12，52+26页，32开（丛书集成初编1448）

　　本书为合订书。每种各1卷，《活法机要》据元《济生拔萃》本影印，《怪疴单》据明《夷门广牍》本影印。版权页题名：活法机要及其他一种。

　　收藏单位：安徽馆、长春馆、重庆馆、大理馆、大连馆、东北师大馆、贵州馆、国家

馆、黑龙江馆、湖南馆、江西馆、辽大馆、
辽宁馆、辽师大馆、内蒙古馆、宁夏馆、天
津馆、西南大学馆

01159

局方发挥　（元）朱震亨撰·**杂类名方**

上海：商务印书馆，1937.6，24+40页，32开
（丛书集成初编1450）

　　本书为合订书。每种各1卷，《局方发
挥》据明《古今医统正脉全书》本排印，《杂
类名方》据元《济生拔萃》本影印。版权页
题名：局方发挥及其他一种。

　　收藏单位：安徽馆、重庆馆、大理馆、大
连馆、广西馆、国家馆、黑龙江馆、湖南馆、
江西馆、辽大馆、辽宁馆、辽师大馆、内蒙
古馆、天津馆、西南大学馆

01160

证治要诀类方　（明）戴元礼辑

长沙：商务印书馆，1939.12，102页，32开
（丛书集成初编1451）

　　本书共4卷，据明《古今医统正脉全书》
本排印。

　　收藏单位：大理馆、大连馆、国家馆、黑
龙江馆、湖南馆、辽大馆、辽宁馆、辽师大
馆、天津馆

01161

服盐药法　（清）孙星衍录·**治蛊新方**　（清）
路顺德纂　（清）缪福照重订·**素女方**

上海：商务印书馆，1937.6，4+38+5页，32开
（丛书集成初编1452）

　　本书为合订书。每种各1卷，《服盐药
法》据清《岱南阁丛书》本排印，《治蛊新
方》据清《艺海珠尘》本排印，《素女方》据
清《平津馆丛书》本排印。版权页题名：服盐
药法及其他二种。

　　收藏单位：安徽馆、重庆馆、大理馆、大
连馆、广西馆、国家馆、黑龙江馆、湖南馆、
惠州馆、江西馆、辽大馆、辽宁馆、辽师大
馆、内蒙古馆、天津馆、西南大学馆

01162

宋提刑洗冤集录　（宋）宋慈编

上海：商务印书馆，1937.6，64页，32开（丛
书集成初编1456）

　　本书共5卷，据清《岱南阁丛书》本排
印。

　　收藏单位：安徽馆、长春馆、重庆馆、大
理馆、大连馆、东北师大馆、广西馆、贵州
馆、国家馆、黑龙江馆、湖南馆、江西馆、
辽大馆、辽宁馆、辽师大馆、柳州馆、内蒙
古馆、宁夏馆、天津馆、西南大学馆

01163

延寿第一绅言　（宋）愚谷老人编·**摄生消息
论**　（元）丘处机著·**食色绅言**　（明）龙遵
叙撰

上海：商务印书馆，1937.6，6+9+19页，32开
（丛书集成初编1458）

　　本书为合订书。《延寿第一绅言》《摄生
消息论》各1卷，均据清《学海类编》本排
印；《食色绅言》2卷，据明《宝颜堂秘笈》
本排印。版权页题名：延寿第一绅言及其他二
种。

　　收藏单位：安徽馆、重庆馆、大理馆、大
连馆、东北师大馆、广西馆、贵州馆、国家
馆、黑龙江馆、湖南馆、江西馆、辽大馆、
辽宁馆、辽师大馆、内蒙古馆、宁夏馆、天
津馆、西南大学馆

01164

齐民要术　（北魏）贾思勰撰

长沙：商务印书馆，1939.12，2册（285页），
32开（丛书集成初编1459—1460）

　　本书共11卷，附杂说，据清《渐西村舍
丛刻》本排印。

　　收藏单位：大理馆、广西馆、国家馆、黑
龙江馆、湖南馆、江西馆、辽大馆、辽宁馆、
辽师大馆、西南大学馆

01165

农书　（宋）陈敷撰·**耕织图诗**　（宋）楼璹
撰

长沙：商务印书馆，1939.12，24+10页，32

开（丛书集成初编 1461）

本书为合订书。《农书》3 卷，《耕织图诗》1 卷、有附录，均据清《知不足斋丛书》本排印。版权页题名：农书及其他一种。

收藏单位：重庆馆、大理馆、广西馆、国家馆、湖南馆、江西馆、辽大馆、辽宁馆、辽师大馆、天津馆、西南大学馆

01166

农桑辑要 （元）司农司撰·**农桑衣食撮要** （元）鲁明善撰

上海：商务印书馆，1936.12，2 册（133+34页），32 开（丛书集成初编 1462—1463）

本书为合订书。《农桑辑要》7 卷，据清聚珍版丛书本影印；《农桑衣食撮要》2 卷，据清《墨海金壶》本排印。版权页题名：农桑辑要及其他一种。

收藏单位：安徽馆、长春馆、重庆馆、大理馆、大连馆、东北师大馆、广西馆、贵州馆、国家馆、黑龙江馆、湖南馆、江西馆、辽大馆、辽师大馆、柳州馆、内蒙古馆、宁夏馆、绍兴馆、武大馆、西南大学馆

01167

农说 （明）马一龙辑·**沈氏农书** （清）钱尔复订正·**耒耜经** （唐）陆龟蒙撰

上海：商务印书馆，1936.12，12+23+2 页，32 开（丛书集成初编 1468）

本书为合订书。每种各 1 卷，《农说》据明《宝颜堂秘笈》本排印，《沈氏农书》据清《学海类编》本排印，《耒耜经》据明《夷门广牍》本排印。版权页题名：农说及其他二种。

收藏单位：安徽馆、重庆馆、大理馆、大连馆、东北师大馆、广西馆、贵州馆、国家馆、黑龙江馆、湖南馆、江西馆、辽大馆、辽宁馆、辽师大馆、柳州馆、内蒙古馆、宁夏馆、绍兴馆、天津馆、西南大学馆

01168

理生玉镜稻品 （明）黄省曾撰·**种芋法** （明）黄省曾著·**木棉谱** （清）褚华纂·**种树书** （唐）郭橐驼著·**种树书** （元）俞宗本著

长沙：商务印书馆，1937.12，[114] 页，32 开（丛书集成初编 1469）

本书为合订书。《理生玉镜稻品》1 卷，《种芋法》1 卷，均据明《百陵学山》本影印；《木棉谱》1 卷，据清《艺海珠尘》本排印；《种树书》3 卷，附《农桑撮要》，据明《夷门广牍》本影印；《种树书》1 卷，据清《浙西村舍丛刻》本排印。版权页题名：理生玉镜稻品及其他四种。

收藏单位：安徽馆、重庆馆、大理馆、大连馆、东北师大馆、广西馆、贵州馆、国家馆、黑龙江馆、湖南馆、江西馆、辽大馆、辽宁馆、辽师大馆、内蒙古馆、宁夏馆、天津馆、武大馆、西南大学馆

01169

荔枝谱 （宋）蔡襄述·**岭南荔枝谱** （清）吴应逵撰·**橘录** （宋）韩彦直撰·**梅品** （宋）张功甫撰·**老圃良言** （清）巢鸣盛述·**菊谱** （明）黄省曾著 （明）周履靖编正·**兰谱奥法** （明）周履靖校正

上海：商务印书馆，1936.12，[128] 页，32 开（丛书集成初编 1470）

本书为合订书。《荔枝谱》1 卷，据宋《百川学海》本排印；《岭南荔枝谱》6 卷，据清《岭南遗书》本排印；《橘录》3 卷，据宋《百川学海》本排印；《梅品》1 卷，据明《夷门广牍》本影印；《老圃良言》1 卷，据清《学海类编》本排印；《菊谱》2 卷，《兰谱奥法》1 卷，均据明《夷门广牍》本影印。版权页题名：荔枝谱及其他六种。

收藏单位：安徽馆、重庆馆、大理馆、大连馆、东北师大馆、广西馆、贵州馆、国家馆、黑龙江馆、湖南馆、江西馆、辽大馆、辽师大馆、柳州馆、内蒙古馆、宁夏馆、武大馆、西南大学馆

01170

蚕书 （宋）秦观著·**蚕经** （明）黄省曾撰·**广蚕桑说辑补** （清）沈公练著 （清）仲昂庭辑补

上海：商务印书馆，1936.12，4+12+58 页，32

开（丛书集成初编 1471）

本书为合订书。《蚕书》1 卷，据清《知不足斋丛书》本排印；《蚕经》1 卷，据明《百陵学山》本影印；《广蚕桑说辑补》2 卷，据清《渐西村舍丛刻》本排印。版权页题名：蚕书及其他二种。

收藏单位：安徽馆、重庆馆、大理馆、大连馆、东北师大馆、广西馆、贵州馆、国家馆、黑龙江馆、湖南馆、江西馆、辽大馆、辽宁馆、辽师大馆、柳州馆、内蒙古馆、宁夏馆、绍兴馆、天津馆、西南大学馆

01171

本心斋蔬食谱 （宋）陈达叟著 **· 山家清供** （宋）林洪著 **· 饮食须知** （元）贾铭著

上海：商务印书馆，1936.12，4+23+60 页，32 开（丛书集成初编 1473）

本书为合订书。《本心斋蔬食谱》1 卷，据宋《百川学海》本排印；《山家清供》2 卷，据明《夷门广牍》本影印；《饮食须知》8 卷，据清《学海类编》本排印。版权页题名：本心斋蔬食谱及其他二种。

收藏单位：重庆馆、大理馆、大连馆、东北师大馆、广西馆、贵州馆、国家馆、黑龙江馆、湖南馆、江西馆、辽大馆、辽宁馆、辽师大馆、柳州馆、内蒙古馆、宁夏馆、天津馆、西南大学馆

01172

养小录 （清）顾仲撰

上海：商务印书馆，1937.6，46 页，32 开（丛书集成初编 1475）

本书共 3 卷，据清《学海类编》本排印。

收藏单位：安徽馆、长春馆、重庆馆、大理馆、大连馆、东北师大馆、广西馆、贵州馆、国家馆、黑龙江馆、湖南馆、江西馆、辽大馆、辽宁馆、辽师大馆、柳州馆、内蒙古馆、宁夏馆、天津馆、武大馆、西南大学馆

01173

酒史 （明）冯时化编 **· 糖霜谱** （宋）王灼撰

上海：商务印书馆，1936.12，52+5 页，32 开（丛书集成初编 1478）

本书为合订书。《酒史》2 卷，据明《宝颜堂秘笈》本排印；《糖霜谱》1 卷，据清《学津讨原》本排印。版权页题名：酒史及其他一种。

收藏单位：安徽馆、重庆馆、大理馆、大连馆、东北师大馆、广西馆、贵州馆、国家馆、黑龙江馆、湖南馆、江西馆、辽大馆、辽宁馆、辽师大馆、柳州馆、内蒙古馆、宁夏馆、绍兴馆、天津馆、西南大学馆

01174

茶录 （宋）蔡襄撰 **· 东溪试茶录** （宋）宋子安集 **· 北苑别录** （宋）赵汝砺撰 **· 茶疏** （明）许次纾著 **· 茶寮记** （明）陆树声著 **· 茶董补** （明）陈继儒采辑

上海：商务印书馆，1936.12，[74] 页，32 开（丛书集成初编 1480）

本书为合订书。《茶录》1 卷，《东溪试茶录》1 卷，均据宋《百川学海》本排印；《北苑别录》1 卷，据清《读画斋丛书》本排印；《茶疏》1 卷，据明《宝颜堂秘笈》本排印；《茶寮记》2 卷、有附录，据明《夷门广牍》本影印；《茶董补》2 卷，据清《海山仙馆丛书》本排印。版权页题名：茶录及其他五种。

收藏单位：安徽馆、重庆馆、大理馆、大连馆、东北师大馆、广西馆、贵州馆、国家馆、黑龙江馆、湖南馆、江西馆、辽大馆、辽宁馆、辽师大馆、柳州馆、内蒙古馆、宁夏馆、绍兴馆、天津馆、西南大学馆

01175

香谱 （宋）洪刍撰 **· 勇卢闲诘** （清）赵之谦撰

上海：商务印书馆，1937.6，34+12 页，32 开（丛书集成初编 1481）

本书为合订书。《香谱》2 卷，据清《学津讨原》本排印；《勇卢闲诘》1 卷，据清《仰视千七百二十九鹤斋丛书》本排印。版权页题名：香谱及其他一种。

收藏单位：安徽馆、长春馆、重庆馆、大理馆、大连馆、大庆馆、东北师大馆、广西

馆、贵州馆、国家馆、黑龙江馆、湖南馆、江西馆、辽大馆、辽宁馆、辽师大馆、柳州馆、内蒙古馆、宁夏馆、天津馆、武大馆、西南大学馆

01176

古经服纬 （清）雷鐏述 （清）雷学淇释

上海：商务印书馆，1936.12，133 页，32 开（丛书集成初编 1483）

　　本书共 3 卷，据清《畿辅丛书》本排印。

　　收藏单位：安徽馆、长春馆、重庆馆、大理馆、大连馆、东北师大馆、广西馆、贵州馆、国家馆、黑龙江馆、湖南馆、江西馆、辽大馆、辽宁馆、辽师大馆、柳州馆、内蒙古馆、宁夏馆、绍兴馆、天津馆、西南大学馆

01177

远西奇器图说 （瑞士）邓玉函口授 （明）王徵译绘·**新制诸器图说** （明）王徵著（清）钱熙祚校

上海：商务印书馆，1936.12，2 册（326+43 页），32 开（丛书集成初编 1484—1485）

　　本书为合订书。《远西奇器图说》3 卷，《新制诸器图说》1 卷，均据清《守山阁丛书》本影印。版权页题名：远西奇器图说及其他一种。

　　收藏单位：安徽馆、长春馆、重庆馆、大理馆、大连馆、东北师大馆、广西馆、贵州馆、国家馆、黑龙江馆、湖南馆、江西馆、辽大馆、辽宁馆、辽师大馆、柳州馆、内蒙古馆、宁夏馆、绍兴馆、西南大学馆

01178

河防记 （元）欧阳元著·**河防通议** （元）沙克什撰·**治河图略** （元）王喜撰

上海：商务印书馆，1936.12，8+34+34 页，32 开（丛书集成初编 1486）

　　本书为合订书。《河防记》1 卷，据清《学海类编》本排印；《河防通议》2 卷，据清《守山阁丛书》本排印；《治河图略》1 卷，据清《墨海金壶》本影印。版权页题名：河防记及其他二种。

收藏单位：安徽馆、长春馆、重庆馆、大理馆、大连馆、东北师大馆、广西馆、贵州馆、国家馆、河南馆、黑龙江馆、湖南馆、江西馆、辽大馆、辽宁馆、辽师大馆、柳州馆、内蒙古馆、宁夏馆、绍兴馆、天津馆、西南大学馆

01179

居济一得 （清）张伯行撰

上海：商务印书馆，1936.12，2 册（152 页），32 开（丛书集成初编 1487—1488）

　　本书共 8 卷，据清《正谊堂全书》本排印。

　　收藏单位：安徽馆、长春馆、重庆馆、大理馆、大连馆、大庆馆、东北师大馆、广西馆、贵州馆、国家馆、黑龙江馆、湖南馆、江西馆、辽大馆、辽宁馆、辽师大馆、柳州馆、内蒙古馆、宁夏馆、武大馆、西南大学馆

01180

火功挈要 （德）汤若望授 （明）焦勗述

上海：商务印书馆，1936.12，58 页，32 开（丛书集成初编 1491）

　　本书共 4 卷，附《火攻诸器图》，据清《海山仙馆丛书》本排印。

　　收藏单位：安徽馆、长春馆、重庆馆、大连馆、东北师大馆、广西馆、贵州馆、国家馆、黑龙江馆、湖南馆、江西馆、辽大馆、辽师大馆、柳州馆、内蒙古馆、宁夏馆、绍兴馆、西南大学馆

01181

文房四谱 （宋）苏易简辑

长沙：商务印书馆，1939.12，78 页，32 开（丛书集成初编 1493）

　　本书共 5 卷，据清《学海类编》本排印。

　　收藏单位：大理馆、广西馆、国家馆、黑龙江馆、湖南馆、辽大馆、辽宁馆、辽师大馆、天津馆、西南大学馆

01182

文具雅编 （明）屠隆著·**笔史** （清）梁同

书著

长沙：商务印书馆，1939.12，12+17 页，32
开（丛书集成初编 1494）

　　本书为合订书。每种各 1 卷，《文具雅
编》据清《学海类编》本排印，《笔史》据清
《榆园丛刻》本排印。版权页题名：文具雅编
及其他一种。

　　收藏单位：大理馆、大连馆、东北师大
馆、广西馆、国家馆、黑龙江馆、湖南馆、
江西馆、辽大馆、辽宁馆、辽师大馆、天津
馆、西南大学馆

01183

墨记　（宋）何薳撰·**墨经**　（宋）晁贯之
著·**墨史**　（元）陆友纂

上海：商务印书馆，1936.12，18+24+72 页，
32 开（丛书集成初编 1495）

　　本书为合订书。《墨记》1 卷，据清《学
海类编》本影印;《墨经》1 卷，据明《夷门
广牍》本影印;《墨史》3 卷，据清《知不足
斋丛书》本影印。版权页题名：墨记及其他二
种。

　　收藏单位：安徽馆、长春馆、重庆馆、大
理馆、大连馆、东北师大馆、广西馆、贵州
馆、国家馆、黑龙江馆、湖南馆、江西馆、
辽大馆、辽宁馆、辽师大馆、柳州馆、内蒙
古馆、宁夏馆、绍兴馆、天津馆、西南大学
馆

01184

墨法集要　（明）沈继孙撰·**墨志**　（明）麻
三衡纂·**漫堂墨品**　（清）宋荦著·**雪堂墨
品**　（清）张仁熙著·**笺纸谱**　（元）费著
撰·**金粟笺说**　（清）张燕昌著

长沙：商务印书馆，1939.12，[127] 页，32 开
（丛书集成初编 1496）

　　本书为合订书。每种各 1 卷，《墨法集
要》据清聚珍版丛书本排印，《墨志》据清
《涉闻梓旧》本排印，《漫堂墨品》《雪堂墨
品》《金粟笺说》均据清《榆园丛刻》本排
印，《笺纸谱》据明《宝颜堂秘笈》本排印。
版权页题名：墨法集要及其他五种。

　　收藏单位：大理馆、广西馆、国家馆、黑

龙江馆、湖南馆、江西馆、辽大馆、辽宁馆、
辽师大馆、天津馆、西南大学馆

01185

砚史　（宋）米芾撰·**歙州砚谱**　（宋）唐积
撰·**端溪砚谱**　（宋）叶樾传·**歙砚说**　（宋）
洪适辑·**辨歙石说**　（宋）洪适辑

长沙：商务印书馆，1939.12，[29] 页，32 开
（丛书集成初编 1497）

　　本书为合订书。每种各 1 卷，均据宋
《百川学海》本排印。版权页题名：砚史及其
他四种。

　　收藏单位：大理馆、东北师大馆、广西
馆、国家馆、黑龙江馆、湖南馆、江西馆、
辽大馆、辽宁馆、辽师大馆、内蒙古馆、天
津馆、西南大学馆

01186

仪礼释宫　（宋）李如圭撰·**仪礼释宫增注**
（清）江永撰·**两宫鼎建记**　（明）贺仲轼录

长沙：商务印书馆，1937.12，17+22+26 页，32
开（丛书集成初编 1499）

　　本书为合订书。《仪礼释宫》1 卷，据清
聚珍版丛书本排印;《仪礼释宫增注》1 卷，
据清《指海》本排印;《两宫鼎建记》3 卷，
据清《学海类编》本排印。版权页题名：仪礼
释宫及其他二种。

　　收藏单位：安徽馆、长春馆、重庆馆、大
理馆、大连馆、东北师大馆、广西馆、贵州
馆、国家馆、黑龙江馆、湖南馆、江西馆、
辽大馆、辽师大馆、柳州馆、内蒙古馆、宁
夏馆、天津馆、西南大学馆

01187

冬官纪事　（明）项梦原著·**明堂问**　（清）
毛奇龄稿·**明堂考**

长沙：商务印书馆，1937.12，28+17+36 页，32
开（丛书集成初编 1500）

　　本书为合订书。每种各 1 卷，《冬官纪
事》据明宝颜堂丛书（《宝颜堂秘笈》）本排
印，《明堂问》据清《龙威秘书》本排印，
《明堂考》据清《问经堂丛书》本排印。版权
页题名：冬官纪事及其他二种。

收藏单位：重庆馆、大理馆、大连馆、广西馆、国家馆、黑龙江馆、湖南馆、江西馆、辽大馆、辽宁馆、辽师大馆、西南大学馆

01188

燕几图 （宋）黄长睿撰·**茶具图赞** （明）茅一相撰·**纪听松庵竹炉始末** （清）邹炳泰纂·**左传器物宫室** （清）沈淑著·**游具雅编** （明）屠隆著

上海：商务印书馆，1936.12，[135] 页，32 开（丛书集成初编 1501）

本书为合订书。每种各 1 卷，《燕几图》《茶具图赞》均据明《欣赏编》本影印，《纪听松庵竹炉始末》《左传器物宫室》均据清《艺海珠尘》本影印，《游具雅编》据清《学海类编》本影印。版权页题名：燕几图及其他四种。

收藏单位：安徽馆、长春馆、重庆馆、大理馆、大连馆、东北师大馆、广东馆、广西馆、贵州馆、国家馆、黑龙江馆、湖南馆、江西馆、辽大馆、辽宁馆、辽师大馆、柳州馆、内蒙古馆、宁夏馆、绍兴馆、天津馆、西南大学馆

01189

天水冰山录　佚名撰·**浮梁陶政志** （清）吴允嘉述

上海：商务印书馆，1937.6，3 册（323+8 页），32 开（丛书集成初编 1502—1504）

本书为合订书。《天水冰山录》6 卷，有附录，据清《知不足斋丛书》本排印；《浮梁陶政志》1 卷，据清《学海类编》本排印。版权页题名：天水冰山录及其他一种。

收藏单位：安徽馆、长春馆、重庆馆、大理馆、大连馆、大庆馆、东北师大馆、广西馆、贵州馆、国家馆、黑龙江馆、湖南馆、江西馆、辽大馆、辽宁馆、辽师大馆、柳州馆、内蒙古馆、宁夏馆、西南大学馆

01190

云林石谱 （宋）杜绾撰·**石谱** （清）诸九鼎著·**观石录** （清）高兆撰

上海：商务印书馆，1936.12，35+7+5 页，32 开（丛书集成初编 1507）

本书为合订书。《云林石谱》3 卷，据清《知不足斋丛书》本排印；《石谱》1 卷，《观石录》1 卷，据清《借月山房汇钞》本排印。版权页题名：云林石谱及其他二种。

收藏单位：安徽馆、长春馆、重庆馆、大理馆、大连馆、东北师大馆、广西馆、贵州馆、国家馆、黑龙江馆、湖南馆、江西馆、辽大馆、辽宁馆、辽师大馆、柳州馆、内蒙古馆、宁夏馆、天津馆、西南大学馆

艺术类

01191

长物志 （明）文震亨编·**洛阳名园记** （宋）李廌记 （明）吴琯校·**艮岳记** （宋）张淏著

上海：商务印书馆，1936.12，86+20+5 页，32 开（丛书集成初编 1508）

本书为合订书。《长物志》12 卷，据清《砚云甲乙编》本排印；《洛阳名园记》1 卷，据明《古今逸史》本排印；《艮岳记》1 卷，据明《古今说海》本排印。版权页题名：长物志及其他二种。

收藏单位：安徽馆、长春馆、重庆馆、大理馆、大连馆、东北师大馆、广西馆、贵州馆、国家馆、黑龙江馆、湖南馆、江西馆、辽大馆、辽宁馆、辽师大馆、柳州馆、内蒙古馆、宁夏馆、天津馆、西南大学馆

01192

六一题跋 （宋）欧阳修撰

上海：商务印书馆，1936.12，2 册（538 页），32 开（丛书集成初编 1509—1510）

本书共 11 卷，据明《津逮秘书》本影印。

收藏单位：安徽馆、长春馆、重庆馆、大理馆、大连馆、大庆馆、东北师大馆、广西馆、贵州馆、国家馆、黑龙江馆、湖南馆、江西馆、辽大馆、辽宁馆、辽师大馆、柳州馆、内蒙古馆、宁夏馆、西南大学馆

01193
广川书跋 （宋）董逌著
长沙：商务印书馆，1939.12，2 册（120 页），
32 开（丛书集成初编 1511—1512）

　　本书共 10 卷，据明《津逮秘书》本影印。

　　收藏单位：大理馆、广西馆、国家馆、黑龙江馆、湖南馆、江西馆、辽大馆、辽宁馆、辽师大馆、内蒙古馆、西南大学馆

01194
籀史 （宋）翟耆年撰
上海：商务印书馆，1935.12，19 页，32 开（丛书集成初编 1513）

　　本书共 1 卷，据清《守山阁丛书》本排印。

　　收藏单位：安徽馆、长春馆、重庆馆、大理馆、大连馆、东北师大馆、广西馆、贵州馆、国家馆、黑龙江馆、湖南馆、惠州馆、江西馆、辽大馆、辽宁馆、辽师大馆、柳州馆、内蒙古馆、宁夏馆、绍兴馆、天津馆、西南大学馆

01195
宝刻类编
上海：商务印书馆，1936.6，279 页，32 开（丛书集成初编 1514）

　　本书共 8 卷，据清《粤雅堂丛书》本排印。

　　收藏单位：安徽馆、长春馆、重庆馆、大理馆、大连馆、东北师大馆、广西馆、贵州馆、国家馆、黑龙江馆、湖南馆、惠州馆、江西馆、辽大馆、辽宁馆、辽师大馆、柳州馆、内蒙古馆、宁夏馆、天津馆、西南大学馆

01196
周秦刻石释音 （元）吾衍撰·**石鼓文音释**
（明）杨慎撰
上海：商务印书馆，1936.6，17+70 页，32 开（丛书集成初编 1515）

　　本书为合订书。《周秦刻石释音》1 卷，据清《十万卷楼丛书》本排印；《石鼓文音释》

3 卷，据清《函海》本影印。版权页题名：周秦刻石释音及其他一种。

　　收藏单位：安徽馆、长春馆、重庆馆、大理馆、大连馆、东北师大馆、广西馆、贵州馆、国家馆、黑龙江馆、湖南馆、惠州馆、江西馆、辽大馆、辽宁馆、辽师大馆、柳州馆、内蒙古馆、宁夏馆、绍兴馆、天津馆、西南大学馆

01197
金石古文 （明）杨慎辑
上海：商务印书馆，1936.12，206 页，32 开（丛书集成初编 1516）

　　本书共 14 卷，据清《函海》本影印。

　　收藏单位：安徽馆、长春馆、重庆馆、大理馆、大连馆、大庆馆、东北师大馆、广西馆、贵州馆、国家馆、黑龙江馆、湖南馆、江西馆、辽大馆、辽宁馆、辽师大馆、柳州馆、内蒙古馆、宁夏馆、绍兴馆、天津馆、西南大学馆

01198
金石录补 （清）叶奕苞著
上海：商务印书馆，1935.12，3 册（299 页），
32 开（丛书集成初编 1519—1521）

　　本书共 27 卷，据清《涉闻梓旧》本排印。

　　收藏单位：安徽馆、长春馆、重庆馆、大理馆、大连馆、东北师大馆、广西馆、贵州馆、国家馆、黑龙江馆、湖南馆、惠州馆、江西馆、辽大馆、辽宁馆、辽师大馆、柳州馆、内蒙古馆、宁夏馆、绍兴馆、西南大学馆

01199
金石录补续跋 （清）叶奕苞著
上海：商务印书馆，1935.12，83 页，32 开（丛书集成初编 1522）

　　本书共 7 卷，据清《涉闻梓旧》本排印。

　　收藏单位：长春馆、重庆馆、大理馆、大连馆、东北师大馆、广西馆、贵州馆、国家馆、黑龙江馆、湖南馆、惠州馆、江西馆、辽大馆、辽宁馆、辽师大馆、柳州馆、内蒙

古馆、宁夏馆、绍兴馆、天津馆、西南大学馆

01200

中州金石记 （清）毕沅撰
上海：商务印书馆，1936.12，128 页，32 开
（丛书集成初编 1523）

本书共 5 卷，据清《经训堂丛书》本排印。

收藏单位：长春馆、重庆馆、大理馆、大连馆、东北师大馆、广东馆、广西馆、贵州馆、国家馆、黑龙江馆、湖南馆、江西馆、辽大馆、辽宁馆、辽师大馆、柳州馆、内蒙古馆、宁夏馆、天津馆、西南大学馆

01201

关中金石记 （清）毕沅撰
上海：商务印书馆，1936.12，2 册（175 页），32 开（丛书集成初编 1524—1525）

本书共 8 卷，据清《经训堂丛书》本排印。

收藏单位：安徽馆、长春馆、重庆馆、大理馆、大连馆、东北师大馆、广西馆、贵州馆、国家馆、黑龙江馆、湖南馆、江西馆、辽大馆、辽宁馆、辽师大馆、柳州馆、内蒙古馆、宁夏馆、绍兴馆、西南大学馆

01202

雍州金石记 （清）朱枫著
长沙：商务印书馆，1939.12，102 页，32 开（丛书集成初编 1526）

本书共 11 卷，附记余，据清《惜阴轩丛书》本排印。

收藏单位：大理馆、大连馆、国家馆、黑龙江馆、湖南馆、江西馆、辽大馆、辽宁馆、辽师大馆、天津馆

01203

京畿金石考 （清）孙星衍撰
长沙：商务印书馆，1939.12，105 页，32 开（丛书集成初编 1527）

本书共 2 卷，据清《涤喜斋丛书》本排印。

收藏单位：大理馆、大连馆、广西馆、国家馆、黑龙江馆、湖南馆、江西馆、辽大馆、辽宁馆、辽师大馆、内蒙古馆、天津馆、西南大学馆

01204

江宁金石待访目 （清）严观编
上海：商务印书馆，1936.12，98 页，32 开（丛书集成初编 1528）

本书共 2 卷，据清《灵鹣阁丛书》本排印。

收藏单位：安徽馆、长春馆、重庆馆、大理馆、大连馆、东北师大馆、广西馆、贵州馆、国家馆、黑龙江馆、湖南馆、江西馆、辽大馆、辽宁馆、辽师大馆、柳州馆、内蒙古馆、宁夏馆、绍兴馆、天津馆、西南大学馆

01205

湖北金石诗 （清）严观撰
上海：商务印书馆，1936.12，48 页，32 开（丛书集成初编 1529）

本书共 1 卷，据清《连筠簃丛书》本排印。

收藏单位：安徽馆、长春馆、重庆馆、大理馆、大连馆、东北师大馆、广西馆、贵州馆、国家馆、黑龙江馆、湖南馆、江西馆、辽大馆、辽宁馆、辽师大馆、柳州馆、内蒙古馆、宁夏馆、绍兴馆、天津馆、西南大学馆

01206

泾川金石记 （清）赵绍祖辑 · **南汉金石志**
（清）吴兰修撰
上海：商务印书馆，1936.12，17+39 页，32 开（丛书集成初编 1530）

本书为合订书。《泾川金石记》1 卷，据清《泾川丛书》本排印；《南汉金石志》2 卷，据清《岭南遗书》本排印。版权页题名：泾川金石记及其他一种。

收藏单位：安徽馆、长春馆、重庆馆、大理馆、大连馆、东北师大馆、广东馆、广西馆、贵州馆、国家馆、黑龙江馆、湖南馆、

江西馆、辽大馆、辽宁馆、辽师大馆、柳州馆、内蒙古馆、宁夏馆、绍兴馆、天津馆、西南大学馆

01207

宝铁斋金石文跋尾 （清）韩崇撰・**鲍臆园手札** （清）鲍康著・**陈簠斋笔记** （清）陈介祺著

上海：商务印书馆，1936.12，50+10+14 页，32 开（丛书集成初编 1531）

本书为合订书。《宝铁斋金石文跋尾》3卷，《鲍臆园手札》1卷，《陈簠斋笔记》1卷、附手札，均据清《滂喜斋丛书》本排印。版权页题名：宝铁斋金石文跋尾及其他二种。

收藏单位：长春馆、重庆馆、大理馆、大连馆、东北师大馆、广西馆、贵州馆、国家馆、黑龙江馆、湖南馆、江西馆、辽大馆、辽宁馆、辽师大馆、柳州馆、内蒙古馆、宁夏馆、绍兴馆、天津馆、西南大学馆

01208

滇南古金石录 （清）阮福撰

上海：商务印书馆，1936.12，101 页，32 开（丛书集成初编 1532）

本书共 1 卷，《小琅嬛丛记》之一，据清《文选楼丛书》本影印。

收藏单位：安徽馆、长春馆、重庆馆、大连馆、东北师大馆、广西馆、贵州馆、国家馆、黑龙江馆、湖南馆、江西馆、辽大馆、辽宁馆、辽师大馆、柳州馆、内蒙古馆、宁夏馆、天津馆、西南大学馆

01209

吴郡金石目 （清）程祖庆编

上海：商务印书馆，1936.12，47 页，32 开（丛书集成初编 1533）

本书共 1 卷，据清《滂喜斋丛书》本排印。

收藏单位：安徽馆、长春馆、重庆馆、大理馆、大连馆、东北师大馆、广西馆、贵州馆、国家馆、黑龙江馆、湖南馆、江西馆、辽大馆、辽宁馆、辽师大馆、柳州馆、内蒙古馆、宁夏馆、绍兴馆、天津馆、西南大学馆

01210

金石存 （清）赵搢编

上海：商务印书馆，1936.12，4 册（598 页），32 开（丛书集成初编 1534—1537）

本书共 15 卷，据清《函海》本影印。

收藏单位：安徽馆、长春馆、重庆馆、大理馆、大连馆、大庆馆、东北师大馆、广西馆、贵州馆、国家馆、黑龙江馆、湖南馆、江西馆、辽大馆、辽宁馆、辽师大馆、柳州馆、内蒙古馆、宁夏馆、绍兴馆、西南大学馆、中科图

01211

中州金石目 （清）姚晏记

上海：商务印书馆，1936.12，158 页，32 开（丛书集成初编 1538）

本书共 4 卷，附补遗，据清《咫进斋丛书》本排印。

收藏单位：安徽馆、长春馆、重庆馆、大理馆、大连馆、东北师大馆、广西馆、贵州馆、国家馆、黑龙江馆、湖南馆、江西馆、辽大馆、辽宁馆、辽师大馆、柳州馆、内蒙古馆、宁夏馆、天津馆、西南大学馆

01212

日本金石年表 （日）西田直养辑・**百砖考** （清）吕佺孙撰・**学古编** （元）吾丘衍撰

长沙：商务印书馆，1939.12，36+16+42 页，32 开（丛书集成初编 1539）

本书为合订书。《日本金石年表》《百砖考》各 1 卷，均据清《滂喜斋丛书》本排印；《学古编》2 卷，据明《夷门广牍》本影印。版权页题名：日本金石年表及其他二种。

收藏单位：大理馆、大连馆、广西馆、国家馆、黑龙江馆、湖南馆、江西馆、辽大馆、辽师大馆、内蒙古馆、天津馆、西南大学馆

01213

续三十五举 （清）桂馥撰・**再续三十五举** （清）姚晏撰・**古今印史** （明）徐官著・**印章集说** （明）文彭述・**秦玺始末** （明）沈德符著・**篆学指南** （明）赵宧光述

长沙：商务印书馆，1939.12，[78] 页，32 开

（丛书集成初编 1540）

本书为合订书。每种各 1 卷，《续三十五举》《再续三十五举》均据清《咫进斋丛书》本排印，《古今印史》据明《宝颜堂秘笈》本排印，《印章集说》《秦玺始末》《篆学指南》均据清《学海类编》本排印。版权页题名：续三十五举及其他五种。

收藏单位：大理馆、大连馆、广西馆、国家馆、黑龙江馆、湖南馆、江西馆、辽大馆、辽宁馆、辽师大馆、内蒙古馆、天津馆、西南大学馆

01214

鼎录 （南朝陈）虞荔篆·**绍兴内府古器评** （宋）张抡撰·**考古图释文** （明）赵九成撰

上海：商务印书馆，1936.12，16+130+58 页，32 开（丛书集成初编 1542）

本书为合订书。《鼎录》1 卷，据明阳山顾氏文房本影印；《绍兴内府古器评》2 卷，据明《津逮秘书》本影印；《考古图释文》1 卷，据清《十万卷楼丛书》本影印。版权页题名：鼎录及其他二种。

收藏单位：安徽馆、长春馆、重庆馆、大理馆、大连馆、东北师大馆、广西馆、贵州馆、国家馆、黑龙江馆、湖南馆、江西馆、辽大馆、辽宁馆、辽师大馆、柳州馆、内蒙古馆、宁夏馆、绍兴馆、天津馆、西南大学馆

01215

续考古图

上海：商务印书馆，1936.12，67 页，32 开（丛书集成初编 1543）

本书共 5 卷，据清《十万卷楼丛书》本影印。

收藏单位：安徽馆、长春馆、重庆馆、大理馆、大连馆、东北师大馆、广西馆、贵州馆、国家馆、黑龙江馆、湖南馆、江西馆、辽大馆、辽宁馆、辽师大馆、柳州馆、内蒙古馆、宁夏馆、天津馆、西南大学馆

01216

宣德鼎彝谱 （明）吕震等撰

上海：商务印书馆，1936.12，68 页，32 开（丛书集成初编 1544）

本书共 8 卷，据清《墨海金壶》本排印。

收藏单位：安徽馆、长春馆、重庆馆、大理馆、大连馆、东北师大馆、广西馆、贵州馆、国家馆、黑龙江馆、湖南馆、江西馆、辽大馆、辽宁馆、辽师大馆、柳州馆、内蒙古馆、宁夏馆、西南大学馆

01217

积古斋钟鼎彝器款识 （清）阮元编

长沙：商务印书馆，1937.12，4 册（574 页），32 开（丛书集成初编 1545—1548）

本书共 10 卷，据清《文选楼丛书》本影印。

收藏单位：安徽馆、长春馆、重庆馆、大理馆、大连馆、东北师大馆、贵州馆、国家馆、黑龙江馆、湖南馆、江西馆、辽大馆、辽宁馆、辽师大馆、内蒙古馆、宁夏馆、西南大学馆

01218

积古斋藏器目 （清）阮元编·**清仪阁藏器目** （清）张廷济编·**从古堂款识学** （清）徐同柏考释·**周无专鼎铭考** （清）罗士琳考演·**两罍轩藏器目** （清）吴云编

上海：商务印书馆，1936.12，[129] 页，32 开（丛书集成初编 1549）

本书为合订书。每种各 1 卷，《积古斋藏器目》《清仪阁藏器目》《两罍轩藏器目》据清《灵鹣阁丛书》本影印，《从古堂款识学》据清《仰视千七百二十九鹤斋丛书》本排印，《周无专鼎铭考》据清《文选楼丛书》本影印。版权页题名：积古斋藏器目及其他四种。

收藏单位：安徽馆、长春馆、重庆馆、大理馆、大连馆、东北师大馆、广西馆、贵州馆、国家馆、黑龙江馆、湖南馆、江西馆、辽大馆、辽宁馆、辽师大馆、柳州馆、内蒙古馆、宁夏馆、绍兴馆、天津馆、武大馆、西南大学馆

01219

簠斋藏器目 （清）陈介祺编·**簠斋藏器目第**

二本 （清）陈介祺编・**嘉荫簃藏器目** （清）刘喜海编・**石泉书屋藏器目** （清）李佐贤编・**爱吾鼎斋藏器目** （清）李璋煜编

上海：商务印书馆，1936.12，[64] 页，32 开（丛书集成初编 1550）

　　本书为合订书。每种各 1 卷，均据清《灵鹣阁丛书》本影印。版权页题名：簠斋藏器目及其他四种。

　　收藏单位：长春馆、重庆馆、大理馆、大连馆、东北师大馆、广西馆、贵州馆、国家馆、黑龙江馆、湖南馆、江西馆、辽大馆、辽宁馆、辽师大馆、柳州馆、内蒙古馆、宁夏馆、西南大学馆

01220

双虞壶斋藏器目 （清）吴式芬编・**选青阁藏器目** （清）王锡棨编・**愙斋藏器目** （清）吴大澂编・**怀米山房藏器目** （清）曹载奎编・**木庵藏器目** （清）程振甲编・**平安馆藏器目** （清）叶志诜编・**梅花草盦藏器目** （清）丁彦臣编・**簠斋传古别录** （清）陈介祺著

上海：商务印书馆，1936.12，[96] 页，32 开（丛书集成初编 1551）

　　本书为合订书。每种各 1 卷，《簠斋传古别录》据清《滂喜斋丛书》本影印，其他据清《灵鹣阁丛书》本影印。版权页题名：双虞壶斋藏器目及其他七种。

　　收藏单位：安徽馆、长春馆、重庆馆、大理馆、大连馆、东北师大馆、广西馆、贵州馆、国家馆、黑龙江馆、湖南馆、江西馆、辽大馆、辽师大馆、柳州馆、内蒙古馆、宁夏馆、西南大学馆

01221

负暄野录 （宋）陈槱撰・**洞天清禄集** （宋）赵希鹄著

长沙：商务印书馆，1939.12，17+30 页，32 开（丛书集成初编 1552）

　　本书为合订书。《负暄野录》2 卷，据清《知不足斋丛书》本排印；《洞天清禄集》1 卷，据清《读画斋丛书》本排印。版权页题名：负暄野录及其他一种。

　　收藏单位：大理馆、大连馆、广西馆、国家馆、黑龙江馆、湖南馆、江西馆、辽大馆、辽宁馆、辽师大馆、天津馆、西南大学馆

01222

云烟过眼录 （宋）周密著・**云烟过眼录续集** （元）汤允谟著

长沙：商务印书馆，1939.12，66+6 页，32 开（丛书集成初编 1553）

　　本书为合订书。《云烟过眼录》4 卷，《云烟过眼录续集》1 卷，均据清《十万卷楼丛书》本排印。版权页题名：云烟过眼录及其他一种。

　　收藏单位：大理馆、大连馆、广西馆、国家馆、黑龙江馆、湖南馆、辽大馆、辽宁馆、辽师大馆、内蒙古馆、天津馆、西南大学馆

01223

新增格古要论 （明）曹昭著 （明）舒敏编 （明）王佐增

长沙：商务印书馆，1939.12，3 册（246 页），32 开（丛书集成初编 1554—1556）

　　本书共 13 卷，据清《惜阴轩丛书》本排印。

　　收藏单位：大理馆、大连馆、广西馆、国家馆、黑龙江馆、湖南馆、江西馆、辽宁馆、辽大馆、西南大学馆

01224

古奇器录 （明）陆深著・**蕉窗九录** （明）项元汴著

上海：商务印书馆，1937.6，4+63 页，32 开（丛书集成初编 1557）

　　本书为合订书。《古奇器录》1 卷，据明《宝颜堂秘笈》本排印；《蕉窗九录》9 卷，据清《学海类编》本排印。版权页题名：古奇器录及其他一种。

　　收藏单位：安徽馆、长春馆、重庆馆、大理馆、大连馆、东北师大馆、广西馆、贵州馆、国家馆、黑龙江馆、湖南馆、江西馆、辽大馆、辽宁馆、辽师大馆、柳州馆、内蒙古馆、宁夏馆、天津馆、西南大学馆

01225

筠轩清閟录 （明）董其昌著·**妮古录** （明）陈继儒著

上海：商务印书馆，1937.6，41+55 页，32 开（丛书集成初编 1558）

本书为合订书。《筠轩清閟录》3 卷，据清《学海类编》本排印；《妮古录》4 卷，据明《宝颜堂秘笈》本排印。版权页题名：筠轩清閟录及其他一种。

收藏单位：重庆馆、大理馆、大连馆、广西馆、国家馆、黑龙江馆、湖南馆、江西馆、辽大馆、辽宁馆、辽师大馆、内蒙古馆、天津馆、西南大学馆

01226

考槃余事 （明）屠隆著·**瓶史** （明）袁宏道著·**瓶花谱** （明）张谦德著·**飞凫语略** （明）沈德符著

上海：商务印书馆，1937.6，[122] 页，32 开（丛书集成初编 1559）

本书为合订书。《考槃余事》4 卷，据清《龙威秘书》本排印；《瓶史》2 卷，据清《借月山房汇钞》本排印；《瓶花谱》1 卷，据明《宝颜堂秘笈》本排印；《飞凫语略》1 卷，据清《学海类编》本排印。版权页题名：考槃余事及其他三种。

收藏单位：安徽馆、长春馆、重庆馆、大理馆、大连馆、东北师大馆、贵州馆、国家馆、黑龙江馆、湖南馆、江西馆、辽大馆、辽宁馆、辽师大馆、柳州馆、内蒙古馆、宁夏馆、西南大学馆

01227

博物要览 （清）谷应泰撰

长沙：商务印书馆，1939.12，[106] 页，32 开（丛书集成初编 1560）

本书共 12 卷，据清《函海》本排印。

收藏单位：大理馆、广西馆、国家馆、黑龙江馆、湖南馆、江西馆、辽大馆、辽宁馆、辽师大馆、天津馆、西南大学馆

01228

韵石斋笔谈 （清）姜绍书著·**天壤阁杂记** （清）王懿荣撰

上海：商务印书馆，1937.6，32+8 页，32 开（丛书集成初编 1561）

本书为合订书。《韵石斋笔谈》2 卷，据清《知不足斋丛书》本排印；《天壤阁杂记》1 卷，据清《灵鹣阁丛书》本影印。版权页题名：韵石斋笔谈及其他一种。

收藏单位：安徽馆、长春馆、重庆馆、大理馆、大连馆、大庆馆、东北师大馆、广东馆、广西馆、贵州馆、国家馆、黑龙江馆、湖南馆、江西馆、辽大馆、辽宁馆、辽师大馆、柳州馆、内蒙古馆、宁夏馆、天津馆、西南大学馆

01229

前尘梦影录 （清）徐康撰

上海：商务印书馆，1937.6，56 页，32 开（丛书集成初编 1562）

本书共 2 卷，据清《灵鹣阁丛书》本影印。

收藏单位：安徽馆、重庆馆、大理馆、大连馆、广西馆、国家馆、黑龙江馆、湖南馆、江西馆、辽大馆、辽宁馆、辽师大馆、柳州馆、内蒙古馆、上海馆、天津馆、西南大学馆

01230

装潢志 （清）周嘉胄著·**赏延素心录** （清）周二学著·**名画神品目** （明）杨慎撰·**诸家藏书簿** （清）李调元辑

长沙：商务印书馆，1939.12，[91] 页，32 开（丛书集成初编 1563）

本书为合订书。《装潢志》1 卷，据清《学海类编》本排印；《赏延素心录》1 卷，据清《榆园丛刻》本排印；《名画神品目》1 卷，《诸家藏书簿》10 卷，均据清《函海》本排印。版权页题名：装潢志及其他三种。

收藏单位：大理馆、大连馆、广西馆、国家馆、黑龙江馆、江西馆、辽大馆、辽宁馆、辽师大馆、天津馆、西南大学馆

01231

魏公题跋 （宋）苏颂撰·**山谷题跋** （宋）

黄庭坚撰

上海：商务印书馆，1936.12，6+102 页，32 开（丛书集成初编 1564）

　　本书为合订书。《魏公题跋》1 卷，《山谷题跋》9 卷，均据明《津逮秘书》本影印。版权页题名：魏公题跋及其他一种。

　　收藏单位：安徽馆、长春馆、重庆馆、大理馆、大连馆、大庆馆、东北师大馆、广西馆、贵州馆、国家馆、黑龙江馆、湖南馆、江西馆、辽大馆、辽宁馆、辽师大馆、柳州馆、内蒙古馆、宁夏馆、绍兴馆、天津馆、西南大学馆

01232

无咎题跋　（宋）晁补之撰·**晦庵题跋**　（宋）朱熹撰

上海：商务印书馆，1936.12，18+78 页，32 开（丛书集成初编 1565）

　　本书为合订书。《无咎题跋》1 卷，《晦庵题跋》3 卷，均据明《津逮秘书》本影印。版权页题名：无咎题跋及其他一种。

　　收藏单位：安徽馆、长春馆、重庆馆、大理馆、大连馆、大庆馆、东北师大馆、广西馆、贵州馆、国家馆、黑龙江馆、湖南馆、江西馆、辽大馆、辽宁馆、辽师大馆、柳州馆、内蒙古馆、宁夏馆、绍兴馆、天津馆、西南大学馆

01233

益公题跋　（宋）周必大撰

上海：商务印书馆，1936.12，2 册（148 页），32 开（丛书集成初编 1566—1567）

　　本书共 12 卷，据明《津逮秘书》本影印。

　　收藏单位：安徽馆、长春馆、重庆馆、大理馆、大连馆、东北师大馆、广西馆、贵州馆、国家馆、黑龙江馆、湖南馆、江西馆、辽大馆、辽宁馆、辽师大馆、柳州馆、内蒙古馆、宁夏馆、绍兴馆、西南大学馆

01234

止斋题跋　（宋）陈傅良撰·**水心题跋**　（宋）叶适著·**西山题跋**　（宋）真德秀撰

上海：商务印书馆，1936.12，18+20+56 页，32 开（丛书集成初编 1568）

　　本书为合订书。《止斋题跋》2 卷，《水心题跋》1 卷，《西山题跋》3 卷，均据明《津逮秘书》本影印。版权页题名：止斋题跋及其他二种。

　　收藏单位：安徽馆、长春馆、重庆馆、大理馆、大连馆、大庆馆、东北师大馆、广西馆、贵州馆、国家馆、黑龙江馆、湖南馆、江西馆、辽大馆、辽宁馆、辽师大馆、柳州馆、内蒙古馆、宁夏馆、绍兴馆、天津馆、西南大学馆

01235

后村题跋　（宋）刘克庄撰

上海：商务印书馆，1936.12，216 页，32 开（丛书集成初编 1569）

　　本书共 4 卷，据明《津逮秘书》本影印。

　　收藏单位：安徽馆、长春馆、重庆馆、大理馆、大连馆、东北师大馆、广西馆、贵州馆、国家馆、黑龙江馆、湖南馆、江西馆、辽大馆、辽宁馆、辽师大馆、柳州馆、内蒙古馆、宁夏馆、绍兴馆、天津馆、西南大学馆

01236

文山题跋　（宋）文天祥撰·**石门题跋**　（宋释）德洪撰·**遗山题跋**　（元）元好问撰

上海：商务印书馆，1936.12，54+140+28 页，32 开（丛书集成初编 1570）

　　本书为合订书。《文山题跋》1 卷，据清《奇晋斋丛书》本影印；《石门题跋》2 卷，据明《津逮秘书》本影印；《遗山题跋》1 卷，据清《奇晋斋丛书》本影印。版权页题名：文山题跋及其他二种。

　　收藏单位：安徽馆、长春馆、重庆馆、大理馆、大连馆、大庆馆、东北师大馆、广西馆、贵州馆、国家馆、黑龙江馆、湖南馆、江西馆、辽大馆、辽宁馆、辽师大馆、柳州馆、内蒙古馆、宁夏馆、绍兴馆、天津馆、西南大学馆

01237

文待诏题跋 （明）文徵明撰·**寓意编** （明）都穆撰·**书画史** （明）陈继儒著

长沙：商务印书馆，1939.12，28+9+8 页，32 开（丛书集成初编 1571）

　　本书为合订书。《文待诏题跋》2 卷，《寓意编》1 卷，均据清《学海类编》本排印；《书画史》1 卷，据明《宝颜堂秘笈》本排印。版权页题名：文待诏题跋及其他二种。

　　收藏单位：大理馆、大连馆、广西馆、国家馆、黑龙江馆、湖南馆、江西馆、辽大馆、辽宁馆、辽师大馆、天津馆、西南大学馆

01238

钤山堂书画记 （明）文嘉撰·**七颂堂识小录** （清）刘体仁撰

上海：商务印书馆，1937.12，24+10 页，32 开（丛书集成初编 1572）

　　本书为合订书。每种各 1 卷，均据清《知不足斋丛书》本排印。版权页题名：钤山堂书画记及其他一种。

　　收藏单位：安徽馆、长春馆、重庆馆、大理馆、大连馆、大庆馆、东北师大馆、广西馆、贵州馆、国家馆、黑龙江馆、湖南馆、江西馆、辽大馆、辽宁馆、辽师大馆、柳州馆、内蒙古馆、宁夏馆、天津馆、武大馆、西南大学馆

01239

好古堂家藏书画记 （清）姚际恒撰

上海：商务印书馆，1937.6，62 页，32 开（丛书集成初编 1573）

　　本书共 3 卷，附续记，据清《读画斋丛书》本排印。

　　收藏单位：安徽馆、长春馆、重庆馆、大理馆、大连馆、东北师大馆、广东馆、贵州馆、国家馆、黑龙江馆、湖南馆、江西馆、辽大馆、辽宁馆、辽师大馆、柳州馆、内蒙古馆、宁夏馆、天津馆、西南大学馆

01240

张忆娘簪花图卷题咏 （清）江标辑·**董华亭书画录** （清）青浮山人编辑

上海：商务印书馆，1937.6，19+46 页，32 开（丛书集成初编 1576）

　　本书为合订书。每种各 1 卷，均据清《灵鹣阁丛书》本影印。版权页题名：张忆娘簪花图卷题咏及其他一种。

　　收藏单位：长春馆、重庆馆、大理馆、大连馆、东北师大馆、广东馆、贵州馆、国家馆、黑龙江馆、湖南馆、江西馆、辽大馆、辽宁馆、辽师大馆、柳州馆、内蒙古馆、宁夏馆、天津馆、西南大学馆

01241

墨缘汇观录 佚名撰·**书画说钤** （清）陆时化著

上海：商务印书馆，1937.6，3 册（247+12 页），32 开（丛书集成初编 1577—1579）

　　本书为合订书。《墨缘汇观录》4 卷，据清《粤雅堂丛书》本排印；《书画说钤》1 卷，据清《榆园丛刻》本排印。版权页题名：墨缘汇观录及其他一种。

　　收藏单位：长春馆、重庆馆、大理馆、大连馆、东北师大馆、广东馆、广西馆、贵州馆、国家馆、黑龙江馆、湖南馆、江西馆、辽大馆、辽宁馆、辽师大馆、柳州馆、内蒙古馆、宁夏馆、西南大学馆

01242

舆地碑记目 （宋）王象之撰

长沙：商务印书馆，1939.12，123 页，32 开（丛书集成初编 1580）

　　本书共 4 卷，据清《粤雅堂丛书》本排印。

　　收藏单位：大理馆、大连馆、广西馆、国家馆、黑龙江馆、湖南馆、江西馆、辽大馆、辽宁馆、辽师大馆、内蒙古馆、天津馆、西南大学馆

01243

蜀碑记补 （宋）王象之原撰 （清）李调元补编 （清）胡凤丹考校

长沙：商务印书馆，1939.12，55+53 页，32 开（丛书集成初编 1581）

　　本书共 11 卷，附辨伪、考异，据清《函海》本排印。

收藏单位：大理馆、大连馆、广西馆、国家馆、黑龙江馆、湖南馆、江西馆、辽大馆、辽宁馆、辽师大馆、内蒙古馆、天津馆、西南大学馆

01244

古刻丛钞 （明）陶宗仪编 · **古刻丛钞** （清）孙星衍重编

上海：商务印书馆，1936.12，134+114 页，32 开（丛书集成初编 1582）

本书为合订书。每种各 1 卷，陶编《古刻丛钞》据清《知不足斋丛书》本影印，孙编《古刻丛钞》据清《平津馆丛书》本影印。版权页题名：古刻丛钞（两种）。

收藏单位：长春馆、重庆馆、大理馆、大连馆、东北师大馆、广西馆、贵州馆、国家馆、黑龙江馆、湖南馆、江西馆、辽大馆、辽宁馆、辽师大馆、柳州馆、内蒙古馆、宁夏馆、绍兴馆、天津馆、西南大学馆

01245

寰宇访碑录 （清）孙星衍 （清）邢澍撰

上海：商务印书馆，1937.6，5 册（586 页），32 开（丛书集成初编 1583—1587）

本书共 12 卷，据清《平津馆丛书》本排印。

收藏单位：安徽馆、长春馆、重庆馆、大理馆、大连馆、东北师大馆、广西馆、贵州馆、国家馆、黑龙江馆、湖南馆、江西馆、辽大馆、辽师大馆、柳州馆、内蒙古馆、宁夏馆、西南大学馆

01246

叶氏菉竹堂碑目 （明）叶盛编

上海：商务印书馆，1936.12，77 页，32 开（丛书集成初编 1588）

本书共 6 卷，据清《粤雅堂丛书》本排印。

收藏单位：长春馆、重庆馆、大理馆、大连馆、东北师大馆、广西馆、贵州馆、国家馆、黑龙江馆、湖南馆、江西馆、辽大馆、辽宁馆、辽师大馆、柳州馆、内蒙古馆、宁夏馆、绍兴馆、西南大学馆

01247

元丰题跋 （宋）曾巩撰 · **东坡题跋** （宋）苏轼撰

上海：商务印书馆，1936.12，2 册（6+134 页），32 开（丛书集成初编 1590—1591）

本书为合订书，《元丰题跋》1 卷，《东坡题跋》6 卷，均据明《津逮秘书》本影印。版权页题名：元丰题跋及其他一种。

收藏单位：安徽馆、长春馆、重庆馆、大理馆、大连馆、东北师大馆、广西馆、贵州馆、国家馆、黑龙江馆、湖南馆、江西馆、辽大馆、辽师大馆、柳州馆、内蒙古馆、宁夏馆、绍兴馆、西南大学馆

01248

淮海题跋 （宋）秦观撰 · **法帖通解** （宋）秦观撰 · **海岳题跋** （宋）米芾撰

上海：商务印书馆，1936.12，46+12+62 页，32 开（丛书集成初编 1592）

本书为合订书。每种各 1 卷，《淮海题跋》《海岳题跋》（附《宝章待访录》）均据明《津逮秘书》本影印，《法帖通解》据明《百陵学山》本影印。版权页题名：淮海题跋及其他二种。

收藏单位：安徽馆、长春馆、重庆馆、大理馆、大连馆、东北师大馆、广西馆、贵州馆、国家馆、黑龙江馆、湖南馆、江西馆、辽大馆、辽宁馆、辽师大馆、柳州馆、内蒙古馆、宁夏馆、绍兴馆、天津馆、西南大学馆

01249

书史 （宋）米芾撰 · **姑溪题跋** （宋）李之仪撰

上海：商务印书馆，1937.6，28+116 页，32 开（丛书集成初编 1593）

本书为合订书。《书史》1 卷，据宋《百川学海》本排印;《姑溪题跋》2 卷，据明《津逮秘书》本影印。版权页题名：书史及其他一种。

收藏单位：安徽馆、大理馆、大连馆、广西馆、国家馆、黑龙江馆、湖南馆、惠州馆、江西馆、辽大馆、辽宁馆、辽师大馆、内蒙古馆、天津馆、西南大学馆

01250

放翁题跋 （宋）陆游撰

上海：商务印书馆，1936.12，54 页，32 开（丛书集成初编 1596）

本书共 6 卷，据明《津逮秘书》本影印。

收藏单位：安徽馆、长春馆、重庆馆、大理馆、大连馆、东北师大馆、广西馆、贵州馆、国家馆、黑龙江馆、湖南馆、江西馆、辽大馆、辽宁馆、辽师大馆、柳州馆、内蒙古馆、宁夏馆、绍兴馆、天津馆、西南大学馆

01251

鹤山题跋 （宋）魏了翁撰

上海：商务印书馆，1936.12，68 页，32 开（丛书集成初编 1597）

本书共 7 卷，据明《津逮秘书》本影印。

收藏单位：安徽馆、长春馆、重庆馆、大理馆、大连馆、东北师大馆、广西馆、贵州馆、国家馆、黑龙江馆、湖南馆、江西馆、辽大馆、辽宁馆、辽师大馆、柳州馆、内蒙古馆、宁夏馆、绍兴馆、天津馆、西南大学馆

01252

兰亭考 （宋）桑世昌集·**兰亭续考** （宋）俞松集

上海：商务印书馆，1936.12，111+31 页，32 开（丛书集成初编 1598）

本书为合订书。《兰亭考》12 卷，《兰亭续考》2 卷，均据清《知不足斋丛书》本排印。版权页题名：兰亭考及其他一种。

收藏单位：安徽馆、长春馆、重庆馆、大理馆、大连馆、东北师大馆、广东馆、广西馆、贵州馆、国家馆、黑龙江馆、湖南馆、江西馆、辽大馆、辽宁馆、辽师大馆、柳州馆、内蒙古馆、宁夏馆、天津馆、西南大学馆

01253

绛帖平 （宋）姜夔撰

长沙：商务印书馆，1939.12，43 页，32 开（丛书集成初编 1599）

本书共 6 卷，据清聚珍版丛书本排印。

收藏单位：大理馆、大连馆、广西馆、国家馆、黑龙江馆、湖南馆、江西馆、辽大馆、辽宁馆、辽师大馆、天津馆

01254

法帖谱系 （宋）曹士冕撰·**石刻铺叙** （宋）曾宏父纂述·**凤墅残帖释文** （清）曾宏父撰

长沙：商务印书馆，1939.12，13+39+45 页，32 开（丛书集成初编 1600）

本书为合订书，每种各 2 卷。《法帖谱系》据宋《百川学海》本排印，《石刻铺叙》据清《知不足斋丛书》本排印，《凤墅残帖释文》据清《贷园丛书》本排印。版权页题名：法帖谱系及其他二种。

收藏单位：大理馆、大连馆、广西馆、国家馆、黑龙江馆、湖南馆、江西馆、辽大馆、辽宁馆、辽师大馆、天津馆、西南大学馆

01255

宝刻丛编 （宋）陈思纂次

上海：商务印书馆，1937.6，5 册（529 页），32 开（丛书集成初编 1601—1605）

本书共 20 卷，据清《十万卷楼丛书》本排印。

收藏单位：安徽馆、长春馆、大理馆、大连馆、东北师大馆、贵州馆、国家馆、黑龙江馆、湖南馆、江西馆、辽大馆、辽宁馆、辽师大馆、内蒙古馆、宁夏馆、西南大学馆

01256

法帖释文 （宋）刘次庄撰·**汇堂摘奇** （明）王佐撰·**法帖神品目** （明）杨慎撰

上海：商务印书馆，1936.12，88+17+16 页，32 开（丛书集成初编 1606）

本书为合订书。《法帖释文》10 卷，据宋《百川学海》本影印；《汇堂摘奇》1 卷，据明《百陵学山》本影印；《法帖神品目》1 卷，据清《函海》本影印。版权页题名：法帖释文及其他二种。

收藏单位：安徽馆、长春馆、重庆馆、大理馆、大连馆、东北师大馆、广东馆、广西馆、贵州馆、国家馆、黑龙江馆、湖南馆、

江西馆、辽大馆、辽宁馆、辽师大馆、柳州馆、内蒙古馆、宁夏馆、天津馆、西南大学馆

01257

石墨镌华 （明）赵崡著

上海：商务印书馆，1937.6，106 页，32 开（丛书集成初编 1607）

　　本书共 8 卷，据清《知不足斋丛书》本排印。

　　收藏单位：安徽馆、长春馆、大理馆、大连馆、大庆馆、东北师大馆、广东馆、广西馆、贵州馆、国家馆、湖南馆、江西馆、辽大馆、辽宁馆、辽师大馆、柳州馆、内蒙古馆、宁夏馆、西南大学馆

01258

寒山堂金石林时地考 （明）赵均撰·**闲者轩帖考** （清）孙承泽述·**湛园题跋** （清）姜宸英撰

长沙：商务印书馆，1939.12，51+17+14 页，32 开（丛书集成初编 1608）

　　本书为合订书。《寒山堂金石林时地考》2 卷，据清《粤雅堂丛书》本排印；《闲者轩帖考》1 卷，据清《知不足斋丛书》本排印；《湛园题跋》1 卷，据清《涉闻梓旧》本排印。版权页题名：寒山堂金石林时地考及其他二种。

　　收藏单位：大理馆、大连馆、国家馆、黑龙江馆、湖南馆、辽大馆、辽宁馆、辽师大馆、内蒙古馆、天津馆、西南大学馆

01259

唐昭陵石迹考略 （清）林侗撰·**隐绿轩题识** （清）陈奕禧撰

长沙：商务印书馆，1939.12，47+11 页，32 开（丛书集成初编 1609）

　　本书为合订书。《唐昭陵石迹考略》6 卷，附《谒唐昭陵记》，据清《粤雅堂丛书》本排印；《隐绿轩题识》1 卷，据清《涉闻梓旧》本排印。版权页题名：唐昭陵石迹考略及其他一种。

　　收藏单位：大理馆、大连馆、广西馆、国家馆、黑龙江馆、湖南馆、辽大馆、辽师大馆、内蒙古馆、西南大学馆

01260

铁函斋书跋 （清）杨宾著

上海：商务印书馆，1936.12，67 页，32 开（丛书集成初编 1610）

　　本书共 6 卷，据清《涉闻梓旧》本排印。

　　收藏单位：安徽馆、长春馆、重庆馆、大理馆、大连馆、东北师大馆、广东馆、广西馆、贵州馆、国家馆、黑龙江馆、湖南馆、江西馆、辽大馆、辽宁馆、辽师大馆、柳州馆、内蒙古馆、宁夏馆、绍兴馆、天津馆、西南大学馆

01261

苏斋唐碑选·苏斋题跋 （清）翁方纲撰

上海：商务印书馆，1936.12，10+94 页，32 开（丛书集成初编 1613）

　　本书为合订书。《苏斋唐碑选》1 卷，据清《眠进斋丛书》本排印；《苏斋题跋》2 卷，据清《涉闻梓旧》本排印。版权页题名：苏斋唐碑选及其他一种。

　　收藏单位：安徽馆、重庆馆、大理馆、大连馆、东北师大馆、广西馆、贵州馆、国家馆、黑龙江馆、湖南馆、江西馆、辽大馆、辽宁馆、辽师大馆、柳州馆、内蒙古馆、宁夏馆、绍兴馆、天津馆、西南大学馆

01262

苏米斋兰亭考 （清）翁方纲撰

上海：商务印书馆，1936.12，107 页，32 开（丛书集成初编 1614）

　　本书共 8 卷，据清《粤雅堂丛书》本排印。

　　收藏单位：安徽馆、长春馆、重庆馆、大理馆、大连馆、东北师大馆、广西馆、贵州馆、国家馆、黑龙江馆、湖南馆、江西馆、辽大馆、辽宁馆、辽师大馆、柳州馆、内蒙古馆、宁夏馆、绍兴馆、天津馆、西南大学馆

01263

国山碑考 （清）吴骞编·**嵩洛访碑日记** （清）黄易撰

上海：商务印书馆，1936.12，53+12页，32开（丛书集成初编 1615）

本书为合订书。《国山碑考》2卷，据清《拜经楼丛书》本排印；《嵩洛访碑日记》1卷，据清《粤雅堂丛书》本排印。版权页题名：国山碑考及其他一种。

收藏单位：安徽馆、长春馆、重庆馆、大理馆、大连馆、东北师大馆、广西馆、贵州馆、国家馆、黑龙江馆、湖南馆、江西馆、辽大馆、辽师大馆、柳州馆、内蒙古馆、宁夏馆、绍兴馆、天津馆、西南大学馆

01264

汉延熹西岳华山碑考 （清）阮元编

上海：商务印书馆，1936.12，63页，32开（丛书集成初编 1616）

本书共4卷，据清《文选楼丛书》本排印。

收藏单位：安徽馆、长春馆、重庆馆、大理馆、大连馆、东北师大馆、广西馆、贵州馆、国家馆、黑龙江馆、湖南馆、江西馆、辽大馆、辽宁馆、辽师大馆、柳州馆、内蒙古馆、宁夏馆、绍兴馆、天津馆、西南大学馆

01265

古墨斋金石跋 （清）赵绍祖辑

上海：商务印书馆，1936.12，127页，32开（丛书集成初编 1617）

本书共6卷，据清《泾川丛书》本排印。

收藏单位：安徽馆、长春馆、重庆馆、大理馆、大连馆、东北师大馆、广西馆、贵州馆、国家馆、黑龙江馆、湖南馆、江西馆、辽大馆、辽宁馆、辽师大馆、柳州馆、内蒙古馆、宁夏馆、绍兴馆、天津馆、西南大学馆

01266

元魏荥阳郑文公摩崖碑跋 （清）诸可宝著·**石门碑醳** （清）王森文撰·**汉射阳石门画象汇考** （清）张宝德辑

长沙：商务印书馆，1937.12，1册（8+46+13页），32开（丛书集成初编 1618）

本书为合订书。每种各1卷，《元魏荥阳郑文公摩崖碑跋》据清《式训堂丛书》本排印，《石门碑醳》据清《涉闻梓旧》本影印，《汉射阳石门画象汇考》据清《金陵丛刻》本排印。版权页题名：元魏荥阳郑文公摩崖碑跋及其他二种。

收藏单位：安徽馆、长春馆、大理馆、大连馆、东北师大馆、广西馆、贵州馆、黑龙江馆、湖南馆、江西馆、辽大馆、辽宁馆、辽师大馆、内蒙古馆、宁夏馆、天津馆、西南大学馆

01267

淳化阁帖释文 （清）佚名撰

上海：商务印书馆，1937.6，2册（141页），32开（丛书集成初编 1619—1920）

本书共10卷，据清聚珍版丛书本排印。

收藏单位：安徽馆、长春馆、大理馆、大连馆、大庆馆、东北师大馆、广东馆、广西馆、贵州馆、国家馆、黑龙江馆、湖南馆、江西馆、辽大馆、辽宁馆、辽师大馆、柳州馆、内蒙古馆、宁夏馆、西南大学馆

01268

墨薮 （唐）韦续纂

上海：商务印书馆，1936.12，51页，32开（丛书集成初编 1621）

本书共1卷，据清《十万卷楼丛书》本排印。

收藏单位：安徽馆、长春馆、重庆馆、大理馆、大连馆、东北师大馆、广西馆、贵州馆、国家馆、黑龙江馆、湖南馆、江西馆、辽大馆、辽宁馆、辽师大馆、柳州馆、内蒙古馆、宁夏馆、绍兴馆、天津馆、武大馆、西南大学馆

01269

书谱 （唐）孙过庭撰·**续书谱** （宋）姜夔著·**法书通释** （明）张绅编·**春雨杂述** （明）解缙辑

上海：商务印书馆，1936.6，[130]页，32开（丛书集成初编 1622）

本书为合订书。《书谱》1 卷,《续书谱》1 卷,均据宋《百川学海》本排印;《法书通释》2 卷,据明《夷门广牍》本影印;《春雨杂述》1 卷,据明《宝颜堂秘笈》本排印。版权页题名:书谱及其他三种。

收藏单位:安徽馆、长春馆、重庆馆、大理馆、大连馆、东北师大馆、广西馆、贵州馆、国家馆、黑龙江馆、湖南馆、惠州馆、江西馆、辽大馆、辽宁馆、辽师大馆、柳州馆、内蒙古馆、宁夏馆、天津馆、西南大学馆

01270

书法离钩 （明）潘之淙著

长沙:商务印书馆,1939.12,96 页,32 开（丛书集成初编 1623）

本书共 10 卷,据清《惜阴轩丛书》本排印。

收藏单位:大理馆、大连馆、国家馆、黑龙江馆、湖南馆、辽大馆、辽宁馆、辽师大馆、内蒙古馆、天津馆

01271

书法雅言 （明）项穆篆 · **书法粹言** （明）汪挺录 · **频罗庵论书** （清）梁同书著

上海:商务印书馆,1937.12,20+25+9 页,32 开（丛书集成初编 1624）

本书为合订书。每种各 1 卷,《书法雅言》据清《艺海珠尘》本排印,《书法粹言》据清《学海类编》本排印,《频罗庵论书》据清《榆园丛刻》本排印。版权页题名:书法雅言及其他二种。

收藏单位:安徽馆、重庆馆、大理馆、大连馆、国家馆、黑龙江馆、湖南馆、辽大馆、辽宁馆、辽师大馆、天津馆、西南大学馆

01272

安吴论书 （清）包世臣著 · **书学捷要** （清）朱履贞篆述

上海:商务印书馆,1936.12,30+39 页,32 开（丛书集成初编 1625）

本书为合订书。《安吴论书》1 卷,据清《咫进斋丛书》本排印;《书学捷要》2 卷,据清《知不足斋丛书》本排印。版权页题名:安吴论书及其他一种。

收藏单位:安徽馆、长春馆、重庆馆、大理馆、大连馆、东北师大馆、贵州馆、国家馆、黑龙江馆、湖南馆、江西馆、辽大馆、辽宁馆、辽师大馆、柳州馆、内蒙古馆、宁夏馆、绍兴馆、天津馆、西南大学馆

01273

法书要录 （唐）张彦远集

上海:商务印书馆,1936.12,2 册（184 页）,32 开（丛书集成初编 1626—1627）

本书共 10 卷,据明《津逮秘书》本影印。

收藏单位:安徽馆、长春馆、重庆馆、大理馆、大连馆、东北师大馆、贵州馆、国家馆、黑龙江馆、湖南馆、惠州馆、江西馆、辽大馆、辽宁馆、辽师大馆、柳州馆、内蒙古馆、宁夏馆、绍兴馆、西南大学馆

01274

海岳名言 （宋）米芾撰 · **翰墨志** （宋）宋高宗撰 · **宝真斋法书赞** （宋）岳珂撰

上海:商务印书馆,1936.12,3 册（4+6+422 页）,32 开（丛书集成初编 1628—1630）

本书为合订书。《海岳名言》1 卷,《翰墨志》1 卷,均据宋《百川学海》本排印;《宝真斋法书赞》28 卷,据清聚珍版丛书本排印。版权页题名:海岳名言及其他二种。

收藏单位:安徽馆、长春馆、重庆馆、大理馆、大连馆、东北师大馆、贵州馆、国家馆、黑龙江馆、湖南馆、江西馆、辽大馆、辽宁馆、辽师大馆、柳州馆、内蒙古馆、宁夏馆、绍兴馆、天津馆、西南大学馆

01275

宣和书谱

上海:商务印书馆,1936.12,2 册（471 页）,32 开（丛书集成初编 1632—1633）

本书共 20 卷,据明《津逮秘书》本影印。

收藏单位:安徽馆、长春馆、重庆馆、大理馆、大连馆、东北师大馆、贵州馆、国家馆、河南馆、黑龙江馆、湖南馆、江西馆、

辽大馆、辽宁馆、辽师大馆、柳州馆、内蒙古馆、宁夏馆、绍兴馆、西南大学馆

01276

梅花喜神谱 （宋）宋伯仁编

上海：商务印书馆，1936.6，100 页，32 开（丛书集成初编 1634）

　　本书共 2 卷，据清《知不足斋丛书》本影印。

　　收藏单位：安徽馆、长春馆、重庆馆、大理馆、大连馆、东北师大馆、贵州馆、国家馆、黑龙江馆、湖南馆、惠州馆、江西馆、辽大馆、辽宁馆、辽师大馆、柳州馆、内蒙古馆、宁夏馆、天津馆、西南大学馆

01277

竹谱详录 （元）李衎述 · **天形道貌** （明）周履靖著

上海：商务印书馆，1936.6，82+14 页，32 开（丛书集成初编 1635）

　　本书为合订书。《竹谱详录》7 卷，据清《知不足斋丛书》本影印；《天形道貌》1 卷，据明《夷门广牍》本影印。版权页题名：竹谱详录及其他一种。

　　收藏单位：安徽馆、长春馆、重庆馆、大理馆、大连馆、东北师大馆、贵州馆、国家馆、黑龙江馆、湖南馆、惠州馆、江西馆、辽大馆、辽宁馆、辽师大馆、柳州馆、内蒙古馆、宁夏馆、天津馆

01278

淇园肖影 · 罗浮幻质 · 春谷嘤翔 · 九畹遗容 （明）周履靖编

上海：商务印书馆，1936.6，[196] 页，32 开（丛书集成初编 1636）

　　本书为合订书。《淇园肖影》2 卷，《罗浮幻质》《春谷嘤翔》《九畹遗容》各 1 卷，均据明《夷门广牍》本影印。版权页题名：淇园肖影及其他三种。

　　收藏单位：安徽馆、长春馆、重庆馆、大理馆、大连馆、东北师大馆、贵州馆、国家馆、黑龙江馆、湖南馆、江西馆、辽大馆、辽宁馆、辽师大馆、柳州馆、内蒙古馆、宁

夏馆、天津馆、西南大学馆

01279

德隅斋画品 （宋）李廌撰 · **广川画跋** （宋）董逌撰

长沙：商务印书馆，1939.12，9+73 页，32 开（丛书集成初编 1637）

　　本书为合订书。《德隅斋画品》1 卷，据明阳山顾氏文房本排印；《广川画跋》6 卷，据清《十万卷楼丛书》本排印。版权页题名：德隅斋画品及其他一种。

　　收藏单位：大理馆、大连馆、国家馆、黑龙江馆、湖南馆、江西馆、辽大馆、辽宁馆、辽师大馆、天津馆、西南大学馆

01280

绘林题识 （明）汪显节编 · **画跋** （清）恽格撰

长沙：商务印书馆，1939.12，42+39 页，32 开（丛书集成初编 1638）

　　本书为合订书。《绘林题识》1 卷，据明《夷门广牍》本影印；《画跋》1 卷，据清《借月山房汇钞》本排印。版权页题名：绘林题识及其他一种。

　　收藏单位：大理馆、大连馆、国家馆、黑龙江馆、湖南馆、江西馆、辽大馆、辽宁馆、辽师大馆、内蒙古馆、西南大学馆

01281

题画诗 （清）恽格撰 · **天慵庵笔记** （清）方士庶著 · **画梅题记** （清）朱方蔼著

上海：商务印书馆，1936.12，7+28+13 页，32 开（丛书集成初编 1639）

　　本书为合订书。《题画诗》1 卷，据清《借月山房汇钞》本排印；《天慵庵笔记》2 卷，据清《仰视千七百二十九鹤斋丛书》本排印；《画梅题记》1 卷，据清《知不足斋丛书》本排印。版权页题名：题画诗及其他二种。

　　收藏单位：安徽馆、长春馆、重庆馆、大理馆、大连馆、东北师大馆、贵州馆、国家馆、黑龙江馆、湖南馆、江西馆、辽大馆、辽宁馆、辽师大馆、柳州馆、内蒙古馆、宁

夏馆、绍兴馆、天津馆、西南大学馆

01282

松壶画赘 （清）钱杜著

上海：商务印书馆，1936.12，46 页，32 开（丛书集成初编 1640）

本书共 2 卷，据清《榆园丛刻》本排印。

收藏单位：安徽馆、长春馆、重庆馆、大理馆、大连馆、东北师大馆、贵州馆、国家馆、黑龙江馆、湖南馆、江西馆、辽大馆、辽宁馆、辽师大馆、柳州馆、内蒙古馆、宁夏馆、绍兴馆、西南大学馆

01283

韩氏山水纯全集 （宋）韩拙撰·**六如画谱** （明）唐寅辑

长沙：商务印书馆，1939.12，12+34 页，32 开（丛书集成初编 1641）

本书为合订书。《韩氏山水纯全集》1 卷，据清《函海》本排印；《六如画谱》3 卷，据清《惜阴轩丛书》本排印。版权页题名：韩氏山水纯全集及其他一种。

收藏单位：大理馆、大连馆、国家馆、黑龙江馆、湖南馆、江西馆、辽大馆、辽宁馆、辽师大馆、内蒙古馆、天津馆、西南大学馆

01284

小山画谱 （清）邹一桂撰

上海：商务印书馆，1937.12，51 页，32 开（丛书集成初编 1643）

本书共 2 卷，据清《借月山房汇钞》本排印。

收藏单位：安徽馆、重庆馆、大理馆、大连馆、国家馆、黑龙江馆、湖南馆、辽大馆、辽宁馆、辽师大馆、内蒙古馆、西南大学馆

01285

山静居画论 （清）方薰撰·**松壶画忆** （清）钱杜著

上海：商务印书馆，1936.12，35+30 页，32 开（丛书集成初编 1644）

本书为合订书。每种各 2 卷，《山静居画论》据清《知不足斋丛书》本排印，《松壶画忆》据清《榆园丛刻》本排印。版权页题名：山静居画论及其他一种。

收藏单位：安徽馆、长春馆、重庆馆、大理馆、大连馆、东北师大馆、贵州馆、国家馆、黑龙江馆、湖南馆、江西馆、辽大馆、辽宁馆、辽师大馆、柳州馆、内蒙古馆、宁夏馆、绍兴馆、天津馆、西南大学馆

01286

古画品录 （南朝齐）谢赫撰·**续画品** （南朝陈）姚最撰·**后画录** （唐释）彦悰撰·**续画品录** （唐）李嗣真撰

上海：商务印书馆，1936.12，[46] 页，32 开（丛书集成初编 1645）

本书为合订书。每种各 1 卷，均据明《津逮秘书》本影印。版权页题名：古画品录及其他三种。

收藏单位：安徽馆、长春馆、重庆馆、大理馆、大连馆、东北师大馆、贵州馆、国家馆、黑龙江馆、湖南馆、江西馆、辽大馆、辽宁馆、辽师大馆、柳州馆、内蒙古馆、宁夏馆、绍兴馆、天津馆、西南大学馆

01287

历代名画记 （唐）张彦远撰

上海：商务印书馆，1936.12，334 页，32 开（丛书集成初编 1646）

本书共 10 卷，据明《津逮秘书》本影印。

收藏单位：安徽馆、长春馆、重庆馆、大理馆、大连馆、东北师大馆、贵州馆、国家馆、黑龙江馆、湖南馆、江西馆、辽大馆、辽宁馆、辽师大馆、柳州馆、内蒙古馆、宁夏馆、天津馆、西南大学馆

01288

画史 （宋）米芾撰

上海：商务印书馆，1936.12，100 页，32 开（丛书集成初编 1647）

本书共 1 卷，据明《津逮秘书》本影印。

收藏单位：安徽馆、长春馆、重庆馆、大理馆、大连馆、东北师大馆、贵州馆、国家馆、黑龙江馆、湖南馆、江西馆、辽大馆、

辽宁馆、辽师大馆、柳州馆、内蒙古馆、宁夏馆、绍兴馆、天津馆、西南大学馆

01289

图画见闻志 （宋）郭若虚撰

上海：商务印书馆，1936.12，264 页，32 开（丛书集成初编 1648）

本书共 6 卷，据明《津逮秘书》本影印。

收藏单位：安徽馆、长春馆、重庆馆、大理馆、大连馆、东北师大馆、广东馆、贵州馆、国家馆、黑龙江馆、湖南馆、江西馆、辽大馆、辽宁馆、辽师大馆、柳州馆、内蒙古馆、宁夏馆、绍兴馆、天津馆、西南大学馆

01290

画论 （宋）郭思撰

长沙：商务印书馆，1939.12，9 页，32 开（丛书集成初编 1649）

本书共 1 卷，据明《唐宋丛书》本排印。

收藏单位：大理馆、大连馆、国家馆、黑龙江馆、湖南馆、江西馆、辽大馆、辽宁馆、辽师大馆、内蒙古馆、天津馆、西南大学馆

01291

古今画鉴 （元）汤垕著·**画品** （明）杨慎撰·**中麓画品** （明）李开先撰·**画说** （明）莫是龙著·**杂评**

长沙：商务印书馆，1937.12，[52] 页，32 开（丛书集成初编 1650）

本书为合订书。每种各 1 卷，《古今画鉴》据清《学海类编》本排印，《画品》《中麓画品》均据清《函海》本排印，《画说》据明《宝颜堂秘笈》本排印，《杂评》据明《天都阁藏书》本排印。版权页题名：古今画鉴及其他四种。

收藏单位：安徽馆、长春馆、重庆馆、大理馆、大连馆、东北师大馆、贵州馆、国家馆、黑龙江馆、湖南馆、江西馆、辽大馆、辽宁馆、辽师大馆、内蒙古馆、宁夏馆、天津馆、西南大学馆

01292

宣和画谱 （宋）佚名撰

上海：商务印书馆，1936.12，2 册（594 页），32 开（丛书集成初编 1652—1653）

本书共 20 卷，据明《津逮秘书》本影印。

收藏单位：长春馆、重庆馆、大理馆、大连馆、东北师大馆、广东馆、贵州馆、国家馆、黑龙江馆、湖南馆、江西馆、辽大馆、辽宁馆、辽师大馆、柳州馆、内蒙古馆、宁夏馆、绍兴馆、西南大学馆

01293

图绘宝鉴 （元）夏文彦纂

上海：商务印书馆，1937.6，107 页，32 开（丛书集成初编 1654）

本书共 7 卷，附补遗，据明《津逮秘书》本影印。

收藏单位：安徽馆、长春馆、重庆馆、大理馆、东北师大馆、贵州馆、国家馆、黑龙江馆、湖南馆、江西馆、辽大馆、辽宁馆、辽师大馆、柳州馆、内蒙古馆、宁夏馆、西南大学馆

01294

文湖州竹派 （元）吴镇纂·**海岳志林** （明）毛凤苞辑·**丹青志** （明）王穉登撰·**画禅** （明释）莲儒纂

长沙：商务印书馆，1939.12，[51] 页，32 开（丛书集成初编 1655）

本书为合订书，每种各 1 卷。《文湖州竹派》据清《学海类编》本排印，《海岳志林》据清《得月簃丛书》本排印，《丹青志》《画禅》据明《宝颜堂秘笈》本排印。版权页题名：文湖州竹派及其他三种。

收藏单位：大理馆、大连馆、国家馆、黑龙江馆、湖南馆、江西馆、辽大馆、辽宁馆、辽师大馆、内蒙古馆、天津馆、西南大学馆

01295

绘妙 （明）茅一相编

上海：商务印书馆，1936.12，72 页，32 开（丛书集成初编 1656）

本书共 1 卷，据明《欣赏编》本影印。

收藏单位：长春馆、重庆馆、大理馆、东

北师大馆、广东馆、贵州馆、国家馆、黑龙江馆、湖南馆、江西馆、辽大馆、辽宁馆、辽师大馆、柳州馆、内蒙古馆、宁夏馆、天津馆、西南大学馆

01296

读画录 （清）周亮工撰

上海：商务印书馆，1936.12，51 页，32 开（丛书集成初编 1657）

　　本书共 4 卷，据清《读画斋丛书》本排印。

　　收藏单位：安徽馆、长春馆、重庆馆、大理馆、东北师大馆、贵州馆、国家馆、黑龙江馆、湖南馆、江西馆、辽大馆、辽宁馆、辽师大馆、柳州馆、内蒙古馆、宁夏馆、天津馆、西南大学馆

01297

明画录 （清）徐沁著 · **墨梅人名录** （清）童翼驹编 · **画友诗** （清）赵彦修撰

上海：商务印书馆，1936.12，89+17+6 页，32 开（丛书集成初编 1658）

　　本书为合订书。《明画录》8 卷，据清《读画斋丛书》本排印；《墨梅人名录》1 卷，据清《得月簃丛书》本排印；《画友诗》1 卷，据清《灵鹣阁丛书》本排印。版权页题名：明画录及其他二种。

　　收藏单位：安徽馆、长春馆、重庆馆、大理馆、东北师大馆、广东馆、贵州馆、国家馆、黑龙江馆、湖南馆、江西馆、辽大馆、辽宁馆、辽师大馆、柳州馆、内蒙古馆、宁夏馆、天津馆、西南大学馆

01298

乐府杂录 （唐）段安节撰 · **羯鼓录** （唐）南卓撰 · **乐书要录**

上海：商务印书馆，1936.12，47+30+86 页，32 开（丛书集成初编 1659）

　　本书为合订书。《乐府杂录》1 卷，《羯鼓录》1 卷，均据清《守山阁丛书》本影印；《乐书要录》3 卷，据日本《佚存丛书》本影印。版权页题名：乐府杂录及其他二种。

　　收藏单位：安徽馆、长春馆、重庆馆、大

理馆、东北师大馆、贵州馆、国家馆、黑龙江馆、湖南馆、江西馆、辽大馆、辽宁馆、辽师大馆、柳州馆、内蒙古馆、宁夏馆、绍兴馆、天津馆、西南大学馆

01299

韶舞九成乐补 （元）余载撰 · **律吕成书** （元）刘瑾撰

上海：商务印书馆，1936.12，66+174 页，32 开（丛书集成初编 1660）

　　本书为合订书。《韶舞九成乐补》1 卷，《律吕成书》2 卷，均据清《墨海金壶》本影印。版权页题名：韶舞九成乐补及其他一种。

　　收藏单位：安徽馆、长春馆、重庆馆、大理馆、东北师大馆、贵州馆、国家馆、黑龙江馆、湖南馆、江西馆、辽大馆、辽宁馆、辽师大馆、柳州馆、内蒙古馆、宁夏馆、绍兴馆、天津馆、武大馆、西南大学馆

01300

琴言十则 （元）吴澄著 · **乐律举要** （明）韩邦奇辑 · **竞山乐录** （清）毛奇龄稿

长沙：商务印书馆，1937.12，18+6+55 页，32 开（丛书集成初编 1661）

　　本书为合订书。《琴言十则》2 卷，附指法谱，据清《学海类编》本影印；《乐律举要》1 卷，据清《学海类编》本排印；《竞山乐录》4 卷，据清《龙威秘书》本排印。版权页题名：琴言十则及其他二种。

　　收藏单位：安徽馆、长春馆、重庆馆、大理馆、大连馆、东北师大馆、贵州馆、国家馆、黑龙江馆、湖南馆、江西馆、辽大馆、辽宁馆、辽师大馆、内蒙古馆、宁夏馆、天津馆、西南大学馆

01301

李氏学乐录 （清）李塨著 · **律吕新论** （清）江永撰

长沙：商务印书馆，1939.12，52+92 页，32 开（丛书集成初编 1662）

　　本书为合订书。每种各 2 卷，《李氏学乐录》据清《龙威秘书》本排印，《律吕新论》据清《守山阁丛书》本影印。版权页题名：李

氏学乐录及其他一种。

收藏单位：大理馆、大连馆、国家馆、黑龙江馆、湖南馆、江西馆、辽大馆、辽宁馆、辽师大馆、内蒙古馆、天津馆、西南大学馆

01302

赓和录 （清）何梦瑶撰

上海：商务印书馆，1936.12，2 册（316 页），32 开（丛书集成初编 1663）

本书共 2 卷，据清《岭南遗书》本影印。

收藏单位：安徽馆、长春馆、重庆馆、大理馆、大庆馆、东北师大馆、贵州馆、国家馆、黑龙江馆、湖南馆、江西馆、辽大馆、辽宁馆、辽师大馆、柳州馆、内蒙古馆、宁夏馆、绍兴馆、西南大学馆

01303

燕乐考原 （清）凌廷堪著

上海：商务印书馆，1936.12，2 册（212 页），32 开（丛书集成初编 1665—1666）

本书共 6 卷，据清《粤雅堂丛书》本排印。

收藏单位：安徽馆、长春馆、重庆馆、大理馆、东北师大馆、贵州馆、国家馆、黑龙江馆、湖南馆、江西馆、辽大馆、辽宁馆、辽师大馆、柳州馆、内蒙古馆、宁夏馆、绍兴馆、西南大学馆

01304

乐县考 （清）江藩学·**律吕元音** （清）毕华珍述

长沙：商务印书馆，1939.12，34+22 页，32 开（丛书集成初编 1667）

本书为合订书。《乐县考》2 卷，据清《粤雅堂丛书》本排印；《律吕元音》1 卷，据清《小万卷楼丛书》本排印。版权页题名：乐县考及其他一种。

收藏单位：大理馆、大连馆、国家馆、黑龙江馆、湖南馆、江西馆、辽大馆、辽宁馆、辽师大馆、天津馆、西南大学馆

01305

乐经律吕通解 （清）汪烜辑

上海：商务印书馆，1936.12，3 册（338 页），32 开（丛书集成初编 1668—1670）

本书共 5 卷，据清《粤雅堂丛书》本排印。

收藏单位：安徽馆、长春馆、重庆馆、大理馆、东北师大馆、贵州馆、国家馆、黑龙江馆、湖南馆、江西馆、辽大馆、辽宁馆、辽师大馆、柳州馆、内蒙古馆、宁夏馆、绍兴馆、西南大学馆

01306

皇祐新乐图记 （宋）阮逸 （宋）胡瑗撰·**琴操** （汉）蔡邕撰·**汉铙歌十八曲集解** （清）谭仪纂

长沙：商务印书馆，1937.12，68+24+10 页，32 开（丛书集成初编 1671）

本书为合订书。《皇祐新乐图记》3 卷，据清《学津讨原》本影印；《琴操》2 卷，据清《平津馆丛书》本排印；《汉铙歌十八曲集解》1 卷，据清《灵鹣阁丛书》本排印。版权页题名：皇祐新乐图记及其他二种。

收藏单位：安徽馆、长春馆、重庆馆、大理馆、大连馆、东北师大馆、贵州馆、国家馆、黑龙江馆、湖南馆、江西馆、辽大馆、辽宁馆、辽师大馆、柳州馆、内蒙古馆、宁夏馆、西南大学馆

01307

香研居词麈 （清）方成培述

上海：商务印书馆，1936.12，67 页，32 开（丛书集成初编 1672）

本书共 5 卷，据清《读画斋丛书》本排印。

收藏单位：重庆馆、大理馆、大连馆、东北师大馆、贵州馆、国家馆、黑龙江馆、湖南馆、江西馆、辽大馆、辽宁馆、辽师大馆、柳州馆、内蒙古馆、宁夏馆、天津馆、西南大学馆

01308

碣石调幽兰 （南朝梁）丘公撰·**瑟谱** （元）熊朋来撰

上海：商务印书馆，1936.12，28+141 页，32

开（丛书集成初编 1673）

本书为合订书。《碣石调幽兰》1卷，据清《古逸丛书》本影印;《瑟谱》6卷，据清《指海》本影印。版权页题名：碣石调幽兰及其他一种。

收藏单位：安徽馆、长春馆、重庆馆、大理馆、大连馆、东北师大馆、贵州馆、国家馆、黑龙江馆、湖南馆、江西馆、辽大馆、辽宁馆、辽师大馆、柳州馆、内蒙古馆、宁夏馆、绍兴馆、天津馆、西南大学馆

01309

绿绮新声 （明）徐时琪著

上海：商务印书馆，1936.6，116 页，32 开（丛书集成初编 1674）

本书共 2 卷，据明《夷门广牍》本影印。

收藏单位：安徽馆、长春馆、重庆馆、大理馆、大连馆、东北师大馆、贵州馆、国家馆、黑龙江馆、湖南馆、惠州馆、江西馆、辽大馆、辽宁馆、辽师大馆、柳州馆、内蒙古馆、宁夏馆、绍兴馆、天津馆、武大馆、西南大学馆

01310

诗经乐谱 （清）清高宗敕撰

长沙：商务印书馆，1937.12，5 册（3142+26 页），32 开（丛书集成初编 1675—1679）

本书共 31 卷，附《乐律正俗》，据清聚珍版丛书本影印。

收藏单位：安徽馆、重庆馆、大理馆、大连馆、东北师大馆、贵州馆、国家馆、黑龙江馆、湖南馆、江西馆、辽大馆、辽宁馆、辽师大馆、柳州馆、内蒙古馆、宁夏馆、西南大学馆

01311

啸旨 佚名撰·**角力记** （宋）调露子撰·**学射录** （清）李塨稿·**手臂录** （清）吴殳著

长沙：商务印书馆，1939.12，[159] 页，32 开（丛书集成初编 1680）

本书为合订书。《啸旨》1卷，据明阳山顾氏文房本排印;《角力记》1卷，据清《琳琅秘室丛书》本排印;《学射录》2卷，据清

《畿辅丛书》本排印;《手臂录》6卷，据清《指海》本排印。版权页题名：啸旨及其他三种。

收藏单位：大理馆、大连馆、东北师大馆、国家馆、黑龙江馆、湖南馆、江西馆、辽大馆、辽宁馆、辽师大馆、内蒙古馆、西南大学馆

01312

投壶仪节 （明）江瓒编辑·**丸经**

上海：商务印书馆，1936.6，44+40 页，32 开（丛书集成初编 1681）

本书为合订书。《投壶仪节》1卷，据明《夷门广牍》本影印;《丸经》2卷，据明《津逮秘书》本影印。版权页题名：投壶仪节及其他一种。

收藏单位：安徽馆、长春馆、重庆馆、大理馆、大连馆、东北师大馆、贵州馆、国家馆、黑龙江馆、湖南馆、惠州馆、江西馆、辽大馆、辽宁馆、辽师大馆、柳州馆、内蒙古馆、宁夏馆、天津馆、西南大学馆

01313

五木经 （唐）李翱撰 （唐）元革注·**汉官仪** （宋）刘攽撰

上海：商务印书馆，1936.6，6+100 页，32 开（丛书集成初编 1683）

本书为合订书。《五木经》1卷，据明《夷门广牍》本影印;《汉官仪》3卷，据清《十万卷楼丛书》本影印。版权页题名：五木经及其他一种。

收藏单位：安徽馆、长春馆、重庆馆、大理馆、大连馆、东北师大馆、贵州馆、国家馆、黑龙江馆、湖南馆、惠州馆、江西馆、辽大馆、辽宁馆、辽师大馆、柳州馆、内蒙古馆、宁夏馆、绍兴馆、西南大学馆

文学类

01314

文选敏音 （清）赵晋撰·**文选理学权舆** （清）汪师韩撰·**文选理学权舆补** （清）孙

志祖辑

长沙：商务印书馆，1939.12，12+179+17 页，32 开（丛书集成初编 1686）

　　本书为合订书。《文选敏音》1 卷，据清《指海》本排印;《文选理学权舆》8 卷，《文选理学权舆补》1 卷，均据清《读画斋丛书》本排印。版权页题名：文选敏音及其他二种。

　　收藏单位：大理馆、大连馆、国家馆、湖南馆、江西馆、辽大馆、辽宁馆、辽师大馆、内蒙古馆、西南大学馆

01315

文选李注补正　（清）孙志祖辑

上海：商务印书馆，1937.6，89 页，32 开（丛书集成初编 1687）

　　本书共 4 卷，据清《读画斋丛书》本排印。

　　收藏单位：长春馆、重庆馆、大理馆、大连馆、东北师大馆、贵州馆、国家馆、黑龙江馆、湖南馆、江西馆、辽大馆、辽宁馆、辽师大馆、柳州馆、内蒙古馆、宁夏馆、天津馆、西南大学馆

01316

文选考异　（清）孙志祖辑

上海：商务印书馆，1937.6，110 页，32 开（丛书集成初编 1688）

　　本书共 4 卷，据清《读画斋丛书》本排印。

　　收藏单位：安徽馆、长春馆、重庆馆、大理馆、大连馆、东北师大馆、贵州馆、国家馆、黑龙江馆、湖南馆、江西馆、辽大馆、辽宁馆、辽师大馆、柳州馆、内蒙古馆、宁夏馆、天津馆、武大馆、西南大学馆

01317

选注规李·选学纠何　（清）徐攀凤纂

上海：商务印书馆，1937.12，31+26 页，32 开（丛书集成初编 1689）

　　本书为合订书。每种各 1 卷，均据清《艺海珠尘》本排印。版权页题名：选注规李及其他一种。

　　收藏单位：安徽馆、重庆馆、大理馆、大连馆、国家馆、黑龙江馆、湖南馆、江西馆、辽大馆、辽宁馆、辽师大馆、内蒙古馆、天津馆、西南大学馆

01318

文馆词林　（唐）许敬宗等撰

上海：商务印书馆，1936.12，2 册（186 页），32 开（丛书集成初编 1690—1691）

　　本书共 18 卷，据日本《佚存丛书》和清《古逸丛书》依卷第顺序影印。

　　收藏单位：安徽馆、长春馆、重庆馆、大理馆、大连馆、东北师大馆、贵州馆、国家馆、黑龙江馆、湖南馆、惠州馆、江西馆、辽大馆、辽宁馆、辽师大馆、柳州馆、内蒙古馆、宁夏馆、绍兴馆、西南大学馆

01319

古文苑　（宋）章樵注

上海：商务印书馆，1937.6，4 册（526 页），32 开（丛书集成初编 1692—1695）

　　本书共 20 卷，据清《守山阁丛书》本影印。

　　收藏单位：安徽馆、重庆馆、大理馆、大连馆、东北师大馆、贵州馆、国家馆、黑龙江馆、湖南馆、江西馆、辽大馆、辽师大馆、柳州馆、内蒙古馆、宁夏馆、西南大学馆

01320

严陵集　（宋）董棻编

长沙：商务印书馆，1937.12，113 页，32 开（丛书集成初编 1696）

　　本书共 9 卷，据清《渐西村舍丛刻》本排印。

　　收藏单位：安徽馆、长春馆、重庆馆、大理馆、大连馆、大庆馆、东北师大馆、贵州馆、国家馆、黑龙江馆、湖南馆、江西馆、辽大馆、辽宁馆、辽师大馆、柳州馆、内蒙古馆、宁夏馆、天津馆、西南大学馆

01321

悦心集　（清）清世宗选

长沙：商务印书馆，1939.12，108 页，32 开（丛书集成初编 1697）

本书共 4 卷，据清聚珍版丛书本排印。

收藏单位：大理馆、大连馆、东北师大馆、国家馆、黑龙江馆、江西馆、辽大馆、辽宁馆、辽师大馆、天津馆、西南大学馆

01322

续古文苑 （清）孙星衍辑

长沙：商务印书馆，1940.6，5 册（1233 页），32 开（丛书集成初编 1698—1702）

本书共 20 卷，据清《平津馆丛书》本影印。

收藏单位：安徽馆、长春馆、大理馆、东北师大馆、国家馆、黑龙江馆、湖南馆、辽大馆、辽宁馆、辽师大馆、内蒙古馆、西南大学馆

01323

石洞贻芳集 （明）郭鈇撰

长沙：商务印书馆，1939.12，60 页，32 开（丛书集成初编 1704）

本书共 4 卷，附补遗、考异，据清《金华丛书》本排印。

收藏单位：大理馆、大连馆、东北师大馆、国家馆、黑龙江馆、湖南馆、辽大馆、辽宁馆、辽师大馆、内蒙古馆、天津馆、西南大学馆

01324

梅坞贻琼 （明）汪显节校编 · **琼花集** （明）曹璿编

上海：商务印书馆，1936.6，2 册（222+58 页），32 开（丛书集成初编 1705—1706）

本书为合订书。《梅坞贻琼》6 卷，据明《夷门广牍》本影印；《琼花集》5 卷，附词，据清《别下斋丛书》本影印。版权页题名：梅坞贻琼及其他一种。

收藏单位：长春馆、重庆馆、大理馆、大连馆、东北师大馆、广东馆、贵州馆、国家馆、黑龙江馆、湖南馆、惠州馆、江西馆、辽大馆、辽宁馆、辽师大馆、柳州馆、内蒙古馆、宁夏馆、绍兴馆、西南大学馆

01325

于湖题襟集 （清）袁昶编录

长沙：商务印书馆，1937.12，3 册（224 页），32 开（丛书集成初编 1707—1709）

本书共 9 卷，据清《渐西村舍丛刻》本排印。

收藏单位：安徽馆、长春馆、重庆馆、大理馆、大连馆、大庆馆、东北师大馆、贵州馆、国家馆、黑龙江馆、湖南馆、江西馆、辽大馆、辽宁馆、辽师大馆、柳州馆、内蒙古馆、宁夏馆、西南大学馆

01326

诗序 （汉）毛苌传述 （宋）朱熹辨说

上海：商务印书馆，1937.6，60 页，32 开（丛书集成初编 1710）

本书共 1 卷，据明《津逮秘书》本排印。

收藏单位：安徽馆、长春馆、重庆馆、大理馆、大连馆、东北师大馆、贵州馆、国家馆、黑龙江馆、湖南馆、江西馆、辽大馆、辽宁馆、辽师大馆、柳州馆、内蒙古馆、宁夏馆、天津馆、西南大学馆

01327

诗传孔氏传 （春秋）端木赐述 · **诗说** （汉）申培著 · **诗说** （宋）张耒纂 · **诗论** （宋）程大昌纂

长沙：商务印书馆，1939.12，[102] 页，32 开（丛书集成初编 1711）

本书为合订书。每种各 1 卷，《诗传孔氏传》《诗说》据明《百陵学山》本影印，《诗说》据清《艺海珠尘》本排印，《诗论》据清《学海类编》本排印。版权页题名：诗传孔氏传及其他三种。

收藏单位：长春馆、大理馆、东北师大馆、国家馆、黑龙江馆、湖南馆、辽大馆、辽宁馆、辽师大馆、武大馆、西南大学馆

01328

诗总闻 （宋）王质撰

长沙：商务印书馆，1939.12，4 册（351 页），32 开（丛书集成初编 1712—1715）

本书共 20 卷，据清《经苑》本排印。

收藏单位：大理馆、大连馆、国家馆、黑龙江馆、湖南馆、江西馆、辽大馆、辽宁馆、辽师大馆、西南大学馆

01329

吕氏家塾读诗记 （宋）吕祖谦撰

上海：商务印书馆，1937.12，8 册（715 页），32 开（丛书集成初编 1716—1723）

本书共 32 卷，据清《墨海金壶》本排印。

收藏单位：安徽馆、长春馆、重庆馆、大理馆、大连馆、东北师大馆、贵州馆、国家馆、黑龙江馆、湖南馆、江西馆、辽大馆、辽宁馆、辽师大馆、内蒙古馆、宁夏馆、西南大学馆

01330

续吕氏家塾读诗记 （宋）戴溪撰

上海：商务印书馆，1936.12，101 页，32 开（丛书集成初编 1724）

本书共 3 卷，据清聚珍版丛书本排印。

收藏单位：安徽馆、长春馆、重庆馆、大理馆、大连馆、东北师大馆、贵州馆、国家馆、黑龙江馆、湖南馆、江西馆、辽大馆、辽宁馆、辽师大馆、柳州馆、内蒙古馆、宁夏馆、绍兴馆、天津馆、武大馆、西南大学馆

01331

非诗辨妄 （宋）周孚著·**絜斋毛诗经筵讲义**
（宋）袁燮撰

长沙：商务印书馆，1939.12，12+46 页，32 开（丛书集成初编 1725）

本书为合订书。《非诗辨妄》1 卷，据清《涉闻梓旧》本排印；《絜斋毛诗经筵讲义》4 卷，据清聚珍版丛书本排印。版权页题名：非诗辨妄及其他一种。

收藏单位：大理馆、大连馆、国家馆、黑龙江馆、湖南馆、江西馆、辽大馆、辽宁馆、辽师大馆、内蒙古馆、天津馆、西南大学馆

01332

诗疑 （宋）王柏撰·**昌武段氏诗义指南**

（宋）段子武撰

上海：商务印书馆，1936.12，29+41 页，32 开（丛书集成初编 1726）

本书为合订书。《诗疑》2 卷，据清《艺海珠尘》本排印；《昌武段氏诗义指南》1 卷，据清《知不足斋丛书》本排印。版权页题名：诗疑及其他一种。

收藏单位：安徽馆、长春馆、重庆馆、大理馆、大连馆、东北师大馆、贵州馆、国家馆、黑龙江馆、湖南馆、江西馆、辽大馆、辽宁馆、辽师大馆、柳州馆、内蒙古馆、宁夏馆、天津馆、西南大学馆

01333

诗考 （宋）王应麟撰·**诗传注疏** （宋）谢枋得著·**诗辨说** （元）赵悳编

长沙：商务印书馆，1937.12，132+61+12 页，32 开（丛书集成初编 1727）

本书为合订书。《诗考》1 卷，据明《津逮秘书》本影印；《诗传注疏》3 卷，据清《知不足斋丛书》本排印；《诗辨说》1 卷，据清《别下斋丛书》本排印。版权页题名：诗考及其他二种。

收藏单位：安徽馆、长春馆、重庆馆、大理馆、大连馆、大庆馆、贵州馆、国家馆、黑龙江馆、惠州馆、江西馆、辽大馆、辽宁馆、辽师大馆、内蒙古馆、宁夏馆、天津馆、武大馆、西南大学馆

01334

诗集传名物钞 （元）许谦撰

长沙：商务印书馆，1937.12，4 册（316 页），32 开（丛书集成初编 1728—1731）

本书共 8 卷，据清《金华丛书》本排印。

收藏单位：安徽馆、重庆馆、大连馆、东北师大馆、贵州馆、国家馆、黑龙江馆、湖南馆、惠州馆、江西馆、辽大馆、辽宁馆、辽师大馆、柳州馆、内蒙古馆

01335

泾野先生毛诗说序 （明）吕柟著·**毛诗或问**
（明）袁仁著

上海：商务印书馆，1936.12，88+40 页，32 开

（丛书集成初编 1732）

　　本书为合订书。《泾野先生毛诗说序》6卷，据清《惜阴轩丛书》本排印；《毛诗或问》2卷，据清《学海类编》本排印。版权页题名：泾野先生毛诗说序及其他一种。

　　收藏单位：长春馆、重庆馆、大理馆、大连馆、东北师大馆、贵州馆、国家馆、黑龙江馆、湖南馆、江西馆、辽大馆、辽宁馆、柳州馆、内蒙古馆、宁夏馆、绍兴馆、天津馆、武大馆、西南大学馆

01336

诗问略　（明）陈子龙说·白鹭洲主客说诗（清）毛奇龄稿

长沙：商务印书馆，1939.12，15+14 页，32 开（丛书集成初编 1739）

　　本书为合订书。每种各 1 卷，《诗问略》据清《学海类编》本排印，《白鹭洲主客说诗》据清《龙威秘书》本排印。版权页题名：诗问略及其他一种。

　　收藏单位：大理馆、大连馆、国家馆、黑龙江馆、湖南馆、辽大馆、辽宁馆、辽师大馆、内蒙古馆、天津馆、西南大学馆

01337

诗说　（清）惠周惕著·诗说　（清）陶正靖著·张氏诗说　（清）张汝霖著

长沙：商务印书馆，1939.12，35+8+22 页，32 开（丛书集成初编 1740）

　　本书为合订书。惠著《诗说》3 卷，陶著《诗说》1 卷，均据清《借月山房汇钞》本排印；《张氏诗说》1 卷，据清《豫章丛书》本影印。版权页题名：诗说及其他二种。

　　收藏单位：大理馆、国家馆、黑龙江馆、湖南馆、江西馆、辽大馆、辽宁馆、辽师大馆、天津馆、西南大学馆

01338

诗附记　（清）翁方纲著

上海：商务印书馆，1936.12，111 页，32 开（丛书集成初编 1742）

　　本书共 4 卷，据清《畿辅丛书》本排印。

　　收藏单位：安徽馆、长春馆、重庆馆、大理馆、大连馆、东北师大馆、贵州馆、国家馆、黑龙江馆、江西馆、辽大馆、辽宁馆、辽师大馆、柳州馆、内蒙古馆、宁夏馆、天津馆、武大馆、西南大学馆

01339

春秋诗话　（清）劳孝舆撰

上海：商务印书馆，1936.12，52 页，32 开（丛书集成初编 1743）

　　本书共 5 卷，据清《岭南遗书》本排印。

　　收藏单位：安徽馆、长春馆、重庆馆、大理馆、大连馆、东北师大馆、贵州馆、国家馆、黑龙江馆、湖南馆、江西馆、辽大馆、辽宁馆、辽师大馆、柳州馆、内蒙古馆、宁夏馆、绍兴馆、天津馆、西南大学馆

01340

三家诗拾遗　（清）范家相撰　（清）钱熙祚校

长沙：商务印书馆，1939.12，2 册（137 页），32 开（丛书集成初编 1744—1745）

　　本书共 10 卷，据清《守山阁丛书》本排印。

　　收藏单位：大理馆、大连馆、贵州馆、国家馆、黑龙江馆、湖南馆、江西馆、辽大馆、辽宁馆、辽师大馆、内蒙古馆、西南大学馆

01341

韩诗遗说　（清）臧庸述·读诗经　（清）赵良霈著

长沙：商务印书馆，1939.12，68+85 页，32 开（丛书集成初编 1746）

　　本书为合订书。每种各 4 卷，《韩诗遗说》（附订伪）据清《灵鹣阁丛书》本排印，《读诗经》据清《泾川丛书》本排印。版权页题名：韩诗遗说及其他一种。

　　收藏单位：大理馆、大连馆、国家馆、黑龙江馆、湖南馆、江西馆、辽大馆、辽宁馆、辽师大馆、内蒙古馆、天津馆、西南大学馆

01342

读风偶识　（清）崔述著

长沙：商务印书馆，1939.12，96 页，32 开

（丛书集成初编 1747）

本书共 4 卷，据清《畿辅丛书》本排印。

收藏单位：安徽馆、大理馆、大连馆、国家馆、黑龙江馆、湖南馆、江西馆、辽大馆、辽宁馆、辽师大馆、内蒙古馆、天津馆、西南大学馆

01343

毛诗识小 （清）林伯桐撰

上海：商务印书馆，1936.12，2 册（115 页），32 开（丛书集成初编 1748—1749）

本书共 30 卷，据清《岭南遗书》本排印。

收藏单位：安徽馆、长春馆、重庆馆、大理馆、大连馆、东北师大馆、贵州馆、国家馆、黑龙江馆、湖南馆、江西馆、辽大馆、辽宁馆、辽师大馆、柳州馆、内蒙古馆、宁夏馆、绍兴馆、西南大学馆

01344

毛诗通考 （清）林伯桐撰

上海：商务印书馆，1936.12，116 页，32 开（丛书集成初编 1750）

本书共 30 卷，据清《岭南遗书》本排印。

收藏单位：安徽馆、长春馆、重庆馆、大理馆、大连馆、东北师大馆、贵州馆、国家馆、黑龙江馆、湖南馆、江西馆、辽大馆、辽宁馆、辽师大馆、柳州馆、内蒙古馆、宁夏馆、绍兴馆、天津馆、西南大学馆

01345

诗伦 （清）汪薇辑

长沙：商务印书馆，1937.12，168 页，32 开（丛书集成初编 1751）

本书共 2 卷，据清聚珍版丛书本排印。

收藏单位：安徽馆、长春馆、重庆馆、大理馆、大连馆、东北师大馆、贵州馆、国家馆、黑龙江馆、湖南馆、江西馆、辽大馆、辽宁馆、辽师大馆、内蒙古馆、宁夏馆、天津馆、西南大学馆

01346

玉台新咏考异 （清）纪容舒撰

长沙：商务印书馆，1937.12，2 册（171 页），32 开（丛书集成初编 1752—1753）

本书共 10 卷，据清《畿辅丛书》本排印。

收藏单位：安徽馆、长春馆、重庆馆、大理馆、大连馆、东北师大馆、贵州馆、国家馆、黑龙江馆、湖南馆、江西馆、辽大馆、辽宁馆、辽师大馆、柳州馆、内蒙古馆、宁夏馆、西南大学馆

01347

五柳赓歌 （晋）陶潜撰 （明）周履靖和韵

上海：商务印书馆，1935.12，2 册（218 页），32 开（丛书集成初编 1754—1755）

本书共 4 卷，据明《夷门广牍》本影印。

收藏单位：安徽馆、长春馆、重庆馆、大理馆、大连馆、东北师大馆、贵州馆、国家馆、黑龙江馆、湖南馆、惠州馆、江西馆、辽大馆、辽宁馆、辽师大馆、柳州馆、内蒙古馆、绍兴馆、西南大学馆、中科图

01348

青莲觞咏 （唐）李白著 （明）周履靖和

上海：商务印书馆，1936.6，96 页，32 开（丛书集成初编 1756）

本书共 2 卷，据明《夷门广牍》本影印。

收藏单位：安徽馆、长春馆、重庆馆、大理馆、大连馆、东北师大馆、贵州馆、国家馆、黑龙江馆、湖南馆、惠州馆、江西馆、辽大馆、辽宁馆、辽师大馆、柳州馆、内蒙古馆、宁夏馆、绍兴馆、天津馆、武大馆、西南大学馆

01349

选诗句图 （宋）高似孙集·洞宵诗集 （宋）孟宗宝编

上海：商务印书馆，1936.12，38+90 页，32 开（丛书集成初编 1757）

本书为合订书。《选诗句图》1 卷，据宋《百川学海》本排印；《洞宵诗集》14 卷，据清《知不足斋丛书》本排印。版权页题名：选

诗句图及其他一种。

收藏单位：安徽馆、长春馆、重庆馆、大理馆、大连馆、东北师大馆、贵州馆、国家馆、黑龙江馆、湖南馆、江西馆、辽大馆、辽宁馆、辽师大馆、柳州馆、内蒙古馆、宁夏馆、天津馆、西南大学馆

01350
香山酒颂 （唐）白居易著 （明）周履靖和
长沙：商务印书馆，1939.12，124 页，32 开（丛书集成初编 1758）

本书共 2 卷，据明《夷门广牍》本影印。

收藏单位：大理馆、大连馆、国家馆、黑龙江馆、湖南馆、辽大馆、辽宁馆、辽师大馆、内蒙古馆、天津馆、西南大学馆

01351
三家宫词 （明）毛晋辑
上海：商务印书馆，1936.6，91 页，32 开（丛书集成初编 1759）

本书共 1 卷，据明《诗词杂俎》本影印。

收藏单位：安徽馆、长春馆、重庆馆、大理馆、大连馆、东北师大馆、贵州馆、国家馆、黑龙江馆、湖南馆、惠州馆、江西馆、辽大馆、辽宁馆、辽师大馆、柳州馆、内蒙古馆、宁夏馆、绍兴馆、天津馆、西南大学馆

01352
千片雪 （元）冯海粟咏 （明）周履靖和
上海：商务印书馆，1936.9，92 页，32 开（丛书集成初编 1760）

本书共 2 卷，据明《夷门广牍》本影印。

收藏单位：安徽馆、长春馆、重庆馆、大理馆、大连馆、东北师大馆、贵州馆、国家馆、黑龙江馆、湖南馆、江西馆、辽大馆、辽宁馆、辽师大馆、柳州馆、内蒙古馆、宁夏馆、绍兴馆、天津馆、西南大学馆

01353
群仙降乩语 （明）周履靖辑
上海：商务印书馆，1936.6，44 页，32 开（丛书集成初编 1761）

本书共 1 卷，据明《夷门广牍》本影印。

收藏单位：安徽馆、长春馆、重庆馆、大理馆、大连馆、东北师大馆、贵州馆、国家馆、黑龙江馆、湖南馆、惠州馆、江西馆、辽大馆、辽宁馆、辽师大馆、柳州馆、内蒙古馆、宁夏馆、绍兴馆、天津馆、西南大学馆

01354
风雅逸篇 （明）杨慎辑
长沙：商务印书馆，1939.12，81 页，32 开（丛书集成初编 1762）

本书共 10 卷，据清《函海》本排印。

收藏单位：大理馆、大连馆、国家馆、黑龙江馆、湖南馆、江西馆、辽大馆、辽宁馆、辽师大馆、内蒙古馆、天津馆、西南大学馆

01355
小石帆亭五言诗续钞 （清）翁方纲撰
上海：商务印书馆，1936.12，[107] 页，32 开（丛书集成初编 1763）

本书共 8 卷，据清《粤雅堂丛书》本排印。

收藏单位：安徽馆、长春馆、重庆馆、大理馆、大连馆、东北师大馆、贵州馆、国家馆、黑龙江馆、湖南馆、江西馆、辽大馆、辽宁馆、辽师大馆、柳州馆、内蒙古馆、宁夏馆、绍兴馆、天津馆、西南大学馆

01356
粤诗蒐逸 （清）黄子高撰
上海：商务印书馆，1936.12，52 页，32 开（丛书集成初编 1764）

本书共 4 卷，据清《岭南遗书》本排印。

收藏单位：长春馆、重庆馆、大理馆、大连馆、东北师大馆、贵州馆、国家馆、黑龙江馆、湖南馆、江西馆、辽大馆、辽宁馆、辽师大馆、柳州馆、内蒙古馆、宁夏馆、绍兴馆、天津馆、西南大学馆

01357
古诗十九首解 （清）张庚纂·**众妙集** （明）赵师秀编

上海：商务印书馆，1936.6，17+128 页，32 开（丛书集成初编 1765）

本书为合订书。每种各 1 卷，《古诗十九首解》据清《艺海珠尘》本排印，《众妙集》据明《诗词杂俎》本影印。版权页题名：古诗十九首解及其他一种。

收藏单位：安徽馆、长春馆、重庆馆、大理馆、大连馆、东北师大馆、贵州馆、国家馆、黑龙江馆、湖南馆、惠州馆、江西馆、辽大馆、辽宁馆、辽师大馆、柳州馆、内蒙古馆、宁夏馆、绍兴馆、天津馆、西南大学馆

01358

全唐诗逸　（日）河世宁纂辑

上海：商务印书馆，1936.12，51 页，32 开（丛书集成初编 1766）

本书共 3 卷，据清《知不足斋丛书》本排印。

收藏单位：安徽馆、长春馆、重庆馆、大理馆、大连馆、东北师大馆、贵州馆、国家馆、黑龙江馆、湖南馆、江西馆、辽大馆、辽宁馆、辽师大馆、柳州馆、内蒙古馆、宁夏馆、绍兴馆、天津馆、西南大学馆

01359

全五代诗　（清）李调元编

上海：商务印书馆，1937.6，15 册（1495 页），32 开（丛书集成初编 1767—1781）

本书共 101 卷，附补遗，据清《函海》本排印。

收藏单位：安徽馆、长春馆、重庆馆、大理馆、大连馆、东北师大馆、贵州馆、国家馆、黑龙江馆、湖南馆、江西馆、辽大馆、辽宁馆、辽师大馆、柳州馆、内蒙古馆、宁夏馆、西南大学馆

01360

西昆酬唱集　（宋）杨亿等撰

上海：商务印书馆，1935.12，49 页，32 开（丛书集成初编 1782）

本书共 2 卷，据清《粤雅堂丛书》本排印。

收藏单位：长春馆、重庆馆、大理馆、大连馆、东北师大馆、国家馆、黑龙江馆、湖南馆、惠州馆、江西馆、辽大馆、辽师大馆、柳州馆、内蒙古馆、宁夏馆、绍兴馆、西南大学馆

01361

濂洛风雅　（宋）金履祥选

长沙：商务印书馆，1939.12，108 页，32 开（丛书集成初编 1783）

本书共 7 卷，包括正文 6 卷、卷首 1 卷。据清《金华丛书》本排印。

收藏单位：重庆馆、大理馆、大连馆、国家馆、黑龙江馆、湖南馆、江西馆、辽大馆、辽宁馆、辽师大馆、西南大学馆

01362

濂洛风雅　（清）张伯行编·**天地间集**　（宋）谢翱编

上海：商务印书馆，1935.12，2 册（169+4 页），32 开（丛书集成初编 1784—1785）

本书为合订书。《濂洛风雅》9 卷，据清《正谊堂全书》本排印；《天地间集》1 卷，据清《知不足斋丛书》本排印。版权页题名：濂洛风雅及其他一种。

收藏单位：安徽馆、长春馆、重庆馆、大理馆、大连馆、东北师大馆、贵州馆、国家馆、河南馆、黑龙江馆、湖南馆、惠州馆、江西馆、辽大馆、辽师大馆、柳州馆、内蒙古馆、宁夏馆、绍兴馆、西南大学馆

01363

月泉吟社诗　（宋）吴渭编

上海：商务印书馆，1936.6，118 页，32 开（丛书集成初编 1786）

本书共 1 卷，据明《诗词杂俎》本影印。

收藏单位：长春馆、重庆馆、大理馆、大连馆、东北师大馆、广东馆、贵州馆、国家馆、黑龙江馆、湖南馆、惠州馆、江西馆、辽大馆、辽宁馆、辽师大馆、柳州馆、内蒙古馆、宁夏馆、绍兴馆、天津馆、西南大学馆

01364

诗苑众芳 （宋）刘瑄编·**宋旧宫人诗词**
（宋）汪元量编·**二家宫词** （明）毛晋辑

上海：商务印书馆，1936.6，16+4+94 页，32
开（丛书集成初编 1787）

本书为合订书。每种各 1 卷，《诗苑众
芳》据清《十万卷楼丛书》本排印，《宋旧宫
人诗词》据清《知不足斋丛书》本排印，《二
家宫词》据明《诗词杂俎》本影印。版权页
题名：诗苑众芳及其他二种。

收藏单位：长春馆、重庆馆、大理馆、大
连馆、东北师大馆、贵州馆、国家馆、黑龙
江馆、湖南馆、惠州馆、江西馆、辽大馆、
辽宁馆、辽师大馆、柳州馆、内蒙古馆、宁
夏馆、绍兴馆、天津馆、西南大学馆

01365

谷音 （元）杜本辑

上海：商务印书馆，1936.6，91 页，32 开（丛
书集成初编 1788）

本书共 2 卷，据明《诗词杂俎》本影印。

收藏单位：安徽馆、重庆馆、大理馆、大
连馆、东北师大馆、贵州馆、国家馆、黑龙
江馆、湖南馆、惠州馆、江西馆、辽大馆、
辽宁馆、辽师大馆、柳州馆、内蒙古馆、宁
夏馆、绍兴馆、天津馆、西南大学馆

01366

圭塘欸乃集 （元）许有壬等纂

长沙：商务印书馆，1939.12，65 页，32 开
（丛书集成初编 1789）

本书共 1 卷，据清《艺海珠尘》本排印。

收藏单位：大理馆、大连馆、国家馆、黑
龙江馆、湖南馆、江西馆、辽大馆、辽宁馆、
辽师大馆、西南大学馆

01367

河汾诸老诗集 （元）房祺编

上海：商务印书馆，1936.6，128 页，32 开
（丛书集成初编 1790）

本书共 8 卷，据明《诗词杂俎》本影印。

收藏单位：安徽馆、长春馆、重庆馆、大
理馆、大连馆、东北师大馆、贵州馆、国家

馆、黑龙江馆、湖南馆、惠州馆、江西馆、
辽大馆、辽宁馆、辽师大馆、柳州馆、内蒙
古馆、宁夏馆、天津馆、西南大学馆

01368

静安八咏集 （元释）寿宁纂·**毛公坛倡和诗**
（明）周履靖著

上海：商务印书馆，1936.6，35+36 页，32 开
（丛书集成初编 1791）

本书为合订书。每种各 1 卷，《静安八咏
集》据清《艺海珠尘》本排印，《毛公坛倡和
诗》据明《夷门广牍》本影印。版权页题名：
静安八咏集及其他一种。

收藏单位：安徽馆、长春馆、重庆馆、大
理馆、大连馆、东北师大馆、贵州馆、国家
馆、黑龙江馆、湖南馆、惠州馆、江西馆、
辽大馆、辽宁馆、辽师大馆、柳州馆、内蒙
古馆、宁夏馆、西南大学馆

01369

鸳湖倡和稿 （明）周履靖著·**清平阁倡和诗**
（明）宋登春等撰

上海：商务印书馆，1936.6，86+14 页，32 开
（丛书集成初编 1792）

本书为合订书。每种各 1 卷，《鸳湖倡和
稿》据明《夷门广牍》本影印，《清平阁倡和
诗》据清《畿辅丛书》本排印。版权页题名：
鸳湖倡和稿及其他一种。

收藏单位：安徽馆、长春馆、重庆馆、大
理馆、大连馆、东北师大馆、贵州馆、国家
馆、黑龙江馆、湖南馆、惠州馆、江西馆、
辽大馆、辽宁馆、辽师大馆、柳州馆、内蒙古馆、宁
夏馆、绍兴馆、天津馆、西南大学馆

01370

怀旧集 （清）冯舒编·**焦山纪游集** （清）
马曰琯等编

上海：商务印书馆，1936.12，56+14 页，32
开（丛书集成初编 1793）

本书为合订书。《怀旧集》2 卷，据清
《滂喜斋丛书》本排印；《焦山纪游集》1 卷，
据清《粤雅堂丛书》本排印。版权页题名：怀
旧集及其他一种。

收藏单位：安徽馆、重庆馆、大理馆、大连馆、东北师大馆、贵州馆、国家馆、黑龙江馆、湖南馆、江西馆、辽大馆、辽宁馆、辽师大馆、柳州馆、内蒙古馆、宁夏馆、天津馆、西南大学馆

01371

林屋唱酬录 （清）马曰琯等编·**刻烛集** （清）曹仁虎纂

上海：商务印书馆，1936.12，41+19 页，32 开（丛书集成初编 1794）

本书为合订书。每种各 1 卷，《林屋唱酬录》（附《嶰谷马君传》）据清《粤雅堂丛书》本排印，《刻烛集》据清《艺海珠尘》本排印。版权页题名：林屋唱酬录及其他一种。

收藏单位：安徽馆、长春馆、重庆馆、大理馆、大连馆、东北师大馆、贵州馆、国家馆、黑龙江馆、湖南馆、江西馆、辽大馆、辽宁馆、辽师大馆、柳州馆、内蒙古馆、宁夏馆、绍兴馆、天津馆、西南大学馆

01372

蜀雅 （清）李调元选·**沔上停云集** （清）孙星衍编·**同人唱和诗集** （清）黄丕烈编

长沙：商务印书馆，1939.12，217+21+16 页，32 开（丛书集成初编 1795）

本书为合订书。《蜀雅》20 卷，据清《函海》本排印；《沔上停云集》1 卷，据清《岱南阁丛书》本排印；《同人唱和诗集》3 卷，据清《士礼居丛书》本排印。版权页题名：蜀雅及其他二种。

收藏单位：大理馆、大连馆、福建馆、国家馆、黑龙江馆、湖南馆、江西馆、辽大馆、辽宁馆、辽师大馆、天津馆

01373

淮海英灵集 （清）阮元辑

上海：商务印书馆，1935.12，8 册（721 页），32 开（丛书集成初编 1797—1804）

本书共 24 卷，据清《文选楼丛书》本排印。

收藏单位：安徽馆、长春馆、重庆馆、大理馆、大连馆、东北师大馆、贵州馆、国家

馆、黑龙江馆、湖南馆、惠州馆、江西馆、辽大馆、辽宁馆、辽师大馆、柳州馆、内蒙古馆、宁夏馆、绍兴馆、西南大学馆

01374

于湖小集 （清）袁昶撰·**桐溪耆隐集** （清）袁炯集

上海：商务印书馆，1937.6，2 册（218+27 页），32 开（丛书集成初编 1808—1809）

本书为合订书。《于湖小集》8 卷（附《金陵杂事诗》《沤簃拟墨》），《桐溪耆隐集》2 卷（附补录），均据清《渐西村舍丛刻》本排印。版权页题名：于湖小集及其他一种。

收藏单位：安徽馆、长春馆、重庆馆、大理馆、大连馆、大庆馆、东北师大馆、贵州馆、国家馆、黑龙江馆、湖南馆、江西馆、辽大馆、辽宁馆、辽师大馆、柳州馆、内蒙古馆、宁夏馆、西南大学馆

01375

楚辞 （汉）刘向编集 （汉）王逸章句

长沙：商务印书馆，1939.12，2 册（198 页），32 开（丛书集成初编 1810—1811）

本书共 17 卷，据清《湖北丛书》本排印。

收藏单位：大理馆、国家馆、黑龙江馆、辽大馆、辽宁馆、辽师大馆、内蒙古馆

01376

楚辞补注 （宋）洪兴祖撰

长沙：商务印书馆，1939.12，5 册（267 页），32 开（丛书集成初编 1812—1816）

本书共 17 卷，据清《惜阴轩丛书》本排印。

收藏单位：大理馆、国家馆、黑龙江馆、湖南馆、辽大馆、辽宁馆、辽师大馆、西南大学馆

01377

古文关键 （宋）吕祖谦编

上海：商务印书馆，1936.12，188 页，32 开（丛书集成初编 1821）

本书共 2 卷，据清《金华丛书》本排印。

收藏单位：安徽馆、长春馆、重庆馆、大理馆、大连馆、东北师大馆、贵州馆、国家馆、黑龙江馆、湖南馆、江西馆、辽大馆、辽宁馆、辽师大馆、柳州馆、内蒙古馆、宁夏馆、天津馆、西南大学馆

01378

古文韵语　（明）杨慎撰·**评乙古文**（清）李塨稿

长沙：商务印书馆，1939.12，24+34 页，32 开（丛书集成初编 1822）

本书为合订书。每种各 1 卷，《古文韵语》据清《函海》本排印，《评乙古文》据清《畿辅丛书》本排印。版权页题名：古文韵语及其他一种。

收藏单位：大理馆、国家馆、黑龙江馆、湖南馆、江西馆、辽大馆、辽宁馆、辽师大馆、天津馆、西南大学馆

01379

唐宋八大家文钞　（清）张伯行撰

上海：商务印书馆，1936.12，6 册（401 页），32 开（丛书集成初编 1823—1828）

本书共 19 卷，据清《正谊堂全书》本排印。

收藏单位：安徽馆、长春馆、重庆馆、大连馆、东北师大馆、贵州馆、国家馆、湖南馆、江西馆、辽大馆、辽宁馆、辽师大馆、柳州馆、内蒙古馆、宁夏馆、西南大学馆

01380

南北朝文钞　（清）彭兆荪辑

上海：商务印书馆，1936.12，2 册（93 页），32 开（丛书集成初编 1829—1830）

本书共 2 卷，据清《粤雅堂丛书》本排印。

收藏单位：安徽馆、长春馆、重庆馆、大理馆、大连馆、东北师大馆、贵州馆、国家馆、黑龙江馆、湖南馆、江西馆、辽大馆、辽宁馆、辽师大馆、柳州馆、内蒙古馆、宁夏馆、绍兴馆、西南大学馆

01381

二程文集　（宋）程颢　（宋）程颐撰

上海：商务印书馆，1937.6，3 册（181 页），32 开（丛书集成初编 1831—1833）

本书共 12 卷，据清《正谊堂全书》本排印。

收藏单位：安徽馆、长春馆、重庆馆、大理馆、大连馆、大庆馆、东北师大馆、贵州馆、国家馆、黑龙江馆、湖南馆、江西馆、近代史所、辽大馆、辽宁馆、辽师大馆、柳州馆、内蒙古馆、宁夏馆、西南大学馆

01382

诂经精舍文集　（清）阮元订

上海：商务印书馆，1936.12，5 册（428 页），32 开（丛书集成初编 1834—1838）

本书共 14 卷，据清《文选楼丛书》本排印。

收藏单位：安徽馆、长春馆、重庆馆、大理馆、大连馆、大庆馆、东北师大馆、贵州馆、国家馆、黑龙江馆、江西馆、辽大馆、辽宁馆、辽师大馆、柳州馆、内蒙古馆、宁夏馆、绍兴馆、西南大学馆

01383

丽体金膏　（清）马俊良辑·**东古文存**（朝鲜）金正喜辑

上海：商务印书馆，1937.6，3 册（256+6 页），32 开（丛书集成初编 1839—1841）

本书为合订书。《丽体金膏》8 卷，据清《龙威秘书》本排印；《东古文存》1 卷，据清《天壤阁丛书》本排印。版权页题名：丽体金膏及其他一种。

收藏单位：安徽馆、长春馆、重庆馆、大理馆、大连馆、大庆馆、东北师大馆、贵州馆、国家馆、黑龙江馆、湖南馆、江西馆、辽大馆、辽宁馆、辽师大馆、柳州馆、内蒙古馆、宁夏馆、西南大学馆

01384

陆士衡集　（晋）陆机撰·**高令公集**（北魏）高允著

上海：商务印书馆，1936.12，90+16 页，32

开（丛书集成初编 1842）

本书为合订书。《陆士衡集》11 卷，附札记，据清《小万卷楼丛书》本排印;《高令公集》1 卷，据清《畿辅丛书》本排印。版权页题名:陆士衡集及其他一种。

收藏单位:安徽馆、长春馆、重庆馆、大理馆、大连馆、东北师大馆、贵州馆、国家馆、黑龙江馆、湖南馆、江西馆、辽大馆、辽宁馆、辽师大馆、柳州馆、内蒙古馆、宁夏馆、天津馆、西南大学馆

01385

王无功集 （唐）王绩著

上海:商务印书馆，1936.12，122 页，32 开（丛书集成初编 1843）

本书共 5 卷，附补遗，据清《岱南阁丛书》本影印。

收藏单位:安徽馆、长春馆、重庆馆、大理馆、大连馆、东北师大馆、贵州馆、国家馆、黑龙江馆、湖南馆、江西馆、辽大馆、辽宁馆、辽师大馆、柳州馆、内蒙古馆、宁夏馆、山西馆、绍兴馆、天津馆、西南大学馆、中科图

01386

魏郑公集 （唐）魏徵著·**卢昇之集** （唐）卢照邻著

上海:商务印书馆，1937.6，46+62 页，32 开（丛书集成初编 1844）

本书为合订书。《魏郑公集》4 卷，《卢昇之集》7 卷，均据清《畿辅丛书》本排印。版权页题名:魏郑公集及其他一种。

收藏单位:重庆馆、大理馆、大连馆、广西馆、国家馆、黑龙江馆、湖南馆、江西馆、辽大馆、辽宁馆、辽师大馆、内蒙古馆、天津馆、西南大学馆

01387

骆丞集 （唐）骆宾王撰

上海:商务印书馆，1937.6，92 页，32 开（丛书集成初编 1845）

本书共 6 卷，附辨伪、考异，据清《金华丛书》本排印。

收藏单位:重庆馆、大理馆、东北师大馆、甘肃馆、广西馆、贵州馆、国家馆、湖南馆、江西馆、辽大馆、辽师大馆、柳州馆、宁夏馆、西南大学馆

01388

张燕公集 （唐）张说撰

上海:商务印书馆，1937.6，3 册（265 页），32 开（丛书集成初编 1846—1848）

本书共 25 卷，据清聚珍版丛书本排印。

收藏单位:安徽馆、长春馆、重庆馆、大理馆、大连馆、大庆馆、东北师大馆、广西馆、贵州馆、国家馆、黑龙江馆、湖南馆、江西馆、辽大馆、辽宁馆、辽师大馆、柳州馆、内蒙古馆、宁夏馆、西南大学馆

01389

文忠集 （唐）颜真卿撰

上海:商务印书馆，1936.12，2 册（127+73 页），32 开（丛书集成初编 1849—1850）

本书共 20 卷，附拾遗，据清聚珍版丛书本排印。

收藏单位:安徽馆、长春馆、重庆馆、大理馆、大连馆、大庆馆、东北师大馆、广西馆、贵州馆、国家馆、黑龙江馆、湖南馆、江西馆、辽大馆、辽宁馆、辽师大馆、柳州馆、内蒙古馆、宁夏馆、绍兴馆、西南大学馆

01390

刘宾客文集 （唐）刘禹锡著

上海:商务印书馆，1937.6，3 册（262 页），32 开（丛书集成初编 1851—1853）

本书共 31 卷，附补遗，据清《畿辅丛书》本排印。

收藏单位:安徽馆、长春馆、重庆馆、大理馆、大连馆、东北师大馆、广西馆、贵州馆、国家馆、黑龙江馆、湖南馆、江西馆、辽大馆、辽师大馆、柳州馆、内蒙古馆、宁夏馆、西南大学馆、浙江馆

01391

吕衡州文集 （唐）吕温撰

上海：商务印书馆，1935.12，123 页，32 开
（丛书集成初编 1854）

　　本书共 11 卷，附考证，据清《粤雅堂丛书》本排印。

　　收藏单位：长春馆、大理馆、大连馆、东北师大馆、广西馆、贵州馆、国家馆、黑龙江馆、湖南馆、惠州馆、江西馆、辽大馆、辽宁馆、辽师大馆、柳州馆、内蒙古馆、宁夏馆、绍兴馆、天津馆、西南大学馆

01392

李元宾文集　（唐）李观撰

上海：商务印书馆，1936.12，67 页，32 开（丛书集成初编 1855）

　　本书共 6 卷，据清《畿辅丛书》本排印。

　　收藏单位：安徽馆、长春馆、重庆馆、大理馆、大连馆、东北师大馆、广西馆、贵州馆、国家馆、黑龙江馆、湖南馆、江西馆、辽大馆、辽宁馆、辽师大馆、柳州馆、内蒙古馆、宁夏馆、武大馆、西南大学馆

01393

李卫公会昌一品集　（唐）李德裕撰

上海：商务印书馆，1937.6，4 册（292 页），32 开（丛书集成初编 1856—1859）

　　本书共 35 卷，包括诗文集 20 卷、别集 10 卷、外集 4 卷、补遗 1 卷，据清《畿辅丛书》本排印。

　　收藏单位：长春馆、重庆馆、大理馆、大连馆、东北师大馆、广西馆、贵州馆、国家馆、黑龙江馆、湖南馆、惠州馆、江西馆、辽大馆、辽宁馆、辽师大馆、柳州馆、内蒙古馆、宁夏馆、绍兴馆、西南大学馆

01394

麟角集　（唐）王棨著

上海：商务印书馆，1936.12，44 页，32 开（丛书集成初编 1860）

　　本书共 2 卷，有附录，据清《天壤阁丛书》本排印。

　　收藏单位：安徽馆、长春馆、重庆馆、大理馆、大连馆、大庆馆、东北师大馆、广西馆、贵州馆、国家馆、黑龙江馆、湖南馆、江西馆、辽大馆、辽宁馆、辽师大馆、柳州馆、内蒙古馆、宁夏馆、绍兴馆、天津馆、西南大学馆

01395

莆阳黄御史集　（唐）黄滔著

上海：商务印书馆，1936.12，3 册（401 页），32 开（丛书集成初编 1861—1863）

　　本书共 3 卷，包括正集、别录、附录各 1 卷，据清《天壤阁丛书》本影印。

　　收藏单位：安徽馆、长春馆、重庆馆、大理馆、大连馆、东北师大馆、广西馆、贵州馆、国家馆、黑龙江馆、湖南馆、江西馆、辽大馆、辽宁馆、辽师大馆、柳州馆、内蒙古馆、宁夏馆、绍兴馆、西南大学馆

01396

桂苑笔耕集　（唐）崔致远著

上海：商务印书馆，1935.12，3 册（208 页），32 开（丛书集成初编 1864—1866）

　　本书共 20 卷，据清《海山仙馆丛书》本排印。

　　收藏单位：安徽馆、长春馆、重庆馆、大理馆、大连馆、广西馆、贵州馆、国家馆、黑龙江馆、湖南馆、惠州馆、江西馆、辽大馆、辽宁馆、辽师大馆、柳州馆、内蒙古馆、宁夏馆、绍兴馆、西南大学馆

01397

南阳集　（宋）赵湘撰

上海：商务印书馆，1936.6，53 页，32 开（丛书集成初编 1867）

　　本书共 6 卷，据清聚珍版丛书本排印。

　　收藏单位：安徽馆、长春馆、重庆馆、大理馆、大连馆、东北师大馆、广西馆、贵州馆、国家馆、黑龙江馆、湖南馆、惠州馆、江西馆、辽大馆、辽宁馆、辽师大馆、柳州馆、内蒙古馆、宁夏馆、天津馆、西南大学馆

01398

元宪集　（宋）宋庠撰

上海：商务印书馆，1935.12，4 册（379 页），

32 开（丛书集成初编 1868—1871）

　　本书共 36 卷，据清聚珍版丛书本排印。

　　收藏单位：安徽馆、长春馆、重庆馆、大理馆、大连馆、东北师大馆、广西馆、贵州馆、国家馆、黑龙江馆、湖南馆、惠州馆、江西馆、辽大馆、辽宁馆、辽师大馆、柳州馆、内蒙古馆、宁夏馆、绍兴馆、西南大学馆

01399

景文集　（宋）宋祁撰

上海：商务印书馆，1936.12，12 册（1061 页），32 开（丛书集成初编 1872—1883）

　　本书共 62 卷，据清聚珍版丛书本排印。

　　收藏单位：安徽馆、长春馆、重庆馆、大理馆、大连馆、大庆馆、东北师大馆、广西馆、贵州馆、国家馆、黑龙江馆、湖南馆、江西馆、辽大馆、辽宁馆、辽师大馆、柳州馆、内蒙古馆、宁夏馆、西南大学馆

01400

文恭集　（宋）胡宿撰

上海：商务印书馆，1935.12，6 册（476 页），32 开（丛书集成初编 1884—1889）

　　本书共 40 卷，据清聚珍版丛书本排印。

　　收藏单位：安徽馆、长春馆、重庆馆、大理馆、大连馆、东北师大馆、广西馆、贵州馆、国家馆、黑龙江馆、湖南馆、惠州馆、江西馆、辽大馆、辽宁馆、辽师大馆、柳州馆、内蒙古馆、宁夏馆、绍兴馆、西南大学馆

01401

周濂溪集　（宋）周敦颐撰

上海：商务印书馆，1936.6，3 册（263 页），32 开（丛书集成初编 1890—1892）

　　本书共 13 卷，据清《正谊堂全书》本排印。

　　收藏单位：长春馆、重庆馆、大理馆、大连馆、东北师大馆、广西馆、贵州馆、国家馆、黑龙江馆、湖南馆、惠州馆、江西馆、辽大馆、辽宁馆、辽师大馆、柳州馆、内蒙古馆、宁夏馆、绍兴馆、西南大学馆

01402

祠部集　（宋）强至撰

上海：商务印书馆，1935.12，6 册（541 页），32 开（丛书集成初编 1893—1898）

　　本书共 35 卷，据清聚珍版丛书本排印。

　　收藏单位：安徽馆、长春馆、重庆馆、大理馆、大连馆、东北师大馆、广西馆、贵州馆、国家馆、黑龙江馆、湖南馆、惠州馆、江西馆、辽大馆、辽宁馆、辽师大馆、柳州馆、内蒙古馆、宁夏馆、绍兴馆、西南大学馆

01403

公是集　（宋）刘敞撰

上海：商务印书馆，1935.12，8 册（655 页），32 开（丛书集成初编 1899—1906）

　　本书共 54 卷，据清聚珍版丛书本排印。

　　收藏单位：安徽馆、长春馆、重庆馆、大理馆、大连馆、东北师大馆、广西馆、贵州馆、国家馆、黑龙江馆、湖南馆、惠州馆、江西馆、辽大馆、辽宁馆、辽师大馆、柳州馆、内蒙古馆、宁夏馆、绍兴馆、西南大学馆

01404

彭城集　（宋）刘攽撰

上海：商务印书馆，1935.12，5 册（530 页），32 开（丛书集成初编 1907—1911）

　　本书共 40 卷，据清聚珍版丛书本排印。

　　收藏单位：安徽馆、长春馆、重庆馆、大理馆、大连馆、东北师大馆、广西馆、贵州馆、国家馆、黑龙江馆、湖南馆、惠州馆、江西馆、辽大馆、辽宁馆、辽师大馆、柳州馆、内蒙古馆、宁夏馆、绍兴馆、西南大学馆

01405

华阳集　（宋）王珪撰

上海：商务印书馆，1935.12，5 册（566 页），32 开（丛书集成初编 1912—1916）

　　本书共 40 卷，据清聚珍版丛书本排印。

　　收藏单位：安徽馆、长春馆、重庆馆、大理馆、大连馆、东北师大馆、广西馆、贵州

馆、国家馆、黑龙江馆、湖南馆、惠州馆、江西馆、辽大馆、辽宁馆、辽师大馆、柳州馆、内蒙古馆、宁夏馆、绍兴馆、西南大学馆

01406

司马温公文集 （宋）司马光撰

上海：商务印书馆，1936.12，4 册（317 页），32 开（丛书集成初编 1917—1920）

本书共 14 卷，据清《正谊堂全书》本排印。

收藏单位：安徽馆、长春馆、重庆馆、大连馆、东北师大馆、广西馆、贵州馆、国家馆、黑龙江馆、湖南馆、江西馆、辽大馆、柳州馆、山西馆、绍兴馆

01407

净德集 （宋）吕陶撰

上海：商务印书馆，1935.12，5 册（413 页），32 开（丛书集成初编 1921—1925）

本书共 38 卷，据清聚珍版丛书本排印。

收藏单位：安徽馆、长春馆、重庆馆、大理馆、大连馆、东北师大馆、广西馆、贵州馆、国家馆、黑龙江馆、湖南馆、惠州馆、江西馆、辽大馆、辽宁馆、辽师大馆、柳州馆、内蒙古馆、宁夏馆、绍兴馆、武大馆、西南大学馆

01408

忠肃集 （宋）刘挚撰

上海：商务印书馆，1936.6，4 册（310 页），32 开（丛书集成初编 1926—1929）

本书共 21 卷，附拾遗，据清聚珍版丛书本排印。

收藏单位：安徽馆、长春馆、重庆馆、大理馆、大连馆、东北师大馆、广西馆、贵州馆、国家馆、黑龙江馆、湖南馆、惠州馆、江西馆、辽大馆、辽宁馆、辽师大馆、柳州馆、内蒙古馆、宁夏馆、绍兴馆、西南大学馆

01409

陶山集 （宋）陆佃撰

上海：商务印书馆，1935.12，2 册（187 页），32 开（丛书集成初编 1930—1931）

本书共 16 卷，据清聚珍版丛书本排印。

收藏单位：安徽馆、长春馆、重庆馆、大理馆、大连馆、东北师大馆、广西馆、贵州馆、国家馆、黑龙江馆、湖南馆、惠州馆、江西馆、辽大馆、辽宁馆、辽师大馆、柳州馆、内蒙古馆、宁夏馆、绍兴馆、西南大学馆

01410

宝晋英光集 （宋）米芾著

长沙：商务印书馆，1939.12，86 页，32 开（丛书集成初编 1932）

本书共 9 卷，附补遗，据清《涉闻梓旧》本排印。

收藏单位：大理馆、大连馆、国家馆、黑龙江馆、湖南馆、江西馆、辽大馆、辽宁馆、辽师大馆、天津馆

01411

宗忠简公集 （宋）宗泽撰

上海：商务印书馆，1935.12，105 页，32 开（丛书集成初编 1933）

本书共 8 卷，附辨伪、考异，据清《金华丛书》本排印。

收藏单位：重庆馆、大理馆、大连馆、东北师大馆、广西馆、贵州馆、国家馆、黑龙江馆、湖南馆、惠州馆、江西馆、辽大馆、辽宁馆、辽师大馆、柳州馆、内蒙古馆、宁夏馆、绍兴馆、天津馆、西南大学馆

01412

姑溪居士全集 （宋）李之仪撰

上海：商务印书馆，1935.12，6 册（[514] 页），32 开（丛书集成初编 1934—1939）

本书共 70 卷，据清《粤雅堂丛书》本排印。

收藏单位：长春馆、重庆馆、大理馆、大连馆、东北师大馆、广西馆、贵州馆、国家馆、黑龙江馆、湖南馆、惠州馆、江西馆、辽大馆、辽宁馆、辽师大馆、柳州馆、内蒙古馆、宁夏馆、绍兴馆、西南大学馆

01413

学易集 （宋）刘跂著

长沙：商务印书馆，1939.12，2 册（112 页），
32 开（丛书集成初编 1940—1941）

　　本书共 8 卷，据清聚珍版丛书本排印。

　　收藏单位：大理馆、大连馆、广西馆、国
家馆、黑龙江馆、湖南馆、江西馆、辽大馆、
辽宁馆、辽师大馆、柳州馆、内蒙古馆

01414

西台集 （宋）毕仲游撰

上海：商务印书馆，1935.12，4 册（318 页），
32 开（丛书集成初编 1942—1945）

　　本书共 20 卷，据清聚珍版丛书本排印。

　　收藏单位：安徽馆、长春馆、重庆馆、大
理馆、大连馆、东北师大馆、广西馆、贵州
馆、国家馆、黑龙江馆、湖南馆、惠州馆、江
西馆、辽大馆、辽宁馆、辽师大馆、柳州馆、
内蒙古馆、宁夏馆、绍兴馆、西南大学馆

01415

浮沚集 （宋）周行己撰

上海：商务印书馆，1935.12，2 册（116 页），
32 开（丛书集成初编 1946—1947）

　　本书共 9 卷，据清聚珍版丛书本排印。

　　收藏单位：安徽馆、长春馆、重庆馆、大
理馆、大连馆、东北师大馆、广西馆、贵州
馆、国家馆、黑龙江馆、湖南馆、惠州馆、江
西馆、辽大馆、辽宁馆、辽师大馆、柳州馆、
内蒙古馆、宁夏馆、绍兴馆、西南大学馆

01416

画墁集 （宋）张舜民撰

上海：商务印书馆，1935.12，81 页，32 开（丛
书集成初编 1948）

　　本书共 9 卷，附补遗，据清《知不足斋
丛书》本排印。

　　收藏单位：安徽馆、长春馆、重庆馆、大
理馆、大连馆、东北师大馆、广西馆、贵州
馆、国家馆、黑龙江馆、湖南馆、惠州馆、
江西馆、辽大馆、辽宁馆、辽师大馆、柳州
馆、内蒙古馆、宁夏馆、绍兴馆、天津馆、
西南大学馆

01417

柯山集 （宋）张耒撰

上海：商务印书馆，1935.12，7 册（752 页），
32 开（丛书集成初编 1949—1955）

　　本书共 63 卷，附拾遗，据清聚珍版丛书
本排印。

　　收藏单位：安徽馆、长春馆、重庆馆、大
理馆、大连馆、东北师大馆、广西馆、贵州
馆、国家馆、黑龙江馆、湖南馆、惠州馆、江
西馆、辽大馆、辽宁馆、辽师大馆、柳州馆、
内蒙古馆、宁夏馆、绍兴馆、西南大学馆

01418

斜川集 （宋）苏过撰

上海：商务印书馆，1935.12，2 册（144 页），
32 开（丛书集成初编 1956—1957）

　　本书共 9 卷，有附录、订误，据清《知
不足斋丛书》本排印。

　　收藏单位：安徽馆、长春馆、重庆馆、大
理馆、大连馆、东北师大馆、广西馆、贵州
馆、国家馆、黑龙江馆、湖南馆、惠州馆、
江西馆、辽大馆、辽宁馆、辽师大馆、柳州
馆、内蒙古馆、宁夏馆、绍兴馆、西南大学
馆

01419

浮溪集 （宋）汪藻撰

上海：商务印书馆，1935.12，4 册（459 页），
32 开（丛书集成初编 1958—1961）

　　本书共 35 卷，附拾遗，据清聚珍版丛书
本排印。

　　收藏单位：安徽馆、长春馆、重庆馆、大
理馆、大连馆、东北师大馆、广西馆、贵州
馆、国家馆、黑龙江馆、湖南馆、惠州馆、江
西馆、辽大馆、辽宁馆、辽师大馆、柳州馆、
内蒙古馆、宁夏馆、绍兴馆、西南大学馆

01420

北山文集 （宋）郑刚中撰

上海：商务印书馆，1935.12，5 册（411 页），
32 开（丛书集成初编 1962—1966）

　　本书共 31 卷，据清《金华丛书》本排
印。

收藏单位：安徽馆、长春馆、重庆馆、大理馆、大连馆、东北师大馆、广西馆、贵州馆、国家馆、黑龙江馆、湖南馆、惠州馆、江西馆、辽大馆、辽宁馆、辽师大馆、柳州馆、内蒙古馆、宁夏馆、绍兴馆、西南大学馆

01421

灊山集 （宋）朱翌撰

上海：商务印书馆，1936.6，81页，32开（丛书集成初编 1967）

　　本书共 5 卷，有补遗、附录，据清《知不足斋丛书》本排印。

　　收藏单位：安徽馆、长春馆、重庆馆、大理馆、大连馆、东北师大馆、广西馆、贵州馆、国家馆、黑龙江馆、湖南馆、惠州馆、江西馆、辽大馆、辽宁馆、辽师大馆、柳州馆、内蒙古馆、宁夏馆、绍兴馆、西南大学馆

01422

高东溪集 （宋）高登撰

上海：商务印书馆，1936.12，45页，32开（丛书集成初编 1968）

　　本书共 3 卷，附词，据清《正谊堂全书》本排印。

　　收藏单位：长春馆、重庆馆、大理馆、大连馆、大庆馆、东北师大馆、广西馆、贵州馆、国家馆、黑龙江馆、湖南馆、江西馆、辽大馆、辽宁馆、辽师大馆、柳州馆、内蒙古馆、宁夏馆、绍兴馆、天津馆、西南大学馆

01423

双溪集 （宋）苏籀撰

上海：商务印书馆，1935.12，3 册（227 页），32 开（丛书集成初编 1969—1971）

　　本书共 16 卷，附遗言，据清《粤雅堂丛书》本排印。

　　收藏单位：安徽馆、长春馆、重庆馆、大理馆、大连馆、东北师大馆、广西馆、贵州馆、国家馆、黑龙江馆、湖南馆、惠州馆、江西馆、辽大馆、辽宁馆、辽师大馆、柳州馆、内蒙古馆、宁夏馆、绍兴馆、西南大学馆

01424

毗陵集 （宋）张守撰

上海：商务印书馆，1935.12，3 册（253 页），32 开（丛书集成初编 1972—1974）

　　本书共 17 卷，附拾遗，据清聚珍版丛书本排印。

　　收藏单位：安徽馆、长春馆、重庆馆、大理馆、大连馆、东北师大馆、广西馆、贵州馆、国家馆、黑龙江馆、惠州馆、江西馆、辽大馆、辽师大馆、柳州馆、内蒙古馆、宁夏馆、绍兴馆、西南大学馆

01425

谢幼槃文集 （宋）谢薖撰

长沙：商务印书馆，1939.12，83 页，32 开（丛书集成初编 1975）

　　本书共 10 卷，据清《小万卷楼丛书》本排印。

　　收藏单位：大理馆、大连馆、广西馆、国家馆、黑龙江馆、湖南馆、江西馆、辽大馆、辽宁馆、辽师大馆

01426

岳忠武王集 （宋）岳飞撰

上海：商务印书馆，1937.6，[35] 页，32 开（丛书集成初编 1976）

　　本书共 1 卷，据清《艺海珠尘》本排印。

　　收藏单位：安徽馆、长春馆、重庆馆、大理馆、大连馆、东北师大馆、广西馆、贵州馆、国家馆、黑龙江馆、湖南馆、江西馆、辽大馆、辽宁馆、辽师大馆、内蒙古馆、宁夏馆、首都馆、天津馆、西南大学馆

01427

简斋集 （宋）陈与义撰

上海：商务印书馆，1935.12，2 册（131 页），32 开（丛书集成初编 1977—1978）

　　本书共 16 卷，据清聚珍版丛书本排印。

　　收藏单位：安徽馆、长春馆、重庆馆、大理馆、大连馆、东北师大馆、广西馆、贵州馆、国家馆、黑龙江馆、湖南馆、惠州馆、江西馆、辽大馆、辽宁馆、辽师大馆、柳州馆、内蒙古馆、宁夏馆、绍兴馆、西南大学馆

01428

南涧甲乙稿 （宋）韩元吉撰

上海：商务印书馆，1936.12，6 册（476 页），32 开（丛书集成初编 1979—1984）

本书共 23 卷，附拾遗，据清聚珍版丛书本排印。

收藏单位：安徽馆、长春馆、重庆馆、大理馆、大连馆、东北师大馆、广西馆、贵州馆、国家馆、黑龙江馆、湖南馆、江西馆、辽大馆、辽宁馆、辽师大馆、柳州馆、南京馆、内蒙古馆、宁夏馆、绍兴馆、西南大学馆

01429

夹漈遗稿 （宋）郑樵纂

上海：商务印书馆，1936.12，26 页，32 开（丛书集成初编 1985）

本书共 3 卷，据清《艺海珠尘》本排印。

收藏单位：安徽馆、长春馆、重庆馆、大理馆、大连馆、东北师大馆、广西馆、贵州馆、国家馆、黑龙江馆、湖南馆、江西馆、辽大馆、辽宁馆、辽师大馆、柳州馆、内蒙古馆、宁夏馆、绍兴馆、西南大学馆

01430

文定集 （宋）汪应辰撰

上海：商务印书馆，1935.12，4 册（304 页），32 开（丛书集成初编 1986—1989）

本书共 25 卷，附拾遗，据清聚珍版丛书本排印。

收藏单位：安徽馆、长春馆、重庆馆、大理馆、大连馆、东北师大馆、广西馆、贵州馆、国家馆、黑龙江馆、湖南馆、惠州馆、江西馆、辽大馆、辽宁馆、辽师大馆、柳州馆、内蒙古馆、宁夏馆、绍兴馆、西南大学馆

01431

雪山集 （宋）王质撰

上海：商务印书馆，1935.12，3 册（212 页），32 开（丛书集成初编 1990—1992）

本书共 16 卷，附词，据清聚珍版丛书本排印。

收藏单位：安徽馆、长春馆、重庆馆、大理馆、大连馆、东北师大馆、广西馆、贵州

馆、国家馆、黑龙江馆、湖南馆、惠州馆、江西馆、辽大馆、辽宁馆、辽师大馆、柳州馆、内蒙古馆、宁夏馆、绍兴馆、西南大学馆

01432

香溪集 （宋）范浚撰

上海：商务印书馆，1935.12，3 册（216 页），32 开（丛书集成初编 1993—1995）

本书共 22 卷，据清《金华丛书》本排印。

收藏单位：安徽馆、长春馆、重庆馆、大理馆、大连馆、东北师大馆、广西馆、贵州馆、国家馆、黑龙江馆、湖南馆、惠州馆、江西馆、辽大馆、辽宁馆、辽师大馆、柳州馆、内蒙古馆、宁夏馆、绍兴馆、西南大学馆

01433

崔舍人玉堂类稿 （宋）崔敦诗著

上海：商务印书馆，1936.12，3 册（198 页），32 开（丛书集成初编 1997—1999）

本书共 21 卷，有附录，据日本《佚存丛书》本排印。

收藏单位：安徽馆、长春馆、重庆馆、大理馆、大连馆、东北师大馆、广西馆、贵州馆、国家馆、黑龙江馆、湖南馆、江西馆、辽大馆、辽师大馆、柳州馆、内蒙古馆、宁夏馆、绍兴馆、西南大学馆

01434

崔舍人西垣类稿 （宋）崔敦诗著

上海：商务印书馆，1936.12，19 页，32 开（丛书集成初编 2000）

本书共 2 卷，据日本《佚存丛书》本排印。

收藏单位：安徽馆、长春馆、重庆馆、大理馆、大连馆、东北师大馆、广西馆、贵州馆、国家馆、黑龙江馆、湖南馆、江西馆、辽大馆、辽师大馆、柳州馆、内蒙古馆、宁夏馆、西南大学馆

01435

仁山集 （宋）金履祥撰

上海：商务印书馆，1935.12，2 册（103 页），

32 开（丛书集成初编 2001—2002）

本书共 5 卷，据清《金华丛书》本排印。

收藏单位：长春馆、重庆馆、大理馆、大连馆、东北师大馆、广西馆、贵州馆、国家馆、黑龙江馆、湖南馆、惠州馆、江西馆、辽大馆、辽宁馆、辽师大馆、柳州馆、内蒙古馆、宁夏馆、绍兴馆、西南大学馆

01436

攻媿集　（宋）楼钥撰

上海：商务印书馆，1935.12，20 册（1605页），32 开（丛书集成初编 2003—2022）

本书共 113 卷，附拾遗，据清聚珍版丛书本排印。

收藏单位：安徽、长春馆、重庆馆、大理馆、大连馆、东北师大馆、广西馆、贵州馆、国家馆、黑龙江馆、湖南馆、惠州馆、江西馆、辽大馆、辽宁馆、辽师大馆、柳州馆、内蒙古馆、宁夏馆、绍兴馆、西南大学馆

01437

止堂集　（宋）彭龟年撰

上海：商务印书馆，1935.12，3 册（221 页），36 开（丛书集成初编 2023—2025）

本书共 18 卷，据清聚珍版丛书本排印。

收藏单位：安徽馆、长春馆、重庆馆、大理馆、大连馆、东北师大馆、广西馆、贵州馆、国家馆、黑龙江馆、湖南馆、惠州馆、江西馆、辽大馆、辽宁馆、辽师大馆、柳州馆、内蒙古馆、宁夏馆、绍兴馆、西南大学馆

01438

章泉稿　（宋）赵蕃撰

上海：商务印书馆，1937.6，106 页，32 开（丛书集成初编 2026）

本书共 5 卷，据清聚珍版丛书本排印。

收藏单位：安徽馆、长春馆、重庆馆、大理馆、大庆馆、东北师大馆、广西馆、贵州馆、国家馆、黑龙江馆、湖南馆、江西馆、辽大馆、辽宁馆、辽师大馆、柳州馆、内蒙古馆、宁夏馆、天津馆、西南大学馆

01439

絜斋集　（宋）袁燮撰

上海：商务印书馆，1935.12，5 册（405 页），32 开（丛书集成初编 2027—2031）

本书共 24 卷，据清聚珍版丛书本排印。

收藏单位：长春馆、重庆馆、大理馆、大连馆、东北师大馆、广西馆、贵州馆、国家馆、黑龙江馆、湖南馆、惠州馆、江西馆、辽大馆、辽宁馆、辽师大馆、柳州馆、内蒙古馆、宁夏馆、绍兴馆、西南大学馆

01440

崔清献公集　（宋）崔与之撰

上海：商务印书馆，1937.6，46 页，32 开（丛书集成初编 2032）

本书共 6 卷，有附录，据清《岭南遗书》本排印。

收藏单位：安徽馆、长春馆、重庆馆、大理馆、大连馆、东北师大馆、广西馆、贵州馆、国家馆、黑龙江馆、湖南馆、江西馆、辽大馆、辽宁馆、辽师大馆、柳州馆、内蒙古馆、宁夏馆、天津馆、西南大学馆

01441

鄂州小集　（宋）罗愿撰

上海：商务印书馆，1935.12，76 页，32 开（丛书集成初编 2033）

本书共 7 卷，附《罗鄂州遗文》，据清《粤雅堂丛书》本排印。

收藏单位：安徽馆、长春馆、重庆馆、大理馆、大连馆、东北师大馆、广西馆、贵州馆、国家馆、黑龙江馆、湖南馆、江西馆、辽大馆、辽宁馆、辽师大馆、柳州馆、内蒙古馆、宁夏馆、绍兴馆、天津馆、西南大学馆

01442

蒙斋集　（宋）袁甫撰

上海：商务印书馆，1936.6，4 册（294 页），32 开（丛书集成初编 2034—2037）

本书共 20 卷，据清聚珍版丛书本排印。

收藏单位：安徽馆、长春馆、重庆馆、大理馆、大连馆、大庆馆、东北师大馆、广西馆、贵州馆、国家馆、黑龙江馆、湖南馆、

惠州馆、江西馆、辽大馆、辽宁馆、辽师大馆、柳州馆、内蒙古馆、宁夏馆、绍兴馆、西南大学馆

01443

陈克斋集 （宋）陈文蔚著

上海：商务印书馆，1935.12，84页，32开（丛书集成初编2038）

本书共5卷，据清《正谊堂全书》本排印。

收藏单位：长春馆、重庆馆、大理馆、大连馆、东北师大馆、广西馆、贵州馆、国家馆、黑龙江馆、湖南馆、惠州馆、江西馆、辽大馆、辽宁馆、辽师大馆、柳州馆、内蒙古馆、宁夏馆、绍兴馆、天津馆、西南大学馆

01444

何北山先生遗集 （宋）何基著

上海：商务印书馆，1935.12，53页，32开（丛书集成初编2039）

本书共4卷，据清《金华丛书》本排印。

收藏单位：安徽馆、长春馆、重庆馆、大理馆、大连馆、东北师大馆、广西馆、贵州馆、国家馆、黑龙江馆、湖南馆、惠州馆、江西馆、辽大馆、辽宁馆、辽师大馆、柳州馆、内蒙古馆、宁夏馆、绍兴馆、天津馆、西南大学馆

01445

耻堂存稿 （宋）高斯得撰

上海：商务印书馆，1935.12，2册（151页），32开（丛书集成初编2040—2041）

本书共8卷，据清聚珍版丛书本排印。

收藏单位：安徽馆、长春馆、重庆馆、大理馆、大连馆、东北师大馆、广西馆、贵州馆、国家馆、黑龙江馆、湖南馆、惠州馆、江西馆、辽大馆、辽宁馆、辽师大馆、柳州馆、内蒙古馆、宁夏馆、绍兴馆、武大馆、西南大学馆

01446

文文山文集 （宋）文天祥撰

上海：商务印书馆，1937.6，76页，32开（丛

书集成初编2042）

本书共2卷，据清《正谊堂全书》本排印。

收藏单位：安徽馆、长春馆、重庆馆、大理馆、东北师大馆、广西馆、贵州馆、国家馆、黑龙江馆、湖南馆、江西馆、辽大馆、辽宁馆、辽师大馆、柳州馆、内蒙古馆、宁夏馆、绍兴馆、武大馆、西南大学馆

01447

百正集 （宋）连文凤撰

上海：商务印书馆，1935.12，32页，32开（丛书集成初编2043）

本书共3卷，据清《知不足斋丛书》本排印。

收藏单位：长春馆、重庆馆、大理馆、大连馆、东北师大馆、广西馆、贵州馆、国家馆、黑龙江馆、湖南馆、惠州馆、江西馆、辽大馆、辽宁馆、辽师大馆、柳州馆、内蒙古馆、宁夏馆、绍兴馆、天津馆、西南大学馆

01448

霁山集 （宋）林景熙著

上海：商务印书馆，1935.12，2册（133页），32开（丛书集成初编2044—2045）

本书共6卷，附拾遗，据清《知不足斋丛书》本排印。

收藏单位：长春馆、重庆馆、大理馆、大连馆、东北师大馆、广西馆、贵州馆、国家馆、黑龙江馆、湖南馆、惠州馆、江西馆、辽大馆、辽宁馆、辽师大馆、柳州馆、内蒙古馆、宁夏馆、绍兴馆、西南大学馆

01449

伯牙琴 （宋）邓牧撰

上海：商务印书馆，1936.6，29页，32开（丛书集成初编2046）

本书共2卷，附补遗，据清《知不足斋丛书》本排印。

收藏单位：安徽馆、长春馆、重庆馆、大理馆、大连馆、广西馆、贵州馆、国家馆、黑龙江馆、湖南馆、惠州馆、江西馆、辽大馆、辽宁馆、辽师大馆、柳州馆、内蒙古馆

宁夏馆、绍兴馆、天津馆、西南大学馆

01450

李延平集 （宋）李侗撰

上海：商务印书馆，1935.12，65 页，32 开
（丛书集成初编 2047）

　　本书共 4 卷，据清《正谊堂全书》本排
印。

　　收藏单位：长春馆、重庆馆、大理馆、大
连馆、东北师大馆、广西馆、贵州馆、国家
馆、黑龙江馆、湖南馆、惠州馆、江西馆、辽
大馆、辽宁馆、辽师大馆、柳州馆、内蒙古
馆、宁夏馆、绍兴馆、天津馆、西南大学馆

01451

拙轩集 （金）王寂撰

长沙：商务印书馆，1939.12，74 页，32 开
（丛书集成初编 2048）

　　本书共 6 卷，附词，据清聚珍版丛书本
排印。

　　收藏单位：大理馆、大连馆、广西馆、国
家馆、黑龙江馆、湖南馆、江西馆、辽大馆、
辽宁馆、辽师大馆、内蒙古馆、西南大学馆

01452

滹南遗老集 （金）王若虚著

上海：商务印书馆，1935.12，4 册（299 页），
32 开（丛书集成初编 2049—2052）

　　本书共 46 卷，附续诗集，据清《畿辅丛
书》本排印。

　　收藏单位：安徽馆、长春馆、重庆馆、大
理馆、大连馆、东北师大馆、广西馆、贵
州馆、国家馆、黑龙江馆、湖南馆、惠州馆、江
西馆、辽大馆、辽宁馆、辽师大馆、柳州馆、
内蒙古馆、宁夏馆、绍兴馆、西南大学馆

01453

湛然居士文集 （元）耶律楚材撰

上海：商务印书馆，1937.6，208 页，32 开
（丛书集成初编 2053）

　　本书共 14 卷，据清《渐西村舍丛刻》本
排印。

　　收藏单位：安徽馆、长春馆、重庆馆、大

理馆、大连馆、东北师大馆、甘肃馆、广西
馆、贵州馆、国家馆、湖南馆、江西馆、辽
大馆、辽师大馆、柳州馆、内蒙古馆、宁夏
馆、天津馆、西南大学馆

01454

剡源集 （元）戴表元撰

上海：商务印书馆，1935.12，8 册（486+27
页），32 开（丛书集成初编 2054—2061）

　　本书共 31 卷，附札记，据清《宜稼堂丛
书》本排印。

　　收藏单位：安徽馆、长春馆、重庆馆、大
理馆、大连馆、东北师大馆、广西馆、贵州
馆、国家馆、黑龙江馆、湖南馆、惠州馆、江
西馆、辽大馆、辽宁馆、辽师大馆、柳州馆、
内蒙古馆、宁夏馆、绍兴馆、西南大学馆

01455

湛渊遗稿 （元）白珽撰

上海：商务印书馆，1935.12，34 页，32 开
（丛书集成初编 2062）

　　本书共 4 卷，附补稿，据清《知不足斋
丛书》本排印。

　　收藏单位：安徽馆、长春馆、重庆馆、大
理馆、大连馆、东北师大馆、广西馆、贵州
馆、国家馆、黑龙江馆、湖南馆、惠州馆、
江西馆、辽大馆、辽宁馆、辽师大馆、柳州
馆、内蒙古馆、宁夏馆、绍兴馆、天津馆、
西南大学馆

01456

清容居士集 （元）袁桷撰

上海：商务印书馆，1936.6，13 册（920 页），
32 开（丛书集成初编 2063—2075）

　　本书共 50 卷，据清《宜稼堂丛书》本排
印。

　　收藏单位：安徽馆、长春馆、重庆馆、大
理馆、大连馆、东北师大馆、广西馆、贵州
馆、国家馆、黑龙江馆、湖南馆、惠州馆、江
西馆、辽大馆、辽宁馆、辽师大馆、柳州馆、
内蒙古馆、宁夏馆、绍兴馆、西南大学馆

01457

静修先生文集 （元）刘因著

上海：商务印书馆，1936.6，3 册（253 页），
32 开（丛书集成初编 2076—2078）

本书共 12 卷，据清《畿辅丛书》本排印。

收藏单位：长春馆、重庆馆、大理馆、大连馆、东北师大馆、广西馆、贵州馆、国家馆、黑龙江馆、湖南馆、惠州馆、江西馆、辽大馆、辽宁馆、辽师大馆、柳州馆、内蒙古馆、宁夏馆、西南大学馆

01458

安默庵先生集 （元）安熙著

上海：商务印书馆，1936.6，34 页，32 开（丛书集成初编 2079）

本书共 5 卷，据清《畿辅丛书》本排印。

收藏单位：长春馆、重庆馆、大理馆、大连馆、东北师大馆、贵州馆、国家馆、黑龙江馆、湖南馆、惠州馆、江西馆、辽大馆、辽宁馆、辽师大馆、柳州馆、内蒙古馆、宁夏馆、绍兴馆、西南大学馆

01459

白云集 （元）许谦撰

上海：商务印书馆，1935.12，98 页，32 开（丛书集成初编 2080）

本书共 5 卷，据清《金华丛书》本排印。

收藏单位：安徽馆、长春馆、重庆馆、大理馆、大连馆、东北师大馆、广西馆、贵州馆、国家馆、黑龙江馆、湖南馆、惠州馆、江西馆、辽大馆、辽宁馆、辽师大馆、柳州馆、内蒙古馆、宁夏馆、绍兴馆、天津馆、西南大学馆

01460

黄文献集 （元）黄溍撰

上海：商务印书馆，1936.6，8 册（580 页），
32 开（丛书集成初编 2081—2088）

本书共 12 卷，据清《金华丛书》本排印。

收藏单位：长春馆、重庆馆、大理馆、大连馆、东北师大馆、广西馆、贵州馆、国家馆、黑龙江馆、湖南馆、惠州馆、江西馆、辽大馆、辽宁馆、辽师大馆、柳州馆、内蒙古馆、宁夏馆、绍兴馆、西南大学馆

01461

纯白斋类稿 （元）胡助撰 · **赵待制遗稿**
（元）赵雍撰

上海：商务印书馆，1935.12，3 册（225+12 页），32 开（丛书集成初编 2089—2091）

本书为合订书。《纯白斋类稿》22 卷，含附录 2 卷，据清《金华丛书》本排印；《赵待制遗稿》1 卷，附词，据清《知不足斋丛书》本排印。版权页题名：纯白斋类稿及其他一种。

收藏单位：安徽馆、长春馆、重庆馆、大理馆、大连馆、东北师大馆、广西馆、贵州馆、国家馆、黑龙江馆、湖南馆、惠州馆、江西馆、辽大馆、辽宁馆、辽师大馆、柳州馆、内蒙古馆、宁夏馆、绍兴馆、西南大学馆

01462

九灵山房集 （元）戴良撰

上海：商务印书馆，1935.12，6 册（439 页），
32 开（丛书集成初编 2092—2097）

本书共 32 卷，附补编，据清《金华丛书》本排印。

收藏单位：安徽馆、长春馆、重庆馆、大理馆、大连馆、东北师大馆、广西馆、贵州馆、国家馆、黑龙江馆、湖南馆、惠州馆、江西馆、辽大馆、辽宁馆、辽师大馆、柳州馆、内蒙古馆、宁夏馆、绍兴馆、西南大学馆

01463

九灵山房遗稿 （元）戴良著

上海：商务印书馆，1935.12，2 册（131 页），
32 开（丛书集成初编 2098—2099）

本书共 6 卷，附补编，据清《金华丛书》本排印。

收藏单位：安徽馆、长春馆、重庆馆、大理馆、大连馆、东北师大馆、广西馆、贵州馆、国家馆、黑龙江馆、湖南馆、惠州馆、江西馆、辽大馆、辽宁馆、辽师大馆、柳州馆、内蒙古馆、宁夏馆、绍兴馆、西南大学馆

01464

鹿皮子集 （元）陈樵撰·**青村遗稿** （元）
金涓撰
上海：商务印书馆，1935.12，72+32 页，32
开（丛书集成初编 2100）

　　本书为合订书。《鹿皮子集》4 卷，《青村
遗稿》2 卷（有附录），均据清《金华丛书》
本排印。版权页题名：鹿皮子集及其他一种。

　　收藏单位：安徽馆、长春馆、重庆馆、大
理馆、大连馆、东北师大馆、广西馆、贵州
馆、国家馆、黑龙江馆、湖南馆、惠州馆、
江西馆、辽大馆、辽宁馆、辽师大馆、柳州
馆、内蒙古馆、宁夏馆、绍兴馆、天津馆、
西南大学馆

01465

牧庵集 （元）姚燧撰
上海：商务印书馆，1936.6，7 册（451+16 页），
32 开（丛书集成初编 2101—2107）

　　本书共 37 卷，有附录，据清聚珍版丛书
本排印。

　　收藏单位：安徽馆、长春馆、重庆馆、大
理馆、大连馆、东北师大馆、广西馆、贵州
馆、国家馆、黑龙江馆、湖南馆、惠州馆、江
西馆、辽大馆、辽宁馆、辽师大馆、柳州馆、
内蒙古馆、宁夏馆、绍兴馆、西南大学馆

01466

胡仲子集 （明）胡翰撰
上海：商务印书馆，1935.12，2 册（162 页），
32 开（丛书集成初编 2108—2109）

　　本书共 10 卷，据清《金华丛书》本排
印。

　　收藏单位：安徽馆、长春馆、重庆馆、大
理馆、大连馆、东北师大馆、广西馆、贵州
馆、国家馆、黑龙江馆、湖南馆、惠州馆、江
西馆、辽大馆、辽宁馆、辽师大馆、柳州馆、
内蒙古馆、宁夏馆、绍兴馆、西南大学馆

01467

宋学士全集 （明）宋濂撰
长沙：商务印书馆，1939.12，24 册（1713
页），32 开（丛书集成初编 2110—2133）

　　本书共 42 卷，有附录、补遗，据清《金
华丛书》本排印。

　　收藏单位：大理馆、广西馆、国家馆、黑
龙江馆、湖南馆、江西馆、辽大馆、辽宁馆、
辽师大馆、内蒙古馆、西南大学馆

01468

陈剩夫集 （明）陈真晟撰
上海：商务印书馆，1935.12，63 页，32 开
（丛书集成初编 2134）

　　本书共 4 卷，据清《正谊堂全书》本排
印。

　　收藏单位：长春馆、重庆馆、大理馆、大
连馆、东北师大馆、广西馆、贵州馆、国家
馆、黑龙江馆、湖南馆、惠州馆、江西馆、
辽大馆、辽师大馆、柳州馆、内蒙古馆、宁
夏馆、绍兴馆、天津馆、西南大学馆

01469

苏平仲集 （明）苏伯衡撰
上海：商务印书馆，1935.12，6 册（403 页），
32 开（丛书集成初编 2135—2140）

　　本书共 16 卷，据清《金华丛书》本排
印。

　　收藏单位：安徽馆、长春馆、重庆馆、大
理馆、大连馆、东北师大馆、广西馆、贵州
馆、国家馆、黑龙江馆、湖南馆、惠州馆、江
西馆、辽大馆、辽宁馆、辽师大馆、柳州馆、
内蒙古馆、宁夏馆、绍兴馆、西南大学馆

01470

姚文敏公遗稿 （明）姚夔著 （明）张元祯
校正·**奉使录** （明）张宁撰
上海：商务印书馆，1936.12，2 册（170+24
页），32 开（丛书集成初编 2141—2142）

　　本书为合订书。《姚文敏公遗稿》10 卷，
有附录，据清《渐西村舍丛刻》本排印；《奉
使录》2 卷，据明《盐邑志林》本排印。版权
页题名：姚文敏公遗稿及其他一种。

　　收藏单位：安徽馆、长春馆、重庆馆、大
理馆、大连馆、东北师大馆、广西馆、贵州
馆、国家馆、黑龙江馆、湖南馆、江西馆、
辽大馆、辽宁馆、辽师大馆、柳州馆、内蒙

古馆、宁夏馆、绍兴馆、西南大学馆

01471

枫山章先生集　（明）章懋撰

上海：商务印书馆，1935.12，7 册（363 页），32 开（丛书集成初编 2143—2149）

本书共 9 卷，据清《金华丛书》本排印。

收藏单位：安徽馆、长春馆、重庆馆、大理馆、大连馆、东北师大馆、广西馆、贵州馆、国家馆、黑龙江馆、湖南馆、惠州馆、江西馆、辽大馆、辽宁馆、辽师大馆、柳州馆、内蒙古馆、宁夏馆、绍兴馆、西南大学馆

01472

东田文集　（明）马中锡著

上海：商务印书馆，1936.12，2 册（130 页），32 开（丛书集成初编 2150—2151）

本书共 6 卷，附诗集，据清《畿辅丛书》本排印。

收藏单位：安徽馆、长春馆、重庆馆、大理馆、大连馆、大庆馆、东北师大馆、广西馆、贵州馆、国家馆、黑龙江馆、湖南馆、江西馆、辽大馆、辽宁馆、辽师大馆、柳州馆、内蒙古馆、宁夏馆、绍兴馆、西南大学馆

01473

渔石集　（明）唐龙集

上海：商务印书馆，1935.12，3 册（222 页），32 开（丛书集成初编 2152—2154）

本书共 4 卷，据清《金华丛书》本排印。

收藏单位：安徽馆、长春馆、重庆馆、大理馆、大连馆、东北师大馆、广西馆、贵州馆、国家馆、黑龙江馆、湖南馆、惠州馆、江西馆、辽大馆、辽宁馆、辽师大馆、柳州馆、内蒙古馆、宁夏馆、绍兴馆、西南大学馆

01474

宋布衣集　（明）宋登春著

上海：商务印书馆，1936.12，62 页，32 开（丛书集成初编 2155）

本书共 3 卷，据清《畿辅丛书》本排印。

收藏单位：安徽馆、长春馆、重庆馆、大理馆、大连馆、东北师大馆、广西馆、贵州馆、国家馆、黑龙江馆、湖南馆、惠州馆、江西馆、辽大馆、辽宁馆、辽师大馆、柳州馆、内蒙古馆、宁夏馆、绍兴馆、天津馆、西南大学馆

01475

青藤书屋文集　（明）徐渭著

长沙：商务印书馆，1939.12，5 册（380 页），32 开（丛书集成初编 2156—2160）

本书共 31 卷，据清《海山仙馆丛书》本排印。

收藏单位：安徽馆、大理馆、国家馆、黑龙江馆、湖南馆、江西馆、辽大馆、辽宁馆、辽师大馆、内蒙古馆、西南大学馆

01476

张阳和文选　（明）张元忭撰

上海：商务印书馆，1935.12，49 页，32 开（丛书集成初编 2161）

本书共 3 卷，据清《正谊堂全书》本排印。

收藏单位：安徽馆、长春馆、重庆馆、大理馆、大连馆、东北师大馆、广西馆、贵州馆、国家馆、黑龙江馆、湖南馆、惠州馆、江西馆、辽大馆、辽宁馆、辽师大馆、柳州馆、内蒙古馆、宁夏馆、绍兴馆、天津馆、西南大学馆

01477

胡敬斋集　（明）胡居仁撰

上海：商务印书馆，1935.12，96 页，32 开（丛书集成初编 2162）

本书共 3 卷，据清《正谊堂全书》本排印。

收藏单位：长春馆、重庆馆、大理馆、大连馆、东北师大馆、广西馆、贵州馆、国家馆、黑龙江馆、湖南馆、惠州馆、江西馆、辽大馆、辽宁馆、辽师大馆、柳州馆、内蒙古馆、宁夏馆、绍兴馆、天津馆、西南大学馆

01478

狂夫酒语 （明）周履靖著

上海：商务印书馆，1936.12，75 页，32 开
（丛书集成初编 2163）

　　本书共 2 卷，据明《夷门广牍》本影印。

　　收藏单位：安徽馆、长春馆、重庆馆、大
理馆、大连馆、东北师大馆、广西馆、贵州
馆、国家馆、黑龙江馆、湖南馆、江西馆、
辽大馆、辽宁馆、辽师大馆、柳州馆、内蒙
古馆、宁夏馆、绍兴馆、天津馆、西南大学
馆

01479

闲云稿 （明）周履靖著

上海：商务印书馆，1937.6，216 页，32 开
（丛书集成初编 2164）

　　本书共 4 卷，据明《夷门广牍》本影印。

　　收藏单位：安徽馆、长春馆、重庆馆、大
理馆、大连馆、大庆馆、东北师大馆、广
西馆、贵州馆、国家馆、黑龙江馆、湖南馆、
江西馆、辽大馆、辽宁馆、辽师大馆、柳州
馆、内蒙古馆、宁夏馆、天津馆、西南大学
馆

01480

周忠介公烬余集 （明）周顺昌撰

上海：商务印书馆，1936.12，50 页，32 开
（丛书集成初编 2165）

　　本书共 4 卷，据清《借月山房汇钞》本
排印。

　　收藏单位：安徽馆、长春馆、重庆馆、大
理馆、大连馆、大庆馆、东北师大馆、广
西馆、贵州馆、国家馆、黑龙江馆、湖南馆、
江西馆、辽大馆、辽宁馆、辽师大馆、柳州
馆、内蒙古馆、宁夏馆、绍兴馆、天津馆、
西南大学馆

01481

金忠洁集 （明）金铉著

上海：商务印书馆，1936.12，92 页，32 开
（丛书集成初编 2166）

　　本书共 6 卷，据清《畿辅丛书》本排印。

　　收藏单位：安徽馆、长春馆、重庆馆、大
理馆、大连馆、大庆馆、东北师大馆、广西
馆、贵州馆、国家馆、黑龙江馆、湖南馆、
江西馆、辽大馆、辽宁馆、辽师大馆、柳州
馆、内蒙古馆、宁夏馆、绍兴馆、天津馆、
西南大学馆

01482

楼山堂集 （明）吴应箕著·**交行摘稿** （明）
徐孚远纂

上海：商务印书馆，1935.12，4 册（379+17
页），32 开（丛书集成初编 2167—2170）

　　本书为合订书。《楼山堂集》27 卷，据清
《粤雅堂丛书》本排印；《交行摘稿》1 卷，据
清《艺海珠尘》本排印。版权页题名：楼山堂
集及其他一种。

　　收藏单位：安徽馆、长春馆、重庆馆、大
理馆、大连馆、东北师大馆、广西馆、贵州
馆、国家馆、黑龙江馆、湖南馆、惠州馆、
江西馆、辽大馆、辽宁馆、辽师大馆、柳州
馆、内蒙古馆、宁夏馆、绍兴馆、西南大学
馆

01483

史忠正公集 （明）史可法著

上海：商务印书馆，1936.12，75 页，32 开
（丛书集成初编 2171）

　　本书共 5 卷，有附录，据清《畿辅丛书》
本排印。

　　收藏单位：安徽馆、重庆馆、大理馆、大
连馆、东北师大馆、广西馆、贵州馆、国家
馆、黑龙江馆、湖南馆、惠州馆、江西馆、
辽大馆、辽宁馆、辽师大馆、柳州馆、内蒙
古馆、宁夏馆、绍兴馆、天津馆、西南大学
馆

01484

夏内史集 （明）夏完淳纂

长沙：商务印书馆，1939.12，85 页，32 开
（丛书集成初编 2172）

　　本书共 10 卷，有附录，据清《艺海珠
尘》本排印。

　　收藏单位：安徽馆、大理馆、广西馆、国
家馆、黑龙江馆、湖南馆、江西馆、辽大馆、

辽宁馆、辽师大馆、内蒙古馆、绍兴馆、天津馆、西南大学馆

01485

夏峰先生集 （清）孙奇逢著

长沙：商务印书馆，1939.12，6 册（490 页），32 开（丛书集成初编 2173—2178）

本书共 14 卷，据清《畿辅丛书》本排印。

收藏单位：安徽馆、大理馆、大连馆、国家馆、黑龙江馆、湖南馆、辽大馆、辽宁馆、辽师大馆、内蒙古馆、西南大学馆

01486

高宗诗文十全集 （清）弘历撰 （清）彭元瑞编

上海：商务印书馆，1936.6，10 册（683 页），32 开（丛书集成初编 2179—2188）

本书共 54 卷，据清聚珍版丛书本排印。

收藏单位：长春馆、重庆馆、大理馆、大连馆、东北师大馆、广西馆、贵州馆、国家馆、黑龙江馆、湖南馆、惠州馆、江西馆、辽大馆、辽宁馆、辽师大馆、柳州馆、内蒙古馆、宁夏馆、绍兴馆、西南大学馆

01487

秋笳集 （清）吴兆骞撰

上海：商务印书馆，1935.12，2 册（153 页），32 开（丛书集成初编 2189—2190）

本书共 9 卷，有附录，据清《粤雅堂丛书》本排印。

收藏单位：安徽馆、长春馆、重庆馆、大理馆、大连馆、东北师大馆、广西馆、贵州馆、国家馆、黑龙江馆、湖南馆、惠州馆、江西馆、辽大馆、辽师大馆、柳州馆、内蒙古馆、宁夏馆、绍兴馆、西南大学馆

01488

雕菰集 （清）焦循撰

上海：商务印书馆，1936.6，6 册（398 页），32 开（丛书集成初编 2191—2196）

本书共 24 卷，有附录，据清《文选楼丛书》本排印。

收藏单位：安徽馆、长春馆、重庆馆、大理馆、大连馆、东北师大馆、广西馆、贵州馆、国家馆、黑龙江馆、湖南馆、惠州馆、江西馆、辽大馆、辽师大馆、柳州馆、内蒙古馆、宁夏馆、绍兴馆、西南大学馆

01489

揅经室集 （清）阮元著

上海：商务印书馆，1936.6，12 册（920 页），32 开（丛书集成初编 2197—2208）

本书共 40 卷，据清《文选楼丛书》本排印。

收藏单位：安徽馆、长春馆、重庆馆、大理馆、大连馆、东北师大馆、广西馆、贵州馆、国家馆、黑龙江馆、湖南馆、惠州馆、江西馆、辽大馆、辽师大馆、柳州馆、内蒙古馆、宁夏馆、山东馆、绍兴馆、西南大学馆

01490

揅经室续集 （清）阮元著

上海：商务印书馆，1935.12，3 册（299 页），32 开（丛书集成初编 2209—2211）

本书共 11 卷，据清《文选楼丛书》本排印。

收藏单位：安徽馆、重庆馆、大理馆、大连馆、东北师大馆、广西馆、贵州馆、国家馆、黑龙江馆、湖南馆、惠州馆、江西馆、辽大馆、辽师大馆、柳州馆、内蒙古馆、宁夏馆、绍兴馆、西南大学馆

01491

程侍郎遗集 （清）程恩泽著

上海：商务印书馆，1935.12，3 册（215 页），32 开（丛书集成初编 2212—2214）

本书共 11 卷，有附录，据清《粤雅堂丛书》本排印。

收藏单位：安徽馆、长春馆、重庆馆、大理馆、大连馆、东北师大馆、广西馆、贵州馆、国家馆、黑龙江馆、湖南馆、惠州馆、江西馆、辽大馆、辽师大馆、柳州馆、内蒙古馆、宁夏馆、绍兴馆、西南大学馆

01492

啖敢览馆稿 （清）曹应钟撰·**后甲集** （清）章大来撰

长沙：商务印书馆，1939.12，22+65 页，32 开（丛书集成初编 2215）

本书为合订书。《啖敢览馆稿》1 卷，据清《滂喜斋丛书》本影印;《后甲集》2 卷，据清《式训堂丛书》本排印。版权页题名：啖敢览馆稿及其他一种。

收藏单位：安徽馆、大理馆、大连馆、广西馆、国家馆、黑龙江馆、湖南馆、江西馆、辽大馆、辽宁馆、辽师大馆、西南大学馆

01493

益斋集 （朝）李齐贤撰

上海：商务印书馆，1936.12，2 册（165 页），32 开（丛书集成初编 2216—2217）

本书共 12 卷，附拾遗、墓志，据清《粤雅堂丛书》本排印。

收藏单位：安徽馆、长春馆、重庆馆、大理馆、大连馆、大庆馆、东北师大馆、广西馆、贵州馆、国家馆、黑龙江馆、湖南馆、江西馆、辽大馆、辽师大馆、柳州馆、内蒙古馆、宁夏馆、绍兴馆、西南大学馆

01494

陶靖节诗集 （晋）陶潜著 （宋）汤汉注

长沙：商务印书馆，1939.12，43 页，32 开（丛书集成初编 2218）

本书共 5 卷，有附录，据清《拜经楼丛书》本排印。

收藏单位：安徽馆、大理馆、大连馆、大庆馆、福建馆、广西馆、国家馆、黑龙江馆、江西馆、辽大馆、辽师大馆、天津馆、西南大学馆

01495

谢宣城诗集 （南朝齐）谢朓著·**阴常侍诗集** （南朝梁）阴铿著 （清）张溥编辑·**杂咏百二十首** （唐）李峤纂

长沙：商务印书馆，1937.12，54+8+24 页，32 开（丛书集成初编 2219）

本书为合订书。《谢宣城诗集》5 卷，据清《拜经楼丛书》本排印;《阴常侍诗集》2 卷，据清《二酉堂丛书》本排印;《杂咏百二十首》2 卷，据清《艺海珠尘》本排印。版权页题名：谢宣城诗集及其他二种。

收藏单位：安徽馆、长春馆、重庆馆、大理馆、大连馆、东北师大馆、甘肃馆、广西馆、贵州馆、国家馆、黑龙江馆、湖南馆、江西馆、辽大馆、辽师大馆、内蒙古馆、宁夏馆、天津馆、西南大学馆

01496

杜工部草堂诗笺 （唐）杜甫著 （宋）鲁訔编次 （宋）蔡梦弼会笺

上海：商务印书馆，1936.12，12 册（1190 页），32 开（丛书集成初编 2220—2231）

本书共 41 卷，据清《古逸丛书》本影印。

收藏单位：安徽馆、长春馆、重庆馆、大理馆、大连馆、东北师大馆、广西馆、贵州馆、国家馆、黑龙江馆、湖南馆、惠州馆、江西馆、辽大馆、辽师大馆、柳州馆、内蒙古馆、宁夏馆、西南大学馆

01497

黄氏集千家注杜工部诗史补遗 （宋）黄鹤集注 （宋）蔡梦弼校正·**集注草堂杜工部诗外集** （宋）蔡梦弼会笺

上海：商务印书馆，1936.12，3 册（332+36 页），32 开（丛书集成初编 2232—2234）

本书为合订书。《黄氏集千家注杜工部诗史补遗》10 卷，《集注草堂杜工部诗外集》1 卷，均据清《古逸丛书》本影印。版权页题名：黄氏集千家注杜工部诗史补遗及其他一种。

收藏单位：安徽馆、长春馆、重庆馆、大理馆、大连馆、东北师大馆、广西馆、贵州馆、国家馆、黑龙江馆、湖南馆、江西馆、辽大馆、辽宁馆、辽师大馆、柳州馆、内蒙古馆、宁夏馆、绍兴馆、西南大学馆

01498

刘随州集 （唐）刘长卿著

上海：商务印书馆，1937.6，124 页，32 开（丛

书集成初编 2235）

本书共 11 卷，据清《畿辅丛书》本排印。

收藏单位：安徽馆、重庆馆、大理馆、大连馆、东北师大馆、广西馆、贵州馆、国家馆、黑龙江馆、湖南馆、江西馆、辽大馆、辽师大馆、柳州馆、内蒙古馆、宁夏馆、天津馆、武大馆、西南大学馆

01499

高常侍集 （唐）高适著

上海：商务印书馆，1936.12，55 页，32 开（丛书集成初编 2236）

本书共 2 卷，据清《畿辅丛书》本排印。

收藏单位：安徽馆、长春馆、重庆馆、大理馆、大连馆、东北师大馆、广西馆、贵州馆、国家馆、黑龙江馆、湖南馆、江西馆、辽大馆、辽师大馆、柳州馆、内蒙古馆、宁夏馆、天津馆、西南大学馆

01500

长江集 （唐）贾岛著

上海：商务印书馆，1936.12，86 页，32 开（丛书集成初编 2237）

本书共 11 卷，附《阆仙诗》，据清《畿辅丛书》本排印。

收藏单位：安徽馆、长春馆、重庆馆、大理馆、大连馆、东北师大馆、广西馆、贵州馆、国家馆、湖南馆、江西馆、辽大馆、辽师大馆、柳州馆、内蒙古馆、宁夏馆、天津馆、西南大学馆

01501

卢仝集 （唐）卢仝著·**李尚书诗集** （唐）李益著 （清）张澍编辑

长沙：商务印书馆，1939.12，29+31 页，32 开（丛书集成初编 2238）

本书为合订书。《卢仝集》3 卷，据清《畿辅丛书》本排印；《李尚书诗集》2 卷，据清《二西堂丛书》本排印。版权页题名：卢仝集及其他一种。

收藏单位：大理馆、大连馆、广西馆、国家馆、黑龙江馆、湖南馆、江西馆、辽大馆、辽师大馆、天津馆、西南大学馆

01502

禅月集 （唐释）贯休撰·**西昆发微** （清）吴乔撰

长沙：商务印书馆，1937.12，2 册（132+20 页），32 开（丛书集成初编 2239—2240）

本书为合订书。《禅月集》12 卷，据清《金华丛书》本排印；《西昆发微》3 卷，据清《借月山房汇钞》本排印。版权页题名：禅月集及其他一种。

收藏单位：安徽馆、长春馆、重庆馆、大理馆、大连馆、东北师大馆、广西馆、贵州馆、国家馆、黑龙江馆、湖南馆、江西馆、辽大馆、辽师大馆、内蒙古馆、宁夏馆、西南大学馆

01503

苏诗补注 （清）翁方纲补注

上海：商务印书馆，1935.12，123 页，32 开（丛书集成初编 2242）

本书共 8 卷，据清《粤雅堂丛书》本排印。

收藏单位：安徽馆、长春馆、重庆馆、大理馆、大连馆、东北师大馆、广西馆、贵州馆、国家馆、黑龙江馆、湖南馆、惠州馆、江西馆、辽大馆、辽师大馆、柳州馆、内蒙古馆、宁夏馆、绍兴馆、天津馆、西南大学馆

01504

山谷诗注（内集 外集 别集） （宋）黄庭坚撰 （宋）任渊 （宋）史容 （宋）史季温注

上海：商务印书馆，1937.6，10 册（[940] 页），32 开（丛书集成初编 2243—2252）

本书共 43 卷，据清聚珍版丛书本排印。

收藏单位：重庆馆、大理馆、大连馆、广东馆、广西馆、国家馆、黑龙江馆、湖南馆、江西馆、辽大馆、辽师大馆、内蒙古馆、西南大学馆

01505

后山诗注 （宋）陈师道撰 （宋）任渊

注·**西渡诗集** （宋）洪炎撰

上海：商务印书馆，1937.6，237+19 页，32 开（丛书集成初编 2253）

　　本书为合订书。《后山诗注》12 卷，据清聚珍版丛书本排印；《西渡诗集》1 卷，附补遗 1 卷，据清《小万卷楼丛书》本排印。版权页题名：后山诗注及其他一种。

　　收藏单位：安徽馆、长春馆、重庆馆、大理馆、大连馆、广西馆、贵州馆、国家馆、黑龙江馆、湖南馆、江西馆、辽大馆、辽师大馆、内蒙古馆、宁夏馆、天津馆、西南大学馆

01506

晁具茨先生诗集 （宋）晁冲之著

长沙：商务印书馆，1939.12，66 页，32 开（丛书集成初编 2254）

　　本书共 15 卷，据清《海山仙馆丛书》本排印。

　　收藏单位：大连馆、广西馆、国家馆、黑龙江馆、湖南馆、江西馆、辽大馆、辽师大馆、内蒙古馆、天津馆、西南大学馆

01507

茶山集 （宋）曾几撰·**林泉结契** （宋）王质著

上海：商务印书馆，1937.12，106+27 页，32 开（丛书集成初编 2255）

　　本书为合订书。《茶山集》8 卷，据清聚珍版丛书本排印；《林泉结契》5 卷，据清《学海类编》本排印。版权页题名：茶山集及其他一种。

　　收藏单位：安徽馆、长春馆、重庆馆、大理馆、大连馆、东北师大馆、广西馆、贵州馆、国家馆、黑龙江馆、湖南馆、江西馆、辽大馆、辽师大馆、内蒙古馆、宁夏馆、天津馆、西南大学馆

01508

石湖诗集 （宋）范成大著·**范石湖诗集注** （清）沈钦韩注·**志道集** （宋）顾禧著

上海：商务印书馆，1937.6，21+235+22 页，32 开（丛书集成初编 2256）

　　本书为合订书。《石湖诗集》1 卷，据明《诗词杂俎》本影印；《范石湖诗集注》3 卷，据清《功顺堂丛书》本影印；《志道集》1 卷，据清《粤雅堂丛书》本影印。版权页题名：石湖诗集及其他二种。

　　收藏单位：安徽馆、长春馆、重庆馆、大理馆、大连馆、东北师大馆、广西馆、贵州馆、国家馆、黑龙江馆、湖南馆、江西馆、辽大馆、辽师大馆、柳州馆、内蒙古馆、宁夏馆、天津馆、西南大学馆

01509

淳熙稿 （宋）赵蕃撰

上海：商务印书馆，1935.12，3 册（458 页），32 开（丛书集成初编 2257—2259）

　　本书共 20 卷，据清聚珍版丛书本排印。

　　收藏单位：安徽馆、长春馆、重庆馆、大理馆、大连馆、东北师大馆、广西馆、贵州馆、国家馆、黑龙江馆、湖南馆、惠州馆、江西馆、辽大馆、辽师大馆、柳州馆、内蒙古馆、宁夏馆、绍兴馆、西南大学馆

01510

乾道稿 （宋）赵蕃撰·**龙洲集** （宋）刘过撰·**颐庵居士集** （宋）刘应时撰

上海：商务印书馆，1937.6，21+69+16 页，32 开（丛书集成初编 2260）

　　本书为合订书。《乾道稿》2 卷，据清聚珍版丛书本排印；《龙洲集》10 卷，据清《函海》本排印；《颐庵居士集》1 卷，据清《知不足斋丛书》本排印。版权页题名：乾道稿及其他二种。

　　收藏单位：安徽馆、长春馆、重庆馆、大理馆、大连馆、东北师大馆、广西馆、贵州馆、国家馆、黑龙江馆、湖南馆、江西馆、辽大馆、辽师大馆、柳州馆、内蒙古馆、宁夏馆、天津馆、西南大学馆

01511

白石道人诗集 （宋）姜夔撰·**南湖集** （宋）张镃撰

上海：商务印书馆，1936.6，2 册（30+219 页），32 开（丛书集成初编 2261—2262）

本书为合订书。《白石道人诗集》6卷，据清《榆园丛刻》本排印;《南湖集》13卷，据清《知不足斋丛书》本排印。版权页题名：白石道人诗集及其他一种。

收藏单位：安徽馆、长春馆、重庆馆、大理馆、大连馆、东北师大馆、广西馆、贵州馆、国家馆、黑龙江馆、湖南馆、惠州馆、江西馆、辽大馆、辽师大馆、柳州馆、内蒙古馆、宁夏馆、绍兴馆、西南大学馆

01512

棠湖诗稿 （宋）岳珂著·**三山郑菊山先生清隽集** （宋）郑起撰 （元）仇远选·**所南翁一百二十图诗集** （宋）郑思肖撰·**剪绡集** （宋）李龏集

长沙：商务印书馆，1937.12，[112] 页，32 开（丛书集成初编 2263）

本书为合订书。《棠湖诗稿》1卷，据清《咫进斋丛书》本排印;《三山郑菊山先生清隽集》《所南翁一百二十图诗集》各1卷，均据清《知不足斋丛书》本排印;《剪绡集》2卷，据明《诗词杂俎》本影印。版权页题名：棠湖诗稿及其他三种。

收藏单位：安徽馆、长春馆、重庆馆、大理馆、大连馆、东北师大馆、广西馆、贵州馆、国家馆、黑龙江馆、湖南馆、江西馆、辽大馆、辽师大馆、内蒙古馆、宁夏馆、天津馆、西南大学馆

01513

孝诗 （宋）林同撰·**文公朱先生感兴诗** （宋）朱熹著 （宋）蔡模学·**朱文公武夷棹歌注** （宋）陈普注

上海：商务印书馆，1937.12，61+23+6 页，32 开（丛书集成初编 2264）

本书为合订书。每种各1卷，《孝诗》据清《学海类编》本排印，《文公朱先生感兴诗》《朱文公武夷棹歌注》均据日本《佚存丛书》本排印。版权页题名：孝诗及其他二种。

收藏单位：安徽馆、重庆馆、大理馆、大连馆、广西馆、国家馆、黑龙江馆、湖南馆、江西馆、辽大馆、辽师大馆、内蒙古馆、天津馆、西南大学馆

01514

玉笥集 （元）张宪撰

上海：商务印书馆，1935.12，153 页，32 开（丛书集成初编 2265）

本书共10卷，据清《粤雅堂丛书》本排印。

收藏单位：安徽馆、长春馆、重庆馆、大理馆、大连馆、东北师大馆、广西馆、贵州馆、国家馆、黑龙江馆、湖南馆、惠州馆、江西馆、辽大馆、辽师大馆、柳州馆、内蒙古馆、宁夏馆、绍兴馆、天津馆、西南大学馆

01515

梅花百咏 （元释）中峰禅师著 （明）周履靖校·**金渊集** （元）仇远撰

上海：商务印书馆，1936.12，34+89 页，32 开（丛书集成初编 2266）

本书为合订书。《梅花百咏》1卷，据明《夷门广牍》本影印;《金渊集》6卷，据清聚珍版丛书本排印。版权页题名：梅花百咏及其他一种。

收藏单位：长春馆、重庆馆、大理馆、大连馆、东北师大馆、广西馆、贵州馆、国家馆、黑龙江馆、湖南馆、江西馆、辽大馆、辽师大馆、内蒙古馆、宁夏馆、西南大学馆

01516

静春堂诗集 （元）袁易撰

上海：商务印书馆，1937.6，32 页，32 开（丛书集成初编 2267）

本书共5卷，有附录，据清《知不足斋丛书》本排印。

收藏单位：安徽馆、长春馆、重庆馆、大理馆、大连馆、大庆馆、东北师大馆、广西馆、贵州馆、国家馆、黑龙江馆、湖南馆、江西馆、辽大馆、柳州馆、内蒙古馆、宁夏馆、天津馆、西南大学馆

01517

揭曼硕诗集 （元）揭傒斯撰

上海：商务印书馆，1937.6，59 页，32 开（丛书集成初编 2268）

本书共 3 卷，据清《海山仙馆丛书》本排印。

收藏单位：安徽馆、长春馆、重庆馆、大理馆、大连馆、大庆馆、东北师大馆、广西馆、贵州馆、国家馆、黑龙江馆、湖南馆、江西馆、辽大馆、辽师大馆、柳州馆、内蒙古馆、宁夏馆、天津馆、西南大学馆

01518

渊颖集 （元）吴莱撰

上海：商务印书馆，1937.6，6 册（314 页），32 开（丛书集成初编 2269—2274）

本书共 12 卷，据清《金华丛书》本排印。

收藏单位：安徽馆、长春馆、重庆馆、大理馆、大连馆、东北师大馆、广西馆、贵州馆、国家馆、黑龙江馆、湖南馆、江西馆、辽大馆、辽师大馆、内蒙古馆、宁夏馆、西南大学馆

01519

梅花字字香 （元）郭豫亨撰·**玉山璞稿** （元）顾瑛撰

上海：商务印书馆，1936.6，25+46 页，32 开（丛书集成初编 2275）

本书为合订书。《梅花字字香》2 卷，据清《琳琅秘室丛书》本排印；《玉山璞稿》1 卷，据清《读画斋丛书》本排印。版权页题名：梅花字字香及其他一种。

收藏单位：安徽馆、长春馆、重庆馆、大理馆、大连馆、东北师大馆、广东馆、广西馆、贵州馆、国家馆、黑龙江馆、湖南馆、惠州馆、江西馆、辽大馆、辽师大馆、柳州馆、内蒙古馆、宁夏馆、天津馆、西南大学馆

01520

玉山逸稿 （元）顾瑛撰 （清）鲍廷博辑录

长沙：商务印书馆，1937.12，83 页，32 开（丛书集成初编 2276）

本书共 5 卷，有附录，据清《读画斋丛书》本排印。

收藏单位：安徽馆、长春馆、重庆馆、大理馆、大连馆、大庆馆、东北师大馆、贵州馆、国家馆、黑龙江馆、湖南馆、江西馆、辽大馆、辽师大馆、柳州馆、内蒙古馆、宁夏馆、天津馆、西南大学馆

01521

梧溪集 （元）王逢撰

上海：商务印书馆，1935.12，3 册（362 页），32 开（丛书集成初编 2277—2279）

本书共 8 卷，有补遗，据清《知不足斋丛书》本排印。

收藏单位：安徽馆、长春馆、重庆馆、大理馆、大连馆、东北师大馆、广西馆、贵州馆、国家馆、黑龙江馆、湖南馆、惠州馆、江西馆、辽大馆、辽师大馆、柳州馆、内蒙古馆、宁夏馆、绍兴馆、西南大学馆

01522

丁鹤年集 （元）丁鹤年撰 （明）戴稷编次

上海：商务印书馆，1937.6，58 页，32 开（丛书集成初编 2280）

本书共 5 卷，有附录、校伪，据清《琳琅秘室丛书》本排印。

收藏单位：安徽馆、长春馆、重庆馆、大理馆、大连馆、大庆馆、东北师大馆、广西馆、贵州馆、国家馆、黑龙江馆、湖南馆、江西馆、辽大馆、辽师大馆、内蒙古馆、宁夏馆、天津馆、西南大学馆

01523

沧浪棹歌 （明）陶宗仪著 （明）唐锦选·**宣宗御制诗** （明）朱瞻基撰·**娑罗馆逸稿** （明）屠隆著

上海：商务印书馆，1937.6，13+34+10 页，32 开（丛书集成初编 2281）

本书为合订书。《沧浪棹歌》1 卷，据清《读画斋丛书》本排印；《宣宗御制诗》1 卷，据明《纪录汇编》本影印；《娑罗馆逸稿》2 卷，据明《宝颜堂秘笈》本排印。版权页题名：沧浪棹歌及其他二种。

收藏单位：安徽馆、长春馆、重庆馆、大理馆、大连馆、东北师大馆、广西馆、贵州馆、国家馆、黑龙江馆、湖南馆、江西馆、

辽大馆、辽师大馆、内蒙古馆、宁夏馆、西南大学馆

01524

山家语·野人清啸 （明）周履靖著

上海：商务印书馆，1935.12，36+70页，32开（丛书集成初编2282）

　　本书为合订书。《山家语》1卷，《野人清啸》2卷，均据明《夷门广牍》本影印。版权页题名：山家语及其他一种。

　　收藏单位：安徽馆、长春馆、重庆馆、大理馆、大连馆、东北师大馆、广西馆、贵州馆、国家馆、黑龙江馆、湖南馆、江西馆、辽大馆、辽师大馆、柳州馆、内蒙古馆、宁夏馆、绍兴馆、天津馆、西南大学馆

01525

燎松吟·寻芳咏 （明）周履靖著

上海：商务印书馆，1937.6，64+44页，32开（丛书集成初编2283）

　　本书为合订书。《燎松吟》1卷，《寻芳咏》2卷，均据明《夷门广牍》本影印。版权页题名：燎松吟及其他一种。

　　收藏单位：安徽馆、长春馆、重庆馆、大理馆、大连馆、东北师大馆、广西馆、贵州馆、国家馆、黑龙江馆、湖南馆、江西馆、辽大馆、辽师大馆、内蒙古馆、宁夏馆、天津馆、西南大学馆

01526

泛泖吟 （明）周履靖著·**香奁诗草** （明）桑贞白著 （明）茅坤批选

长沙：商务印书馆，1939.12，64+[48]页，32开（丛书集成初编2284）

　　本书为合订书。《泛泖吟》1卷，《香奁诗草》2卷，均据明《夷门广牍》本影印。版权页题名：泛泖吟及其他一种。

　　收藏单位：大理馆、大连馆、广西馆、国家馆、黑龙江馆、湖南馆、江西馆、辽大馆、辽师大馆、内蒙古馆、天津馆、西南大学馆

01527

浩气吟 （明）瞿式耜撰·**申端愍公诗集**

（明）申佳胤著

上海：商务印书馆，1937.12，8+73页，32开（丛书集成初编2285）

　　本书为合订书。《浩气吟》1卷，据清《借月山房汇钞》本排印；《申端愍公诗集》8卷，据清《畿辅丛书》本排印。版权页题名：浩气吟及其他一种。

　　收藏单位：安徽馆、重庆馆、大理馆、广西馆、国家馆、黑龙江馆、湖南馆、江西馆、辽大馆、辽师大馆、内蒙古馆、天津馆、西南大学馆

01528

镰山草堂诗合钞 （明）王光承纂·**花王阁賸稿** （明）纪坤著

上海：商务印书馆，1937.12，48+18页，32开（丛书集成初编2286）

　　本书为合订书。《镰山草堂诗合钞》2卷，据清《艺海珠尘》本排印；《花王阁賸稿》1卷，据清《畿辅丛书》本排印。版权页题名：镰山草堂诗合抄及其他一种。

　　收藏单位：安徽馆、重庆馆、大理馆、广西馆、国家馆、黑龙江馆、湖南馆、江西馆、辽大馆、辽师大馆、内蒙古馆、西南大学馆

01529

徐元叹先生残稿 （明）徐元叹著·**燕市杂诗** （明）于燕芳著·**霜猨集** （明）周同谷著

上海：商务印书馆，1937.6，8+3+18页，32开（丛书集成初编2287）

　　本书为合订书。每种各1卷，《徐元叹先生残稿》据清《湝喜斋丛书》本排印，《燕市杂诗》据明《宝颜堂秘笈》本排印，《霜猨集》据清《琳琅秘室丛书》本排印。版权页题名：徐元叹先生残稿及其他二种。

　　收藏单位：安徽馆、长春馆、重庆馆、大理馆、大连馆、东北师大馆、广西馆、贵州馆、国家馆、黑龙江馆、湖南馆、江西馆、辽大馆、辽师大馆、柳州馆、内蒙古馆、宁夏馆、天津馆、西南大学馆

01530

聪山诗选 （清）申涵光著

上海：商务印书馆，1936.6，97页，32开
（丛书集成初编2289）

本书共8卷，据清《畿辅丛书》本排印。

收藏单位：安徽馆、长春馆、重庆馆、大理馆、大连馆、东北师大馆、广西馆、贵州馆、国家馆、黑龙江馆、湖南馆、江西馆、辽大馆、辽师大馆、柳州馆、内蒙古馆、宁夏馆、天津馆、西南大学馆

01531

寒松堂诗集 （清）魏象枢著·**渔洋山人秋柳诗笺** （清）王祖源辑录

上海：商务印书馆，1936.6，2册（139+6页），32开（丛书集成初编2290—2291）

本书为合订书。《寒松堂诗集》3卷，据清《畿辅丛书》本排印；《渔洋山人秋柳诗笺》1卷，据清《天壤阁丛书》本排印。版权页题名：寒松堂诗集及其他一种。

收藏单位：安徽馆、长春馆、重庆馆、大理馆、大连馆、东北师大馆、广西馆、贵州馆、国家馆、河南馆、黑龙江馆、湖南馆、惠州馆、江西馆、辽大馆、辽师大馆、柳州馆、内蒙古馆、宁夏馆、绍兴馆、西南大学馆

01532

榆溪诗钞 （清）徐世溥撰·**柿叶庵诗选** （清）张盖著

上海：商务印书馆，1936.12，92+57页，32开（丛书集成初编2292）

本书为合订书。《榆溪诗钞》2卷，据清《豫章丛书》本影印；《柿叶庵诗选》1卷，据清《畿辅丛书》本影印。版权页题名：榆溪诗抄及其他一种。

收藏单位：安徽馆、重庆馆、大理馆、大连馆、东北师大馆、广西馆、贵州馆、国家馆、黑龙江馆、湖南馆、江西馆、辽大馆、辽师大馆、柳州馆、内蒙古馆、宁夏馆、绍兴馆、天津馆、西南大学馆

01533

瓯香馆集（补遗诗 补遗画跋） （清）恽格著

上海：商务印书馆，1935.12，3册（271页），32开（丛书集成初编2293—2295）

本书共15卷，据清《别下斋丛书》本排印。

收藏单位：安徽馆、长春馆、重庆馆、大理馆、大连馆、东北师大馆、广西馆、贵州馆、国家馆、黑龙江馆、湖南馆、惠州馆、江西馆、辽大馆、辽师大馆、柳州馆、内蒙古馆、宁夏馆、绍兴馆、西南大学馆

01534

戆叟诗钞 （清）纪映钟著

上海：商务印书馆，1937.6，70页，32开（丛书集成初编2296）

本书共5卷，附补遗，据清《金陵丛刻》本排印。

收藏单位：长春馆、重庆馆、大理馆、大连馆、东北师大馆、贵州馆、国家馆、黑龙江馆、湖南馆、江西馆、辽大馆、辽师大馆、柳州馆、内蒙古馆、西南大学馆

01535

解春集诗钞 （清）冯景撰·**饮水诗集** （清）纳兰性德著·**积书岩诗集** （清）刘逢源著

上海：商务印书馆，1937.6，46+25+40页，32开（丛书集成初编2297）

本书为合订书。《解春集诗钞》3卷，据清《抱经堂丛书》本排印；《饮水诗集》1卷，据清《粤雅堂丛书》本排印；《积书岩诗集》1卷，据清《畿辅丛书》本排印。版权页题名：解春集诗抄及其他二种。

收藏单位：安徽馆、重庆馆、大理馆、大连馆、东北师大馆、广西馆、贵州馆、国家馆、黑龙江馆、湖南馆、江西馆、辽大馆、辽师大馆、柳州馆、内蒙古馆、宁夏馆、天津馆、西南大学馆

01536

沙河逸老小稿 （清）马曰琯撰

上海：商务印书馆，1935.12，100页，32开（丛书集成初编2298）

本书共6卷，据清《粤雅堂丛书》本排印。

收藏单位：长春馆、重庆馆、大理馆、大连馆、东北师大馆、广西馆、贵州馆、国家

馆、黑龙江馆、湖南馆、惠州馆、江西馆、辽大馆、辽师大馆、柳州馆、内蒙古馆、宁夏馆、绍兴馆、西南大学馆

01537

南斋集 （清）马曰璐撰

上海：商务印书馆，1935.12，133 页，32 开（丛书集成初编 2299）

　　本书共 6 卷，据清《粤雅堂丛书》本排印。

　　收藏单位：安徽馆、长春馆、重庆馆、大理馆、大连馆、东北师大馆、广西馆、贵州馆、国家馆、黑龙江馆、湖南馆、惠州馆、江西馆、辽大馆、辽师大馆、柳州馆、内蒙古馆、宁夏馆、绍兴馆、天津馆、西南大学馆

01538

月山诗集 （清）恒仁纂

长沙：商务印书馆，1939.12，60 页，32 开（丛书集成初编 2300）

　　本书共 4 卷，据清《艺海珠尘》本排印。

　　收藏单位：大理馆、广西馆、国家馆、黑龙江馆、湖南馆、江西馆、辽大馆、辽师大馆、天津馆、西南大学馆

01539

王义士辋川诗钞 （清）王沄纂

长沙：商务印书馆，1939.12，82 页，32 开（丛书集成初编 2301）

　　本书共 6 卷，据清《艺海珠尘》本排印。

　　收藏单位：大理馆、国家馆、黑龙江馆、湖南馆、江西馆、辽大馆、辽师大馆、天津馆、西南大学馆

01540

瓶水斋诗集 （清）舒位著

长沙：商务印书馆，1939.12，5 册（438 页），32 开（丛书集成初编 2302—2306）

　　本书共 17 卷，据清《畿辅丛书》本排印。

　　收藏单位：大理馆、大连馆、广西馆、国家馆、黑龙江馆、湖南馆、江西馆、辽大馆、

辽师大馆、内蒙古馆、绍兴馆、西南大学馆

01541

瓶水斋诗别集 （清）舒位著·**乌鲁木齐杂诗** （清）纪昀著·**玉井搴莲集** （清）严长明著·**金阙攀松集** （清）严长明著

上海：商务印书馆，1937.12，[88] 页，32 开（丛书集成初编 2307）

　　本书为合订书。《瓶水斋诗别集》2 卷，据清《畿辅丛书》本排印；《乌鲁木齐杂诗》1 卷，据清《借月山房汇钞》本排印；《玉井搴莲集》《金阙攀松集》各 1 卷，均据清《金陵丛刻》本排印。版权页题名：瓶水斋诗别集及其他三种。

　　收藏单位：安徽馆、重庆馆、大理馆、广西馆、国家馆、黑龙江馆、湖南馆、江西馆、辽大馆、辽师大馆、内蒙古馆、天津馆、西南大学馆

01542

童山诗集 （清）李调元撰

上海：商务印书馆，1936.12，6 册（571 页），32 开（丛书集成初编 2309—2314）

　　本书共 42 卷，据清《函海》本排印。

　　收藏单位：安徽馆、长春馆、重庆馆、大理馆、大连馆、大庆馆、东北师大馆、广西馆、贵州馆、国家馆、黑龙江馆、湖南馆、江西馆、辽大馆、辽师大馆、柳州馆、内蒙古馆、宁夏馆、绍兴馆、西南大学馆

01543

万寿衢歌乐章 （清）彭元瑞撰

长沙：商务印书馆，1939.12，95 页，32 开（丛书集成初编 2316）

　　本书共 6 卷，据清聚珍版丛书本排印。

　　收藏单位：大理馆、大连馆、东北师大馆、广西馆、国家馆、黑龙江馆、湖南馆、江西馆、辽大馆、辽师大馆、内蒙古馆、天津馆、西南大学馆

01544

月满楼诗别集 （清）顾宗泰著

上海：商务印书馆，1936.6，95 页，32 开（丛

书集成初编 2317）

本书共 8 卷，据清《读画斋丛书》本排印。

收藏单位：安徽馆、长春馆、重庆馆、大理馆、大连馆、东北师大馆、广西馆、贵州馆、国家馆、黑龙江馆、湖南馆、惠州馆、江西馆、辽大馆、辽师大馆、内蒙古馆、宁夏馆、绍兴馆、天津馆、西南大学馆

01545

蠡塘渔乃 （清）吴骞述·**拜经楼集外诗**

（清）吴骞 （清）徐贞著

长沙：商务印书馆，1939.12，36+3 页，32 开（丛书集成初编 2318）

本书为合订书。《蠡塘渔乃》1 卷，《拜经楼集外诗》2 卷（附《珠楼遗稿》），均据清《拜经楼丛书》本排印。版权页题名：蠡塘渔乃及其他一种。

收藏单位：大理馆、大连馆、广西馆、国家馆、黑龙江馆、湖南馆、江西馆、辽大馆、辽师大馆、天津馆、西南大学馆

01546

芳茂山人诗录 （清）孙星衍撰

上海：商务印书馆，1937.6，2 册（151 页），32 开（丛书集成初编 2319—2320）

本书共 10 卷，据清《平津馆丛书》本排印。

收藏单位：安徽馆、长春馆、重庆馆、大理馆、大连馆、大庆馆、东北师大馆、广西馆、贵州馆、国家馆、黑龙江馆、湖南馆、江西馆、辽大馆、辽师大馆、内蒙古馆、宁夏馆、西南大学馆

01547

长离阁集 （清）王采薇撰

上海：商务印书馆，1937.6，[36] 页，32 开（丛书集成初编 2321）

本书共 1 卷，据清《平津馆丛书》本排印。

收藏单位：安徽馆、重庆馆、大理馆、广西馆、国家馆、黑龙江馆、湖南馆、江西馆、辽大馆、辽师大馆、内蒙古馆、天津馆、西南大学馆

01548

烟霞万古楼诗选 （清）王昙撰·**仲瞿诗录**

（清）王昙撰 （清）徐渭仁辑

长沙：商务印书馆，1939.12，51+8 页，32 开（丛书集成初编 2322）

本书为合订书。《烟霞万古楼诗选》2 卷，《仲瞿诗录》1 卷，均据清《粤雅堂丛书》本排印。版权页题名：烟霞万古楼诗选及其他一种。

收藏单位：大理馆、大连馆、广西馆、国家馆、黑龙江馆、湖南馆、江西馆、辽大馆、辽宁馆、辽师大馆、内蒙古馆、天津馆、西南大学馆

01549

玉山草堂续集 （清）钱林撰·**红蕙山房吟稿**

（清）袁廷梼撰

长沙：商务印书馆，1940.12，69+22 页，32 开（丛书集成初编 2323）

本书为合订书。《玉山草堂续集》6 卷，据清《粤雅堂丛书》本排印；《红蕙山房吟稿》2 卷，有附录，据清《知不足斋丛书》本排印。版权页题名：玉山草堂续集及其他一种。

收藏单位：长春馆、重庆馆、大理馆、东北师大馆、广西馆、国家馆、黑龙江馆、湖南馆、辽大馆、辽师大馆、西南大学馆

01550

船山诗草选 （清）张问陶著 （清）石韫玉录

上海：商务印书馆，1937.6，95 页，32 开（丛书集成初编 2324）

本书共 6 卷，据清《士礼居丛书》本排印。

收藏单位：安徽馆、长春馆、重庆馆、大理馆、大连馆、东北师大馆、广西馆、贵州馆、国家馆、黑龙江馆、湖南馆、江西馆、辽大馆、辽师大馆、柳州馆、内蒙古馆、宁夏馆、天津馆、西南大学馆

01551

揅经室诗录 （清）阮元著

上海：商务印书馆，1936.12，83 页，32 开（丛书集成初编 2325）

　　本书共 5 卷，据清《文选楼丛书》本排印。

　　收藏单位：安徽馆、长春馆、重庆馆、大理馆、大连馆、东北师大馆、广西馆、贵州馆、国家馆、黑龙江馆、湖南馆、辽大馆、辽师大馆、柳州馆、内蒙古馆、宁夏馆、绍兴馆、西南大学馆

01552

宫词小纂 （清）张海鹏辑

上海：商务印书馆，1937.6，2 册（93 页），32 开（丛书集成初编 2326—2327）

　　本书共 3 卷，据清《借月山房汇钞》本排印。

　　收藏单位：安徽馆、长春馆、重庆馆、大理馆、大连馆、东北师大馆、广东馆、广西馆、贵州馆、国家馆、黑龙江馆、湖南馆、江西馆、辽大馆、辽师大馆、柳州馆、内蒙古馆、宁夏馆、西南大学馆

01553

冬青馆古宫词 （清）张鉴著

上海：商务印书馆，1936.6，2 册（93 页），32 开（丛书集成初编 2328—2329）

　　本书共 3 卷，据清《功顺堂丛书》本排印。

　　收藏单位：安徽馆、长春馆、重庆馆、大理馆、大连馆、东北师大馆、广西馆、贵州馆、国家馆、黑龙江馆、湖南馆、惠州馆、江西馆、辽大馆、辽宁馆、辽师大馆、柳州馆、内蒙古馆、宁夏馆、西南大学馆

01554

纂喜堂诗稿 （清）陈寿祺著·**蜜梅花馆诗录** （清）焦廷琥著

上海：商务印书馆，1937.6，33+14 页，32 开（丛书集成初编 2330）

　　本书为合订书。每种各 1 卷，《纂喜堂诗稿》据清《滂喜斋丛书》本排印，《蜜梅花馆诗录》据清《文选楼丛书》本排印。版权页题名：纂喜堂诗稿及其他一种。

　　收藏单位：安徽馆、重庆馆、大理馆、广西馆、国家馆、黑龙江馆、湖南馆、江西馆、辽大馆、辽宁馆、辽师大馆、内蒙古馆、天津馆、西南大学馆

01555

碧城仙馆诗钞 （清）陈文述撰

上海：商务印书馆，1936.6，2 册（154 页），32 开（丛书集成初编 2331—2332）

　　本书共 9 卷，有附录，据清《灵鹣阁丛书》本排印。

　　收藏单位：安徽馆、重庆馆、大理馆、大连馆、东北师大馆、广西馆、贵州馆、国家馆、黑龙江馆、湖南馆、惠州馆、江西馆、辽大馆、辽宁馆、辽师大馆、柳州馆、内蒙古馆、宁夏馆、西南大学馆

01556

粤台征雅录 （清）罗元焕撰 （清）陈仲鸿注·**匪石山人诗** （清）钮树玉撰

长沙：商务印书馆，1939.12，58+17 页，32 开（丛书集成初编 2333）

　　本书为合订书。每种各 1 卷，《粤台征雅录》据清《岭南遗书》本排印，《匪石山人诗》据清《灵鹣阁丛书》本排印。版权页题名：粤台征雅录及其他一种。

　　收藏单位：大理馆、大连馆、广西馆、国家馆、黑龙江馆、湖南馆、江西馆、辽大馆、辽宁馆、辽师大馆、内蒙古馆、天津馆、西南大学馆

01557

沈四山人诗录 （清）沈谨学著

上海：商务印书馆，1937.6，61 页，32 开（丛书集成初编 2334）

　　本书共 7 卷，有附录，据清《滂喜斋丛书》本排印。

　　收藏单位：安徽馆、长春馆、重庆馆、大理馆、大连馆、东北师大馆、广西馆、贵州馆、国家馆、黑龙江馆、湖南馆、江西馆、辽大馆、辽宁馆、辽师大馆、柳州馆、内蒙

古馆、宁夏馆、天津馆、西南大学馆

01558

西凫残草　（清）王星誠著·**愚溪诗稿**　（清）
张肇燨著
长沙：商务印书馆，1939.12，20+31 页，32 开
（丛书集成初编 2335）

　　本书为合订书。每种各 1 卷，《西凫残
草》（附词）据清《滂喜斋丛书》本排印，
《愚溪诗稿》据清《文选楼丛书》本排印。版
权页题名：西凫残草及其他一种。

　　收藏单位：大理馆、大连馆、广西馆、国
家馆、黑龙江馆、湖南馆、江西馆、辽大馆、
辽宁馆、辽师大馆、内蒙古馆、天津馆、西
南大学馆

01559

位西先生遗稿　（清）邵懿辰撰·**张文节公遗
集**　（清）张洵著·**有声画**　（清）许光治著
上海：商务印书馆，1937.6，15+30+11 页，32
开（丛书集成初编 2336）

　　本书为合订书。《位西先生遗稿》1 卷，
《张文节公遗集》2 卷，均据清《滂喜斋丛书》
本排印；《有声画》1 卷，据清《别下斋丛书》
本排印。版权页题名：位西先生遗稿及其他二
种。

　　收藏单位：安徽馆、长春馆、重庆馆、大
理馆、大连馆、大庆馆、东北师大馆、广西
馆、贵州馆、国家馆、黑龙江馆、湖南馆、
江西馆、辽大馆、辽宁馆、辽师大馆、柳州
馆、内蒙古馆、宁夏馆、天津馆、西南大学
馆

01560

楸花盦诗　（清）叶廷琯著
上海：商务印书馆，1937.6，100 页，32 开（丛
书集成初编 2337）

　　本书共 4 卷，有附录、外集，据清《滂
喜斋丛书》本排印。

　　收藏单位：安徽馆、长春馆、重庆馆、大
理馆、大连馆、大庆馆、东北师大馆、广东
馆、广西馆、贵州馆、国家馆、黑龙江馆、
湖南馆、江西馆、辽大馆、辽宁馆、辽师大

馆、柳州馆、内蒙古馆、宁夏馆、西南大学
馆

01561

小蓬海遗诗　（清）翁雒著·**屑屑集**　（清）
翁雒著·**万卷书屋诗存**　（清）朱楍著
长沙：商务印书馆，1939.12，35+44+35 页，32
开（丛书集成初编 2338）

　　本书为合订书。每种各 1 卷，《小蓬海遗
诗》《屑屑集》均据清《别下斋丛书》本排
印，《万卷书屋诗存》据清《滂喜斋丛书》本
排印。版权页题名：小蓬海遗诗及其他二种。

　　收藏单位：大理馆、大连馆、东北师大
馆、广西馆、国家馆、黑龙江馆、湖南馆、
江西馆、辽大馆、辽宁馆、辽师大馆、天津
馆、西南大学馆

01562

广雅碎金　（清）张之洞著·**榆园杂兴诗**
（清）袁振业著
长沙：商务印书馆，1939.12，2 册（98+9 页），
32 开（丛书集成初编 2339—2340）

　　本书为合订书。《广雅碎金》5 卷（有附
录），《榆园杂兴诗》1 卷，均据清《渐西村舍
丛刻》本排印。版权页题名：广雅碎金及其他
一种。

　　收藏单位：大理馆、大连馆、广西馆、国
家馆、黑龙江馆、湖南馆、江西馆、辽大馆、
辽师大馆、西南大学馆

01563

渐西邨人初集　（清）袁昶著
上海：商务印书馆，1936.6，3 册（205 页），
32 开（丛书集成初编 2341—2343）

　　本书共 14 卷，有附录，据清《渐西村舍
丛刻》本排印。

　　收藏单位：安徽馆、长春馆、重庆馆、大
理馆、大连馆、东北师大馆、广西馆、贵州
馆、国家馆、黑龙江馆、湖南馆、惠州馆、
江西馆、辽大馆、辽宁馆、辽师大馆、柳州
馆、内蒙古馆、宁夏馆、绍兴馆、西南大学
馆

01564

安般簃诗续钞 （清）袁昶著

上海：商务印书馆，1937.12，2 册（209 页），32 开（丛书集成初编 2344—2345）

　　本书共 10 卷，据清《渐西村舍丛刻》本排印。

　　收藏单位：安徽馆、长春馆、重庆馆、大理馆、大连馆、东北师大馆、广西馆、贵州馆、国家馆、黑龙江馆、湖南馆、江西馆、辽大馆、辽宁馆、辽师大馆、内蒙古馆、宁夏馆、西南大学馆

01565

春闱杂咏 （清）袁昶著·**听雨楼诗** （清）石嘉吉著

上海：商务印书馆，1937.6，16+29 页，32 开（丛书集成初编 2346）

　　本书为合订书。每种各 1 卷，《春闱杂咏》据清《渐西村舍丛刻》本排印，《听雨楼诗》据清《滂喜斋丛书》本排印。版权页题名：春闱杂咏及其他一种。

　　收藏单位：安徽馆、长春馆、重庆馆、大理馆、大连馆、大庆馆、东北师大馆、广东馆、广西馆、贵州馆、国家馆、黑龙江馆、湖南馆、江西馆、辽大馆、辽宁馆、辽师大馆、柳州馆、内蒙古馆、宁夏馆、西南大学馆

01566

葵青居诗录 （清）石渠著

长沙：商务印书馆，1939.12，81 页，32 开（丛书集成初编 2347）

　　本书共 1 卷，据清《滂喜斋丛书》本排印。

　　收藏单位：大理馆、大连馆、东北师大馆、广西馆、国家馆、黑龙江馆、湖南馆、江西馆、辽大馆、辽宁馆、辽师大馆、天津馆、西南大学馆

01567

亢艺堂集 （清）孙廷璋著·**小草庵诗钞** （清）屠苏著

上海：商务印书馆，1937.6，43+17 页，32 开

（丛书集成初编 2348）

　　本书为合订书。《亢艺堂集》3 卷，《小草庵诗抄》1 卷，均据清《滂喜斋丛书》本排印。版权页题名：亢艺堂集及其他一种。

　　收藏单位：安徽馆、长春馆、重庆馆、大理馆、大连馆、东北师大馆、广西馆、贵州馆、国家馆、黑龙江馆、湖南馆、江西馆、辽大馆、辽宁馆、辽师大馆、柳州馆、内蒙古馆、宁夏馆、天津馆、西南大学馆

01568

玉晖堂诗集 （清）赵湛著

上海：商务印书馆，1937.6，2 册（86 页），32 开（丛书集成初编 2350—2351）

　　本书共 5 卷，据清《畿辅丛书》本排印。

　　收藏单位：安徽馆、重庆馆、大理馆、大连馆、大庆馆、东北师大馆、广西馆、贵州馆、国家馆、黑龙江馆、湖南馆、江西馆、辽大馆、辽宁馆、辽师大馆、柳州馆、内蒙古馆、宁夏馆、绍兴馆、西南大学馆

01569

二十一都怀古诗 （朝鲜）柳得恭撰

上海：商务印书馆，1937.6，28 页，32 开（丛书集成初编 2352）

　　本书共 1 卷，据清《仰视千七百二十九鹤斋丛书》本排印。

　　收藏单位：安徽馆、长春馆、重庆馆、大理馆、大连馆、东北师大馆、广西馆、贵州馆、国家馆、黑龙江馆、湖南馆、江西馆、辽大馆、辽宁馆、辽师大馆、柳州馆、内蒙古馆、宁夏馆、天津馆、西南大学馆

01570

陆宣公文集 （唐）陆贽撰

上海：商务印书馆，1937.6，2 册（83 页），32 开（丛书集成初编 2356—2357）

　　本书共 4 卷，据清《正谊堂全书》本排印。

　　收藏单位：安徽馆、长春馆、重庆馆、大理馆、大连馆、大庆馆、东北师大馆、广西馆、贵州馆、国家馆、黑龙江馆、湖南馆、江西馆、辽大馆、辽宁馆、辽师大馆、柳州

馆、内蒙古馆、宁夏馆、西南大学馆

01571

刘希仁文集 （唐）刘轲撰·**文泉子集** （唐）刘蜕撰

上海：商务印书馆，1937.6，23+27页，32开（丛书集成初编2358）

　　本书为合订书。《刘希仁文集》1卷，据清《岭南遗书》本排印;《文泉子集》6卷，据清《别下斋丛书》本排印。版权页题名：刘希仁文集及其他一种。

　　收藏单位：安徽馆、长春馆、重庆馆、大理馆、大连馆、东北师大馆、广西馆、贵州馆、国家馆、黑龙江馆、湖南馆、江西馆、辽大馆、辽宁馆、辽师大馆、柳州馆、内蒙古馆、宁夏馆、天津馆、西南大学馆

01572

范文正公文集 （宋）范仲淹撰

长沙：商务印书馆，1937.12，2册（141页），32开（丛书集成初编2359—2360）

　　本书共9卷，据清《正谊堂全书》本排印。

　　收藏单位：安徽馆、长春馆、重庆馆、大理馆、大连馆、东北师大馆、广西馆、贵州馆、国家馆、黑龙江馆、湖南馆、江西馆、辽大馆、辽宁馆、辽师大馆、内蒙古馆、宁夏馆、绍兴馆、西南大学馆

01573

石徂徕集 （宋）石介撰

上海：商务印书馆，1936.6，2册（105页），32开（丛书集成初编2361—2362）

　　本书共2卷，据清《正谊堂全书》本排印。

　　收藏单位：安徽馆、长春馆、重庆馆、大理馆、大连馆、东北师大馆、广西馆、贵州馆、国家馆、黑龙江馆、湖南馆、惠州馆、江西馆、辽大馆、辽宁馆、辽师大馆、柳州馆、内蒙古馆、宁夏馆、绍兴馆、西南大学馆

01574

韩魏公集 （宋）韩琦撰

上海：商务印书馆，1936.6，4册（283页），32开（丛书集成初编2363—2366）

　　本书共20卷，据清《正谊堂全书》本排印。

　　收藏单位：安徽馆、长春馆、重庆馆、大理馆、大连馆、东北师大馆、广西馆、贵州馆、国家馆、黑龙江馆、湖南馆、惠州馆、江西馆、辽大馆、辽宁馆、辽师大馆、柳州馆、内蒙古馆、宁夏馆、绍兴馆、西南大学馆

01575

杨龟山集 （宋）杨时撰

上海：商务印书馆，1936.6，2册（119页），32开（丛书集成初编2367—2368）

　　本书共6卷，据清《正谊堂全书》本排印。

　　收藏单位：长春馆、重庆馆、大理馆、大连馆、东北师大馆、广东馆、广西馆、贵州馆、国家馆、黑龙江馆、湖南馆、惠州馆、江西馆、辽大馆、辽宁馆、辽师大馆、柳州馆、内蒙古馆、宁夏馆、绍兴馆、西南大学馆

01576

尹和靖集 （宋）尹焞撰·**李忠愍公集** （清）李若水撰

上海：商务印书馆，1936.12，30+17页，32开（丛书集成初编2369）

　　本书为合订书。每种各1卷，《尹和靖集》据清《正谊堂全书》本排印，《李忠愍公集》据清《畿辅丛书》本排印。版权页题名：尹和靖集及其他一种。

　　收藏单位：长春馆、重庆馆、大理馆、大连馆、大庆馆、东北师大馆、广西馆、贵州馆、国家馆、黑龙江馆、湖南馆、江西馆、辽大馆、辽宁馆、辽师大馆、柳州馆、内蒙古馆、宁夏馆、绍兴馆、天津馆、西南大学馆

01577

张横渠集 （宋）张载撰

上海：商务印书馆，1936.12，3册（176页），32开（丛书集成初编2370—2372）

　　本书共12卷，据清《正谊堂全书》本排

印。

　　收藏单位：长春馆、重庆馆、大理馆、大连馆、东北师大馆、广西馆、贵州馆、国家馆、黑龙江馆、湖南馆、江西馆、辽大馆、辽宁馆、辽师大馆、柳州馆、内蒙古馆、宁夏馆、绍兴馆、西南大学馆

01578

朱子文集 （宋）朱熹撰

上海：商务印书馆，1936.12，10 册（619 页），32 开（丛书集成初编 2373—2382）

　　本书共 18 卷，据清《正谊堂全书》本排印。

　　收藏单位：安徽馆、长春馆、重庆馆、大理馆、大连馆、大庆馆、东北师大馆、广西馆、贵州馆、国家馆、黑龙江馆、湖南馆、江西馆、辽大馆、辽宁馆、辽师大馆、柳州馆、内蒙古馆、宁夏馆、绍兴馆、西南大学馆

01579

张南轩先生文集 （宋）张栻撰

上海：商务印书馆，1936.6，2 册（128 页），32 开（丛书集成初编 2383—2384）

　　本书共 7 卷，据清《正谊堂全书》本排印。

　　收藏单位：安徽馆、长春馆、重庆馆、大理馆、大连馆、东北师大馆、广西馆、贵州馆、国家馆、黑龙江馆、湖南馆、惠州馆、江西馆、辽大馆、辽宁馆、辽师大馆、柳州馆、内蒙古馆、宁夏馆、绍兴馆、西南大学馆

01580

罗豫章集 （宋）罗从彦撰

上海：商务印书馆，1936.12，2 册（115 页），32 开（丛书集成初编 2385—2386）

　　本书共 10 卷，据清《正谊堂全书》本排印。

　　收藏单位：长春馆、重庆馆、大理馆、大连馆、大庆馆、东北师大馆、广西馆、贵州馆、国家馆、黑龙江馆、湖南馆、江西馆、辽大馆、辽宁馆、辽师大馆、柳州馆、内蒙

古馆、宁夏馆、绍兴馆、西南大学馆

01581

吕东莱文集 （宋）吕祖谦撰

长沙：商务印书馆，1937.12，7 册（471 页），32 开（丛书集成初编 2387—2393）

　　本书共 20 卷，据清《金华丛书》本排印。

　　收藏单位：长春馆、重庆馆、大理馆、大连馆、东北师大馆、广西馆、贵州馆、国家馆、黑龙江馆、湖南馆、江西馆、辽大馆、辽宁馆、辽师大馆、内蒙古馆、宁夏馆、西南大学馆

01582

龙川文集 （宋）陈亮撰

上海：商务印书馆，1936.12，6 册（425 页），32 开（丛书集成初编 2394—2399）

　　本书共 33 卷，附辨伪、考异，据清《金华丛书》本排印。

　　收藏单位：安徽馆、长春馆、重庆馆、大理馆、大连馆、大庆馆、东北师大馆、广西馆、贵州馆、国家馆、黑龙江馆、湖南馆、江西馆、辽大馆、辽宁馆、辽师大馆、柳州馆、内蒙古馆、宁夏馆、绍兴馆、西南大学馆

01583

真西山先生集 （宋）真德秀撰

上海：商务印书馆，1937.6，2 册（135 页），32 开（丛书集成初编 2400—2401）

　　本书共 8 卷，据清《正谊堂全书》本排印。

　　收藏单位：安徽馆、长春馆、重庆馆、大理馆、大连馆、大庆馆、东北师大馆、广西馆、贵州馆、国家馆、黑龙江馆、湖南馆、江西馆、辽大馆、辽宁馆、辽师大馆、柳州馆、内蒙古馆、宁夏馆、西南大学馆

01584

鲁斋集 （宋）王柏撰

上海：商务印书馆，1936.12，3 册（197 页），32 开（丛书集成初编 2402—2404）

本书共 11 卷，有附录，补遗、据清《金华丛书》本排印。

收藏单位：安徽馆、长春馆、重庆馆、大理馆、大连馆、东北师大馆、广西馆、贵州馆、国家馆、黑龙江馆、湖南馆、江西馆、辽大馆、辽宁馆、辽师大馆、柳州馆、内蒙古馆、宁夏馆、西南大学馆

01585

谢叠山集 （宋）谢枋得撰 · **献丑集** （宋）许棐撰

上海：商务印书馆，1936.12，37+8 页，32 开（丛书集成初编 2405）

本书为合订书。《谢叠山集》2 卷，据清《正谊堂全书》本排印；《献丑集》1 卷，据宋《百川学海》本排印。版权页题名：谢叠山集及其他一种。

收藏单位：安徽馆、长春馆、重庆馆、大理馆、东北师大馆、广西馆、贵州馆、国家馆、黑龙江馆、湖南馆、江西馆、辽大馆、辽宁馆、辽师大馆、柳州馆、内蒙古馆、宁夏馆、绍兴馆、西南大学馆

01586

骚略 （宋）高似孙著 · **所南文集** （宋）郑思肖撰

长沙：商务印书馆，1939.12，21+46 页，32 开（丛书集成初编 2406）

本书为合订书。《骚略》3 卷，据宋《百川学海》本排印；《所南文集》2 卷，有附录，据清《知不足斋丛书》排印。版权页题名：骚略及其他一种。

收藏单位：大理馆、大连馆、广西馆、国家馆、黑龙江馆、湖南馆、江西馆、辽大馆、辽宁馆、辽师大馆、内蒙古馆、天津馆、西南大学馆

01587

熊勿轩先生文集 （宋）熊禾撰

上海：商务印书馆，1936.12，87 页，32 开（丛书集成初编 2407）

本书共 6 卷，有附录，据清《正谊堂全书》本排印。

收藏单位：安徽馆、长春馆、重庆馆、大理馆、大连馆、东北师大馆、广西馆、贵州馆、国家馆、黑龙江馆、湖南馆、江西馆、辽大馆、辽宁馆、辽师大馆、柳州馆、内蒙古馆、宁夏馆、天津馆、西南大学馆

01588

黄勉斋先生文集 （宋）黄幹撰

上海：商务印书馆，1936.12，3 册（189 页），32 开（丛书集成初编 2408—2410）

本书共 8 卷，据清《正谊堂全书》本排印。

收藏单位：安徽馆、长春馆、重庆馆、大理馆、大连馆、东北师大馆、广西馆、贵州馆、国家馆、黑龙江馆、湖南馆、江西馆、辽大馆、辽宁馆、辽师大馆、柳州馆、内蒙古馆、宁夏馆、绍兴馆、西南大学馆

01589

永嘉先生八面锋 （宋）佚名撰

上海：商务印书馆，1936.12，106 页，32 开（丛书集成初编 2411）

本书共 13 卷，据清《湖海楼丛书》本排印。

收藏单位：安徽馆、长春馆、重庆馆、大理馆、大连馆、东北师大馆、广西馆、贵州馆、国家馆、黑龙江馆、湖南馆、江西馆、辽大馆、辽宁馆、辽师大馆、柳州馆、内蒙古馆、宁夏馆、绍兴馆、天津馆、西南大学馆

01590

闲闲老人滏水文集 （金）赵秉文著

上海：商务印书馆，1936.12，3 册（259 页），32 开（丛书集成初编 2412—2414）

本书共 21 卷，附补遗，据清《畿辅丛书》本排印。

收藏单位：安徽馆、长春馆、重庆馆、大理馆、大连馆、东北师大馆、广西馆、贵州馆、国家馆、黑龙江馆、湖南馆、江西馆、辽大馆、辽宁馆、辽师大馆、柳州馆、内蒙古馆、宁夏馆、绍兴馆、天津馆、西南大学馆

01591

许鲁斋集 （元）许衡撰

上海：商务印书馆，1936.12，73 页，32 开（丛书集成初编 2415）

　　本书共 6 卷，据清《正谊堂全书》本排印。

　　收藏单位：安徽馆、长春馆、重庆馆、大理馆、大连馆、大庆馆、东北师大馆、广西馆、贵州馆、国家馆、黑龙江馆、湖南馆、江西馆、辽大馆、辽宁馆、辽师大馆、柳州馆、内蒙古馆、宁夏馆、绍兴馆、天津馆、西南大学馆

01592

揭文安公文粹 （元）揭傒斯撰

上海：商务印书馆，1936.12，69 页，32 开（丛书集成初编 2416）

　　本书共 2 卷，据清《粤雅堂丛书》本排印。

　　收藏单位：安徽馆、长春馆、重庆馆、大理馆、大连馆、大庆馆、东北师大馆、广西馆、贵州馆、国家馆、黑龙江馆、湖南馆、江西馆、辽大馆、辽宁馆、辽师大馆、柳州馆、内蒙古馆、宁夏馆、绍兴馆、天津馆、西南大学馆

01593

吴朝宗先生闻过斋集 （元）吴海撰·**荣祭酒遗文** （元）荣肇著

上海：商务印书馆，1936.12，2 册（75+21 页），32 开（丛书集成初编 2417—2418）

　　本书为合订书。《吴朝宗先生闻过斋集》4 卷，据清《正谊堂全书》本排印;《荣祭酒遗文》1 卷，据清《涉闻梓旧》本排印。版权页题名：吴朝宗先生闻过斋集及其他一种。

　　收藏单位：长春馆、重庆馆、大理馆、大连馆、东北师大馆、广西馆、贵州馆、国家馆、黑龙江馆、湖南馆、江西馆、辽大馆、辽宁馆、辽师大馆、柳州馆、内蒙古馆、宁夏馆、绍兴馆、西南大学馆

01594

平西蜀文·皇陵碑·西征记 （明）朱元璋撰

长沙：商务印书馆，1939.12，4+6+4 页，32 开（丛书集成初编 2419）

　　本书为合订书。每种各 1 卷，均据明《纪录汇编》本影印。版权页题名：平西蜀文及其他二种。

　　收藏单位：大理馆、大连馆、广西馆、国家馆、湖南馆、江西馆、辽大馆、辽宁馆、辽师大馆、内蒙古馆、西南大学馆

01595

拟连珠编 （明）刘基著·**演连珠编** （明）王祎著

上海：商务印书馆，1937.6，19+6 页，32 开（丛书集成初编 2420）

　　本书为合订书。每种各 1 卷，均据明《今献汇言》本影印。版权页题名：拟连珠编及其他一种。

　　收藏单位：安徽馆、长春馆、重庆馆、大理馆、大连馆、大庆馆、东北师大馆、广西馆、贵州馆、国家馆、黑龙江馆、湖南馆、江西馆、辽大馆、辽宁馆、辽师大馆、内蒙古馆、宁夏馆、天津馆、西南大学馆

01596

王忠文公集 （明）王祎撰

上海：商务印书馆，1936.6，8 册（534 页），32 开（丛书集成初编 2421—2428）

　　本书共 20 卷，据清《金华丛书》本排印。

　　收藏单位：安徽馆、长春馆、重庆馆、大理馆、大连馆、东北师大馆、广西馆、贵州馆、国家馆、黑龙江馆、湖南馆、惠州馆、江西馆、辽大馆、辽宁馆、辽师大馆、柳州馆、内蒙古馆、宁夏馆、绍兴馆、西南大学馆

01597

方正学先生集 （明）方孝孺撰

上海：商务印书馆，1937.6，2 册（137 页），32 开（丛书集成初编 2429—2430）

　　本书共 7 卷，据清《正谊堂全书》本排印。

　　收藏单位：安徽馆、长春馆、重庆馆、大

理馆、大连馆、大庆馆、东北师大馆、广西馆、贵州馆、国家馆、黑龙江馆、湖南馆、江西馆、辽大馆、辽宁馆、辽师大馆、柳州馆、内蒙古馆、宁夏馆、西南大学馆

01598

薛敬轩先生文集 （明）薛瑄撰

上海：商务印书馆，1936.6，3 册（173 页），32 开（丛书集成初编 2431—2433）

　　本书共 10 卷，据清《正谊堂全书》本排印。

　　收藏单位：安徽馆、长春馆、重庆馆、大理馆、大连馆、东北师大馆、广西馆、贵州馆、国家馆、黑龙江馆、湖南馆、惠州馆、江西馆、辽大馆、辽宁馆、辽师大馆、柳州馆、内蒙古馆、宁夏馆、山西馆、西南大学馆

01599

广寒殿记 （明）朱瞻基撰·**魏庄渠先生集**（明）魏校撰

上海：商务印书馆，1937.6，4+65 页，32 开（丛书集成初编 2434）

　　本书为合订书。《广寒殿记》1 卷，据明《纪录汇编》本影印;《魏庄渠先生集》2 卷，据清《正谊堂全书》本排印。版权页题名：广寒殿记及其他一种。

　　收藏单位：长春馆、重庆馆、大理馆、大连馆、大庆馆、东北师大馆、广西馆、贵州馆、国家馆、黑龙江馆、湖南馆、江西馆、辽大馆、辽宁馆、辽师大馆、内蒙古馆、宁夏馆、天津馆、西南大学馆

01600

罗整庵先生存稿 （明）罗钦顺撰

上海：商务印书馆，1936.12，47 页，32 开（丛书集成初编 2435）

　　本书共 2 卷，据清《正谊堂全书》本排印。

　　收藏单位：安徽馆、长春馆、重庆馆、大理馆、大连馆、东北师大馆、广西馆、贵州馆、国家馆、黑龙江馆、湖南馆、江西馆、辽大馆、辽宁馆、辽师大馆、柳州馆、内蒙

古馆、宁夏馆、绍兴馆、天津馆、西南大学馆

01601

海刚峰集 （明）海瑞撰

上海：商务印书馆，1936.12，81 页，32 开（丛书集成初编 2436）

　　本书共 2 卷，据清《正谊堂全书》本排印。

　　收藏单位：长春馆、重庆馆、大理馆、大连馆、大庆馆、东北师大馆、广西馆、贵州馆、国家馆、黑龙江馆、湖南馆、江西馆、辽大馆、辽宁馆、辽师大馆、柳州馆、内蒙古馆、宁夏馆、天津馆、西南大学馆

01602

杨忠愍公集 （明）杨继盛著

上海：商务印书馆，1936.12，[53] 页，32 开（丛书集成初编 2437）

　　本书共 2 卷，据清《畿辅丛书》本排印。

　　收藏单位：安徽馆、重庆馆、大理馆、大连馆、东北师大馆、广西馆、贵州馆、国家馆、黑龙江馆、湖南馆、江西馆、辽大馆、辽宁馆、辽师大馆、柳州馆、内蒙古馆、宁夏馆、绍兴馆、天津馆、西南大学馆

01603

颍水遗编 （明）陈言著·**敕议或问** （明）朱厚熿撰

上海：商务印书馆，1937.6，85+50 页，32 开（丛书集成初编 2438）

　　本书为合订书。每种各 1 卷，《颍水遗编》据明《盐邑志林》本影印，《敕议或问》据明《纪录汇编》本影印。版权页题名：颍水遗编及其他一种。

　　收藏单位：安徽馆、长春馆、重庆馆、大理馆、大连馆、东北师大馆、广西馆、贵州馆、国家馆、黑龙江馆、湖南馆、江西馆、辽大馆、辽宁馆、辽师大馆、柳州馆、内蒙古馆、宁夏馆、天津馆、西南大学馆

01604

味檗斋文集 （明）赵南星著

上海：商务印书馆，1936.6，12册（558页），32开（丛书集成初编2439—2450）

　　本书共15卷，据清《畿辅丛书》本排印。

　　收藏单位：安徽馆、长春馆、重庆馆、大理馆、大连馆、东北师大馆、广西馆、贵州馆、国家馆、黑龙江馆、湖南馆、惠州馆、江西馆、辽大馆、辽宁馆、辽师大馆、柳州馆、内蒙古馆、宁夏馆、绍兴馆、西南大学馆

01605
认真草　（明）鹿善继著
上海：商务印书馆，1936.6，4册（252页），32开（丛书集成初编2451—2454）

　　本书共16卷，据清《畿辅丛书》本排印。

　　收藏单位：安徽馆、长春馆、重庆馆、大理馆、大连馆、东北师大馆、广西馆、贵州馆、国家馆、黑龙江馆、湖南馆、惠州馆、江西馆、辽大馆、辽宁馆、辽师大馆、柳州馆、内蒙古馆、宁夏馆、绍兴馆、西南大学馆

01606
范文忠公文集　（明）范景文著
上海：商务印书馆，1936.12，2册（173页），32开（丛书集成初编2455—2456）

　　本书共10卷，据清《畿辅丛书》本排印。

　　收藏单位：安徽馆、长春馆、重庆馆、大理馆、大连馆、东北师大馆、广西馆、贵州馆、国家馆、黑龙江馆、湖南馆、江西馆、辽大馆、辽宁馆、辽师大馆、柳州馆、内蒙古馆、宁夏馆、绍兴馆、西南大学馆

01607
申端愍公文集　（明）申佳胤著
上海：商务印书馆，1936.12，46页，32开（丛书集成初编2457）

　　本书共4卷，据清《畿辅丛书》本排印。
　　收藏单位：安徽馆、长春馆、重庆馆、大理馆、大连馆、大庆馆、东北师大馆、广西馆、贵州馆、国家馆、黑龙江馆、湖南馆、江西馆、辽大馆、辽宁馆、辽师大馆、柳州馆、内蒙古馆、宁夏馆、绍兴馆、天津馆、西南大学馆

01608
天问阁集　（明）李长祥著
上海：商务印书馆，1936.12，57页，32开（丛书集成初编2458）

　　本书共3卷，据清《仰视千七百二十九鹤斋丛书》本排印。

　　收藏单位：安徽馆、长春馆、重庆馆、大理馆、大连馆、东北师大馆、广西馆、贵州馆、国家馆、黑龙江馆、湖南馆、江西馆、辽大馆、辽宁馆、辽师大馆、柳州馆、内蒙古馆、宁夏馆、绍兴馆、天津馆、西南大学馆

01609
杨大洪集　（明）杨涟撰
上海：商务印书馆，1936.12，97页，32开（丛书集成初编2459）

　　本书共2卷，据清《正谊堂全书》本排印。

　　收藏单位：长春馆、重庆馆、大理馆、大连馆、东北师大馆、广西馆、贵州馆、国家馆、黑龙江馆、湖南馆、江西馆、辽大馆、辽宁馆、辽师大馆、柳州馆、内蒙古馆、宁夏馆、绍兴馆、天津馆、西南大学馆

01610
甲乙杂著　（明）孙肩著
上海：商务印书馆，1936.12，21页，32开（丛书集成初编2460）

　　本书共1卷，据清《仰视千七百二十九鹤斋丛书》本排印。

　　收藏单位：重庆馆、大理馆、大连馆、东北师大馆、贵州馆、国家馆、湖南馆、江西馆、辽大馆、辽师大馆、柳州馆、内蒙古馆、宁夏馆、绍兴馆、西南大学馆

01611
第六弦溪文钞　（清）黄廷鉴著

上海：商务印书馆，1936.6，2 册（100 页），32 开（丛书集成初编 2461—2462）

本书共 4 卷，据清《后知不足斋丛书》本排印。

收藏单位：重庆馆、大理馆、大连馆、东北师大馆、贵州馆、国家馆、黑龙江馆、湖南馆、惠州馆、江西馆、辽大馆、辽师大馆、柳州馆、内蒙古馆、宁夏馆、绍兴馆、西南大学馆

01612

南雷文定 （清）黄宗羲撰

上海：商务印书馆，1936.6，4 册（[324] 页），32 开（丛书集成初编 2463—2466）

本书共 19 卷，包括前集 11 卷、后集 4 卷、三集 3 卷、附录 1 卷，据清《粤雅堂丛书》本排印。

收藏单位：安徽馆、长春馆、重庆馆、大理馆、大连馆、东北师大馆、广西馆、贵州馆、国家馆、黑龙江馆、湖南馆、惠州馆、江西馆、辽大馆、辽宁馆、辽师大馆、柳州馆、内蒙古馆、宁夏馆、绍兴馆、天津馆、西南大学馆

01613

寒松堂集 （清）魏象枢著

上海：商务印书馆，1936.6，6 册（360 页），32 开（丛书集成初编 2467—2472）

本书共 10 卷，据清《畿辅丛书》本排印。

收藏单位：安徽馆、长春馆、重庆馆、大理馆、大连馆、大庆馆、东北师大馆、广西馆、贵州馆、国家馆、黑龙江馆、湖南馆、惠州馆、江西馆、辽大馆、辽宁馆、辽师大馆、柳州馆、内蒙古馆、宁夏馆、绍兴馆、西南大学馆

01614

聪山集 （清）申涵光著

上海：商务印书馆，1936.6，54 页，32 开（丛书集成初编 2473）

本书共 3 卷，据清《畿辅丛书》本排印。

收藏单位：安徽馆、长春馆、重庆馆、大理馆、东北师大馆、广西馆、贵州馆、国家馆、黑龙江馆、湖南馆、惠州馆、江西馆、辽大馆、辽宁馆、辽师大馆、柳州馆、内蒙古馆、宁夏馆、绍兴馆、天津馆、西南大学馆

01615

汤潜庵集 （清）汤斌撰

上海：商务印书馆，1936.12，69 页，32 开（丛书集成初编 2474）

本书共 2 卷，据清《正谊堂全书》本排印。

收藏单位：安徽馆、长春馆、重庆馆、大理馆、大连馆、东北师大馆、广西馆、贵州馆、国家馆、黑龙江馆、湖南馆、江西馆、辽大馆、辽宁馆、辽师大馆、柳州馆、内蒙古馆、宁夏馆、绍兴馆、天津馆、西南大学馆

01616

陆稼书先生文集 （清）陆陇其撰

上海：商务印书馆，1936.6，80 页，32 开（丛书集成初编 2475）

本书共 2 卷，据清《正谊堂全书》本排印。

收藏单位：安徽馆、长春馆、重庆馆、大理馆、大连馆、东北师大馆、广西馆、贵州馆、国家馆、黑龙江馆、湖南馆、惠州馆、江西馆、辽大馆、辽宁馆、辽师大馆、柳州馆、内蒙古馆、宁夏馆、绍兴馆、天津馆、西南大学馆

01617

习斋记余 （清）颜元撰

上海：商务印书馆，1936.12，2 册（181 页），32 开（丛书集成初编 2476—2477）

本书共 10 卷，据清《畿辅丛书》本排印。

收藏单位：安徽馆、长春馆、重庆馆、大理馆、大连馆、大庆馆、东北师大馆、广西馆、贵州馆、国家馆、湖南馆、江西馆、辽大馆、辽宁馆、辽师大馆、柳州馆、内蒙古馆、绍兴馆、西南大学馆

01618

居业堂文集 （清）王源著

上海：商务印书馆，1936.12，5册（337页），32开（丛书集成初编2478—2482）

　　本书共20卷，据清《畿辅丛书》本排印。

　　收藏单位：安徽馆、长春馆、重庆馆、大理馆、大连馆、东北师大馆、广西馆、贵州馆、国家馆、黑龙江馆、湖南馆、江西馆、辽大馆、辽宁馆、辽师大馆、柳州馆、内蒙古馆、宁夏馆、绍兴馆、西南大学馆

01619

正谊堂文集 （清）张伯行撰

上海：商务印书馆，1936.6，4册（275页），32开（丛书集成初编2483—2486）

　　本书共20卷，附续集，据清《正谊堂全书》本排印。

　　收藏单位：安徽馆、长春馆、重庆馆、大理馆、大连馆、东北师大馆、广西馆、贵州馆、国家馆、黑龙江馆、湖南馆、惠州馆、江西馆、辽大馆、辽宁馆、辽师大馆、柳州馆、内蒙古馆、宁夏馆、绍兴馆、西南大学馆

01620

忠裕堂集 （清）申涵盼著

上海：商务印书馆，1936.12，55页，32开（丛书集成初编2487）

　　本书共1卷，据清《畿辅丛书》本排印。

　　收藏单位：长春馆、重庆馆、大理馆、大连馆、大庆馆、东北师大馆、广西馆、贵州馆、国家馆、黑龙江馆、湖南馆、江西馆、辽大馆、辽宁馆、辽师大馆、柳州馆、内蒙古馆、宁夏馆、绍兴馆、天津馆、西南大学馆

01621

恕谷后集 （清）李塨著 （清）冯辰校

上海：商务印书馆，1936.12，3册（173页），32开（丛书集成初编2488—2490）

　　本书共13卷，据清《畿辅丛书》本排印。

　　收藏单位：安徽馆、长春馆、重庆馆、大连馆、东北师大馆、广西馆、贵州馆、国家馆、黑龙江馆、湖南馆、江西馆、辽大馆、辽宁馆、辽师大馆、柳州馆、内蒙古馆、宁夏馆、绍兴馆、西南大学馆

01622

解春集文钞 （清）冯景撰

上海：商务印书馆，1935.12，2册（184+44页），32开（丛书集成初编2491—2492）

　　本书共14卷，附补遗，据清《抱经堂丛书》本排印。

　　收藏单位：安徽馆、长春馆、重庆馆、大理馆、大连馆、东北师大馆、广西馆、贵州馆、国家馆、黑龙江馆、惠州馆、江西馆、辽大馆、辽师大馆、柳州馆、内蒙古馆、宁夏馆、绍兴馆、西南大学馆

01623

可仪堂文集 （清）俞长城纂

上海：商务印书馆，1936.12，51页，32开（丛书集成初编2493）

　　本书共2卷，据清《艺海珠尘》本排印。

　　收藏单位：安徽馆、长春馆、重庆馆、大理馆、大连馆、大庆馆、东北师大馆、广西馆、贵州馆、国家馆、黑龙江馆、湖南馆、江西馆、辽大馆、辽宁馆、辽师大馆、柳州馆、内蒙古馆、宁夏馆、绍兴馆、天津馆、西南大学馆

01624

陈学士文集 （清）陈仪著

上海：商务印书馆，1936.6，5册（316页），32开（丛书集成初编2494—2498）

　　本书共15卷，据清《畿辅丛书》本排印。

　　收藏单位：安徽馆、长春馆、重庆馆、大理馆、大连馆、东北师大馆、广西馆、贵州馆、国家馆、黑龙江馆、湖南馆、惠州馆、江西馆、辽大馆、辽师大馆、柳州馆、内蒙古馆、宁夏馆、绍兴馆、西南大学馆

01625
抱经堂文集 （清）卢文弨撰
上海：商务印书馆，1935.12，5 册（462 页），32 开（丛书集成初编 2499—2503）

　　本书共 34 卷，据清《抱经堂丛书》本排印。

　　收藏单位：安徽馆、长春馆、重庆馆、大理馆、大连馆、东北师大馆、广西馆、贵州馆、国家馆、黑龙江馆、湖南馆、惠州馆、江西馆、辽大馆、辽师大馆、柳州馆、内蒙古馆、宁夏馆、绍兴馆、西南大学馆

01626
健余先生文集 （清）尹会一著 （清）王击玱编
上海：商务印书馆，1936.6，2 册（109 页），32 开（丛书集成初编 2504—2505）

　　本书共 10 卷，据清《畿辅丛书》本排印。

　　收藏单位：安徽馆、长春馆、重庆馆、大理馆、大连馆、东北师大馆、广西馆、贵州馆、国家馆、黑龙江馆、湖南馆、江西馆、辽大馆、辽师大馆、柳州馆、内蒙古馆、绍兴馆、西南大学馆

01627
笥河文集 （清）朱筠著
上海：商务印书馆，1936.12，4 册（332 页），32 开（丛书集成初编 2506—2509）

　　本书共 17 卷，据清《畿辅丛书》本排印。

　　收藏单位：安徽馆、长春馆、重庆馆、大理馆、大连馆、大庆馆、东北师大馆、广西馆、贵州馆、国家馆、黑龙江馆、湖南馆、江西馆、辽大馆、辽师大馆、柳州馆、内蒙古馆、宁夏馆、绍兴馆、西南大学馆

01628
南涧文集 （清）李文藻著
上海：商务印书馆，1936.12，49 页，32 开（丛书集成初编 2510）

　　本书共 2 卷，据清《功顺堂丛书》本排印。

　　收藏单位：安徽馆、长春馆、重庆馆、大理馆、大连馆、东北师大馆、广西馆、贵州馆、国家馆、湖南馆、江西馆、辽大馆、辽宁馆、辽师大馆、柳州馆、内蒙古馆、宁夏馆、绍兴馆、天津馆、西南大学馆

01629
知足斋文集 （清）朱珪著
上海：商务印书馆，1936.6，2 册（145 页），32 开（丛书集成初编 2511—2512）

　　本书共 6 卷，据清《畿辅丛书》本排印。

　　收藏单位：安徽馆、长春馆、重庆馆、大理馆、大连馆、东北师大馆、广西馆、贵州馆、国家馆、黑龙江馆、湖南馆、惠州馆、江西馆、辽大馆、辽宁馆、辽师大馆、柳州馆、内蒙古馆、宁夏馆、绍兴馆、西南大学馆

01630
知足斋进呈文稿 （清）朱珪撰
上海：商务印书馆，1936.6，41 页，32 开（丛书集成初编 2513）

　　本书共 2 卷，据清《畿辅丛书》本排印。

　　收藏单位：安徽馆、长春馆、重庆馆、大理馆、大连馆、东北师大馆、广西馆、贵州馆、国家馆、黑龙江馆、湖南馆、惠州馆、江西馆、辽大馆、辽宁馆、辽师大馆、柳州馆、内蒙古馆、宁夏馆、绍兴馆、天津馆、西南大学馆

01631
李石亭文集 （清）李化楠著
长沙：商务印书馆，1939.12，59 页，32 开（丛书集成初编 2514）

　　本书共 6 卷，据清《函海》本排印。

　　收藏单位：大理馆、大连馆、广西馆、国家馆、黑龙江馆、湖南馆、江西馆、辽大馆、辽宁馆、辽师大馆、内蒙古馆、天津馆、西南大学馆

01632
童山文集 （清）李调元撰
上海：商务印书馆，1936.6，3 册（229 页），

32 开（丛书集成初编 2515—2517）

本书共 20 卷，有补遗，据清《函海》本排印。

收藏单位：安徽馆、长春馆、重庆馆、大理馆、大连馆、东北师大馆、广西馆、贵州馆、国家馆、黑龙江馆、湖南馆、惠州馆、江西馆、辽大馆、辽师大馆、柳州馆、内蒙古馆、宁夏馆、西南大学馆

01633

晚学集 （清）桂馥著

上海：商务印书馆，1936.12，228 页，32 开（丛书集成初编 2518）

本书共 8 卷，据清《式训堂丛书》本影印。

收藏单位：安徽馆、长春馆、重庆馆、大理馆、大连馆、东北师大馆、广西馆、贵州馆、国家馆、黑龙江馆、湖南馆、江西馆、辽大馆、辽宁馆、辽师大馆、柳州馆、内蒙古馆、宁夏馆、西南大学馆

01634

授堂文钞 （清）武亿撰

上海：商务印书馆，1935.12，2 册（155 页），32 开（丛书集成初编 2521—2522）

本书共 8 卷，据清《粤雅堂丛书》本排印。

收藏单位：安徽馆、长春馆、重庆馆、大连馆、东北师大馆、广西馆、贵州馆、国家馆、惠州馆、江西馆、柳州馆、内蒙古馆、绍兴馆、西南大学馆

01635

仪郑堂文 （清）孔广森撰 （清）阮元叙录·**嘉谷堂集** （清）孙星衍撰

长沙：商务印书馆，1939.12，24+21 页，32 开（丛书集成初编 2523）

本书为合订书。《仪郑堂文》2 卷，据清《文选楼丛书》本排印；《嘉谷堂集》1 卷，据清《岱南阁丛书》本排印。版权页题名：仪郑堂文及其他一种。

收藏单位：大理馆、大连馆、广西馆、国家馆、黑龙江馆、湖南馆、江西馆、辽大馆、

辽宁馆、辽师大馆、内蒙古馆、西南大学馆

01636

岱南阁集 （清）孙星衍撰

上海：商务印书馆，1937.6，59 页，32 开（丛书集成初编 2524）

本书共 2 卷，据清《岱南阁丛书》本排印。

收藏单位：安徽馆、长春馆、重庆馆、大理馆、大连馆、东北师大馆、广西馆、贵州馆、国家馆、黑龙江馆、湖南馆、江西馆、辽大馆、辽宁馆、辽师大馆、柳州馆、内蒙古馆、宁夏馆、天津馆、西南大学馆

01637

平津馆文稿 （清）孙星衍撰

上海：商务印书馆，1937.6，2 册（107 页），32 开（丛书集成初编 2525—2526）

本书共 2 卷，据清《岱南阁丛书》本排印。

收藏单位：安徽馆、长春馆、重庆馆、大理馆、大连馆、东北师大馆、广西馆、贵州馆、国家馆、黑龙江馆、湖南馆、江西馆、辽大馆、辽宁馆、辽师大馆、柳州馆、内蒙古馆、宁夏馆、西南大学馆

01638

问字堂集 （清）孙星衍撰

上海：商务印书馆，1937.6，2 册（156 页），32 开（丛书集成初编 2527—2528）

本书共 6 卷，据清《岱南阁丛书》本排印。

收藏单位：安徽馆、长春馆、重庆馆、大理馆、大连馆、大庆馆、东北师大馆、广西馆、贵州馆、国家馆、黑龙江馆、湖南馆、辽大馆、辽宁馆、辽师大馆、柳州馆、内蒙古馆、宁夏馆、西南大学馆

01639

五松园文稿 （清）孙星衍撰

上海：商务印书馆，1936.12，30 页，32 开（丛书集成初编 2529）

本书共 1 卷，据清《岱南阁丛书》本排

印。

收藏单位：安徽馆、长春馆、重庆馆、大理馆、大连馆、大庆馆、东北师大馆、广西馆、贵州馆、国家馆、黑龙江馆、湖南馆、江西馆、辽大馆、辽宁馆、辽师大馆、柳州馆、内蒙古馆、宁夏馆、天津馆、西南大学馆

01640

烟霞万古楼文集　（清）王昙撰

上海：商务印书馆，1935.12，2 册（102 页），32 开（丛书集成初编 2530—2531）

本书共 6 卷，据清《粤雅堂丛书》本排印。

收藏单位：安徽馆、长春馆、重庆馆、大理馆、大连馆、东北师大馆、广西馆、贵州馆、国家馆、黑龙江馆、湖南馆、惠州馆、江西馆、辽大馆、辽宁馆、辽师大馆、柳州馆、内蒙古馆、宁夏馆、绍兴馆、西南大学馆

01641

炳烛室杂文　（清）江藩著·**蜜梅花馆文录**　（清）焦廷琥著·**中衢一勺**　（清）包世臣著

长沙：商务印书馆，1939.12，27+25+222 页，32 开（丛书集成初编 2532）

本书为合订书。《炳烛室杂文》1 卷，据清《滂喜斋丛书》本排印;《蜜梅花馆文录》1 卷，据清《文选楼丛书》本排印;《中衢一勺》7 卷，有附录、续附，据清《艺海珠尘》本排印。版权页题名：炳烛室杂文及其他二种。

收藏单位：大理馆、大连馆、广西馆、国家馆、黑龙江馆、湖南馆、江西馆、辽大馆、辽宁馆、辽师大馆、内蒙古馆、天津馆、西南大学馆

01642

万善花室文稿　（清）方履籛撰

上海：商务印书馆，1936.6，3 册（166 页），32 开（丛书集成初编 2533—2535）

本书共 7 卷，据清《畿辅丛书》本排印。

收藏单位：安徽馆、长春馆、重庆馆、大理馆、大连馆、东北师大馆、广西馆、贵州馆、国家馆、黑龙江馆、湖南馆、惠州馆、江西馆、辽大馆、辽宁馆、辽师大馆、柳州馆、内蒙古馆、宁夏馆、绍兴馆、西南大学馆

01643

落颿楼文稿　（清）沈垚撰

上海：商务印书馆，1936.12，93 页，32 开（丛书集成初编 2536）

本书共 4 卷，据清《连筠簃丛书》本排印。

收藏单位：安徽馆、重庆馆、大理馆、大连馆、大庆馆、东北师大馆、广西馆、贵州馆、国家馆、黑龙江馆、湖南馆、江西馆、辽大馆、辽宁馆、辽师大馆、柳州馆、内蒙古馆、宁夏馆、绍兴馆、西南大学馆

01644

爱吾庐文钞　（清）吕世宜著

上海：商务印书馆，1936.12，47 页，32 开（丛书集成初编 2537）

本书共 1 卷，据清《滂喜斋丛书》本排印。

收藏单位：重庆馆、大理馆、大连馆、大庆馆、东北师大馆、国家馆、黑龙江馆、湖南馆、江西馆、辽大馆、辽宁馆、辽师大馆、柳州馆、内蒙古馆、宁夏馆、绍兴馆、天津馆、西南大学馆

01645

缦雅堂骈体文　（清）王诒寿著

上海：商务印书馆，1936.12，2 册（101 页），32 开（丛书集成初编 2538—2539）

本书共 8 卷，据清《榆园丛刻》本排印。

收藏单位：安徽馆、长春馆、重庆馆、大理馆、大连馆、东北师大馆、广西馆、贵州馆、国家馆、黑龙江馆、湖南馆、江西馆、辽大馆、辽宁馆、辽师大馆、柳州馆、内蒙古馆、宁夏馆、绍兴馆、西南大学馆

01646

守身执玉轩遗文　（清）袁世纪撰·**计有余斋文稿**　（清）陈方海著·**书岩賸稿**　（清）杨峒著·**贞蕤稿略**　（朝鲜）朴齐家纂

上海：商务印书馆，1937.6，[134] 页，32 开
（丛书集成初编 2540）

　　本书为合订书。每种各 1 卷，《守身执玉
轩遗文》据清《渐西村舍丛刻》本排印，《计
有余斋文稿》据清《豫章丛书》本影印，《书
岩賸稿》据清《仰视千七百二十九鹤斋丛书》
排印，《贞蕤稿略》据清《艺海珠尘》本排
印。版权页题名：守身执玉轩遗文及其他三
种。

　　收藏单位：安徽馆、长春馆、重庆馆、大
理馆、大连馆、东北师大馆、广西馆、贵州
馆、国家馆、黑龙江馆、湖南馆、江西馆、
辽大馆、辽宁馆、辽师大馆、内蒙古馆、宁
夏馆、天津馆、西南大学馆

01647

文录 （宋）唐庚撰·**浩然斋雅谈** （宋）周
密撰

上海：商务印书馆，1936.12，5+47 页，32 开
（丛书集成初编 2541）

　　本书为合订书。《文录》1 卷，据明阳山
顾氏文房本排印；《浩然斋雅谈》3 卷，据清
聚珍版丛书本排印。版权页题名：文录及其他
一种。

　　收藏单位：安徽馆、长春馆、重庆馆、大
理馆、大连馆、东北师大馆、广西馆、贵州
馆、国家馆、黑龙江馆、湖南馆、江西馆、
辽大馆、辽宁馆、辽师大馆、柳州馆、内蒙
古馆、宁夏馆、绍兴馆、天津馆、西南大学
馆

01648

修辞鉴衡 （元）王构撰

上海：商务印书馆，1937.6，43 页，32 开（丛
书集成初编 2542）

　　本书共 2 卷，据清《指海》本排印。

　　收藏单位：安徽馆、长春馆、重庆馆、大
理馆、大连馆、东北师大馆、甘肃馆、广西
馆、贵州馆、国家馆、黑龙江馆、湖南馆、
江西馆、辽大馆、辽师大馆、柳州馆、内蒙
古馆、宁夏馆、天津馆、西南大学馆、浙江
馆

01649

主客图 （唐）张为撰·**二南密旨** （唐）贾
岛撰·**本事诗** （唐）孟启撰 （宋）聂奉先
续

长沙：商务印书馆，1939.12，26+18+20 页，
32 开（丛书集成初编 2546）

　　本书为合订书。《主客图》1 卷，据清
《函海》本排印；《二南密旨》1 卷，据清《学
海类编》本排印；《本事诗》2 卷，附《续本
事诗》，据明阳山顾氏文房本排印。版权页题
名：主客图及其他二种。

　　收藏单位：大理馆、大连馆、广西馆、国
家馆、黑龙江馆、湖南馆、辽大馆、辽宁馆、
辽师大馆、内蒙古馆、西南大学馆

01650

六一居士诗话 （宋）欧阳修撰·**司马温公诗
话** （宋）司马光撰·**贡父诗话** （宋）刘攽
撰·**后山居士诗话** （宋）陈师道撰·**临汉隐
居诗话** （宋）魏泰撰

长沙：商务印书馆，1939.12，[58] 页，32 开
（丛书集成初编 2547）

　　本书为合订书。每种各 1 卷，《六一居士
诗话》《司马温公诗话》《贡父诗话》《后山
居士诗话》均据宋《百川学海》本排印，《临
汉隐居诗话》据清《知不足斋丛书》本排印。
版权页题名：六一居士诗话及其他四种。

　　收藏单位：大理馆、大连馆、广西馆、国
家馆、黑龙江馆、湖南馆、江西馆、辽大馆、
辽宁馆、辽师大馆、内蒙古馆、西南大学馆

01651

优古堂诗话 （宋）吴开撰·**环溪诗话** （宋）
吴沆著

上海：商务印书馆，1936.12，40+29 页，32
开（丛书集成初编 2548）

　　本书为合订书。《优古堂诗话》1 卷，据
清《读画斋丛书》本排印；《环溪诗话》3 卷，
据清《学海类编》本排印。版权页题名：优古
堂诗话及其他一种。

　　收藏单位：安徽馆、长春馆、重庆馆、大
理馆、大连馆、东北师大馆、广西馆、贵州
馆、国家馆、黑龙江馆、湖南馆、江西馆、

辽大馆、辽宁馆、辽师大馆、柳州馆、内蒙古馆、宁夏馆、天津馆、西南大学馆

01652

玉壶诗话 （宋释）文莹著·**冷斋夜话** （宋释）惠洪撰

长沙：商务印书馆，1939.12，15+50 页，32 开（丛书集成初编 2549）

　　本书为合订书。《玉壶诗话》1 卷，据清《学海类编》本排印;《冷斋夜话》10 卷，据明《津逮秘书》本影印。版权页题名：玉壶诗话及其他一种。

　　收藏单位：大理馆、大连馆、广西馆、国家馆、湖南馆、辽大馆、辽宁馆、辽师大馆、天津馆、西南大学馆

01653

许彦周诗话 （宋）许顗撰·**东莱吕紫微诗话** （宋）吕本中撰·**珊瑚钩诗话** （宋）张表臣编

长沙：商务印书馆，1939.12，22+15+27 页，32 开（丛书集成初编 2550）

　　本书为合订书。《许彦周诗话》1 卷，《东莱吕紫微诗话》1 卷，《珊瑚钩诗话》3 卷，均据宋《百川学海》本排印。版权页题名：许彦周诗话及其他二种。

　　收藏单位：大理馆、大连馆、国家馆、黑龙江馆、湖南馆、江西馆、辽大馆、辽宁馆、辽师大馆、天津馆、西南大学馆

01654

岁寒堂诗话 （宋）张戒撰·**庚溪诗话** （宋）陈岩肖撰

长沙：商务印书馆，1939.12，23+27 页，32 开（丛书集成初编 2552）

　　本书为合订书。每种各 2 卷，《岁寒堂诗话》据清聚珍版丛书本排印，《庚溪诗话》据宋《百川学海》本排印。版权页题名：岁寒堂诗话及其他一种。

　　收藏单位：大理馆、大连馆、广西馆、国家馆、黑龙江馆、湖南馆、辽大馆、辽宁馆、辽师大馆、内蒙古馆、西南大学馆

01655

韵语阳秋 （宋）葛立方著

长沙：商务印书馆，1939.12，2 册（173 页），32 开（丛书集成初编 2553—2554）

　　本书共 20 卷，据清《学海类编》本排印。

　　收藏单位：大理馆、大连馆、广西馆、国家馆、黑龙江馆、湖南馆、江西馆、辽大馆、辽宁馆、辽师大馆、西南大学馆

01656

容斋诗话 （宋）洪迈著

上海：商务印书馆，1936.12，93 页，32 开（丛书集成初编 2555）

　　本书共 6 卷，据清《学海类编》本排印。

　　收藏单位：安徽馆、长春馆、重庆馆、大理馆、大连馆、东北师大馆、广西馆、贵州馆、国家馆、黑龙江馆、湖南馆、江西馆、辽大馆、辽宁馆、辽师大馆、柳州馆、内蒙古馆、宁夏馆、绍兴馆、天津馆、西南大学馆

01657

全唐诗话 （宋）尤袤撰

上海：商务印书馆，1936.12，134 页，32 开（丛书集成初编 2556）

　　本书共 6 卷，据明《津逮秘书》本影印。

　　收藏单位：安徽馆、长春馆、重庆馆、大理馆、大连馆、东北师大馆、广东馆、广西馆、贵州馆、国家馆、黑龙江馆、湖南馆、惠州馆、江西馆、辽大馆、辽宁馆、辽师大馆、柳州馆、内蒙古馆、宁夏馆、天津馆、西南大学馆

01658

观林诗话 （宋）吴聿著·**二老堂诗话** （宋）周必大撰·**艇斋诗话** （宋）曾季貍撰·**竹坡诗话** （宋）周紫芝撰

上海：商务印书馆，1936.12，[170] 页，32 开（丛书集成初编 2558）

　　本书为合订书。《观林诗话》1 卷，据清《守山阁丛书》本排印;《二老堂诗话》1 卷，据明《津逮秘书》本影印;《艇斋诗话》3 卷，

附校伪、续校、补校，据清《琳琅秘室丛书》本排印；《竹坡诗话》1卷，据宋《百川学海》本影印。版权页题名：观林诗话及其他三种。

收藏单位：安徽馆、长春馆、重庆馆、大理馆、大连馆、东北师大馆、广西馆、贵州馆、国家馆、黑龙江馆、湖南馆、江西馆、辽大馆、辽师大馆、柳州馆、内蒙古馆、宁夏馆、绍兴馆、天津馆、西南大学馆

01659

苕溪渔隐丛话前后集 （宋）胡仔纂集

上海：商务印书馆，1937.6，12册（748页），32开（丛书集成初编2559—2570）

本书共100卷，包括前集60卷、后集40卷，据清《海山仙馆丛书》本排印。

收藏单位：安徽馆、长春馆、重庆馆、大理馆、大连馆、东北师大馆、广西馆、贵州馆、国家馆、黑龙江馆、湖南馆、江西馆、辽大馆、辽宁馆、辽师大馆、柳州馆、内蒙古馆、宁夏馆、西南大学馆

01660

娱书堂诗话 （宋）赵与虤撰・**姜氏诗说**（宋）姜夔录传・**江西诗派小序** （宋）刘克庄撰・**沧浪诗话** （宋）严羽撰

上海：商务印书馆，1936.12，[93] 页，32开（丛书集成初编2571）

本书为合订书。《娱书堂诗话》2卷，据清《读画斋丛书》本排印；《姜氏诗说》1卷，据清《学海类编》本排印；《江西诗派小序》1卷，据清《知不足斋丛书》本排印；《沧浪诗话》1卷，据明《津逮秘书》本影印。版权页题名：娱书堂诗话及其他三种。

收藏单位：安徽馆、长春馆、重庆馆、大理馆、大连馆、东北师大馆、广西馆、贵州馆、国家馆、黑龙江馆、湖南馆、江西馆、辽大馆、辽宁馆、辽师大馆、柳州馆、内蒙古馆、宁夏馆、绍兴馆、天津馆、西南大学馆

01661

深雪偶谈 （宋）方岳撰・**诗评** （宋）敖陶孙撰 （明）程兆胤录・**吴氏诗话** （宋）吴子良著・**梅磵诗话** （宋）韦居安著

上海：商务印书馆，1936.12，[69] 页，32开（丛书集成初编2572）

本书为合订书。《深雪偶谈》1卷，据明阳山顾氏文房本排印；《诗评》1卷，据明《天都阁藏书》本排印；《吴氏诗话》2卷，据清《学海类编》本排印；《梅磵诗话》3卷，据清《读画斋丛书》本排印。版权页题名：深雪偶谈及其他三种。

收藏单位：安徽馆、长春馆、重庆馆、大理馆、大连馆、东北师大馆、广东馆、广西馆、贵州馆、国家馆、黑龙江馆、湖南馆、江西馆、辽大馆、辽宁馆、辽师大馆、柳州馆、内蒙古馆、宁夏馆、绍兴馆、天津馆、西南大学馆

01662

对床夜语 （宋）范晞文撰・**滹南诗话** （宋）王若虚著

长沙：商务印书馆，1937.12，39+22页，32开（丛书集成初编2573）

本书为合订书。《对床夜语》5卷，《滹南诗话》3卷，均据清《知不足斋丛书》本排印。版权页题名：对床夜语及其他一种。

收藏单位：安徽馆、长春馆、重庆馆、大理馆、大连馆、东北师大馆、广西馆、贵州馆、国家馆、黑龙江馆、湖南馆、江西馆、辽大馆、辽宁馆、辽师大馆、柳州馆、内蒙古馆、宁夏馆、绍兴馆、天津馆、西南大学馆

01663

吴礼部诗话 （元）吴师道撰・**东坡诗话录**（元）陈秀明编

上海：商务印书馆，1936.12，34+51页，32开（丛书集成初编2574）

本书为合订书。《吴礼部诗话》1卷，据清《知不足斋丛书》本排印；《东坡诗话录》3卷，据清《学海类编》本排印。版权页题名：吴礼部诗话及其他一种。

收藏单位：安徽馆、长春馆、重庆馆、大理馆、大连馆、东北师大馆、广西馆、贵州馆、国家馆、黑龙江馆、湖南馆、江西馆、

辽大馆、辽宁馆、辽师大馆、柳州馆、内蒙古馆、宁夏馆、绍兴馆、天津馆、西南大学馆

01664

莲堂诗话 （元）祝诚辑

上海：商务印书馆，1937.6，67页，32开（丛书集成初编2575）

本书共3卷，附校伪、续校，据清《琳琅秘室丛书》本排印。

收藏单位：安徽馆、长春馆、重庆馆、大理馆、大连馆、东北师大馆、广西馆、贵州馆、国家馆、黑龙江馆、湖南馆、江西馆、辽大馆、辽宁馆、辽师大馆、柳州馆、内蒙古馆、宁夏馆、天津馆、西南大学馆

01665

麓堂诗话 （明）李东阳撰·**归田诗话** （明）瞿佑著

上海：商务印书馆，1936.6，29+47页，32开（丛书集成初编2576）

本书为合订书。《麓堂诗话》1卷，《归田诗话》3卷，均据清《知不足斋丛书》本排印。版权页题名：麓堂诗话及其他一种。

收藏单位：安徽馆、长春馆、重庆馆、大理馆、大连馆、东北师大馆、广西馆、贵州馆、国家馆、黑龙江馆、湖南馆、惠州馆、江西馆、辽大馆、辽宁馆、辽师大馆、柳州馆、内蒙古馆、宁夏馆、绍兴馆、天津馆、武大馆、西南大学馆

01666

升庵诗话 （明）杨慎撰

长沙：商务印书馆，1939.12，2册（200页），32开（丛书集成初编2578—2579）

本书共14卷，有补遗，据清《函海》本排印。

收藏单位：大理馆、大连馆、广西馆、国家馆、黑龙江馆、湖南馆、江西馆、辽大馆、辽宁馆、辽师大馆、内蒙古馆、西南大学馆

01667

余冬诗话 （明）何孟春著

上海：商务印书馆，1936.6，25页，32开（丛书集成初编2580）

本书共2卷，据清《学海类编》本排印。

收藏单位：重庆馆、大理馆、大连馆、东北师大馆、广西馆、国家馆、黑龙江馆、湖南馆、江西馆、辽大馆、辽宁馆、辽师大馆、柳州馆、内蒙古馆、宁夏馆、绍兴馆、天津馆、西南大学馆

01668

四溟诗话 （明）谢榛撰

上海：商务印书馆，1936.6，86页，32开（丛书集成初编2581）

本书共4卷，据清《海山仙馆丛书》本排印。

收藏单位：安徽馆、长春馆、重庆馆、大理馆、大连馆、东北师大馆、广西馆、贵州馆、国家馆、黑龙江馆、湖南馆、江西馆、辽大馆、辽宁馆、辽师大馆、柳州馆、内蒙古馆、宁夏馆、天津馆、西南大学馆

01669

挥麈诗话 （明）王兆云辑·**夷白斋诗话**（明）顾元庆著·**存余堂诗话** （明）朱承爵著·**诗的** （明）王文禄撰·**国朝诗评**（明）王世贞著 （明）程兆胤录

上海：商务印书馆，1936.12，[129]页，32开（丛书集成初编2582）

本书为合订书。每种各1卷，《挥麈诗话》据清《砚云甲乙编》本影印，《夷白斋诗话》《存余堂诗话》均据清《学海类编》本影印，《诗的》据明《百陵学山》本影印，《国朝诗评》据明《天都阁藏书》本影印。版权页题名：挥麈诗话及其他四种。

收藏单位：重庆馆、大理馆、大连馆、东北师大馆、广西馆、贵州馆、国家馆、黑龙江馆、湖南馆、江西馆、辽大馆、辽师大馆、柳州馆、内蒙古馆、宁夏馆、绍兴馆、天津馆、西南大学馆

01670

明诗评 （明）王世贞撰

上海：商务印书馆，1937.6，105页，32开（丛

书集成初编 2583）

本书共 4 卷，据明《纪录汇编》本影印。

收藏单位：安徽馆、长春馆、重庆馆、大理馆、大连馆、大庆馆、东北师大馆、广西馆、贵州馆、国家馆、黑龙江馆、湖南馆、江西馆、辽大馆、辽师大馆、柳州馆、内蒙古馆、宁夏馆、绍兴馆、天津馆、西南大学馆

01671

全唐诗说 （明）王世贞著·**艺圃撷余** （明）王世懋著·**佘山诗话** （明）陈继儒著

上海：商务印书馆，1936.12，13+10+29 页，32 开（丛书集成初编 2584）

本书为合订书。《全唐诗说》1 卷，据清《学海类编》本排印；《艺圃撷余》1 卷，据明《宝颜堂秘笈》本排印；《佘山诗话》3 卷，据清《学海类编》本排印。版权页题名：全唐诗说及其他二种。

收藏单位：安徽馆、长春馆、重庆馆、大理馆、大连馆、东北师大馆、广西馆、贵州馆、国家馆、黑龙江馆、湖南馆、江西馆、辽大馆、辽师大馆、柳州馆、内蒙古馆、宁夏馆、绍兴馆、天津馆、西南大学馆

01672

恬致堂诗话 （明）李日华著

上海：商务印书馆，1936.12，42 页，32 开（丛书集成初编 2585）

本书共 4 卷，据清《学海类编》本排印。

收藏单位：安徽馆、长春馆、重庆馆、大理馆、大连馆、东北师大馆、广西馆、贵州馆、国家馆、黑龙江馆、湖南馆、江西馆、辽大馆、辽师大馆、柳州馆、内蒙古馆、宁夏馆、绍兴馆、天津馆、西南大学馆

01673

玉笥诗谈 （明）朱孟震著

上海：商务印书馆，1936.12，60 页，32 开（丛书集成初编 2586）

本书共 3 卷，包括正编 2 卷、续编 1 卷，据清《学海类编》本排印。

收藏单位：安徽馆、长春馆、重庆馆、大

理馆、大连馆、东北师大馆、广西馆、贵州馆、国家馆、黑龙江馆、江西馆、辽大馆、辽师大馆、柳州馆、内蒙古馆、宁夏馆、天津馆、西南大学馆

01674

唐诗谈丛 （明）胡震亨著·**榆溪诗话** （清）徐世溥著·**漫堂说诗** （清）宋荦著

上海：商务印书馆，1936.12，100+26+18 页，32 开（丛书集成初编 2587）

本书为合订书。《唐诗谈丛》5 卷，据清《学海类编》本影印；《榆溪诗话》1 卷，据清《豫章丛书》本影印；《漫堂说诗》1 卷，据清《学海类编》本影印。版权页题名：唐诗谈丛及其他二种。

收藏单位：安徽馆、长春馆、重庆馆、大理馆、大连馆、东北师大馆、广西馆、贵州馆、国家馆、黑龙江馆、湖南馆、惠州馆、江西馆、辽大馆、辽师大馆、柳州馆、内蒙古馆、宁夏馆、绍兴馆、天津馆、西南大学馆

01675

五代诗话 （清）王士禛原编 （清）郑方坤删补

上海：商务印书馆，1937.12，5 册（342 页），32 开（丛书集成初编 2588—2592）

本书共 10 卷，据清《粤雅堂丛书》本排印。

收藏单位：安徽馆、长春馆、重庆馆、大理馆、大连馆、东北师大馆、广西馆、贵州馆、国家馆、黑龙江馆、湖南馆、惠州馆、江西馆、辽大馆、辽师大馆、内蒙古馆、宁夏馆、西南大学馆

01676

莲坡诗话 （清）查为仁著·**榕城诗话** （清）杭世骏撰

长沙：商务印书馆，1939.12，38+33 页，32 开（丛书集成初编 2593）

本书为合订书。每种各 3 卷，《莲坡诗话》据清《龙威秘书》本排印，《榕城诗话》据清《知不足斋丛书》本排印。版权页题名：

莲坡诗话及其他一种。

收藏单位：大理馆、大连馆、广西馆、国家馆、湖南馆、江西馆、辽大馆、辽宁馆、辽师大馆、内蒙古馆、西南大学馆

01677

杜诗双声叠韵谱括略　（清）周春纂

上海：商务印书馆，1936.12，257 页，32 开（丛书集成初编 2594）

本书共 8 卷，据清《艺海珠尘》本影印。

收藏单位：安徽馆、长春馆、重庆馆、大理馆、大连馆、东北师大馆、广西馆、贵州馆、国家馆、黑龙江馆、湖南馆、惠州馆、江西馆、辽大馆、辽师大馆、柳州馆、内蒙古馆、宁夏馆、天津馆、西南大学馆

01678

山静居诗话　（清）方薰撰·拜经楼诗话（清）吴骞纂

上海：商务印书馆，1935.12，12+61 页，32 开（丛书集成初编 2595）

本书为合订书。《山静居诗话》1 卷，据清《别下斋丛书》本排印；《拜经楼诗话》4 卷，据清《艺海珠尘》本排印。版权页题名：山静居诗话及其他一种。

收藏单位：安徽馆、长春馆、重庆馆、大理馆、大连馆、东北师大馆、广西馆、贵州馆、国家馆、黑龙江馆、惠州馆、江西馆、辽大馆、辽师大馆、柳州馆、内蒙古馆、宁夏馆、绍兴馆、天津馆、西南大学馆

01679

石洲诗话　（清）翁方纲撰·诗话　（清）李调元撰

上海：商务印书馆，1935.12，2 册（138+18 页），32 开（丛书集成初编 2597）

本书为合订书。《石洲诗话》8 卷，据清《粤雅堂丛书》本排印；《诗话》2 卷，据清《函海》本排印。版权页题名：石洲诗话及其他一种。

收藏单位：安徽馆、长春馆、重庆馆、大理馆、大连馆、东北师大馆、广西馆、贵州馆、国家馆、黑龙江馆、湖南馆、惠州馆、

江西馆、辽大馆、辽师大馆、柳州馆、内蒙古馆、宁夏馆、绍兴馆、西南大学馆

01680

北江诗话　（清）洪亮吉著

上海：商务印书馆，1935.12，75 页，32 开（丛书集成初编 2598）

本书共 6 卷，据清《粤雅堂丛书》本排印。

收藏单位：长春馆、重庆馆、大理馆、大连馆、东北师大馆、广西馆、贵州馆、国家馆、黑龙江馆、湖南馆、江西馆、辽大馆、辽师大馆、柳州馆、内蒙古馆、宁夏馆、绍兴馆、天津馆、西南大学馆

01681

茗香诗论　（清）宋大樽著·小沧浪笔谈（清）阮元记

上海：商务印书馆，1936.6，2 册（8+130 页），32 开（丛书集成初编 2599—2600）

本书为合订书。《茗香诗论》1 卷，据清《知不足斋丛书》本排印；《小沧浪笔谈》4 卷，据清《文选楼丛书》本排印。版权页题名：茗香诗论及其他一种。

收藏单位：安徽馆、长春馆、重庆馆、大理馆、大连馆、东北师大馆、广西馆、贵州馆、国家馆、黑龙江馆、湖南馆、惠州馆、江西馆、辽大馆、辽师大馆、柳州馆、内蒙古馆、宁夏馆、绍兴馆、西南大学馆

01682

定香亭笔谈　（清）阮元记

上海：商务印书馆，1936.12，4 册（194 页），32 开（丛书集成初编 2601—2604）

本书共 4 卷，据清《文选楼丛书》本排印。

收藏单位：安徽馆、长春馆、重庆馆、大理馆、大连馆、东北师大馆、广西馆、贵州馆、国家馆、黑龙江馆、湖南馆、江西馆、辽大馆、辽师大馆、柳州馆、内蒙古馆、宁夏馆、绍兴馆、西南大学馆

01683

广陵诗事 （清）阮元记

长沙：商务印书馆，1939.12，3 册（146 页），32 开（丛书集成初编 2605—2607）

本书共 10 卷，据清《文选楼丛书》本排印。

收藏单位：长春馆、重庆馆、大理馆、东北师大馆、广西馆、国家馆、黑龙江馆、湖南馆、辽大馆、辽宁馆、辽师大馆、西南大学馆

01684

泾川诗话 （清）赵知希著

上海：商务印书馆，1937.6，37 页，32 开（丛书集成初编 2608）

本书共 3 卷，据清《泾川丛书》本排印。

收藏单位：安徽馆、长春馆、重庆馆、大理馆、大连馆、东北师大馆、广西馆、贵州馆、国家馆、黑龙江馆、湖南馆、江西馆、辽大馆、辽师大馆、柳州馆、内蒙古馆、宁夏馆、天津馆、西南大学馆

01685

围炉诗话 （清）吴乔述·**月山诗话** （清）恒仁纂·**白石道人诗词评论** （清）许增辑

上海：商务印书馆，1936.12，2 册（166+11+4 页），32 开（丛书集成初编 2609—2610）

本书为合订书。《围炉诗话》6 卷，据清《借月山房汇钞》本排印；《月山诗话》1 卷，据清《艺海珠尘》本排印；《白石道人诗词评论》2 卷，附补遗，据清《榆园丛刻》本排印。版权页题名：围炉诗话及其他二种。

收藏单位：安徽馆、长春馆、重庆馆、大理馆、大连馆、东北师大馆、广西馆、贵州馆、国家馆、黑龙江馆、湖南馆、江西馆、辽大馆、辽师大馆、柳州馆、内蒙古馆、宁夏馆、绍兴馆、西南大学馆

01686

诗式 （唐释）皎然撰

长沙：商务印书馆，1940.6，55 页，32 开（丛书集成初编 2611）

本书共 5 卷，据清《十万卷楼丛书》本排印。

收藏单位：长春馆、重庆馆、大理馆、东北师大馆、广西馆、国家馆、湖南馆、辽大馆、辽宁馆、辽师大馆、内蒙古馆、西南大学馆

01687

诗品二十四则 （唐）司空图撰·**风骚旨格** （唐释）齐己撰·**木天禁语** （元）范梈著

长沙：商务印书馆，1939.12，14+15+14 页，32 开（丛书集成初编 2612）

本书为合订书。每种各 1 卷，《诗品二十四则》据明《津逮秘书》本影印，《风骚旨格》据明《津逮秘书》本排印，《木天禁语》据清《学海类编》本排印。版权页题名：诗品二十四则及其他二种。

收藏单位：长春馆、重庆馆、大理馆、东北师大馆、广西馆、国家馆、湖南馆、辽大馆、辽宁馆、辽师大馆、西南大学馆

01688

骚坛秘语 （明）周履靖编次

上海：商务印书馆，1936.6，96 页，32 开（丛书集成初编 2613）

本书共 3 卷，据明《夷门广牍》本影印。

收藏单位：安徽馆、长春馆、重庆馆、大理馆、大连馆、东北师大馆、广西馆、贵州馆、国家馆、黑龙江馆、湖南馆、惠州馆、江西馆、辽大馆、辽师大馆、柳州馆、内蒙古馆、宁夏馆、绍兴馆、天津馆

01689

诗源撮要 （明）张懋贤编次·**师友诗传录** （清）郎廷槐述·**集唐要法** （清）郎廷极著

上海：商务印书馆，1936.12，52+47+14 页，32 开（丛书集成初编 2614）

本书为合订书。每种各 1 卷，《诗源撮要》据明《夷门广牍》本影印，《师友诗传录》《集唐要法》均据清《学海类编》本影印。版权页题名：诗源撮要及其他二种。

收藏单位：安徽馆、长春馆、重庆馆、大理馆、大连馆、东北师大馆、广西馆、贵州馆、国家馆、黑龙江馆、湖南馆、江西馆、

辽大馆、辽师大馆、柳州馆、内蒙古馆、宁夏馆、天津馆、西南大学馆

01690

典论 （三国魏）曹丕撰　（清）孙冯翼辑·**四六谈尘**（宋）谢伋录·**容斋四六丛谈**（宋）洪迈著·**四六话**（宋）王铚撰

上海：商务印书馆，1936.12，[66] 页，32 开（丛书集成初编 2615）

　　本书为合订书。《典论》1卷，据清《问经堂丛书》本排印；《四六谈尘》1卷，据宋《百川学海》本排印；《容斋四六丛谈》1卷，据清《学海类编》本排印；《四六话》2卷，据宋《百川学海》本排印。版权页题名：典论及其他三种。

　　收藏单位：安徽馆、长春馆、重庆馆、大理馆、大连馆、东北师大馆、广西馆、贵州馆、国家馆、黑龙江馆、湖南馆、惠州馆、江西馆、辽大馆、辽师大馆、柳州馆、内蒙古馆、宁夏馆、绍兴馆、天津馆、西南大学馆

01691

余师录　（宋）王正德撰

长沙：商务印书馆，1939.12，72 页，32 开（丛书集成初编 2616）

　　本书共 4 卷，据清《墨海金壶》本排印。

　　收藏单位：大理馆、大连馆、国家馆、黑龙江馆、湖南馆、江西馆、辽大馆、辽宁馆、辽师大馆、天津馆、西南大学馆

01692

云庄四六余话　（宋）杨困道撰

长沙：商务印书馆，1939.12，38 页，32 开（丛书集成初编 2617）

　　本书共 1 卷，据清《读画斋丛书》本排印。

　　收藏单位：大理馆、大连馆、东北师大馆、国家馆、黑龙江馆、湖南馆、江西馆、辽大馆、辽宁馆、辽师大馆、西南大学馆

01693

东坡文谈录　（元）陈秀明编·**文脉**（明）王文禄撰·**文评**（明）王世贞著

长沙：商务印书馆，1937.12，13+50+2 页，32 开（丛书集成初编 2618）

　　本书为合订书。《东坡文谈录》1卷，据清《学海类编》本排印；《文脉》3卷，据明《百陵学山》本影印；《文评》1卷，据清《学海类编》本排印。版权页题名：东坡文谈录及其他二种。

　　收藏单位：安徽馆、长春馆、重庆馆、大理馆、大连馆、东北师大馆、广西馆、贵州馆、国家馆、黑龙江馆、湖南馆、江西馆、辽大馆、辽师大馆、内蒙古馆、宁夏馆、天津馆、西南大学馆

01694

宋四六话　（清）彭元瑞撰

长沙：商务印书馆，1939.12，3 册（262 页），32 开（丛书集成初编 2619—2621）

　　本书共 12 卷，据清《海山仙馆丛书》本排印。

　　收藏单位：大理馆、大连馆、广西馆、国家馆、黑龙江馆、湖南馆、江西馆、辽大馆、辽宁馆、辽师大馆、内蒙古馆、西南大学馆

01695

赋话　（清）李调元撰·**文笔考**（清）阮福撰

上海：商务印书馆，1936.12，2 册（116+20页），32 开（丛书集成初编 2622—2623）

　　本书为合订书。《赋话》10卷，据清《函海》本排印；《文笔考》1卷，据清《文选楼丛书》本排印。版权页题名：赋话及其他一种。

　　收藏单位：安徽馆、长春馆、重庆馆、大理馆、大连馆、东北师大馆、广西馆、贵州馆、国家馆、黑龙江馆、湖南馆、江西馆、辽大馆、辽师大馆、柳州馆、内蒙古馆、宁夏馆、西南大学馆

01696

文心雕龙　（南朝梁）刘勰著

上海：商务印书馆，1937.6，69 页，32 开（丛书集成初编 2624）

本书共 10 卷，据明《两京遗编》本影印。

收藏单位：安徽馆、长春馆、重庆馆、大理馆、大连馆、东北师大馆、广西馆、贵州馆、国家馆、黑龙江馆、湖南馆、江西馆、辽大馆、辽师大馆、柳州馆、内蒙古馆、宁夏馆、天津馆、西南大学馆

01697

文章缘起 （南朝梁）任昉撰 （明）陈懋仁注・**续文章缘起** （明）陈懋仁著

上海：商务印书馆，1937.12，19+11 页，32 开（丛书集成初编 2625）

本书为合订书。每种各 1 卷，均据清《学海类编》本排印。版权页题名：文章缘起及其他一种。

收藏单位：长春馆、重庆馆、大理馆、广西馆、国家馆、黑龙江馆、湖南馆、江西馆、辽大馆、辽师大馆、内蒙古馆、天津馆、西南大学馆

01698

金石要例 （清）黄宗羲撰・**金石例补** （清）郭麐著・**金石订例** （清）鲍振方学

上海：商务印书馆，1937.12，15+24+60 页，32 开（丛书集成初编 2626）

本书为合订书。《金石要例》1 卷，据清《借月山房汇钞》本排印；《金石例补》2 卷，据清《式训堂丛书》本排印；《金石订例》4 卷，据清《后知不足斋丛书》本排印。版权页题名：金石要例及其他二种。

收藏单位：重庆馆、大理馆、广西馆、国家馆、黑龙江馆、湖南馆、辽大馆、辽宁馆、辽师大馆、内蒙古馆、山西馆、天津馆、西南大学馆

01699

汉石例 （清）刘宝楠录

上海：商务印书馆，1937.6，2 册（209 页），32 开（丛书集成初编 2627—2628）

本书共 6 卷，据清《连筠簃丛书》本排印。

收藏单位：安徽馆、长春馆、重庆馆、大

理馆、大连馆、东北师大馆、广西馆、贵州馆、国家馆、黑龙江馆、湖南馆、江西馆、辽大馆、辽师大馆、内蒙古馆、宁夏馆、西南大学馆

01700

志铭广例 （清）梁玉绳著

上海：商务印书馆，1936.12，50 页，32 开（丛书集成初编 2629）

本书共 2 卷，据清《式训堂丛书》本排印。

收藏单位：安徽馆、长春馆、重庆馆、大理馆、大连馆、东北师大馆、广西馆、贵州馆、国家馆、黑龙江馆、湖南馆、江西馆、辽大馆、辽师大馆、柳州馆、内蒙古馆、宁夏馆、天津馆、西南大学馆

01701

汉魏六朝墓铭纂例 （清）李富孙学

上海：商务印书馆，1937.6，69 页，32 开（丛书集成初编 2630）

本书共 4 卷，据清《别下斋丛书》本排印。

收藏单位：安徽馆、长春馆、重庆馆、大理馆、大连馆、广西馆、贵州馆、国家馆、黑龙江馆、湖南馆、江西馆、辽大馆、辽师大馆、内蒙古馆、宁夏馆、天津馆、西南大学馆

01702

汉魏六朝唐代墓志金石例 （清）吴镐撰

上海：商务印书馆，1937.12，65 页，32 开（丛书集成初编 2631）

本书共 4 卷，据清《后知不足斋丛书》本排印。

收藏单位：重庆馆、大理馆、广东馆、广西馆、国家馆、黑龙江馆、湖南馆、江西馆、辽大馆、辽宁馆、辽师大馆、内蒙古馆、天津馆、西南大学馆

01703

文则 （宋）陈骙著

上海：商务印书馆，1937.12，40 页，32 开（丛

书集成初编 2632）

　　本书共 2 卷，据明《宝颜堂秘笈》本排印。

　　收藏单位：重庆馆、大理馆、广西馆、国家馆、黑龙江馆、湖南馆、江西馆、辽大馆、辽师大馆、内蒙古馆、天津馆、西南大学馆

01704

作义要诀 （元）倪士毅撰·**文原** （明）宋濂著·**四六金针** （清）陈维崧撰·**初月楼古文绪论** （清）吴德旋述 （清）吕璜纂

长沙：商务印书馆，1939.12，[25] 页，32 开（丛书集成初编 2633）

　　本书为合订书。每种各 1 卷，《作义要诀》据清《十万卷楼丛书》本排印，《文原》《四六金针》均据清《学海类编》本排印，《初月楼古文绪论》据清《别下斋丛书》本排印。版权页题名：作义要诀及其他三种。

　　收藏单位：大理馆、大连馆、东北师大馆、国家馆、湖南馆、江西馆、辽大馆、辽宁馆、辽师大馆、天津馆、西南大学馆

01705

乐府雅词 （宋）曾慥编

长沙：商务印书馆，1939.12，5 册（338 页），32 开（丛书集成初编 2634—2638）

　　本书共 8 卷，有拾遗，据清《粤雅堂丛书》本排印。

　　收藏单位：大理馆、大连馆、广西馆、国家馆、黑龙江馆、湖南馆、江西馆、辽大馆、辽宁馆、辽师大馆、西南大学馆

01706

阳春白雪 （宋）赵闻礼选

长沙：商务印书馆，1940.6，3 册（266 页），32 开（丛书集成初编 2639—2641）

　　本书共 9 卷，附外集，据清《粤雅堂丛书》本排印。

　　收藏单位：长春馆、重庆馆、大理馆、东北师大馆、广西馆、国家馆、黑龙江馆、湖南馆、辽大馆、辽宁馆、辽师大馆、内蒙古馆、西南大学馆

01707

乐府补题

长沙：商务印书馆，1937.12，19 页，32 开（丛书集成初编 2642）

　　本书共 1 卷，据清《知不足斋丛书》本排印。

　　收藏单位：重庆馆、大理馆、广西馆、国家馆、黑龙江馆、湖南馆、江西馆、辽大馆、辽宁馆、辽师大馆、内蒙古馆、天津馆、西南大学馆

01708

名儒草堂诗余 （元）凤林书院辑

长沙：商务印书馆，1939.12，97 页，32 开（丛书集成初编 2643）

　　本书共 3 卷，据清《粤雅堂丛书》本排印。

　　收藏单位：大理馆、大连馆、广西馆、国家馆、黑龙江馆、湖南馆、江西馆、辽大馆、辽宁馆、辽师大馆、天津馆、西南大学馆

01709

唐宋元明酒词 （明）周履靖和韵

上海：商务印书馆，1936.6，84 页，32 开（丛书集成初编 2644）

　　本书共 2 卷，据明《夷门广牍》本影印。

　　收藏单位：安徽馆、重庆馆、大理馆、大连馆、东北师大馆、广西馆、贵州馆、国家馆、黑龙江馆、湖南馆、江西馆、辽大馆、辽宁馆、辽师大馆、内蒙古馆、宁夏馆、天津馆、西南大学馆

01710

宋四家词选 （清）周济辑

长沙：商务印书馆，1940.6，110 页，32 开（丛书集成初编 2645）

　　本书共 1 卷，据清《滂喜斋丛书》本排印。

　　收藏单位：长春馆、重庆馆、大理馆、东北师大馆、广西馆、国家馆、黑龙江馆、湖南馆、辽大馆、辽宁馆、辽师大馆、内蒙古馆、西南大学馆

01711

张子野词 （宋）张先撰

上海：商务印书馆，1936.6，64 页，32 开（丛书集成初编 2646）

本书共 4 卷，附补遗，据清《知不足斋丛书》本排印。

收藏单位：安徽馆、长春馆、重庆馆、大理馆、大连馆、东北师大馆、广西馆、贵州馆、国家馆、黑龙江馆、湖南馆、惠州馆、江西馆、辽大馆、辽宁馆、辽师大馆、柳州馆、内蒙古馆、宁夏馆、绍兴馆、天津馆、西南大学馆

01712

漱玉词 （宋）李清照著·**得全居士词** （宋）赵鼎著·**阳春集** （宋）米友仁撰·**澹庵长短句** （宋）胡铨著

上海：商务印书馆，1937.6，[54] 页，32 开（丛书集成初编 2647）

本书为合订书。每种各 1 卷，《漱玉词》据明《诗词杂俎》本影印，《得全居士词》《澹庵长短句》均据清《别下斋丛书》本排印，《阳春集》据清《知不足斋丛书》本排印。版权页题名：漱玉词及其他三种。

收藏单位：安徽馆、长春馆、重庆馆、大理馆、大连馆、东北师大馆、广西馆、贵州馆、国家馆、黑龙江馆、湖南馆、江西馆、辽大馆、辽师大馆、内蒙古馆、宁夏馆、天津馆、西南大学馆

01713

石湖词 （宋）范成大著·**断肠词** （宋）朱淑真著·**和石湖词** （宋）陈三聘著

上海：商务印书馆，1937.6，30+16+23 页，32 开（丛书集成初编 2648）

本书为合订书。《石湖词》2 卷，据清《知不足斋丛书》本排印；《断肠词》1 卷，据明《诗词杂俎》本影印；《和石湖词》1 卷，据清《知不足斋丛书》本排印。版权页题名：石湖词及其他二种。

收藏单位：重庆馆、大理馆、大连馆、广西馆、国家馆、黑龙江馆、湖南馆、惠州馆、辽大馆、辽宁馆、辽师大馆、内蒙古馆、天

津馆、西南大学馆

01714

白石道人歌曲 （宋）姜夔著

长沙：商务印书馆，1939.12，2 册（75 页），32 开（丛书集成初编 2649—2650）

本书共 5 卷，附别集，据清《榆园丛刻》本排印。

收藏单位：大理馆、大连馆、广西馆、国家馆、黑龙江馆、湖南馆、江西馆、辽大馆、辽宁馆、辽师大馆、西南大学馆

01715

草窗词 （宋）周密撰

长沙：商务印书馆，1939.12，66 页，32 开（丛书集成初编 2651）

本书共 4 卷，含补 2 卷，据清《知不足斋丛书》本排印。

收藏单位：安徽馆、大理馆、大连馆、东北师大馆、国家馆、黑龙江馆、辽大馆、辽宁馆、辽师大馆、内蒙古馆、天津馆、西南大学馆

01716

蘋洲渔笛谱 （宋）周密撰

上海：商务印书馆，1936.6，49 页，32 开（丛书集成初编 2652）

本书共 2 卷，据清《知不足斋丛书》本排印。

收藏单位：安徽馆、长春馆、重庆馆、大理馆、大连馆、东北师大馆、广西馆、贵州馆、国家馆、黑龙江馆、湖南馆、惠州馆、江西馆、辽大馆、辽宁馆、辽师大馆、内蒙古馆、宁夏馆、天津馆、西南大学馆

01717

花外集 （宋）王沂孙著

上海：商务印书馆，1936.6，29 页，32 开（丛书集成初编 2656）

本书共 1 卷，据清《知不足斋丛书》本排印。

收藏单位：安徽馆、长春馆、重庆馆、大理馆、大连馆、东北师大馆、广西馆、贵州

馆、国家馆、黑龙江馆、湖南馆、惠州馆、江西馆、辽大馆、辽宁馆、辽师大馆、柳州馆、内蒙古馆、宁夏馆、绍兴馆、天津馆、西南大学馆

01718

日湖渔唱 （宋）陈允平撰·**燕喜词** （宋）曹冠撰

上海：商务印书馆，1936.6，78+24 页，32 开（丛书集成初编 2657）

　　本书为合订书。《日湖渔唱》3 卷，有补遗、续补遗，据清《粤雅堂丛书》本排印；《燕喜词》1 卷，据清《别下斋丛书》本排印。版权页题名：日湖渔唱及其他一种。

　　收藏单位：安徽馆、长春馆、重庆馆、大理馆、大连馆、东北师大馆、广东馆、广西馆、贵州馆、国家馆、黑龙江馆、湖南馆、江西馆、辽大馆、辽宁馆、辽师大馆、内蒙古馆、宁夏馆、天津馆、西南大学馆

01719

鸣鹤余音 （元）虞集撰·**蜕岩词** （元）张翥著·**贞居词** （元）张天雨撰

上海：商务印书馆，1937.6，15+29+21 页，32 开（丛书集成初编 2658）

　　本书为合订书。《鸣鹤余音》1 卷，据清《函海》本排印；《蜕岩词》2 卷，《贞居词》1 卷，均据清《知不足斋丛书》本排印。版权页题名：鸣鹤余音及其他二种。

　　收藏单位：重庆馆、大理馆、大连馆、广西馆、国家馆、黑龙江馆、湖南馆、江西馆、辽大馆、辽宁馆、辽师大馆、内蒙古馆、天津馆、西南大学馆

01720

茗斋诗余 （清）彭孙贻著

上海：商务印书馆，1936.6，2 册（106 页），32 开（丛书集成初编 2659—2660）

　　本书共 2 卷，据清《别下斋丛书》本排印。

　　收藏单位：安徽馆、长春馆、重庆馆、大理馆、大连馆、东北师大馆、广西馆、贵州馆、国家馆、黑龙江馆、湖南馆、惠州馆、

江西馆、辽大馆、辽宁馆、辽师大馆、柳州馆、内蒙古馆、宁夏馆、西南大学馆

01721

阮亭诗余·衍波词 （清）王士禛著

长沙：商务印书馆，1937.12，20+[46] 页，32 开（丛书集成初编 2661）

　　本书为合订书。《阮亭诗余》1 卷，据清《仰视千七百二十九鹤斋丛书》本排印；《衍波词》3 卷，有附录，据清《榆园丛刻》本排印。版权页题名：阮亭诗余及其他一种。

　　收藏单位：安徽馆、长春馆、重庆馆、大理馆、大连馆、东北师大馆、广西馆、贵州馆、国家馆、黑龙江馆、湖南馆、江西馆、辽大馆、辽宁馆、辽师大馆、柳州馆、内蒙古馆、宁夏馆、天津馆、西南大学馆

01722

纳兰词 （清）纳兰性德撰

长沙：商务印书馆，1939.12，2 册（125 页），32 开（丛书集成初编 2662—2663）

　　本书共 5 卷，据清《榆园丛刻》排印。书前有《词话》《词评》等，末附《纳兰词补遗》。

　　收藏单位：大理馆、大连馆、广西馆、国家馆、黑龙江馆、辽大馆、辽宁馆、辽师大馆、上海馆、天津馆、西南大学馆

01723

嶰谷词 （清）马曰琯撰·**南斋词** （清）马曰璐撰·**蠢翁词** （清）李调元著

上海：商务印书馆，1936.12，19+37+[34] 页，32 开（丛书集成初编 2664）

　　本书为合订书。《嶰谷词》1 卷，《南斋词》2 卷，均据清《粤雅堂丛书》本排印；《蠢翁词》2 卷，据清《函海》本排印。版权页题名：嶰谷词及其他二种。

　　收藏单位：安徽馆、长春馆、重庆馆、大理馆、大连馆、东北师大馆、广西馆、贵州馆、国家馆、黑龙江馆、湖南馆、江西馆、辽大馆、辽宁馆、辽师大馆、柳州馆、内蒙古馆、宁夏馆、西南大学馆

01724

梅边吹笛谱 （清）凌廷堪著

上海：商务印书馆，1937.6，2 册（78 页），32 开（丛书集成初编 2665—2666）

本书共 3 卷，有补录，据清《粤雅堂丛书》本排印。

收藏单位：安徽馆、长春馆、重庆馆、大理馆、大连馆、东北师大馆、广西馆、贵州馆、国家馆、黑龙江馆、湖南馆、江西馆、辽大馆、辽宁馆、辽师大馆、内蒙古馆、宁夏馆、西南大学馆

01725

二韭室诗余别集·青芙馆词钞 （清）陈寿祺著

长沙：商务印书馆，1939.12，10+40 页，32 开（丛书集成初编 2667）

本书为合订书。每种各 1 卷，均据清《滂喜斋丛书》本排印。版权页题名：二韭室诗余别集及其他一种。

收藏单位：大理馆、大连馆、国家馆、黑龙江馆、湖南馆、江西馆、辽大馆、辽宁馆、辽师大馆、天津馆、西南大学馆

01726

拜石山房词钞 （清）顾翰著

长沙：商务印书馆，1940.6，116 页，32 开（丛书集成初编 2668）

本书共 4 卷，据清《榆园丛刻》本排印。

收藏单位：重庆馆、大理馆、大连馆、广西馆、国家馆、黑龙江馆、湖南馆、江西馆、辽大馆、辽宁馆、辽师大馆、西南大学馆

01727

微波词 （清）钱枚著·**蘅梦词** （清）郭麐著·**浮眉楼词** （清）郭麐著

长沙：商务印书馆，1940.6，28+45+60 页，32 开（丛书集成初编 2669）

本书为合订书。《微波词》1 卷，《蘅梦词》《浮眉楼词》各 2 卷，均据清《榆园丛刻》本排印。版权页题名：微波词及其他二种。

收藏单位：长春馆、重庆馆、大理馆、东

北师大馆、广西馆、国家馆、黑龙江馆、湖南馆、辽大馆、辽宁馆、辽师大馆、西南大学馆

01728

忏余绮语 （清）郭麐著·**爨余词** （清）郭麐著·**花影词** （清）王诒寿著

长沙：商务印书馆，1940.6，68+19+13 页，32 开（丛书集成初编 2670）

本书为合订书。《忏余绮语》2 卷，《爨余词》《花影词》各 1 卷，均据清《榆园丛刻》本排印。版权页题名：忏余绮语及其他二种。

收藏单位：重庆馆、大理馆、东北师大馆、广西馆、国家馆、黑龙江馆、湖南馆、辽大馆、辽宁馆、辽师大馆、内蒙古馆、西南大学馆

01729

笙月词 （清）王诒寿著

上海：商务印书馆，1937.6，92 页，32 开（丛书集成初编 2671）

本书共 5 卷，据清《榆园丛刻》本排印。

收藏单位：重庆馆、大理馆、大连馆、广西馆、国家馆、黑龙江馆、湖南馆、江西馆、辽大馆、辽宁馆、辽师大馆、内蒙古馆、天津馆、西南大学馆

01730

忆云词 （清）项廷纪撰

长沙：商务印书馆，1937.12，[139] 页，32 开（丛书集成初编 2672）

本书共 5 卷，附诗词补遗，据清《榆园丛刻》本排印。

收藏单位：安徽馆、长春馆、重庆馆、大理馆、大连馆、东北师大馆、广西馆、贵州馆、国家馆、黑龙江馆、湖南馆、江西馆、辽大馆、辽宁馆、辽师大馆、内蒙古馆、宁夏馆、首都馆、天津馆、西南大学馆

01731

江山风月谱 （清）许光治著·**衍波词** （清）孙荪意撰

长沙：商务印书馆，1939.12，70+18 页，32

开（丛书集成初编 2673）

本书为合订书。《江山风月谱》2 卷，据清《别下斋丛书》本排印；《衍波词》1 卷，据清《灵鹣阁丛书》本排印。版权页题名：江山风月谱及其他一种。

收藏单位：大理馆、大连馆、广西馆、国家馆、黑龙江馆、湖南馆、江西馆、辽大馆、辽宁馆、辽师大馆、天津馆、西南大学馆

01732

词品　（明）杨慎著

上海：商务印书馆，1936.6，2 册（316 页），32 开（丛书集成初编 2675—2676）

本书共 7 卷，附拾遗，据明《天都阁藏书》本影印。

收藏单位：长春馆、重庆馆、大理馆、大连馆、东北师大馆、广西馆、贵州馆、国家馆、河南馆、黑龙江馆、湖南馆、惠州馆、江西馆、辽大馆、辽宁馆、辽师大馆、柳州馆、内蒙古馆、宁夏馆、绍兴馆、西南大学馆

01733

词评　佚名撰·**词统源流**　（清）彭孙遹辑·**金粟词话**　（清）彭孙遹著·**词藻**　（清）彭孙遹撰

长沙：商务印书馆，1937.12，[88] 页，32 开（丛书集成初编 2677）

本书为合订书。《词评》1 卷，据明《天都阁藏书》本影印；《词统源流》1 卷，据清《学海类编》本排印；《金粟词话》1 卷，据清《别下斋丛书》本排印；《词藻》4 卷，据清《学海类编》本排印。版权页题名：词评及其他三种。

收藏单位：长春馆、重庆馆、大理馆、大连馆、东北师大馆、广西馆、贵州馆、国家馆、黑龙江馆、湖南馆、江西馆、辽大馆、辽宁馆、辽师大馆、内蒙古馆、宁夏馆、绍兴馆、西南大学馆

01734

词家辨证　（清）李良年著·**词坛纪事**　（清）李良年辑

上海：商务印书馆，1937.6，13+63 页，32 开（丛书集成初编 2678）

本书为合订书。《词家辨证》1 卷，《词坛纪事》3 卷，均据清《学海类编》本排印。版权页题名：词家辨证及其他一种。

收藏单位：重庆馆、大理馆、大连馆、广西馆、国家馆、黑龙江馆、湖南馆、江西馆、辽大馆、辽宁馆、辽师大馆、天津馆、西南大学馆

01735

词苑丛谈　（清）徐釚编

上海：商务印书馆，1937.6，3 册（235 页），32 开（丛书集成初编 2679—2681）

本书共 12 卷，据清《海山仙馆丛书》本排印。

收藏单位：安徽馆、重庆馆、大理馆、大连馆、东北师大馆、广西馆、贵州馆、国家馆、黑龙江馆、江西馆、辽大馆、辽师大馆、柳州馆、内蒙古馆、宁夏馆、西南大学馆

01736

鹤月瑶笙　（明）周履靖撰

长沙：商务印书馆，1937.12，124 页，32 开（丛书集成初编 2683）

本书共 4 卷，据明《夷门广牍》本影印。

收藏单位：安徽馆、长春馆、重庆馆、大理馆、大连馆、大庆馆、东北师大馆、贵州馆、国家馆、黑龙江馆、湖南馆、江西馆、辽大馆、辽宁馆、辽师大馆、内蒙古馆、宁夏馆、天津馆、西南大学馆

01737

制曲十六观　（元）顾瑛著·**词品**　（明）涵虚子著·**顾曲杂言**　（明）沈德符著·**曲话**　（清）李调元撰

长沙：商务印书馆，1939.12，[43] 页，32 开（丛书集成初编 2684）

本书为合订书。《制曲十六观》1 卷，《词品》1 卷，据清《学海类编》本排印；《顾曲杂言》1 卷，据清《砚云甲乙编》本排印；《曲话》2 卷，据清《函海》本排印。版权页题名：制曲十六观及其他三种。

收藏单位：大理馆、大连馆、国家馆、黑龙江馆、湖南馆、辽大馆、辽宁馆、辽师大馆、西南大学馆

01738

摭青杂说 （宋）王明清撰・**黄孝子纪程** （明）黄向坚撰・**王烈妇** 佚名撰・**余姚两孝子万里寻亲记** （清）翁广平纂

长沙：商务印书馆，1939.12，[55] 页，32 开（丛书集成初编 2686）

　　本书为合订书。《摭青杂说》1 卷，据清《龙威秘书》本排印；《黄孝子纪程》4 卷，有附录，据清《知不足斋丛书》本排印；《王烈妇》1 卷，据清《龙威秘书》本排印；《余姚两孝子万里寻亲记》1 卷，据清《知不足斋丛书》本排印。版权页题名：摭青杂说及其他三种。

　　收藏单位：大理馆、大连馆、广西馆、国家馆、黑龙江馆、湖南馆、江西馆、辽大馆、辽宁馆、辽师大馆、西南大学馆

01739

见闻纪训 （明）陈良谟撰

长沙：商务印书馆，1937.12，80 页，32 开（丛书集成初编 2688）

　　本书共 2 卷，据明《纪录汇编》本影印。

　　收藏单位：安徽馆、长春馆、重庆馆、大理馆、大连馆、大庆馆、东北师大馆、广西馆、贵州馆、国家馆、黑龙江馆、湖南馆、江西馆、辽大馆、辽宁馆、辽师大馆、内蒙古馆、宁夏馆、天津馆、西南大学馆

01740

二十二史感应录 （清）彭希涑辑

长沙：商务印书馆，1939.12，78 页，32 开（丛书集成初编 2689）

　　本书共 2 卷，据清《海山仙馆丛书》本排印。

　　收藏单位：大理馆、大连馆、广西馆、国家馆、黑龙江馆、湖南馆、江西馆、辽大馆、辽宁馆、辽师大馆、西南大学馆

01741

剑侠传

上海：商务印书馆，1936.6，92 页，32 开（丛书集成初编 2690）

　　本书共 4 卷，据明《古今逸史》本影印。

　　收藏单位：安徽馆、长春馆、重庆馆、大理馆、大连馆、东北师大馆、广西馆、贵州馆、国家馆、黑龙江馆、江西馆、辽大馆、辽宁馆、辽师大馆、柳州馆、内蒙古馆、宁夏馆、天津馆、西南大学馆

01742

冯燕传 （唐）沈亚之撰・**刘无双传** （唐）薛调撰・**吴保安传** （唐）牛肃撰・**章台柳传** （唐）许尧佐撰・**燕丹子传** （清）孙星衍辑・**乌将军记・韦自东传**

长沙：商务印书馆，1939.12，[28] 页，32 开（丛书集成初编 2691）

　　本书为合订书。《冯燕传》1 卷，《刘无双传》1 卷，据清《龙威秘书》本排印；《吴保安传》1 卷，据明《古今说海》本排印；《章台柳传》1 卷，据清《龙威秘书》本排印；《燕丹子传》3 卷，据清《平津馆丛书》本排印；《乌将军记》1 卷，《韦自东传》1 卷，据明《古今说海》本排印。版权页题名：冯燕传及其他六种。

　　收藏单位：大理馆、大连馆、广西馆、国家馆、黑龙江馆、湖南馆、江西馆、辽大馆、辽宁馆、辽师大馆、西南大学馆

01743

搜神记 （晋）干宝撰

上海：商务印书馆，1937.12，3 册（137 页），32 开（丛书集成初编 2692—2694）

　　本书共 20 卷，据明《秘册汇函》本排印。

　　收藏单位：重庆馆、大理馆、广西馆、国家馆、黑龙江馆、湖南馆、辽大馆、辽宁馆、辽师大馆、内蒙古馆、西南大学馆

01744

搜神后记 （晋）陶潜撰

上海：商务印书馆，1936.12，125 页，32 开（丛书集成初编 2695）

本书共 10 卷，据明《秘册汇函》本影印。

收藏单位：安徽馆、长春馆、重庆馆、大理馆、大连馆、东北师大馆、广西馆、贵州馆、国家馆、黑龙江馆、湖南馆、江西馆、辽大馆、辽宁馆、辽师大馆、柳州馆、内蒙古馆、宁夏馆、天津馆、西南大学馆

01745

雷民传 （唐）沈既济撰·**牛应贞传** （唐）宋若昭撰·**三梦记** （唐）白行简撰·**幻戏志** （唐）蒋防撰·**妙女传** （唐）顾非熊撰·**柳毅传** （唐）李朝威撰·**博异志** （唐）郑还古著·**集异记** （唐）薛用弱撰

长沙：商务印书馆，1939.12，[48] 页，32 开（丛书集成初编 2698）

本书为合订书。《雷民传》《牛应贞传》《三梦记》《幻戏志》《妙女传》《柳毅传》各 1 卷，均据清《龙威秘书》本排印；《博异志》1 卷，《集异记》2 卷，均据明阳山顾氏文房本排印。版权页题名：雷民传及其他七种。

收藏单位：大理馆、大连馆、广西馆、国家馆、黑龙江馆、湖南馆、辽大馆、辽宁馆、辽师大馆、天津馆、西南大学馆

01746

甘泽谣 （唐）袁郊撰

长沙：商务印书馆，1939.12，17 页，32 开（丛书集成初编 2699）

本书共 2 卷，有附录，据清《学津讨原》本排印。

收藏单位：大理馆、大连馆、广西馆、国家馆、黑龙江馆、湖南馆、江西馆、辽大馆、辽宁馆、辽师大馆、天津馆、西南大学馆

01747

再生记 （五代）阎选撰·**玄怪记** （唐）徐炫撰·**续玄怪录** 佚名撰·**灵鬼志** （唐）常沂撰

长沙：商务印书馆，1939.12，[28] 页，32 开（丛书集成初编 2700）

本书为合订书。每种各 1 卷，均据清《龙威秘书》本排印。版权页题名：再生记及其他三种。

收藏单位：大理馆、大连馆、国家馆、黑龙江馆、湖南馆、辽大馆、辽宁馆、辽师大馆、天津馆、西南大学馆

01748

集异志 （唐）陆勋集

长沙：商务印书馆，1939.12，44 页，32 开（丛书集成初编 2701）

本书共 4 卷，据明《宝颜堂秘笈》本排印。

收藏单位：大理馆、大连馆、广西馆、国家馆、黑龙江馆、湖南馆、江西馆、辽大馆、辽宁馆、辽师大馆、天津馆、西南大学馆

01749

宣室志 （唐）张读撰

长沙：商务印书馆，1939.12，100 页，32 开（丛书集成初编 2703）

本书共 11 卷，附补遗，据明《稗海》本排印。

收藏单位：大理馆、大连馆、国家馆、黑龙江馆、湖南馆、江西馆、辽大馆、辽宁馆、辽师大馆、天津馆、西南大学馆

01750

稽神录 （宋）徐铉著

长沙：商务印书馆，1939.12，58 页，32 开（丛书集成初编 2705）

本书共 7 卷，有拾遗，据明《津逮秘书》本影印。

收藏单位：大理馆、大连馆、广西馆、国家馆、黑龙江馆、湖南馆、江西馆、辽大馆、辽宁馆、辽师大馆、天津馆、西南大学馆

01751

夷坚志 （宋）洪迈撰

上海：商务印书馆，1937.6，8 册（[632] 页），32 开（丛书集成初编 2707—2714）

本书共 80 卷，据清《十万卷楼丛书》本排印。

收藏单位：安徽馆、长春馆、重庆馆、大

理馆、大连馆、东北师大馆、广西馆、贵州馆、国家馆、黑龙江馆、湖南馆、吉林馆、江西馆、辽大馆、辽宁馆、辽师大馆、柳州馆、内蒙古馆、宁夏馆、西南大学馆

01752

续夷坚志 （金）元好问纂

长沙：商务印书馆，1939.12，78 页，32 开（丛书集成初编 2715）

　　本书共 4 卷，附年谱，据清《得月簃丛书》本排印。

　　收藏单位：大理馆、大连馆、国家馆、黑龙江馆、辽大馆、辽宁馆、辽师大馆、内蒙古馆、天津馆、西南大学馆

01753

睽车志 （宋）郭彖撰·**闲窗括异志** （宋）鲁应龙撰·**物异考** （宋）方凤著

长沙：商务印书馆，1939.12，54+19+5 页，32 开（丛书集成初编 2716）

　　本书为合订书。《睽车志》6 卷，《闲窗括异志》1 卷，据明《稗海》本排印；《物异考》1 卷，据明《宝颜堂秘笈》本排印。版权页题名：睽车志及其他二种。

　　收藏单位：大理馆、大连馆、广西馆、国家馆、黑龙江馆、湖南馆、江西馆、辽大馆、辽宁馆、辽师大馆、西南大学馆

01754

春渚纪闻 （宋）何薳撰·**搜神秘览** （宋）章炳文撰·**近异录** （宋）刘质撰·**潇湘录**（唐）李隐撰·**葆光录** （宋）龙明子纂·**吉凶影响录** （宋）岑象求撰·**旌异记** （宋）侯君素撰

长沙：商务印书馆，1940.6，2 册 [150] 页，32 开（丛书集成初编 2717—2718）

　　本书为合订书。《春渚纪闻》10 卷，据清《学津讨原》本排印；《搜神秘览》《近异录》各 1 卷，均据清《龙威秘书》本排印；《潇湘录》1 卷，据明《古今说海》本排印；《葆光录》3 卷，据明阳山顾氏文房本排印；《吉凶影响录》《旌异记》各 1 卷，据均清《龙威秘

书》本排印。版权页题名：春渚纪闻及其他六种。

　　收藏单位：安徽馆、长春馆、重庆馆、大理馆、东北师大馆、国家馆、黑龙江馆、湖南馆、辽大馆、辽宁馆、辽师大馆、内蒙古馆、西南大学馆

01755

异闻总录

上海：商务印书馆，1937.6，52 页（丛书集成初编 2719）

　　本书共 4 卷，据明《稗海》本排印。

　　收藏单位：安徽馆、长春馆、重庆馆、大理馆、大连馆、东北师大馆、广西馆、贵州馆、国家馆、黑龙江馆、湖南馆、辽大馆、辽师大馆、柳州馆、内蒙古馆、宁夏馆、西南大学馆

01756

新编分门古今类事 （宋）宋某撰

上海：商务印书馆，1937.6，3 册（252 页），32 开（丛书集成初编 2720—2722）

　　本书共 2 卷，据清《十万卷楼丛书》本排印。

　　收藏单位：安徽馆、长春馆、重庆馆、大理馆、大连馆、东北师大馆、广西馆、贵州馆、国家馆、黑龙江馆、湖南馆、江西馆、辽大馆、辽宁馆、辽师大馆、柳州馆、内蒙古馆、宁夏馆、西南大学馆

01757

汴京勼异记 （明）李濂著

上海：商务印书馆，1937.6，87 页，32 开（丛书集成初编 2725）

　　本书共 8 卷，据清《砚云甲乙编》本排印。

　　收藏单位：重庆馆、大理馆、大连馆、广西馆、国家馆、黑龙江馆、湖南馆、惠州馆、江西馆、辽大馆、辽宁馆、辽师大馆、内蒙古馆、西南大学馆

01758

涉异志 （明）闵文振撰·**广异记** （清）戴

君字撰·**聊斋志异拾遗** （清）蒲松龄著·**扶风传信录** （清）吴骞辑录

长沙：商务印书馆，1939.12，[86] 页，32 开（丛书集成初编 2726）

本书为合订书。每种各 1 卷，《涉异志》据明《纪录汇编》本影印，《广异记》据清《龙威秘书》本排印，《聊斋志异拾遗》据清《得月簃丛书》本排印，《扶风传信录》据清《拜经楼丛书》本排印。版权页题名：涉异志及其他三种。

收藏单位：大理馆、大连馆、广西馆、国家馆、黑龙江馆、湖南馆、辽大馆、辽宁馆、辽师大馆、天津馆、西南大学馆

01759

教坊记 （唐）崔令钦撰·**周秦行纪** （唐）牛僧孺撰·**龙女传** （唐）薛莹撰·**梦游录**（唐）任蕃撰·**非烟传** （唐）皇甫枚撰·**张无颇传** 佚名撰·**扬州梦记** （唐）于邺撰·**孙内翰北里志** （唐）孙棨撰·**薛昭传**佚名撰·**妆楼记** （五代）张泌纂

长沙：商务印书馆，1939.12，[64] 页，32 开（丛书集成初编 2733）

本书为合订书，每种各 1 卷。《教坊记》《龙女传》《梦游录》《张无颇传》《孙内翰北里志》《薛昭传》均据明《古今说海》本排印，《周秦行纪》据明阳山顾氏文房本排印，《非烟传》《扬州梦记》《妆楼记》均据清《龙威秘书》本排印。版权页题名：教坊记及其他九种。

收藏单位：大理馆、大连馆、广西馆、国家馆、黑龙江馆、湖南馆、辽大馆、辽宁馆、辽师大馆、内蒙古馆、天津馆、西南大学馆

01760

青楼集 （元）黄雪蓑辑·**丽情集** （明）杨慎撰·**辽阳海神传** （明）蔡羽述·**板桥杂记**（明）余怀著·**拊掌录** （宋）宋元怀撰

长沙：商务印书馆，1939.12，[63] 页，32 开（丛书集成初编 2734）

本书为合订书。《青楼集》《辽阳海神传》《拊掌录》各 1 卷，均据明《古今说海》本排印；《丽情集》各 1 卷，据清《函海》本排印；

《板桥杂记》3 卷，据清《金陵丛刻》本排印。版权页题名：青楼集及其他四种。

收藏单位：大理馆、大连馆、广西馆、国家馆、黑龙江馆、湖南馆、辽大馆、辽宁馆、辽师大馆、天津馆、西南大学馆

01761

尚书故实 （唐）李绰编·**唐摭言** （五代）王定保撰

上海：商务印书馆，1936.6，2 册（14+140 页），32 开（丛书集成初编 2739—2740）

本书为合订书。《尚书故实》1 卷，据明《宝颜堂秘笈》本排印；《唐摭言》15 卷，据清《学津讨原》本排印。版权页题名：尚书故实及其他一种。

收藏单位：安徽馆、长春馆、重庆馆、大理馆、大连馆、东北师大馆、广西馆、贵州馆、国家馆、黑龙江馆、湖南馆、惠州馆、江西馆、辽大馆、辽宁馆、辽师大馆、柳州馆、内蒙古馆、宁夏馆、西南大学馆

01762

大唐新语 （唐）刘肃撰

上海：商务印书馆，1937.12，2 册（143 页），32 开（丛书集成初编 2741—2742）

本书共 13 卷，据明《稗海》本排印。

收藏单位：安徽馆、长春馆、重庆馆、大理馆、大连馆、东北师大馆、广西馆、贵州馆、国家馆、黑龙江馆、湖南馆、江西馆、辽大馆、辽宁馆、辽师大馆、内蒙古馆、宁夏馆、西南大学馆

01763

东斋记事 （宋）范镇撰·**国老谈苑** （宋）王君玉编·**涑水记闻** （宋）司马光撰

上海：商务印书馆，1936.12，2 册（33+16+182 页），32 开（丛书集成初编 2744—2745）

本书为合订书。《东斋记事》6 卷，附补遗，据清《守山阁丛书》本排印；《国老谈苑》2 卷，据宋《百川学海》本排印；《涑水记闻》17 卷，附补遗，据清聚珍版丛书本排印。版权页题名：东斋记事及其他二种。

收藏单位：长春馆、重庆馆、大理馆、大

连馆、东北师大馆、广西馆、贵州馆、国家馆、黑龙江馆、湖南馆、江西馆、辽大馆、辽宁馆、辽师大馆、柳州馆、内蒙古馆、宁夏馆、绍兴馆、西南大学馆

01764

河南邵氏闻见前录 （宋）邵伯温著

长沙：商务印书馆，1939.12，2 册（151 页），32 开（丛书集成初编 2749—2750）

本书共 20 卷，据清《学津讨原》本排印。

收藏单位：大理馆、大连馆、广西馆、国家馆、黑龙江馆、湖南馆、辽大馆、辽宁馆、辽师大馆、西南大学馆

01765

河南邵氏闻见后录 （宋）邵博著

上海：商务印书馆，1936.12，2 册（198 页），32 开（丛书集成初编 2751—2752）

本书共 30 卷，据明《津逮秘书》本排印。

收藏单位：长春馆、重庆馆、大理馆、大连馆、东北师大馆、广西馆、贵州馆、国家馆、黑龙江馆、湖南馆、江西馆、辽大馆、辽宁馆、辽师大馆、柳州馆、内蒙古馆、宁夏馆、绍兴馆

01766

春明退朝录 （宋）宋敏求述

上海：商务印书馆，1936.12，43 页，32 开（丛书集成初编 2753）

本书共 3 卷，据宋《百川学海》本排印。

收藏单位：安徽馆、长春馆、重庆馆、大理馆、大连馆、东北师大馆、广西馆、贵州馆、国家馆、黑龙江馆、湖南馆、江西馆、辽大馆、辽宁馆、辽师大馆、柳州馆、内蒙古馆、宁夏馆、绍兴馆、天津馆、西南大学馆

01767

萍洲可谈 （宋）朱彧撰·**石林燕语** （宋）叶梦得撰

长沙：商务印书馆，1939.12，2 册（46+100

页），32 开（丛书集成初编 2754—2755）

本书为合订书。《萍洲可谈》4 卷，据清《守山阁丛书》本排印；《石林燕语》10 卷，据明《稗海》本排印。版权页题名：萍洲可谈及其他一种。

收藏单位：大理馆、大连馆、东北师大馆、广西馆、国家馆、黑龙江馆、湖南馆、江西馆、辽大馆、辽宁馆、辽师大馆、天津馆、西南大学馆

01768

唐语林 （宋）王谠撰

长沙：商务印书馆，1939.12，4 册（273 页），32 开（丛书集成初编 2756—2759）

本书共 9 卷，附校勘记，据清《守山阁丛书》本排印。

收藏单位：大理馆、大连馆、广西馆、国家馆、黑龙江馆、湖南馆、辽大馆、辽宁馆、辽师大馆、内蒙古馆、西南大学馆

01769

东轩笔录 （宋）魏泰撰·**珍席放谈** （宋）高晦叟撰·**桐阴旧话** （宋）韩元吉撰

长沙：商务印书馆，1939.12，2 册（113+19+3 页），32 开（丛书集成初编 2760—2761）

本书为合订书。《东轩笔录》15 卷，据明《稗海》本排印；《珍席放谈》2 卷，据清《函海》本排印；《桐阴旧话》1 卷，据明《古今说海》本排印。版权页题名：东轩笔录及其他二种。

收藏单位：大理馆、大连馆、国家馆、黑龙江馆、湖南馆、辽大馆、辽宁馆、辽师大馆、内蒙古馆、西南大学馆

01770

四朝闻见录 （宋）叶绍翁撰

上海：商务印书馆，1937.12，3 册（190 页），32 开（丛书集成初编 2763—2765）

本书共 6 卷，附《王大令保母帖》题跋，据清《知不足斋丛书》本排印。

收藏单位：重庆馆、大理馆、广西馆、国家馆、黑龙江馆、湖南馆、江西馆、辽大馆、辽宁馆、辽师大馆、内蒙古馆、西南大学馆

01771
老学庵笔记 （宋）陆游撰
上海：商务印书馆，1936.12，98 页，32 开
（丛书集成初编 2766）

　　本书共 10 卷，据明《津逮秘书》本影印。

　　收藏单位：安徽馆、长春馆、重庆馆、大理馆、大连馆、东北师大馆、广西馆、贵州馆、国家馆、黑龙江馆、湖南馆、江西馆、辽大馆、辽宁馆、辽师大馆、柳州馆、内蒙古馆、宁夏馆、天津馆、西南大学馆

01772
二老堂杂志 （宋）周必大著
上海：商务印书馆，1936.12，104 页，32 开
（丛书集成初编 2767）

　　本书共 5 卷，据清《学海类编》本影印。

　　收藏单位：安徽馆、长春馆、重庆馆、大理馆、大连馆、东北师大馆、广西馆、贵州馆、国家馆、黑龙江馆、湖南馆、江西馆、辽大馆、辽宁馆、辽师大馆、柳州馆、内蒙古馆、宁夏馆、绍兴馆、天津馆、西南大学馆

01773
曲洧旧闻 （宋）朱弁撰
上海：商务印书馆，1936.12，80 页，32 开（丛书集成初编 2768）

　　本书共 10 卷，据清《知不足斋丛书》本排印。

　　收藏单位：安徽馆、长春馆、重庆馆、大理馆、大连馆、东北师大馆、广西馆、贵州馆、国家馆、黑龙江馆、湖南馆、江西馆、辽大馆、辽宁馆、辽师大馆、柳州馆、内蒙古馆、宁夏馆、绍兴馆、天津馆、西南大学馆

01774
玉照新志 （宋）王明清撰
上海：商务印书馆，1936.12，78 页，32 开（丛书集成初编 2769）

　　本书共 5 卷，据清《学津讨原》本排印。

　　收藏单位：安徽馆、长春馆、重庆馆、大理馆、大连馆、东北师大馆、广西馆、贵州馆、国家馆、黑龙江馆、湖南馆、江西馆、辽大馆、辽宁馆、辽师大馆、柳州馆、内蒙古馆、宁夏馆、天津馆、西南大学馆

01775
挥麈录 （宋）王明清辑·**闲燕常谈** （宋）董弅撰
上海：商务印书馆，1936.12，4 册（1103+10 页），32 开（丛书集成初编 2770—2773）

　　本书为合订书。《挥麈录》20 卷，分前录、后录、三录、余话，据明《津逮秘书》本影印；《闲燕常谈》1 卷，据明《历代小史》本影印。版权页题名：挥麈录及其他一种。

　　收藏单位：重庆馆、大理馆、大连馆、东北师大馆、广西馆、贵州馆、国家馆、黑龙江馆、湖南馆、江西馆、辽大馆、辽宁馆、辽师大馆、柳州馆、内蒙古馆、宁夏馆、绍兴馆、西南大学馆

01776
清波杂志 （宋）周煇撰
长沙：商务印书馆，1939.12，161 页，32 开
（丛书集成初编 2774）

　　本书共 15 卷，附别志，据清《知不足斋丛书》本排印。

　　收藏单位：大理馆、大连馆、广西馆、国家馆、黑龙江馆、湖南馆、辽大馆、辽宁馆、辽师大馆、西南大学馆

01777
独醒杂志 （宋）曾敏行撰
上海：商务印书馆，1937.6，92 页，32 开
（丛书集成初编 2775）

　　本书共 11 卷，有附录，据清《知不足斋丛书》本排印。

　　收藏单位：安徽馆、长春馆、重庆馆、大理馆、大连馆、大庆馆、东北师大馆、广西馆、贵州馆、国家馆、黑龙江馆、湖南馆、江西馆、辽大馆、辽宁馆、辽师大馆、柳州馆、内蒙古馆、宁夏馆、天津馆、西南大学馆

01778
西塘集耆旧续闻 （宋）陈鹄撰

上海：商务印书馆，1936.6，68 页，32 开（丛书集成初编 2776）

本书共 10 卷，据清《知不足斋丛书》本排印。

收藏单位：安徽馆、长春馆、重庆馆、大理馆、大连馆、东北师大馆、广西馆、贵州馆、国家馆、黑龙江馆、湖南馆、惠州馆、江西馆、辽大馆、辽宁馆、辽师大馆、柳州馆、内蒙古馆、宁夏馆、绍兴馆、天津馆、西南大学馆

01779

齐东野语 （宋）周密撰

长沙：商务印书馆，1939.12，4 册（269 页），32 开（丛书集成初编 2779—2782）

本书共 20 卷，据清《学津讨原》本排印。

收藏单位：大理馆、大连馆、东北师大馆、国家馆、黑龙江馆、湖南馆、江西馆、辽大馆、辽宁馆、辽师大馆、内蒙古馆、西南大学馆

01780

贵耳集 （宋）张端义著

长沙：商务印书馆，1937.12，65 页，32 开（丛书集成初编 2783）

本书共 3 卷，据明《津逮秘书》本影印。

收藏单位：安徽馆、长春馆、重庆馆、大理馆、大连馆、大庆馆、东北师大馆、广东馆、贵州馆、国家馆、黑龙江馆、湖南馆、江西馆、辽大馆、辽宁馆、辽师大馆、内蒙古馆、宁夏馆、天津馆、西南大学馆

01781

枫窗小牍 （宋）袁褧撰 （宋）袁颐续 （明）姚士麟校·**黄氏日抄古今纪要逸编** （宋）黄震撰

长沙：商务印书馆，1939.12，30+14 页，32 开（丛书集成初编 2784）

本书为合订书。《枫窗小牍》2 卷，据明《宝颜堂秘笈》本排印;《黄氏日抄古今纪要逸编》1 卷，据清《知不足斋丛书》本排印。版权页题名：枫窗小牍及其他一种。

收藏单位：大理馆、大连馆、国家馆、黑龙江馆、湖南馆、江西馆、辽大馆、辽宁馆、辽师大馆、天津馆、西南大学馆

01782

道山清话 佚名撰·**万柳溪边旧话** （宋）尤玘撰

长沙：商务印书馆，1939.12，29+15 页，32 开（丛书集成初编 2785）

本书为合订书。每种各 1 卷，《道山清话》据宋《百川学海》本排印，《万柳溪边旧话》据清《知不足斋丛书》本排印。版权页题名：道山清话及其他一种。

收藏单位：大理馆、大连馆、广西馆、国家馆、黑龙江馆、湖南馆、江西馆、辽大馆、辽宁馆、辽师大馆、天津馆、西南大学馆

01783

避暑录话 （宋）叶梦得撰

长沙：商务印书馆，1939.12，2 册（103 页），32 开（丛书集成初编 2786—2787）

本书共 2 卷，据明《津逮秘书》本排印。

收藏单位：大理馆、大连馆、广西馆、国家馆、黑龙江馆、湖南馆、江西馆、辽大馆、辽宁馆、辽师大馆、内蒙古馆、西南大学馆

01784

续世说 （宋）孔平仲撰

上海：商务印书馆，1936.12，3 册（205 页），32 开（丛书集成初编 2788—2790）

本书共 12 卷，据清《守山阁丛书》本排印。

收藏单位：安徽馆、长春馆、重庆馆、大理馆、大连馆、东北师大馆、广西馆、贵州馆、国家馆、黑龙江馆、湖南馆、江西馆、辽大馆、辽宁馆、辽师大馆、柳州馆、内蒙古馆、宁夏馆、西南大学馆

01785

退斋笔录 （宋）侯延庆撰·**却扫编** （宋）徐度撰

上海：商务印书馆，1936.12，3+223 页，32 开（丛书集成初编 2791）

本书为合订书。《退斋笔录》1 卷，据明

《历代小史》本影印；《却扫编》3卷，据明《津逮秘书》本影印。版权页题名：退斋笔录及其他一种。

　　收藏单位：安徽馆、长春馆、重庆馆、大理馆、大连馆、大庆馆、东北师大馆、广西馆、贵州馆、国家馆、黑龙江馆、湖南馆、江西馆、辽大馆、辽宁馆、辽师大馆、柳州馆、内蒙古馆、宁夏馆、绍兴馆、西南大学馆

01786

文昌杂录 （宋）庞元英撰

上海：商务印书馆，1936.12，69 页，32 开（丛书集成初编 2792）

　　本书共 7 卷，附补遗，据清《学津讨原》本排印。

　　收藏单位：安徽馆、长春馆、重庆馆、大理馆、大连馆、东北师大馆、广西馆、贵州馆、国家馆、黑龙江馆、湖南馆、江西馆、辽大馆、辽宁馆、辽师大馆、柳州馆、内蒙古馆、宁夏馆、绍兴馆、天津馆、西南大学馆

01787

儒林公议 （宋）佚名撰

上海：商务印书馆，1937.6，43 页，32 开（丛书集成初编 2793）

　　本书共 2 卷，据明《稗海》本排印。

　　收藏单位：安徽馆、长春馆、重庆馆、大理馆、大连馆、大庆馆、东北师大馆、广西馆、贵州馆、国家馆、黑龙江馆、湖南馆、江西馆、辽大馆、辽宁馆、辽师大馆、柳州馆、内蒙古馆、宁夏馆、天津馆、西南大学馆

01788

北轩笔记 （元）陈世隆撰·**彭文宪公笔记**（明）彭时撰

上海：商务印书馆，1936.6，19+45 页，32 开（丛书集成初编 2796）

　　本书为合订书。每种各 1 卷，《北轩笔记》据清《知不足斋丛书》本排印，《彭文宪公笔记》据明《纪录汇编》本影印。版权页题名：北轩笔记及其他一种。

　　收藏单位：安徽馆、长春馆、重庆馆、大理馆、大连馆、广西馆、贵州馆、国家馆、黑龙江馆、湖南馆、惠州馆、江西馆、辽大馆、辽宁馆、辽师大馆、柳州馆、内蒙古馆、宁夏馆、天津馆、西南大学馆

01789

野记 （明）祝允明撰·**溪山余话** （明）陆深著·**停骖录摘抄** （明）陆深撰·**世说旧注**（明）杨慎撰

上海：商务印书馆，1936.12，[212] 页，32 开（丛书集成初编 2801）

　　本书为合订书。《野记》1 卷，据明《历代小史》本影印；《溪山余话》1 卷，据明《宝颜堂秘笈》本影印；《停骖录摘抄》2 卷，据明《纪录汇编》本影印；《世说旧注》1 卷，据清《函海》本影印。版权页题名：野记及其他三种。

　　收藏单位：安徽馆、长春馆、重庆馆、大理馆、大连馆、东北师大馆、广西馆、贵州馆、国家馆、黑龙江馆、湖南馆、江西馆、辽大馆、辽宁馆、辽师大馆、柳州馆、内蒙古馆、宁夏馆、绍兴馆、天津馆、西南大学馆

01790

郑端简公吾学编余 （明）郑晓撰

上海：商务印书馆，1936.12，116 页，32 开（丛书集成初编 2802）

　　本书共 1 卷，据明《盐邑志林》本影印。

　　收藏单位：安徽馆、长春馆、重庆馆、大理馆、大连馆、东北师大馆、广西馆、贵州馆、国家馆、黑龙江馆、湖南馆、江西馆、辽大馆、辽宁馆、辽师大馆、柳州馆、内蒙古馆、宁夏馆、首都馆、天津馆、西南大学馆

01791

郑端简公今言类编 （明）郑晓撰

上海：商务印书馆，1936.12，3 册（396 页），32 开（丛书集成初编 2803—2805）

　　本书共 6 卷，据明《盐邑志林》本影印。

　　收藏单位：安徽馆、长春馆、重庆馆、大

理馆、大连馆、东北师大馆、广西馆、贵州馆、国家馆、黑龙江馆、湖南馆、江西馆、辽大馆、辽宁馆、辽师大馆、柳州馆、内蒙古馆、宁夏馆、绍兴馆、西南大学馆

01792

先进遗风 （明）耿定向辑著 （明）毛在增补

上海：商务印书馆，1936.6，52页，32开（丛书集成初编 2806）

　　本书共 2 卷，据明《宝颜堂秘笈》本排印。

　　收藏单位：安徽馆、长春馆、重庆馆、大理馆、大连馆、东北师大馆、广西馆、贵州馆、国家馆、黑龙江馆、湖南馆、惠州馆、江西馆、辽大馆、辽宁馆、辽师大馆、柳州馆、内蒙古馆、宁夏馆、绍兴馆、天津馆、西南大学馆

01793

四友斋丛说摘抄 （明）何良俊撰·**列朝盛事** （明）王世贞撰

长沙：商务印书馆，1937.12，3 册（398+12页），32开（丛书集成初编 2807—2809）

　　本书为合订本。《四友斋丛说摘抄》7 卷，据明《纪录汇编》影印；《列朝盛事》1 卷，据清《借月山房汇钞》本排印。版权页题名：四友斋丛说摘抄及其他一种。

　　收藏单位：安徽馆、长春馆、重庆馆、大理馆、大连馆、大庆馆、东北师大馆、广西馆、贵州馆、国家馆、黑龙江馆、湖南馆、江西馆、辽大馆、辽宁馆、辽师大馆、柳州馆、内蒙古馆、宁夏馆、西南大学馆

01794

凤洲杂编 （明）王世贞撰·**觚不觚录** （明）王世贞撰·**窥天外乘** （明）王世懋撰

上海：商务印书馆，1937.6，2 册（176+18+28页），32开（丛书集成初编 2810—2811）

　　本书为合订书。《凤洲杂编》6 卷，据明《纪录汇编》本影印；《觚不觚录》1 卷，据明《宝颜堂秘笈》本排印；《窥天外乘》1 卷，据明《纪录汇编》本影印。版权页题名：凤洲杂

编及其他二种。

　　收藏单位：安徽馆、长春馆、重庆馆、大理馆、大连馆、大庆馆、东北师大馆、广西馆、贵州馆、国家馆、黑龙江馆、湖南馆、江西馆、辽大馆、辽宁馆、辽师大馆、柳州馆、内蒙古馆、宁夏馆、西南大学馆

01795

典故纪闻 （明）余继登辑

上海：商务印书馆，1936.12，4 册（313 页），32开（丛书集成初编 2814—2817）

　　本书共 18 卷，据清《畿辅丛书》本排印。

　　收藏单位：安徽馆、长春馆、重庆馆、大理馆、大连馆、东北师大馆、广西馆、贵州馆、国家馆、黑龙江馆、湖南馆、江西馆、辽大馆、辽宁馆、辽师大馆、柳州馆、内蒙古馆、宁夏馆、绍兴馆、西南大学馆

01796

近峰记略 （明）皇甫禄撰·**蔗山笔麈** （明）商辂著·**宾退录** （明）赵善政著

上海：商务印书馆，1936.12，4+13+32 页，32开（丛书集成初编 2821）

　　本书为合订书。《近峰记略》1 卷，据明《百陵学山》本排印；《蔗山笔麈》1 卷，据清《学海类编》本排印；《宾退录》4 卷，据清《泾川丛书》本排印。版权页题名：近峰记略及其他二种。

　　收藏单位：安徽馆、长春馆、重庆馆、大理馆、大连馆、东北师大馆、广西馆、贵州馆、国家馆、黑龙江馆、湖南馆、江西馆、辽大馆、辽宁馆、辽师大馆、柳州馆、内蒙古馆、宁夏馆、天津馆、西南大学馆

01797

治世余闻 （明）陈洪谟撰

长沙：商务印书馆，1937.12，152 页，32开（丛书集成初编 2822）

　　本书共 8 卷，据明《纪录汇编》本影印。

　　收藏单位：安徽馆、长春馆、重庆馆、大理馆、大连馆、东北师大馆、广西馆、贵州馆、国家馆、黑龙江馆、湖南馆、江西馆、

辽大馆、辽宁馆、辽师大馆、内蒙古馆、宁夏馆、天津馆、西南大学馆

01798

继世纪闻 （明）陈洪谟撰

长沙：商务印书馆，1937.12，112 页，32 开（丛书集成初编 2823）

　　本书共 6 卷，据明《纪录汇编》本影印。

　　收藏单位：安徽馆、长春馆、重庆馆、大理馆、大连馆、东北师大馆、广西馆、贵州馆、国家馆、黑龙江馆、湖南馆、江西馆、辽大馆、辽宁馆、辽师大馆、内蒙古馆、宁夏馆、天津馆、西南大学馆

01799

居易录谈 （清）王士禛著

上海：商务印书馆，1936.12，39 页，32 开（丛书集成初编 2824）

　　本书共 4 卷，附《居易续谈》，据清《学海类编》本排印。

　　收藏单位：安徽馆、长春馆、重庆馆、大理馆、大连馆、东北师大馆、广西馆、贵州馆、国家馆、黑龙江馆、湖南馆、江西馆、辽大馆、辽宁馆、辽师大馆、柳州馆、内蒙古馆、宁夏馆、绍兴馆、天津馆、西南大学馆

01800

今世说 （清）王晫撰

上海：商务印书馆，1935.12，101 页，32 开（丛书集成初编 2825）

　　本书共 8 卷，据清《粤雅堂丛书》本排印。

　　收藏单位：安徽馆、长春馆、重庆馆、大理馆、大连馆、东北师大馆、广西馆、贵州馆、国家馆、黑龙江馆、湖南馆、惠州馆、江西馆、辽大馆、辽宁馆、辽师大馆、柳州馆、内蒙古馆、宁夏馆、绍兴馆、天津馆、西南大学馆

01801

茶余客话 （清）阮葵生纂

上海：商务印书馆，1936.12，110 页，32 开（丛书集成初编 2826）

　　本书共 12 卷，据清《艺海珠尘》本排印。

　　收藏单位：安徽馆、长春馆、重庆馆、大理馆、大连馆、东北师大馆、广西馆、贵州馆、国家馆、黑龙江馆、湖南馆、江西馆、辽大馆、辽宁馆、辽师大馆、柳州馆、内蒙古馆、宁夏馆、天津馆、西南大学馆

01802

云杜故事 （清）易本烺撰·**豪谱** （清）高承勋辑

上海：商务印书馆，1936.12，11+24 页，32 开（丛书集成初编 2827）

　　本书为合订书。《云杜故事》1 卷，据清《湖北丛书》本排印；《豪谱》1 卷，据清《续知不足斋丛书》本排印。版权页题名：云杜故事及其他一种。

　　收藏单位：长春馆、重庆馆、大理馆、大连馆、东北师大馆、广西馆、贵州馆、国家馆、黑龙江馆、湖南馆、江西馆、辽宁馆、辽师大馆、柳州馆、内蒙古馆、宁夏馆、绍兴馆、天津馆、西南大学馆

01803

天禄阁外史 （汉）黄宪著

上海：商务印书馆，1936.12，2 册（114 页），32 开（丛书集成初编 2828—2829）

　　本书共 8 卷，据明《汉魏丛书》本排印。

　　收藏单位：安徽馆、长春馆、重庆馆、大理馆、大连馆、东北师大馆、广西馆、贵州馆、国家馆、黑龙江馆、湖南馆、江西馆、辽大馆、辽宁馆、辽师大馆、柳州馆、内蒙古馆、宁夏馆、绍兴馆、西南大学馆

01804

朝野金载 （唐）张鷟撰·**昌黎杂说** （唐）韩愈著·**刘宾客嘉话录** （唐）韦绚录

上海：商务印书馆，1936.12，85+2+20 页，32 开（丛书集成初编 2830）

　　本书为合订书。《朝野金载》6 卷，据明《宝颜堂秘笈》本排印；《昌黎杂说》1 卷，据清《龙威秘书》本排印；《刘宾客嘉话录》1

卷，据明阳山顾氏文房本排印。版权页题名：朝野佥载及其他二种。

收藏单位：安徽馆、长春馆、重庆馆、大理馆、大连馆、东北师大馆、广西馆、贵州馆、国家馆、黑龙江馆、湖南馆、江西馆、辽大馆、辽宁馆、辽师大馆、柳州馆、内蒙古馆、宁夏馆、绍兴馆、天津馆、西南大学馆

01805

因话录 （唐）赵璘撰 · **乾䐜子** （唐）温庭筠述

长沙：商务印书馆，1939.12，47+3 页，32 开（丛书集成初编 2831）

本书为合订书。《因话录》6 卷，据明《稗海》本排印；《乾䐜子》1 卷，据清《龙威秘书》本排印。版权页题名：因话录及其他一种。

收藏单位：大理馆、大连馆、广西馆、国家馆、黑龙江馆、江西馆、辽大馆、辽宁馆、辽师大馆、天津馆、西南大学馆

01806

云溪友议 （唐）范摅纂

长沙：商务印书馆，1939.12，2 册（72 页），32 开（丛书集成初编 2832—2833）

本书共 12 卷，据明《稗海》本排印。

收藏单位：大理馆、大连馆、东北师大馆、国家馆、黑龙江馆、湖南馆、辽大馆、辽宁馆、辽师大馆、内蒙古馆、西南大学馆

01807

杜阳杂编 （唐）苏鹗撰 · **桂苑丛谈** （唐）冯翊著

长沙：商务印书馆，1939.12，30+11 页，32 开（丛书集成初编 2835）

本书为合订书。《杜阳杂编》3 卷，据清《学津讨原》本排印；《桂苑丛谈》1 卷，据明《宝颜堂秘笈》本排印。版权页题名：杜阳杂编及其他一种。

收藏单位：大理馆、大连馆、广西馆、国家馆、黑龙江馆、湖南馆、江西馆、辽大馆、辽宁馆、辽师大馆、天津馆、西南大学馆

01808

云仙杂记 （唐）冯贽著

长沙：商务印书馆，1939.12，96 页，32 开（丛书集成初编 2836）

本书共 10 卷，据明《唐宋丛书》本排印。

收藏单位：大理馆、大连馆、广西馆、国家馆、黑龙江馆、湖南馆、辽大馆、辽师大馆、西南大学馆

01809

独异志 （唐）李冗撰

上海：商务印书馆，1937.12，51 页，32 开（丛书集成初编 2837）

本书共 3 卷，据明《稗海》本排印。

收藏单位：重庆馆、大理馆、广西馆、国家馆、黑龙江馆、湖南馆、江西馆、辽大馆、辽宁馆、辽师大馆、天津馆、西南大学馆

01810

阙史 （唐）高彦休撰

上海：商务印书馆，1936.12，41 页，32 开（丛书集成初编 2839）

本书共 2 卷，据清《知不足斋丛书》本排印。

收藏单位：长春馆、重庆馆、大理馆、大连馆、东北师大馆、广西馆、贵州馆、国家馆、黑龙江馆、湖南馆、江西馆、辽大馆、辽宁馆、辽师大馆、柳州馆、内蒙古馆、宁夏馆、天津馆、西南大学馆

01811

金华子杂编 （五代）刘崇远撰 （清）周广业校注 · **中朝故事** （五代）尉迟偓纂

上海：商务印书馆，1936.6，27+12 页，32 开（丛书集成初编 2840）

本书为合订书。《金华子杂编》2 卷，据清《读画斋丛书》本排印；《中朝故事》1 卷，据明《历代小史》本排印。版权页题名：金华子杂编及其他一种。

收藏单位：安徽馆、长春馆、重庆馆、大理馆、大连馆、东北师大馆、广西馆、贵州馆、国家馆、黑龙江馆、湖南馆、惠州馆、

江西馆、辽大馆、辽宁馆、辽师大馆、柳州
馆、内蒙古馆、宁夏馆、天津馆、西南大学
馆

01812

北梦琐言 （五代）孙光宪纂集

长沙：商务印书馆，1939.12，2 册（161 页），
32 开（丛书集成初编 2841—2842）

　　本书共 20 卷，据清《雅雨堂丛书》本排
印。

　　收藏单位：大理馆、大连馆、国家馆、黑
龙江馆、湖南馆、辽大馆、辽宁馆、辽师大
馆、内蒙古馆、西南大学馆

01813

鉴诫录 （五代）何光远撰 · **玉溪编事**

长沙：商务印书馆，1939.12，76+3 页，32 开
（丛书集成初编 2843）

　　本书为合订书。《鉴诫录》10 卷，据清
《知不足斋丛书》排印；《玉溪编事》1 卷，据
清《龙威秘书》本排印。版权页题名：鉴诫录
及其他一种。

　　收藏单位：大理馆、大连馆、广西馆、国
家馆、黑龙江馆、湖南馆、江西馆、辽大馆、
辽宁馆、辽师大馆、内蒙古馆、天津馆、西
南大学馆

01814

洛阳搢绅旧闻记 （宋）张齐贤集

长沙：商务印书馆，1939.12，49 页，32 开（丛
书集成初编 2844）

　　本书共 5 卷，据清《知不足斋丛书》本
排印。

　　收藏单位：大理馆、大连馆、国家馆、黑
龙江馆、湖南馆、江西馆、辽大馆、辽师大
馆、西南大学馆

01815

南部新书 （宋）钱易撰 · **碧云騢** （宋）梅
尧臣著

上海：商务印书馆，1936.12，2 册（118+5 页），
32 开（丛书集成初编 2847—2848）

　　本书为合订书。《南部新书》10 卷，据清

《学津讨原》本排印；《碧云騢》1 卷，据明阳
山顾氏文房本排印。版权页题名：南部新书及
其他一种。

　　收藏单位：安徽馆、长春馆、重庆馆、大
理馆、大连馆、东北师大馆、广西馆、贵州
馆、国家馆、黑龙江馆、湖南馆、江西馆、
辽大馆、辽宁馆、辽师大馆、柳州馆、内蒙
古馆、宁夏馆、绍兴馆、西南大学馆

01816

东坡志林 （宋）苏轼撰

长沙：商务印书馆，1939.12，85+59 页，32
开（丛书集成初编 2850）

　　本书共 17 卷，据清《学津讨原》本排
印。

　　收藏单位：大理馆、大连馆、广西馆、国
家馆、黑龙江馆、湖南馆、辽大馆、辽宁馆、
辽师大馆、内蒙古馆

01817

仇池笔记 （宋）苏轼撰 · **渔樵闲话录** （宋）
苏轼撰 · **济南先生师友谈记** （宋）李廌撰

上海：商务印书馆，1936.12，10+9+21 页，32
开（丛书集成初编 2851）

　　本书为合订书。每种各 1 卷，《仇池笔
记》据清《龙威秘书》本排印，《渔樵闲话
录》据明《宝颜堂秘笈》本排印，《济南先生
师友谈记》据宋《百川学海》本排印。版权
页题名：仇池笔记及其他二种。

　　收藏单位：安徽馆、长春馆、重庆馆、大
理馆、大连馆、东北师大馆、广西馆、贵州
馆、国家馆、黑龙江馆、湖南馆、江西馆、
辽大馆、辽宁馆、辽师大馆、柳州馆、内蒙
古馆、宁夏馆、天津馆、西南大学馆

01818

后山丛谈 （宋）陈师道著 · **高斋漫录** （宋）
曾慥撰

上海：商务印书馆，1936.12，39+11 页，32
开（丛书集成初编 2854）

　　本书为合订书。《后山丛谈》4 卷，据明
《宝颜堂秘笈》本排印；《高斋漫录》1 卷，据
清《守山阁丛书》本排印。版权页题名：后山

丛谈及其他一种。

　　收藏单位：安徽馆、长春馆、重庆馆、大理馆、大连馆、东北师大馆、广西馆、贵州馆、国家馆、黑龙江馆、湖南馆、江西馆、辽大馆、辽宁馆、辽师大馆、柳州馆、内蒙古馆、宁夏馆、绍兴馆、天津馆、西南大学馆

01819

侯鲭录 （宋）赵令畤撰

长沙：商务印书馆，1939.12，81 页，32 开（丛书集成初编 2859）

　　本书共 8 卷，据清《知不足斋丛书》本排印。

　　收藏单位：大理馆、大连馆、广西馆、国家馆、黑龙江馆、湖南馆、辽大馆、辽宁馆、辽师大馆、天津馆、西南大学馆

01820

过庭录 （宋）范公偁撰 · **明道杂志** （宋）张耒著

长沙：商务印书馆，1939.12，30+24 页，32 开（丛书集成初编 2860）

　　本书为合订书。每种各 1 卷，《过庭录》据明《稗海》本排印，《明道杂志》据明阳山顾氏文房本排印。版权页题名：过庭录及其他一种。

　　收藏单位：大理馆、大连馆、广西馆、国家馆、黑龙江馆、湖南馆、江西馆、辽大馆、辽宁馆、辽师大馆、天津馆、西南大学馆

01821

孔氏谈苑 （宋）孔平仲纂

长沙：商务印书馆，1939.12，63 页，32 开（丛书集成初编 2861）

　　本书共 5 卷，据清《艺海珠尘》本排印。

　　收藏单位：大理馆、大连馆、广西馆、国家馆、黑龙江馆、湖南馆、江西馆、辽大馆、辽宁馆、辽师大馆、天津馆、西南大学馆

01822

避暑漫抄 （宋）陆游纂 · **家世旧闻** （宋）陆游撰 · **萤雪丛说** （宋）俞成撰 · **可书** （宋）张知甫撰

长沙：商务印书馆，1939.12，[61] 页，32 开（丛书集成初编 2863）

　　本书为合订书。《避暑漫抄》1 卷，据明《古今说海》本排印；《家世旧闻》1 卷，据明《稗乘》本排印；《萤雪丛说》2 卷，据宋《儒学警悟》本排印；《可书》1 卷，据清《十万卷楼丛书》本排印。版权页题名：避暑漫抄及其他三种。

　　收藏单位：大理馆、大连馆、广西馆、国家馆、黑龙江馆、湖南馆、江西馆、辽大馆、辽宁馆、辽师大馆、天津馆、西南大学馆

01823

墨庄漫录 （宋）张邦基撰

长沙：商务印书馆，1939.12，3 册（118 页），32 开（丛书集成初编 2864—2866）

　　本书共 10 卷，据明《稗海》本排印。

　　收藏单位：重庆馆、大理馆、大连馆、广西馆、国家馆、黑龙江馆、湖南馆、辽大馆、辽宁馆、辽师大馆、西南大学馆

01824

鸡肋编 （宋）庄季裕撰 · **蓼花洲闲录** （宋）高文虎录

上海：商务印书馆，1936.12，126+12 页，32 开（丛书集成初编 2867）

　　本书为合订书。《鸡肋编》6 卷，附校勘记、续校，据清《琳琅秘室丛书》本排印；《蓼花洲闲录》1 卷，据明《古今说海》本排印。版权页题名：鸡肋编及其他一种。

　　收藏单位：安徽馆、长春馆、重庆馆、大理馆、东北师大馆、广西馆、贵州馆、国家馆、黑龙江馆、湖南馆、江西馆、辽大馆、辽宁馆、辽师大馆、柳州馆、内蒙古馆、宁夏馆、绍兴馆、天津馆、西南大学馆

01825

桯史 （宋）岳珂著

长沙：商务印书馆，1940.12，2 册（154 页），32 开（丛书集成初编 2869—2870）

　　本书共 16 卷，有附录，据明《津逮秘书》本影印。

　　收藏单位：长春馆、重庆馆、大理馆、大

连馆、大庆馆、东北师大馆、广西馆、贵州
馆、国家馆、黑龙江馆、湖南馆、江西馆、
辽大馆、辽宁馆、辽师大馆、内蒙古馆、宁
夏馆、绍兴馆、西南大学馆

01826

游宦纪闻 （宋）张世南撰

上海：商务印书馆，1936.12，63 页，32 开（丛
书集成初编 2871）

　　本书共 10 卷，据清《知不足斋丛书》本
排印。

　　收藏单位：安徽馆、长春馆、重庆馆、大
理馆、大连馆、东北师大馆、广西馆、贵州
馆、国家馆、黑龙江馆、湖南馆、江西馆、辽
大馆、辽宁馆、辽师大馆、柳州馆、内蒙古
馆、宁夏馆、绍兴馆、天津馆、西南大学馆

01827

密斋笔记（续记） （宋）谢采伯撰

上海：商务印书馆，1936.12，56 页，32 开（丛
书集成初编 2872）

　　本书共 6 卷，有续记，据清《琳琅秘室
丛书》本排印。

　　收藏单位：安徽馆、长春馆、重庆馆、大
理馆、大连馆、东北师大馆、广西馆、贵州
馆、国家馆、黑龙江馆、湖南馆、江西馆、
辽大馆、辽宁馆、辽师大馆、柳州馆、内蒙
古馆、宁夏馆、天津馆、西南大学馆

01828

鹤林玉露 （宋）罗大经撰

长沙：商务印书馆，1939.12，4 册（184 页），
32 开（丛书集成初编 2873—2876）

　　本书共 16 卷，附补遗，据明《稗海》本
排印。

　　收藏单位：大理馆、广西馆、国家馆、黑
龙江馆、江西馆、辽大馆、辽宁馆、辽师大
馆、南京馆、西南大学馆

01829

北窗炙輠 （宋）施彦执撰

长沙：商务印书馆，1939.12，43 页，32 开
（丛书集成初编 2881）

本书共 2 卷，据清《读画斋丛书》本排
印。

　　收藏单位：重庆馆、大理馆、东北师大
馆、广西馆、国家馆、黑龙江馆、湖南馆、
辽大馆、辽师大馆、内蒙古馆、西南大学馆

01830

白獭髓 （宋）张仲文撰 **· 江行杂录** （宋）
廖莹中录 **· 遗史记闻** （宋）詹玠撰 **· 袖中锦**
（宋）太平老人撰 **· 搜采异闻录** （宋）永
亨撰

长沙：商务印书馆，1939.12，[56] 页，32 开
（丛书集成初编 2882）

　　本书为合订书。《白獭髓》1 卷，据明
《历代小史》本影印；《江行杂录》1 卷，据明
《古今说海本》排印；《遗史记闻》1 卷，据清
《龙威秘书》本排印；《袖中锦》1 卷，据清
《学海类编》本排印；《搜采异闻录》5 卷，据
明《稗海》本排印。版权页题名：白獭髓及其
他四种。

　　收藏单位：长春馆、重庆馆、大理馆、东
北师大馆、国家馆、黑龙江馆、湖南馆、辽
大馆、辽宁馆、辽师大馆、西南大学馆

01831

南窗纪谈 （宋）佚名撰 **· 两钞摘腴** （元）
史浩辑 **· 困学斋杂录** （元）鲜于枢撰

长沙：商 务 印 书 馆，1939.12，9+28+22 页，
32 开（丛书集成初编 2884）

　　本书为合订书。每种各 1 卷，《南窗纪
谈》《困学斋杂录》均据清《知不足斋丛书》
本排印，《两钞摘腴》据明《稗乘》本影印。
版权页题名：南窗纪谈及其他二种。

　　收藏单位：大理馆、大连馆、广西馆、国
家馆、黑龙江馆、湖南馆、江西馆、辽大馆、
辽师大馆、内蒙古馆、天津馆、西南大学馆

01832

马氏日抄 （明）马愈编 **· 石田杂记** （明）
沈周著 **· 苹野纂闻** （明）伍余福述 **· 寓圃杂
记** （明）王锜著

上海：商务印书馆，1936.12，[136] 页，32 开
（丛书集成初编 2891）

本书为合订书。《马氏日抄》《石田杂记》《苹野纂闻》各1卷，均据清《学海类编》本影印;《寓圃杂记》2卷，据明《纪录汇编》本影印。版权页题名：马氏日抄及其他三种。

收藏单位：安徽馆、长春馆、重庆馆、大理馆、大连馆、东北师大馆、广西馆、贵州馆、国家馆、黑龙江馆、湖南馆、江西馆、辽大馆、辽宁馆、辽师大馆、柳州馆、内蒙古馆、宁夏馆、绍兴馆、天津馆、西南大学馆

01833

双槐岁钞 （明）黄瑜撰

长沙：商务印书馆，1939.12，3册（186页），32开（丛书集成初编2892—2894）

本书共10卷，据清《岭南遗书》本排印。

收藏单位：大理馆、大连馆、广西馆、国家馆、黑龙江馆、江西馆、辽大馆、辽师大馆、西南大学馆

01834

闲中今古录摘抄 （明）黄溥撰·**悬笥琐探摘抄** （明）刘昌纂

长沙：商务印书馆，1937.12，40+36页，32开（丛书集成初编2895）

本书为合订书。每种各1卷，均据明《纪录汇编》影印。版权页题名：闲中今古录摘抄及其他一种。

收藏单位：安徽馆、长春馆、重庆馆、大理馆、大连馆、东北师大馆、广西馆、贵州馆、国家馆、黑龙江馆、湖南馆、江西馆、辽大馆、辽宁馆、辽师大馆、内蒙古馆、宁夏馆、天津馆、西南大学馆

01835

三余赘笔 （明）都卬著·**病逸漫记** （明）陆钺撰·**琅琊漫钞** （明）文林撰

长沙：商务印书馆，1939.12，8+34+13页，32开（丛书集成初编2897）

本书为合订书。每种各1卷，《三余赘笔》据清《续知不足斋丛书》本排印，《病逸漫记》据明《纪录汇编》本影印，《琅琊漫钞》据清《学海类编》本排印。版权页题名：三余赘笔及其他二种。

收藏单位：大理馆、大连馆、广西馆、国家馆、黑龙江馆、湖南馆、江西馆、辽大馆、辽师大馆、内蒙古馆、天津馆、西南大学馆

01836

方洲杂言 （明）张宁著·**苏谈** （明）杨循吉撰·**听雨纪谈** （明）都穆著

长沙：商务印书馆，1939.12，9+30+17页，32开（丛书集成初编2898）

本书为合订书。《方洲杂言》1卷，据清《学海类编》本排印;《苏谈》1卷，据明《纪录汇编》影印;《听雨纪谈》1卷，据清《续知不足斋丛书》本排印。版权页题名：方洲杂言及其他二种。

收藏单位：长春馆、重庆馆、大理馆、东北师大馆、国家馆、黑龙江馆、湖南馆、辽大馆、辽宁馆、辽师大馆、西南大学馆

01837

都公谭纂 （明）都穆撰 （明）陆采编次·**皋言** （明）马中锡撰

长沙：商务印书馆，1937.12，54+8页，32开（丛书集成初编2899）

本书为合订书。《都公谭纂》2卷，据清《砚云甲乙编》本排印;《皋言》1卷，据明《百陵学山》本影印。版权页题名：都公谭纂及其他一种。

收藏单位：安徽馆、长春馆、重庆馆、大理馆、大连馆、东北师大馆、广西馆、贵州馆、国家馆、湖南馆、江西馆、辽大馆、辽宁馆、辽师大馆、内蒙古馆、宁夏馆、天津馆、西南大学馆

01838

前闻记 （明）祝允明撰

上海：商务印书馆，1937.6，85页，32开（丛书集成初编2900）

本书共1卷，据明《纪录汇编》本影印。

收藏单位：安徽馆、长春馆、重庆馆、大理馆、大连馆、大庆馆、东北师大馆、广西馆、贵州馆、国家馆、黑龙江馆、湖南馆、

江西馆、辽大馆、辽宁馆、辽师大馆、柳州馆、内蒙古馆、天津馆、西南大学馆

01839

已疟编 （明）刘玉记·**损斋备忘录** （明）梅纯撰·**天香阁随笔** （明）李介撰

长沙：商务印书馆，1939.12，20+10+51 页，32 开（丛书集成初编 2901）

本书为合订书。《已疟编》1 卷，据明《稗乘》本影印；《损斋备忘录》1 卷，据明《古今说海》本排印；《天香阁随笔》2 卷，据清《粤雅堂丛书》本排印。版权页题名：已疟编及其他二种。

收藏单位：大理馆、大连馆、广西馆、国家馆、江西馆、辽大馆、辽宁馆、辽师大馆、内蒙古馆、天津馆、西南大学馆

01840

林泉随笔 （明）张纶言

上海：商务印书馆，1936.6，79 页，32 开（丛书集成初编 2902）

本书共 1 卷，据明《今献汇言》本影印。

收藏单位：安徽馆、长春馆、重庆馆、大理馆、大连馆、东北师大馆、广西馆、贵州馆、国家馆、黑龙江馆、湖南馆、惠州馆、江西馆、辽大馆、辽宁馆、辽师大馆、柳州馆、内蒙古馆、宁夏馆、绍兴馆、天津馆、西南大学馆

01841

双溪杂记 （明）王琼言

上海：商务印书馆，1936.6，52 页，32 开（丛书集成初编 2903）

本书共 1 卷，据明《今献汇言》本影印。

收藏单位：安徽馆、长春馆、重庆馆、大理馆、大连馆、东北师大馆、广西馆、贵州馆、国家馆、黑龙江馆、湖南馆、惠州馆、江西馆、辽大馆、辽师大馆、柳州馆、内蒙古馆、宁夏馆、天津馆、西南大学馆

01842

玉堂漫笔（两种） （明）陆深著

上海：商务印书馆，1936.12，28+12 页，32 开

（丛书集成初编 2905）

本书为合订书。每种各 1 卷，第 1 种据明《纪录汇编》本影印，第 2 种据明《宝颜堂秘笈》本排印。版权页题名：玉堂漫笔二种。

收藏单位：安徽馆、长春馆、重庆馆、大理馆、大连馆、东北师大馆、广西馆、贵州馆、国家馆、黑龙江馆、湖南馆、江西馆、辽大馆、辽宁馆、辽师大馆、柳州馆、内蒙古馆、宁夏馆、天津馆、西南大学馆

01843

金台纪闻·春雨堂随笔·愿丰堂漫书·燕闲录 （明）陆深著

上海：商务印书馆，1936.12，[32] 页，32 开（丛书集成初编 2906）

本书为合订书。每种各 1 卷，《金台纪闻》《愿丰堂漫书》《燕闲录》均据明《宝颜堂秘笈》本排印，《春雨堂随笔》据明《今献汇言》本排印。版权页题名：金台纪闻及其他三种。

收藏单位：安徽馆、长春馆、重庆馆、大理馆、大连馆、东北师大馆、福建馆、广西馆、贵州馆、国家馆、黑龙江馆、湖南馆、江西馆、辽大馆、辽宁馆、辽师大馆、柳州馆、内蒙古馆、宁夏馆、绍兴馆、天津馆、西南大学馆

01844

庚巳编 （明）陆粲撰

上海：商务印书馆，1937.6，3 册（242 页），32 开（丛书集成初编 2908—2910）

本书共 10 卷，据明《纪录汇编》本影印。

收藏单位：长春馆、重庆馆、大理馆、大连馆、大庆馆、东北师大馆、广西馆、贵州馆、国家馆、黑龙江馆、湖南馆、江西馆、辽大馆、辽宁馆、辽师大馆、内蒙古馆、宁夏馆、西南大学馆

01845

碧里杂存 （明）董谷撰

上海：商务印书馆，1937.6，129 页，32 开（丛

书集成初编 2911）

本书共 2 卷，据明《盐邑志林》本影印。

收藏单位：长春馆、重庆馆、大理馆、大连馆、大庆馆、东北师大馆、广西馆、贵州馆、国家馆、黑龙江馆、湖南馆、江西馆、辽大馆、辽宁馆、辽师大馆、柳州馆、内蒙古馆、宁夏馆、天津馆、西南大学馆

01846

东谷赘言 （明）敖英著

上海：商务印书馆，1937.6，35 页，32 开（丛书集成初编 2912）

本书共 2 卷，据明《宝颜堂秘笈》本排印。

收藏单位：安徽馆、重庆馆、大理馆、大连馆、大庆馆、东北师大馆、广西馆、贵州馆、国家馆、黑龙江馆、湖南馆、江西馆、辽大馆、辽宁馆、辽师大馆、柳州馆、内蒙古馆、宁夏馆、天津馆、西南大学馆

01847

西园杂记 （明）徐咸撰·**墅谈** （明）胡侍撰

上海：商务印书馆，1937.6，2 册（209+12 页），32 开（丛书集成初编 2913—2914）

本书为合订书。《西园杂记》2 卷，据明《盐邑志林》本排印；《墅谈》1 卷，据明《百陵学山》本影印。版权页题名：西园杂记及其他一种。

收藏单位：长春馆、重庆馆、大理馆、大连馆、大庆馆、东北师大馆、广西馆、贵州馆、国家馆、黑龙江馆、湖南馆、江西馆、辽大馆、辽宁馆、辽师大馆、柳州馆、内蒙古馆、宁夏馆、天津馆、西南大学馆

01848

长水日抄·耄余杂识·病榻寤言·清暑笔谈 （明）陆树声著

上海：商务印书馆，1936.6，[51] 页，32 开（丛书集成初编 2915）

本书为合订书。每种各 1 卷，均据明《宝颜堂秘笈》本排印。版权页题名：长水日抄及其他三种。

收藏单位：安徽馆、长春馆、重庆馆、大理馆、大连馆、东北师大馆、广西馆、贵州馆、国家馆、黑龙江馆、湖南馆、江西馆、辽大馆、辽宁馆、辽师大馆、柳州馆、内蒙古馆、宁夏馆、天津馆、西南大学馆

01849

春雨逸响·留青日札摘抄 （明）田艺蘅撰

上海：商务印书馆，1937.6，3 册（8+265 页），32 开（丛书集成初编 2916—2918）

本书为合订书。《春雨逸响》1 卷，据明《百陵学山》本影印；《留青日札摘抄》4 卷，据明《纪录汇编》本影印。版权页题名：春雨逸响及其他一种。

收藏单位：安徽馆、长春馆、重庆馆、大理馆、大连馆、东北师大馆、广西馆、贵州馆、国家馆、黑龙江馆、湖南馆、江西馆、辽大馆、辽师大馆、柳州馆、内蒙古馆、宁夏馆、西南大学馆

01850

复斋日记 （明）许浩著

上海：商务印书馆，1936.12，22 页，32 开（丛书集成初编 2919）

本书共 1 卷，据明《历代小史》本影印。

收藏单位：安徽馆、长春馆、重庆馆、大理馆、大连馆、大庆馆、东北师大馆、广西馆、贵州馆、国家馆、黑龙江馆、湖南馆、江西馆、辽大馆、辽宁馆、辽师大馆、柳州馆、内蒙古馆、宁夏馆、天津馆、西南大学馆

01851

蒹葭堂杂著摘抄 （明）陆楫撰·**西堂日记**
（明）杨豫孙撰

上海：商务印书馆，1936.6，22+9 页，32 开（丛书集成初编 2920）

本书为合订书。每种各 1 卷，《蒹葭堂杂著摘抄》据明《纪录汇编》本排印，《西堂日记》据明《宝颜堂秘笈》本排印。版权页题名：蒹葭堂杂著摘抄及其他一种。

收藏单位：安徽馆、长春馆、重庆馆、大理馆、大连馆、大庆馆、东北师大馆、广西

馆、贵州馆、国家馆、黑龙江馆、湖南馆、惠州馆、江西馆、辽大馆、辽宁馆、辽师大馆、柳州馆、内蒙古馆、宁夏馆、绍兴馆、天津馆、西南大学馆

01852

明良记 （明）杨仪撰·**文昌旅语** （明）王文禄记·**机警** （明）王文禄撰

上海：商务印书馆，1936.6，18+10+14 页，32 开（丛书集成初编 2921）

　　本书为合订书。每种各 1 卷，《明良记》据清《砚云甲乙编》本排印，《文昌旅语》《机警》均据明《百陵学山》本影印。版权页题名：明良记及其他二种。

　　收藏单位：安徽馆、长春馆、重庆馆、大理馆、大连馆、东北师大馆、广西馆、贵州馆、国家馆、黑龙江馆、湖南馆、惠州馆、江西馆、辽大馆、辽宁馆、辽师大馆、柳州馆、内蒙古馆、宁夏馆、绍兴馆、天津馆、西南大学馆

01853

鶡林子 （明）赵釴著·**祐山杂说** （明）冯汝弼著

上海：商务印书馆，1937.6，70+18 页，32 开（丛书集成初编 2922）

　　本书为合订书。《鶡林子》7 卷，附校伪、续校、补校，据清《琳琅秘室丛书》本排印；《祐山杂说》1 卷，据明《宝颜堂秘笈》本排印。版权页题名：鶡林子及其他一种。

　　收藏单位：安徽馆、长春馆、重庆馆、大理馆、大连馆、东北师大馆、广西馆、贵州馆、国家馆、黑龙江馆、湖南馆、江西馆、辽大馆、辽宁馆、辽师大馆、柳州馆、内蒙古馆、宁夏馆、天津馆、西南大学馆

01854

丘隅意见 （明）乔世宁撰·**北窗琐语** （明）余永麟著·**谈辂** （明）张凤翼撰·**笔麈** （明）莫是龙撰·**二酉委谭摘录** （明）王世懋撰

上海：商务印书馆，1936.12，[137] 页，32 开（丛书集成初编 2923）

　　本书为合订书。每种各 1 卷，《丘隅意见》《谈辂》均据明《百陵学山》本影印，《北窗琐语》据清《砚云甲乙编》本影印，《笔麈》据清《奇晋斋丛书》影印，《二酉委谭摘录》据明《纪录汇编》本影印。版权页题名：丘隅意见及其他四种。

　　收藏单位：安徽馆、重庆馆、大理馆、大连馆、东北师大馆、广西馆、贵州馆、国家馆、黑龙江馆、湖南馆、江西馆、辽大馆、辽宁馆、辽师大馆、柳州馆、内蒙古馆、宁夏馆、天津馆、西南大学馆

01855

焦氏笔乘 （明）焦竑辑

上海：商务印书馆，1935.12，4 册（312 页），32 开（丛书集成初编 2924—2927）

　　本书共 14 卷，包括正集 6 卷、续集 8 卷，据清《粤雅堂丛书》本排印。

　　收藏单位：安徽馆、重庆馆、大理馆、大连馆、东北师大馆、广西馆、贵州馆、国家馆、黑龙江馆、湖南馆、惠州馆、江西馆、辽大馆、辽宁馆、辽师大馆、柳州馆、内蒙古馆、宁夏馆、绍兴馆、西南大学馆

01856

新知录摘抄 （明）刘仕义撰

上海：商务印书馆，1936.6，74 页，32 开（丛书集成初编 2928）

　　本书共 1 卷，据明《纪录汇编》本影印。

　　收藏单位：安徽馆、长春馆、重庆馆、大理馆、大连馆、东北师大馆、广西馆、贵州馆、国家馆、黑龙江馆、湖南馆、惠州馆、江西馆、辽大馆、辽宁馆、辽师大馆、柳州馆、内蒙古馆、宁夏馆、绍兴馆、天津馆、西南大学馆

01857

笔记 （明）陈继儒著·**书蕉** （明）陈继儒撰

长沙：商务印书馆，1939.12，26+35 页，32 开（丛书集成初编 2929）

　　本书为合订书。每种各 2 卷，均据明《宝颜堂秘笈》本排印。版权页题名：笔记及

其他一种。

收藏单位：大理馆、大连馆、广西馆、国家馆、黑龙江馆、湖南馆、江西馆、辽大馆、辽宁馆、辽师大馆、内蒙古馆、天津馆、西南大学馆

01858

狂夫之言 （明）陈继儒著

上海：商务印书馆，1936.6，55页，32开（丛书集成初编2930）

本书共5卷，据明《宝颜堂秘笈》本排印。

收藏单位：安徽馆、长春馆、重庆馆、大理馆、大连馆、东北师大馆、广西馆、贵州馆、国家馆、黑龙江馆、湖南馆、惠州馆、江西馆、辽大馆、辽宁馆、辽师大馆、柳州馆、内蒙古馆、宁夏馆、绍兴馆、天津馆、西南大学馆

01859

太平清话 （明）陈继儒撰

上海：商务印书馆，1936.6，86页，32开（丛书集成初编2931）

本书共4卷，据明《宝颜堂秘笈》本排印。

收藏单位：安徽馆、长春馆、重庆馆、大理馆、大连馆、广东馆、广西馆、贵州馆、国家馆、黑龙江馆、湖南馆、惠州馆、江西馆、辽大馆、辽宁馆、辽师大馆、柳州馆、内蒙古馆、宁夏馆、绍兴馆、天津馆、西南大学馆

01860

辟寒部 （明）陈继儒著

上海：商务印书馆，1936.6，48页，32开（丛书集成初编2932）

本书共4卷，据明《宝颜堂秘笈》本排印。

收藏单位：安徽馆、长春馆、重庆馆、大理馆、大连馆、广西馆、贵州馆、国家馆、黑龙江馆、湖南馆、惠州馆、江西馆、辽大馆、辽宁馆、辽师大馆、柳州馆、内蒙古馆、宁夏馆、绍兴馆、天津馆、西南大学馆

01861

销夏部 （明）陈继儒著·**偃曝谈余** （明）陈继儒撰

上海：商务印书馆，1936.6，53+23页，32开（丛书集成初编2933）

本书为合订书。《销夏部》4卷，《偃曝谈余》2卷，均据明《宝颜堂秘笈》本排印。版权页题名：销夏部及其他一种。

收藏单位：安徽馆、长春馆、重庆馆、大理馆、大连馆、广东馆、广西馆、贵州馆、国家馆、黑龙江馆、湖南馆、惠州馆、江西馆、辽大馆、辽宁馆、辽师大馆、柳州馆、内蒙古馆、宁夏馆、绍兴馆、西南大学馆

01862

珍珠船 （明）陈继儒纂

上海：商务印书馆，1936.6，80页，32开（丛书集成初编2934）

本书共4卷，据明《宝颜堂秘笈》本排印。

收藏单位：安徽馆、长春馆、重庆馆、大理馆、大连馆、广西馆、贵州馆、国家馆、黑龙江馆、湖南馆、惠州馆、江西馆、辽大馆、辽宁馆、辽师大馆、柳州馆、内蒙古馆、宁夏馆、天津馆、西南大学馆

01863

读书镜 （明）陈继儒著·**雨航杂录** （明）冯时可著

上海：商务印书馆，1936.6，80+36页，32开（丛书集成初编2935）

本书为合订书。《读书镜》10卷，《雨航杂录》2卷，均据明《宝颜堂秘笈》本排印。版权页题名：读书镜及其他一种。

收藏单位：安徽馆、长春馆、重庆馆、大理馆、大连馆、东北师大馆、广西馆、贵州馆、国家馆、黑龙江馆、湖南馆、惠州馆、江西馆、辽大馆、辽宁馆、辽师大馆、柳州馆、内蒙古馆、宁夏馆、天津馆、西南大学馆

01864

贤奕编 （明）刘元卿编纂

上海：商务印书馆，1936.6，112 页，32 开（丛书集成初编 2940）

本书共 4 卷，据明《宝颜堂秘笈》本排印。

收藏单位：安徽馆、长春馆、重庆馆、大理馆、大连馆、东北师大馆、广西馆、贵州馆、国家馆、黑龙江馆、湖南馆、惠州馆、江西馆、辽大馆、辽宁馆、辽师大馆、柳州馆、内蒙古馆、宁夏馆、绍兴馆、天津馆、西南大学馆

01865

敝帚轩剩语 （明）沈德符著

长沙：商务印书馆，1939.12，77 页，32 开（丛书集成初编 2943）

本书共 4 卷，有补遗，据清《学海类编》本排印。

收藏单位：大理馆、大连馆、广西馆、国家馆、黑龙江馆、湖南馆、江西馆、辽大馆、辽宁馆、辽师大馆、内蒙古馆、天津馆、西南大学馆

01866

意见 （明）陈于陛著·**秋园杂佩** （明）陈贞慧著·**戏瑕** （明）钱希言撰

上海：商务印书馆，1936.12，23+7+55 页，32 开（丛书集成初编 2945）

本书为合订书。《意见》1 卷，据明《宝颜堂秘笈》本排印；《秋园杂佩》1 卷，据清《粤雅堂丛书》本排印；《戏瑕》3 卷，据清《借月山房汇钞》本排印。版权页题名：意见及其他二种。

收藏单位：安徽馆、长春馆、重庆馆、大理馆、大连馆、东北师大馆、广西馆、贵州馆、国家馆、黑龙江馆、湖南馆、江西馆、辽大馆、辽宁馆、辽师大馆、柳州馆、内蒙古馆、宁夏馆、绍兴馆、天津馆、西南大学馆

01867

耳新 （明）郑仲夔撰

上海：商务印书馆，1937.6，55 页，32 开（丛书集成初编 2946）

本书共 8 卷，据清《砚云甲乙编》本排印。

收藏单位：安徽馆、长春馆、重庆馆、大理馆、大连馆、大庆馆、东北师大馆、广西馆、贵州馆、国家馆、黑龙江馆、湖南馆、江西馆、辽大馆、辽宁馆、辽师大馆、柳州馆、内蒙古馆、宁夏馆、天津馆、西南大学馆

01868

玉堂荟记 （明）杨士聪撰

长沙：商务印书馆，1939.12，85 页，32 开（丛书集成初编 2948）

本书共 2 卷，据清《借月山房汇钞》本排印。

收藏单位：大理馆、大连馆、广西馆、国家馆、黑龙江馆、湖南馆、江西馆、辽大馆、辽宁馆、辽师大馆、内蒙古馆、天津馆、西南大学馆

01869

陶庵梦忆 （明）张岱撰

长沙：商务印书馆，1939.12，74 页，32 开（丛书集成初编 2949）

本书共 8 卷，据清《粤雅堂丛书》本排印。

收藏单位：大理馆、大连馆、广西馆、国家馆、黑龙江馆、湖南馆、江西馆、辽大馆、辽宁馆、辽师大馆、内蒙古馆、天津馆、西南大学馆

01870

半村野人闲谈 （明）姜南纂·**百可漫志**（明）陈霆撰·**云蕉馆纪谈** （明）孔迩述

长沙：商务印书馆，1937.12，10+24+16 页，32 开（丛书集成初编 2952）

本书为合订书。每种各 1 卷，《半村野人闲谈》据清《艺海珠尘》本排印，《百可漫志》据明《纪录汇编》本影印，《云蕉馆纪谈》据明《稗乘》本影印。版权页题名：半村野人闲谈及其他二种。

收藏单位：安徽馆、长春馆、重庆馆、大理馆、大连馆、东北师大馆、广西馆、贵州

馆、国家馆、黑龙江馆、湖南馆、江西馆、辽大馆、辽宁馆、辽师大馆、内蒙古馆、宁夏馆、天津馆、西南大学馆

01871

寒夜录 （明）陈弘绪著·**济南纪政** （明）徐榜著

长沙：商务印书馆，1939.12，41+6 页，32 开（丛书集成初编 2953）

　　本书为合订书。《寒夜录》3 卷，据清《学海类编》本排印；《济南纪政》1 卷，据清《泾川丛书》本排印。版权页题名：寒夜录及其他一种。

　　收藏单位：大理馆、大连馆、广西馆、国家馆、黑龙江馆、湖南馆、江西馆、辽大馆、辽宁馆、辽师大馆、内蒙古馆、天津馆、西南大学馆

01872

泾林续记 （明）周元晖著·**花里活** （明）陈诗教编

长沙：商务印书馆，1939.12，41+43 页，32 开（丛书集成初编 2954）

　　本书为合订书。《泾林续记》1 卷，据清《功顺堂丛书》本排印；《花里活》3 卷，据清《学海类编》本排印。版权页题名：泾林续记及其他一种。

　　收藏单位：大理馆、大连馆、广西馆、国家馆、黑龙江馆、湖南馆、江西馆、辽大馆、辽宁馆、辽师大馆、天津馆、西南大学馆

01873

犹及编 （明）朱元弼撰·**凤凰台记事** （明）马生龙著

长沙：商务印书馆，1939.12，36+16 页，32 开（丛书集成初编 2955）

　　本书为合订书。每种各 1 卷，《犹及编》据明《盐邑志林》本影印，《凤凰台记事》据明《稗乘》本影印。版权页题名：犹及编及其他一种。

　　收藏单位：大理馆、大连馆、广西馆、国家馆、黑龙江馆、湖南馆、江西馆、辽大馆、辽宁馆、辽师大馆、内蒙古馆、天津馆、西

南大学馆

01874

崔鸣吾纪事 （明）崔嘉祥撰

上海：商务印书馆，1936.12，61 页，32 开（丛书集成初编 2956）

　　本书共 1 卷，据明《盐邑志林》本影印。

　　收藏单位：安徽馆、长春馆、重庆馆、大理馆、大连馆、东北师大馆、广西馆、贵州馆、国家馆、黑龙江馆、湖南馆、江西馆、辽大馆、辽宁馆、辽师大馆、柳州馆、内蒙古馆、宁夏馆、绍兴馆、天津馆、西南大学馆

01875

桑榆漫志 （明）陶辅著·**读书偶见** （明）吴骐纂·**西轩客谈·广客谈**

上海：商务印书馆，1936.12，[64] 页，32 开（丛书集成初编 2957）

　　本书为合订书。每种各 1 卷，《桑榆漫志》《西轩客谈》均据明《今献汇言》本影印，《读书偶见》据清《艺海珠尘》本影印，《广客谈》据明《历代小史》本影印。版权页题名：桑榆漫志及其他三种。

　　收藏单位：安徽馆、长春馆、重庆馆、大理馆、大连馆、东北师大馆、广西馆、贵州馆、国家馆、黑龙江馆、湖南馆、惠州馆、江西馆、辽大馆、辽宁馆、辽师大馆、柳州馆、内蒙古馆、宁夏馆、绍兴馆、天津馆、西南大学馆

01876

广阳杂记 （清）刘献廷著·**鲊话** （清）佟世思著

长沙：商务印书馆，1937.12，3 册（234+6 页），32 开（丛书集成初编 2958—2960）

　　本书为合订书。《广阳杂记》5 卷，据清《功顺堂丛书》本排印；《鲊话》1 卷，据清《仰视千七百二十九鹤斋丛书》本排印。版权页题名：广阳杂记及其他一种。

　　收藏单位：安徽馆、长春馆、重庆馆、大理馆、大连馆、大庆馆、广西馆、贵州馆、国家馆、黑龙江馆、湖南馆、江西馆、辽大

馆、辽宁馆、辽师大馆、内蒙古馆、宁夏馆、西南大学馆

01877

柳南随笔　（清）王应奎撰·**东皋杂钞**（清）董潮纂

上海：商务印书馆，1936.12，3 册（176+37 页），32 开（丛书集成初编 2961—2963）

　　本书为合订书。《柳南随笔》10 卷，包括正编 6 卷、续编 4 卷，据清《借月山房汇钞》本排印；《东皋杂抄》3 卷，据清《艺海珠尘》本排印。版权页题名：柳南随笔及其他一种。

　　收藏单位：安徽馆、长春馆、重庆馆、大理馆、大连馆、东北师大馆、广西馆、贵州馆、国家馆、黑龙江馆、湖南馆、江西馆、辽大馆、辽宁馆、辽师大馆、柳州馆、内蒙古馆、宁夏馆、绍兴馆、西南大学馆

01878

五山志林　（清）罗天尺撰

长沙：商务印书馆，1937.12，2 册（162 页），32 开（丛书集成初编 2964—2965）

　　本书共 8 卷，据清《岭南遗书》本排印。

　　收藏单位：安徽馆、长春馆、重庆馆、大理馆、大连馆、大庆馆、东北师大馆、广西馆、贵州馆、国家馆、黑龙江馆、湖南馆、江西馆、辽大馆、辽宁馆、辽师大馆、柳州馆、内蒙古馆、宁夏馆、西南大学馆

01879

西清笔记　（清）沈初著·**忆书**（清）焦循撰

上海：商务印书馆，1936.12，21+46 页，32 开（丛书集成初编 2966）

　　本书为合订书。《西清笔记》2 卷，据清《功顺堂丛书》本排印；《忆书》6 卷，据清《仰视千七百二十九鹤斋丛书》本排印。版权页题名：西清笔记及其他一种。

　　收藏单位：安徽馆、长春馆、重庆馆、大理馆、大连馆、东北师大馆、广西馆、贵州馆、国家馆、黑龙江馆、湖南馆、江西馆、辽大馆、辽宁馆、辽师大馆、柳州馆、内蒙古馆、宁夏馆、绍兴馆、天津馆、西南大学馆

01880

桥西杂记　（清）叶名澧撰·**玉井山馆笔记**（清）许宗衡撰

上海：商务印书馆，1936.12，52+38 页，32 开（丛书集成初编 2967）

　　本书为合订书。《桥西杂记》1 卷，《玉井山馆笔记》2 卷（附《旧游日记》），均据清《滂喜斋丛书》本排印。版权页题名：桥西杂记及其他一种。

　　收藏单位：安徽馆、长春馆、重庆馆、大理馆、大连馆、东北师大馆、广西馆、贵州馆、国家馆、黑龙江馆、湖南馆、江西馆、辽大馆、辽宁馆、辽师大馆、柳州馆、内蒙古馆、宁夏馆、天津馆、西南大学馆

01881

无事为福斋随笔　（清）韩泰华著·**只麈谭**（清）胡承谱著

上海：商务印书馆，1936.12，36+34+24 页，32 开（丛书集成初编 2968）

　　本书为合订书。《无事为福斋随笔》2 卷，据清《功顺堂丛书》本排印；《只麈谭》4 卷，据清《泾川丛书》本排印。版权页题名：无事为福斋随笔及其他一种。

　　收藏单位：安徽馆、长春馆、重庆馆、大理馆、大连馆、东北师大馆、广东馆、广西馆、贵州馆、国家馆、黑龙江馆、湖南馆、江西馆、辽大馆、辽宁馆、辽师大馆、柳州馆、内蒙古馆、宁夏馆、绍兴馆、天津馆、西南大学馆

01882

偶阳杂录　（清）章大来著·**滇南忆旧录**（清）张泓纂·**漱华随笔**（清）严有禧著

上海：商务印书馆，1936.12，15+28+47 页，32 开（丛书集成初编 2969）

　　本书为合订书。《偶阳杂录》1 卷，据清《仰视千七百二十九鹤斋丛书》本排印；《滇南忆旧录》1 卷，据清《艺海珠尘》本排印；《漱华随笔》4 卷，据清《借月山房汇钞》本排印。版权页题名：偶阳杂录及其他二种。

　　收藏单位：安徽馆、长春馆、重庆馆、大理馆、大连馆、东北师大馆、广西馆、贵州

馆、国家馆、黑龙江馆、湖南馆、江西馆、辽大馆、辽宁馆、辽师大馆、柳州馆、内蒙古馆、宁夏馆、绍兴馆、西南大学馆

01883

锦带书 （南朝梁）萧统撰·**卢忠肃公书牍**（明）卢象昇撰·**健余先生尺牍**（清）尹会一撰

长沙：商务印书馆，1939.12，5+14+48 页，32 开（丛书集成初编 2970）

本书为合订书。《锦带书》1 卷，据明《津逮秘书》本排印；《卢忠肃公书牍》1 卷，据清《借月山房汇钞》本排印；《健余先生尺牍》4 卷，据清《畿辅丛书》本排印。版权页题名：锦带书及其他二种。

收藏单位：大理馆、大连馆、广西馆、国家馆、黑龙江馆、湖南馆、江西馆、辽大馆、辽宁馆、辽师大馆、内蒙古馆、天津馆、西南大学馆

01884

颜氏家藏尺牍 （清）颜光敏辑

上海：商务印书馆，1935.12，4 册（318 页），32 开（丛书集成初编 2971—2974）

本书共 5 卷，据清《海山仙馆丛书》本排印，辑集清代 200 余家的尺牍，并有姓氏、事迹考证。

收藏单位：安徽馆、长春馆、重庆馆、大理馆、大连馆、东北师大馆、广西馆、贵州馆、国家馆、黑龙江馆、湖南馆、惠州馆、江西馆、辽大馆、辽宁馆、辽师大馆、柳州馆、内蒙古馆、宁夏馆、绍兴馆、西南大学馆

01885

尺牍新钞 （清）周亮工辑

上海：商务印书馆，1936.6，4 册（312 页），32 开（丛书集成初编 2975—2978）

本书共 12 卷，据清《海山仙馆丛书》本排印。

收藏单位：安徽馆、重庆馆、大理馆、大连馆、东北师大馆、广西馆、贵州馆、国家馆、黑龙江馆、湖南馆、惠州馆、江西馆、

辽大馆、辽宁馆、辽师大馆、柳州馆、内蒙古馆、宁夏馆、绍兴馆、西南大学馆

01886

书叙指南 （宋）任广撰

上海：商务印书馆，1937.6，3 册（261 页），32 开（丛书集成初编 2979—2981）

本书共 20 卷，据清《墨海金壶》本排印。

收藏单位：安徽馆、长春馆、重庆馆、大理馆、大连馆、大庆馆、东北师大馆、广西馆、贵州馆、国家馆、黑龙江馆、湖南馆、江西馆、辽大馆、辽宁馆、辽师大馆、柳州馆、内蒙古馆、宁夏馆、西南大学馆

01887

香严尚书寿言·**合肥相国寿言** （清）袁昶撰

上海：商务印书馆，1936.12，20+7 页，32 开（丛书集成初编 2982）

本书为合订书。每种各 1 卷，均据清《渐西村舍丛刻》本排印。版权页题名：香严尚书寿言及其他一种。

收藏单位：安徽馆、长春馆、重庆馆、大理馆、大连馆、东北师大馆、广西馆、贵州馆、国家馆、黑龙江馆、湖南馆、江西馆、辽大馆、辽宁馆、辽师大馆、柳州馆、内蒙古馆、宁夏馆、绍兴馆、天津馆、西南大学馆

01888

御试备官日记 （宋）赵抃志·**宜州乙酉家乘** （宋）黄庭坚撰·**涧泉日记** （宋）韩淲撰·**客杭日记** （元）郭畀撰

上海：商务印书馆，1936.12，[70] 页，32 开（丛书集成初编 2983）

本书为合订书。《御试备官日记》1 卷，据清《学海类编》本排印；《宜州乙酉家乘》1 卷，据清《知不足斋丛书》本排印；《涧泉日记》3 卷，据清聚珍版丛书本排印；《客杭日记》1 卷，据清《知不足斋丛书》本排印。版权页题名：御试备官日记及其他三种。

收藏单位：安徽馆、长春馆、重庆馆、大理馆、大连馆、大庆馆、东北师大馆、广西

馆、贵州馆、桂林馆、国家馆、黑龙江馆、湖南馆、江西馆、辽大馆、辽宁馆、辽师大馆、柳州馆、内蒙古馆、宁夏馆、绍兴馆、天津馆、武大馆、西南大学馆

01889

三鱼堂日记 （清）陆陇其撰

上海：商务印书馆，1936.12，2 册（143 页），32 开（丛书集成初编 2984—2985）

　　本书共 2 卷，据清《指海》本排印。

　　收藏单位：安徽馆、长春馆、重庆馆、大理馆、大连馆、大庆馆、东北师大馆、广西馆、贵州馆、国家馆、黑龙江馆、湖南馆、江西馆、辽大馆、辽宁馆、辽师大馆、柳州馆、内蒙古馆、宁夏馆、绍兴馆、西南大学馆

01890

士大夫食时五观 （宋）黄庭坚著·**善诱文**（宋）陈录编·**祈嗣真诠** （明）袁黄编·**娑罗馆清言** （明）屠隆著·**偶谭** （明）李鼎著·**耐俗轩新乐府** （清）申颋著

上海：商务印书馆，1936.12，[95] 页，32 开（丛书集成初编 2986）

　　本书为合订书。《士大夫食时五观》1 卷，据明《夷门广牍》本影印；《善诱文》1 卷，据宋《百川学海》本排印；《祈嗣真诠》1 卷，《娑罗馆清言》3 卷（包括正集 2 卷、续集 1 卷），《偶谭》1 卷，均据明《宝颜堂秘笈》本排印；《耐俗轩新乐府》1 卷，据清《畿辅丛书》本排印。版权页题名：士大夫食时五观及其他五种。

　　收藏单位：安徽馆、长春馆、重庆馆、大理馆、大连馆、东北师大馆、广西馆、贵州馆、国家馆、黑龙江馆、湖南馆、江西馆、辽大馆、辽宁馆、辽师大馆、柳州馆、内蒙古馆、宁夏馆、绍兴馆、天津馆、西南大学馆

01891

杂纂 （唐）李义山纂·**艾子杂说** （宋）苏轼撰·**问答录** （宋）苏轼撰·**耕禄稿**（宋）胡锜撰·**文房四友除授集** （宋）郑清

之撰·**会仙女志** （明）郧琥撰·**冥寥子游**（明）屠隆著·**汉林四传** （清）郑相如著

上海：商务印书馆，1937.6，[100] 页，32 开（丛书集成初编 2987）

　　本书为合订书。《杂纂》3 卷，据明《古今说海》本排印；《艾子杂说》1 卷，据明阳山顾氏文房本排印；《问答录》1 卷，据明《宝颜堂秘笈》本排印；《耕禄稿》1 卷，《文房四友除授集》1 卷，据宋《百川学海》本排印；《会仙女志》1 卷，据明《宝颜堂秘笈》本排印；《冥寥子游》2 卷，据明《宝颜堂秘笈》本排印；《汉林四传》1 卷，据清《泾川丛书》本排印。版权页题名：杂纂及其他七种。

　　收藏单位：安徽馆、长春馆、重庆馆、大理馆、大连馆、东北师大馆、广东馆、广西馆、贵州馆、国家馆、黑龙江馆、湖南馆、江西馆、辽大馆、辽宁馆、辽师大馆、柳州馆、内蒙古馆、宁夏馆、首都馆、天津馆、西南大学馆

01892

古今风谣 （明）杨慎纂·**古今谚** （明）杨慎纂·**粤风** （清）李调元辑解

上海：商务印书馆，1936.12，61+30+31 页，32 开（丛书集成初编 2988）

　　本书为合订书。《古今风谣》《古今谚》各 1 卷，据清《艺海珠尘》本排印；《粤风》4 卷，据清《函海》本排印。版权页题名：古今风谣及其他二种。

　　收藏单位：安徽馆、长春馆、重庆馆、大理馆、大连馆、东北师大馆、广西馆、贵州馆、国家馆、黑龙江馆、湖南馆、江西馆、辽大馆、辽宁馆、辽师大馆、柳州馆、内蒙古馆、宁夏馆、绍兴馆、天津馆、西南大学馆

史地类

01893

禹贡指南 （宋）毛晃撰

上海：商务印书馆，1936.12，63 页，32 开

（丛书集成初编 2989）

本书共 4 卷，据清聚珍版丛书本排印。

收藏单位：安徽馆、长春馆、重庆馆、大理馆、大连馆、东北师大馆、广西馆、贵州馆、国家馆、黑龙江馆、湖南馆、江西馆、辽大馆、辽宁馆、辽师大馆、柳州馆、内蒙古馆、宁夏馆、绍兴馆、天津馆、西南大学馆

01894

禹贡说断 （宋）傅寅撰

上海：商务印书馆，1936.12，2 册（162 页），32 开（丛书集成初编 2990—2991）

本书共 4 卷，据清聚珍版丛书本排印。其他题名：禹贡集解。

收藏单位：安徽馆、长春馆、重庆馆、大理馆、大连馆、大庆馆、东北师大馆、广西馆、贵州馆、国家馆、黑龙江馆、湖南馆、江西馆、辽大馆、辽师大馆、柳州馆、内蒙古馆、宁夏馆、绍兴馆、西南大学馆

01895

禹贡山川地理图 （宋）程大昌撰

上海：商务印书馆，1936.12，196 页，32 开（丛书集成初编 2992）

本书共 2 卷，据清《指海》本影印。

收藏单位：安徽馆、长春馆、重庆馆、大理馆、大连馆、大庆馆、东北师大馆、广西馆、贵州馆、国家馆、黑龙江馆、湖南馆、江西馆、辽大馆、辽宁馆、辽师大馆、柳州馆、内蒙古馆、宁夏馆、绍兴馆、天津馆、西南大学馆

01896

禹贡图注 （明）艾南英辑

上海：商务印书馆，1936.12，152 页，32 开（丛书集成初编 2993）

本书共 1 卷，据清《学海类编》本影印。

收藏单位：安徽馆、长春馆、重庆馆、大理馆、大连馆、大庆馆、东北师大馆、广东馆、广西馆、贵州馆、国家馆、黑龙江馆、湖南馆、江西馆、辽大馆、辽宁馆、辽师大馆、柳州馆、内蒙古馆、宁夏馆、绍兴馆、

天津馆、西南大学馆

01897

山海经 （晋）郭璞传

长沙：商务印书馆，1939.12，3 册（141 页），32 开（丛书集成初编 2994—2996）

本书共 18 卷，据清《经训堂丛书》本排印。

收藏单位：长春馆、重庆馆、大理馆、东北师大馆、广西馆、国家馆、黑龙江馆、湖南馆、辽大馆、辽宁馆、辽师大馆、内蒙古馆、西南大学馆

01898

天台山记 （唐）徐灵府撰·**南岳小录** （唐）李冲昭纂·**庐山记** （宋）陈舜俞撰·**庐山记略** （宋释）慧远撰·**名山洞天福地记**

长沙：商务印书馆，1939.12，[94] 页，32 开（丛书集成初编 2998）

本书为合订书。《天台山记》1 卷，据清《古逸丛书》本排印；《南岳小录》1 卷，据清《艺海珠尘》本排印；《庐山记》3 卷，《庐山记略》1 卷，据清《守山阁丛书》本排印；《名山洞天福地记》1 卷，据宋《百川学海》本排印。版权页题名：天台山记及其他四种。

收藏单位：长春馆、重庆馆、大理馆、东北师大馆、国家馆、黑龙江馆、湖南馆、辽大馆、辽宁馆、辽师大馆、西南大学馆

01899

罗浮志 （明）陈梿撰

上海：商务印书馆，1936.12，91 页，32 开（丛书集成初编 3000）

本书共 10 卷，据清《岭南遗书》本排印。

收藏单位：安徽馆、长春馆、重庆馆、大理馆、大连馆、东北师大馆、广西馆、贵州馆、国家馆、黑龙江馆、湖南馆、江西馆、辽大馆、辽宁馆、辽师大馆、柳州馆、内蒙古馆、宁夏馆、绍兴馆、天津馆、武大馆、西南大学馆

01900

泰山纪胜 （清）孔贞瑄纂·**封长白山记**
（清）方象瑛著·**游罗浮记** （清）潘耒
著·**游劳山记** （清）张道浚著·**游雁荡山记**
（清）周清源著

上海：商务印书馆，1936.12，[32] 页，32 开
（丛书集成初编 3001）

　　本书为合订书，每种各 1 卷。《泰山纪
胜》《游雁荡山记》均据清《龙威秘书》本排
印，《封长白山记》《游罗浮记》《游劳山记》
均据清《学海类编》本排印。版权页题名：泰
山纪胜及其他四种。

　　收藏单位：安徽馆、重庆馆、大理馆、大
连馆、东北师大馆、广西馆、贵州馆、国家
馆、黑龙江馆、湖南馆、江西馆、辽大馆、
辽师大馆、柳州馆、内蒙古馆、宁夏馆、绍
兴馆、天津馆、西南大学馆

01901

泰山道里记 （清）聂钦纂

上海：商务印书馆，1937.6，58 页，32 开（丛
书集成初编 3002）

　　本书共 1 卷，据清《艺海珠尘》本排印。

　　收藏单位：长春馆、重庆馆、大理馆、大
连馆、东北师大馆、广西馆、贵州馆、国家
馆、黑龙江馆、湖南馆、江西馆、辽大馆、
辽宁馆、辽师大馆、柳州馆、内蒙古馆、宁
夏馆、天津馆、西南大学馆

01902

黄山领要录 （清）汪洪度撰·**匡庐纪游**
（清）吴阐思著

上海：商务印书馆，1936.12，39+14 页，32 开
（丛书集成初编 3003）

　　本书为合订书。《黄山领要录》2 卷，据
清《知不足斋丛书》本排印;《匡庐纪游》1
卷，据清《龙威秘书》本排印。版权页题名：
黄山领要录及其他一种。

　　收藏单位：安徽馆、长春馆、重庆馆、大
理馆、大连馆、东北师大馆、广西馆、贵州
馆、国家馆、黑龙江馆、湖南馆、江西馆、辽
大馆、辽宁馆、辽师大馆、柳州馆、内蒙古
馆、宁夏馆、绍兴馆、天津馆、西南大学馆

01903

河源记 （元）潘昂霄撰·**今水经** （清）黄
宗羲学·**昆仑河源考** （清）万斯同撰

上海：商务印书馆，1936.12，4+35+33 页，32
开（丛书集成初编 3014）

　　本书为合订书。每种各 1 卷，《河源记》
据清《学海类编》本排印，《今水经》据清
《知不足斋丛书》本排印，《昆仑河源考》据
清《借月山房汇钞》本排印。版权页题名：河
源记及其他两种。

　　收藏单位：安徽馆、长春馆、重庆馆、大
理馆、大连馆、东北师大馆、广西馆、贵州
馆、国家馆、黑龙江馆、湖南馆、江西馆、
辽大馆、辽宁馆、辽师大馆、柳州馆、内蒙
古馆、宁夏馆、绍兴馆、天津馆、西南大学
馆

01904

河源纪略承修稿 （清）吴省兰纂·**水地记**
（清）戴震撰

长沙：商务印书馆，1939.12，52+24 页，32 开
（丛书集成初编 3015）

　　本书为合订书。《河源纪略承修稿》6 卷，
据清《艺海珠尘》本排印;《水地记》1 卷，
据清《问影楼舆地丛书》本排印。版权页题
名：河源纪略承修稿及其他一种。

　　收藏单位：长春馆、重庆馆、大理馆、东
北师大馆、广西馆、国家馆、黑龙江馆、辽
大馆、辽宁馆、辽师大馆、西南大学馆

01905

汉志水道疏证 （清）洪颐煊撰

长沙：商务印书馆，1939.12，80 页，32 开
（丛书集成初编 3016）

　　本书共 4 卷，据清《史学丛书》本排印。

　　收藏单位：大理馆、大连馆、广西馆、国
家馆、黑龙江馆、湖南馆、江西馆、辽大馆、
辽宁馆、辽师大馆、内蒙古馆、天津馆、西
南大学馆

01906

关中水道记 （清）孙彤撰

上海：商务印书馆，1936.12，78 页，32 开（丛

书集成初编 3017）

本书共 4 卷，据清《问影楼舆地丛书》本排印。

收藏单位：安徽馆、长春馆、重庆馆、大理馆、大连馆、东北师大馆、广西馆、贵州馆、国家馆、黑龙江馆、湖南馆、江西馆、辽大馆、辽宁馆、辽师大馆、柳州馆、内蒙古馆、宁夏馆、绍兴馆、天津馆、西南大学馆

01907

吴中水利书 （宋）单锷撰·**四明它山水利备览** （宋）魏岘撰·**三吴水利论** （明）伍余福著

上海：商务印书馆，1936.12，15+29+7 页，32 开（丛书集成初编 3018）

本书为合订书。《吴中水利书》1 卷，《四明它山水利备览》2 卷，均据清《守山阁丛书》本排印；《三吴水利论》1 卷，据清《借月山房汇钞》本排印。版权页题名：吴中水利书及其他二种。

收藏单位：安徽馆、长春馆、重庆馆、大理馆、大连馆、东北师大馆、广西馆、贵州馆、国家馆、黑龙江馆、湖南馆、江西馆、辽大馆、辽宁馆、辽师大馆、柳州馆、内蒙古馆、宁夏馆、绍兴馆、天津馆、武大馆、西南大学馆

01908

三吴水利录 （明）归有光撰·**三吴水利附录** （明）归子宁述

上海：商务印书馆，1936.12，63+6 页，32 开（丛书集成初编 3019）

本书为合订书。《三吴水利录》5 卷（附续录），《三吴水利附录》1 卷，均据清《涉闻梓旧》本排印。版权页题名：三吴水利录及其他一种。

收藏单位：安徽馆、长春馆、重庆馆、大理馆、大连馆、大庆馆、东北师大馆、广西馆、贵州馆、国家馆、黑龙江馆、湖南馆、江西馆、辽大馆、辽宁馆、辽师大馆、柳州馆、内蒙古馆、宁夏馆、绍兴馆、天津馆、武大馆、西南大学馆

01909

潞水客谈 （明）徐贞明著·**常熟水论** （明）薛尚质著·**明江南治水记** （清）陈士镰编·**西北水利议** （清）许承宣著·**导江三议** （清）王柏心撰·**海道经**

上海：商务印书馆，1936.12，[82] 页，32 开（丛书集成初编 3020）

本书为合订书。《潞水客谈》2 卷，有附录，据清《粤雅堂丛书》本排印；《常熟水论》《明江南治水记》《西北水利议》各 1 卷，据清《学海类编》本排印；《导江三议》1 卷，据清《湖北丛书》本排印；《海道经》1 卷，据清《借月山房汇钞》本排印。版权页题名：潞水客谈及其他五种。

收藏单位：安徽馆、长春馆、重庆馆、大理馆、大连馆、东北师大馆、广西馆、贵州馆、国家馆、黑龙江馆、湖南馆、江西馆、辽大馆、辽宁馆、辽师大馆、柳州馆、内蒙古馆、宁夏馆、天津馆、武大馆、西南大学馆

01910

异物志 （汉）杨孚撰 （清）曾钊辑·**北户录** （唐）段公路纂 （唐）崔龟图注

上海：商务印书馆，1936.12，16+57 页，32 开（丛书集成初编 3021）

本书为合订书。《异物志》1 卷，据清《岭南遗书》本排印；《北户录》4 卷，附校勘记，据清《十万卷楼丛书》本排印。版权页题名：异物志及其他一种。

收藏单位：安徽馆、重庆馆、大理馆、大连馆、东北师大馆、福建馆、广西馆、贵州馆、国家馆、黑龙江馆、湖南馆、江西馆、辽大馆、辽宁馆、辽师大馆、柳州馆、内蒙古馆、宁夏馆、绍兴馆、天津馆、西南大学馆

01911

滇海虞衡志 （清）檀萃辑·**凉州异物志** （唐）张澍纂辑

上海：商务印书馆，1936.12，2 册（110+14 页），32 开（丛书集成初编 3023—3024）

本书为合订书。《滇海虞衡志》13 卷，附

校勘记，据清《问影楼舆地丛书》本排印；《凉州异物志》1卷，据清《二酉堂丛书》本排印。版权页题名：滇海虞衡志及其他一种。

收藏单位：重庆馆、大连馆、东北师大馆、广西馆、贵州馆、国家馆、黑龙江馆、湖南馆、江西馆、辽大馆、辽宁馆、辽师大馆、柳州馆、内蒙古馆、宁夏馆、绍兴馆、西南大学馆

01912

燕台笔录 （清）项维贞辑 · **峒溪纤志** （清）陆次云著 · **楚峒志略** （清）吴省兰纂 · **番社采风图考** （清）六十七纂

长沙：商务印书馆，1939.12，[64]页，32开（丛书集成初编3026）

本书为合订书。《燕台笔录》1卷，据清《学海类编》本排印；《峒溪纤志》3卷，据清《问影楼舆地丛书》排印；《楚峒志略》《番社采风图考》各1卷，均据清《艺海珠尘》本排印。版权页题名：燕台笔录及其他三种。

收藏单位：大理馆、大连馆、广西馆、国家馆、黑龙江馆、湖南馆、辽大馆、辽宁馆、辽师大馆、天津馆、西南大学馆

01913

通鉴地理通释 （宋）王应麟著

上海：商务印书馆，1936.12，2册（226页），32开（丛书集成初编3027—3028）

本书共14卷，据明《津逮秘书》本影印。

收藏单位：安徽馆、长春馆、重庆馆、大理馆、大连馆、大庆馆、东北师大馆、广西馆、贵州馆、国家馆、河南馆、黑龙江馆、湖南馆、江西馆、辽大馆、辽宁馆、辽师大馆、柳州馆、宁夏馆、绍兴馆、西南大学馆

01914

历代地理沿革表 （清）陈芳绩撰

上海：商务印书馆，1935.12，16册（2968页），32开（丛书集成初编3029—3044）

本书共47卷，据清《史学丛书》本影印。

收藏单位：安徽馆、长春馆、重庆馆、大

理馆、大连馆、东北师大馆、广西馆、贵州馆、国家馆、黑龙江馆、湖南馆、惠州馆、江西馆、近代史所、辽大馆、辽宁馆、辽师大馆、柳州馆、内蒙古馆、宁夏馆、绍兴馆、西南大学馆

01915

尚书地理今释 （清）蒋廷锡撰

上海：商务印书馆，1936.12，104页，32开（丛书集成初编3045）

本书共1卷，据清《借月山房汇钞》本影印。

收藏单位：安徽馆、长春馆、重庆馆、大理馆、大连馆、东北师大馆、广西馆、贵州馆、国家馆、黑龙江馆、湖南馆、惠州馆、江西馆、辽大馆、辽宁馆、辽师大馆、柳州馆、内蒙古馆、宁夏馆、绍兴馆、首都馆、天津馆、西南大学馆

01916

诗地理考 （宋）王应麟撰

上海：商务印书馆，1936.12，324页，32开（丛书集成初编3046）

本书共6卷，据明《津逮秘书》本影印。

收藏单位：安徽馆、长春馆、重庆馆、大理馆、大连馆、大庆馆、东北师大馆、广西馆、贵州馆、国家馆、黑龙江馆、湖南馆、江西馆、辽大馆、辽宁馆、辽师大馆、柳州馆、内蒙古馆、宁夏馆、绍兴馆、天津馆、武大馆、西南大学馆

01917

春秋地名辨异 （清）程廷祚撰 · **春秋左传分国土地名** （清）沈淑纂

长沙：商务印书馆，1939.12，56+33页，32开（丛书集成初编3047）

本书为合订书。《春秋地名辨异》3卷，《春秋左传分国土地名》2卷，均据清《艺海珠尘》本排印。版权页题名：春秋地名辨异及其他一种。

收藏单位：大理馆、大连馆、福建馆、广西馆、国家馆、黑龙江馆、湖南馆、辽大馆、辽宁馆、辽师大馆、内蒙古馆、天津馆、西

南大学馆

01918

春秋左氏传地名补注 （清）沈钦韩撰·**春秋楚地答问** （清）易本烺撰

上海：商务印书馆，1936.12，2 册（135+7 页），32 开（丛书集成初编 3048—3049）

本书为合订书。《春秋左氏传地名补注》12 卷，据清《功顺堂丛书》本排印；《春秋楚地答问》1 卷，据清《湖北丛书》本排印。版权页题名：春秋左氏传地名补注及其他一种。

收藏单位：安徽馆、长春馆、重庆馆、大理馆、大连馆、大庆馆、东北师大馆、广西馆、贵州馆、国家馆、黑龙江馆、湖南馆、江西馆、辽大馆、辽宁馆、辽师大馆、柳州馆、内蒙古馆、宁夏馆、绍兴馆、西南大学馆

01919

战国策释地 （清）张琦撰

上海：商务印书馆，1936.12，91 页，32 开（丛书集成初编 3055）

本书共 2 卷，据清《史学丛书》本排印。

收藏单位：安徽馆、长春馆、重庆馆、大理馆、大连馆、东北师大馆、广西馆、贵州馆、国家馆、黑龙江馆、湖南馆、江西馆、辽大馆、辽宁馆、辽师大馆、柳州馆、内蒙古馆、宁夏馆、天津馆、西南大学馆

01920

楚汉诸侯疆域志 （清）刘文淇撰·**汉书地理志稽疑** （清）全祖望著

上海：商务印书馆，1936.12，2 册（36+145 页），32 开（丛书集成初编 3056—3057）

本书为合订书。《楚汉诸侯疆域志》3 卷，据清《史学丛书》本排印；《汉书地理志稽疑》6 卷，据清《粤雅堂丛书》本排印。版权页题名：楚汉诸侯疆域志及其他一种。

收藏单位：安徽馆、长春馆、重庆馆、大理馆、大连馆、大庆馆、东北师大馆、广西馆、贵州馆、国家馆、黑龙江馆、湖南馆、江西馆、辽大馆、辽宁馆、辽师大馆、柳州馆、内蒙古馆、宁夏馆、西南大学馆

01921

补三国疆域志 （清）洪亮吉撰

上海：商务印书馆，1936.12，112 页，32 开（丛书集成初编 3058）

本书共 2 卷，据清《史学丛书》本排印。

收藏单位：安徽馆、长春馆、重庆馆、大理馆、大连馆、大庆馆、东北师大馆、广西馆、贵州馆、国家馆、黑龙江馆、湖南馆、江西馆、辽大馆、辽宁馆、辽师大馆、柳州馆、内蒙古馆、宁夏馆、绍兴馆、天津馆、西南大学馆

01922

晋书地道记 （晋）王隐撰 （清）毕沅集·**晋书地理志新补正** （清）毕沅撰

上海：商务印书馆，1936.12，2 册（32+87 页），32 开（丛书集成初编 3059—3060）

本书为合订书。《晋书地道记》1 卷，《晋书地理志新补正》5 卷，均据清《经训堂丛书》本排印。版权页题名：晋书地道记及其他一种。

收藏单位：安徽馆、长春馆、重庆馆、大理馆、大连馆、大庆馆、东北师大馆、广西馆、贵州馆、国家馆、黑龙江馆、湖南馆、江西馆、辽大馆、辽宁馆、辽师大馆、柳州馆、内蒙古馆、宁夏馆、绍兴馆、武大馆、西南大学馆

01923

晋太康三年地记 （清）毕沅集·**新校晋书地理志** （清）方恺撰

上海：商务印书馆，1936.12，32+51 页，32 开（丛书集成初编 3061）

本书为合订书。《晋太康三年地记》1 卷，据清《经训堂丛书》本排印；《新校晋书地理志》1 卷，据清《史学丛书》本排印。版权页题名：晋太康三年地记及其他一种。

收藏单位：安徽馆、长春馆、重庆馆、大理馆、大连馆、大庆馆、东北师大馆、广西馆、贵州馆、国家馆、黑龙江馆、湖南馆、江西馆、辽大馆、辽宁馆、辽师大馆、柳州馆、内蒙古馆、宁夏馆、绍兴馆、天津馆、西南大学馆

01924

东晋疆域志 （清）洪亮吉撰

长沙：商务印书馆，1939.12，3册（204页），32开（丛书集成初编3062—3064）

　　本书共4卷，据清《史学丛书》本排印。

　　收藏单位：大理馆、大连馆、广西馆、国家馆、黑龙江馆、湖南馆、江西馆、辽大馆、辽宁馆、辽师大馆、西南大学馆

01925

东晋南北朝舆地表 （清）徐文范撰

上海：商务印书馆，1935.12，10册（1258页），32开（丛书集成初编3065—3074）

　　本书共28卷，据清《史学丛书》本影印。

　　收藏单位：安徽馆、长春馆、重庆馆、大理馆、大连馆、东北师大馆、广西馆、贵州馆、国家馆、黑龙江馆、湖南馆、惠州馆、江西馆、辽大馆、辽宁馆、辽师大馆、柳州馆、内蒙古馆、宁夏馆、绍兴馆、西南大学馆

01926

十六国疆域志 （清）洪亮吉撰

上海：商务印书馆，1936.12，5册（448页），32开（丛书集成初编3075—3079）

　　本书共16卷，据清《史学丛书》本排印。

　　收藏单位：安徽馆、重庆馆、大理馆、大连馆、大庆馆、东北师大馆、广西馆、国家馆、黑龙江馆、湖南馆、江西馆、辽大馆、辽师大馆、柳州馆、内蒙古馆、宁夏馆、绍兴馆、西南大学馆

01927

补梁疆域志 （清）洪齮孙撰

上海：商务印书馆，1936.12，3册（239页），32开（丛书集成初编3080—3082）

　　本书共4卷，据清《史学丛书》本排印。

　　收藏单位：安徽馆、长春馆、重庆馆、大理馆、大连馆、东北师大馆、广西馆、贵州馆、国家馆、黑龙江馆、湖南馆、江西馆、辽大馆、辽宁馆、辽师大馆、柳州馆、内蒙

古馆、宁夏馆、绍兴馆、武大馆、西南大学馆

01928

十三州志 （北魏）阚骃纂 （清）张澍辑

上海：商务印书馆，1936.12，51页，32开（丛书集成初编3083）

　　本书共1卷，据清《二酉堂丛书》本排印。

　　收藏单位：安徽馆、长春馆、重庆馆、大理馆、大连馆、大庆馆、东北师大馆、广西馆、贵州馆、国家馆、黑龙江馆、湖南馆、江西馆、近代史所、辽大馆、辽宁馆、辽师大馆、柳州馆、内蒙古馆、宁夏馆、天津馆、西南大学馆

01929

元和郡县图志 （唐）李吉甫撰 （清）孙星衍校 （清）张驹贤考证

长沙：商务印书馆，1937.12，12册（1190页），32开（丛书集成初编3084—3095）

　　本书共40卷，附阙卷、逸文、考证，据清《畿辅丛书》本排印。

　　收藏单位：重庆馆、大理馆、大连馆、广西馆、国家馆、黑龙江馆、湖南馆、江西馆、辽大馆、辽宁馆、辽师大馆、柳州馆、内蒙古馆、西南大学馆

01930

太平寰宇记（补阙） （宋）乐史撰

上海：商务印书馆，1936.12，145页，32开（丛书集成初编3098）

　　本书共6卷，据清《古逸丛书》本影印。

　　收藏单位：安徽馆、长春馆、重庆馆、大理馆、大连馆、东北师大馆、广西馆、贵州馆、国家馆、黑龙江馆、湖南馆、江西馆、辽大馆、辽宁馆、辽师大馆、柳州馆、内蒙古馆、宁夏馆、绍兴馆、天津馆、西南大学馆

01931

元丰九域志 （宋）王存等撰

上海：商务印书馆，1937.6，5册（511页），

32 开（丛书集成初编 3099—3103）

本书共 10 卷，据清聚珍版丛书本排印。

收藏单位：安徽馆、长春馆、重庆馆、大理馆、大连馆、大庆馆、东北师大馆、广西馆、贵州馆、国家馆、黑龙江馆、湖南馆、江西馆、辽大馆、辽师大馆、内蒙古馆、宁夏馆、西南大学馆、浙江馆

01932

舆地广记 （宋）欧阳忞撰

长沙：商务印书馆，1937.12，6 册（394+35 页），32 开（丛书集成初编 3104—3109）

本书共 40 卷，附札记，据清《士礼居丛书》本排印。

收藏单位：安徽馆、重庆馆、大理馆、大连馆、东北师大馆、广西馆、贵州馆、国家馆、黑龙江馆、湖南馆、江西馆、辽大馆、辽宁馆、辽师大馆、内蒙古馆、宁夏馆、西南大学馆

01933

揽辔录 （宋）范成大撰·**江汉丛谈** （明）陈士元纂

上海：商务印书馆，1936.12，5+31 页，32 开（丛书集成初编 3110）

本书为合订书。《揽辔录》1 卷，据清《知不足斋丛书》本排印；《江汉丛谈》2 卷，据清《湖北丛书》本排印。版权页题名：揽辔录及其他一种。

收藏单位：安徽馆、重庆馆、大理馆、大连馆、大庆馆、东北师大馆、广西馆、贵州馆、国家馆、黑龙江馆、湖南馆、江西馆、辽大馆、辽宁馆、辽师大馆、柳州馆、内蒙古馆、宁夏馆、绍兴馆、天津馆、西南大学馆

01934

游历记存 （清）朱书著·**云中纪程** （清）高燮功撰

上海：商务印书馆，1936.12，45+32 页，32 开（丛书集成初编 3113）

本书为合订书。《游历记存》1 卷，据清《问影楼舆地丛书》本排印；《云中纪程》2

卷，据清《粤雅堂丛书》本排印。版权页题名：游历记存及其他一种。

收藏单位：安徽馆、重庆馆、大理馆、大连馆、东北师大馆、广西馆、贵州馆、国家馆、黑龙江馆、湖南馆、江西馆、辽大馆、辽宁馆、辽师大馆、柳州馆、内蒙古馆、宁夏馆、天津馆、西南大学馆

01935

骖鸾录 （宋）范成大撰·**南中纪闻** （明）包汝楫著·**三省山内风土杂识** （清）严如煜撰

上海：商务印书馆，1936.12，17+25+38 页，32 开（丛书集成初编 3114）

本书为合订书。每种各 1 卷，《骖鸾录》据清《知不足斋丛书》本排印，《南中纪闻》据清《砚云甲乙编》本排印，《三省山内风土杂识》据清《问影楼舆地丛书》本排印。版权页题名：骖鸾录及其他二种。

收藏单位：安徽馆、重庆馆、大理馆、大连馆、东北师大馆、广西馆、贵州馆、国家馆、黑龙江馆、湖南馆、江西馆、辽大馆、辽宁馆、辽师大馆、柳州馆、内蒙古馆、宁夏馆、绍兴馆、天津馆、西南大学馆

01936

柳边纪略 （清）杨宾撰

上海：商务印书馆，1936.12，104 页，32 开（丛书集成初编 3115）

本书共 5 卷，据清《仰视千七百二十九鹤斋丛书》本排印。

收藏单位：安徽馆、长春馆、重庆馆、大理馆、大连馆、东北师大馆、广西馆、贵州馆、国家馆、黑龙江馆、湖南馆、江西馆、近代史所、辽大馆、辽宁馆、辽师大馆、柳州馆、内蒙古馆、宁夏馆、天津馆、西南大学馆

01937

万里行程记 （清）祁韵士著·**陇蜀余闻** （清）王士禛著

上海：商务印书馆，1936.12，26+16 页，32 开（丛书集成初编 3116）

本书为合订书，每种各 1 卷。《万里行程记》据清《问影楼舆地丛书》本排印，《陇蜀余闻》据清《龙威秘书》本排印。版权页题名：万里行程记及其他一种。

收藏单位：安徽馆、重庆馆、大理馆、大连馆、东北师大馆、广西馆、贵州馆、国家馆、黑龙江馆、湖南馆、江西馆、辽大馆、辽宁馆、辽师大馆、柳州馆、内蒙古馆、宁夏馆、绍兴馆、天津馆、西南大学馆

01938

滇行纪程 （清）许缵曾著·**东还纪程** （清）许缵曾著·**蛮书** （唐）樊绰撰

长沙：商务印书馆，1939.12，18+15+54 页，32 开（丛书集成初编 3117）

本书为合订书。《滇行纪程》《东还纪程》各 1 卷，均据清《龙威秘书》本排印；《蛮书》12 卷，附校伪、续校、补校，据清《琳琅秘室丛书》本排印。版权页题名：滇行纪程及其他二种。

收藏单位：大理馆、广西馆、国家馆、黑龙江馆、湖南馆、江西馆、辽大馆、辽宁馆、辽师大馆、天津馆、西南大学馆

01939

桂林风土记 （唐）莫休符撰·**岭外代答** （宋）周去非撰

上海：商务印书馆，1936.12，2 册（17+126 页），32 开（丛书集成初编 3118—3119）

本书为合订书。《桂林风土记》1 卷，据清《学海类编》本排印；《岭外代答》10 卷，据清《知不足斋丛书》本排印。版权页题名：桂林风土记及其他一种。

收藏单位：安徽馆、长春馆、重庆馆、大连馆、东北师大馆、广西馆、贵州馆、桂林馆、国家馆、黑龙江馆、湖南馆、江西馆、辽大馆、辽宁馆、辽师大馆、柳州馆、内蒙古馆、宁夏馆、西南大学馆

01940

君子堂日询手镜 （明）王济撰·**峤南琐记** （明）魏濬著

上海：商务印书馆，1936.12，50+68 页，32 开（丛书集成初编 3120）

本书为合订书。《君子堂日询手镜》1 卷，据明《纪录汇编》本影印；《峤南琐记》2 卷，据清《砚云甲乙编》本影印。版权页题名：君子堂日询手镜及其他一种。

收藏单位：安徽馆、重庆馆、大理馆、大连馆、大庆馆、东北师大馆、广西馆、贵州馆、国家馆、黑龙江馆、湖南馆、江西馆、辽大馆、辽宁馆、辽师大馆、柳州馆、内蒙古馆、宁夏馆、绍兴馆、天津馆、西南大学馆

01941

赤雅 （明）邝露撰

上海：商务印书馆，1936.12，59 页，32 开（丛书集成初编 3121）

本书共 3 卷，据清《知不足斋丛书》本排印。

收藏单位：安徽馆、长春馆、重庆馆、大理馆、大连馆、东北师大馆、广西馆、贵州馆、桂林馆、国家馆、黑龙江馆、湖南馆、江西馆、辽大馆、辽宁馆、辽师大馆、柳州馆、内蒙古馆、宁夏馆、绍兴馆、天津馆、武大馆、西南大学馆

01942

粤述 （清）闵叙辑·**粤西偶记** （清）陆祚蕃著

长沙：商务印书馆，1939.12，29+10 页，32 开（丛书集成初编 3122）

本书为合订书。每种各 1 卷，均据清《龙威秘书》本排印。版权页题名：粤述及其他一种。

收藏单位：大理馆、福建馆、广西馆、国家馆、黑龙江馆、湖南馆、江西馆、辽大馆、辽师大馆、天津馆、西南大学馆

01943

岭表录异 （唐）刘恂撰·**始兴记** （宋）王韶之撰·**南海百咏** （宋）方信孺撰

上海：商务印书馆，1936.12，24+4+28 页，32 开（丛书集成初编 3123）

本书为合订书。《岭表录异》3 卷，据

清聚珍版丛书本排印;《始兴记》1卷,据清《岭南遗书》本排印;《南海百咏》1卷,附校伪、续校,据清《琳琅秘室丛书》本排印。版权页题名:岭表录异及其他二种。

收藏单位:安徽馆、重庆馆、大理馆、大连馆、东北师大馆、广西馆、贵州馆、国家馆、黑龙江馆、湖南馆、江西馆、辽大馆、辽宁馆、辽师大馆、柳州馆、内蒙古馆、宁夏馆、绍兴馆、天津馆、西南大学馆

01944

岭海舆图 (明)姚虞撰·**广州游览小志**
(清)王士禛著
上海:商务印书馆,1937.6,66+5页,32开(丛书集成初编 3124)

本书为合订书。每种各1卷,《岭海舆图》据清《守山阁丛书》本排印,《广州游览小志》据清《学海类编》本排印。版权页题名:岭海舆图及其他一种。

收藏单位:安徽馆、重庆馆、大理馆、大连馆、东北师大馆、广西馆、贵州馆、国家馆、黑龙江馆、湖南馆、江西馆、辽大馆、辽宁馆、辽师大馆、柳州馆、内蒙古馆、宁夏馆、天津馆、武大馆、西南大学馆

01945

南越笔记 (清)李调元辑
上海:商务印书馆,1936.6,3册(209页),32开(丛书集成初编 3125—3127)

本书共16卷,据清《函海》本排印。

收藏单位:安徽馆、长春馆、重庆馆、大理馆、大连馆、东北师大馆、广西馆、贵州馆、国家馆、黑龙江馆、湖南馆、惠州馆、江西馆、辽大馆、辽宁馆、辽师大馆、柳州馆、内蒙古馆、宁夏馆、绍兴馆、西南大学馆

01946

南汉地理志 (清)吴兰修撰·**琼州杂事诗**
(清)程秉钊撰
上海:商务印书馆,1936.6,19+26页,32开(丛书集成初编 3128)

本书为合订书。每种各1卷,《南汉地理志》据清《岭南遗书》本排印,《琼州杂事诗》据清《灵鹣阁丛书》本排印。版权页题名:南汉地理志及其他一种。

收藏单位:安徽馆、重庆馆、大理馆、大连馆、东北师大馆、广西馆、贵州馆、国家馆、黑龙江馆、湖南馆、惠州馆、江西馆、辽大馆、辽宁馆、辽师大馆、内蒙古馆、宁夏馆、绍兴馆、天津馆、西南大学馆

01947

岭南杂记 (清)吴震方著
上海:商务印书馆,1936.6,55页,32开(丛书集成初编 3129)

本书共2卷,据清《龙威秘书》本排印。

收藏单位:安徽馆、长春馆、重庆馆、大理馆、大连馆、东北师大馆、广西馆、贵州馆、国家馆、黑龙江馆、湖南馆、惠州馆、江西馆、辽大馆、辽宁馆、辽师大馆、柳州馆、内蒙古馆、宁夏馆、绍兴馆、天津馆、西南大学馆

01948

西陲要略 (清)祁韵士辑
上海:商务印书馆,1936.6,66页,32开(丛书集成初编 3130)

本书共4卷,据清《粤雅堂丛书》排印。

收藏单位:安徽馆、长春馆、重庆馆、大理馆、大连馆、东北师大馆、广西馆、贵州馆、国家馆、黑龙江馆、湖南馆、惠州馆、江西馆、辽大馆、辽宁馆、辽师大馆、柳州馆、内蒙古馆、宁夏馆、绍兴馆、天津馆、武大馆、西南大学馆

01949

听园西疆杂述诗 (清)萧雄撰
上海:商务印书馆,1935.12,2册(137页),32开(丛书集成初编 3131—3132)

本书共4卷,据清《灵鹣阁丛书》本排印。

收藏单位:安徽馆、长春馆、重庆馆、大理馆、大连馆、东北师大馆、广东馆、广西馆、贵州馆、国家馆、黑龙江馆、湖南馆、惠州馆、江西馆、辽大馆、辽宁馆、辽师大

馆、柳州馆、内蒙古馆、宁夏馆、绍兴馆、西南大学馆

01950

西藏记

上海：商务印书馆，1936.6，56页，32开（丛书集成初编3133）

本书共2卷，据清《龙威秘书》本排印。

收藏单位：安徽馆、长春馆、重庆馆、大理馆、大连馆、东北师大馆、广西馆、贵州馆、国家馆、黑龙江馆、湖南馆、惠州馆、江西馆、辽大馆、辽宁馆、辽师大馆、柳州馆、南京馆、内蒙古馆、宁夏馆、天津馆、西南大学馆

01951

卫藏通志

上海：商务印书馆，1936.12，7册（467页），32开（丛书集成初编3134—3140）

本书共18卷，附校字记，据清《渐西村舍丛刻》排印。

收藏单位：安徽馆、长春馆、重庆馆、大理馆、大连馆、东北师大馆、广西馆、贵州馆、国家馆、黑龙江馆、湖南馆、江西馆、辽大馆、辽宁馆、辽师大馆、柳州馆、内蒙古馆、宁夏馆、绍兴馆、西南大学馆

01952

西藏考 （清）佚名撰

上海：商务印书馆，1936.12，47页，32开（丛书集成初编3141）

本书共1卷，据清《仰视千七百二十九鹤斋丛书》本排印。

收藏单位：安徽馆、长春馆、重庆馆、大理馆、大连馆、东北师大馆、广西馆、贵州馆、国家馆、黑龙江馆、湖南馆、江西馆、近代史所、辽大馆、辽宁馆、辽师大馆、柳州馆、内蒙古馆、宁夏馆、绍兴馆、天津馆、武大馆、西南大学馆

01953

大理行记 （元）郭松年撰·**滇游记** （清）陈鼎著·**滇南新语** （清）张泓纂·**维西见闻纪** （清）余庆远纂·**南中杂说** （清）刘昆著·**滇载记** （明）杨慎纂

上海：商务印书馆，1936.12，[117]页，32开（丛书集成初编3142）

本书为合订书。每种各1卷，《大理行记》据清《奇晋斋丛书》本排印，《滇游记》据清《学海类编》本排印，《滇南新语》《维西见闻纪》均据清《艺海珠尘》本排印，《南中杂说》据清《豫章丛书》本影印，《滇载记》据明《古今说海》本排印。版权页题名：大理行记及其他五种。

收藏单位：安徽馆、长春馆、重庆馆、大连馆、东北师大馆、福建馆、广西馆、贵州馆、国家馆、黑龙江馆、湖南馆、江西馆、辽大馆、辽宁馆、辽师大馆、柳州馆、内蒙古馆、宁夏馆、绍兴馆、天津馆、西南大学馆

01954

晋录 （明）沈思孝著·**山左笔谈** （明）黄淳耀著·**长河志籍考** （清）田雯编·**山东考古录** （清）顾炎武著

上海：商务印书馆，1936.12，2册（[108]页），32开（丛书集成初编3143—3144）

本书为合订书。《晋录》《山左笔谈》各1卷，均据清《学海类编》本排印；《长河志籍考》10卷，据清《问影楼舆地丛书》本排印；《山东考古录》1卷，据清《龙威秘书》本排印。版权页题名：晋录及其他三种。

收藏单位：安徽馆、重庆馆、大理馆、大连馆、东北师大馆、广西馆、贵州馆、国家馆、黑龙江馆、湖南馆、江西馆、辽大馆、辽宁馆、辽师大馆、柳州馆、内蒙古馆、宁夏馆、绍兴馆、天津馆、西南大学馆

01955

饶南九三府图说 （明）王世懋撰·**江西舆地图说** （明）赵秉忠撰

上海：商务印书馆，1937.6，20+58页，32开（丛书集成初编3145）

本书为合订书。每种各1卷，均据明《纪录汇编》本影印。版权页题名：饶南九三府图说及其他一种。

收藏单位：安徽馆、重庆馆、大理馆、大连馆、东北师大馆、广西馆、贵州馆、国家馆、黑龙江馆、湖南馆、江西馆、辽大馆、辽宁馆、辽师大馆、柳州馆、内蒙古馆、宁夏馆、天津馆、西南大学馆

01956

吴地记 （唐）陆广微撰·**吴郡图经续记** （宋）朱长文撰 （清）胡珽校证 （清）董金鉴续校

长沙：商务印书馆，1939.12，31+88 页，32 开（丛书集成初编 3146）

本书为合订书。《吴地记》2 卷，附后集，据清《学津讨原》本排印；《吴郡图经续记》6 卷，有附录、校勘记、续校，据清《琳琅秘室丛书》本排印。版权页题名：吴地记及其他一种。

收藏单位：大理馆、大连馆、广西馆、国家馆、黑龙江馆、湖南馆、江西馆、辽大馆、辽宁馆、辽师大馆、天津馆、西南大学馆

01957

吴郡志 （宋）范成大撰

长沙：商务印书馆，1939.12，6 册（439 页），32 开（丛书集成初编 3147—3152）

本书共 51 卷，附校勘记，据清《守山阁丛书》本排印。

收藏单位：大理馆、大连馆、广西馆、国家馆、黑龙江馆、湖南馆、江西馆、辽大馆、辽宁馆、辽师大馆、内蒙古馆、西南大学馆

01958

吴船录 （宋）范成大撰·**江上杂疏** （明）彭宗孟撰·**扬州鼓吹词序** （清）吴绮著·**云间第宅志** （清）王沄纂

长沙：商务印书馆，1937.12，[83] 页，32 开（丛书集成初编 3153）

本书为合订书。《吴船录》2 卷，据清《知不足斋丛书》本排印；《江上杂疏》1 卷，据明《盐邑志林》本影印；《扬州鼓吹词序》1 卷，据清《龙威秘书》本排印；《云间第宅志》1 卷，据清《艺海珠尘》本排印。版权页题名：吴船录及其他三种。

收藏单位：安徽馆、重庆馆、大理馆、大连馆、东北师大馆、广西馆、贵州馆、国家馆、黑龙江馆、湖南馆、江西馆、辽大馆、辽宁馆、辽师大馆、内蒙古馆、宁夏馆、天津馆、武大馆、西南大学馆

01959

桃溪客语 （清）吴骞撰·**金陵赋** （清）程先甲著

长沙：商务印书馆，1939.12，74+8 页，32 开（丛书集成初编 3154）

本书为合订书。《桃溪客语》5 卷，据清《拜经楼丛书》本排印；《金陵赋》1 卷，据《金陵丛刻》本排印。版权页题名：桃溪客语及其他一种。

收藏单位：大理馆、广西馆、国家馆、黑龙江馆、湖南馆、江西馆、辽大馆、辽宁馆、辽师大馆、天津馆、西南大学馆

01960

中吴纪闻 （宋）龚明之纪

上海：商务印书馆，1936.12，94 页，32 开（丛书集成初编 3155）

本书共 6 卷，据清《知不足斋丛书》本排印。

收藏单位：安徽馆、长春馆、重庆馆、大理馆、大连馆、东北师大馆、广西馆、贵州馆、国家馆、黑龙江馆、湖南馆、江西馆、辽大馆、辽宁馆、辽师大馆、柳州馆、南京馆、内蒙古馆、宁夏馆、绍兴馆、天津馆、西南大学馆

01961

平江记事 （元）高德基撰·**吴中旧事** （元）陆友仁撰·**淞故述** （明）杨枢纂·**吴乘窃笔** （明）许元溥著

长沙：商务印书馆，1939.12，[79] 页，32 开（丛书集成初编 3156）

本书为合订书。每种各 1 卷，《平江记事》《吴中旧事》均据清《墨海金壶》本排印，《淞故述》据清《艺海珠尘》本排印，《吴乘窃笔》据清《指海》本排印。版权页题名：平江记事及其他三种。

收藏单位：重庆馆、大理馆、东北师大馆、福建馆、广西馆、国家馆、黑龙江馆、湖南馆、辽大馆、辽宁馆、辽师大馆、西南大学馆

01962

金陵历代建置表 （清）傅春官纂

上海：商务印书馆，1936.12，53 页，32 开（丛书集成初编 3158）

　　本书共 1 卷，据清《金陵丛刻》本排印。

　　收藏单位：安徽馆、长春馆、重庆馆、大理馆、大连馆、东北师大馆、广西馆、贵州馆、国家馆、黑龙江馆、湖南馆、江西馆、辽大馆、辽宁馆、辽师大馆、柳州馆、内蒙古馆、宁夏馆、绍兴馆、天津馆、西南大学馆

01963

燕魏杂记 （宋）吕颐浩纂·**京东考古录**（清）顾炎武著·**潞城考古录** （清）刘锡信撰

上海：商务印书馆，1936.12，7+16+40 页，32 开（丛书集成初编 3159）

　　本书为合订书。《燕魏杂记》1 卷，据清《艺海珠尘》本排印；《京东考古录》1 卷，据清《龙威秘书》本排印；《潞城考古录》2 卷，据清《畿辅丛书》本排印。版权页题名：燕魏杂记及其他二种。

　　收藏单位：安徽馆、重庆馆、大理馆、大连馆、东北师大馆、广西馆、贵州馆、国家馆、黑龙江馆、湖南馆、江西馆、辽大馆、辽宁馆、辽师大馆、柳州馆、内蒙古馆、宁夏馆、绍兴馆、天津馆、西南大学馆

01964

豫志 （明）王士性著·**汝南遗事** （明）李本固撰

上海：商务印书馆，1936.12，9+54 页，32 开（丛书集成初编 3160）

　　本书为合订书。《豫志》1 卷，据清《学海类编》本排印；《汝南遗事》2 卷，据清《借月山房汇钞》本排印。版权页题名：豫志及其他一种。

收藏单位：安徽馆、重庆馆、大理馆、大连馆、大庆馆、东北师大馆、广西馆、贵州馆、国家馆、黑龙江馆、湖南馆、江西馆、辽大馆、辽宁馆、辽师大馆、柳州馆、内蒙古馆、宁夏馆、绍兴馆、天津馆、西南大学馆

01965

泉南杂志 （明）陈懋仁撰·**闽部疏** （明）王世懋撰

上海：商务印书馆，1936.12，38+16 页，32 开（丛书集成初编 3161）

　　本书为合订书。《泉南杂志》2 卷，《闽部疏》1 卷，均据明《宝颜堂秘笈》本排印。版权页题名：泉南杂志及其他一种。

　　收藏单位：安徽馆、重庆馆、大理馆、大连馆、大庆馆、东北师大馆、广西馆、贵州馆、国家馆、黑龙江馆、湖南馆、江西馆、辽大馆、辽宁馆、辽师大馆、柳州馆、内蒙古馆、宁夏馆、绍兴馆、天津馆、西南大学馆

01966

闽小纪 （清）周亮工撰

上海：商务印书馆，1936.12，46 页，32 开（丛书集成初编 3162）

　　本书共 2 卷，据清《龙威秘书》本排印。

　　收藏单位：安徽馆、长春馆、重庆馆、大理馆、大连馆、东北师大馆、广西馆、贵州馆、国家馆、黑龙江馆、湖南馆、江西馆、辽大馆、辽宁馆、辽师大馆、柳州馆、内蒙古馆、宁夏馆、绍兴馆、西南大学馆

01967

澉水志 （宋）常棠撰·**嘉禾百咏** （宋）张尧同著·**金华游录** （宋）方凤撰

长沙：商务印书馆，1939.12，72+25+7 页，32 开（丛书集成初编 3163）

　　本书为合订书。《澉水志》2 卷，据明《盐邑志林》本排印；《嘉禾百咏》《金华游录》各 1 卷，均据清《学海类编》本排印。版权页题名：澉水志及其他二种。

　　收藏单位：大理馆、广西馆、国家馆、黑

龙江馆、湖南馆、江西馆、辽大馆、辽宁馆、辽师大馆、内蒙古馆、天津馆、西南大学馆

01968

景定严州续志 （宋）郑瑶等撰

上海：商务印书馆，1936.12，101 页，32 开（丛书集成初编 3164）

　　本书共 10 卷，据清《渐西村舍丛刻》本排印。

　　收藏单位：安徽馆、长春馆、重庆馆、大理馆、大连馆、东北师大馆、广西馆、贵州馆、国家馆、黑龙江馆、湖南馆、江西馆、辽大馆、辽宁馆、辽师大馆、柳州馆、内蒙古馆、宁夏馆、绍兴馆、天津馆、西南大学馆

01969

严州图经 （宋）陈公亮修

上海：商务印书馆，1936.12，2 册（228+4+16 页），32 开（丛书集成初编 3165—3166）

　　本书共 3 卷，附校字记，据清《渐西村舍丛刻》本影印。

　　收藏单位：安徽馆、长春馆、重庆馆、大理馆、大连馆、东北师大馆、广西馆、贵州馆、国家馆、黑龙江馆、湖南馆、江西馆、辽大馆、辽宁馆、辽师大馆、柳州馆、内蒙古馆、宁夏馆、绍兴馆、西南大学馆

01970

洞霄图志 （宋）邓牧编

上海：商务印书馆，1936.12，2 册（101 页），32 开（丛书集成初编 3167—3168）

　　本书共 6 卷，据清《知不足斋丛书》本排印。

　　收藏单位：安徽馆、长春馆、重庆馆、大理馆、大连馆、广西馆、贵州馆、国家馆、黑龙江馆、湖南馆、江西馆、辽大馆、辽宁馆、辽师大馆、柳州馆、内蒙古馆、宁夏馆、绍兴馆、西南大学馆

01971

石柱记笺释 （清）郑元庆笺释

上海：商务印书馆，1937.6，73 页，32 开（丛书集成初编 3170）

　　本书共 5 卷，据清《粤雅堂丛书》本排印。

　　收藏单位：安徽馆、长春馆、重庆馆、大理馆、大连馆、大庆馆、东北师大馆、广东馆、广西馆、贵州馆、国家馆、黑龙江馆、湖南馆、江西馆、辽大馆、辽宁馆、辽师大馆、内蒙古馆、宁夏馆、首都馆、天津馆、武大馆、西南大学馆

01972

湖壖杂记 （清）陆次云著·**硖石山水志**（清）蒋宏任撰·**西湖纪游** （清）张仁美撰

长沙：商务印书馆，1939.12，30+13+9 页，32 开（丛书集成初编 3171）

　　本书为合订书。每种各 1 卷，《湖壖杂记》据清《龙威秘书》本排印，《硖石山水志》据清《别下斋丛书》本排印，《西湖纪游》据清《借月山房汇钞》本排印。版权页题名：湖壖杂记及其他二种。

　　收藏单位：大理馆、福建馆、广西馆、国家馆、黑龙江馆、湖南馆、江西馆、辽大馆、辽宁馆、辽师大馆、内蒙古馆、西南大学馆

01973

清波小志 （清）徐逢吉辑·**清波小志补**（清）陈景钟辑

上海：商务印书馆，1936.6，36+21 页，32 开（丛书集成初编 3172）

　　本书为合订书。《清波小志》2 卷，《清波小志补》1 卷，均据清《读画斋丛书》本排印。版权页题名：清波小志及其他一种。

　　收藏单位：安徽馆、重庆馆、大理馆、大连馆、东北师大馆、广西馆、贵州馆、国家馆、黑龙江馆、湖南馆、惠州馆、江西馆、辽大馆、辽宁馆、辽师大馆、柳州馆、内蒙古馆、宁夏馆、绍兴馆、天津馆、西南大学馆

01974

东城杂记 （清）厉鹗著

上海：商务印书馆，1936.12，61 页，32 开（丛书集成初编 3174）

本书共2卷,据清《粤雅堂丛书》本排印。

收藏单位:安徽馆、长春馆、重庆馆、大理馆、大连馆、东北师大馆、广西馆、贵州馆、国家馆、黑龙江馆、湖南馆、江西馆、辽大馆、辽宁馆、辽师大馆、柳州馆、内蒙古馆、宁夏馆、绍兴馆、天津馆、西南大学馆

01975

渚宫旧事 (唐)余知古撰
上海:商务印书馆,1936.12,70页,32开(丛书集成初编3175)

本书共6卷,附补遗,据清《平津馆丛书》本排印。

收藏单位:安徽馆、长春馆、重庆馆、大理馆、大连馆、东北师大馆、广西馆、贵州馆、国家馆、黑龙江馆、湖南馆、江西馆、辽大馆、辽宁馆、辽师大馆、柳州馆、内蒙古馆、宁夏馆、绍兴馆、天津馆、西南大学馆

01976

黑鞑事略 (宋)彭大雅撰 (宋)徐霆疏证・**西北域记** 佚名撰・**译语** 佚名撰・**和林考** (清)黄楙材撰・**和林诗** (清)李文田撰
长沙:商务印书馆,1937.12,[116]页,32开(丛书集成初编3177)

本书为合订书。每种各1卷,《黑鞑事略》据清《问影楼舆地丛书》本排印,《西北域记》据清《龙威秘书》本排印,《译语》据明《纪录汇编》本影印,《和林考》《和林诗》均据清《灵鹣阁丛书》本排印。版权页题名:黑鞑事略及其他四种。

收藏单位:安徽馆、重庆馆、大理馆、大连馆、东北师大馆、广西馆、贵州馆、国家馆、黑龙江馆、湖南馆、江西馆、辽大馆、辽宁馆、辽师大馆、内蒙古馆、宁夏馆、天津馆、西南大学馆

01977

宁古塔记略 (清)吴振臣著・**吉林外记**
(清)萨英额记
长沙:商务印书馆,1939.12,2册(19+197

页),32开(丛书集成初编3178—3179)

本书为合订书。《宁古塔记略》1卷,据清《渐西村舍丛刻》本排印;《吉林外记》10卷,据清《渐西村舍丛刻》本排印。版权页题名:宁古塔记略及其他一种。

收藏单位:大理馆、大连馆、东北师大馆、广西馆、国家馆、黑龙江馆、湖南馆、江西馆、辽大馆、辽宁馆、辽师大馆、内蒙古馆、西南大学馆

01978

滦京杂咏 (元)杨允孚撰・**出口程记** (清)李调元撰・**西陲闻见录** (清)黎士宏著
上海:商务印书馆,1936.6,11+13+8页,32开(丛书集成初编3180)

本书为合订书。《滦京杂咏》2卷,据清《知不足斋丛书》本排印;《出口程记》1卷,据清《函海》本排印;《西陲闻见录》1卷,据清《学海类编》本排印。版权页题名:滦京杂咏及其他二种。

收藏单位:安徽馆、重庆馆、大理馆、大连馆、东北师大馆、广西馆、贵州馆、国家馆、黑龙江馆、湖南馆、惠州馆、江西馆、辽大馆、辽宁馆、辽师大馆、柳州馆、内蒙古馆、宁夏馆、西南大学馆

01979

西河记 (晋)喻归纂・**凉州记** (晋)段龟龙纂・**沙州记** (南朝宋)段国纂・**西河旧事** (清)张澍编辑・**塞外杂识** (清)冯一鹏撰
上海:商务印书馆,1936.12,[36]页,32开(丛书集成初编3181)

本书为合订书。每种各1卷,《西河记》《凉州记》《沙州记》《西河旧事》均据清《二酉堂丛书》本排印,《塞外杂识》据清《借月山房汇钞》本排印。版权页题名:西河记及其他四种。

收藏单位:安徽馆、重庆馆、大理馆、大连馆、大庆馆、东北师大馆、广西馆、贵州馆、国家馆、黑龙江馆、湖南馆、江西馆、辽大馆、辽宁馆、辽师大馆、柳州馆、内蒙古馆、宁夏馆、绍兴馆、天津馆、西南大学馆

01980

黔志 （明）王士性著·**黔书** （清）田雯编

上海：商务印书馆，1936.6，2 册（5+103 页），32 开（丛书集成初编 3182—3183）

本书为合订书。《黔志》1 卷，据清《学海类编》本排印;《黔书》4 卷，据清《粤雅堂丛书》本排印。版权页题名：黔志及其他一种。

收藏单位：安徽馆、重庆馆、大理馆、大连馆、东北师大馆、广西馆、贵州馆、国家馆、黑龙江馆、湖南馆、惠州馆、江西馆、辽大馆、辽宁馆、辽师大馆、柳州馆、内蒙古馆、宁夏馆、绍兴馆、西南大学馆

01981

续黔书 （清）张澍撰·**黔游记** （清）陈鼎著

上海：商务印书馆，1936.6，81+12 页，32 开（丛书集成初编 3184）

本书为合订书。《续黔书》8 卷，据清《粤雅堂丛书》本排印;《黔游记》1 卷，据清《学海类编》本排印。版权页题名：续黔书及其他一种。

收藏单位：安徽馆、重庆馆、大理馆、大连馆、东北师大馆、广西馆、贵州馆、国家馆、黑龙江馆、湖南馆、惠州馆、江西馆、辽大馆、辽宁馆、辽师大馆、柳州馆、内蒙古馆、宁夏馆、绍兴馆、天津馆、西南大学馆

01982

黔记 （清）李宗昉著

上海：商务印书馆，1936.12，43 页，32 开（丛书集成初编 3185）

本书共 4 卷，据清《问影楼舆地丛书》本排印。

收藏单位：安徽馆、长春馆、重庆馆、大理馆、大连馆、大庆馆、东北师大馆、广西馆、贵州馆、国家馆、黑龙江馆、湖南馆、江西馆、辽大馆、辽宁馆、辽师大馆、柳州馆、内蒙古馆、宁夏馆、绍兴馆、天津馆、西南大学馆

01983

华阳国志 （晋）常璩撰

长沙：商务印书馆，1939.12，3 册（229 页），32 开（丛书集成初编 3187—3189）

本书共 12 卷，据清《函海》本排印。

收藏单位：大理馆、大连馆、东北师大馆、广西馆、国家馆、黑龙江馆、湖南馆、江西馆、辽大馆、辽宁馆、辽师大馆、内蒙古馆、西南大学馆

01984

入蜀记 （宋）陆游撰·**蜀都杂钞** （明）陆深著·**益部谈资** （明）何宇度著

上海：商务印书馆，1936.6，58+9+28 页，32 开（丛书集成初编 3190）

本书为合订书。《入蜀记》6 卷，据清《知不足斋丛书》本排印;《蜀都杂钞》1 卷，据明《宝颜堂秘笈》本排印;《益部谈资》3 卷，据清《学海类编》本排印。版权页题名：入蜀记及其他二种。

收藏单位：安徽馆、重庆馆、大理馆、大连馆、东北师大馆、广西馆、贵州馆、国家馆、黑龙江馆、湖南馆、惠州馆、江西馆、辽大馆、辽宁馆、柳州馆、内蒙古馆、宁夏馆、天津馆、西南大学馆

01985

蜀中名胜记 （明）曹学佺著

上海：商务印书馆，1936.6，5 册（445 页），32 开（丛书集成初编 3191—3195）

本书共 30 卷，据清《粤雅堂丛书》本排印。

收藏单位：安徽馆、长春馆、重庆馆、大理馆、大连馆、东北师大馆、广西馆、贵州馆、国家馆、黑龙江馆、湖南馆、惠州馆、江西馆、辽大馆、辽宁馆、辽师大馆、柳州馆、内蒙古馆、宁夏馆、绍兴馆、武大馆、西南大学馆

01986

罗江县志 （清）李调元稿

上海：商务印书馆，1936.6，115 页，32 开（丛书集成初编 3196）

本书共 10 卷，据清《函海》本排印。

收藏单位：安徽馆、长春馆、重庆馆、大理馆、大连馆、广西馆、贵州馆、国家馆、湖南馆、惠州馆、江西馆、辽大馆、辽宁馆、辽师大馆、柳州馆、内蒙古馆、宁夏馆、天津馆、西南大学馆

01987

蜀鉴 （宋）郭允蹈撰

长沙：商务印书馆，1937.12，2 册（160 页），32 开（丛书集成初编 3197—3198）

本书共 10 卷，据清《守山阁丛书》本排印。

收藏单位：安徽馆、重庆馆、大理馆、大连馆、东北师大馆、广西馆、贵州馆、国家馆、黑龙江馆、湖南馆、江西馆、辽大馆、辽宁馆、辽师大馆、内蒙古馆、宁夏馆、山西馆、西南大学馆

01988

金川琐记 （清）李心衡纂

上海：商务印书馆，1936.12，72 页，32 开（丛书集成初编 3199）

本书共 6 卷，据清《艺海珠尘》本排印。

收藏单位：安徽馆、长春馆、重庆馆、大理馆、大连馆、大庆馆、东北师大馆、广西馆、贵州馆、国家馆、黑龙江馆、湖南馆、江西馆、辽大馆、辽宁馆、辽师大馆、柳州馆、内蒙古馆、宁夏馆、绍兴馆、天津馆、西南大学馆

01989

黑龙江外记 （清）西清记

上海：商务印书馆，1936.12，2 册（108 页），32 开（丛书集成初编 3200—3201）

本书共 8 卷，据清《渐西村舍丛刻》本排印。

收藏单位：安徽馆、重庆馆、大理馆、大连馆、东北师大馆、广东馆、广西馆、贵州馆、国家馆、黑龙江馆、湖南馆、江西馆、近代史所、辽大馆、辽宁馆、辽师大馆、柳州馆、内蒙古馆、宁夏馆、绍兴馆、西南大学馆

01990

游城南记 （宋）张礼撰注 · **西征道里记** （宋）郑刚中撰 · **校正康对山先生武功县志** （清）孙星烈校注

上海：商务印书馆，1936.12，16+10+75 页，32 开（丛书集成初编 3202）

本书为合订书。《游城南记》1 卷，据明《宝颜堂秘笈》本排印；《西征道里记》1 卷，据清《金华丛书》本排印；《校正康对山先生武功县志》3 卷，据清《得月簃丛书》本排印。版权页题名：游城南记及其他二种。

收藏单位：安徽馆、重庆馆、大理馆、大连馆、东北师大馆、广西馆、贵州馆、国家馆、黑龙江馆、湖南馆、江西馆、辽大馆、辽宁馆、辽师大馆、柳州馆、内蒙古馆、宁夏馆、绍兴馆、天津馆、西南大学馆

01991

三辅黄图 （清）毕沅校正

上海：商务印书馆，1936.12，61 页，32 开（丛书集成初编 3204）

本书共 7 卷，附补遗，据清《经训堂丛书》本排印。

收藏单位：安徽馆、长春馆、重庆馆、大理馆、大连馆、大庆馆、东北师大馆、广西馆、贵州馆、国家馆、黑龙江馆、湖南馆、江西馆、辽大馆、辽师大馆、柳州馆、宁夏馆、绍兴馆、天津馆、西南大学馆

01992

三辅黄图 （清）孙星衍 （清）庄逵吉校定 · **三辅旧事** （清）张澍编辑 · **三辅故事** （清）张澍编辑 · **两京新记** （唐）韦述撰

上海：商务印书馆，1936.12，[171] 页，32 开（丛书集成初编 3205）

本书为合订书。每种各 1 卷，《三辅黄图》据清《平津馆丛书》本影印，《三辅旧事》《三辅故事》均据清《二酉堂丛书》本影印，《两京新记》据日本《佚存丛书》本影印。版权页题名：三辅黄图及其他三种。

收藏单位：安徽馆、重庆馆、大理馆、大连馆、东北师大馆、广西馆、贵州馆、国家馆、黑龙江馆、湖南馆、江西馆、辽大馆、

辽宁馆、辽师大馆、柳州馆、内蒙古馆、宁夏馆、天津馆、西南大学馆

01993

唐两京城坊考 （清）徐松撰

上海：商务印书馆，1936.12，3册（189页），32开（丛书集成初编3206—3208）

本书共5卷，据清《连筠簃丛书》本排印。

收藏单位：安徽馆、长春馆、重庆馆、大理馆、大连馆、东北师大馆、广西馆、贵州馆、国家馆、黑龙江馆、湖南馆、江西馆、辽大馆、辽宁馆、辽师大馆、柳州馆、内蒙古馆、宁夏馆、绍兴馆、西南大学馆

01994

六朝事迹类编 （宋）张敦颐编

上海：商务印书馆，1936.12，2册（256页），32开（丛书集成初编3213—3214）

本书共2卷，据明《古今逸史》本影印。

收藏单位：安徽馆、重庆馆、大理馆、大连馆、东北师大馆、贵州馆、国家馆、黑龙江馆、湖南馆、江西馆、辽大馆、辽宁馆、辽师大馆、柳州馆、内蒙古馆、宁夏馆、绍兴馆、西南大学馆

01995

乾道临安志（附札记） （宋）周淙撰 （清）钱保塘校记

长沙：商务印书馆，1937.12，104页，32开（丛书集成初编3215）

本书共4卷，据清《式训堂丛书》本排印。

收藏单位：安徽馆、长春馆、重庆馆、大理馆、大连馆、东北师大馆、贵州馆、国家馆、黑龙江馆、湖南馆、江西馆、辽大馆、辽宁馆、辽师大馆、内蒙古馆、宁夏馆、天津馆、西南大学馆

01996

东京梦华录 （宋）孟元老撰

上海：商务印书馆，1936.12，208页，32开（丛书集成初编3216）

本书共10卷，据明《秘册汇函》本影印。

收藏单位：安徽馆、长春馆、重庆馆、大理馆、大连馆、东北师大馆、广西馆、贵州馆、国家馆、黑龙江馆、湖南馆、江西馆、辽大馆、辽宁馆、辽师大馆、柳州馆、内蒙古馆、宁夏馆、绍兴馆、天津馆、西南大学馆

01997

梦粱录 （宋）吴自牧撰·**古杭杂记** （元）李有撰

长沙：商务印书馆，1939.12，3册（196+4页），32开（丛书集成初编3219—3221）

本书为合订书。《梦粱录》20卷，据清《学津讨原》本排印；《古杭杂记》1卷，据明《古今说海》本排印。版权页题名：梦粱录及其他一种。

收藏单位：大理馆、大连馆、广西馆、国家馆、黑龙江馆、湖南馆、江西馆、辽大馆、辽师大馆、西南大学馆

01998

南宋古迹考 （清）朱彭辑

上海：商务印书馆，1935.12，75页，32开（丛书集成初编3222）

本书共2卷，据清《指海》本排印。

收藏单位：长春馆、重庆馆、大理馆、大连馆、东北师大馆、贵州馆、国家馆、黑龙江馆、湖南馆、惠州馆、江西馆、辽大馆、辽宁馆、辽师大馆、柳州馆、内蒙古馆、宁夏馆、绍兴馆、天津馆、西南大学馆

01999

元故宫遗录 （明）萧洵编·**金鳌退食笔记** （清）高士奇撰

上海：商务印书馆，1936.12，5+34页，32开（丛书集成初编3223）

本书为合订书。《元故宫遗录》1卷，据清《知不足斋丛书》本排印；《金鳌退食笔记》2卷，据清《龙威秘书》本排印。版权页题名：元故宫遗录及其他一种。

收藏单位：安徽馆、重庆馆、大理馆、大

连馆、东北师大馆、广西馆、贵州馆、国家馆、黑龙江馆、湖南馆、江西馆、辽大馆、辽宁馆、辽师大馆、柳州馆、内蒙古馆、宁夏馆、山西馆、天津馆、西南大学馆

02000

东三省韩俄交界道里表 （清）聂士成著

上海：商务印书馆，1936.12，78 页，32 开（丛书集成初编 3224）

本书共 1 卷，据清《问影楼舆地丛书》本排印。

收藏单位：安徽馆、长春馆、重庆馆、大理馆、大连馆、大庆馆、东北师大馆、福建馆、广西馆、贵州馆、国家馆、黑龙江馆、湖南馆、江西馆、辽大馆、辽宁馆、辽师大馆、柳州馆、内蒙古馆、宁夏馆、绍兴馆、天津馆、西南大学馆

02001

东南防守利便 （宋）陈克 （宋）吴若著 （宋）吕祉编·**边纪略** （明）郑晓撰

上海：商务印书馆，1937.6，68+12 页，32 开（丛书集成初编 3225）

本书为合订书。《东南防守利便》3 卷，据清《学海类编》本排印；《边纪略》1 卷，据明《百陵学山》本影印。版权页题名：东南防守利便及其他一种。

收藏单位：安徽馆、重庆馆、大理馆、大连馆、广西馆、国家馆、黑龙江馆、湖南馆、江西馆、辽大馆、辽宁馆、辽师大馆、内蒙古馆、天津馆、西南大学馆

02002

靖海纪略 （明）郑茂撰·**靖海纪略** （明）曹履泰著

上海：商务印书馆，1936.6，10+64 页，32 开（丛书集成初编 3226）

本书为合订书。第 1 种 1 卷，据明《盐邑志林》排印；第 2 种 4 卷，据清《别下斋丛书》本排印。封面题名：靖海纪略两种。

收藏单位：安徽馆、重庆馆、大理馆、大连馆、东北师大馆、广西馆、贵州馆、国家馆、黑龙江馆、湖南馆、惠州馆、江西馆、

辽大馆、辽宁馆、辽师大馆、柳州馆、内蒙古馆、宁夏馆、绍兴馆、天津馆、西南大学馆

02003

乡约 （明）尹耕著·**塞语** （明）尹耕著

上海：商务印书馆，1936.12，31+33 页，32 开（丛书集成初编 3227）

本书为合订书。每种各 1 卷，均据清《畿辅丛书》本排印。版权页题名：乡约及其他一种。

收藏单位：安徽馆、长春馆、重庆馆、大理馆、大连馆、东北师大馆、广西馆、贵州馆、国家馆、黑龙江馆、湖南馆、江西馆、辽大馆、辽宁馆、辽师大馆、柳州馆、内蒙古馆、宁夏馆、天津馆、西南大学馆

02004

台湾随笔 （清）徐怀祖著·**台海使槎录** （清）黄叔璥撰

上海：商务印书馆，1936.12，2 册（4+164 页），32 开（丛书集成初编 3231—3232）

本书为合订书。《台湾随笔》1 卷，据清《学海类编》本排印；《台海使槎录》8 卷，据清《畿辅丛书》本排印。版权页题名：台湾随笔及其他一种。

收藏单位：安徽馆、长春馆、重庆馆、大理馆、大连馆、东北师大馆、广西馆、贵州馆、国家馆、黑龙江馆、湖南馆、江西馆、辽大馆、辽宁馆、辽师大馆、柳州馆、内蒙古馆、宁夏馆、绍兴馆、武大馆、西南大学馆

02005

采硫日记 （清）郁永河撰

上海：商务印书馆，1935.12，42 页，32 开（丛书集成初编 3233）

本书共 3 卷，据清《粤雅堂丛书》本排印。

收藏单位：安徽馆、长春馆、重庆馆、大理馆、大连馆、东北师大馆、广西馆、贵州馆、国家馆、黑龙江馆、湖南馆、惠州馆、江西馆、辽大馆、辽宁馆、辽师大馆、柳州

馆、内蒙古馆、宁夏馆、绍兴馆、天津馆、西南大学馆

02006

蠡测汇钞 （清）邓传安著

上海：商务印书馆，1937.6，96 页，32 开（丛书集成初编 3234）

本书共 1 卷，据清《豫章丛书》本影印。

收藏单位：安徽馆、长春馆、重庆馆、大理馆、大连馆、东北师大馆、广西馆、贵州馆、国家馆、黑龙江馆、湖南馆、江西馆、辽大馆、辽宁馆、辽师大馆、柳州馆、内蒙古馆、宁夏馆、天津馆、西南大学馆

02007

台湾杂记 （清）季麒光著·**台湾纪略** （清）林谦光著

上海：商务印书馆，1937.6，3+10 页，32 开（丛书集成初编 3235）

本书为合订书。每种各 1 卷，均据清《龙威秘书》本排印。版权页题名：台湾杂记及其他一种。

收藏单位：安徽馆、重庆馆、大理馆、大连馆、福建馆、广西馆、国家馆、黑龙江馆、湖南馆、江西馆、辽大馆、辽宁馆、辽师大馆、内蒙古馆、天津馆、西南大学馆

02008

宣和奉使高丽图经 （宋）徐兢撰

上海：商务印书馆，1937.6，4 册（142 页），32 开（丛书集成初编 3236—3239）

本书共 40 卷，据清《知不足斋丛书》本排印。

收藏单位：长春馆、重庆馆、大理馆、大连馆、东北师大馆、广西馆、贵州馆、国家馆、黑龙江馆、湖南馆、江西馆、辽大馆、辽师大馆、柳州馆、内蒙古馆、宁夏馆、西南大学馆

02009

朝鲜纪事 （明）倪谦撰·**辌轩纪事** （明）姜曰广撰·**朝鲜志**

长沙：商务印书馆，1937.12，24+72+48 页，32 开（丛书集成初编 3240）

本书为合订书。《朝鲜纪事》1 卷，据明《纪录汇编》本影印；《辌轩纪事》1 卷，据清《豫章丛书》本影印；《朝鲜志》2 卷，据清《艺海珠尘》本排印。版权页题名：朝鲜纪事及其他二种。

收藏单位：安徽馆、重庆馆、大理馆、大连馆、东北师大馆、贵州馆、国家馆、黑龙江馆、湖南馆、江西馆、辽大馆、辽宁馆、辽师大馆、内蒙古馆、宁夏馆、天津馆、西南大学馆

02010

使琉球录 （明）陈侃撰

上海：商务印书馆，1937.6，2 册（98 页），32 开（丛书集成初编 3242—3243）

本书共 1 卷，据明《纪录汇编》本影印。

收藏单位：安徽馆、长春馆、重庆馆、大理馆、大连馆、大庆馆、东北师大馆、广西馆、贵州馆、国家馆、黑龙江馆、湖南馆、江西馆、辽大馆、辽宁馆、辽师大馆、柳州馆、内蒙古馆、宁夏馆、武大馆、西南大学馆

02011

使琉球纪 （清）张学礼著

上海：商务印书馆，1937.12，13 页，32 开（丛书集成初编 3244）

本书共 1 卷，据清《龙威秘书》本排印。

收藏单位：安徽馆、重庆馆、大理馆、大连馆、国家馆、黑龙江馆、江西馆、辽大馆、辽宁馆、辽师大馆、内蒙古馆、天津馆、西南大学馆

02012

琉球国志略 （清）周煌辑

上海：商务印书馆，1936.12，3 册（208 页），32 开（丛书集成初编 3245—3247）

本书共 17 卷，据清聚珍版丛书本排印。

收藏单位：安徽馆、长春馆、重庆馆、大理馆、大连馆、大庆馆、东北师大馆、广西馆、贵州馆、国家馆、黑龙江馆、湖南馆、江西馆、辽大馆、辽宁馆、辽师大馆、柳州

馆、内蒙古馆、宁夏馆、绍兴馆、西南大学馆

02013

长春真人西游记 （元）李志常述

上海：商务印书馆，1937.6，50 页，32 开（丛书集成初编 3252）

本书共 3 卷，有附录，据清《连筠簃丛书》本排印。

收藏单位：安徽馆、重庆馆、大理馆、东北师大馆、广西馆、贵州馆、国家馆、湖南馆、江西馆、近代史所、辽大馆、辽师大馆、西南大学馆、浙江馆

02014

西游录注 （元）耶律楚材撰 （元）盛如梓删略·**使西域记** （明）陈诚编·**西域释地** （清）祁韵士辑

上海：商务印书馆，1936.6，18+7+23 页，32 开（丛书集成初编 3253）

本书为合订书。每种各 1 卷，《西游录注》据清《灵鹣阁丛书》本排印，《使西域记》据清《学海类编》本排印，《西域释地》据清《粤雅堂丛书》本排印。版权页题名：西游录注及其他二种。

收藏单位：安徽馆、重庆馆、大理馆、大连馆、东北师大馆、广西馆、贵州馆、国家馆、黑龙江馆、湖南馆、惠州馆、江西馆、辽大馆、辽宁馆、辽师大馆、柳州馆、内蒙古馆、宁夏馆、绍兴馆、天津馆、西南大学馆

02015

汉书西域传补注 （清）徐松撰

上海：商务印书馆，1937.6，103 页，32 开（丛书集成初编 3254）

本书共 2 卷，据清《指海》本排印。

收藏单位：安徽馆、长春馆、重庆馆、大理馆、大连馆、东北师大馆、广西馆、贵州馆、国家馆、黑龙江馆、湖南馆、江西馆、辽大馆、辽宁馆、辽师大馆、内蒙古馆、宁夏馆、天津馆、西南大学馆

02016

缅述 （清）彭崧毓撰·**交州记** （晋）刘欣期撰 （清）曾钊辑·**奉使安南水程日记** （明）黄福撰·**南翁梦录** （明）黎澄撰

上海：商务印书馆，1937.6，15+10+21+38 页，32 开（丛书集成初编 3255）

本书为合订书。《缅述》1 卷，据清《问影楼舆地丛书》本排印；《交州记》2 卷，据清《岭南遗书》本排印；《奉使安南水程日记》《南翁梦录》各 1 卷，均据明《纪录汇编》本影印。版权页题名：缅述及其他三种。

收藏单位：重庆馆、大理馆、大连馆、国家馆、黑龙江馆、湖南馆、惠州馆、江西馆、辽大馆、辽宁馆、辽师大馆、柳州馆、内蒙古馆、天津馆、西南大学馆

02017

安南传 （明）王世贞撰·**安南杂记** （清）李仙根著·**安南纪游** （清）潘鼎珪著

上海：商务印书馆，1937.6，56+2+4 页，32 开（丛书集成初编 3256）

本书为合订书。《安南传》2 卷，据明《纪录汇编》本影印；《安南杂记》1 卷，据清《学海类编》本排印；《安南纪游》1 卷，据清《龙威秘书》本排印。版权页题名：安南传及其他二种。

收藏单位：安徽馆、长春馆、重庆馆、大理馆、大连馆、东北师大馆、广西馆、贵州馆、国家馆、黑龙江馆、湖南馆、江西馆、辽大馆、辽宁馆、辽师大馆、柳州馆、内蒙古馆、宁夏馆、绍兴馆、天津馆、西南大学馆

02018

越史略

上海：商务印书馆，1936.12，78 页，32 开（丛书集成初编 3257）

本书共 3 卷，据清《守山阁丛书》本排印。

收藏单位：安徽馆、长春馆、重庆馆、大理馆、大连馆、大庆馆、东北师大馆、广西馆、贵州馆、国家馆、黑龙江馆、湖南馆、江西馆、辽大馆、辽宁馆、辽师大馆、柳州

馆、内蒙古馆、宁夏馆、绍兴馆、天津馆、西南大学馆

02019

东西洋考 （明）张燮著

上海：商务印书馆，1936.6，3册（185页），32开（丛书集成初编3259—3261）

本书共12卷，据清《惜阴轩丛书》本排印。

收藏单位：安徽馆、长春馆、重庆馆、大理馆、大连馆、东北师大馆、广西馆、贵州馆、国家馆、黑龙江馆、惠州馆、江西馆、辽大馆、辽宁馆、辽师大馆、柳州馆、内蒙古馆、宁夏馆、绍兴馆、西南大学馆

02020

八紘译史 （清）陆次云著

长沙：商务印书馆，1939.12，73页，32开（丛书集成初编3263）

本书共4卷，据清《龙威秘书》本排印。

收藏单位：广西馆、国家馆、黑龙江馆、江西馆、辽大馆、辽宁馆、辽师大馆、内蒙古馆、西南大学馆

02021

译史纪余 （清）陆次云著·**八紘荒史** （清）陆次云著

长沙：商务印书馆，1937.12，142+34页，32开（丛书集成初编3264）

本书为合订书。《译史纪余》4卷，《八紘荒史》1卷，均据清《龙威秘书》本影印。版权页题名：译史纪余及其他一种。

收藏单位：安徽馆、重庆馆、大理馆、大连馆、东北师大馆、广西馆、贵州馆、国家馆、黑龙江馆、湖南馆、江西馆、辽大馆、辽宁馆、辽师大馆、内蒙古馆、宁夏馆、西南大学馆

02022

职方外纪 （意）艾儒略撰

上海：商务印书馆，1936.12，146页，32开（丛书集成初编3265）

本书共5卷，据清《守山阁丛书》本影印。

收藏单位：安徽馆、长春馆、重庆馆、大理馆、大连馆、大庆馆、东北师大馆、广西馆、贵州馆、国家馆、黑龙江馆、湖南馆、江西馆、近代史所、辽大馆、辽宁馆、辽师大馆、柳州馆、内蒙古馆、宁夏馆、绍兴馆、天津馆、西南大学馆

02023

坤舆图说·坤舆外纪 （比）南怀仁撰

上海：商务印书馆，1937.6，233+26页，32开（丛书集成初编3266）

本书为合订书。《坤舆图说》2卷，据清《指海》本影印；《坤舆外纪》1卷，据清《龙威秘书》本影印。版权页题名：坤舆图说及其他一种。

收藏单位：安徽馆、长春馆、重庆馆、大理馆、大连馆、东北师大馆、广西馆、贵州馆、国家馆、湖南馆、江西馆、辽大馆、辽宁馆、辽师大馆、柳州馆、内蒙古馆、宁夏馆、天津馆、武大馆、西南大学馆

02024

诸蕃志 （宋）赵汝适撰

上海：商务印书馆，1937.6，44页，32开（丛书集成初编3272）

本书共2卷，据清《学津讨原》本排印。

收藏单位：重庆馆、大理馆、广西馆、国家馆、黑龙江馆、湖南馆、江西馆、辽大馆、辽宁馆、辽师大馆、天津馆、西南大学馆

02025

异域志 （元）周致中纂集

上海：商务印书馆，1936.6，84页，32开（丛书集成初编3273）

本书共2卷，据明《夷门广牍》本影印。

收藏单位：安徽馆、长春馆、重庆馆、大理馆、大连馆、东北师大馆、广西馆、贵州馆、国家馆、黑龙江馆、湖南馆、惠州馆、江西馆、辽大馆、辽宁馆、辽师大馆、柳州馆、内蒙古馆、宁夏馆、绍兴馆、天津馆、西南大学馆

02026

瀛涯胜览 （明）马欢撰

上海：商务印书馆，1937.6，94 页，32 开（丛书集成初编 3274）

本书共 1 卷，据明《纪录汇编》本影印。

收藏单位：安徽馆、长春馆、重庆馆、大理馆、大连馆、东北师大馆、广西馆、贵州馆、国家馆、黑龙江馆、湖南馆、江西馆、辽大馆、辽宁馆、辽师大馆、内蒙古馆、宁夏馆、天津馆、西南大学馆

02027

西南夷风土记 （明）朱孟震著·**异域竹枝词**
（清）福庆纂

上海：商务印书馆，1936.12，10+43 页，32 开（丛书集成初编 3277）

本书为合订书。《西南夷风土记》1 卷，据清《学海类编》本排印；《异域竹枝词》3 卷，据清《艺海珠尘》本排印。版权页题名：西南夷风土记及其他一种。

收藏单位：安徽馆、长春馆、重庆馆、大理馆、大连馆、大庆馆、东北师大馆、广西馆、贵州馆、国家馆、黑龙江馆、湖南馆、江西馆、辽大馆、辽宁馆、辽师大馆、柳州馆、内蒙古馆、宁夏馆、绍兴馆、天津馆、西南大学馆

02028

海录 （清）杨炳南撰·**新嘉坡风土记** （清）李钟珏撰·**日本考略** （明）薛俊辑·**西方要纪** （意）利类思 （葡）安文思 （比）南怀仁著

上海：商务印书馆，1936.12，[81] 页，32 开（丛书集成初编 3278）

本书为合订书。每种各 1 卷，《海录》据清《海山仙馆丛书》本排印，《新嘉坡风土记》据清《灵鹣阁丛书》本排印，《日本考略》据清《得月簃丛书》本排印，《西方要纪》据清《学海类编》本排印。版权页题名：海录及其他三种。

收藏单位：安徽馆、长春馆、重庆馆、大理馆、大连馆、东北师大馆、广西馆、贵州馆、国家馆、黑龙江馆、湖南馆、江西馆、辽大馆、辽宁馆、辽师大馆、柳州馆、内蒙古馆、宁夏馆、绍兴馆、天津馆、西南大学馆

02029

异域录 （清）图理琛撰·**朔方备乘札记**
（清）李文田撰

上海：商务印书馆，1936.12，53+27 页，32 开（丛书集成初编 3279）

本书为合订书。《异域录》2 卷，据清《借月山房汇钞》本排印；《朔方备乘札记》1 卷，据清《灵鹣阁丛书》本排印。版权页题名：异域录及其他一种。

收藏单位：安徽馆、长春馆、重庆馆、大理馆、大连馆、大庆馆、东北师大馆、广西馆、贵州馆、国家馆、黑龙江馆、湖南馆、江西馆、辽大馆、辽宁馆、辽师大馆、柳州馆、内蒙古馆、宁夏馆、绍兴馆、天津馆、西南大学馆

02030

使德日记 （清）李凤苞撰·**英轺私记** （清）刘锡鸿著·**澳大利亚洲新志** （清）吴宗濂（清）赵元益译

上海：商务印书馆，1936.12，50+19+16 页，32 开（丛书集成初编 3280）

本书为合订书。每种各 1 卷，均据清《灵鹣阁丛书》本排印。版权页题名：使德日记及其他二种。

收藏单位：安徽馆、长春馆、重庆馆、大理馆、大连馆、大庆馆、东北师大馆、广西馆、贵州馆、国家馆、黑龙江馆、湖南馆、江西馆、辽大馆、辽宁馆、辽师大馆、柳州馆、内蒙古馆、宁夏馆、绍兴馆、天津馆、西南大学馆

02031

诗氏族考 （清）李超孙辑

上海：商务印书馆，1936.12，2 册（160 页），32 开（丛书集成初编 3281—3282）

本书共 6 卷，据清《别下斋丛书》本排印。

收藏单位：安徽馆、长春馆、重庆馆、大

理馆、大连馆、大庆馆、东北师大馆、广西馆、贵州馆、国家馆、黑龙江馆、湖南馆、江西馆、辽大馆、辽宁馆、辽师大馆、柳州馆、内蒙古馆、宁夏馆、绍兴馆、西南大学馆

02032

风俗通姓氏篇 （汉）应劭纂 （清）张澍编辑补注・**姓氏考略** （清）陈廷炜著・**魏氏补证** （清）万光泰纂

上海：商务印书馆，1937.6，86+4+121 页，32 开（丛书集成初编 3283）

　　本书为合订书。《风俗通姓氏篇》2 卷，据清《二酉堂丛书》本排印;《姓氏考略》1 卷，据清《学海类编》本排印;《魏氏补证》6 卷，据清《艺海珠尘》本排印。版权页题名：风俗通姓氏篇及其他二种。

　　收藏单位：安徽馆、重庆馆、大理馆、广西馆、国家馆、黑龙江馆、湖南馆、江西馆、辽大馆、辽宁馆、辽师大馆、天津馆、西南大学馆

02033

古今同姓名录 （南朝梁）萧绎撰 （唐）陆善经续 （元）叶森补・**九史同姓名略** （清）汪辉祖撰

上海：商务印书馆，1936.12，8 册（96+1471 页），32 开（丛书集成初编 3284—3291）

　　本书为合订书。《古今同姓名录》2 卷，据清《函海》本排印;《九史同姓名略》76 卷，附补遗，据清《史学丛书》本排印。版权页题名：古今同姓名录及其他一种。

　　收藏单位：安徽馆、长春馆、重庆馆、大理馆、大连馆、大庆馆、东北师大馆、广西馆、贵州馆、国家馆、黑龙江馆、湖南馆、江西馆、辽大馆、辽宁馆、辽师大馆、柳州馆、内蒙古馆、宁夏馆、山西馆、绍兴馆、西南大学馆

02034

三史同名录 （清）汪辉祖辑

上海：商务印书馆，1936.12，4 册（434 页），32 开（丛书集成初编 3292—3295）

本书共 40 卷，据清《史学丛书》本排印。

　　收藏单位：安徽馆、长春馆、重庆馆、大理馆、大连馆、大庆馆、东北师大馆、广西馆、贵州馆、国家馆、黑龙江馆、湖南馆、江西馆、辽大馆、辽宁馆、辽师大馆、柳州馆、内蒙古馆、宁夏馆、绍兴馆、西南大学馆

02035

姓解 （宋）邵思纂

上海：商务印书馆，1935.12，126 页，32 开（丛书集成初编 3296）

　　本书共 3 卷，据清《古逸丛书》本影印。

　　收藏单位：安徽馆、长春馆、重庆馆、大理馆、大连馆、东北师大馆、广西馆、贵州馆、国家馆、黑龙江馆、湖南馆、惠州馆、江西馆、辽大馆、辽宁馆、辽师大馆、柳州馆、内蒙古馆、宁夏馆、绍兴馆、天津馆、西南大学馆

02036

古今姓氏书辨证 （宋）邓名世撰・**希姓录** （明）杨慎撰

上海：商务印书馆，1936.6，8 册（766+34 页），32 开（丛书集成初编 3297—3304）

　　本书为合订书。《古今姓氏书辨证》43 卷，附校勘记，据清《守山阁丛书》本排印;《希姓录》5 卷，据清《函海》本排印。版权页题名：古今姓氏书辨证及其他一种。

　　收藏单位：安徽馆、长春馆、重庆馆、大理馆、大连馆、东北师大馆、广西馆、贵州馆、国家馆、黑龙江馆、湖南馆、惠州馆、江西馆、辽大馆、辽宁馆、辽师大馆、柳州馆、内蒙古馆、宁夏馆、绍兴馆、西南大学馆

02037

姓觿 （明）陈士元著

上海：商务印书馆，1936.12，3 册（322 页），32 开（丛书集成初编 3305—3307）

　　本书共 11 卷，有附录、札记，据清《湖北丛书》本排印。

收藏单位：安徽馆、长春馆、重庆馆、大理馆、大连馆、东北师大馆、广西馆、贵州馆、国家馆、黑龙江馆、湖南馆、江西馆、辽大馆、辽宁馆、辽师大馆、柳州馆、内蒙古馆、宁夏馆、绍兴馆、西南大学馆

02038

姓觹刊误　（清）易本烺撰

上海：商务印书馆，1936.12，48 页，32 开（丛书集成初编 3308）

本书 1 卷，附札记，据清《湖北丛书》本影印。

收藏单位：安徽馆、长春馆、重庆馆、大理馆、大连馆、东北师大馆、广西馆、贵州馆、国家馆、黑龙江馆、湖南馆、江西馆、辽大馆、辽宁馆、辽师大馆、柳州馆、内蒙古馆、宁夏馆、绍兴馆、西南大学馆

02039

自号录　（宋）徐光溥编

上海：商务印书馆，1937.6，26 页，32 开（丛书集成初编 3309）

本书共 1 卷，据清《十万卷楼丛书》本排印。

收藏单位：安徽馆、长春馆、重庆馆、大理馆、大连馆、东北师大馆、广西馆、贵州馆、国家馆、黑龙江馆、湖南馆、江西馆、辽大馆、辽宁馆、辽师大馆、柳州馆、内蒙古馆、宁夏馆、天津馆、西南大学馆

02040

小名录　（唐）陆龟蒙撰

上海：商务印书馆，1937.6，31 页，32 开（丛书集成初编 3312）

本书共 2 卷，据明《稗海》本排印。

收藏单位：长春馆、重庆馆、大理馆、福建馆、广东馆、广西馆、国家馆、黑龙江馆、湖南馆、江西馆、辽大馆、辽宁馆、辽师大馆、内蒙古馆、天津馆、西南大学馆

02041

侍儿小名录拾遗　（宋）张邦畿撰·**补侍儿小名录**　（宋）王铚著·**续补侍儿小名录**　（宋）

温豫撰·乐府侍儿小名　（清）李调元撰

上海：商务印书馆，1937.12，[51] 页，32 开（丛书集成初编 3313）

本书为合订书。《侍儿小名录拾遗》《补侍儿小名录》《续补侍儿小名录》各 1 卷，均据明《稗海》本排印；《乐府侍儿小名》2 卷，据清《函海》本排印。版权页题名：侍儿小名录拾遗及其他三种。

收藏单位：重庆馆、大理馆、广西馆、国家馆、黑龙江馆、湖南馆、江西馆、辽大馆、辽宁馆、辽师大馆、天津馆、西南大学馆

02042

奇字名　（清）李调元撰

上海：商务印书馆，1937.6，237 页，32 开（丛书集成初编 3314）

本书共 12 卷，据清《函海》本排印。

收藏单位：安徽馆、长春馆、重庆馆、大理馆、大连馆、大庆馆、东北师大馆、广西馆、贵州馆、国家馆、黑龙江馆、湖南馆、江西馆、辽大馆、辽宁馆、辽师大馆、柳州馆、内蒙古馆、宁夏馆、天津馆、武大馆、西南大学馆

02043

东家杂记　（宋）孔传撰

上海：商务印书馆，1936.6，58+11 页，32 开（丛书集成初编 3315）

本书共 6 卷，附续校、补校，据清《琳琅秘室丛书》本排印。

收藏单位：安徽馆、长春馆、重庆馆、大理馆、大连馆、东北师大馆、广西馆、贵州馆、国家馆、黑龙江馆、湖南馆、惠州馆、江西馆、辽大馆、辽宁馆、辽师大馆、柳州馆、内蒙古馆、宁夏馆、绍兴馆、天津馆、西南大学馆

02044

孔氏祖庭广记　（金）孔元措撰

上海：商务印书馆，1936.12，2 册（198 页），32 开（丛书集成初编 3316—3317）

本书共 14 卷，附校伪、续补校，据清《琳琅秘室丛书》本排印。

收藏单位：安徽馆、长春馆、重庆馆、大理馆、大连馆、大庆馆、东北师大馆、广西馆、贵州馆、国家馆、黑龙江馆、湖南馆、江西馆、辽大馆、辽宁馆、辽师大馆、柳州馆、内蒙古馆、宁夏馆、绍兴馆、西南大学馆

02045

圣门志 （明）吕善纂辑

上海：商务印书馆，1936.6，4 册（308 页），32 开（丛书集成初编 3318—3321）

本书共 5 卷，据明《盐邑志林》本排印。

收藏单位：安徽馆、长春馆、重庆馆、大理馆、大连馆、东北师大馆、广西馆、贵州馆、国家馆、黑龙江馆、湖南馆、惠州馆、江西馆、辽大馆、辽宁馆、辽师大馆、柳州馆、内蒙古馆、宁夏馆、绍兴馆、西南大学馆

02046

孔子门人考 （清）朱彝尊撰·**孔子弟子考** （清）朱彝尊撰·**孟子弟子考** （清）朱彝尊撰

长沙：商务印书馆，1939.12，10+19+4 页，32 开（丛书集成初编 3322）

本书为合订书。每种各 1 卷，均据清《学海类编》本排印。版权页题名：孔子门人考及其他二种。

收藏单位：大理馆、国家馆、黑龙江馆、湖南馆、江西馆、辽大馆、辽师大馆、内蒙古馆、天津馆、西南大学馆

02047

正学续 （清）陈遇夫撰

上海：商务印书馆，1937.6，2 册（123 页），32 开（丛书集成初编 3323—3324）

本书共 4 卷，据清《岭南遗书》本排印。

收藏单位：重庆馆、大理馆、广西馆、国家馆、黑龙江馆、湖南馆、江西馆、辽大馆、辽宁馆、辽师大馆、内蒙古馆、西南大学馆

02048

汉西京博士考 （清）胡秉虔纂

上海：商务印书馆，1937.6，45 页，32 开（丛书集成初编 3325）

本书共 2 卷，据清《艺海珠尘》本排印。

收藏单位：长春馆、重庆馆、大理馆、大连馆、东北师大馆、广西馆、贵州馆、国家馆、黑龙江馆、湖南馆、江西馆、辽大馆、辽宁馆、辽师大馆、柳州馆、内蒙古馆、宁夏馆、绍兴馆、天津馆、西南大学馆

02049

汉学师承记 （清）江藩纂

上海：商务印书馆，1937.6，2 册（152 页），32 开（丛书集成初编 3326—3327）

本书共 8 卷，据清《粤雅堂丛书》本排印。

收藏单位：安徽馆、重庆馆、大理馆、大连馆、东北师大馆、广西馆、贵州馆、国家馆、黑龙江馆、湖南馆、江西馆、辽大馆、辽宁馆、辽师大馆、柳州馆、南京馆、内蒙古馆、宁夏馆、西南大学馆

02050

学统 （清）熊赐履撰

上海：商务印书馆，1936.6，10 册（735 页），32 开（丛书集成初编 3328—3337）

本书共 53 卷，据清《湖北丛书》本排印。

收藏单位：安徽馆、长春馆、重庆馆、大理馆、大连馆、东北师大馆、广西馆、贵州馆、国家馆、黑龙江馆、湖南馆、惠州馆、江西馆、辽大馆、辽宁馆、辽师大馆、柳州馆、内蒙古馆、宁夏馆、绍兴馆、西南大学馆

02051

道统录 （清）张伯行著

上海：商务印书馆，1936.6，2 册（106 页），32 开（丛书集成初编 3338—3339）

本书共 3 卷，有附录，据清《正谊堂全书》本排印。

收藏单位：安徽馆、长春馆、重庆馆、大理馆、大连馆、东北师大馆、广西馆、贵州馆、国家馆、黑龙江馆、湖南馆、惠州馆、

江西馆、辽大馆、辽宁馆、辽师大馆、柳州馆、内蒙古馆、宁夏馆、西南大学馆

02052

伊洛渊源录 （宋）朱熹撰

上海：商务印书馆，1936.6，2 册（143 页），32 开（丛书集成初编 3340—3341）

　　本书共 14 卷，据清《正谊堂全书》本排印。

　　收藏单位：安徽馆、长春馆、重庆馆、大理馆、大连馆、东北师大馆、广西馆、贵州馆、国家馆、黑龙江馆、湖南馆、惠州馆、江西馆、辽大馆、辽宁馆、辽师大馆、柳州馆、内蒙古馆、宁夏馆、绍兴馆、武大馆、西南大学馆

02053

道命录 （宋）李心传编

上海：商务印书馆，1937.6，2 册（121 页），32 开（丛书集成初编 3342—3343）

　　本书共 10 卷，据清《知不足斋丛书》本排印。

　　收藏单位：安徽馆、长春馆、重庆馆、大理馆、大连馆、东北师大馆、广西馆、贵州馆、国家馆、黑龙江馆、湖南馆、江西馆、辽大馆、辽宁馆、辽师大馆、柳州馆、内蒙古馆、宁夏馆、西南大学馆

02054

道南源委 （明）朱衡撰

上海：商务印书馆，1936.12，2 册（166 页），32 开（丛书集成初编 3344—3345）

　　本书共 6 卷，据清正谊堂全本（《正谊堂全书》本）排印。

　　收藏单位：安徽馆、长春馆、重庆馆、大理馆、大连馆、东北师大馆、广西馆、贵州馆、国家馆、黑龙江馆、湖南馆、江西馆、辽大馆、辽宁馆、辽师大馆、柳州馆、内蒙古馆、宁夏馆、绍兴馆、西南大学馆

02055

宋学渊源记 （清）江藩辑

上海：商务印书馆，1937.12，41 页，32 开

（丛书集成初编 3346）

　　本书共 3 卷，有附记，据清《粤雅堂丛书》本排印。

　　收藏单位：重庆馆、大理馆、广西馆、国家馆、黑龙江馆、湖南馆、江西馆、辽大馆、辽宁馆、辽师大馆、内蒙古馆、天津馆、武大馆、西南大学馆

02056

禅玄显教编 （明）杨溥著·**列仙传** （汉）刘向撰

上海：商务印书馆，1936.12，22+66 页，32 开（丛书集成初编 3347）

　　本书为合订书。《禅玄显教编》1 卷，据明《稗乘》本影印；《列仙传》4 卷，附校伪、补校，据清《琳琅秘室丛书》本影印。版权页题名：禅玄显教编及其他一种。

　　收藏单位：安徽馆、长春馆、重庆馆、大理馆、大连馆、东北师大馆、广西馆、贵州馆、国家馆、黑龙江馆、湖南馆、江西馆、辽大馆、辽宁馆、辽师大馆、柳州馆、内蒙古馆、宁夏馆、绍兴馆、天津馆、西南大学馆

02057

仙吏传 （唐）太上隐者辑·**续神仙传** （唐）沈份撰·**疑仙传** （宋）隐夫玉简撰·**钟吕二仙传** （明）黄鲁曾撰·**香案牍** （清）陈继儒纂·**海陵三仙传**

上海：商务印书馆，1937.6，[53] 页，32 开（丛书集成初编 3349）

　　本书为合订书。《仙吏传》1 卷，据清《龙威秘书》本排印；《续神仙传》3 卷，据明《夷门广牍》本排印；《疑仙传》4 卷，附补校，据清《琳琅秘室丛书》本排印；《钟吕二仙传》《香案牍》各 1 卷，均据明《宝颜堂秘笈》本排印；《海陵三仙传》1 卷，据明《古今说海》本排印。版权页题名：仙吏传及其他五种。

　　收藏单位：重庆馆、大理馆、广西馆、国家馆、黑龙江馆、湖南馆、江西馆、辽大馆、辽宁馆、辽师大馆、内蒙古馆、天津馆、西南大学馆

02058

罗湖野录 （宋释）晓莹撰·**孝传** （晋）陶潜著·**古孝子传** （清）茆泮林辑

上海：商务印书馆，1936.6，55+4+37 页，32 开（丛书集成初编 3354）

　　本书为合订书。《罗湖野录》4 卷，据明《宝颜堂秘笈》本排印；《孝传》1 卷，据明《汉魏丛书》本排印；《古孝子传》1 卷，据清《十种古逸书》本排印。版权页题名：罗湖野录及其他二种。

　　收藏单位：安徽馆、长春馆、重庆馆、大理馆、大连馆、东北师大馆、广西馆、贵州馆、国家馆、黑龙江馆、湖南馆、惠州馆、江西馆、辽大馆、辽宁馆、辽师大馆、柳州馆、内蒙古馆、宁夏馆、天津馆、西南大学馆

02059

昭忠录·备遗录 （明）张芹编·**殉身录** （明）裘玉著

长沙：商务印书馆，1939.12，39+23+8 页，32 开（丛书集成初编 3355）

　　本书为合订书。每种各 1 卷，《昭忠录》据清《守山阁丛书》本排印，《备遗录》据明《古今说海》本排印，《殉身录》据明《稗乘》本影印。版权页题名：昭忠录及其他二种。

　　收藏单位：大理馆、广西馆、国家馆、湖南馆、江西馆、辽大馆、辽宁馆、辽师大馆、内蒙古馆、天津馆、西南大学馆

02060

元朝名臣事略 （元）苏天爵撰

上海：商务印书馆，1936.12，3 册（267 页），32 开（丛书集成初编 3357—3359）

　　本书共 16 卷，附校勘记，据清聚珍版丛书本排印。

　　收藏单位：安徽馆、长春馆、重庆馆、大理馆、大连馆、大庆馆、东北师大馆、广西馆、贵州馆、国家馆、黑龙江馆、湖南馆、江西馆、辽大馆、辽宁馆、辽师大馆、柳州馆、内蒙古馆、宁夏馆、绍兴馆、西南大学馆

02061

广名将传 （明）黄道周注断

上海：商务印书馆，1937.6，5 册（379 页），32 开（丛书集成初编 3364—3368）

　　本书共 20 卷，据清《海山仙馆丛书》本排印。

　　收藏单位：安徽馆、长春馆、重庆馆、大理馆、大连馆、东北师大馆、广西馆、贵州馆、国家馆、黑龙江馆、湖南馆、江西馆、辽大馆、辽宁馆、辽师大馆、柳州馆、内蒙古馆、宁夏馆、西南大学馆

02062

新倩籍 （明）徐祯卿撰·**吴郡二科志** （明）阎秀卿撰·**江西诗社宗派图录** （明）张泰来述

上海：商务印书馆，1937.6，10+33+44 页，32 开（丛书集成初编 3381）

　　本书为合订书，每种各 1 卷。《新倩籍》《吴郡二科志》均据明《纪录汇编》本影印，《江西诗社宗派图录》据清《知不足斋丛书》本影印。版权页题名：新倩籍及其他二种。

　　收藏单位：安徽馆、长春馆、重庆馆、大理馆、大连馆、大庆馆、东北师大馆、广东馆、广西馆、贵州馆、国家馆、黑龙江馆、湖南馆、江西馆、辽大馆、辽宁馆、辽师大馆、内蒙古馆、宁夏馆、天津馆、西南大学馆

02063

浦阳人物记 （明）宋濂撰·**国宝新编** （明）顾璘撰

长沙：商务印书馆，1937.12，30+20 页，32 开（丛书集成初编 3387）

　　本书为合订书。《浦阳人物记》2 卷，据清《知不足斋丛书》本排印；《国宝新编》1 卷，据明《纪录汇编》本影印。版权页题名：浦阳人物记及其他一种。

　　收藏单位：安徽馆、长春馆、重庆馆、大理馆、大连馆、东北师大馆、广西馆、贵州馆、国家馆、黑龙江馆、湖南馆、江西馆、辽大馆、辽宁馆、辽师大馆、内蒙古馆、天津馆、西南大学馆

02064

广州人物传 （明）黄佐撰

上海：商务印书馆，1936.6，4 册（229 页），32 开（丛书集成初编 3388—3391）

本书共 24 卷，据清《岭南遗书》本排印。

收藏单位：安徽馆、长春馆、重庆馆、大理馆、大连馆、东北师大馆、广西馆、贵州馆、国家馆、黑龙江馆、湖南馆、惠州馆、江西馆、辽大馆、辽宁馆、辽师大馆、柳州馆、内蒙古馆、宁夏馆、绍兴馆、西南大学馆

02065

国琛集 （明）唐枢撰

上海：商务印书馆，1937.6，169 页，32 开（丛书集成初编 3392）

本书共 2 卷，据明《纪录汇编》本影印。

收藏单位：安徽馆、长春馆、重庆馆、大理馆、大连馆、大庆馆、东北师大馆、广西馆、贵州馆、国家馆、黑龙江馆、湖南馆、江西馆、辽大馆、辽宁馆、辽师大馆、柳州馆、内蒙古馆、宁夏馆、天津馆、西南大学馆

02066

续吴先贤赞 （明）刘凤撰

上海：商务印书馆，1937.6，2 册（113 页），32 开（丛书集成初编 3393—3394）

本书共 15 卷，据明《纪录汇编》本影印。

收藏单位：安徽馆、长春馆、重庆馆、大理馆、大连馆、东北师大馆、广西馆、贵州馆、国家馆、黑龙江馆、湖南馆、江西馆、辽大馆、辽宁馆、辽师大馆、柳州馆、内蒙古馆、宁夏馆、西南大学馆

02067

百越先贤志 （明）欧大任撰·**三峰传稿**（明）万应隆著·**前徽录** （清）姚世锡录

上海：商务印书馆，1937.12，53+13+37 页，32 开（丛书集成初编 3395）

本书为合订书。《百越先贤志》4 卷，据清《岭南遗书》本排印；《三峰传稿》1 卷，据清《泾川丛书》本排印；《前徽录》1 卷，据清《咫进斋丛书》本排印。版权页题名：百越先贤志及其他二种。

收藏单位：重庆馆、大理馆、福建馆、广西馆、国家馆、黑龙江馆、湖南馆、江西馆、辽大馆、辽宁馆、辽师大馆、内蒙古馆、天津馆、西南大学馆

02068

高士传 （晋）皇甫谧撰

上海：商务印书馆，1937.6，124 页，32 开（丛书集成初编 3396）

本书共 3 卷，据明《古今逸史》本影印。

收藏单位：安徽馆、重庆馆、大理馆、大连馆、东北师大馆、广西馆、贵州馆、国家馆、黑龙江馆、湖南馆、江西馆、辽大馆、辽宁馆、辽师大馆、内蒙古馆、宁夏馆、天津馆、西南大学馆

02069

逸民传 （明）皇甫涍撰 （明）刘凤补遗

上海：商务印书馆，1936.6，122 页，32 开（丛书集成初编 3398）

本书共 2 卷，据明《夷门广牍》本影印。

收藏单位：安徽馆、长春馆、重庆馆、大理馆、大连馆、东北师大馆、广西馆、贵州馆、国家馆、黑龙江馆、湖南馆、惠州馆、江西馆、辽大馆、辽宁馆、辽师大馆、柳州馆、内蒙古馆、宁夏馆、天津馆、西南大学馆

02070

贫士传 （明）黄姬水撰·**小隐书** （明）敬虚子著

上海：商务印书馆，1936.6，26+30 页，32 开（丛书集成初编 3399）

本书为合订书。《贫士传》2 卷，据明《宝颜堂秘笈》本排印；《小隐书》1 卷，据清《砚云甲乙编》本排印。版权页题名：贫士传及其他一种。

收藏单位：安徽馆、长春馆、重庆馆、大理馆、大连馆、东北师大馆、广西馆、贵州馆、国家馆、黑龙江馆、湖南馆、惠州馆、

江西馆、辽大馆、辽宁馆、辽师大馆、柳州馆、内蒙古馆、宁夏馆、绍兴馆、天津馆、西南大学馆

02071

古列女传 （汉）刘向编撰 （晋）顾恺之图画

上海：商务印书馆，1936.12，256+18 页，32 开（丛书集成初编 3400）

本书共 8 卷，据清《文选楼丛书》本影印。

收藏单位：安徽馆、长春馆、重庆馆、大理馆、大连馆、东北师大馆、广西馆、贵州馆、桂林馆、国家馆、黑龙江馆、湖南馆、江西馆、辽大馆、辽宁馆、辽师大馆、柳州馆、内蒙古馆、宁夏馆、天津馆、西南大学馆

02072

妇人集 （清）陈维崧撰 （清）冒襄注

上海：商务印书馆，1936.12，74 页，32 开（丛书集成初编 3401）

本书共 1 卷，据清《海山仙馆丛书》本影印。

收藏单位：安徽馆、长春馆、重庆馆、大理馆、大连馆、东北师大馆、广东馆、广西馆、贵州馆、国家馆、黑龙江馆、湖南馆、江西馆、辽大馆、辽宁馆、辽师大馆、柳州馆、内蒙古馆、宁夏馆、绍兴馆、天津馆、西南大学馆

02073

淳熙荐士录 （宋）杨万里撰 · **稗史集传** （宋）徐显撰

长沙：商务印书馆，1939.12，9+34 页，32 开（丛书集成初编 3408）

本书为合订书。每种各 1 卷，《淳熙荐士录》据清《函海》本排印，《稗史集传》据明《历代小史》本影印。版权页题名：淳熙荐士录及其他一种。

收藏单位：安徽馆、重庆馆、大理馆、大连馆、东北师大馆、广西馆、贵州馆、国家馆、黑龙江馆、湖南馆、江西馆、辽大馆、

辽宁馆、辽师大馆、内蒙古馆、宁夏馆、天津馆、西南大学馆

02074

登科录 · 题名录

长沙：商务印书馆，1939.12，176+56 页，32 开（丛书集成初编 3409）

本书为合订书。每种各 1 卷，《登科录》据清《粤雅堂丛书》本排印，《题名录》据清《粤雅堂丛书》本影印。版权页题名：登科录及其他一种。

收藏单位：重庆馆、大理馆、大连馆、东北师大馆、广西馆、贵州馆、国家馆、黑龙江馆、湖南馆、江西馆、辽大馆、辽宁馆、辽师大馆、内蒙古馆、宁夏馆、天津馆、西南大学馆

02075

汉事会最人物志 （清）惠栋辑录

长沙：商务印书馆，1939.12，97 页，32 开（丛书集成初编 3411）

本书共 3 卷，据清《灵鹣阁丛书》本排印。

收藏单位：大理馆、广西馆、国家馆、黑龙江馆、湖南馆、江西馆、辽大馆、辽宁馆、辽师大馆、内蒙古馆、天津馆、西南大学馆

02076

郎官石柱题名 （清）赵魏手录

上海：商务印书馆，1937.6，32 页，32 开（丛书集成初编 3412）

本书共 1 卷，据清《读画斋丛书》本排印。

收藏单位：安徽馆、长春馆、重庆馆、大理馆、大连馆、东北师大馆、广西馆、贵州馆、国家馆、黑龙江馆、湖南馆、江西馆、辽大馆、辽宁馆、辽师大馆、内蒙古馆、宁夏馆、天津馆、西南大学馆

02077

孔子论语年谱 （元）程复心编 · **孟子年谱** （元）程复心编

长沙：商务印书馆，1939.12，28+27 页，32

开（丛书集成初编 3414）

　　本书为合订书。每种各 1 卷，均据清《学海类编》本排印。版权页题名：孔子论语年谱及其他一种。

　　收藏单位：大理馆、福建馆、广西馆、国家馆、黑龙江馆、湖南馆、江西馆、辽大馆、辽宁馆、辽师大馆、内蒙古馆、天津馆、西南大学馆

02078

顾亭林先生年谱　（清）张穆编

上海：商务印书馆，1937.12，2 册（115 页），32 开（丛书集成初编 3415—3416）

　　本书共 4 卷，有附录，据清《粤雅堂丛书》本排印。

　　收藏单位：安徽馆、长春馆、重庆馆、大理馆、大连馆、东北师大馆、广西馆、贵州馆、国家馆、黑龙江馆、湖南馆、江西馆、辽大馆、辽宁馆、辽师大馆、内蒙古馆、宁夏馆、西南大学馆

02079

阎潜邱先生年谱　（清）张穆编·**黄昆圃先生年谱**　（清）顾镇编

上海：商务印书馆，1937.12，2 册（148+46 页），32 开（丛书集成初编 3417—3418）

　　本书为合订书。《阎潜邱先生年谱》4 卷，据清《粤雅堂丛书》本排印;《黄昆圃先生年谱》3 卷，据清《畿辅丛书》本排印。版权页题名：阎潜邱先生年谱及其他一种。

　　收藏单位：安徽馆、长春馆、重庆馆、大理馆、大连馆、东北师大馆、国家馆、黑龙江馆、湖南馆、江西馆、辽大馆、辽师大馆、柳州馆、内蒙古馆、宁夏馆、西南大学馆

02080

邵康节先生外纪　（明）陈继儒辑

上海：商务印书馆，1936.6，37 页，32 开（丛书集成初编 3419）

　　本书共 4 卷，据明《宝颜堂秘笈》本排印。

　　收藏单位：安徽馆、长春馆、重庆馆、大理馆、大连馆、东北师大馆、广西馆、贵州

馆、国家馆、黑龙江馆、湖南馆、惠州馆、江西馆、辽大馆、辽宁馆、辽师大馆、柳州馆、内蒙古馆、宁夏馆、武大馆、西南大学馆

02081

朱子年谱　（清）王懋竑纂订

上海：商务印书馆，1937.6，6 册（401 页），32 开（丛书集成初编 3420—3425）

　　本书共 10 卷，有考异、附录，据清《粤雅堂丛书》本排印。

　　收藏单位：安徽馆、长春馆、重庆馆、大理馆、大连馆、大庆馆、东北师大馆、广西馆、贵州馆、国家馆、黑龙江馆、湖南馆、江西馆、辽大馆、辽宁馆、辽师大馆、柳州馆、内蒙古馆、宁夏馆、西南大学馆

02082

孙夏峰先生年谱　（清）汤斌等编次　（清）方苞订正

上海：商务印书馆，1937.6，86 页，32 开（丛书集成初编 3428）

　　本书共 2 卷，据清《畿辅丛书》本排印。

　　收藏单位：重庆馆、大理馆、广西馆、国家馆、黑龙江馆、湖南馆、江西馆、辽大馆、辽宁馆、辽师大馆、内蒙古馆、天津馆、西南大学馆

02083

魏贞庵先生年谱　（清）魏荔彤辑

上海：商务印书馆，1937.6，37 页，32 开（丛书集成初编 3429）

　　本书共 1 卷，据清《畿辅丛书》本排印。

　　收藏单位：安徽馆、长春馆、重庆馆、大理馆、大连馆、东北师大馆、广西馆、贵州馆、国家馆、黑龙江馆、湖南馆、江西馆、辽大馆、辽宁馆、辽师大馆、柳州馆、内蒙古馆、宁夏馆、天津馆、西南大学馆

02084

颜习斋先生年谱　（清）李塨纂　（清）王源订

上海：商务印书馆，1937.6，91 页，32 开（丛

书集成初编 3430）

本书共 2 卷，据清《畿辅丛书》本排印。

收藏单位：安徽馆、长春馆、重庆馆、大理馆、大连馆、大庆馆、东北师大馆、广西馆、贵州馆、国家馆、黑龙江馆、湖南馆、江西馆、辽大馆、辽宁馆、辽师大馆、柳州馆、内蒙古馆、宁夏馆、绍兴馆、天津馆、西南大学馆、中科图

02085

尹健余先生年谱　（清）吕炽编次　（清）方苞阅定

上海：商务印书馆，1937.6，57 页，32 开（丛书集成初编 3433）

本书共 4 卷，有附录，据清《畿辅丛书》本排印。

收藏单位：安徽馆、长春馆、重庆馆、大理馆、大连馆、大庆馆、东北师大馆、广西馆、贵州馆、国家馆、黑龙江馆、湖南馆、江西馆、辽大馆、辽宁馆、辽师大馆、柳州馆、内蒙古馆、宁夏馆、天津馆、西南大学馆

02086

御制周颠仙人传　（明）朱元璋撰·**李清传**　佚名撰·**南岳魏夫人传**　佚名撰·**纪梦编年**　（清释）成鹫撰

长沙：商务印书馆，1939.12，[53] 页，32 开（丛书集成初编 3435）

本书为合订书。每种各 1 卷，《御制周颠仙人传》据明《纪录汇编》本影印，《李清传》据明《古今说海》本排印，《南岳魏夫人传》据明阳山顾氏文房本排印，《纪梦编年》据清《岭南遗书》本排印。版权页题名：御制周颠仙人传及其他三种。

收藏单位：长春馆、重庆馆、大理馆、东北师大馆、福建馆、国家馆、黑龙江馆、湖南馆、辽大馆、辽宁馆、辽师大馆、内蒙古馆、西南大学馆

02087

穆天子传　（晋）郭璞注　（明）洪颐煊校·**汉武帝内传**　（汉）班固撰　（清）钱熙祚校

上海：商务印书馆，1937.12，39+41 页，32 开（丛书集成初编 3436）

本书为合订书。《穆天子传》6 卷，据清《平津馆丛书》本排印；《汉武帝内传》3 卷，有附录，校勘记，据清《守山阁丛书》本排印。版权页题名：穆天子传及其他一种。

收藏单位：长春馆、重庆馆、大理馆、广西馆、国家馆、黑龙江馆、湖南馆、江西馆、辽大馆、辽师大馆、内蒙古馆、天津馆、西南大学馆

02088

韩忠献公遗事　（宋）强至编·**丰清敏公遗事**　（宋）李朴撰·**崔清献公言行录**　（宋）李肖龙撰

长沙：商务印书馆，1939.12，11+19+20 页，32 开（丛书集成初编 3438）

本书为合订书。《韩忠献公遗事》1 卷，据宋《百川学海》本排印；《丰清敏公遗事》2 卷，有附录，据清《小万卷楼丛书》本排印；《崔清献公言行录》3 卷，据清《岭南遗书》本排印。版权页题名：韩忠献公遗事及其他二种。

收藏单位：大理馆、广西馆、国家馆、黑龙江馆、湖南馆、江西馆、辽大馆、辽宁馆、辽师大馆、内蒙古馆、天津馆、西南大学馆

02089

象台首末　（宋）胡知柔编

上海：商务印书馆，1937.6，69 页，32 开（丛书集成初编 3439）

本书共 6 卷，有附录，据清《指海》本排印。

收藏单位：安徽馆、长春馆、重庆馆、大理馆、大连馆、东北师大馆、广西馆、贵州馆、国家馆、黑龙江馆、湖南馆、江西馆、辽大馆、辽宁馆、辽师大馆、柳州馆、内蒙古馆、宁夏馆、天津馆、西南大学馆

02090

北行日谱　（明）朱祖文撰·**杨公政绩纪**　（清）黄家遵编

上海：商务印书馆，1937.6，36+6 页，32 开
（丛书集成初编 3440）

　　本书为合订书。每种各 1 卷，《北行日
谱》据清《知不足斋丛书》本排印；《杨公政
绩纪》据清《学海类编》本排印，附杨公本
传。版权页题名：北行日谱及其他一种。

　　收藏单位：重庆馆、大理馆、广西馆、国
家馆、黑龙江馆、湖南馆、江西馆、辽大馆、
辽宁馆、辽师大馆、柳州馆、内蒙古馆、天
津馆、西南大学馆

02091

鹿忠节公年谱 （清）陈鋐编

长沙：商务印书馆，1937.12，57 页，32 开（丛
书集成初编 3441）

　　本书共 2 卷，据清《畿辅丛书》本排印。

　　收藏单位：安徽馆、重庆馆、大理馆、大
连馆、东北师大馆、广西馆、贵州馆、国家
馆、黑龙江馆、湖南馆、江西馆、辽大馆、
辽宁馆、辽师大馆、内蒙古馆、宁夏馆、天
津馆、武大馆、西南大学馆

02092

张忠烈公年谱 （清）赵之谦纂辑·**袁督师事
迹** （清）无名氏撰

上海：商务印书馆，1937.12，31+48 页，32 开
（丛书集成初编 3442）

　　本书为合订书。每种各 1 卷，《张忠烈公
年谱》据清《仰视千七百二十九鹤斋丛书》
本排印，《袁督师事迹》据清《岭南遗书》本
排印。版权页题名：张忠烈公年谱及其他一
种。

　　收藏单位：重庆馆、大理馆、广西馆、国
家馆、黑龙江馆、湖南馆、江西馆、辽大馆、
辽宁馆、辽师大馆、柳州馆、天津馆、西南
大学馆

02093

倪文正公年谱 （清）倪会鼎述

上海：商务印书馆，1936.12，64 页，32 开（丛
书集成初编 3444）

　　本书共 4 卷，据清《粤雅堂丛书》本排
印。

　　收藏单位：安徽馆、长春馆、重庆馆、大
理馆、大连馆、东北师大馆、广西馆、贵州
馆、国家馆、黑龙江馆、湖南馆、江西馆、
辽大馆、辽宁馆、辽师大馆、柳州馆、内蒙
古馆、宁夏馆、天津馆、武大馆、西南大学
馆

02094

黄荛圃先生年谱 （清）江标辑

长沙：商务印书馆，1939.12，111 页，32 开
（丛书集成初编 3453）

　　本书共 2 卷，据清《灵鹣阁丛书》本排
印。

　　收藏单位：大理馆、广东馆、广西馆、国
家馆、湖南馆、辽大馆、辽宁馆、辽师大馆、
内蒙古馆、天津馆、西南大学馆

02095

历代甲子考 （清）黄宗羲著·**改元考同** （清）
吴肃公著·**疑年表** （清）汪曰桢学·**三国纪
年表** （清）周嘉猷撰

上海：商务印书馆，1936.12，[56] 页，32 开
（丛书集成初编 3454）

　　本书为合订书。每种各 1 卷，《历代甲子
考》《改元考同》均据清《学海类编》本排
印，《疑年表》据清《式训堂丛书》本排印，
《三国纪年表》据清《史学丛书》本排印。版
权页题名：历代甲子考及其他三种。

　　收藏单位：安徽馆、长春馆、重庆馆、大
理馆、大连馆、东北师大馆、广西馆、贵州
馆、国家馆、黑龙江馆、湖南馆、江西馆、
辽大馆、辽宁馆、辽师大馆、柳州馆、内蒙
古馆、宁夏馆、绍兴馆、天津馆、西南大学
馆

02096

历代建元考 （清）钟渊映撰

上海：商务印书馆，1937.6，3 册（205 页），
32 开（丛书集成初编 3456—3458）

　　本书共 10 卷，据清《守山阁丛书》本排
印。

　　收藏单位：安徽馆、重庆馆、大理馆、大
连馆、大庆馆、东北师大馆、广西馆、贵州

馆、国家馆、黑龙江馆、湖南馆、江西馆、辽大馆、辽师大馆、柳州馆、内蒙古馆、宁夏馆、西南大学馆

02097

纪元编 （清）李兆洛撰

上海：商务印书馆，1937.6，[302] 页，32 开（丛书集成初编 3460）

本书共 3 卷，据清《粤雅堂丛书》本排印。

收藏单位：安徽馆、长春馆、重庆馆、大理馆、大连馆、东北师大馆、广西馆、贵州馆、国家馆、黑龙江馆、湖南馆、江西馆、辽大馆、辽宁馆、辽师大馆、柳州馆、内蒙古馆、宁夏馆、天津馆、西南大学馆

02098

资治通鉴释文 （宋）史炤撰

长沙：商务印书馆，1939.12，7 册（634 页），32 开（丛书集成初编 3483—3489）

本书共 30 卷，据清《十万卷楼丛书》本排印。

收藏单位：大理馆、广西馆、国家馆、黑龙江馆、湖南馆、辽大馆、辽宁馆、辽师大馆、内蒙古馆、西南大学馆

02099

历代帝王年表 （清）齐召南编 （清）阮亨校

长沙：商务印书馆，1939.12，2 册（401 页），32 开（丛书集成初编 3498—3499）

本书共 3 卷，据清《文选楼丛书》本影印。

收藏单位：大理馆、广西馆、国家馆、湖南馆、辽大馆、辽宁馆、辽师大馆、西南大学馆

02100

古史辑要

上海：商务印书馆，1937.6，2 册（216 页），32 开（丛书集成初编 3500—3501）

本书共 7 卷，据清《海山仙馆丛书》本排印。

收藏单位：安徽馆、长春馆、重庆馆、大理馆、大连馆、大庆馆、东北师大馆、广西馆、贵州馆、国家馆、黑龙江馆、湖南馆、江西馆、辽大馆、辽宁馆、辽师大馆、内蒙古馆、宁夏馆、西南大学馆

02101

驭交纪 （清）张镜心编考 （清）冒起宗订

上海：商务印书馆，1935.12，2 册（161 页），32 开（丛书集成初编 3502—3503）

本书共 12 卷，据清《粤雅堂丛书》本排印。

收藏单位：长春馆、重庆馆、大理馆、大连馆、东北师大馆、广西馆、贵州馆、桂林馆、国家馆、黑龙江馆、湖南馆、惠州馆、江西馆、辽大馆、辽宁馆、辽师大馆、柳州馆、内蒙古馆、宁夏馆、绍兴馆、西南大学馆

02102

历代史表 （清）万斯同撰

上海：商务印书馆，1937.6，6 册（1152 页），32 开（丛书集成初编 3504—3509）

本书共 59 卷，据清《史学丛书》本影印。

收藏单位：安徽馆、长春馆、大理馆、大连馆、大庆馆、东北师大馆、广西馆、贵州馆、国家馆、黑龙江馆、湖南馆、江西馆、辽大馆、辽宁馆、辽师大馆、柳州馆、内蒙古馆、宁夏馆、山西馆、西南大学馆、中科图

02103

读史举正 （清）张熷著

上海：商务印书馆，1937.12，160 页，32 开（丛书集成初编 3515）

本书共 8 卷，据清《仰视千七百二十九鹤斋丛书》本排印。

收藏单位：安徽馆、长春馆、重庆馆、大理馆、大连馆、大庆馆、东北师大馆、广西馆、贵州馆、国家馆、黑龙江馆、湖南馆、江西馆、辽大馆、辽宁馆、辽师大馆、柳州馆、内蒙古馆、宁夏馆、天津馆、西南大学馆

02104

十七史商榷 （清）王鸣盛撰

上海：商务印书馆，1937.6，12 册（1158 页），32 开（丛书集成初编 3516—3527）

本书共 100 卷，据清《史学丛书》本排印。

收藏单位：安徽馆、长春馆、重庆馆、大理馆、大连馆、大庆馆、东北师大馆、广西馆、贵州馆、国家馆、黑龙江馆、湖南馆、江西馆、辽大馆、辽宁馆、辽师大馆、柳州馆、内蒙古馆、宁夏馆、西南大学馆

02105

廿二史考异 （清）钱大昕撰

上海：商务印书馆，1937.12，15 册（1608 页），32 开（丛书集成初编 3528—3542）

本书共 100 卷，据清《史学丛书》本排印。

收藏单位：安徽馆、长春馆、重庆馆、大理馆、大连馆、大庆馆、东北师大馆、广西馆、贵州馆、国家馆、黑龙江馆、江西馆、辽大馆、辽宁馆、辽师大馆、柳州馆、内蒙古馆、宁夏馆、绍兴馆、西南大学馆

02106

二十二史札记 （清）赵翼撰

上海：商务印书馆，1937.12，10 册（782+14 页），32 开（丛书集成初编 3543—3552）

本书共 36 卷，附补遗，据清《史学丛书》本排印。书中对《史记》《汉书》直至《明史》等历代正史进行考证。因《唐书》《五代史》均为新旧两部，故书名虽称"二十二史"，实际为二十四部。

收藏单位：重庆馆、大理馆、广东馆、广西馆、国家馆、黑龙江馆、湖南馆、辽大馆、辽师大馆、内蒙古馆、宁夏馆、西南大学馆

02107

史见 （清）陈遇夫撰

上海：商务印书馆，1937.6，41 页，32 开（丛书集成初编 3557）

本书共 2 卷，据清《岭南遗书》本排印。

收藏单位：安徽馆、长春馆、重庆馆、大理馆、大连馆、大庆馆、东北师大馆、广西馆、贵州馆、国家馆、黑龙江馆、湖南馆、江西馆、辽大馆、辽宁馆、辽师大馆、柳州馆、内蒙古馆、宁夏馆、天津馆、西南大学馆

02108

阅史郄视 （清）李塨著

上海：商务印书馆，1937.6，66 页，32 开（丛书集成初编 3558）

本书共 5 卷，附续，据清《畿辅丛书》本排印。

收藏单位：安徽馆、长春馆、重庆馆、大理馆、大连馆、大庆馆、东北师大馆、广西馆、贵州馆、国家馆、湖南馆、江西馆、辽大馆、辽宁馆、辽师大馆、柳州馆、内蒙古馆、宁夏馆、绍兴馆、天津馆、西南大学馆

02109

涉史随笔 （晋）葛洪著·**通史它石** （明）仇俊卿撰

上海：商务印书馆，1936.6，23+56 页，32 开（丛书集成初编 3559）

本书为合订书。《涉史随笔》2 卷，据清《知不足斋丛书》本排印；《通史它石》3 卷，据明《盐邑志林》本排印。版权页题名：涉史随笔及其他一种。

收藏单位：安徽馆、长春馆、重庆馆、大理馆、大连馆、东北师大馆、广西馆、贵州馆、国家馆、黑龙江馆、湖南馆、惠州馆、江西馆、辽大馆、辽宁馆、辽师大馆、柳州馆、内蒙古馆、宁夏馆、绍兴馆、天津馆、西南大学馆

02110

史怀 （明）钟惺述

长沙：商务印书馆，1939.12，4 册（312 页），32 开（丛书集成初编 3560—3563）

本书共 20 卷，据清《湖北丛书》本排印。

收藏单位：大理馆、国家馆、黑龙江馆、湖南馆、江西馆、辽大馆、辽宁馆、辽师大馆、西南大学馆

02111

责备余谈 （明）方鹏著

上海：商务印书馆，1937.6，61页，32开（丛书集成初编3564）

本书共2卷，有附录，据清《知不足斋丛书》本排印。

收藏单位：安徽馆、重庆馆、大理馆、大连馆、大庆馆、东北师大馆、广西馆、贵州馆、国家馆、黑龙江馆、湖南馆、江西馆、辽大馆、辽宁馆、辽师大馆、柳州馆、内蒙古馆、宁夏馆、天津馆、西南大学馆

02112

星阁史论 （清）赵青藜著·**读史膡言** （清）秦笃辉著·**九畹史论** （清）翟蔼著

上海：商务印书馆，1937.6，17+47+15页，32开（丛书集成初编3568）

本书为合订书。《星阁史论》1卷，据清《泾川丛书》本排印；《读史膡言》4卷，《九畹史论》1卷，据清《湖北丛书》本排印。版权页题名：星阁史论及其他二种。

收藏单位：安徽馆、长春馆、重庆馆、大理馆、大连馆、大庆馆、东北师大馆、广西馆、贵州馆、国家馆、黑龙江馆、湖南馆、江西馆、辽大馆、辽宁馆、辽师大馆、柳州馆、内蒙古馆、宁夏馆、天津馆、西南大学馆

02113

尚书大传 （汉）伏胜撰 （汉）郑玄注 （清）陈寿祺辑校

上海：商务印书馆，1937.12，144页，32开（丛书集成初编3569）

本书共5卷，附序录、辨伪，据清《古经解汇函》本排印。

收藏单位：重庆馆、大理馆、东北师大馆、广西馆、国家馆、黑龙江馆、湖南馆、江西馆、辽大馆、辽师大馆、内蒙古馆、天津馆、武大馆

02114

尚书郑注 （汉）郑玄注 （宋）王应麟辑 （清）孔广林增订

上海：商务印书馆，1937.6，100页，32开（丛书集成初编3572）

本书共10卷，据清《学津讨原》本排印。

收藏单位：安徽馆、长春馆、重庆馆、大理馆、大连馆、东北师大馆、广西馆、贵州馆、国家馆、黑龙江馆、湖南馆、江西馆、辽大馆、辽宁馆、辽师大馆、柳州馆、内蒙古馆、宁夏馆、天津馆、西南大学馆

02115

尚书释音 （唐）陆德明撰·**洪范口义** （宋）胡瑗撰

上海：商务印书馆，1936.12，70+88页，32开（丛书集成初编3573）

本书为合订书。每种各2卷，《尚书释音》据清《古逸丛书》本影印，《洪范口义》据清《墨海金壶》本影印。版权页题名：尚书释音及其他一种。

收藏单位：安徽馆、长春馆、重庆馆、大理馆、大连馆、东北师大馆、广西馆、贵州馆、国家馆、黑龙江馆、湖南馆、江西馆、辽大馆、辽宁馆、辽师大馆、柳州馆、内蒙古馆、宁夏馆、绍兴馆、天津馆、西南大学馆

02116

增修东莱书说 （宋）时澜修定

上海：商务印书馆，1936.6，5册（405页），32开（丛书集成初编3577—3581）

本书共35卷，据清《金华丛书》本排印。

收藏单位：安徽馆、长春馆、重庆馆、大理馆、大连馆、东北师大馆、广西馆、贵州馆、国家馆、黑龙江馆、湖南馆、惠州馆、江西馆、辽大馆、辽宁馆、辽师大馆、柳州馆、内蒙古馆、宁夏馆、绍兴馆、西南大学馆

02117

融堂书解 （宋）钱时撰

上海：商务印书馆，1936.12，222页，32开（丛书集成初编3582）

本书共20卷，据清聚珍版丛书本排印。

收藏单位：安徽馆、长春馆、重庆馆、大理馆、大连馆、大庆馆、东北师大馆、广西

馆、贵州馆、国家馆、黑龙江馆、湖南馆、江西馆、辽大馆、辽宁馆、辽师大馆、柳州馆、内蒙古馆、宁夏馆、绍兴馆、天津馆、西南大学馆

02118
五诰解　（宋）杨简撰
上海：商务印书馆，1936.12，68 页，32 开（丛书集成初编 3583）
　　本书共 4 卷，据清《墨海金壶》本影印。
　　收藏单位：安徽馆、长春馆、重庆馆、大理馆、大连馆、大庆馆、东北师大馆、广西馆、贵州馆、国家馆、黑龙江馆、湖南馆、江西馆、辽大馆、辽宁馆、辽师大馆、柳州馆、内蒙古馆、宁夏馆、绍兴馆、天津馆、西南大学馆

02119
尚书详解　（宋）陈经撰
长沙：商务印书馆，1939.12，8 册（542 页），32 开（丛书集成初编 3584—3591）
　　本书共 50 卷，据清聚珍版丛书本排印。
　　收藏单位：大理馆、广西馆、国家馆、黑龙江馆、江西馆、辽大馆、辽宁馆、辽师大馆、内蒙古馆、西南大学馆

02120
尚书表注　（宋）金履祥表注
长沙：商务印书馆，1939.12，156 页，32 开（丛书集成初编 3597）
　　本书共 2 卷，据清《金华丛书》本影印。
　　收藏单位：大理馆、广西馆、国家馆、黑龙江馆、湖南馆、江西馆、辽大馆、辽宁馆、辽师大馆、天津馆、西南大学馆

02121
尚书精义　（宋）黄伦撰
上海：商务印书馆，1937.12，8 册（673 页），32 开（丛书集成初编 3598—3605）
　　本书共 50 卷，据清《经苑》本排印。
　　收藏单位：安徽馆、长春馆、重庆馆、大理馆、大连馆、东北师大馆、广西馆、贵州馆、国家馆、黑龙江馆、湖南馆、江西馆、

辽大馆、辽宁馆、辽师大馆、柳州馆、内蒙古馆、宁夏馆、西南大学馆

02122
尚书详解　（宋）夏僎撰
上海：商务印书馆，1936.12，5 册（648 页），32 开（丛书集成初编 3606—3610）
　　本书共 26 卷，据清聚珍版丛书本排印。
　　收藏单位：安徽馆、长春馆、重庆馆、大理馆、大连馆、东北师大馆、广西馆、贵州馆、国家馆、黑龙江馆、湖南馆、江西馆、辽大馆、辽宁馆、辽师大馆、柳州馆、内蒙古馆、宁夏馆、绍兴馆、西南大学馆

02123
读书丛说　（元）许谦撰
上海：商务印书馆，1937.6，99 页，32 开（丛书集成初编 3611）
　　本书共 6 卷，据清《学海类编》本排印。
　　收藏单位：安徽馆、长春馆、重庆馆、大理馆、大连馆、大庆馆、东北师大馆、广西馆、贵州馆、国家馆、黑龙江馆、湖南馆、江西馆、辽大馆、辽宁馆、辽师大馆、柳州馆、内蒙古馆、宁夏馆、天津馆、西南大学馆

02124
书义主意　（元）王充耘编
上海：商务印书馆，1937.6，87 页，32 开（丛书集成初编 3612）
　　本书共 6 卷，据清《粤雅堂丛书》本排印。
　　收藏单位：安徽馆、长春馆、重庆馆、大理馆、大连馆、东北师大馆、广西馆、贵州馆、国家馆、黑龙江馆、湖南馆、江西馆、辽大馆、辽宁馆、辽师大馆、柳州馆、内蒙古馆、宁夏馆、天津馆、西南大学馆

02125
尚书考异　（明）梅鷟著·**尚书注考**　（明）陈泰交撰
上海：商务印书馆，1937.12，2 册（157+28 页），32 开（丛书集成初编 3614—3615）

本书为合订书。《尚书考异》6卷，据清《平津馆丛书》本排印；《尚书注考》1卷，据清《海山仙馆丛书》本排印。版权页题名：尚书考异及其他一种。

收藏单位：重庆馆、大理馆、广西馆、国家馆、黑龙江馆、湖南馆、江西馆、辽大馆、辽宁馆、辽师大馆、柳州馆、内蒙古馆、首都馆、西南大学馆

02126

舜典补亡 （清）毛奇龄纂·**尚书古文辨**（清）朱彝尊撰·**古文尚书考** （清）陆陇其著·**尚书逸文** （清）江声撰集 （清）孙星衍补订

上海：商务印书馆，1937.6，[50] 页，32 开（丛书集成初编 3620）

本书为合订书。《舜典补亡》1卷，据清《艺海珠尘》本排印；《尚书古文辨》《古文尚书考》各1卷，均据清《学海类编》本排印；《尚书逸文》2卷，据清《岱南阁丛书》本排印。版权页题名：舜典补亡及其他三种。

收藏单位：重庆馆、大理馆、广西馆、国家馆、黑龙江馆、湖南馆、江西馆、辽大馆、辽宁馆、辽师大馆、天津馆、西南大学馆

02127

尚书今古文注疏 （清）孙星衍撰

上海：商务印书馆，1936.12，5 册（454 页），32 开（丛书集成初编 3621—3625）

本书共30卷，据清《平津馆丛书》本排印。

收藏单位：安徽馆、重庆馆、大理馆、大连馆、东北师大馆、广西馆、贵州馆、国家馆、黑龙江馆、湖南馆、江西馆、辽大馆、辽宁馆、辽师大馆、柳州馆、内蒙古馆、宁夏馆、绍兴馆、西南大学馆

02128

尚书序录 （清）胡秉虔学·**尚书古文考**（日）山井鼎撰

上海：商务印书馆，1936.12，48+34 页，32 开（丛书集成初编 3626）

本书为合订书。每种各1卷，《尚书序录》据清《滂喜斋丛书》影印，《尚书古文考》据清《函海》本影印。版权页题名：尚书序录及其他一种。

收藏单位：安徽馆、长春馆、重庆馆、大理馆、大连馆、东北师大馆、广西馆、贵州馆、国家馆、黑龙江馆、湖南馆、惠州馆、江西馆、辽大馆、辽宁馆、辽师大馆、柳州馆、内蒙古馆、宁夏馆、绍兴馆、天津馆、西南大学馆

02129

发墨守 （汉）郑玄撰 （清）王复辑 （清）武亿校·**箴膏肓** （汉）郑玄撰 （清）王复辑 （清）武亿校·**起废疾** （汉）郑玄撰（清）王复辑 （清）武亿校

上海：商务印书馆，1936.12，2+16+20 页，32 开（丛书集成初编 3627）

本书为合订书。每种各1卷，均据清《问经堂丛书》本影印。版权页题名：发墨守及其他二种。

收藏单位：安徽馆、长春馆、重庆馆、大理馆、大连馆、大庆馆、东北师大馆、广西馆、贵州馆、国家馆、黑龙江馆、湖南馆、江西馆、辽大馆、辽宁馆、辽师大馆、柳州馆、内蒙古馆、宁夏馆、绍兴馆、天津馆、西南大学馆

02130

春秋释例 （晋）杜预撰

上海：商务印书馆，1936.12，6 册（701 页），32 开（丛书集成初编 3628—3633）

本书共17卷，附校勘记，据清《古经解汇函》本排印。

收藏单位：安徽馆、长春馆、重庆馆、大理馆、大连馆、大庆馆、东北师大馆、广西馆、贵州馆、国家馆、黑龙江馆、湖南馆、江西馆、辽大馆、辽宁馆、辽师大馆、柳州馆、内蒙古馆、宁夏馆、绍兴馆、西南大学馆

02131

春秋集传辩疑 （唐）陆淳纂

上海：商务印书馆，1937.6，121 页，32 开

（丛书集成初编 3635）

本书共 10 卷，据清《古经解汇函》本排印。

收藏单位：安徽馆、重庆馆、大理馆、大连馆、大庆馆、东北师大馆、广西馆、贵州馆、国家馆、黑龙江馆、湖南馆、江西馆、辽大馆、辽宁馆、辽师大馆、柳州馆、内蒙古馆、宁夏馆、天津馆、西南大学馆

02132

春秋啖赵集传纂例 （唐）陆淳纂·**春秋传说例** （宋）刘敞撰

上海：商务印书馆，1936.12，3 册（241+8 页），32 开（丛书集成初编 3636—3638）

本书为合订书。《春秋啖赵集传纂例》10 卷，据清《经苑》本排印;《春秋传说例》1 卷，据清聚珍版丛书本排印。版权页题名：春秋啖赵集传纂例及其他一种。

收藏单位：安徽馆、长春馆、重庆馆、大理馆、大连馆、大庆馆、东北师大馆、广西馆、贵州馆、国家馆、黑龙江馆、湖南馆、江西馆、辽大馆、辽宁馆、辽师大馆、柳州馆、内蒙古馆、宁夏馆、绍兴馆、西南大学馆

02133

春秋集解 （宋）苏辙撰

上海：商务印书馆，1936.12，142 页，32 开（丛书集成初编 3639）

本书共 12 卷，据清《经苑》本排印。

收藏单位：安徽馆、长春馆、重庆馆、大理馆、大连馆、大庆馆、东北师大馆、广西馆、贵州馆、国家馆、黑龙江馆、湖南馆、江西馆、辽大馆、辽宁馆、辽师大馆、柳州馆、内蒙古馆、宁夏馆、绍兴馆、天津馆、西南大学馆

02134

春秋辨疑 （宋）萧楚撰

上海：商务印书馆，1936.12，89 页，32 开（丛书集成初编 3640）

本书共 5 卷，附校勘记，据清聚珍版丛书本排印。

收藏单位：安徽馆、长春馆、重庆馆、大理馆、大连馆、大庆馆、东北师大馆、广西馆、贵州馆、国家馆、黑龙江馆、湖南馆、江西馆、辽大馆、辽宁馆、辽师大馆、柳州馆、内蒙古馆、宁夏馆、绍兴馆、天津馆、西南大学馆

02135

春秋经解 （宋）孙觉撰

上海：商务印书馆，1935.12，5 册（380 页），32 开（丛书集成初编 3641—3645）

本书共 15 卷，据清聚珍版丛书本排印。

收藏单位：安徽馆、长春馆、重庆馆、大理馆、大连馆、东北师大馆、广西馆、贵州馆、国家馆、黑龙江馆、湖南馆、惠州馆、江西馆、辽大馆、辽宁馆、辽师大馆、柳州馆、内蒙古馆、宁夏馆、绍兴馆、西南大学馆

02136

春秋集注 （宋）高闶撰

上海：商务印书馆，1936.12，5 册（473 页），32 开（丛书集成初编 3648—3652）

本书共 40 卷，据清聚珍版丛书本排印。

收藏单位：安徽馆、长春馆、重庆馆、大理馆、大连馆、大庆馆、东北师大馆、广西馆、贵州馆、国家馆、黑龙江馆、湖南馆、江西馆、辽大馆、辽宁馆、辽师大馆、柳州馆、内蒙古馆、宁夏馆、绍兴馆、西南大学馆

02137

春秋说志 （明）吕柟著

上海：商务印书馆，1937.6，84 页，32 开（丛书集成初编 3654）

本书共 5 卷，据清《惜阴轩丛书》本排印。

收藏单位：安徽馆、长春馆、重庆馆、大理馆、大连馆、大庆馆、东北师大馆、广西馆、贵州馆、国家馆、黑龙江馆、湖南馆、江西馆、辽大馆、辽宁馆、辽师大馆、柳州馆、内蒙古馆、宁夏馆、天津馆、西南大学馆

02138

春秋三传异文释 （清）李富孙学·**春秋四传异同辨** （清）黄永年撰

上海：商务印书馆，1936.6，3 册（273+12 页），32 开（丛书集成初编 3661—3663）

　　本书为合订书。《春秋三传异文释》12 卷，据清《别下斋丛书》本排印;《春秋四传异同辨》1 卷，据清《豫章丛书》本排印。版权页题名：春秋三传异文释及其他一种。

　　收藏单位：安徽馆、长春馆、重庆馆、大理馆、大连馆、东北师大馆、广西馆、贵州馆、国家馆、黑龙江馆、湖南馆、惠州馆、江西馆、辽大馆、辽宁馆、辽师大馆、柳州馆、内蒙古馆、宁夏馆、绍兴馆、西南大学馆

02139

春秋古经说 （清）侯康撰·**读春秋** （清）赵良㽦著

上海：商务印书馆，1937.12，29+96 页，32 开（丛书集成初编 3664）

　　本书为合订书。每种各 2 卷，《春秋古经说》据清《岭南遗书》本排印，《读春秋》据清《泾川丛书》本排印。版权页题名：春秋古经说及其他一种。

　　收藏单位：重庆馆、大理馆、广西馆、国家馆、黑龙江馆、湖南馆、江西馆、辽大馆、辽宁馆、辽师大馆、内蒙古馆、天津馆、西南大学馆

02140

左氏传说 （宋）吕祖谦撰·**读左漫笔** （明）陈懿典著

上海：商务印书馆，1937.12，2 册（169+6 页），32 开（丛书集成初编 3665—3666）

　　本书为合订书。《左氏传说》20 卷，据清《金华丛书》本排印;《读左漫笔》1 卷，据清《学海类编》本排印。版权页题名：左氏传说及其他一种。

　　收藏单位：长春馆、重庆馆、大理馆、广西馆、国家馆、黑龙江馆、湖南馆、惠州馆、江西馆、辽大馆、辽宁馆、辽师大馆、柳州馆、西南大学馆

02141

春秋左氏传补注 （清）沈钦韩注

上海：商务印书馆，1937.12，3 册（230 页），32 开（丛书集成初编 3670—3672）

　　本书共 12 卷，据清《功顺堂丛书》本排印。

　　收藏单位：重庆馆、大理馆、广西馆、国家馆、黑龙江馆、湖南馆、江西馆、辽大馆、辽宁馆、辽师大馆、西南大学馆

02142

春秋左氏古义 （清）臧寿恭述

上海：商务印书馆，1937.6，151 页，32 开（丛书集成初编 3673）

　　本书共 6 卷，据清《滂喜斋丛书》本排印。

　　收藏单位：重庆馆、大理馆、广西馆、国家馆、黑龙江馆、湖南馆、江西馆、辽大馆、辽宁馆、辽师大馆、内蒙古馆、天津馆、西南大学馆

02143

公羊问答 （清）凌曙著·**春秋公羊礼疏** （清）凌曙学

上海：商务印书馆，1937.6，2 册（29+180 页），32 开（丛书集成初编 3674—3675）

　　本书为合订书。《公羊问答》2 卷，《春秋公羊礼疏》11 卷，均据清《蜚进斋丛书》本排印。版权页题名：公羊问答及其他一种。

　　收藏单位：安徽馆、长春馆、大理馆、大连馆、东北师大馆、广西馆、贵州馆、国家馆、黑龙江馆、湖南馆、江西馆、辽大馆、辽宁馆、辽师大馆、内蒙古馆、宁夏馆、西南大学馆

02144

春秋穀梁传 （晋）范宁集解

上海：商务印书馆，1936.12，2 册（322 页），32 开（丛书集成初编 3676—3677）

　　本书共 13 卷，附札记，据清《古逸丛书》本影印。

　　收藏单位：安徽馆、长春馆、重庆馆、大理馆、大连馆、东北师大馆、广西馆、贵州

馆、国家馆、黑龙江馆、湖南馆、江西馆、辽大馆、辽宁馆、辽师大馆、柳州馆、内蒙古馆、宁夏馆、西南大学馆

02145

竹书纪年 （南朝梁）沈约注 （清）洪颐煊校

上海：商务印书馆，1937.6，91 页，32 开（丛书集成初编 3679）

　　本书共 2 卷，据清《平津馆丛书》本排印。

　　收藏单位：重庆馆、大理馆、广西馆、国家馆、湖南馆、江西馆、辽大馆、辽师大馆、西南大学馆、浙江馆

02146

国语 （三国吴）韦昭注

上海：商务印书馆，1937.6，3 册（265 页），32 开（丛书集成初编 3680—3682）

　　本书共 22 卷，附校刊、札记，据清《士礼居丛书》本排印。

　　收藏单位：安徽馆、重庆馆、大理馆、大连馆、东北师大馆、广西馆、贵州馆、国家馆、黑龙江馆、湖南馆、惠州馆、江西馆、辽大馆、辽宁馆、辽师大馆、柳州馆、内蒙古馆、宁夏馆、西南大学馆

02147

战国策 （汉）高诱注

上海：商务印书馆，1937.6，4 册（[376] 页），32 开（丛书集成初编 3684—3687）

　　本书共 36 卷，附重刻札记，据清《士礼居丛书》本排印。

　　收藏单位：安徽馆、重庆馆、大理馆、大连馆、东北师大馆、广西馆、贵州馆、国家馆、黑龙江馆、湖南馆、江西馆、辽宁馆、辽师大馆、柳州馆、南京馆、内蒙古馆、宁夏馆、西南大学馆

02148

逸周书 （晋）孔晁注

长沙：商务印书馆，1937.12，4 册（322 页），32 开（丛书集成初编 3692—3695）

本书共 10 卷，据清《抱经堂丛书》本影印。

　　收藏单位：安徽馆、长春馆、重庆馆、大理馆、大连馆、大庆馆、东北师大馆、广西馆、贵州馆、国家馆、黑龙江馆、湖南馆、江西馆、辽大馆、辽宁馆、辽师大馆、内蒙古馆、宁夏馆、西南大学馆

02149

吴越春秋 （汉）赵晔撰

上海：商务印书馆，1937.6，236 页，32 开（丛书集成初编 3696）

　　本书共 6 卷，据明《古今逸史》本影印。

　　收藏单位：安徽馆、长春馆、大理馆、东北师大馆、甘肃馆、广西馆、贵州馆、国家馆、湖南馆、江西馆、辽大馆、辽宁馆、辽师大馆、柳州馆、内蒙古馆、宁夏馆、天津馆、西南大学馆

02150

越绝书

上海：商务印书馆，1937.6，105 页，32 开（丛书集成初编 3697）

　　本书共 16 卷，附札记，据清《小万卷楼丛书》本排印。

　　收藏单位：重庆馆、广西馆、国家馆、黑龙江馆、湖南馆、江西馆、辽大馆、辽师大馆、西南大学馆、浙江馆

02151

世本 （汉）宋衷注 （清）孙冯翼集·**世本**（汉）宋衷注 （清）雷学淇校辑

上海：商务印书馆，1937.12，30+101 页，32 开（丛书集成初编 3698）

　　本书为合订本。第 1 种 1 卷，据清《问经堂丛书》本排印；第 2 种 3 卷，附考证，据清《畿辅丛书》本排印。版权页题名：世本（两种）；封面题名：世本（二种）。

　　收藏单位：重庆馆、大理馆、大连馆、大庆馆、东北师大馆、广西馆、贵州馆、国家馆、黑龙江馆、湖南馆、江西馆、辽大馆、内蒙古馆、宁夏馆、天津馆、西南大学馆

02152

世本 （汉）宋衷注 （清）张澍辑注

长沙：商务印书馆，1937.12，144 页，32 开
（丛书集成初编 3699）

　　本书共 5 卷，据清《二酉堂丛书》本排
印。

　　收藏单位：安徽馆、长春馆、重庆馆、大
理馆、大连馆、大庆馆、东北师大馆、广西
馆、贵州馆、国家馆、黑龙江馆、湖南馆、
辽大馆、辽师大馆、内蒙古馆、宁夏馆、西
南大学馆

02153

世本 （汉）宋衷注 （清）茆泮林辑

上海：商务印书馆，1937.12，127 页，32 开
（丛书集成初编 3700）

　　本书共 6 卷，据清《十种古逸书》本排
印。

　　收藏单位：安徽馆、长春馆、重庆馆、大
理馆、大连馆、广西馆、贵州馆、国家馆、
黑龙江馆、江西馆、辽大馆、辽师大馆、柳
州馆、内蒙古馆、宁夏馆、天津馆、西南大
学馆

02154

帝王世纪 （晋）皇甫谧著·**路史** （宋）罗
泌撰

上海：商务印书馆，1936.6，61+54 页，32 开
（丛书集成初编 3701）

　　本书为合订书。每种各 1 卷，《帝王世
纪》据清《指海》本排印，《路史》据明《历
代小史》本排印。版权页题名：帝王世纪及其
他一种。

　　收藏单位：安徽馆、长春馆、重庆馆、大
理馆、大连馆、东北师大馆、广西馆、贵州
馆、国家馆、黑龙江馆、湖南馆、惠州馆、
江西馆、辽大馆、辽宁馆、辽师大馆、柳州
馆、内蒙古馆、宁夏馆、天津馆、西南大学
馆、中科图

02155

晋文春秋 （明）陈玄胤校·**楚史梼杌** 佚名
撰·**元中记** （晋）郭璞撰 （清）茆泮林辑

上海：商务印书馆，1936.6，16+11+13 页，32
开（丛书集成初编 3702）

　　本书为合订书。每种各 1 卷，《晋文春
秋》据明《稗乘》本排印，《楚史梼杌》据明
《古今逸史》本排印，《元中记》据清《十种
古逸书》本排印。版权页题名：晋文春秋及其
他二种。

　　收藏单位：安徽馆、长春馆、重庆馆、大
理馆、大连馆、东北师大馆、广西馆、贵州
馆、国家馆、黑龙江馆、湖南馆、惠州馆、
江西馆、辽大馆、辽宁馆、辽师大馆、柳州
馆、内蒙古馆、宁夏馆、绍兴馆、天津馆、
武大馆、西南大学馆

02156

汉书人表考 （清）梁玉绳撰·**汉书人表考校
补** （清）蔡云撰

上海：商务印书馆，1937.6，5 册（496+12 页），
32 开（丛书集成初编 3708—3712）

　　本书为合订书。《汉书人表考》11 卷，附
考补、附录，《汉书人表考校补》1 卷，均据
清《史学丛书》本排印。版权页题名：汉书人
表考及其他一种。

　　收藏单位：安徽馆、重庆馆、大理馆、大
连馆、东北师大馆、广西馆、国家馆、黑龙
江馆、湖南馆、江西馆、辽大馆、辽师大馆、
柳州馆、内蒙古馆、宁夏馆、西南大学馆

02157

读左管窥 （清）赵青藜著

长沙：商务印书馆，1937.12，41 页，32 开
（丛书集成初编 3713）

　　本书共 2 卷，据清《泾川丛书》本排印。

　　收藏单位：安徽馆、长春馆、重庆馆、大
理馆、大连馆、大庆馆、东北师大馆、贵州
馆、国家馆、黑龙江馆、湖南馆、江西馆、
辽大馆、辽宁馆、辽师大馆、柳州馆、内蒙
古馆、宁夏馆、天津馆、西南大学馆

02158

东莱先生左氏博议 （宋）吕祖谦撰

上海：商务印书馆，1937.12，3 册（263 页），
32 开（丛书集成初编 3714—3716）

本书共 25 卷，据清《金华丛书》本排印。

收藏单位：长春馆、重庆馆、大理馆、大连馆、广西馆、国家馆、黑龙江馆、湖南馆、江西馆、辽大馆、辽宁馆、辽师大馆、内蒙古馆、西南大学馆

02159

西汉年纪 （宋）王益之撰

上海：商务印书馆，1936.6，8 册（495 页），32 开（丛书集成初编 3723—3730）

本书共 30 卷，据清《金华丛书》本排印。

收藏单位：安徽馆、长春馆、重庆馆、大理馆、大连馆、东北师大馆、广西馆、贵州馆、国家馆、黑龙江馆、湖南馆、惠州馆、江西馆、辽大馆、辽宁馆、辽师大馆、柳州馆、内蒙古馆、宁夏馆、绍兴馆、西南大学馆

02160

东观汉记 （汉）班固等撰

长沙：商务印书馆，1937.12，2 册（226 页），32 开（丛书集成初编 3731—3732）

本书共 24 卷，据清聚珍版丛书本排印。

收藏单位：安徽馆、长春馆、重庆馆、大理馆、大连馆、东北师大馆、广西馆、贵州馆、国家馆、黑龙江馆、湖南馆、江西馆、辽大馆、辽宁馆、辽师大馆、南大馆、内蒙古馆、宁夏馆、西南大学馆

02161

续后汉书 （宋）萧常撰

上海：商务印书馆，1936.6，4 册（399 页），32 开（丛书集成初编 3733—3736）

本书共 47 卷，附义例、音义，据清《宜稼堂丛书》本排印。

收藏单位：安徽馆、长春馆、重庆馆、大理馆、大连馆、广西馆、国家馆、河南馆、黑龙江馆、湖南馆、惠州馆、江西馆、辽大馆、辽师大馆、柳州馆、宁夏馆、绍兴馆、西南大学馆

02162

续后汉书札记 （清）郁松年撰

上海：商务印书馆，1936.6，58 页，32 开（丛书集成初编 3737）

本书共 1 卷，据清《宜稼堂丛书》本排印。

收藏单位：安徽馆、长春馆、重庆馆、大理馆、大连馆、大庆馆、广西馆、贵州馆、国家馆、惠州馆、江西馆、辽大馆、辽师大馆、柳州馆、内蒙古馆、宁夏馆、绍兴馆、天津馆、西南大学馆

02163

续后汉书 （元）郝经撰

上海：商务印书馆，1936.12，18 册（1627 页），32 开（丛书集成初编 3738—3755）

本书共 90 卷，据清《宜稼堂丛书》本排印。

收藏单位：安徽馆、长春馆、重庆馆、大理馆、大连馆、东北师大馆、广西馆、贵州馆、国家馆、黑龙江馆、湖南馆、惠州馆、江西馆、辽大馆、辽师大馆、柳州馆、内蒙古馆、宁夏馆、绍兴馆、西南大学馆

02164

续后汉书札记 （清）郁松年撰

上海：商务印书馆，1936.12，2 册（219 页），32 开（丛书集成初编 3756—3757）

本书共 4 卷，据清《宜稼堂丛书》本排印。

收藏单位：安徽馆、重庆馆、大理馆、大连馆、东北师大馆、广西馆、贵州馆、国家馆、黑龙江馆、湖南馆、江西馆、辽大馆、辽师大馆、柳州馆、内蒙古馆、宁夏馆、西南大学馆

02165

汉晋春秋辑本 （清）汤球辑

上海：商务印书馆，1937.6，48 页，32 开（丛书集成初编 3758）

本书共 4 卷，据清《史学丛书》本排印。

收藏单位：安徽馆、长春馆、重庆馆、大理馆、大连馆、广西馆、贵州馆、国家馆、

黑龙江馆、湖南馆、江西馆、辽大馆、辽宁馆、辽师大馆、柳州馆、内蒙古馆、宁夏馆、天津馆、西南大学馆

02166

汉书注校补 （清）周寿昌撰

上海：商务印书馆，1936.6，10 册（987 页），32 开（丛书集成初编 3760—3769）

　　本书共 56 卷，据清《史学丛书》本排印。

　　收藏单位：安徽馆、长春馆、重庆馆、大理馆、大连馆、东北师大馆、广西馆、贵州馆、国家馆、黑龙江馆、湖南馆、惠州馆、江西馆、辽大馆、辽宁馆、辽师大馆、柳州馆、内蒙古馆、宁夏馆、绍兴馆、西南大学馆

02167

后汉书补注 （清）惠栋撰

上海：商 务 印 书 馆，1936.6，12 册（1343 页），32 开（丛书集成初编 3770—3781）

　　本书共 24 卷，据清《史学丛书》本排印。

　　收藏单位：安徽馆、长春馆、重庆馆、大理馆、大连馆、东北师大馆、广西馆、贵州馆、国家馆、黑龙江馆、湖南馆、惠州馆、江西馆、辽大馆、辽宁馆、辽师大馆、柳州馆、内蒙古馆、宁夏馆、绍兴馆、西南大学馆

02168

后汉书补注续 （清）侯康撰

上海：商 务 印 书 馆，1936.6，95 页，32 开（丛书集成初编 3782）

　　本书共 1 卷，据清《史学丛书》本排印。

　　收藏单位：安徽馆、长春馆、重庆馆、大理馆、大连馆、东北师大馆、广西馆、贵州馆、国家馆、黑龙江馆、湖南馆、惠州馆、江西馆、辽大馆、辽宁馆、辽师大馆、柳州馆、内蒙古馆、宁夏馆、天津馆、西南大学馆

02169

后汉书注补正 （清）周寿昌撰

上海：商务印书馆，1936.6，116 页，32 开（丛书集成初编 3783）

　　本书共 8 卷，据清《史学丛书》本排印。

　　收藏单位：安徽馆、长春馆、重庆馆、大理馆、大连馆、大庆馆、东北师大馆、广西馆、贵州馆、国家馆、黑龙江馆、湖南馆、惠州馆、江西馆、辽大馆、辽宁馆、辽师大馆、柳州馆、内蒙古馆、宁夏馆、绍兴馆、天津馆、西南大学馆

02170

后汉书注又补 （清）沈铭彝撰

上海：商 务 印 书 馆，1936.6，162 页，32 开（丛书集成初编 3784）

　　本书共 1 卷，据清《史学丛书》本排印。

　　收藏单位：安徽馆、长春馆、重庆馆、大理馆、大连馆、东北师大馆、广西馆、贵州馆、国家馆、黑龙江馆、湖南馆、惠州馆、江西馆、辽大馆、辽宁馆、辽师大馆、柳州馆、内蒙古馆、宁夏馆、天津馆、西南大学馆

02171

后汉三公年表 （清）华湛恩撰·**汉皇德传** （汉）侯瑾纂

长沙：商务印书馆，1939.12，37+1 页，32 开（丛书集成初编 3787）

　　本书为合订书。每种各 1 卷，《后汉三公年表》据清《史学丛书》本排印，《汉皇德传》据清《二酉堂丛书》本排印。版权页题名：后汉三公年表及其他一种。

　　收藏单位：大理馆、东北师大馆、广西馆、国家馆、黑龙江馆、江西馆、辽大馆、辽宁馆、辽师大馆、天津馆、西南大学馆

02172

两汉博闻 （宋）杨侃编

上海：商务印书馆，1936.6，3 册（314 页），32 开（丛书集成初编 3790—3792）

　　本书共 12 卷，据清《粤雅堂丛书》本排印。

　　收藏单位：安徽馆、长春馆、重庆馆、大理馆、大连馆、东北师大馆、广西馆、贵州

馆、国家馆、黑龙江馆、湖南馆、惠州馆、江西馆、辽大馆、辽宁馆、辽师大馆、柳州馆、南大馆、内蒙古馆、宁夏馆、绍兴馆、西南大学馆

02173

三国志补注　（清）杭世骏撰

上海：商务印书馆，1937.6，108页，32开（丛书集成初编3793）

本书共6卷，据清《粤雅堂丛书》本排印。

收藏单位：安徽馆、长春馆、重庆馆、大理馆、大连馆、大庆馆、东北师大馆、广西馆、贵州馆、国家馆、黑龙江馆、湖南馆、江西馆、辽大馆、辽宁馆、辽师大馆、柳州馆、内蒙古馆、宁夏馆、绍兴馆、天津馆、西南大学馆

02174

三国志补注续　（清）侯康撰

上海：商务印书馆，1937.6，86页，32开（丛书集成初编3794）

本书共1卷，据清《史学丛书》本排印。

收藏单位：安徽馆、长春馆、重庆馆、大理馆、大连馆、大庆馆、东北师大馆、广西馆、贵州馆、国家馆、黑龙江馆、湖南馆、江西馆、辽大馆、辽宁馆、辽师大馆、柳州馆、内蒙古馆、宁夏馆、绍兴馆、天津馆、西南大学馆

02175

三国志考证　（清）潘眉撰

长沙：商务印书馆，1939.12，2册（158页），32开（丛书集成初编3795—3796）

本书共8卷，据清《史学丛书》本排印。

收藏单位：大理馆、广西馆、国家馆、黑龙江馆、湖南馆、辽大馆、辽师大馆、内蒙古馆、西南大学馆

02176

三国志旁证　（清）梁章钜撰

长沙：商务印书馆，1937.12，6册（658页），32开（丛书集成初编3797—3802）

本书共30卷，据清《史学丛书》本排印。

收藏单位：安徽馆、长春馆、重庆馆、大理馆、大连馆、东北师大馆、广西馆、国家馆、黑龙江馆、湖南馆、江西馆、辽大馆、辽宁馆、辽师大馆、柳州馆、内蒙古馆、宁夏馆、西南大学馆

02177

三国志注证遗　（清）周寿昌撰·**三国志辨误**　佚名撰·**三国杂事**　（宋）唐庚撰·**三国纪年**　（宋）陈亮撰

长沙：商务印书馆，1939.12，81+20+16+8页，32开（丛书集成初编3803）

本书为合订书。《三国志注证遗》4卷，据清《史学丛书》本排印；《三国志辨误》3卷，据清《守山阁丛书》本排印；《三国杂事》1卷，据清《学海类编》本排印；《三国纪年》1卷，据清《函海》本排印。版权页题名：三国志注证遗及其他三种。

收藏单位：大理馆、国家馆、黑龙江馆、湖南馆、江西馆、辽大馆、辽宁馆、辽师大馆、天津馆、西南大学馆

02178

邺中记　（晋）陆翙撰·**晋纪辑本**　（清）汤球辑

上海：商务印书馆，1937.6，11+57页，32开（丛书集成初编3804）

本书为合订书。《邺中记》1卷，据清聚珍版丛书本排印；《晋纪辑本》7卷，据清《史学丛书》本排印。版权页题名：邺中记及其他一种。

收藏单位：安徽馆、长春馆、重庆馆、大理馆、大连馆、东北师大馆、广西馆、贵州馆、国家馆、黑龙江馆、湖南馆、江西馆、辽大馆、辽宁馆、辽师大馆、柳州馆、内蒙古馆、宁夏馆、天津馆、武大馆、西南大学馆

02179

晋阳秋辑本　（清）汤球辑

上海：商务印书馆，1937.6，83页，32开（丛

书集成初编 3805）

　　本书共 5 卷，据清《史学丛书》本排印。

　　收藏单位：安徽馆、长春馆、重庆馆、大理馆、大连馆、大庆馆、东北师大馆、广西馆、国家馆、黑龙江馆、湖南馆、江西馆、辽大馆、辽宁馆、辽师大馆、柳州馆、内蒙古馆、宁夏馆、山西馆、天津馆、西南大学馆

02180

九家旧晋书辑本 （清）汤球辑

上海：商务印书馆，1936.6，5 册（544 页），32 开（丛书集成初编 3806—3810）

　　本书共 42 卷，据清《史学丛书》本排印。

　　收藏单位：安徽馆、长春馆、重庆馆、大理馆、大连馆、东北师大馆、广西馆、贵州馆、国家馆、黑龙江馆、湖南馆、惠州馆、江西馆、辽大馆、辽宁馆、辽师大馆、柳州馆、内蒙古馆、宁夏馆、绍兴馆、西南大学馆

02181

西魏书 （清）谢启昆撰

长沙：商务印书馆，1937.12，4 册（396 页），32 开（丛书集成初编 3811—3814）

　　本书共 25 卷，有附录，据清《史学丛书》本排印。

　　收藏单位：安徽馆、长春馆、重庆馆、大理馆、大连馆、大庆馆、东北师大馆、广西馆、贵州馆、国家馆、黑龙江馆、湖南馆、江西馆、辽大馆、辽师大馆、内蒙古馆、宁夏馆、绍兴馆、西南大学馆

02182

十六国春秋 （北魏）崔鸿撰

上海：商务印书馆，1937.6，95 页，32 开（丛书集成初编 3815）

　　本书共 16 卷，据明《汉魏丛书》本排印。

　　收藏单位：安徽馆、重庆馆、大理馆、大连馆、东北师大馆、广西馆、贵州馆、国家馆、黑龙江馆、江西馆、辽大馆、辽宁馆、

辽师大馆、柳州馆、宁夏馆、绍兴馆、天津馆、西南大学馆、浙江馆

02183

十六国春秋辑补 （清）汤球撰

上海：商务印书馆，1936.6，4 册（689 页），32 开（丛书集成初编 3816—3819）

　　本书共 100 卷，据清《史学丛书》本排印。

　　收藏单位：安徽馆、长春馆、重庆馆、大理馆、大连馆、东北师大馆、广西馆、贵州馆、国家馆、黑龙江馆、湖南馆、惠州馆、江西馆、辽大馆、辽宁馆、辽师大馆、柳州馆、内蒙古馆、宁夏馆、绍兴馆、西南大学馆

02184

十六国春秋纂录校本 （清）汤球辑

上海：商务印书馆，1936.6，174 页，32 开（丛书集成初编 3820）

　　本书共 10 卷，附校勘记、年表，据清《史学丛书》本排印。

　　收藏单位：安徽馆、长春馆、重庆馆、大理馆、大连馆、东北师大馆、广西馆、贵州馆、国家馆、黑龙江馆、湖南馆、惠州馆、江西馆、辽大馆、辽宁馆、辽师大馆、柳州馆、内蒙古馆、宁夏馆、天津馆、西南大学馆

02185

三十国春秋辑本 （清）汤球辑

上海：商务印书馆，1936.6，71 页，32 开（丛书集成初编 3821）

　　本书共 18 卷，据清《史学丛书》本排印。

　　收藏单位：安徽馆、长春馆、重庆馆、大理馆、大连馆、东北师大馆、广西馆、贵州馆、国家馆、黑龙江馆、湖南馆、惠州馆、江西馆、辽大馆、辽宁馆、辽师大馆、柳州馆、内蒙古馆、宁夏馆、绍兴馆、天津馆、武大馆、西南大学馆

02186

南北史表 （清）周嘉猷撰

上海：商务印书馆，1935.12，5 册（734 页），32 开（丛书集成初编 3822—3826）

本书共 7 卷，据清《史学丛书》本影印。

收藏单位：安徽馆、长春馆、重庆馆、大理馆、大连馆、东北师大馆、广西馆、贵州馆、国家馆、黑龙江馆、湖南馆、惠州馆、江西馆、辽大馆、辽宁馆、辽师大馆、柳州馆、内蒙古馆、宁夏馆、绍兴馆、西南大学馆

02187

大唐创业起居注（唐）温大雅撰·**唐鉴**（宋）范祖禹撰（宋）吕祖谦音注

上海：商务印书馆，1936.6，4 册（41+218 页），32 开（丛书集成初编 3828—3831）

本书为合订书。《大唐创业起居注》3 卷，据明《津逮秘书》本排印；《唐鉴》25 卷，附考异，据清《金华丛书》本排印。版权页题名：大唐创业起居注及其他一种。

收藏单位：长春馆、重庆馆、大理馆、大连馆、东北师大馆、广西馆、贵州馆、国家馆、黑龙江馆、湖南馆、惠州馆、江西馆、辽大馆、辽宁馆、辽师大馆、柳州馆、内蒙古馆、宁夏馆、绍兴馆、西南大学馆

02188

顺宗实录（唐）韩愈撰·**卓异记**（唐）李翱述

上海：商务印书馆，1936.6，23+8 页，32 开（丛书集成初编 3832）

本书为合订书。《顺宗实录》5 卷，据清《海山仙馆丛书》本排印；《卓异记》1 卷，据明阳山顾氏文房本排印。版权页题名：顺宗实录及其他一种。

收藏单位：安徽馆、长春馆、重庆馆、大理馆、大连馆、东北师大馆、广西馆、贵州馆、国家馆、黑龙江馆、湖南馆、惠州馆、江西馆、辽大馆、辽宁馆、辽师大馆、柳州馆、内蒙古馆、宁夏馆、绍兴馆、天津馆、西南大学馆

02189

明皇杂录（唐）郑处海撰·**次柳氏旧闻**

（唐）李德裕编·**开天传信记**（唐）郑棨撰·**开元天宝遗事**（五代）王仁裕纂·**东观奏记**（唐）裴庭裕撰·**宝应录**

长沙：商务印书馆，1940.6，[106] 页，32 开（丛书集成初编 3833）

本书为合订书。《明皇杂录》4 卷，附补遗、校勘记，据清《守山阁丛书》本排印；《次柳氏旧闻》1 卷，据明阳山顾氏文房本排印；《开天传信记》1 卷，据宋《百川学海》本排印；《开元天宝遗事》2 卷，据明阳山顾氏文房本排印；《东观奏记》3 卷，据清《粤雅堂丛书》本排印；《宝应录》1 卷，据明《古今说海》本排印。版权页题名：明皇杂录及其他五种。

收藏单位：长春馆、重庆馆、大理馆、东北师大馆、福建馆、国家馆、黑龙江馆、湖南馆、辽大馆、辽宁馆、辽师大馆、绍兴馆、西南大学馆

02190

奉天录（唐）赵元一著·**平巢事迹考**（宋）佚名撰（清）陆烜订·**唐书直笔**（宋）吕夏卿撰·**读旧唐书随笔**（清）蔡世钹著

长沙：商务印书馆，1937.12，[130] 页，32 开（丛书集成初编 3834）

本书为合订书。《奉天录》4 卷，据清《指海》本排印；《平巢事迹考》1 卷，据清《奇晋斋丛书》本排印；《唐书直笔》4 卷，据清《小万卷楼丛书》本排印；《读旧唐书随笔》1 卷，据清《豫章丛书》本影印。版权页题名：奉天录及其他三种。

收藏单位：长春馆、重庆馆、大理馆、大连馆、大庆馆、东北师大馆、广西馆、贵州馆、国家馆、黑龙江馆、湖南馆、江西馆、辽大馆、辽宁馆、辽师大馆、内蒙古馆、宁夏馆、绍兴馆、天津馆、西南大学馆

02191

新唐书纠谬（宋）吴缜纂

上海：商务印书馆，1936.6，3 册（230 页），32 开（丛书集成初编 3835—3837）

本书共 21 卷，附钱校补遗、附录修唐、书史臣表，据清《知不足斋丛书》本排印。

收藏单位：安徽馆、长春馆、重庆馆、大理馆、大连馆、东北师大馆、广西馆、国家馆、黑龙江馆、湖南馆、惠州馆、江西馆、辽大馆、辽宁馆、辽师大馆、柳州馆、内蒙古馆、宁夏馆、绍兴馆、西南大学馆

02192

新旧唐书互证 （清）赵绍祖撰

上海：商务印书馆，1936.6，4 册（347 页），32 开（丛书集成初编 3838—3841）

本书共 20 卷，据清《史学丛书》本排印。

收藏单位：安徽馆、长春馆、重庆馆、大理馆、大连馆、东北师大馆、广西馆、贵州馆、国家馆、黑龙江馆、湖南馆、惠州馆、江西馆、辽大馆、辽宁馆、辽师大馆、柳州馆、内蒙古馆、宁夏馆、绍兴馆、西南大学馆

02193

唐史论断 （宋）孙甫撰・**新旧唐书杂论** （明）李东阳著・**五代春秋** （宋）尹洙撰

长沙：商务印书馆，1939.12，67+13+11 页，32 开（丛书集成初编 3842）

本书为合订书。《唐史论断》4 卷，有附录，据清《粤雅堂丛书》本排印；《新旧唐书杂论》1 卷，据清《学海类编》本排印；《五代春秋》2 卷，据清《读画斋丛书》本排印。版权页题名：唐史论断及其他二种。

收藏单位：大理馆、国家馆、黑龙江馆、湖南馆、江西馆、辽大馆、辽宁馆、辽师大馆、绍兴馆、天津馆、西南大学馆

02194

九国志 （宋）路振撰

上海：商务印书馆，1937.6，2 册（129 页），32 开（丛书集成初编 3843—3844）

本书共 13 卷，附拾遗，据清《守山阁丛书》本排印。

收藏单位：重庆馆、大理馆、大连馆、东北师大馆、广西馆、国家馆、黑龙江馆、湖南馆、江西馆、辽大馆、辽宁馆、辽师大馆、柳州馆、内蒙古馆、宁夏馆、武大馆、西南大学馆

02195

续唐书 （清）陈鳣撰

上海：商务印书馆，1936.6，3 册（602 页），32 开（丛书集成初编 3847—3849）

本书共 70 卷，据清《史学丛书》本排印。

收藏单位：安徽馆、长春馆、重庆馆、大理馆、大连馆、东北师大馆、广西馆、贵州馆、国家馆、黑龙江馆、湖南馆、江西馆、辽大馆、辽宁馆、辽师大馆、柳州馆、内蒙古馆、宁夏馆、绍兴馆、武大馆、西南大学馆

02196

南唐书 （宋）马令著

上海：商务印书馆，1935.12，2 册（197 页），32 开（丛书集成初编 3851—3852）

本书共 30 卷，据清《墨海金壶》本排印。

收藏单位：安徽馆、长春馆、重庆馆、大理馆、大连馆、东北师大馆、广西馆、贵州馆、国家馆、黑龙江馆、湖南馆、惠州馆、江西馆、辽大馆、辽宁馆、柳州馆、内蒙古馆、宁夏馆、绍兴馆、西南大学馆

02197

南唐书 （宋）陆游撰・**南唐拾遗记** （明）毛先舒纂

长沙：商务印书馆，1937.12，2 册（414+14 页），32 开（丛书集成初编 3853—3854）

本书为合订书。《南唐书》19 卷，附音释，据明《秘册汇函》本影印；《南唐拾遗记》1 卷，据清《学海类编》本影印。版权页题名：南唐书及其他一种。

收藏单位：安徽馆、长春馆、大理馆、大连馆、广西馆、贵州馆、国家馆、黑龙江馆、湖南馆、江西馆、辽大馆、辽宁馆、辽师大馆、柳州馆、内蒙古馆、宁夏馆、绍兴馆、西南大学馆

02198

锦里耆旧传 （宋）勾延庆纂・**蜀梼杌** （宋）张唐英撰・**南汉纪** （清）吴兰修撰

长沙：商务印书馆，1939.12，37+27+88 页，

32 开（丛书集成初编 3855）

本书为合订书。《锦里耆旧传》4 卷，据清《读画斋丛书》本排印；《蜀梼杌》2 卷，据清《艺海珠尘》本排印；《南汉纪》5 卷，据清《岭南遗书》本排印。版权页题名：锦里耆旧传及其他二种。

收藏单位：大理馆、国家馆、湖南馆、江西馆、辽大馆、辽宁馆、辽师大馆、内蒙古馆、天津馆、西南大学馆

02199

钓矶立谈 （五代）史虚白撰·**南唐近事** （宋）郑文宝编·**江南余载** （宋）郑文宝撰

上海：商务印书馆，1936.6，35+15+15 页，32 开（丛书集成初编 3856）

本书为合订书。《钓矶立谈》《江南余载》各 2 卷，均据清《知不足斋丛书》本排印；《南唐近事》1 卷，据明《宝颜堂秘笈》本排印。版权页题名：钓矶立谈及其他二种。

收藏单位：安徽馆、重庆馆、大理馆、大连馆、广西馆、贵州馆、国家馆、黑龙江馆、湖南馆、江西馆、辽大馆、辽宁馆、辽师大馆、柳州馆、内蒙古馆、宁夏馆、绍兴馆、天津馆、西南大学馆

02200

五代史纂误 （宋）吴缜撰·**五代史记纂误补** （清）吴兰庭撰

上海：商务印书馆，1937.6，43+82 页，32 开（丛书集成初编 3857）

本书为合订书。《五代史纂误》3 卷，《五代史纂误补》4 卷，均据清《知不足斋丛书》本排印。版权页题名：五代史纂误及其他一种。

收藏单位：安徽馆、长春馆、重庆馆、大理馆、大连馆、大庆馆、东北师大馆、广西馆、贵州馆、国家馆、黑龙江馆、湖南馆、江西馆、辽大馆、辽宁馆、辽师大馆、柳州馆、内蒙古馆、宁夏馆、天津馆、西南大学馆

02201

中兴小纪 （宋）熊克撰

上海：商务印书馆，1936.6，3 册（479 页），32 开（丛书集成初编 3858—3860）

本书共 40 卷，据清《史学丛书》本排印。

收藏单位：安徽馆、长春馆、重庆馆、大理馆、大连馆、东北师大馆、广西馆、贵州馆、国家馆、黑龙江馆、湖南馆、江西馆、辽大馆、辽宁馆、辽师大馆、柳州馆、内蒙古馆、宁夏馆、西南大学馆

02202

建炎以来系年要录 （宋）李心传撰

上海：商务印书馆，1936.12，18 册（3409 页），32 开（丛书集成初编 3861—3878）

本书共 200 卷，据清《史学丛书》本排印。

收藏单位：长春馆、重庆馆、大理馆、大连馆、东北师大馆、广西馆、贵州馆、国家馆、黑龙江馆、惠州馆、江西馆、近代史所、辽大馆、辽宁馆、辽师大馆、柳州馆、内蒙古馆、宁夏馆、绍兴馆、西南大学馆

02203

续宋编年资治通鉴 （宋）刘时举撰

长沙：商务印书馆，1939.12，2 册（199 页），32 开（丛书集成初编 3879—3880）

本书共 15 卷，据清《学津讨原》本排印。

收藏单位：大理馆、广西馆、国家馆、黑龙江馆、湖南馆、江西馆、辽大馆、辽宁馆、辽师大馆、西南大学馆

02204

宋季三朝政要

长沙：商务印书馆，1939.12，77 页，32 开（丛书集成初编 3881）

本书共 6 卷，据清《守山阁丛书》本排印。

收藏单位：安徽馆、大理馆、广西馆、国家馆、湖南馆、江西馆、辽大馆、辽宁馆、辽师大馆、天津馆、西南大学馆

02205

靖康要录 佚名撰·西夏事略 （宋）王偁撰

长沙：商务印书馆，1939.12，5 册（346+6 页），32 开（丛书集成初编 3882—3886）

本书为合订书。《靖康要录》16 卷，据清《十万卷楼丛书》本排印；《西夏事略》1 卷，据清《学海类编》本排印。版权页题名：靖康要录及其他一种。

收藏单位：大理馆、广东馆、广西馆、国家馆、黑龙江馆、湖南馆、江西馆、辽大馆、辽宁馆、辽师大馆、内蒙古馆、西南大学馆

02206

龙川略志 （宋）苏辙著·**龙川别志** （宋）苏辙撰

上海：商务印书馆，1937.12，47+25 页，32 开（丛书集成初编 3887）

本书为合订书。《龙川略志》10 卷，据宋《百川学海》本排印；《龙川别志》2 卷，据明《稗海》本排印。版权页题名：龙川略志及其他一种。

收藏单位：重庆馆、大理馆、广西馆、国家馆、黑龙江馆、湖南馆、江西馆、辽大馆、辽宁馆、辽师大馆、柳州馆、内蒙古馆、天津馆、西南大学馆

02207

宋朝燕翼诒谋录 （宋）王栐著

长沙：商务印书馆，1939.12，47 页，32 开（丛书集成初编 3888）

本书共 5 卷，据宋《百川学海》本排印。

收藏单位：大理馆、东北师大馆、国家馆、黑龙江馆、湖南馆、辽大馆、辽宁馆、辽师大馆、内蒙古馆、天津馆、西南大学馆

02208

宣和遗事

长沙：商务印书馆，1939.12，102 页，32 开（丛书集成初编 3889）

本书共 2 卷，据清《士礼居丛书》本排印。

收藏单位：大理馆、广西馆、国家馆、黑龙江馆、湖南馆、辽大馆、辽宁馆、辽师大

馆、天津馆、西南大学馆

02209

南渡录大略 佚名撰·靖康朝野佥言 佚名撰·建炎维扬遗录 佚名撰·建炎复辟记 佚名撰·建炎笔录 （宋）赵鼎撰

长沙：商务印书馆，1939.12，[59] 页，32 开（丛书集成初编 3890）

本书为合订书。《南渡录大略》1 卷，据清《学海类编》本排印；《靖康朝野佥言》1 卷，据明《古今说海》本排印；《建炎维扬遗录》《建炎复辟记》各 1 卷，均据清《学津讨原》本排印；《建炎笔录》3 卷，据清《函海》本排印。版权页题名：南渡录大略及其他四种。

收藏单位：大理馆、广西馆、国家馆、黑龙江馆、湖南馆、辽大馆、辽宁馆、辽师大馆、内蒙古馆、天津馆

02210

北狩见闻录 （宋）曹勋编次·**北狩行录** （宋）蔡鞗撰·**靖康传信录** （宋）李纲撰·**靖康纪闻** （宋）丁特起编集

长沙：商务印书馆，1939.12，[106] 页，32 开（丛书集成初编 3893）

本书为合订书。《北狩见闻录》1 卷，《北狩行录》1 卷，《靖康纪闻》2 卷附拾遗，均据清《学海类编》本排印；《靖康传信录》3 卷，据清《海山仙馆丛书》本排印。版权页题名：北狩见闻录及其他三种。

收藏单位：大理馆、广西馆、国家馆、黑龙江馆、湖南馆、辽大馆、辽宁馆、辽师大馆、内蒙古馆、天津馆、西南大学馆

02211

辛巳泣蕲录 （宋）赵與褢编·**中兴御侮录**

长沙：商务印书馆，1939.12，37+31 页，32 开（丛书集成初编 3895）

本书为合订书。《辛巳泣蕲录》1 卷，据清《指海》本排印；《中兴御侮录》2 卷，据清《粤雅堂丛书》本排印。版权页题名：辛巳泣蕲录及其他一种。

收藏单位：大理馆、广西馆、国家馆、黑龙江馆、湖南馆、江西馆、辽大馆、辽宁馆、

辽师大馆、内蒙古馆、天津馆、西南大学馆

02212

旧闻证误 （宋）李心传撰

上海：商务印书馆，1936.6，53 页，32 开（丛书集成初编 3896）

　　本书共 4 卷，据清《函海》本排印。

　　收藏单位：安徽馆、长春馆、重庆馆、大理馆、大连馆、东北师大馆、广西馆、贵州馆、国家馆、黑龙江馆、湖南馆、惠州馆、江西馆、辽大馆、辽宁馆、辽师大馆、柳州馆、内蒙古馆、宁夏馆、绍兴馆、天津馆、西南大学馆

02213

辽志 （元）叶隆礼撰 · **辽史拾遗** （清）厉鹗撰

上海：商务印书馆，1936.6，5 册（11+441 页），32 开（丛书集成初编 3897—3901）

　　本书为合订书。《辽志》1 卷，据明《古今逸史》本排印；《辽史拾遗》24 卷，据清《史学丛书》本排印。版权页题名：辽志及其他一种。

　　收藏单位：安徽馆、长春馆、重庆馆、大理馆、东北师大馆、广西馆、贵州馆、国家馆、黑龙江馆、湖南馆、惠州馆、江西馆、辽大馆、辽宁馆、辽师大馆、柳州馆、内蒙古馆、宁夏馆、绍兴馆、西南大学馆

02214

辽史拾遗补 （清）杨复吉辑

上海：商务印书馆，1936.6，136 页，32 开（丛书集成初编 3902）

　　本书共 5 卷，据清《史学丛书》本排印。

　　收藏单位：安徽馆、长春馆、重庆馆、大理馆、大连馆、广西馆、贵州馆、国家馆、黑龙江馆、湖南馆、惠州馆、江西馆、辽大馆、辽宁馆、辽师大馆、柳州馆、内蒙古馆、宁夏馆、绍兴馆、天津馆、西南大学馆

02215

金志 （宋）宇文懋昭撰 · **松漠记闻** （宋）洪皓纂 · **南迁录** （宋）张师颜录

长沙：商务印书馆，1939.12，22+24+31 页，32 开（丛书集成初编 3903）

　　本书为合订书。《金志》1 卷，据明《古今逸史》本影印；《松漠记闻》2 卷，附补遗，据明阳山顾氏文房本排印；《南迁录》1 卷，据清《学海类编》本排印。版权页题名：金志及其他二种。

　　收藏单位：安徽馆、重庆馆、大理馆、东北师大馆、广西馆、国家馆、湖南馆、辽大馆、辽宁馆、辽师大馆、武大馆、西南大学馆

02216

大金吊伐录 佚名撰 · **汝南遗事** （元）王鹗撰

长沙：商务印书馆，1939.12，2 册（133+52 页），32 开（丛书集成初编 3904—3905）

　　本书为合订书。每种各 4 卷，《大金吊伐录》据清《守山阁丛书》本排印，《汝南遗事》据清《指海》本排印。版权页题名：大金吊伐录及其他一种。

　　收藏单位：大理馆、广西馆、国家馆、黑龙江馆、湖南馆、江西馆、辽大馆、辽宁馆、辽师大馆、内蒙古馆、西南大学馆

02217

金源札记 （清）施国祁学 · **保越录** （元）徐勉之著 · **蒙鞑备录** （宋）孟珙撰

长沙：商务印书馆，1939.12，71+20+9 页，32 开（丛书集成初编 3906）

　　本书为合订书。《金源札记》2 卷，据清《仰视千七百二十九鹤斋丛书》本排印；《保越录》1 卷，据清《十万卷楼丛书》本排印；《蒙鞑备录》1 卷，据明《古今说海》本排印。版权页题名：金源札记及其他二种。

　　收藏单位：长春馆、大理馆、广西馆、国家馆、黑龙江馆、湖南馆、江西馆、辽大馆、辽师大馆、西南大学馆

02218

元朝秘史 （清）李文田注

上海：商务印书馆，1936.12，3 册（355 页），32 开（丛书集成初编 3907—3909）

　　本书共 15 卷，据清《渐西村舍丛刻》本

排印。

　　收藏单位：安徽馆、长春馆、重庆馆、大理馆、大连馆、大庆馆、东北师大馆、广西馆、贵州馆、国家馆、黑龙江馆、湖南馆、江西馆、辽大馆、辽宁馆、辽师大馆、柳州馆、内蒙古馆、宁夏馆、清华馆、绍兴馆、西南大学馆

02219

校正元亲征录 （清）何秋涛校正·**平宋录**
（元）刘敏中撰

长沙：商务印书馆，1939.12，121+26 页，32 开（丛书集成初编 3910）

　　本书为合订书。《校正元亲征录》1 卷，据清《渐西村舍丛刻》本排印；《平宋录》3 卷，据清《守山阁丛书》本排印。版权页题名：校正元亲征录及其他一种。

　　收藏单位：大理馆、广西馆、国家馆、黑龙江馆、湖南馆、江西馆、辽大馆、辽师大馆、西南大学馆

02220

西使记 （元）刘郁撰·**庚申外史** （明）权衡编·**招捕总录**·**元朝征缅录**

上海：商务印书馆，1936.12，[75] 页，32 开（丛书集成初编 3911）

　　本书为合订书。《西使记》1 卷，据清《学海类编》本排印；《庚申外史》2 卷，据清《学津讨原》本排印；《招捕总录》《元朝征缅录》各 1 卷，均据清《守山阁丛书》本排印。版权页题名：西使记及其他三种。

　　收藏单位：安徽馆、长春馆、重庆馆、大理馆、大连馆、大庆馆、东北师大馆、广西馆、贵州馆、国家馆、黑龙江馆、湖南馆、江西馆、辽大馆、辽宁馆、辽师大馆、柳州馆、内蒙古馆、宁夏馆、绍兴馆、天津馆、西南大学馆

02221

元史译文证补 （清）洪钧撰

上海：商务印书馆，1936.6，3 册（472 页），32 开（丛书集成初编 3912—3914）

　　本书共 30 卷，据清《史学丛书》本排

印。

　　收藏单位：安徽馆、长春馆、重庆馆、大理馆、大连馆、东北师大馆、广西馆、贵州馆、国家馆、黑龙江馆、湖南馆、惠州馆、江西馆、辽大馆、辽宁馆、辽师大馆、柳州馆、内蒙古馆、宁夏馆、绍兴馆、西南大学馆

02222

鸿猷录 （明）高岱撰

上海：商务印书馆，1937.6，3 册（202 页），32 开（丛书集成初编 3915—3917）

　　本书共 16 卷，据明《纪录汇编》本影印。

　　收藏单位：安徽馆、长春馆、重庆馆、大理馆、大连馆、东北师大馆、广西馆、贵州馆、国家馆、黑龙江馆、湖南馆、江西馆、辽大馆、辽宁馆、辽师大馆、内蒙古馆、宁夏馆、四川馆、西南大学馆

02223

明史纪事本末 （清）谷应泰编

上海：商务印书馆，1937.6，10 册（[959] 页），32 开（丛书集成初编 3918—3927）

　　本书共 80 卷，据清《畿辅丛书》本排印。

　　收藏单位：长春馆、重庆馆、大理馆、大连馆、东北师大馆、广西馆、贵州馆、国家馆、黑龙江馆、湖南馆、惠州馆、江西馆、辽大馆、辽师大馆、内蒙古馆、宁夏馆、西南大学馆

02224

天潢玉牒·**皇朝本记**

上海：商务印书馆，1937.6，27+113 页，32 开（丛书集成初编 3928）

　　本书为合订书。每种各 1 卷，均据明《纪录汇编》本影印。版权页题名：天潢玉牒及其他一种。

　　收藏单位：安徽馆、长春馆、重庆馆、大理馆、大连馆、大庆馆、广西馆、贵州馆、国家馆、黑龙江馆、湖南馆、惠州馆、江西馆、辽大馆、辽宁馆、辽师大馆、柳州馆、

内蒙古馆、宁夏馆、天津馆、西南大学馆

02225

明书 （清）傅维鳞纂·**江上孤忠录** （清）黄明曦纂

上海：商务印书馆，1936.12，30 册（3393+11 页），32 开（丛书集成初编 3929—3958）

　　本书为合订书。《明书》171 卷，据清《畿辅丛书》本排印；《江上孤忠录》1 卷，据清《艺海珠尘》本排印。版权页题名：明书及其他一种。

　　收藏单位：安徽馆、长春馆、大理馆、大连馆、大庆馆、东北师大馆、广西馆、贵州馆、国家馆、黑龙江馆、湖南馆、惠州馆、江西馆、辽大馆、辽宁馆、辽师大馆、柳州馆、内蒙古馆、宁夏馆、绍兴馆、西南大学馆

02226

龙兴慈记 （明）王文禄撰·**庭闻述略** （明）王文禄撰·**天顺日录** （明）李贤撰

长沙：商务印书馆，1937.12，16+12+84 页，32 开（丛书集成初编 3961）

　　本书为合订书。每种各 1 卷。《龙兴慈记》《庭闻述略》均据明《百陵学山》本影印，《天顺日录》据明《纪录汇编》本影印。版权页题名：龙兴慈记及其他二种。

　　收藏单位：长春馆、重庆馆、大理馆、大庆馆、东北师大馆、广西馆、国家馆、黑龙江馆、湖南馆、辽大馆、辽师大馆、内蒙古馆、西南大学馆

02227

皇明纪略 （明）皇甫录著·**两湖麈谈录** （明）许浩著·**古穰杂录** （明）李贤著

上海：商务印书馆，1936.6，62+22+86 页，32 开（丛书集成初编 3962）

　　本书为合订书。每种各 1 卷，《皇明纪略》《两湖麈谈录》均据明《历代小史》本影印，《古穰杂录》据明《纪录汇编》本影印。版权页题名：皇明纪略及其他二种。

　　收藏单位：安徽馆、长春馆、重庆馆、大理馆、大连馆、东北师大馆、广西馆、贵州

馆、国家馆、黑龙江馆、湖南馆、惠州馆、江西馆、辽大馆、辽宁馆、辽师大馆、柳州馆、内蒙古馆、宁夏馆、天津馆、西南大学馆

02228

贤识录 （明）陆釴撰·**病榻遗言** （明）高拱撰

上海：商务印书馆，1937.6，20+84 页，32 开（丛书集成初编 3963）

　　本书为合订书。每种各 1 卷，《贤识录》据明《今献汇言》本影印，《病榻遗言》据明《纪录汇编》本影印。版权页题名：贤识录及其他一种。

　　收藏单位：安徽馆、长春馆、重庆馆、大理馆、大连馆、大庆馆、东北师大馆、广西馆、贵州馆、国家馆、黑龙江馆、湖南馆、江西馆、辽大馆、辽宁馆、辽师大馆、柳州馆、内蒙古馆、宁夏馆、天津馆、西南大学馆

02229

见只编 （明）姚士麟撰

上海：商务印书馆，1936.6，224 页，32 开（丛书集成初编 3964）

　　本书共 3 卷，据明《盐邑志林》本影印。

　　收藏单位：安徽馆、长春馆、重庆馆、大理馆、大连馆、东北师大馆、广西馆、贵州馆、国家馆、黑龙江馆、湖南馆、惠州馆、江西馆、辽大馆、辽宁馆、辽师大馆、柳州馆、内蒙古馆、宁夏馆、绍兴馆、天津馆、西南大学馆

02230

庚申纪事 （明）张泼撰·**召对录** （明）申时行辑

上海：商务印书馆，1936.6，7+14 页，32 开（丛书集成初编 3965）

　　本书为合订书。每种各 1 卷，《庚申纪事》据清《借月山房汇钞》本排印，《召对录》据明《宝颜堂秘笈》本排印。版权页题名：庚申纪事及其他一种。

　　收藏单位：安徽馆、长春馆、重庆馆、大

理馆、大连馆、东北师大馆、广西馆、贵州馆、国家馆、黑龙江馆、湖南馆、惠州馆、江西馆、辽大馆、辽宁馆、柳州馆、内蒙古馆、宁夏馆、天津馆、西南大学馆

02231
酌中志 （明）刘若愚撰
上海：商务印书馆，1935.12，2 册（212 页），32 开（丛书集成初编 3966—3967）

本书共 24 卷，据清《海山仙馆丛书》本排印。

收藏单位：安徽馆、长春馆、重庆馆、大理馆、大连馆、东北师大馆、广东馆、广西馆、贵州馆、国家馆、黑龙江馆、湖南馆、惠州馆、江西馆、辽大馆、辽宁馆、辽师大馆、柳州馆、内蒙古馆、宁夏馆、绍兴馆、西南大学馆

02232
先拨志始 （明）文秉著
上海：商务印书馆，1937.6，135 页，32 开（丛书集成初编 3969）

本书共 2 卷，据清《泽古斋重钞》本排印。

收藏单位：安徽馆、长春馆、重庆馆、大理馆、大连馆、东北师大馆、广西馆、贵州馆、国家馆、黑龙江馆、湖南馆、江西馆、辽大馆、辽宁馆、辽师大馆、柳州馆、内蒙古馆、宁夏馆、天津馆、西南大学馆

02233
蜀难叙略 （清）沈荀蔚述·**蜀碧** （清）彭遵泗编述
长沙：商务印书馆，1939.12，32+71 页，32 开（丛书集成初编 3971）

本书为合订书。《蜀难叙略》1 卷，据清《知不足斋丛书》本排印；《蜀碧》4 卷，据清《指海》本排印。版权页题名：蜀难叙略及其他一种。

收藏单位：大理馆、广西馆、国家馆、黑龙江馆、湖南馆、江西馆、辽大馆、辽宁馆、辽师大馆、天津馆、西南大学馆

02234
思陵勤政纪 （明）孙承泽著·**思陵典礼纪**
（明）孙承泽著
长沙：商务印书馆，1939.12，16+56 页，32 开（丛书集成初编 3972）

本书为合订书。《思陵勤政纪》1 卷，《思陵典礼纪》4 卷，均据清《借月山房汇钞》本排印。版权页题名：思陵勤政纪及其他一种。

收藏单位：大理馆、国家馆、黑龙江馆、湖南馆、江西馆、辽大馆、辽宁馆、辽师大馆、天津馆、西南大学馆

02235
碧血录 （明）黄煜汇次
长沙：商务印书馆，1939.12，89 页，32 开（丛书集成初编 3973）

本书共 3 卷，附《周端孝血疏》，据清《知不足斋丛书》本排印。

收藏单位：大理馆、广西馆、国家馆、黑龙江馆、湖南馆、江西馆、辽大馆、辽宁馆、辽师大馆、天津馆、西南大学馆

02236
否泰录 （明）刘定之著·**北使录** （明）李实撰·**正统临戎录** 佚名撰·**北征事迹**
（明）袁彬撰·**正统北狩事迹**
长沙：商务印书馆，1937.12，[150] 页，32 开（丛书集成初编 3974）

本书为合订书。每种各 1 卷，均据明《纪录汇编》本排印。版权页题名：否泰录及其他四种。

收藏单位：安徽馆、长春馆、重庆馆、大理馆、大连馆、大庆馆、东北师大馆、广西馆、贵州馆、国家馆、黑龙江馆、湖南馆、江西馆、辽大馆、辽宁馆、辽师大馆、柳州馆、内蒙古馆、宁夏馆、天津馆、西南大学馆

02237
倭变事略 （明）采九德撰·**明倭寇始末**
（清）谷应泰编
上海：商务印书馆，1936.6，106+26 页，32 开（丛书集成初编 3975）

本书为合订书。《倭变事略》4卷，据明《盐邑志林》本影印；《明倭寇始末》1卷，据清《学海类编》本排印。版权页题名：倭变事略及其他一种。

收藏单位：安徽馆、长春馆、重庆馆、大理馆、大连馆、东北师大馆、广西馆、贵州馆、国家馆、黑龙江馆、湖南馆、惠州馆、江西馆、辽大馆、辽宁馆、辽师大馆、柳州馆、内蒙古馆、宁夏馆、天津馆、西南大学馆

02238

平胡录 （明）陆深撰·**平汉录** （明）童承叙撰·**平吴录** （明）吴宽撰·**平夏录** （明）黄标校编·**云南机务钞黄** （明）张紞编

长沙：商务印书馆，1937.12，[174] 页，32 开（丛书集成初编 3977）

本书为合订书，每种各1卷。《平胡录》《平吴录》《平夏录》均据明《今献汇言》本影印，《平汉录》《云南机务钞黄》均据明《纪录汇编》本影印。版权页题名：平胡录及其他四种。

收藏单位：安徽馆、长春馆、重庆馆、大理馆、大连馆、广西馆、贵州馆、国家馆、湖南馆、江西馆、辽大馆、辽宁馆、辽师大馆、内蒙古馆、宁夏馆、天津馆、西南大学馆

02239

平蛮录 （明）王轼撰·**西征日录** （明）杨一清撰·**制府杂录** （明）杨一清撰·**平濠记** （明）钱德洪辑·**江海歼渠记** （明）祝允明撰·**广右战功录** （明）唐顺之撰

长沙：商务印书馆，1939.12，30+40+20+9+28+15 页，32 开（丛书集成初编 3978）

本书为合订书。每种各1卷，《平蛮录》《西征日录》《制府杂录》均据明《纪录汇编》本影印，《平濠记》据清《学海类编》本排印，《江海歼渠记》据明《今献汇言》本影印，《广右战功录》据清《借月山房汇钞》本排印。版权页题名：平蛮录及其他五种。

收藏单位：大理馆、国家馆、湖南馆、江西馆、辽大馆、辽宁馆、辽师大馆、天津馆、

西南大学馆

02240

炎徼纪闻 （明）田汝成撰·**绥广纪事** （明）高拱撰

上海：商务印书馆，1936.6，64+60 页，32 开（丛书集成初编 3979）

本书为合订书。《炎徼纪闻》4卷，据清《指海》本排印；《绥广纪事》1卷，据明《纪录汇编》本影印。版权页题名：炎徼纪闻及其他一种。

收藏单位：安徽馆、长春馆、重庆馆、大理馆、大连馆、东北师大馆、广西馆、贵州馆、桂林馆、国家馆、湖南馆、惠州馆、江西馆、辽大馆、辽宁馆、辽师大馆、柳州馆、内蒙古馆、宁夏馆、清华馆、天津馆、武大馆、西南大学馆

02241

靖夷纪事 （明）高拱撰·**云中事记** （明）苏祐撰

上海：商务印书馆，1936.6，22+16 页，32 开（丛书集成初编 3980）

本书为合订书，每种各1卷，均据明《纪录汇编》本影印。版权页题名：靖夷纪事及其他一种。

收藏单位：安徽馆、长春馆、重庆馆、大理馆、大连馆、东北师大馆、广西馆、贵州馆、国家馆、湖南馆、惠州馆、江西馆、辽大馆、辽宁馆、辽师大馆、内蒙古馆、宁夏馆、绍兴馆、天津馆、西南大学馆

02242

张司马定浙二乱志 （明）王世贞撰·**乌槎幕府记** （明）钟兆年撰·**勘处播州事情疏** （明）何乔新撰

上海：商务印书馆，1937.6，13+15+107 页，32 开（丛书集成初编 3981）

本书为合订书。每种各1卷，《张司马定浙二乱志》《勘处播州事情疏》均据明《纪录汇编》本影印，《乌槎幕府记》据明《盐邑志林》本影印。版权页题名：张司马定浙二乱志及其他两种。

收藏单位：安徽馆、重庆馆、大理馆、大连馆、大庆馆、东北师大馆、广西馆、贵州馆、国家馆、湖南馆、江西馆、辽大馆、辽宁馆、辽师大馆、柳州馆、内蒙古馆、宁夏馆、天津馆、西南大学馆

02243

平播全书　（明）李化龙著

上海：商务印书馆，1937.12，7册（886页），32开（丛书集成初编3982—3988）

本书共15卷，据清《畿辅丛书》本排印。

收藏单位：安徽馆、长春馆、重庆馆、大理馆、大连馆、大庆馆、东北师大馆、广西馆、贵州馆、国家馆、湖南馆、江西馆、辽大馆、辽宁馆、辽师大馆、内蒙古馆、宁夏馆、西南大学馆

02244

东征纪行录·北平录·平蜀记

上海：商务印书馆，1937.6，32+16+5页，32开（丛书集成初编3989）

本书为合订书。每种各1卷，《东征纪行录》《北平录》均据明《今献汇言》本影印，《平蜀记》据清《泽古斋重钞》本排印。版权页题名：东征纪行录及其他二种。

收藏单位：重庆馆、大理馆、广西馆、国家馆、湖南馆、江西馆、辽大馆、辽宁馆、辽师大馆、内蒙古馆、天津馆、西南大学馆

02245

绥寇纪略　（清）吴伟业辑

长沙：商务印书馆，1937.12，3册（397页），32开（丛书集成初编3990—3992）

本书共15卷，包括正文12卷、补遗3卷，据清《学津讨原》本排印。

收藏单位：长春馆、重庆馆、大理馆、大连馆、东北师大馆、广西馆、贵州馆、国家馆、湖南馆、江西馆、辽大馆、辽师大馆、柳州馆、内蒙古馆、宁夏馆、西南大学馆

02246

国史考异　（清）潘柽章撰　（清）吴炎订·**明**

事断略

长沙：商务印书馆，1939.12，2册（169+38页），32开（丛书集成初编3994—3995）

本书为合订书。《国史考异》6卷，据清《功顺堂丛书》本排印；《明事断略》1卷，据清《借月山房汇钞》本排印。版权页题名：国史考异及其他一种。

收藏单位：大理馆、广西馆、国家馆、湖南馆、江西馆、辽大馆、辽宁馆、辽师大馆、内蒙古馆、西南大学馆

02247

三藩纪事本末　（清）杨陆荣撰

长沙：商务印书馆，1939.12，78页，32开（丛书集成初编3996）

本书共4卷，据清《借月山房汇钞》本排印。

收藏单位：大理馆、大连馆、广西馆、国家馆、湖南馆、江西馆、辽大馆、辽宁馆、辽师大馆、内蒙古馆、天津馆、西南大学馆

02248

淡墨录　（清）李调元著

长沙：商务印书馆，1939.12，2册（258页），32开（丛书集成初编3997—3998）

本书共16卷，据清《函海》本排印。

收藏单位：大理馆、大连馆、广西馆、国家馆、湖南馆、辽大馆、辽宁馆、辽师大馆、内蒙古馆、西南大学馆

02249

粤行纪事　（清）瞿昌文著·**英吉利广东入城始末**　（清）七弦河上钓叟记·**皇朝武功纪盛**　（清）赵翼撰

长沙：商务印书馆，1939.12，27+11+58页，32开（丛书集成初编3999）

本书为合订书。《粤行纪事》3卷，据知不足斋排印；《英吉利广东入城始末》1卷，据清《仰视千七百二十九鹤斋丛书》本排印；《皇朝武功纪盛》4卷，据清《读画斋丛书》本排印。版权页题名：粤行纪事及其他二种。

收藏单位：大理馆、大连馆、国家馆、湖南馆、江西馆、辽大馆、辽宁馆、辽师大馆、

内蒙古馆、天津馆、西南大学馆

其他丛书

02250

笔记丛书（第 1 集） 秋星社编辑

[上海]：有正书局，1911.8，1 册

　　本书收《梦谈随录》《隆福寺小记》《游梁琐记》《柏林剧话记》等。

　　收藏单位：近代史所、南京馆

02251

丛书百部提要

出版者不详，[1912—1944]，[82] 页，25 开

　　本书对每部丛书的源流、内容、价值作了言简意赅的论述。

　　收藏单位：江西馆

02252

晋江文献丛刊（第 1 辑） 陈盛明编

晋江县文献委员会，1946，120 页，16 开

　　本书收《何司徒佳话》（林如源）、《清源洞游记》（林孕昌）、《粤事奏疏》（黄宗汉）、《晋水常谈录》（蔡鸿儒）、《晋江私乘人物列传稿》（苏大山）、《桐阴旧迹诗纪》（曾遒）、《泉州在中西交通史上之地位》（吴文良）等。

　　收藏单位：重庆馆

02253

沈南丛书（第 1 辑） 陶明濬著

出版者不详，[1934]，8 册（128+284+200 页），32 开

　　本书收《沈南时论》《沈南征异》《沈南纪行诗》。

　　收藏单位：国家馆

02254

沈南丛书（第 2 辑） 陶明濬著

出版者不详，[1934]，8 册，32 开

　　收藏单位：重庆馆、广东馆、国家馆、湖南馆

02255

沈南丛书（第 3 辑） 陶明濬著

出版者不详，[1934]，8 册，32 开

　　本书收《沈南文初集》《沈南文二集》《文谈》。

　　收藏单位：重庆馆、广东馆、国家馆、上海馆

02256

沈南丛书（第 4 辑） 陶明濬著

出版者不详，[1934]，8 册，32 开

　　本书收《沈南诗初集》《羁园载笔》和《文说》，分别为诗、笔记和文艺评论。

　　收藏单位：重庆馆、广东馆、国家馆、天津馆

02257

沈南丛书（第 5 辑） 陶明濬著

出版者不详，[1934]，8 册，32 开

　　本书收《文学评论》和《秋窗夜话》。

　　收藏单位：重庆馆、广东馆、国家馆

02258

师石山房丛书 （清）姚振宗撰

上海：开明书店，1936.10，[1432] 页，16 开，精装

　　本书为古典目录学著作，收《七略别录佚文》《七略佚文》《汉书艺文志条理》《汉书艺文志拾补》《隋书经籍志考证》《后汉艺文志》《三国艺文志》等。

　　收藏单位：重庆馆、国家馆、湖南馆、南京馆、绍兴馆、中科图

02259

四库全书答问 任松如著

上海：启智书局，1928.8，[32]+334 页，32 开

上海：启智书局，1933.4，再版，[32]+334 页，32 开

上海：启智书局，1933.10，3 版，[32]+334 页，32 开

上海：启智书局，1934.4，3 版，[32]+334 页，32 开

上海：启智书局，1935.4，5 版，[32]+334 页，

32 开

本书分 3 卷,介绍《四库全书》的历史、门类和有关重要文献。附《孙氏藏书纪要》。

收藏单位:广东馆、广西馆、国家馆、湖南馆、近代史所、辽大馆、辽宁馆、南京馆、山东馆、山西馆、上海馆、绍兴馆、首都馆、天津馆、西南大学馆、浙江馆

02260

四库全书概述　杨家骆著

南京:辞典馆,1937.5,再版,[330] 页,16 开

本书为中国图书大辞典提要组第一种附录,分 4 编:文献、表计、类叙、书目。

收藏单位:广东馆、国家馆、湖南馆、吉林馆、近代史所、辽宁馆、南京馆、山西馆、上海馆、中科图

02261

四库全书简说　郑鹤声编

南京:钟山书局,1933.10,90 页,32 开(钟山学术讲座 2)

本书分 5 部分,介绍《四库全书》的结集、编纂、藏校、续修及影印过程。

收藏单位:国家馆、南京馆、浙江馆

02262

四库全书考证　(清)王太岳等纂辑

上海:商务印书馆,1937.3,14 册(15+4125 页),32 开(国学基本丛书)

长沙:商务印书馆,1940.3,14 册(15+4125 页),32 开(国学基本丛书)

本书分 100 卷:经部为 1—4 册(1—22 卷),史部为 4—7 册(23—47 卷),子部为 8—11 册(48—73 卷),集部为 11—14 册(74—100 卷)。

收藏单位:安徽馆、重庆馆、国家馆、惠州馆、江西馆、辽大馆、南京馆、上海馆、绍兴馆、西南大学馆

02263

四库全书学典　杨家骆著　世界学院中国学典馆编

外文题名:Encyclopedia Quatuor Bibliothecarum

上海:世界书局,1946.9,[1160] 页,16 开,精装(世界学典 中文版)

本书分 3 部分。第 1 部分为《四库全书》通论,内容包括导言、《四库全书》的知识体系、《四库全书》史上的几个主要命题、《四库全书》统计等 9 章。第 2 部分为《四库全书》辞典,内容包括"正编"与"广编"。"正编"为《四库全书》著存书 10000 种之说明、著者 7000 人的传记,"广编"为有关题释 300 条。第 3 部分为《四库全书》综览,内容为与《四库全书》编纂过程有关的题释。

收藏单位:安徽馆、长春馆、重庆馆、东北师大馆、广东馆、广西馆、桂林馆、国家馆、湖南馆、江西馆、近代史所、辽大馆、南京馆、内蒙古馆、山西馆、上海馆、绍兴馆、首都馆、天津馆、西南大学馆

02264

四库全书纂修考　郭伯恭著

国立北平研究院史学研究会,1937.8,295 页,24 开

国立北平研究院史学研究会,1938.3,再版,295 页,24 开

本书分 12 章,介绍《四库全书》的编辑、容量、寓禁于征的实际情形,以及四库馆的组织、《四库全书总目提要》等。

收藏单位:长春馆、重庆馆、大庆馆、广东馆、贵州馆、国家馆、湖南馆、近代史所、辽大馆、辽宁馆、辽师大馆、南京馆、内蒙古馆、宁夏馆、山东馆、上海馆、绍兴馆、天津馆、西南大学馆、浙江馆、中科图

02265

文澜阁丁氏补抄夹漈遗稿校勘记　康爵编

出版者不详,[1911—1949],8 页,20 开

本书用清《函海》本、清《艺海珠尘》本校《夹漈遗稿》。

02266

文澜阁四库全书史稿　张崟撰

[杭州]:张崟,[1936],66+10+79 页,16 开(文澜学报第 1 集抽印本)

本书介绍《四库全书》编纂经过、入藏文澜阁及咸丰十一年被劫、劫后整理、入藏浙江省立图书馆的历史。

收藏单位：国家馆、南京馆、浙江馆

02267

文溯阁四库全书要略及索引　国立奉天图书馆编

奉天（沈阳）：国立奉天图书馆，1937，296页，25开

奉天（沈阳）：国立奉天图书馆，1938.6，增订本，29+266页，25开

本书分两部分：要略和索引。要略部分概述了《四库全书》的创议、馆臣、书籍来源、缮写、贮藏、提要目录等简况，以及文溯阁的沿革；索引部分按书名笔画编排。

收藏单位：重庆馆、桂林馆、国家馆、黑龙江馆、湖南馆、近代史所、辽大馆、辽宁馆、上海馆、天津馆、中科图

02268

续群书类丛（第 10 辑 下）

东京：续群书类丛完成会，1938.8，6版，[462]页，32开，精装

本书为公事部，收第 259—277 卷。

收藏单位：国家馆

旧经籍

02269

跋宋刻本白氏文集影本　胡适等著

出版者不详，[1928—1949]，[130]页，23开

本书为校勘书跋合集，收 11 篇文章，包括《跋宋刻本〈白氏文集〉影本》（胡适）、《李后主的著述及其版本》（曹雨群）、《文澜阁丁氏补抄〈夹漈遗稿〉校勘记》（唐爵）、《〈王阳明先生年谱〉校录》（马叙伦）、《跋〈集古印谱〉》（邹敬杖）、《龚定庵〈红禅室词〉》（大白）、《跋〈汉英韵府〉》（曹聚仁）、《跋〈宁英列音字汇〉》（曹聚仁）、《读书小记》（马叙伦）等，均写于 1927 年 11 月至

1928 年 3 月。

收藏单位：国家馆

02270

大成节纪念号（来复临时增刊）　来复报社编

太原：来复报社，1919.10，[204]页，16开

本书分 6 部分：图经、论界、经苑、讲坛、选录、纪载。

收藏单位：国家馆、近代史所

02271

东塾读书记　（清）陈澧著

外文题名：Reading notes of eastern study

上海：商务印书馆，1930.8，1 册，22 开

上海：商务印书馆，1933.11，国难后 1 版，1 册，22 开

上海：商务印书馆，1935.4，国难后 2 版，1 册，22 开

上海：商务印书馆，1936.3，2 册（281 页），32 开（万有文库 第 2 集 534）（国学基本丛书）

[长沙]：商务印书馆，1939.12，2 册（281页），25 开（万有文库 第 1—2 集简编 500 种 396）（国学基本丛书）

[长沙]：商务印书馆，1940，国难后 3 版，1册，22 开

本书共 15 卷。作者原意作 25 卷，分论经、史、子及小学，但论史之 10 卷未完成。陈氏生前仅刊行 9 卷。清光绪年间由门人廖廷相刻成 15 卷，为通行本。

收藏单位：安徽馆、长春馆、重庆馆、大理馆、大连馆、东北师大馆、广东馆、广西馆、贵州馆、国家馆、河南馆、黑龙江馆、湖南馆、江西馆、辽大馆、辽师大馆、柳州馆、南京馆、内蒙古馆、宁夏馆、山东馆、上海馆、绍兴馆、天津馆、西南大学馆、浙江馆

02272

东塾读书记　（清）陈澧著·**后东塾读书记（一名，古籍举要）**　钱基博著

上海：国学整理社，1936.12，194+106 页，32 开，精装

收藏单位：重庆馆、广东馆、广西馆、贵州馆、江西馆、南京馆、山东馆、山西馆、上海馆、首都馆

02273

读经救国论　孙雄著

出版者不详，1920，1 册，16 开

　　本书分 6 篇：政治、伦理、理财、教育、兵事、外交。每篇以类相从，自分章节。

　　收藏单位：国家馆

02274

读经平议　罗达存著

[南京]：经学会，1935.6，1 册，32 开

[南京]：经学会，1935.7，再版，1 册，32 开

[南京]：经学会，1935.8，3 版，40 页，32 开

　　本书介绍经的源流、价值和整理，驳反对读经的言论。封面加题：章太炎先生鉴正。

　　收藏单位：广西馆、国家馆、湖南馆、江西馆、南京馆、绍兴馆、天津馆

02275

读经示要　熊十力著

重庆：南方印书馆，1945.12，438 页，24 开（中国哲学丛书 甲集 3）

　　本书分 3 讲：经为常道不可不读、读经应取之态度、略说六经大义。书前有自序。

　　收藏单位：辽大馆、辽宁馆、南京馆、上海馆、中科图

02276

读经问题　程清著

上海：新国民书局，1936，64 页，32 开

　　本书收文 13 篇，内容包括《读经法》《中国国命纯系教育问题》《读经救国论》《四书略说》等，多与读经有关。

　　收藏单位：南京馆、上海馆

02277

读经问题　罗达存著

南京：经学会，1935.8，32 页，36 开

　　本书为作者在国民党中央党部广播电台演讲稿，分 3 讲：读经之需要、六经之价值、经的源流和整理方法。

　　收藏单位：广西馆、国家馆、湖南馆、天津馆

02278

读经问题　叶青编

上海：真理出版社，1937.5，114 页，32 开

　　本书收文 5 篇：《论学校读经》（傅孟真）、《我们今日还不配读经》（胡适）、《与胡适谈读经》（李麦之）、《我对于读经的意见》（叶青）、《反读经论中的问题》（叶青）。附《孔子论》（叶青）。

　　收藏单位：重庆馆、华东师大馆、上海馆

02279

读经问题讨论　胡朴安　江亢虎等著

上海：三通书局，1939.10，118 页，大 16 开（三通小丛书）

　　本书主要谈论读儒经的一些问题。

　　收藏单位：国家馆、吉大馆、南京馆、山东馆

02280

读书法　（清）张之洞著

北平：文化学社，1931.2，90 页，32 开（校点国学入门丛书）

　　本书为文言文，分 3 部分：语学、守约、清代作家（人名录）。

　　收藏单位：安徽馆、国家馆、上海馆、首都馆、天津馆、浙江馆

02281

读书管见　金其源著

上海：商务印书馆，1948.11，321 页，32 开

　　本书为作者阅读诸子百家著作时的笔记。

　　收藏单位：安徽馆、长春馆、重庆馆、国家馆、江西馆、辽大馆、南京馆、内蒙古馆、上海馆、绍兴馆、首都馆、中科图

02282

断句十三经经文

上海：开明书店，[1926—1949]，[937] 页，32 开，精装

本书为儒家十三经的经文。其他题名：十三经经文。

收藏单位：重庆馆、大庆馆、广东馆、贵州馆、国家馆、辽大馆、南京馆、人大馆、上海馆、首都馆、中科图

02283

二千五百年来之国学　范皕诲著

上海：世界学会，1927.11，31 页，32 开（世界学会国学小丛书）

本书概述我国自春秋以来的哲学、历史学、政治学、经济学、宗教学、刑法学、天文学、数学等学科的发展。

收藏单位：湖南馆、南京馆、上海馆、浙江馆

02284

辅仁社课　徐景贤编

北平：辅仁社，1930，24 页，16 开

本书收文 14 篇，内容包括《唐景教碑考》（杨葆初）、《元代也里可温考》（徐希德）、《元李翀论佛理书》（王典彬）、《阅〈四库提要〉评论教中前辈诸书有感》（夏云峦）等。书前有英敛之序。

收藏单位：上海馆

02285

古籍丛考　金德建著

昆明：中华书局，1941.3，166 页，25 开

本书收文 21 篇，内容包括《〈论语〉名称起源于孔安国考》《两汉〈论语〉今古文源流考》《〈战国策〉作者之推测》《〈尸子〉作者与〈尔雅〉》《淳于髡作〈王度记〉考》《〈荀子·赋篇〉作于秦地考》《〈司马兵法〉的真伪与作者》《〈孙子〉十三篇作于孙膑考》《〈白虎通义〉与王充〈论衡〉之关系》等。

收藏单位：重庆馆、国家馆、湖南馆、吉林馆、辽大馆、辽师大馆、南京馆、内蒙古馆、山东馆、上海馆、天津馆、中科图

02286

古籍举要　钱基博著

上海：世界书局，1933.10，168 页，32 开，精装

上海：世界书局，1935.4，再版，168 页，32 开，精装

本书为读书札记，分 17 卷，每卷所记一两条至十几条不等。内容涉及《孝经》《论语》《孟子》《周易》《尚书》等古籍。

收藏单位：安徽馆、重庆馆、广西馆、国家馆、黑龙江馆、湖南馆、江西馆、近代史所、辽大馆、辽宁馆、柳州馆、南京馆、内蒙古馆、山西馆、上海馆、天津馆、中科图

02287

古学考　廖平著　张西堂校点

北平：景山书社，1935.3，84 页，32 开（辨伪丛刊）

本书论述经学今、古文学派的争议，力辨古学之伪。书前有张西堂序，书后有著者跋。

收藏单位：安徽馆、重庆馆、东北师大馆、国家馆、湖南馆、吉林馆、辽大馆、辽宁馆、南京馆、山东馆、首都馆、天津馆

02288

国粹与国学　许地山著

重庆：商务印书馆，1946.8，176 页，36 开

上海：商务印书馆，1947.6，176 页，36 开

本书分 3 部分：宗教、文物、语文，收文 13 篇，内容包括《原始的儒、儒家、儒教》《医学与道教》《清代文考制度》《香港考古述略》《礼俗与民主》《中国文字底命运》《国粹与国学》等。

收藏单位：安徽馆、重庆馆、东北师大馆、广东馆、广西馆、桂林馆、国家馆、湖南馆、近代史所、辽大馆、辽宁馆、南京馆、内蒙古馆、山东馆、上海馆、首都馆、西南大学馆、浙江馆

02289

国故概要　金受申编辑

北平：北大易社，1931.3，274 页，32 开

本书据《中国学术论著集要》（梁启超、章太炎）编成，收《天下》《非十二子》《论诸子学之所由生》《老子韩非传》等文章。

收藏单位：重庆馆、东北师大馆、国家馆、山东馆、首都馆、天津馆

02290

国故概要（乙辑 国学工具之部） 凌景埏辑

[北平] : [燕京大学国文学系]，190 页，25 开

本书分 7 讲：文字学概要、文字之形体、音韵学、训诂学、校勘学、目录学、文法学。

收藏单位：国家馆、首都馆

02291

国故概要·诗文名著选

国立北平大学女子学院，[1927—1930]，1 册，16 开，环筒页装

收藏单位：国家馆

02292

国故钩沉（第 1 册）

出版者不详，[1911—1949]，1 册，25 开

本书分 8 部分：通论、文字、典制、经例、略录、雠校、左庵杂著、左庵文。

收藏单位：重庆馆

02293

国故零简 曹聚仁著

上海：龙虎书店，1936.4，87 页，32 开

本书收文 6 篇：《国故学之意义与价值》《春雷初动中之国故学》《国故学之研究法（一）（二）》《王充与〈论衡〉》《章实斋与〈文史通义〉》。封面题名：通俗本国故零简。

收藏单位：安徽馆、内蒙古馆、上海馆、浙江馆

02294

国故论丛 中华学艺社编

上海：中华学艺社，1926.5，171 页，25 开（学艺汇刊 13）

上海：中华学艺社，1928.6，再版，171 页，25 开（学艺汇刊 13）

上海：中华学艺社，1933.3，国难后 1 版，171 页，25 开（学艺汇刊 13）

本书收文 10 篇：内容包括《汉族西来说考证》（屠孝实）、《周秦以前古代思想之蠡测》（郭沫若）、《评〈易〉》（吴晓初）、《南华道体观阐隐》（屠孝实）、《〈荀子·性恶篇〉平议》（冯振）、《〈辩经〉原本章句非旁行考》（伍非白）、《〈墨辩〉释例》、《〈墨辩〉定名答客问》、《评胡栾〈墨辩〉校释异同》、《中国地图学史》（李贻燕）。

收藏单位：重庆馆、大庆馆、东北师大馆、广东馆、广西馆、国家馆、河南馆、湖南馆、吉林馆、辽大馆、南京馆、内蒙古馆、宁夏馆、山东馆、上海馆、天津馆、西南大学馆

02295

国故论衡 章太炎著

上海：大共和日报馆，1912.12，再版，216 页，25 开

上海：大共和日报馆，1913.4，3 版，216 页，25 开

本书共 3 卷。上卷分 11 篇，论小学；中卷分 7 篇，论文学；下卷分 9 篇，论诸子学。

收藏单位：国家馆、河南馆、吉林馆、南京馆、上海馆、首都馆

02296

国故论衡 章太炎著

[上海] : 第一书局，1924，206 页，25 开

收藏单位：国家馆、首都馆、天津馆

02297

国故论衡 章太炎著

[上海] : 汉文书屋，1933.1，240 页，22 开

收藏单位：南京馆、首都馆

02298

国故论衡 章太炎著

上海：右文社，[1915]，3 册（173 页），32 开，环筒页装（章氏丛书）

02299

国故论衡 章太炎著

上海：中西书局，[1924]，266 页，32 开

收藏单位：北师大馆、国家馆、山东馆、首都馆

02300

国故谈苑　程树德著

[长沙]：商务印书馆，1939.11，2 册（394 页），32 开

[长沙]：商务印书馆，1940.9，再版，2 册（394 页），32 开

本书分 6 卷：经部、论史、考古、诸子、政治、法律。

收藏单位：东北师大馆、广西馆、国家馆、湖南馆、辽大馆、宁夏馆、上海馆、首都馆、天津馆

02301

国故文学举目参考　张西堂 [编撰]

北平：国民大学，1936，[116] 页，大 16 开，环筒页装

本书逐页题名：国故文学举目。

收藏单位：国家馆

02302

国故新探　唐钺著

外文题名：Glimpses into sinology

上海：商务印书馆，1926.9，100+104+100 页，16 开

上海：商务印书馆，1927.6，再版，100+104+100 页，16 开

本书分 3 卷，收文 14 篇。内容涉及文学、音韵训诂、诸子与史学。

收藏单位：长春馆、重庆馆、东北师大馆、广东馆、桂林馆、国家馆、河南馆、江西馆、辽宁馆、南京馆、山东馆、山西馆、上海馆、首都馆、天津馆、浙江馆、中科图

02303

国故新探（补订版）　唐钺著

上海：商务印书馆，1934.1，国难后 1 版，254 页，16 开

本书仍分 3 卷，有所增删。

收藏单位：重庆馆、东北师大馆、广东

馆、国家馆、湖南馆、江西馆、辽大馆、南京馆、山东馆、山西馆、首都馆、武大馆、西南大学馆、中科图

02304

国故学大纲（上卷）　曹聚仁著

上海：梁溪图书馆，1925.10，[447] 页，32 开

上海：梁溪图书馆，1926，再版，[447] 页，32 开

本书分 3 卷，共 30 章。内容包括：国故与国故学、国故学之研究法、国故学之分类、文学、史学、哲学、政治学、文字学、论理学与心理学、天算学及其他科学、宗教、美术、国故嬗变之过程、外来文化之渗透作用、国故学之新建设等。附国故学新书目。封面加题：高级中学、大学教本。

收藏单位：安徽馆、重庆馆、广东馆、河南馆、湖南馆、辽大馆、南京馆、山西馆、上海馆、绍兴馆、首都馆、西南大学馆

02305

国故学讨论集　许啸天编辑

上海：群学社，1927.1，3 册（422+620+408 页），32 开

上海：群学社，1933，[再版]，3 册（422+622+408 页），32 开

本书分 4 集：通论、学的讨论、书的讨论、人的讨论，收文 62 篇，作者包括梁启超、胡适、曹聚仁、顾颉刚等。

收藏单位：安徽馆、重庆馆、东北师大馆、国家馆、黑龙江馆、湖南馆、吉林馆、近代史所、辽东学院馆、辽宁馆、辽师大馆、南京馆、内蒙古馆、宁夏馆、陕西馆、上海馆、首都馆、天津馆、中科图

02306

国立北京大学廿五周年纪念研究所国学门临时特刊　国立北京大学编

北京：国立北京大学，1923.12，32 页，8 开

本书收文 13 篇，内容包括：《纂辑〈太平御览〉之说明》《〈太平御览〉引用书增订目录》《纂辑〈太平广记〉之说明》《考古学室藏器一览表》等。

收藏单位：国家馆

02307

国学　慈忍室主人编辑　太虚法师审定

上海：佛学书局，1930.10，214 页，32 开（海潮音文库 第 1 编 佛学通论 5）

本书收文 20 篇，内容包括:《国学钩玄叙》《周易卦义新诠》《论宋明儒学》等。

收藏单位：北大馆、重庆馆、贵州馆、国家馆、湖南馆、宁夏馆、上海馆、绍兴馆

02308

国学表解　谢苇丰著

上海：东方文学社，1936.1，180 页，32 开

上海：东方文学社，1936.5，再版，180 页，32 开

上海：东方文学社，1946.7，[再版]，180 页，32 开

上海：东方文学社，1947.4，[再版]，180 页，32 开

本书列表介绍国学知识，分 5 编：经学、文字学、哲学、史学、文学。其他题名：考试必备国学表解、师生必备国学表解。

收藏单位：重庆馆、东北师大馆、广东馆、广西馆、国家馆、湖南馆、江西馆、南京馆、山东馆、首都馆、天津馆、浙江馆

02309

国学表解　谢苇丰著

上海：九州书局，1937.1，3 版，180 页，32 开

收藏单位：首都馆

02310

国学常识　曹朴著

桂林：国文杂志社，1943.10，352 页，32 开

收藏单位：重庆馆、国家馆、湖南馆

02311

国学常识　曹朴著

重庆：文光书店，1945.7，渝 2 版，2 册（350 页），32 开

上海：文光书店，1947.2，沪初版，352 页，32 开

上海：文光书店，1948.10，沪 2 版，352 页，32 开

收藏单位：重庆馆、东北师大馆、广东馆、广西馆、国家馆、河南馆、辽大馆、内蒙古馆、山西馆、上海馆、首都馆、西南大学馆、浙江馆

02312

国学常识　刘正杰编

出版者不详，[1911—1949]，96 页，32 开

收藏单位：广东馆

02313

国学常识　谭正璧编著

上海：世界书局，1943.11，再版，87 页，32 开（国文研究丛刊）

上海：世界书局，1944，3 版，87 页，32 开（国文研究丛刊）

上海：世界书局，1947.4，4 版，87 页，32 开（国文研究丛刊）

上海：世界书局，1948.4，5 版，87 页，32 开（国文研究丛刊）

本书介绍经学、子学、史学等方面的国学知识。

收藏单位：重庆馆、桂林馆、南京馆、首都馆

02314

国学常识

出版者不详，[31] 页，32 开

本书分两部分：国学常识、历代文学家一览。附标点符号使用法简表。

收藏单位：首都馆

02315

国学常识答问　张振镛编

上海：商务印书馆，1935.5，134 页，32 开

上海：商务印书馆，1935，再版，134 页，32 开

上海：商务印书馆，1936.4，4 版，134 页，32 开

上海：商务印书馆，1936.10，5 版，134 页，32 开

长沙：商务印书馆，1938.11，7 版，134 页，32
开

重庆：商务印书馆，1943.5，渝初版，115 页，
32 开

重庆：商务印书馆，1944，渝 2 版，115 页，
32 开

重庆：商务印书馆，1945.10，渝 3 版，115 页，
32 开

上海：商务印书馆，1947.9，10 版，134 页，32
开

　　本书分 9 部分：文字学、经学、子学、史学（附地理学）、理学、诗歌、文章、词曲、小说戏曲。

　　收藏单位：安徽馆、重庆馆、贵州馆、桂林馆、国家馆、辽宁馆、南京馆、内蒙古馆、山西馆、首都馆、天津馆、浙江馆

02316
国学常识答问续编　张振镛编
上海：商务印书馆，1936.4，158 页，32 开
上海：商务印书馆，1936.10，再版，158 页，
32 开

长沙：商务印书馆，1939.6，4 版，158 页，32
开

重庆：商务印书馆，1944.11，渝 1 版，131 页，
32 开

重庆：商务印书馆，1945.10，渝 2 版，131 页，
32 开

　　本书为《国学常识答问》的续编，对文字学、经学、子学、史学、理学、目录版本学、诗歌、文章、词曲、小说戏曲等部分作了增补。

　　收藏单位：安徽馆、重庆馆、东北师大馆、广东馆、桂林馆、国家馆、湖南馆、辽大馆、南京馆、内蒙古馆、宁夏馆、山西馆、首都馆、西南大学馆、浙江馆

02317
国学常识概略
出版者不详，[1911—1949]，[22] 页，32 开
　　本书为国学知识的概况简介，内容包括：国学经部、十三经、六书、史部等。

　　收藏单位：东北师大馆

02318
国学常识简编　梁鹤山编
[南京]：国立中央图书馆，[1933—1946]，油印本，27 页，16 开
　　卷端题名：国学常识讲义。
　　收藏单位：南京馆

02319
国学常识简要问答　胡泉山编
台北：中华文化服务社，1946.12，94 页，32
开

　　本书分 4 篇：经学、史学、哲学、文学。
　　收藏单位：广东馆、国家馆、江西馆、南京馆

02320
国学常识讲话　马铭阁编
北平：马铭阁 [发行者]，1936，62 页，32 开
　　本书介绍经、史、子、集常识，重点在文学。附国文常识测验。
　　收藏单位：浙江馆

02321
国学常识述要　李冷衷编述
北平：众教学会，1934.6，58 页，32 开
北平：众教学会，1935.4，增订再版，66 页，
32 开

　　本书介绍经、史、子、集方面的知识，列出问题并加以解释。
　　收藏单位：国家馆、首都馆

02322
国学常识问答　陈遵统著
重庆：商务印书馆，1946.9，127 页，36 开
　　本书共 323 条，介绍目录学、经学、小学、史学、子学、文学方面的基本知识。
　　收藏单位：重庆馆

02323
国学常识问答　国学研究社编
成都：远东图书公司，1946.5，106 页，32 开
上海：远东图书公司，1947，沪 2 版，106 页，
32 开

本书通过 500 个问题，介绍国学基本知识。

　　收藏单位：上海馆

02324

国学常识问答　黄拜言编著

香港：世界书局，1938.8，106 页，32 开

香港：世界书局，1939.8，再版，1 册，32 开

　　收藏单位：广东馆

02325

国学常识问答　戚浣白著

上海：新民书社，1932.6，续版，94 页，50 开（各科常识问答丛书）

　　本书分 5 部分：经学、小学、史学、子学、文学。封面加题：考试秘诀；版权页加题：考试要览。

　　收藏单位：广东馆

02326

国学常识问答　王维彰编辑

成都：东方书社，1937.6，1 册，32 开

成都：东方书社，1941，3 版，23+40+80 页，32 开

成都：东方书社，1943.6，5 版，10+40+70 页，32 开

　　本书分两部分：旧文学之部和新文学之部，分别介绍"五四"前后两个时期的国学。封面题名：国学问答；版权页加题：考试自修适用。

　　收藏单位：安徽馆、重庆馆、国家馆、南京馆

02327

国学常识问答　王维彰编辑

成都：蓉新印刷工业社，1941.12，4 版，40+80 页，32 开

　　收藏单位：重庆馆、西南大学馆

02328

国学常识问答　王维彰编辑

重庆：说文社，1945，5 版，70 页，32 开

　　收藏单位：重庆馆、桂林馆

02329

国学常识问答　王维彰编辑

成都：新川印刷厂，1941.3，再版，40+80 页，32 开

　　收藏单位：重庆馆

02330

国学常识问答　文学研究社编辑

[上海]：大新书局，1948.2，63 页，36 开（百科丛书）

　　本书对 182 个国学常识性问题进行了解答，内容涉及经学、史学、诸子、文学、书画金石等。

　　收藏单位：重庆馆

02331

国学常识问答　吴雪帆编著

金华：国民出版社，1941.11，102 页，32 开

　　本书对 500 个国学常识性问题进行了解答，内容涉及经、史、子、集等。

　　收藏单位：重庆馆、广东馆

02332

国学常识问答　中国教育研究社编著

上海：国光书店，1947.10，90 页，32 开

　　收藏单位：浙江馆

02333

国学常识问答　周郁年著

上海：新民书社，1932，94 页，48 开

上海：新民书社，1933.3，6 版，94 页，48 开

上海：新民书社，1935.4，9 版，94 页，48 开

上海：新民书社，1935.7，10 版，94 页，48 开

　　本书介绍经学、小学、史学、子学、文学方面的基本知识。版权页加题：考试要览。封面加题：考试秘诀。

　　收藏单位：重庆馆、国家馆、绍兴馆

02334

国学常识问答（经传类）　冯都良编著

上海：珠林书店，1938.8，79 页，36 开

　　本书分 12 部分：经总义、《周易》、《尚书》、《诗经》、《春秋》、《三礼》、《论语》、

《孟子》(附《四书》)、《尔雅》、《孝经》、小学、石经、谶纬、经学与理学。

　　收藏单位：重庆馆、绍兴馆

02335

国学常识问题　谭正璧主编

上海：现代教育研究社，1946，新1版，160页，长36开

上海：现代教育研究社，1948.4，新2版，160页，长36开

　　本书以问答形式讲述国学文法常识。书名页加题：升学考试必读。

　　收藏单位：广西馆、国家馆、首都馆

02336

国学常识问题解答　陶友白著

上海：新陆书局，1947.2，91页，32开

　　本书分5章：经学、史学、子学、文学和小学。

　　收藏单位：南京馆、上海馆

02337

国学常识习题详解　陈潮生编

上海：经纬书局，66页，50开（经纬百科丛书）

　　本书对137个问题作了解答，内容包括：何谓国学、文与字有何分别、何为六书、六艺之为用如何、明清之诗如何等。

　　收藏单位：贵州馆、江西馆、辽师大馆、柳州馆、陕西馆

02338

国学常识与技能　李时著

北平：君中书社，1931.4，28页，32开

　　本书分读书和属文两方面，举出应读的基本书籍，讲述各种文章的体例和作法。

　　收藏单位：国家馆

02339

国学丛编　吴英华编纂

天津：吴英华[发行者]，1941.10，40+175页，32开（国学基本丛书）

　　本书收文10篇：《古深喉音喻母考》《以文法校释古书论》《评〈字类辨正〉》《评马叙伦氏〈庄子义证〉》《古音喉牙相通考》《〈辞海〉订补》《古文家之句式多盗袭前人说》《论教授经学之方针》《论识字之难》《近数十年国学概评》。

　　收藏单位：国家馆、首都馆、中科图

02340

国学丛论（上册）　黄毅民著

北平：燕友学社，1935.7，328页，25开

　　本书为1—3编：语言文字学、文学史、经学。版权页加题：高中教本。

　　收藏单位：东北师大馆、国家馆、黑龙江馆、首都馆

02341

国学丛论（下册）　黄毅民著

北平：燕友学社，1936.4，[336]页，25开

　　本书为4—6编：史学、哲学史、科学。版权页加题：高中教本。

　　收藏单位：安徽馆、东北师大馆、国家馆、黑龙江馆、吉大馆、首都馆、中科图

02342

国学丛谈　李时著

北京：君中书社，1928.3，128页，25开

北平：君中书社，1929.11，增订再版，160页，25开

　　本书分4编：读书捷径、学术丛弊、群书谈要、国学杂题。

　　收藏单位：重庆馆、广东馆、国家馆、近代史所、首都馆

02343

国学丛谈　孟载南编著

内江：仁义永书局，1944.2，296页，18开

　　本书内容包括：文字源流、文字变迁、音韵、训诂学、群经提要、经学、历代治经学者、史、子、汉唐哲学、理学、集、文学、近代文学、中国文化十厄、散文、骈文、赋、诗、词、曲、小说、批评文学等。版权页题名：国学丛谈讲义稿。

　　收藏单位：重庆馆、东北师大馆、河南

馆、吉大馆、辽宁馆

02344

国学大纲 汪震 王正己合编

北平：人文书店，1933.10，238 页，32 开

北平：人文书店，1934.8，再版，238 页，32 开

北平：人文书店，1937.7，3 版，238 页，32 开

本书分 9 章：什么是国学、经学、史学、哲学、自然科学、文学、文章之派别、文字学、清代学术史。

收藏单位：安徽馆、重庆馆、广东馆、广西馆、国家馆、黑龙江馆、湖南馆、辽大馆、辽师大馆、南京馆、山西馆、上海馆、首都馆

02345

国学大纲 徐澄宇编

上海：华通书局，1933.2，314 页，22 开

上海：华通书局，1933.9，再版，314 页，22 开

本书内容包括：书籍制度、书籍类别、群经源流、群经略说、汉学派别、汉学传授、宋学派别、宋学传授、字学音学、史学源流、诸子源流、诸子派别等。

收藏单位：安徽馆、东北师大馆、广东馆、广西馆、国家馆、湖南馆、辽大馆、辽宁馆、南京馆、内蒙古馆、山东馆、山西馆、陕西馆、上海馆、首都馆、天津馆、浙江馆

02346

国学大要 吴继先编

[天津]：出版者不详，[1947]，油印本，1 册，32 开，环筒页装

本书分 9 章：十三经疏、正史之名称及其作者、中国子书之较有名者、文体、诗赋词曲、文章源流、文字常识、中国学术流变表、章炳麟之重订《三字经》等。

收藏单位：重庆馆

02347

国学导读 邵祖平著

上海：商务印书馆，1947.6，189 页，25 开

本书分 7 部分：说读书、文字学概说、目录学概要、校勘版本刊刻略述、治学刍言、纯文学发凡、国学应读各书要目。

收藏单位：重庆馆、东北师大馆、广东馆、广西馆、国家馆、吉大馆、辽大馆、南京馆、内蒙古馆、宁夏馆、上海馆、首都馆、中科图

02348

国学读法 张连枡著

昆明：云南图书馆，1928.7，[82] 页，32 开

本书分 6 部分：经部、史部、子部、集部、工具类、小说及尺牍。

收藏单位：国家馆

02349

国学概论 胡怀琛著

上海：乐华图书公司，1935.2，147 页，32 开

本书分 6 章。第 1 章为总论，介绍国学的含义、研究国学的目的和方法；第 2—5 章分述对于经、史、子、集的认识；第 6 章论述如何整理国学、创造新的学术。

收藏单位：重庆馆、广东馆、国家馆、首都馆、浙江馆

02350

国学概论 蒋逸雪编著

道南学社，1935.10，156 页，25 开，精装

本书分 5 编：经学、小学、史学、哲学、文学。

收藏单位：贵州馆、国家馆、浙江馆

02351

国学概论 蒋逸雪编著

上海：东方文学社，1946.8，156 页，25 开

收藏单位：国家馆、湖南馆、南京馆

02352

国学概论 林之棠著

北平：华盛书社，1933.4，[390] 页，32 开

本书分小学、核伪、经、子等篇，各篇均有总述及分述。

收藏单位：国家馆、辽大馆、南京馆、山东馆、首都馆、天津馆、中科图

02353

国学概论　马瀛编

上海：大华书局，1934.4，546 页，25 开

上海：大华书局，1935.2，再版，546 页，25 开

本书分 3 编。第 1 编为绪论，介绍国学的定义、范围、分类和研究国学应抱的态度及国学的效用；第 2 编介绍研究国学的方法；第 3 编汇集研究国学应具备的各种学科知识。

收藏单位：重庆馆、东北师大馆、广东馆、广西馆、贵州馆、国家馆、黑龙江馆、湖南馆、江西馆、近代史所、南京馆、上海馆、首都馆、西南大学馆、浙江馆、中科图

02354

国学概论　钱穆著

上海：商务印书馆，1931.5，2 册（192+189 页），32 开（新中学文库）

上海：商务印书馆，1933.3，国难后 1 版，2 册（192+189 页），32 开（新中学文库）

上海：商务印书馆，1933.12，国难后 2 版，2 册（192+189 页），32 开（新中学文库）

上海：商务印书馆，1935.5，国难后 3 版，2 册（192+189 页），32 开（新中学文库）

长沙：商务印书馆，1938，国难后 6 版，2 册（192+189 页），32 开（新中学文库）

重庆：商务印书馆，1943.6，渝 1 版，2 册（158+154 页），32 开（新中学文库）

[南昌]：商务印书馆，1943.6，2 册（158+154 页），32 开（新中学文库）

重庆：商务印书馆，1944.7，渝 2 版，2 册（158+154 页），32 开（新中学文库）

重庆：商务印书馆，1945，渝 3 版，2 册（158+154 页），32 开（新中学文库）

上海：商务印书馆，1946.12，7 版，2 册（192+189 页），32 开（新中学文库）

上海：商务印书馆，1947.11，8 版，2 册（192+189 页），32 开（新中学文库）

本书分上、下两册。上册为 1—7 章：孔子与六经、先秦诸子、嬴秦之焚书坑儒、晚汉之新思潮、魏晋清谈、南北朝隋唐之经学注疏及佛典翻译；下册为 8—10 章：宋明理学、清代考证学、最近期之学术思想。

收藏单位：安徽馆、重庆馆、东北师大馆、广东馆、广西馆、贵州馆、国家馆、河南馆、黑龙江馆、湖南馆、江西馆、近代史所、辽大馆、辽东学院馆、辽宁馆、辽师大馆、柳州馆、南京馆、内蒙古馆、山东馆、上海馆、首都馆、天津馆、西南大学馆、浙江馆、中科图

02355

国学概论　王易著

上海：神州国光社，1932.4，248 页，25 开

上海：神州国光社，1932.7，再版，248 页，25 开

上海：神州国光社，1933.9，3 版，248 页，25 开

上海：神州国光社，1933.9，4 版，248 页，25 开

上海：神州国光社，1936，5 版，248 页，25 开

上海：神州国光社，1940.3，248 页，25 开

本书分 4 编：经学、小学、哲学、史学。

收藏单位：重庆馆、广东馆、广西馆、贵州馆、桂林馆、国家馆、河南馆、湖南馆、吉大馆、江西馆、辽大馆、辽宁馆、辽师大馆、山东馆、山西馆、上海馆、绍兴馆、首都馆、天津馆、西南大学馆、浙江馆、中科图

02356

国学概论　王易著

上海：中国联合出版公司，1944，248 页，32 开

收藏单位：桂林馆、上海馆、首都馆

02357

国学概论　王易著

上海：中国文化服务社，1946.10，沪初版，248 页，25 开

上海：中国文化服务社，1948.11，沪版，248 页，25 开

收藏单位：重庆馆、东北师大馆、广东馆、南京馆、山东馆

02358

国学概论　章太炎演讲　曹聚仁编

上海：泰东图书局，1922.11，136+26 页，32 开

上海：泰东图书局，1923.1，3 版，136+26 页，32 开

上海：泰东图书局，1923.3，4 版，136+26 页，32 开

上海：泰东图书局，1923.5，5 版，136+26 页，32 开

上海：泰东图书局，1923.6，6 版，136+26 页，32 开

上海：泰东图书局，1924，7 版，136+26 页，32 开

上海：泰东图书局，1925，8 版，136+26 页，32 开，精装

上海：泰东图书局，1925，9 版，136+26 页，32 开

上海：泰东图书局，1925.12，10 版，136+26 页，32 开，精装

上海：泰东图书局，1928.5，10 版，136+26 页，32 开

上海：泰东图书局，1929.1，11 版，136+26 页，32 开

上海：泰东图书局，1930.7，13 版，136+26 页，32 开

上海：泰东图书局，1933，16 版，136+26 页，32 开

上海：泰东图书局，1935，17 版，136+26 页，32 开

　　本书论述经、史、子、集的历史和治学门径。

　　收藏单位：安徽馆、重庆馆、东北师大馆、广东馆、广西馆、贵州馆、国家馆、河南馆、湖南馆、江西馆、辽大馆、辽宁馆、辽师大馆、南京馆、内蒙古馆、山东馆、山西馆、上海馆、绍兴馆、首都馆、天津馆、浙江馆、中科图

02359

国学概论　章太炎演讲　曹聚仁编

重庆：中国文化服务社，1943.10，112 页，32 开（青年文库）

上海：中国文化服务社，1946.9，沪 1 版，112 页，32 开（青年文库）

上海：中国文化服务社，1948，沪 3 版，112 页，32 开（青年文库）

　　收藏单位：重庆馆、大庆馆、广东馆、贵州馆、国家馆、湖南馆、内蒙古馆、天津馆、西南大学馆

02360

国学概论　钟泰著

上海：中华书局，1936.6，176 页，24 开

　　本书分 8 章：六书、声韵、章句、六艺、诸子、目录、汉宋异同、文章体制。

　　收藏单位：安徽馆、重庆馆、广西馆、国家馆、江西馆、辽大馆、南京馆、内蒙古馆、山东馆、山西馆、上海馆、首都馆、天津馆、西南大学馆、浙江馆

02361

国学概论讲话　谭正璧编

上海：光明书局，1933.9，213 页，32 开

上海：光明书局，1934.5，再版，213 页，32 开

上海：光明书局，1935.2，3 版，213 页，32 开

上海：光明书局，1935.9，4 版，213 页，32 开

上海：光明书局，1936.9，5 版，213 页，32 开

上海：光明书局，1936.9，6 版，213 页，32 开

上海：光明书局，1937.10，7 版，213 页，32 开

上海：光明书局，1940.2，7 版，213 页，32 开

上海：光明书局，1943.2，重编初版，213 页，32 开

桂林：光明书局，1943.11，[重编] 桂再版，111 页，32 开

上海：光明书局，1946.8，[重编]3 版，111 页，32 开

本书分 5 讲：导言、经学、子学、史学、文学，供高中或大学教本或参考书之用。

收藏单位：安徽馆、重庆馆、大庆馆、广东馆、广西馆、桂林馆、国家馆、河南馆、黑龙江馆、湖南馆、近代史所、辽大馆、辽师大馆、南京馆、内蒙古馆、山东馆、山西馆、上海馆、绍兴馆、首都馆、西南大学馆

02362

国学概论新编　谭正璧编

上海：北新书局，1936.8，240 页，32 开

上海：北新书局，1947.1，240 页，32 开

本书分 4 章：经学、子学、史学、文学。供高中或大学教本或参考书之用。

收藏单位：重庆馆、东北师大馆、广东馆、广西馆、桂林馆、国家馆、辽大馆、南京馆、内蒙古馆、山东馆、陕西馆、上海馆、首都馆、天津馆、西南大学馆

02363

国学概要　李维编

北平：联合出版社，1937.6，156 页，32 开

本书分 5 章：文字学、经学、哲学、文学、史学。

收藏单位：国家馆、近代史所、绍兴馆、首都馆

02364

国学概要　陶庸生著

上海：龙门联合书局，1946.7，167 页，32 开

上海：龙门联合书局，1947.8，再版，167 页，32 开

本书分 4 编：经学、史学、哲学、文学。各编之中，既有史的论述，又有分类的分析。

收藏单位：国家馆、湖南馆、吉林馆、辽师大馆、南京馆、内蒙古馆、上海馆、首都馆

02365

国学概要　王韶生著

广州：知用中学，1931.1，232 页，24 开

本书分 22 章，主要介绍我国哲学、文学史知识，同时也涉及经学、史学、小学、目录学等。

02366

国学纲要　刘明水著

重庆：商务印书馆，1945.10，2 册（412 页），32 开

上海：商务印书馆，1947.5，沪初版，2 册（412 页），32 开

重庆：商务印书馆，1947，渝 2 版，2 册（412 页），32 开

本书分 10 章：文字学、经学、史学、子学、理学、文章、诗歌、词、曲、小说。

收藏单位：重庆馆、东北师大馆、广东馆、广西馆、贵州馆、国家馆、湖南馆、辽大馆、辽宁馆、南京馆、内蒙古馆、首都馆、西南大学馆

02367

国学纲要　王先智编著

重庆：国风书局，1946，22 页，32 开

重庆：国风书局，1947，再版，30 页，32 开

本书分 7 章：国学概论、先秦文学、秦汉文学、魏晋六朝文学、唐宋文学、元明清文学、新文学。

收藏单位：重庆馆

02368

国学功用及读法　李时著

北平：君中书社，1936.11，68 页，32 开

本书论述国学的起源、功用和内容，介绍博览、熟读、精思、答记等读书方法。附君中书社出版国学用书。

收藏单位：国家馆

02369

国学简编

出版者不详，1939.5，24 页，32 开

本书以列表的方式解答国学基本问题，供学生复习用，分 6 部分：经之部、史之部、子之部、文学之部、体和派、问题。附域外作家及作品、历代年表。

02370

国学讲话（附张之洞著《书目答问》） 王缁尘编著

上海：世界书局，1935.8，[390] 页，32 开，精装

　　本书分 5 编：国学、经学、子学、文学、史学，每编均有总论和分论。

　　收藏单位：安徽馆、重庆馆、东北师大馆、广东馆、广西馆、桂林馆、国家馆、黑龙江馆、湖南馆、吉林馆、辽大馆、南京馆、内蒙古馆、山东馆、上海馆、绍兴馆、首都馆、天津馆、西南大学馆

02371

国学菁华 高苏垣辑注

天津：百城书局，1932.6，2 册（176+206 页），32 开

　　本书从《晏子春秋》《韩非子》《吕氏春秋》《论语》等 20 种国学书籍中，节选出 358 个短篇，加以注释，篇前加注作者小传或该书略说。

　　收藏单位：广东馆、国家馆、河南馆、首都馆

02372

国学举隅 方冲之编纂

[上海]：沪江图书公司，1940.1，50 页，32 开

　　本书介绍经史诸子之学、两汉六朝以来各代文学特色、文章体制，诗、赋、词、曲的种类、源流、派别等。据上海工部局中学毕业考试委员会订"国学常识纲要"编成。

　　收藏单位：上海馆

02373

国学举隅 方冲之编著

上海：聂中丞公学消费合作社，1943.6，58 页，32 开

　　收藏单位：吉大馆、上海馆

02374

国学蠡酌 梁启超著

上海：商务印书馆，1916.9，[272] 页，32 开

（饮冰室丛著 5）

上海：商务印书馆，1916.12，再版，[272] 页，32 开（饮冰室丛著 5）

　　本书收文 6 篇：《中国古代思潮》《国文语原解》《中国古代币材考》《春秋界说》《孟子界说》《中国法理学发达史论》。

　　收藏单位：安徽馆、重庆馆、贵州馆、国家馆、河南馆、湖南馆、辽大馆、南京馆、内蒙古馆、山东馆、上海馆、绍兴馆、首都馆

02375

国学论丛（第 1 集） 施章著

南京：艺林社，1931.5，[223] 页，16 开（艺林社丛书）

　　本书收文 7 篇：《庄子评传》《庄子人生之分析》《庄子文学》《庄子哲学》《〈史记〉文学之研究》《六朝文学概论》《〈史记〉历史的研究》。

　　收藏单位：国家馆、中科图

02376

国学论衡 国学会编审委员会国学论衡编纂部编

苏州：国学会，1933.12，[344] 页，16 开

　　本书分 15 部分：论说、经术、音训、史学、传记、文学、考古、佛乘、术数、遗著、诗话、文苑、讲坛、建议、詹言。附国学近讯、绍介会员新著、绍介出版书籍、会员姓名一览表等。

　　收藏单位：国家馆、河南馆、人大馆

02377

国学入门 蒋梅笙著

南京：正中书局，1934.9，240 页，25 开

南京：正中书局，1934.10，再版，240 页，25 开（国学丛刊）

南京：正中书局，1936.10，4 版，240 页，25 开

重庆：正中书局，1943.1，7 版，240 页，25 开（国学丛刊）

[上海]：正中书局，1947.2，沪 1 版，240 页，25 开（国学丛刊）

　　本书分 12 章，介绍经学、子学、玄学、

佛学、理学、朴学、史学、文学等方面的知识。

　　收藏单位：安徽馆、重庆馆、东北师大馆、贵州馆、国家馆、湖南馆、近代史所、辽大馆、辽宁馆、南京馆、内蒙古馆、山东馆、山西馆、上海馆、首都馆、天津馆、西南大学馆、浙江馆

02378

国学入门　阎若雨编

成都：农民书店，1943.12，186 页，32 开

　　本书分 15 章，介绍经学、小学、史学、诸子、文学、小说、新文学、文体等方面的知识。

　　收藏单位：南京馆

02379

国学入门讲稿　沈亦云编

上海：南屏女中，1941，102 页，32 开

　　本书分 3 编。第 1 编为五经、十三经，介绍各经书内容，选读其中一章或数章；第 2 编为先秦诸子学，介绍诸子学说大概；第 3 编为儒家一尊后学术思想之嬗化，介绍自汉至近代的学说。

　　收藏单位：上海馆、首都馆

02380

国学述要　尤墨君编

杭州：尤墨君 [发行者]，1933.10，104 页，32 开

　　本书分 13 部分：经学、史学、子学、集之类别、经籍部别（图书分类法）、文字学、音韵学、韵文、散文、诗、词、曲、小说。

　　收藏单位：绍兴馆、浙江馆

02381

国学四十讲　蒋逸雪编著

上海：东方文学社，1938.8，156 页，32 开

上海：东方文学社，1939.9，复版，156 页，32 开

　　本书分 5 编：经学、小学、史学、哲学、文学。

　　收藏单位：重庆馆、东北师大馆、国家

馆、绍兴馆、天津馆

02382

国学提要表解　彭飞陆编著　徐谷生校

南昌：江西艺文书社，1937.2，70 页，25 开

　　本书分 5 部分：文学、史学、经学、哲学、文字学。

　　收藏单位：江西馆

02383

国学文选类纂　钱基博著

上海：商务印书馆，1931.5，[285] 页，32 开

上海：商务印书馆，1935.4，国难后 1 版，[285] 页，32 开

　　本书收文 25 篇，分 3 集：小学、经学、子学。每集各有叙目，叙文考镜源流，偏重“纵断的视察”。大多数选文末附考证部分，有对文字上的校勘，也有对文章的解释、论述和阐发。

　　收藏单位：安徽馆、重庆馆、广东馆、国家馆、河南馆、江西馆、辽宁馆、南京馆、内蒙古馆、宁夏馆、山东馆、上海馆、天津馆

02384

国学问答　黄筱兰　张景博编

上海：汉文正楷印书局，1932.12，[251] 页，32 开

上海：汉文正楷印书局，1933.8，再版，[251] 页，32 开

上海：汉文正楷印书局，1934.4，3 版，[251] 页，32 开

上海：汉文正楷印书局，1935，4 版，[251] 页，32 开

　　本书分 6 编：总论、经学、小学、史学、子学、文学。

　　收藏单位：重庆馆、广东馆、国家馆、湖南馆、上海馆、首都馆、西南大学馆、浙江馆

02385

国学问答　薛思明编著

上海：世界书局，1943.10，119 页，32 开

上海：世界书局，1947.10，再版，119页，32开

本书分5类：经学、小学、史学、文学、哲学。

收藏单位：广东馆、国家馆、湖南馆、南京馆、内蒙古馆、上海馆、浙江馆

02386

国学问答三百题　张雪庵编著　李丹亭校

济南：济南印书局，1946.5，58页，36开（山东省立济南女师丛书）

本书为自修应考必备。

收藏单位：山东馆

02387

国学问题四百　李时编著

北平：君中书社，1934.3，36+228页，32开

本书介绍经、史、子、集方面的国学知识。附《历代文学概论》（李时）、《治国学杂话》（梁启超）。

收藏单位：广西馆、首都馆

02388

国学问题五百　李时编著

北平：君中书社，1935.5，再版，44+276页，32开

本书为《国学问题四百》的再版。与初版相比，增加100个问题。

收藏单位：国家馆、辽大馆、人大馆、山西馆、首都馆

02389

国学选刊（第1—3辑）　江西征文会编纂

上海：中华书局，1928.10，84页，22开

上海：中华书局，1929.1，88页，22开

上海：中华书局，1929.5，88页，22开

本书共3辑，3个出版时间分别对应第1、2、3辑。

收藏单位：江西馆

02390

国学研究　南孟成编著

内江：仁义永书局，1943.5，120页，32开

本书内容包括总论、论文学、论诗词等。

收藏单位：国家馆

02391

国学研究（第1册 经部）　顾荩丞编著

上海：世界书局，1930.11，164页，32开

上海：世界书局，1932.11，再版，164页，32开

上海：世界书局，1935.2，3版，164页，32开

本书为指示研究国学的门径而编写，分9章，先概述经学，然后分述十三经、《大学》《中庸》等各书的大要。

收藏单位：安徽馆、重庆馆、广东馆、广西馆、国家馆、湖南馆、江西馆、南京馆、内蒙古馆、山东馆、上海馆、绍兴馆、首都馆、浙江馆

02392

国学研究（第2册 史部）　顾荩丞编著

上海：世界书局，1930.11，153页，32开

上海：世界书局，1932.11，再版，153页，32开

上海：世界书局，1934.10，3版，153页，32开

本书为指示研究国学的门径而编写，分20章，先概述史学的来源和史籍的种类，然后分述从《史记》到《明史》24部正史，并加剖析。

收藏单位：重庆馆、东北师大馆、广东馆、广西馆、国家馆、湖南馆、江西馆、内蒙古馆、山东馆、陕西馆、上海馆、首都馆、浙江馆

02393

国学研究（第3册 子部）　顾荩丞编著

上海：世界书局，1931.6，192页，32开

上海：世界书局，1932.11，再版，192页，32开

上海：世界书局，1934.10，3版，192页，32开

本书为指示研究国学的门径而编写，分8章，先论研究子学所需的常识，然后分论先

秦各家学派的渊源、概要、代表及代表人物。

收藏单位：安徽馆、重庆馆、广东馆、贵州馆、国家馆、湖南馆、江西馆、内蒙古馆、山东馆、陕西馆、上海馆、首都馆、浙江馆

02394

国学研究（第 4 册 集部） 顾荩丞编著

上海：世界书局，1932.12，176 页，32 开

上海：世界书局，1933.3，再版，176 页，32 开

本书为指示研究国学的门径而编写，分 7 章，先概述研究集部所需常识，然后分述《楚辞》、别集、总集、诗文等各类，用文学史编述的方法，选择各时代最著名的文学家加以介绍。

收藏单位：重庆馆、广东馆、广西馆、国家馆、湖南馆、江西馆、内蒙古馆、山东馆、上海馆、首都馆、浙江馆

02395

国学研究法 洪北平编

上海：民智书局，1930.1，318 页，25 开

本书分 4 卷：国学方法论、经学通论、子学通论、史学通论，收名家著述 17 篇，每篇加以注释及说明。卷端题名：国学研究。

收藏单位：长春馆、重庆馆、广东馆、广西馆、国家馆、河南馆、湖南馆、江西馆、辽东学院馆、内蒙古馆、宁夏馆、山西馆、陕西馆、上海馆、首都馆、天津馆、浙江馆、中科图

02396

国学研究法 张少孙编

上海：大华书局，1937.3，219 页，32 开

本书收文 24 篇，内容包括：《教育的根本要从自国自心发出来》（章炳麟）、《治国学的两条大路》（梁启超）、《研究国故的方法》（胡适）、《研究国学之门径》（陈柱）等。封面加题：名家指导。

收藏单位：贵州馆、桂林馆、国家馆、吉大馆、首都馆、浙江馆

02397

国学研究会演讲录（第 1 集） 东南大学南京高师国学研究会编辑

上海：商务印书馆，1923.8，125 页，22 开

上海：商务印书馆，1924.1，再版，125 页，22 开

上海：商务印书馆，1927.5，3 版，125 页，22 开

本书收讲演词 13 篇，包括：《法界一览》（蒋维乔）、《词与曲之区别》（吴梅）、《屈原研究》（梁启超）、《欧战与中国文化》（江亢虎）、《汉学与宋学》（柳诒徵）等。

收藏单位：安徽馆、长春馆、重庆馆、广东馆、广西馆、国家馆、河南馆、湖南馆、江西馆、辽大馆、辽宁馆、南京馆、宁夏馆、山东馆、上海馆、首都馆、西南大学馆、浙江馆、中科图

02398

国学研究所（原子时代小说） 张国药著

南京：国药书室，1946.12，24 页，80 开

本书以夫妻对话形式谈论对国学的见解。

收藏单位：吉林馆

02399

国学要题简答（会考升学必备） 方明编述

上海：元新书局，1934.12，100 页，36 开

本书分 5 部分：经学、文字学、史学、哲学、文学，解答国学问题 500 余个。

收藏单位：国家馆

02400

国学原理考 王正颜著

[上海]：[商务印书馆]，[1928]，123 页，32 开

本书分 7 篇：古代学术之原理考、尧舜之二大发明及一神多神两教之原因考、七日来复礼之真义及其由来与发明之原因考、三代时大学之功课考、晚周之思潮及学术盛衰考、晚周诸子之学术及其批判、《易经》之玄妙及先儒注解之谬误考。附《巴比伦与埃及古代学术考略》。

收藏单位：国家馆、首都馆

02401

国学源流　私立中华书局函授学校编

上海：私立中华书局函授学校，[1926—1949]，
2 册（50 页），32 开

　　本书为私立中华书局函授学校教材，分 5
章：经学源流、史学源流、小学源流、思想变
迁、文艺变迁。

　　收藏单位：上海馆

02402

国学指导　薛思明编

上海：世界书局，1936.9，100 页，32 开

　　本书介绍国学的基本知识，共 400 余条，
分 5 部分：经学、小学、史学、哲学、文学。
书前有编者序。

　　收藏单位：国家馆、湖南馆、辽宁馆、南
京馆、山西馆、上海馆、浙江馆

02403

国学指导二种　梁启超著

上海：中华书局，1936.3，96 页，32 开（饮
冰室专集）

昆明：中华书局，1941.1，3 版，96 页，32 开
（饮冰室专集）

　　本书收《国学入门书要及其读法》和
《要籍解题及其读法》两种。

　　收藏单位：重庆馆、广西馆、国家馆、湖
南馆、辽大馆、南京馆、内蒙古馆、山东馆、
上海馆、首都馆、天津馆、西南大学馆

02404

国学指归（甲集）　李崇元著

上海：益助社，1933.12，106 页，25 开

上海：益助社，1934.7，再版，106 页，25 开

　　本书收作者与师友议论札记，编为 4 集。
甲集为群经，分 8 卷：总论、易学述略、乾坤
文言篇义、乾元用九坤元用六图解、诗学述
略·四始诗义、书学述略·书学辑说、三礼
述略、春秋述略。

　　收藏单位：国家馆、河南馆、上海馆

02405

国学指归（乙集）　李崇元著

上海：益助社，1933.12，88 页，25 开

　　本书收作者与师友议论札记，编为 4 集。
乙集为诸子，分 8 卷：总论、大学述旨、中庸
述旨、孟荀述旨、老庄述旨、管商韩非述旨、
邹衍公孙龙述旨、墨学述旨。

　　收藏单位：国家馆、河南馆、上海馆

02406

**汉文大系（1 大学说 中庸说 论语集说 孟子定
本）**（日）服部宇之吉 [编]

东京：富山房，1909，1 册，22 开，精装

东京：富山房，1915，13 版，1 册，22 开，精
装

　　本书为系统介绍中国古代典籍的注解本，
共 22 卷。初版于 1909—1916 年间发行，并
再版几十次。本卷典籍均为日本安井衡的注
本，服部宇之吉解题。

　　收藏单位：首都馆

02407

**汉文大系（2 笺解古文真宝 增注三体诗 笺注
唐诗选）**（日）服部宇之吉 [编]

东京：富山房，1910，1 册，22 开，精装

东京：富山房，1915，6 版，1 册，22 开，精
装

　　本书收汉文典籍 3 种，均由服部宇之吉
解题。《笺解古文真宝》由林以正注；《增注三
体诗》由周弼选，圆至注；《笺注唐诗选》由
李攀龙选，户崎允明注。

　　收藏单位：首都馆

02408

汉文大系（3—4 唐宋八家文）（日）服部宇
之吉 [编]　（日）三岛毅校订

东京：富山房，1910，2 册，22 开，精装

东京：富山房，1911.3，再版，2 册，22 开

东京：富山房，1911.4，5 版，2 册，22 开

东京：富山房，1914，6 版，2 册，22 开，精
装

东京：富山房，1917.2，8 版，2 册，22 开，精
装

东京：富山房，1917.11，9 版，2 册，22 开，精
装

收藏单位：国家馆、首都馆

02409

汉文大系（5 十八史略 小学纂注 御注孝经 弟子职）（日）服部宇之吉 [编]

东京：富山房，1910.12，1 册，22 开

东京：富山房，1911.1，再版，1 册，22 开

东京：富山房，1911.3，5 版，1 册，22 开

东京：富山房，1912.5，6 版，1 册，22 开

东京：富山房，1912.10，7 版，1 册，22 开

东京：富山房，1913.11，8 版，1 册，22 开

东京：富山房，1914.6，9 版，1 册，22 开

东京：富山房，1915.9，10 版，1 册，22 开

东京：富山房，1917.2，11 版，1 册，22 开

东京：富山房，1917.11，12 版，1 册，22 开，精装

　　本书收汉文典籍 4 种。《十八史略》由曾先之编，重野安绎解题；《小学纂注》由星野恒解题；《御注孝经》由唐玄宗注，星野恒解题；《弟子职》由朱长春评，服部宇之吉解题。

　　收藏单位：国家馆

02410

汉文大系（6—7 史记列传）（日）服部宇之吉 [编] （日）重野安绎校订

东京：富山房，1911.6，2 册，22 开，精装

东京：富山房，1911.6，再版，2 册，22 开，精装

东京：富山房，1911.7，3 版，2 册，22 开，精装

东京：富山房，1912.2，4 版，2 册，22 开，精装

东京：富山房，1914.5，5 版，2 册，22 开，精装

东京：富山房，1916.12，6 版，2 册，22 开，精装

东京：富山房，1917.9，7 版，2 册，22 开，精装

东京：富山房，1917.6，9 版，2 册，22 开，精装

　　收藏单位：国家馆、首都馆

02411

汉文大系（8 韩非子翼毳）（日）服部宇之吉 [编]（日）服部宇之吉校订

东京：富山房，1911.6，1 册，22 开

东京：富山房，1911.6，再版，1 册，25 开

东京：富山房，1911.7，3 版，1 册，25 开

东京：富山房，1912.2，4 版，1 册，25 开

东京：富山房，1912.6，5 版，1 册，25 开

东京：富山房，1913.7，6 版，1 册，25 开

东京：富山房，1914，8 版，1 册，精装，25 开

东京：富山房，1917.7，8 版，1 册，25 开，精装

　　收藏单位：国家馆、首都馆

02412

汉文大系（9 老子翼 庄子翼）（日）服部宇之吉 [编]（日）服部宇之吉校订

东京：富山房，1911.8，1 册，22 开

东京：富山房，1911.9，4 版，1 册，22 开

东京：富山房，1911.12，5 版，1 册，22 开

东京：富山房，1912.3，6 版，1 册，22 开

东京：富山房，1914.5，7 版，1 册，22 开

东京：富山房，1914.5，8 版，1 册，22 开

东京：富山房，1914.7，9 版，1 册，22 开

东京：富山房，1916.11，10 版，1 册，22 开

东京：富山房，1917.2，11 版，1 册，22 开

东京：富山房，1918.6，12 版，1 册，22 开，精装

　　收藏单位：国家馆

02413

汉文大系（10—11 左氏会笺）（日）服部宇之吉 [编]（日）竹添进一郎 （日）服部宇之吉校订

东京：富山房，1911，1 册，22 开，精装

东京：富山房，1911.11，再版，2 册，22 开，精装

东京：富山房，1915，6 版，2 册，22 开，精装

　　本书由竹添进一郎校订，长泽规矩也解题。

　　收藏单位：湖南馆、首都馆

02414
汉文大系（12 毛诗 尚书）（日）服部宇之吉
[编]（日）星野恒 （日）服部宇之吉校订
东京：富山房，1911，1 册，22 开，精装
东京：富山房，1914，7 版，1 册，22 开，精装

　　收藏单位：首都馆

02415
汉文大系（13 列子 七书）（日）服部宇之吉
[编]（日）服部宇之吉校订
东京：富山房，1912.11，1 册，22 开，精装
东京：富山房，1912.12，4 版，1 册，22 开，精装

　　收藏单位：首都馆、西南大学馆

02416
汉文大系（14 墨子间诂）（日）服部宇之吉
[编]（日）小柳司气太校订
东京：富山房，1913，1 册，22 开，精装
东京：富山房，1914，5 版，1 册，22 开，精装

　　收藏单位：首都馆

02417
汉文大系（15 荀子集解）（日）服部宇之吉
[编]（日）服部宇之吉校订
东京：富山房，1913，1 册，22 开，精装
东京：富山房，1914.7，3 版，1 册，22 开，精装

　　收藏单位：首都馆

02418
汉文大系（16 周易 传习录）（日）服部宇之
吉 [编]（日）星野恒 （日）安井小太郎校
订
东京：富山房，1913，1 册，22 开，精装
东京：富山房，1915，4 版，1 册，22 开，精装

　　收藏单位：首都馆

02419
汉文大系（17 礼记）（日）服部宇之吉 [编]
（日）服部宇之吉校订
东京：富山房，1913，1 册，22 开，精装
东京：富山房，1914，4 版，1 册，22 开，精装

　　收藏单位：首都馆

02420
汉文大系（18 文章轨范 古诗赏析）（日）服
部宇之吉 [编]（日）岛田钧一 （日）冈田
正之校订
东京：富山房，1914，1 册，22 开，精装
东京：富山房，1917，6 版，1 册，22 开，精装

　　收藏单位：国家馆、首都馆

02421
汉文大系（19 战国策正解）（日）服部宇之
吉 [编]（日）安井小太郎校订
东京：富山房，1915.1，1 册，22 开，精装
东京：富山房，1915.1，再版，1 册，22 开，精装
东京：富山房，1917.2，3 版，1 册，22 开，精装
东京：富山房，1918.7，4 版，1 册，22 开，精装

　　收藏单位：国家馆、首都馆

02422
汉文大系（20 淮南子 孔子家语）（日）服部
宇之吉 [编]（日）星野恒 （日）服部宇之
吉校订
东京：富山房，1915，1 册，22 开，精装
东京：富山房，1917，4 版，1 册，22 开，精装

　　收藏单位：国家馆、首都馆、西南大学馆

02423
汉文大系（21 管子纂诂 晏子春秋）（日）服
部宇之吉 [编]（日）小柳司气太订
东京：富山房，1916，1 册，22 开，精装
　　收藏单位：首都馆

02424

汉文大系（22 楚辞 近思录）（日）服部宇之吉 [编] （日）井上哲次郎 （日）冈田正之校订

东京：富山房，1916，1 册，22 开，精装

　　收藏单位：首都馆

02425

汉学辑要　李松伍著

新京（长春）：艺文书房，1943.9，113 页，36 开

新京（长春）：艺文书房，1943，再版，113 页，36 开

　　本书概述中国古今学术源流，分 9 章：文字学、经学、史学（附地理学）、子学、地理、诗歌、文章、词曲、小说与戏剧。

　　收藏单位：国家馆、辽大馆、首都馆

02426

汉学商兑　（清）方东树著

上海：商务印书馆，1937.3，168 页，32 开（万有文库 第 2 集 44）（国学基本丛书）

　　本书专为反驳《汉学师承记》（江藩）、纠清代汉学之失而作，成于清嘉庆年间。

　　收藏单位：安徽馆、大理馆、大连馆、大庆馆、东北师大馆、国家馆、黑龙江馆、湖南馆、辽大馆、辽师大馆、内蒙古馆、宁夏馆、天津馆、西南大学馆、浙江馆

02427

滹南辨惑（新式标点）（金）王若虚著　侯毓琦标点

上海：大东书局，1931.5，2 册（[313] 页），25 开（国学门径丛书）

上海：大东书局，1932.3，再版，2 册（[313] 页），25 开（国学门径丛书）

上海：大东书局，1933.11，3 版，2 册（[313] 页），25 开（国学门径丛书）

　　本书分 33 卷，以笔记形式考证经史。

　　收藏单位：北大馆、重庆馆、广东馆、贵州馆、国家馆、河南馆、湖南馆、吉大馆、江西馆、辽大馆、南京馆、西南大学馆、中科图

02428

集部概论讲义　谢蒙著

上海：商务印书馆，[1915—1949]，17 页，32 开

　　本书为函授学社国文科讲义。

　　收藏单位：南京馆

02429

校点经解入门　（清）江藩编著　方国瑜校点

北平：文化学社，1932.9，244 页，32 开

　　本书分 8 卷，考释群经，介绍研究方法和应有的研究态度等。逐页题名：经解入门。

　　收藏单位：广东馆、国家馆、湖南馆、南京馆、内蒙古馆、首都馆、天津馆、西南大学馆

02430

经典常谈　朱自清著

重庆：国民图书出版社，1942.8，172 页，32 开

　　本书以通俗的语言介绍经、史、子、集的常识。

　　收藏单位：重庆馆、广东馆、贵州馆、国家馆、湖南馆、山东馆、西南大学馆

02431

经典常谈　朱自清著

重庆：文光书店，1946.5，渝初版，173 页，32 开

上海：文光书店，1946.9，沪再版，173 页，32 开

上海：文光书店，1947.10，沪 3 版，173 页，32 开

上海：文光书店，1949.1，沪 4 版，173 页，32 开

　　收藏单位：长春馆、重庆馆、东北师大馆、广东馆、广西馆、国家馆、湖南馆、吉林馆、辽宁馆、南京馆、山东馆、上海馆、绍兴馆、首都馆、西南大学馆

02432

经今古文学　周予同著

外文题名：The currents of classical study

上海：商务印书馆，1926.2，53 页，32 开（国学小丛书）

上海：商务印书馆，1926.11，再版，63 页，32 开（国学小丛书）

上海：商务印书馆，1929.10，53 页，32 开（万有文库 第 1 集 17）（国学小丛书）

上海：商务印书馆，1931，3 版，53 页，32 开（国学小丛书）

上海：商务印书馆，1933.4，国难后 1 版，53 页，32 开（国学小丛书）

上海：商务印书馆，1934.5，国难后 2 版，53 页，32 开（国学小丛书）

上海：商务印书馆，1934.7，再版，53 页，32 开（万有文库 第 1 集 17）（国学小丛书）

上海：商务印书馆，1935，国难后 3 版，53 页，32 开（国学小丛书）

本书分 8 部分：经今古文的诠释、经今古文异同示例、经今古文的争端、经今古文的混淆、经今文学的复兴、经今古文学与其他学术的关系、经今古文学在学术思想上的价值、经今文学的重要书籍。

收藏单位：安徽馆、长春馆、重庆馆、大理馆、大连馆、大庆馆、东北师大馆、广东馆、广西馆、贵州馆、国家馆、河南馆、黑龙江馆、湖南馆、江西馆、近代史所、辽大馆、辽宁馆、辽师大馆、南京馆、内蒙古馆、宁夏馆、上海馆、绍兴馆、首都馆、天津馆、西南大学馆、浙江馆、中科图

02433

经史百家简编（新式标点）（清）曾国藩纂

上海：启智书局，1933，[176] 页，32 开

上海：启智书局，1934.6，3 版，[176] 页，32 开

本书精选出 48 篇名家范文，按体裁分为 11 类：论著、词赋、序跋、诏令、奏议、书牍、哀祭、传志、叙记、典志和杂记。内容涉及上古至宋代的政治、经济、军事、文化、历史、地理和文学等方面。

收藏单位：安徽馆、河南馆、江西馆、内蒙古馆、山东馆、首都馆

02434

经史百家简编（新式标点）（清）曾国藩纂 抱恨生标点

上海：新文化书社，1926.4，[270] 页，32 开

上海：新文化书社，1932，再版，[260] 页，32 开

上海：新文化书社，1933.5，3 版，[270] 页，32 开

上海：新文化书社，1933.11，4 版，[260] 页，32 开

上海：新文化书社，1934.4，5 版，[270] 页，32 开

上海：新文化书社，1934.9，6 版，[260] 页，32 开

上海：新文化书社，1935.1，7 版，[270] 页，32 开

本书版权页题名：标点注解经史百家简编。抱恨生即薛恨生。

收藏单位：安徽馆、重庆馆、广东馆、国家馆、河南馆、湖南馆、江西馆、南大馆、南京馆、内蒙古馆、山东馆、上海馆、绍兴馆、首都馆

02435

经史百家简编（新式标点）（清）曾国藩纂 钱士民标点

上海：大达图书供应社，1934.1，124 页，32 开

上海：大达图书供应社，1934.4，2 版，124 页，32 开

上海：大达图书供应社，1935.3，再版，124 页，32 开

收藏单位：安徽馆、重庆馆、广东馆、桂林馆、国家馆、河南馆、湖南馆、惠州馆、吉林馆、江西馆、南京馆、宁夏馆、山东馆、绍兴馆、首都馆

02436

经史百家简编（新式标点）（清）曾国藩编 商务印书馆编译所校订

上海：商务印书馆，1928.12，12 版，[224] 页，25 开

收藏单位：首都馆

02437

经史百家杂钞 （清）曾国藩编著

重庆：新生书局，1948，2 册（303+357 页），32 开

    本书共 26 卷，分 11 类：论著、词赋、序跋、诏令、奏议、书牍、哀祭、传志、叙记、典志、杂记。

    收藏单位：重庆馆

02438

经史百家杂钞 （清）曾国藩编纂 （清）李鸿章校勘 鲍赓生标点

上海：新文化书社，1935.5，4 册（182+218+222+248 页），32 开

    本书为国学自修读本。

    收藏单位：重庆馆、广东馆、河南馆、绍兴馆、首都馆

02439

经史百家杂钞 （清）曾国藩纂 （清）李鸿章校勘 谢苇丰标点 方秩音校阅

上海：东方文学社，1935.6，3 册（249+255+236 页），32 开

    本书其他题名：足本经史百家杂钞。

    收藏单位：重庆馆、广东馆、国家馆、河南馆、内蒙古馆、山东馆、绍兴馆、首都馆

02440

经史百家杂钞 （清）曾国藩编纂 （清）李鸿章校刊 许啸天点注

上海：群学社，1928.10，8 册（[2373] 页），32 开

上海：群学社，1930.3，再版，8 册（[2373] 页），32 开

    本书其他题名：分类标点经史百家杂钞、白话详注经史百家杂钞。

    收藏单位：重庆馆、广西馆、国家馆、河南馆、黑龙江馆、吉大馆、江西馆、内蒙古馆、首都馆

02441

经史百家杂钞 （清）曾国藩著 （清）李鸿章校勘 叶玉鳞评注

上海：广益书局，1933.9，4 册（[1674] 页），32 开

上海：广益书局，1934.9，再版，6 册，32 开，精、平装

上海：广益书局，1935.8，再版，4 册（[1674] 页），32 开

    本书其他题名：评注经史百家杂钞。

    收藏单位：安徽馆、长春馆、广东馆、国家馆、河南馆、湖南馆、华东师大馆、江西馆、内蒙古馆、山东馆、上海馆、首都馆、天津馆、西南大学馆

02442

经史百家杂钞 （清）曾国藩选纂 宋晶如 章荣注释

上海：国学整理社，1936.4，2 册（21+1943 页），32 开，精装

上海：国学整理社，1948.9，新 1 版，6 册（21+1943 页），32 开

    本书其他题名：广注经史百家杂钞、广注曾氏经史百家杂钞。

    收藏单位：安徽馆、重庆馆、大庆馆、广东馆、广西馆、国家馆、河南馆、黑龙江馆、江西馆、辽大馆、辽师大馆、南京馆、内蒙古馆、宁夏馆、人大馆、山东馆、山西馆、上海馆、绍兴馆、首都馆、天津馆、西南大学馆

02443

经史百家杂钞 （清）曾国藩编纂 谢璇笺注

上海：会文堂新记书局，1935.4，手抄影印本，6 册（[1842] 页），32 开（中国文学基本丛书）

    本书其他题名：详注经史百家杂钞。

    收藏单位：重庆馆、江西馆、辽师大馆、山东馆、天津馆

02444

经史百家杂钞 （清）曾国藩编 周云标点

上海：大达图书供应社，1935.9，4 册（[1060] 页），32 开

    本书其他题名：足本大字经史百家杂钞、曾文正公经史百家杂钞。

收藏单位：安徽馆、重庆馆、国家馆、惠州馆、江西馆、山东馆、首都馆

02445

经史百家杂钞 （清）曾国藩编　周云校

上海：广益书局，1946.8，新 1 版，4 册，32 开

上海：广益书局，1948.1，新 2 版，4 册，32 开

收藏单位：广东馆、惠州馆、江西馆、南京馆、首都馆

02446

经史子集要略　罗止园著

北平：三友图书社，1935.4，[14]+498 页，32 开，精、平装

本书选择四部中的重要典籍加以简要介绍。

收藏单位：国家馆、吉大馆、吉林馆、近代史所、宁夏馆、山东馆、首都馆、天津馆、中科图

02447

经世文综　苏渊雷编

重庆：黄中出版社，1943.10，12+530+52 页，25 开

重庆：黄中出版社，1944.3，再版，12+530+52 页，25 开

重庆：黄中出版社，1944.4，3 版，12+530+52 页，25 开

重庆：黄中出版社，1945.7，增订 4 版，12+530+52 页，25 开

本书根据中央政治学校讲授的应用文编写，分 6 编：政理、吏治、教化、地政、国防、应变。收先秦至民国间 151 篇文章，各篇后有题解。

收藏单位：安徽馆、重庆馆、广东馆、贵州馆、国家馆、黑龙江馆、江西馆、近代史所、辽东学院馆、南京馆、内蒙古馆、上海馆、首都馆、西南大学馆、中科图

02448

经世文综　苏渊雷编

南京：旦华书局，1947.7，新 1 版，530+30 页，

25 开

收藏单位：东北师大馆、国家馆、湖南馆、江西馆

02449

经说　景亮钧著

北京：文益印书局，1916.3，66 页，18 开（和佛丛编）

本书为学绩试验全书省道考试必读，内容包括：大学之道说、物格而后知至说、君子务太说等。

收藏单位：国家馆

02450

经学常识　徐敬修编

上海：大东书局，1925.4，172 页，32 开（国学常识 3）

上海：大东书局，1925，再版，172 页，32 开（国学常识 3）

上海：大东书局，1925.8，3 版，172 页，32 开（国学常识 3）

上海：大东书局，1926.6，4 版，172 页，32 开（国学常识 3）

上海：大东书局，1928.12，5 版，172 页，32 开（国学常识 3）

上海：大东书局，1931，6 版，172 页，32 开（国学常识 3）

上海：大东书局，1932.6，7 版，172 页，32 开（国学常识 3）

上海：大东书局，1933.9，8 版，172 页，32 开（国学常识 3）

本书讲述诸经的要旨，以及自汉至近世经学的源流与派别，分 4 章：总说、经书之种类、经学之派别、治经之方法。

收藏单位：安徽馆、重庆馆、广东馆、广西馆、国家馆、河南馆、黑龙江馆、湖南馆、江西馆、辽大馆、南京馆、内蒙古馆、山西馆、陕西馆、上海馆、绍兴馆、首都馆、天津馆、西南大学馆、浙江馆、中科图

02451

经学概论　陈延杰著

上海：商务印书馆，1930.11，166 页，32 开

（国学小丛书）

上海：商务印书馆，1933.1，国难后1版，166页，32开（国学小丛书）

上海：商务印书馆，1934.12，国难后2版，166页，32开（国学小丛书）

上海：商务印书馆，1935，国难后3版，166页，32开（国学小丛书）

重庆：商务印书馆，1944，1版，115页，32开（国学小丛书）

重庆：商务印书馆，1945，2版，115页，32开（国学小丛书）

本书分24章，介绍诸经的源流、编纂、作者及篇目，并阐述汉至清各代经学研究的发展和派别。

收藏单位：安徽馆、重庆馆、大庆馆、广东馆、广西馆、贵州馆、国家馆、河南馆、湖南馆、江西馆、南京馆、内蒙古馆、宁夏馆、陕西馆、上海馆、首都馆、武大馆、西南大学馆、浙江馆、中科图

02452

经学概论（合订本） 陈延杰等著

上海：商务印书馆，1934，再版，1册，精装（国学小丛书）

本书收著述6种：《经学概论》《经学源流浅说》《经今古文学》《群经概论》《经学抉原》《经学常识》。

收藏单位：近代史所

02453

经学概论 李松伍著

新京（长春）：艺文书房，1943.9，106页，32开

新京（长春）：艺文书房，1944.12，再版，106页，32开

本书分9章：总论、周易、尚书、毛诗、礼经三书、春秋三传、论语·孟子、孝经·大学·中庸、尔雅。

收藏单位：东北师大馆、辽宁馆

02454

经学概论 汪国镇编著

南昌一职印刷所，1935，164页，32开（国学常识）

本书据《国学概论》（王易）改编，分3编：六艺概说、历代经学史略、汉学与宋学。

收藏单位：国家馆、江西馆

02455

经学概论讲义 王国维著

[上海]：商务印书馆函授学校国文科，[1911—1949]，16页，32开

本书内容包括总论、尚书等。

收藏单位：南京馆、上海馆

02456

经学抉原 蒙文通编著

上海：商务印书馆，1933.2，70页，32开（国学小丛书）

上海：商务印书馆，1933.7，再版，70页，32开（国学小丛书）

本书讨论几个经学流派的异同，分10部分：旧史、焚书、传记、今学、古学、南学北学、内学、鲁学齐学、晋学楚学、文字。另附议蜀学。

收藏单位：安徽馆、长春馆、重庆馆、大庆馆、复旦馆、广东馆、广西馆、贵州馆、国家馆、河南馆、湖南馆、吉林馆、江西馆、辽大馆、南京馆、内蒙古馆、山东馆、陕西馆、上海馆、首都馆、天津馆、西南大学馆、浙江馆、中科图

02457

经学历史 （清）皮锡瑞著　周予同注释

外文题名：The history of classical studies

上海：商务印书馆，1928.11，[28]+364+15页，32开（学生国学丛书）

上海：商务印书馆，1929.10，3册（[28]+364+15页），32开（万有文库 第1集16）（学生国学丛书）

上海：商务印书馆，1931.10，再版，[28]+364+15页，32开（学生国学丛书）

上海：商务印书馆，1934.4，国难后1版，[28]+364+15页，32开（学生国学丛书）

上海：商务印书馆，1934.7，再版，3册（[28]+364+15页），32开（万有文库 第1集16）

（学生国学丛书）

上海：商务印书馆，1937，国难后 2 版，[28]+364+15 页，32 开（学生国学丛书）

本书叙述自孔子始经学发展的历史，分经学的开辟、流传、昌明、极盛、中衰、分立、统一、变古、积衰、复盛等时期。据思贤书局原刻本、商务印书馆影印本及群益书局铅印本参互校勘，并加标点、注释。

收藏单位：安徽馆、重庆馆、大理馆、大连馆、大庆馆、东北师大馆、广东馆、广西馆、贵州馆、国家馆、河南馆、黑龙江馆、湖南馆、江西馆、辽大馆、辽师大馆、柳州馆、南京馆、内蒙古馆、宁夏馆、上海馆、绍兴馆、首都馆、天津馆、西南大学馆、中科图

02458

经学历史（新式标点）（清）皮锡瑞著

上海：群学书社，1930.7，120 页，32 开

本书叙述自孔子始经学发展的历史，按经学的开辟、流传、昌明、极盛、中衰、分立、统一、变古、积衰、复盛等时期展开论述。

收藏单位：国家馆、首都馆

02459

经学略说　王乘六　诸祖耿记

苏州：章氏国学讲习会，1935.11，2 册（64+65 页），32 开

本书分上、下两部分，论述经学流派、各经源流。选自《章氏国学讲习会讲演记录》第 3—4 期。

收藏单位：国家馆、辽大馆、南京馆

02460

经学史讲义　（清）皮锡瑞著　陈家灿校字

上海：群益书社，1911.8，98 页，22 开，精装

本书叙述自孔子始经学发展的历史，按经学的开辟、流传、昌明、极盛、中衰、分立、统一、变古、积衰、复盛等时期展开论述。

收藏单位：湖南馆、上海馆

02461

经学史论　（日）本田成之著　江侠庵译

上海：商务印书馆，1934.5，371 页，32 开（国学小丛书）

上海：商务印书馆，1935.3，再版，371 页，32 开（国学小丛书）

本书分 7 章：经学的起源、经学内容的成立、秦汉的经学、后汉的经学、三国六朝时代的经学、唐宋元明的经学、清朝的经学。

收藏单位：安徽馆、长春馆、重庆馆、大庆馆、广东馆、贵州馆、国家馆、河南馆、黑龙江馆、湖南馆、江西馆、辽大馆、辽宁馆、南京馆、内蒙古馆、上海馆、首都馆、西南大学馆、浙江馆

02462

经学提要　朱剑芒编

上海：世界书局，1930.12，205 页，32 开

本书分 10 章，概论十三经大意、源流，供中等以上学生研究经籍使用。

收藏单位：重庆馆、广东馆、广西馆、国家馆、江西馆、南京馆、天津馆、浙江馆

02463

经学通论　李源澄著

成都：路明书店，1944.4，46 页，18 开

本书论述经学的范围、性质和治经的途径，概述清以前各代经学，并分论《周易》《尚书》《诗经》、"三礼"、"三传"。

收藏单位：重庆馆、国家馆、南京馆

02464

经学通论　（清）皮锡瑞著

上海：商务印书馆，1930.4，4 册，32 开（万有文库 第 1 集 14）（国学基本丛书）

上海：商务印书馆，1934.7，再版，4 册，32 开（万有文库 第 1 集 14）（国学基本丛书）

上海：商务印书馆，1936.1，1 册，32 开（国学基本丛书简编）

上海：商务印书馆，1936.10，3 版，1 册，32 开（国学基本丛书简编）

本书共 4 卷，分别将汉至清各家研究五经的主要观点加以汇集、评论，作为读经入

门。第 1 卷为周易、尚书；第 2 卷为诗经；第 3 卷为三礼；第 4 卷为春秋。

收藏单位：安徽馆、重庆馆、大理馆、大连馆、大庆馆、东北师大馆、广西馆、贵州馆、国家馆、黑龙江馆、湖南馆、惠州馆、江西馆、辽大馆、辽师大馆、柳州馆、内蒙古馆、宁夏馆、山东馆、陕西馆、上海馆、首都馆、西南大学馆、浙江馆

02465

经学通论 伍宪子著

上海：东方文化出版社，1936.9，124 页，32 开

本书论述经学训诂的范围及经学意义等，分述汉至清各代经学，并专论诗、书、礼、易、春秋诸经大义。

收藏单位：国家馆、上海馆、首都馆、天津馆、浙江馆、中科图

02466

经学通志 钱基博著

上海：中华书局，1936.4，252 页，22 开（光华大学丛书）

本书分 7 部分：总志、周易志、尚书志、诗志、三礼志、春秋志、小学志。

收藏单位：重庆馆、广东馆、广西馆、国家馆、河南馆、黑龙江馆、湖南馆、江西馆、近代史所、辽大馆、辽师大馆、南大馆、南京馆、内蒙古馆、宁夏馆、山东馆、上海馆、首都馆、天津馆、西南大学馆、浙江馆、中科图

02467

经学源流浅说 陈燕方著

上海：文明书局，1922.3，[114] 页，32 开

上海：文明书局，1926.3，再版，[114] 页，32 开

上海：文明书局，1928，3 版，[114] 页，32 开

本书分 3 卷。上卷为总说，述诸经的形成和尊经的原因；中卷论汉学流派；下卷分述易学、尚书、诗学等的传授源流。

收藏单位：重庆馆、复旦馆、广东馆、河南馆、江西馆、南京馆、内蒙古馆、山西馆、陕西馆、上海馆、首都馆、天津馆

02468

经学纂要 蒋伯潜编著

重庆：正中书局，1944.5，渝初版，205 页，32 开（国学汇纂 10）

上海：正中书局，1946.5，沪一版，205 页，32 开（国学汇纂 10）

本书为十三经解题，分 14 章，介绍撰述人、今古文、经学史等。附《十三经注本举要》。

收藏单位：长春馆、重庆馆、国家馆、河南馆、近代史所、辽大馆、南京馆、内蒙古馆、山东馆、绍兴馆、天津馆

02469

经义述闻 （清）王引之著

上海：商务印书馆，1935.9，12 册（1320 页），32 开（万有文库 第 2 集 11）（国学基本丛书）

上海：商务印书馆，1936.1，3 册（[1320] 页），32 开，精装（国学基本丛书）

上海：商务印书馆，1937.2，再版，5 册（80+1320 页），32 开（国学基本丛书）

本书分 32 卷，从经学、小学和校勘学角度研究《周易》《尚书》《诗经》等中国古代经典。作者根据其父论述以及自身见解，解释了大量经史传记中的讹字、衍文、脱简、句读。

收藏单位：安徽馆、长春馆、重庆馆、大理馆、大连馆、大庆馆、东北师大馆、贵州馆、国家馆、河南馆、黑龙江馆、湖南馆、江西馆、辽大馆、辽师大馆、南京馆、内蒙古馆、宁夏馆、山东馆、上海馆、绍兴馆、首都馆、天津馆、西南大学馆

02470

经传治要 张文治编 陈棠 喻璞校

上海：文明书局，1930.5，[422] 页，25 开（国学治要 第 1 编）

本书分 3 卷。第 1 卷收经、传 10 种，内容包括《周易》《楚辞》《尚书》等；第 2 卷收经传序论 26 篇，内容包括《诗序》（卜商）、《尚书序》（孔安国）、《诗谱序》（郑玄）等；

第 3 卷收小学著述序论 14 篇，内容包括《说文解字叙》（许慎）、《六书略序》、《七音略叙》等。

收藏单位：安徽馆、长春馆、重庆馆、广东馆、广西馆、国家馆、黑龙江馆、湖南馆、江西馆、辽大馆、南京馆、内蒙古馆、山东馆、山西馆、上海馆、首都馆、天津馆、西南大学馆

02471

经子解题 吕思勉著

上海：商务印书馆，1926.4，197 页，32 开（国学小丛书）

上海：商务印书馆，1927.7，再版，197 页，32 开（国学小丛书）

上海：商务印书馆，1929.10，197 页，32 开（万有文库 第 1 集 11）（国学小丛书）

上海：商务印书馆，1930.12，3 版，197 页，32 开（国学小丛书）

上海：商务印书馆，1933.3，国难后 1 版，197 页，32 开（国学小丛书）

上海：商务印书馆，1934.1，国难后 2 版，197 页，32 开（国学小丛书）

上海：商务印书馆，1934，再版，197 页，32 开（万有文库 第 1 集 11）（国学小丛书）

[长沙]：商务印书馆，1939.9，197 页，32 开（万有文库 第 1—2 集简编 500 种 9）（国学小丛书）

重庆：商务印书馆，1944.12，162 页，32 开（国学小丛书）

本书原系作者讲学时所论，由其门人笔录，后经作者稍加补正而成，列有经书和子书 30 种，内容包括《诗》《书》《礼记》《仪礼》《大戴礼记》等，分 23 篇，叙述各书内容、版本、历代有关注疏，以及读法。书中有《论读经之法》和《论读子之法》两篇，论述了治学方法和各书之文字特点。

收藏单位：安徽馆、长春馆、重庆馆、大理馆、大连馆、大庆馆、东北师大馆、广东馆、广西馆、贵州馆、国家馆、河南馆、黑龙江馆、湖南馆、吉大馆、江西馆、辽大馆、辽宁馆、辽师大馆、南京馆、内蒙古馆、宁夏馆、山东馆、山西馆、上海馆、绍兴馆、

首都馆、天津馆、西南大学馆、浙江馆、中科图

02472

考试必读国学常识问答 邱楚良编 王葆心审定

上海印书馆，94 页，32 开

本书分 4 部分：经学常识、小学常识、史学常识、集部常识。其他题名：国学常识问答。

02473

困学纪闻 （宋）王应麟著 （清）翁元圻注

上海：国学整理社，1937.5，2 册（1021 页），32 开，精装

本书是著者的读书札记，内容涉及传统学术的各个方面，其中以论述经学为重点。其他题名：翁注困学纪闻。

收藏单位：安徽馆、重庆馆、广东馆、贵州馆、辽宁馆、南京馆、内蒙古馆、山东馆、山西馆、上海馆、天津馆、西交大馆

02474

困学纪闻 （宋）王应麟著 （清）翁元圻注

上海：商务印书馆，1935.9，14 册，32 开（万有文库 第 2 集 532）（国学基本丛书）

上海：商务印书馆，1935.11，3 册（1534 页），32 开，精装（国学基本丛书）

收藏单位：安徽馆、重庆馆、大理馆、大连馆、大庆馆、东北师大馆、广东馆、广西馆、贵州馆、国家馆、河南馆、湖南馆、江西馆、辽大馆、辽师大馆、南京馆、内蒙古馆、宁夏馆、山东馆、上海馆、绍兴馆、首都馆、天津馆、西南大学馆、浙江馆

02475

六艺后论 陈鼎忠著 缪凤林校刊

南京：钟山书局，1934.2，153+148 页，22 开（南京中国史学会丛书）

本书纵谈经学历史，分两卷。宋以前（不含宋）为上卷，宋以后为下卷。

收藏单位：重庆馆、东北师大馆、广东馆、广西馆、国家馆、湖北馆、湖南馆、南

京馆、上海馆、天津馆

02476

论读经有利而无弊　章太炎讲演

苏州：章氏星期讲演会，1935.5，12 页，32 开

　　本书为章氏星期讲演会第 3 期的记录，大旨为读经史方明修己治人之道、夷夏之辨，可治顽固之弊。

　　收藏单位：国家馆、江西馆、南京馆

02477

论读经有利而无弊　章太炎讲演

出版者不详，[1935]，24 页，32 开

　　本书收作者 1935 年在章氏星期讲演会的演讲 3 篇：《白话与文言文之关系》《论读经有利而无弊》《再释读经之异议》。

　　收藏单位：国家馆

02478

论经史儒之分合　章太炎讲演

苏州：章氏星期讲演会，1935.6，18 页，32 开

　　本书为章氏星期讲演会第 6 期的记录。内容包括经史之联系与区别、读经史的目的。

　　收藏单位：国家馆、南京馆

02479

论经史实录不应无故怀疑　章太炎讲演

苏州：章氏星期讲演会，1935.5，18 页，32 开

　　本书为章氏星期讲演会第 4 期的记录。内容大旨为经史实录不可轻易怀疑，驳日人散布的中华历史多不可信等言论。

　　收藏单位：国家馆、南京馆

02480

民众学校高级部国学教材

山东乡村建设研究院，[1934]，99 页，32 开

　　本书分 4 篇：《论语》选读、《孟子》选读、《大学》选读、《中庸》选读。

　　收藏单位：浙江馆

02481

名家五种校读记　钱基博著

无锡：无锡国学专修学校，1935.5，1 册，22 开（无锡国学专修学校丛书 9）

　　本书是作者对《尹文子》《邓析子》《慎子》《惠子》《公孙龙子》所作的校读记，既校勘善本，又阐发了其中要义。

　　收藏单位：广西馆、湖南馆、南京馆

02482

谦之文存　朱谦之著

上海：泰东图书局，1926.5，[374] 页，32 开

　　本书分上、下两卷，收文 11 篇，内容包括《大学研究》《中庸研究》《人性问题研究》《别墨研究》《庄子研究》《再论中国文学与音乐之关系》《中国哲学史用书要目》等。

　　收藏单位：重庆馆、东北师大馆、广西馆、国家馆、吉林馆、近代史所、辽大馆、辽宁馆、上海馆、首都馆、天津馆、浙江馆、中科图

02483

青年国学的需要（麈笔双挥甲编）　范酄海著

上海：青年协会书局，1933.2，92 页，32 开（酄海杂著 4）

　　本书收文 8 篇：《青年国学的需要》《二千五百年之国学》《治国学的门径》《我们怎样读中国书》《国学的两条路》《谈国学及其初步》《要研究国学者的读书法——答邬云石》《国学非国故——答曹之竞》。

　　收藏单位：国家馆

02484

清代学者整理旧学之总成绩　梁启超著

上海：商务印书馆，1933.12，3 册（[292] 页），50 开（东方文库续编）

上海：商务印书馆，1934.4，再版，3 册（[292] 页），50 开（东方文库续编）

　　本书为《东方杂志》三十周年纪念刊，是作者所著《中国近三百年学术史》的一部分，分 8 章：经学、小学及音韵学、校注先秦子书及其他古籍、辨伪书、辑佚书、史学、方志学、传记谱牒学。

收藏单位：安徽馆、重庆馆、大庆馆、东北师大馆、国家馆、河南馆、黑龙江馆、湖南馆、辽大馆、南京馆、内蒙古馆、宁夏馆、山东馆、上海馆、天津馆、西南大学馆

02485

求阙斋读书录（新式标点）（清）曾国藩著
王启原编辑　何家铭校阅
上海：新文化书社，1935.8，220 页，32 开

本书为作者读经史子集的读书笔记。每条先列原文，其下为札记，或考证，或感言。

收藏单位：国家馆、惠州馆、江西馆

02486

求阙斋读书录（足本大字）（清）曾国藩著
周云标点　朱太忙校阅
上海：大达图书供应社，1935.8，194 页，32 开

本书封面题名：曾文正公求阙斋读书录。

收藏单位：重庆馆、大庆馆、贵州馆、河南馆、江西馆、首都馆

02487

群经概论　范文澜编著
北平：朴社，1933.10，420 页，23 开（范文澜所论 1）

本书首先论经名数和正义，然后分别考述《周易》《尚书》《诗》《周礼》《乐》《仪礼》《春秋》《左传》《公羊传》《穀梁传》《论语》《考经》《尔雅》《孟子》等。

收藏单位：安徽馆、重庆馆、广东馆、广西馆、国家馆、河南馆、湖南馆、辽宁馆、南京馆、山东馆、上海馆、首都馆、天津馆、西南大学馆、中科图

02488

群经概论　周予同著
上海：商务印书馆，1931.4，107 页，32 开（万有文库 第 1 集 12）（百科小丛书）
上海：商务印书馆，1933.1，107 页，32 开（新中学文库）（百科小丛书）
上海：商务印书馆，1933.9，再版，107 页，32 开（新中学文库）（百科小丛书）

长沙：商务印书馆，1939.12，107 页，32 开（万有文库第 1—2 集简编 500 种）（百科小丛书）
上海：商务印书馆，1947.2，3 版，107 页，32 开（新中学文库）（百科小丛书）
上海：商务印书馆，1948.5，4 版，107 页，32 开（新中学文库）（百科小丛书）

本书是研究十三经的专著，分两部分：导论和分论。导论部分主要论述经的定义和沿革、各经排列次第、经学派别、六经与孔子的关系；分论部分主要论述各经名称的来源、作者、篇目次第、各经学之派别等。

收藏单位：安徽馆、重庆馆、大理馆、大连馆、大庆馆、东北师大馆、广东馆、广西馆、贵州馆、国家馆、河南馆、黑龙江馆、湖南馆、惠州馆、吉大馆、江西馆、辽大馆、辽东学院馆、辽师大馆、柳州馆、南京馆、内蒙古馆、宁夏馆、山东馆、山西馆、陕西馆、上海馆、绍兴馆、首都馆、天津馆、西南大学馆、浙江馆、中科图

02489

人铎　蒙裁成 [著]
出版者不详，[1925]，132 页，16 开

本书为经学著作，概论六经四书。

收藏单位：重庆馆

02490

三百年来朴学家文选　国立中山大学编
广州：国立中山大学，[1920—1929]，246 页，25 开

本书为国立中山大学预科课本，收清代朴学家文章，自顾炎武至焦循，以人物为类，以时代先后为序。另有阮元、王引之、罗振玉、章炳麟、胡适等人的文章目录。

收藏单位：广东馆、广西馆、国家馆、南京馆

02491

三百年来朴学家文选参考材料
出版者不详，[1911—1949]，1 册，25 开

收藏单位：广东馆

02492

圣教溯源 （日）藤井周一著

松山：向井图书株式会社，1929.5，151 页，32 开，精装

　　本书分 5 部分：诗经、书经、礼记、易经、春秋（左氏传）。

　　收藏单位：国家馆

02493

十三经

上海：商务印书馆，1914，2 册（[1691] 页），32 开，精装

　　收藏单位：安徽馆、长春馆、重庆馆、广东馆、贵州馆、国家馆、湖南馆、江西馆、辽大馆、南京馆、内蒙古馆、山东馆、山西馆、上海馆、首都馆、中科图

02494

十三经概论　蒋伯潜著

[上海]：世界书局，1944.6，670 页，32 开，精装

　　本书共 8 编，介绍经学历史和经今古文，并分述诸经。书前有绪论。

　　收藏单位：重庆馆、广东馆、广西馆、国家馆、湖南馆、南京馆、首都馆

02495

十三经概论　卫聚贤著

上海：开明书店，1935.5，228 页，32 开

　　本书分两部分：总论和分论。总论包括经字的溯源、以经名书的由来、经的集团等内容；分论则逐一论述诸经。

　　收藏单位：重庆馆、广东馆、广西馆、国家馆、江西馆、辽宁馆、南京馆、内蒙古馆、陕西馆、上海馆、首都馆、武大馆、浙江馆

02496

十三经提纲　唐文治著

无锡：西溪唐宅，1934.5，[140] 页，21 开（无锡国学专修学校丛书 5）

　　本书分 13 卷，分论十三经大旨。

　　收藏单位：广西馆、国家馆、南京馆、上海馆、浙江馆

02497

十三经注疏（景印阮刻）（清）阮元辑

上海：国学整理社，1935.12，影印本，2 册（2782 页），16 开，精装

　　本书据宋本重刊，并著“十三经注疏校勘记”附于后。

　　收藏单位：重庆馆、东北师大馆、广东馆、贵州馆、国家馆、湖南馆、江西馆、近代史所、辽大馆、南京馆、内蒙古馆、山东馆、山西馆、上海馆、绍兴馆、首都馆、西南大学馆

02498

十三经注疏影谱　（日）长泽规矩也编

东京：日本书志学会，1934.12，60 幅，散页

　　收藏单位：国家馆

02499

时出丛书　姚孟埙著

[上海]：尊经会，[1941]，[324] 页，18 开

　　本书收文 5 篇：《孔经禹贡注解》《大学姚氏读本》《中庸姚氏读本》《律历小纪》《教读论》。附《时出丛书初集总目》。

　　收藏单位：重庆馆、国家馆、上海馆

02500

适然史观试探　曹聚仁著

上海：国立暨南大学，[1929]，26 页，16 开（国立暨南大学国文讲义）

　　本书分 3 编：设论、集证、破敌。

　　收藏单位：重庆馆

02501

释氏外学著录考　杨毓芬著

[上海]：佛学书局，[1931]，50 页，25 开（微妙声丛刊）

　　本书收历朝僧人有关的经、史、子、集的学术著作。

　　收藏单位：国家馆、首都馆、中科图

02502

书序辨　顾颉刚辑点

北平：朴社，1933.10，[60]+148 页，32 开（辨

伪丛刊）

本书为《尚书·序》辨伪的资料集，依历代各家的辨伪意见而排列。辨一辑录《朱子语类》（朱熹）中有关否定孔子作《尚书·序》的观点；辨二辑录《书集传》（蔡沈）中有关论辩《尚书·序》乃伪作的篇章；辨三辑录《新学伪经考》（康有为）有关孔子作《尚书·序》是刘歆作伪说的论证；辨四辑录《史记探源》（崔适）中有关刘歆作伪的论辩观点。

收藏单位：重庆馆、贵州馆、国家馆、湖南馆、吉林馆、江西馆、南京馆、首都馆、天津馆、武大馆、西南大学馆

02503

四部精粹　王无咎主编

上海：经纬教育联合出版部，1935.10，4 册，32 开

上海：经纬教育联合出版部，1936.2，再版，4 册，32 开

上海：经纬教育联合出版部，1936.4，再版，4 册，32 开

上海：经纬教育联合出版部，1936.8，再版，2 册，32 开，精装

上海：经纬教育联合出版部，1936.11，再版，2 册，32 开，精装

上海：经纬教育联合出版部，1937.6，再版，2 册，32 开，精装

本书从经、史、子、集中选编出古籍的部分章节，加以注释、标点，仍按四部排列。其他题名：详注四部精粹。

收藏单位：重庆馆、广东馆、广西馆、国家馆、湖南馆、江西馆、南京馆、内蒙古馆、山东馆、山西馆、上海馆、绍兴馆、首都馆

02504

四部精华　陆翔辑注

上海：世界书局，1934.9，3 册（392+566+626 页），32 开，精装

上海：世界书局，1934.10，再版，3 册（392+566+626 页），32 开，精装

上海：世界书局，1934.11，3 版，3 册（392+566+626 页），32 开，精装

上海：世界书局，1935.1，4 版，3 册（392+566+626 页），32 开，精装

本书从经、史、子、集各类中选辑学术文章，并加标点、注释。书后附篇名及人名索引。

收藏单位：重庆馆、广东馆、广西馆、国家馆、黑龙江馆、湖南馆、惠州馆、吉林馆、江西馆、辽师大馆、南京馆、内蒙古馆、宁夏馆、山东馆、上海馆、绍兴馆、首都馆、西南大学馆

02505

四部说略

培才学校，[1911—1949]，39 页，32 开

收藏单位：天津馆

02506

唐茹经先生孝经论孟讲义　唐文治著

太仓：唐文治 [发行者]，[1911—1949]，13 页，32 开

本书分 3 篇，分别讲述《孝经》《论语》《孟子》。唐茹经为唐文治晚年的号。

收藏单位：南京馆

02507

唐蔚芝先生演讲录（第 3、4 集）　唐文治著

上海：交通大学出版处，1940.8，[182] 页，16 开

本书为 3—4 集。第 3 集上卷为经学、心学类，收演讲 12 篇，内容包括《师周文王法》《汉郑君学派论》等；下卷为文学类，收演讲 9 篇，内容包括《史记越世家（节录）》《吴越春秋》《文章绘形绘影绘声法》等。第 4 集上卷为经学、孟子分类学，收演讲 15 篇，内容包括《孟子孝弟学》《孟子尊孔学》《孟子心性学》等；下卷为文学类，收演讲 12 篇，内容包括《论读文作文法》《论治心救国之方》《原仁》等。唐蔚芝为唐文治的号。

收藏单位：上海馆

02508

唐蔚芝先生演讲录（第 5、6 集）　唐文治著

上海：私立南洋大学出版处，1942.3，[147]

页，16 开

本书为 5—6 集。第 5 集收演讲 25 篇，内容包括《孝经开宗明义章》《阳明学术发微序》等；第 6 集收演讲 24 篇，内容包括《论语讲义式》《作文法》等。唐蔚芝为唐文治的号。

收藏单位：东北师大馆

02509
通志堂经解序录 （清）徐乾学 （清）纳兰成德撰
广州：培英印务局，1936，1 册
收藏单位：国家馆

02510
铜板书经集注 嵩山居士校阅
上海：鸿文书局，1936.1，1 册，32 开
上海：鸿文书局，1937.2，4 版，1 册，32 开
收藏单位：广东馆、贵州馆、南京馆、山东馆、绍兴馆、首都馆

02511
伪经考 康有为著
上海：商务印书馆，1936.3，3 册（355 页），32 开（万有文库 第 2 集 2）（国学基本丛书）
上海：商务印书馆，1936.12，2 册（355 页），32 开（国学基本丛书）
长沙：商务印书馆，1939.12，3 册（355 页），32 开（万有文库 第 1—2 集简编 500 种 8）（国学基本丛书）

本书着重从经学方面进行论述，对传统的"古文"经学展开猛烈的攻击，考证古文经系刘歆伪造，为王莽篡权服务，故称伪经。书前有重印新学伪经考序（钱玄同）。其他题名：新学伪经考。

收藏单位：安徽馆、长春馆、重庆馆、大理馆、大连馆、大庆馆、东北师大馆、贵州馆、国家馆、黑龙江馆、湖南馆、江西馆、辽大馆、辽宁馆、辽师大馆、内蒙古馆、宁夏馆、山东馆、上海馆、绍兴馆、首都馆、天津馆、西南大学馆、浙江馆

02512
伪经考 康有为著
北平：文化学社，1931.1，2 册（[858] 页），32 开
收藏单位：重庆馆、东北师大馆、广西馆、河南馆、黑龙江馆、近代史所、辽大馆、南京馆、上海馆、首都馆、天津馆、西南大学馆、中科图

02513
文庙讲经记 江亢虎著　汪公遐记
上海：民意月刊社，1943.1，再版，93 页，16 开（民意丛书）

本书为作者应上海社会教育社邀请，1934 年底在文庙所作的演讲。内容涉及《论语》等诸经。书前有作者序。

收藏单位：国家馆、天津馆

02514
文学大纲 （清）章学诚著
上海：三友书社，1939.8，再版，77 页，36 开

本书收文 12 篇：《先秦诸子之文与六艺之关系》《左传与战国策之比较》《四史之特质》《两汉文学与魏晋六朝文学之异同》《桐城派与八大之源流》《赋之定义与其种类》《历代诗体之变迁》《词之起源与其特质》《曲之由来与其种类》《书说文之特质》《传记体之做法及其类例》《议论文之要素》。

收藏单位：上海馆

02515
五经解义适今（书诗） 林亨理著
上海：广学会，1917，278 页，23 开

本书分两部分：《书经》和《诗经》。每页上栏为经文，下栏是解义。

收藏单位：国家馆、湖南馆、南京馆

02516
先秦经籍考 江侠庵编译
上海：商务印书馆，1931.2，3 册（343+387+379 页），32 开
上海：商务印书馆，1933.10，国难后 1 版，3

册（341+384+376 页），32 开

上海：商务印书馆，1937.3，国难后 2 版，3
册（341+384+376 页），32 开

　　本书编译日本学者关于先秦经籍的研究文章 41 篇。上册包括书目提要、总论类、周易类、尚书类、毛诗类、两戴记类、春秋三传类；中册包括四书类、孝经尔雅类、诸子类等；下册包括地理及传记类、杂考类、附录。

　　收藏单位：安徽馆、重庆馆、东北师大馆、广东馆、广西馆、贵州馆、国家馆、河南馆、黑龙江馆、湖北馆、湖南馆、江西馆、辽大馆、辽东学院馆、南京馆、内蒙古馆、山东馆、山西馆、陕西馆、首都馆、天津馆、西南大学馆、浙江馆、中科图

02517

辛巳文录初集　文奎堂书庄编

北平：文奎堂书庄，1941.10，350 页，16 开

　　本书收文 17 篇，内容包括：《太史公书亡缺补续诸篇考》（余嘉锡）、《久要不忘平生之言解》（俞平伯）、《勇德在中国古代思想上之地位及其变迁》（齐思和）、《朝鲜史料中明季建州女真之社会生活》（赵光贤）、《清代起居注考》（单士元）、《古音有无上去二声辨》（周祖谟）等。

　　收藏单位：东北师大馆、国家馆

02518

新编经子选　（日）渡边秀方编

东京：前野书店，1943.1，184 页，25 开

　　本书分 7 部分：春秋左氏传、春秋公羊传、论语、诗经、老子、庄子、附录。

　　收藏单位：山东馆

02519

新体经学讲义　江琼编纂

外文题名：Lectures on classics

上海：商务印书馆，1918.3，66 页，32 开

上海：商务印书馆，1921.4，再版，66 页，32 开

　　本书供师范学校参考用，分 7 章：绪论、群经之名称、群经之缘起、经学之传授及家法、历代经学之异同及盛衰、古今经学流派

之大别、治经之程序及方法。

　　收藏单位：国家馆、河南馆、陕西馆

02520

新学伪经考驳谊　符定一著

上海：商务印书馆，1937.1，81 页，32 开（国学小丛书）

　　本书分 4 卷，以《史记》《汉书》《周官》《左传》《说文解字》等书中的论据，反驳康有为《新学伪经考》。附《荀子引诗用毛证》。

　　收藏单位：长春馆、重庆馆、广东馆、贵州馆、国家馆、湖南馆、吉林馆、江西馆、近代史所、辽大馆、辽宁馆、南京馆、山东馆、上海馆、首都馆、天津馆、西南大学馆、浙江馆、中科图

02521

学生国学问答　叶北岩编

上海：商务印书馆，1935.8，284 页，32 开

上海：商务印书馆，1936.3，3 版，284 页，32 开

上海：商务印书馆，1936.9，4 版，284 页，25 开

长沙：商务印书馆，1938.3，5 版，284 页，32 开

长沙：商务印书馆，1939.9，7 版，284 页，32 开

长沙：商务印书馆，1940，8 版，284 页，32 开

长沙：商务印书馆，1941.10，9 版，284 页，32 开

　　本书分 5 编：小学、经学、史学、哲学、文字，附复习题。

　　收藏单位：重庆馆、广东馆、广西馆、国家馆、湖南馆、惠州馆、辽师大馆、内蒙古馆、山东馆、上海馆、绍兴馆、首都馆、天津馆、西南大学馆、浙江馆

02522

学术文　林之棠编

北平：华盛书社，1932.9，70+226 页，32 开

　　本书分两卷，共 24 章，系经、史、子、集各类学术文章的选集，大致以时代先后为

序。

　　收藏单位：国家馆、黑龙江馆、近代史所、首都馆、天津馆

02523
学术文（上） 张默生著
[济南]：山东文化学社，1933.9，468 页，22 开
　　收藏单位：辽大馆、山东馆

02524
学思文粹 苏渊雷编著
南京：钵水斋，1948.3，10+806 页，25 开
　　本书以《中国学术论著讲义》（钱玄同）为基础增编而成，辑录自先秦至民国初年文史哲方面的文章 116 篇，按时代分为 10 卷。
　　收藏单位：长春馆、重庆馆、广东馆、国家馆、湖南馆、江西馆、辽大馆、南京馆、内蒙古馆、上海馆、浙江馆

02525
研究国学之门径 陈柱著
上海：中国学术讨论社，1927，[31] 页，32 开
　　本书附《三书堂丛书》提要。
　　收藏单位：国家馆

02526
燕石札记 吕思勉著
上海：商务印书馆，1937.3，174 页，25 开（光华大学丛书）
　　本书以笔记的形式，考述经史，收《六艺》《左右史》《匈奴风俗》《胡考》等文章。书前有作者小序。
　　收藏单位：重庆馆、广东馆、贵州馆、国家馆、湖南馆、吉林馆、近代史所、辽大馆、辽宁馆、南京馆、山东馆、上海馆、绍兴馆、首都馆、天津馆、浙江馆

02527
要籍解题及其读法 梁任公著
北京：清华周刊丛书社，1925.12，198 页，32 开（清华周刊丛书）

北平：清华周刊丛书社，1930.1，再版，198 页，32 开（清华周刊丛书）
　　本书为《论语》《孟子》《史记》《荀子》《韩非子》《左传》《国语》《楚辞》《诗经》《礼记》《大戴礼记》等著作的解题及读法。梁任公即梁启超。
　　收藏单位：安徽馆、长春馆、国家馆、河南馆、南京馆、内蒙古馆、宁夏馆、山东馆、上海馆、绍兴馆、首都馆、天津馆、浙江馆、中科图

02528
越缦堂读书记 （清）李慈铭原著　由云龙辑录
上海：商务印书馆，1933，4 册（992 页），32 开
　　本书为笔记，以经、史、子、集分类辑录，另著杂录一类。书前有辑录者序。
　　收藏单位：国家馆、近代史所、内蒙古馆、首都馆

02529
再论读经问题 何健著
[长沙]：洞庭印务馆，1937.6，27 页，32 开
　　本书对反对在学校读经的论点进行反驳。
　　收藏单位：湖南馆

02530
再释读经之异议 章太炎讲演
苏州：章氏星期讲演会，1935.5，16 页，32 开
　　本书为章氏星期讲演会第 5 期的记录，内容力主尊孔读经。
　　收藏单位：国家馆、江西馆、南京馆、陕西馆

02531
曾国藩读书记 （清）曾国藩著　许啸天点注
上海：群学社，1929.7，2 册（107+172 页），32 开
上海：群学社，1932.6，4 版，2 册（107+172 页），32 开
　　本书分 4 部分：读经、读史、读子、读

集。

收藏单位：北师大馆、重庆馆、绍兴馆、首都馆

02532

张孟劬先生遯堪书题　张孟劬著　王钟翰辑

出版者不详，[1938—1949]，[30] 页，16 开

本书为《史学年报》第 2 卷第 5 期抽印本。"书题"即将读书心得随手写在卷端，由著者的学生王钟翰辑录，涉及《吴注梅村诗集》《皇明通纪》《郁离子》《元遗山诗集》《定庵文集》《韩诗外传》《陆士衡文集》《抱朴子》等著作。

收藏单位：辽宁馆

02533

章氏国故概论　上海国故研究会编

上海：中一书局，1926.10，194 页，32 开（国故丛书）

本书分两部分：绪论和本论。绪论部分内容包括：中国与中国文化、祛惑、治国故之方法等；本论部分内容包括：经学、文学、小学、哲学等。

收藏单位：重庆馆、河南馆、吉林馆、江西馆、近代史所、南京馆、首都馆、浙江馆

02534

章氏国学讲习会学报（第 1 号）　章氏国学讲习会学报委员会编校

苏州：制言半月刊社，1937.4，[352] 页，16 开

本书为《制言半月刊》第 37、38 期合刊，分 3 部分：论著、文艺、书评。

收藏单位：吉林馆

02535

章太炎国学讲演集　张冥飞笔述　张冥飞严柏梁批注

上海：中华国学研究会，1923.4，176 页，32 开

本书作者对演讲内容详加注释和评议，内容涉及经学、哲学和文学多个门类。其他题名：章太炎国学演讲录。

收藏单位：重庆馆、桂林馆、国家馆、河

南馆、湖南馆、辽大馆、上海馆、天津馆、浙江馆

02536

章太炎国学讲演集　张冥飞笔述　张冥飞严柏梁批注

上海：平民印务局，1924.6，再版，176 页，32 开

本书其他题名：章太炎国学演讲录、章太炎先生国学演讲集、国学讲演集、国学演讲录。

收藏单位：重庆馆、湖南馆、江西馆、上海馆、中科图

02537

章太炎国学讲演集　张冥飞笔述　张冥飞严柏梁批注

上海：梁溪图书馆，1926.10，3 版，176 页，32 开

本书其他题名：章太炎国学演讲录、国学讲演集、章太炎先生国学演讲集。

收藏单位：安徽馆、重庆馆、东北师大馆、广东馆、河南馆、近代史所、南京馆、内蒙古馆、山西馆、上海馆、首都馆、天津馆、浙江馆、中科图

02538

章太炎国学讲演集　张冥飞笔述　张冥飞严柏梁批注

上海：新文化书社，1935.5，4 版，176 页，32 开

本书其他题名：章太炎先生国学演讲集、国学讲演集。

收藏单位：广东馆、国家馆、辽宁馆、辽师大馆、绍兴馆、天津馆

02539

郑堂读书记　（清）周中孚著

上海：商务印书馆，1937.3，8 册（1430 页），32 开（万有文库第 2 集 5）（国学基本丛书）

长沙：商务印书馆，1940.8，6 册（1430+714 页），32 开（国学基本丛书）

本书为解题书目，仿《四库全书总目》

体例编写。正文 71 卷、补遗 30 卷，分 41 类，收书 4000 余种。

收藏单位：安徽馆、长春馆、重庆馆、大理馆、大连馆、大庆馆、东北师大馆、国家馆、黑龙江馆、湖南馆、江西馆、近代史所、辽大馆、辽宁馆、辽师大馆、内蒙古馆、宁夏馆、上海馆、首都馆、天津馆、西南大学馆、浙江馆

02540

治国学门径　汤济沧编

上海文科专修学校，1925.9，138 页，32 开

本书收章太炎、梁启超、胡适等人有关研究国学方面的论文。

收藏单位：安徽馆、国家馆、上海馆

02541

中国古籍校读新论　郑鹤著

外文题名：The study of ancient Chinese classics: a new approach

上海：世界书局，1947.8，83 页，24 开

本书用英文写作，有著者前言。附西汉所传春秋战国遗籍目略（中文）。

收藏单位：重庆馆、广东馆、南京馆、中科图

02542

中国经学史　（日）本田成之著　孙俍工译

上海：中华书局，1935.6，12+358 页，22 开

上海：中华书局，1936.11，[再版]，12+358 页，25 开

本书分 7 章，论述经学的起源、内容的成立，以及从秦汉到清朝的发展。前有译者序和绪言，附中国经学史年表。原名：支那经学史论。

收藏单位：重庆馆、东北师大馆、广东馆、贵州馆、国家馆、河南馆、湖南馆、吉林馆、江西馆、近代史所、辽大馆、辽宁馆、柳州馆、南京馆、内蒙古馆、宁夏馆、山东馆、陕西馆、上海馆、首都馆、天津馆、浙江馆、中科图

02543

中国经学史　马宗霍著

上海：商务印书馆，1936.11，158 页，32 开，精装（中国文化史丛书 第 1 辑）

上海：商务印书馆，1936.12，再版，158 页，32 开，精装（中国文化史丛书 第 1 辑）

上海：商务印书馆，1937.3，3 版，158 页，32 开，精装（中国文化史丛书 第 1 辑）

上海：商务印书馆，1937.4，4 版，158 页，32 开，精装（中国文化史丛书 第 1 辑）

上海：商务印书馆，1937.5，5 版，158 页，32 开，精装（中国文化史丛书 第 1 辑）

本书分 12 篇，介绍古之六经、孔子之六经、孔门之经学，以及秦以前、秦以后、两汉、魏晋、南北朝、隋唐、宋元、元明、清各代的经学。

收藏单位：长春馆、重庆馆、大庆馆、东北师大馆、广东馆、广西馆、贵州馆、国家馆、河南馆、黑龙江馆、湖南馆、吉林馆、江西馆、辽大馆、南京馆、内蒙古馆、山东馆、山西馆、首都馆、天津馆、西南大学馆、浙江馆、中科图

02544

中国经学史概说　（日）泷熊之助著　陈清泉译

长沙：商务印书馆，1941.8，16+424 页，36 开

本书分 8 章，先论述经学的源流、成立、派别、人物、内容、经书等，再介绍两汉至清末中国经学的发展。

收藏单位：重庆馆、广东馆、贵州馆、国家馆、湖南馆、江西馆、近代史所、南京馆

02545

中国学术大纲　蔡尚思著

上海：启智书局，1931.10，[30]+483+122 页，25 开

上海：启智书局，1932.8，再版，[30]+483+122 页，25 开

上海：启智书局，1935.8，再版，[30]+483+122 页，25 开

本书为《国学大纲》的修改本，分 3 部分：绪论、分述和结论。绪论包括两篇：国学

之定义及分类、至低限度之国学书籍及其研究之次序；分述包括 4 篇：中国文字学、中国文学、中国史学和中国哲学（思想）；结论包括 3 篇：四学大家之分比及其总比、中国文化与世界文化、字文史哲四学之比观。

　　　　收藏单位：东北师大馆、广西馆、国家馆、河南馆、南京馆、陕西馆、上海馆、首都馆、天津馆、浙江馆

02546

中国学术体系　王治心编

[福州]：协和大学，1934.6，237 页，25 开

　　本书介绍了从先秦到"五四"以后的国学及其发展，分 8 章：概论、起源时代、诸子时代、经学时代、老佛时代、理学时代、考据时代、新学时代。

　　　　收藏单位：南京馆、上海馆

02547

中国艺文学说要（又名，国学概论）　李启光著

出版者不详，1948.4，328 页，32 开

　　本书为安徽省立安庆专科师范学校、安关联立中学教本，分两篇：文字、四部，介绍国学知识。

　　　　收藏单位：广西馆

02548

竹汀经史子答问分类辑　王伊同编

[北京]：燕京大学图书馆，1938.2，14 页，16 开

　　本书系《燕京大学图书馆报》的单行本，选取《潜研堂文集·答客问》（钱大昕）的内容，按经、史、子重新分类，列出索引。书前有编者序。

　　　　收藏单位：国家馆、中科图

02549

自镜轩读书札记　李莘夫著

开封：聚丰印刷所，1933.11，14+54+68 页，18 开

　　本书内容包括：读易札记（1 卷）、读诗札记（4 卷）、读春秋穀梁传札记（5 卷）。

　　　　收藏单位：国家馆

02550

尊经社讲演汇编（第 5、6 期）　周渤撰

北平：尊经社，[1936]，76 页，32 开

　　本书收讲演 5 篇：《学而时习之一章》《引史证经》《说诗经的真美善》《经之关系（续讲)》《说古代井田制度》。书前有尊经社讲演汇编弁言。

　　　　收藏单位：重庆馆

百科全书、类书

百科全书

02551

常识百科全书　广文书局编辑所编

上海：世界书局，1922.1，120+74 页，32 开

上海：世界书局，1923.8，再版，120+74 页，32 开

上海：世界书局，1924.3，3 版，120+74 页，32 开

上海：世界书局，1925.11，4 版，210 页，32 开

　　本书分两编。上编为专门部，介绍各门科学及其门径；下编为普编部，介绍日常生活知识。封面题名：新时代学生用常识百科全书。

　　　　收藏单位：重庆馆、广东馆、国家馆、南京馆、内蒙古馆、山东馆

02552

重编日用百科全书　黄绍绪　江铁主编

上海：商务印书馆，1934.5，3 册（6221 页），32 开，精装

上海：商务印书馆，1934.6，再版，3 册（6221页），32 开，精装

上海：商务印书馆，1934.6，3 版，3 册（6221

页），32 开，精装

上海：商务印书馆，1934.6，4 版，3 册（6221 页），32 开，精装

上海：商务印书馆，1934.6，5 版，3 册（6221 页），32 开，精装

上海：商务印书馆，1934.6，6 版，3 册（6221 页），32 开，精装

上海：商务印书馆，1934.8，7 版，3 册（6221 页），32 开，精装

上海：商务印书馆，1935.1，8 版，3 册（6221 页），32 开，精装

本书为通俗百科全书，大体依照王云五《中外图书统一分类法》列类编排，分 30 编，内容包括：总类、哲学及宗教、社会科学及统计学、政治及行政、外交、经济及商业、法律、财政、军事、教育等。附四角号码索引。

收藏单位：重庆馆、东北师大馆、广东馆、贵州馆、桂林馆、国家馆、湖南馆、惠州馆、江西馆、辽大馆、南京馆、内蒙古馆、山东馆、山西馆、绍兴馆、首都馆、天津馆、新疆馆、中科图

02553

重编日用百科全书样本

上海：商务印书馆，[1935]，[24] 页，32 开

收藏单位：国家馆

02554

大众日用百科全书　崔俊夫总纂

上海：大中华书局，1936.8，3 版，4 册，32 开，精装

上海：大中华书局，1937.3，4 版，4 册，32 开，精装

本书分 6 类：一般应用、写算、商业方面、公文程式、诉讼指导、商业应用文件。

收藏单位：首都馆

02555

国民日用百科全书　王文英编

上海：大达图书供应社，1936.1，再版，4 册（[950] 页），32 开

本书分 44 编，介绍政法、艺术、交通、实业、社交、家庭、娱乐等方面的知识。封面加题：现行新制各界适用。

收藏单位：重庆馆、内蒙古馆、首都馆

02556

国民日用百科全书　王文英编

上海：广益书局，1935，4 册，32 开

上海：广益书局，1935.4，再版，4 册，32 开

上海：广益书局，1937.4，再版，4 册，32 开

收藏单位：重庆馆、广东馆、南京馆、山东馆、首都馆

02557

国民日用百科全书　王文英编

上海：新潮书店，1931，再版，1 册，32 开，精装

收藏单位：重庆馆

02558

国民日用百科全书　王文英编

上海：新民书店，1930.4，1 册，32 开，精装

上海：新民书店，1932.4，再版，1 册，32 开，精装

收藏单位：广东馆、湖南馆、南京馆

02559

国民日用百科全书　王文英编

上海：出版者不详，1930，再版，[4] 册，32 开

收藏单位：重庆馆

02560

日用百科奇书　世界科学奇术研究社编辑

上海：世界科学奇术研究社，1931.8，[186] 页，32 开

收藏单位：广西馆

02561

日用百科全书　陈铎等编

外文题名：Everyday cyclopedia

上海：商务印书馆，1919.6，2 册（[3021] 页），32 开，精装

上海：商务印书馆，1919.6，再版，2 册（[3021] 页），32 开，精装

上海：商务印书馆，1919.7，3 版，2 册（[3021]
页），32 开，精装

上海：商务印书馆，1919，5 版，2 册（[3021]
页），32 开，精装

上海：商务印书馆，1919.8，6 版，2 册（[3021]
页），32 开，精装

上海：商务印书馆，1919.8，7 版，2 册（[3021]
页），32 开，精装

上海：商务印书馆，1919.8，8 版，2 册（[3021]
页），32 开，精装

上海：商务印书馆，1920.2，9 版，2 册（[3021]
页），32 开，精装

上海：商务印书馆，1922.6，11 版，2 册（[3021]
页），32 开，精装

上海：商务印书馆，1923.11，12 版，2 册
（[3021] 页），32 开，精装

上海：商务印书馆，1925.3，13 版，2 册（[3021]
页），32 开，精装

上海：商务印书馆，[1925—1949]，30 版，2
册（[3021] 页），32 开，精装

本书系搜集中外图书、杂志、报刊中实
用知识汇编而成，分 44 编，其中上册 20 编、
下册 24 编。

收藏单位：安徽馆、重庆馆、广东馆、广
西馆、贵州馆、桂林馆、国家馆、湖南馆、
惠州馆、江西馆、辽大馆、南京馆、宁夏馆、
山东馆、上海馆、绍兴馆、首都馆、天津馆、
西交大馆

02562

日用百科全书（补编） 王岫庐等编

上海：商务印书馆，1925.5，[1662] 页，32 开，
精装

上海：商务印书馆，1926.2，再版，[1662] 页，
32 开，精装

本书收正编未收的资料，仍分 44 编。

收藏单位：重庆馆、广东馆、广西馆、国
家馆、湖南馆、江西馆、辽大馆、辽宁馆、
山东馆、山西馆、上海馆、绍兴馆、首都馆、
浙江馆

02563

日用百科全书补编（样本） 王岫庐等编

上海：商务印书馆，[1925]，[27] 页，32 开

收藏单位：国家馆、南京馆

02564

新编日用生活百科全书 白俊英编著

上海：经纬书局，1941.1，578 页，32 开

上海：经纬书局，1947.9，沪 3 版，578 页，32
开

本书共 7 编：家庭、妇女、性知识、婚姻
恋爱、保产、育儿、医药疾病。

收藏单位：重庆馆、国家馆、首都馆

02565

新时代百科全书 新辞书编译社编辑

上海：童年书店，1936.9，2 册（[1263]+[1150]
页），36 开，精装

本书分两部分：社会科学和自然科学，介
绍各学科的基本知识。社会科学之部分 24 分
集，内容包括：社会科学总论、图书馆学、哲
学、政治学、教育学、军事学等；自然科学之
部分 12 分集，内容包括：天文学、地质学、
物理学、生理卫生学等。书前有《编纂新时
代百科全书的旨趣》（李白英）。

收藏单位：安徽馆、重庆馆、东北师大
馆、广东馆、贵州馆、国家馆、湖南馆、辽
大馆、南京馆、山东馆、山西馆、上海馆、
绍兴馆、首都馆

02566

新知识全书 杨尘因总纂

上海：大陆图书公司，1921.11，1 册，32 开

本书共 40 卷，内容包括：养成法、教导
法、感化法、研究法、改良法、保护法、交
际法、对待法等。封面题名：奇秘万能新知识
全书。

收藏单位：南京馆、天津馆

02567

中国七大典籍纂修考 陆曼炎著

重庆：文信书局，1944.7，132 页，32 开

本书考证《太平御览》《太平广记》《文
苑英华》《册府元龟》《永乐大典》《图书集
成》《四库全书》的书名、内容和成书经过，

并作比较。

收藏单位：重庆馆、国家馆、吉林馆、南京馆、上海馆

02568

中学世界百科全书（样本） 朱麟编

上海：世界书局，1926.9，1 册，32 开

本书内容包括：《中学世界百科全书》的样本、编辑者宣言、全书总目、编校人名单、全书提要。书脊题名：百科全书样本。

收藏单位：重庆馆、国家馆、近代史所

02569

最新大英百科全书样本

出版者不详，94 页，25 开

收藏单位：江西馆、绍兴馆

类 书

02570

古今事物考 （明）王三聘编辑

上海：商务印书馆，1937.6，174 页，32 开（国学基本丛书）

上海：商务印书馆，1937.6，再版，174 页，32 开（国学基本丛书）

本书考证文物、典章制度等。

收藏单位：重庆馆、国家馆、河南馆、吉林馆、南京馆、宁夏馆、上海馆、首都馆、天津馆、中科图

02571

古今图书集成分类目录 文部省图书局 [编]

东京：株式会社国定教科书共同贩卖所，1912.8，514 页，32 开，精装

本书分历象、明伦、博物、理学、经济等类，据 1912 年 7 月版翻刻发行。

收藏单位：国家馆

02572

古今图书集成目录

[昆明]：国立东方语文专科学校，[1941—

1949]，手写本，110 页，16 开，环筒页装

收藏单位：国家馆

02573

佩文韵府 （清）张玉书等编

上海：商务印书馆，1937.3，7 册（4785+[1100] 页），16 开，精装（万有文库第 2 集）

本书为分韵编排的辞书。清康熙十三年始编，五十年完成。"佩文"为清帝书斋名。原书系合《韵府群玉》《五车韵瑞》两书增补而成。正集及拾遗共 212 卷。此次刊行增加了按词条首字编制的四角号码索引。

收藏单位：安徽馆、长春馆、重庆馆、大理馆、广东馆、广西馆、国家馆、黑龙江馆、湖南馆、吉林馆、江西馆、近代史所、辽大馆、辽东学院馆、辽宁馆、辽师大馆、南京馆、内蒙古馆、宁夏馆、山西馆、绍兴馆、首都馆、西南大学馆、中科图

02574

太平御览样本 开明书店编

上海：开明书店，[1937.7]，[8] 页，16 开

收藏单位：国家馆、内蒙古馆

02575

壹是纪始（精校圈点） （清）魏祝亭编著

上海：会文堂新记书局，1925.2，1 册，32 开

上海：会文堂新记书局，1925.5，再版，1 册，32 开

上海：会文堂新记书局，1925.12，4 版，1 册，32 开

上海：会文堂新记书局，1930.4，12 版，[357] 页，32 开

本书系专门考证事物起源的工具型类书，因纪一事一物之原始，故名，分 22 类，2000 余细目。内容涉及天文、地理、宫室、职官、器具、衣食、舟车、律法、姓氏、坟墓、科举、印信图章、文具、文史、货币、兵器、术数、嬉戏、禽兽等。魏祝亭即魏崧。

收藏单位：重庆馆、复旦馆、广东馆、国家馆、黑龙江馆、湖南馆、近代史所、南京馆、山西馆、绍兴馆、首都馆

02576

永乐大典 （明）解缙等纂

出版者不详，[1911—1949]，[65] 页，[32] 开

本书为《永乐大典》第 981 卷的缩影明抄本。

02577

永乐大典残本 （明）解缙等纂

东京：东洋文库，1930，影印本，5 册

本书共 11 卷（卷 19416—19426），据明永乐间写本影印。

收藏单位：国家馆

02578

永乐大典考 郭伯恭著

长沙：商务印书馆，1938.7，235 页，32 开（国学小丛书）

本书分 10 章，考证《永乐大典》的纂定、纂修人、体制、厄运、辑佚、散亡等。附《永乐大典内辑出佚书目一览表》。

收藏单位：重庆馆、东北师大馆、贵州馆、桂林馆、国家馆、黑龙江馆、辽宁馆、南京馆、内蒙古馆、宁夏馆、山西馆、上海馆、西南大学馆、中科图

02579

永乐大典考 孙壮 [编著]

孙壮 [发行者]，[1929—1949]，23 页，16 开

本书考证《永乐大典》序表、卷数与形状，明人书中的有关记载，校辑佚书，被灾及散佚情况等。原载于《国立北平图书馆馆刊》第 2 卷第 3—4 合期（1929 年 3—4 月）。

收藏单位：北师大馆、国家馆

02580

永乐大典现存卷目表 袁同礼录

国立北平图书馆，1932.12，38 页，16 开

本书列编者所见的海外公私藏书家所藏的《永乐大典》349 册，将卷数、页数、韵目、内容和庋藏处列为表格。

收藏单位：桂林馆、国家馆、湖南馆、中科图

02581

韵府拾遗

出版者不详，[1911—1949]，影印本，10 册（1122 页），32 开

本书共 112 卷，收《佩文韵府》未收之字词，分"补藻"和"补注"。"补藻"是指其新增的文句典故；"补注"是指前编虽然已载，而所注并不完备，本书又补充注释的部分。

收藏单位：重庆馆

02582

子史精华 （清）允禄等编

上海：中华图书馆，[1911—1949]，石印本，1 册，25 开，精装

本书共 160 卷，由子、史部及少数经、集部书中有关社会情况、自然知识、学术文化等方面的名言隽句汇编而成。

收藏单位：山东馆

综合性普及读物

02583

宝宝的一家 都冰如绘图

上海：中华书局，1931.6，15 页，32 开（小学生丛书 第 1 集 9）

收藏单位：黑龙江馆、上海馆

02584

播种的人 学生文丛社编辑

香港：学生文丛社，1948，40 页，32 开（学生文丛 7）

收藏单位：天津馆

02585

猜谜世界 石太平著

上海：新人出版社，1947.10，37 页，32 开（新人三部曲之一）

本书以世界为谜，论述猜谜与恋爱问题、猜谜与生活之道、猜谜与科学发明、猜谜与世界万物等。

02586

常识大全（第 1 集） 常识报馆编

上海：常识报馆，1928.9，[406] 页，32 开，精装

　　本书据《常识报》第 1—60 期汇编而成，分 12 编：社会、家庭、婚姻、服饰、饮食、娱乐、运动、交通、商业、教育、小识、治疗。

02587

处世新智识 阮农人编著

[上海]：大方书局，1939.11，286 页，32 开

[上海]：大方书局，1940.2，再版，286 页，32 开

　　本书共 20 章，内容包括：文学、修养、商业、交易、服务、谋生、交际、司机、农业、畜养、工艺、饮料、卫生等。

　　收藏单位：国家馆、天津馆

02588

传家宝全集 （清）石成金编著

上海：大达图书供应社，1936.2，4 册（[754] 页），32 开

　　本书是以"修身齐家、为人处世"为核心的百科全书，涵盖三教九流、包罗衣食住行等方面，分 4 册：人事通、快乐原、醒世钟、福寿鉴。

　　收藏单位：安徽馆、重庆馆、广东馆、河南馆、江西馆、首都馆

02589

春 都冰如绘图

上海：中华书局，1931.6，15 页，32 开（小学生丛书 第 1 集 17）

　　收藏单位：黑龙江馆、上海馆

02590

大众的朋友 都冰如绘图

上海：中华书局，1931.6，2 册（15+15 页），32 开（小学生丛书 第 1 集 11—12）

　　收藏单位：黑龙江馆、上海馆

02591

大众的朋友 叶绍钧等编

上海：中华书局，1948，14 页，32 开（中华文库 小学第 1 集 低级社会类）

　　收藏单位：广西馆

02592

冬 都冰如绘图

上海：中华书局，1931.6，15 页，32 开（小学生丛书 第 1 集 20）

　　收藏单位：黑龙江馆、南京馆、上海馆

02593

妇女必携 霁云楼编

出版者不详，1925，372 页，22 开

　　本书形式上是日历，每页附格言、日常知识、妇女传记等。书后有跋：霁云楼记。

　　收藏单位：国家馆、上海馆、浙江馆

02594

妇女的生活 （美）威尼弗力·柏克（Winifred Buck）著 梁瓯倪译

台北：台湾书店，1947.5，90 页，32 开（光复文库 7）

　　本书介绍一般妇女应具的常识，分 3 篇：女子的健康生活、女子的社会生活、女子的工作与游戏。其他题名：美国的女子。

　　收藏单位：国家馆、南京馆

02595

妇女基础读本 俞庆棠编著

上海：世界书局，1940.11，2 册（54+82 页），32 开（中华基督教女青年会全国协会民众教育丛书）

　　本书从现实生活出发，介绍妇女必备的家庭、乡土、健康、劳动等方面的常识和观念。

　　收藏单位：重庆馆

02596

妇女知识丛书（第 7 辑） 子琼等著

香港：妇女知识丛书出版社，1941.4，80 页，36 开

本书收文9篇，内容包括：《怎样阅读》（子琼）、《熔炉》（子冈）、《论家庭与社会》（外峰）、《略谈儿童读物》（黄竝立）等。

收藏单位：国家馆

02597

妇女专册　张寄岫编

上海：商务印书馆，1937.8，337页，32开，精装

本书分10编：教育、技能、职业、婚姻、家政、保育、健康、法政、礼仪、娱乐。

收藏单位：广东馆、贵州馆、桂林馆、国家馆、上海馆、天津馆

02598

工艺百科大全　江蝶庐著

上海：广益书局，1936.6，再版，1册，大64开

收藏单位：南京馆

02599

工友常识　葛耀良编

上海：商务印书馆，1930.9，83页，32开

上海：商务印书馆，1933.7，国难后1版，100页，32开

本书分3章。第1章为总说，内容包括：万事都有方法、读书的方法和人生的三种知识；第2章为道德方面的知识，内容包括：世界的模范工人、人生的两方面、有志者事竟成、怎样可以立志呢、万能的精神等；第3章为普通的常识，介绍吃饭、用钱、卫生、预防传染病、看护病人、保育婴儿、医药等方面的常识。

收藏单位：长春馆、重庆馆、广东馆、广西馆、国家馆、河南馆、湖南馆、江西馆、南京馆、首都馆、天津馆、浙江馆

02600

公民常识百题解　陆伯羽编

上海：中华书局，1936.10，102页，32开（中华职业教育社职业补习教育丛书）

上海：中华书局，1937.4，再版，102页，32开，精装（中华职业教育社职业补习教育丛书）

本书分5类：历史、地理、政治、经济、自然科学，每类20题。

收藏单位：重庆馆、国家馆、黑龙江馆、江西馆、南京馆、内蒙古馆、上海馆、浙江馆

02601

国民日用宝鉴　姚镛编

上海：文明书局，1928.8，[878]页，32开，精装

本书分6编：历书、酬世、商务、旅行、居家、通俗。

收藏单位：江西馆、上海馆、天津馆

02602

国民日用手册　张天松编

上海：南京出版社，1947.12，148页，32开

本书为生活日用参考资料汇编，分5篇：法令、时节、交际、法律、经济。

02603

国民修养全书　大陆图书公司编

上海：大陆图书公司，1923.5，[1234]页，32开，精装

本书系通俗百科全书，分3类：德育、智育、体育。

收藏单位：国家馆、人大馆

02604

国民智育宝鉴　冯叔雅编

上海：大陆图书公司，[1922]，1册，32开（修养全书2）

本书分10编：文字文艺、地理历史、精神科学、自然科学、数理化学、卫生医学、农工商学、书画美术、法制经济、人事须知。

收藏单位：安徽馆、北师大馆、国家馆

02605

孩子们的把戏（磁石）　一青编

[桂林]：少年读物社，1942.8，42页，32开（少年读物）

[桂林]：少年读物社，1943，再版，42页，

32 开（少年读物）

本书共 13 课，内容包括：神仙棒、人造磁石、磁石的两极、地磁、磁石为什么会吸铁、磁性的物质等。

收藏单位：重庆馆、广东馆、国家馆

02606

很古的故事 都冰如绘图

上海：中华书局，1931.6，15 页，32 开（小学生丛书 第 1 集 14）

收藏单位：黑龙江馆、上海馆

02607

很古的故事 叶绍钧 吴研因 王志瑞编

上海：中华书局，1948，14 页，32 开（中华文库 小学第 1 集 低级社会类）

收藏单位：广西馆、内蒙古馆

02608

家庭实用图书集成

出版者不详，[1911—1949]，1 册，25 开

收藏单位：广西馆

02609

家庭应用秘术五百种 （日）大桥又太郎编 缪真如译

上海：东亚译书馆，1912.8，136 页，25 开

上海：东亚译书馆，1913.4，再版，136 页，25 开

上海：东亚译书馆，1914.1，3 版，136 页，25 开

上海：东亚译书馆，1914.8，4 版，136 页，25 开

本书为日用百科全书之一，分 5 门：人事、饮食、衣服、器具、妙术。

收藏单位：重庆馆、浙江馆

02610

科学常识

中央陆军军官学校，1941，120 页，22 开

收藏单位：广东馆

02611

科学常识课本（甲种） 中央陆军军官学校政治训练处编

中央陆军军官学校政治训练处，[1927—1949]，16 页，32 开（中央陆军军官学校补习班政治训练丛书）

本书分 12 课，内容包括：社会的进化、地球、中华民国、风雨、煤与铁、飞机与飞艇、人生哲学等。

收藏单位：重庆馆

02612

科学的创造 胡伯恳等著

上海：开明书店，1935.6，235 页，32 开（中学生杂志丛刊 17）

本书收文 12 篇，作者包括金仲华、周建人、胡伯恳等。

收藏单位：国家馆、湖南馆、江西馆、南京馆、内蒙古馆、上海馆、天津馆、浙江馆

02613

两兄弟的好习惯 都冰如绘图

上海：中华书局，1931.6，2 册（15+15 页），32 开（小学生丛书 第 1 集 15—16）

收藏单位：重庆馆、黑龙江馆、上海馆

02614

秘术海 汪翰编

上海：大达图书供应社，1935.7，268 页，32 开

本书分 20 部分，简述天文、建筑、服饰、烹调、养殖、医药等方面的常识。版权页题名：应用常识宝库秘术海。

收藏单位：重庆馆、国家馆、湖南馆、绍兴馆、首都馆、浙江馆

02615

秘术海 汪翰编

上海：广益书局，1917.8，2 册（[388] 页），22 开

上海：广益书局，1920.3，11 版，2 册（[388] 页），22 开

上海：广益书局，1921.1，12 版，2 册（[388]

页），22 开

上海：广益书局，1930，19 版，2 册（[388] 页），24 开

本书封面题名：家庭宝鉴日用宝笈秘术海。

收藏单位：重庆馆、广东馆、国家馆、河南馆、湖南馆、首都馆

02616

秘术海　汪翰编

上海：广益书局，1937.1，268 页，32 开

上海：广益书局，1941.11，再版，267 页，32 开

上海：广益书局，1948.5，新 1 版，267 页，32 开

本书版权页题名：应用常识宝库秘术海。卷端题名：家庭必备日用宝笈秘术海。

收藏单位：广东馆、湖南馆、南京馆、上海馆、首都馆

02617

秘术五百种　（日）大桥又太郎著　东亚译书会译

上海：东方书局，1914.8，4 版，136 页，32 开

本书内容包括：行远不疲之法、止血不用药之法、治痘痕之法、接骨之秘方等。

收藏单位：南京馆

02618

秘术一千种　黎振寰编纂

上海：四明书店，1936.12，370 页，32 开，精装

本书分 24 编，每篇介绍十余种到上百种秘诀。内容涉及治家、经商、饮食、医药等。

收藏单位：南京馆、首都馆

02619

秘术一千种　苏海若编辑

上海：春明书店、大文书局，1941.10，新 1 版，370 页，32 开

本书共 24 编，内容包括：治家法、谋生诀、经验术、交际场、经商学、工艺厂、金

银库、珠宝店、衣服库等。

收藏单位：安徽馆、广西馆、上海馆、首都馆

02620

秘术一千种　唐真如编

上海：泰东图书局，1919.9，2 册，32 开

上海：泰东图书局，1926.1，4 版，2 册，32 开

本书共 2 册，每册包含 500 种秘术。内容涉及衣服、财器、妙术、动物、植物等方面的知识。

02621

民众万宝全书　柳宗浩编

上海：世界书局，1933.2，392 页，25 开

本书列表介绍历令、修养、家政、社交、卫生、经济、法律、交通、登记等方面的知识。

收藏单位：桂林馆、南京馆

02622

民众文库（第 1 辑）　国立编译馆编纂

上海：大中国图书局，1947.3，[233] 页，50 开

本书收文 10 篇：《不识字的苦》《醉木匠》《鬼燐魔影》《医药常识与急救》《养蜜蜂》《雁门关冈山遇妹》《弹弓老人》《大禹》《罗斯福》《民众笑林》。

收藏单位：重庆馆、国家馆、南京馆、山东馆

02623

民众文库（第 2 辑）　国立编译馆编纂

上海：大中国图书局，1947.3，[214] 页，50 开

本书收文 10 篇：《赏花十二月》《火山和地震》《水火奇谈》《护病家庭常识》《战地鸳鸯》《无价宝》《王长年》《子产》《詹天佑》《谜语选集》。

收藏单位：重庆馆、国家馆、南京馆、山东馆

02624

民众文库（第 3 辑） 国立编译馆编纂

上海：大中国图书局，1948.4，[248] 页，50 开

本书收文 10 篇：《选郎君》《战采石》《新四劝》《施全刺秦》《新兵自述》《射塔》《讲价钱》《当面答》《留声机》《田横》。

收藏单位：国家馆

02625

民众文库（第 4 辑） 国立编译馆编纂

上海：大中国图书局，1948.4，[205] 页，50 开

本书收文 10 篇：《齐国车夫》《怒江铁桥》《妯娌葬亲》《患难朋友》《谈步枪》《说银行》《雷电的故事》《痢疾》《肥皂》《释迦牟尼》。

收藏单位：国家馆

02626

民众文库合订本（3） 教育部民众读物编审委员会编

教育部民众读物编审委员会，[1940—1949]，[79] 页，50 开

本书收《晏婴》《豫让毁身报仇》《刺客钟毅》《荆轲》《高渐离》《天单》《杨继盛》《苏武》《马援》等文章。

收藏单位：国家馆、上海馆

02627

民众文库合订本（5） 教育部民众读物编审委员会编

教育部民众读物编审委员会，[1940—1949]，[166] 页，50 开

本书收《长子》《拆铁道》《苗可秀》《日空军驾机投诚》《战场故事》《长白忠魂》《抗日英雄故事集》等文章。

收藏单位：国家馆

02628

民众文库合订本（7） 教育部民众读物编审委员会编

教育部民众读物编审委员会，[1940—1949]，72 页，50 开

本书收《抗战歌谣》（1—3 集）、《怎样打败日本兵》（王一夫）、《刘玉田弃商入伍》、《老英雄范筑先》（1—4 册）等文章，配有图画。

收藏单位：国家馆

02629

民众文库合订本（8） 教育部民众读物编审委员会编

教育部民众读物编审委员会，[1940—1949]，1 册，50 开

本书收《中国农业害虫》《火药与炸弹》《空军常识》《望远镜与显微镜》《空气和风》《人体构造》《风雨雷电》《火山和地震》等文章。

收藏单位：国家馆

02630

民众文库合订本（11） 教育部民众读物编审委员会编

教育部民众读物编审委员会，[1940—1949]，1 册，50 开

本书收《三民主义鼓儿词》（1—6 集）。

收藏单位：国家馆

02631

民众文库合订本（12） 教育部民众读物编审委员会编

教育部民众读物编审委员会，[1940—1949]，1 册，50 开

本书收《国民精神总动员浅说》《四件宝贝》《三民主义与农工》《国耻史略》《九一八》《汪贼卖国密约》等文章。

收藏单位：国家馆

02632

民众文库合订本（18） 教育部民众读物编审委员会编

教育部民众读物编审委员会，[1940—1949]，1 册，50 开

本书收《两个日本军曹》《大王庄》《敌兵投诚记》《一个敌兵自杀的故事》《太行烈士》等文章。

收藏单位：国家馆

02633

民众文库合订本（20） 教育部民众读物编审委员会编

教育部民众读物编审委员会，[1940—1949]，1 册，50 开

　　本书收有关家庭道德的连环画。

　　　　收藏单位：国家馆

02634

民众文库合订本（21） 教育部民众读物编审委员会编

教育部民众读物编审委员会，[1940—1949]，1 册，50 开

　　本书收《活捉天皇》《保煤矿》《还驴记》《飞将军归来》《兰州空城》等说唱词。

　　　　收藏单位：国家馆

02635

民众文库合订本（22） 教育部民众读物编审委员会编

教育部民众读物编审委员会，[1940—1949]，1 册，50 开

　　本书收《血战卢沟桥》《从军乐》《从军运动》《壮士归来》《小黑牛》《女报父仇》等曲艺作品。

　　　　收藏单位：国家馆

02636

男女日用秘术（一名，万国奇术全书） 奇术研究会编辑

上海：文华图书馆，1920.7，123 页，32 开

　　本书分 12 编，内容包括：财运、人事、兴家、广嗣、行乐、预知、防弊、催眠、旅行等。每编十数条。

02637

普益（4 国际合作纪念日的合作常识号） 普益协社编

成都：普益协社，1924.7，50 页，38 开，环筒页装

　　　　收藏单位：国家馆

02638

普益（5 中华民国人民须注意的公民常识号） 普益协社编

成都：普 益 协 社，[1925—1929]，92 页，36 开，环筒页装

　　　　收藏单位：国家馆

02639

青年百科大纲 （英）John Pilley 等著　胡焕庸等译述

上海：大东书局，1940.8，4 册，32 开

　　本书介绍天文、气象、物理化学、生理卫生医药、生物学、文学、航空等方面的知识。

　　　　收藏单位：国家馆、南京馆、内蒙古馆、首都馆

02640

青年百科文选 刘正夫选注

上海：中国文化服务社，1936.6，518 页，32 开，精装

　　本书收《中国民族失败的原因及其责任》《中国民族的衰落与复兴》《我们对于西洋近代文明的态度》《六十年来世界文化之动向》《工作与人生》等文章。

　　　　收藏单位：安徽馆、广东馆、南京馆、山东馆

02641

青年宝鉴 吴明浩编

上海：中华书局，1916.10，[474] 页，长 50 开，精装

上海：中华书局，1918.2，3 版，[474] 页，长 50 开，精装

上海：中华书局，1926，10 版，[474] 页，长 50 开，精装

上海：中 华 书 局，1929，增订 12 版，[474] 页，长 50 开

上海：中华书局，1931.8，增订 14 版，[474] 页，长 50 开，精装

上海：中华书局，1931.8，增订 15 版，[474] 页，长 50 开，精装

　　本书供青年自修用，分 11 部分，内容包

括修身、作文、历史、地理、算术、理科、实业等。

收藏单位：重庆馆、东北师大馆、广西馆、国家馆、河南馆、湖南馆、江西馆、辽大馆、南京馆、内蒙古馆、首都馆、浙江馆

02642

秋　都冰如绘图

上海：中华书局，1931.6，15页，32开（小学生丛书 第1集19）

收藏单位：黑龙江馆、上海馆

02643

人生经验大全　黄卓然等编

上海：光明书局，1922.10，再版，6册，32开

本书介绍经营、理财、办事、观人、交友、诉讼、舟车、邮电等方面的经验。封面题：知识宝库。

收藏单位：重庆馆、内蒙古馆、首都馆

02644

人生万事经验大全　董作霖编辑

上海：文业书局，1937.5，6册，32开

本书共60卷，每册10卷，介绍修养、立身、求学、处世、治家、教养、婚姻、生育、产业等方面的经验。

收藏单位：重庆馆、国家馆、内蒙古馆、首都馆

02645

人生万事秘法　科学研究社编

上海：大通图书社，[1911—1949]，2册（112+135页），24开

本书内容包括：长寿保险之术、生健儿之术、睡眠自在法、消毒之妙法、验毒之有无法等。封面加题：天下第一奇书。

收藏单位：南京馆

02646

人生万事秘诀（初集）　苏海若主编

上海：明华书局，1919.9，1册，25开

上海：明华书局，1919.9，再版，1册，25开

上海：明华书局，1920.5，8版，1册，25开

本书介绍日用和处世常识。内容包括：传家宝、交际场、经商学、衣服库、饮食谱、居住识、艳容镜、经验术、神仙诀、卫生处、医药局、急救方等。

收藏单位：国家馆

02647

人生万事秘诀（续集）

上海：明华书局，[1919—1949]，1册，24开

收藏单位：南京馆

02648

日常万事顾问　王定九编

上海：中央书店，1935.1，122页，32开

上海：中央书店，1937.3，新1版，122页，32开

本书内容包括：尺牍范轨、契约须知、应酬文件、柬帖文件、楹联集要等。

收藏单位：南京馆

02649

日常万事顾问　王原培编著

桂林：南光书店，1943.6，160页，32开

广州：南光书店，1947.6，184页，32开

本书内容包括：尺牍范轨、契约程式、应酬文件、东帖格式、楹联集要、时序历法、医药常识等。

收藏单位：重庆馆、广东馆、广西馆、贵州馆、湖南馆、天津馆

02650

日用百科常识　姜泣群等编

上海：教育图书馆，1928.1，6册（[1448]页），32开

上海：教育图书馆，1929.10，再版，6册（[1448]页），32开

本书共38编，内容包括：岁时、法政、交际、家政、医药、书画、历史等。

收藏单位：安徽馆、重庆馆、湖南馆、南京馆、山东馆、上海馆

02651

日用百科常识

上海：新华书局，[1928]，3 册，32 开

本书存 3 册。第 4—6 编为 1 册，内容包括：关税部、国际部和法政部。第 7—10 编为 1 册，内容包括：邮务部、尺牍部、交通部和文学部。第 18—27 编为 1 册，内容包括：对联部、诉讼部、家政部、耕种部、畜牧部、医药部、广告部、制造部、饮食部、音乐部等。

收藏单位：广东馆

02652

日用宝库　梁凤楼等编著

上海：中华新教育社，1928.9，4 册，36 开

上海：中华新教育社，1932，4 版，4 册，36 开

本书为军政商学各界适用，内容包括：尺牍、楹联、诗文、书画、诉讼、工艺、建筑、广告、簿记、文件、经济、卫生、种子、占卜、命相等。

收藏单位：广东馆、国家馆、天津馆

02653

日用酬世知识大全　瞿世镇编

上海：春江书局，1938，153 页，32 开

本书为便利一般民众而编辑，亦可为补习学校或中等学校教科自修之用，分 7 类：史地、修养、卫生、历算、字学、礼制、应用文件。

收藏单位：重庆馆、内蒙古馆、浙江馆

02654

日用快览　刘再苏原编　陈和祥增订

上海：普益书局，1930.6，订正初版，1 册，32 开

上海：普益书局，1931.2，订正再版，1 册，32 开

本书共 20 编，内容包括岁时、气候、法令、礼制、文件、尺牍、柬帖、楹联、广告、人事声明等。订正 4 版版权页题名：日用宝鉴。

收藏单位：广东馆、国家馆、湖南馆、江西馆、天津馆、浙江馆

02655

日用秘览　广益书局编辑部编

上海：广益书局，1929，1 册，32 开，环筒页装

本书共 15 种、209 联。内容包括：天文、地理、时令、人事、宫室、器具、饮食、果木、飞禽、昆虫等。

收藏单位：重庆馆

02656

日用万宝全书　叶光华编

奉天（沈阳）：大东书局，1939.9，4 册，32 开

奉天（沈阳）：大东书局，1940.3，再版，4 册，32 开

奉天（沈阳）：大东书局，1941.4，3 版，4 册，32 开

本书分 40 大类，内容涉及家庭、个人、娱乐、游戏、音乐、养养、楹联、食谱、京剧、字谜、作文、日记、传记、尺牍、医卜星相等方面的知识。

收藏单位：首都馆

02657

日用万事顾问　李逸农编

上海：大中华书局，1936.4，2 册（213+207 页），32 开

本书分两册。上册收礼仪、尺牍、酬世文件、日用广告、柬帖、楹联、诉讼、公文、旅行等方面知识；下册收商业方面的知识。封面加题：各界适用知识宝库。

收藏单位：内蒙古馆、首都馆

02658

日用万事顾问　李逸农编

上海：文业书局，1937.6，2 册（213+207 页），32 开

收藏单位：重庆馆、天津馆

02659

日用万事顾问　新华编辑部编

上海：新华书局，1933.1，2 册，32 开

上海：新华书局，1933.3，3 版，2 册，32 开

上海：新华书局，1935.5，4 版，2 册，32 开

本书共两卷。上卷分 11 编，介绍党务、历法、礼节、政治、教育、家庭、生育、烹饪、裁缝、医药、邮政等方面的知识；下卷分 13 编，介绍农业、园艺、畜养、工艺、手艺、商业、保险等方面的知识。

收藏单位：国家馆、上海馆

02660

日用万事秘诀　苏海若编

上海：生记书局，1931.5，4 册（[358] 页），25 开

本书为 1919 年上海明华书局出版的《人生万事秘诀》的修订本，内容包括：传家宝、交际场、经商学、衣服库、饮食谱等。

收藏单位：国家馆、湖南馆

02661

日用万事全书　新华编辑所编辑

上海：新华书局，1922.10，6 册，32 开

上海：新华书局，1923.5，4 版，6 册，32 开

上海：新华书局，1923.10，5 版，增订本，6 册，32 开

上海：新华书局，1923.12，6 版，6 册，32 开

上海：新华书局，1924.4，7 版，6 册，32 开

上海：新华书局，[1924—1949]，9 版，6 册，32 开

本书收录天时、地理、法制、经济、交通、家庭、社交、农业、工艺、商务、医药、学术、畜养、文书等内容。

收藏单位：南京馆、绍兴馆

02662

日用须知　商务印书馆编译所编

上海：商务印书馆，1914.6，286 页，32 开

上海：商务印书馆，1916，再版，[286] 页，32 开

上海：商务印书馆，1922，6 版，[286] 页，32 开

本书介绍天文、法律、公文、社交、交通、旅行、币制、医疗、邮电等常识。再版之后又名：增订日用须知。

收藏单位：广西馆、国家馆、河南馆、江

西馆、山东馆、上海馆、首都馆

02663

社会秘术大观（上册）　秘术研究社编

上海：秘术研究社，1922，144 页，32 开

本书书脊题名：秘术大观。

收藏单位：国家馆、首都馆

02664

社交百科全书　沈远著

上海：崇文书局，1922.9，1 册，50 开，精装

本书分甲、乙两部分。甲部为文体部细目，共 8 卷：普通书信、特种书函、社交文字、杂录、文艺一斑、交际须知、公文式例、诉讼要览；乙部为语体部细目，其下未分卷，内容包括：白话信、请托、庆贺、吊慰、商借、馈赠、感谢、辞却、白话文字、白话宣言、白话诗、表解。

收藏单位：广东馆

02665

十万问题（1）　傅玉棠编著

澳门：慈幼印书馆，1946.1，32 页，32 开（儿童丛书 1）

澳门：慈幼印书馆，1949，2 版，32 页，32 开（儿童丛书 1）

本书解答了飞鸟为什么会唱歌、为什么不能在自己的影子上跳跃、为什么海水是咸的、一个蠹虫有什么用、一滴露珠是什么东西、为什么我们合上眼皮见阳光觉得阳光是红色的等问题。

收藏单位：国家馆

02666

十万问题（2）　傅玉棠编著

澳门：慈幼印书馆，1946.5，32 页，32 开（儿童丛书 5）

澳门：慈幼印书馆，1949，再版，32 页，32 开（儿童丛书 5）

本书解答了晚霞的光彩是怎样产生的、轮子怎样会转动、固体为什么不会散开、地球有多大、我们为什么有名字、什么使水沸腾等问题。

收藏单位：国家馆

02667

十万问题（3） 傅玉棠编著

澳门：慈幼印书馆，1946.12，32 页，32 开（儿童丛书 12）

本书解答了我们可否看见一切、我们的眼欺骗我们吗、小鸟怎知方向、天为什么是蓝色的、电影能教我们什么、早上什么使我们醒来等问题。

收藏单位：国家馆

02668

十万问题（4） 傅玉棠编著

澳门：慈幼印书馆，1948.6，32 页，32 开（儿童丛书 18）

本书解答了衣服怎样保温、打喷嚏是什么、我们为什么会生眉毛、蜜蜂为什么刺人、月亮上还有人吗、云是什么构成的、牛奶怎么会变酸等问题。

收藏单位：国家馆

02669

十万问题（5） 傅玉棠编著

澳门：慈幼印书馆，1948.11，32 页，32 开（儿童丛书 23）

本书解答了安全火柴、怎样测量的一座山的高度、谁发明了拱门、房子的骨骼是什么、白日是从哪儿开始、同时可以有两日吗等问题。

收藏单位：国家馆、绍兴馆

02670

十万问题（6） 傅玉棠编著

澳门：慈幼印书馆，1949.8，32 页，32 开（儿童丛书 32）

本书解答了世界上最大和最小的哺乳动物、金字塔的来源、骆驼为什么有驼峰、我们怎样知道地球是圆的、我们为什么会做梦等问题。

收藏单位：国家馆

02671

时代智识宝鉴 顾影编

上海：经纬书局，1936，626 页，48 开，精装

本书收《现代战争》（杨杰）、《毒瓦斯及其防御》（刘耀宸）、《将来之科学战争及防御方法》（莲园）、《苏俄宪法草案》、《国难期中青少年对于东三省之认识》（康文富）、《国民劳动服务》（刘庆科）、《我国的币制》（吴承洛）、《生育节制的理论和实际》（董平美）等文章。

收藏单位：重庆馆

02672

实业致富丛书 农商部原著 天虚我生重编

上海：新华书局，1933，2 册，32 开（实业浅说汇刊）

上海：新华书局，1935.6，3 版，2 册，32 开（实业浅说汇刊）

本书分为 5 集，介绍农业、林业、工业、商业、矿业、牧业、渔业等各种致富门径。

收藏单位：重庆馆、国家馆、河南馆、上海馆、浙江馆

02673

实用万事顾问 李祥光编

南平：战时文化供应社，1944.3，70 页，32 开

收藏单位：南京馆

02674

世界奇书大观

出版者不详，[1911—1949]，1 册，22 开

本书主要介绍生活知识。封面题名：世界第一奇书。

收藏单位：首都馆

02675

世界学术初阶 （英）G. R. Mitchison 夫人主编 王刚森等译

南京：南京书店，1934.8，5 册（[1094] 页），32 开

本书分 3 篇：科学、文化、价值，讲述科学、历史和艺术知识。据英国 An outline for

boys and girls 改编。

　　收藏单位：广西馆、国家馆、南京馆、上海馆、天津馆、武大馆、浙江馆

02676

世界学术初阶预约样本　南京书店编

南京：南京书店，1933，1 册，32 开

　　收藏单位：国家馆、湖南馆

02677

世界预言集　楚歌编

南宁：大夏书局，1938.7，再版，158 页，32 开

　　本书收中外预言，附《中国二千年之预言》。

　　收藏单位：重庆馆

02678

世界珍闻　陶菊隐编译

上海：中华书局，1940.10，200 页，32 开（菊隐丛谭）

上海：中华书局，1945.11，再版，200 页，32 开（菊隐丛谭）

　　本书收世界各地奇闻 40 篇，内容包括：人间天堂、黑人找工作的手段、妻子成灰丈夫流血、美国新娘学校、日本的高寿者、多妻制在美国、朝鲜妖教等。

　　收藏单位：重庆馆、广西馆、贵州馆、国家馆、辽大馆、南京馆、山西馆、上海馆、天津馆、西南大学馆

02679

世界珍闻　吴越人编辑

上海：广益书局，1933.11，74 页，32 开（儿童常识丛书）

　　本书分 6 部分，收科学、建设、人物、动物、艺术、自然方面的珍闻。

　　收藏单位：重庆馆、广东馆

02680

世界珍闻录　邓莲溪编

西安：英华书店，1943.10，4 版，128 页，32 开

　　收藏单位：河南馆、南京馆

02681

天然生活法　秦同培译述　蒋维乔校订

上海：商务印书馆，1918.8，173 页，25 开

上海：商务印书馆，1920.2，再版，173 页，25 开

上海：商务印书馆，1925，3 版，173 页，25 开

　　本书分 10 部分：天然之声、光线与空气、衣服居处、土与人、饮食物、自然教育、婚姻、职业与劳役、娱乐、肉体与精神。前有绪论，后有结论。附《实地应用法》。

　　收藏单位：重庆馆、国家馆、河南馆、湖南馆、江西馆、辽大馆、南京馆、内蒙古馆、天津馆、浙江馆

02682

天下第一奇书　百晓散人著述

上海：广文书局，1919.5，1 册，22 开

上海：广文书局，1919.10，8 版，1 册，22 开

上海：广文书局，1926.3，15 版，1 册，22 开

上海：广文书局，1933.4，17 版，1 册，22 开

　　本书分 8 卷：人事部、妇女部、致富部、警备部、伦常部、医疗部、侦探部、幻术部。

　　收藏单位：江西馆、南京馆、绍兴馆、天津馆、浙江馆

02683

天下珍闻（第 1 集 原子炸弹）　天下珍闻编辑部编辑

上海：天下珍闻社，[1947]，14 页，32 开

　　本书收《原子炸弹余波》《原子弹问世之年》《原子飞机》《原子能》等文章，以及少见少闻等。

　　收藏单位：国家馆

02684

通俗讲演纲要（第 1 辑）　蒋锡恩编辑　钱耕莘校订

杭州：浙江省立民众教育馆，1932，115 页，32 开（辅导丛书 3）

　　本书汇集通俗讲演纲要 40 则，涉及纪念节日、社会问题、卫生问题、生产事业、个

人修养等。

02685

万国奇术全书 天下第一书局编

[上海]：天下第一书局，1921.9，86 页，36 开

[上海]：天下第一书局，1923.10，3 版，86 页，32 开

本书分 12 编，内容包括：财运、人事、兴家、广嗣、行乐、预知、防弊、催眠、旅行等。每编十数条。封面题名：男女日用秘术。

收藏单位：重庆馆、南京馆

02686

万金不换常识宝库 吴公雄 刘再苏编

上海：世界书局，1923.11，2 册（[384] 页），32 开

上海：世界书局，1924.4，4 版，2 册（[384] 页），32 开

上海：世界书局，1929.3，7 版，2 册（[384] 页），32 开

本书内容包括：家庭、社交、修养、学问、经商、谋生、交涉、卫生、旅行、游戏等。

收藏单位：广东馆、国家馆、南京馆、绍兴馆、天津馆

02687

万事不求人 福州会文堂编

福州：会文堂，1939，再版，1 册，32 开

收藏单位：广东馆

02688

万事不求人（全集） 周郁浩校勘

上海：广益书局，1940，[120] 页，32 开

上海：广益书局，1941.5，再版，[120] 页，32 开

上海：广益书局，1946.9，新 2 版，[120] 页，32 开

上海：广益书局，1947.4，新 3 版，[120] 页，32 开

上海：广益书局，1948.2，新 5 版，[120] 页，

32 开

上海：广益书局，1948.8，新 7 版，[120] 页，32 开

上海：广益书局，1949.3，新 9 版，[120] 页，32 开

本书介绍百家姓、千字文、三字经、朱子格言，以及有关珠算、楹联、柬帖、礼制、风水等方面的知识。

收藏单位：南京馆、上海馆、首都馆

02689

万事通（生活指南 人人必读）

上海：曼丽书局，[1911—1949]，1 册，32 开

本书卷端题名：现代适用交际尺牍大全；逐页题名：交际尺牍大全。

收藏单位：上海馆

02690

我们的家庭 陈伯吹等编

上海：儿童书局，1947，新 11 版，15 页，32 开（低级儿童百科丛书）

收藏单位：广东馆

02691

夏 都冰如绘图

上海：中华书局，1931.6，15 页，32 开（小学生丛书 第 1 集 18）

收藏单位：黑龙江馆、上海馆

02692

现代知识 陶菊隐著

上海：中华书局，1940.10，134 页，32 开（菊隐丛谭）

上海：中华书局，1945.12，再版，134 页，32 开（菊隐丛谭）

本书收趣闻、珍闻、奇事等短文 30 篇，内容涉及政治、军事、人口、民族、金融、教育、卫生、艺术等。

收藏单位：重庆馆、东北师大馆、广东馆、广西馆、贵州馆、国家馆、近代史所、辽大馆、南京馆、山西馆、上海馆、绍兴馆、天津馆、中科图

02693

小宝贝（第 1—47 集） 王人路编绘

上海：大众书局，1932.11，[47] 册，32 开

　　本书为幼童图画故事书、幼稚园读物，每册 16 页。馆藏见第 3、9、13、21、23、24 集。

　　收藏单位：广东馆、河南馆、山东馆

02694

小村庄 都冰如绘图

上海：中华书局，1931.6，15 页，32 开（小学生丛书 第 1 集 26）

　　收藏单位：黑龙江馆、内蒙古馆、上海馆

02695

小国民丛书（第 1 集） 陈国桢等著

出版者不详，[1911—1949]，304 页，32 开

　　收藏单位：广东馆

02696

小花园 都冰如绘图

上海：中华书局，1931.6，15 页，32 开（小学生丛书 第 1 集 25）

　　收藏单位：黑龙江馆、内蒙古馆、上海馆

02697

小学生百科全书

出版者不详，[1934—1949]，1 册，25 开

　　收藏单位：江西馆

02698

新女性手册 郭我力编

上海：中国图书杂志公司，1940.8，546 页，32 开

　　本书旨在向妇女介绍生活中各方面的常识，内容包括：生理、美容、职业、家庭管理、儿童教养、日用常识等。

　　收藏单位：上海馆、浙江馆

02699

新社会（共和国宣讲书 第 1 集） 天笑生编

外文题名：Lectures on Chinese society of today

上海：商务印书馆，1912.12，60 页，32 开

上海：商务印书馆，1914.6，3 版，60 页，32 开

上海：商务印书馆，1920，4 版，60 页，32 开

上海：商务印书馆，1924，6 版，60 页，32 开

　　本书为 1—7 章：共和原理、普及教育、选举权、公共卫生、公德心、提倡实业、破除迷信。

　　收藏单位：重庆馆、国家馆、吉林馆、江西馆、首都馆、天津馆

02700

新社会（共和国宣讲书 第 2 集） 天笑生编

外文题名：Lectures on Chinese society of today

上海：商务印书馆，1912.12，59 页，32 开

上海：商务印书馆，1916.6，再版，59 页，32 开

上海：商务印书馆，1921，3 版，59 页，32 开

　　本书为 8—13 章：知识问题、国民自由、自由范围（上下）、天产物、纳税义务。

　　收藏单位：安徽馆、重庆馆、国家馆、吉大馆、吉林馆、江西馆、首都馆

02701

新社会（共和国宣讲书 第 3 集） 天笑生编

外文题名：Lectures on Chinese society of today

上海：商务印书馆，1913.5，56 页，32 开

　　本书为 14—19 章：俄蒙事件、公债、说公艺、模范自治、勤俭、交通事业。

　　收藏单位：重庆馆、国家馆、吉林馆、江西馆、上海馆、首都馆

02702

新社会（共和国宣讲书 第 4 集） 天笑生编

外文题名：Lectures on Chinese society of today

上海：商务印书馆，1918.7，57 页，32 开

上海：商务印书馆，1920，2 版，57 页，32 开

上海：商务印书馆，1920，3 版，57 页，32 开

上海：商务印书馆，1922，4 版，57 页，32 开

　　本书为 20—25 章：铲除做官思想、商业道德、守时刻、提倡国货、农业大意、产业副产。

收藏单位：重庆馆、国家馆、吉林馆、上海馆、首都馆

02703

新社会（共和国宣讲书 第5集）　天笑生编

外文题名：Lectures on Chinese society of today

上海：商务印书馆，1918，57页，32开

上海：商务印书馆，1921，3版，57页，32开

　　本书为26—31章：天文浅理、女子医学、说女学、审判制度、新刑律（上下）。

　　收藏单位：重庆馆、国家馆、河南馆、湖南馆、上海馆、首都馆、天津馆

02704

新时代常识文典　新辞书编译社编

上海：童年书店，1936.9，322页，36开

　　本书分两集。上集为学术常识，下集为生活常识。

　　收藏单位：广东馆、国家馆、湖南馆、辽大馆

02705

信不信由你（世界奇闻录）（美）立泼莱著　蔡真选译

上海：良友图书印刷公司，1933.9，94页，23开

　　本书收《地球上的人可以放在约半哩的立方体内》《左手的家属》《书架》《雪烧装铁的车辆》《长颈女子》《数的奇异》《无翼的鸟》《你能书此答数否》《白天看到星辰》《世界上最老的父母》《双眼人》《钉床》《拳击》《畸形舌的福禄林》《在七岁前死的一个童子》等文章。

　　收藏单位：国家馆、河南馆、吉林馆、上海馆

02706

学生百科大全　教育图书馆编

上海：教育图书馆，1924.7，3版，[108]页，32开

　　本书分8卷，介绍写信、作文、习字、画图、珠算、笔算、簿记、契据的"秘诀"。

02707

学生必携　商务印书馆编

上海：商务印书馆，1915.4，123页，24开

上海：商务印书馆，1917，再版，123页，24开

　　本书分两编。第1编分14章，介绍治学的基本方法；第2编分28章，分科讲述自修常识。

　　收藏单位：安徽馆、北师大馆、重庆馆、上海馆、首都馆、天津馆、浙江馆

02708

学生常识宝典　戴介民编

上海：大华书局，1934.1，516页，36开，精装

　　本书分20篇，内容包括：公民、国语·国文、历史、地理、植物界、动物界、物理、农业、商业、数学、英语等。

　　收藏单位：国家馆、绍兴馆

02709

学生万有文库　顾永泉编著

重庆：桂林新生书局，1949，3版，537页，32开

　　本书分7编：各类尺牍、书信用语、模范作文、模范日记、描写文、珠算秘诀、虚字用法。附标点符号使用法、国语文法表等。

　　收藏单位：重庆馆

02710

学艺歌诀汇览　申秉珠编纂

太原：申秉珠[发行者]，1932.9，222页，32开

　　本书将天文、地理、理化、卫生、体育、外交等26个方面的基本知识，编成歌谣传播。

　　收藏单位：国家馆

02711

疑难问题一百个　华北新华书店编辑部编

[邯郸]：华北新华书店，1946.8，104页，36开（新大众丛刊3）

　　本书分3部分，解答有关时事、群众运

动及法令、自然及卫生生产常识等方面的问题。

收藏单位：国家馆、黑龙江馆、吉大馆

02712

疑问解答（第 1 集） 华北新华书店编辑部编

[邯郸]：华北新华书店，1947.5，141 页，32 开（新大众丛刊 3）

本书分 5 编，介绍政治、辞类、生产、医药卫生、自然等方面的常识。

收藏单位：国家馆、黑龙江馆、山西馆

02713

游艺小志 红尘说梦客编著

上海：沪报馆营业部，1914.4，1 册，20 开

本书介绍酒筹、棋类、幻术、游戏、种植花草以及菜肴烹调技术等知识。

收藏单位：国家馆、上海馆

02714

综合常识读本 山东渤海军区政治部编

山东渤海军区政治部，1948.5，177 页，64 开

收藏单位：南京馆

02715

最新百科知识手册 新少年社编

上海：开明书店，[1937]，[134] 页，50 开

本书系《新少年》第 3 卷 7 期别册附录，内容涉及天文、气象、物理化学、生理卫生医药、生物学、文学、航空等。附四角号码综合索引。

收藏单位：国家馆、宁夏馆、山东馆、上海馆、浙江馆

辞 典

02716

百科新辞典（文艺之部） 郝祥辉编辑

上海：世界书局，1921，36+236 页，32 开

上海：世界书局，1923.7，3 版，36+236 页，32 开

上海：世界书局，1924.2，4 版，36+236 页，32 开

上海：世界书局，1926.3，5 版，36+236 页，32 开

本书为文艺辞典，但所收辞条也有超出文艺范围的。按辞条首字笔画排列。

收藏单位：重庆馆、国家馆、湖南馆、吉林馆、山西馆、上海馆、绍兴馆、首都馆、天津馆、西南大学馆、浙江馆

02717

辞海 徐鹤仙编

上海：中华书局，[1944]，重版，1 册，精装

收藏单位：江西馆

02718

辞海（合订本） 舒新城等主编

上海：中华书局，1947.3，1 册，22 开

上海：中华书局，1948.10，再版，1 册，22 开，精装

本书收 10 万余词条，内容包括：历史上重要的名物制度、成语典故、农工商用语、古今地名、名人、名著、文艺、自然科学术语等。有索引，附检字表、韵目表、中外历代大事年表、中华民国行政区域表、中华民国商埠表、中外度量衡弊制表、化学元素表等。

收藏单位：安徽馆、长春馆、大庆馆、东北师大馆、甘肃馆、广东馆、广西馆、桂林馆、国家馆、湖南馆、惠州馆、近代史所、辽大馆、辽东学院馆、辽师大馆、内蒙古馆、宁夏馆、山西馆、上海馆、浙江馆、中科图

02719

辞海（甲种） 舒新城等主编

上海：中华书局，1936—1937，2 册，16 开，精装

香港：中华书局，1940.5，3 版，2 册，16 开，精装

本书为圣书纸。

收藏单位：辽大馆、内蒙古馆、上海馆

02720

辞海（乙种） 舒新城等主编

上海：中华书局，1936—1937，2 册，16 开，精装

上海：中华书局，1938.2，再版，2 册，16 开

香港：中华书局，1940.5，3 版，2 册，16 开，精装

本书为道林纸。

收藏单位：长春馆、重庆馆、东北师大馆、广东馆、桂林馆、国家馆、河南馆、湖南馆、近代史所、辽大馆、辽师大馆、上海馆、绍兴馆、首都馆、天津馆、西南大学馆、浙江馆

02721

辞海（丙种） 舒新城等主编

上海：中华书局，1936—1937，2 册，32 开，精装

上海：中华书局，1939，再版，2 册，32 开，精装

香港：中华书局，1940.12，6 版，2 册，32 开，精装

昆明：中华书局，1941.11，7 版，2 册，25 开，精装

本书为圣书纸。

收藏单位：安徽馆、重庆馆、东北师大馆、湖南馆、吉林馆、辽师大馆、内蒙古馆、首都馆

02722

辞海（丁种） 舒新城等主编

上海：中华书局，1936—1937，2 册，32 开

上海：中华书局，1941，5 版，2 册，16 开

昆明：中华书局，1941.9，6 版，2 册，25 开

本书为道林纸。

收藏单位：重庆馆、广西馆、贵州馆、国家馆、江西馆、辽大馆、南京馆、内蒙古馆、山西馆、西南大学馆、浙江馆

02723

辞海（戊种） 舒新城等主编

上海：中华书局，1938.8，2 册，32 开，精装

昆明：中华书局，1940.10，5 版，2 册，32 开，精装

昆明：中华书局，1941.9，6 版，2 册，25 开，精装

昆明：中华书局，1941.9，7 版，2 册，精装，25 开

本书为白报纸。

收藏单位：重庆馆、东北师大馆、国家馆、江西馆、近代史所、辽大馆、辽师大馆、宁夏馆、陕西馆、上海馆、绍兴馆、首都馆、西南大学馆、浙江馆

02724

辞海辞源天主教名词正误 王任光著

北平：上智编译馆，1947.5，52 页，32 开

本书概述《辞海》《辞源》在天主教词条的收录及释义等方面存在的问题。

收藏单位：国家馆、南京馆、首都馆

02725

丛书大辞典 杨家骆编

南京：辞典馆，1936.1，2 册（[1289] 页），16 开，精装（中国图书大辞典草创本版本组 1）

本书收丛书 6000 余种，将丛书书名、编者、子目、子目编者、子目撰者，组成 170000 个条目，按条目首字四角号码编排。书前有丛书大辞典草创本序例。

收藏单位：国家馆、吉林馆、辽大馆、南京馆、山西馆、首都馆、中科图

02726

抗战建国实用百科辞典 丁文朴等编著　文化供应社编

桂林：文化供应社，1940.7，[20]+540+[116] 页，32 开

桂林：文化供应社，1941.8，4 版，682 页，35 开

桂林：文化供应社，1942.7，增订本，37+369+[13] 页，32 开

[桂林]：文化供应社，[1943—1945]，[再版]，681 页，32 开

本书收和抗战有关的名词、战时一般文化工作者日常生活所应用的名词，共计约 4000 条，按笔画排列。附四角号码索引、分

类索引抗战建国大事年表、中外度量衡比较表。

收藏单位：重庆馆、大庆馆、东北师大馆、广东馆、广西馆、桂林馆、国家馆、湖南馆、江西馆、南京馆、宁夏馆、上海馆、首都馆、西南大学馆、浙江馆

02727

普通百科新大词典

上海：国学扶轮社，1911，1 册，32 开，精装

收藏单位：南京馆

02728

思泉（新体分类大辞典） 巴志永主编

天津工商学院，1942，22 页，16 开

本书为新体分类大辞典《思泉》第 13 类的样本。

收藏单位：国家馆

02729

四库大辞典 杨家骆著

南京：中国图书大辞典编辑馆，1931.11，2 册（[1636] 页），16 开，精装（中国图书大辞典副产书籍三十六种 1）（仰风楼丛书）

南京：中国图书大辞典编辑馆，1933.1，再版，2 册（[1636] 页），16 开，精装（中国图书大辞典副产书籍三十六种 1）（仰风楼丛书）

南京：中国图书大辞典编辑馆、中国学术百科全书编辑馆合组词典馆，1935.3，4 版，2 册（[1636] 页），16 开，精装（中国图书大辞典百种 1）（仰风楼丛书）

本书收 1 万余条图书提要和 7000 条著作家传记，以《四库全书总目》所列书名及其著者为词条，依四角号码排列。附《四库全书》概述、助检表、笔画索引、拼音索引。

收藏单位：广西馆、国家馆、黑龙江馆、湖南馆、吉林馆、江西馆、辽大馆、辽宁馆、辽师大馆、南京馆、内蒙古馆、宁夏馆、山西馆、上海馆、首都馆、天津馆、西交大馆、西南大学馆、中科图

02730

现代文化辞典 世界辞典编译社主编　丁浩霖等编译

上海：世界书局，1939.9，684+160 页，25 开，精装

本书为综合性辞典，按笔画检索。

收藏单位：安徽馆、长春馆、广东馆、广西馆、贵州馆、国家馆、黑龙江馆、湖南馆、南京馆、浙江馆、中科图

02731

现代知识大辞典 现代知识编译社编

上海：现代知识出版社，1937.5，[195]+1266 页，32 开，精装

本书收各科新名词。条目依笔画排列，同一笔画条目按部首排列。另有分类目录。书前冠中西文略语表。

收藏单位：重庆馆、广东馆、桂林馆、国家馆、吉林馆、上海馆、西南大学馆、浙江馆

02732

新编小辞典 培之　刘坚编

河间：冀中新华书店，[1947.4]，212 页，32 开

本书收词条约 800 条，内容涉及政治、经济、自然科学、文学、政党及名人传记等方面，按词条首字笔画编排，供解放区干部、教师使用。

收藏单位：东北师大馆、国家馆、山东馆、山西馆

02733

新辞典 晁哲夫编纂

联合书社，[1947.8]，247 页，32 开

本书收政治、经济、军事、教育等方面的名词，其中包括一些在解放区流行的名词，如"互助组""查田"等。

收藏单位：广东馆

02734

新辞典 晁哲夫编纂

洛阳：裕民印刷厂，1949.6，[增订版]，45+279 页，32 开

　　本书封面题名：增订新辞典。

　　收藏单位：国家馆

02735

新辞典（适用新辞书） 汪荣宝　叶澜合纂

上海：明权社，1914.11，198 页，32 开，精装

　　本书收有关国家、法学、经济、教育、社会学、论理学、数学、天文、地理、物理、化学、生理学、动物、植物等方面的名词、术语，并加以解释，按学科编排。

　　收藏单位：上海馆

02736

新名词辞典 洪超编著

上海：开华书局，1932.12，69+419 页，32 开

上海：开华书局，1936.3，4 版，69+419 页，32 开

　　本书收词约 3100 条，以哲学、社会科学为主。按名词首字笔画编排。

　　收藏单位：重庆馆、国家馆、湖南馆、上海馆、天津馆、西南大学馆

02737

新名词辞典 胡济涛　陶萍天编

上海：春明书店，1949.9，1 册，36 开，精装

　　本书选择在一般报刊书籍上所最常见的有关国际、政治、经济、社会、科学、哲学、艺术、地理、人物等方面的新术语、新名词，一一加以科学的解释。其选择范围，不仅关注国内，且旁及世界各国。

　　收藏单位：绍兴馆

02738

新名词辞典 邢墨卿编

上海：新生命书局，1934.6，[24]+176 页，32 开（新生命大众文库）

　　本书收词 1300 余条。书前有笔画索引。封面、版权页书名前加题"小辞典之一"。

　　收藏单位：国家馆

02739

新术语辞典 吴念慈　柯柏年　王慎名合编

上海：南强书局，1929.11，516+28 页，32 开

上海：南强书局，1930.2，再版，516+28 页，32 开

上海：南强书局，1930.4，3 版，516+28 页，32 开，精装

上海：南强书局，1930.11，4 版，516+28 页，32 开

上海：南强书局，1931.11，5 版，516+28 页，32 开

上海：南强书局，1932.7，6 版，516+28 页，32 开

上海：南强书局，1934.3，7 版，516+28 页，32 开，精、平装

　　本书收"五四"以后政治、经济、法学、社会、社会心理、社会问题、哲学、文学、欧洲外交史、中国外交史等学科的新术语。按部首编排。末附笔画索引、英文索引。

　　收藏单位：安徽馆、重庆馆、大庆馆、东北师大馆、广东馆、桂林馆、国家馆、黑龙江馆、湖南馆、吉林馆、江西馆、近代史所、内蒙古馆、宁夏馆、山东馆、山西馆、上海馆、首都馆、西南大学馆、浙江馆、中科图

02740

新术语辞典（续编） 吴念慈　柯柏年　王慎名合编

上海：南强书局，1933.2，[543] 页，32 开，精装

上海：南强书局，1934.3，再版，[543] 页，32 开

　　本书收正编未收的术语，编排体例同正编。

　　收藏单位：桂林馆、国家馆、吉林馆、江西馆、宁夏馆、山东馆、首都馆、天津馆、西南大学馆、浙江馆、中科图

02741

新术语辞典（正编·续编·补遗合订本） 吴念慈　柯柏年　王慎名合编

上海：南强书局，1936.9，[44]+1076+43 页，

32 开

　　本书题名页题：8 版。

　　收藏单位：广东馆、广西馆、桂林馆、国家馆、湖南馆、辽大馆、南京馆、内蒙古馆、宁夏馆

02742

新文化辞典　江季子　景梅九著

上海：国华书局，1921，1 册，32 开

　　收藏单位：吉林馆、南京馆

02743

新文化辞书　唐敬杲编纂

外文题名：An encyclopedic dictionary of new knowledge

上海：商务印书馆，1923.10，1107+69+88 页，32 开，精装

上海：商务印书馆，1924.3，再版，1107+69+88 页，32 开，精装

上海：商务印书馆，1924.4，3 版，1107+69+88 页，32 开，精装

上海：商务印书馆，1927.8，4 版，1107+69+88 页，32 开，精装

上海：商务印书馆，1931.2，5 版，1107+69+88 页，32 开，精装

上海：商务印书馆，1932.9，国难后 1 版，1107+69+88 页，32 开，精装

上海：商务印书馆，1934.5，国难后 2 版，1107+69+88 页，32 开，精装

[长沙]：商务印书馆，1939.6，国难后 5 版，1107+69+88 页，32 开，精装

　　本书收政治、宗教、经济、法律、社会、哲学、文艺、美术、心理、伦理、教育及自然科学等方面的知识、名词术语、学者传记等。附中西文索引。

　　收藏单位：安徽馆、长春馆、重庆馆、东北师大馆、福建馆、广东馆、广西馆、贵州馆、国家馆、河南馆、湖南馆、江西馆、辽大馆、辽东学院馆、辽宁馆、辽师大馆、南京馆、内蒙古馆、宁夏馆、山东馆、山西馆、上海馆、绍兴馆、首都馆、天津馆、西南大学馆、浙江馆、中科图

02744

新知识辞典　顾志坚　简明主编

上海：北新书局，1934.9，1 册，32 开

上海：北新书局，1935.4，2 版，629 页，32 开

上海：北新书局，1948.4，增订 1 版，629 页，32 开

上海：北新书局，1949.4，增订 5 版，629 页，32 开

上海：北新书局，1949.9，订正 6 版，629 页，32 开

　　本书收国际、政治、经济、历史、地理、哲学、文学、艺术、人物、军事等方面的用语。书前有词条首字笔画索引。其他题名：新知识辞典正补编。

　　收藏单位：安徽馆、重庆馆、广东馆、广西馆、国家馆、湖南馆、江西馆、辽大馆、内蒙古馆、山东馆、绍兴馆、首都馆、天津馆、中科图

02745

新智识辞典　新辞书编译社编辑

上海：童年书店，1935.11，62+1012 页，32 开，精装

上海：童年书店，1936.2，再版，62+1012 页，32 开，精装

上海：童年书店，1936.5，4 版，62+1012 页，32 开

上海：童年书店，1936.10，5 版，62+1012 页，32 开，精装

上海：童年书店，1948，62+1012 页，32 开，精装

　　本书收当时社会上的新名词、术语共 50 万条。每一词条下均有英文对照。其他题名：新知识辞典。

　　收藏单位：安徽馆、重庆馆、东北师大馆、广东馆、广西馆、贵州馆、国家馆、河南馆、湖南馆、近代史所、南京馆、上海馆、绍兴馆、首都馆

02746

学生辞典　张廷华等编

上海：大东书局，1924.1，28+258+210+228 页，

36 开，精、平装

上海：大东书局，1933.2，5 版，28+258+210+228 页，36 开

　　本书适用于具有小学文化程度的人，内容限于小学各科，按笔画排列。其他题名：小学生辞典。

　　收藏单位：大庆馆、国家馆、湖南馆、南京馆、绍兴馆

02747

学生辞源　张萼荪主编

上海：新华书局，1931.3，2 册（140+[2384] 页），42 开，精、平装

　　本书分 10 部 66 类，内容包括：天时、地理、政事、科学、家务、植物、动物、用物等。有单字注音。依类查字。书前有首字笔画检字表，分单字之部和双字之部。逐页题名：分类学生词源。

　　收藏单位：安徽馆、国家馆、吉林馆、内蒙古馆

02748

中华百科辞典　舒新城主编

上海：中华书局，1930.3，[1520] 页，25 开，精装

上海：中华书局，1931.5，再版，[1520] 页，25 开，精装

上海：中华书局，1935.1，增订 3 版，[1520] 页，25 开，精装

上海：中华书局，1936.12，增订 4 版，[1520] 页，25 开，精装

上海：中华书局，1940.5，增订 5 版，[1520] 页，25 开，精装

　　本书收词约 200 万条。按部首检索。书末附中国历代纪元世界大事年表、中国省市区县名表、中国商埠表等。

　　收藏单位：安徽馆、长春馆、重庆馆、东北师大馆、广东馆、桂林馆、国家馆、湖南馆、吉林馆、辽东学院馆、辽宁馆、南京馆、内蒙古馆、宁夏馆、山西馆、上海馆、首都馆、天津馆、浙江馆、中科图

02749

中华百科辞典样本　舒新城主编

上海：中华书局，[1929]，1 册，25 开

　　本书分 8 部分：序、凡例、检字表、辞典、补遗、附录、各科分类索引、中西名词对照表。

　　收藏单位：国家馆

02750

中外文学名著辞典　周梦蝶编

上海：乐华图书公司，1931.12，407 页，32 开，精装、平装

上海：乐华图书公司，1933.2，再版，407 页，32 开，精装、平装

　　本书收文学作品 200 余条，每条记述作者姓名和内容大要，按东方文学、中国文学、希腊·罗马文学、意大利文学、法兰西·比利时文学、西班牙·葡萄牙文学、美利坚文学等部编排。

　　收藏单位：安徽馆、重庆馆、东北师大馆、广东馆、国家馆、吉林馆、南京馆、内蒙古馆、山西馆、上海馆、首都馆、天津馆、西南大学馆、浙江馆、中科图

02751

中学生百科辞典　洪超编著

上海：中学生书局，1931.11，419 页，32 开，精、平装

　　本书为按笔画排列的小型百科辞典。

　　收藏单位：重庆馆、大庆馆、广东馆、国家馆、湖南馆、上海馆、天津馆

02752

最新实用百科辞典　丁文朴等撰述

桂林：文化供应社，1940.10，再版，682 页，36 开，精装

　　本书分 8 部分：序、编例及检查法、笔画检字、正文、四角号码检引表、分类索引、抗战建国大事年表、中外度量衡比较表。

　　收藏单位：国家馆

论文集、全集、选集、杂著

02753

百样锦 墨隐生编纂 陈陶斋校订

上海：国华书局，1920.6，4 册，32 开

本书卷端题名为：游戏杂志百样锦。

收藏单位：广东馆、上海馆

02754

笔记文选读 吕叔湘著

重庆：文光书店，1946.3，渝初版，16+176 页，32 开

上海：文光书店，1946.9，沪再版，16+176 页，32 开

本书从 9 种笔记中选录近百则，篇后有注解，涉及论著：《世说新语》（刘义庆）、《国史补》（李肇）、《梦溪笔谈》（沈括）、《志林》（苏轼）、《鸡肋编》（庄季裕）、《老学庵笔记》（陆游）等。书前有叶圣陶和编者的序。

收藏单位：长春馆、重庆馆、广西馆、国家馆、湖南馆、上海馆、首都馆、西南大学馆

02755

藏修室文稿三集 郑式金著

见斋书局，1933.3，2 册（252 页），32 开

本书共 4 卷，收文 124 篇。内容包括：《天圣多能辨》《宇宙有上帝考》《罗九峰孟子画像状》《慰抚通电》《胡适中国哲学史大纲评》《长江各省赈灾序》《傲室读书记》《林女传》等。

收藏单位：国家馆

02756

晨报六周纪念增刊 晨报社编辑处编

北京：晨报社出版部，1924.12，1 册，16 开

北京：晨报社出版部，1925.1，5 版，329 页，16 开

本书收学术论文、国学研究论文、文艺评论、小说、戏剧、诗、杂纂等方面的文章数十篇。

收藏单位：近代史所、中科图

02757

池上草堂笔记（新式标点）（清）梁恭辰著 周郁年标点

上海：大达图书供应社，1935.4，2 册（146+140 页），32 开（文学笔记说部）

上海：大达图书供应社，1935.10，再版，2 册（146+140 页），32 开

本书为笔记体，载朝野、乡邦轶闻。

收藏单位：安徽馆、重庆馆、广东馆、广西馆、惠州馆、江西馆、南京馆、山西馆、绍兴馆、首都馆

02758

春在堂随笔（清）俞樾著

上海：商务印书馆，1931.5，9 版，130 页，32 开

本书即《俞曲园随笔》，记载杭州一带的名胜古迹、文物掌故和作者交游的人物以及诗文等，分 10 卷，收诗文 300 余篇，内容包括：《物老为怪》《昏夜见鬼》《海神缠女》《金井神童》《智标塔》《古银杏》等。附《小浮梅闲话》1 卷。

收藏单位：安徽馆、重庆馆、国家馆、河南馆、黑龙江馆、辽大馆、南京馆、内蒙古馆、宁夏馆、上海馆、绍兴馆、首都馆

02759

春在堂随笔（清）俞樾著

上海：新文化书社，1934.10，140 页，32 开（笔记小说丛书）

上海：新文化书社，1935，再版，140 页，32 开（笔记小说丛书）

上海：新文化书社，1936.3，3 版，140 页，32 开（笔记小说丛书）

收藏单位：安徽馆、重庆馆、广西馆、河南馆、湖南馆、南京馆、首都馆

02760

当代名人新演讲集 陆翔辑选 广文书局编辑所编

上海：广文书局，1921，278 页，32 开

上海：广文书局，1922.3，重编再版，272 页，32 开

上海：广文书局，1922.10，重编 3 版，272 页，32 开

上海：广文书局，1923.12，重编 6 版，272 页，32 开

上海：广文书局，1924.7，重编 7 版，272 页，32 开

上海：广文书局，1926.4，重编 8 版，272 页，32 开

　　本书收讲演词 37 篇，内容包括:《现代教育的趋势》(杜威)、《宗教问题》(罗素)、《科学之修养》(蔡元培)、《庶民的胜利》(李大钊) 等。内容涉及政治、哲学、宗教、教育、语言、社会、科技等方面。

　　收藏单位：重庆馆、东北师大馆、广东馆、广西馆、国家馆、湖南馆、近代史所、辽大馆、南京馆、宁夏馆、山西馆、上海馆、首都馆、天津馆

02761

都门趣话 大雷啸公编

北京：撷华印刷局，1916.5，152 页，32 开

　　本书收《女伶足》《古装跳舞会之趣闻》《王壬秋之滑稽信》《黎菩萨》《游动夜场诗》《瓜子壳介绍婚姻》等文章。

　　收藏单位：北师大馆、东北师大馆

02762

都门趣话续编 大雷啸公编

北京：撷华印刷局，1917.1，128 页

　　本书收《新竹枝词》《樊山谐语》《崔灵芝》《要命弓弯足架肩》《陈七奶奶之缩影》等文章。

　　收藏单位：近代史所

02763

读书选刊（第 1 集 上册） 西安中国银行编

西安：中国银行，1942.5，262 页，16 开，环筒页装

　　本书分两类：社会科学和自然科学。社会科学类收文 8 篇，内容包括:《孙子新释》(蒋百里)、《经济学大纲》(赵兰坪)、《通典（食货书节抄)》(杜佑)、《中国铁道史》(谢彬)、《合作概论》(于永滋) 等；自然科学类收《近世生物学》(王其澍)。每篇文章前有作者小传。

　　收藏单位：甘肃馆、国家馆

02764

笃素堂文集 （清）张英著

上海：大中书局，1926.10，再版，63 页，32 开

　　本书分 4 卷:《聪训斋语》2 卷、《恒产琐言》1 卷、《饭有十二合说》1 卷。

　　收藏单位：国家馆、南京馆、上海馆

02765

笃素堂文集 （清）张英著

上海：源记书庄，1925.9，63 页，32 开

上海：源记书庄，1933.3，3 版，63 页，32 开

　　收藏单位：广东馆、国家馆、吉林馆、上海馆

02766

笃素堂文集 （清）张英著 薛家生标点

上海：新文化书社，1934.1，再版，48 页，32 开

上海：新文化书社，1934.4，3 版，48 页，32 开

　　收藏单位：安徽馆、广东馆、河南馆、惠州馆、绍兴馆

02767

咄咄录 魏秀仁 [著]

出版者不详，[1911—1949]，油印本，4 册，18 开，环筒页装

　　本书分 42 节，记清政府与太平天国斗争始末，间述捻军及回民起义事。

　　收藏单位：国家馆、人大馆

02768

二年（矿山日报出版两周年纪念特刊）

矿山日报，1940.1，72 页，16 开

本书分祝词、通论、专论、矿务史、统计、文艺、纪事等类，收文 30 余篇，内容包括:《战争是推进文化的巨浪》（卉一）、《报的伟大》（穆叔）、《战时青年应有之知识》（宗培林）等。

收藏单位：国家馆

02769

二十年来　何宜著

外文题名：The past twenty years

香港：知用学社出版部，1949，1 册

本书分 3 辑，收《坛边絮语》《做人与做事》《读书和吃饭》《谈谈组织》《勿谈时事》《论功罪是非》《偏见与无视》《略谈责任》等文章。

收藏单位：近代史所

02770

胐盦客座谈话　吴稚晖著

上海：泰东图书局，1919.3，2 册（304 页），24 开，精、平装

上海：泰东图书局，1920.1，再版，2 册（304页），24 开

上海：泰东图书局，1921.8，3 版，2 册（304页），24 开

上海：泰东图书局，1925.6，4 版，2 册（304页），24 开

上海：泰东图书局，1929.6，5 版，2 册（304页），24 开

本书为问答式的文言体杂文，内容包括：图书馆之利用、飞机之原理、欧洲学生生活、照相、印刷等。

收藏单位：安徽馆、重庆馆、东北师大馆、国家馆、河南馆、黑龙江馆、湖南馆、吉大馆、江西馆、近代史所、内蒙古馆、上海馆、首都馆、天津馆、西南大学馆、浙江馆

02771

伏虎集　民声社编

上海：[民生社]，1928.6，56 页

本书收《政府与社会党》《答道一书》《无政府共产主义释名》《孙逸仙江亢虎之社会主义》《答江亢虎》等文章。

收藏单位：近代史所

02772

妇人集（标点精校普及本）（清）陈维崧著

上海：中央书店，1935.9，66 页，32 开

本书收明末清初 105 位颇有才气和行为贞烈女子的资料（包括其生平及著述等），如长平公主、宗梅岑、袁氏三女、桐城姚夫人、会稽商夫人、钱塘陆么凤等。每述一人，辄详述其生平事迹和主要著述，并广征博引，于文中详加注释。

收藏单位：广东馆、吉林馆、南京馆、首都馆

02773

各科论文集　高等普通考试全书编纂委员会主编　吴拯寰编　唐文治校

上海：三民图书公司，1948，290 页，32 开

本书收文 40 余篇，内容包括:《中央与地方的关系》（陈柏心）、《交通警察论》（振道）、《改进医学教育》（余正行）、《论外交政策》（翟楚）等，涉及行政、经济、教育、外交、法律、社会、科技等。

收藏单位：安徽馆、桂林馆、湖南馆、江西馆、上海馆

02774

公使馆实用公私尺牍文纂　有野学编

[北平]：日本帝国公使馆，1929.12，307+18页，22 开，精装

收藏单位：黑龙江馆

02775

古国新梦　罗肖华著

出版者不详，1933，48 页，32 开

本书前有勘误表、左绪。

收藏单位：国家馆

02776

癸巳存稿 （清）俞正燮著

长沙：商务印书馆，1941.6，2 册（464 页），36 开

本书为《癸巳类稿》以外之未刻稿，共 15 卷，内容多为读书札记。

收藏单位：重庆馆、贵州馆、国家馆、湖南馆、华东师大馆、南京馆

02777

贵州省立女子师范学校第四期师范第二班纪念册

[贵阳]：[贵州省立女子师范学校]，[1921—1949]，318 页，18 开

本书内容包括：子学、经学、教育、文字学等。

收藏单位：贵州馆

02778

国立北京大学四十周年纪念论文集（乙编 上） 国立北京大学四十周年纪念刊编辑委员会编辑

昆明：国立北京大学出版组，1940.1，236 页，18 开

本书分两编，甲编收生物、人类、地质、物理、化学各方面的论文，用英、德文写成；乙编分上、下两卷，收历史、考古、语言、文字、哲学、教育、政治、经济各方面的论文，用中文写成。本册收文 16 篇，内容包括：《宋代寺院所经营之工商业》（全汉升）、《学记在教学法的理论上之贡献》（邱椿）、《顺宗实录与续玄怪录》（陈寅恪）、《近代西洋问题剧本》（潘家洵）、《社会自由讲学之再兴起》（钱穆）等。

收藏单位：安徽馆、东北师大馆、广东馆、国家馆、近代史所、辽大馆、辽宁馆、南京馆、内蒙古馆、上海馆、首都馆、西南大学馆、中科图

02779

国立武昌大学商科大学讲演集（第 1 辑） 周鲠生讲 武昌大学记录团记录

武昌：时中合作书社，1925.11，[75] 页，32 开

本书为作者在武昌大学的演讲稿汇编，附关税会议与关税自主。

收藏单位：重庆馆

02780

国民酬世金鉴（第 2 册）

[上海]：大陆图书公司，[1911—1949]，146 页，小 32 开

收藏单位：南京馆

02781

好生救劫编 常存敬畏斋主人辑

上海：谢文益印刷所，1922，石印本，1 册

本书共 5 卷。附劝妇女戒杀编、云楼大师戒杀放生原文序。

收藏单位：国家馆

02782

胡林翼全集 （清）胡林翼著 沈卓然 朱晋材重编

上海：大东书局，1936.2，12 册（[1988] 页），32 开，精、平装

本书分奏议、书牍、批札、语录、读史兵略等类。卷首附著者本传、行状、年谱及《胡林翼语录通论》（崔龙）等，并有李翰章的原序。

收藏单位：安徽馆、长春馆、重庆馆、大庆馆、广东馆、广西馆、国家馆、河南馆、黑龙江馆、湖南馆、吉林馆、江西馆、近代史所、辽大馆、辽师大馆、南京馆、上海馆、绍兴馆、首都馆、天津馆、西南大学馆

02783

胡林翼语录 （清）胡林翼著 崔龙编

上海：大东书局，1936，[46]+18 页，32 开

本书分 8 类，内容包括：学问、用人、民政、理财、军政等，加新式标点。书末附胡林翼语录通论。

收藏单位：重庆馆、南京馆、内蒙古馆

02784

胡林翼奏议 （清）胡林翼著

出版者不详，[1913-1949]，1 册，25 开
　　本书共 51 卷。
　　收藏单位：江西馆

02785

胡文忠公全集　（清）胡林翼著　朱太忙校
上海：大达图书供应社，1936.2，4 册，25 开
　　本书共 4 卷，内容包括：奏疏、宦黔书
牍、抚鄂书牍、抚鄂批札。
　　收藏单位：重庆馆、大庆馆、广东馆、贵
州馆、河南馆、江西馆、南京馆、上海馆、
西南大学馆

02786

胡文忠公全集（仿古字版）（清）胡林翼著
上海：国学整理社，1936.12，2 册（[51]+1084
页），32 开，精装
　　收藏单位：重庆馆、广西馆、国家馆、近
代史所、南京馆、宁夏馆、上海馆、西南大
学馆

02787

胡文忠公全集（新式标点）（清）胡林翼著
　杨鉴吾标点
上海：东方文学社，1935.11，4 册，32 开
　　本书封面题名：新式标点足本胡文忠公全
集。
　　收藏单位：国家馆、湖南馆、南京馆、内
蒙古馆、首都馆

02788

胡文忠公语录　惕斋抄录　军事委员会政治
部编
军事委员会政治部，1940.4，80 页，32 开
　　本书为胡林翼语录。
　　收藏单位：重庆馆、国家馆、南京馆

02789

湖南省教育会学术讲演会名人讲演集
出版者不详，[1911—1949]，234 页，大 16
开
　　收藏单位：广东馆、湖南馆

02790

还乡必读　金平欧著
汉口：人人出版社，1946.3，160 页，32 开
　　本书介绍长江流域的形势人口交通特产、
沿江两岸名胜古迹、各地掌故人物词诗等。
　　收藏单位：南京馆、武大馆

02791

荒唐大观　秦瘦鸥著
上海：玫瑰书店，1928.12，4 册（146+176+
182+126 页），32 开
　　收藏单位：重庆馆

02792

黄季刚先生遗著篇目举要初稿　徐复辑
南京：金陵大学国学研究班，1935，28 页，
精装
　　收藏单位：南京馆

02793

[篁溪集]　张伯桢撰
[东莞]：张伯桢 [发行者]，[1911—1949]，
稿本，1 册
　　本书附《康南海遗闻》（吴廷燮）原稿。
　　收藏单位：国家馆

02794

辉辉的新年　侣伦等著
香港：学生文丛社，1949.2，36 页，32 开（学
习丛书 15）
　　本书分 4 部分：选读·修养、文学·艺
术、各科知识、习作，收文 17 篇，内容包
括:《我的读书经验》（林焕平）、《辉辉的梦》
（侣伦）、《阶级社会的产生》（廖源）、《我理
想中的新中国》（婉）等。
　　收藏单位：国家馆、上海馆

02795

蕙庐全书　易梦枚著
[汉口]：汉康印书局，1926，[336] 页，32
开，精装
　　本书分 4 部分：易简、心法、素经、诗
词。前两部分关于儒家学说；第 3 部分关于天

象；第 4 部分为诗词。每部分均有著者序。封面题名：蕙庐全书儒道真传。

收藏单位：广东馆、吉林馆、首都馆

02796
机联集（第 1 册） 天虚我生著
上海：机制国货联合会，1933.9，139 页，32 开，环筒页装

本书为杂著集，是著者发表在《机联会刊》第 1—30 期内的短文汇编。版权页题名：天虚我生机联集。

收藏单位：国家馆

02797
稽古录 琴石山人编
上海：会文堂书局，1924.10，188 页，32 开
上海：会文堂书局，1925，再版，188 页，32 开
上海：会文堂书局，1928.4，3 版，188 页，32 开

本书分天时、伦类、人事、礼俗等类，为通俗用语寻找经典的依据。封面题：通俗日用稽古录。

收藏单位：重庆馆、广东馆、国家馆、湖南馆、绍兴馆

02798
集美校友论著 福建私立集美学校编
[厦门]：福建私立集美学校，1943，116 页，16 开

收藏单位：广东馆

02799
嘉言类钞 董树达编
北京：感化学校，[1910—1919]，240 页，32 开

本书收敬告青年、节俭论、近今之妇女天足运动等方面的格言。

收藏单位：浙江馆

02800
讲演汇编
广西省长公署，1917，[11] 册，22 开

本书只见 5、6、11 册。

收藏单位：广东馆

02801
讲演资料 山东省政府编辑
济南：山东省政府，1937.7，3 册（[1650] 页），32 开

本书为乡农学校教员适用，分 3 部分：精神陶炼、社会科学、应用科学。书前有讲演资料编辑大意及应用时应注意之点（侯子温）。

收藏单位：重庆馆、山东馆

02802
交际文辞大观（民众顾问） 董坚志编辑
上海：锦章书局，1937.7，446 页，32 开

本书分 3 编：庆吊文、联语文、书翰文。

收藏单位：安徽馆、首都馆

02803
金壶七墨（新式标点） （清）黄钧宰著 周云标点
上海：大达图书供应社，1936.1，再版，[262] 页，32 开

本书记述了作者自清道光甲午至同治癸酉四十年间的亲见亲闻，大都记录清代朝野掌故，兼及翰墨、琐语、谐文、传奇等，特别是保存了一些鸦片战争的珍贵史料。

收藏单位：安徽馆、北师大馆、广西馆、国家馆、辽师大馆、南京馆、内蒙古馆、首都馆、天津馆

02804
金圣叹西城风俗记 （清）金圣叹著 嘤嘤子评点 · **汤卿谋闲余笔话** （清）汤传楹著 嘤嘤子评点
饮香名斋 [发行者]，1916，28 页，32 开

本书收两种文献。《西域风俗记》为语录汇编；《闲余笔话》为杂感、笔记。

收藏单位：广东馆、国家馆、首都馆、中科图

02805

进修文选 进修月刊社编

昆明：进修出版教育社，1945.10，192 页，32 开

本书分 11 部分：编前、短论、学习与修养、专论、职业指导、现代列国志、各科常识谈座、文艺、书评、座谈资料、随感录，收《学习哪种文体》（吕叔湘）、《文学与思想》（李广田）、《谈苏联的民主》（陈原）、《一封无法投递的信》（艾芜）等文章。

收藏单位：重庆馆、广东馆、吉林馆、内蒙古馆、宁夏馆、山东馆、山西馆、上海馆、首都馆

02806

近三十年来中国之化学工业 学林社编辑

上海：学林社，1941.6，176 页，16 开（学林第 8 辑）

本书收文 9 篇，内容包括：《近三十年来中国之化学工业》（程瀛章）、《中国传叙文学的过去与将来》（朱东润）、《全体性的哲学与教育》（傅统先）、《整理白菜属植物名刍议》（黄绍绪）、《袁简斋与章实斋之思想与其文论》（郭绍虞）、《中国文字之原流与研究方法之新倾向》（马叙伦）等。

收藏单位：广东馆、国家馆、辽东学院馆、南京馆、上海馆、首都馆

02807

警睡集 凌筠编

[抄写者不详]，[1911—1949]，抄本，4 册，散页

本书收《梼杌遗志》和《彤史标贞》，各两卷。

收藏单位：国家馆

02808

科学论丛（第 1 集） 杨伯恺等编译

上海：辛垦书店，1934.6，250 页，22 开

本书收《论科学》（叶青）、《实证论与实在的外界》（蒲郎克）、《数学论考察》（近藤重夫）、《相对性理论》（爱斯坦）、《人类观底发展》（柳绍先）、《言语底发生》（墨西尼卡

夫）等，以及杂论、书评等。

收藏单位：重庆馆、广东馆、广西馆、国家馆、江西馆、首都馆、西南大学馆、浙江馆

02809

科学论丛（第 2 集） 杨伯恺等编译

上海：辛垦书店，1934.10，236 页，22 开

本书收《理论物理学底方法论》（爱斯坦）、《量子论的成立与从来之发展》（蒲郎克）、《生物学之历史的概观与展望》（石井友幸）、《心理学底方向转换》（塔兰金）、《社会学底建设问题》（叶青）、《再论生产力》（杨成柏）等，以及杂论、书评等。

收藏单位：重庆馆、东北师大馆、广东馆、广西馆、国家馆、江西馆、首都馆、浙江馆

02810

科学论丛（第 3 集） 杨伯恺等编译

上海：辛垦书店，1935.2，225 页，22 开

本书收《科学的理论态度》（叶青）、《自然中之因果》（蒲郎克）、《自然科学历史科学化之一尝试》（今野武雄）、《场之新旧理论》（爱斯坦）、《天文学与科学观念》（丁格儿）、《地文学底对象与任务》（古里哥里页夫）、《新细胞学》（加里尔）、《佛洛伊德底心理学之一哲学的结论》（叶青）等，以及杂论、书评等。

收藏单位：东北师大馆、广东馆、广西馆、国家馆、江西馆、首都馆、浙江馆

02811

科学论丛（第 4 集） 杨伯恺等编译

上海：辛垦书店，1935，209 页，22 开

本书收《自然科学与辩证法》（恩格斯）、《因果规律是什么》（叶青）、《哲学的科学之确定底准备》（小西荣治）、《数学中公理的方法之发展》（世田雄一）、《物理学与技术》（约斐）、《今日之化学》（伊尔·玛森）、《社会科学原理底注解和补足》（恩格斯）、《旧理论学批判》（刘立人）、《辩证物质论的认识论》（刘立人）等，以及杂论、书评。

收藏单位：东北师大馆、广东馆、国家馆、江西馆

02812

克复要言 （清）张与龄辑

上海：印公纪念会，1945，78 页

　　收藏单位：桂林馆、南京馆

02813

兰舫笔记 （清）常辉著

苏州：江苏省立苏州图书馆，1941.7，22 页，32 开（江苏省立苏州图书馆吴中文献小丛书 25）

　　本书叙述刑名案牍及苏州地方之风土物产，据手稿本排印。

　　收藏单位：近代史所、南京馆、上海馆、首都馆、天津馆、中科图

02814

老学蜕语 范祎著

上海：青年协会书局，1934.1，430 页，32 开（丽海杂著 1）

　　本书为文言体论文、杂著集，分 4 卷：政治、时事、修养、学术。

　　收藏单位：国家馆、吉大馆、上海馆、浙江馆

02815

李我存集 我存杂志社编

杭州：我存杂志社，1935，32 页，32 开（我存文库 2）

　　本书为李之藻的文集。

　　收藏单位：国家馆

02816

历代名家笔记类选 叶楚伧主编　金公亮编注

南京：正中书局，1936.7，353 页，32 开（国文精选丛书）

重庆：正中书局，1943.9，5 版，353 页，32 开（国文精选丛书）

上海：正中书局，1946.10，沪初版，353 页，32 开（国文精选丛书）

本书收清以前笔记 100 余篇，分 10 卷：人品、言语、文章、学术、政治、典掌、方技、山水、物志、怪异。每篇都加以注释，并附作者及其著作介绍，部分有题解。

　　收藏单位：安徽馆、重庆馆、广东馆、广西馆、国家馆、湖南馆、吉林馆、辽大馆、南京馆、内蒙古馆、上海馆、绍兴馆、首都馆、中科图

02817

了无斋文存 谢铭勋著

出版者不详，[1928]，16 页，18 开

　　本书收文 4 篇：《陆城贳郖考书史记田叔传后》《覆某先生书》《汉安国县考》《虖池异同考》，写于 1924 年 3 月至 1928 年 7 月。

　　收藏单位：国家馆

02818

六砚斋笔记 （明）李日华著　沈亚公校订

上海：中央书店，1936.1，3 册（130+138+134 页），32 开（国学珍本文库 第 1 集 18）

　　本书分 4 卷，内容多论书画。卷首有谭贞默、梁生甫的序。

　　收藏单位：安徽馆、重庆馆、广东馆、广西馆、国家馆、河南馆、黑龙江馆、湖南馆、吉林馆、辽大馆、辽师大馆、南京馆、内蒙古馆、宁夏馆、山西馆、上海馆、绍兴馆、首都馆、天津馆、西南大学馆

02819

履园丛话 （清）钱泳著

上海：商务印书馆，[1911—1949]，2 册（339 页），32 开

　　本书为笔记杂录，对清代的政治、经济、文化、社会生活等各个方面进行记载。

　　收藏单位：安徽馆、重庆馆、国家馆、湖南馆、江西馆、上海馆、绍兴馆、首都馆、西南大学馆

02820

论铁幕之漏洞 （俄）克伦斯基等著　章文焕译

出版者不详，[1948]，[16] 页，18 开

本书收文 5 篇:《论铁幕之漏洞》(克伦斯基)、《三权主义之新论》(钟伯年)、《陕西省实施水土保持及引用农业机械问题》(戈瑞堂)、《本社呼声》。

收藏单位:国家馆

02821

骂人百法　襟霞阁主人编

上海:中央书店,1931.6,4 册,32 开

上海:中央书店,1935.3,3 版,4 册,32 开

上海:中央书店,1935,4 版,4 册,32 开

本书为骂人之词,分 100 类,内容包括:爱情破裂之骂、丈夫薄幸之骂、反对苛捐之骂、攻击校长之骂等。行文白话、文言均有。其他题名:骂的结晶。襟霞阁主人即平襟亚。

收藏单位:重庆馆、国家馆、河南馆、湖南馆、南京馆、首都馆

02822

眉山遗文　(清)李眉山撰

[抄写者不详],[1911—1949],抄本,钢笔,6 页,散页

收藏单位:国家馆

02823

民力报副刊　民力报[编]

[上海]:[民力报],[1911—1949],[254]页,32 开

本书收副刊 10 期,内容包括:《新兴周刊》《导线周刊》《曲径周刊》《尖兵周刊》等。

收藏单位:国家馆

02824

民声丛刻(第 1 集)　民声社编

上海:[民声社],1928.7,40 页

本书收《议会政治之梦想》《社会主义进化中之无政府主义》《告妇人》《不饮酒不吸烟与卫生》《不用仆役不乘轿及人力车与平等主义》《废婚姻主义》《废家族主义》等文章。

收藏单位:近代史所

02825

民众画报选集　教育部第六服务团民众画报社编辑

教育部第六服务团民众画报社,1940.7,1册,16 开

收藏单位:南京馆

02826

木屑文丛　木屑文丛社编辑

[上海]:木屑文丛社,1935.4,216 页,32开

本书收文 12 篇,内容包括:《苏联作家大会的两个决议》《关于青年作家底创作成果和倾向》《〈子夜〉与革命的现实主义文学》等。

收藏单位:南京馆、上海馆

02827

慕楷轩杂缀　胡彦圣著

[远安]:文化石印馆,1934,石印本

本书共 10 部分,内容包括:为政之方、除弊之事、待人之道、修己之功、过去逆溯、现状一瞥等。

收藏单位:国家馆

02828

南雷文定　(清)黄宗羲撰

上海:商务印书馆,1937.3,2 册([323]页),32 开(国学基本丛书)

上海:商务印书馆,1937.4,再版,2 册([323]页),32 开(国学基本丛书)

长沙:商务印书馆,1939.9,2 册(323 页),25 开(万有文库 第 1—2 集简编 500 种 363)(国学基本丛书)

本书分 3 集。前集 11 卷,二集 4 卷,三集 3 卷,共 18 卷。内容包括:序文、书札、墓志、传记、行状等。

收藏单位:长春馆、重庆馆、大庆馆、复旦馆、国家馆、湖南馆、江西馆、辽师大馆、南京馆、宁夏馆、上海馆、绍兴馆、首都馆、西南大学馆

02829

南社社刊　金陵大学南社出版委员会编

南京：金陵大学南社学术部，1934.10，172页，16开

本书收南社成立 3 年来社友的文章 20 余篇，内容包括：《中央与地方权限之划分》（李荣晃）、《河北省之农村合作事业》（刘宣）、《广西民团概况》（谢润身）等，涉及农业、政治、化学、交通、教育、体育等。

收藏单位：国家馆

02830

南洋大学卅周纪念征文集

[上海]：[南洋大学]，[1926]，1 册，10 开

本书内容包括：南洋之过去及将来、南洋毕业生服务问题、中国古代之交通、我国三十年来交通事业之概况、我国电信事业之前途等。

收藏单位：东北师大馆、浙江馆

02831

南云集　吴敬轩著

[广州]：国立广东大学，1924.6，122+34 页，25 开

本书分两卷。第 1 卷内容包括：经学大纲绪言、读子答记绪言、史志文编导言、历代文选导言、古赋选粹绪言、经传文编叙、古子文录叙、述易、述书、述礼、述春秋、读墨子答记、读庄子答记、读孟子答记、读荀子答记、读书答记九则、寒窗忏语、女子与文学、亡弟孟轩小传、纪梦；第 2 卷收录诗、词共计 36 首。

收藏单位：广西馆

02832

廿七年前译文录　王耘蓬辑译

国立北平大学医学院图书馆，1931.4，268 页，32 开

本书分两部分，收作者 27 岁前的译文。论述部分收文 11 篇，内容包括：《最近医学的进步》《进化论与社会的进化》《观察论》等；文艺部分收小说、童话 7 篇，内容包括：《某青年的遗书》《日月井》等。辑译者又名：王云鹏。

收藏单位：国家馆、山东馆、首都馆

02833

欧美之光（完本）　吕碧城编译

上海：佛学书局，1931.9，172+26+10 页，32 开

上海、广州：开明书店、佛学书局，1932.6 重印，172+26+ 10 页，32 开

本书为完本，一切篇章和图像皆如初版。编译欧美书刊文章 20 余篇，涉及生物、医学、政治、教育、风俗等方面。

收藏单位：广西馆、贵州馆、桂林馆、国家馆、河南馆、黑龙江馆、湖南馆、南京馆、内蒙古馆、山东馆、上海馆、绍兴馆、浙江馆

02834

欧美之光（节本）　吕碧城编译

上海、广州：开明书店、佛学书局，1932.1，172+36 页，25 开

本书为节本，将图像、长篇英文（人名、地址及目录表或简短英文保存）以及西渐梵讯删除。

收藏单位：广东馆、国家馆、河南馆、湖南馆、江西馆、辽大馆、宁夏馆、上海馆、首都馆、天津馆

02835

平平杂著　刘颂平编著

梅县：同旺号刊，1942.11，60 页，16 开

收藏单位：南京馆

02836

樵山杂著　潘敬著

惠隐 [发行者]，1931.9，268 页，25 开

惠隐 [发行者]，1936.12，再版，290 页，25 开

本书分 6 卷，约 10 万言，不分类，不标题。内容包括：读书心得、观世所感、轶闻轶事、古迹游踪等。

收藏单位：北师大馆、国家馆、黑龙江馆、湖南馆、近代史所、上海馆、首都馆、天津馆、浙江馆、中科图

02837

樵山续著　潘敬著

出版者不详，[1936—1937]，1 册，18 开

本书系续《樵山杂著》之作。原载于《改进专刊》。

收藏单位：广东馆

02838

青岛安庆留别手书稿　马福祥书

出版者不详，1931，石印本，1 册

本书内容包括：蒙古会议开幕词、开发蒙藏兴西北国防等。

收藏单位：国家馆

02839

求志轩文稿　杨毅廷著

出版者不详，[1911—1949]，97+13 页，22 开

本书共 4 编。

收藏单位：湖南馆、上海馆

02840

屈巡按使巡视两浙文告（卷 5 日记类）　屈映光著

北京：亚东制版印刷局，1915，136 页，18 开

本书是作者巡查浙江，经过武义县时所摄。其他题名：屈巡按使出巡两浙文稿。

收藏单位：近代史所、天津馆

02841

癯庵遗稿　陈伯平著

出版者不详，[1911—1949]，78 页，32 开

本书内容包括：序、正文、跋等，附墓志。

收藏单位：河南馆、湖南馆、南京馆

02842

群芳清玩　（清）李璵编　沈亚公校订

上海：中央书店，1936.1，2 册（160+196 页），32 开（国学珍本文库 第 1 集 20）

本书分正、附两编，内容涉及古人的古玩、棋画、花卉等，收著述 18 篇，包括：《鼎录》《刀剑录》《研史》《画鉴》《石谱》《弈律》《王氏兰谱》《梅谱》等。封里加题：文房小品 襟霞阁主人重刊。

收藏单位：安徽馆、长春馆、重庆馆、广东馆、广西馆、国家馆、河南馆、黑龙江馆、湖南馆、惠州馆、吉林馆、辽师大馆、南京馆、内蒙古馆、宁夏馆、山西馆、上海馆、绍兴馆、首都馆、天津馆、西南大学馆

02843

群学会通　徐步朝撰

[北京]：国群铸一通俗讲演社，1914，石印本，1 册

本书有墨笔圈点。

收藏单位：国家馆

02844

人类的前途　学林社编

上海：学林社，1941.5，177 页，16 开（学林第 7 辑）

本书收文 8 篇：《人类的前途》（曹惠群）、《赫胥黎与文学》（刘咸）、《世界战争与世界经济之趋势》（夏炎德）、《土壤力学挈要》（陈克诚）、《四声钩沈》（疢斋）、《中国陶瓷总说》（泽人）、《近百年来中国新教育之发展（续完）》（杜佐周）、《中国文字之原流与研究方法之新倾向（续）》（马叙伦）。

收藏单位：广东馆、国家馆、南京馆、上海馆、首都馆、天津馆

02845

容斋随笔五集　（宋）洪迈著

上海：商务印书馆，1935.3，5 册（[723] 页），32 开（万有文库 第 2 集 533）（国学基本丛书）

上海：商务印书馆，1935.12，3 册（218+213+251 页），32 开（国学基本丛书）

上海：商务印书馆，1937.2，再版，3 册（218+213+251 页），32 开（国学基本丛书）

长沙：商务印书馆，1939.12，5 册，32 开（万有文库 第 1—2 集简编 500 种 395）（国学基本丛书）

本书收笔记 328 则，分 5 集：随笔、续笔、三笔、四笔、五笔。

收藏单位：安徽馆、重庆馆、大理馆、大

连馆、东北师大馆、广西馆、国家馆、黑龙江馆、湖南馆、江西馆、辽大馆、辽师大馆、柳州馆、内蒙古馆、宁夏馆、上海馆、首都馆、西南大学馆、中科图

02846

上海市立民众教育馆学术演讲（第1集） 上海市立民众教育馆编

上海市立民众教育馆，1933，92页，32开

收藏单位：东北师大馆

02847

申报六十周年暑期征求学生文选 申报馆编辑部 [编辑]

上海：[申报馆]，[1932]，328页，32开

本书收小学、初中、高中、大学的获奖文章，内容涉及文、理、工科等。书前有"征文经过"及凌其翰等4位阅卷人的感想。

收藏单位：重庆馆、广西馆、国家馆、江西馆、上海馆、浙江馆

02848

慎始基斋校书图续题词暨慎园伉俪六十寿言合册

出版者不详，[1911—1949]，油印本，1册

本书中的慎园即卢弼（字慎之，号慎园）。

收藏单位：国家馆

02849

生命与生存 学林社编辑

上海：学林社，1940.12，177+[48]页，16开（学林第2辑）

本书收文9篇，内容包括：《生命与生存》（伏枥）、《近百年来之中国铁路事业》（王勤堉）、《中国民族精神发展之我见》（吕思勉）等。

收藏单位：安徽馆、广东馆、国家馆、南京馆、上海馆

02850

石林燕语 （宋）叶梦得撰

长沙：商务印书馆，1941.7，100页，36开

本书分10卷，记叙朝章国典、旧闻时事，朝野故事足以资考，补史缺。内容还涉及诗文、词章、奏议、考释、笔记等。

收藏单位：重庆馆、南京馆

02851

仕学一得集 徐承庶著

出版者不详，1934，[130]页，32开

本书为作者任汪伪政权嘉定区公署署长时所著。

02852

授堂文钞 （清）武亿著

上海：商务印书馆，1937.3，155页，32开（国学基本丛书）

上海：商务印书馆，1937.4，再版，155页，32开（国学基本丛书）

本书共8卷。卷末有伍绍棠的跋，评介著者生平。

收藏单位：长春馆、重庆馆、大庆馆、福建馆、国家馆、河南馆、湖南馆、吉林馆、辽宁馆、南京馆、内蒙古馆、上海馆、首都馆、西南大学馆

02853

庶斋老学丛谈 （元）盛如梓著

长沙：商务印书馆，1941.7，53页，36开

本书共3卷，主要考辨经史、评论诗文，也有关于朝野遗事的内容。上卷首记国故，后及经史；中卷、下卷多评论诗文，间及两宋轶事。

收藏单位：重庆馆、广东馆、国家馆、南京馆、天津馆、中科图

02854

思痛录 陈洪范撰

出版者不详，[1911—1949]，1册，32开，环筒页装

收藏单位：国家馆

02855

苏东坡笔记 （宋）苏轼著

重庆：大育书局，1948.9，渝版，74页，32

开

本书收笔记 220 余篇。其他题名：东坡笔记。

收藏单位：重庆馆

02856

苏东坡笔记（新式标点）（宋）苏轼著　周去病标点

上海：大达图书供应社，1935.5，54 页，32 开（名人笔记 说部）

上海：大达图书供应社，1935.8，再版，54 页，32 开（名人笔记 说部）

上海：大达图书供应社，1936.3，再版，54 页，32 开（名人笔记 说部）

本书版权页、书口等处题名：东坡笔记。

收藏单位：重庆馆、广东馆、湖南馆、惠州馆、辽宁馆、南京馆、首都馆

02857

汤晋遗著　汤晋著　徐绪昌编校

南京：京华印书馆，1936.12，154+73 页，32 开，精、平装

本书收文 12 篇，内容包括：《发展中国航空之捷径》《制造飞机之设计》《美国新闻事业变迁史》《预防医学进化史》等。其中，中文 7 篇、英文 5 篇。书前有：汤晋传略（蒋维乔）。其他题名：少年科学家汤晋遗著。

收藏单位：重庆馆、广东馆、国家馆、江西馆、天津馆

02858

天空游记　丁竹园著

天津：敬慎医室，1927.11，92 页，32 开（竹园丛话 续集）

本书借金星人之口讽刺社会各种弊病。收文 21 篇，内容包括：《何时是革命成功时乎》（补庵）、《教育界应有之觉悟》（拙庐）等。

收藏单位：国家馆

02859

天人私语　张任天　蒋人作编

出版者不详，[1911—1949]，78 页，32 开

收藏单位：南京馆

02860

天下百奇大观　刘坡公编著

上海：中央图书局，1920.2，6 册（[432] 页），长 42 开

本书据唐宋以来百余种笔记摘编而成，共 6 编，分奇天、奇风、奇雨等 100 个门类，收 500 余则笔记。

收藏单位：广东馆、浙江馆

02861

桐城两相国语录　（清）张英　（清）张廷玉著　（清）张曾虔编

张曾虔 [发行者]，[1933]，4 册，32 开

本书共 4 册。第 1 册为《笃素堂文集》（张英），内容包括：《聪训斋语》2 卷、《恒产琐言》1 卷、《饭有十二合说》1 卷；第 2 册为《澄怀园语》（张廷玉），共 4 卷；第 3、4 册为《澄怀主人自订年谱》（张廷玉），共 6 卷。

收藏单位：国家馆

02862

我的世界观　（美）爱因斯坦（A. Einstein）著　叶蕴理译

上海：文化生活出版社，1937.1，255 页，36 开（文化生活丛刊 17）

本书辑录著者部分文章及演词，分 5 篇：我的世界观、政治与和平、一九三三的德国、犹太主义、科学。

收藏单位：重庆馆、国家馆、江西馆、宁夏馆、陕西馆、上海馆、首都馆、浙江馆

02863

五十年来的德国学术　中德学会编译

外文题名：Aus Fünfzig Jahren Deutscher Wissenschaft

长沙：商务印书馆，1938.3，4 册（1073 页），32 开（中德文化丛书 6）

本书是 1930 年为庆祝"德国学术救济会"会长史密特·奥特 70 寿辰而编辑的论文集，收文 39 篇，将德国学术 50 年来的进展分门别类加以介绍。

收藏单位：安徽馆、重庆馆、东北师大馆、广东馆、广西馆、贵州馆、国家馆、黑龙江馆、湖南馆、近代史所、辽大馆、辽师大馆、南京馆、内蒙古馆、山东馆、山西馆、上海馆、绍兴馆、首都馆、西交大馆、西南大学馆、中科图

02864

五十年来中国之新史学　学林社编

上海：学林社，1941.2，300 页，16 开（学林第 4 辑）

本书收文 9 篇：《五十年来中国之新史学》（周予同）、《生物之化学观》（伏枥）、《现代中国职业教育之产生与其发展》（钟道赞）、《卞强生的癖性喜剧的理论与应用》（陈麟瑞）、《中国农业技术的改进问题》（黄绍绪）、《汉世亭传之制》（吕思勉）、《唐代的游艺》（杨荫深）、《观堂礼说存商》（任铭善）、《读金刻器词（卷下）》（马叙伦）。

收藏单位：安徽馆、重庆馆、广东馆、国家馆、辽东学院馆、南京馆、上海馆、绍兴馆、首都馆

02865

五杂俎（晚明笔记）　（明）谢肇淛著　章衣萍校订

上海：中央书店，1935.12，2 册（348+368 页），32 开（国学珍本文库 第 1 集 13）

本书共 16 卷，分 5 部分：天、地、人、物、事。题名页误题：五杂组。

收藏单位：安徽馆、重庆馆、广东馆、广西馆、桂林馆、国家馆、河南馆、湖南馆、吉林馆、江西馆、辽宁馆、辽师大馆、南京馆、内蒙古馆、宁夏馆、上海馆、绍兴馆、首都馆、天津馆、西南大学馆

02866

西湖遗事·西湖古今佳话　朱彭著

杭州：六艺书局，1928.2，28+48 页，32 开

杭州：六艺书局，1929.6，再版，28+48 页，32 开

杭州：六艺书局，1931.9，3 版，28+48 页，32 开

本书包括两种文献。《西湖遗事》将有关西湖诗中寓以故事的诗词录出，然后讲述诗中故事，共收 62 种。《西湖古今佳话》收有关西湖的典故 70 种，每种先录典故标题，再讲内容。封面题名：西湖遗事 古今佳话。

收藏单位：广西馆、河南馆、江西馆、近代史所、上海馆、绍兴馆、首都馆

02867

西斋杂著二种　（清）博明撰

出版者不详，1934.12，151 页，25 开（国学文库 16）

本书收《西齐偶得》和《凤城琐录》，据嘉庆年刊本重印。

收藏单位：北师大馆、国家馆、清华馆、上海馆、中科图

02868

先贤江慎修公弄丸图题记　江兆槐编

出版者不详，[1911—1949]，油印本，1 册，16 开

本书收《先贤江慎修公弄丸图题记》《弄丸主人自题小影》《江慎修先生象赞》等 15 篇。另收"婺源乡贤江慎修公遗像""婺源乡贤江慎修公弄丸图遗像"等图 3 张。

收藏单位：重庆馆

02869

闲话上海　马健行编辑

上海：上海出版社，1938.10，2 册（204+193 页），32 开

上海：上海出版社，1940.5，再版，2 册（204+193 页），32 开

本书收录记述上海种种黑幕的笔记 240 余篇，内容包括：《上海倡门沿革史》《倡门之组织情形》《冶游门径》《板板六十四》《养小鬼》《上海的大报》《上海的游戏场》《茶会》《老虎灶》等。

收藏单位：北师大馆、重庆馆、首都馆

02870

闲情偶寄　（清）李渔著

上海：贝叶山房，1936.1，368 页，32 开（中

国文学珍本丛书 第 1 辑 19）

本书共 8 部分 16 卷，论述了戏曲、歌舞、服饰、修容、园林、建筑、花卉、器玩、颐养、饮食等艺术和生活中的各种现象，并阐发了自己的主张。据贝叶山房张氏藏本排印。

收藏单位：广东馆、广西馆、贵州馆、国家馆、河南馆、吉大馆、江西馆、近代史所、辽大馆、辽东学院馆、南京馆、内蒙古馆、宁夏馆、山西馆、上海馆、绍兴馆、首都馆、西南大学馆

02871

闲情偶寄　（清）李渔著

上海：国学研究社，1936.5，234 页，32 开（国学珍本丛书）

收藏单位：首都馆

02872

闲情偶寄　（清）李渔著

上海：中央书店，1936.6，428 页，32 开

收藏单位：重庆馆、广东馆、湖南馆、惠州馆、内蒙古馆、首都馆

02873

现代百科文选　王子坚编

上海：经纬书局，1935.3，4 册（2304 页），32 开（现代学术论著思想文化精粹）

上海：经纬书局，1935.5，2 册（2304 页），32 开，精装（青年必读书）

上海：经纬书局，1936，再版，2 册（2304 页），32 开，精装（青年必读书）

上海：经纬书局，1936.5，3 版，2 册（2304 页），32 开，精装（适合中等学校教科之用）

本书收文 343 篇，分 11 部分：国际政治、中国政治经济、法律外交、教育、社会问题、文化、科学研究、文学讨论、时人自述与人物评传、学术论著、杂文·散文·小品文。

收藏单位：安徽馆、重庆馆、广东馆、广西馆、贵州馆、桂林馆、国家馆、河南馆、湖南馆、江西馆、近代史所、南京馆、上海馆、首都馆、浙江馆

02874

现代各科论文集　瞿世镇　周椒青编校

上海：三民公司，1931.5，1 册，32 开

上海：三民公司，1933.6，增订 3 版，300 页，32 开

上海：三民公司，1937.4，增订 5 版，300 页，32 开

本书分 6 辑：党义论文、经济和财政论文、政治法制和司法论文、外交论文、教育论文、农林警察和卫生论文，收文 45 篇，内容包括：《训政时期党义的教导与学习》（戴季陶）、《办党与做官》（周佛海）、《中国贫弱的根本原因》（马寅初）、《自治与约法》（潘公展）、《中国在国际上应有之地位》（王正廷）、《衣食住行之卫生要则》（褚民谊）等。

收藏单位：国家馆、江西馆、南京馆

02875

现代论文选　俊生编

上海：仿古书店，1936.9，282 页，32 开

本书分 4 辑：文学艺术论文类、国学论文类、青年问题论文类、人生观与科学论文类。收文 17 篇，内容包括：《生活与艺术》（郁达夫）、《论所谓“国学”》（何炳松）、《且慢谈所谓“国学”》（郑振铎）、《青年的烦闷与出路》（胡汉民）、《为什么读书》（胡适）、《玄学与科学》（丁文江）、《一个新信仰的宇宙观及人生观》（吴稚晖）等。

收藏单位：重庆馆、国家馆、吉林馆、南京馆、绍兴馆、首都馆

02876

小意思集　陈果夫著

金华：国民出版社，1941，146 页，32 开

南平：国民出版社，1944.6，再版，144 页，32 开

本书收文 30 篇，内容包括：《苏政四年之回忆》《电感论》《陈英士先生之精神生活》《江苏省政府三年来施政述要序》《中国礼俗研究》《医学小言》等。

收藏单位：安徽馆、重庆馆、福建馆、国家馆、辽大馆、南京馆、上海馆、浙江馆

02877

小意思集　陈果夫编著

上海：正中书局，1947.4，增订本，378 页，32 开

　　本书收文 62 篇，内容包括：《苏政四年之回忆》《电感论》《陈英士先生之精神生活》《江苏省政府三年来施政述要序》《中国礼俗研究》《医学小言》等。

　　收藏单位：重庆馆、国家馆、湖南馆、南京馆、上海馆

02878

孝园翰墨

出版者不详，[1911—1949]，48 页，64 开

　　收藏单位：南京馆

02879

行健室文存　申悦庐著

出版者不详，1943.9，196 页，32 开

　　收藏单位：湖南馆、南京馆

02880

许多都城震动了　蚂蚁出版社编

蚂蚁出版社，1948，18 页

　　本书内容包括：前记、敌与友、诗论二则、罪状、诗、恶魔向我走来等。

　　收藏单位：近代史所

02881

薛文清公读书录钞　（明）薛瑄撰　（清）陆纬辑　青年协会书报部编订

外文题名：Results of my study

上海：青年协会书报部，1927，[58] 页，32 开

　　本书作者在读《读书录》（薛瑄）后，将书中之精华摘取 530 余条，编作 4 卷刊出。

　　收藏单位：重庆馆

02882

学术丛话　黄忏华著

上海：泰东图书局，1921.8，128+12 页，32 开

上海：泰东图书局，1922.3，再版，128+12

页，32 开

上海：泰东图书局，1926.8，4 版，128+12 页，32 开

　　本书收文 60 篇，均为作者编辑《新时报》和《学术周刊》时所写的，包括：《学理和基础的知识》《实证哲学和中国》《甚么叫做常识》《改善的人生观》等。内容涉及哲学、文学、科学、社会学等方面。附新体诗。

　　收藏单位：重庆馆、东北师大馆、河南馆、江西馆、上海馆、天津馆

02883

学术建国丛刊（第 1 集）　华美协进社编

外文题名：National reconstruction: Vol.I

留美中国学生战时学术计划委员会，1942.8，109 页，23 开

　　本书收中、英文文章 13 篇，内容包括：《中国战后工业化问题》（方显廷）、《我国丝业的前瞻》（方柏容）、《刮地皮》（孙守全）、《参与加拿大公共卫生年会记》（宋黄翠梅）、《评〈中国国语入门〉》（严仁赓）、《如何筹措战费》（苏在山）、《太平洋西岸工业化之实况（书评）》（罗开富）等。附《学术建国工作报告》（纽约学术建国讨论会）。

　　收藏单位：国家馆、南京馆

02884

学术讲演集　第十一战区长官部政治部编

北平：第十一战区长官部政治部，1947.1，82 页，32 开

　　本书收编者组织的 1946 年学术讲座的讲演词 16 篇，内容包括：《中国哲学与民主政治》（冯友兰）、《新民族哲学》（萧一山）、《美国的外交政策》（胡适）等。内容涉及政治、哲学、外交、军事、工业、技术、艺术等方面。

　　收藏单位：重庆馆、国家馆、江西馆、近代史所、南京馆、上海馆、首都馆、天津馆

02885

学术讲演集（第 1 辑）　四川省政府教育厅主编

成都：四川省政府教育厅，1941.5，46 页，32

开

本书收讲演词4篇:《二次世界大战中之现阶段》（刘世传）、《四川农业之现在与将来》（章之汶）、《滑翔与国防》（李大经）、《国家至上》（于斌）。每篇前有作者介绍。

收藏单位：重庆馆、国家馆、西南大学馆

02886
学术讲演集（第2辑）　四川省政府教育厅主编

成都：四川省政府教育厅，1941.6，58页，32开

本书收讲演词4篇:《科学与抗战》（王星拱）、《中国抗战四年来的觉悟与今后青年应有的努力》（黄炎培）、《体育的基本认识》（章辑五）、《我们的信仰》（陈觉玄）。每篇前有作者介绍。

收藏单位：国家馆、南京馆

02887
学术讲演集（第3辑）　四川省政府教育厅主编

成都：四川省政府教育厅，1941.7，50页，32开

本书收讲演词4篇:《今日之松理茂懋》（陈斯孝）、《青年之向上与堕落》（钱穆）、《怎样学习国文》（叶绍钧）、《九月廿一日之日全食》（李晓舫）。每篇前有作者介绍。

收藏单位：重庆馆、国家馆、南京馆

02888
学术讲演集（第4辑）　四川省政府教育厅主编

成都：四川省政府教育厅，1941.10，41页，32开

本书收讲演词4篇:《四川考古与四川青年》（冯汉骥）、《人造丝问题》（曾昭抡）、《解决国民教育师资问题的途径》（刘百川）、《大学生假期服务之检讨》（王文萱）。每篇前有作者介绍。

收藏单位：重庆馆、国家馆、上海馆

02889
学术讲演集（第5辑）　四川省政府教育厅主编

成都：四川省政府教育厅，1942.1，36页，32开

本书收讲演词4篇:《科学发明》（戴安邦）、《天文与日食》（张钰哲）、《临洮观测日食之初步报告》（李晓舫）、《展开国民教育的辅导工作》（郭有守）。每篇前有作者介绍。

收藏单位：重庆馆

02890
学术讲演集（第9辑）　四川省政府教育厅主编

成都：四川省政府教育厅，1942.7，26页，32开

本书收讲演词4篇:《筹募乡（镇）中心学校公债基金运动》（黄炎培）、《中学生的歧路与出路》（章柳泉）、《我国的战时财政》（尹文敬）、《时代精神与社会教育》（李燕）。每篇前有作者介绍。

收藏单位：重庆馆

02891
学术讲演集（第10辑）　四川省政府教育厅主编

成都：四川省政府教育厅，1942.10，20页，32开

本书收讲演词4篇:《我对于青年作人的几点贡献》（冯玉祥）、《中学生与文艺》（老舍）、《建设新文化以纪念孔子》（段天炯）、《教育人员对于征实应有的认识与努力》（郭有守）。每篇前有作者介绍。

收藏单位：重庆馆

02892
学术讲演集（第11辑）　四川省政府教育厅主编

成都：四川省政府教育厅，1942.12，23页，32开

本书收讲演词4篇:《未来世界》（胡焕庸）、《乡下人的教育》（傅葆琛）、《希望蜀石经残石之重见》（马衡）、《中国青年对于国际

问题应有的认识》（张忠绂）。每篇前有作者介绍。

收藏单位：重庆馆、上海馆

02893

学术讲演集（第12辑）　四川省政府教育厅主编

成都：四川省政府教育厅，1943.1，36页，32开

本书收讲演词4篇：《文化与艺术》（华林）、《西方科学与中国农业》（董时进）、《青年训练与国防建设》（杨杰）、《我国妇女在抗战建国时期中应负的使命》（王非曼）。每篇前有作者介绍。

收藏单位：重庆馆

02894

学术讲演集（第13辑）　四川省政府教育厅主编

成都：四川省政府教育厅，1943.2，30页，32开

本书收讲演词4篇：《世界大战中英国人的生活》（顾维钧）、《闲话岁时》（李晓舫）、《物理学家对于宇宙的看法》（王象复）、《中国工业合作运动》（洪谨载）。每篇前有作者介绍。

收藏单位：重庆馆、国家馆

02895

学术讲演集（第14辑）　四川省政府教育厅主编

成都：四川省政府教育厅，1943.4，18页，32开

本书收讲演词4篇：《科学在农业上的奇迹》（刘运筹）、《今日青年努力的途径》（郭有守）、《四十年来之无线电》（倪尚达）、《今后民众补习教育的趋向》（顾树森）。每篇前有作者介绍。

收藏单位：重庆馆、国家馆

02896

学术讲演集（第15辑 哥白尼逝世四百年纪念特刊）　四川省政府教育厅主编

成都：四川省政府教育厅，1943.5，20+5页，32开

本书收讲演词4篇：《从哥白尼的祭辰谈到波兰的国运》（郭有守）、《哥白尼逝世四百周年感想》（李约瑟）、《新时代之曙光》（李晓舫）、《纪念哥白尼以后》（李方训）。其中李约瑟是用英文演讲的。附《哥白尼逝世四百周年纪念会纪要》。

收藏单位：重庆馆、上海馆

02897

学术讲演集（第16辑）　四川省政府教育厅主编

成都：四川省政府教育厅，1943.6，28页，32开

本书收讲演词4篇：《边教的几点意见》（林耀华）、《报纸与人生》（蒋荫恩）、《介绍藏民妇女》（于式玉）、《群众与领袖》（张少微）。每篇前有作者介绍。

收藏单位：重庆馆、国家馆

02898

学术讲演集（第17辑）　四川省政府教育厅主编

成都：四川省政府教育厅，1943.8，28页，32开

本书收讲演词4篇：《中学生就业与升学应有之认识》（韦卓民）、《西北经济建设之基础》（郑象铣）、《战后社会改造思想之瞻望》（卫惠林）、《社会福利（行政）与民主政治》（陈文仙）。每篇前有作者介绍。

收藏单位：重庆馆

02899

学术讲演集（第18辑）　四川省政府教育厅主编

成都：四川省政府教育厅，1944.1，22页，32开

本书收讲演词4篇：《国民教师通讯研究工作报告》（薛鸿志）、《北大学风》（黄建中）、《世界文化之展望》（柯象峰）、《怎样做科学工作》（吴金鼎）。每篇前有作者介绍。

收藏单位：重庆馆

02900
学术讲演集（第 19 辑） 四川省政府教育厅主编
成都：四川省政府教育厅，1944.4，26 页，32 开

本书收讲演词 4 篇：《为维护我们的生活方式而战》（徐中舒）、《我国中小学生之营养问题》（郑集）、《血液之生理》（蔡翘）、《孔子的社会教育观》（徐朗秋）。每篇前有作者介绍。

收藏单位：重庆馆

02901
学术讲演录汇刊（第 1 集）
出版者不详，[1911—1949]，1 册，22 开

本书收文 4 篇：《现代心理学》《墨家哲学》《社会与教育》《动的新教授论》。逐页题名：学术讲演会讲演录。

收藏单位：首都馆

02902
学术讲演录汇刊（第 2 集）
出版者不详，[1911—1949]，1 册，22 开

本书收文 5 篇：《天文学》《燃料》《细菌学大意》《肺痨病预防及治疗法》《农业化学》。

收藏单位：首都馆

02903
学术讲演录汇刊（第 3 集）
出版者不详，[1911—1949]，1 册，22 开

本书收文 7 篇：《西洋新派绘画》《气体导电性》《物质动力论》《化学》《油业概论》《社会与伦理》《心灵现象论》。

收藏单位：首都馆

02904
学术讲演录汇刊（第 4 集）
出版者不详，[1911—1949]，1 册，22 开

本书收文 5 篇：《美术的起源》《现代教育的趋势》《美国之民治的发展》《科学与人类进化之关系》《生物进化与地球面沿革之概说与历史》。

收藏单位：首都馆

02905
学术讲座广播文集 丁则良等著
昆明广播电台，1945，134 页

本书收历史、地理、国际问题、经济、教育与科学、文哲等方面的文章。

收藏单位：近代史所

02906
学术论丛（留日学生论文集） 中华民国驻日留学生监督处编辑
上海：中华书局，1935.11，254 页，24 开

本书收文 14 篇，内容包括：《中国农业经济恐慌的原因及其性质》（史惠康）、《民族与民族政治》（胡泽吾）、《战争与经济》（卢勋）、《钢铁腐蚀概论》（黄廼鹤）、《中日数学之变迁》（朱少先）等。

收藏单位：重庆馆、广西馆、贵州馆、国家馆、黑龙江馆、湖南馆、江西馆、辽宁馆、南京馆、内蒙古馆、山东馆、上海馆、天津馆、西南大学馆、浙江馆、中科图

02907
学术演讲汇编（二集） 中央大学区立民众教育院编
南京：中央大学区立民众教育院，1928，[72] 页，16 开

本书收演讲词 6 篇：《哲学问题》（屠孝实）、《人格修养》（陈筑山）、《自然科学概论》（邵稼荪）、《民主政体》（唐庆治）、《中国之农业问题》（过探先）、《光育》（张锡山）。

02908
学术演讲集 广西省政府编译委员会编
桂林：广西省政府编译委员会，1940.3，202 页，32 开

本书由 1935 年莅桂开会六学术团体会员的公开演讲、1938 年广西省政府组织的学术讲座以及历年莅桂学者的学术演讲合编而成，分 8 部分：天文、地质、考古、生物、农业、工程、教育、其他。收演讲词 31 篇，内容包

括:《别的星球也有生物吗?》(陈遵妫)、《实施土木工程对于广西地质应注意之几点》(李四光)、《我们对于中国古代文化应有之新认识》(李济之)、《现代图书馆及博物馆之重要与管理》(袁守和)等。

收藏单位:重庆馆、广东馆、桂林馆、国家馆、江西馆

02909

严修能批校容斋随笔 柳诒徵录

出版者不详,[1911—1949],36页,16开

收藏单位:南京馆

02910

揅经室集 (清)阮元著

上海:商务印书馆,1937.5,4册([920]页),32开(国学基本丛书)

本书为诗文集,共40卷。

收藏单位:长春馆、重庆馆、贵州馆、国家馆、河南馆、南京馆、内蒙古馆、山东馆、中科图

02911

揅经室续集 (清)阮元著

上海:商务印书馆,1937.3,299页,32开(国学基本丛书)

上海:商务印书馆,1937.4,再版,299页,32开(国学基本丛书)

本书共11卷,收作者的经史考据文章及诗赋作品等。

收藏单位:重庆馆、大庆馆、国家馆、河南馆、南京馆、内蒙古馆、上海馆、首都馆、西南大学馆、中科图

02912

杨园遗著菁华 (清)张履祥著 沈光熊选编

桐乡县政府,1935.10,[158]页,32开

本书收文4篇:《答颜孝嘉论学十二则》《与曹射侯论水利书》《补农书》《保聚附论》,选自《杨园全集》。附作者传及年谱。

收藏单位:国家馆、绍兴馆

02913

[养素堂未刊文稿] (清)张澍撰

巴黎:出版者不详,1937,摄影本,1册

本书有墨笔题识。

收藏单位:国家馆

02914

冶庐杂记简抄 苏全斌著

出版者不详,1945,90页,32开

收藏单位:首都馆

02915

一线的曙光

上海:群学书店,1947.1,164页,32开(群学信箱3)

本书收《一线的曙光》《三只迷途的羔羊》《怎样打破同姓不婚的观念》《可怜的妇女》《爱情与金钱》《我的苦衷》等文章。

收藏单位:南京馆

02916

庸言备忘录 张荫梧著

出版者不详,1929,336页

本书包括《对第七军上尉以上官佐讲词》《对第七军少校以上各官佐讲词》《召集雁北绅学军商各界全体会议讲词》《对二十六团全体官兵讲词》等。

收藏单位:近代史所

02917

俞曲园随笔 (清)俞樾著 汪宝恒标点

上海:大达图书供应社,1935.1,144页,32开

上海:大达图书供应社,1935.4,再版,144页,32开

本书共10卷,记载杭州一带的名胜古迹、文物掌故和作者交游的人物以及诗文等,收随笔300余篇。内容包括:《物老为怪》《昏夜见鬼》《海神缠女》《金井神童》《智标塔》《古银杏》等。

收藏单位:重庆馆、广东馆、广西馆、国家馆、黑龙江馆、湖南馆、惠州馆、吉林馆、江西馆、南京馆、内蒙古馆、山西馆、首都馆

02918

余园墨沈（全卷）（清）武克顺著

武克顺 [发行者]，[1923]，[243] 页，16 开

本书共 8 卷，收《杨家将》《古今时节之异》《唐代纵囚》《黑奴》《假王假将军》等文章。

收藏单位：国家馆、近代史所、南京馆

02919

杂论　新文化社等著

出版者不详，[1911—1949]，1 册，25 开

本书收《国际工作团征求国员的旨趣》（新文化社）、《九月一日以前之中国与九月一日以后之中国》（田杰）、《张竞生致汪精卫信》、《马克思经济学批评》（毛一波）等文章。

收藏单位：重庆馆

02920

杂志汇集（纪事）

出版者不详，[1911—1949]，1 册，24 开

本书汇集《国风报》第 1 年号上所登载的新闻纪事，分两部分：中国纪事和世界纪事。收藏者自订成册。

收藏单位：重庆馆

02921

杂志汇集（教育）

出版者不详，[1911—1949]，1 册，24 开

本书汇集《新民丛报》上有关教育的文章，包括：《教育目的论》（江口辰太郎）、《教育政策私议》（中国之新民）、《论教育学之意义》（河北愚公）、《教育学剖解图说》（祖武）等。收藏者自订成册。

收藏单位：重庆馆

02922

杂志汇集（论著）

出版者不详，[1911—1949]，1 册，24 开

本书汇集《宪政新志》《国风报》《新民丛报》上有关经济的著述，包括：《论地方税之性质》（吴冠英）、《日本租税制度论》（张

嘉森）、《外债平议》（沧江）、《我国外债现状调查记》（明水）等。收藏者自订成册。

收藏单位：重庆馆

02923

杂志汇集（战纪）

出版者不详，[1911—1949]，1 册，24 开

本书汇集《新民丛报》上有关 20 世纪初中日战争、日俄战争的评述，包括：《日军围攻旅顺战记》、《日俄和议纪事本末》（饮冰）、《日俄战争之终局》（主父）、《日俄战争与中日战争之比较》（立人）等。收藏者自订成册。

收藏单位：重庆馆

02924

杂纂四种　川岛编

[上海]：北新书局，1926.9，64 页，32 开

本书收文 4 篇：《义山杂纂》（李义山）、《杂纂续》（王铚）、《杂纂二续》（苏轼）、《杂纂三续》（黄允交）。书前有编者序。

收藏单位：北师大馆、重庆馆、国家馆、浙江馆

02925

宰盐杂稿　王绍会著

上海：中国图书公司，1911.8，1 册

收藏单位：近代史所

02926

曾涤生文选　（清）曾国藩著　吴瑞书编

上海：中央书店，1935.5，124 页，32 开

本书为详注国学读本，分 6 部分：杂著、序跋、书牍、传状、碑志表、记，共计 66 篇，有注释。

收藏单位：国家馆、湖南馆、辽宁馆

02927

曾国藩六种（新式标点）（清）曾国藩著
陶乐勤句读

上海：大中书局，1928.8，8 版，5 册（[1076] 页），32 开

上海：大中书局，1931.2，9 版，5 册（[1076]

页），32 开

上海：大中书局，1931.6，10 版，5 册（[1076]页），32 开

上海：大中书局，1932.9，12 版，5 册（[1076]页），32 开

上海：大中书局，1933.3，13 版，5 册（[1076]页），32 开

　　本书分 6 类：家书、书札、家训、大事记、荣哀录、日记。

　　收藏单位：广东馆、国家馆、河南馆、湖南馆、江西馆、辽宁馆、南京馆

02928

曾国藩六种（新式标点）（清）曾国藩著
王启源编

上海：启智书局，1932.10，6 册（[1018] 页），32 开

上海：启智书局，1933，再版，6 册（[1018]页），32 开

上海：启智书局，1933.10，3 版，6 册（[1018]页），32 开

上海：启智书局，1934.7，4 版，6 册（[1018]页），32 开

　　本书共 6 册。第 1—4 册为家书；第 5 册为日记、问学；第 6 册为家训、书札、大事年表、荣哀录。

　　收藏单位：重庆馆、河南馆、江西馆、辽宁馆、内蒙古馆、山东馆、天津馆

02929

曾国藩六种（足本新式标点）（清）曾国藩著　陶乐勤句读

上海：大中书局，1934，6 册，32 开

　　本书分 6 类：家书、书札、家训、大事记、荣哀录、日记。

　　收藏单位：安徽馆、首都馆

02930

曾国藩语录　李公诚编

出版者不详，1929.3，310+20 页，18 开

　　本书分 6 类：治家、治身、治世、治学、治军、治政。书末附《李公诚偶悟录副刊》。

　　收藏单位：国家馆

02931

曾胡二公经济要略

出版者不详，[1911—1949]，120 页，32 开

　　本书收曾国藩、胡林翼经济方面的文章。

　　收藏单位：国家馆

02932

曾文正公八种　（清）曾国藩著　薛恨生标点

上海：新文化书社，1934.5，7 版，8 册，32 开

　　本书分 8 类：家书、家训、书札、日记、大事年表、荣哀录、诗集、文集。

　　收藏单位：南京馆、绍兴馆

02933

曾文正公八种（新式标点）（清）曾国藩著　薛恨生标点

上海：新文化书社，1934.10，2 版，6 册，32 开

上海：新文化书社，1934.11，3 版，6 册，32 开

上海：新文化书社，1935.2，4 版，6 册，32 开

上海：新文化书社，1935.6，5 版，6 册，32 开

上海：新文化书社，1936.3，7 版，6 册 [609]页，32 开

　　收藏单位：安徽馆、广东馆、广西馆、国家馆、南京馆、绍兴馆、首都馆

02934

曾文正公大事记　王定安编　谢苇丰标点

上海：东方文学社，1935.6，51 页，32 开

　　收藏单位：广东馆

02935

曾文正公大事记·治兵语录　（清）曾国藩著

重庆：陪都书店，[1937—1949]，51+14 页，32 开

　　本书分两部分。第 1 部分为曾文正公大事记；第 2 部分为曾文正公治兵语录，分 12 章：将材、用人、尚志、诚实、勇毅、严明、公明、仁爱、勤劳、和辑、兵机、战守。

收藏单位：重庆馆

02936

曾文正公大事记·治兵语录（新式标点）

（清）曾国藩著

上海：大达图书供应社，1924.10，68+20 页，32 开

02937

曾文正公大事记·治兵语录（足本大字）

（清）曾国藩著

上海：大达图书供应社，1935.10，68+20 页，32 开

收藏单位：重庆馆、国家馆、南京馆

02938

曾文正公嘉言钞 （清）曾国藩著　梁启超编

上海：商务印书馆，1916.5，108+32 页，32 开

上海：商务印书馆，1916.7，再版，108+32 页，32 开

上海：商务印书馆，1916，3 版，108+32 页，32 开

上海：商务印书馆，1921，7 版，108+32 页，32 开

上海：商务印书馆，1923，8 版，108+32 页，32 开

上海：商务印书馆，1924.4，9 版，108+32 页，32 开

上海：商务印书馆，1925.3，10 版，108+32 页，32 开

上海：商务印书馆，1927，11 版，108+32 页，32 开

上海：商务印书馆，1931.3，12 版，108+32 页，32 开

上海：商务印书馆，1934.1，国难后 1 版，97 页，32 开

上海：商务印书馆，1935.2，国难后 3 版，97 页，32 开

本书为摘抄曾国藩书札、家书、家训、日记、文集中语录的编集。附胡左嘉、胡林翼、左宗棠的语录及曾国藩传。

收藏单位：重庆馆、广西馆、国家馆、河

南馆、吉大馆、江西馆、南京馆、山东馆、首都馆、天津馆

02939

曾文正公嘉言类钞（新式标点）（清）曾国藩著

［重庆］：国民政府军事委员长侍从室，1944，311 页，32 开

02940

曾文正公嘉言类钞（新式标点）（清）曾国藩著

重庆：说文社，1948，再版，312 页，32 开

收藏单位：重庆馆

02941

曾文正公嘉言类钞（新式标点）（清）曾国藩著　陶伯仁标点

上海：大达图书供应社，1934.3，240 页，32 开

上海：大达图书供应社，1934.12，再版，240 页，32 开

上海：大达图书供应社，1935.6，再版，240 页，32 开

收藏单位：安徽馆、北师大馆、重庆馆、广东馆、贵州馆、国家馆、河南馆、湖南馆、江西馆、南京馆、山东馆、首都馆

02942

曾文正公六种（新式标点）（清）曾国藩著 薛恨生标点

上海：新文化书社，1932.9，4 版，6 册，32 开

上海：新文化书社，1932.11，5 版，6 册，32 开

上海：新文化书社，1933.4，7 版，6 册，32 开

上海：新文化书社，1933.10，8 版，6 册，32 开

上海：新文化书社，1933.12，9 版，6 册，32 开

上海：新文化书社，1935.1，4 版，4 册，25 开

本书分 6 类：家书、日记、家训、大事年表、书札、荣哀录。书名页题标点者：雪恨生。

收藏单位：安徽馆、重庆馆、广东馆、国家馆、河南馆、惠州馆、江西馆、南京馆、宁夏馆、山东馆、绍兴馆、首都馆

02943

曾文正公全集　（清）曾国藩著　朱太忙标点
上海：大达图书供应社，1936.1，30 册，32 开

本书为诗文集，共 156 卷。卷末附著者年谱。据曾氏家藏本排印。

收藏单位：重庆馆、广东馆、河南馆、惠州馆、吉林馆、江西馆、宁夏馆、绍兴馆、首都馆

02944

曾文正公全集（大字足本）（清）曾国藩著　何家铭校阅
上海：新文化书社，1935.8，28 册，32 开

本书分 20 类，收奏稿、十八家诗钞、经史百家杂钞、诗集、文集、书札、批牍、杂著、治兵语录、家书、大事记、荣哀录等。

收藏单位：安徽馆、重庆馆、河南馆、黑龙江馆、江西馆、内蒙古馆、绍兴馆、首都馆

02945

曾文正公全集（仿古字版）（清）曾国藩著
上海：国学整理社，1936.8，4 册，32 开，精装
上海：国学整理社，1936.8，3 版，4 册，32 开，精装
上海：国学整理社，1936.8，4 版，4 册，32 开，精装
上海：国学整理社，1936.10，8 版，4 册，32 开，精装
上海：国学整理社，1936.10，9 版，4 册，32 开，精装
上海：国学整理社，1937.3，10 版，4 册，32 开，精装
上海：国学整理社，1948，新 1 版，10 册，

32 开

本书收曾国藩传、年谱、文集、手札、奏稿、治兵语录、家书等。附《曾国藩大事记》《曾国藩荣哀录》。

收藏单位：安徽馆、重庆馆、大庆馆、广东馆、国家馆、河南馆、江西馆、近代史所、辽师大馆、内蒙古馆、山东馆、首都馆、西南大学馆、中科图

02946

曾文正公全集（新式标点）（清）曾国藩著
重庆：桂林新生书局，1948.3，重庆 3 版，2 册，32 开

本书分 8 类：家书、家训、书札、日记、诗集、文集、荣哀录、大事记。

收藏单位：重庆馆、湖南馆

02947

曾文正公全集（新式标点）（清）曾国藩著
成都：中国古书流通社，1943.10，2 册（[400] 页），32 开

收藏单位：黑龙江馆、南京馆

02948

曾文正公全集（足本）（清）曾国藩著　谢苇丰标点
上海：东方文学社，1935.6，24 册（[4152] 页），32 开
上海：东方文学社，1935.11，3 版，4 册，32 开，精装

本书为诗文集，共 156 卷，收十八家诗钞、曾文正公诗集、鸣原堂论文、曾文正公杂著、求阙斋日记类钞等。

收藏单位：长春馆、重庆馆、大庆馆、广东馆、贵州馆、国家馆、河南馆、黑龙江馆、湖南馆、惠州馆、江西馆、辽宁馆、南京馆、内蒙古馆、山东馆、绍兴馆、首都馆

02949

曾文正公文集（新式标点）（清）曾国藩著
上海：亚光书局，1943.5，296 页，32 开

本书选收文论、序、墓志铭、题语等类文章 146 篇。

收藏单位：国家馆、南京馆

02950

曾文正公言行录（新式标点）（清）曾国藩著　何家铭标点

上海：新文化书社，1935.2，再版，244页，32开

本书摘抄曾国藩书札、家书、家训、日记、文集中的语录。书末附《清史·曾文正公传》。

收藏单位：安徽馆、重庆馆、河南馆、南京馆、上海馆

02951

曾文正公语录（清）曾国藩著

重庆：上都邮街协记石印纸庄，[1928]，382页，32开，精装

本书分20类，内容包括：将才、军谋、人才、处事、强毅、正心、从政、忠诚、修养、勤劳、节俭、谦谨等。封面题名：曾文正公语录撮要。

收藏单位：重庆馆

02952

曾文正公治家全书六种（新式标点）（清）曾国藩著　朱太忙标点

上海：大达图书供应社，1933，4册，32开

上海：大达图书供应社，1934.3，再版，4册，32开

上海：大达图书供应社，1934.5，再版，4册，32开

上海：大达图书供应社，1934.10，4册，32开

上海：大达图书供应社，1935.8，再版，4册，32开

上海：大达图书供应社，1935.12，再版，4册，32开

本书共4册。第1—2册为家书；第3册家训、书札；第4册日记、荣哀录、大事记。版权页题名：曾文正公家书六种。

收藏单位：重庆馆、广东馆、广西馆、国家馆、河南馆、湖南馆、江西馆、辽师大馆、南京馆、山东馆、绍兴馆、首都馆

02953

曾文正公治家全书六种（新式标点）（清）曾国藩著　朱太忙标点

上海：广益书局，1936.3，再版，4册，32开

本书共4册。第1—2册为家书；第3册家训、书札；第4册日记、荣哀录、大事记。其他题名：曾文正公六种。

收藏单位：重庆馆、贵州馆、湖南馆、首都馆

02954

曾文正公著述八种（新式标点）（清）曾国藩著　王文英标点

上海：大达图书供应社，1934.3，6册（[782]页），32开

上海：大达图书供应社，1935.11，再版，6册（[782]页），32开

本书包括8种著述：家书、家训、书札、日记、荣哀录、大事记、诗集、文集。版权页题名：曾文正公八种。

收藏单位：安徽馆、重庆馆、广东馆、国家馆、河南馆、惠州馆、江西馆、近代史所、南京馆、内蒙古馆、山东馆、上海馆、绍兴馆、首都馆、武大馆、西南大学馆

02955

曾文正公著述八种（新式标点）（清）曾国藩著　王文英标点

上海：广益书局，1936.5，再版，6册（[804]页），32开

上海：广益书局，1939.11，再版，6册（[804]页），32开

收藏单位：广东馆、国家馆、湖南馆、惠州馆、江西馆、首都馆

02956

战后建设　明志学社编

福州：明志学社，1945.10，120页，25开（明志学社丛书1）

本书收明志学社成员的讲演词11篇，内容包括：《生物学与战后建设》（郑作新）、《我国战后茶业建设》（张天福）、《改造民族性与战后建设》（林伯琛）、《战后中国之农艺建

设》（范则尧）、《战后教育建设的商榷》（檀仁梅）、《从工程学谈到战后中国建设》（林玉玑）、《战后数理研究发展途径》（赖祖涵）、《战后的高等教育建设》（林景润）、《垦殖与战后建设》（王启柱）、《由气象学之进展谈到今后我国测候之建设》（王仁煜）、《战后我国劳工问题》（吴桢）。

　　收藏单位：南京馆

02958

张謇庵先生文概注　张謇著　曹君觉编
南通：翰墨林印书局，1947.8，98 页，32 开
　　本书有注释，书前有编者序。
　　收藏单位：辽宁馆、南京馆、中科图

02959

真快乐（第 1 集）　德育推行社编辑
上海：德育推行社，1943.10，182 页，32 开
　　本书汇编历史笔记中的忠孝节义故事和科学常识、学术论文。内容包括：《善巧化妻》（故事）、《性欲与犯罪》（论文）等。其他题名：故事图说真快乐。

02960

真快乐（第 4 集）　德育推行社编辑
上海：德育推行社，1943.10，96 页，32 开
　　本书收《苏东坡》（历史名人故事）、《论儒学之盛衰与我国安危之关系》（论文）等。
　　收藏单位：广西馆

02961

正谊堂文集　（清）张伯行著
上海：商务印书馆，1937.5，275 页，32 开（国学基本丛书）
　　本书共 20 卷，其中文集 12 卷、续集 8 卷。
　　收藏单位：长春馆、重庆馆、大庆馆、国家馆、湖南馆、惠州馆、辽宁馆、南京馆、上海馆、西南大学馆、中科图

02962

知识与进步　李博　戴安乐　时兆报馆编译部著译
外文题名：Knowledge and progress
上海：时兆报馆，1931.5，334 页，25 开，精装
上海：时兆报馆，1931.7，2 版，334 页，25 开
　　本书分 23 章，内容以知识与进步为主，涉及政治、教育、宗教、卫生等。
　　收藏单位：安徽馆、重庆馆、桂林馆、国家馆、河南馆、南京馆、内蒙古馆、宁夏馆、山西馆、陕西馆、上海馆、首都馆

02963

中国的肺脏　华大川大蚂蚁社编
成都：[华大川大蚂蚁社]，1948.11，52 页，16 开（蚂蚁小集 4）
　　本书收《中国的肺脏呵》（长诗）、《生长》（小说）、《爱民大会》（小说）、《论艺术与政治》、《白毛女片论》等。
　　收藏单位：近代史所

02964

中国文字之原流与研究方法之新倾向　马叙伦等著　学林社编辑

02957

张菊生先生七十生日纪念论文集　胡适　蔡元培　王云五编辑
上海：商务印书馆，1937.1，650 页，16 开，精装
上海：商务印书馆，1937.6，再版，650 页，16 开，精装
　　本书收文 22 篇，内容包括：《述陆贾的思想》（胡适）、《唐代经济景况的变动》（陶希圣）、《走私之背景及对抗方策》（马寅初）、《汪龙庄先生致汤文端七札之记录与说明》（蔡元培）、《廿五史篇目表》（黄炎培）、《编纂中国文化史之研究》（王云五）等，按总类、哲学、社会科学、语文学、自然科学、艺术、文学、历史的顺序编排。
　　收藏单位：安徽馆、重庆馆、东北师大馆、广东馆、贵州馆、国家馆、黑龙江馆、湖南馆、辽大馆、辽师大馆、南京馆、内蒙古馆、山东馆、上海馆、天津馆、西南大学馆、浙江馆、中科图

上海：学林社，1941.4，204 页，16 开（学林第 6 辑）

本书收文 8 篇，题名取自第 1 篇文章，还收入伏枥、陈遵妫、胡朴安、陈乃乾、杜佐周、王勤堉、张于英等人所著的关于天演、日食、诗经、民国教育、民国公路建设等方面的文章。

收藏单位：东北师大馆、广东馆、国家馆、南京馆、上海馆、首都馆

02965

中国战时学术　孙本文等编著

重庆：正中书局，1945.5，198 页，32 开（中央文化运动委员会文化运动丛书 8）

上海：正中书局，1946.5，沪初版，198 页，32 开（中央文化运动委员会文化运动丛书 8）

本书收文 12 篇，分别介绍抗战七年中的哲学、文学、教育学、社会学、法律学、经济学、心理学、地理学、自然科学等方面的发展情况。

收藏单位：安徽馆、重庆馆、东北师大馆、广西馆、国家馆、河南馆、湖南馆、吉林馆、近代史所、辽大馆、辽宁馆、南京馆、天津馆、西南大学馆、浙江馆、中科图

02966

中外名人演说录　广益书局编辑部编

上海：广益书局，1919.9，2 册（216+76 页），32 开

上海：广益书局，1921.4，再版，2 册（216+76 页），32 开

上海：广益书局，1924.4，3 版，2 册（216+76 页），32 开

本书分上、下两卷，分别收中外人士演讲词，涉及政治、经济、教育、文艺、科技等方面。上卷收演讲词 45 篇，内容包括：《蔡子民在天津演说欧战后教育问题》《胡适之演说少年中国之精神》《徐季农在报界联合会演说》等；下卷收演讲词 11 篇，内容包括：《美国大总统威尔逊在巴黎和会演说》《美国前总统罗斯福在巴拿马博览会演说》等。

收藏单位：安徽馆、重庆馆、湖南馆、近代史所、首都馆

02967

朱大同集　朱大同药行宣传部编

香港：朱大同药行，1929.8，再版，234 页

收藏单位：近代史所

02968

朱执信集　朱执信著　建设社编辑

上海：建设社，1921.7，2 册（696 页），18 开

上海：民智书局，1925.11，再版，2 册（696 页），18 开

上海：民智书局，1928.2，3 版，2 册（696 页），18 开

本书分 9 部分：论说、传说、墓志、函牍、旧诗、新诗、小说、杂录、附载。

收藏单位：安徽馆、重庆馆、东北师大馆、广西馆、贵州馆、国家馆、湖南馆、江西馆、辽师大馆、内蒙古馆、山东馆、上海馆、首都馆、浙江馆、中科图

02969

朱执信文存　朱执信著　邵元冲编

[重庆]：中国文化服务社，1944.11，[15]+292 页，32 开（中国国民党丛书）

[重庆]：中国文化服务社，1945.1，渝 2 版，[15]+292 页，32 开（中国国民党丛书）

[上海]：中国文化服务社，1946.1，沪 1 版，[15]+292 页，32 开（中国国民党丛书）

本书与民智书局出版的《朱执信集》内容基本相同，删去了《耶稣是什么东西》和附载中《执信的人格》（汪精卫）。书前有《中国国民党丛书》叙言（叶楚伧）。

收藏单位：重庆馆、国家馆、吉林馆、南京馆、首都馆、天津馆、西南大学馆

02970

竹园丛话（第 1 集）　丁国瑞著

天津：敬慎医室，1923.6，148 页，32 开

天津：敬慎医室，1923.11，再版，148 页，32 开

本书所收的文章分为撰著和选录两类。撰著类收作者的演说、寓言、谐谈、卫生、杂俎等方面的文章，内容包括：《爱国救国治国》《统论中国的财政》《人体改良会纪闻》

《新四书》《夏令卫生杂说》等；选录类收其他人的文章，内容包括：《吴佩孚电请保存三殿》《孔子家世及历史》《对于治温病的一点消极经验》《旅大问题》《论日本以医药政策灭中国》等。

收藏单位：国家馆、河南馆、江西馆、近代史所

02971

竹园丛话（第2集） 丁国瑞著

天津：敬慎医室，1923.10，1册，32开

天津：敬慎医室，1924，再版，150页，32开

本书所收的文章分为撰著和选录两类。撰著类收作者的演说、寓言、谐谈、卫生、杂俎等方面的文章，内容包括：《爱国质言》《立宪梦》《游黑暗世界记》《二十年后中国报纸之纪载》《济世良方》等；选录类收其他人的文章，内容包括：《减产主义之研究》《维持国货歌》《经验良方》等。

收藏单位：国家馆、河南馆、近代史所

02972

竹园丛话（第3集） 丁国瑞著

天津：敬慎医室，1923.11，1册，32开

天津：敬慎医室，1924，再版，152页，32开

本书所收的文章分为撰著和选录两类。撰著类收作者的演说、寓言、谐谈、卫生、杂俎等方面的文章，内容包括：《民为邦本》《梦游新地府》《尚先生传》《治痔良方》等；选录类收其他人的文章，内容包括：《诊余集序》《关于卫生之商榷》《十三元钱一斤烟叶》等。

收藏单位：国家馆、河南馆、近代史所

02973

竹园丛话（第4集） 丁国瑞著

天津：敬慎医室，1924.3，157页，32开

本书所收的文章分为撰著和选录两类。撰著类收作者的演说、寓言、谐谈、卫生、杂俎等方面的文章，内容包括：《五十年后之中国》《关于筹还国债之研究》《阔少之儿戏》《卫生浅说》《清真教之美俗》等；选录收其他人的文章，内容包括：《新式好人的两要素》

《我替坐小票车的呼喊》《好容易花的钱好难赚的钱》等。

收藏单位：国家馆、河南馆、近代史所

02974

竹园丛话（第5集） 丁国瑞著

天津：敬慎医室，1924.5，130页，32开

本书所收的文章分为撰著和选录两类。撰著类收作者的演说、寓言、谐谈、卫生、杂俎等方面的文章，内容包括：《论本末颠倒》《说镇定的好处》《荣福无限公司广告》《医学答客问》等；选录类收其他人的文章，内容包括：《劝孝八反歌》《青年择业之要点》《国人速醒》等。

收藏单位：国家馆、河南馆、近代史所

02975

竹园丛话（第6集） 丁国瑞著

天津：敬慎医室，1924.7，146页，32开

本书所收的文章分为撰著和选录两类。撰著类收作者的演说、寓言、谐谈、卫生、杂俎等方面的文章，内容包括：《说渐》《练兵余谈》《再说霍乱病》《创议中医研究会章程》等；选录类收其他人的文章，内容包括：《国耻纪念》《张冰若所遇之吐血奇方》《虚荣之结果》等。

收藏单位：国家馆、山东馆

02976

竹园丛话（第7集） 丁国瑞著

天津：敬慎医室，1924.8，140页，32开

本书所收的文章分为撰著和选录两类。撰著类收作者的演说、寓言、谐谈、卫生、杂俎等方面的文章，内容包括：《中国当前以农立国》《普及教育之不可缓》《东方病夫之病况》《胖人预防痰火症之方法》等；选录类收其他人的文章，内容包括：《豆香老人诗》《香烟如毒蛇》《为妻者须知》等。

收藏单位：国家馆、河南馆、近代史所

02977

竹园丛话（第8集） 丁国瑞著

天津：敬慎医室，1924.8，152页，32开

本书所收的文章分为撰著和选录两类。撰著类收作者的演说、寓言、谐谈、卫生、杂俎等方面的文章，内容包括:《官清民自安》《悲中国之国法》《蛇性无良》《卖呆儿》《阿拉伯》等;选录类收其他人的文章，内容包括:《前清预备立宪之谕旨》《清廷承认共和之谕旨》《日韩协约》等。

收藏单位:国家馆、河南馆、近代史所

02978

竹园丛话（第9集） 丁国瑞著

天津: 敬慎医室，1924.10，148 页，32 开

本书所收的文章分为撰著和选录两类。撰著类收作者的演说、寓言、谐谈、卫生、杂俎等方面的文章，内容包括:《万象更新》《戒烟会书后》《北京城的警务真难办》《请看阴间的大马车》《致刘孟扬先生函》等;选录类收其他人的文章，内容包括:《粤乱感言》《孝思助谈》《移风易俗议书后》等。

收藏单位:国家馆、河南馆、近代史所

02979

竹园丛话（第10集） 丁国瑞著

天津: 敬慎医室，1924.12，148 页，32 开

本书所收的文章分为撰著和选录两类。撰著类收作者的演说、寓言、谐谈、卫生、杂俎等方面的文章，内容包括:《中华民族救急弭乱策》《忠告袁大总统》《哭直隶人》《乡下议员请客》《小孩的病是母亲爱出来的》等;选录类收其他人的文章，内容包括:《可怜可惜》《刘廷琛论新律疏》《借外兵平内乱者请看》等。

收藏单位:国家馆、河南馆、近代史所

02980

竹园丛话（第11集） 丁国瑞著

天津: 敬慎医室，1925.3，161 页，32 开

本书所收的文章分为撰著和选录两类。撰著类收作者的演说、寓言、谐谈、卫生、杂俎等方面的文章，内容包括:《理论之空谈》《建设难于破坏》《愚不可及》《卫生浅说》《中国医学问答外篇》等;选录类收其他人的文章，内容包括:《什么叫主义大家》《记民间之疾苦》《新歌谣》等。

收藏单位:国家馆、河南馆、近代史所

02981

竹园丛话（第12集） 丁国瑞著

天津: 敬慎医室，1925.4，147 页，32 开

本书所收的文章分为撰著和选录两类。撰著类收作者的演说、寓言、谐谈、卫生、杂俎等方面的文章，内容包括:《闻孙中山先生将游历内地有感》《论贫富之原因》《大员宜微服私访》《奇病奇医》《童蒙算学问答》等;选录类收其他人的文章，内容包括:《说自食其力》《青年之危机》《济世良方》等。

收藏单位:国家馆、近代史所

02982

竹园丛话（第13集） 丁国瑞著

天津: 敬慎医室，1925.6，144 页，32 开

本书所收的文章分为撰著和选录两类。撰著类收作者的演说、寓言、谐谈、卫生、杂俎等方面的文章，内容包括:《民食可虑》《中国讼狱之黑暗》《文明结婚议》《论天津脚行的把持》《清真教的教友注意》《剪辫不易服》等;选录类收其他人的文章，内容包括:《阐扬圣道之热心伟论》《为厚爱东方文化者进一解》《雷电风雨交作时之十戒》等。

收藏单位:国家馆、河南馆、近代史所

02983

竹园丛话（第14集） 丁国瑞著

天津: 敬慎医室，1925.8，132 页，32 开

本书所收的文章分为撰著和选录两类。撰著类收作者的演说、寓言、谐谈、卫生、杂俎等方面的文章，内容包括:《今后之舆论》《参观军医学堂感言》《巴黎地中之交通》《作报难》《新迷信》等;选录类收其他人的文章，内容包括:《介绍友人日记中关于养老之感想》《赦书害多而利少论》等。

收藏单位:国家馆

02984

竹园丛话（第15集） 丁国瑞著

天津: 敬慎医室，1925.10，150 页，32 开

本书所收的文章分为撰著和选录两类。撰著类收作者的演说、寓言、谐谈、卫生、杂俎等方面的文章，内容包括:《第一功名不爱钱》《新中国之隐忧》《灾民可虑》《北京城万不可拆》《学堂误人说》等;选录类收其他人的文章，内容包括:《三十年教育之收获期》《可惜章士钊》《小学集解序》等。

收藏单位:国家馆、河南馆、近代史所

02985

竹园丛话（第 16 集）　丁国瑞著

天津:敬慎医室，1925.10，136 页，32 开

本书所收的文章分为撰著和选录两类。撰著类收作者的演说、寓言、谐谈、卫生、杂俎等方面的文章，内容包括:《兵变感言》《共和万碎万万碎》《中华民国之新国耻》《北京的贫民生计》《医界诸君请看》等;选录类收其他人的文章，内容包括:《直隶省长公署训令》《新劝学诗》《小学辑说》等。

收藏单位:国家馆、河南馆、近代史所

02986

竹园丛话（第 17 集）　丁国瑞著

天津:敬慎医室，1925.11，144 页，32 开

本书所收的文章分为撰著和选录两类。撰著类收作者的演说、寓言、谐谈、卫生、杂俎等方面的文章，内容包括:《时局罪言》《好体面的平等幸福》《叹报律》《有铁路之责者请看》《无法无天男盗女娼》等;选录类收其他人的文章，内容包括:《说率物食人》《职业教育之真义》等。

收藏单位:国家馆

02987

竹园丛话（第 18 集）　丁国瑞著

天津:敬慎医室，1925.12，138 页，32 开

本书所收的文章分为撰著和选录两类。撰著类收作者的演说、寓言、谐谈、卫生、杂俎等方面的文章，内容包括:《银根奇紧国民宜助销国货》《宁作太平犬不为离乱民》《报纸立言之难》《论考试医生》《做买卖宜讲公道》等;选录类收其他人的文章，内容包括:《救国与救命》《劝毁淫书说》等。

收藏单位:国家馆、河南馆、近代史所

02988

竹园丛话（第 19 集）　丁国瑞著

天津:敬慎医室，1926.1，122 页，32 开

本书所收的文章分为撰著和选录两类。撰著类收作者的演说、寓言、谐谈、卫生、杂俎等方面的文章，内容包括:《理财》《中国财政之悲观》《实行爱国主义》《亡国奴戏当严禁》《办报之难易》等;选录类收其他人的文章，内容包括:《中等生活之可危》《山西煤矿发现之历史》等。

收藏单位:国家馆

02989

竹园丛话（第 20 集）　丁国瑞著

天津:敬慎医室，1926.2，124 页，32 开

本书所收的文章分为撰著和选录两类。撰著类收作者的演说、寓言、谐谈、卫生、杂俎等方面的文章，内容包括:《再忠告袁大总统》《迁都平议》《度量远见与权术》《忠告邮政电话二局》《叹津俗》等;选录类收其他人的文章，内容包括:《内战之将来》《道德教育》等。

收藏单位:国家馆

02990

竹园丛话（第 21 集）　丁国瑞著

天津:敬慎医室，1926.4，138 页，32 开

本书所收的文章分为撰著和选录两类。撰著类收作者的演说、寓言、谐谈、卫生、杂俎等方面的文章，内容包括:《中国最可惜之时机》《官派足以亡国》《今日不可谈宗教》《工艺求进步之法》《女子当求学习》等;选录类收其他人的文章，内容包括:《消弭革命党八策》《娱乐问题》等。

收藏单位:国家馆

02991

竹园丛话（第 22 集）　丁国瑞著

天津:敬慎医室，1926.5，112 页，32 开

本书所收的文章分为撰著和选录两类。撰著类收作者的演说、寓言、谐谈、卫生、

杂俎等方面的文章，内容包括:《有治法仍须有治人》《风化与教育》《最后之电车谈》《戏园子亦要随时改良》《天津混混之凶恶》等;选录类收其他人的文章，内容包括:《北京城圈以内的人民》《文庙》《论赌博之害》等。

收藏单位:国家馆、河南馆、近代史所

02992

竹园丛话（第23集） 丁国瑞著

天津:敬慎医室，1926.8，118页，32开

本书所收的文章分为撰著和选录两类。撰著类收作者的演说、寓言、谐谈、卫生、杂俎等方面的文章，内容包括:《好男儿当爱国》《忠告少年》《结婚宜速改良》《说白话报的好处》《观剧有感》等;选录类收其他人的文章，内容包括:《添室哀吟记》《奢华之警告》等。

收藏单位:国家馆

02993

竹园丛话（第24集） 丁国瑞著

天津:敬慎医室，1926.10，136页，32开

本书所收的文章分为撰著和选录两类。撰著类收作者的演说、寓言、谐谈、卫生、杂俎等方面的文章，内容包括:《理想之治蒙策》《兵贵精而不贵多》《中国宜注意移民政策》《人到中年万事和》等;选录类收其他人的文章，内容包括:《不为的是绝对失败》《七十二沽乡土地理》等。

收藏单位:国家馆

02994

子问又问 刘沅著

再传门人等，1911.5，153+88页，23开，精装

本书系作者晚年训子所作，内容包括:《子问》2卷、《又问》1卷。

收藏单位:重庆馆、南京馆

02995

紫桃轩杂缀（竹嬾说部） （明）李日华著 沈亚公校订

上海:中央书店，1935.12，2册（148+144页），

32开（国学珍本文库 第1集 16）

本书上册为《紫桃轩杂缀》，下册为《紫桃轩又缀》，各4卷。

收藏单位:安徽馆、重庆馆、广东馆、广西馆、国家馆、河南馆、湖南馆、吉林馆、江西馆、辽大馆、南京馆、内蒙古馆、宁夏馆、山西馆、上海馆、绍兴馆、首都馆、天津馆、西南大学馆

02996

自我省察 王湘岑著

邓县:中国文化服务社，1946，47页，32开

收藏单位:南京馆

年鉴、年刊

年　鉴

02997

大晶报、铁报联合组织年鉴（民国二十三年至二十四年份）

上海:大晶报、铁报联合组织年鉴出版社，1935.1，215页，16开

本书收文7篇，内容涉及教育、宪法、金融等方面。附每月大事撮要及逐月分类。

收藏单位:国家馆、湖南馆、上海馆

02998

大陆年鉴（昭和十五年版）

上海:大陆新报社，1940，1册

02999

大陆年鉴（昭和十六年版） （日）上野祝二编

上海:大陆新报社，1941，564页，32开

收藏单位:安徽馆、湖南馆

03000

东北年鉴（民国二十年） 东北文化社编

沈阳：东北文化社，1931.5，1458页，32开

本书分17部分，内容包括：党务、概况、天时、土地人口、行政、军事、外交、交通、司法、教育、财政、币制金融、工业、矿业、垦务移民、农林渔牧、社会事业及宗教等。有地方官员像、各种地图、统计表格等。

收藏单位：长春馆、广东馆、国家馆、黑龙江馆、湖南馆、近代史所、辽大馆、辽宁馆、上海馆、绍兴馆、首都馆、天津馆、浙江馆

03001

东北年鉴辑要

[沈阳]：东北文化社，[1931.4]，818页，32开

本书为1930年鉴。内容包括：概况、东北大事记、天时、土地、人口、行政、军事、外交、交通、司法、教育等。

收藏单位：重庆馆、国家馆、南京馆、宁夏馆

03002

儿童年鉴（民国廿六年） 胡祖荫主编

上海：时代图书公司，1937，342页，32开

本书为供少年儿童使用的百科年鉴，分10部分：党务政治、国防军备、史地常识、名人像传、体育卫生、童子军、儿童科学、儿童歌曲、儿童艺术、儿童便览。附儿童年鉴测验问题、测验问题答案悬赏。书前有中国全图等彩图20幅。

收藏单位：重庆馆、国家馆、首都馆

03003

赣县年鉴（民国卅四年） 赣县文献委员会编

赣县文献委员会，1946，195页，16开

本书分17部分，内容包括：赣县一年来大事记、气候、土地、人口、党团、政治、财政、教育、农矿工商、交通、社会、卫生、自治、保警、司法、赣城沦陷收复始末记等。附电文12则。

收藏单位：国家馆、吉林馆、江西馆、南

京馆

03004

广东年鉴（民国三十年度） 广东省政府广东年鉴编纂委员会编

[广州]：广东省政府秘书处编译室，1942.1，6册

本书内容包括：监政、卫生、保卫、社会事业、侨胞等。

收藏单位：近代史所

03005

广东年鉴（[民国三十七年度]） 广东年鉴社编

[广州]：[广东年鉴社]，1948，1册

本书内容包括：工商、矿业合作、交通、鱼监、广东特产、农林、水利、组织人员与经费等。

收藏单位：近代史所

03006

广西年鉴（第一回 中华民国二十二年） 广西统计局编

[南宁]：广西统计局，1934.5，845页，32开

本书为1933年鉴，内容包括：土地、气象、农业、渔牧蚕蜂、林业、矿业、工业、劳工、商业、金融、交通、财政、教育、司法、宗教、社会问题、政务、保安、外交、其它概况。

收藏单位：安徽馆、重庆馆、东北师大馆、国家馆、湖南馆、近代史所、南京馆、宁夏馆、上海馆、首都馆、浙江馆

03007

广西年鉴（第二回 中华民国二十四年） 广西统计局编

[南宁]：广西统计局，1936.5，1159页，32开，精装

本书为1935年鉴，内容包括：土地、气象、农业、渔牧蚕蜂、林业、矿业、工业、劳工、商业、金融、交通、财政、教育、司法、宗教、社会问题、政务、保安、金融、

卫生、党务等。

　　收藏单位：重庆馆、东北师大馆、广东馆、贵州馆、国家馆、湖南馆、近代史所、南京馆、内蒙古馆、上海馆、首都馆、西南大学馆、浙江馆

03008

广西年鉴（第三回） 广西省政府统计处编

[桂林]：广西省政府统计处，[1944]，2册，16开

　　本书为1935年至1942年底的年鉴，内容包括：气象、土地、人口、政治组织、省务、考铨、边务、农业、垦殖、水利、林业、渔业、畜牧、矿业、工业、劳工、商业、合作事业、财政、金融、电讯、铁路、公路、航务等。附抗战损失调查统计、统计组织沿革及人员动态。

　　收藏单位：广东馆、国家馆、近代史所

03009

广州年鉴（[民国二十二年]） 广州年鉴编纂委员会编

广州：广州年鉴编纂委员会，1935.12，2册（1263+1152页），22开

　　本书为1933年鉴，内容包括：沿革、天时、土地、人口、党务、政府、社会、文化、财政、经济、工务、教育、卫生、交通、公用、公安、救济、自治、外交、司法、大事记等。

　　收藏单位：国家馆、近代史所、南京馆、上海馆

03010

广州年鉴（民国二十四年） 广州年鉴编纂委员会编

[广州]：[广州年鉴编纂委员会]，[1936]，1册，22开

　　收藏单位：国家馆

03011

桂林市年鉴（民国三十八年 第一次） 易熙吾主编

桂林市政府，1949.5，1册，32开

　　本书分18部分，内容包括：特载、土地与地政、户政与气象、行政与自治、财政、金融、交通、教育、文化事业、社会事业、党团会社、保安与司法、工业与劳务、商业、宗教、大事日记、桂林市题名录等。版权页题名：第一次桂林市年鉴。

　　收藏单位：桂林馆、国家馆、近代史所

03012

哈尔滨市势年鉴（第八次） 哈尔滨市长官房文书科编纂股编

哈尔滨市公署，1942.7，131页，16开

　　本书共16编，内容包括：哈尔滨概观、人口、教育及文化、卫生及保健、社会事业、宗教团体、消防、商工业、金融、交通运输、通信等。有凡例。

　　收藏单位：国家馆

03013

湖北省年鉴（第一回） 湖北省政府秘书处统计室编

[武昌]：湖北省政府秘书处统计室，1937.6，846+11页，16开，精装

　　本书为1936年鉴，内容包括：土地、气象、人口、农林、水利、矿业、工业、商业、金融、合作、财政、教育、交通、政务、司法及违警、社会等。

　　收藏单位：重庆馆、东北师大馆、广东馆、国家馆、湖南馆、吉林馆、近代史所、南京馆、山西馆

03014

湖南年鉴（民国二十二年） 湖南省政府秘书处第五科编

[长沙]：湖南省政府秘书处，1934.8，968页，22开，精装（湖南省政府统计丛刊24）

　　本书共20编，内容包括：地理概观、气象、人口、党务、司法、政府、警卫、财政、教育、交通、水利、农业、工业、商业、矿业、卫生、宗教、救济、文化及大事记等。

　　收藏单位：广东馆、国家馆、湖南馆、近代史所、南京馆、上海馆、西南大学馆

03015

湖南年鉴（民国二十四年） 湖南省政府秘书处统计室编

[长沙]：湖南省政府秘书处，1935.10，941页，22开，精装（湖南省政府统计丛刊43）

本书列类基本同前。

收藏单位：重庆馆、贵州馆、国家馆、湖南馆、吉林馆、近代史所、南京馆、内蒙古馆、上海馆、西南大学馆

03016

湖南年鉴（民国二十五年） 湖南省政府秘书处统计室编

[长沙]：湖南省政府秘书处，1936.12，1006页，22开，精装（湖南省政府统计丛刊60）

本书列类基本同前。

收藏单位：贵州馆、国家馆、湖南馆、辽宁馆、南京馆、宁夏馆、上海馆、西南大学馆

03017

基隆年鉴（中华民国三十六年度） 石延汉等著

基隆市政府，1946.12，277+32页，32开

本书内容包括：沿革、土地·气象·人口、行政、党务·团务、自治·民意、建设、财政、产业·经济、教育、社会·社会事业·救济、医药·卫生、治安·消防、日侨·日产、交通·运输·通信、港湾·贸易等。有基隆市街图。

收藏单位：国家馆、近代史所、南京馆、上海馆、浙江馆

03018

江西年鉴（第一回） 刘治乾主编　江西省政府统计室编辑

[南昌]：江西省政府统计室，1936.10，1324页，22开，精装

本书共31编，内容包括：总述、土地、气象、人口、党务、政治、司法、财政、教育、卫生、保卫、交通、水利、农业等。有地图及插图24幅。

收藏单位：安徽馆、重庆馆、广东馆、贵

州馆、国家馆、黑龙江馆、湖南馆、吉林馆、江西馆、近代史所、南京馆、内蒙古馆、上海馆

03019

金山县鉴（民国二十四年） 朱履仁等著

[金山]：金山县鉴社，1936.3，200页，25开

本书以1935年资料为主，共11章，内容包括：总说、党务、政治、财政、建设、实业、教育、社会、人物、艺文等。附二十四年大事记。注：金山县原属江苏省，1958年划归上海市。

收藏单位：近代史所、中科图

03020

金山县鉴（民国二十五年） 丁迪光等编

[金山]：金山县鉴社，1937.7，196页，22开

本书以1936年的资料为主，共10章，内容包括：党务、政治、财政、建设、寝室、教育、社会等。附民国二十五年大事记。

收藏单位：北师大馆、上海馆

03021

金山县鉴（[民国三十五年]） 丁迪光等编

[金山]：金山县鉴社，1947.2，92页，25开

本书以1946年资料为主，共12章，内容包括：议会、党团、政治、财政、建设、实业、教育、社会、人物、艺文等。目次页题名：金山县鉴第三期。

收藏单位：国家馆、南京馆

03022

金山县鉴（民国三十七年） 丁迪光等编

[金山]：金山县鉴社，1948.12，85页，25开

本书以1948年资料为主，共11章，内容包括：总说、议会、监政、政治、财政、建设、教育、社会等。序言题：金山县鉴第四期。

收藏单位：上海馆

03023

南洋年鉴（第一回 1939 年版） 傅无闷总编辑

外文题名：The Nanyang Siang Pau year book 1939

新加坡：南洋商报营业部，1939.1，1 册，16 开，精、平装

　　本书虽以南洋命名，但并非地理上南洋的全部，而是以马来群岛为中心，包括与华侨有密切关系的英属马来亚、荷属东印度、法属越南、暹罗、婆罗洲、汶来、砂朥越、菲律宾及缅甸。

　　收藏单位：东北师大馆、国家馆、近代史所、南京馆、上海馆、西南大学馆

03024

平南县鉴（第一回） 广西平南县政府编

平南：广西平南县政府，1940，1 册，16 开

　　本书分概述和施政纪略两编，略述该县地理、经济、社会情况的县政大要。

　　收藏单位：国家馆

03025

三门年鉴（第 1 辑 中华民国三十一年） 陈诚编

三门县政府，1943.2，350 页，23 开

　　本书分 4 部分：讲评、大事记、全面检讨、分层记述。附历年来的建设资料、一年来的建设方案、一年来的工作讲话。书前有三门设治之沿革、三门县形势略图。

　　收藏单位：国家馆、南京馆、上海馆、浙江馆

03026

三门年鉴（第 2 辑 中华民国三十二年、三十三年合辑） 陈诚编

三门县政府，[1945]，[12]+522 页，23 开

　　本书共分 15 部分，内容包括：各级长官训示、大事记、县政实录、各方业务、三门县第二次三年建设计划、历年政绩比较、县情志略、大事记详、人员名录等。

　　收藏单位：广东馆、国家馆、近代史所、内蒙古馆、上海馆、浙江馆

03027

上海年鉴（三十六年） 周钰宏著

上海：华东通迅社，1947，1 册，16 开

　　本书分 14 部分：概说、胜利复员、市府、司法、外交、军事、财政、金融、交通、工业、商业、文化教育、社会调查、大事日志。

　　收藏单位：重庆馆、东北师大馆、广东馆、国家馆、河南馆、近代史所、南京馆、上海馆、首都馆、中科图

03028

上海市年鉴（民国二十四年） 上海市年鉴委员会编

上海市通志馆，1935.4，1 册，28 开，精装

　　本书分 24 部分，主要记述上海 1934 年的情况，内容包括：特载、大事概要、土地·人口、天时·气象、党务、行政、司法、外交、财政、公共租界、法租界、金融、教育、交通、工业、劳工、商业、农林渔牧、学校、宗教、社会事业、时事日志、名人录等。

　　收藏单位：重庆馆、广东馆、国家馆、黑龙江馆、江西馆、南京馆、内蒙古馆、上海馆、首都馆、西南大学馆、浙江馆

03029

上海市年鉴（民国二十五年） 上海市通志馆年鉴委员会编

上海：中华书局，1936.8，2 册（2455 页），32 开，精装

　　本书体例基本同前，记载时间自 1935 年 1 月 1 日起至同年 12 月 31 日。附民国二十六年上海历、民元前百年中西历对照简表。

　　收藏单位：安徽馆、重庆馆、广东馆、广西馆、国家馆、黑龙江馆、湖南馆、江西馆、近代史所、辽师大馆、南京馆、内蒙古馆、宁夏馆、上海馆、天津馆、浙江馆

03030

上海市年鉴（民国二十六年） 上海市通志馆年鉴委员会编

上海：中华书局，1937.5，2 册（830+997 页），32 开，精装

本书体例基本同前。

收藏单位：东北师大馆、广东馆、国家馆、江西馆、近代史所、南京馆、宁夏馆、上海馆、浙江馆

03031

上海市年鉴（民国三十五年） 上海市通志馆年鉴委员会编

上海：中华书局，1946.12，[450] 页，32 开

本书体例基本同前，记载时间自 1945 年 9 月上海收复起至 1945 年底。

收藏单位：重庆馆、广东馆、广西馆、国家馆、黑龙江馆、近代史所、辽大馆、南京馆、内蒙古馆、宁夏馆、上海馆、中科图

03032

上海市年鉴（民国三十六年） 上海市文献委员会编

上海市文献委员会，1947.10，1 册，32 开，精装

本书体例基本同前，记载时间为 1946 年全年。

收藏单位：广东馆、广西馆、国家馆、近代史所、宁夏馆、上海馆、首都馆、浙江馆、中科图

03033

上海市年鉴（民国三十七年） 上海市文献委员会编

上海市文献委员会，1948.12，600 页，32 开

收藏单位：上海馆

03034

申报年鉴（民国二十二年） 张梓生　孙怀仁　章倬汉主编　申报年鉴社编辑

外文题名：The Shen Pao year book 1933

上海：申报馆特种发行部，1933.4，[1368] 页，32 开

本书内容包括：一年来之国难、土地、历象、人口、党务、政制、行政、立法、司法、考试、监察、国防、财政经济、侨务、交通水利等。

收藏单位：安徽馆、长春馆、重庆馆、东北师大馆、广东馆、广西馆、贵州馆、桂林馆、国家馆、湖南馆、近代史所、辽大馆、辽宁馆、南京馆、内蒙古馆、宁夏馆、上海馆、首都馆、天津馆、西南大学馆、浙江馆

03035

申报年鉴（民国二十三年） 张梓生　章倬汉主编　申报年鉴社编辑

外文题名：The Shen Pao year book 1934

上海：申报馆特种发行部，1934.4，24+[1347] 页，32 开，精装

本书内容包括：国内外大事概述、土地·历象、党务、政治、外交、国防、财政、金融、工业、商业及外国贸易等。版权页题名：第二次申报年鉴。

收藏单位：安徽馆、长春馆、重庆馆、东北师大馆、广东馆、广西馆、国家馆、湖南馆、吉林馆、近代史所、辽大馆、辽宁馆、辽师大馆、南京馆、内蒙古馆、宁夏馆、山西馆、上海馆、首都馆、天津馆、西南大学馆、浙江馆

03036

申报年鉴（民国二十四年） 张梓生　章倬汉主编　申报年鉴社编辑

外文题名：The Shen Pao year book 1935

上海：申报馆特种发行部，1935.5，22+[1225] 页，32 开，精装

本书内容包括：国内外大事概述、土地·历象、人口、党务、政治、外交、国防、财政、金融、工业、商业及中外贸易、农业及农村等。版权页题名：第三次申报年鉴。

收藏单位：安徽馆、长春馆、重庆馆、东北师大馆、广东馆、广西馆、贵州馆、桂林馆、国家馆、湖南馆、近代史所、辽大馆、辽东学院馆、辽宁馆、南京馆、内蒙古馆、宁夏馆、山西馆、上海馆、绍兴馆、天津馆、西南大学馆、浙江馆

03037

申报年鉴（民国二十四年 补编） 张梓生　章倬汉主编　申报年鉴社编辑

上海：申报馆特种发行部，1935.8，[116] 页，

32 开

　　本书内容包括：一年来国内大事概述、国防、二十三年国内外大事日志。版权页题名：第三次申报年鉴（补编）。

　　收藏单位：安徽馆、长春馆、重庆馆、东北师大馆、广东馆、广西馆、贵州馆、国家馆、黑龙江馆、湖南馆、近代史所、辽大馆、辽师大馆、南京馆、上海馆、首都馆、天津馆、西南大学馆、浙江馆

03038

申报年鉴（民国二十五年） 张梓生　章倬汉主编　申报年鉴社编辑

外文题名：The Shen Pao year book 1936

上海：申报馆，1936.6，42+[1458] 页，32 开，精装

　　本书内容包括：中华民国宪法草案、一年来国内外大事概述、土地·历象·人口、党务、外交、国防、财政公债、工业、中外贸易、农业及农村、林畜水产等。版权页题名：第四次申报年鉴。

　　收藏单位：安徽馆、长春馆、重庆馆、东北师大馆、广东馆、广西馆、桂林馆、国家馆、湖南馆、吉林馆、近代史所、辽大馆、辽宁馆、辽师大馆、南京馆、宁夏馆、上海馆、首都馆、天津馆、西南大学馆、浙江馆

03039

申报年鉴（民国三十三年度） 申报年鉴社编辑

上海：申报社，1944.7，38+1527 页，32 开，精装

　　本书分 3 编：回顾与检讨、新中国现状、大东亚共荣圈现状。附各州现势、中国政府重要职员名录、国定纪念日表、世界重要度量衡折合表、上海新旧路名对照表、本年鉴撰稿人略历等。

　　收藏单位：长春馆、东北师大馆、广西馆、国家馆、近代史所、辽大馆、南京馆、内蒙古馆、宁夏馆、上海馆、首都馆、天津馆、浙江馆

03040

实用国民年鉴（1941） 文化供应社编

桂林：文化供应社，1941.4，12+563 页，32 开

　　本书分 5 编：抗战建国的中国、敌情、国际现势、一年来国内外大事综述（1939 年 9 月至 1940 年 9 月）、日用便览。

　　收藏单位：广东馆、广西馆、贵州馆、国家馆、黑龙江馆、湖南馆、近代史所、南京馆、内蒙古馆、上海馆、天津馆、浙江馆、中科图

03041

世界年鉴（民国二年） 神州编译社编辑部编辑

上海：神州编译社，1913，1304 页，32 开，精装、平装

　　本书分岁时、地舆、国际、政法、教育、军警、经济、农林、工商、交通、人事、余录等类。余录类收民国元年中外大事记，名人事略（有卢斯福、袁世凯、黎元洪、伍廷芳、章炳麟、汪兆铭等）。

　　收藏单位：安徽馆、东北师大馆、广东馆、国家馆、河南馆、近代史所、辽大馆、辽师大馆、南京馆、内蒙古馆、上海馆、武大馆、浙江馆

03042

世界年鉴（民国三年） 神州编译社年鉴编辑部编辑

上海：神州编译社，1914.3，[789] 页，32 开，精装、平装

　　本书分天时、地理、政法、军警、外交、教育、经济、农工、商务、交通等类。

　　收藏单位：国家馆、湖南馆、近代史所、南京馆、上海馆、首都馆、浙江馆

03043

世界年鉴 张安世主编

外文题名：The world year book

上海：大东书局，1931.9，3 册（[807+937+632] 页），32 开，精装

　　本书分两部分：中国和世界。中国之部介

绍 1927 年后的政治、经济、法制概况，分 15 类：土地、人口、政治、外交、内政、教育、财政、交通、工商农矿、司法、国防、考试与监察、专载、中国大事记、附录；世界之部包括国际大观、列国形势、大事记等内容。

收藏单位：安徽馆、重庆馆、东北师大馆、广西馆、贵州馆、国家馆、黑龙江馆、湖南馆、近代史所、辽宁馆、南京馆、山东馆、上海馆、首都馆、天津馆、浙江馆

03044

世界年鉴（民国三十七年） 现代世界年鉴编辑委员会编辑

上海：世界出版协社，1948.11，254 页，32 开

本书分 4 部分：联合国、各国现状、三十六年大事日记、中外纪念日一览表。

收藏单位：广东馆、贵州馆、国家馆、近代史所、上海馆、天津馆、西南大学馆

03045

世界政治经济年鉴（一九四二年） 孔君佐编

南京：中央导报社，1942.6，[660] 页，32 开（中央导报社丛书 1）

本书依各国国名英文字母为序进行编排，各国状况分为政治、教育、司法等项。

收藏单位：国家馆、近代史所、上海馆

03046

世界知识年鉴（一九三六年） 世界知识社编

上海：生活书店，1936.3，577 页，36 开，精装

上海：生活书店，1936.5，再版，577 页，36 开，精装

本书分 11 部分：便览、各国概况、国际组织概况、大战后的重要条约、战争和军备、世界经济统计、文化活动、当代人名小辞典、国际常识小辞典、二十世纪世界大事年表、1935 年大事日表。书前有彩色世界地图，书后有彩色中国地图。

收藏单位：安徽馆、重庆馆、大庆馆、广东馆、广西馆、贵州馆、国家馆、河南馆、黑龙江馆、湖南馆、近代史所、辽大馆、辽

宁馆、辽师大馆、南京馆、内蒙古馆、宁夏馆、上海馆、首都馆、天津馆、西南大学馆、浙江馆、中科图

03047

世界知识年鉴（一九三七年） 世界知识社编

上海：生活书店，1937.3，522 页，36 开

上海：生活书店，1937.4，再版，522 页，36 开，精装

本书分 13 部分，内容包括：一年来的世界大势、各国概况、国际组织概况、大战后的重要条约、战争和军备、世界经济统计、文化活动、当代人名小辞典、列强在华势力、二十世纪大事年表、1936 年大事日表等。

收藏单位：安徽馆、重庆馆、东北师大馆、贵州馆、桂林馆、国家馆、黑龙江馆、湖南馆、近代史所、辽师大馆、南京馆、宁夏馆、山西馆、绍兴馆、首都馆、西南大学馆、浙江馆、中科图

03048

台湾年鉴（民国三十六年） 台湾新生报社丛书编纂委员会编

[台北]：台湾新生报社，1947.6，[980] 页，25 开，精装

本书分 28 章，内容包括：总论、地理、历史、党务、司法、法制、政治、军事、财政、自治、交通、教育、社会事业等。附光复后大事年表、中外度量衡表。

收藏单位：安徽馆、重庆馆、东北师大馆、广东馆、广西馆、国家馆、吉林馆、近代史所、辽大馆、南京馆、上海馆

03049

桐乡年鉴（民国三十五年） 桐乡县政府编

桐乡：出版者不详，[1946]，1 册，22 开

本书介绍一年来的大事记、党务、参议会、商业、农业、新闻事业、县政等方面的概况。

收藏单位：国家馆、南京馆、浙江馆

03050

图书年鉴（创刊本普及本） 杨家骆著

南京：中国图书大辞典编辑馆、中国学术百科全书编辑馆合组词典馆，1931.11，2册，32开，精装（中国图书大辞典百种 67）（仰风楼丛书）

南京：中国图书大辞典编辑馆、中国学术百科全书编辑馆合组词典馆，1935.3，4版，2册，32开，精装（中国图书大辞典百种 67）（仰风楼丛书）

本书分两册。上册为中国图书事业志，内容包括：中国图书大辞典述略、图书事业法令汇集、全国图书馆概况、全国出版家一览等；下册为新书总目提要，内容包括：总类、哲学、语文学、文学论著、创作文学、编译文学、艺术论著、教育、自然科学、应用技术、社会科学、经济、政治法律、历史地理等。

收藏单位：东北师大馆、桂林馆、国家馆、吉林馆、近代史所、南京馆、上海馆、首都馆、西南大学馆、中科图

03051

图书年鉴　杨家骆著
[重庆]：商务印书馆，1944.7，2册，32开，精装

收藏单位：浙江馆

03052

图书年鉴　杨家骆著
南京：中国图书大辞典编辑馆，1933.7，2册，32开，精装（中国图书大辞典副产书籍三十六种 28）

收藏单位：安徽馆、广东馆、广西馆、桂林馆、国家馆、黑龙江馆、湖南馆、江西馆、南京馆、内蒙古馆、山西馆、上海馆、首都馆、西南大学馆

03053

图书年鉴（二编）　杨家骆著
南京：中国图书大辞典编辑馆，1933.7，2册，32开，精装（中国图书大辞典草创本 近代著述组 2）
南京：中国图书大辞典编辑馆，1935，[再版]，2册，32开，精装（中国图书大辞典草创本 近代著述组 2）
南京：中国图书大辞典编辑馆，1937，[再版]，2册，32开，精装（中国图书大辞典草创本 近代著述组 2）

收藏单位：重庆馆、西南大学馆

03054

无锡年鉴（第一回）　无锡县政府　无锡市政筹备处编
无锡县政府、无锡市政筹备处，1930.4，1册，16开

本书共 17 部分：地理、人口、党务、政治、司法、警卫、财务、交通、建设、农业、工业、商业、教育、卫生、公用、公益、宗教。无锡县即锡山市（1955 年 6 月设立）、后改为无锡市锡山区和惠山区（2000 年 12 月设立）。

收藏单位：东北师大馆、国家馆、近代史所、南京馆、上海馆、天津馆、浙江馆

03055

无锡年鉴（第一回）
[无锡市政筹备处]，[1930]，[14]页，16开
本书为抽印本，只含地理、人口部分。
收藏单位：国家馆

03056

无锡年鉴（第二回 无锡概览）　无锡县政府编
无锡县政府，1935.5，1册，16开

本书共 21 部分，内容包括：地理、人口、党务、政治、交通、建设、教育、禁烟、农业、工业、卫生、救济等。书前有序言、全县地图、风景照片 20 幅。

收藏单位：南京馆

03057

武汉日报年鉴（民国三十六年度）　武汉日报年鉴编辑委员会编
汉口：武汉日报社，1947.2，2册（[2225]页），32开，精装
汉口：武汉日报社，1947，再版，2册（[2225]页），32开，精装

本书介绍抗战胜利一年以来中国各方面

的情况和国际动态，分6部分：纪事、国内、国际、重要文献、法令要览、政府机关人名录。

收藏单位：重庆馆、东北师大馆、甘肃馆、广东馆、广西馆、贵州馆、国家馆、黑龙江馆、湖南馆、吉林馆、江西馆、辽宁馆、辽师大馆、南京馆、宁夏馆、山东馆、上海馆、首都馆、天津馆

03058

武进年鉴（民国十五年度） 蔡竞存等编

武进县实业局，1927.10，[215] 页，16 开

本书分两部分：本刊和附刊。本刊设言论、地理、人事、农事、工商业、邑政、教育、交通等栏目；附刊设天文常识、气象概言、时历述言、地理常识、国家观念、实用数学、实业法令、习俗等栏目。

收藏单位：国家馆、近代史所、南京馆、上海馆

03059

武进年鉴（第二回 民国十六年度） 武进县建设局编辑

武进县建设局，1928.7，1 册，16 开

本书分 4 部分：插图、党刊、本刊、附刊和实业名录。本刊和附刊的项目与上一年度基本相同。

收藏单位：国家馆

03060

西堤年鉴 李文维　崔潇然　曹信夫编著

越南：万国公司，1949.5，176 页，16 开

本书分 30 部分，内容包括：历史、地理、人民、宗教、机关团体、领事馆、华侨会馆公所、同乡会、法令、税则、财政、银行等。

收藏单位：国家馆

03061

香港年鉴

出版者不详，1934，1 册，32 开

本书共 17 编，内容包括：土地、人口、地理、名胜、政治、财政、交通、工商业等。

收藏单位：东北师大馆

03062

香港年鉴（1948 年） 香港华侨日报年鉴编辑委员会编

香港：华侨日报有限公司，1948.7，[372] 页，16 开，精、平装

本书共 11 编，内容包括：土地·人口、政治·军事、财政金融、商业物价、交通现状、工业劳资、教育文化、社团、法例等。

收藏单位：重庆馆、东北师大馆、国家馆、上海馆

03063

香港年鉴（第二回 1949 年） 香港华侨日报出版部编辑

外文题名：Hong Kong year book 1949

香港：华侨日报出版部，1949.2，506 页，16 开

本书分两部分：图照和文字。图照之部设香港明细地图、一年大事写真、名胜古迹集珍、华侨日报史实等栏目；文字之部除卷首、特载、卷末外，分 3 卷：各地现势、香港全貌、日用便览。

收藏单位：天津馆

03064

新都年鉴（民国二十三年度） 新都年鉴编纂委员会编纂

成都：新都年鉴编纂委员会，1935.6，222 页，16 开

本书内容分两部分：县治和县政。县治部分内容包括：沿革、辖境和附表；县政部分内容包括：概况、商业、农业、党务、文献、社会情形等。

收藏单位：重庆馆、广西馆、国家馆、河南馆、吉林馆、近代史所、内蒙古馆、宁夏馆、上海馆、首都馆、天津馆、中科图

03065

新国民年鉴（民国十八年） 新亚书店编辑

上海：新亚书店，1928.12，[27] 页，32 开

本书介绍 1928 年间的中国大事，分 14 编：历法、大事记、土地人口、行政组织、内政、外交、军事、财政、交通、司法、教育、

党务、商务经济、农工实业。附当代名人录。
封面题名：国民年鉴。

　　收藏单位：国家馆、近代史所、南京馆、
上海馆、首都馆、天津馆、浙江馆

03066

新南洋年鉴（民国卅六年） 新南洋出版社编
新加坡：新南洋出版社，1947，1 册，32 开

　　本书分 7 编：日历、日用便览、科学概
要、实用科学、应用文、战后各国概况、世
界大事记。

　　收藏单位：国家馆、近代史所、首都馆

03067

中国年鉴（民国廿二年） （日）滨田峰太郎
编
上海：上海日报社调查编纂部，[1934]，450
页，32 开

　　本书内容包括：土地·人口、中国重要日
志、政治、军事、外交、财政、贸易、金融、
商业·物价、农林业等，附主要日刊新闻及
杂志通信。

　　收藏单位：首都馆

03068

中国年鉴（第一回 1935—1936 英文版） 桂
中枢主编
外文题名：The Chinese year book: premier issue
1935–1936
上海：商务印书馆，[1936]，1966 页，16 开，
精装

　　收藏单位：重庆馆、湖南馆

03069

中国年鉴（第一回） 阮湘等编
外文题名：The China year book: No. Ⅰ
上海：商务印书馆，1924.2，40+2123 页，32
开
上海：商务印书馆，1924.6，再版，40+2123
页，32 开
上海：商务印书馆，1926.6，3 版，40+2123
页，32 开，精装
上海：商务印书馆，1928.12，4 版，40+2123

页，32 开

　　本书主要介绍清末以后全国各方面情况，
分 6 类：土地人口、政治军事、财政金融、交
通水利、农工商业、教育宗教。附 20 年来中
国大事记、世界之部。

　　收藏单位：安徽馆、重庆馆、东北师大
馆、广东馆、广西馆、贵州馆、国家馆、黑
龙江馆、湖南馆、近代史所、辽大馆、辽师
大馆、南京馆、内蒙古馆、宁夏馆、上海馆、
首都馆、天津馆、西南大学馆、浙江馆

03070

中华民国二十五年全国银行年鉴样本 中国
银行总管理处经济研究室编辑
上海：中国银行总管理处经济研究室，
1936.9，4+14 页，16 开

　　本书分 3 篇，共 24 章，内容包括：银行
大事记、中央及特许银行、省市立银行、商
业银行、储蓄银行、农工银行、专业银行、
华侨银行、外商银行等。

　　收藏单位：国家馆、湖南馆

03071

中华民国二十六年全国银行年鉴样本 中国
银行总管理处经济研究室编辑
上海：中国银行总管理处经济研究室，
1937.9，10 页，16 开

　　本书介绍该年鉴的预约方法、例言、目
录等。

　　收藏单位：广西馆、国家馆

03072

中华年鉴 中华高级商业学校年鉴社编
中华高级商业学校年鉴社，1929，[214] 页，
32 开，精装

　　收藏单位：浙江馆

03073

中华年鉴（民国三十七年） 中华年鉴社编
南京：中华年鉴社，1948.9，2 册（[2128] 页），
22 开

　　本书资料以 1947 年为主，内容包括：地
理、行政区域、人口、宗教·语言、交通、

经济政策、财政、金融、商业等。

收藏单位：安徽馆、长春馆、重庆馆、东北师大馆、广东馆、国家馆、河南馆、黑龙江馆、湖南馆、近代史所、辽宁馆、辽师大馆、南京馆、内蒙古馆、宁夏馆、上海馆、首都馆、天津馆、浙江馆

年　刊

03074

国民便览（中华民国三十六年丁亥） 旅大文化合作社编辑

大连：辽东股份有限公司，1947.1，68 页，16 开

本书内容包括：1947 年历书、旅大市乡地名、旅大行政、文化机关及商医名录、应用常识参考、民国成立以来大事年表等。

收藏单位：辽宁馆

03075

国民要览

出版者不详，[1911—1949]，[100] 页，24 开

本书内容包括：1934 年皇历、度量衡换算表、上海交通指南、阴阳历对照表、上海国货制造品总目等。

收藏单位：重庆馆、上海馆

03076

江西省政年刊 江西省政府政务厅编

[南昌]：江西省政府政务厅，1944.12，1 册，16 开

本书分 6 编：省政概论、财政、教育、建设、保安、警务。

收藏单位：国家馆

03077

日用便览（第 1 期） 浙江地方银行总行编

杭州：浙江地方银行总行，1930.1，188 页，32 开

收藏单位：浙江馆

03078

日用便览（第 2 期） 浙江地方银行总行编

杭州：浙江地方银行总行，1931，232 页，32 开

本书内容包括：1931 年历书、浙江地方银行概况及章程、债券情况、全国和浙江的金融法规、常识备要等。

收藏单位：浙江馆

03079

日用便览（第 4 期） 日用便览编辑社编

上海：日用便览编辑社，1931.1，110 页，32 开

本书内容包括：对于国旗应有的常识、1931 年日历、邮政寄费表、火车时刻表等。

03080

日用便览（第 5 期） 日用便览编辑社编

上海：日用便览编辑社，1932，1 册，32 开

03081

日用便览（第 8 期） 日用便览编辑社编

上海：日用便览编辑社，1935，116 页，32 开

本书内容包括：邮政寄费表、火车时刻表、上海交通指南、上海市银钱业规等。

03082

生活快览（民国二十三年份） 日用生活社编

上海：日用生活社，1934.1，再版，171 页，32 开

本书为上海生活指南，内容包括：紧急电话、产科常识、使用支票常识、上海商店指南等。

03083

生活快览（民国二十四年份） 日用生活社编辑

上海：日用生活社，1935.1，289 页，32 开

本书为上海生活指南，分 7 部分：治安、历纪、卫生、交通、上海居、邮电、文艺。

收藏单位：国家馆、河南馆、上海馆

03084

新加坡中国学会年刊（1949 年）

[新加坡中国学会]，1949，14+39 页，16 开

本书系新加坡中国学会的年刊。该学会是新加坡华人文化社团，成立于 1949 年 1 月 22 日。

收藏单位：国家馆

03085

一九四七年手册　华商报资料室编纂

[香港]：华商报社，1947.1，1 册，32 开

本书介绍 1946 年情况，分 4 编：国内现势、国际现势、读报便览、生活便览。

收藏单位：东北师大馆、桂林馆、湖南馆、近代史所、内蒙古馆、宁夏馆、山西馆、上海馆

03086

一九四八年手册　华商报资料室编纂

[香港]：华商报社，1948，1 册，32 开

本书介绍 1947 年情况，分 8 编：国内现势、国际现势、读报便览、香港指南、侨旅须知、经商必备、附录、补遗及校正。

收藏单位：东北师大馆、近代史所

03087

一九四九年手册　华商报资料室编纂

香港：华商报社，1949.1，[429] 页，32 开，精装

香港：华商报社，1949.4，3 版，[429] 页，32 开

本书介绍 1948 年情况，分 6 编：国内现势、国际现势、读报便览、香港指南、侨旅须知、重要参考资料。其他题名：国民年鉴 1949。

收藏单位：重庆馆、东北师大馆、广西馆、桂林馆、国家馆、湖南馆、华东师大馆、近代史所、辽大馆、山西馆、上海馆、首都馆

图书报刊目录、文摘、索引

国家总目录

03088

崇文总目　（宋）王尧臣等编次　（清）钱东垣等辑释

长沙：商务印书馆，1939.2，2 册（407 页），32 开（国学基本丛书）

本书为宋代国家书目，原书已佚，系钱东垣等人据天一阁藏本及《永乐大典》等辑释。正文 5 卷，补遗 1 卷。书前有：崇文总目原目录、崇文总目辑释小引（钱侗）、崇文总目原叙。书末附历代著录崇文总目的资料（钱侗等）、跋（伍崇曜）。

收藏单位：安徽馆、长春馆、重庆馆、大庆馆、桂林馆、国家馆、吉林馆、南京馆、上海馆、首都馆、天津馆、西南大学馆

03089

福建协和大学陈氏书库福建人集部著述解题
金云铭编

[福州]：协和大学，[1935]，58 页，16 开

本书为《协大学术》第 3 期抽印本，内容包括唐人著述、宋人著述、元人著述、明人撰述、清人撰述、总集及诗话等。

收藏单位：国家馆、上海馆

03090

广西近代经籍志　蒙起鹏编

南宁：大成印书馆，1934.8，1 册，16 开

本书续《（嘉庆）广西通志艺文志》，收清嘉庆至民国广西人著述和部分海内名人有关广西的著述，分 4 目 7 卷，按经、史、子、集编排。各书撰人附有小传。

收藏单位：重庆馆、国家馆、河南馆、江西馆、中科图

03091

广西省述作目录　广西统计局编

[南宁]：广西统计局，1934.7，160页，32开（广西统计丛书6）

本书主要汇集广西人著作；与广西文献特别有关者，虽非广西人编，亦列入。采用《杜威十进分类法》列类编排。书后附作品分类比较、作品时代比较、作品分县比较、发售处检查表，并有《关于广西各志书艺文编之几点探讨》一文。

收藏单位：重庆馆、国家馆、湖南馆、南京馆、山西馆、上海馆、首都馆、天津馆

03092

汉书·艺文志　姚明辉注

上海：大中书局，1930.10，再版，310页，32开

上海：大中书局，1932.2，3版，310页，32开

上海：大中书局，1933，5版，310页，32开

本书将《汉书·艺文志》逐条作了详细的注解。每段原文后附注解，《艺文志》所录书名著者均考出原委，附于其后。其他题名：姚氏注解汉书艺文志、汉书艺文志注解。

收藏单位：安徽馆、重庆馆、贵州馆、国家馆、河南馆、黑龙江馆、湖南馆、辽宁馆、南京馆、山西馆、上海馆、首都馆

03093

汉书艺文志讲疏　顾实著

外文题名：The Literature and Arts Section of Hanshu with notes and comments

上海：商务印书馆，1924.8，[12]+262页，24开（东南大学丛书）

上海：商务印书馆，1925.4，再版，[12]+262页，24开（东南大学丛书）

上海：商务印书馆，1927.1，3版，[12]+262页，24开（东南大学丛书）

上海：商务印书馆，1929.1，4版，[12]+262页，24开（东南大学丛书）

上海：商务印书馆，1933.7，国难后1版，[12]+262页，24开（东南大学丛书）

上海：商务印书馆，1935.1，国难后2版，

[12]+262页，24开（东南大学丛书）

重庆：商务印书馆，1945.9，[12]+258页，24开（东南大学丛书）

本书为《汉书·艺文志》（班固撰、颜师古注）加注，分7部分：序、六艺略、诸子略、诗赋略、兵书略、数术略、方技略。附《七略四部开合异同表》（黄侃）。

收藏单位：安徽馆、长春馆、重庆馆、东北师大馆、广东馆、广西馆、贵州馆、桂林馆、国家馆、河南馆、黑龙江馆、湖南馆、江西馆、辽大馆、辽宁馆、南京馆、内蒙古馆、宁夏馆、山西馆、上海馆、绍兴馆、首都馆、天津馆、西南大学馆

03094

汉书艺文志问答　叶长青著

叶长青[发行者]，[1937.1]，138页，16开

本书以问答形式介绍有关《汉书·艺文志》的知识，内有汉儒五经传授表。

收藏单位：国家馆

03095

汉书艺文志问答　叶长青编

[重庆]：正中书局，1940，204页，32开

收藏单位：福建馆、近代史所

03096

汉书艺文志注解　姚明辉著

南京：共和书局，1924.12，2册（310页），32开

本书为《汉书·艺文志》逐条作了详细的注解。每段原文后附注解，艺文志所录书名著者均考出原委，附于其后。其他题名：汉书艺文志姚氏学、汉书艺文志注解姚氏学、汉书艺文志姚氏注解。

收藏单位：东北师大馆、桂林馆、国家馆、河南馆、江西馆、辽大馆、南大馆、南京馆、宁夏馆、山西馆、上海馆、首都馆、天津馆

03097

历代经籍志（下册）　杨家骆著

出版者不详，[1934]，938页，32开，精装

（中国图书大辞典 1）

本书是《汉书》《后汉书》《三国志》《补晋书》《隋书》《旧唐书》《唐书》《补五代史》《宋史》《补辽金元史》《元史》《明史》《清史稿》等书的艺文志或经籍志。

收藏单位：北师大馆、重庆馆、国家馆、河南馆、南京馆、内蒙古馆、上海馆、首都馆、西南大学馆

03098

娄东周氏艺文志略　周悫编

出版者不详，[1911—1949]，60 页，16 开

收藏单位：南京馆

03099

明清滇人著述书目　方树梅著

昆明：国立云南大学西南文化研究室，1944.12，247 页，32 开（西南研究丛书 4）

本书为明清两代云南人的著述目录，依《四库全书》体例分类。

收藏单位：重庆馆、桂林馆、国家馆、河南馆、湖南馆、江西馆、辽大馆、南京馆、西南大学馆

03100

清代毗陵书目　张惟骧编

上海：常州旅沪同乡会，1944.11，[270] 页，25 开

本书收清代常州人著述，分 3 部分 8 卷。第 1—5 卷为现存书，第 6 卷为校刻书，第 7—8 卷为已佚书，每部分均按四部分类。

收藏单位：安徽馆、大庆馆、桂林馆、国家馆、黑龙江馆、湖南馆、近代史所、辽大馆、内蒙古馆、山西馆、上海馆、首都馆、天津馆、中科图

03101

全国出版物总目录　开明书店编

上海：开明书店，1935，222 页，16 开

本书采用《杜威十进分类法》，辅以王云五《中外图书统一分类法》列类编排，分 10 类：总类、哲学类、宗教类、社会科学类、语文学类、自然科学类、应用技术类、艺术类、

文学类、史地类。

收藏单位：重庆馆、贵州馆、国家馆、黑龙江馆、湖南馆、吉林馆、南京馆、上海馆、浙江馆、中科图

03102

全国出版物目录汇编（第 1 号）　生活书店编

上海：生活书店，1933.4，249 页，32 开

本书分总类、社会科学、经济学、政治学、法律、教育等类，所收书籍截止于 1932 年 10 月。附生活书店出版物目录。

收藏单位：重庆馆、广东馆、国家馆、河南馆、湖南馆、辽大馆、辽宁馆、内蒙古馆、上海馆、天津馆、西南大学馆

03103

全国著名出版物提要（第 1 集）　上海文华美术图书公司编

上海：文华美术图书公司，1933.9，105 页，50 开

本书按社会、经济、法律、政治、文艺、哲学、教育、史地、外国语、自然科学、国术、小说等分类编排。

收藏单位：桂林馆、国家馆

03104

生活全国总书目（1935）　平心编

外文题名：A classified catalogue of current Chinese books with complete index translationum

上海：生活书店，1935.11，[971] 页，32 开，精装

上海：生活书店，1936.3，再版，[971] 页，32 开，精装

上海：生活书店，1936.10，3 版，[971] 页，32 开，精装

本书收全国 1911 年以后的出版物约两万种，分 10 类：总类、哲学、社会科学、宗教、自然·社会科学、自然科学、文艺、语文学、史地、技术知识。书末附全国儿童少年书目和主题索引、洲别国别索引、外国著者索引，每种索引前均有例言说明。

收藏单位：安徽馆、长春馆、重庆馆、广东馆、广西馆、贵州馆、桂林馆、国家馆、

湖北馆、湖南馆、江西馆、近代史所、辽大馆、南京馆、宁夏馆、山西馆、上海馆、首都馆、天津馆、西南大学馆、浙江馆、中科图

03105

隋书经籍志 （唐）长孙无忌等著　许啸天整理

上海：群学书社，1931.5，270 页，32 开

　　本书将《隋书·经籍志》加以标点，并分述各类书籍的源流。

　　收藏单位：安徽馆、国家馆、河南馆、江西馆、近代史所、首都馆

03106

文渊阁书目 （明）杨士奇等编

上海：商务印书馆，1937.3，273 页，32 开（国学基本丛书）

　　本书为明代皇家藏书目录。永乐年间以南京书籍移北京文渊阁，又加购求，合成该阁藏书。原书不分卷，清嘉庆年间分为 20 卷。书前有《钦定四库全书提要文渊阁书目》、《题本》（杨士奇），书后有清嘉庆五年的"识"（鲍廷博）。

　　收藏单位：大庆馆、桂林馆、国家馆、河南馆、辽大馆、辽宁馆、南京馆、山西馆、上海馆、首都馆、西南大学馆

03107

西藏图籍录　吴玉年著

[北平]：[禹贡学会]，1935，[12] 页，16 开

　　本书为《禹贡》半月刊第 4 卷第 2 期单行本。

　　收藏单位：国家馆

03108

西藏图籍录再补　郑允明 [著]

[北平]：[禹贡学会]，1935，[11] 页，16 开

　　本书为《禹贡》半月刊第 6 卷第 12 期单行本。内容包括：中文书目、中文舆图、英文书目等。

　　收藏单位：国家馆

03109

新疆文献综览　（日）柿沼介编辑

大连：满铁大连图书馆，1939，[20] 页，16 开

　　本书按地志、历史、考古学、美术、民族、宗教、言语、经济、政治、社会、产业、交通、补遗等列类编排。附敦煌文献抄录。

　　收藏单位：国家馆

03110

云南书目

出版者不详，[1911—1949]，304 页，13 开，精装

　　本书按期刊门、丛书门、历史、地理、物产、地质、动物、植物、社会、教育、经济等列类编排。

　　收藏单位：桂林馆、辽大馆、上海馆

03111

中国历代艺文志　大光书局编译所编辑

上海：大光书局，1936.1，623 页，16 开，精装（史学丛书）

　　本书汇编《汉书·艺文志》及其考证、《隋书经籍志》及其考证、《旧唐书经籍志》、《唐书艺文志》、《宋史艺文志》、《宋史新编艺文志歧异表》、《元史新编艺文志》、《明史艺文志》等。其他题名：中国历代图书大辞典。

　　收藏单位：广西馆、国家馆、河南馆、南京馆、内蒙古馆、上海馆

03112

中华出版图书总目录　满洲书籍配给株式会社 [编]

满洲书籍配给株式会社，1942，208 页，32 开

　　本书收商务印书馆、忠厚书局、激流书店、大众书局、会文堂新记、广益书局、奔流书店、洪兴印刷所、启明书局、求益书局、中华书局等 40 多家书店书目。

　　收藏单位：辽宁馆

图书馆藏书目录

公共图书馆藏书目录

03113

安徽省立图书馆中文书目（第 1 册） 安徽省立图书馆编

[安庆]：安徽省立图书馆，1930.7，166 页，32 开

本册为社会科学类，主要采用《杜威十进分类法》，兼用刘国钧《中国图书分类法》。

收藏单位：桂林馆、国家馆、江西馆、南京馆、天津馆

03114

安徽省立图书馆中文书目（第 2 册） 安徽省立图书馆编

[安庆]：安徽省立图书馆，1931.6，[304] 页，32 开

本册为总丛经典、哲学、宗教类。

收藏单位：桂林馆、国家馆、江西馆、南京馆、天津馆

03115

安徽省立图书馆中文书目（第 3 册） 安徽省立图书馆编

[安庆]：安徽省立图书馆，1931.3，12+276 页，32 开

本册为语言文学类。

收藏单位：桂林馆、江西馆

03116

安徽省立图书馆中文书目（第 4 册） 安徽省立图书馆编

[安庆]：安徽省立图书馆，1931.11，[180] 页，32 开

本册为自然科学、应用科学、美术类。

收藏单位：桂林馆、国家馆、江西馆、南京馆、天津馆

03117

安徽省立图书馆中文书目（第 5 册） 安徽省立图书馆编

[安庆]：安徽省立图书馆，1931.12，[162] 页，32 开

本册为地理游记、历史传记类。

收藏单位：国家馆、河南馆、湖南馆、江西馆、南京馆、天津馆

03118

安徽省立图书馆中文书目（第 6 册） 安徽省立图书馆编

[安庆]：安徽省立图书馆，1932.4，[113] 页，32 开

本册为儿童用书类。

收藏单位：江西馆、南京馆、山西馆、浙江馆

03119

北京图书馆现藏中国政府出版品目录（第 1 辑） 北京图书馆编

外 文 题 名：Catalogue of Chinese government publications in the Metropolitan Library 1

北京图书馆，1928.5，80 页，16 开

本书所编目录以北京各部署、各机关的出版物为主，兼收各省政府的出版物。时限为清末至 1928 年 3 月。

收藏单位：广西馆、桂林馆、国家馆、湖南馆、江西馆、近代史所、南京馆、山西馆、上海馆、首都馆、西南大学馆、中科图

03120

博白县立图书馆藏书目录（第 1 编） 博白县立图书馆编

博白县立图书馆，1935.9，363 页，16 开

本书封面题名：博白县立图书馆图书目录。

收藏单位：桂林馆

03121

苍梧县立图书馆图书目录汇编 苍梧县立图书馆编

苍梧县立图书馆，1934.8，148 页，16 开

本书收书 2 万余册，分总类、哲学、宗教、社会、语文、自然科学、应用技术、文学、史地等类。

收藏单位：国家馆

03122

大阪府立图书馆韩本目录（增加和汉图书目录第八册别编）

大阪府立图书馆，1917.2，32 页，16 开

本书收 1916 年 3 月至出版前入藏的图书，按经、史、子、集分类编排。

收藏单位：国家馆

03123

奉天省立图书馆汉文图书分类目录（应用科学部 农业类 康德三年十二月末） 奉天省立图书馆编辑

奉天（沈阳）：奉天省立图书馆，1937.4，1 册 [44] 页，25 开

本书分农业总论、农业之经营、农艺、灾害、农作物、园艺、森林、农业制造等类。版权页题名：汉文图书分类目录。

收藏单位：东北师大馆、辽宁馆

03124

福建公立第一图书馆藏书总目初编

[福州]：[福建公立第一图书馆]，[1913—1949]，1 册，16 开

本书封面题名：福建公立第一图书馆藏书目录初编。

收藏单位：天津馆

03125

福建省立图书馆图书目录（上册） 福建省立图书馆编

福州：福建省立图书馆，1933.9，24+330 页，16 开

本书收 1933 年 4 月以前该馆入藏图书。据杜定友《世界图书分类法》分类编排，中、日文混排，西文附后。上册分 4 类：总类、哲学、社会科学、艺术。

收藏单位：安徽馆、广西馆、国家馆、近代史所、上海馆、浙江馆

03126

福建省立图书馆图书新增图书目录 福建省立图书馆编

福州：福建省立图书馆文化服务室，1947.3，68 页，16 开

本书收 1944 年以后该馆新增书目。

收藏单位：桂林馆、南京馆、浙江馆

03127

福建省立图书馆图书总目（第 1 册） 林志鎏编

福州：福建省立图书馆，1945.10，268 页，16 开

本书收 1943 年 8 月以前该馆入藏的中文图书，依杜定友《图书分类法》编排。本册为总类部分。

收藏单位：国家馆

03128

馆藏乡贤著作目录 刘郁文编辑

南昌：江西省立图书馆，[1930—1949]，64 页，32 开

收藏单位：江西馆

03129

广西怀集县立图书馆图书分类目录（第 1 期） 怀集县立图书馆编

怀集县立图书馆，1938.5，油印本，1 册，16 开

收藏单位：桂林馆

03130

广西省百色县县立图书馆现存图书目录

广西省百色县县立图书馆，1941，手写本，1 册，16 开，环筒页装

本书内容包括书籍目录清册、《小学文库》书目清册、《四部备要》书目清册、《万有文库》书目清册、《万有文库》二集三期书目清册等。

收藏单位：国家馆

03131

广西省立桂林图书馆图书目录（第 1 册 总类目录） 广西省立桂林图书馆编

桂林：广西省立桂林图书馆，1942，351页，32开

收藏单位：桂林馆

03132

广西省立桂林图书馆图书目录（第2册 哲学目录 宗教目录） 广西省立桂林图书馆编

桂林：广西省立桂林图书馆，1942，170页，32开

收藏单位：桂林馆

03133

广西省立桂林图书馆图书目录（方志目录 广西著述目录） 广西省立桂林图书馆编

桂林：广西省立桂林图书馆，1942，[148]页，32开

本书分两部分：方志目录与广西著述目录，后者按王云五《中外图书统一分类法》分类。

收藏单位：桂林馆、国家馆、南京馆

03134

广西省立南宁图书馆运存图书目录

南宁：广西省立南宁图书馆，1940，手写本，20叶，16开，环筒页装

收藏单位：国家馆

03135

国立北平图书馆排印卡片目录（1） 国立北平图书馆中文编目组编

国立北平图书馆中文编目组，1936.10，14+305页，32开

本书为方便各图书馆零购卡片目录而编写，依刘国钧《中国图书分类法（再版增订本）》编排。此册所收目录编号为25-1至25-2000。附书名、著者、出版处简名索引。

收藏单位：重庆馆、国家馆、宁夏馆、上海馆、首都馆、西南大学馆、中科图

03136

国立北平图书馆排印卡片目录（2） 国立北平图书馆中文编目组编

国立北平图书馆中文编目组，1936.11，10+154页，32开

本书所收目录编号为25-2001至25-3000。附书名、著者和出版处简名索引。

收藏单位：重庆馆、国家馆、上海馆、首都馆、西南大学馆

03137

国立北平图书馆排印卡片目录（3） 国立北平图书馆中文编目组编

国立北平图书馆中文编目组，1936.12，10+137页，32开

本书所收目录编号为25-3001至25-4000。附书名、著者、出版处简名索引。

收藏单位：国家馆、上海馆、首都馆、西南大学馆

03138

国立北平图书馆排印卡片目录（4） 国立北平图书馆中文编目组编

国立北平图书馆中文编目组，1937.3，10+350页，32开

本书所收目录编号为25-4001至25-5875。附书名、著者、出版处简名索引。

收藏单位：重庆馆、国家馆、南京馆、上海馆、首都馆、西南大学馆

03139

国立北平图书馆排印卡片目录（5） 国立北平图书馆中文编目组编

国立北平图书馆中文编目组，1937.5，10+160页，32开

本书所收目录编号为26-1至26-1000。附书名、著者、出版处简名索引。

收藏单位：重庆馆、国家馆、上海馆、首都馆、西南大学馆

03140

国立北平图书馆普通书目（史部8 地理类至政书类）

[国立北平图书馆]，[1928—1949]，石印本，1册，16开，精装

本书收京师图书馆普通本书目第17—18卷。

收藏单位：国家馆

03141

国立北平图书馆普通书目（史部 9 政书类至史评类）

[国立北平图书馆]，[1928—1949]，石印本，1 册，16 开，精装

　　本书收京师图书馆普通本书目第 19—20 卷。

　　收藏单位：国家馆

03142

国立北平图书馆普通书目（子部 1）

[国立北平图书馆]，[1928—1949]，石印本，1 册，16 开，精装

　　本书收京师图书馆普通本书目第 21—22 卷。

　　收藏单位：国家馆

03143

国立北平图书馆普通书目（子部 2）

[国立北平图书馆]，[1928—1949]，石印本，1 册，16 开，精装

　　本书收京师图书馆普通本书目第 23—24 卷，附两编。

　　收藏单位：国家馆

03144

国立北平图书馆普通书目（集部 1 楚辞类至别集类）

[国立北平图书馆]，[1928—1949]，石印本，1 册，16 开，精装

　　本书收京师图书馆普通本书目第 24—25 卷。

　　收藏单位：国家馆

03145

国立北平图书馆普通书目（集部 2 别集类至总集类）

[国立北平图书馆]，[1928—1949]，石印本，1 册，16 开，精装

　　本书收京师图书馆普通本书目第 26—27 卷。

03146

国立北平图书馆普通书目（集部 3 总集类至集部附录）

[国立北平图书馆]，[1928—1949]，石印本，1 册，16 开，精装

　　本书收京师图书馆普通本书目第 28 卷，附两编。

　　收藏单位：国家馆

03147

国立北平图书馆提取留宁官书清册　国立北平图书馆 [编]

国立北平图书馆，[1928—1949]，手写本，105 页，10 开

　　收藏单位：国家馆

03148

国立北平图书馆现藏中国官书目录（第 2 辑 国民政府之部）　国立北平图书馆编

外 文 题 名：Catalogue of Chinese government publications in the National Library of Peiping: part II, publications of the national government of the Republic of China

国立北平图书馆，1932.5，91 页，16 开

　　本书收中国国民党中央和地方党部、中央和地方政府的出版物。所收资料的时限为 1928 年国民政府成立至 1931 年底。附海关税务司出版品。

　　收藏单位：广西馆、桂林馆、国家馆、湖南馆、江西馆、南京馆、上海馆、西南大学馆、中科图

03149

国立北平图书馆新编中文书目（二十年至二十六年）　国立北平图书馆 [编]

国立北平图书馆，[1932—1938]，油印本，7 册，16 开

　　本书中每年为 1 册。

　　收藏单位：国家馆

03150

国立兰州图书馆特藏书目初编　国立兰州图书馆编

兰州：国立兰州图书馆，1948.5，52 页，22 开

本书分 3 部分：元明刻本、稿本批校本传抄本、朝鲜刻本。

收藏单位：桂林馆、国家馆、南京馆、浙江馆

03151

国立中央图书馆北城阅览室图书目录（第 1 编）

[南京]：国立中央图书馆北城阅览室，[1946—1949]，2 册，22 开

本书为泽存书库书目初编。抗战胜利后，泽存书库被国立中央图书馆接收，成为该馆北城阅览室。

收藏单位：国家馆

03152

国立中央图书馆北城阅览室图书目录（第 2 编）

[南京]：国立中央图书馆北城阅览室，[1946—1949]，1 册，22 开

本书为泽存书库书目次编。

收藏单位：国家馆

03153

国立中央图书馆藏呈缴书目录　国立中央图书馆筹备处编

南京：国立中央图书馆筹备处，1935—1936，12 册（362 页），16 开

本书按月编排，每月 1 期，共 12 期。各期分总类、哲学、宗教等类。

收藏单位：国家馆、江西馆、上海馆

03154

国立中央图书馆藏官书目录（第 1 辑）　国立中央图书馆筹备处编

南京：国立中央图书馆筹备处，1934.6，318 页，16 开，环筒页装

本书收 1933 年底以前入藏的中、西文官书，按党政机关组织系统分类。附各机关职员录、各机关名称参照表、中文官书索引、西文官书索引。

收藏单位：广西馆、桂林馆、国家馆、南京馆、宁夏馆、山西馆、上海馆、中科图

03155

国立中央图书馆筹备处自京运出中文图书目录

出版者不详，[1937—1949]，1 册，16 开

收藏单位：国家馆

03156

国立中央图书馆入藏呈缴图书目录（三十六年七月至十二月）　国立中央图书馆编

[南京]：[国立中央图书馆]，[1948]，24 页，16 开

本书分总论、经学、哲学、心理、宗教、历史、考古、传记等类。

收藏单位：重庆馆、广西馆、国家馆、湖南馆、江西馆、南京馆、上海馆、浙江馆

03157

国立中央图书馆在渝中文书目

出版者不详，[1938—1949]，手写本，1 册，16 开，环筒页装

收藏单位：国家馆

03158

杭县县立流通图书馆新编图书目录　杭县县立流通图书馆编

杭县县立流通图书馆，1933.7，87 页，13 开

本书内容包括：沿革、组织系统、经费预算、图书设备、业务进行计划、历年工作述要、章则汇录等。杭县今为杭州余杭区。

收藏单位：浙江馆

03159

杭州市市立儿童图书馆图书目录　杭州市市立儿童图书馆编

杭州市市立儿童图书馆，1933，56 页，横 16 开

本书采用王云五《中外图书统一分类法》

编排，分 8 类：总类、社会科学、语文、自然科学、应用科学、美术、文学、史地。

收藏单位：国家馆、天津馆、浙江馆

03160

杭州孙氏寿松堂捐赠浙江图书馆书目　浙江省立图书馆编

杭州：浙江省立图书馆，1936.6，36 页，25 开

本书为藏书家孙峻向浙江图书馆捐赠其家族先辈藏书的书目。

收藏单位：南京馆、浙江馆

03161

湖北省立图书馆图书目录（第 1 期）　冯汉骥等编

[武昌]：湖北省立图书馆，1929.1，[534]页，22 开

本书内容包括：序（刘树杞）、编辑弁言、目录、补编、类目索引、党义书籍等。目录按《杜威十进分类法》编排。

收藏单位：国家馆、上海馆

03162

湖北省立图书馆图书目录　湖北省立图书馆编

[武昌]：湖北省立图书馆，1934.4，374 页，16 开

本书收 1933 年底以前入藏的中文平装图书，依《杜威十进分类法》编排。附湖北省立图书馆借书规则。

收藏单位：安徽馆、广西馆、国家馆、湖南馆、山西馆、首都馆

03163

湖北省立图书馆图书目录（旧籍之部）　湖北省立图书馆编

[武昌]：湖北省立图书馆，1935.11，2 册（1104 页），16 开

本书收中文古籍，分 5 类：经、史、子、集、丛书。封面题名：湖北省立图书馆书目。书脊题名：湖北省立图书馆旧籍目录。

收藏单位：安徽馆、国家馆、江西馆、西南大学馆

03164

湖南省立中山图书馆图书分类目录　湖南省立中山图书馆编

长沙：湖南省立中山图书馆，1929，2 册，16 开

本书共 10 卷，收中、外文图书，分 10类：总丛、经典、史地、哲学·宗教、文学、语学、社会科学、自然科学、应用科学、艺术，每类 1 卷。

收藏单位：国家馆

03165

江苏省立国学图书馆现存书目　江苏省立国学图书馆编

南京：江苏省立国学图书馆，1948，2 册（[436]+[307] 页），16 开

本书分 8 类：经、史、子、集、志、图、丛、拓本景片。附书画、手札、书版、古物目录和复员后新收书目（1945—1946 年）。

收藏单位：安徽馆、重庆馆、东北师大馆、桂林馆、国家馆、近代史所、南京馆、上海馆、首都馆、西南大学馆、浙江馆

03166

江苏省立国学图书馆总目叙及序例　柳诒徵编

出版者不详，[1929—1949]，10 页，16 开

收藏单位：南京馆

03167

江苏省立苏州图书馆儿童图书目录　顾道敏主编

[苏州]：顾道敏，1936.2，90 页，32 开

本书分 10 类：总集、丛书、史地、学术、文学、教育、社会科学、自然科学、应用科学、艺术。

收藏单位：国家馆

03168

江苏省立苏州图书馆图书目录（第 1 期）　蒋镜寰　陈子彝编

苏州：江苏省立苏州图书馆，1933.10，[346]页，16 开

本书收 1914 年 9 月至 1919 年 10 月间入藏图书，分 10 类：丛类、经类、历史地理、哲学宗教、文学、教育、社会科学、自然科学、应用科学、艺术。附特藏部书目。

收藏单位：国家馆、上海馆、首都馆、中科图

03169

江苏省立苏州图书馆图书目录（第 2 期） 蒋镜寰　陈子彝编

苏州：江苏省立苏州图书馆，1932.10，[244] 页，16 开

本书收 1919 年 10 月至 1931 年 6 月间入藏图书，分类同前。

收藏单位：国家馆、湖南馆

03170

江苏省立苏州图书馆图书目录 江苏省立苏州图书馆 [编]

[苏州]：[江苏省立苏州图书馆]，1940.5，269 页，16 开

本书收 1914 年该馆成立至 1937 年 11 月间入藏的图书，分 10 类：丛类、经类、历史地理、哲学宗教、文学、教育、社会科学、自然科学、应用科学、艺术。

收藏单位：重庆馆、广西馆、国家馆、近代史所、辽宁馆、内蒙古馆、上海馆、首都馆、浙江馆、中科图

03171

江苏省立苏州图书馆最近编藏图书目录（民国廿七年二月至廿八年五月） 苏州图书馆编

苏州图书馆，1939.5，123 页，16 开

本书按陈子彝《陈氏图书分类法》（又名《中央大学区立苏州图书馆图书分类法》）编排，收书 2677 种 3991 册。逐页题名：江苏省立苏州图书馆最近编藏书目。

收藏单位：国家馆、辽宁馆、内蒙古馆、上海馆

03172

江苏省立镇江民众教育馆革命文库书目、普通图书书目 江苏省立镇江图书馆 [编]

[江苏省立镇江图书馆]，1933，油印本，1 册，16 开

收藏单位：南京馆、天津馆

03173

江西省立图书馆图书目录（百花洲总馆图书之部） 江西省立图书馆编

南昌：江西省立图书馆，1935.3，328 页，16 开

本书依四部分类编排。

收藏单位：桂林馆、国家馆、河南馆、江西馆、首都馆

03174

江西省立图书馆图书目录（儿童阅览室图书之部） 江西省立图书馆编

南昌：江西省立图书馆，1935.5，154 页，16 开

本书收 1933 年 12 月以前入藏的儿童图书，依杜定友《图书分类法》编排。

收藏单位：安徽馆、桂林馆、国家馆、江西馆、山西馆、上海馆、西南大学馆、浙江馆

03175

江西省立图书馆图书目录（临时阅览处西文图书之部） 江西省立图书馆编

南昌：江西省立图书馆，1935.6，123 页，16 开

本书收 1933 年 12 月以前入藏的西文图书，依《杜威十进分类法》编排。

收藏单位：安徽馆、国家馆、河南馆、江西馆、上海馆

03176

江西省立图书馆图书目录（临时阅览处中日文图书之部） 江西省立图书馆编

南昌：江西省立图书馆，1935.4，3 册（[726] 页），16 开

本书收 1933 年 12 月以前入藏的图书，依杜定友《图书分类法》编排。第 1、2 册为中文书，第 3 册为日文书。

收藏单位：国家馆、河南馆、湖南馆、江

西馆、南京馆、上海馆

03177

江西省立图书馆图书目录（图书流通部图书之部） 江西省立图书馆编

南昌：江西省立图书馆，1935，148 页，16 开

本书收 1933 年 12 月以前入藏的图书，分 10 类：总类、哲理科学、教育科学、社会科学、艺术、自然科学、应用科学、语言科学、文学、历史地理。

收藏单位：国家馆、河南馆、江西馆、上海馆、西南大学馆

03178

江西省立图书馆图书目录（杂志目录之部） 江西省立图书馆编

南昌：江西省立图书馆，1935.6，138 页，16 开

本书收 1933 年以前入藏的中、日、西文杂志。中日文依刊名四角号码排列，西文依字母次序排列。附笔画索引。

收藏单位：桂林馆、国家馆、河南馆、江西馆、南京馆、上海馆、西南大学馆

03179

晋绥图书馆图书简目

[兴县]（山西）：[晋绥图书馆]，[1940—1949]，1 册，32 开

收藏单位：山西馆

03180

辽宁安东市立图书馆图书目录 张鸿钧　王鸣盛编纂

安东市立图书馆，1929.1，222 页，16 开

本书分 8 门 30 类，按门类排列，共收书16000 余册。

收藏单位：国家馆

03181

龙江省立图书馆图书分类目录 金钟祥　杨崇文编辑

齐齐哈尔：龙江省立图书馆，1941，[469] 页，16 开

收藏单位：辽宁馆

03182

满文书籍联合目录 李德启编

外文题名：Union catalogue of Manchu books in the National Library of Peiping and the Library of the Palace Museum

国立北平图书馆、故宫博物院图书馆，1933.6，126 页，16 开

本书为国立北平图书馆及故宫博物院图书馆两处所藏满文书籍目录，分 10 类：总类、哲学、宗教、自然科学、应用科学、社会科学、语文学、文学、艺术、史地。附汉文书名索引、汉文人名索引、罗马字四角号码对照表、满文书名索引、满文人名索引、藏文书名索引、满文书名罗马字索引。书前有于道泉、李德启序。封面题名：国立北平图书馆故宫博物院图书馆满文书籍联合目录。

收藏单位：国家馆、南京馆、宁夏馆、上海馆、首都馆、西南大学馆

03183

满洲国立奉天图书馆图书分类目录（康德二年六月末） 国立奉天图书馆编

奉天（沈阳）：国立奉天图书馆，1935.6，403+22+2 页，16 开

本书以 1935 年 6 月底前入藏图书为限，按丛书、经、史、子、集分类编排。书前有"汉籍分类表（康德元年九月订）"，书后有书名笔画索引、书名四角号码索引。

收藏单位：东北师大馆、国家馆、湖南馆、辽大馆、辽宁馆、西南大学馆

03184

满洲国立奉天图书馆增加图书分类目录（第 2号 康德四年一月一日起至康德五年三月底止） 国立奉天图书馆编

奉天（沈阳）：国立奉天图书馆，1938.6，65 页，16 开

本书以 1937 年 1 月至 1938 年 3 月入藏图书为限，按丛书、经、史、子、集分类编排。

收藏单位：国家馆、辽大馆、辽宁馆、西南大学馆

03185

满洲国立奉天图书馆增加图书分类目录（第3号 康德五年四月一日起至康德六年三月底止）

国立奉天图书馆编辑

奉天（沈阳）：国立奉天图书馆，1939.6，21页，16开

　　本书以1938年4月1日至1939年3月底入藏图书为限，按丛书、经、史、子、集分类编排。

　　收藏单位：辽大馆、辽宁馆、西南大学馆

03186

满洲国立奉天图书馆增加图书分类目录（第4号 康德六年四月一日起至康德九年七月底止）

满洲国立奉天图书馆编

奉天（沈阳）：满洲国立奉天图书馆，1942.12，91+20页，16开

　　本书以1939年4月1日至1942年7月底入藏图书为限，按丛书、经、史、子、集分类编排。

　　收藏单位：国家馆、辽大馆、辽宁馆、南京馆

03187

民众图书馆书目　徐植璧　沈联惠　孙采苹编校

无锡：江苏省立民众教育院、劳农学院城市区民众图书馆，1930.6，71页，32开（民众图书馆丛书1）

　　收藏单位：南京馆

03188

南京市立图书馆儿童书目　南京市立图书馆编

南京市立图书馆，1935.3，94页，25开

　　本书分7类：党义、文学、科学、史地、杂类、丛书、定期刊物。

　　收藏单位：国家馆、宁夏馆

03189

南京市立图书馆图书目录　南京市立图书馆编

南京市立图书馆，1934.3，22页，25开

　　收藏单位：重庆馆、国家馆

03190

南京市立图书馆新编书目（第1期）　南京市立图书馆编

南京市立图书馆，1936.7，50页，24开

　　本书依王云五《中外图书统一分类法》排列。附丛书总目索引。

03191

南京特别市市立图书馆图书目录　南京特别市市立图书馆编

南京特别市市立图书馆，1930.4，90页，16开

　　本书为中、日、西文书刊目录，截至1929年。按王云五《中外图书统一分类法》编排。

　　收藏单位：国家馆、南京馆

03192

南满洲铁道株式会社大连图书馆和汉图书分类目录　（日）柿沼介编辑

大连：南满洲铁道株式会社大连图书馆，[1929—1934]，9册，16开

　　本书共8编9册。第1编为总记；第2编为宗教、哲学、教育；第3编为文学、语学；第4编为历史、传记、地志；第5编为政治、法律、经济、财政、社会、家事、统计、植民；第6编上册为数学、理学、医学、工学、兵事，下册为美术、音乐、演艺、运动；第7编为产业、交通、通信；第8编为满洲、蒙古。第1—5编为1927年3月底前入藏的相关类的图书目录，第6—8编为1933年12月底前入藏的相关类的图书目录。各册前有分类表，后有书名索引、著者索引。

　　收藏单位：大庆馆、近代史所、南京馆

03193

南满洲铁道株式会社大连图书馆和汉图书分类目录（追录）　（日）大佐三四五编辑

大连：南满洲铁道株式会社大连图书馆，1937.3，8册，16开

　　本书共8编，分编与正编相同。第1—5

编为 1927 年 4 月 1 日至 1936 年 3 月 31 日入藏的相关类的图书目录；第 6—8 编为 1934 年 1 月 1 日至 1936 年 3 月 31 日入藏的相关类的图书目录。

03194

南满洲铁道株式会社大连图书馆增加图书分类目录

大连：南满洲铁道株式会社大连图书馆，1937，4 册，16 开

　　收藏单位：大庆馆、南京馆

03195

南满洲铁道株式会社大连图书馆增加图书分类目录（昭和 12 年度 索引）（日）大佐三四五编辑

外文题名：Classified list of the books added to the Dairen Library S. M. R.(1937 index)

大连：南满洲铁道株式会社大连图书馆，1940.9，1 册，16 开

　　本书内容包括：和汉图书分类表、件名索引、书名索引、著者索引等。

03196

南满洲铁道株式会社大连图书馆增加图书分类目录（昭和 13 年度）（日）大鸟丰彦编辑

外文题名：Classified list of the books added to the Dairen Library S. M. R.(1938)

大连：南满洲铁道株式会社大连图书馆，1941.4，1 册，16 开

　　本书为 1938 年 4 月至 1939 年 3 月所增加日文、汉文和西文图书的分类目录。书后附书名索引、著者索引。

03197

南满洲铁道株式会社大连图书馆增加图书分类目录（昭和 14 年度）（日）岩田实编

大连：南满洲铁道株式会社大连图书馆，1942.8，280+65 页，16 开

　　本书为 1939 年满铁大连图书馆所增加图书的分类目录。所收书以日文为主，也有西文书与少量汉文。其他题名：满铁大连图书馆增加图书分类目录。

03198

山西公立图书馆目录初编（中国图书旧籍类）

　　田九德　聂光甫编

太原：山西公立图书馆，1931.7，[11]+[512] 页，16 开

　　本书按经、史、子、集、丛书分类排列。

卷端题名：山西公立图书馆书目初编。

　　收藏单位：安徽馆、国家馆、中科图

03199

山西公立图书馆目录初编（中国图书新籍类）

聂光甫编

太原：山西公立图书馆，1933.10，10+462 页，16 开

　　本书分 6 卷，依杜定友《图书分类法》分 10 类：总记、哲理、教育、社会科学、自然科学、应用科学、美术、语言文学、历史地理、革命文库。

　　收藏单位：桂林馆、国家馆、湖南馆、南京馆、首都馆、天津馆

03200

陕西省立西京图书馆图书目录（中文旧籍之部 第 1 辑）　陕西省立西京图书馆编

[西安]：陕西省立西京图书馆，1937.5，[811] 页，16 开，精装

　　本书收 1936 年以前入藏的中文古籍，分经、史、子、集等类。附书名笔画索引。

　　收藏单位：安徽馆、贵州馆、国家馆、江西馆、山东馆、上海馆、首都馆、中科图

03201

陕西图书馆书目　陕西图书馆编

[西安]：陕西图书馆，[1937]，6 册，16 开，精装

　　本书收 1936 年以前入藏的中文古籍，分经、史、子、集等类。附书名笔画索引。

　　收藏单位：浙江馆

03202

陕西图书馆书目三编　陕西图书馆编

[西安]：陕西图书馆，[1937]，2 册（49+112 页），16 开，精装

本书收 1936 年以前入藏的中文古籍。

收藏单位：浙江馆

03203

上海鸿英图书馆图书目录（初编） 上海鸿英图书馆 [编]

上海：鸿英图书馆，1937.6，油印本，234+18+36 页，16 开

本书按总类、哲理科学、教育科学、社会科学、艺术、自然科学、应用科学、语文学、文学、史地学等类编排，书后有补遗。

收藏单位：国家馆、近代史所、上海馆

03204

上海静安图书馆特设消闲读书会图书目录（第 1 期） 上海静安图书馆编

上海：静安图书馆，1938.3，32 页，16 开

03205

上海市市立图书馆藏书分类目录 上海市市立图书馆编

上海市市立图书馆，1935.9，421 页，16 开

本书为 1934 年前的藏书目录。中文、日文、西文图书，以及杂志公报分开，依王云五《中外图书统一分类法》分类。

收藏单位：上海馆

03206

上海市图书馆图书杂志目录（第 1 辑） 上海市图书馆编

上海市图书馆，1936.8，[226] 页，25 开

本书采用王云五《中外图书统一分类法》分类。附西文书目。

收藏单位：国家馆、近代史所、南京馆、上海馆

03207

上海市图书馆图书目录（第 2 辑） 上海市图书馆编

上海市图书馆，1937.7，[563] 页，25 开

本书包含中文、西文目录，采用王云五《中外图书统一分类法》分类。

收藏单位：国家馆

03208

书名（或译名）不同著者内容相同的图书参考书目 长春市立图书馆 [编]

长春市立图书馆，[1940—1949]，油印本，1 册，16 开

收藏单位：国家馆

03209

书香主要记事目录（自第 1 号至第 142 号） 满铁大连图书馆编

大连：满铁大连图书馆，[1944]，12 页，25 开

本书为以印刷代誊写的记事目录。

收藏单位：国家馆

03210

松口图书馆图书目录 松口图书馆编

梅县：松口图书馆，1937.3，66 页，36 开

本书分 4 类：图书目录、报纸、杂志、各界所赠书籍，主要依王云五《中外图书统一分类法》列类编排。

收藏单位：国家馆、浙江馆

03211

苏州图书馆中文图书目录 苏州图书馆编

苏州图书馆，1929.5，308 页，16 开

本书分 10 类：总记、哲理科学、教育科学、社会科学、艺术、自然科学、应用科学、语言学、文学、史地。附外国文图书目录。

收藏单位：安徽馆、国家馆、湖南馆、山西馆、上海馆、浙江馆

03212

天津市立图书馆图书目录（第 1 辑） 天津市立图书馆编

天津市立图书馆，1934.12，486+296+12 页，16 开

本书收 1931 年建馆至 1932 年 12 月入藏的中、日、西文图书，共 25800 余册。中日文混排，依刘国钧《中国图书分类法》分类；西文另立一栏，依《杜威十进分类法》分类。附中日文书名索引（按笔画排列）。

收藏单位：安徽馆、贵州馆、桂林馆、国

家馆、湖南馆、江西馆、南京馆、山西馆、上海馆、首都馆、西南大学馆

03213

天津市立图书馆图书目录（第2辑） 天津市立图书馆编

天津市立图书馆，[1934]，[425]页，16开

本书收1933年1月至1934年12月入藏的中文图书10300余册，依刘国钧《中国图书分类法》分类。附普通参考书目、书名索引。

收藏单位：贵州馆、国家馆、江西馆、上海馆、西南大学馆

03214

威海卫通俗图书馆图书目录（第1册） 威海卫通俗图书馆编

威海卫通俗图书馆，1933.10，103页，16开

本书收1933年6月前入藏的书刊，采用王云五《中外图书统一分类法》分类，杂志等编入总类。

收藏单位：国家馆、山西馆

03215

威海卫通俗图书馆图书目录（第2册） 威海卫通俗图书馆编

威海卫通俗图书馆，1935.3，40页，16开

本书收1933年至1934年7月入藏的书刊。分类同前。

收藏单位：国家馆

03216

无锡县立图书馆地方著述目录 无锡县立图书馆编

无锡县立图书馆，1936.10，60页，16开

本书收1915—1935年入藏的地方志著述，采用杜定友《图书分类法》分类，姓氏排列采用四角号码检字法。

收藏单位：国家馆、河南馆、湖南馆、南京馆、陕西馆、上海馆、首都馆、天津馆、浙江馆

03217

无锡县立图书馆第五次图书目录 无锡县立图书馆编

无锡县立图书馆，1936，106页，16开

本书分总记、哲理科学、教育科学、社会科学等类。

收藏单位：国家馆、湖南馆、南京馆、陕西馆、首都馆、浙江馆

03218

无锡县图书馆图书目录（1—5） 无锡县图书馆编

无锡县图书馆，1932.7，364+29页，18开

本书依杜定友《世界图书分类法》列类编排，分10类：总记、哲理科学、教育科学、社会科学、艺术、自然科学、应用科学、语言学、文学、史地。收入时限为1915年至付印。附无锡县图书馆流通部图书目录。

收藏单位：国家馆

03219

香山图书馆书目（1—2）

香山图书馆，[1910—1919]，2册（140+132页），18开

收藏单位：广西馆、桂林馆、国家馆

03220

新购殿版书目·阚氏捐赠书目 国立奉天图书馆编

奉天（沈阳）：国立奉天图书馆，1934，38页，16开

本书内容包括：新购殿版书目、新购满蒙文书目、新购八旗人著作书目、阚氏捐赠书目，均按经、史、子、集列类编排。

收藏单位：国家馆、辽宁馆

03221

云南图书馆书目（二编） 云南图书馆编

昆明：云南图书馆，1924.9，35页，32开，环筒页装

本书收书720部8890卷，依四部分类。

收藏单位：国家馆

03222

浙江公立图书馆通常类书目　浙江公立图书馆编

[杭州]：[浙江公立图书馆]，1925，8 册，16 开

本书共 5 卷，附保存类图书目录补遗 1 卷，以民国八年所誊写的印本《通常书目》为底本，除去新增近刊，添入其后所收旧籍，分立四部及丛书，略记书名、卷数、撰者、版本、册数诸项。第 4 卷为 1924 年重订，第 5 卷为 1925 年重订。

收藏单位：浙江馆

03223

浙江省立图书馆史地类图书目录　浙江省立图书馆编

杭州：浙江省立图书馆，1936.2，250 页，16 开

本书为线装和洋装混编，中日文混编，丛书和单本混编。

收藏单位：国家馆

03224

浙江省立图书馆书目提要　金涛编

杭州：浙江省立图书馆，1931.5，94 页，32 开

本书按经、史、子、集列类编排，每书列出提要。

收藏单位：安徽馆、国家馆、南京馆、浙江馆

03225

浙江省立图书馆图书总目（中日文书 第 1 辑）
浙江省立图书馆编

杭州：浙江省立图书馆，1935—1936，2 册（1200 页），16 开

本书收 1934 年以前入藏图书，分 10 类：总类、哲学、宗教、社会科学、语文学、自然科学、应用技术、美术、文学、史地。附类名索引、馆藏参考书要目。

收藏单位：重庆馆、广西馆、桂林馆、国家馆、湖南馆、江西馆、南京馆、宁夏馆、上海馆、首都馆、西南大学馆、浙江馆

03226

浙江省立图书馆图书总目（中日文书 第 1 辑上册）　浙江省立图书馆编

杭州：浙江省立图书馆，1940，246 页，32 开

本书收 1938 年该馆恢复后的藏书和新购书的书目。分类同前。

收藏单位：国家馆

03227

浙江鄞县县立图书馆图书目录　鄞县县立图书馆编

宁波：鄞县县立图书馆，1936，510 页，25 开

本书收 1935 年 8 月以前入藏的图书 8531 种，依王云五《中外图书统一分类法》列类编排。书脊题名：鄞县县立图书馆分类目录。

收藏单位：国家馆、南京馆、上海馆、浙江馆

03228

中央图书馆藏官书目录（第 1 辑）　中央图书馆编辑

[南京]：中央图书馆，1934.6，10+318 页，16 开

本书收 1933 年 12 月底之前入藏的官书，分甲、乙两类，按机构列类编排。甲类为关于中国国民党的官书目录，分中央党部和各省市特别党部两部分；乙类为关于国民政府的官书目录，包括行政院、立法院、司法院、考试院、监察院、军事委员会、训练总监部、参谋本部等。附各机关职员录、各机关名称参照表、中文官书索引、西文官书索引等。

收藏单位：江西馆

工矿图书馆藏书目录、农村图书馆藏书目录、机关图书馆藏书目录

03229

财政部国定税则委员会图书目录（1 国文及日文部分）　财政部国定税则委员会编

[南京]：财政部国定税则委员会，1936，80 页，18 开

本书收 1935 年底以前入藏的图书。中日文混排，依王云五《中外图书统一分类法》编排。附 1936 年所置图书目录和杂志目录。

收藏单位：上海馆

03230

参谋本部图书馆图书目录　参谋本部图书馆编

陆军印刷所，1934.3，48 页，23 开

本书分总类、军事、政治、经济、国际、社会、自然、史地、法律、革命文库等类。有凡例、参谋本部图书馆借书规则等。

收藏单位：国家馆

03231

参谋本部图书室图书目录　参谋本部图书室编

参谋本部图书室，1936.8，134 页，18 开

本书内容包括：图书目录（收 1935 年底以前所有中外重要图书 2000 余种 6000 余册）、万有文库目录（收书 2000 册）、期刊目录（收期刊 200 种），以及类书、丛书细目。

收藏单位：重庆馆、国家馆、南京馆

03232

藏书目录

中国国民党中央组织部，[1947—1949]，油印本，1 册，16 开

本书收该部收藏的关于党派、哲学类的图书。

收藏单位：国家馆

03233

帝国图书馆目录　帝国图书馆编

帝国图书馆，1946，1 册，18 开，环筒页装

收藏单位：国家馆

03234

奉天省公署图书目录　奉天省公署图书室编

奉天（沈阳）：奉天省公署图书室，[1932—1939]，164 页，32 开，精装

本书按普通图书、目录学、图书馆学、百科全书等类列类编排。

收藏单位：国家馆

03235

福建省政府秘书处图书馆图书目录　福建省政府秘书处图书馆编

福州：福建省政府秘书处图书馆，1937.12，油印本，2 册（196+122 页），16 开

本书按总类、哲学类、宗教类、社会科学类等列类编排。

收藏单位：福建馆

03236

广西省政府教育厅图书目录　广西省政府教育厅编

[桂林]：[广西省政府教育厅]，[1945—1949]，油印本，1 册，16 开

本书所载图书最晚者为 1945 年出版。

收藏单位：桂林馆

03237

国防部图书馆图书目录（第 1 辑）　国防部图书馆编

南京：国防部图书馆，1948，190 页，25 开

本书分 6 部分：弁言、凡例、借书规则、分类纲要、中文普通图书目录、日文普通图书目录。

收藏单位：重庆馆

03238

国民政府参军处图书室图书目录（第 1 期）

舒昌兴　谢翰华编

南京：国民政府参军处，1931.6，149 页，32 开

收藏单位：南京馆

03239

国民政府文官处文书局图书室目录（第 2 期）

国民政府文官处文书局图书室编

国民政府文官处文书局图书室，[1911—1949]，17 页，32 开

本书分 3 部分：中文、日文、西文。按党义及党化、新学说、旧学说、丛书等列类编排。

收藏单位：国家馆、南京馆

03240

国民政府主计处图书室西文图书清册　图书室编

南京：国民政府主计处，1948，1 册，8 开

　　收藏单位：国家馆

03241

哈尔滨铁路图书馆增加图书目录　（日）竹内正一编

哈尔滨：铁路图书馆，1937.6，1 册，16 开

　　收藏单位：南京馆

03242

河北省政府秘书处图书室报告（第 1 至第 2 集）　河北省政府秘书处图书室编

河北省政府秘书处图书室，1929—1930，油印本，2 册，16 开，环筒页装

　　本书收该室第 1—70 号新书报告。

　　收藏单位：国家馆

03243

河北省政府秘书处图书室图书目录　河北省政府秘书处图书室编

河北省政府秘书处图书室，1930，油印本，1 册，16 开，环筒页装

　　收藏单位：国家馆

03244

华仪工程贸易行图书目录

出版者不详，[1911—1949]，油印本，1 册，16 开

　　收藏单位：上海馆

03245

华中铁道图书馆图书分类目录（第 2 辑 民国二十九年增加图书）　华中铁道图书馆编

上海：华中铁道股份有限公司，1941.4，111页，18 开

　　本书收 1940 年入藏的中、日、西文图书，分 20 类：总记、哲学、宗教、语文、艺术、历史、地理、社会、经济、商业、交通、政治、法律、教育、自然科学、医学、技术、农艺、技艺、方志。

　　收藏单位：国家馆、辽大馆

03246

嘉定县教育会图书馆图书目录　嘉定县教育会图书馆编

嘉定县教育会图书馆，1933.5，[204] 页，25开

　　本书主要依王云五《中外图书统一分类法》列类编排，万有文库、儿童图书另排。

03247

建设委员会图书馆图书目录　建设委员会图书馆编

南京：建设委员会图书馆，1936.3，再版，[318] 页，16 开

　　本书分两部分：西文和中日文。后者按王云五《中外图书统一分类法》列类编排。

　　收藏单位：国家馆、南京馆、上海馆

03248

建设委员会图书馆图书目录续编　建设委员会图书馆编

南京：建设委员会图书馆，1937.1，[45] 页，16 开

　　本书分两部分：中文和西文。按总类、社会科学、自然科学、应用科学、美术、文学、史地等列类编排。

　　收藏单位：国家馆、南京馆、浙江馆

03249

建设委员会图书馆中日文图书目录　建设委员会图书馆编

南京：建设委员会图书馆，1932.12，[182]页，16 开

　　本书收 1928 年该馆筹备以来至 1932 年11 月入藏的中、日文图书，依《杜威十进分类法》列类编排。

　　收藏单位：国家馆、南京馆

03250

交通银行总行图书目录　交通银行事务处编

交通银行事务处，1935.7，189 页，32 开

　　本书收 1931 年设立至 1935 年 7 月间入

藏的中外文图书，依王云五《中外图书统一分类法》列类编排，中、外文图书混排。

03251

[教育部藏书目录]

出版者不详，[1945—1949]，油印本，1册，16开，环筒页装

　　本书为伪教育部藏书目录，按丛书、宗教、哲学、自然科学、应用科学等列类编排。

　　收藏单位：国家馆

03252

教育部图书馆中文图书分类目录

教育部图书馆，1941—1942，油印本，3册，16开，环筒页装、精装

　　收藏单位：国家馆

03253

教育部图书目录　教育部总务厅文书科编

北京：教育部总务厅文书科，1915.6，2册（[306]+[262]页），25开

　　本书分12类，大致依四部分类排列。上册16开，第1—8卷为中文；下册23开，第9卷为日文，第10—12卷为西文。封面题：重编教育部图书目录。

　　收藏单位：国家馆、南京馆、上海馆、首都馆

03254

教育部直辖编审会图书室图书目录　教育部直辖编审会图书室编

[南京]：教育部直辖编审会图书室，1938.12印，1册，13开，活页精装

　　本书按总类、哲学、宗教、自然科学、应用科学、社会科学、史地、语文、美术等列类编排。

　　收藏单位：国家馆

03255

军事委员会政治部书刊目录　部长办公厅总务处第三科编

部长办公厅总务处第三科，1940，102页，32开

　　收藏单位：广东馆

03256

军事委员会政治部书刊目录　军事委员会政治部秘书处编

军事委员会政治部秘书处，1939，32页，64开

　　收藏单位：广东馆

03257

考选委员会图书分类目录

[考选委员会]，[1911—1949]，9册，16开

　　本书按总类、教育科学、社会科学、文学、艺术、应用科、语文学、史地等类目分册。

　　收藏单位：国家馆、南京馆

03258

南京市政府图书室图书目录　南京市政府图书室编

南京市政府图书室，1937.4，[254]页，32开

　　本书收1937年2月以前入藏图书，分两部分：中日文和西文，依杜定友《图书分类法》编排。

　　收藏单位：重庆馆、国家馆、湖南馆、江西馆、上海馆、浙江馆

03259

全国经济委员会公路处图书目录　全国经济委员会公路处编

全国经济委员会公路处，1935.9，[106]页，25开

　　本书依《杜威十进分类法》编排。内容包括：中日文图书、英德法文图书、中日文杂志、英德法文杂志等。

　　收藏单位：国家馆、南京馆、上海馆、浙江馆

03260

全国经济委员会秘书处图书目录（第1科）

全国经济委员会秘书处编

全国经济委员会秘书处，1934，油印本，1册，13开，环筒页装

收藏单位：国家馆

03261

全国经济委员会秘书处图书目录 全国经济委员会秘书处图书室编

[全国经济委员会秘书处]，1937.4，油印本，1册，16开，环筒页装

本书收中日文图书2719册、西文图书505册（含复本）、中日期刊206种。参照杜威、杜定友两种分类法将所藏图书分为9大类。时间起于该图书室成立，止于1937年3月。

收藏单位：重庆馆

03262

全国经济委员会水利处图书目录 全国经济委员会水利处图书室编

[南京]：全国经济委员会水利处图书室，1936.7，[92]页，16开

本书主要采用《杜威十进分类法》列类编排，并加以修改增补。

收藏单位：桂林馆、国家馆、南京馆、上海馆、天津馆

03263

上海银行图书馆暂编目录 上海银行图书馆编

上海：上海银行图书馆，1933.4，21+36页，16开

本书分丛书、哲学、宗教、社会科学、语文学、自然科学、应用技术、美术、文学等类。西文书依《杜威十进分类法》排列。附杂志、西文书目录。

03264

上海银行图书馆暂编目录 上海银行图书馆编

上海：上海银行图书馆，1934，36页，32开

本书收1933至1934年入藏的中西文书刊。

收藏单位：上海馆

03265

社会部图书馆图书目录（民国三十年十一月）

社会部图书室 [编]

社会部图书室，1941，油印本，1册，18开，环筒页装

收藏单位：国家馆

03266

社会部图书馆图书目录（三十六年八月份至十二月份） 社会部图书室 [编]

[社会部图书馆]，1947，油印本，6册，横16开，环筒页装

收藏单位：国家馆

03267

社会部图书馆图书目录（三十七年二月份至八月份新到） 社会部图书室 [编]

[社会部图书馆]，1948，油印本，7册，横16开，环筒页装

收藏单位：国家馆

03268

省政府图书室临时分类目录册（1） 广西省政府图书馆编

[南宁]：[广西省政府图书室]，1934，石印本，2册，25开

本书为广西省政府图书室1934年10月以前登记之书，依据王云五《中外图书统一分类法》分类，稍有增补及修改。

收藏单位：桂林馆

03269

实业部图书馆图书目录（续编） 实业部图书馆编

实业部图书馆，1935，油印本，1册，16开

收藏单位：国家馆

03270

实业部图书馆图书目录（三编） 实业部图书馆编

实业部图书馆，1935，油印本，1册，16开

收藏单位：国家馆

03271

市政府图书室目录（1929 年度报告） 汉口市政府图书室编

汉口市政府图书室，1929，74 页，16 开

　　本书分 10 类：总类、哲学、宗教、社会科学、语文学、自然科学、应用技术、美术、文学、史地。附中文杂志和西文书刊目录。

03272

水利处图书室新书报告（民国二十五年八月）

出版者不详，[1936—1949]，手抄本，1 册，16 开

　　收藏单位：南京馆

03273

苏联大使馆新闻处阅览室图书目录 苏联大使馆新闻处编

南京：苏联大使馆新闻处，1948.9，15 页，32 开

　　本书收该室所藏的中、俄、英文书报杂志，按社会科学（政治·经济·社会·哲学）、文学、科学·医学·教育、语文、历史·军事、传记、画册、杂志·报纸等列类编排。附莫斯科华语广播时刻表。

　　收藏单位：国家馆

03274

铁道部图书室图书目录（补编第 1 次） 铁道部图书室编

外文题名：Ministry of Railways Library catalog: Supplement No. I

南京：铁道部图书室，1935，1 册，25 开

　　本书分 12 期，每月 1 期，每期均分两部分：中文和西文。时限为 1934 年 5 月至 1935 年 4 月。

　　收藏单位：桂林馆、国家馆、南京馆、浙江馆

03275

图书馆收到书籍报告

[南京]：教育部，1935，手抄本，1 册，16 开，精装

　　本书另有 1 册油印本。

　　收藏单位：南京馆

03276

图书目录（第 1—2 编） 立法院编译处编

立法院编译处，1941—1942，油印本，2 册（531+104 页），16 开，精装

　　收藏单位：国家馆、南京馆

03277

图书专门委员会图书馆图书分类目录（中日文普通书之部 总部 中华民国三十二年十一月） 行政院文物保管委员会图书专门委员会图书馆编

行政院文物保管委员会图书专门委员会图书馆，1944，194 页，16 开

　　本书依刘国钧《中国图书分类法》分类，同类书按杜定友《著者号码编制法》编排。

　　收藏单位：安徽馆、国家馆、南京馆

03278

外交部出版品价目表

出版者不详，[1911—1949]，油印本，1 册

　　收藏单位：国家馆

03279

外交部亚洲司研究室图书目录（第一辑）

[南京]：外交部亚洲司研究室，1941.3，石印本，1 册，16 开，环筒页装

　　本书按总类、外交、政治、经济、社会、军事、科学、文学、杂类等列类编排。

　　收藏单位：国家馆

03280

新民会首都指导巡回图书车事务所图书目录

新民会首都指导巡回图书车事务所 [编]

出版者不详，1939，油印本，1 册，16 开

　　收藏单位：国家馆

03281

张家口铁路局所藏逐次刊行物总目录

出版者不详，[1911—1949]，1 册，16 开

　　收藏单位：南京馆

03282

浙赣铁路图书馆图书目录 浙赣铁路图书馆编

浙赣铁路图书馆，1936.6，117页，32开

本书收入藏的中、日、西文图书杂志报刊，分10类：总类、哲学、宗教、社会科学、语文学、自然科学、应用技术、美术、文学、史地。附浙赣铁路图书馆简章、借书规则、流通外段图书办法等。

收藏单位：国家馆

03283

浙江省建设厅图书馆中西文图书目录汇编
徐孟飞编

杭州：浙江省建设厅图书馆，1933.12，[262]页，16开

本书收书至1933年11月底，分8部分：图书目录检查法、图书馆借阅图书规则、中日文图书分类引得表、中日文图书目录（附补编）、中日文杂志一览表、西文图书分类引得表、西文图书目录（附补编）、西文杂志一览表。图书分类主要采用《杜威十进分类法》。

收藏单位：安徽馆、国家馆、南京馆、山西馆、上海馆

03284

浙江省政府秘书处图书室图书目录 浙江省政府秘书处图书室编

杭州：浙江省政府秘书处图书室，1930.11，110页，32开

本书收该室1930年11月以前入藏的图书，分10类：总部、社会科学、应用科学、自然科学、史地、哲学、宗教、文学、语文、艺术。

03285

浙江兴业银行图书目录 设计处图书股编

出版者不详，1947.10，油印本，42张，16开

本书按经济、金融、银行、货币、外汇等列类编排。

收藏单位：上海馆

03286

镇海县动员委员会教育文化事业组藏书分类目录（第1辑） 镇海县动员委员会教育文化事业组编

镇海县动员委员会教育文化事业组，1939.11，41页，32开

本书按总类、哲学、社会科学、自然科学及应用技术、文学、地图辞书、杂志、本组出版物等列类编排。

收藏单位：国家馆

03287

中东铁路图书馆图书目录 中东铁路图书馆编

[哈尔滨]：中东铁路图书馆，1931.11，[600]页，16开，精装

本书按《杜威十进分类法》列类编排。

收藏单位：长春馆、国家馆、辽宁馆、上海馆、首都馆

03288

中国国民党上海特别市第一区党部图书馆图书目录（第1期） 朱树鉴编

上海：第一区党部图书馆，1931.3，64页，32开

本书按陈伯逵《中外一贯实用图书分类法》列类编排。

收藏单位：国家馆

03289

中国联合准备银行图书室图书分类目录 中国联合准备银行调查室编

北平：中国联合准备银行调查室，1945.8，101页，23开

本书收中、日文的线、平装图书，分10类：总部、哲学、宗教、自然科学、应用科学、社会科学、中国史地、世界史地、语文、美术。

收藏单位：国家馆

03290

中国联合准备银行图书室图书目录（1 中文图书分类目录） 中国联合准备银行图书室编

[北平]：中国联合准备银行图书室，1941.9，66页，25开

　　本书分两部分：分类目录与索引，按刘国钧《中国图书分类法》列类编排。封面题名：中文图书分类目录。

　　收藏单位：国家馆

03291
中国农民银行总管理处新增书籍目录（第6号） 经济研究处图书室编

[经济研究处图书室]，1943，油印本，10页，16开，环筒页装

　　收藏单位：国家馆

03292
中日文图书目录（第1编） 内政部图书馆编

内政部图书馆，1933，油印本，1册，16开

　　本书内容包括：分类总纲、分类简表、书目、方志目录、中山文库目录、万有文库目录、四部丛刊目录等。

　　收藏单位：安徽馆、国家馆、南京馆

03293
中日文图书目录（第2编） 内政部图书馆编

内政部图书馆，1937，油印本，1册，16开

　　收藏单位：国家馆

03294
中央设计局图书馆新编图书目录（元月份）

中央设计局图书馆，1945，油印本，1册，18开，环筒页装

　　收藏单位：国家馆

03295
中央设计局图书馆新编图书目录（二月份）

中央设计局图书馆，1945，油印本，1册，18开，环筒页装

　　收藏单位：国家馆

03296
中央设计局图书馆新编图书目录（十一月份）

中央设计局图书馆，1945，油印本，1册，18开，环筒页装

　　收藏单位：国家馆

03297
中央设计局图书馆新编图书目录（十二月份）

中央设计局图书馆，[1945]，油印本，1册，18开，环筒页装

　　收藏单位：国家馆、南京馆

03298
中央设计局中文图书资料移交清册

出版者不详，[1940—1949]，油印本，188页，16开

　　收藏单位：南京馆

03299
中央政治委员会秘书厅三十年度图书目录

中央政治委员会秘书厅图书室编

中央政治委员会秘书厅图书室，1942.8，1册，25开

　　本书依王云五《中外图书统一分类法》列类编排。附著者引得，按四角号码编排。另有"笔画检字表""英文引得""简字表"。

　　收藏单位：国家馆、近代史所、南京馆

03300
资源委员会图书馆公报目录（第1辑 自民国二十一年十一月起至二十四年十二月止） 资源委员会图书馆 [编]

资源委员会图书馆，1936，油印本，41+16+11页，16开

　　收藏单位：国家馆

03301
资源委员会图书馆新到书籍及期刊（中华民国二十五年十月份至中华民国二十六年三月份） 资源委员会图书馆 [编]

资源委员会图书馆，1936—1937，油印本，6册，16开

　　本书每月为1册。

　　收藏单位：国家馆

03302
资源委员会图书馆中日文图书目录（第2辑

著者之部） 资源委员会图书馆 [编]

资源委员会图书馆，1937，油印本，60 页，16 开

　　收藏单位：国家馆

科学研究部门图书馆藏书目录

03303

北平近代科学图书馆书目（4—10）

外文题名：Catalogue of scientific essays 4-10

[北平]：地质调查所，[1936—1937]，[419] 页，16 开

　　本书内容包括：丛书论文集细目、中文图书目录、寄赠日文书籍目录、新著图书目录等。

　　收藏单位：辽宁馆

03304

北平近代科学图书馆书目（10）

外文题名：Catalogue of scientific essays 10

北平近代科学图书馆，[1937]，83 页，16 开

　　收藏单位：国家馆

03305

北平近代科学图书馆追加寄赠书目录

北平近代科学图书馆，[1936—1937]，油印本，1 册，16 开

　　收藏单位：国家馆

03306

丛书论文集细目（1—3） 北平近代科学图书馆编

北平近代科学图书馆，[1937]，3 册（60+79+89 页），16 开（北平近代科学图书馆书目 3—5）

　　本书列有中日文丛书和论文集所收编的子目。

　　收藏单位：国家馆、上海馆、首都馆

03307

东方文化学院京都研究所汉籍简目 东方文化学院京都研究所 [编]

京都：东方文化学院京都研究所，1934.7，101 页，16 开

　　本书按经、史、子、集、丛书分类编排。

　　收藏单位：重庆馆、国家馆、南京馆、上海馆

03308

东方文化学院京都研究所汉籍目录 东方文化学院京都研究所编

京都：东方文化学院京都研究所，1938.2，775 页，16 开，精装

　　本书按经、史、子、集、丛书分类编排。

　　收藏单位：国家馆、江西馆、上海馆、首都馆

03309

东方文化学院京都研究所新增汉籍目录（昭和九年八月至十一年二月） 东方文化学院京都研究所编

京都：东方文化学院京都研究所，1936.3，46 页，16 开

　　本书按经、史、子、集、丛书分类编排。

　　收藏单位：国家馆、中科图

03310

东方文化学院京都研究所续增汉籍目录（昭和十二年九月至十六年二月） 东方文化学院京都研究所编

京都：东方文化学院京都研究所，1941.10，107 页，16 开

　　收藏单位：重庆馆、国家馆、南京馆、西南大学馆、中科图

03311

东方文化研究所汉籍分类目录 （日）仓田淳之助编

[京都]：[东方文化研究所]，[1945]，785 页，16 开，精装

　　本书按经、史、子、集、丛书分类编排。附书名通检、人名通检。

　　收藏单位：上海馆、西南大学馆

03312

东方文化研究所汉籍分类目录解说·东方文化研究所汉籍分类目录 （日）仓田淳之助编

[京都]：[东方文化研究所]，1943，153+785页，16开，精装（东方学报 第14册）

　　收藏单位：国家馆

03313

东方文化研究所汉籍分类目录书名、人名通检 东方文化研究所编

京都：东方文化研究所，1943.3，268+315页，16开，精装

　　本书分两部分：书名通检和人名通检，按笔画排列。

　　收藏单位：国家馆、辽宁馆、上海馆

03314

国立编译馆图书馆中文图书目录

[南京]：国立编译馆，[1932—1949]，油印本，171+32+10页，16开

　　本书按总类、哲学、宗教、教育社会科学、自然科学、应用技术、语言学、史地等分类编排。

　　收藏单位：国家馆

03315

国立中央研究院社会科学研究所图书馆图书目录（西文部） 国立中央研究院社会科学研究所图书馆编

上海：国立中央研究院社会科学研究所图书馆，[1930.5]，2册，16开

　　本书收1929年8月以前入藏的西文书，以及国民政府法制局移交的部分西文书。藏书以社会科学为主，依《美国国会图书馆分类法》编排。

　　收藏单位：东北师大馆、国家馆、南京馆

03316

寄赠日文书籍目录 北京近代科学图书馆编

北京近代科学图书馆，[1938]，56页，16开（北京近代科学图书馆书目8）

　　收藏单位：上海馆

03317

近代科学图书馆第一回运到图书目录 北平近代科学图书馆编

北平近代科学图书馆，1936，178页，16开（北平近代科学图书馆书目1）

　　本书分科学、医学、农业、工业、产业等类。

　　收藏单位：国家馆、首都馆

03318

近代科学图书馆第二回运到图书目录 北平近代科学图书馆编

北平近代科学图书馆，[1936]，64页，16开（北平近代科学图书馆书目2）

　　本书分精神科学、历史科学、地理等类。

　　收藏单位：国家馆、首都馆

03319

经济研究会购书目 崔敬伯编

国立北平研究院经济研究会，1936.7，22页

　　本书收1935年7月至1936年6月经济研究会购入的中文、英文、日文书籍及杂志，共计386册。

　　收藏单位：近代史所、中科图

03320

上海日本近代科学图书馆图书分类目录（3 社会科学）

上海：日本近代科学图书馆，1943.8，67页，16开

　　本书收1937年3月至1940年3月入藏的社会科学类图书，分类依照《日本十进分类法（第4版）》。

　　收藏单位：国家馆

03321

上海日本近代科学图书馆图书分类目录（9 文学）

上海：日本近代科学图书馆，[1941]，75页，16开

　　本书收1937年3月至1940年3月入藏的文学类图书。

　　收藏单位：国家馆

03322

上海日本近代科学图书馆图书分类目录（精神科学）

上海：日本近代科学图书馆，1941.10，27页，16开

本书收1937年3月至1940年3月入藏的精神科学类图书。

收藏单位：南京馆

03323

上海自然科学研究所华文图书分类目录（民国二十五年十月） 上海自然科学研究所[编]

上海自然科学研究所，[1936]，284+80页，16开

本书按丛书、经、史、子、集等类编排。附中文图书书名笔画索引，不限科技，各类皆有。

收藏单位：国家馆

03324

上海自然科学研究所图书杂志分类目录 上海自然科学研究所编

外 文 题 名：Classified catalogue of books and periodicals in the Shanghai Science Institute

上海自然科学研究所，1937.6，284+169+80+40页，16开

本书收1936年10月至1937年6月间该所入藏的图书杂志，分3部分：日文、华文、欧文，附日文图书杂志书名五十音索引、华文图书杂志书名笔画索引、欧文图书著者名索引、欧文杂志书名索引。

收藏单位：安徽馆、国家馆、湖南馆、辽宁馆、南京馆、山西馆、上海馆、天津馆

03325

上海自然科学研究所图书杂志分类目录（补遗增加篇I） 上海自然科学研究所编

外 文 题 名：Classified catalogue of books and periodicals in the Shanghai Science Institute: supplement I

上海自然科学研究所，1939.5，1册，16开

本书收1936年11月至1938年12月间

该所入藏的图书杂志，分类与正编相同。

收藏单位：国家馆、上海馆

03326

新著图书目录 北平近代科学图书馆编

北平近代科学图书馆，1937，78页，16开（北平近代科学图书馆书目9）

本书收1936年开馆以来入藏的中、日、西文图书、杂志，分3部分：购入图书、寄赠图书、寄赠杂志。

收藏单位：国家馆、首都馆

03327

新著图书目录 北京近代科学图书馆编

北京近代科学图书馆，[1938]，127+38页，16开（北京近代科学图书馆书目11）

本书收1937年5月以后入藏的中、日、西文图书，分6部分：购入日文图书、购入中文图书、日本寄赠图书、中国寄赠图书、购入欧文图书、寄赠欧文图书等。

收藏单位：国家馆

03328

新著图书目录 北京近代科学图书馆编

北京近代科学图书馆，[1938]，161+15页，16开（北京近代科学图书馆书目12）

本书收1938年1至6月入藏的中、日、西文图书，分7部分：购入日文图书、购入中文图书、受赠日文图书、受赠中国图书、觉生文库、购入欧文图书、受赠欧文图书等。

收藏单位：国家馆

03329

中国科学社明复图书馆中文与日文科学期刊目录

[上海]：[明复图书馆]，[1929—1949]，油印本，60张，18开

收藏单位：上海馆

03330

中文图书目录（1） 北平近代科学图书馆编

北平近代科学图书馆，[1936—1937]，64页，16开（北平近代科学图书馆书目6）

本书分9类：总类、精神科学、历史科学

（附地理）、社会科学、语文学、艺术、自然科学、医学、产业（附工业）。附寄赠图书目录。

　　收藏单位：国家馆、南京馆、上海馆、首都馆

高等院校图书馆藏书目录

03331

安徽大学图书馆中日文图书目录　安徽大学图书馆编

[安庆]：安徽大学图书馆，1933，油印本，1册，16开

　　收藏单位：南京馆

03332

北京大学图书馆书目　北京大学图书馆编

北京大学图书馆，[1948]，油印本，2册，13开

　　收藏单位：浙江馆

03333

大谷大学图书馆和汉图书分类目录　大谷大学图书馆[编]

京都：大谷大学图书馆，1925，1535页，16开

　　收藏单位：国家馆

03334

大同大学图书馆中文图书目录　大同大学图书馆编

大同大学图书馆，1931.12，232页，22开

　　本书依《杜威十进分类法》编排。

　　收藏单位：安徽馆、桂林馆、国家馆、湖南馆、南京馆、内蒙古馆、山西馆、上海馆、首都馆、浙江馆

03335

大夏大学图书馆普通参考图书目录　大夏大学图书馆编

外文题名：List of reference books of the Great China University Library

上海：大夏大学图书馆，1936.2，30页，22开

　　本书分两部分：中日文和西文。均分10类：总类、哲理科学类、教育科学类、社会科学类、艺术类、自然科学类、应用科学类、语言学类、文学类、史地类。

　　收藏单位：国家馆、近代史所、上海馆、浙江馆

03336

东京文理科大学附属图书馆和汉书分类目录　（日）东京文理科大学编

东京文理科大学，1934，2册（808+[455]页），16开

　　收藏单位：首都馆

03337

东吴大学法律学院图书馆图书目录　东吴大学法律学院图书馆编

外文题名：Soochow University Law School library catalogue

[上海]：东吴大学法律学院图书馆，1933，74页，18开

　　本书分两部分：中日文和西文。分类主要依《杜威十进分类法》列类编排，法律类中细目以及中日文分类略有变更，收录下限至1933年10月。其他题名：东吴大学法律学院图书馆目录。

　　收藏单位：安徽馆、国家馆、河南馆、南京馆、山西馆、上海馆

03338

东亚同文书院大学图书馆图书分类目录

上海：东亚同文书院大学图书馆，1941，油印本，1册，16开

　　收藏单位：南京馆

03339

东亚同文书院大学图书馆图书分类目录（汉籍之部 第1辑 方志部）

上海：东亚同文书院大学图书馆，1940，1册，16开

　　收藏单位：重庆馆、国家馆

03340

东亚同文书院大学图书馆图书分类目录（汉籍之部 第6辑 集部）

上海：东亚同文书院大学图书馆，1943，油印本，1册，16开

　　收藏单位：国家馆

03341

东亚同文书院大学图书馆图书分类目录（和书之部 第8辑 昭和十七、十八年增加分）

上海：东亚同文书院大学图书馆，[1944]，油印本，1册，16开

　　本书收1942、1943年增加的日文图书及洋装本的中文图书，依据《日本十进分类法》排列。著录项目包括书名、著者、刊年、请求番号等。

　　收藏单位：国家馆

03342

福建省立医学院图书馆图书目录（第1册） 福建省立医学院图书馆编

福州：福建省立医学院图书馆，1940.6，100页，16开

　　本书依杜定友《图书分类法》列类编排，著者号采用杜定友《杜氏著者号码表》。

　　收藏单位：国家馆、南京馆

03343

福建省立医学专科学校图书馆图书目录　福建省立医学专科学校图书馆编

[福州]：福建省立医学专科学校图书馆，1949，复写本，1册，横8开

　　收藏单位：国家馆

03344

福建学院图书馆图书目录（第1期） 萨士武辑

福州：福建学院图书馆，1930.4，[324]页，16开

　　本书收1930年3月以前入藏的图书，中、日、西文混排，依《杜威十进分类法》分类。

　　收藏单位：福建馆

03345

辅仁大学图书馆暂编中文书目　北平辅仁大学图书馆编

北平：辅仁大学图书馆，1930，358页，16开

　　本书按经、史、子、集、丛书、类书等分类编排。封面题名：北平辅仁大学图书馆暂编中文书目。

　　收藏单位：浙江馆

03346

复旦大学图书馆图书目录　复旦大学图书馆编

外文题名：Fuh Tan University Library catalogue

上海：复旦大学图书馆，1933.9，[421]页，16开

　　本书收1933年4月以前入藏的书刊，分5部分：英文图书目录、英文装订杂志、中日文图书目录、万有文库目录、中日文装订杂志。图书按《杜威十进分类法》分类，杂志依笔画或字母顺序排列。

　　收藏单位：国家馆、山西馆

03347

复旦大学由沪进出之图书目录

[上海]：[复旦大学]，1939，油印本，1册，10开，环筒页装

　　收藏单位：国家馆

03348

甘肃省立甘肃学院图书馆图书目录　甘肃学院图书馆编

[兰州]：甘肃学院图书馆，1938.10，[560]页，25开

　　本书收1928年至1938年2月入藏的图书、杂志、图表、公报，分两部分：中文和西文，依《杜威十进分类法》编排。

　　收藏单位：国家馆

03349

广东省立教育学院廿七年度现存图书清册（2） 广东省立教育学院编

广州：广东省立教育学院，1938.12，[80]页，16开

本书分 3 编：新版图书、中国古籍、西文书籍。

03350

广东省立勷勤大学教育学院图书馆二十三年度增购书籍目录 广东省立勷勤大学教育学院图书馆编

广州：广东省立勷勤大学教育学院图书馆，1935.12，1 册，16 开

本书分 3 编：新版图书分类目录、中国古籍分类目录、西文书籍目录。第 1 编分革命文库、总记、哲理科学、教育科学、社会科学、艺术、自然科学、应用科学、语言学、文学、历史、地理等类；第 2 编分总记、哲理科学、教育科学、社会科学、艺术、自然科学、应用科学、语言学、文学、历史地理等类。西文依《杜威十进分类法》编排。

收藏单位：国家馆

03351

广东省立勷勤大学师范学院图书馆图书分类目录（第 1 编 新版图书目录）

广州：勷大师范学院图书馆，1935.2，1 册，16 开

本书分 3 编：新版图书分类纲目表、中国古籍分类纲目录、西文书籍分类纲目表。

收藏单位：东北师大馆

03352

广西大学图书馆中文图书目录

[桂林]：[广西大学图书馆]，[1928—1949]，[346] 页，16 开

收藏单位：桂林馆

03353

广西大学文法学院图书馆日文图书目录 广西大学文法学院图书馆编

[桂林]：[广西大学文法学院图书馆]，1937.11，油印本，1 册，16 开

收藏单位：桂林馆

03354

广西大学文法学院图书目录

[桂林]：[广西大学文法学院图书馆]，1937.12，348 页，16 开

收藏单位：桂林馆、南京馆

03355

广西省立师范专科学校图书馆中文图书目录 广西省立师范专科学校图书馆编

[桂林]：[广西省立师范专科学校图书馆]，1935.8，油印本，1 册，13 开

收藏单位：桂林馆

03356

贵阳大夏大学图书馆抗战后余中外图书分类目录 大夏大学图书馆编

[贵阳]：大夏大学图书馆，1940.10，油印本，1 册，18 开

本书分两部分：中日文和西文，依杜定友《图书分类法》编排。

收藏单位：贵州馆

03357

国立北京大学理学院藏书目录（11 中日文图书）

国立北京大学理学院，1945，88+30 页，25 开

本书按照总类、哲学、宗教、社会科学、语言文字学、自然科学、实业·工艺等分类编排。

收藏单位：国家馆

03358

国立北京大学农学院中国农村经济研究所资料目录（民国二十九年十月末） 北京大学农学院中国农村经济研究所编

北京大学农学院中国农村经济研究所，1940，[200] 页，16 开

本书收 1938 年 11 月至 1940 年 10 月末入藏的中、日、西文图书和杂志目录。

收藏单位：国家馆、近代史所、辽宁馆、首都馆

03359

国立北京大学图书部藏书草目 国立北京大

学图书部编

国立北京大学图书部，1930，324 页，32 开

国立北京大学图书部，1935，324 页，32 开

本书按经、史、子、集分类编排。所列多为古籍、善本。

收藏单位：国家馆、南京馆、上海馆、首都馆、浙江馆

03360

国立北京大学图书馆每月编成中日文图书目录（工学院图书馆）　国立北京大学图书馆编

国立北京大学图书馆，1947—1948，油印本，4 册（18+19+18+12[134] 页），横 16 开，环筒页装

本书共 4 册。1947 年 9 月 1 册，12 月 1 册；1948 年 4、5 月 1 册，6、7 月 1 册。

收藏单位：国家馆

03361

国立北京大学图书馆新编中西文书目　国立北京大学图书馆编

国立北京大学图书馆，1948—1949，3 册，32 开

本书分 3 册。第 1 册为 1948 年 8、9 月入藏的图书，第 2 册为 1948 年 10、11 月入藏的图书，第 3 册为 1948 年 12 月至 1949 年 1 月入藏的图书。中日文和西文分别排列，分总类、哲学、宗教、社会科学、语言文字学、自然科学、应用科学（实业）、艺术文学、史学等类。

收藏单位：国家馆

03362

国立北京师范学院图书馆中日文图书目录（上卷）　国立北京师范学院图书馆编

国立北京师范学院图书馆，1940，382 页，16 开

本书分 4 部分：总部、哲学部、宗教部、社会科学部，依《中国图书十进分类法》（国立北京师范学院编）分类。

收藏单位：国家馆

03363

国立北京师范大学图书馆中日文图书目录（下卷）　国立北京师范大学图书馆编

国立北京师范大学图书馆，1943，383—882 页，16 开

本书分 6 部分：语言文字学部、自然科学部、应用科学部、艺术部、文学部、史地部，依《中国图书十进分类法》（国立北京师范学院编）分类。

收藏单位：国家馆

03364

国立北平大学法商学院图书目录　国立北平大学法商学院编

国立北平大学法商学院，1936.4，256 页，16 开

本书收该院所藏的日、英、法、德、俄等语种的外文书籍，按文种分开，分别依《杜威十进分类法》编排。

收藏单位：国家馆、南京馆、上海馆、天津馆

03365

国立北平大学法商学院图书目录（第 2 期）　国立北平大学法商学院编

国立北平大学法商学院，1936.6，532 页，18 开

本书收该院所藏的中、日、英、法、德、俄文图书，按文种分开，分别依《杜威十进分类法》编排。

收藏单位：国家馆、河南馆、湖南馆、上海馆

03366

国立北平大学法商学院图书目录　国立北平大学法商学院编

国立北平大学法商学院，1937.5，186 页，18 开

本书主要收该院所藏的中文图书，依《杜威十进分类法》编排。附中文书目书名索引、中文书目著者索引、新到中文图书书名索引、已装订刊物目录。

收藏单位：国家馆、江西馆、南京馆、首

都馆

03367

国立北平大学工学院图书馆中日文书目 陈峥宇 [编]

外 文 题 名: Classified catalogue in the Library of the Technical College National University of Peiping

北平大学工学院图书馆, 1936.3, [210] 页, 25 开

本书分两部分: 中文和西文。中文部分采用《中国图书十进分类法》, 西文部分采用《杜威十进分类法》。

收藏单位: 国家馆、南京馆

03368

国立北平大学医学院图书目录（第 1 册） 国立北平大学医学院图书馆编

国立北平大学医学院图书馆, 1933.6, 164 页, 32 开

本书收存储在本馆、分馆以及各教室的西文、中日文书目。其他题名: 北平大学医学院图书目录。

收藏单位: 广西馆、国家馆

03369

国立北平大学医学院图书目录（第 2 册 廿二年度） 国立北平大学医学院图书馆编

国立北平大学医学院图书馆, 1935.5, 253 页, 32 开

本书其他题名: 北平大学医学院图书目录。

收藏单位: 国家馆、近代史所、首都馆

03370

国立北平大学医学院图书目录（第 3 册） 国立北平大学医学院图书馆编

国立北平大学医学院图书馆, 1935.12, 122 页, 32 开

本书其他题名: 北平大学医学院图书目录。

收藏单位: 国家馆

03371

国立北平大学医学院图书目录（第 4 册 廿四年度） 国立北平大学医学院图书馆编

国立北平大学医学院图书馆, 1936.10, 36 页, 32 开

本书其他题名: 北平大学医学院图书目录。

收藏单位: 国家馆、山西馆

03372

国立长春大学奉令接收教育部清理战时文物损失委员会京沪区代表办事处图书清册

长春: 国立长春大学, 1947, 复印本, 175 页, 16 开, 环筒页装

收藏单位: 国家馆

03373

国立广东大学图书总馆中文书目（第 1 种 第 1 辑） 国立广东大学图书总馆 [编]

[广州] : [国立广东大学图书总馆], [1925.6], 96 页, 16 开

本书分两部分: 中文书籍分类表与藏书目录。

收藏单位: 国家馆

03374

国立广东大学图书总馆中文书目（第 1 种 第 2 辑） 国立广东大学图书总馆 [编]

[广州] : [国立广东大学图书总馆], [1925—1949], 30 页, 16 开

本书分两部分: 中文书籍分类表与藏书目录。

收藏单位: 广西馆

03375

国立广东法科学院图书目录 国立广东法科学院编

广州: 国立广东法科学院, [1924—1949], 114 页, 16 开

本书按总记、哲学科学、心理学、伦理学、教育、社会科学、政治学、法律学、社会学、艺术、自然科学、语言学、文学、小说、杂著、历史、地理等列类编排。

收藏单位：国家馆

03376

国立交通大学图书馆书本目录续集　交通大学图书馆编

上海：交通大学图书馆，1933，油印本，1册，10开

收藏单位：国家馆

03377

国立交通大学图书馆图书目录（第1辑 善本书目）　交通大学图书馆编

上海：交通大学图书馆，1933，50页，21开

本书分本馆原藏、江南制造局编译丛书等类。

收藏单位：国家馆、上海馆、首都馆、浙江馆

03378

国立交通大学图书馆图书目录（第2辑 经部）　交通大学图书馆编

上海：交通大学图书馆，1933.9，28页，21开

本书分诸经合刻、易类、书类、诗类、礼类、乐类、春秋、四书、孝经、尔雅、诸经总义、诸经目录、石经、说文等类。

收藏单位：国家馆、上海馆、首都馆

03379

国立交通大学图书馆图书目录（第3辑 史部）　交通大学图书馆编

上海：交通大学图书馆，1933.9，55页，21开

本书分正史、编年、纪事、古史、别史、杂史、载记、传记、诏令奏议、岁时、地理、职官、政书、谱录、金石、史抄、史评等类。

收藏单位：国家馆、上海馆、首都馆

03380

国立交通大学图书馆图书目录（第4辑 子部）　交通大学图书馆编

上海：交通大学图书馆，1933.9，34页，21开

本书分诸子合刻、儒家、兵家、法家、墨家、农家、医家、术数家、书画、杂家、旧小说、释道家、类书等类。

收藏单位：国家馆、首都馆

03381

国立交通大学图书馆图书目录（第5辑 集部）　交通大学图书馆编

上海：交通大学图书馆，1933.9，49页，21开

本书分楚辞、别集、总集、诗文评、丛书等类。

收藏单位：国家馆、上海馆、首都馆

03382

国立交通大学图书馆图书目录（第6—9辑 新籍）　交通大学图书馆编

上海：交通大学图书馆，1934，152页，21开

本书采用王云五《中外图书统一分类法》编排。

收藏单位：国家馆、上海馆

03383

国立交通大学图书馆图书目录（第10辑 期刊）　交通大学图书馆编

上海：交通大学图书馆，1934.6，32页，21开

本书分普通传记、土木工程、电机工程、机械工程、交通及管理、应用科学、经济、杂类等类。附年报目录。

收藏单位：上海馆

03384

国立交通大学图书馆图书目录（续编）　交通大学图书馆编

上海：交通大学图书馆，1935，油印本，20叶，22开

本书采用王云五《中外图书统一分类法》编排。

收藏单位：国家馆、上海馆

03385

国立清华大学图书馆中文书目　施廷镛等编

北平：国立清华大学图书馆，1931，1册，16

开

　　收藏单位：浙江馆

03386

国立清华大学图书馆新编中文书目　施廷镛
等编

北平：国立清华大学图书馆，1932，2 册，16
开

　　收藏单位：浙江馆

03387

国立同济大学图书馆中文图书分类目录

上海：国立同济大学图书馆，1940，油印本，
469 页，16 开

　　收藏单位：国家馆

03388

国立武汉大学图书馆中文（新书）图书目录
（卷一）　武汉大学图书馆［编］

武汉大学图书馆，1932.8，94 页，16 开

　　本书分图书学、目录学、普通论文等类。

　　收藏单位：国家馆、河南馆、南京馆

03389

国立音乐专科学校图书目录（第 1 卷 1927—
1931）　国立音乐专科学校编

［上海］：国立音乐专科学校，［1931］，44 页，
25 开

　　本书分总类、哲学、家教、自然科学、
应用技术、理论、音乐史、文学、史地等类。

　　收藏单位：国家馆

03390

国立中山大学图书馆西文图书分类目录　黎
霈霖编

广州：中山大学图书馆编目部，1936.4，875
页，16 开

　　本书依《杜威十进分类法》排列。

03391

国立中山大学图书馆新编中文书目（丛书类）

国立中山大学图书馆编

广州：国立中山大学图书馆，1928，101 页，

24 开

　　本书著录项目包括分类号、题名、著者、
出版时间、卷册等。前有丛书分类表。

　　收藏单位：浙江馆

03392

国立中山大学图书馆新编中文书目（地理类）

国立中山大学图书馆编

广州：国立中山大学图书馆，1929.5，108 页，
24 开

　　本书著录项目同前。书前有地理分类表。

　　收藏单位：桂林馆、南京馆、上海馆、浙
江馆

03393

国立中山大学图书馆新编中文书目（教育类）

国立中山大学图书馆编

广州：国立中山大学图书馆，1928，15 页，
24 开

　　本书著录项目同前。书前有教育分类表。

　　收藏单位：浙江馆

03394

国立中山大学图书馆新编中文书目（书目类
书杂记家谱合刊）　国立中山大学图书馆编

广州：国立中山大学图书馆，1929.5，142 页，
24 开

　　本书著录项目同前。书前有书目类书杂
记家谱分类表。

　　收藏单位：河南馆、南京馆、山西馆、上
海馆、浙江馆

03395

国立中山大学图书馆新编中文书目（艺术类）

国立中山大学图书馆编

广州：国立中山大学图书馆，1929.5，87 页，
24 开

　　本书著录项目同前。书前有艺术分类表。

　　收藏单位：安徽馆、桂林馆、南京馆、上
海馆、浙江馆

03396

国立中山大学图书馆新编中文书目（应用科

学类）　国立中山大学图书馆编

广州：国立中山大学图书馆，1928，42 页，24 开

　　本书著录项目同前。书前有应用科学分类表。

　　　收藏单位：浙江馆

03397

国立中山大学图书馆新编中文书目（中国经籍类）　国立中山大学图书馆编

广州：国立中山大学图书馆，1929.5，110 页，24 开

　　本书著录项目同前。书前有中国经籍分类表。

　　　收藏单位：国家馆、南京馆、山西馆、上海馆、浙江馆

03398

国立中山大学图书馆新编中文书目（自然科学类）　国立中山大学图书馆编

广州：国立中山大学图书馆，1928，26 页，24 开

　　本书著录项目同前。书前有自然科学分类表。

　　　收藏单位：浙江馆

03399

国立中山大学图书馆新书目录

[广州]：国立中山大学图书馆，[1940—1949]，油印本，1 册，横 16 开，环筒页装

　　　收藏单位：国家馆

03400

国立中山大学图书馆赠书特刊　国立中山大学图书馆 [编]

[广州]：国立中山大学图书馆，[1931]，49+40 页，16 开

　　本书为中英文赠书目录，时限为 1929 年8 月 1 日至 1930 年 12 月 31 日。

　　　收藏单位：国家馆、江西馆

03401

国立中山大学图书馆中日文图书目录（民国

十八年）　梁格编

[广州]：国立中山大学图书馆，1929，540+13 页，16 开

　　本书收 1929 年 4 月以前入藏的中日文图书（不含线装书），以书名笔画排列。附图书馆学上之四个重要手续（梁格）、借书规则、外国著者姓氏汉译表等。

　　　收藏单位：安徽馆、东北师大馆、国家馆、山西馆、上海馆

03402

国立中山大学图书馆中日文新书分类目录

梁可正编

广州：中山大学图书馆编目部，1935.11，636 页，16 开

　　本书依杜定友《杜氏图书分类法》编排。

　　　收藏单位：桂林馆、国家馆、河南馆、湖南馆、山西馆、上海馆、首都馆、浙江馆

03403

国立中央大学商学院图书馆图书目录　国立中央大学商学院图书馆编

南京：国立中央大学商学院图书馆，1929.6，[210] 页，16 开

　　本书收 1929 年 4 月底前入藏图书。中西文混合编排，依《杜威十进分类法》编排。

　　　收藏单位：安徽馆、国家馆、上海馆

03404

国立中央大学图书馆二十四年度西文新书目录　国立中央大学图书馆编

外文题名：Classified catalogue of the National Central University Library: July 1935-July 1936 supplement

南京：国立中央大学图书馆，1936，772 页，16 开

　　本书收 1935 年 7 月至 1936 年 7 月入藏的西文图书，依《杜威十进分类法》编排。附著者索引、书名索引。书脊题名：二十四年度西文新书目录。

　　　收藏单位：国家馆、内蒙古馆、上海馆、浙江馆

03405

国立中央大学图书馆二十四年度中文新书目录　国立中央大学图书馆编

南京：国立中央大学图书馆，[1936]，592 页，16 开

　　本书收 1935 年 8 月至 1936 年 6 月新书，分 10 类：总类、经、史地、哲学·宗教、文学、社会科学、自然科学、应用科学、艺术、革命文库。附本校学生毕业论文目录、著者索引、书名索引。

　　收藏单位：桂林馆、国家馆、江西馆、南京馆、上海馆、首都馆、天津馆

03406

国立中央大学图书馆图书目录　国立中央大学图书馆编

南京：国立中央大学图书馆，1929，4 册（1152 页），16 开

　　本书分 4 册。第 1 册为总类、经类；第 2 册为史地类、哲学类；第 3 册为文学类；第 4 册为社会科学类、自然科学类、应用科学类、艺术类、革命文库。

　　收藏单位：安徽馆、重庆馆、东北师大馆、国家馆、黑龙江馆、湖南馆、江西馆、辽宁馆、南京馆、内蒙古馆、上海馆、首都馆、浙江馆

03407

国立中央大学图书馆中文图书分类目录（下册）

[重庆]：国立中央大学图书馆，1940，油印本，1 册，16 开

　　收藏单位：国家馆

03408

国立中央大学图书馆中文图书书名备检初稿　国立中央大学图书馆编

南京：国立中央大学图书馆，[1936]，520+12+104 页，16 开

　　本书收 1935 年 8 月至 1936 年 6 月间入藏的图书，分两部分：中文和日文。

　　收藏单位：安徽馆、南大馆、南京馆、天津馆

03409

河北省立女子师范学院图书馆分类目录　钱亚新著

河北省立女子师范学院图书馆出版课，[1933—1949]，28 页，16 开（河北省立女子师范学院图书馆学丛书 3）

　　本书为《女师学院期刊》第 3 卷第 1 期抽印本，分 5 部分，内容包括：分类目录的组织、著录、卡片、与其他目录的同异等。

　　收藏单位：国家馆

03410

河北省立女子师范学院图书馆中文图书分类目录　陆秀编

河北省立女子师范学院，1935.3，2 册（812 页），32 开，精装

　　本书收 1933 年 7 月以前入藏的图书，分 10 类：总类、哲理科学、宗教、社会科学、语言学、自然科学、应用科学、美术、文学、史地。

　　收藏单位：安徽馆、国家馆、近代史所、南京馆、宁夏馆、山东馆、上海馆、浙江馆

03411

河北省立女子师范学院图书馆中文图书分类目录续编　钱亚新编

河北省立女子师范学院，1936.1，372 页，32 开，精装

　　本书续陆秀所编目录，收 1933 年 8 月至 1935 年 7 月入藏的图书。附类目索引。

　　收藏单位：国家馆

03412

湖南省立高级农业职业学校现藏图书目录

湖南省立高级农业职业学校 [编]

湖南省立高级农业职业学校，[1940—1949]，油印本，1 册，16 开

　　收藏单位：国家馆

03413

交通部南洋大学图书馆目录　交通部南洋大学图书馆编

[上海]：[交通部南洋大学图书馆]，1923.9，

3 版，1 册，大 32 开

收藏单位：南京馆

03414

交通大学北平铁道管理学院图书馆中西文图书总目　交通大学北平铁道管理学院图书馆编

交通大学北平铁道管理学院图书馆，1933.2，[168] 页，16 开

本书分两部分：中文和西文。中文新书依王云五《中外图书统一分类法》编排；中文旧书依《清华学校图书分类法》编排；西文书依《杜威十进分类法》编排。

03415

交通大学图书馆图书目录　交通大学图书馆编

上海：交通大学图书馆，1934，1 册，22 开

本书分善本书目、经部、诗部、子部、集部、新籍、期刊等类。其中新籍按照《杜威十进分类法》编排。

收藏单位：国家馆、南京馆、山西馆、上海馆

03416

接收上海日本东亚同文书院图书清册（14）

出版者不详，[1911—1949]，油印本，1 册，16 开

收藏单位：南京馆

03417

金陵女子大学图书馆图书目录（初稿）

[南京]：[金陵女子大学图书馆]，[1913—1949]，油印本，1 册，16 开，精装

收藏单位：南京馆

03418

美国哈佛大学哈佛燕京学社汉和图书馆汉籍分类目录（经学类）　裘开明编

外文题名：A Classified catalogue of Chinese books in the Chinese-Japanese Library of the Harvard-Yenching Institute at Harvard University: Classics

北平：燕京大学哈佛燕京学社，1938.9，200 页，8 开，精装

本书分群经、易、书、诗、三礼、春秋、孝经、四书等类。

收藏单位：国家馆

03419

美国哈佛大学哈佛燕京学社汉和图书馆汉籍分类目录（历史科学类）　裘开明编

外文题名：A Classified catalogue of Chinese books in the Chinese-Japanese Library of the Harvard-Yenching Institute at Harvard University

北平：燕京大学哈佛燕京学社，1940.7，[480] 页，8 开，精装

本书分考古学、民族学、谱录、传记、世界史地、亚洲史地、中国史地、中国地理及方志、日本史地、其他亚洲诸国史地、欧洲史地、美国史地、非洲史地、澳洲史地等类。

收藏单位：国家馆

03420

美国哈佛大学哈佛燕京学社汉和图书馆汉籍分类目录（哲学宗教类）　裘开明编

外文题名：A Classified catalogue of Chinese books in the Chinese-Japanese Library of the Harvard-Yenching Institute at Harvard University: Philosophy and Religion

北平：燕京大学哈佛燕京学社，1939.8，[147] 页，8 开，精装

本书分哲学总论、诸子通论、诸子合刻、诸子专著、印度哲学、西洋哲学、论理学、形而上学、伦理学、宗教概论、神话、宗教史、中国国家祀典、佛教、道教、中国民间信仰、基督教、回教、其他宗教等类。

收藏单位：国家馆

03421

南开大学图书馆目录　王文山编

天津：南开大学图书馆，1926.4，556 页，25 开

本书依《杜威十进分类法》编排。附国文目录索引、新旧杂志一览表、报章一览表等。书脊题名：南开大学图书馆中西图书目录合编。

收藏单位：国家馆、天津馆、浙江馆

03422

南开大学校图书馆中西图书目录合编　王文山编

外文题名：Nankai University Library catalog

天津：南开大学图书馆，1925.12，[1223] 页，25 开

本书共 1 卷，分两部分：中文和西文，依《杜威十进分类法》编排。附索引、新旧杂志一览表、报章一览表。

收藏单位：南京馆、上海馆、首都馆

03423

清华学校图书馆中文书籍目录　查修等编

北京：清华学校图书馆，1927，44+1364+25 页，25 开

本书依《杜威十进分类法》编排。附类别索引表、类别号码表。

收藏单位：安徽馆、桂林馆、国家馆、南京馆、山西馆、上海馆、首都馆、浙江馆

03424

全国水利局河海工科大学图书馆中文书目初编　陈从野辑

[南京]：河海工科大学图书馆，[1920—1929]，40 页，16 开

收藏单位：桂林馆、浙江馆

03425

上海圣约翰大学罗氏图书馆中文书籍新书报告（民国二十四年一月至十一月）

上海：圣约翰大学罗氏图书馆，[1935.12]，油印本，1 册，16 开

本书分参考书、总类、哲学、宗教、政治、外文、经济、财政、法律、市政、教育、商业及交通、语文学、自然科学、医学、工程学及其他、农村经济及其他、会计学及其他、化学工艺及其他、碑帖及其他、体育、文学史及其他、文学、地理及游记等类。后附中文杂志表。

收藏单位：国家馆

03426

税务专门学校图书馆中文图书目录　税务专门学校图书馆编

[北平]：税务专门学校图书馆，1930.3，34 页，16 开

本书分经书、史书、地理、前代政书、古子书、东方文库、文学类、杂书类、四部备要、党义丛书、陈锋士先生著作等类。

收藏单位：国家馆

03427

私立北平中国学院图书馆新书目录（第 1 次）　中国学院图书馆编

北平：中国学院图书馆，1935.4，[99] 页，32 开

本书分 3 部分：中文、日文、西文。中、日文依刘国钧《中国图书分类法》编排，西文依《杜威十进分类法》编排。

收藏单位：安徽馆、国家馆

03428

私立东吴大学法学院图书馆图书目录　私立东吴大学法学院图书馆[编]

外文题名：Soochow University Law School Library catalogue

[上海]：私立东吴大学法学院，1937，218+160 页，22 开

本书主要为西文书。附图书分类大纲。

收藏单位：国家馆、上海馆、浙江馆

03429

私立福建学院乌山图书馆图书目录（第 2 期 上册 中日文书目）　萨士武编

福州：乌山图书馆，1932.4，[270] 页，16 开

本书续《福建学院图书馆图书目录 第 1 期》，分两册，上册为中、日文图书，下册为西文图书。本册收 1932 年 2 月以前入藏的中、日文图书 3 万余册，分 10 类：总记、哲学、宗教、社会科学、语言学、自然科学、应用科学、美术、文学、历史。

收藏单位：安徽馆、重庆馆、国家馆、上海馆

03430

私立无锡国学专修学校图书馆目录（旧书之部） 私立无锡国学专修学校图书馆编

无锡：私立无锡国学专修学校图书馆，1936.1，286 页，25 开

　　本书分 3 部分：新书、旧书、善本书。旧书（不含善本）按经、史、子、集、丛列类编排。

03431

四川省立重庆大学图书馆图书目录 重庆大学图书馆编

重庆大学图书馆，1935，石印本，95 页，18 开，环筒页装

　　本书为中文图书目录，依王云五《中外图书统一分类法》编排。

　　收藏单位：安徽馆、重庆馆、南京馆、首都馆、浙江馆

03432

四川省立重庆大学图书馆中文书籍目录 重庆大学图书馆编

重庆大学图书馆，1935.6，石印本，2 册（278 页），23 开，环筒页装

　　本书分两部分：线装书和平装书。线装书依经、史、子、集、丛书编排；平装书依王云五《中外图书统一分类法》编排。

　　收藏单位：国家馆、上海馆、浙江馆

03433

厦门大学中文图书目录（民国二十年） 厦门大学图书馆编

厦门大学图书馆，1931，190 页，16 开

　　本书依《杜威十进分类法》编排，并略加变通。

　　收藏单位：国家馆

03434

厦门大学中文图书目录（民国二十六年） 厦门大学图书馆编

厦门大学图书馆，1937，254 页，16 开

　　收藏单位：福建馆、国家馆、上海馆

03435

厦门大学中文新书目录 厦门大学图书馆[编]

厦门大学图书馆，1933，1 册，16 开

　　收藏单位：国家馆

03436

仙舟合作图书馆图书目录（合作之部）

[上海]：仙舟合作图书馆，[1939]，油印本，1 册，16 开，环筒页装

　　本书收书时限截至 1939 年 2 月 14 日。

　　收藏单位：国家馆

03437

新编中日文书目 燕京大学图书馆中日文编目组编

北京：燕京大学图书馆中日文编目组，1941，2 册（31+30 页），16 开（燕京大学图书馆馆报特刊）

　　本书收 1939 年至 1940 年中日文新书目。

03438

新民学院图书目录（甲篇） 新民学院庶务科图书系编

北京：新民学院庶务科图书系，1939.3，562 页，16 开

　　本书收书 4700 余种，约 1 万册，依《杜威十进分类法》编排。目录以书名为主，附以出版年代、著译者及书号。

　　收藏单位：国家馆

03439

学海书院图书馆书目（第 1 集） 学海书院图书馆编

[台北]：学海书院图书馆，1936.6，[1094]页，32 开

　　本书内容包括分类书目、丛书目录、善本书目录等。前有该馆阅览室摄影、前贤遗墨影片，后附丛刊两种、西文书分类目录、期刊日报目录。

　　收藏单位：东北师大馆、国家馆、首都馆、西南大学馆、中科图

03440

燕京大学国文系书目　燕京大学国文系编

[北平]：[燕京大学国文系]，1933，油印本，1册

　　收藏单位：国家馆

03441

燕京大学图书馆目录初稿（类书之部）　邓嗣禹编

外文题名：An annotated bibliography of Chinese reference works in Yenching University Library

北平：燕京大学图书馆，1935.4，[225]页，16开

　　本书分两部分：类书和引得。类书部分各书均有详细提要。

　　收藏单位：长春馆、桂林馆、国家馆、湖南馆、江西馆、辽宁馆、上海馆、天津馆、西南大学馆、浙江馆

03442

早稻田大学图书馆和汉图书分类目录（2 哲学之部 大正十三年三月末）　早稻田大学图书馆编辑

东京：早稻田大学图书馆，1926.11，112页，16开

　　本书分14类：总记·杂书、哲学史、古代及中世哲学、近世哲学、认识论、论理学、心理学、美学、伦理学、东洋哲学、支那哲学总记及杂著、经学、诸子、辑书·术数。

　　收藏单位：国家馆

03443

浙江省立英士大学图书馆图书目录（第1辑）

浙江省立英士大学图书馆编

浙江省立英士大学图书馆，1940.12，90页，36开

　　本书收1940年11月以前入藏图书，分两部分：中文和西文，依皮高品《中国图书十进分类法》编排。著录著者、书名、出版年、书码，两册以上者注明册数。书后附吴绍虞先生编著图书馆学书目。

　　收藏单位：国家馆、江西馆

03444

浙江省立英士大学图书馆图书目录（第2辑）

　　浙江省立英士大学图书馆编

浙江省立英士大学图书馆，1941.12，80页，36开

　　收藏单位：江西馆、南京馆

03445

震旦大学图书馆藏历代法政经济书备征目

震旦大学图书馆编

上海：震旦大学图书馆，1937.9，23+8页，18开

　　本书分4类：丛书、法律、政书、参考书。附书名索引。

　　收藏单位：国家馆、上海馆

03446

中法大学图书馆藏中文参考书目类编　中法大学图书馆编

[北平]：[中法大学图书馆]，1936，17页

　　本书收书目近300种。内容包括：书目、类书、百科全书、字典、辞典、年鉴、年表、索引、纪传等。

　　收藏单位：近代史所

03447

中法大学图书馆藏中文参考书目类编　中法大学图书馆编

[北平]：[中法大学图书馆]，1947，18页

　　收藏单位：近代史所

03448

中法大学图书馆中文书目（汇编分类之部）

中法大学图书馆编

[北平]：中法大学图书馆，1933，[32]+514页，16开

　　本书依《杜威十进分类法》编排。

　　收藏单位：安徽馆、东北师大馆、国家馆、湖南馆、近代史所、辽宁馆、南京馆、宁夏馆、山西馆、上海馆、天津馆、浙江馆

03449

中法大学图书馆中文书目（旧籍分类之部）

中法大学图书馆编

[北平]：中法大学图书馆，1933，14+180页，18开

本书为馆藏古籍书目，分6类：经、史、子、集、类书、丛书。

收藏单位：安徽馆、国家馆、近代史所、南京馆、上海馆、首都馆、天津馆、西南大学馆、浙江馆

03450

中国大学图书目录　中国大学图书馆编

北京：中国大学图书馆，1940，[458]页，18开

本书收书约4.5万册，分3部分：中文、日文、西文。中、日文均依刘国钧《中国图书分类法》编排，日文图书号前加"日"字；西文图书按《杜威十进分类法》编排。逐页题名：中国大学图书馆图书总目。

收藏单位：国家馆

03451

中国国民党中央党务学校图书目录

[南京]：中国国民党中央党务学校，1929.5，122页，大32开

收藏单位：南京馆

03452

中央航空学校图书馆书目　中央航空学校图书馆编

[南京]：中央航空学校图书馆，[1935]，[455]页，32开

本书收1934年12月底以前入藏图书、杂志，分两部分：中日文和西文。中国学术图书依王云五《中外图书统一分类法》编排，其他依《杜威十进分类法》编排。书前有中央航空学校图书馆借书规则、阅览室规则。

收藏单位：桂林馆、国家馆、湖南馆、上海馆、首都馆、浙江馆

03453

中央军校图书馆图书目录　中央军校图书馆编

[南京]：中央军校图书馆，1931.6，[18]+

410+[56]页，21开，精装

本书依《杜威十进分类法》编排，著者号码采用王云五《四角号码检字法》。附类目索引表。

收藏单位：国家馆、南京馆

03454

中央陆军军官学校图书馆日文图书目录　中央陆军军官学校图书馆编目组编

中央陆军军官学校图书馆编目组，1937，128页，32开

本书分10类：总类、哲学、宗教、社会科学、语言、自然科学、应用科学、艺术、文学、历史。

收藏单位：重庆馆

03455

中央陆军军官学校图书馆中文图书目录　中央陆军军官学校图书馆编目组编

中央陆军军官学校图书馆编目组，1937，16+556+29页，32开

本书分10类：总类、哲学、宗教、社会科学、语言、自然科学、应用科学、艺术、文学、历史。另有"军事学分类目录"，分13类，内容包括：军制学、军事教育学、作战类、兵器学、交通学、步兵学、空军类、海军类、军事杂类等。

收藏单位：安徽馆、重庆馆

03456

中央政治学校合作学院图书目录合作之部（截至民国二十八年二月十四日止）　中央政治学校合作学院图书室编

中央政治学校，1939，1册，16开

收藏单位：国家馆

03457

中央政治学校图书馆中日文图书书名目录（初编）　汪荫祖编

[重庆]：中央政治学校图书馆，1940.7，10+296页，16开

本书收1939年6月以前入藏的中、日文图书。依书名笔画编排。附著者索引（包括

中日著者及西洋著者的译名）、西洋著者原文索引。

收藏单位：重庆馆、国家馆

03458

中央政治学校图书馆中日文图书书名目录（二编） 中央政治学校图书馆编

[重庆]：中央政治学校图书馆，1940，油印本，1册，16开

本书收 1939 年 7 月至 1940 年 6 月入藏的中、日文图书。

收藏单位：南京馆

03459

资料目录（图书之部） 东亚同文书院大学支那研究部编

[上海]：东亚同文书院大学支那研究部，1940，1册，16开

本书分农业、经济、财政、工矿业、交通运输、政治、外交、史地等类。

收藏单位：国家馆、南京馆

03460

追加资料目录（图书之部 追加四 昭和十六年十二月二十日）

上海：东亚同文书院大学支那研究部，1941，油印本，1册，16开

收藏单位：国家馆

中小学校图书馆藏书目录

03461

北流县立初级中学校图书馆现存图书目录表

北流县立初级中学校图书馆，1941，手抄本，1册，16开

收藏单位：南京馆

03462

北平市市立第一中学校图书馆图书目录 北平市市立第一中学校图书馆[编]

北平市市立第一中学校图书馆，1936，1册，16开

本书收入藏的中西文图书。新版中文图书依刘国钧《中国图书分类法》编排，西文图书依王云五《中外图书分类法》编排。

收藏单位：国家馆

03463

广西省立宾阳初级中学历年入藏图书目录（附入藏散佚书目）

[南宁]：广西省立宾阳初级中学，1940，油印本，1册，16开，环筒页装

收藏单位：国家馆

03464

广西省立南宁初级中学损毁图书目录

南宁：广西省立南宁初级中学，1930，油印本，1册，大16开，环筒页装

南宁：广西省立南宁初级中学，1940，油印本，1册，大16开，环筒页装

收藏单位：国家馆

03465

广西省立武鸣初级中学现存图书清册 广西省立武鸣初级中学[编]

[南宁]：广西省立武鸣初级中学，1941，手写本，1册，横16开，环筒页装

收藏单位：国家馆

03466

国立第十二中学图书目录 国立第十二中学图书馆编

[重庆]：国立第十二中学图书馆，1941.10，油印本，1册，16开

收藏单位：南京馆

03467

湖南临蓝嘉联立简易乡村师范学校现藏图书目录

湖南：临蓝嘉联立简易乡村师范学校，1936.5，手抄本，1册，16开

收藏单位：南京馆

03468

汇文学校图书馆中文书籍目录 汇文学校图

书馆编

[汇文学校图书馆]，1935，22+362页

    收藏单位：近代史所

03469

江苏省立无锡中学图书馆图书目录 无锡中学图书馆编

无锡中学图书馆，1932.1，218页，16开

    本书收1931年6月以前入藏的图书，分4编：分类目录、著者目录、书名目录、丛书。中外文书籍混合编排，依杜定友《世界图书分类法》编排。

    收藏单位：国家馆

03470

蒙山县初级中学损毁图书目录

出版者不详，1941.2，油印本，8页，32开

    收藏单位：南京馆

03471

南轩图书馆图书目录 南轩图书馆编

长沙：南轩图书馆，1937.4，254页，16开

    本书依王云五《中外图书统一分类法》编排。附杂志目录、历年日报一览表、湖南私立南轩图书馆借书规则等。书脊题名：湖南私立南轩图书馆图书目录。

    收藏单位：国家馆、湖南馆、江西馆、南京馆

03472

上海私立正始中学图书目录 上海私立正始中学编

上海：私立正始中学，1936.6，368页，32开

    收藏单位：南京馆

03473

私立澄衷中学校图书馆图书目录（第1册） 澄衷中学图书馆编

上海：澄衷中学图书馆，1930.1，181页，32开

    本书包括中外文图书、期刊，依杜定友《图书分类法》编排。

    收藏单位：天津馆

03474

效实中学图书馆分类图书目录 效实中学图书馆编

[宁波]：效实中学图书馆，1931，1册，32开

    本书依四部排列。

    收藏单位：浙江馆

03475

浙江省立金华中学图书馆图书目录

    收藏单位：南京馆

03476

知行中学图书馆图书目录 麦天方编

香港：知行中学校务处，1940.6，210页，32开

    本书分10类：总类、哲学、宗教、社会科学、语文学、自然科学、应用技术、艺术、文学、史地。

    收藏单位：国家馆

其他图书馆藏书目录

03477

北京汇文神学图书馆流通部规章、书目 北京汇文神学图书馆流通部编

北京：汇文神学图书馆流通部，1927，石印本，1册，横18开

    收藏单位：国家馆

03478

地方行政圖藏书目录 浙江省地方行政学会编

[杭州]：浙江省地方行政学会，1941.7，112页，16开

    本书分5篇：书籍、地图、方志、谱系、行政资料。每篇均按类分，著录项目包括编号、书名、册数、编著者、译述者、出版年月、出版及发行地、价格、备考等。

    收藏单位：国家馆、南京馆、浙江馆

03479

东联图书馆图书目录　东亚联盟中国总会上海分会东联图书馆编

上海：东亚联盟中国总会上海分会东联图书馆，1943.8，1 册，32 开

　　收藏单位：南京馆

03480

法蒂玛图书馆图书目录

法蒂玛图书馆，[1911—1949]，油印本，1 册，18 开

　　收藏单位：国家馆

03481

广西省立南宁博物馆现藏图书草目

南宁：广西省立南宁博物馆，1940，油印本，1 册，13 开，环筒页装

　　收藏单位：国家馆

03482

国立北平故宫博物院太庙图书分馆书目初编

国立北平故宫博物院太庙图书分馆编

国立北平故宫博物院太庙图书分馆，1937.7，230+194+16 页，16 开

　　本书收 1936 年 2 月底以前入藏的图书，分 3 卷：旧籍之部、新书之部、故宫博物院出版物。旧籍依四部分类（附丛书），新书按刘国钧《（增订）中国图书分类法》分类，日文和西文书按类归入书目。

　　收藏单位：国家馆、宁夏馆、中科图

03483

杭州市丝绸图书馆中日文图书目录汇编　沈石云编

杭州市丝绸图书馆，1946.5，59 页，13 开

　　收藏单位：浙江馆

03484

景堂图书馆图书目录　景堂图书馆编

新会：景堂图书馆，1928.10，2 册（212+217 页），16 开

　　本书分两册。上册为分类目录，依杜定友《图书分类法》编排；下册为书名索引，依

杜定友《著者号码编制法》编排。附十六年度概况。

　　收藏单位：安徽馆、广西馆、国家馆、南京馆、内蒙古馆

03485

量才流通图书馆图书目录汇编　量才流通图书馆编

上海：量才流通图书馆，1935—1936，2 册（402+170 页），32 开

　　本书收 1935 年度新入藏的图书（量才流通图书馆即申报流通图书馆），依王云五《中外图书统一分类法》编排。书前有申报流通图书馆缘起、申报流通图书馆各种章程。

　　收藏单位：上海馆

03486

蒙古文化馆图书目录（初编）　蒙古文化馆图书组编

厚和（呼和浩特）：蒙古文化馆，1938.9，322 页，25 开

　　本书分 10 类：总类、哲学、宗教、社会科学、语文、自然科学、应用科学、美术、地理、历史。附蒙古文化馆借书规则。

　　收藏单位：国家馆

03487

青岛市观象台图书馆图书目录　青岛市观象台图书馆编

青岛市观象台图书馆，1933.1，68 页，16 开

　　本书为中西文混排，所收图书大部分为天文气象方面的，也有少量其他类。

　　收藏单位：国家馆

03488

群书浏览社书目　群书浏览社编

上海：群书浏览社，[1911—1949]，69 页，32 开

　　本书以小说、笔记为主。书口题名：群书浏览社藏书目录。

03489

三十三年七月份寄美十三图书馆书单

出版者不详，1944，手写本，1册，16开，环筒页装

　　收藏单位：国家馆

03490

商务印书馆图书馆中文新书分类目录

[上海]：[商务印书馆图书馆]，[1911—1949]，816页，32开，精装

　　收藏单位：南京馆

03491

上海日本商工会议所所藏图书分类目录（昭和十七年八月末）（日）武内文彬编

上海：日本商工会议所，1943.4，127页，16开

　　本书收中、日、西文图书和报纸杂志。

　　收藏单位：上海馆

03492

上海市商会商业图书馆中文图书目录　上海市商会商业图书馆编

上海市商会商业图书馆，1935，172页，16开

　　本书分两部分：图书和杂志。图书按王云五《中外图书统一分类法》编排。书前有图书馆阅览规则、图书借阅规则、募捐图书章程、该馆图书目录之编制及使用法等。

　　收藏单位：国家馆、湖南馆、江西馆、山西馆、陕西馆、上海馆、首都馆

03493

上海市通志馆收藏图书目录（第1号 征信录目录）　上海市通志馆编

上海市通志馆，1936.7，42页，32开

　　本书分市县行政、学校、公司、商会、宗教、同乡团体、工会、自由职业团体、医院、赈灾、慈善机关、其他等类。附四角号码书名索引。

　　收藏单位：国家馆、湖南馆、近代史所、上海馆

03494

上海通信图书馆书目　上海通信图书馆编

上海通信图书馆，1926.10，6版，103页，32开

　　本书收1926年8月以前入藏的图书，分10类：总类、社会科学、哲学、文学、艺术、自然科学、应用技术、语言、历史、地理。

　　收藏单位：国家馆、浙江馆

03495

上海邮务工会图书馆图书目录　上海邮务工会图书馆编

上海邮务工会图书馆，1948.5，1册，32开

　　收藏单位：南京馆

03496

上海中华基督教青年会图书馆藏书目录（3 语文学 自然科学 应用技术 艺术）　上海中华基督教青年会编

上海：中华基督教青年会图书馆，1949.4，油印本，1册，25开

　　收藏单位：上海馆

03497

上海中华基督教青年会图书馆藏书目录（4 文学）　上海中华基督教青年会编

上海：中华基督教青年会图书馆，1949.5，油印本，1册，25开

　　收藏单位：上海馆

03498

上海中华基督教青年会图书馆藏书目录（5 史地）　上海中华基督教青年会编

上海：中华基督教青年会图书馆，1949.7，油印本，1册，25开

　　收藏单位：上海馆

03499

上海总商会商业图书馆图书目录　上海总商会商业图书馆编

上海总商会商业图书馆，1925.6，153+36页，32开

　　本书收1922年至1925年入藏的中外文图书。中、西文分开，依《杜威十进分类法》编排。

收藏单位：江西馆、上海馆、浙江馆

03500

申报流通图书馆图书目录汇编（1） 申报流通图书馆编

上海：申报流通图书馆，1934，402页，32开

本书依王云五《中外图书统一分类法》编排。书前有申报流通图书馆缘起、申报流通图书馆各种章程等。

收藏单位：重庆馆、国家馆、内蒙古馆、山西馆、上海馆、首都馆、浙江馆

03501

私立浙江流通图书馆目录 浙江流通图书馆编

杭州：浙江流通图书馆，1931.8，138页，32开

本书分总类、哲学、教育、社会科学、艺术等类。

收藏单位：国家馆

03502

天津公教图书馆 天津公教图书馆编

天津公教图书馆，1924，50页，25开

本书分25类，内容包括：经史类、行实类、辩道类、道学类、要理类、敬礼类、崇修类、经文类、乐歌类等。

收藏单位：国家馆

03503

图书分类目录 东京出版协会编辑

东京出版协会，1933.4，303页，32开

收藏单位：国家馆

03504

图书目录

上海：新亚图书馆，[1939]，642页，32开

本书分总类、哲学、宗教、社会科学、自然科学、应用科学、文学等类。新亚图书馆曾用名：申报流通图书馆、量才图书馆。

收藏单位：东北师大馆、广西馆

03505

[图书目录]

出版者不详，[1948]，油印本，1册，16开，环筒页装

本书分9类：总类、哲学、宗教、语言文字学、自然科学、应用科学、美术、文学、史地。

收藏单位：国家馆

03506

[图书目录]

出版者不详，[1936—1949]，油印本，529页，13开，环筒页装

本书为各种图书目录。除中日文图书外，还包括英文图书、德文图书、俄文图书。

收藏单位：国家馆

03507

香港华商总会图书馆图书目录（第1辑） 香港华商总会图书馆编

香港：华商总会图书馆，1936.3，[416]页，16开

本书依杜定友《（重订）杜氏图书分类法》编排。附书名笔画索引。

收藏单位：重庆馆、广西馆、国家馆、湖南馆、江西馆、近代史所、南京馆、山西馆、上海馆、首都馆、浙江馆

03508

新亚图书馆图书目录 新亚图书馆编汇

上海：新亚图书馆，1940，再版，642页，32开

本书分哲学、宗教、社会科学、语文学、自然科学、应用科学、美术、文学、史地等类。

收藏单位：国家馆、内蒙古馆

03509

新亚图书馆图书目录汇编 新亚图书馆编审部编

[上海]：新亚图书馆，1941.5.1，3版，698页，32开

本书收书3.5万余册，依王云五《中外图书统一分类法》编排。著录项目包括分类号及著者号、书名、著者、出版处、定价。书前有目录索引、类名笔画索引，后附参考书目。书首题名：新亚流通图书馆第三版图书目

录汇编。

收藏单位：东北师大馆、上海馆

03510

银行学会图书目录　银行学会编

上海：银行学会，1939.6，92 页，32 开

本书分统计、经济理论、经济史、农业、商业、财政、社会史、哲学、政治概论等类。

收藏单位：国家馆、上海馆

03511

银钱图书馆图书目录　银钱图书馆编

上海：银钱图书馆，1940.11，209 页，32 开

本书为银钱图书馆（属上海银钱业余联谊会）第二次出版的图书目录，中外文均有，依王云五《中外图书统一分类法》编排。

收藏单位：上海馆

03512

新中国建设学会图书目录　新中国建设学会编

[上海]：新中国建设学会，1932，154 页，32 开

本书分 15 类：总类、哲学、社会、政治、国防、经济、财政、外交、法制、教育、交通、物质科学、文艺、史地、国学，中、外文书分列。书后有杂志一览表、新中国建设学会图书室借书简则等。

收藏单位：国家馆

03513

云南旅京学会图书馆图书目录　云南旅京学会图书馆编

[北京]：云南旅京学会图书馆，[1924—1949]，38 页，32 开

本书分两部分：中文和西文。中文分新籍、旧籍。旧籍依四部排列；中文新籍及西文书不分类，仅列书名。

收藏单位：国家馆

03514

浙江省立民众教育馆图书书目　浙江省立民众教育馆编

[杭州]：浙江省立民众教育馆，1933，518

页，32 开

本书采用杜定友《杜氏图书分类法》编排，其中儿童图书依余和笙《图书分类法》编排。

收藏单位：国家馆

03515

中国流通图书馆图书目录（第一辑）　中国流通图书馆编审部编

上海：中国流通图书馆，1938.8，[212] 页，32 开

本书分总类、哲学、宗教、社会科学、自然科学、实业、美术、文学、史地等类。

收藏单位：国家馆、南京馆、上海馆

03516

中国流通图书馆第一辑补充目录　中国流通图书馆编

上海：中国流通图书馆，1938.10，62 页，32 开

本书收出版新书及通俗小说。

收藏单位：国家馆、上海馆

03517

中华海关外班华员俱乐部总部图书馆图书目录　中华海关外班华员俱乐部总部图书馆编

中华海关外班华员俱乐部总部图书馆，1930，153 页，32 开

本书依《杜威十进分类法》编排。书前有序（张汉哲）、读书金箴（古文论述读书的语录）、朱熹读书法。

03518

中华业余图书馆图书目录（第 1、2 集）　中华业余图书馆编

上海：中华业余图书馆，1940，再版，245 页，32 开

本书分 10 类：总类、社会科学、哲学、文学、艺术、自然科学、应用科技、语言学、史学、地理学。

收藏单位：内蒙古馆

03519

中华职业教育社业余图书馆图书目录　中华

职业教育社业余图书馆编

上海：中华职业教育社业余图书馆，1931，58页，32开

03520

中日文化协会图书馆中日文图书分类目录（第1册）　中日文化协会编

[北京]：中日文化协会，1941.9，84页，16开

本书分两部分：中文和日文。前者分总部、哲学、家教、自然科学、应用科学等类；后者分一般图书及该会前名誉理事长阿部大使捐赠图书两类。

收藏单位：国家馆、南京馆

03521

资料室收藏报纸书籍杂志图片清册

出版者不详，1949.2，油印本，1册，16开

收藏单位：上海馆

各类型目录

丛书书目、汇刻书目、群书索引

03522

北平各图书馆所藏丛书联合目录　北平图书馆协会丛书联合目录委员会编

北平图书馆协会，1930.10，59页，长18开

本书为《北平图书馆协会会刊》第4期专号，收北平22处图书馆丛书900余种，分4部：汇刻、自著、郡邑、分类。前两部按笔画排列，郡邑部按行政区分，分类部按书性质及编撰人之时代为序。

收藏单位：首都馆

03523

崇善县立图书馆现存丛书集成书目清册

崇善县立图书馆，1946，油印本，1册，18开，环筒页装

收藏单位：国家馆

03524

初中学生文库第一辑发售单行本简说　中华书局编

上海：中华书局，[1935]，65页，32开

本书收书300种，分各科学习法、各科表解、关于知识的读物、关于文艺的读物、关于技能的读物、关于修养的读物等类。除译作外，均有内容提要。

收藏单位：国家馆

03525

初中学生文库样本及预约简章　中华书局编

上海：中华书局，1935，1册，32开（初中学生文库）

本书内容包括：初中学生文库的图书目录、样本及预约简章。

收藏单位：首都馆

03526

丛书目录　福建省建瓯县立图书馆编

福建省建瓯县立图书馆，[1930—1939]，手写本，1册，13开

收藏单位：国家馆

03527

丛书目录拾遗

出版者不详，1934，1册，16开，环筒页装

本书共12卷，分经部、史部、子部、集部自著、集部、丛刊自著、丛刊部等。

收藏单位：北师大馆、国家馆

03528

丛书书名录稿本　陈援庵主办

燕京大学国学研究所，1931，影印本，15册，16开

收藏单位：国家馆

03529

丛书书目汇编

上海：医学书局，1929.10，2版，600页，16开

收藏单位：南京馆

03530

丛书书目续编（初集） 杜联喆编

北平：震东印书馆，1931.9，180 页，32 开

　　本书补充《丛书书目汇编》，收丛书约 1000 种，其中初集 200 余种。按笔画排列。

　　收藏单位：国家馆、上海馆、首都馆、天津馆、西南大学馆、中科图

03531

大学丛书目录 商务印书馆编

上海：商务印书馆，1933，157 页，32 开

上海：商务印书馆，1934.8，重订本，159 页，32 开

上海：商务印书馆，1935.2，重订本，159 页，32 开

上海：商务印书馆，1937.7，重订本，154 页，32 开

　　本书由大学丛书委员会订正，分文学院、理学院、法学院、教育学院、农学院、工学院、商学院、医学院等类。附大学丛书委员会委员名单。

　　收藏单位：重庆馆、国家馆、河南馆、湖南馆、辽大馆、南京馆、首都馆

03532

大学丛书已出版书目录 商务印书馆编

[上海]：商务印书馆，1935，38 页，32 开

　　本书内容包括：各代抄本、刻本、稿本、批校本、满蒙藏回文、方志、词曲小说、清乾隆间禁书、古器物拓本、舆图。

　　收藏单位：国家馆

03533

大学丛书已出版书目录 商务印书馆编

上海：商务印书馆，1935，71 页，32 开

上海：商务印书馆，1936，94 页，32 开

[长沙]：商务印书馆，1940.7，70 页，32 开

　　本书列类同《大学丛书目录》。目次页题名：大学丛书已出书目。

　　收藏单位：安徽馆、重庆馆、首都馆

03534

当代青年丛书第一辑书目提要 上海杂志公司编

上海杂志公司，[1936]，16 页，64 开

　　收藏单位：国家馆

03535

儿童图书第一集目录 上海新中国书局编

上海：新中国书局，1935，1 册，32 开

　　本书分 3 部分：低级、中级和高级，收书 150 种。书前有发行儿童图书第一集的缘起。封面题：新中国儿童图书第一集。

　　收藏单位：国家馆

03536

儿童图书第一集目录及样本 上海新中国书局编

上海：新中国书局，1935，1 册，32 开

　　本书分 3 部分：低级、中级和高级，依公民训练、语文、体育、常识、算术、劳作等顺序编排。

　　收藏单位：国家馆

03537

革命文库目录

出版者不详，[1911—1949]，油印本，1 册，16 开

　　收藏单位：国家馆

03538

古学丛编凡例目录 古学院编

[北京]：古学院，[1938]，368 页，32 开

　　本书分 5 类：经史、哲理、文学、金石、艺术。内容包括：经学源流考目录、周秦诸子百家得失论目录、字学源流考弁言凡例目录、金文考释萃编凡例、书镜凡例目录等。

　　收藏单位：国家馆

03539

国立北平图书馆藏丛书总目首笔检字表 陈任中编

国立北平图书馆，1934.6，60 页，16 开

　　本书为《国立北平图书馆馆刊》第 8 卷第 3 号抽印本，收《四库全书》等几套大丛书以外的丛书 1324 种，按丛书名笔画排列。

收藏单位：国家馆

03540

国立北平图书馆汇刻书目（1 经类、史类）

[国立北平图书馆]，[1928—1949]，石印本，1 册，16 开，精装

　　收藏单位：国家馆

03541

国立北平图书馆汇刻书目（2 子类、集类）

[国立北平图书馆]，[1928—1949]，石印本，1 册，16 开，精装

　　收藏单位：国家馆

03542

国立北平图书馆汇刻书目（3 古今人著述类）

[北平]：[国立北平图书馆]，[1928—1949]，石印本，1 册，16 开，精装

　　收藏单位：国家馆

03543

国立北平图书馆汇刻书目（4 古今人著述类）

[国立北平图书馆]，[1928—1949]，石印本，1 册，16 开，精装

　　收藏单位：国家馆

03544

国学珍本文库样本书目　　襟霞阁主人编

上海：中央书店，1935，23 页，32 开

　　本书收《国学珍本文库》的书目与样本。襟霞阁主人即平襟亚。

　　收藏单位：北师大馆、国家馆、河南馆、内蒙古馆、上海馆、绍兴馆、首都馆、西南大学馆

03545

湖北先正遗书分售价目　　慎始基斋编

沔阳：慎始基斋，[1911—1949]，[24] 页，25 开

　　本书收《四库全书》中湖北人的著述，包含 3 辑 75 种 180 册，依四部排列。书前有分期交款办法。

　　收藏单位：国家馆

03546

基本知识丛书预约样本　　亚细亚书局编

上海：亚细亚书局，[1935]，[56] 页，32 开

　　本书内容包括：《基本知识丛书》编辑缘起、王钟麒序、预约目录、内容提要、预约简章、预约通知单、各埠预约经理处等。

　　收藏单位：国家馆、江西馆、首都馆

03547

金陵大学图书馆丛书子目备检（著者之部）　　曹祖彬编

南京：金陵大学图书馆，1935.1，[54]+558 页，22 开（金陵大学图书馆丛刊 6）

　　本书收丛书 360 余种，依著者姓名笔画编排，分 4 部分：本编所收丛书一览、丛书书名简称表、著者首字检查表、丛书子目备检著者之部。附无名氏所撰书。

　　收藏单位：安徽馆、重庆馆、广东馆、桂林馆、国家馆、湖南馆、近代史所、南京馆、山西馆、上海馆、天津馆、西南大学馆

03548

良友文学丛书预约样本　　赵家璧编

上海：良友图书印刷公司，[1935]，[72] 页，32 开

　　本书为图书介绍，有作者像、著作的内容提要、出版品简目等内容。

　　收藏单位：国家馆

03549

良友文学丛书预约样本　　赵家璧编

桂林：良友图书印刷公司，1943.5，214 页，32 开

　　本书为《良友文学丛书》中 19 种图书的预约样本。

　　收藏单位：江西馆

03550

良友文学丛书预约样本　　赵家璧编

上海：良友图书印刷公司，[1933—1949]，314 页，32 开

　　本书为《良友文学丛书》中 24 种图书的预约样本。

收藏单位：江西馆

03551

民众教育第一集目录样本　中华书局编

上海：中华书局，[1949]，36 页，32 开（中华文库）

　　本书分两部分：目录和样本。目录分 3 类：民众常识、民众读物、民众教育人员用书。目录后是样本。

　　收藏单位：广西馆、国家馆、江西馆、首都馆

03552

清代文集篇目分类索引　国立北平图书馆索引组编辑

国立北平图书馆，1935.11，[97]+[1128] 页，16 开，精装

　　本书收近 300 年学者别集 428 种、总集 12 种，分 3 部分：学术、传记、杂文，将子目编为索引。书前有文集目录、文集提要、文集著者索引。

　　收藏单位：广西馆、国家馆、湖南馆、近代史所、辽宁馆、内蒙古馆、上海馆、首都馆、西南大学馆

03553

日本丛书目录　（日）滨野知三郎编

东京：六合馆，1927，257 页，24 开，精装

　　本书分丛书、类书、全集、汇刻书等类。

　　收藏单位：重庆馆、南京馆

03554

日本丛书目录（草稿）　（日）九州帝国大学附属图书馆编

[福冈]：九州帝国大学附属图书馆，[1911—1949]，油印本，34 页，18 开

　　本书分哲学及教育、宗教、文学·语学、法会·法制经济等类。

　　收藏单位：国家馆

03555

商务印书馆印行千种丛刊目录　王云五拟

[上海]：商务印书馆，[1927—1949]，2 版，订正本，1 册，32 开

　　本书收《国学基本丛书》初集、《汉译世界名著》初集、《学生国学丛书》、《国学小丛书》、《新时代史地丛书》、《百种小丛书》、《商学小丛书》、《师范小丛书》、《算学小丛书》的说明及目录。书前有缘起、凡例。

　　收藏单位：内蒙古馆、上海馆

03556

申报馆聚珍版丛书书目　宣嘉祥编

杭州：宋经楼古书局，[1930—1939]，油印本，1 册，36 开

　　收藏单位：国家馆

03557

世界书局 ABC 丛书内容提要　世界书局编

上海：世界书局，[1929.9]，1 册，32 开

　　本书收书 120 种，分 5 类：文艺、哲学、政治经济、教育史地、科学。每书有内容提要。

　　收藏单位：广东馆、国家馆、首都馆

03558

世界文库第二年革新计划　生活书店编

上海：生活书店，[1930—1935]，54 页，22 开

　　收藏单位：国家馆

03559

四部书目总录样本　周云青编纂

上海：医学书局，1929.11，[56] 页，16 开

　　本书为《四部书目总录》发行样本。《四部书目总录》续补《四库全书总目》，汇集各家读书志、题跋记、藏书志、各史经籍考等。

　　收藏单位：国家馆、上海馆

03560

四库全书简明目录笺迻　孙诒让著

出版者不详，1947，36 页，16 开

　　本书为《浙江学报》第 1 卷第 1 期单行本，对《四库全书简明目录》的 20 卷逐卷进行补遗。

03561

四库全书提要叙　周云青笺注

上海：医学书局，1926.12，1 册，24 开

上海：医学书局，1927.7，再版，102 页，24 开

上海：医学书局，1929.6，3 版，102 页，24 开

　　本书为《四库全书总目提要》的"总叙""小叙"作注释。版权页书题：四库全书提要叙笺注。

　　收藏单位：广东馆、广西馆、桂林馆、国家馆、湖南馆、南京馆、山西馆、中科图

03562

四库全书总目　（清）纪昀等编

上海：大东书局，1926.7，8 册（3680 页），25 开，精装

上海：大东书局，1930.3，再版，10 册，25 开，精装

　　本书共 200 卷，收书 3461 种、存目 6793 种。清代纂修《四库全书》时，凡抄录入库和抄存卷目的图书，全部撰写提要，汇总而成此书。题字页题名：四库全书总目提要。

　　收藏单位：长春馆、重庆馆、贵州馆、国家馆、湖南馆、内蒙古馆、宁夏馆、山西馆、上海馆、绍兴馆

03563

四库全书总目及未收书目引得　哈佛燕京学社引得编纂处编

北平：哈佛燕京学社引得编纂处，1932.2，2 册（195+210 页），16 开（引得 第 7 号）

　　收藏单位：桂林馆、国家馆、黑龙江馆、首都馆、西南大学馆

03564

四库全书总目提要　（清）永瑢等撰

上海：商务印书馆，1931.4，40 册，32 开（万有文库 第 1 集 3）（国学基本丛书）

上海：商务印书馆，1933.7，4 册（18+4490 页），32 开，精装

长沙：商务印书馆，1939.9，40 册，32 开（万有文库 第 1—2 集简编 500 种）（国学基本

丛书）

　　本书为清乾隆时纂修《四库全书》时编写的入库和抄存卷目图书的提要目录，分 200 卷，收书 3461 种，存目 6793 种。附书名及著者索引，依四角号码编排。

　　收藏单位：安徽馆、长春馆、重庆馆、大理馆、大连馆、东北师大馆、广东馆、贵州馆、国家馆、黑龙江馆、湖南馆、江西馆、辽大馆、辽师大馆、柳州馆、南京馆、内蒙古馆、宁夏馆、山西馆、陕西馆、上海馆、首都馆、天津馆、西南大学馆、浙江馆、中科图

03565

四库提要辨证　余嘉锡著

[国立北平图书馆]，1935，10 页，16 开

　　本书为《国立北平图书馆馆刊》第 9 卷第 5 号抽印本，考证《荆楚岁时记》《吕氏春秋》的四库提要。

　　收藏单位：安徽馆、国家馆、首都馆

03566

四库提要宣室志考证　叶德禄著

出版者不详，[1941.12]，[4] 页，16 开

　　本书为《辅仁学志》第 10 卷第 1、2 合期抽印本，考证《宣室志》的书名、作者及内容。

　　收藏单位：国家馆、首都馆

03567

四库提要之正统观念　柴德赓著

出版者不详，[1940—1949]，[11] 页，16 开

　　本书为《国立女子师范学院学术集刊》的抽印本。

　　收藏单位：国家馆

03568

四库提要中之周亮工　陈垣著

出版者不详，[1936.10]，10 页，16 开

　　本书为《故宫文献论丛》1936 年双十节抽印本，考证清代周亮工著作在《四库全书总目提要》中被抽改的情形。

　　收藏单位：国家馆

03569

四库著录河北先哲遗书辑目　冷衷辑

国立北平图书馆，1933.10，44 页，25 开

　　本书收《四库全书》中河北人的著作，依四部排列。

　　收藏单位：国家馆

03570

四库著录山西先哲遗书辑目　聂光甫编

聂光甫，[1937]，12 页，16 开

　　本书据《四库全书总目提要》和《光绪山西通志经籍略》排比摘录编成，并加考证，依经、史、子、集四部排列。

　　收藏单位：国家馆、南京馆、上海馆

03571

四库总目索引与四库撰人录　鞠增钰著

[北平]：辅仁大学辅仁学志编辑会，1928.12，[8] 页，16 开

　　本书取《四库总目索引》（上海出版）和《四库撰人录》（陈垣）互校，列举前者讹误之处。

　　收藏单位：国家馆、首都馆

03572

四库总目韵编勘误目录　那志廉著

出版者不详，[1928—1949]，6 页，16 开

　　本书原载于《辅仁学志》第 2 卷第 1 期。

　　收藏单位：南京馆、首都馆

03573

万有文库第一集一千种目录　王云五编纂

上海：商务印书馆，[1929]，1 册，32 开

　　本书分总类、哲学、宗教、社会科学、语文学、自然科学、应用技术、艺术、文学、史地等类。附《万有文库》对于各种图书馆之适用计划样张及预约简章。

　　收藏单位：安徽馆、长春馆、重庆馆、东北师大馆、贵州馆、桂林馆、国家馆、惠州馆、江西馆、近代史所、内蒙古馆、绍兴馆、首都馆、浙江馆、中科图

03574

万有文库第二集七百种目录　王云五主编

上海：商务印书馆，[1934]，79 页，25 开

　　本书内容包括印行万有文库第二集缘起、万有文库第二集编译凡例、万有文库第二集目录等。

　　收藏单位：大理馆、东北师大馆、贵州馆、黑龙江馆、江西馆

03575

万有文库第二集目录　王云五主编

上海：商务印书馆，[1934]，1 册，32 开

　　本书分 7 部分：印行万有文库第二集缘起、万有文库第二集编译凡例、国学基本丛书二集说明及目录、汉译世界名著二集说明及目录、自然科学小丛书初集说明及目录、现代问题丛书初集说明及目录、样张。附万文库第二集预约简章、万文库第一集特价办法。

　　收藏单位：安徽馆、重庆馆、东北师大馆、桂林馆、江西馆、近代史所、辽大馆、辽师大馆、柳州馆、内蒙古馆、宁夏馆、绍兴馆、首都馆、浙江馆

03576

万有文库第一二集简编目录　王云五主编

[上海]：商务印书馆，[1939]，5+34 页，32 开

　　本书为万有文库第一、二集简编的目录。从万有文库中精选图书 500 种、分订成 1200 册，版式仍按原本，各书均按王云五《中外图书统一分类法》编排，并将编号印在书脊上。附印行缘起及预约简章。

　　收藏单位：东北师大馆、贵州馆、上海馆

03577

小朋友文库总目录

上海：中华书局，[1930—1949]，18 页，32 开

　　本书为儿童百科全书的目录，收书 150 多种、450 册，分 18 类：公民、社会、语文、读书法、童话、故事、笑话、谜语、诗歌、自然、算术、卫生、工艺、美术、音乐、戏剧、体育、图画故事。其中约半数属儿童文学读物。

收藏单位：广西馆

03578

小学生文库第一集目录　商务印书馆编

[上海]：商务印书馆，[1930—1949]，16页，25开（小学生文库）

　　本书分45类、500册，汇集近两百位教育家、文学家及各领域专家，类别涵盖自然、文化、生活等方面。

　　收藏单位：首都馆

03579

新中学文库目录　商务印书馆编

上海：商务印书馆，1947.6，24页，32开（新中学文库）

　　本书采用王云五《中外图书统一分类法》编排。书前有印行新中学文库缘起。

　　收藏单位：东北师大馆、国家馆、黑龙江馆、惠州馆、江西馆、辽宁馆、南京馆、首都馆

03580

仰风楼丛书提要　中国图书大辞典编辑馆编

南京：中国图书大辞典编辑馆，[1935]，增订再版，29页，32开

　　收藏单位：桂林馆、国家馆

03581

景印四库全书罕传本拟目　北平图书馆编

北平图书馆，1933.6，28页，22开

　　本书从《四库全书》《宛委别藏》中，选择罕传本300种，编成目录。按经、史、子、集分类排列。

　　收藏单位：国家馆、辽宁馆、上海馆、首都馆、天津馆、中科图

03582

幼童文库第一集目录及样张　商务印书馆编

上海：商务印书馆，[1934]，1册，32开

　　本书适用于小学低年级学生，分12类：社会、公民、自然、算术、卫生、体育、劳作、美术、诗歌、语文、谜语、故事。

　　收藏单位：河南馆

03583

浙江图书馆别集索引　浙江图书馆编

杭州：浙江图书馆，[1940—1949]，116页，25开

　　本书按笔画、部首顺序排列。其他题名：别集索引。

　　收藏单位：国家馆、江西馆、南京馆、上海馆、浙江馆

03584

中学文库目录　商务印书馆编

[重庆]：商务印书馆，1945，25页，36开

　　本书分目录学、读书指南、各科论文丛刊、中国哲学、西洋哲学、伦理学、论理学、心理学、宗教学、社会学、政治学、国际外交、经济学、财政学、行政学、统计学、教育学等类。

　　收藏单位：国家馆

03585

中央地质调查所图书馆丛书目录　中央地质调查所图书馆编

[北京]：[中央地质调查所图书馆]，1927.12，44页，25开

　　本书分3类：丛书、类书和地图。

　　收藏单位：浙江馆

03586

诸子集成特价预约样本（仿古字版圈句）

[上海]：世界书局，1936.2，1册，32开

　　本书为《国学名著》第2期第30种。

　　收藏单位：国家馆、绍兴馆

推荐书目录（导读书目）、

参考书目录

03587

儿童书目汇编　北平图书馆协会编

[北平]：北平图书馆协会，1933，130页，25开

　　本书为《北平图书馆协会会刊》第5期

专号，收儿童图书 2000 余种。其选录标准为适合幼儿园至初中一年级儿童阅读，同时对于所见思想正确、字句简明的大众通俗读物也酌量收录。

收藏单位：浙江馆

03588

非常时期用书

重庆：正中书局，[1938]，[12] 页，16 开

本书分 9 类：公民、体育及童子军、军训及军事看护、国文、英语、自然、史地、教育、艺术，并对正中书局出版图书作重点介绍。

收藏单位：国家馆

03589

购书指南 世界书局编辑

上海：世界书局，[1917—1949]，1 册，32 开

收藏单位：南京馆

03590

国学用书举要 曹功济编

杭州：浙江省立图书馆，1931.4，46 页，32 开

杭州：浙江省立图书馆，1932.5，重订版，46 页，32 开

本书为推荐书目，分工具及方法用书、参考用书、史学、哲学思想等类。

收藏单位：国家馆、上海馆、首都馆、浙江馆

03591

基本的参考图书目录 （日）神波武夫编

大阪：青年图书馆员联盟，1929.8，42 页，22 开

本书内容包括：要览、书目、法规、统计、人名录、辞书、索引、年鉴、地图、图谱等，分总记、精神科学、历史科学、社会科学、自然科学、工艺学·工学·工业、产业、美术、语学、文学等类。

收藏单位：国家馆

03592

教育部选定儿童读物目录 教育部编

[南京]：教育部，1933.3，80 页，32 开

本书为教育部根据商务印书馆等 20 家出版机构征集所得的儿童读物的目录，供小学购置图书时使用，依程度深浅，分低、中、高三级。

收藏单位：贵州馆、国家馆、南京馆

03593

民众用书举要（第 1 篇） 曹功济编

杭州：浙江省立图书馆，1931.4，46 页，32 开

本书为推荐书目，分工具及方法用书、参考用书、史学、哲学思想等类。

收藏单位：浙江馆

03594

普通图书馆图书选目 杜定友编

上海：中华书局，1935.6，[34]+340+[116] 页，32 开

本书为向县立、民众、通俗、中学各图书馆选购图书时的推荐书目，收 1934 年 7 月以前国内出版物 500 种，依杜定友《(增订) 杜氏图书分类法 》编排。附书名索引、全国出版家指南。

收藏单位：重庆馆、国家馆、南京馆、内蒙古馆、山西馆、上海馆、天津馆、西交大馆、西南大学馆、浙江馆

03595

青年必读书十种

上海：经纬书局，1935.8，1 册，25 开

本书收书 10 种：《警告中学生》《现代百科文选》《现代青年之切身问题》《历代名人书牍精华》《现代青年杰作文库》《给烦闷青年的几封信》《一个烦闷青年的日记》《青年服务与修养》《古今贤哲嘉言钞》《四部精粹（译注）》。

收藏单位：江西馆

03596

通俗图书馆应备书目 浙江省教育厅编

杭州：浙江省教育厅，1937.3，105 页，32 开

本书分 3 类：全部、次要、最要，依《杜威十进分类法》编排。所收图书截至 1935 年底。附出版家指南。书前有陈训慈序。

收藏单位：浙江馆

03597

新选基本图书目录（一诚堂月刊第十二号）

东京：一诚堂书店，1934，82 页，25 开

本书为图书馆、学校、官厅必备目录，分图书馆杂志、宗教学、哲学、教育、国文国语法、国文学、汉文、外国文学等类。

收藏单位：国家馆

03598

伊文斯图书公司学校适用书籍目录　伊文斯图书公司编

上海：伊文斯图书公司，1913，72 页，32 开

本书为伊文斯图书公司（外国出版公司在华代理机构）的经售书目，先列西文书名，再列中文译名。

03599

战时自修书目

出版者不详，1938.9，1 册，64 开

收藏单位：南京馆

03600

中国参考书目解题　邓嗣禹　毕乃德编

北平：燕京大学哈佛燕京学社，1936，271页，16 开（燕京学报专号 12）

本书为研究中国参考书目，有英文说明。

收藏单位：国家馆、西南大学馆

03601

中学图书馆最低限度书目　赵传家编

上海：华东基督教教育会、中华基督教教育会，1932.3，177 页，32 开

本书分 10 类：总类、社会科学、哲学、文学、艺术、自然科学、应用技术、语言学、历史、地理。附最低限度之中学图书馆（杜定友），对日问题研究书目（杜定友），本目录各项图书价格、部数一览表。

收藏单位：国家馆、浙江馆

展览书目录

03602

德国捐赠东方图书馆书籍展览纪要　东方图书馆复兴委员会编

[上海]：[东方图书馆复兴委员会]，[1935]，227+19 页，32 开

本书将德国捐赠经过情形及捐赠书籍总目记录成册，书目多为德文书。

收藏单位：南京馆、上海馆、浙江馆

03603

法国公益慈善会捐赠东方图书馆书籍展览纪要　东方图书馆复兴委员会编

[上海]：[东方图书馆复兴委员会]，1935，21+82 页，32 开

本书内容包括：赠书展览、主要来宾合影、行政院长汪褚民致词、法公使贺电、法文《赠书目录》等。

收藏单位：重庆馆

03604

古今货币的展览　卫聚贤著

[重庆]：说文社，[1946]，104 页，36 开

本书为说文社于 1944 年 12 月 23 日至 26日在重庆道门口举办的货币展览的详细目录。

收藏单位：重庆馆

03605

国立北平图书馆筹赈水灾展览会水利图书目录　国立北平图书馆编

国立北平图书馆，1935.10，44 页，22 开

本书分 3 部分：宋元明清水利书籍、现代水利书籍、河道水利图。附水利图书目录补遗、上海筹募各省水灾义赈会组织简章、募捐宣言、灾民苦歌谱及乞赈歌谱等。

收藏单位：国家馆、上海馆、天津馆

03606

国立北平图书馆 国立北平研究院展览拓片目

录

[国立北平研究院]，1936.9，42页，16开，精装

本书收纪念国立北平研究院成立七周年的展览拓片目录。该展览于1936年9月9—13日举办。

收藏单位：东北师大馆、上海馆、首都馆、中科图

03607

国立北平图书馆水灾筹赈图书展览会目录　国立北平图书馆编

国立北平图书馆，1931.9，78页，18开

本书先按参加展出者排列，然后按四部分类。

收藏单位：广西馆、桂林馆、国家馆、湖南馆、江西馆、上海馆、天津馆、中科图

03608

国立北平图书馆图书展览会陈列目录　国立北平图书馆编

国立北平图书馆，[1929.10]，38页，32开

本书按图书的版本形式及时间分类，分17类：唐及唐以前写本、宋刻本、宋抄本、金刻本、元刻本、明刻本、明抄本、清刻本、清抄本、稿本、批校本、满蒙藏回文、方志、词曲小说、清乾隆间禁书、古器物拓本、舆图。

收藏单位：国家馆、湖南馆、南京馆、上海馆、首都馆、天津馆

03609

国立北平图书馆图书展览会目录　国立北平图书馆编

国立北平图书馆，[1930.10]，44页，18开

本书收该馆在图书展览会所展的图书共605种，按四部排列。购入时间为1928年至1930年。

收藏单位：重庆馆、广西馆、贵州馆、桂林馆、国家馆、近代史所、南京馆、山西馆、陕西馆、上海馆、首都馆、浙江馆、中科图

03610

国立北平图书馆戏曲音乐展览会目录　国立北平图书馆编

国立北平图书馆，1934.2，72页，16开

本书分4部分：戏曲撰者、戏曲文献、乐书、乐器。其他题名：戏曲音乐展览会目录。

收藏单位：广西馆、贵州馆、国家馆、辽宁馆、上海馆、首都馆、天津馆、西南大学馆、中科图

03611

国立北平图书馆舆图版画展览会目录　国立北平图书馆编

国立北平图书馆，1933.10，68页，22开

本书收800余条目，分3部分：舆图、版画及佛道经。

收藏单位：广西馆、国家馆、南京馆、上海馆、西南大学馆

03612

开馆一周年纪念北京研究图书资料展览会目录　北京近代科学图书馆编

北京近代科学图书馆，1937.12，23页，22开

本书收中、日、西文研究北京著作，分5类：地图及地志、案内及旅行记、研究及史料、义和团事变关系、写真。

收藏单位：国家馆

03613

闽县何氏赠品展览会目录　国立北平图书馆编

国立北平图书馆，1934.5，25页，22开

本书分玉器、甲骨、铜器、石刻、陶器、木雕、瓷器、乐浪遗物、拓本、书画等类。

收藏单位：东北师大馆、国家馆

03614

清华大学中国文学系图书馆图书展览会目录　清华大学编

[北平]：[清华大学]，1935，24页，32开

收藏单位：天津馆

03615

世界图书馆展览会目录 中国国际图书馆编

上海：中国国际图书馆，1934.10，43 页，16 开

本书为 1934 年 10 月在上海举办的世界图书馆展览会展品目录。该会共有 16 国参加，有国立北平图书馆、美国国会图书馆、英国图书馆协会等 66 个单位。展品有照片、图书、表格、建筑图案等。

收藏单位：国家馆、吉林馆、上海馆、中科图

03616

图书展览目录 燕京大学图书馆编

北平：燕京大学图书馆，1934.4，33 页，16 开（燕京大学图书馆馆报特刊）

本书分两部分：第 1 部分为古籍，依版本时代编排；第 2 部分为该校各机关、各团体职教员及同学出版物，依部门编排。

收藏单位：国家馆、天津馆

03617

图书展览目录 燕京大学图书馆编

北平：燕京大学图书馆，1935，22 页，16 开

收藏单位：首都馆

03618

图书展览目录 燕京大学图书馆编

北平：燕京大学图书馆，1937.4，43 页，16 开（燕京大学图书馆馆报特刊）

本书分 4 部分：旧藏图书、该校各机关各团体教职员及同学出版物、该馆所收捐赠和交换图书、关于圆明园图籍。

收藏单位：国家馆

03619

鄞县文献展览会出品目录 鄞县文献展览会编

宁波：鄞县文献展览会，1936.9，1 册，32 开

本书内容包括：宁波府属各县方志目、四明丛书目、鄞县先贤画像目、鄞舆图目、天一阁方志目、天一阁藏明代试士录目、鄞古物陈列所礼器、鄞通志馆碑碣拓本目、鄞砖甓目等。书前有总目和鄞县文献展览会陈列所路线图。

收藏单位：国家馆、上海馆、首都馆、浙江馆

03620

浙江图书馆四年来新收善本展览书目

[杭州]：浙江图书馆，1936.2，34 页，24 开

本书依四部编排。目录页题名：浙江省立图书馆四年来新收善本展览书目。

收藏单位：广西馆、河南馆、湖南馆、南京馆、浙江馆

03621

浙江文献展览会特刊

出版者不详，1936，1 册，16 开

本书内容包括：弁言、参观须知、会场分配、陈列方法、展览内容等。附展览品应征登记简表。

收藏单位：国家馆

03622

中华书局图书馆基本教育图书、教具展览目录 中华书局图书馆 [编]

[上海]：中华书局，1947，[12]+274+80 页，32 开

本书分 5 部分：儿童读物、成人读物、教具玩具、国语注音书刊及用具、电化教育。卷首有：中华书局图书馆基本教育图书、教具展览会缘起（舒新城）。

收藏单位：重庆馆、广西馆、国家馆、近代史所、首都馆、西南大学馆、浙江馆

古籍目录、善本书目

03623

宝铭堂书目（第 1 期） 宝铭堂编

北平：宝铭堂，1936.11，284 页，32 开

本书分经、史、子、集、补遗、新收书等类。

收藏单位：国家馆、湖南馆、南京馆、宁夏馆、中科图

03624

保萃斋书店第三期书目 保萃斋书店编

北平：保萃斋书店，1936.11，374 页，32 开

本书为古籍经售书目，分 5 部分：经、史、子、集、丛书。附补遗、寄售书目。封面及书口题名：保萃斋书目。

收藏单位：国家馆、内蒙古馆、首都馆、中科图

03625

保古斋书目（第 1 期） 保古斋书店编

北平：保古斋书店，1936.9，374 页，32 开

本书收书 5085 种，分 5 部分：经、史、子、集、丛书。附新收书目。

收藏单位：国家馆、上海馆、首都馆、中科图

03626

保文堂书局书目（第 7 期） 保文堂书局编

南京：保文堂书局，1937，260 页，32 开

本书按经、史、子、集分类，书后有补遗。

收藏单位：国家馆

03627

抱经堂书局第四号临时书目 抱经堂书局编

杭州：抱经堂书局，1926.5，78 页，32 开

本书为古籍书目。

03628

抱经堂书局第五号临时书目 抱经堂书局编

杭州：抱经堂书局，1926.10，192 页，32 开

本书按经、史、子、集、丛书分类。书后附再补、补遗、寄售类书目。封面题名：杭州抱经堂临时书目第五号。书脊题名：临时书目第五号。

收藏单位：安徽馆、国家馆

03629

抱经堂书局第六期临时书目 抱经堂书局编

杭州：抱经堂书局，1927.11，108 页，32 开

本书按经、史、子、集分类。书后有补遗。

收藏单位：国家馆、中科图

03630

抱经堂书局第九期临时书目 抱经堂书局编

杭州：抱经堂书局，1929.11，82 页，32 开

本书按经、史、子、集分类。目录页题名：杭州抱经堂书局第九期临时书目。

收藏单位：国家馆

03631

抱经堂书局第十二期临时书目 抱经堂书局编

杭州：抱经堂书局，1930.12，34 页，32 开

本书按经、史、子、集分类。其他题名：杭州抱经堂书局第十二期临时书目。

收藏单位：国家馆

03632

抱经堂书局第十三期临时书目 抱经堂书局编

杭州：抱经堂书局，1931.6，136 页，32 开

本书按经、史、子、集、丛书分类。目录页题名：杭州抱经堂书局第十三期临时书目。

收藏单位：国家馆、中科图

03633

抱经堂书局第十四期临时书目 抱经堂书局编

杭州：抱经堂书局，1931.9，166 页，32 开

本书按经、史、子、集、丛书分类。后附各省寄到新版书。目录页题名：杭州抱经堂书局第十四期临时书目。

收藏单位：国家馆、浙江馆、中科图

03634

抱经堂书局第九期旧书目录 抱经堂书局编

杭州：抱经堂书局，1933.4，112 页，32 开

本书按经、史、子、集分类。目录页题名：杭州抱经堂书局第九期旧书目录。

收藏单位：国家馆

03635

抱经堂书局第十二期旧书目录　抱经堂书局编

杭州：抱经堂书局，1934，[147] 页，25 开

　　本书按经、史、子、集分类。其他题名：杭州抱经堂书局第十二期旧书目录。

　　收藏单位：首都馆

03636

抱经堂书局第十三期旧书目录　抱经堂书局编

杭州：抱经堂书局，1935.2，[146] 页，32 开

　　本书按经、史、子、集、丛书分类。书后附抱经堂方志目录。其他题名：杭州抱经堂书局第十三期旧书目录、杭州抱经堂书局第十三期善本书目。

　　收藏单位：国家馆、上海馆

03637

抱经堂书局第十五期旧书目录　抱经堂书局编

杭州：抱经堂书局，1935.11，150 页，32 开

　　本书按经、史、子、集、丛书分类。目录页题名：杭州抱经堂书局第十五期旧书目录。

　　收藏单位：国家馆

03638

抱经堂书局第十六期旧书目录　抱经堂书局编

杭州：抱经堂书局，1936.1，150 页，32 开

　　本书按经、史、子、集、丛书分类。其他题名：杭州抱经堂书局第十六期旧书目录。

　　收藏单位：国家馆、湖南馆

03639

抱经堂书局第十七期旧书目录　抱经堂书局编

杭州：抱经堂书局，1936.7，376 页，32 开

　　本书按经、史、子、集分类。目次页题：抱经堂书目 第十七期。

　　收藏单位：国家馆、辽宁馆、上海馆、绍兴馆

03640

抱经堂书局第十八期新收书目　抱经堂书局编

杭州：抱经堂书局，1936，110 页，32 开

　　本书所收书目未分类。封面题：抱经堂旧书目录。目录页题：抱经堂书目 第十八期。

　　收藏单位：国家馆

03641

抱经堂书局第十九期新收书目　抱经堂书局编

杭州：抱经堂书局，1937.5，70 页，32 开

　　本书按经、史、子、集、丛书分类。目次页题：抱经堂新收书目 第十九期。

　　收藏单位：国家馆、浙江馆

03642

抱经堂书局第三次临时廉价书目

[杭州]：[抱经堂书局]，[1930—1939]，油印本，1 册，16 开，环筒页装

　　本书其他题名：杭州抱经堂书局第三次临时廉价书目。

　　收藏单位：国家馆

03643

北京大学图书馆善本书录　北京大学图书馆编

北京大学图书馆，1948.12，148+[36] 页，25 开

　　本书收北京大学五十周年纪念会展览的善本书目，分 8 类：宋刻本、元刻本、明刻本、清刻本、抄本、小说戏曲、朝鲜刻本、日本刻本。附水经注版本展览目录（胡适）、图书馆概要。封面题：北京大学五十周年纪念北京大学图书馆善本书录。

　　收藏单位：东北师大馆、国家馆、辽宁馆、首都馆

03644

北平带经堂六十周年纪念书目（第 1 期）　带经堂书店编

北平：带经堂书店，1936.9，290 页，32 开

　　本书为古籍书目，收书 3604 部，分 8 部

分：经、史、子、集、丛书、满蒙文书、制造局书、补目。

　　收藏单位：国家馆、首都馆

03645

北平故宫博物院图书馆南迁书籍清册　故宫博物院图书馆编

北平：故宫博物院，1933.7，[200] 页，16 开

　　本书为故宫各殿堂所藏古籍善本，分 5 批，共 1405 箱，开列书名、册数。

　　收藏单位：国家馆

03646

北平图书馆善本书目（卷四）

[北平图书馆]，[1928—1949]，1 册，18 开，精装

　　收藏单位：国家馆

03647

成箦堂善本书影七十种　（日）苏峰先生古稀祝贺纪念刊行会编

民友社，1932.5，70 幅，散页

　　本书是为纪念德富苏峰七十诞辰而作。内容包括：旧抄本 21 种、旧刊本 10 种、古活字印本 12 种、朝鲜本 6 种、宋刊本 9 种、元刊本 5 种、明刊本 3 种、附录 2 种。

　　收藏单位：国家馆

03648

崇文斋书目（第 1 期）　崇文斋书局编

北平：崇文斋书局，1935.9，[270] 页，32 开，环筒页装

　　本书为古籍经售书目，按经、史、子、集、丛书分类编排，收书 3011 种。

　　收藏单位：国家馆、内蒙古馆、中科图

03649

萃文书局书目（第 2 期）　萃文书局编

南京：萃文书局，1930，122 页，32 开

　　本书按四部编排，分两部分：临时书目和书目补遗。

　　收藏单位：国家馆、上海馆

03650

萃文书局书目　萃文书局编

南京：萃文书局，1931，192 页，32 开

03651

萃文书局书目（第 7 期）　萃文书局编

南京：萃文书局，1933.4，192 页，32 开

　　本书按经、史、子、集、总、丛等分类编排。封面题：萃文书局新旧书目。

　　收藏单位：国家馆

03652

萃文书局书目（第 8 期）　萃文书局编

南京：萃文书局，1934，188 页，32 开

　　本书按经、史、子、集、总、丛书分类编排。附补遗。

　　收藏单位：国家馆、上海馆、天津馆

03653

萃文书局书目（第 9 期）　萃文书局编

南京：萃文书局，1936.4，231 页，32 开

　　本书按经、史、子、集、总、丛书分类编排。附补遗。

　　收藏单位：国家馆、湖南馆、中科图

03654

萃文书局最近所得书目　萃文书局编

南京：萃文书局，1936.8，[60] 页，32 开，环筒页装

　　本书按经、史、子、集、总集、丛书等分类编排。封面及书口题名：萃文书局最近书目。

　　收藏单位：国家馆、中科图

03655

萃文斋书店检目　萃文斋书店编

奉天（沈阳）：萃文斋书店，[1911—1949]，24 页，16 开

　　本书收经售的宋元明清刻本、抄本 1000 余种，分 6 部分：经、史、子、集、丛书、满蒙书籍。附本店经售新书目。

　　收藏单位：国家馆

03656

粹雅堂书目（第2期） 粹雅堂书店编

北平：粹雅堂书店，1936，102 页，32 开

　　本书分经、史、子、集等类。

　　收藏单位：南京馆、首都馆

03657

粹雅堂书目（第3期） 粹雅堂书店编

北平：粹雅堂书店，1937，214 页，32 开

　　本书分经、史、子、集等类。

　　收藏单位：国家馆、首都馆、中科图

03658

待求书庄简明书目 待求书庄编

北平：待 求 书 庄，[1911—1949]，16 页，32 开

　　本书目所收大部分为古籍。

03659

德友堂书籍目（第1期） 王喜华编

北平：德友堂书店，1936，[364] 页，32 开

　　收藏单位：辽宁馆、宁夏馆、中科图

03660

东来阁书目（第3期） 东来阁书店编

外文题名：Tung Lai Keh's catalogue of new & second-hand books, third edition

北平：东来阁书店，1936，165 页，32 开，环筒页装

　　本书分经、史、子、集等类。封面题名：北平东来阁书店书目录 第三期。

　　收藏单位：国家馆、首都馆

03661

东来阁书目（第3期新收续编） 东来阁书店编

外文题名：Tung Lai Keh's catalogue of new & second-hand books, third edition

北平：东来阁书店，1936.9，48 页，32 开

　　本书分经、史、子、集等类。封面题名：北平东来阁书店三期新收续编目录。

　　收藏单位：国家馆、中科图

03662

东来阁书目（第4期） 东来阁书店编

北平：东来阁书店，1937，328 页，32 开

　　本书分经、史、子、集等类，收书 4342 种。

　　收藏单位：国家馆、辽宁馆、上海馆

03663

东日本现存宋板书目初稿 （日）长泽规矩也编辑

东京：长泽规矩也 [发行者]，1934.12，30 页，32 开

　　本书分经、史、子、集等类。

　　收藏单位：国家馆

03664

东雅堂书目（第1期）

[北京]：东雅堂书店，1941，油印本，1 册，大 16 开

　　收藏单位：国家馆

03665

东瀛秘藏汉籍善本撷华录

[台北]：出版者不详，[1911—1949]，1 册，16 开

　　收藏单位：国家馆

03666

二酉书店目录（第1期） 二酉书店编

上海：二酉书店，1932.6，338 页，32 开

　　本书依四部分类编排。封面题名：二酉书店旧书目录。书脊题名：旧书目录汇刊。

　　收藏单位：国家馆、南京馆、上海馆

03667

二酉书店目录（第2期） 二酉书店编

上海：二酉书店，1933.5，462 页，32 开

　　本书按四部分类编排，书后有补遗、寄售书附刊。封面题名：二酉书店旧书目录。

　　收藏单位：国家馆、南京馆、上海馆

03668

二酉书店目录（第4期） 二酉书店编

上海：二酉书店，1934.10，422+24 页，32 开

本书按四部分类编排。封面题名：二酉书店旧书目录。书背题名：二酉书店目录汇刊。

收藏单位：国家馆、黑龙江馆、湖南馆

03669

二酉书店目录（第 6 期） 二酉书店编

上海：二酉书店，1936.4，462 页，32 开

本书按四部分类编排。封面题名：二酉书店旧书目录。书背题名：旧书目录汇刊。

收藏单位：国家馆

03670

富晋书社书目（廉价书目编号第 1 期） 富晋书社编

上海：富晋书社，1934.12，2 册，32 开

本书为富晋书社上海支店经售书目，分经、史、子、集、丛书等类。附补遗和方志目录。其他题名：上海富晋书社书目。

收藏单位：国家馆、上海馆、绍兴馆

03671

富晋书社书目（第 1 期） 富晋书社编

上海：富晋书社，[1947]，60 页，32 开

本书为富晋书社的经售书目，所收均为金石、甲骨、考古学用书。

收藏单位：国家馆、内蒙古馆

03672

古典聚目（第 110 号）

大阪：松云堂，1930，140 页，32 开（大阪书林）

收藏单位：国家馆

03673

[古籍样本图书]

出版者不详，[1920—1949]，影印本，[12] 页，16 开

本书收《母仪传》《大都新编关张双赴西蜀梦全》《至治新刊全相平话三国志》《朝野新声太平乐府》《京本通俗小说》《新刻金瓶梅奇书》《新刻出像音注岳飞破虏东窗记》《新刻头殿审刘贾安人对口词》等古籍图书的

首页样本。

收藏单位：国家馆

03674

古书目录（第 9 号）（日）北泽弥三郎编辑

东京：北泽书店，1930.6，60 页，25 开

收藏单位：国家馆

03675

古书目录（古本屋第 11 号 附录第 4 册 创业安政元年）（日）荒木伊兵卫编辑

东京：荒木伊兵卫书店，1931，35 页，22 开

收藏单位：国家馆

03676

故宫博物院拨交书复本目录

北京：故宫博物院，[1912—1919]，复写本，1 册，横 7 开

本书为故宫博物院分别从殿本库、满蒙文库、佛道经库、普通书库、杂书库调拨给中华书局等单位的复本书目录。

收藏单位：国家馆

03677

关东现存宋元版书目（第 2 稿）（日）长泽规矩也编

东京：日本书志学会，1938.8，34 页，22 开

本书按经、史、子、集分类。附旧刊本汉籍外典现存书分类目录。

收藏单位：国家馆、上海馆

03678

馆藏善本图书题识　何多源编

广州：岭南大学图书馆，1937.9，72 页，18 开（岭南大学图书馆丛书）

本书辑录馆藏善本中之元明刊本及旧抄稿本的题识，依四部编排。每书著录书名、卷数、撰人、版本年代、刊者、有关考证、印鉴内容。附书名索引。书前有编者序。

收藏单位：广西馆、国家馆、吉林馆、南大馆、南京馆、山西馆

03679

广东省立编印局书目 广东省立编印局编

广州：广东省立编印局，1935.1，56 页，32 开

本书收书 267 种，分丛书及总集、经部、史部、子部、别集等类。附录：广雅丛书、岭南遗书、海山仙馆丛书、武英殿聚珍版丛书、粤十三家诗集、学海堂丛刻初函、古经解汇、小学群函、通志堂经解、皇清经解等书之子目，寄售书书目。

收藏单位：重庆馆、国家馆、上海馆、首都馆

03680

广雅版片印行所书目 广雅版片印行所编

[广州]：广雅版片印行所，1924.1，32 页，25 开

本书分经、史、子、集等类，均用广雅书局、学海堂、菊坡精舍以及潘氏、伍氏家刻之版。

收藏单位：国家馆

03681

广雅版片印行所书目 广雅版片印行所编

[广州]：广雅版片印行所，1927.2，34 页，32 开

本书分经部、小学、史部、集部、政书、总集及丛书等类。

收藏单位：国家馆

03682

国立中山大学图书馆中文古书分类目录 国立中山大学图书馆编

[广州]：国立中山大学图书馆，1930.12，311 页，16 开

收藏单位：南京馆、上海馆、首都馆

03683

国立中山大学图书馆中文古书分类目录（民国二十四年） 梁格编 谢明章校阅

广州：中大图书馆编目部，1935.11，578 页，16 开

本书根据 1930 年出版的中文古书分类目录、1931—1934 年新编的古书书目，以及书架目录卡片编校而成，分革命文库、总记、哲理、教育、社会科学、艺术、自然地理、应用科学、语言学、文学、历史、地理等类。

收藏单位：安徽馆、国家馆、辽大馆、南京馆、山西馆、上海馆、首都馆、天津馆、浙江馆

03684

国立中央图书馆奉天分馆殿版图书分类目录 国立中央图书馆奉天分馆编辑

奉天（沈阳）：国立中央图书馆奉天分馆，1939.6，1 册，16 开

本书收 1939 年 3 月底以前所藏的清代殿版图书，分汉文和满蒙文两部分，按丛书、经、史、子、集分类编排。附书名笔画索引。

收藏单位：东北师大馆、国家馆、辽大馆、辽宁馆

03685

国立中央图书馆在渝善本书目

[重庆]：[国立中央图书馆]，[1930—1949]，手写本，1 册，16 开，环筒页装

收藏单位：国家馆

03686

汉籍分类目录（第 1 辑 丛书部 经部 康德九年十二月末） （日）松尾四郎编

奉天（沈阳）：奉天市立沈阳图书馆，1943.12，175+101 页，18 开

收藏单位：辽宁馆

03687

杭州拜经楼书店旧书目录（第 1 期） 拜经楼书店编

杭州：拜经楼书店，1935.6，51 页，32 开

本书为该店经营的古籍书目，按经、史、子、集、丛书分类编排。附补遗。

收藏单位：国家馆

03688

杭州拜经楼书店旧书目录（第 3 期） 拜经楼书店编

杭州：拜经楼书店，1936.3，108 页，32 开

本书列类同第 1 期。

收藏单位：国家馆、湖南馆、上海馆、浙江馆

03689

杭州拜经楼书店廉价书目　拜经楼书店编

杭州：拜经楼书店，[1931—1939]，油印本，1 册，16 开

收藏单位：国家馆

03690

杭州城站经香楼书局书目　经香楼书局编

杭州：经香楼书局，1934.12，102+18 页，32 开

本书为古籍书目，收书 1727 种，不分类。后附寄售书目。封面题名：经香楼旧书廉价目录。

收藏单位：国家馆、湖南馆、天津馆

03691

杭州城站文艺书店书目　文艺书店编

杭州：文艺书店，[1935.2]，139 页，32 开

本书为该店各种书籍的经售书目。封面题名：杭州城站路文艺书店书目。

收藏单位：国家馆、江西馆

03692

杭州复初斋书局平价书目（第 3 期）　复初斋书局编

杭州：复初斋书局，1935，278 页，32 开

本书为古籍经售书目，收书 3833 种，不分类。封面题名：杭州城站复初斋平价及拍卖部书目录 第三期。

收藏单位：国家馆、南京馆

03693

杭州复初斋书局平价书目（第 4 期）　复初斋书局编

杭州：复初斋书局，1936，108 页，32 开

本书为古籍经售书目，不分类。封面题名：杭州城站复初斋平价书目录 第四期。

收藏单位：国家馆、浙江馆

03694

杭州复初斋书局平价书目（第 5 期）　复初斋书局编

杭州：复初斋书局，1936，100 页，32 开

本书为古籍经售书目。封面题名：杭州城站复初斋平价书目录 第五期。

收藏单位：国家馆

03695

杭州复初斋书局平价书目（第 6 期）　复初斋书局编

杭州：复初斋书局，1937，86 页，32 开

本书为古籍经售书目。封面题名：杭州城站复初斋平价书目录 第六期。

收藏单位：国家馆、内蒙古馆

03696

杭州金氏豸华堂珍藏善本书目　金元达编

杭州：豸华堂，1934.5，120 页，32 开

本书分 6 类：适用善本、普通刊本、名人手批稿本、中西医籍、老石印及摄影撰印本、书画碑版金石。

收藏单位：国家馆、天津馆、浙江馆

03697

杭州经训堂书店书目（第 1 期）　经训堂书店编

杭州：经训堂书店，1928.10，86 页，32 开

本书为古籍书目，按经、史、子、集、丛书分类编排，后附补遗。其他题名：经训堂书店旧本书目、经训堂书店书目。

收藏单位：国家馆、辽宁馆

03698

杭州经训堂书店书目（第 5 期）　经训堂书店编

杭州：经训堂书店，1931.5，2 册，32 开

本书为古籍书目，按该店收书先后排列。封面题名：杭州经训堂书店第五期旧本书目。

收藏单位：国家馆

03699

杭州经训堂书店书目（第 6 期）　经训堂书店

编

杭州：经训堂书店，1932.1，74 页，32 开

　　本书为古籍书目，不分类。封面题名：杭州经训堂书店第六期旧本书目。

　　　收藏单位：国家馆

03700

杭州经训堂书店书目（第 7 期） 经训堂书店编

杭州：经训堂书店，1932.7，132 页，32 开

　　本书为古籍书目，不分类。封面题名：经训堂书店第七期旧本书目。

　　　收藏单位：国家馆

03701

杭州经训堂书店书目（第 8 期） 经训堂书店编

杭州：经训堂书店，1933.1，64 页，32 开

　　本书为古籍书目，不分类。封面题名：经训堂书店第八期旧本书目。

　　　收藏单位：国家馆、浙江馆

03702

杭州经训堂书店书目（第 9 期） 经训堂书店编

杭州：经训堂书店，1933.10，110 页，32 开

　　本书为古籍书目，不分类。封面题名：经训堂书店旧本书目第九期。

　　　收藏单位：国家馆

03703

杭州经训堂书店书目（第 10 期） 经训堂书店编

杭州：经训堂书店，1934.5，176 页，32 开

　　本书为古籍书目，依该店收书先后次序排列。封面题名：经训堂书店第十期旧本书目。

　　　收藏单位：国家馆

03704

杭州经训堂书店书目（第 11 期） 经训堂书店编

杭州：经训堂书店，1935.6，122 页，32 开

本书为古籍书目，不分类。封面题名：杭州经训堂书店第十一期旧本书目。

　　　收藏单位：国家馆、上海馆、绍兴馆

03705

杭州经训堂书店书目（第 12 期） 经训堂书店编

杭州：经训堂书店，1937.3，56 页，32 开

　　本书为古籍书目，不分类。封面题名：杭州经训堂书店第十二期旧本书目。

　　　收藏单位：国家馆、上海馆、绍兴馆

03706

杭州宋经楼书店廿五年冬季临时书目 宋经楼书店编

杭州：宋经楼书店，1936，50 页，32 开

　　本书多为古籍书目，不分类。

　　　收藏单位：国家馆、绍兴馆

03707

杭州文艺书店书目（第 2 期） 文艺书店编

杭州：文艺书店，[1935]，82 页，32 开

　　本书封面题：文艺书店廉价书目。

　　　收藏单位：国家馆、江西馆、浙江馆

03708

杭州文艺书店书目（第 3 期） 文艺书店编

杭州：文艺书店，1936.3，78 页，32 开

　　本书目均属经、史、子、集，随收随录，无顺序。其他题名：文艺书店旧书目录。

　　　收藏单位：安徽馆、国家馆、上海馆

03709

杭州文艺书店书目（第 6 期） 文艺书店编

杭州：文艺书店，1937.6，90 页，32 开

　　本书封面题：文艺书店旧书目录。

　　　收藏单位：国家馆

03710

宏远堂书目 宏远堂书店编

北平：宏远堂书店，1937.5，406 页，32 开

　　本书为古籍书目，收书 5149 种，按经、史、子、集、丛书分类，附补遗。

收藏单位：国家馆、中科图

03711

湖北公藏经籍提要　黄嗣艾著

出版者不详，[1911—1949]，116 页，64 开

　　本书是著者为湖北省官本刻书所作的提要，按经、史、子、集四部分类。

　　收藏单位：重庆馆

03712

稽古堂书目（第 1 期）　稽古堂书店编

北平：稽古堂书店，1936，[230] 页，32 开，环筒页装

　　本书按经、史、子、集、丛书分类。

　　收藏单位：国家馆、首都馆、中科图

03713

稽古堂书目（第 2 期）　稽古堂书店编

北平：稽古堂书店，1937.3，308 页，32 开

　　本书收书 3765 种，分类同第 1 期。

　　收藏单位：国家馆、辽宁馆、首都馆

03714

江南书局书目　江南书局编

南京：江南书局，1924，1 册，36 开

南京：江南书局，1928，1 册，36 开

　　收藏单位：国家馆

03715

江苏省立国学图书馆善本库入藏图书登记

[南京]：[江苏省立国学图书馆]，[1929—1949]，14 页，16 开

　　收藏单位：南京馆

03716

锦文堂旧书目（第 1 期）　锦文堂书局编

上海：锦文堂书局，1930.10，270 页，32 开

　　本书为古籍经售目录，分经、史、子、集等类，附补遗。封面题名：锦文堂旧书目录。

　　收藏单位：国家馆、上海馆

03717

锦文堂临时书目（第 1 号）　锦文堂书庄编

上海：锦文堂书庄，1926.9，42+14 页，32 开

　　本书为古籍经售书目，大体依四部排列。

　　收藏单位：重庆馆、国家馆、山东馆、绍兴馆

03718

敬胜阁出售中国善本书籍表　敬胜阁编

敬胜阁，[1911—1949]，24 页，32 开

　　本书按版本时代排，标明每本书的版本情况和售价。封面题名：敬胜阁善本书籍表。

　　收藏单位：国家馆

03719

静嘉堂宋本书影　（日）诸桥辙次编

[东京]：静嘉堂文库，1933.11，影印本，1 册

　　本书包含《诗集传》《周礼》《礼记》《左传》《尔雅》《说文解字》《广韵》《汉书》《后汉书》等宋本图书的书影。

　　收藏单位：北师大馆、国家馆

03720

静嘉堂文库汉籍分类目录　静嘉堂文库编纂

[东京]：静嘉堂文库，1930.12，13+1251+244 页，16 开

　　本书收该文库 1928 年 12 月所藏的汉籍书，分经、史、子、集、丛书等类。

　　收藏单位：国家馆、首都馆

03721

静嘉堂文库汉籍分类目录（追加 1 经部）

[东京]：静嘉堂文库，1932，油印本，9 页，大 9 开

　　收藏单位：国家馆

03722

九经堂书目（第 1 期）　九经堂书店编

北平：九经堂书店，1936.8，374 页，32 开

　　本书收书 5085 种，分经、史、子、集、丛书等类，附新收书目。封面题名：九经堂书籍目录。

收藏单位：国家馆、江西馆、辽宁馆、中科图

03723

旧京书影提要　文字同盟社编

北平：文字同盟社，[1920—1945]，62 页，22 开

　　本书对《汉上易集传》《大易粹言》《周易集说残卷》《尚书注疏》《书集传》等各版本作了简短介绍。

　　收藏单位：国家馆

03724

来薰阁书店寄售新书简目　来薰阁书店编

[北京]：来薰阁书店，1939.9，[54] 页，32 开

　　本书按经、史、子、集、丛书分类，附来薰阁书店医书目。

03725

来薰阁书店书目（第 1 号）　来薰阁书店编

北平：来薰阁书店，1947.6，[36] 页，32 开

　　本书分 3 部分：该店出版书籍简目、近十年来出版书、该店总经售新出版各书。

　　收藏单位：国家馆

03726

来薰阁书目（第 1 期）　来薰阁书店 [编]

北平：来熏阁书店，1947，油印本，34 页，32 开，环筒页装

　　本书封面题名：北平来薰阁书店书目。

　　收藏单位：重庆馆、国家馆

03727

来薰阁书目四期续编　来薰阁书店编

北平：来薰阁书店，1935.10，50 页，32 开

　　本书为古籍经售书目，分经、史、子、集、丛书、方志等类。书口题名：莱薰阁书目续编。

　　收藏单位：国家馆、首都馆

03728

来薰阁书目五期续编　来薰阁书店 [编]

北平：来薰阁书店，1937.5，102 页，32 开

　　本书为古籍善本书目，按四部编排。

　　收藏单位：国家馆

03729

李王家藏书阁古图书目录　李王职著

鲜光印刷珠式会社，1935，191 页，16 开

　　收藏单位：辽宁馆

03730

刘氏嘉业堂刊印书目　刘氏嘉业堂编

南浔：嘉业藏书楼，1931，22 页，32 开

南浔：嘉业藏书楼，1935，重订本，24 页，32 开

南浔：嘉业藏书楼，1936，24 页，32 开

　　本书内容包括：《嘉业堂丛书》《吴兴丛书》《求恕斋丛书》《留余草堂丛书》。各丛书按经、史、子、集分类。书口题名：嘉业堂刊印书目。

　　收藏单位：国家馆、中科图

03731

鲁殿书社明清善本书目　鲁殿书社编

上海：鲁殿书社，[1911—1949]，30 页，32 开

　　本书为该书社出售明、清刊本书籍目录，标明著者、刻版时间和书价。

　　收藏单位：上海馆

03732

明世堂古书目录（第 3 号）（日）明世堂书店编

[东京]：明世堂书店，1940，铅印本，1 册

　　本书为史科古文书明治教化物特辑。

　　收藏单位：国家馆

03733

青云斋书目　青云斋书店编

北平：青云斋书店，1936，[226] 页，32 开，环筒页装

　　本书按经、史、子、集、丛书等分类。

　　收藏单位：国家馆、湖南馆、中科图

03734

[清末民国古籍书目]

出版者不详，[1911—1939]，[46] 页，13 开，环筒页装

　　收藏单位：国家馆

03735

清人所著说文之部书目初编草稿　马叙伦编

出版者不详，1925，铅印本，1 册

　　收藏单位：国家馆

03736

群书检目　杨树达编

北平：好望书店，1934.7，550 页，18 开

　　本书收唐以前古籍 76 种，按四部分类。各书篇目按部首和拼音重新排列，以供检索。

　　收藏单位：国家馆、近代史所、辽大馆、辽宁馆、南京馆、山西馆、上海馆、首都馆、天津馆、西南大学馆、中科图

03737

群玉斋书目（第 1 期）　群玉斋书店编

北平：群玉斋书店，1936.12，238 页，32 开

　　本书为古籍经售书目，收书 2818 种，分经、史、子、集、丛书等类。附补遗新收、追加类。

　　收藏单位：国家馆、中科图

03738

热河尊经阁所藏善本书目　热河省立图书馆编

[承德]：热河省立图书馆，1933.8，26 页，23 开

　　本书依四部编排。

　　收藏单位：国家馆、辽宁馆

03739

荣华堂旧书目（第 1 期）　荣华堂书店编

北平：荣华堂书店，1936，354 页，32 开

　　本书分经、史、子、集等类。逐页题名：荣华堂书目。

　　收藏单位：重庆馆、国家馆、湖南馆、南京馆、天津馆、中科图

03740

三友堂书目（第 3 期）　三友堂书店编

北平：三友堂书店，1937.3，264 页，32 开

　　本书多为古籍，收书 3338 部，分经、史、子、集、丛刻、满蒙文书部、补目等类。

　　收藏单位：国家馆、湖南馆

03741

扫叶山房图书汇报　扫叶山房主人编

上海：扫叶山房，[1911—1949]，26+46 页，32 开

　　本书分提要目录、最近新出版书、石印铅印精本书籍、本版精刻各书等类。

　　收藏单位：重庆馆、国家馆

03742

善本影谱　（日）长泽规矩也编

东京：日本书志学会，1932，119 幅，散页

东京：日本书志学会，1933.9，180 幅，散页

东京：日本书志学会，1934.10，183 幅，散页

　　本书共 10 辑，收汉和善本版图。每种书少至一幅，多至三五幅，皆能反映所收善本特征，版图前有较为详尽的文字说明。

　　收藏单位：北师大馆、国家馆

03743

上海传经堂书店第二期旧本廉价书目　传经堂书店编

上海：传经堂书店，1934.2，40 页，32 开

　　本书所收大部分为古籍。

　　收藏单位：湖南馆、上海馆、中科图

03744

上海传经堂书店第三期旧本廉价书目　传经堂书店编

上海：传经堂书店，1934，94 页，32 开

　　本书为古籍书目，不分类，共收书 1306 种。

　　收藏单位：国家馆、中科图

03745

上海传经堂书店第六期旧书廉价书目　传经堂书店编

上海：传经堂书店，1936.5，94页，32开

本书为古籍经营书目，不分类。

收藏单位：国家馆

03746

受古书店旧书目录（丁卯年四月第一期） 受古书店编

上海：受古书店，1927.4，144页，32开

本书按经、史、子、集列类编排。

收藏单位：国家馆

03747

受古书店旧书目录 受古书店编

上海：受古书店，1932.9，252页，32开

本书按经、史、子、集、补遗列类编排。

收藏单位：国家馆

03748

受古书店旧书目录 受古书店编

上海：受古书店，1933，354页，32开

本书按经、史、子、集、丛书列类编排。

收藏单位：国家馆、江西馆、内蒙古馆、上海馆

03749

受古书店旧书目录 受古书店编

上海：受古书店，1936.9，420+30页，32开

本书按经、史、子、集、丛书、补遗列类编排。其他题名：受古书店大廉价目录、受古书店书目。

收藏单位：国家馆、湖南馆、上海馆、绍兴馆

03750

受古书店旧书目录 受古书店编

上海：受古书店，1937.6，428页，32开

本书按经、史、子、集、丛书、补遗等列类编排。其他题名：受古书店大廉价目录。

收藏单位：国家馆、内蒙古馆、上海馆、中科图

03751

受古书店善本旧书廉价目录 受古书店编

上海：受古书店，1934.8，2册（314+89页），32开

本书按经、史、子、集列类编排。封面题名：受古书店旧书目录。

收藏单位：国家馆、黑龙江馆、江西馆、南京馆、上海馆、浙江馆

03752

［书目］

出版者不详，[1912—1930]，油印本，1册，13开，活页装

本书分9部分，收中国古籍书目数十篇。

收藏单位：国家馆

03753

四库未收书目提要 （清）阮元撰

上海：商务印书馆，1935.3，79页，32开（万有文库 第2集8）（国学基本丛书）

上海：商务印书馆，1935.4，79页，32开（国学基本丛书）

上海：商务印书馆，1935.7，再版，79页，32开（国学基本丛书）

长沙：商务印书馆，1939.12，79页，32开（万有文库 第1—2集简编500种）（国学基本丛书）

本书作者在浙江采购《四库全书》未收的古书，撰成提要，体例仿四库提要，共5卷，收书175种。

收藏单位：安徽馆、长春馆、重庆馆、大理馆、大连馆、大庆馆、东北师大馆、广西馆、贵州馆、国家馆、黑龙江馆、湖南馆、江西馆、辽大馆、辽宁馆、柳州馆、南京馆、内蒙古馆、宁夏馆、上海馆、天津馆、西南大学馆、浙江馆

03754

松山堂书店发卖图书目录（古书籍部） （日）藤井利八编

东京：松山堂书店，1916，[272]页，32开

收藏单位：首都馆

03755

松筠阁国学书目

[北平]：[松筠阁书店]，[1936.9]，564页，32开

本书按经、史、子、集、丛书、旧杂志、满蒙文、补遗等列类编排。其他题名：松筠阁书目。

收藏单位：广西馆、国家馆、首都馆

03756

宋本书影　（日）长泽规矩也编纂

长泽规矩也[发行者]，1933.6，影印本，1册，精装

本书包括《尚书正义》《孝经》《论语注疏》《说文正字》《三国志》《庐山记》《三世相书》《论衡》等的书影。

收藏单位：北师大馆、国家馆

03757

宋经楼书目（第4期）　宋经楼书店编

杭州：宋经楼书店，1937.5，54页，32开

本书收书多为古籍，不分类。

收藏单位：国家馆、中科图

03758

苏州东吴书局印行木版铅石印书籍目录　东吴书局编

苏州：东吴书局，1936，110页，32开

本书分10部，按丛书、经、史、子、医、书画、学校、集、词曲、补遗列类编排。封面题名：东吴书局书目。

收藏单位：国家馆

03759

苏州振新书社书目　振新书社编

苏州：振新书社，1932.6，104页，32开

本书内容包括：出版书目（经、史、子、集）、出版书目提要、木版铅石印书目，唐墓志拓片等。

收藏单位：国家馆、江西馆、天津馆

03760

邃雅斋书店新收各书目录　邃雅斋书店编

北京：邃雅斋书店，1939，油印本，1册，13开，环筒页装

本书其他题名：北京邃雅斋书店新收各书目录。

收藏单位：国家馆

03761

邃雅斋书目　邃雅斋书店编

北平：邃雅斋书店，1934.12，[486]页，32开，环筒页装

本书收书约6432种，按经、史、子、集、丛书列类编排。附新收书目。

收藏单位：国家馆、辽宁馆、首都馆、中科图

03762

邃雅斋书目　邃雅斋书店编

北平：邃雅斋书店，1936.2，[502]页，32开，环筒页装

本书收书约6751种。

收藏单位：国家馆、江西馆、上海馆

03763

邃雅斋书目　邃雅斋书店编

北平：邃雅斋书店，1937，620页，32开

本书收书约7747种。

收藏单位：广东馆、国家馆、湖南馆、上海馆、首都馆、浙江馆

03764

通雅书局书目（第1期）　通雅书局编

宁波：通雅书局，1933，70页，32开

本书按经、史、子、集、补遗等列类编排，均为廉价书。书口、逐页题名：宁波通雅书局廉价新旧书目录。

收藏单位：国家馆

03765

通雅书局目录（第2期）　通雅书局编

宁波：通雅书局，1934，78页，32开

本书逐页题名：宁波通雅书局廉价新旧书目录。

收藏单位：国家馆

03766
图书寮汉籍善本书目 （日）宫内省图书寮编
东京：文求堂书店、松云堂书店，1931.9，1
册，22开，精装
　　本书收书788种，按经、史、子、集列
类编排。
　　收藏单位：国家馆、南京馆、上海馆、首
都馆、西南大学馆

03767
渭南严氏精刻善本书籍目录 镐乐堂书店编
成都：镐乐堂书店，1934.1，10页，25开
　　本书收《音韵学丛书初编》《戴东原文
集》《重校精刻稽古楼本四子书》《医学初阶》
等书目，列有书名、册数、价格等。逐页题
名：镐乐堂书店目录。
　　收藏单位：桂林馆、国家馆

03768
文殿阁旧书目（第4期） 文殿阁书庄编
北京：文殿阁书庄，1938，70页，32开
　　本书按经、史、子、集、丛书、满蒙文
书列类编排。附文殿阁新书目，按出版单位
编排。
　　收藏单位：国家馆、首都馆

03769
文殿阁旧书目（第4期 续编） 文殿阁书庄编
北京：文殿阁书庄，[1938.6]，32页，32开
　　本书收第4期出版后的新书。目次页题
名：文殿阁书目。
　　收藏单位：国家馆

03770
文殿阁旧书目（第5期） 文殿阁书庄编
北京：文殿阁书庄，1939.4，212页，32开
　　收藏单位：国家馆

03771
文殿阁新旧书目（第1—3期） 文殿阁书庄
编
北平：文殿阁书庄，1935—1936，3册
（254+254+254页），32开

本书包括旧书和新书两种。旧书按经、
史、子、集、满蒙文书列类编排；新书按出版
单位分。另有藏文佛经、满蒙藏圣经书目。
　　收藏单位：重庆馆、国家馆、湖南馆

03772
文殿阁新书目 文殿阁书庄编
北京：文殿阁书庄，1939.4，[24]页，32开
　　本书按国学文库、北平图书馆出版书、
北平研究院出版书、北京大学出版书、故宫
文献馆出版书、燕京大学出版书、国剧学会
出版书等列类编排。
　　收藏单位：国家馆、首都馆、天津馆、中
科图

03773
文汇阁书店新收书籍目录
北京：[文汇阁书店]，1939.11，油印本，18
页，13开，环筒页装
　　本书按经、史、子、集、丛书、补遗等
列类编排。
　　收藏单位：国家馆

03774
文奎堂书目（第10期） 文奎堂书庄编
北平：文奎堂书庄，1935.6，[514]页，长25
开
　　本书共5卷，第1—4卷分别为经部、史
部、子部、集部，第5卷为丛书部、满蒙文
书籍部、补遗。
　　收藏单位：国家馆、中科图

03775
文奎堂书目（第11期） 文奎堂书庄编
北平：文奎堂书庄，1937，652页，32开
　　收藏单位：国家馆、首都馆、中科图

03776
文奎堂书目（第11期 续编） 文奎堂书庄编
北京：文奎堂书庄，1938.8，126页，32开
　　收藏单位：国家馆

03777

文禄堂书籍目（第 1 期） 文禄堂书店编

外文题名：Wen Lu Tang catalogue

北平：文禄堂书店，1934，[270] 页，32 开

本书按经、史、子、集列类编排。附丛书类、新收书类、寄售书类。

收藏单位：重庆馆、国家馆、

03778

文禄堂书籍目（第 2 期） 文禄堂书店编

外文题名：Wen Lu Tang catalogue

北平：文禄堂书店，1935.5，378 页，25 开

本书收书约 4648 种。

收藏单位：国家馆、湖南馆、南京馆、上海馆、天津馆

03779

文禄堂新收书目 文禄堂书店编

[北京]：文禄堂书店，1939，油印本，[24] 页，25 开，环筒页装

收藏单位：国家馆

03780

文求堂善本书目 （日）文求堂书店编

东京：文求堂书店，[1912]，1 册，10 开

本书按经、史、子、集等列类编排。

收藏单位：国家馆

03781

文求堂书目（昭和八年三月） （日）田中庆太郎编辑

东京：文求堂书店，1933.3，294 页，32 开

本书收书 2870 种，按经、史、子、集、丛书、补遗列类编排。

收藏单位：国家馆

03782

文求堂书目（昭和十三年二月） （日）田中庆太郎编辑

东京：文求堂书店，1938.2，232 页，32 开

收藏单位：国家馆

03783

文求堂书目（昭和十四年一月） （日）田中庆太郎编辑

东京：文求堂书店，1939.1，230 页，32 开

本书收书 2454 种。附文求堂发行书籍简明目录。

收藏单位：国家馆

03784

文芸阁书目 文芸阁书店编

[北平]：文芸阁书店，1935.9，[270] 页，32 开

本书收书 3011 种，按经、史、子、集、丛书、补遗列类编排。列有书名、卷数、作者、版本、册数、售价等。

03785

文芸阁书目（第 2 期） 文芸阁书店编

北平：文芸阁书店，1936.4，310 页，32 开

本书收书 3884 种。

收藏单位：长春馆、国家馆、辽宁馆、上海馆

03786

文芸阁书目（第 3 期） 文芸阁书店编

北平：文芸阁书店，1937.5，406 页，32 开

本书收书 5149 种。

收藏单位：长春馆、国家馆、上海馆

03787

文芸阁书目（第 4 期） 文芸阁书店编

北京：文芸阁书店，1941.11，1 册，32 开

本书收书 2365 种。

03788

文芸阁新收书目 文芸阁书店编

北平：文芸阁书店，1936.11，44 页，32 开

本书按经、史、子、集、方志、补遗等列类编排。

收藏单位：国家馆

03789

吴兴刘氏嘉业堂善本书影 刘承幹编

[湖州]：[吴兴刘氏嘉业堂]，1929，影印本，6册

本书共 5 卷。目次页题名：嘉业堂善本书目。

收藏单位：国家馆

03790

武进陶氏涉园精刻印书籍目录 陶涉园编

天津：陶氏涉园，1930，18 页，16 开

本书无明显分类，均为古籍。

收藏单位：国家馆

03791

西泠印社书目（第 25 期） 西泠印社编

上海：西泠印社，1928，[209] 页，32 开

本书为该社经售书目，按书画册、丛书、经、史、子、集、金石拓本等列类编排。封面题名：西泠印社第二十四期书目。

收藏单位：国家馆

03792

西泠印社书目（第 27 期） 西泠印社编

上海：西泠印社，1929，[206] 页，32 开

本书按画册专集、碑帖、经、史、子、集、丛书等列类编排。封面题名：西泠印社目录。

收藏单位：国家馆、湖南馆

03793

西泠印社书目（第 28 期） 西泠印社编

上海：西泠印社，1930.1，[241] 页，32 开

本书按画册专集、碑帖、经、史、子、集、丛书等列类编排。封面题名：西泠印社目录。

收藏单位：国家馆

03794

西泠印社书目（第 29 期） 西泠印社编

[上海]：[西泠印社]，1931，1 册，32 开

本书按画册专集、碑帖、经、史、子、集、丛书等列类编排。其他题名：西泠印社目录 第二十九期、西泠印社第二十九期书目。

收藏单位：广东馆

03795

西泠印社书目（第 30 期） 西泠印社编

上海：西泠印社，1932，[200] 页，32 开

本书按画册专集、碑帖、经、史、子、集、传奇、丛书等列类编排。封面题名：西泠印社第三十期目录。

收藏单位：国家馆、河南馆

03796

西泠印社书目（第 31 期） 西泠印社编

上海：西泠印社，1933，1 册，32 开

本书按画册专集、碑帖、经、史、子、集、藏书、传奇、丛书等列类编排。封面题名：上海西泠印社目录 第三十一期。

03797

西泠印社书店目录（本外版 书画篆刻润格）

西泠印社书店编

上海：西泠印社，1935，[159]+48 页，25 开

本书其他题名：西泠印社书店图书目录。

收藏单位：安徽馆、江西馆

03798

西泠印社书店图书目录 西泠印社书店编

上海：西泠印社，1936，[154] 页，32 开

本书为经售书目，介绍该社书画、篆刻碑文等。

收藏单位：江西馆

03799

小渌天孙氏鉴藏善本书目 孙毓修编

出版者不详，[1911—1949]，铅印本，1 册

收藏单位：国家馆

03800

撷英书群书目（第 1 期） 撷英书群编

杭州：撷英书群，1933，40 页，32 开

本书不分类，均为古籍。书口、逐页题名：杭州市撷英书群书目。

收藏单位：国家馆

03801

新订校经山房书目 校经山房成记书局编

上海：校经山房成记书局，1925，82 页，32
开
　　本书为校经山房成记书局出版图书的目
录，所收书籍涉及经、史、子、集、医、卜、
星相等类。封面题名：图书目录。逐页题名：
校经山房书目。

03802
新收善本书目　韩学川编订
杭州：宋经楼书店，1944，油印本，1 册，16
开，环筒页装
　　本书收元代以来的善本书 168 种。
　　收藏单位：国家馆

03803
修绠堂书目（第 4 期）　修绠堂书店编
外文题名：Hsiu Keng Tang's catalogue of new
& second-hand books: forth editon
北平：修绠堂书店，1935，[350] 页，32 开
　　本书收书 4678 种，按经、史、子、集、
丛书、补遗列类编排。
　　收藏单位：国家馆、湖南馆、浙江馆

03804
修绠堂书目（第 5 期）　修绠堂书店编
外文题名：Hsiu Keng Tang's catalogue of new
& second-hand books: fifth editon
北平：修绠堂书店，1937，412 页，32 开
　　本书收书 5000 余种，列类同前。
　　收藏单位：国家馆、上海馆、首都馆

03805
修文堂书店书目（第 2 期）　修文堂书店编
北平：修文堂书店，1947，32 页，48 开

03806
修文堂书店书目（第 3 期）　修文堂书店编
北平：修文堂书店，1947，52 页，48 开

03807
一诚堂和汉籍书目（一诚堂古书目录第 16 号
特辑号）
东京：一诚堂书店，1935.6，152 页，25 开

本书分 24 类，按国史、佛书、地志、易
书、心学教训书、汉文书等列类编排。
　　收藏单位：国家馆

03808
有正书局目录　有正书局编
上海：有正书局，[1919]，[60] 页，32 开
　　本书主要收东方艺术作品目录，分 4 部
分：历代碑帖、中国名画、屏联堂幅、附录。
　　收藏单位：国家馆、湖南馆、首都馆

03809
藻玉堂书籍目（第 1 期）　藻玉堂编
外文题名：Tsao Yu Tang's catalogue
北平、天津：藻玉堂，1935.2，[304] 页，32
开
　　本书按经、史、子、集列类编排。
　　收藏单位：国家馆、中科图

03810
藻玉堂书籍目（第 2 期）　藻玉堂编
北平、天津：藻玉堂，1939.1，294 页，32 开
　　本书按经、史、子、集列类编排。封面
题名：藻玉堂书目 第二期。
　　收藏单位：国家馆

03811
浙江公立图书馆附设印行所书目　浙江公立
图书馆附设印行所编
杭州：浙江公立图书馆附设印行所，1916.5，
26 页，25 开
　　本书按经、史、子、集列类编排。
　　收藏单位：国家馆

03812
浙江省立图书馆善本书目题识　陆祖穀编
杭州：浙江省立图书馆，1932.10，[224] 页，
32 开
　　本书分 4 卷，汇集该馆善本书中宋、元、
明刊本的题识，注明各书卷数、撰人、版本
年代，并抄录印鉴文字、圈注内容。
　　收藏单位：桂林馆、国家馆、绍兴馆、天
津馆、浙江馆

03813

浙江省立图书馆善本书目续编　浙江省立图书馆编

杭州：浙江省立图书馆，[1911—1949]，80 页，18 开

　　本书按经、史、子、集、丛书列类编排。

03814

浙江省立图书馆善本新置图书目录

杭州：浙江省立图书馆，[1920—1929]，1 册，18 开

　　本书按宋元本、明本甲、明本乙、清以后本、影印本等列类编排。

　　收藏单位：国家馆

03815

振新书社书目　振新书社编

苏州：振新书社，1930，37 页，32 开

　　本书按说文校义、续复古编、咫进斋丛书、古诗赏析等列类编排。

　　收藏单位：首都馆

03816

中国书店临时书目（第 1 号）　中国书店编

上海：中国书店，1925.11，34 页，32 开

　　本书按经、史、子、集列类编排，列有书名、著者、版本、册数、价格等。

　　收藏单位：国家馆、上海馆

03817

中国书店临时书目（第 2 号）　中国书店编

上海：中国书店，1925.11，30 页，32 开

　　收藏单位：国家馆、上海馆

03818

中国书店临时书目（第 3 号）　中国书店编

上海：中国书店，1925.11，40 页，32 开

　　收藏单位：国家馆、上海馆

03819

中国书店临时书目（丁卯年十二月）　中国书店编

上海：中国书店，1927.12，油印本，[40] 页，

16 开

　　收藏单位：国家馆

03820

中国书店临时书目（戊辰年）　中国书店编

上海：中国书店，1928，84 页，32 开

　　本书其他题名：中国书店戊辰年临时书目。

　　收藏单位：国家馆

03821

中国书店书目（第 2 期）　中国书店编

上海：中国书店，1926，152 页，32 开

　　本书封面题名：中国书店丙寅年第二期书目。

　　收藏单位：国家馆

03822

综合古书分类目录（通号第 25 号）（日）北泽弥三郎编辑

东京：北泽书店，1937.2，96 页，22 开

　　本书其他题名：古书目录。

　　收藏单位：江西馆

03823

足利学校秘本书目　（日）长泽规矩也编辑

[足利]：[足利学校]，1933.6，38 页，22 开

　　本书按经、史、子、集、补遗列类编排。

　　收藏单位：国家馆

译书目录、存佚书目录、特种图书目录

03824

德籍汉译存目　傅吾康　张绍典编

北平：中德学会，1942.6，55 页，25 开（中德学会图书丛刊 1）

　　本书收德籍汉译单行本或论文，按莱比锡德文图书馆《图书（半月刊）》的分类法编排。附德文著者索引。

　　收藏单位：国家馆、中科图

03825

东京观书记　傅芸子著

出版者不详，[1911—1949]，22 页，22 开

　　本书为《书志学》第 12 卷第 3、5、6 号，第 13 卷第 1 号抽印合册，记录作者在无穷会、早稻田大学图书馆、内阁文库、宫内省图书寮、东大支那哲文研究室、尊经阁文库、静嘉室文库、长泽规矩也藏书室等处观书的情况。

　　收藏单位：国家馆

03826

国立编译馆出版书籍目录　国立编译馆编

[南京]：国立编译馆，1934.10，31 页，32 开

[南京]：国立编译馆，1936.12，63 页，32 开

[重庆]：国立编译馆，1938.4，72 页，32 开

　　本书不分类，列有题名、著者、版本、定价、页码、发售处、内容提要等。

　　收藏单位：重庆馆、国家馆、辽大馆、上海馆、首都馆

03827

汉译义国书籍及关于义国之汉籍目录　毕树棠编

[南京]：中义文化协会，[1936]，79 页，22 开

　　本书分 8 类，按历史地理、传记、政治社会、艺术文学、小说故事、戏剧、意大利与法西斯主义、杂集列类编排。附著者译者人名索引、著者译者汉文人名索引、汉文书名索引、出版处索引。封面题名：书目初编。

　　收藏单位：国家馆

03828

静嘉堂文库观书记（藏园东游别录之一）　傅增湘著

北平：傅增湘[发行者]，1930.2，28+48 页，32 开

　　本书著者访日，得见日本江户静嘉堂文库（原归安皕宋楼陆氏藏书）中的珍本，简要记录各书。

收藏单位：上海馆、中科图

03829

明末以来西书考　（日）小竹文夫著　王古鲁译

出版者不详，[1920—1949]，手写本，1 册，大 16 开，环筒页装

　　收藏单位：国家馆

03830

浙江省立图书馆汉译西文书目索引　金天游等编

外文题名：Chekiang Province Library and index to the books translated form western languages

[杭州]：浙江省立图书馆，1934，86 页，16 开

　　本书内容包括：汉译西文书目、分类索引、著者译名索引、书名索引等。其他题名：汉译西文书目索引。

　　收藏单位：国家馆、南京馆、上海馆、浙江馆

03831

中山文库第一期选译书目

出版者不详，[1930—1949]，油印本，1 册，16 开

　　收藏单位：上海馆

03832

中译德文书籍目录（第 1 次）　（德）奥思默（Othmer）　魏以新编

[上海]：[同济大学图书馆]，1933，22 页，16 开

[上海]：[同济大学图书馆]，1936，再版，24 页，16 开（国立同济大学图书馆丛刊）

　　本书为《同济工学会季刊》第 3 期附录，按哲学与教育、经济学与社会学、数学与自然科学、医学等列类编排。列有著者、书名、译名、译者、出版年度、出版地点、出版书局、页数、价值等。

　　收藏单位：国家馆、河南馆、南京馆

禁毁书目录

03833

北京市查获各种被翻书籍一览表　中国著作人出版人联合会北平总会编

中国著作人出版人联合会北平总会，1932.5，[18] 页，16 开

本书分两部分：查获各处翻版伪书案件一览表、各种被翻书籍一览表。

收藏单位：国家馆

03834

北京市政府警察局检扣书籍刊物等一览表

[北京市政府警察局]，[1940—1949]，16 页，32 开

本书收查禁书刊 786 种，原载于 1938 年 7 月上海出版的《众生》（半月刊）第 5 号。

收藏单位：国家馆

03835

查禁书刊名称一览（二十七、二十八两年份）

出版者不详，[1939—1949]，26 页，32 开

收藏单位：广东馆

03836

禁止图书目录（抗日之部 第 1 辑）　新民会中央指导部调查科编

[北京]：新民会中央指导部调查科，1939.7，120 页，32 开

本书分 15 类：军事、政治、外交、经济、社会、殖民、交通、地理、历史、教育、思想文化、文艺、言论、年鉴辞典、杂论。

收藏单位：东北师大馆、国家馆、近代史所、首都馆、天津馆

03837

禁止图书目录（社会主义之部）　新民会中央指导部调查科编

[北京]：新民会中央指导部调查科，1939.9，74 页，32 开

本书分 8 类：政治、经济、哲学、历史、教育、艺术、传记、一般。

收藏单位：国家馆、南京馆、首都馆、天津馆

03838

抗日图书目录　中华民国新民会 [编]

[北京]：中华民国新民会，1943.3，改订版，292 页，32 开

本书为 1939 年发行的《禁止图书目录 抗日之部 第 1 辑》的改订版，分 15 类，内容包括：军事关系、政治关系、交通关系·航空等。书前有凡例。

收藏单位：国家馆、首都馆

03839

民国二十三年二月中央宣传委员会查禁一四九种书目及最后决定五种办法　中央宣传委员会编

[南京]：中央宣传委员会，1934.4，28 页，32 开

本书内容包括：国民党上海市党部所批关于查禁书目之文件、查禁书目、上海各书局呈党部文、批令附件等。列有店名、书名、著作人等。

收藏单位：国家馆

03840

清代禁毁书目四种　姚觐光辑

上海：商务印书馆，1937.3，180 页，32 开（万有文库 第 2 集 7）（国学基本丛书）

长沙：商务印书馆，1941.6，再版，180 页，32 开（万有文库 第 2 集 7）（国学基本丛书）

本书收清乾隆到光绪时编制的官方禁毁书目 4 种：《全毁书目》（英廉）、《抽毁书目》（英廉）、《禁书总目》（清军机处）、《违碍书目》（荣柱）。

收藏单位：安徽馆、大理馆、大连馆、东北师大馆、广东馆、贵州馆、桂林馆、国家馆、黑龙江馆、湖北馆、湖南馆、江西馆、近代史所、辽大馆、辽师大馆、南京馆、内蒙古馆、宁夏馆、绍兴馆、西南大学馆、浙江馆

03841

取缔书刊一览　中央图书杂志审查委员会编

中央图书杂志审查委员会，1940.10，70页，32开

　　本书收 1938 年 10 月至 1940 年 10 月间该委员会查禁的书刊。

　　收藏单位：安徽馆、广东馆、南京馆、西南大学馆

03842

取缔书刊一览　中央图书杂志审查委员会编

中央图书杂志审查委员会，1941.7，94页，32开

　　本书收 1938 年 10 月至 1941 年 6 月间该委员会查禁的书刊，依书名笔画排列。列有书刊名、著译者、出版者、取缔理由、取缔日期、取缔办法。

　　收藏单位：国家馆、南京馆

03843

取缔书刊一览　中央图书杂志审查委员会编

中央图书杂志审查委员会，1943.6，48页，32开

　　本书收 1941 年 7 月至 1942 年 12 月间该委员会查禁的书刊。

　　收藏单位：湖南馆、南京馆

03844

图书名簿（第 1—8 册）　新民会中央指导部调查科编

[北京]：新民会中央指导部调查科，[1937—1941]，写本，1册，16开

　　收藏单位：首都馆

03845

中央查禁暂禁及查扣之反动文艺书籍一览

中央宣传委员会文艺科编

中央宣传委员会文艺科，1929.3，32页，32开

　　收藏单位：南京馆

03846

中央取缔反动文艺书籍一览　中央宣传部编

[南京]：中央宣传部，1936，37页，32开

　　本书收 1929 年至 1936 年间各年度国民党宣传部查禁、暂禁、查扣的文艺书刊。每书列其书名、查禁及查扣缘由、日期。

　　收藏单位：国家馆

03847

中央取缔社会科学反动书刊一览　中央宣传部编

[南京]：中央宣传部，1936.8，112页，32开

　　本书收 1929 年至 1935 年间各年度国民党宣传部查禁、查抄的书刊，先依年度，然后依国家主义派、无政府主义派、第三党、帝国主义、傀儡组织、其他等类编排。每书列其书名，查禁及查扣缘由、日期。附书目笔画检字表。

　　收藏单位：国家馆

03848

中央续行取缔查禁刊物一览　中央宣传委员会[编]

南京：[中央宣传委员会]，1936，10页，32开

　　本书收查禁刊物和书籍，不分类。

　　收藏单位：国家馆

03849

资料名簿（第 9—10 册）　新民会中央指导部调查科编

[北京]：新民会中央指导部调查科，[1941]，写本，2册，16开

　　本书第 10 册为禁止图书名簿。

　　收藏单位：首都馆

03850

方杰人先生论著要目　王瑞明编

[北平]：王瑞明，1947.10，7页，25开

　　本书收方杰人先生发表在报章杂志上的文章 88 篇、专著 8 种。

　　收藏单位：中科图

03851

各国藏书目录 徐忍寒编

上海：徐忍寒，1946.7，24 页，32 开

本书为编者个人藏书目录，有中、西、日各科文字书刊 331 种，分 14 类：地图、名山大川、环球名胜、世界旅行、博物、各国艺术、杂志、百科全书、各国字典、方言、文字、历史、传记、运动及其他。

收藏单位：国家馆、上海馆

03852

国立北平大学医学院历年教员著述目录（第 2 册）

[国立北平大学医学院]，1936，22 页，横 18 开

收藏单位：国家馆

03853

国立武汉大学教员著作一览 国立武汉大学编

[武昌]：国立武汉大学，1944.1，22 页，16 开

本书收国立武汉大学刘永济、方重、朱光潜等多位教员的学术著作。

收藏单位：国家馆

03854

涵芬楼藏书目录（旧书分类总目） 商务印书馆编

上海：商务印书馆，[1911]，1 册，23 开，精装

本书收该楼所藏线装书，分 5 类：经、史、子、集、丛书，列出书名、册数、字（分类）、号（藏书编号）等。卷端题名：涵芬楼旧书分类总目。

收藏单位：重庆馆、国家馆、上海馆

03855

涵芬楼藏书目录（旧书目录 再续编） 商务印书馆编

上海：商务印书馆，[1920]，262 页，23 开，精装

本书体例与初编相同。卷端题名：涵芬楼旧书分类总目。

收藏单位：重庆馆、国家馆、上海馆、中科图

03856

涵芬楼藏书目录（旧书分类总目 三续编） 商务印书馆编

上海：商务印书馆，166 页，23 开，精装

本书体例与初编相同。卷端题名：涵芬楼旧书三续编分类总目。

收藏单位：重庆馆、国家馆、南京馆、上海馆

03857

涵芬楼藏书目录（新书分类总目） 商务印书馆编

上海：商务印书馆，[1914]，[461] 页，23 开，精装

本书收该楼所藏中文平装本，分 14 部：哲学、教育、文学、历史地理、政法、理科、数学、实业、医学、兵事、美术、家政、丛书、杂书，列出书名、著作人名、发行处、出版年月、册数、字（分类）、号（藏书编号）等。书前有借阅图书规则。

收藏单位：国家馆

03858

涵芬楼藏书目录（直省府厅州县志目录） 商务印书馆编

上海：商务印书馆，[1919]，174 页，23 开

本书按清代府、厅、州、县顺序排列，列出书名、编纂人、出版时间、卷数、函数、册数、附载等。书前有例言、借阅图书规则（1919 年 6 月改订）。

收藏单位：重庆馆、国家馆

03859

寒石草堂所藏台州书目 项士元编

杭州：浙江省图书馆，1935.4，19 页，22 开

本书为《浙江省立图书馆馆刊》抽印本，收编者所藏历代台州学者著述 715 种，按著者时代排列。

收藏单位：国家馆、南京馆、首都馆、天

津馆

03860

胡汉民先生遗书草目
出版者不详，[1937—1949]，油印本，[14]页，16 开，环筒页装
　　收藏单位：国家馆

03861

记骨室文目（中华民国七年至二十六年五月）
杨钟健编
杨钟健，1937.6，18 页，16 开
　　本书收作者 1918 年到 1937 年间的文章和著作目录，按时间顺序排列。附编者自传诗《五十书经百句》。
　　收藏单位：重庆馆、国家馆、上海馆、天津馆

03862

嘉定陆氏著述提要　陆世益编
[嘉定]：陆世益 [发行者]，1935.8，15 页，32 开
　　本书收浙江嘉定县外冈镇陆氏族人的著述，编者为其后人，收《蓬轩诗集》《紫来阁吟草》《平原世系》《春露秋霜集》《陆荪畦先生年谱》等。
　　收藏单位：南京馆

03863

鉴止水斋藏书目　（清）许宗彦编
[北平]：[图书馆学季刊]，1930，[107] 页，16 开
　　本书为《图书馆学季刊》第 5 卷 3、4 期合刊第 467—574 页抽印本，分 4 卷，按四部编排。
　　收藏单位：国家馆、湖南馆

03864

劫中得书记　西谛著
[上 海]：[文 学 集 林 社]，[1940—1949]，39—70 页，25 开
　　本书为《文学集林》第 2 辑抽印本。
　　收藏单位：国家馆、南京馆

03865

郡斋征书记（附浙江省永嘉县征集其先哲遗著目录）　梅冷笙编著
梅冷笙，[1935]，13 页，16 开
　　本书说明征书经过。梅冷笙即梅冷生。
　　收藏单位：国家馆

03866

李慈铭先生批校藏书目录
出版者不详，[1911—1949]，70 页，32 开
　　本书为李慈铭先生个人所藏古籍目录。李慈铭（1830—1894），晚清官员、文史学家，室名越缦堂，晚年自署“越缦老人”。

03867

梁氏饮冰室藏书目录
出版者不详，[1911—1949]，油印本，[348]页，16 开，环筒页装
　　收藏单位：国家馆

03868

留园思补楼藏书目录　乔啸农编
[苏州]：留园管理处，1930.7，20 页，24 开
　　本书为古籍目录，依版本编排，分 4 类：同文馆石印殿版、闽重刊武英殿聚珍版、日本版大藏经、思补楼及各种零杂书刊。
　　收藏单位：上海馆

03869

南浔刘氏嘉业堂　张鋆著
杭州：浙江省立图书馆，1935.6，52 页，22 开
　　本书介绍浙江私立藏书堂嘉业堂的概况、沿革，并有藏书目录。

03870

瞿氏补书堂寄藏书目录　北平图书馆编
国立北平图书馆，1935.6，192 页，32 开
　　本书收瞿宣颖的补书堂寄藏在北平图书馆的藏书 1811 种。古籍分经、史、子、集等类，近代书籍分文科、法学、政学、计学、宗教哲学、工学、兵学等类。
　　收藏单位：安徽馆、国家馆、近代史所、

内蒙古馆、上海馆、首都馆、西南大学馆、中科图

03871

太炎先生著述目录初稿 潘承弼等辑

潘承弼，1936.9，64 页，16 开

本书分两卷。上卷包括 3 部分：专著、论文、文学；下卷包括 10 部分：专著、政论、序跋、书札、传状、碑志、赞讳、寿序、杂记、诗。

收藏单位：国家馆、南京馆、上海馆、浙江馆

03872

太炎先生著述目录后编初稿 潘承弼等辑

潘承弼，1937.1，22 页，16 开

本书续前目。

收藏单位：国家馆

03873

陶庐全书书目考 谢道弘编

北平：谢道弘，1936，7 页，16 开

本书为王树枬个人著作目录。

收藏单位：国家馆

03874

天一阁简目两种（方志目、明试士录目） 冯贞群编

冯贞群，1936.10，36 页，32 开

本书包括两种文献。《方志目》收天一阁藏明刊方志 270 余种，清志 10 余种；《明试士录目》收该阁藏明进士会试、乡试、武举录 374 种，附清初 20 种。

收藏单位：安徽馆、国家馆、江西馆、上海馆

03875

未学斋藏书目录

[抄写者不详]，1939，抄本，钢笔，1 册，简装

收藏单位：国家馆

03876

五十万卷楼藏书目录初编序 莫伯骥撰

出版者不详，1931.8，1 册，16 开，精装

收藏单位：南京馆

03877

武进涉园陶氏鉴藏明板书目 陶兰泉编辑

出版者不详，[1911—1949]，1931，66 页，32 开

本书依四部分类编排。逐页题名：陶涉园藏明板书目录。

收藏单位：上海馆

03878

玄赏斋书目

出版者不详，[1911—1949]，86 页，16 开

本书依四部分类编排。

收藏单位：国家馆、首都馆、浙江馆

03879

渔洋山人著书考 伦明著

北平：燕京大学，1929.6，913—966 页，16 开

本书为《燕京学报》第 5 期单行本，收王士禛先生的《带经堂集》《表余落笺合选》《阮亭诗选》等著述 120 余种，并对其著述、版本等情况略加说明。

收藏单位：国家馆、中科图

03880

泽存书库书目初编 泽存书库编

南京：泽存书库，1943.2，2 册，25 开

本书分两部分：中国古籍善本和日本刊本，依四部分类编排。封面题名：南京泽存书库书目 第一编。

收藏单位：重庆馆、国家馆、上海馆

03881

泽存书库书目次编 泽存书库编

南京：泽存书库，1943.2，2 册，25 开

本书收入藏的善本书，分 3 部分：中国、日本、高丽刊本，各依四部分类编排。封面题名：南京泽存书库书目 第二编。

收藏单位：国家馆、南京馆

03882

泽存书库书目（初编、次编）

[南京]：[泽存书库]，[1941—1949]，1 册，大 32 开

本书为日本、高丽刊本。

收藏单位：南京馆

03883

昭德先生郡斋读书志　（宋）晁公武著

上海：商务印书馆，1937.3，4 册（933 页），32 开（万有文库第 2 集 3）（国学基本丛书）

本书为晁公武创作的私人藏书目录，收书 1400 余部，依四部分类编排。

收藏单位：安徽馆、重庆馆、大理馆、大连馆、东北师大馆、国家馆、黑龙江馆、湖南馆、江西馆、辽大馆、辽师大馆、内蒙古馆、宁夏馆、天津馆、西南大学馆、浙江馆、中科图

03884

真轩先生旧藏书目录　（日）上野贤知编

东京：无穷会，1933，109 页，16 开

收藏单位：首都馆

03885

郑作新著作一览

出版者不详，[1911—1949]，1 册，32 开

收藏单位：南京馆

03886

直斋书录解题　（宋）陈振孙撰

长沙：商务印书馆，1939.3，2 册（617 页），32 开（国学基本丛书）

本书分 22 卷，将历代典籍分为 53 类，列出撰人姓名、卷帙及提要。

收藏单位：重庆馆、广东馆、桂林馆、国家馆、湖南馆、首都馆、西南大学馆

03887

直斋书录解题书名索引　东洋史研究会编

[京都]：东洋史研究会，[1935—1949]，51 页，22 开

本书为《东洋史研究》第 3 卷第 2 号的附录。

收藏单位：首都馆

出版发行目录

03888

百新书店图书汇报　百新书店编

上海：百新书店，1937.5，67 页，32 开

本书分参考书、语文学、文学、社会科学、历史、地理、法律、尺牍、民众用书、习字范本、中西画集、艺术、小说、夫妻顾问、医药、体育、商业、生产、哲学、儿童读物等类。封面题名：图书汇报。

收藏单位：国家馆

03889

[保禄印书馆出版发行目录]

兖州：保禄印书馆，[1931]，[8] 页，横 18 开

收藏单位：国家馆

03890

北平佩文斋人文书店图书目录　佩文斋人文书店编

北平：佩文斋人文书店，[1940—1949]，12+48+168 页，32 开

本书收人文书店、黎明书店、生活书店等机构出版的图书目录，列出题名、定价等。

收藏单位：国家馆

03891

北平修绠堂书店经售各家出板新书目录　修绠堂书店编

北平：修绠堂书店，1935.10，28 页，32 开

本书为武进陶氏涉园、故宫、贞松堂、国立北平图书馆、北京大学、燕京引得编纂处、燕京大学国学研究所、清华大学等机构出版的图书，按出版单位分类。书口题名：修绠堂经售新书目录。

收藏单位：国家馆、绍兴馆、首都馆

03892

北新书局图书目录（1934 简本） 北新书局编

上海：北新书局，1934，40 页，32 开

　　本书分 11 类：教科书、文学、青年丛书、儿童读物、民间故事丛刊、英文、艺术、社会科学、自然科学、三民丛书、杂纂。

　　收藏单位：首都馆

03893

北新书局图书目录（1935 简本） 北新书局编

上海：北新书局，1935，44 页，32 开

　　本书分 12 类：教科书、文学、青年丛书、青年常识丛书、儿童读物、民间故事丛刊、英文、艺术、社会科学、自然科学、卫生及医学、杂纂。

　　收藏单位：首都馆

03894

北新书局图书目录（1936 简本） 北新书局编

上海：北新书局，1936，49 页，32 开

　　收藏单位：首都馆

03895

北新书目 北新书局编

上海：北新书局，[1933.6]，194 页，长 50 开

　　本书分两部分：最新出版书目和图书目录。分 12 类：教科书、文学、小说、诗歌、戏剧、散文、儿童文学、英文、艺术、社会科学、自然科学、三民丛书。列出书名、编著者、价格，大部分有提要。

　　收藏单位：国家馆

03896

出版目录（第 7 号） 上海医学书局编

上海医学书局，1934.9，85 页，32 开

　　本书分 3 类：医学、国学、佛学书。

　　收藏单位：国家馆

03897

出版目录（第 9 号） 上海医学书局编

上海医学书局，1936.9，89 页，32 开

　　本书分 3 类：医药学书、国学、佛学书。

　　收藏单位：国家馆

03898

出版物目录（1939 年） 青年协会书局编

上海：青年协会书局，1939，28 页，32 开

　　本书分非常时期丛书、青年丛书第一集、青年丛书第二集、社会问题小丛书、宗教问题小丛书等类。

　　收藏单位：国家馆

03899

慈幼印书馆出版消息（第 3 号） 慈幼印书馆编

澳门：慈幼印书馆，1949.6，16 页，32 开

　　本书内容包括：介绍第二季的定期刊物、名著等。

　　收藏单位：国家馆

03900

慈幼印书馆出版消息（第 4 号） 慈幼印书馆编

澳门：慈幼印书馆，1949.9，20 页，32 开

　　本书内容包括：征稿和酬例、图书总目、第三季的定期刊物介绍和报导等。

　　收藏单位：国家馆

03901

大东书局简明目录 大东书局编

上海：大东书局，[1933]，141 页，50 开

　　本书分 9 类：总类、哲学、社会科学、语文学、自然科学、应用技术、艺术、文学、史地，列出书名、著者、册数、定价、折扣等。

　　收藏单位：国家馆

03902

大东书局图书目录（第 24 期） 大东书局编

上海：大东书局，[1931]，80 页，25 开

　　收藏单位：江西馆、南京馆

03903

大东书局图书目录（第25期） 大东书局编

上海：大东书局，1932，141页，32开

本书分总类、教本、哲学、社会科学、行政、外交、经济学、语文学、自然科学、应用技术、艺术、文学、史地等类。

收藏单位：国家馆

03904

大东书局图书目录（第28期） 大东书局编

上海：大东书局，1932，116页，32开

收藏单位：江西馆、首都馆

03905

大东书局图书目录 大东书局编

上海：大东书局，[1933]，99页，25开

本书其他题名：图书目录。

收藏单位：江西馆

03906

大公报社出版代办图书目录 大公报社编

天津：大公报社，1933，[48]页，18开

天津：大公报社，1935，[90]页，18开

本书分两部分：出版图书目录和代办图书目录，部分图书有简介。

收藏单位：国家馆、湖南馆、近代史所、首都馆

03907

大华书局新书目录 大华书局编

上海：大华书局，[1933]，1张，40×56cm

收藏单位：贵州馆、国家馆

03908

大连新华书店分店图书目录 大连新华书店分店编

大连新华书店分店，1949.7，26页，32开

本书分社会科学、自然科学、工业、农业生产知识、医药卫生、文艺等类，列出题名、著者、定价等。

收藏单位：国家馆

03909

大陆图书公司图书目录 大陆图书公司编

上海：大陆图书公司，1926，重刊本，1册，32开

本书分修养益智、家庭社交、文学研究类、字典韵书、新旧尺牍、旅行游历、古今图书、实用常识等类，列出题名、册数、定价等，部分图书有内容提要。

收藏单位：国家馆

03910

东方书店出版及经售图书分类目录 东方书店编

上海：东方书店，1935，32页，32开

本书分社会科学、自然科学、文学、语文学、应用文、国学、史地、应用技术、艺术、教育、体育等类，列出题名、著者、定价、折扣等。附通信函购简章。

收藏单位：国家馆

03911

东方书局目录 东方书局编

上海：东方书局，[1911—1949]，76页，32开

收藏单位：首都馆

03912

独立出版社图书目录 独立出版社编

重庆：独立出版社，1938.12，[104]页，32开

重庆：独立出版社，1940，130页，32开

本书共3部分。第1部分为分类目录，分12类：总类、政治、国际与外交、军事、经济与财政、教育与文化、伦理与社会、民众运动、历史与地理、哲学、文化、其他，各书目附简要说明；第2部分为丛书；第3部分为代售书目，仅列书名。

收藏单位：贵州馆、国家馆

03913

独立出版社图书目录 独立出版社编

重庆：独立出版社，1941，油印本，1页，横7开

本书收书18种。

收藏单位：国家馆

03914

读书生活出版社图书目录　读书生活出版社编

上海：读书生活出版社，1938.1，42页，64开

本书为该社的出版发行目录。部分图书有内容提要。

收藏单位：国家馆

03915

儿童用书目录　商务印书馆编

[长沙]：商务印书馆，1938.1，1册，32开

本书内容包括：小学生补充读本、幼童文库第一集，小学生文库第一集等。

收藏单位：国家馆

03916

故宫博物院出版物目录　故宫博物院编

[北平]：故宫博物院，[1931]，28页，32开

本书为该院出版的古籍、文献学书籍、期刊的目录，部分有内容简介。

收藏单位：国家馆、辽宁馆

03917

故宫博物院出版物目录　故宫博物院编

[北京]：故宫博物院，1943.7，12页，32开

本书分23类，内容包括：月刊、印谱、地图、史籍、诗文集等。

收藏单位：国家馆

03918

官书局书目汇编　朱士嘉编

北平：中华图书馆协会，1933.9，290页，32开

本书收江南书局、淮南书局、江楚编译局、江苏书局、浙江书局、山东书局、山西官书局、湖北官书局、广雅书局等所藏官书的目录。附官书局购书章程及通信处。

收藏单位：安徽馆、国家馆、湖南馆、南京馆、山西馆、首都馆、西南大学馆、中科图

03919

光华书局新书总目录　光华书局编

上海：光华书局，[1930—1939]，[200]页，50开

本书内容包括：创造社丛书、幻洲丛书、广州文学会丛书、水仙丛书、狂飙丛书等目录，大多有内容提要。封面题名：光华书局图书目录。

收藏单位：国家馆

03920

广东图书馆附设印行所书目　广东图书馆附设印行所编

广州：广东图书馆附设印行所，1918.3，30页，25开

本书依四部分类编排，前有该所售书规约。

03921

广东图书馆附设印行所书目　广东图书馆附设印行所编

广州：广东图书馆附设印行所，[1920.2]，30页，25开

本书分两部分：前部为广雅书局板刻书，后部为学海堂、菊坡精舍、潘氏、伍氏家藏精本刻本，均依四部分类编排。

收藏单位：国家馆

03922

广学会出版书目（1928年）

上海：广学会，1928，42页，50开

本书收书900余种，列出题名、著者、价钱等。

收藏单位：国家馆

03923

广学会图书目录

[上海]：[广学会]，1册，22开

收藏单位：近代史所、上海馆

03924

广益书局图书汇报　广益书局编

上海：广益书局，1933.1，136页，32开

本书为广益书局出版图书目录,分17大类,内容包括:学校用书、党义用书、各种丛书、国学用书、各种字典、女爱用书、社会用书、术数用书等。其他题名:图书汇报。

收藏单位:重庆馆

03925

国防实用丛书样本　汗血书店编

上海:汗血书店,[1936],[26]页,32开

本书为介绍该丛书的宣传册,分3部分:国防实用丛书刊行旨趣、国防实用丛书发售预约简章、国防实用丛书编辑大纲。

收藏单位:国家馆

03926

国魂书店图书目录　国魂书店编

成都:国魂书店,1940.6,30页,32开

本书为该店经售的图书、期刊、报纸等的目录,分论著、史地、国际、经济、文学等类,列出书名、作者、定价等,部分书有提要。

收藏单位:国家馆

03927

[国立北京大学出版部出版发行目录]

[国立北京大学出版部],[1935],10页,16开

本书包含伦理学、社会科学、学校记录、语文学、中国文选、音律学、自然科学、中国文学、诗词学、戏曲学、英国文学、法国文学、拉丁文、史学、簿册格纸的发行目录,以及旧存的中文、英文、法文、德文、拉丁文、意文、日文目录。

收藏单位:国家馆

03928

国立北平故宫博物院出版物总目　国立北平故宫博物院编

国立北平故宫博物院,1936.7,80页,25开

本书分23类,内容包括:月刊、周刊、书翰、名画、书画合璧、影印金石、印谱、照片、信片、地图等。

收藏单位:广东馆、国家馆、辽宁馆、南

京馆、首都馆、中科图

03929

国立北平图书馆出版书籍目录　国立北平图书馆编

国立北平图书馆出版发行处,[1933],14页,32开

国立北平图书馆出版发行处,[1937],16页,32开

本书收该馆出版各类书籍(含期刊、拓片、影片等)的经售书目,以及中华图书馆协会、北平图书馆协会的出版物。

收藏单位:国家馆

03930

国立北平图书馆出版书籍目录　国立北平图书馆编

国立北平图书馆出版发行处,[1938],12页,32开

国立北平图书馆出版发行处,1939.10,重订本,13页,32开

本书为该馆售书目录,内容包括:书目及学引、报告·概况·指南、期刊、辑本李慈铭遗著、珍本丛书、影片及拓片、其他、国立北平图书馆委托出版家代为发行书籍目录、停版绝版书目、中华图书馆协会出版书籍目录、北平图书馆协会出版书籍目录等。

收藏单位:国家馆

03931

国立北平研究院出版部最近出版图书目录

国立北平研究院出版部编

国立北平研究院出版部,1930.12,22页,16开

本书列《中国地名大辞典》等6种书刊的简介、原书序言等。

收藏单位:国家馆

03932

国立北平研究院出版部最近出版图书目录

国立北平研究院出版部编

国立北平研究院出版部,[1934],108页,32开

本书介绍该部出版的部分书刊，分中文和西文两部分。

收藏单位：国家馆

03933

国立北平研究院出版品目录 国立北平研究院编

国立北平研究院总办事处，1948.9，82 页，16 开

本书收国立北平研究院成立以来各研究所发表的论文和该院出版的书报图表等，分论文、期刊、丛刊、图书、杂著等类。

收藏单位：国家馆、南京馆、上海馆、中科图

03934

国立中山大学出版书籍及刊物目录 国立中山大学出版部编

广州：国立中山大学出版部，1933.11，20 页，32 开

本书分为定期刊物、不定期刊物、书目类、军事类、文学类、史学类等类，列出书名、著作人、价目等。

收藏单位：国家馆

03935

国立中央图书馆筹备处木印部出版目录 国立中央图书馆筹备处编

南京：国立中央图书馆筹备处，1934.1，21 页，32 开

本书依四部分类编排。

收藏单位：重庆馆、国家馆

03936

国立中央研究院出版品目录 国立中央研究院总办事处编

外文题名：List of Academia Sinica publications

南京：国立中央研究院总办事处，1935，89 页，22 开

本书按中央研究院所属研究所分类编排，研究所包括：物理研究所、化学研究所、工程研究所、地质研究所、天文研究所、气象研究所、历史语言研究所、社会科学研究所、心理研究所、动植物研究所等。

收藏单位：辽宁馆、南京馆、上海馆

03937

国立中央研究院出版书目 国立中央研究院编

南京：国立中央研究院，1930.4，11 页，22 开

本书按中央研究院所属研究所分类编排。

收藏单位：国家馆、上海馆、中科图

03938

国民说部·样本

[南京]：正中书局，1936，1 册，32 开

收藏单位：国家馆

03939

哈佛燕京学社北平办公处出版书籍目录 哈佛燕京学社北平办公处编

哈佛燕京学社北平办公处，[1933]，石印本，1 册，32 开

收藏单位：国家馆

03940

会文堂书局图书目录 会文堂书局编

上海：会文堂书局，1925，重刊本，106 页，32 开

上海：会文堂书局，1926.11，石印本，104 页，32 开

本书部分图书有简介。

收藏单位：国家馆、山东馆

03941

会文堂新记书局目录（1936） 会文堂新记书局编

北平：会文堂新记书局，1936，156 页，32 开

本书分两部分：本局图书目录和代售各家图书目录。前者依分类编排，后者依单位编排。附外版图书目录。书脊题名：图书目录。

收藏单位：首都馆

03942

会文堂新记书局目录 会文堂新记书局编

北平：会文堂新记书局，[1940—1949]，125 页，32 开

本书分两部分：本局图书目录和代售各家图书目录。前者依分类编排，后者依单位编排。附外版图书目录。书脊题名：图书目录。

收藏单位：国家馆、首都馆

03943

活叶国文目录　君中书社编辑部编

北平：君中书社，1935，96 页，32 开

收藏单位：国家馆、湖南馆、首都馆

03944

活叶国文目录（复业第 1 次）　李时选注

北平：君中书社，1937.3，80 页，32 开

本书收周秦到出版时的国文目录，按朝代顺序编排。书前有历代文学概论。封面题名：君中活叶国文目录 复业第一次。

收藏单位：国家馆

03945

集成书目提要　开明书店编

上海：开明书店，[1926—1949]，39 页，22 开

本书分 4 部分：教育、政治、历史、杂著。每书附有简明提要。后半部分列附售书目。书前有编者序。

收藏单位：国家馆

03946

江苏省立国学图书馆印行书籍提要　江苏省立国学图书馆编

南京：江苏省立国学图书馆，[1929—1949]，32 页，32 开

本书分 3 部分：该馆印行书提要、旧印书籍价目表、书画影片细目。附寄售书目、外埠函购书籍章程。

收藏单位：重庆馆、国家馆

03947

江苏省立苏州图书馆印行所发售图书目录　江苏省立苏州图书馆印行所编

苏州：江苏省立苏州图书馆印行所，[1932]，20 页，32 开

收藏单位：国家馆

03948

锦文堂书局图书汇报（第 20 期增订）　锦文堂书局编

上海：锦文堂书局，1934.7，64 页，横 18 开

本书分补遗杂书、社会长篇小说、香艳小说、尚武侠情小说、创作短篇小说、滑稽小说、侦探小说、新文艺小说、社会科学丛书、文学新书等类。逐页题名：锦文堂书局大廉价图书汇报。

收藏单位：国家馆

03949

经纬书局经售重要出版物目录　经纬书局编

上海：经纬书局，[1930—1939]，88+[26] 页，32 开

本书分学生自修参考用书、青年自修养用书、时人自述与人物评传、日用生活快览、名家文学杰作等类。附一千余种特种廉价书目录。

收藏单位：国家馆、首都馆

03950

经纬书局图书目录（第 5 期）　经纬书局编

上海：经纬书局，1935.8，1 册，32 开

本书内容包括：函购简章、赠品办法、二大预约、普通书目录、普通廉价目录、特种廉价目录、有效学习的 64 个原则等。

收藏单位：重庆馆、河南馆、湖南馆、首都馆

03951

经纬书局图书目录（第 7 期）　经纬书局编

上海：经纬书局，1936.9，1 册，32 开

本书附廉价书目。

收藏单位：国家馆、江西馆、南京馆、中科图

03952

景山书社中文图书目录（第 8 期）　景山书社编

北平：景山书社，1933.9，87 页，32 开

本书分 43 类，内容包括：目录学、经学、

语文学与训诂学、考古学、子书、哲学与伦理学、心理学等。景山书社以经售英美原版书籍为主，兼营国内学校、学术机关等的出版物。

　　收藏单位：首都馆

03953

景山书社中文图书目录（第9期） 景山书社编

北平：景山书社，1934.12，85页，32开

　　本书分42类，内容包括：目录学、经学、教育学、小说、文艺论著等。

　　收藏单位：国家馆

03954

九州书局图书目录 九州书局编

上海：九州书局，[1930—1939]，87+24页，32开

上海：九州书局，[1930—1939]，76页，32开

　　本书列有书名、著者、定价、折扣等。

　　收藏单位：重庆馆、国家馆

03955

开明书店分类书目 开明书店编

上海：开明书店，1937.3，103页，32开

　　本书依王云五《中外图书统一分类法》编排。各级学校教科书用书另编，列于卷首。

　　收藏单位：安徽馆、国家馆、湖南馆、江西馆、内蒙古馆、山东馆、上海馆、首都馆、西南大学馆

03956

开明书店简明书目 开明书店编

上海：开明书店，1934.8，42页，32开

上海：开明书店，1935.7，108页，32开

上海：开明书店，1935.11，108页，32开

上海：开明书店，1936，117页，32开

　　本书分学校用书、丛书细目、一般图书、经售书目等类。其中，一般图书大致按王云五《中外图书统一分类法》编排。

　　收藏单位：国家馆、湖南馆、南京馆、内蒙古馆、山东馆、绍兴馆、首都馆

03957

开明书店简明图书目录 开明书店赣县分店[编]

开明书店赣县分店，[1933—1949]，10页，50开

　　收藏单位：江西馆

03958

抗战读物选目 赵福来著

出版者不详，1938.10，手写本，47页，10开，环筒页装

　　本书分19类：抗战一般读物、抗战纪实、民众组织、民众训练、民众运动、宣传工作、妇女工作、国际关系、战时政治经济、军事、战时教育、卫生救护与防御、战时乡村建设、战时文艺、战时戏剧、战时文化运动、国难历史、日本研究、战时读物选目补编，列出书名、著者、印行者、出版期、版次、页数、定价和主要内容等。

　　收藏单位：国家馆

03959

抗战以来图书选目（第1辑） 国立中央图书馆编

[重庆]：国立中央图书馆，[1943—1949]，256页，32开

　　本书收1937年7月至1943年12月出版发行之图书，分总类、经学、哲学、心理、教育、宗教、历史、考古、传记、地理、社会、民俗等类。

　　收藏单位：安徽馆、重庆馆、贵州馆、国家馆、南京馆

03960

来薰阁书店经售中国学术机关出版物联合目录 来薰阁书店编

北平：来薰阁书店，1934.8，150页，32开

　　本书按机关编排，包含：国立中央研究院历史语言研究所、国立中央研究院社会科学研究所、故宫博物院、国立北平图书馆、中华图书馆协会、燕京大学国学研究所、引得编纂处、国立北京大学、西北科学考察团等学术机关的出版物目录。封面题名：来薰阁经

售学术机关刊物目录。书口题名：莱薰阁书目。

　　收藏单位：国家馆、南京馆、首都馆

03961

联合活页图书目录　无线电学习社　合作电化研究室编

上海：无线电学习社、合作电化研究室，[1911—1949]，16 页，横 64 开，活页装

　　本书介绍编者出版的图书，每种书 1 页。

　　收藏单位：国家馆

03962

联合书目　联合书店编

上海：联合书店，1931.2，1 册，32 开

　　本书分两部分：本版和外版。本版部分内容包括：新书总目、新闻学编目、文艺新书、新书说明、新书预告、批发邮购章程；外版部分内容包括：文艺创作、世界文艺名著、小品散文、哲学、妇女问题、史地、诗歌、戏剧、儿童读物等。

　　收藏单位：国家馆

03963

良友图书简目　良友复兴图书印刷公司编

上海：良友复兴图书印刷公司，1939.4，改定本，23 页，36 开

　　本书内容包括：良友文学丛书、文学丛书特大本、文学丛书得奖小说等。

　　收藏单位：国家馆

03964

良友图书目录（二十二年春季 第 11 期）　良友图书印刷有限公司编

上海：良友图书印刷有限公司，1933，66 页，32 开

　　收藏单位：国家馆、天津馆

03965

良友图书目录（民国二十六年）　良友图书公司编

上海：良友图书公司，1937，132 页，32 开

　　本书分文艺读物、图书读物、一般读物

等类。各书有提要。书后有该公司出版各书作者笔画索引。

　　收藏单位：国家馆

03966

龙门联合书局图书目录　龙门联合书局编

上海：龙门联合书局，[1938—1949]，27 页，32 开

　　本书分 19 类：一般科学、社会科学、会计学、天文·气象、数学、物理、化学·化学工业、生物、医学、动物学、植物学、土木·机械工程、电学及电工、纺织工业、小工艺、儿童科学丛书、本国语文、外国语文、文艺小说。附西文书目。

　　收藏单位：国家馆

03967

民国以来出版新书总目提要　杨家骆编

南京：辞典馆，1936.5，2 册（[1874] 页），32 开，精装（民国史稿草创本副刊）

　　本书收 1911 年 1 月至 1933 年 5 月间出版的图书 8553 种，不收教科书及通俗读物，分总类、哲学、语文、文学论著、创作文学、翻译文学、艺术教育、自然科学、应用技术、社会科学、经济、政治法律、历史地理等类，每书有提要。书前有《我的终身事业》（杨家骆）。书后附《辞典馆事业之社会反应》。

　　收藏单位：重庆馆、国家馆、南京馆、武大馆

03968

民智书局图书目录　民智书局编

上海：民智书局，1926.7，34 页，32 开

　　本书分中山主义、文学、哲学等类。大多附有内容提要。

　　收藏单位：国家馆

03969

民智新书集刊（第 1 辑）　民智书局编

上海：民智书局，[1930—1939]，74 页，25 开

　　本书分党义、政治、法律、经济、社会、教育·心理学、史地·外交、哲学、文艺、

自然科学、教科用书等类。

收藏单位：国家馆、湖南馆

03970

目录　师大附中编

[北平]：师大附中，1936，21 页，32 开

收藏单位：国家馆

03971

南京拔提书店图书目录　南京拔提书店编

南京：拔提书店，1934.7，[66] 页，64 开

本书不分类，多为军事、政治书籍。部分书有内容介绍。

收藏单位：国家馆

03972

南京书店图书目录（第 1 期）　南京书店编

南京：南京书店，1932.11，40 页，32 开

本书分文学、哲学、教育、社会科学、政治、法学、经济、传记、史地、军警、英语、升学指导、自然科学、高中课本、初中课本、小学课本、儿童读物、刊物、指南等类。

收藏单位：国家馆

03973

南京书店图书目录　南京书店 [编]

[南京]：读者合作社，[1933]，32 页，64 开

收藏单位：国家馆

03974

南洋书局图书目录

[新加坡]：南洋书局，1934，98 页，32 开

收藏单位：南京馆

03975

朴社出版书籍目录　朴社编

北平：朴社，[1925—1949]，28 页，32 开

本书为该社出版发行目录，部分书有简要介绍。封面题名：亲友录。逐页题名：朴社出版书目。

收藏单位：国家馆

03976

启明书局邮购部图书目录　启明书局编

[上海]：启明书局，[1939]，1 册，32 开

本书主要介绍该书局出版的世界名著。

收藏单位：浙江馆

03977

千顷堂书局图书目录　千顷堂书局编

上海：千顷堂书局，1936，石印本，1 册，25 开

上海：千顷堂书局，1938.10，重订版，86+20 页，32 开

本书分两部分：医学目录和中国哲学目录，书前有该局启事、通函购书简章。

收藏单位：国家馆、首都馆

03978

清水书店新刊目录（第 36 号）

[东京]：[清水书店]，1934.2，134 页，32 开

本书为法治、经济、社会、商业方面的出版图书目录。

收藏单位：国家馆

03979

清水书店综合图书目录　清水书店编

东京：清水书店，1922.10，1 册，32 开

本书分法规类、法理学·法律哲学、法学通论、宪法、行政法、财政学、刑法、民法、商法等类。

收藏单位：国家馆

03980

全国审准发行图书一览（民国三十三年七月至九月）　中央图书杂志审查委员会编

中央图书杂志审查委员会，1944，油印本，10 页，16 开

收藏单位：南京馆

03981

全国图书杂志汇报　长江图书代办部编

上海：长江图书代办部，1935，92 页，32 开

本书收该部代购、代定的图书、杂志，

分学校教科、宗教哲学、心理学、文学语、外国语、文学、国学、总集、新闻学、丛书、年鉴、社会科学、经济学、经济学史等类。

　　收藏单位：国家馆

03982

全国新书汇报　合众书店编

上海：合众书店，1935，67 页，32 开

　　本书分教科书、家教、哲学、心理学、语文学等类。附代订定期刊物一览。

　　收藏单位：国家馆

03983

全国新书汇报（第 10 号 民国 23 年 11 月）　生活书店编

上海：生活书店，1934.11，[104] 页，32 开

　　本书收 1934 年 1 至 8 月出版的书籍，分总类、社会科学、哲学、文学、艺术、自然科学等类。附特约代订定期刊物一览。

　　收藏单位：南京馆、首都馆

03984

全国新书目录　文化供应社编

桂林：文化供应社，1943.2，39 页，50 开

　　本书分两部分：本社图书目录和全国新书目录。本社图书目录分两类：一般图书和丛书；全国新书目录分 9 类：总类、文学·艺术、社会科学、自然科学、哲学、历史·地理、应用技术、补充读物、少年读物，后列最近杂志目录。

　　收藏单位：国家馆

03985

三民公司图书汇报　三民公司 [编]

上海：[三民公司]，1932，60 页，32 开，精装

　　收藏单位：首都馆

03986

三三医社出版书报目录提要　三三医社编辑部编

杭州：三三医社，1929.11，80 页，16 开

　　本书包含该社所出版书报的名称、数种

及简介。

　　收藏单位：浙江馆

03987

商务印书馆出版物分类目录　商务印书馆编

[上海]：商务印书馆，[1935]，346 页，16 开

　　本书分 10 类，内容包括总类、哲学、宗教、社会科学、语文学、应用技术、自然科学等。

　　收藏单位：重庆馆

03988

商务印书馆出版物分类目录（社会科学三、四）　商务印书馆编

上海：商务印书馆，[1921—1949]，[28] 页，16 开

　　本书分 3 类：教育、商业交通、习俗礼制。部分书籍有提要。

　　收藏单位：重庆馆、国家馆

03989

商务印书馆初中书目　商务印书馆编

[上海]：[商务印书馆]，[1931]，67 页，25 开

　　收藏单位：广东馆、江西馆

03990

商务印书馆二十四年度已出及拟出新书第一次目录　商务印书馆编

上海：商务印书馆，1935.4，11 页，16 开

　　本书收约 500 种，依王云五《中外图书统一分类法》编排。附新书预约简章及定单。

　　收藏单位：国家馆

03991

商务印书馆二十四年度已出拟出新书第二次目录　商务印书馆编

上海：商务印书馆，1935，18 页，16 开

　　收藏单位：首都馆

03992

商务印书馆发售预约特价书　商务印书馆编

上海：商务印书馆，1936.2，[12] 页，32 开

本书介绍该馆新书。

收藏单位：国家馆

03993

商务印书馆改订实价书目（第 1、2 号）　商务印书馆编

上海：商务印书馆，1936，43 页，25 开

收藏单位：首都馆

03994

商务印书馆改订实价书目（第 3 号）　商务印书馆编

上海：商务印书馆，1937，54 页，25 开

收藏单位：首都馆

03995

商务印书馆每周出版新书　商务印书馆编

上海：商务印书馆，1947.12，1 册，16 开

本书为每周出版书目，包括：大型丛书、新中学文库、新小学文库等。每种书均有内容提要。

收藏单位：国家馆

03996

商务印书馆目录　商务印书馆编

[上海]：[商务印书馆]，[1937]，1 册，25 开

收藏单位：江西馆、中科图

03997

商务印书馆内地版简明图书目录（第 2 期）

[长沙]：商务印书馆，1945，42 页，36 开

收藏单位：国家馆

03998

商务印书馆书目

[上海]：[商务印书馆]，154 页，25 开

收藏单位：江西馆

03999

商务印书馆图书目录（第 1 编 小学之部）　商务印书馆编

上海：商务印书馆，1915.5，3 版，[104] 页，50 开

本书均为小学教科书，分初小、高小两类。各书有内容介绍。附函购本馆图书办法。

收藏单位：国家馆

04000

商务印书馆图书目录　商务印书馆编

上海：商务印书馆，[1935]，350 页，25 开

上海：商务印书馆，[1936]，400 页，25 开

收藏单位：江西馆

04001

商务印书馆小学书目　商务印书馆编

上海：商务印书馆，1930，36 页，32 开

本书为小学教师参考必备，分党义、国语、社会、常识、公民、自然、算术、历史、地理、美术、工用艺术、形象艺术、音乐等类。

收藏单位：国家馆

04002

商务印书馆赞助全国读书运动半价书目　商务印书馆编

上海：商务印书馆，1935，48 页，32 开

本书分总类、哲学、心理学、伦理学、宗教、社会科学、统计学、人口论、政治学、经济学、金融、教育心理学等类。

收藏单位：国家馆

04003

商务印书馆最近出版书目　商务印书馆编

上海：商务印书馆，1947.1，55 页，32 开

上海：商务印书馆，1947.10，75 页，32 开

上海：商务印书馆，1949.1，90 页，32 开

本书分 3 类：初版书、重版书、教科书。前两类依王云五《中外图书统一分类法》编排。

收藏单位：广东馆、广西馆、桂林馆、国家馆、上海馆、首都馆

04004

上海贝勒路霞飞路北首道德书局书目 道德书局编

上海：道德书局，[1933]，80页，25开

收藏单位：江西馆

04005

上海大成书局廉价书目录 大成书局编

上海：大成书局，[1920—1929]，15+60页，50开

收藏单位：国家馆

04006

上海寰球书局股份有限公司总店优待外埠同业廉价目录 寰球书局编

上海：寰球书局，1936，1册，横25开

本书分历史小说、现行法律书、武艺拳术类、社会香艳小说、笔记小说、滑稽小说、武侠小说等类。

收藏单位：国家馆

04007

上海明善书局图书第六次出版图书目录 明善书局编

上海：明善书局，[1930—1939]，1册，32开

收藏单位：国家馆

04008

上海南强书局出版书籍分类总目 上海南强书局编

上海：南强书局，[1932—1936]，1册，25开

收藏单位：江西馆

04009

上海南强书局图书目录

[上海]：[南强书局]，[1940—1949]，1册，32开

本书收上海南强书局、上海群乐书店、远东图书公司、上海晨曦书社等出版社的书目。

收藏单位：浙江馆

04010

上海书报邮售社分类目录（第1种 新文学书目） 书报邮售社编

上海：书报邮售社，1929，71页，32开

收藏单位：国家馆

04011

上海土山湾印书馆图书目录 上海土山湾印书馆[编]

上海：土山湾印书馆，1933，2页，57×70cm

收藏单位：国家馆

04012

上海文华美术图书公司图书提要（第1编）

上海文华美术图书公司编

上海：文华美术图书公司，1933，1册，50开

本书封面题名：文华美术图书公司出版提要。

收藏单位：国家馆

04013

上海新中国书局图书目录 上海新中国书局编

上海：新中国书局，[1933]，52页，25开

收藏单位：江西馆

04014

上海杂志无限公司第二度邮市廉价书目 上海杂志无限公司邮购信托部编

上海：杂志无限公司，1936，94+20页，32开

本书按折扣程度分类。

收藏单位：国家馆

04015

上海杂志无限公司新书总目（1938） 上海杂志无限公司编

上海：杂志无限公司，1938，45页，64开

本书分两部分：丛书和分类图书。附杂志目录、邮购简章。

收藏单位：国家馆

04016

上海杂志无限公司新书总目 上海杂志无限公司编

上海：杂志无限公司，1939.2，[15] 页，25 开

本书分哲学·政治·经济、国际·外交、文艺理论·报告文学、剧本·杂文、军事·技术等类。有些图书有内容简介，书前有代订简约、邮购简约。

收藏单位：国家馆

04017

上海制造局译印图书目录 上海制造局翻译馆编译

上海：制造局图书处，[1914]，石印本，[8]页，16 开，环筒页装

收藏单位：国家馆

04018

申报出版物目录 申报馆特种发行部编

[上海]：申报馆特种发行部，1934.8，1 册，32 开

本书分申报月刊、申报年鉴、中国分省新图、中国国民新地图等类。

收藏单位：国家馆

04019

生活书店简明书目 生活书店编

[上海]：生活书店，1937.6，80 页，50 开

收藏单位：上海馆

04020

生活书店图书目录（民国二十四年九月） 生活书店编

上海：生活书店，1935.9，64 页，32 开

本书内容包括：生活书店图书目录、生活书店特约总经售图书杂志目录、生活书店经售及全国定期刊物一览、购书通知单、代订杂志单、邮政寄邮费简表等。

收藏单位：国家馆

04021

生活书店图书目录（民国二十五年十二月） 生活书店编

上海：生活书店，1936.12，59 页，48 开

本书分丛书、一般图书、经售图书等类。

收藏单位：重庆馆

04022

生活书店图书目录（民国二十六年二月） 生活书店汉口分店编

汉口：生活书店汉口分店，1937.2，165 页，40 开

本书内容包括：1937 年 1 月和 2 月的新书、丛书、一般图书、经售图书等。

收藏单位：国家馆

04023

生活书店图书目录（1938 年 8 月） 生活书店编

重庆：生活书店，1938.8，28 页，50 开

本书内容包括：排印中的新书、丛书、一般图书、经售图书等。

收藏单位：国家馆

04024

生活书店之新贡献 生活书店编

上海：生活书店，1933.7，1 册，25 开

收藏单位：江西馆

04025

世界书局目录 世界书局 [编]

上海：世界书局，[1917—1949]，1 册，25 开

收藏单位：江西馆

04026

世界书局图书汇报（民国十七年订正） 世界书局 [编]

[上海]：[世界书局]，[1928]，1 册，32 开

收藏单位：天津馆

04027

世界书局图书汇报 世界书局 [编]

[上海]：[世界书局]，[1930]，99 页，32 开

本书介绍该局出版图书，分 12 类，内容包括：教科书籍类、各科学术类、英文用书、政法用书类、字典辞典类、儿童用书类等。

收藏单位：安徽馆、国家馆、江西馆、首都馆

04028

世界书局图书目录　世界书局编

上海：世界书局，[1932]，189页，32开

本书分8类：学校教科、文化科学、各种丛书、儿童读物、普通用书、英文书籍、美术物品、代售各书。每一大类下再分若干小类。

收藏单位：江西馆、首都馆

04029

世界书局图书目录　世界书局编

上海：世界书局，1935.6，104页，32开

本书分32类，内容包括：学校教科、哲学、宗教、心理学、语文学、文学、国学读本、精刊古书、社会学、政治学、法律、教育、历史、地理、工商业等。附丛书目录。

收藏单位：重庆馆、广西馆、国家馆、湖南馆、江西馆、内蒙古馆、绍兴馆、天津馆

04030

世界书局图书目录　世界书局编

上海：世界书局，[1936]，109+12页，32开

本书分30类，内容包括：学校教科、哲学、宗教、心理学、语文学、文学、社会学、经济学、政治学、法律、教育、历史、地理、工商业等。附丛书目录。

收藏单位：重庆馆、桂林馆、江西馆

04031

世界书局新书目录　世界书局 [编]

[上海]：[世界书局]，1934，32页，32开

本书介绍该局出版图书，分12类，内容包括：教科书籍类、各科学术类、各种丛书类、英文用书类、政法用书类等。

收藏单位：首都馆

04032

世界书局新书提要　世界书局 [编]

[上海]：[世界书局]，[1917—1949]，30页，32开

本书分幼稚园教科书、小学校教科书、民众学校教科书、职业学校教科书、初中高中教科书、商科用书、英文书、教育、心理学、社会、历史、数学、文学、艺术、法律、一般用书、儿童读物、小说等类。

收藏单位：天津馆

04033

世界书局英文书提要　世界书局编

外文题名：World english books of 1931 fall: a descriptive catalogue

上海：世界书局，[1931]，[76]页，32开

本书分11部分：英语读本、活用英文ABC丛书、华文详注世界近代英文名著集、华文详注英文文学基础丛刊、华文详注初学必读英文丛刊、华文详注英文文学读本、英文选、社交英文、字典、杂类、英文书目录。

收藏单位：国家馆

04034

书名汇刊　广益书局 [编]

上海：广益书局，1935.6，70页，32开

本书分学校用书、国学用书、法学用书、党义用书、写信用书、习字用书、社会用书等类。

收藏单位：重庆馆、国家馆

04035

四川善后督办公署书报流通社图书目录　四川善后督办公署书报流通社 [编]

成都：[四川善后督办公署书报流通社]，1936，再版，1册，32开

本书为征购图书目录，分5类：社会、军事、文学、杂著、杂志。

收藏单位：重庆馆

04036

四川省教育厅出版刊物目录　四川省教育厅编

[成都]：四川省教育厅，[1911—1949]，16页，32开

本书分教育丛刊、国民教育辅导丛刊、国民教育行政丛刊、国民教育师资训练班教

本、中学教育丛书、四川省教育厅施政报告、四川省教育厅对省参会议决案办理情形报告、地图、定期刊物等类。

收藏单位：重庆馆、国家馆

04037

天津大成书局廉价书目录 大成书局第一分局编

天津：大成书局第一分局，[1920—1929]，56页，50开

收藏单位：国家馆

04038

天津江东书局大廉价图书目录 天津江东书局编

天津：江东书局，[1910—1919]，60页，32开

收藏单位：国家馆

04039

图书汇报（特号） 商务印书馆编

上海：商务印书馆，1924，161页，32开

收藏单位：首都馆

04040

图书汇报（第114期） 商务印书馆 [编]

上海：商务印书馆，[1911—1926]，154+16页，32开

本书分学校用书类、一般用书类、外国文用书类等。附寄售书目。

收藏单位：国家馆、内蒙古馆

04041

图书汇报（第115期） 商务印书馆 [编]

上海：商务印书馆，[1911—1926]，163页，32开

本书分学校用书类、一般用书类、外国文用书类等。附寄售书目。

收藏单位：国家馆、浙江馆

04042

图书汇报（第116期） 商务印书馆 [编]

上海：商务印书馆，[1926]，222+22页，32开

本书收商务印书馆最近出版新书（截至1926年5月10日），分学校用书、一般用书、外国文用书等类。附寄售书目。

04043

图书汇报（第117期） 商务印书馆 [编]

上海：商务印书馆，1926.10，231+23页，32开

本书介绍商务印书馆最近出版新书，分3类：学校用书、一般用书、外国文用书。前有例言，后附寄售书目。

收藏单位：国家馆、内蒙古馆

04044

图书汇报（第122号） 商务印书馆 [编]

上海：商务印书馆，1931.4，292+[81]页，32开

本书依王云五《中外图书统一分类法》编排。

收藏单位：国家馆、内蒙古馆、首都馆

04045

图书汇报（新2号） 商务印书馆 [编]

上海：商务印书馆，1933.5，163页，32开

本书内容包括：复业后出版新书、复业后新出版教科书、复业后重版书、《万有文库》单行本、《四部丛刊》单行本，杂志及其他等。图书依王云五《中外图书统一分类法》编排。附通讯现购简章、邮政简表。

收藏单位：安徽馆、长春馆、重庆馆、桂林馆、国家馆、绍兴馆、首都馆、西南大学馆

04046

图书汇报（新3号） 商务印书馆 [编]

上海：商务印书馆，1933.12，218+47页，32开

本书内容包括复业后出版新书、复业后新出版教科书、复业后重版书、《万有文库》单行本、《四部丛刊》单行本，杂志及其他等。图书分类依照王云五《中外图书统一分类法》编排。附通讯现购简章、邮政简表。

收藏单位：安徽馆、国家馆

04047

图书汇报（新4号） 商务印书馆 [编]

上海：商务印书馆，1934.9，[304] 页，32 开

本书依照王云五《中外图书统一分类法》编排，一般书目后附丛书书目。

收藏单位：安徽馆、国家馆、河南馆、辽宁馆、内蒙古馆

04048

图书汇报（新5号） 商务印书馆 [编]

上海：商务印书馆，1935，[350] 页，32 开

本书依王云五《中外图书统一分类法》编排。

收藏单位：安徽馆、广西馆、绍兴馆

04049

图书汇报（新6号） 商务印书馆 [编]

上海：商务印书馆，1936.3，321+79 页，32 开

本书依照王云五《中外图书统一分类法》编排。有的分6册，有的合订1册。

收藏单位：安徽馆、重庆馆、国家馆、陕西馆、绍兴馆、首都馆、中科图

04050

图书汇报（新7号） 商务印书馆 [编]

上海：商务印书馆，1936—1938，6 册，32 开

本书依照王云五《中外图书统一分类法》编排。

收藏单位：重庆馆、广西馆、贵州馆、国家馆、江西馆、辽大馆、南京馆、绍兴馆、天津馆

04051

图书汇报（新9号） 商务印书馆编

[长沙]：商务印书馆，1940.9，4 册，32 开

收藏单位：辽大馆

04052

图书目录 东北新华书店编

沈阳：东北新华书店，1949，42 页，32 开

收藏单位：国家馆、天津馆

04053

图书目录 辅仁印书馆编

北平：辅仁印书馆，[1946]，46 页，32 开

本书分哲学、宗教、法律、教育、民俗学、语言学、科学等类。

收藏单位：国家馆、河南馆、江西馆、上海馆、首都馆

04054

图书目录 光华书局编

上海：光华书局，[1932]，50 页，25 开

收藏单位：江西馆

04055

图书目录 文化学社编

北平：文化学社，1929，[57] 页，32 开

收藏单位：首都馆

04056

图书目录 自然书局编

上海：自然书局，[1932]，55 页，32 开

收藏单位：国家馆

04057

图书月刊编辑室全部书刊及其他各物移交清册目录 图书月刊编辑室 [编]

[重庆]：[图书月刊编辑室]，[1944]，手写本，1 册，16 开

收藏单位：国家馆

04058

温知书店书目 温知书店编

[上海]：[温知书店]，[1942—1949]，1 册，36 开

收藏单位：上海馆

04059

文华 文华股份有限公司 [编]

上海：文华股份有限公司，[1932]，37 页，32 开

本书收该公司杂志目录大廉价赠品书目。

收藏单位：国家馆

04060

文化学社图书汇刊 文化学社编

北平：文化学社，1935，32 页，32 开

收藏单位：国家馆、首都馆

04061

文化学社图书汇刊 文化学社编

北平：文化学社，1937.1，54+42 页，32 开

本书分初中教科书、高中·师范·大学教科书、师范教科书、各科参考书、各科用书等类。重点书籍有内容介绍。

收藏单位：国家馆、首都馆、天津馆

04062

文明书局图书目录 文明书局编

上海：文明书局，1927.9，52 页，32 开

本书分学校用书、诗文、尺牍、各科用书、杂类、小说、碑帖、书画等类。

收藏单位：广西馆、桂林馆、国家馆、辽宁馆、上海馆

04063

文友书局图书目录 文友书局编

上海：文 友 书 局，[1911—1949]，46 页，48 开

本书为文友书局销售图书目录，分文学读本、辞典辞书、民众实用要书、文艺书等类。其他题名：上海文友书局大廉价图书目录。

收藏单位：重庆馆

04064

现代书局出版目录 现代书局编

上海：现代书局，1932，1 册，32 开

上海：现代书局，1934，1 册，32 开

收藏单位：国家馆

04065

现代书局图书总目 现代书局编

上海：现代书局，1933，275 页，32 开

本书采用《杜威十进分类法》编排，列

有书名、著者、定价、出版处，必要时加注版本，译本载有原著者及原书名。时限截至 1933 年 5 月底。

收藏单位：国家馆、浙江馆

04066

新华书店本版编号书目 新华书店编

[北平]：新华书店，[1949]，17 页，42 开

收藏单位：国家馆

04067

新华书店图书目录 新华书店编

北平：新华书店，1936，25 页，32 开

本书分中学算学教科书、师范算学教科书、大学算学丛刻、西文书、挂图、模型等类。

收藏单位：国家馆

04068

新生命书局图书目录 新生命书局编

上海：新生命书局，1932，118 页，36 开

本书所收大多为政治书，几乎每书都列有内容提要及评介。

收藏单位：国家馆

04069

新书汇报（中华民国三十五年十一月 第一号） 生活书店编

上海：生活书店，[1946]，45 页，50 开

本书分总类、哲学、社会科学、史地等类。书后附期刊一览。

收藏单位：国家馆、江西馆

04070

新书目录 亚细亚书局编

上海：亚细亚书局，1934.1，31 页，32 开

本书分文学基本丛书、词学小丛书、辞典、学校用书、文学、社会科学等类。有些著作有内容提要。

收藏单位：国家馆

04071

新书目录（三十六年一月至八月） 中国文化

服务社编

上海：中国文化服务社，[1947]，26 页，42 开

　　收藏单位：上海馆

04072

新书提要　杨家骆著

台北：中国学典馆复馆筹备处，[1911—1949]，3 版，1 册，32 开

　　收藏单位：重庆馆

04073

新学会社出版图书目录　新学会社编

[上海]：新学会社，[1930—1939]，6 页，22 开

　　收藏单位：国家馆

04074

新亚书店图表书籍目录（1934）　上海新亚书店[编]

上海：新亚书店，1934，50 页，32 开

　　收藏单位：国家馆

04075

新中国文化出版社最近出版书籍杂志目录

新中国文化出版社编

西安：新中国文化出版社，1940.9，11 页，32 开

　　本书为发行书目。部分书有简要说明。

　　收藏单位：国家馆

04076

星期标准书（第 1 辑）　商务印书馆[编]

[长沙]：商务印书馆，1938.5，46 页，32 开

　　本书收 1935 年 10 月至 1937 年 8 月商务印书馆所出版的图书"合于标准者"96 种，加上选定未及发行之 4 种，合辑而成。各书均撰提要。

　　收藏单位：国家馆

04077

亚东图书馆书目　亚东图书馆编

上海：亚东图书馆，1936，1 册，32 开

　　本书分 13 类，包括：文集、学校教材·补充读物及参考书、科学·哲学、社会科学、历史、文学杂著、传记、书信、故事、新诗、创作小说等。

　　收藏单位：国家馆、首都馆

04078

伊文思图书公司实业书籍目录　伊文思图书公司编

上海：伊文思图书公司，[1919]，34 页，22 开

　　本书为伊文思图书公司（外国出版公司在华代理机构）的经售书目，先列西文书名，再列中文译名。

　　收藏单位：国家馆

04079

益新书社廉价书目　益新书社编

上海：益新书社，[1930—1939]，75 页，32 开

　　本书分文学书、实用文件、文艺作法、公文及法律用书、娱乐消遣、名著小说、文艺小说、武侠小说、社会小说、侦探小说等类。

　　收藏单位：国家馆

04080

益新书社图书目录　益新书社编

上海：益新书社，1929，[88] 页，32 开

　　本书分武侠小说、社会香艳小说、哀情言情小说、新式标点类、尺牍类、画谱类、笔记小说类、古今说部等类。逐页题名：益新书社书目。

　　收藏单位：国家馆、江西馆

04081

蟫隐庐临时代售旧书目　蟫隐庐书庄[编]

上海：蟫隐庐书庄，[1911—1949]，[6] 页，16 开

　　收藏单位：国家馆

04082

影印洋书目录（民国二十七年十月订）　北京

文殿阁书庄 [编]

北京：文殿阁书庄，1938，[8] 页，32 开

收藏单位：国家馆

04083

邮局代购书籍目录（第 1 期） 交通部邮政总局所辖驻沪供应处编

上海：交通部邮政总局所辖驻沪供应处，1935.1，2 册（412+400 页），32 开

本书分总类、哲学、宗教、历史、传记、地理、游记、人类学、音乐、文学、医药学、卫生、娱乐等 20 类。各书均著录书名、著者、发行单位、出版年月、版次、册数、实价等。

收藏单位：桂林馆、国家馆

04084

邮局代购书籍目录（第 1 期 续编） 交通部邮政总局所辖驻沪供应处编

上海：交通部邮政总局所辖驻沪供应处，1935.4，2 册，32 开

本书分类和著录项目与第 1 期相同。

收藏单位：国家馆

04085

云南图书馆发行书目 昆华图书馆编

昆明：昆华图书馆，[1931—1949]，[24] 页，48 开，环筒页装

本书列书名、册数和售价。首页题名：本馆出版书籍汇刊。中缝题名：昆华图书馆书目汇刊。

收藏单位：国家馆

04086

战时新书目录（第 1 回） 上海杂志无限公司编

上海：杂志无限公司，1938.1，30 页，64 开

本书分抗战读物、国际·政治·外交、经济、军事·技术、战时文艺等类，附丛书·杂志、上海杂志公司邮市部简章。

收藏单位：国家馆

04087

浙江经济图书目录 浙江经济调查协会编

杭州：浙江经济调查协会，1936.7，油印本，1 册，16 开

本书分史地、一般经济、交通、农林等类。

收藏单位：浙江馆

04088

浙江省立图书馆出版图书目录 浙江省立图书馆编

杭州：浙江省立图书馆，[1934.3]，[34] 页，32 开

本书分木印书目、铅印书目、国学基本书、文学书籍、有关杭州西湖的书籍、国医参考书等类。部分书有简要介绍。附该馆出版图书批发章程。

04089

浙江省立图书馆出版图书目录 浙江省立图书馆编

杭州：浙江省立图书馆，1934.10，52 页，32 开

本书分两部分：木印书目和寄售书书目。

收藏单位：国家馆、天津馆、西南大学馆

04090

浙江省立图书馆出版图书目录 浙江省立图书馆编

杭州：浙江省立图书馆，[1935]，1 册，32 开

本书分木印书目、铅印书目、国学基本书、文学书籍、有关杭州西湖的书籍、浙江文献、新增图书等类。部分书有简要介绍。附该馆附设印行所售书办法。

收藏单位：重庆馆、国家馆、河南馆、湖南馆、近代史所、上海馆、天津馆

04091

浙江省立图书馆出版图书目录 浙江省立图书馆编

杭州：浙江省立图书馆，1935.4，[75] 页，32 开

本书分类与 1934 年版目录相同，增加寄

售书目。封底有：浙江省立图书馆简况。

04092

浙江省立图书馆附设印行所木印部书目

[杭州]：[浙江省立图书馆]，1932，铅印本，1 册

　　收藏单位：国家馆

04093

真美善图书目录

上海：真美善书店，[1930]，1 册，40 开

　　收藏单位：国家馆

04094

正中少年故事集样本

[南京]：正中书局，[1936]，1 册，32 开

　　收藏单位：国家馆、河南馆

04095

正中书局图书汇报（8） 正中书局编

重庆：正中书局，1942.10，54 页，32 开

　　本书为出版发行目录，依正中书局《中国图书十进分类法》编排，分 10 类：总类、哲学、党义、社会科学、语文学、自然科学、应用技术、艺术、文学、史地，列出书名、编著者和价目。书前有简要说明。

　　收藏单位：国家馆

04096

正中书局图书目录（第 1 次） 正中书局编

[南京]：正中书局，1935.10，130 页，32 开

　　本书为该局出版发行目录，分 5 类：教科书、丛书、各科用书、定期刊物、总代售书。部分有内容提要。书前有函购简章、上海市二十四年度中小学学校历。

　　收藏单位：国家馆、上海馆

04097

正中书局图书目录（第 3 次） 正中书局编

[南京]：正中书局，1936.2，72 页，32 开

　　本书为该局出版发行目录，分 4 类：教科书、各科参考书、新生活丛书、杂志。书前有纪念日表，函购简章、邮政寄费简表。

　　收藏单位：国家馆

04098

正中书局图书目录（第 4 次） 正中书局编

[南京]：正中书局，[1936]，119 页，32 开

　　本书为该局出版发行目录，部分有内容提要。

　　收藏单位：贵州馆、国家馆、内蒙古馆

04099

中国科学社出版书目 中国科学社编

外文题名：Publications of the Science Society of China

上海：中国科学社，1930，1 册，32 开

　　收藏单位：国家馆

04100

中国科学图书仪器公司图书目录 中国科学图书仪器公司编

上海：中国科学图书仪器公司，[1940—1949]，1 册，32 开

　　本书分通论、科学史、生物学、生理卫生、心理学、天文、气象、地学、物理、化学、化学工业、电工、机工、土木工程、矿冶、农业、航空等类。

　　收藏单位：国家馆

04101

中国科学西书社目录 中国科学西书社编

中国科学西书社，1935，32 页，32 开

　　收藏单位：首都馆

04102

中国图书馆服务社（1934—1935） 中国图书馆服务社编

上海：中国图书馆服务社，1935，36 页，32 开

　　本书为该社经售西文图书的发售目录。

04103

中国图书馆服务社目录 杜定友编著

上海：中国图书馆服务社，1936，1 册，25 开

　　本书列出详记号码、品名、尺寸、用途

及价目等。

  收藏单位：江西馆

04104

中国政府机关刊物目录 国立中央研究院出版品国际交换处编

外文题名：List of Chinese government publications

[南京]：国立中央研究院出版品国际交换处，1930.7，67页，25开

  本书收中国政府机关出版的定期刊物，中英文名称并列，分两部分：中央党部刊物和中央政府各院部刊物。

  收藏单位：安徽馆、重庆馆、广东馆、广西馆、桂林馆、国家馆、辽宁馆、南京馆、上海馆、首都馆、天津馆、中科图

04105

中华基督教女青年会全国协会出版图书目录 中华基督教女青年会全国协会编

上海：中华基督教女青年会全国协会，[1933]，60页，36开

  本书分8类：妇女问题书籍、家庭与儿童问题书籍、体育书籍、文艺书籍、宗教书籍、专用赠送书籍、华光团书籍、杂志，每书有内容简介。附邮售部简章。

  收藏单位：国家馆、江西馆

04106

中华书局出版儿童读物目录

[上海]：[中华书局]，1933，62页，32开

  收藏单位：天津馆

04107

中华书局古书碑帖书画目录 中华书局编

上海：中华书局，1928，34页，32开

04108

中华书局精印书画目录 中华书局编

上海：中华书局，1936.7，47页，32开

  其他题名：书画目录。

04109

中华书局上海发行所秋季廉价部廉价目录

中华书局上海发行所编

上海：中华书局，[1911—1949]，44页，32开

  本书分4类：本所图书、文明书局出版图书、原版西书、文具仪器。

  收藏单位：首都馆

04110

中华书局十五周年纪念图书目录 中华书局编

上海：中华书局，1926，[85]页，32开

  收藏单位：首都馆

04111

中华书局图书目录（袖珍本） 中华书局编

上海：中华书局，1915，127页，42开

  收藏单位：首都馆

04112

中华书局图书目录 中华书局编

上海：中华书局，1924.11，[63]页，16开

  本书分中文和西文两部分。中文分新出图书汇刊、教科书、儿童读物、平民读物、古书、中国文学、外国文学、国语、字典辞典、哲理、教育、政治、经济、历史、地理、数理、实业、音乐戏剧、图书工艺、游艺、体育、卫生医药、家政、碑帖、画册、杂志、丛书、小说、表簿、屏联堂幅等类；西文分读本、文法作文、尺牍、文选、会话、辞典、丛书、小本英文说苑、谈丛故事、各科教学用书等类。附文明书局出版图书。

04113

中华书局图书目录 中华书局编

上海：中华书局，1925.6，[133]页，32开

  本书分中文和西文两部分。中文分教科书、儿童读物、平民读物、古书、中国文学、国语、字典辞典、哲理、教育、法政、史地、数理、实业、艺术等类；西文分读本、文法作文、尺牍、文选、会话、辞典、丛书、小本英文说苑、谈丛故事、各科教科用书等类。附文明书局出版图书。

  收藏单位：江西馆、辽宁馆

04114

中华书局图书目录 中华书局编

上海：中华书局，1926.11，[150] 页，32 开

本书附文明书局出版图书。

收藏单位：江西馆、天津馆

04115

中华书局图书目录 中华书局编

上海：中华书局，1927.4，1 册，32 开

本书分中文和西文两部分。中文分教科书、儿童读物、平民读物、古书、中国文学、外国文学、国语、字典辞典、哲理、教育、政治、经济、历史、地理、数理、实业、音乐戏剧、图书工艺美术、体育、卫生医药、家政、碑帖、书画、杂志、丛书等类；西文分读本、文法作文、尺牍、文选、会话、辞典、丛书、小本英文说苑、谈丛故事、各科教科用书等类。附文明书局出版图书。

04116

中华书局图书目录 中华书局编

上海：中华书局，1928.1，[188] 页，32 开

收藏单位：国家馆

04117

中华书局图书目录 中华书局编

上海：中华书局，1929.10，[191] 页，32 开

本书附本局经售文明书局出版图书。

收藏单位：安徽馆、首都馆

04118

中华书局图书目录 中华书局编

上海：中华书局，1930.1，[188] 页，32 开

本书分中文和西文两部分。中文分新教科书、儿童读物、平民读物、古书、中国文学、外国文学、国语、字典辞典、哲理、教育、政治、经济、历史、地理、数理、实业、音乐、戏剧、艺术、体育、卫生医药、家政、碑帖、书画、杂志、丛书等类；西文分读本、文法作文、尺牍、文选、会话、辞典、丛书、小本英文说苑、谈丛故事、各科教科用书等类。附文明书局出版图书。

收藏单位：国家馆、浙江馆

04119

中华书局图书目录 中华书局编

上海：中华书局，1930.8，[102] 页，32 开

04120

中华书局图书目录 中华书局编

上海：中华书局，1930.10，[148] 页，32 开

收藏单位：国家馆、内蒙古馆

04121

中华书局图书目录 中华书局编

上海：中华书局，1931.1，[176] 页，32 开

收藏单位：国家馆、辽宁馆、首都馆、浙江馆

04122

中华书局图书目录 中华书局编

上海：中华书局，1931.5，136+16 页，32 开

收藏单位：国家馆、江西馆

04123

中华书局图书目录 中华书局编

上海：中华书局，1931.8，137+16 页，32 开

本书分中文和外文两部分。中文分教科书、民众读物、国语国音、尺牍文范、文学、哲学、教育、社会科学、历史、地理、自然科学、应用科学、艺术、杂类、丛书等类；外文收英、法、德、日文书籍，其中英文分字典辞典、读本、文法作文、会话、尺牍、文选、补充读本、文学、杂类、习字、教具等类。

收藏单位：国家馆

04124

中华书局图书目录 中华书局编

上海：中华书局，1932.4，[154] 页，32 开

本书分中文和外文两部分。中文分教科书、民众读物、国语国音、字典辞典、尺牍文范、文学、哲学、教育、社会科学、历史、地理、自然科学、应用科学、艺术、杂类、丛书等类；外文收英、法、德、日文书籍，其中英文分杂类、习字、文学、文选、补充读本、尺牍、地理、会话、文法作文等类。

收藏单位：国家馆、湖南馆、江西馆

04125

中华书局图书目录　中华书局编

上海：中华书局，1932.10，[162] 页，32 开

本书分中文和外文两部分。中文分教科书、民众读物、国语国音、字典辞典、尺牍文范、文学、哲学、教育、社会科学、历史、地理、自然科学、应用科学、艺术、杂类、丛书等类；外文收英、法、德、日文书籍，其中英文分字典辞典、读本、文法作文、会话、尺牍、地理、文选、补充读本、文学、杂类、习字帖、教具等类。

收藏单位：国家馆

04126

中华书局图书目录　中华书局编

上海：中华书局，1933.3，127+17 页，32 开

本书分中文和外文两部分。中文分教科书、民众读物、国语国音、字典辞典、尺牍文范、文学、哲学、教育、社会科学、历史、地理、自然科学、应用科学、艺术、杂类、丛书等类；外文收英、法、德、日文书籍，其中英文分字典辞典、读本、文法作文、会话、尺牍、地理、文选、补充读本、文学、社会科学、生字表、习字帖、外国文教具等类。

收藏单位：国家馆

04127

中华书局图书目录　中华书局编

上海：中华书局，1933.8，[211] 页，32 开

本书附文明书局出版图书。

收藏单位：江西馆、首都馆、天津馆

04128

中华书局图书目录（摘录本）　中华书局编

上海：中华书局，1939，13+114+36 页，32 开

本书分两部分：各级教科书和各科图书。其中，各科图书依杜定友《杜氏图书分类法》分类。附文明书局出版图书。

收藏单位：国家馆、天津馆

04129

中华书局图书目录（重编第 1 号）　中华书局编

上海：中华书局，1935.3，[244] 页，32 开

本书分 3 类：各级教科书，各科图书，附编（丛书丛画、绝版图书、各项附件）。其中，各科图书、丛书丛画、绝版图书均依杜定友《杜氏图书分类法》分类。附文明书局出版图书，按诗文、尺牍、补助读物、各科用书、杂类、小说、碑帖、画册、金石、屏联堂幅等分类编排。

收藏单位：安徽馆、长春馆、广西馆、国家馆、江西馆、辽大馆、内蒙古馆、宁夏馆、绍兴馆、首都馆

04130

中华书局图书目录（重编第 2 号）　中华书局编

上海：中华书局，1935.8，[244] 页，32 开

本书分 3 类：各级教科书，各科图书，附录（丛书丛画、绝版图书、各项附件）。其中，各科图书、丛书丛画、绝版图书均依杜定友《杜氏图书分类法》分类。附文明书局出版图书。

收藏单位：国家馆、绍兴馆、首都馆

04131

中华书局图书目录（重编第 3 号）　中华书局编

上海：中华书局，1936.1，[284] 页，32 开

上海：中华书局，1936.2，再版，[284] 页，32 开

本书分 3 类：各级教科书、各科书目、附录（丛书丛画及其他）。卷首有分类索引，附文明书局出版图书。

收藏单位：广西馆、桂林馆、国家馆

04132

中华书局图书目录（重编第 4 号）　中华书局编

上海：中华书局，1936.7，[248] 页，32 开

本书分 3 类：各级教科书，各科图书，附录（丛书丛画、证书·簿册·日记·日历、绝

版图书等）。其中，各科图书、丛书丛画、绝版图书均依杜定友《杜氏图书分类法》分类。

收藏单位：桂林馆、国家馆、内蒙古馆、绍兴馆、首都馆、中科图

04133

中华书局图书目录（重编第 5 号） 中华书局编

上海：中华书局，1936.11，[289] 页，32 开

上海：中华书局，1937.1，再版，1 册，32 开

本书分 3 类：各级教科书，各科图书，附编（丛书丛画、证书·簿册·日记·日历、绝版图书等）。其中，各科图书、丛书丛画、绝版图书均依杜定友《杜氏图书分类法》分类。附文明书局出版图书。

收藏单位：广西馆

04134

中华书局图书目录（重编第 6 号） 中华书局编

上海：中华书局，1937.4，251+40 页，32 开

本书分 3 类：各级教科书、各科图书、附编（丛书丛画、证书·簿册·日记·日历、绝版图书等）。其中，各科图书、丛书丛画、绝版图书均依杜定友《杜氏图书分类法》分类。附文明书局出版图书。

收藏单位：安徽馆、重庆馆、广东馆、广西馆、桂林馆、国家馆、江西馆、南京馆、内蒙古馆、首都馆、西南大学馆

04135

中华书局图书目录（重编第 7 号） 中华书局编

上海：中华书局，1939.1，[278] 页，32 开

本书分 4 类：各科图书、丛书丛画、证书簿册、绝版图书。其中，各科图书、丛书丛画、绝版图书均依杜定友《杜氏图书分类法》分类。附文明书局出版图书。

收藏单位：长春馆、重庆馆、广东馆、国家馆、辽大馆

04136

中华书局图书目录（重编第 8 号） 中华书局编

上海：中华书局，1941.1，226 页，32 开

本书分 5 类：各科图书、民众用书、儿童用书、证书簿册、丛书丛画。各科图书和丛书丛画均依杜定友《杜氏图书分类法》分类。

收藏单位：重庆馆、国家馆、天津馆

04137

中华书局图书目录（重编第 9 号） 中华书局编

上海：中华书局，1941.7，[224] 页，32 开

收藏单位：内蒙古馆

04138

中华书局图书目录（重编第 10 号） 中华书局编

上海：中华书局，1943.6，[18]+180 页，32 开

本书分 3 类：各科图书、民众用书和儿童用书。其中，各科图书依杜定友《杜氏图书分类法》分类。前有各级教科用书，后附文明书局出版图书。

收藏单位：国家馆、首都馆

04139

中华书局图书目录（重编第 12 号） 中华书局编

上海：中华书局，1944.12，202 页，40 开

04140

中华书局图书目录（重编第 13 号） 中华书局编

上海：中华书局，1947.7，[260] 页，40 开

本书分 6 类：各科图书、民众图书、儿童用书、证书·簿册、丛书、绝版书。其中，各科图书和丛书依杜定友《杜氏图书分类法》分类，绝版书不分类。

收藏单位：东北师大馆、辽大馆、辽宁馆、宁夏馆

04141

中华职业教育社出版物一览 中华职业教育社编

上海：中华职业教育社，1928，1 册，18 开

收藏单位：国家馆

04142

中央出版事业管理委员会直属各出版机构本年度出版书目

出版者不详，[1911—1949]，油印本，1册，16开

　　收藏单位：南京馆

04143

最近出版图书目录 大达图书供应社编

上海：大达图书供应社，1936.3，44页，32开

　　本书为广益书局附属大达图书供应社新出版书目，分18类，包括：国学基础丛书、投考学校丛书、中小学应用书类、社会应用书类、运动指导等。

　　收藏单位：国家馆

04144

最近出版物目录 青年协会书局编

上海：青年协会书局，1935，20页，36开

　　本书分传记、宗教、苏俄丛书、社会问题等类。部分书有内容介绍。

　　收藏单位：国家馆

04145

最近书志目录 新华书店编

武安：华北新华书店、韬奋书店，[1947]，22页，36开

　　本书分8类：社会科学、政治理论、哲学、中国问题、国际问题、历史类、文艺、自然科学。

　　收藏单位：国家馆

04146

最新法律政治经济商业图书目录

东京：严松堂书店，1913，1册，22开

　　本书为《学友》第17号，分法令、辞书字典、论文集、行政法、民法、商法、诉讼法、社会情态研究等类。

　　收藏单位：国家馆

04147

最新图书目录（1933） 光华书局编

上海：光华书局，[1933]，[70]页，36开

　　本书分文学史、文艺论、艺术论、翻译小说、创作小说、散文小品、世界名著译丛、创作戏剧、诗歌等类。有些著作包含内容提要。附赠品购书单。

　　收藏单位：国家馆、江西馆

04148

作者书社目录 作者书社编

上海：作者书社，1935，[632]页，32开

　　本书采用王云五《中外图书统一分类法》，分10类：总类、哲学、宗教、社会科学、语文学、自然科学、应用技术、艺术、文学、史地。

　　收藏单位：重庆馆、国家馆、首都馆

期刊目录、报纸目录

04149

安徽省立图书馆期刊目录 安徽省立图书馆编

[安庆]：安徽省立图书馆，1937.4，70页，32开

　　本书收1936年12月前出版的重要期刊，共计644种。装订期刊依据期刊名称笔画，按照字典式排列；新到期刊按照该馆自创的"二十六类分类法"排列。

　　收藏单位：安徽馆、湖南馆、南京馆、山西馆、浙江馆

04150

报章

出版者不详，[1911—1949]，1册，16开

　　本书为报刊的文摘。

　　收藏单位：国家馆

04151

北京近代科学图书馆新著杂志内容目录（第2类） 北京近代科学图书馆编

北京近代科学图书馆，1940，油印本，1册，横16开

本书分数学、物理学、化学、天文学、地球物理学、地质学、地理学、气象学等类。

收藏单位：国家馆

04152

北京近代科学图书馆新著杂志文献目录（第5类）　北京近代科学图书馆编

北京近代科学图书馆，1940，油印本，1册，25开

本书为工学及工业技术类。

收藏单位：国家馆

04153

北平各图书馆所藏期刊联合目录　北平图书馆协会期刊联合目录委员会编

北平图书馆协会，1929.10，96页，23开

本书为《北平图书馆协会会刊》第3期专号，汇集北平24个图书馆所藏期刊1000余种，分普通、哲学宗教、社会科学、政治法律、教育、自然科学、应用科学、音乐美术、语言文学、史地等类。书前有各图书馆简名表、符号说明表，书后附刊名索引。

04154

重庆各报撷要

重庆：中央国民党中央执行委员会秘书处，1944，手写本，1册，16开，环筒页装

重庆：中央国民党中央执行委员会秘书处，1945，手写本，1册，16开，环筒页装

收藏单位：国家馆

04155

大夏大学图书馆期刊录　大夏大学图书馆编

上海：大夏大学图书馆，1936，22页，32开

04156

帝国图书馆报　帝国图书馆编

帝国图书馆，1931，2册，32开

本书主要收入该报的目录。

收藏单位：浙江馆

04157

第二次支那文杂志内容索引目录

上海：中支建设资料整备事务所，1942，274页，16开

本书分20类，包括：经济、农业、林业、畜产业、渔业、工业、商业、交通、金融、企业、时政、政治、法制、历史地理等。

收藏单位：国家馆

04158

定期刊目录（第1集）　中央宣传委员会编审科编

南京：中央宣传委员会编审科，1933.2，180页，32开

本书为公报和杂志目录。公报分党务和政治两类；杂志分17类，包括：党义、政治、经济、社会、教育文化、法律、军事、实业、交通、国际、时事、民众运动、建设等。

收藏单位：国家馆

04159

东亚同文书院大学图书馆和文华文杂志目录

上海：东亚同文书院大学图书馆，[1944]，油印本，1册，16开

本书收1943年6月至出版时的中、日文杂志目录。

收藏单位：国家馆

04160

东亚同文书院大学图书馆华文杂志·公报目录

上海：东亚同文书院大学图书馆，1941，[44]页，16开，环筒页装

收藏单位：国家馆

04161

动员书店经售全国杂志目录　动员书店编

曲江：动员书店，[1940—1949]，油印本，1册，25开，环筒页装

收藏单位：国家馆

04162

福建省立图书馆期刊目录　福建省立图书馆

编

福州：福建省立图书馆，1941.9，138+56 页，16 开

本书收入藏期刊 1574 种，依《中国十进分类法》分类。附笔画之部，按刊名笔画排列。

收藏单位：国家馆、江西馆

04163

各省市杂志调查简表

出版者不详，[1938—1945]，油印本，1 册，32 开，环筒页装

本书包括重庆、成都、江西、浙江、广东、湖南、永安、西安、昆明、桂林等省市的杂志简表。

收藏单位：国家馆

04164

故宫博物院太庙图书分馆中文期刊目录

北京：故宫博物院太庙图书分馆，1939，油印本，1 册，横 13 开，环筒页装

收藏单位：国家馆

04165

馆藏中日文期刊目录　岭南大学图书馆编

广州：岭南大学图书馆，1937.9，116 页，22 开

本书收 1937 年 3 月前入藏杂志 1960 种，按首字笔画排列，列出名称、出版地、入藏期数、出版年等。书前有检字表，书后附日报目录。

收藏单位：国家馆、南京馆

04166

广西省政府教育厅刊物储藏室刊物目录

[南宁]：出版者不详，[1911—1949]，油印本，[20] 页，13 开

收藏单位：国家馆

04167

广州定期刊物的调查（1827—1934）　谭卓垣著

广州：岭南学报社，1935，92 页，16 开

本书为《岭南学报》第 4 卷第 3 期抽印本，以编年的形式，介绍 1827—1934 年间广州的定期刊物与报纸 873 种。

收藏单位：国家馆

04168

国立北平图书馆馆藏中文期刊目录　国立北平图书馆编

国立北平图书馆，1936.6，105 页，16 开

本书收 1936 年 6 月以前入藏的中文期刊 1600 余种，分前、后两编。前编依刊名笔画排列，后编依刘国钧《中国图书分类法》排列。

收藏单位：国家馆、河南馆、南京馆、山西馆、西南大学馆

04169

国立清华大学图书馆中文期刊目录　国立北平清华大学图书馆编

国立清华大学图书馆，1933，49 页，22 开（国立清华大学图书馆丛刊 1）

本书收 1896 至 1933 年入藏的中文期刊约 665 种，依笔画排列，有索引。附日文、西文期刊和报纸目录。

收藏单位：东北师大馆、广西馆、国家馆、南京馆、山西馆、天津馆

04170

国立中山大学图书馆中文杂志缺本及复本一览表

[广州]：[国立中山大学图书馆]，[1926—1949]，30 页，大 32 开

收藏单位：南京馆

04171

国立中央研究院刊物目录　国立中央研究院出版委员会编

外文题名：List of Academia Sinica publications

[南京]：国立中央研究院出版委员会，1930，20 页，22 开

[南京]：国立中央研究院出版委员会，1933，57 页，25 开

本书按研究专题分类。中英文对照。

收藏单位：国家馆、南京馆、上海馆

04172

剪报分类目录　中国剪报社编

上海：中国剪报社，[1911—1949]，66页，8×13cm

本书分一般学术、世界与国际、各国、中国政治、中国军事、中国经济、中国教育文化、中国社会、中国医药卫生等类。

收藏单位：国家馆

04173

江苏省立南京民众教育馆图书部杂志目录　俞少韩编

南京：民众教育馆，1931.7，38页，16开

收藏单位：南京馆

04174

教育杂志复刊启事　商务印书馆编

上海：商务印书馆，1934，[2]页，32开

收藏单位：国家馆

04175

金陵大学图书馆中文期刊备检（附日文期刊）　金陵大学图书馆编

南京：金陵大学图书馆，1935.3，油印本，188+6页，16开

本书按期刊首字笔画排列。

收藏单位：国家馆

04176

抗战下支那·杂志资料目录（第2辑）　上海日本总领事馆特别调查班调查室编

上海日本总领事馆特别调查班调查室，1941，233页，16开

收藏单位：国家馆、南京馆

04177

科学的中国第一卷总目录

南京：中国化学运动协会，[1933]，7页，16开

本书分短评、科学化论著、农林、矿冶工程、土木工程、电机及机械工程、医药及卫生、军事及兵器等类。

收藏单位：国家馆

04178

全国杂志一览表（1933）　现代书局全国杂志代办部编

上海：现代书局全国杂志代办部，1934，30页，32开

本书列该局代订的各科杂志的名称、定价，分24类：一般读物、国际·外交、军事、政治·法律、经济、交通、工商、建筑工程、电业、农事、卫生医学、科学、文学、戏剧·电影、画报、学术研究、教育、史地、体育、妇女、青年读物、儿童读物、出版界、英文。

收藏单位：国家馆、南京馆、上海馆、首都馆

04179

日报目录

[上海]：鸿英图书馆，[1947.2]，油印本，1册，13开

收藏单位：上海馆

04180

山西省立民众教育馆缺本、复本杂志目录　山西省立民众教育馆编制股编

太原：山西省立民众教育馆出版股，1936.1，40页，18开

本书列该馆缺本、复本杂志名，以期交换而成完帙。

收藏单位：国家馆、南京馆、上海馆

04181

上海的定期刊物　胡道静著

上海市通志馆，1935，74页，16开

本书为上海市通志馆期刊抽印本，依王云五《中外图书统一分类法》编排，介绍各刊的名称、主编、刊期、创刊期、停刊期、社址、隶属等。先列中文，然后为日、英、法、德、俄、意、葡文和国际语。

收藏单位：国家馆、近代史所、南京馆

04182

上海鸿英图书馆期刊目录（初编）

［上海］：［鸿英图书馆］，1937.11，油印本，1册，16开

　　本书收该馆1937年10月底以前入藏中、日、西文期刊，中日文依笔画排列，西文依字母次序排列，著录期刊名称、卷期及年份、出版处等。

　　收藏单位：近代史所、上海馆

04183

上海市各图书馆所藏本国杂志联合目录　上海市图书馆编

上海市图书馆，1937.6，[139]页，16开（上海市图书馆丛刊）

　　本书收上海市公私图书馆及各学校、学术机关附属图书馆所藏杂志，按笔画编排。书后附首字通检。

　　收藏单位：国家馆

04184

台北帝国大学继续刊行物目录（第2部）　台北帝国大学附属图书馆［编］

台北：帝国大学，1937.11，73页，16开

　　收藏单位：国家馆

04185

同文书店杂志部目录（第3期）　同文书店编

北平：同文书店，1936.9，64页，32开

　　本书为同文书店经售杂志的目录，按刊名笔画排列，注明刊名、编者、创刊时间和价格。封面题名：北平同文书店杂志目录。

　　收藏单位：国家馆、宁夏馆、上海馆

04186

行政院图书馆中日文杂志目录　行政院图书馆编

［南京］：［行政院图书馆］，1937，油印本，[290]页，16开，环筒页装

　　收藏单位：国家馆

04187

岩松堂学术杂志在库目录　（日）波多野重太

郎编

东京：岩松堂书店，1934.9，108页，22开（岩松堂书店古典部分类目录 第6辑）

　　收藏单位：江西馆

04188

影印《湘报》简要目录

上海：中华书局，[1938—1949]，84页，32开

　　本书收《湘报》1898年3月到10月最有史料价值的目录，包括论文、讲义、书札等。

　　收藏单位：河南馆

04189

杂志目录　新民会中央总会设计部资料科编

［北京］：中华民国新民会中央总会设计部资料科，1940.5，217页，32开

　　本书收编者收藏杂志2577种，按日文假名顺序编排，用中文著录杂志名、发行所、创刊年月、卷号、卷号、备考等。

　　收藏单位：国家馆、首都馆、天津馆

04190

杂志目录（民国三十一年）　中华民国新民会编

北京：中华民国新民会，1942.6，改订版，328页，32开

　　本书收编者所藏杂志和从清华大学"接收"杂志，共3908种，依日文"五十音图"编排。

　　收藏单位：国家馆、首都馆

04191

浙江省立图书馆期刊目录　浙江省立图书馆编

杭州：浙江省立图书馆，1936.10，156页，32开

　　本书收1935年12月以前入藏的期刊，按中、日、西文分开，依名称笔画或字母排列。

　　收藏单位：浙江馆

04192

支那文杂志目录

出版者不详，[1911—1949]，274 页，16 开
　　收藏单位：南京馆

04193
中国科学社明复图书馆缺本复本杂志清册
中国科学社明复图书馆编
上海：中国科学社明复图书馆，1936.2，23+30 页，32 开
　　本书分两部分：缺本杂志和复本杂志，按登记号排列。
　　收藏单位：国家馆、山东馆、上海馆

04194
中日文杂志目录
出版者不详，1937，1 册，13 开，环筒页装
　　收藏单位：国家馆

04195
中日文装订杂志一览
出版者不详，[1936]，10+5 页，25 开
　　本书所收期刊出版年份多为 1933—1935 年。
　　收藏单位：国家馆

04196
中央征集各地刊物统计　中央统计处编
南京：中央统计处，1930.11，1 册，16 开
　　本书以图表形式反映所征刊物情况，分两部分：征到各地各种刊物统计图和剪贴新闻分类统计图。
　　收藏单位：国家馆

04197
中支建设资料整备事务所南京图书部华文杂志·公报目录　（日）福崎峰太郎编
上海：中支建设资料整备事务所，1940.6，102+[40] 页，16 开
　　本书收 1940 年 3 月末到 6 月入藏的中文期刊，分 25 类，内容包括总记、哲学、宗教、语学、文学、艺术、历史、地理、教育、法律、政治、行政、外交、经济等。附志名索引（按日文"五十音图"排列）、新闻目录。

　　收藏单位：国家馆、南京馆

专科目录

哲学、宗教类目录

04198
百衲书册本清龙藏目录（价目一览）　北平佛经流通处编辑
北平：佛经流通处，1936.10，126 页，32 开
　　收藏单位：上海馆

04199
北京佛经流通处书目
北京：佛经流通处，[1911—1949]，123 页，32 开
　　收藏单位：南京馆

04200
北京天津佛经流通处书目
北京、天津：佛经流通处，[1911—1949]，62 页，32 开
　　本书收佛教各宗经书及杂集、传记等书目数百种。著录书名、册数、价格等。
　　收藏单位：国家馆

04201
布道适用书籍汇编　诚静怡编
[上海]：中华续行委办会，1916，107+21 页，22 开
　　收藏单位：国家馆

04202
大藏经第一期单行本目录
普慧大藏经刊行会，1944.9，10 页，32 开
　　本书收佛教经书目录 50 种。
　　收藏单位：上海馆

04203
道藏目录详注　（明）白云霁著

外文题名：Bibliography of Taoist books with notes

上海：商务印书馆，1933.12，影印本，2册，32开（万有文库第1集5）（国学基本丛书）

本书以《道藏》之文，分门编次，大纲分三洞、四辅、十二类。

收藏单位：安徽馆、重庆馆、大理馆、大连馆、大庆馆、东北师大馆、贵州馆、国家馆、黑龙江馆、湖南馆、江西馆、辽大馆、辽师大馆、柳州馆、内蒙古馆、宁夏馆、上海馆、绍兴馆、天津馆、西南大学馆、浙江馆

04204

道德书局图书目录

上海：道德书局，[1937]，30页，32开

本书收佛教方面的目录。

收藏单位：上海馆

04205

定期刊物介绍 中华基督教女青年会全国协会成人教育委员会编

上海：中华基督教女青年会全国协会，1942.6，14页，32开

收藏单位：南京馆

04206

儿童工作用书（中英文合璧） 中华基督教宗教教育促进会编

上海：中华基督教宗教教育促进会，1928.5，5版，增订版，36页，25开（宗教教育书目1）

本书分6类：儿童适用课本、儿童适用宗教教材、儿童读物、儿童工作人员进修用的书籍、领袖研究会材料、图画，并有补录，著录书名、编著者、译者、出版者、出版年、页数、定价及内容提要。

收藏单位：国家馆

04207

佛教经象各种善书书目总录 中央刻经院[编]

北平：[中央刻经院]，1930.1，增订本，27

页，64开

本书为售书目录，分孝友治家、戒杀放生、青年修养、节欲惩忿、护法起信、学佛门径书、流通功德书、研究神鬼书等类，著录书名、价格。其他题名：中央刻经院书目录。

收藏单位：国家馆

04208

佛学出版界（第1编） 余了翁编

上海：佛学书局，1932.7，170页，32开

本书介绍佛学书，分入门、读诵、修持、研究、杂集、善书等类。

收藏单位：安徽馆、广东馆、国家馆、河南馆、湖南馆、江西馆、上海馆

04209

佛学出版界（第2编） 余了翁编

上海：佛学书局，1933.8，170页，32开

本书介绍佛学书，分入门、修持、研究、杂集、善书等类。

收藏单位：安徽馆、国家馆、江西馆、南京馆、上海馆

04210

佛学出版界（第3编） 佛学书局编辑部编集

上海：佛学书局，1934.2，111页，32开

本书介绍佛学书，分入门、读诵、修持、研究、杂集等类。

收藏单位：广东馆、江西馆、上海馆

04211

佛学书局图书目录（第1期） 佛学书局编

上海：佛学书局，1930.1，[121]页，32开

本书分佛学书籍、佛学杂志、佛学图画、国学书籍、艺术类书籍等，部分书有简要介绍。

收藏单位：上海馆

04212

佛学书局图书目录（第2期） 佛学书局编

上海：佛学书局，1930.5，[180]页，32开

收藏单位：上海馆

04213

佛学书局图书目录（第 6 期） 佛学书局编

上海：佛学书局，1933.5，134 页，25 开

收藏单位：安徽馆、湖南馆、上海馆、绍兴馆

04214

佛学书局图书目录（第 8 期） 佛学书局编

上海：佛学书局，1935.1，70 页，25 开

本书分 48 部，内容包括：华严、方等、秘密、阿含、般若、法性、法相等，部分书有简要介绍。

收藏单位：重庆馆、国家馆、江西馆、近代史所、上海馆、首都馆

04215

佛学书局图书目录（第 9 期） 佛学书局编

上海：佛学书局，1948，3 版，108 页，16 开

本书分经部、律部、论部、各宗典籍、佛教通籍等部。其他题名：佛学书局第九期图书目录。

收藏单位：上海馆、绍兴馆

04216

佛学书目 佛经流通处编

北平：佛经流通处，[1934.1]，第 5 次重订，216 页，16 开

北平：佛经流通处，[1936.1]，第 6 次重订，270 页，16 开

北平：佛经流通处，[1938.8]，第 7 次重订，288 页，16 开

北平：佛经流通处，[1940.7]，第 8 次重订，168 页，16 开

本书收佛教各宗、乘经、律、论等部的书目，以及杂集、传集、图像等，著录书名、述译撰辑者、卷数、册数、出版地、定价等。

收藏单位：广东馆、国家馆、河南馆、内蒙古馆、山西馆、首都馆、中科图

04217

佛学书目表 北京佛经流通处编

北京：佛经流通处，[1911—1949]，300 页，22 开

本书收佛教各宗经典及杂集、传记等图书 2000 余种，著录书名、译著者、卷数、册数、印数、印价、印行数。书后有念珠法器价目表，佛学书目表续编。

收藏单位：国家馆、湖南馆、南京馆、上海馆

04218

佛学图书简目

北京：佛经流通处，1944，7 页，16 开

本书著录版本、刊行处、书名、译著者、册数、定价等。

收藏单位：广西馆

04219

佛学图书目录 佛学书局编

北京：佛学书局，[1938]，168 页，22 开

本书为售书目录，著录版本、刊行处、书名、译著者、册数、定价等。

收藏单位：国家馆、首都馆

04220

公教丛书 天津崇德堂 [编]

献县出版社，1947，[36] 页，32 开

收藏单位：国家馆

04221

公教图书目录（教外人适用的）

出版者不详，[1949]，[40] 页，32 开

本书分 15 类，内容包括：圣经、教理与辩道、教宗通牒、传记、小说、社会问题、现代宗教问题、公教论丛等。著录项包括书名、著译、编者、出版者、出版年、页数、定价等。部分书目有提要。

收藏单位：国家馆

04222

广州六榕寺佛教会经坊流通经目 广州佛教会 [编]

[广州]：[六榕寺佛教会]，[1911—1949]，88 页，32 开

本书著录书名、撰译人名、出版、卷数、册数、价目诸项。书前有广东省佛教会经坊

缘起及组织简章。书后附《频伽精舍大藏经读法》。

收藏单位：国家馆

04223

[基督教书目录]

出版者不详，[1930—1949]，油印本，1 册，18 开，环筒页装

本书收基督教神修、传记、辩护、圣经、要理、小说、圣教理义等内容的书目。

收藏单位：国家馆

04224

基督教学校用宗教教育书目录　缪秋笙编

上海：中华基督教教育会，1926，80 页，22 开（宗教教育丛书 1）

收藏单位：国家馆

04225

基督圣教出版各书书目汇纂　（英）雷振华纂

汉口：圣教书局，1918，206 页，18 开

本书封面题名：书目汇纂。

收藏单位：国家馆

04226

明清间耶稣会士译著提要　徐宗泽编著

上海：中华书局，1949.2，482 页，32 开

本书为耶稣会创立四百年（1540—1940）纪念，共 10 卷，附补遗。译著分 7 类：圣书、真教辩护、神哲学、教史、历算、科学、格言；另有绪言、译著者传略、徐汇巴黎华谛冈图书馆书目等。

收藏单位：安徽馆、重庆馆、东北师大馆、广西馆、桂林馆、国家馆、黑龙江馆、湖南馆、辽大馆、内蒙古馆、宁夏馆、山西馆、首都馆、西南大学馆、浙江馆、中科图

04227

青年工作用书（中英文合璧）　中华基督教宗教教育促进会编

上海：中华基督教宗教教育促进会，1939.5，5 版，增订版，27 页，25 开（宗教教育书目 2）

本书分 5 类：青年适用课本、崇拜材料、表演材料、游戏材料、青年领袖进修用书籍。每一书目均著录书名、编著者、译者、出版年、页数、定价、出版者及内容提要。

收藏单位：国家馆

04228

青年协会书局民国念肆年书目　青年协会书局 [编]

外文题名：Association Press of China 1935 catalogue

上海：青年协会书局，[1935]，1 册，22 开

收藏单位：国家馆

04229

青年协会书局书目提要　青年协会书局编

上海：青年协会书局，[1930—1939]，96 页，32 开

本书分经课、灵修、立身处世、宗教讨论、社会罪恶、公民教育、平民教育、修学、体育、会务、图表、基督教学生运动等类，大部分书目有内容提要。

收藏单位：国家馆、首都馆

04230

清真书报社图书目录　清真书报社编

北平：清真书报社，[1920—1929]，22 页，32 开

本书分华文、亚波文等类，涉及历史学、天经学、圣论学、理学、礼学、法学、天文学等。

收藏单位：国家馆

04231

圣书公会目录　牧作霖　力宣德编

上海：圣书公会、美华圣经会，1935，44 页，25 开

本书为圣书公会、美华圣经会出版的各种圣经书目及售价，并有发售章程等。

04232

圣书公会目录

上海：圣书公会，1930，[42] 页，25 开

本书为圣书公会出版书籍的价目表。英汉对照。

04233

十九世纪欧洲思想史（样张） （英）麦尔兹（J. T. Merz）著 伍光建译

上海：商务印书馆，1936，[8] 页，22 开

本书是对科学和哲学思想的拓展研究。作者又名：约翰·西奥多·梅尔茨（John Theodore Merz）。

收藏单位：国家馆

04234

世界佛教居士林佛学图书馆第一期目录 世界佛教居士林佛学图书馆编

上海：世界佛教居士林佛学图书馆，1935，112 页，16 开

本书所收图书主要是佛学著作，也有部分方志、国学类图书。附佛学图书馆概况、本馆规则等。

收藏单位：上海馆

04235

世界佛教居士林佛学图书馆目录 世界佛教居士林佛学图书馆编

上海：世界佛教居士林佛学图书馆，1938，112 页，16 开

本书介绍该馆的历史、现状及其存书情况等。

04236

世界哲学名著提要 查士元 查士骧译述

上海：新文化学会，1928.7，[60] 页，56 开（世界名著提要丛刊）

本书据《世界名著题解》（木村一郎）编译，介绍哲学名著 11 种：《功利论》（穆勒）、《实验主义》（詹姆士）、《道德及立法之原理》（边沁）、《论理学》（黑智儿）、《意志及表象的世界》（叔本华）、《意识及行为上精神生活的统一》（倭铿）、《实践理性批评》（康德）、《实证哲学讲义》（孔德）、《心理学原理》（詹姆士）、《生的实现》（太哥尔）、《视觉新论》（白克雷）。

收藏单位：重庆馆、广东馆、广西馆、贵

州馆、国家馆、上海馆、首都馆、天津馆、浙江馆、中科图

04237

四书现存书目 研经会编

东京：文求堂书店，1914.9，123 页，22 开

本书包含前、后两编。前编分 9 类：大学、中庸、学庸、论语、孟子、论孟、四书、群经四书合刻、石经篆文满文；后编分 10 类：大学、中庸、学庸、论语、孟子、论孟、四书、群经四书合刻、本邦古写本古版本、训诂假名附等。

收藏单位：国家馆

04238

天清蒙藏经局书目

北平：天清蒙藏经局，[1911—1949]，28 页，32 开

本书列有该局书目数百种，著录书名、书价。

收藏单位：国家馆

04239

心理学论文目录 张革辑

[杭州]：国立浙江大学教育系，1934.5，22 页，22 开

本书分普通心理、儿童心理、青年心理、社会心理、差别心理、变态心理、动物心理、植物心理、教育心理、心理学各派别等类。

收藏单位：浙江馆

04240

新哲学书 张申府著

出版者不详，1932，54 页，16 开

本书系《清华周刊》第 37 卷抽印本。开列哲学书籍 12 种，对其著者及内容均加介绍。附《1929 年的哲学界》（原载《哲学月刊》）。

收藏单位：国家馆

04241

阅藏知津 （明释）智旭著

上海：商务印书馆，1931.4，6 册，32 开（万

有文库 第 1 集 4）（国学基本丛书）

本书共 48 卷，收佛学藏经 1000 余部，分 4 部：经藏、律藏、论藏、杂藏。每部下再分若干部分。每一条目下，均有较详细的内容提要。

收藏单位：安徽馆、重庆馆、大理馆、大连馆、东北师大馆、广东馆、贵州馆、国家馆、黑龙江馆、湖南馆、江西馆、辽大馆、辽师大馆、柳州馆、内蒙古馆、宁夏馆、上海馆、天津馆、西南大学馆、浙江馆

04242

增订图书目录 上海功德林佛经流通处编

上海：功德林佛经流通处，1931，84 页，32 开

上海：功德林佛经流通处，1934，87 页，32 开

上海：功德林佛经流通处，1933.6，83 页，32 开

本书其他题名：图书目录。

收藏单位：绍兴馆

04243

昭和法宝总目录（大正新修大藏经别卷 第 1 卷）（日）高楠顺次郎编辑

东京：大正一切经刊行会，1929.8，1076 页，16 开，精装

收藏单位：重庆馆、国家馆

04244

昭和法宝总目录（大正新修大藏经别卷 第 2 卷）（日）高楠顺次郎编辑

东京：大正一切经刊行会，1929.4，844 页，16 开，精装

收藏单位：国家馆

04245

昭和法宝总目录（大正新修大藏经别卷 第 3 卷）（日）小野玄妙编修 （日）木村省吾编辑

东京：大藏出版株式会社，1934.11，1430 页，16 开，精装

收藏单位：国家馆

04246

中国思想研究法提要 蔡尚思著

上海：沪江大学，1939，17 页，32 开

本书介绍著者的《中国思想历史研究法》《中国历史新研究法》两部著作。

04247

中华公教图书总目

出版者不详，[1941]，1 册，32 开

本书为英文书目，按首字母排列。

收藏单位：国家馆

04248

中华全国基督教出版物检查册 广协书局总发行所编

[上海]：广协书局，1939，312 页，32 开

收藏单位：上海馆

04249

朱子语录诸家汇辑叙目 白寿彝编

国立北平研究院出版课，1931，22 页，16 开

本书为《朱子语录》各家汇辑本的目录。

收藏单位：国家馆、河南馆、中科图

04250

子略 （宋）高似孙著 顾颉刚标点 范仲沄校阅

北平：朴社，1928.9，100 页，32 开

北平：朴社，1933.8，再版，100 页，32 开

本书据《百川学海》本句读，以四库本校定。封面题名：高似孙子略。

收藏单位：重庆馆、东北师大馆、广东馆、国家馆、河南馆、黑龙江馆、湖南馆、南京馆、山东馆、山西馆、上海馆、首都馆、天津馆、西南大学馆

社会科学类目录

04251

巴黎图书馆敦煌写本书目 （法）伯希和（Paul Pelliot）编 陆翔译

国立北平图书馆，[1934]，[104] 页，16 开

本书为《国立北平图书馆馆刊》第7卷第6号、第8卷第1号抽印本，收法国巴黎图书馆藏敦煌卷子目录729种，各条目下均有简单说明。

收藏单位：国家馆、上海馆、首都馆

04252

巴黎图书馆敦煌写本书目序　陆翔编

[国立北平图书馆]，[1934]，12页，16开

收藏单位：上海馆

04253

百代唱片目录

[上海]：百代公司，[1911—1949]，[8]页，8开

收藏单位：重庆馆

04254

北京大学辽宋金元史　北京大学编

北京大学，[1930—1939]，54+38页，16开

本书分两部分：详目和参考用书。

收藏单位：国家馆

04255

[北京大学社会科学季刊总目]·[北京大学自然科学季刊总目]·[北京大学国学季刊总目]

[北京大学]，[1935]，12+8+8页，16开

本书内容包括：《北京大学社会科学季刊》第1卷第1号至第5卷1、2号目录、《北京大学自然科学季刊》第1卷第1期至第4卷第4期目录、《北京大学国学季刊》第1卷第1期至第4卷第1号目录。

收藏单位：国家馆、西南大学馆

04256

北平科学社活叶文选目录　北平科学社编

北平：科学社，[1911—1949]，[86]页，32开

收藏单位：首都馆

04257

北平图书馆藏升平署曲本目录　王芷章编

国立北平图书馆中文编目组，1936.11，40页，32开

本书分3卷：杂剧、传奇、乱弹。其他题名：升平署曲本目录。

收藏单位：安徽馆、东北师大馆、广西馆、国家馆、湖南馆、中科图

04258

北平研究书志　北平近代科学图书馆编

北平近代科学图书馆，[1936—1945]，23页，21开

本书选自《北平近代科学图书馆馆刊》第1号单行本，收中、日、西文北平研究著作，按文种排列。

收藏单位：国家馆

04259

北新活叶文选分类目录　北新书局编

上海：北新书局，1947，64页，36开

本书是供讲习或自修国文而编的古、今、中、外短篇作品选，分10类：应用文、小品文、游记、传记、记叙文、说明文、议论文、诗歌戏剧、创作小说、翻译小说。

04260

北新书局文选分类目录

上海：北新书局，[1926—1949]，1册，32开

收藏单位：上海馆

04261

北新小学活页文选袖珍目录　林兰　陈伯吹编选

上海：北新书局，[1930—1939]，31页，32开

收藏单位：国家馆

04262

北新中学活页文选袖珍目录　北新书局编

上海：北新书局，[1930—1939]，53页，32开

本书分两部分：高级中学和初级中学，收古今中外名家的短篇作品，每部作品包含题名和作者。

收藏单位：国家馆

04263

边疆问题参考图书目录　中央政治学校教育行政科汇编

重庆：中央政治学校教育行政科，1942，油印本，1 册，16 开

　　收藏单位：国家馆

04264

参考材料分类目录　秘书厅调查股编

[秘书厅调查股]，[1925]，油印本，[18] 页，16 开，环筒页装

　　本书分 5 部分：关于整理财政著述目录、关于内外债表册及记载等项目录、岁出岁入等项表册目录、外省财政情形目录、财政参考书报目录。

　　收藏单位：国家馆

04265

陈啸江（国治）先生单篇学术论文及社会经济史丛书第一集十种目录　现代史社编

[上海]：现代史社，1941，油印本，[26] 页，16 开

　　收藏单位：国家馆

04266

党义研究大纲目录（第 1 集）

出版者不详，[1911—1949]，[54] 页，32 开

　　本书分 3 部分：三民主义研究大纲、建国大纲研究大纲、孙文学说研究大纲。

04267

德波问题书目及最近期刊论文索引　国立中央图书馆筹备处编

[重庆]：国立中央图书馆筹备处，1939.8.17，油印本，[12] 页，横 22 开（战时国民知识书目第 27 期）

　　收藏单位：国家馆

04268

第一次全国社会行政会议提案目录

重庆：出版者不详，1942，1 册，18 开

　　收藏单位：南京馆

04269

东北问题书目　东北民众抗日救国会编

东北民众抗日救国会，1934.5，16 页，32 开

　　本书收书 300 余种，分 6 类：中日关系、东北情况、东北与日本、东北事变、救亡论见、其他。

　　收藏单位：上海馆

04270

东北研究论文篇目（日文之部）　辽宁省立图书馆编

[沈阳]：辽宁省立图书馆，1947，98+50 页，25 开

　　本书选辑各刊物中有关东北研究的论文篇目。内容包括：总目、中外年历对照表、篇目、索引等。

　　收藏单位：国家馆、辽宁馆

04271

东西南沙群岛资料目录　杜定友编

广州：西南沙志编纂委员会，1948.5，[77+22] 页，32 开

　　本书包括我国南海诸岛的图书、杂志、地图、档案、抄件、影印件及剪报等资料，分 4 大类：一般论著、东沙、西沙、南沙，共计 26 小类、532 条目。书前有代序，书后有后记、人名索引。

　　收藏单位：北师大馆、广西馆、贵州馆、国家馆、湖南馆、吉林馆、江西馆、近代史所、辽宁馆、南京馆、天津馆、西南大学馆

04272

东亚关系文献目录（43）

[上海]：东亚同文书院支那研究部，1941.6，161—200+12 页，22 开

　　本书分 3 部分：华文、日文和欧文。其中，华文、日文文献时限自 1941 年 1 月至 3 月，欧文文献时限自 1941 年 2 月至 4 月。

　　收藏单位：国家馆

04273

东洋文库地方志目录（支那·满洲·台湾）

东京：东洋文库，1935.12，237+36 页，16 开

本书按地区分类。书后附有笔画索引。

收藏单位：国家馆、南京馆、首都馆

04274

敦煌石室写经题记　许国霖 [辑]

出版者不详，1935.12，30 页，16 开

本书为《国立北平图书馆馆刊》第 9 卷第 6 号抽印本。

收藏单位：国家馆、首都馆

04275

敦煌石室写经题记　许国霖 [辑]

出版者不详，[1911—1949]，油印本，[56] 页，13 开，环筒页装

本书原载《中央时事通报》第 4 卷第 48 期。

收藏单位：国家馆

04276

敦煌石室写经题记汇编　许国霖著　菩提学会编辑

[上海] : [佛学书局]，[1930]，[60] 页，22 开（微妙声丛刊）

收藏单位：广东馆、广西馆、国家馆、河南馆、湖南馆、南京馆、首都馆、中科图

04277

敦煌石室写经题记汇编序　陈寅恪 [著]

[北京] : 陈寅恪 [发行者]，[1937]，油印本，1 册，13 开

收藏单位：国家馆

04278

二十四年一至九月审定中小学及师范学校教科书一览　国立编译馆编

[南京] : 国立编译馆，1935.10，10 页，16 开

本书列表说明书名及审定期有效期等。

收藏单位：国家馆、南京馆

04279

发文报告

出版者不详，[1947]，油印本，1 册，16 开，环筒页装

本书为文书档案目录。

收藏单位：国家馆

04280

法令周刊分类总目（第 339—364 期止）

上海 : 法学编译社，1937，40 页，16 开

收藏单位：国家馆

04281

法商百代公司戏片总目录　百代公司编

上海 : 百代公司，1917—1922，5 册，22 开

本书为该公司所出唱片（京剧以及各地方戏）的总目录。其他题名：百代公司戏片总目录。

收藏单位：国家馆、上海馆

04282

方志艺文志汇目　李濂镗编

北平 : 中华图书馆协会，1933.6，54 页，16 开

本书收 19 个省府县志中的艺文志书目 800 余种。列出志书名称、卷数、艺文志起止卷数、志书修纂年代等。原载于《图书馆学季刊》第 7 卷第 2 期。

收藏单位：国家馆、上海馆

04283

富晋书社方志目

[上海]、[北平] : [富晋书社]，[1911—1949]，1 册，32 开

收藏单位：上海馆

04284

高级中学用书目录

[上海] : 商务印书馆，1930.6，112 页，32 开

收藏单位：江西馆

04285

公报、国民党图书目录　中华民国新民会 [编]

北京 : 中华民国新民会，1944.9，110 页，32 开

本书收国民政府及省、市、地方公报 159 种，国民党关系图书 890 种。

收藏单位：国家馆、近代史所、南京馆、上海馆、首都馆

04286

共读楼所藏年谱目　陈乃乾校录

出版者不详，1934，55 页，16 开

本书为《人文月刊》抽印本。

收藏单位：国家馆

04287

共和书局最新出版军学图书目录

南京：[共和书局]，1929，68 页，32 开

本书收书 811 种，分普通、步兵、骑兵、炮兵及兵器、工兵、辎重兵、机关枪、经理及数学、军医、测绘及地形、历史及地舆等类。逐页题名：南京共和书局书目。

收藏单位：国家馆

04288

关于上海的书目提要　胡怀琛著

上海市通志馆，1935，52 页，16 开

本书为上海市通志馆期刊抽印本，是通志《学艺编》中"上海学艺书目"一部分初稿，收有关上海的书籍约 200 种，多有提要，分 8 类：志乘、租界问题、农工商、经济、兵事、人文、方言、杂录。

收藏单位：重庆馆、国家馆、近代史所、上海馆、天津馆

04289

关于太平天国史料史籍集目　邓衍林著

出版者不详，[1926—1949]，18 页，16 开

本书为《图书馆学季刊》第 9 卷第 1 期抽印本，分 5 部分：太平天国旨准·诏书（29 种），其他史料（27 种），太平天国史籍（10 种），太平天国战役史料（39 种），杂录（40 种）。

收藏单位：国家馆

04290

关于中国的大英政府文书总目　萧一山[编]

外文题名：Catalogue of British government papers blue books on China

出版者不详，1934，94 页，16 开

收藏单位：国家馆

04291

广东方志目录　广东省立图书馆编

[广州]：广东省立图书馆，1936，油印本，[62]页，25 开（广东省立图书馆丛刊）

[广州]：广东省立图书馆，1946.12，油印本，[62]页，32 开（广东省立图书馆丛刊）

收藏单位：重庆馆、国家馆、湖南馆、南京馆

04292

广东省教育会图书馆教育书目　广东省教育会秘书处编

[广州]：广东省教育会秘书处，1930.4，1 册，32 开

收藏单位：南京馆

04293

广东族谱目录　广东省立图书馆编

[广州]：广东省立图书馆，1947，油印本，24 页，32 开（广东省立图书馆丛刊）

收藏单位：广西馆、国家馆、南京馆、首都馆、浙江馆

04294

广西省政府图书馆抗战参考书目录暨论文索引　广西省政府图书馆编

[南宁]：广西省政府图书馆，1938，1 册，32 开

收藏单位：国家馆、湖南馆、南京馆

04295

广西省志书概况　广西统计局编

[南宁]：广西统计局，1934.6，15 页，32 开（广西统计丛书 4）

本书收统计表两种。第 1 表列出广西省、府、县志、380 余种，著录志名、卷册、编修者、出版日期、备注等；第 2 表简介各县县志的存、编、佚的状况。

收藏单位：广东馆、桂林馆、国家馆、湖南馆、上海馆、首都馆、天津馆

04296

郭纪云图书馆文具书籍目录

[北平]：郭纪云图书馆，1935，15页，18开

　　收藏单位：国家馆

04297

国防部史政局资料目录　国防部史政局编

[国防部史政局]，1947，54页

　　收藏单位：近代史所

04298

国父著作年表　王贻非编

江西省三民主义文化运动委员会，1942.6，52页，32开

　　本书将孙中山的著作、讲演、谈话、宣言、函电等的篇目依年代顺序（1894—1925）编排。

　　收藏单位：重庆馆、国家馆、浙江馆

04299

国会图书馆藏中国方志目录　朱士嘉编

外文题名：A catalog of Chinese local histories in the Library of Congress

华盛顿：国会图书馆，1942，影印本，11+552+21页，22开

　　本书收1076—1941年的中国方志，也包括各省、各府州县、各乡镇等的方志。

　　收藏单位：国家馆

04300

国剧学会图书馆书目　傅惜华编纂

北平：国剧学会，1935.4，[130]页，18开

　　本书为乙种平装本，分3卷：雅部、花部、其他。封面、逐页题名：北平国剧学会图书馆书目。

　　收藏单位：国家馆、上海馆、首都馆

04301

国立北京大学附设农村经济研究所资料目录（第2号 自民国二十九年十一月一日起至民国

三十一年五月底止）（日）三浦虎六编

国立北京大学附设农村经济研究所，1942.9，[113]页，16开

　　本书收1940年11月至1942年5月入藏的中、日、西文图书和期刊目录。

　　收藏单位：国家馆

04302

国立北平图书馆方志待征目

国立北平图书馆，[1930—1949]，油印本，[158]页，13开，环筒页装

　　收藏单位：国家馆

04303

国立北平图书馆、国立西南联合大学合组中日战争史料征辑会入藏中文书目录　国立北平图书馆　国立西南联合大学合组中日战争史料征辑会编

北平、昆明：国立北平图书馆、国立西南联合大学合组中日战争史料征辑会，1939，油印本，[52]页，大16开，环筒页装

　　收藏单位：国家馆

04304

国立北平图书馆特藏清内阁大库、新购舆图目录

北平图书馆，1932，28页，16开

北平图书馆，1934.3，42页，16开

北平图书馆，1946，油印本，[26]页，16开

　　本书为1918年及1926年两次编目及新购进的清内阁大库舆图目录的合集，列出图名绘制形式（制法）、尺寸、装裱及出版日期等。

　　收藏单位：国家馆、西南大学馆、中科图

04305

国立北平图书馆中文舆图目录　王庸　茅乃文编

外文题名：Catalogue of Chinese maps of the National Library of Peiping

国立北平图书馆，1933.4，174页，25开

　　本书收1932年以前的馆藏舆图2000余种，分两类：区域图与类图。区域图包括世

界地图 6 类、本国地图 26 类；类图分 15 类：天文、地形、山脉、沿海、河流、河工水利、名胜古迹建置、地质、产业、交通、行政、图界、军事、民族、历史。补遗 25 种。

　　收藏单位：安徽馆、长春馆、国家馆、河南馆、湖南馆、近代史所、南京馆、首都馆、西南大学馆

04306

国立北平图书馆中文舆图目录（续编）　王庸 茅乃文编

外文题名：Supplement to the catalogue of Chinese maps in the National Library of Peiping

国立北平图书馆，1937.2，397+30 页，25 开，精装

　　本书收 1934 年至 1936 年入藏的舆图 2300 余种。分类同正编。版权页题名：中文舆图目录。

　　收藏单位：广西馆、贵州馆、国家馆、黑龙江馆、近代史所、南京馆、内蒙古馆、宁夏馆、山西馆、上海馆、首都馆、西南大学馆、浙江馆

04307

国立编译馆逐月审查职业 中小 师范 民众学校教科用书收发登记一览表（自民国二十二年七月至二十四年十二月合订本）　国立编译馆编

[南京]：国立编译馆，[1936]，油印本，1 册，16 开

　　本书收国语、英文、历史、社会、自然、算术、卫生、常识、音乐、美术等科目的教科用书。

　　收藏单位：国家馆

04308

国立敦煌艺术研究所敦煌艺展目录　朱家骅等编

[敦煌]：国立敦煌艺术研究所，[1948]，80 页，32 开

　　本书为国立敦煌艺术研究所于 1948 年 8 至 9 月在南京与上海展出的敦煌艺展的展品目录。书前收文 3 篇：《敦煌艺展与中国文艺复兴》（朱家骅）、《敦煌千佛洞史略》（夏鼐）、《敦煌艺术特点》（常书鸿）等。

　　收藏单位：国家馆、南京馆、上海馆

04309

国立中央图书馆所藏桂滇黔三省方志目录　国立中央图书馆筹备处编

[重庆]：国立中央图书馆筹备处，1938，油印本，[6] 页，22 开，环筒页装（战时国民知识书目 第 18 期）

　　收藏单位：国家馆

04310

[国立中央研究院社会科学研究所出版书目]

[南京]：[国立中央研究院]，[1942—1948]，油印本，[4]—[30] 页，13 开，环筒页装

　　收藏单位：国家馆

04311

国民大会代表提案目录　国民大会秘书处编

[南京]：国民大会秘书处，[1948]，68 页，32 开

　　本书为第 1 号至 421 号提案目录。提案原文分印 9 册。

　　收藏单位：安徽馆、重庆馆、东北师大馆、国家馆、南京馆、上海馆、浙江馆

04312

国民大会代表提案目录　国民大会秘书处编

[南京]：国民大会秘书处，[1948]，[77] 页，32 开

　　本书为第 1 至 425 号提案目录，所收提案比《国民代表大提案原文》（9 册）多 4 件。附提案目录勘误表。

　　收藏单位：国家馆、上海馆

04313

国民党关系图书目录（1）　新民会中央指导部调查科 [编]

[北京]：新民会中央指导部调查科，1939.11，114 页，32 开

　　本书分三民主义、国民党、宣传、解说、法律、政治、经济、社会、文化等类。

收藏单位：重庆馆、国家馆、首都馆、中科图

04314

国民政府成立以来审定及失效中小学师范职业各校教科书一览 国立编译馆编

[南京]：国立编译馆，1935，44页，16开

本书列表说明暂行课程标准公布前后、正式课程标准公布后三段时间的教科书。

收藏单位：广东馆、国家馆、江西馆

04315

国民政府行政院及所属各机关现行法令一览表（第1辑）

[重庆]：行政院，[1940—1945]，油印本，1册，大16开，环筒页装

收藏单位：国家馆

04316

国内社会科学研究题目一览

出版者不详，[1936]，289—302页，16开

本书为《社会科学杂志》节选本。

收藏单位：国家馆、中科图

04317

国外汉学论文提要分类目录（第1编） 燕京大学历史学系史学消息社编

北平：禹贡学会，1937.7，[22]页，16开

本书收欧美、日本汉学杂志刊载的有关我国的论文，分10类，内容包括史学、哲学、文学、政治、经济、文化等。

04318

国务院战后经济调查会国内国外调查细目 国务院战后经济调查会编

[北京]：国务院，[1919—1920]，石印本，34页，18开，环筒页装

本书调查项目包括：国内的实业、交通、财政、金融、关税、国际贸易及侨民，以及各国实业、财政金融等。

收藏单位：国家馆

04319

海关出版图书目录 海关总税务司署统计科编

海关总税务司署统计科，1936.2，6版，28页，22开

收藏单位：国家馆、近代史所、上海馆、中科图

04320

海战公法总目 （法）窦毕伊著 刘克谦译

出版者不详，[1911—1949]，18页，32开

本书为《海战公法》的书前总目。原书为海牙、伦敦会议后最新之海战法。

04321

涵芬楼志书目录

出版者不详，[1928.4]，216页，22开

本书收地方志目录近3000条，列出志名、编纂人、出版时期、卷数、册数等项。

收藏单位：国家馆、南京馆、上海馆、天津馆

04322

汉译东西洋文学作品编目（第1回） 虚白编 蒲梢修订

上海：真美善书店，1929.9，117页，32开

本书是1929年3月以前我国出版的外国文学作品的译本书目，按国别及作家排列。

收藏单位：重庆馆、广西馆、国家馆、上海馆、首都馆

04323

褐木庐藏剧目 宋春舫编

宋春舫[发行者]，1934.12，78页，16开

本书收编者所藏有关戏剧的中外图书期刊目录3000余条，大部分为外文书，按内容性质分类。

收藏单位：浙江馆

04324

华北交通股份有限公司公报目录（民国三十二年） 华北交通股份有限公司编

华北交通股份有限公司，1943，1册，16开

本书内含 4 月、8 月、12 月的公报目录。卷期不全。

　　收藏单位：国家馆

04325

华北交通股份有限公司公报目录（民国三十三年）　华北交通股份有限公司编

华北交通股份有限公司，1944，1 册，16 开

　　本书内含 1 月中的公报目录（自第 1386 号至第 1411 号，卷期不全），其他月份未见。

　　收藏单位：国家馆

04326

黄河·黄土文献假目录（第 3 辑）　东亚研究所第二委员会内地第一部会编

[东京]：东亚研究所，30 页，大 16 开

　　收藏单位：国家馆

04327

甲骨文论著目录　董作宾编

出版者不详，1933.2，30 页，32 开

　　收藏单位：南京馆

04328

江苏、安徽、江西、福建、浙江造送调查财政各表目录（第 2 册）　调查各省财政处编

[调查各省财政处]，[1911—1949]，手抄本，1 册，16 开

　　收藏单位：天津馆

04329

江苏艺文志（续第六年刊）　金鉽编

南京：江苏省立国学图书馆，1934.11，548 页，16 开

　　本书逐页题名：江苏省立国学图书馆第七年刊。

　　收藏单位：南京馆

04330

江苏艺文志（续第七年刊）　金鉽编

南京：江苏省立国学图书馆，1935.10，226 页，16 开

　　本书逐页题名：江苏省立国学图书馆第八

年刊。

　　收藏单位：南京馆

04331

江苏艺文志（续第八年刊）　金鉽编

南京：江苏省立国学图书馆，1937.10，198 页，16 开

　　本书逐页题名：江苏省立国学图书馆第十年刊。

　　收藏单位：桂林馆、国家馆、南京馆、中科图

04332

将校必携再版发行预约　军用图书社编

南京：军用图书社，1947.10，26 页，32 开

　　本书封面题名：将校必携预约简章。

　　收藏单位：国家馆

04333

蒋介石先生革命纪实目录

出版者不详，[1911—1949]，64 页，32 开

　　收藏单位：南京馆

04334

交通史暂订目录　交通史编纂委员会编订

出版者不详，[1911—1949]，82 页，18 开

　　收藏单位：首都馆

04335

教案史料编目　吴盛德　陈增辉编

北平：燕京大学宗教学院，1941.1，227 页，22 开（燕京大学宗教学院丛书 5）

　　本书内有清道光二十二年至光绪末年有关教案的中文史料目录，分 4 段：道咸年、同治年、光绪庚子前、光绪庚子及庚子后。前 3 段教案均按时日排列，末一段按省份与时日分列。

　　收藏单位：国家馆、近代史所、内蒙古馆、中科图

04336

教育编译馆图书目录　教育编译馆编

上海：教育编译馆，1935.4，48 页，32 开

本书分7类：教育参政资料选辑丛书、地方教育行政丛书、教育行政丛书、教育心理丛书、中小学教育丛书、念二运动丛书、家事实习及其他。大部分书目有内容提要。

收藏单位：国家馆

04337

教育部图书馆县志目录（第1册） 教育部图书馆编

[南京]：教育部图书馆，1937.1，36页，22开

本书收27省的县志目录，按省编排，列出卷数、册数、刻本年月等。

收藏单位：国家馆、南京馆、山西馆、中科图

04338

教育部图书馆中文教育类图书分类目录

教育部图书馆，1942，油印本，2册，16开

收藏单位：国家馆、南京馆

04339

教育图书目录 河南大学教育系编

[开封]：河南大学教育系，1935，1册，16开

收藏单位：南京馆

04340

教育行政资料室参考目录

[教育行政资料室]，[1940—1945]，油印本，4册，18开，环筒页装

收藏单位：国家馆

04341

教育行政资料参考室剪报特辑总目 教育行政资料参考室[编]

教育行政资料参考室，1942，油印本，[38]页，13开，环筒页装

收藏单位：国家馆

04342

接收伪社会部档案清册（留宁部分）

南京：出版者不详，[1948]，油印本，1册，

16开，环筒页装

收藏单位：国家馆

04343

金陵大学图书馆方志目 万国鼎 储瑞棠编

外 文 题 名：A catalogue of Chinese regional gazetteers in the University of Nanking Library

南京：金陵大学图书馆，1933.1，118页，22开（金陵大学图书馆丛刊5）

本书按省分编，共收地方志书目2104种（22056册），著录纂修者、卷数、册数、函数及出版时间。书后附方志地名索引。

收藏单位：安徽馆、重庆馆、国家馆、江西馆、南京馆、山西馆、中科图

04344

金陵大学图书馆中文地理书目 金陵大学图书馆农业图书研究部编

外 文 题 名：Catalogue of Chinese geographical works in the University of Nanking Library

南京：金陵大学图书馆农业图书研究部，1929.4，114页，22开（金陵大学图书馆丛刊3）

本书分6部分：地理学通论、中国地理、世界地理、地图、附录分类法摘要、方志地名索引，收2900余条书目。

收藏单位：安徽馆、国家馆、河南馆、南京馆、山西馆、上海馆、浙江馆、中科图

04345

近代国人撰述之西藏史籍 庚年著

出版者不详，1928，8页，16开

本书为某刊的抽印本，分通史、专记、奏议、外交、筹议等类。

收藏单位：国家馆

04346

近代我国民族学译著目录 古今式编

[上海]：中山文化教育馆，[1939]，96页，32开

本书为《民族学研究集刊》第2期单印本。目录分15部分，按笔画编排。书后有附录两篇。

收藏单位：重庆馆、广东馆、国家馆、南京馆

04347
经济调查目录 兰社学术研究会 [编]
北京：兰社学术研究会，1918，70 页，22 开
　　本书为调查本国经济近况及现状的目录，分两部分：国家经济和国民经济。书后附各项章则。

04348
景氏收藏名画录 景氏（P. S. King）编
景氏 [发行者]，1916，30 页，16 开
　　本书为私人收藏国画目录，附中、英文说明。
　　　收藏单位：上海馆

04349
旧绥远实业厅各项卷宗目录
蒙古联合自治政府内政部地政科资料股，1941，油印本，[70] 页，16 开（调查资料 第 24 号）
　　　收藏单位：国家馆

04350
军用图书一览表 军事委员会军训部颁行
军事委员会军训部，1940，1 册，32 开
　　　收藏单位：广西馆、南京馆

04351
开明活页文选总目 开明书店编
上海：开明书店，1930，48 页，32 开
上海：开明书店，1931，[68] 页，32 开
上海：开明书店，1933，[66] 页，32 开
上海：开明书店，1934，[62] 页，32 开
　　本书由古今名著汇编而成，供中学以上学生国文科讲习自修使用。
　　　收藏单位：山东馆

04352
抗战地方史书目 国立中央图书馆筹备处编
[重庆]：国立中央图书馆筹备处，1939.4，油印本，[6] 页，横 22 开（战时国民知识书目 第 23 期）
　　　收藏单位：国家馆

04353
抗战军事史书目 国立中央图书馆筹备处编
[重庆]：国立中央图书馆筹备处，[1939]，油印本，[14] 页，横 22 开，环筒页装
　　本书分国军组织、敌军组织、战况 3 部分。
　　　收藏单位：国家馆

04354
抗战社会史书目 国立中央图书馆筹备处编
[重庆]：国立中央图书馆筹备处，1939.6，油印本，[26] 页，横 22 开（战时国民知识书目 第 25 期）
　　　收藏单位：国家馆

04355
抗战时期我国出版之文学史学期刊 何多源 [著]
出版者不详，1938，22 页，16 开
　　本书为抽印本，列出刊名、刊期、内容摘要。
　　　收藏单位：国家馆

04356
抗战史书目
出版者不详，[1939]，油印本，1 册，25 开，环筒页装
　　本书为 1939 年 7 月 7 日抗战二周年纪念，分 8 部分：抗战概论书目（第 20 期）、抗战政治史书目（第 21 期）、抗战外交史书目（第 22 期）、抗战地方史书目（第 23 期）、抗战军事史书目（第 24 期）、抗战社会史书目（第 25 期）、抗战文艺书目（第 26 期）、抗战史书目补遗（第 26 期）。
　　　收藏单位：国家馆

04357
抗战书目 广东省立民众教育馆辅导组编
广州：广东省立民众教育馆，1938.8，133 页，25 开（广东省立民众教育馆民众教育丛书 4）

本书分 3 部分：导言、书籍、杂志。其中，书籍部分共 10 章：抗战理论、抗战史实、国际形势、战时军事、战时政治、战时经济、战时教育、战时社会、战时文艺、其他。

收藏单位：国家馆

04358

抗战外交史书目 国立中央图书馆筹备处编

[重庆]：国立中央图书馆筹备处，1939.3，油印本，[8] 页，横 22 开（战时国民知识书目第 22 期）

收藏单位：国家馆

04359

抗战文艺书目·抗战史书目补遗 国立中央图书馆筹备处编

[重庆]：国立中央图书馆筹备处，1939.7，油印本，[36] 页，横 22 开（战时国民知识书目第 26 期）

本书为 1939 年 7 月 7 日抗战二周年纪念。

收藏单位：国家馆

04360

抗战以前中国童子军文献调查 毛展鹏编

[南昌]：江西省教育厅童子军巡回教育团，1939.10，54 页，32 开

本书收抗战以前（1915—1937）出版的各种童子军图书，分 5 类：理论、课程及参考、法规及行政、杂志报章刊物、杂类。封面题名：中国童子军文献调查。

收藏单位：国家馆、江西馆、南京馆

04361

抗战政治史书目 国立中央图书馆筹备处编

[重庆]：国立中央图书馆筹备处，1939.2，油印本，[12] 页，横 22 开（战时国民知识书目第 21 期）

收藏单位：国家馆

04362

来薰阁书店方志目 来薰阁书店编

北平：来薰阁书店，1935.5，62 页，32 开

本书按省分编，共收方志书目 850 余条，著录志名、卷数、编修者、出版时间、册卷、纸张、价目等项。

收藏单位：国家馆、江西馆

04363

来薰阁书店方志目 来薰阁书店编

北京：来薰阁书店，1938.3，72 页，32 开

本书按省分编，著录志名、卷数、编修者、出版时间、册卷、纸张、价目等。附舆图、山志、家谱。

收藏单位：国家馆

04364

来薰阁书店方志目 来薰阁书店编

[北京]：来薰阁书店，1939.9，[130] 页，32 开

本书收该店所经售方志书目，依地区排列。附来薰阁书店寄售新书简目、来薰阁书店医目。

收藏单位：辽宁馆、天津馆

04365

历代著录吉金目 （美）福开森著

长沙：商务印书馆，1939.1，[1769] 页，16 开，精装

本书收 1935 年以前历代记载铜器的书籍 80 余种。按器名分类，依器名字序排列。

收藏单位：重庆馆、东北师大馆、贵州馆、国家馆、辽大馆、辽宁馆、上海馆、首都馆、浙江馆

04366

历代著录吉金目

出版者不详，手写本，4 册（1365+196 页），10 开

本书收 1935 年以前历代记载铜器的书籍 80 余种。按器名分类，依器名字序排列。有铭之器按铭文字数多寡分列。

收藏单位：国家馆

04367

良友文艺书目

上海：良友图书公司，1937，56 页，32 开

本书分文艺论著、长篇小说、短篇小说、中篇小说、散文、传记、戏剧、诗词等类。

收藏单位：广东馆

04368

露亚经济调查丛书 南满铁路株式会社编纂

[大连]：南满铁路株式会社，[1931]，石印本，37 页，大 16 开，环筒页装

收藏单位：国家馆

04369

伦敦博物馆敦煌书目

出版者不详，[1911—1949]，[39] 页，16 开

收藏单位：广东馆

04370

美国国防法目录（中英文对照） 训练总监部军学编译处译

训练总监部军学编译处，1936.7，11 页，22 开

本书为《美国国防法》的目录，该法于 1916 年 6 月 3 日批准，1935 年 8 月 26 日增修。附关系法规、判决文及意见。

收藏单位：国家馆

04371

美国国会图书馆藏中国方志目录 朱士嘉编

[华盛顿]：美国国会图书馆，1942，影印本，552+21 页，22 开

04372

美国新闻处电影影片分类目录

外文题名：Film catalogue of the U. S. Information Service China

美国新闻处，[1911—1949]，29 页，13 开

本书分航空、农业、艺术、生物学、工商业、卡通、化学、教育、工程、第二次世界大战历史、图书馆、音乐、政治等类。书前有片名索引，按英文首字母排列。

收藏单位：国家馆

04373

蒙古研究文献目录

出版者不详，[1911—1949]，油印本，1 册，18 开

本书收蒙古研究的文献 500 余部，包括：《旧唐书》《新唐书》《旧五代史》《新五代史记》《宋季三朝政要》《古今纪要》《东部事略》《西夏史略》《契丹国史》《大金国志》等。

收藏单位：国家馆

04374

民国十六年来之民众教育刊物 教育部社会教育司编

[南京]：教育部社会教育司，1931.9，102 页，16 开

本书分专刊和年刊两类，著录名称、性质、出版机关、出版年月、卖品或非卖品、备注。

收藏单位：河南馆、南京馆、浙江馆

04375

名画目录

上海：有正书局，[1919.5]，[72] 页，32 开

本书除目录外，内容包括：唐、宋、元、明、清各代画家小传、丛帖介绍，以及书籍介绍等。书前有杜威的信，写于 1919 年 5 月。

收藏单位：上海馆

04376

明清史料整理会要件陈列室目录 国立北京大学研究所 [编]

国立北京大学研究所国学门，1925，32 页，32 开

收藏单位：国家馆

04377

明人著与日本有关史籍提要四种 缪凤林著

[南京]：[中央大学国学图书馆]，[1929]，18 页，16 开

本书原载于《中央大学国学图书馆第二年刊》。书中对明代人编撰的《日本考略》

《日本图纂》《筹海图编》《经略复国要编》进行介绍，并列出提要。

收藏单位：南京馆

04378

南京军用图书社图书目录 军用图书社编

南京：军用图书社，[1930]，[94] 页，50 开

本书分 10 类：训练总监部发布之典范令、十七八年通行典范令、各兵科通用书类、各种教程、战术及演习笔记、参考书、军事教育参考挂图、古代兵书、党化书籍、亚新地学社出版地图。

收藏单位：国家馆

04379

内阁大库现存清代汉文黄册目录 国立北平故宫博物院文献馆编

国立北平故宫博物院文献馆，1936.4，436 页，16 开

本书收汉文黄册 5000 余种，分吏部、户部、礼部、兵部、刑部、工部、理藩院、都察院、太常寺、光禄寺等类。附《整理内阁大库清代汉文黄册之经过》。

收藏单位：东北师大馆、国家馆、近代史所、辽大馆、辽东学院馆、辽宁馆、南京馆、内蒙古馆、上海馆、首都馆、中科图

04380

内务府舆图房藏图纪要 刘官谔著

北平：出版者不详，1936.10，12 页

本书为《故宫文献论丛》抽印本，分 3 部分：小引、舆图之来源、内容之分析。

收藏单位：近代史所

04381

内政部档案总目录（第 1、2 期合订本） 内政部总务司档案室编

内政部总务司档案室，1939.12，[146] 页，16 开

本书逐页题名：维新政府内政部档案总目录。

收藏单位：国家馆

04382

内政部警官高等学校各期学生毕业论文题目辑览（自第 17 期至第 21 期）

内政部警官高等学校，1935.12，44 页，22 开

本书按期排列，著录论文题名和著者。

收藏单位：国家馆

04383

欧文日本研究书志 北平近代科学图书馆编

北平近代科学图书馆，[1940]，21 页，25 开

本书为《北平近代科学图书馆馆刊》第 1 号单行本，收英、法和德文的日本研究目录，分 10 类：著名文献目录之解说、一般文化、地理·人类学·考古学、历史·传记、哲学·宗教、语学·文学、美术、社会·教育、法律·经济·政治、杂。

收藏单位：国家馆

04384

欧文西藏文献目录 （日）福崎峰太郎编

上海：华中兴亚资料调查所，1944，112 页，25 开

本书为《兴亚资料目录》第 4 辑。

收藏单位：国家馆

04385

清代行政制度研究参考书目 马奉琛编

北京大学，[1940—1949]，[228] 页，16 开

本书系北京大学《社会科学季刊》第 3、4 期抽印本。收北大、北平、清华三所图书馆行政方面的藏书约 500 种，分总类、中央行政、地方行政、特殊行政、清末之行政改革、杂著等类。有提要。

收藏单位：国家馆、首都馆

04386

清军机处档案目录 故宫博物院文献馆编

[北京]：故宫博物院文献馆，1914，70 页，16 开

本书为从雍正朝到宣统朝的档册目录，按朝代排列。书前有清军机处档册总目。

收藏单位：安徽馆、广西馆、贵州馆、国家馆、南京馆、上海馆、新疆馆

04387

清名家词总目 开明书店编

上海：开明书店，[1937]，[17]页，36开

　　本书封面题名：清名家词样本。

　　收藏单位：首都馆

04388

清内阁旧藏汉文黄册联合目录 国立北平故宫博物院 国立北京大学 国立中央研究院历史语言研究所编

国立北平故宫博物院、国立北京大学、国立中央研究院历史语言研究所，1947.10，[39]+1242+[42]页，16开，精、平装

　　本书按吏部、户部、礼部、兵部、刑部、工部、理藩院、都察院、太常寺、光禄寺等机构顺序编排。

　　收藏单位：贵州馆、国家馆、近代史所、南京馆、山西馆、首都馆、中科图

04389

清内务府造办处舆图房图目初编 国立北平故宫博物院文献馆编

国立北平故宫博物院文献馆，1936.5，124页，18开

　　本书分类大致参照《萝图荟萃》旧目略加增改，分13类：舆地、都城宫苑、风土、江海、河渠、武功、巡幸、名胜、瑞应、效贡、寺庙、山陵、风水。

　　收藏单位：长春馆、广西馆、国家馆、湖南馆、辽大馆、辽宁馆、南京馆、内蒙古馆、山西馆、上海馆、中科图

04390

曲海总目提要拾遗 伯英校编

上海：中国戏曲音乐院研究所，[1936]，93页，16开

　　本书系《剧学月刊》第5卷第3、4期合刊。书末附曲海总目提要正编拾遗综合索引。

　　收藏单位：国家馆

04391

群经大辞典·中国图书大词典·中国学术百科全书提要及其批评 杨家骆著

南京：辞典馆，[1936]，1册，18开

　　收藏单位：国家馆、河南馆

04392

人文史料目录

出版者不详，[1911—1949]，油印本，1册，16开，精装

　　本书分实业、财政、教育、学术、交通、法律等类。

　　收藏单位：上海馆

04393

日本东京及大连图书馆所见中国小说书目提要 孙楷第编

国立北平图书馆、中国大辞典编纂处，1932.6，[32+332]页，32开

　　本书收《日本东京所见中国小说书目提要》和《大连图书馆所见中国小说书目提要》。前者分6卷，记录编者于1930年赴日本东京见到的图书馆和私人所藏的中国旧小说；后者记录编者回国后在大连满铁图书馆所见日人大谷氏捐赠的中国旧小说。

　　收藏单位：安徽馆、重庆馆、东北师大馆、广西馆、国家馆、湖南馆、近代史所、南京馆、首都馆、浙江馆

04394

日本国民教育目录

出版者不详，[1910—1919]，28页，22开

　　本书分3部分：小学教育（20卷）、中学教育（2卷）、陆军教育（6卷），共40万言。

　　收藏单位：国家馆

04395

日本期刊三十八种中东方学论文篇目 于式玉编

北平：哈佛燕京学社引得编纂处，1933.9，30+343页，16开（引得特刊6）

　　本书分3部分：分类篇目、著者引得和篇目引得，书前有笔画检字、拼音检字、中国字庋撷法。

　　收藏单位：长春馆、国家馆、近代史所、南京馆、首都馆、中科图

04396

日文远东经济研究书目 萧文安编

北平：燕京大学法学院经济学系，1934.9，116页，32开

本书分20类，内容包括：经济地理、区域地理、经济史、产业、农业、林矿渔牧、工业、商业、交通、金融、货币等，每类又分数节。所收资料时限为日本明治年间至1934年6月。

收藏单位：国家馆、近代史所

04397

三民主义书目 王贻非编

江西省三民主义文化运动委员会，1942.6，56页，32开

本书收600余种书目，内容包括：孙中山全集、专集、单行本，三民主义研究著作，中国国民党党史，孙中山传记评论，蒋介石有关著作等。

收藏单位：重庆馆、广西馆、国家馆、南京馆、浙江馆

04398

三十年国庆特刊目次

[上海]：中国国民党京沪沪杭甬铁路特别党部暨职走会宣传科，[1938—1945]，27页，16开

收藏单位：南京馆

04399

上海法学编译社法学丛书总目 上海法学编译社编

上海：法学编译社，[1930]，96页，32开

本书收40种法学书目，内容包括：法学通论、宪法论、民法总论、民法债编总论、民法债编各论、民法物权论、民法亲属论、民法继承论等。其他题名：法学丛书总目。

收藏单位：吉林馆

04400

上海法学编译社目录（第1期） 上海法学编译社编

上海：法学编译社，1936，[40]页，32开

收藏单位：首都馆

04401

上海法学编译社新书目录 上海法学编译社编

上海：法学编译社，[1930—1939]，18页，32开

本书分法令、判解、学理、释义、要览、其他等类。

收藏单位：国家馆

04402

社会科学名著题解 徐嗣同编

上海：中华书局，1932.11，250页，32开（新文化丛书）

本书简明介绍国外社会科学名著的内容，按著者译名笔画排列。

收藏单位：重庆馆、桂林馆、国家馆、河南馆、黑龙江馆、湖南馆、江西馆、南京馆、内蒙古馆、山西馆、陕西馆、首都馆、天津馆、浙江馆

04403

社会科学新书目录及提要

上海：世界书局，[1917—1949]，1册，32开

本书分8类：社会、经济、政治、法律、外交、历史、地理、教育。

收藏单位：国家馆、首都馆

04404

社会学书目类编（汉法对照） 萧瑜编译

北平：立达书局，1934.4，石印本，108页，25开

本书介绍法文社会学书目，分5编：社会学通论、家庭社会学与政治社会学、法律社会学与道德社会学、宗教社会学、经济社会学。附社会学杂志与定期刊物（55种）、巴黎各主要社会机关（47处）。

收藏单位：国家馆、近代史所、南京馆、浙江馆

04405

社会学用书举要 孙本文著

上海：中国社会科学会出版部，1934，34 页，32 开（青年学术丛书）

本书介绍一些英文的社会学著作，列有原书名，用中文简介，分 5 类：普通社会学、社会学史、社会研究、社会调查、社会病理学。

　　收藏单位：重庆馆

04406

十年来国内出版法学书目（乌山图书馆法律研究室基本书目） 乌山图书馆征集部编辑

福州：乌山图书馆总务部，1934，16 页，16 开（乌山图书馆征集小丛书 2）

　　收藏单位：国家馆、南京馆、浙江馆

04407

石经论著目录 杨殿珣编

国立北平图书馆，1936.12，30 页，16 开

本书为《国立北平图书馆馆刊》第 10 卷第 6 期抽印本，分 9 类：石经通论、熹平石经、正始石经、开成石经、广政石经、嘉祐石经、绍兴石经、金石经、清石经，计 450 余种。

　　收藏单位：国家馆、西南大学馆

04408

实业浅说目录分类表（四年合刊） 农商部编辑处编

农商部编辑处，1918.12，32 页，21 开

　　收藏单位：国家馆

04409

史学地理地方志在库目录 （日）波多野重太郎编辑

东京：岩松堂书店，1933.4，199 页，22 开（岩松堂书店古典部分类目录 第 2 辑）

本书分概论、年表·辞书、上古·中古史、风俗史、美术史、教育史、法制史、经济史、政治·外交史、商业史、医学史等类。

　　收藏单位：国家馆

04410

世界教育名著提要 查士元 查士骥编译

上海：新文化学会，1928.7，[49] 页，36 开（世界名著提要丛刊）

本书根据《世界名著题解》（木村一郎等）编译，介绍了《大教授学》（康曼满史）、《教育意见》（洛克）、《教育论》（弥尔顿）、《爱弥儿》（卢骚）、《列凡那》（李德尔）、《女子教育论》（番纳龙）、《学问之价值及进步》（倍根）等。

　　收藏单位：重庆馆、广东馆、广西馆、国家馆、辽宁馆、南京馆、山东馆、上海馆、绍兴馆、首都馆、浙江馆、中科图

04411

世界社会经济名著提要（第 1—4 集） 查士元 查士骥译述

上海：新文化学会，1928.7，4 册（[66]+[82]+[67]+[44] 页），36 开（世界名著提要丛刊）

本书据《世界名著题解》（木村一郎等）编译，介绍《乌托邦》（莫亚）、《共和国》（柏拉图）、《自由论》（弥尔）、《何为财产》（普罗敦）、《社会主义的前提和社会民主党的任务》（柏能修丁）、《社会改造的原理》（罗素）、《近代乌托邦》（韦尔斯）、《新基督教》（圣西门）、《商业总论》（康梯龙）、《模仿的法则》（泰尔特）等经济名著。

　　收藏单位：安徽馆、重庆馆、广东馆、广西馆、国家馆、近代史所、南京馆、上海馆、绍兴馆、首都馆、浙江馆、中科图

04412

世界诗歌名著提要 查士元 查士骥译述

上海：新文化学会，1928.7，[42] 页，36 开（世界名著提要丛刊）

本书据《世界名著题解》（木村一郎等）编译而成，介绍《沃奈金》（普希金）、《逍遥》（宛茨华斯）、《老水夫之歌》（柯立支）、《阿独奈丝》（雪莱）、《罗宫》（莱辛）等著名诗作。

　　收藏单位：重庆馆、广东馆、国家馆、上海馆、浙江馆

04413

世界十大思想家底名著解题 刘涅夫 王凌

世编译

上海：星光书店，1931，126 页，32 开

　　本书选译自日本"春秋社"编辑的《大思想全集》中的《思想名著解题》，介绍《理想国》（柏拉图）、《政治学》（亚里斯多德）、《产业者问答》（圣西门）、《新基督教》（圣西门）、《法律哲学纲要》（黑格尔）等著作。

　　收藏单位：国家馆、河南馆、辽大馆、上海馆、浙江馆

04414

世界书局文艺书内容提要　世界书局编

[上海]：世界书局，[1917—1949]，1 册，25 开

　　收藏单位：首都馆

04415

世界文学名著　商务印书馆译

上海：商务印书馆，1935，2 页，大 16 开

　　本书汇集商务印书馆翻译、出版的英、法、德、俄、美、匈牙利、罗马尼亚、挪威、比利时等国的小说、戏曲、散文集、自传等书目。原载于《申报》（1935 年 6 月 16 日）。

　　收藏单位：国家馆

04416

世界戏曲名著提要（1—4 集）　查士元　查士骥译述

上海：新文化学会，1928.7，4 册（58+54+42+64 页），36 开（世界名著提要丛刊）

　　本书据《世界名著题解》（木村一郎等）编译，介绍了《蒙娜凡娜》（梅脱林克）、《华伦夫人的职业》（萧伯纳）、《伪君子》（莫利哀）、《青鸟》（梅德录）、《女奴隶》（福尔达）、《哀儿那尼》（嚣俄）等戏曲名著。

　　收藏单位：重庆馆、广东馆、广西馆、国家馆、南京馆、上海馆、首都馆、浙江馆、中科图

04417

世界小说名著提要（1—4 集）　查士元　查士骥译述

上海：新文化学会，1928.7，4 册（70+80+70+

85 页），36 开（世界名著提要丛刊）

　　本书据《世界名著题解》（木村一郎著）编译，介绍了《复活》（托尔斯泰）、《父与子》（屠格涅夫）、《哀史》（雨果）、《你往何处去》（显克微支）、《罗亭》（屠格涅夫）、《脂球》（莫泊桑）、《康太柏里故事》（赵色）、《故乡》（史德曼）、《战争与和平》（托尔史泰）等 20 余部世界小说名著。

　　收藏单位：重庆馆、东北师大馆、广东馆、广西馆、国家馆、南京馆、上海馆、绍兴馆、天津馆、浙江馆

04418

书谱目录　中华乐社编

北平：中华乐社，1932，44 页，32 开

　　本书不分类，多音乐著作，各书均有提要。

　　收藏单位：国家馆

04419

说书　浙江省民政教育厅编

杭州：浙江省民政教育厅，1935.10，362 页，32 开（戏剧说书审查报告 2）

　　本书分 3 类：准许演唱者（《彭公案》《施公案》《三国志》等 6 种）、修正准演唱者（《七侠五义》《大明奇侠传》《列国志》等 49 种）、禁止演唱者（《燕王扫北》《济公传》《加批西游记》等 6 种）。每种书均载明出版社及应改之处，书前有编者例言。

　　收藏单位：国家馆

04420

司法行政图书目录（甲）　司法行政部总务司第二科编

[南京]：司法行政部总务司第二科，1933，42 页，16 开

　　本书分 8 类：民事法规、商事法规、刑事法规、民事诉讼法规、审判、行政法规、国际法、其他。

　　收藏单位：重庆馆

04421

司法院最高法院解释法律文件分类检查表

（第 1 册） 郭卫编辑

上海：会文堂书局，1931.12，170 页，32 开

　　本书为《司法院解释例全文》（院字第 1 号至 500 号）、《最高法院解释例全文》（解字第 1 号至第 245 号）两书的分类索引。

　　收藏单位：国家馆

04422

松筠阁方志目　松筠阁书店编

北平：松筠阁书店，1936.10，62 页，32 开

　　本书按省分编，共收方志书目 800 余条。著录志名、卷数、编纂人、出版时间、册数、纸张、价目。

　　收藏单位：国家馆、西交大馆

04423

宋代吉金书籍述评　容庚著

[北平]：[国立中央研究院历史语言研究所]，1933，[28] 页，16 开

　　本书为《蔡元培先生六十五岁庆祝论文集》抽印本，考证宋代研究铜器著作 20 种。内容包括：《考古图》（10 卷）、《博古图录》（30 卷）、《续考古图》（5 卷）、《啸堂集古录》（2 卷）、《历代钟鼎彝器款识法帖》（20 卷）、《周秦古器铭碑》（1 卷）、《绍兴内府古器评》（2 卷）等。所述之书先列存者，佚者附后，并详记其各种版本、作者、内容、各版的优劣等。

　　收藏单位：国家馆

04424

宋代金文著录表　王国维编　容庚重编

北平：北海图书馆，[1928]，259—323 页，16 开

　　本书为《北平北海图书馆月刊》第 1 卷第 5 号抽印本。全编本，体例与王氏本多有不同。全表按器名分 29 类，列出器名、铭文字数、有关著作名和卷页及杂记各项。

　　收藏单位：国家馆

04425

宋元明清书画名贤详传　（日）山本悌二郎等著

东京：丙午出版社，1927.9，22 页，22 开

　　本书按朝代分类。

　　收藏单位：国家馆

04426

邃雅斋书店方志目　邃雅斋书店编

北平：邃雅斋书店，1936.10，重订再版，82 页，32 开

　　收藏单位：江西馆、辽宁馆、上海馆

04427

天津南开大学经济学院中英文出版图书目录　天津南开大学经济学院编

天津：南开大学经济学院，1934，20 页，32 开

　　收藏单位：近代史所、首都馆

04428

天津南开大学经济研究所中文出版图书目录（民国十七年至二十五年）　南开大学经济研究所编

天津：南开大学经济研究所，1936.7，20 页，32 开

　　本书介绍该所出版的经济图书和《南开指数年刊》、《政治经济学报》（原名《经济统计季刊》）、《经济周刊》。书前有本所出版物概况。

　　收藏单位：国家馆

04429

天津南开大学经济研究所中英文出版图书目录　南开大学经济研究所编

天津：南开大学经济研究所，1935.7，20 页，25 开

　　本书介绍该所 1928 年至 1935 年出版的经济图书和期刊。

　　收藏单位：国家馆

04430

通俗读物编刊社书目提要　通俗读物编刊社编

北平：通俗读物编刊社，1934.4，10 页，32 开

本书收该社出版的大鼓词、新编剧本、图画册、故事共计 75 种，每种书附简要介绍。

收藏单位：国家馆

04431

统计集志总目录 （日）蜂须贺几次郎编辑

东京统计协会，1936.2，223 页，32 开

收藏单位：国家馆

04432

统计书目 朱君毅编

[南京]：中央统计联合会，1936.6，再版，30 页

本书按中、日、英、德、法、意等文种编排。

收藏单位：近代史所

04433

统计学 簿计学 会计学 审计学研究书目 广西统计局图书馆编

[桂林]：[广西统计局图书馆]，[1937—1940]，1 册，16 开

收藏单位：桂林馆

04434

[图书馆藏全国方志目录]

[南京]：[金陵大学图书馆]，[1933]，1 册，22 开

本书收河北、山东、江苏、新疆、西藏等 29 个地区的方志目录。但只保留"凡例"和"目次"的部分内容，从目次推测，全书应有 100 多页。

04435

图书馆学书目解题 刘子亚编著

益都：山东省第二民众教育辅导区办事处，1937.5，10+68 页，32 开（辅导丛书 2）

本书介绍《图书馆学通论》（俞爽迷）、《图书馆学要旨》（刘国钧）、《中外图书统一分类法》（王云五）等有关图书馆学书籍 109 种，列出书名、作者、发行所及内容提要，并有各书书评目录。

收藏单位：国家馆

04436

图书馆学文献目录（昭和 12—13 年）（日） 天野敬太郎编

大阪：青年图书馆员联盟，1939，41 页，22 开

本书为青年图书馆员联盟机关志《图书馆研究》第 12 卷第 1—2 号。

收藏单位：国家馆

04437

万叶关系图书目录

北京近代科学图书馆，1942，1 册，16 开，精装

本书为翼赞图书展览会第 1 部。

收藏单位：首都馆

04438

文殿阁方志目 文殿阁书庄编

北京：文殿阁书庄，1939.4，40 页，32 开

本书收该处所藏河北、河南、山东、山西、陕西、甘肃、察哈尔、热河、奉天、吉林、黑龙江、湖南、湖北、江西、浙江、江苏、安徽、四川、广东、福建、云南、贵州 22 个地方的方志目录。

收藏单位：国家馆、天津馆

04439

文选分类目录

[上海]：北新书局，1947，[64]页，32 开

收藏单位：江西馆

04440

文学基本丛书样本 亚细亚书局编

上海：亚细亚书局，[1924]，39 页，32 开

收藏单位：国家馆、江西馆

04441

五百唐碑庐丛稿目录 贝琪著

贝琪[发行者]，1934.2，20 页，长 64 开

本书为作者读书所作的提要，有《诸史源流》《杨贵妃年谱》《庄子的哲学》等 20

篇。

04442

西北问题图书目录　王文萱编

外文题名：A rough list of books on norther west China

南京：鸡鸣书屋，1936.5，114+63 页，32 开

　　本书收中、英、法、德文有关西北问题的书籍，中西文分排。按地区排列，依次为西北、康藏、新疆、蒙古、陕西、甘肃、绥远、察哈尔、宁夏、青海。

　　收藏单位：重庆馆、国家馆、中科图

04443

西康研究资料分类编目（第 1 辑）　西康经济研究所编

成都：西康经济研究所，1941.12，134 页，32 开

　　本书收研究西康的图书、论文共 1400 余种，分 16 类：西康概况、各县概况、边治、省政、县政、财政、教育、司法、经济、交通、史料、地理、民族、宗教、风俗、杂类。

　　收藏单位：重庆馆、国家馆、近代史所、武大馆、中科图

04444

西文新疆书目　胡焕庸　童承康编

外文题名：Books and articles on Sinkiang in western languages

重庆：国父实业计划研究会、国立中央大学地理系，1943，47 页，16 开（国立中央大学研究院理科研究所地理学部丛刊 2）

　　本书按字母顺序排列。

　　收藏单位：国家馆

04445

西域考古图谱目录

出版者不详，[1921—1949]，油印本，1 册，16 开，环筒页装

　　本书将大谷探险队三次所获文物、文书，选出一些有代表性者，分佛典、经籍、史料、西域文书、绘画、染织刺绣、古钱、印本、杂品等类，选图约 600 多幅。

　　收藏单位：国家馆

04446

戏考总目　健儿撰述

北京：大众出版社，[1940]，76 页，32 开

　　收藏单位：山西馆、上海馆

04447

现代国际参考书目　辽宁省立图书馆编

[沈阳]：[辽宁省立图书馆]，1929.11，48 页，22 开（辽宁省立图书馆丛刊 3）

　　本书分两部分：国际关系和国际现势。第 1 部收中外关系、中俄关系、中日关系、中英关系、其他中外国际关系方面的书目；第 2 部收世界、中国、东北、俄国、日本、英国、美国、其他各国现势方面的书目。附现代国际参考杂志论文索引。

　　收藏单位：国家馆、浙江馆

04448

现代戏剧图书目录　舒畅编

汉口：现代戏剧图书馆，1938.8，190 页，32 开（现代戏剧图书馆丛书）

　　本书收 1908—1938 年间出版的中文戏剧图书和刊物 1235 种，包括：剧论 126 种、剧本 990 种、刊物 109 种、图册 10 种。

　　收藏单位：重庆馆、贵州馆、国家馆、首都馆、西南大学馆

04449

小学生分年补充读本　徐应昶等主编

上海：商务印书馆，[1935]，15 页，32 开

　　本书为小学教材出版发行目录，按卫生、体育、国语、社会、自然、美术、音乐等分科编排。

　　收藏单位：国家馆、山东馆

04450

辛亥革命资料丛刊目录　张次溪编著

出版者不详，[1911—1949]，28 页，16 开

　　收藏单位：首都馆

04451

新到文件分类目录（第12、13号） 中秘材料科编

中秘材料科，1949，油印本，1册，10开

本书分总类、党务、政权、财经、军事、刊物等类。

收藏单位：国家馆

04452

新闻资料分类目录 中国新闻资料供应社编

南京：中国新闻资料供应社，[1911—1949]，60页，7×13cm

本书分总类、中国政治、中国经济、中国外交、中国社会、中国教育文化、中国医药卫生、世界与国际、各国等类。

收藏单位：国家馆

04453

续补馆藏方志目录

出版者不详，[1911—1949]，36页，18开

本书按地区排列。附馆藏方志目录勘误。

收藏单位：国家馆

04454

宣传书刊目录（第1辑 二十九年九月至三十年六月） 军事委员会第三厅第二科编

[重庆]：军事委员会第三厅第二科，1941.6，28页，32开

本书分10部分，内容包括：抗战四年专刊、时事问题、宣传资料、艺术宣传、抗战小丛书、传单标语等。

收藏单位：国家馆

04455

训练总监部军学编译处编译书籍目录 训练总监部军学编译处编辑

训练总监部陆军印刷所，1934.3，48页，32开

训练总监部陆军印刷所，1936.1，增订再版，36页，32开

本书分本处编定书籍、战史、战略战术、各国典范令、军队教育丛书、杂项书等类。

收藏单位：国家馆、南京馆

04456

训练总监部审查军用图书案牍汇编 训练总监部军学编译处编

陆军印刷所，1934.1，40+44页，25开

本书前有训练总监部历年审查军用图书一览表，末附国民政府训练总监部审查各坊肆军用书规则。

收藏单位：国家馆、南京馆

04457

研究康藏问题中外书目举要 何璟编

南京：康藏前锋社，1936，43页，16开（康藏前锋丛书1）

收藏单位：国家馆

04458

研究中国东北参考书目 黑白学会编 卞鸿儒校阅

沈阳：辽宁省立图书馆，1931.1，99页，16开

本书分3部分：中文、日文、西文。中、日文均分5类：总类、史地、政制、经济、社会教育，类内再分细目；西文因篇幅小，只简单分史地、国际问题、国家与法律、经济与工业、农林、渔业等类。

收藏单位：长春馆、东北师大馆、国家馆、南京馆、上海馆、天津馆

04459

一百七十五种日本期刊中东方学论文篇目（附引得） 于式玉 刘选民编

北平：哈佛燕京学社引得编纂处，1940.2，[540]页，16开（引得特刊13）

本书分4篇：分类篇目、篇目引得、著者引得、著者音译引得。

收藏单位：安徽馆、广东馆、广西馆、桂林馆、国家馆、黑龙江馆、吉林馆、江西馆、近代史所、南京馆、山西馆、首都馆、天津馆、西南大学馆、中科图

04460

一个教育的书目 庄泽宣编

上海：民智书局，1930.5，96页，25开（国

立中山大学教育学研究所丛书7）

本书收 1905 年至 1930 年间国外出版的有关教育的图书近 80 种，分 17 类，内容包括：教育概论、教育心理、教学法、学习指导、教育行政等。

收藏单位：安徽馆、重庆馆、广西馆、国家馆、河南馆、湖南馆、江西馆、上海馆、首都馆、浙江馆

04461

役挫公司中国曲调　役挫公司编

[上海]：役挫公司，[1911—1949]，160 页，16 开

本书为戏曲唱片目录，分 5 种：北京音、广东省城音、厦门音、福州音和汕头音。

收藏单位：广东馆、国家馆

04462

英文教育基本书目　庄泽宣编

[上海]：中华书局，1939.1，96 页，24 开

本书辑选教育学方面的著作，分 17 篇，内容包括：教育概论、教育心理、学科心理、教学法、学习指导、课程、测验、统计、教育史、教育哲学等。每篇介绍 3—5 部英文原著，并简述内容。

收藏单位：东北师大馆、国家馆、南京馆、上海馆

04463

景印各省通志（样本）　商务印书馆著

[上海]：商务印书馆，1934.4，1 册，32 开

本书内容包括：《湖南通志》《浙江通志》《广东通志》《湖北通志》《山东通志》《畿辅通志》的目录及预约简章。

收藏单位：国家馆

04464

影印各省通志（样本）　商务印书馆著

[上海]：商务印书馆，1934，230 页，32 开

本书为《湖南通志》《浙江通志》《广东通志》《湖北通志》《畿辅通志》《山东通志》目录及影印各省通志预约简章。书后有各省通志部分卷章的影印件、通志缘起。

04465

雍正朱批谕旨不录奏折总目　国立故宫博物院编

北平：国立故宫博物院，[1930.8]，68 页，16 开

本书为雍正历年朱批奏折汇编刊印成书之外的剩余部分总目，著录人名、案件、略由、件数等。

收藏单位：安徽馆、大庆馆、东北师大馆、广西馆、贵州馆、国家馆、黑龙江馆、湖南馆、江西馆、辽大馆、南京馆、山西馆、上海馆、中科图

04466

有关儿童图书馆问题之杂志论文目录　丁浚编

[北平]：[中华图书馆协会]，[1941—1949]，153—162 页，16 开

本书为《图书馆学季刊》第 10 卷第 1 期抽印本，分 7 部分，内容包括：总论、组织与管理、建筑与设备、儿童读书指导等。

收藏单位：国家馆

04467

元明曲本事对照表　孙楷第编纂

孙楷第[发行者]，[1931—1949]，油印本，1 册，8 开，环筒页装

本书以《元刊杂剧三十种》《元人杂剧选》《元曲选》《古名家杂剧》《新续古名家杂剧》《元明杂剧》等著作为例，以表格形式列出作品中的故事和基本内容。

收藏单位：国家馆

04468

元太祖成吉思汗生平史料目录　邓衍林编

[北平]：中华图书馆协会，[1935]，12 页，16 开

本书为《图书馆学季刊》第 10 卷第 2 期抽印本，分 3 篇：中文、日文、西文。中文篇收书 29 种、论文 7 篇；日文篇收书 5 种、论文 9 篇；西文篇收书与论文共 34 种。

收藏单位：国家馆

04469

战时参考资料书目 何多源编

广州：岭南大学图书馆，1938，油印本，[96]页，13开

收藏单位：国家馆

04470

战时经济参考书目 何多源编

广州：岭南大学图书馆，1938.4，[10]+100页，23开（岭南大学图书馆丛书）

本书收中文图书70余种、论文篇名800余条、西文图书260余种，分类编排。卷首有作者序言及所收期刊、日报、论文集一览表。

收藏单位：国家馆、南京馆

04471

赵怡山小说书目 赵怡山 [编]

出版者不详，[1911—1949]，80页，32开

收藏单位：首都馆

04472

浙江公报分类目录 吕耀钤编

杭州：武林印书馆，1919.6，2册，32开

本书为《浙江公报》1912年1月至1918年12月所载法令的分类目录。

收藏单位：国家馆、上海馆、浙江馆

04473

震旦大学图书馆暂编法学书目 震旦大学图书馆编

[上海]：震旦大学图书馆，1934.5，24+9页，25开

本书分4类：古代法、现代法、经济政治、总类。附笔画索引。

收藏单位：国家馆、南京馆

04474

政法书籍目录

[上海]：商务印书馆，1926，104页，32开

本书分政治之部、法律之部、公版辞典、丛书时论、政法书籍、政治学大纲等类。

收藏单位：广东馆

04475

政治书报指南 清华大学政治学会编

北平：清华大学政治学会，1929.3，154+61页，18开

本书分4部分：西人论中国之书籍述要、英文杂志索引、中文要籍介绍、中文杂志索引。

收藏单位：国家馆、上海馆

04476

支那交通关系资料目录 中支建设资料整备委员会编

上海：中支建设资料整备委员会，1940，8页，16开（资料通报 第17辑）

收藏单位：国家馆

04477

支那经济关系资料目录 中支建设资料整备委员会编

上海：中支建设资料整备委员会，1940.12，16页，16开（资料通报 第14辑）

本书分12类：经济建设、商业、商品、水产业、盐业、金融、物价问题、中央财政、地方财政、田赋、工业政策、工业事情。

收藏单位：国家馆

04478

支那农业关系资料目录（补遗） 中支建设资料整备委员会编

上海：中支建设资料整备委员会，1940.12，13页，16开（资料通报 第15辑）

本书分7类：农村经济、茶业、合作事业、土地整理、农事试验场报告、土壤、杂。

收藏单位：国家馆

04479

支那社会、法律关系资料目录 中支建设资料整备委员会编

上海：中支建设资料整备委员会，1940.12，11页，16开（资料通报 第12辑）

本书分教育、国民党·共产党、人口统计、杂项、法律、外交关系等类。

收藏单位：国家馆

04480

支那铁道关系资料目录　　中支建设资料整备委员会编

上海：中支建设资料整备委员会，1939.11，21页，16开（资料通报 第8辑）

　　收藏单位：国家馆

04481

中等学校国文选本书目提要　　黎锦熙　王恩华编撰

国立北平师范大学文学院，1937.6，144页，32开

　　本书收《三十年来中等学校国文选本书目提要简述》（黎锦熙）和《国难后中等学校国文选本书目提要》（王恩华）。

　　收藏单位：东北师大馆、国家馆、湖南馆、南京馆、首都馆

04482

中法大学服尔德学院法国文学系法国文学作家书目一览

[北平]：[中法大学服尔德学院法国文学系]，1932.9，15页，32开

　　收藏单位：南京馆

04483

中国兵学现存书目　　陆达节编著

广州：珠海大学，1944.6，54页，32开

广州：珠海大学，1949.5，再版，54页，32开

　　本书对中国古代兵书状况进行初步调查，著录历代兵书书目近500种（包括现存和存目），也收外国人译述中国的兵书，不收中国人译述外国的兵书。附《历史兵书概论》。

　　收藏单位：重庆馆、东北师大馆、广西馆、国家馆、湖南馆、南京馆

04484

中国地方志备征目　　朱士嘉编

北平：燕京大学图书馆，1931.10，[52]页，16开

　　本书为《燕京大学图书馆报》单行本，收国内外公私图书馆及个人所藏方志目录

4912种。附未修志书地名录、民国修志地名录。

　　收藏单位：国家馆、南京馆、上海馆

04485

中国地方志统计表　　朱士嘉编

北平：燕京大学史学年报社，[1932.11]，[30]页，16开

　　本书为《史学年报》第4期单行本。内容包括：元、明、清、民国地方志统计表，民国各省地方志统计表、民国各省地方志分类统计表、历代地方志统计表、历代各省地方志统计表等。

　　收藏单位：国家馆

04486

中国地方志综录　　朱士嘉编著

上海：商务印书馆，1935.5，3册，32开

上海：商务印书馆，1937.4，再版，3册，32开

　　本书收我国41家主要图书馆所藏的地方志7000多种。

　　收藏单位：国家馆、南京馆、首都馆

04487

中国合作文献目录　　伍玉璋编

南京：中国合作学社，1936.1，110页，32开

　　本书分3篇：序言、书目、合作研究法。书目篇包括两类：一般出版书目（542种）和定期出版书目（77种、存33种）。时限截至1935年9月。

　　收藏单位：重庆馆、广东馆、国家馆、江西馆、南京馆、陕西馆、首都馆、西南大学馆、浙江馆

04488

中国教育书目汇编　　吕绍虞编

武昌：文华图书馆学专科学校季刊社，1933，100页，16开

　　本书分教育理论、教育心理、教育思潮、教育统计图表、教育辞书指南、教育论文演讲报告、教育史、教育行政、教育制度、教育法令等类。

收藏单位：国家馆、浙江馆

04489

中国近代史书目初编　上海鸿英图书馆编

上海：鸿英图书馆，1937，70 页，16 开，环筒页装

　　本书以中文为主，酌情收中国人的日文和西文著述，分 3 类：通史、地理、学术。

　　收藏单位：国家馆、南京馆、上海馆

04490

中国近代史辛亥革命参考资料书目　张次溪编著

出版者不详，[1911—1949]，油印本，46 页，16 开

　　收藏单位：首都馆

04491

中国经济统计研究所报告书目录（二十九年七月至三十年六月）

[中国经济统计研究所]，[1941]，29 张，大16 开

　　收藏单位：上海馆

04492

中国科学著作目录（社会科学组）　国立中央研究院评议会 [编]

外文题名：Science bibliography of China: section of social sciences

[南京]：国立中央研究院评议会，1936，61 页，18 开

　　本书为 1935 年出版的社会科学刊物、论文、专著目录，分社会科学、政治学、法律学、经济学等类。其他题名：民国二十四年社会科学著作目录。

　　收藏单位：国家馆、南京馆、上海馆、中科图

04493

中国科学著作目录（心理学组）　国立中央研究院评议会 [编]

外文题名：Science bibliography of China: section of psychology

[南京]：国立中央研究院评议会，1936，21 页，18 开

　　本书收 1934 年及以前的心理学著作目录。

　　收藏单位：国家馆、南京馆、上海馆

04494

中国科学著作目录（语言学考古学及人类学合组）　国立中央研究院评议会 [编]

外文题名：Science bibliography of China: section of philology, archaeology & anthropology

[南京]：国立中央研究院评议会，1936，11 页，18 开

　　本书收 1935 年出版的语言学、考古学及人类学的刊物、论文、专著目录。

　　收藏单位：国家馆、南京馆、中科图

04495

[中国历代名人年谱目录]　李士涛编纂

长沙：商务印书馆，[1941]，9 册，25 开，活页精装

　　收藏单位：国家馆

04496

中国社会科学分类书目　平凡书局编

上海：平凡书局，[1911—1949]，46 页，32 开

　　收藏单位：首都馆

04497

中国世界语书社目录　中国世界语书社编

北平：中国世界语书社，[1930—1939]，12 页，32 开

　　本书分柴门荷夫的著译、文学、翻译、哲学·心理学·宗教、社会科学、科学、学习用书和关于世语的著作等类。

　　收藏单位：国家馆

04498

中国体育图书汇目　于震寰　李文褅编

[北平]：青梅书店，1933.10，56 页，32 开

　　本书收 1933 年以前出版的中文体育图书千余种。

　　收藏单位：辽宁馆、天津馆

04499

中国铁道煤运之研究目录 阮善芳著

出版者不详，[1911—1949]，手写本，1 册，18 开

收藏单位：首都馆

04500

中国通俗小说书目 孙楷第编

国立北平图书馆、中国大辞典编纂处，1933.3，335+44+44 页，32 开

本书分 11 卷，主要以宋至清的旧小说为主，末附补遗、补正及索引。

收藏单位：重庆馆、大连馆、东北师大馆、广西馆、国家馆、湖南馆、南京馆、上海馆、首都馆、西南大学馆、浙江馆、中科图

04501

中国通俗小说提要（烟粉类才子佳人之属）

孙楷第 [著]

国立北平图书馆，[1936]，26 页，16 开

本书为《国立北平图书馆馆刊》第 5 卷第 5 号抽印本。

收藏单位：国家馆

04502

中国图书大辞典、中国学术百科全书提要及其批评 中国图书大辞典辞典馆编

南京：中国图书大辞典辞典馆，[1935]，[32] 页，16 开

本书主要收名人题辞、各省主席与教育厅的批评和介绍、《中国图书大辞典、中国学术百科全书》的样张和"好评千则"。

收藏单位：国家馆

04503

中国图书大辞典编辑馆出版书籍说明书 中国图书大辞典编辑馆编

南京：中国图书大辞典编辑馆，[1935]，再版，增订本，29 页，32 开

本书介绍该馆出版的《四库大辞典》《图书年鉴》《图书年鉴补编》《丛书大辞典》《民国名人年鉴》《清代人名大辞典》《中国文学

大辞典》等 10 种书。

收藏单位：国家馆

04504

中国图书馆服务社图书馆学书目（1933—1934） 中国图书馆服务社编

上海：中国图书馆服务社，[1934—1935]，23 页，25 开

收藏单位：江西馆

04505

中国文学选读书目 吴又陵审定

北京：宝文堂书局，1925，40 页，32 开

本书分 8 类：经、史、子、集、音韵、目录校勘、思想学术、类书。附《国文教科取材私议》（梁漱溟）、《读书法》（胡适）、《治国学杂话》（梁启超）等。

收藏单位：重庆馆、国家馆、山西馆、浙江馆、中科图

04506

中国文学珍本丛书书目样本

上海：杂志无限公司，1935，[38] 页，32 开

本书内容包括：中国文学珍本丛书第一辑续售预约、题签缩印一览、样本目录第二期卷端、第一辑分类目录及所据版本、编印该丛书缘起、第一辑编辑凡例、第一辑目录等。

收藏单位：重庆馆、南京馆、上海馆、首都馆

04507

中国盐书目录 何维凝编著

[重庆]：财政部财务人员训练所盐务人员训练班，1942.10，[14]+154 页，32 开（盐训丛书 4 ）

本书分 12 盐区，辑入自汉唐至民国历代盐书 491 种，并有简略提要。末附《盐铁论版本考略》（何维凝）、《读盐铁论版本考略》（劳幹）、《中国历代盐书统计表》。

收藏单位：国家馆、南京馆

04508

中国银行全体帐表书类目录

[上海]：中国银行总管理处，1919，56 页，22 开

收藏单位：天津馆

04509

中国印学社出品目录　中国印学社编

上海：中国印学社，[1930—1936]，28 页，32 开

收藏单位：国家馆

04510

中华民国法规汇编样本　国民政府立法院编译处编

上海：中华书局，1934

收藏单位：国家馆

04511

中华民国外交部最近印行之白皮书目录　中华民国国民政府外交部 [编]

[南京]：[中华民国国民政府外交部]，1948，5 页，21 开

本书系 1948 年白皮书第 68—105 号目录，为中、英、法文。

收藏单位：国家馆、近代史所

04512

中华民国宪法史样本　吴宗慈编纂

出版者不详，[1923]，8 页，16 开

本书内容包括：《中国民国宪法史》的出版预告、价目、弁言、凡例、附编、前编总目、各章节简要介绍等。

收藏单位：国家馆、中科图

04513

中华民国新刑法判解汇编预约样本·中华民国新刑事诉讼法判解汇编预约样本·县区行政法规解释集成预约样本·应用文程式集成预约样本　大东书局编

上海：大东书局，[1935]，1 册，32 开

收藏单位：国家馆

04514

中外经济周刊特刊号　经济讨论处编

北京：经济讨论处，1927.4，53 页，21 开

本书内容包括：经济讨论处之职务、《中外经济周刊》第 1 号至 200 号总目。

收藏单位：重庆馆、国家馆

04515

中文新疆书目　丁实存　陈世杰编

国父实业计划研究会、国立中央大学地理系，1943.2，42 页，16 开（国立中央大学理科研究所地理学部丛刊 1）

本书为研究新疆政治、历史、经济、地理文献的书目。内分甲、乙两篇，甲篇为图书目录，乙篇为论文目录，共收目录约 1400 条，不分类，只按字顺编目。

收藏单位：国家馆、近代史所、南京馆、首都馆

04516

中学教科书及补充书、参考书目录　商务印书馆编

[上海]：商务印书馆，[1936]，56 页，32 开

本书附师范学校及职业学校教科书。

收藏单位：上海馆

04517

中学教科书目录

上海：商务印书馆，[1935]，52 页，25 开

本书为新课程标准适用。附职业学校及师范学校教科书。

收藏单位：江西馆

04518

中央党史史料陈列馆陈列史料目录（第 1 期）　中央党史史料编纂委员会编

[南京]：中央党史史料陈列馆，1937.2，60 页，32 开

本书收该馆的史料陈列要则、陈列室路线图、陈列史料总目等。附来宾参观规则、该馆建筑概况。

收藏单位：重庆馆、国家馆、南京馆、上海馆、首都馆、浙江馆

04519

中央陆军军官学校图书馆军事学图书目录
中央陆军军官学校图书馆编

[南京]：中央陆军军官学校图书馆，1934.6，
[200]页，横32开

本书为该馆目录第1分册，时限截至
1934年5月底。内分3部分：中文、日文、
西文，含13类：总类、军制、军事教育、作
战、兵器、交通、步兵、骑兵、炮兵、工兵、
空军、海军、杂类。

收藏单位：广西馆、国家馆、南京馆、天
津馆、浙江馆

04520

中央设计局图书馆馆藏方志目录
中央设计局图书馆，1945，油印本，[4]页，
18开，环筒页装

收藏单位：国家馆

04521

中央统计处各项统计报告目录　中国国民党
中央统计处编

[南京]：中国国民党中央统计处，1930.11，
50页，横16开

本书分6部分：总类、党务、政治、社
会、人民团体、其他。

收藏单位：国家馆

04522

**中央宣传部历年印发各种宣传书刊目录（自
民国三十年十月一日起至民国三十五年一月
三十一日止）**　中央宣传部 [编]
中央宣传部，[1946—1949]，18页，32开

本书收1941年10月至1946年1月期间
印发的书刊目录300余种。

收藏单位：国家馆、南京馆

04523

中央宣传部印发书刊名称数量一览表　中央
宣传部出版处编
中央宣传部出版处，1943.8，9页，8开

收藏单位：南京馆

04524

缀玉轩所藏戏曲草目（卷上）　傅惜华编
出版者不详，[1933.4]，[12]页，32开，环筒
页装

本书共2卷。上卷为元代至清末南北曲
目录，分6类：总集、传奇、杂剧、曲谱、选
集、弋腔；下卷为清中叶至民国各地方流行戏
目录，分4类：秦腔、乱弹、粤剧、影戏。

收藏单位：国家馆

04525

资料目录（第1期）　福建省经济建设计划委
员会资料室编

[永安]：[福建省经济建设计划委员会]，
1941.10，油印本，1册，16开

本书著录资料的号码、资料名称、来源、
年月、备考等。

收藏单位：福建馆

04526

总理年谱参考资料分年编目及提要　中国国
民党中央执行委员会党史史料编纂委员会编

[南京]：[中国国民党中央执行委员会党史史
料编纂委员会]，1933，油印本，4+238页

本书按年著录各种参考资料，并摘述其
内容，包含《孙中山先生年谱》《孙中山全
传》《孙中山生活》《三十三年落花梦》《清朝
全史》《中华民国开国史》《辛亥革命史》等
61种资料。

收藏单位：近代史所

04527

最新军事学术大全（样本）　真美书社编
上海：真美书社，[1930—1939]，32页，32开

本书包含该书的预约样本、总目和详细
目录。

收藏单位：国家馆

自然科学类目录

04528

北平各图书馆所藏中国算学书联合目录　邓

衍林编

外文题名：Union catalogue of books of Chinese mathematics in the libraries of Peking

中华图书馆协会暨北平图书馆协会，1936.6，178 页，25 开

本书收北平 19 处图书馆所藏中文算学书目近千种，收录范围以历代及明清或民国研究中国算学者为限，著录项目包括书名卷数、编撰人、版本、馆藏、附注等。附著者索引。

收藏单位：大庆馆、广西馆、国家馆、内蒙古馆、宁夏馆、山西馆、上海馆、首都馆、浙江馆

04529

病源辞典 古今医方集成（样本） 大众书局编

上海：大众书局，[1930—1939]，1 册，32 开

收藏单位：国家馆

04530

初级中学自然科教具目录 福建省立科学馆教育用品制造部编

[福建省立科学馆教育用品制造部]，1940.12，48 页，大 32 开

本书为物理学、生物学、化学等学科的教具目录。

收藏单位：南京馆

04531

存素堂入藏图书河渠之部目录 朱启钤编

北平：朱启钤，1934，22 页，16 开

收藏单位：国家馆

04532

存素堂入藏图书河渠之部目录 茅乃文补辑

[国立北平图书馆]，1936.6，43 页，16 开

本书分 5 部分：历代河渠书目、近代水利工程书、河图、治水工程期刊、附录。

收藏单位：国家馆、首都馆、天津馆、中科图

04533

地图目录甲编 刘季辰编

外文题名：Catalogue of the library of the National Geological Survey of China

北平：地质调查所，1928.8，89 页，22 开

本书为地质调查所图书馆所藏地图目录的甲编，分 3 部分：世界、亚洲、中国，收图目 400 余条。列出文种、图名、绘制、年代、绘制者、比例尺、图幅数量、色彩、开本等项。书前有该图书馆外景照片、例言。

收藏单位：国家馆、华东师大馆、南京馆、内蒙古馆、上海馆、首都馆

04534

地质图书目录 农矿部直辖地质调查所 国立北平研究院地质学研究所 [编]

北平：地质调查所，1931，19 页，25 开

收藏单位：国家馆

04535

国立北京大学数学系指导书

[北京大学数学系]，[1911—1949]，4 页，22 开

本书介绍国立北京大学数学系各年级所用参考书，共 24 种。

收藏单位：国家馆

04536

国立北京大学医学院二十九年度杂志目录

北京大学医学院图书室编

北京大学医学院图书室，1940.10，24 页，横 25 开

收藏单位：国家馆

04537

国立北平图书馆中文地图目录

国立北平图书馆，[1930—1939]，172 页，25 开

本书按世界地图、本国地图、类图、补遗等分类编排。

收藏单位：国家馆

04538

国立清华大学工学院机械工程系图书概况

清华大学工学院编

[北平]：清华大学工学院，1936，61 页，16

开

本书为该校图书馆有关机械工程的图书、杂志目录。

04539

国立中山大学两广地质调查所出版品目录
两广地质调查所图书馆编

[广州]：两广地质调查所图书馆，1932，12页，22开

收藏单位：国家馆、上海馆

04540

国立中央图书馆所藏四川及闽广地图简目
国立中央图书馆筹备处编

[重庆]：国立中央图书馆筹备处，1938，油印本，[10]页，22开，环筒页装（战时国民知识书目第15期）

收藏单位：国家馆

04541

国立中央研究院地质研究所出版图书目录
地质研究所图书馆编

南京：地质研究所图书馆，1934，80页，24开

本书为该所经售集刊、专刊、丛刊和杂志目录，中、西文均有。

04542

国立中央研究院地质研究所刊物目录（民国十七年至廿二年） 中央研究院地质研究所编

[南京]：中央研究院地质研究所，1933，[11]页，32开

本书为该所经售的集刊、专刊、丛刊和杂志目录，中、西文均有。

04543

[华通斋书目]

[北平]：[华通斋]，[1938—1949]，石印本，1册，32开

本书收《圬工桥梁撮要》《土石工程撮要》《钢筋混凝土撮要》《铁路分道岔算式》等书目。

收藏单位：国家馆

04544

经济部中央地质调查所出版图书目录（民国三十六年） 经济部中央地质调查所编

南京：中央地质调查所图书馆，[1947]，43页，25开

收藏单位：国家馆

04545

经济部中央工业试验所专题论文目录 经济部中央工业试验所设计科编

[经济部中央工业试验所设计科]，[1948.2]，油印本，1册，16开，环筒页装

收藏单位：国家馆

04546

经售华文新医药书报目录 五定公司医药书报部编

上海：五定公司医药书报部，1935.7，90页，50开

本书著录出版者、书名、编著者、定价、折扣，有些包含内容提要。其他题名：华文新医药书报目录。

收藏单位：国家馆、江西馆

04547

军医必携目录及附图 晋察冀军区卫生部编
晋察冀军区卫生部，1946.8，[134]页，32开

收藏单位：国家馆

04548

历代医学书目 丁福保著

上海：文明书局，[1911—1949]，1册，25开，精装（丁氏医学丛书）

本书分22类：素问灵枢、难经、甲乙经、本草、伤寒、金匮、脉经、五脏、明堂针灸、方书、病总、妇科、小儿科、疮肿、五官、脚气、杂病、医案、医话、卫生、祝由科、兽医，中西合璧，载书1500多种部。

收藏单位：重庆馆

04549

历代医学书目提要 丁福保编纂

上海：医学书局，1918.5，再版，64页，22

开，精装（丁氏医学丛书）

本书分 22 类：素问灵枢、难经、甲乙经、本草、伤寒、金匮、脉经、五脏、明堂针灸、方书、书影病总、妇科、小儿科、疮肿、五官、脚气、杂病、医案、医话、卫生、祝由科、兽医、中西合璧，载书 1500 多种部。著录项目大多包括书名、作者、卷数。

收藏单位：国家馆、宁夏馆、浙江馆

04550

六学术团体联合年会论文提要（中英文本）
中国工程师学会等编

中国工程师学会等，1935.8，142 页，32 开

本书收中国工程师学会、中国化学学会、中国地理学会、中国科学社、中国动物学会、中国植物学会等学术团体联合年会关于地理、动物、植物、化学、工程等方面的论文提要。

收藏单位：国家馆

04551

农矿部直辖地质调查所出版图书目录　中国地质调查所图书馆编

北平：中国地质调查所图书馆，1930，20 页，32 开

收藏单位：国家馆、中科图

04552

七科学团体联合年会论文提要　七科学团体联合年会 [编]

[北平]：[七科学团体联合年会]，1936，1 册，32 开

收藏单位：国家馆

04553

全国经济委员会水利处图书室中国河渠水利书目　全国经济委员会水利处 [编]

全国经济委员会水利处，1936.4，8 页，18 开

本书收《三江水利纪略》《三吴水利论》《三才汇编》《山海经》《大王将军纪略》《大泽口成案》等，列出题名、卷数、作者等。封面题名：水利处图书室中国河渠水利书目。

收藏单位：国家馆

04554

全国农业图书总目录　社会新学会社编辑部编

上海：社会新学会社编辑部，1936.4，55 页，32 开

本书是为农业界及研究农业者采购书籍而编的目录，分 3 部分：农业理论、应用技术和参考资料。大部分依据"生活全国总书目"分类，列出书名、编著者及定价等。

收藏单位：国家馆

04555

上海科学馆图书馆科学期刊目录

上海科学馆图书馆，[1911—1949]，1 册，16 开

收藏单位：南京馆

04556

实业部地质调查所、国立北平研究院地质学研究所出版图书目录　中国地质调查所图书馆编

北平：中国地质调查所图书馆，1932，320 页，25 开

04557

实业部地质调查所、国立北平研究院地质学研究所出版图书目录（民国二十三年）　中国地质调查所图书馆编

北平：中国地质调查所图书馆，1934，38 页，32 开

收藏单位：国家馆

04558

实业部地质调查所、国立北平研究院地质学研究所出版图书目录（民国二十五年）　中国地质调查所图书馆编

北平：中国地质调查所图书馆，1936，38 页，32 开

收藏单位：国家馆

04559

世界科学名著提要　查士元　查士骥编译

上海：新文化学会，1928.7，1 册，42 开

本书根据《世界名著题解》（木村一郎、平林松雄）编译，收《遗传的法则》（梅德尔）、《自然哲学之数学的原理》（牛顿）、《种源论》（达尔文）、《胚原形质》（槐士门）、《突变说》（特布里士）、《地质学原论》（赖叶尔）、《相对性原理》（安因史坦）、《动物哲学》（拉马克）、《宇宙之谜》（海开儿）等著作的提要。

收藏单位：重庆馆、广东馆、广西馆、国家馆、辽宁馆、南京馆、上海馆、浙江馆

04560

宋以前医籍考（第1辑）（日）黑田源次著

[沈阳]：满洲医科大学东亚医学研究所，1936.8，1册，18开

本书考证了我国宋以前27种医学古籍的版本、序跋、作者及成书年代，包括：《黄帝内经》《黄帝素问》《黄帝灵枢》《内经太素》《素问释文》《素问音训并音义》《素问改错》《素问医疗诀》《素问六气玄珠密语》《素问遗编》《素问入式运气论奥》《素问入式钤》《素问音释》等。

收藏单位：重庆馆、国家馆、首都馆

04561

台湾地质文献目录　台湾省地质调查所编

[台北]：台湾省地质调查所，1947.5，58页，16开

本书包括1849—1945年有关台湾地质、矿产及矿业各方面的中、外文调查报告及研究论文，按著者编排。附分类及分地区索引、作者中文名索引、引用刊物一览表、光复后（1946—1947）出版之地质文献。

收藏单位：国家馆、南京馆

04562

图书集成医部全录（样本）　通俗图书刊行社刊行

上海：会文堂新记书局，[1937]，[62]页，32开

本书内容包括：缘起、全书缩影、总目、目录、样张、预约简章、预约通知书、预约地点等。

收藏单位：广东馆、国家馆

04563

西北工程参考书目录暨论文索引　甘肃水利林牧公司编

甘肃水利林牧公司，1942.7，石印本，99页，32开

本书分两部分：参考书目录和论文索引。第1部分著录书名、著者、出版年月、出版处所和子目；第2部分著录题目、著者、期刊名称、卷期、出版年月和子目。

收藏单位：国家馆、南京馆、上海馆

04564

西文海岸暨海洋地质文献目录　中国科学院南京地理研究所编

南京：中国科学院南京地理研究所，[1937—1949]，2册（[200]页），16开

本书收海岸和岛屿、海底地形地质等方面的目录。

收藏单位：国家馆

04565

西藏及金沙江以西地区之地质学及其有关科学参考文献目录　曾鼎乾编

外文题名：Bibliography of geology and allied sciences of Tibet and regions to the west of the Chinshachiang

[南京]：经济部中央地质调查所，1946.12，114页，16开（中国地质文献目录）

本书分两种：著者目录及分类目录。以地质学为主，其他各种科学、各家探险之结果、史地以及关于风土习俗之记实者也列入，汇集文献1100余条（其中西文800余条），包括600个不同著者；图40种300幅。书籍的三分之一、图三分之二以上为中央地质调查所图书馆藏。

收藏单位：国家馆、浙江馆

04566

新疆地理及地质参考文献目录　李寿芳编

外文题名：Bibliography of geology of Sinkiang

[南京]：经济部中央地质调查所，1947.7，

213 页，16 开（中国地质文献目录）

04567

行政院水利委员会存档水利资料总目录（第 1 集 第 1 卷 修防部门） 资料室编

[重庆]：行政院水利委员会，1944，油印本，[72] 页，16 开，环筒页装

　　本书分 5 部门：修防、航道、灌溉、水力、混合，每部门下再分 7 类：分工程、报告、请求、会计、法规、人事、研究。所收资料的时限为 1934 年至 1943 年 10 月。

　　收藏单位：国家馆、南京馆

04568

行政院水利委员会存档水利资料总目录（第 1 集 第 2 卷 航道部门） 资料室编

[重庆]：行政院水利委员会，1944，油印本，[58] 页，16 开，环筒页装

　　收藏单位：国家馆、南京馆

04569

行政院水利委员会存档水利资料总目录（第 1 集 第 3 卷 灌溉部门） 资料室编

[重庆]：行政院水利委员会，1944，油印本，[70] 页，16 开，环筒页装

　　收藏单位：国家馆、南京馆

04570

行政院水利委员会存档水利资料总目录（第 1 集 第 4 卷 水力部门 混合部门） 资料室编

[重庆]：行政院水利委员会，1944，油印本，[10+54] 页，16 开，环筒页装

　　收藏单位：国家馆、南京馆

04571

续中国医学书目 （日）冈西为人编

[沈阳]：满洲医科大学东亚医学研究室，1941.6，[634] 页，32 开，精装

　　本书收东亚医学研究所在 1931 年《中国医学书目》撰成之后新搜藏的书籍，载单行本 453 种、丛书 519 种、其他 88 种，共计 1060 种。分 28 类：内经、金匮、伤寒、瘟疫、难经、脉经、针灸、本草、食经、方书、养生、内景、病总、杂病、幼科、痘科、麻疹、女科、外科、眼科、喉科、法医、兽医、医史、医家辞汇、咒巫、洋方、丛书。附《中国医学书目》书名索引、《续中国医学书目》人名索引。

　　收藏单位：国家馆、黑龙江馆、湖南馆、内蒙古馆、山西馆、上海馆、首都馆、西南大学馆

04572

医书提要 丁福保 [编]

上海：医学书局，[1911—1949]，15 版，1 册，23 开

上海：医学书局，[1911—1949]，17 版，1 册，23 开

上海：医学书局，[1911—1949]，19 版，1 册，23 开

　　本书对作者所译述的西医学书籍做了详细提要。卷端题名：丁氏医学丛书提要。

　　收藏单位：广东馆、国家馆、江西馆、南京馆、山东馆、上海馆

04573

支那侧发行矿业关系资料辑录 （日）水谷国一著

大连：南满洲铁道株式会社，1939.4，影印本，309 页，25 开

　　本书分两部分：定期刊行书和单行书。

　　收藏单位：国家馆

04574

支那地图目录 大连图书馆编

[大连]：南满铁路株式会社，[1930—1939]，49 页，32 开

　　收藏单位：国家馆

04575

支那矿业关系资料目录（补遗） 中支建设资料整备委员会编

上海：中支建设资料整备委员会，1940.12，14 页，16 开（资料通报 第 16 辑）

　　本书收矿业一般、地质研究所集刊、地质研究所丛刊、地质研究所专刊、地质专报

（乙种）、地图、各省有关矿业等方面的材料，部分目录提要为日文和英文。

收藏单位：国家馆

04576

中国地质调查所出版图书目录（民国十七年至十八年） 中国地质调查所图书馆 [编]

北平：中国地质调查所图书馆，[1929]，16 页，32 开

收藏单位：国家馆

04577

中国地质文献目录 杨遵仪著

外文题名：Bibliography of Chinese geology up to 1934

[北平]：国立北平研究院总办事处出版课，1935.7，241 页，16 开

本书收国立北平研究院 1934 年以前获得地质矿产研究奖金的英文论文。

收藏单位：国家馆、上海馆

04578

中国地质文献目录（民国二十五至二十九年） 计荣森编

外文题名：Bibliography of Chinese geology for the years: 1936-1940

[重庆]：经济部中央地质调查所，1942，147 页，18 开

收藏单位：重庆馆、广西馆、国家馆、南京馆

04579

中国地质学会出版品目录（1922—1937）

中国地质学会图书馆 [编]

北平：中国地质学会所图书馆，[1937]，42 页，36 开

收藏单位：国家馆

04580

中国工程师学会及各专门工程学会联合年会论文目录 中国工程师学会编

中国工程师学会，[1930—1949]，24 页，32 开

本书分 14 部分，内容包括：土木、水利、市政等，收 318 篇论文目录。

收藏单位：国家馆

04581

中国河渠书提要 茅乃文编著

国立北平图书馆，[1936.2]，[40] 页，18 开

本书为《水利月刊》11 卷第 1—3 期抽印本。附魏凯（H. Weicker）致李会长函。

收藏单位：国家馆

04582

中国河渠书提要（4） 茅乃文编著

[南京]：中国水利工程学会，[1936—1937]，8 页，16 开

收藏单位：重庆馆

04583

中国河渠书提要（6） 茅乃文编著

[南京]：中国水利工程学会，[1937]，14 页，16 开

本书收《河防考》《看河纪程》《行水金鉴》《问水集》《河工书》《治河通考》等书的提要。

收藏单位：国家馆

04584

中国河渠水利工程书目 茅乃文编

国立北平图书馆，1935.10，98 页，21 开

本书分两部分：历代河渠书目录和现代水利工程书目。附《现代水利工程书目补遗》。

收藏单位：重庆馆、国家馆、湖南馆、南京馆、上海馆、首都馆

04585

中国科学社第十六次年会论文提要 中国科学社编

上海：中国科学社，1931，26 页，25 开

本书收 25 篇论文提要，有的用英文写成。作者有玄参、长恭、马集铭等。

收藏单位：国家馆

04586

中国科学社第十九次年会论文提要　中国科学社 [编]

[上海]：[中国科学社]，1934.8，75 页，32 开

　　本书收 101 篇论文提要，根据内容分为 4 类，有的用英文写成。作者有竺可桢、朱庭祜、王家楫等数十人。

　　收藏单位：广西馆、国家馆、首都馆

04587

中国科学著作目录（地理学组）　国立中央研究院评议会 [编]

外文题名：Science bibliography of China: section of geography

[南京]：国立中央研究院评议会，1936，20 页，18 开

　　本书收 1935 年出版的地理学的刊物、论文、专著目录。

　　收藏单位：国家馆、南京馆、上海馆

04588

中国科学著作目录（第 5 组 地质学）　国立中央研究院评议会 [编]

外文题名：Science bibliography of China: V.5, section of geology

[南京]：国立中央研究院评议会，1936，57 页，18 开

　　本书收 1934、1935 年出版的地质学的刊物、论文、专著目录。

　　收藏单位：国家馆、上海馆

04589

中国科学著作目录（动物学组）　国立中央研究院评议会 [编]

外文题名：Science bibliography of China: section of zoology

[南京]：国立中央研究院评议会，[1936]，24 页，18 开

　　本书收 1935 年出版的动物学的刊物、论文、专著目录。

　　收藏单位：国家馆、南京馆、上海馆

04590

中国科学著作目录（化学组）　国立中央研究院评议会 [编]

外文题名：Science bibliography of China: section of chemistry

[南京]：国立中央研究院评议会，1936，57 页，18 开

　　本书收 1935 年出版的化学的刊物、论文、专著目录。

　　收藏单位：国家馆

04591

中国科学著作目录（化学组）　国立中央研究院评议会 [编]

外文题名：Science bibliography of China: section of chemistry

[南京]：国立中央研究院评议会，1937，12+50 页，18 开

　　本书收 1936 年出版的化学刊物、论文、专著目录。

　　收藏单位：国家馆

04592

中国科学著作目录（天文学气象学合组）　国立中央研究院评议会 [编]

外文题名：Science bibliography of China: section of astronomy & meteology

[南京]：国立中央研究院评议会，1936，14 页，16 开

　　本书收 1935 年出版的天文学、气象学的刊物、论文、专著目录。

　　收藏单位：国家馆

04593

中国科学著作目录（植物学组）　国立中央研究院评议会 [编]

[南京]：国立中央研究院评议会，1936，8 页，18 开

　　本书收 1935 年出版的植物学的刊物、论文、专著目录。

　　收藏单位：国家馆、南京馆、上海馆

04594

中国农书目录汇编　毛雝编

南京：金陵大学图书馆，1924，214 页，22 开（金陵大学图书馆丛刊 1）

　　本书分 21 类，内容包括：总记、时令、占候、农具、水利等。

　　收藏单位：安徽馆、长春馆、重庆馆、广东馆、国家馆、近代史所、辽宁馆、南京馆、上海馆

04595

中国农业书局图书目录（新 1 号）　中国农业书局编

上海：中国农业书局，1937.7，53 页，32 开

　　本书为该局经售书目录。附农家行事历。

　　收藏单位：重庆馆、国家馆、上海馆

04596

中国算学书目汇编　裘冲曼编

北京：清华学校，1926.6，95 页，13 开

　　本书内容包括：序、引言、凡例、目录、著者索引等。

　　收藏单位：浙江馆

04597

中国药物学集成样本

上海：新知书局，[1935]，[5] 页，16 开

　　本书内容包括：《中国药物学集成》的简介、序、例言、各章节介绍、预约通知单等。

　　收藏单位：国家馆

04598

中国医学书目　（日）黑田源次著

沈阳：满洲医科大学中国医学研究室，1931，1030+33 页，23 开，精装

　　本书收秦汉至民国时期的中、日两国医家有关中医学书籍（包括丛书）1443 种，约 7000 册。分 24 类，内容包括：经、金匮、伤寒、中藏、难经、经脉、针灸、巢氏病源、本草、方书、养生、病总、女科、外科、眼科、喉科、法医、兽医、医史、博物、丛书、医学辞汇等。书前有著者日文序言及凡例，书后有中国医学书目人名索引及书名索引。

　　收藏单位：国家馆、黑龙江馆、湖南馆、辽宁馆、内蒙古馆、上海馆、首都馆、中科图

04599

中国医学自修书目　张赞臣编辑

上海：中国医药书局，1931.6，17 页，32 开

　　本书为医学者自修书目索引及介绍。

　　收藏单位：绍兴馆、浙江馆

04600

中华医学会图书馆　中华医学会图书馆编

上海：中华医学会图书馆，1936，42 页，16 开

　　收藏单位：国家馆、上海馆

04601

中文昆虫学著述汇录　汪仲毅辑

杭州：浙江省立植物病虫害防治所，1932.2，102 页，16 开（浙江省立植物病虫害防治所丛刊 8）

　　本书分类介绍 1912 年至 1932 年 1 月国内有关昆虫学的著作，共计 700 余篇，著录书名、篇名、作者、出版处等。

　　收藏单位：桂林馆、国家馆、湖南馆、上海馆、浙江馆

04602

中央水工试验所图书目录　中央水工试验所 [编]

[天津]：[中央水工试验所]，1941，油印本，58 页，16 开

　　收藏单位：国家馆

04603

中医丛书探问录　中医书局编

上海中医书局，1929.5，25 页，32 开

　　本书收中医丛书书目 31 种。

　　收藏单位：国家馆

04604

中医书局书目（第 1 期）　中医书局编辑部编

上海中医书局，[1930—1939]，48 页，32 开

本书分丛书、经籍、伤寒、温热、内科、外科、女科、儿科、喉科、眼科、诊断、卫生、杂书等类。

收藏单位：国家馆、江西馆

04605

中医书局书目　上海中医书局编

上海中医书局，1934.11，40 页，25 开

本书列类基本同前，部分有提要。其他题名：增补书目提要、上海中医书局书目提要。

收藏单位：广东馆、江西馆

04606

中医书局书目　上海中医书局编

上海：中医书局，1937.3，[108] 页，32 开

本书列类基本同前，部分有提要。封面题名：增补书目提要。

国学、综合类目录

04607

国学入门书目汇编　王先强编

合肥：王先强 [发行者]，1925.3，[142] 页，32 开

本书收书目 5 篇：《一个最低限度的国学书目》（胡适）、《几部重要的书籍》（周予同）、《国学入门书要目及其读法》（梁启超）、《国学用书撰要》（李笠）、《与陆伯奎学使书》（吴汝纶）。附《研究国故的方法》（胡适）、《治国学杂话》（梁启超）。

收藏单位：国家馆

04608

国学入门书目及其读法　梁启超著

北京：青云阁、佩文斋，1923，30 页，32 开

收藏单位：南京馆

04609

国学入门书目及其读法　梁任公审定

上海：三民公司，1933，再版，增订本，52

页，32 开

梁任公即梁启超。

收藏单位：广西馆、国家馆

04610

国学入门书要目及其读法　梁启超著

上海：亚洲书局，1933，[62] 页，32 开

本书分 5 类：修养应用及思想史关系类、政治史及其他文献学书类、韵文书类、小学书及文法书类、随意涉览书类。附《最低限度之必读书目》（胡适）、《治国学杂话》《评胡适之一个最低限度的国学书目》（梁启超）。封面题：国学入门书目。

收藏单位：河南馆、山东馆

04611

国学书目举要　陈伯英著

上海：民益印刷所，1933.3，2 版，65 页，16 开（秋据楼丛书 2）

收藏单位：南京馆

04612

国学书目举要　钟钟山编

[南京]：江苏政法大学，1925.11，48 页，13 开

本书主要介绍秋据楼的主要国学书目。

收藏单位：浙江馆

04613

国学书目三种　君中书社选辑

[北京]：君中书社，1925.8，96 页，32 开

北平：君中书社，1932.10，4 版，96 页，32 开

本书收著作 3 部：《国学入门书要目及其读法》（梁启超）、《一个最低限度的国学书目》（胡适）、《青年研究中国文学宜选读之书》（吴虞）。

收藏单位：国家馆、首都馆、中科图

04614

国学书目提要　上海医学书局编

出版者不详，[1911—1949]，1 册，32 开

本书分门径书、文字学书、目录学书、诗文学书、青年修养书、丛书、道学书等类。

收藏单位：广西馆

04615

梁任公胡适之吴又陵国学书目 慈祥工厂编

北京：慈祥工厂，1925.8，50 页，32 开

　　本书收著作 3 部：《国学入门书要目及其读法》（梁启超）、《一个最低限度的国学书目》（胡适）、《青年研究中国文学宜选读之书》（吴虞）。

　　收藏单位：国家馆、山东馆、山西馆

04616

梁任公胡适之先生审定研究国学书目 梁启超 胡适审定

上海：大中书局，1932.11，3 版，37+35 页，32 开

上海：大中书局，1933，4 版，37+35 页，32 开

　　本书收《国学入门书要目及其读法》（梁启超）和《一个最低限度的国学书目》（胡适）。

　　收藏单位：重庆馆、桂林馆、辽大馆、内蒙古馆、天津馆

04617

梁任公胡适之先生审定研究国学书目 梁启超 胡适审定

上海：启智书局，1933.4，69 页，32 开

上海：启智书局，1934.1，再版，69 页，32 开

上海：启智书局，1934.12，5 版，69 页，32 开

　　本书收《国学入门书要目及其读法》（梁启超）和《一个最低限度的国学书目》（胡适）。版权页题名：新式标点审定国学书目。

　　收藏单位：重庆馆、广西馆、国家馆、河南馆、近代史所、绍兴馆、首都馆、天津馆、浙江馆

04618

梁任公胡适之先生审定研究国学书目 梁启超 胡适著

常州：新群书社，1923.12，[73] 页，32 开

　　本书收《国学入门书要目及其读法》（梁启超）和《一个最低限度的国学书目》（胡适）。其他题名：梁启超胡适二先生国学书目。

　　收藏单位：国家馆、江西馆、内蒙古馆、上海馆、首都馆

04619

梁任公胡适之先生审定研究国学书目 梁启超 胡适审定

上海：亚洲书局，[1923.4]，[73] 页，32 开

　　本书收《国学入门书要目及其读法》（梁启超）和《一个最低限度的国学书目》（胡适）。附《中学的国文教学》（胡适）、《学问之趣味》（梁启超）。

　　收藏单位：安徽馆、重庆馆、广西馆、桂林馆、国家馆、湖南馆、南京馆、内蒙古馆、首都馆、天津馆、浙江馆

04620

民报全编样本 民报编

上海：民报，[1911—1949]，32+32 页，25 开

　　本书前有《民报全编》目次，分论说、时评、纪事、史传、译丛、杂撰、小说、杂录等类。

　　收藏单位：国家馆

04621

三订国学书目撰要 李笠著

北京：朴社，1927.1，140 页，32 开

北平：朴社，1931.4，再版，140 页，32 开

　　本书分哲学、史学、文学、小学、类书辞典等部，各书均注明版本。附《评胡适书目》《评梁启超书目》。封面题名：三订国学用书撰要。

　　收藏单位：安徽馆、重庆馆、广东馆、广西馆、桂林馆、国家馆、河南馆、湖南馆、南京馆、内蒙古馆、上海馆、首都馆、天津馆、西南大学馆、浙江馆、中科图

04622

世界名著提要丛刊 查士元 查士骥译述

上海：新文化学会，1928.7，[192] 页，32 开

　　本书据《世界名著题解》（木村一郎）编译，由《世界哲学名著提要》《世界科学名著提要》《世界诗歌名著提要》等合订而成。

收藏单位：天津馆

04623
书目举要补正 刘纪泽著

广州：暨南大学，1930，170页，16开

本书为暨南大学讲义，分收藏书目、史志书目、题跋书目、考订书目、品类书目、通志之属、知见之属、征禁之属、释道书目等类。附《读书举要》（汪国垣）。

收藏单位：桂林馆

04624
书目治要 张文治编 陈棠 喻璞校

上海：文明书局，1930.5，[304]页，24开（国学治要 第7编）

本书介绍《汉书艺文志》《隋书经籍志》《通志校雠略》等目录学著作。

收藏单位：安徽馆、长春馆、重庆馆、国家馆、湖南馆、辽大馆、南京馆、内蒙古馆、山西馆、上海馆、绍兴馆、首都馆、天津馆、西南大学馆、中科图

04625
影印圈句六大国学名著发售半价预约样本
世界书局编

上海：世界书局，[1935]，1册，大32开

本书为《资治通鉴》《续资治通鉴》《四史》《文选》《十三经注疏》等国学著作的预约样本。

收藏单位：国家馆、绍兴馆

04626
中央标准局概况目录 中央标准局编

中央标准局，[1947]，16页，18开

本书分4部分：沿革、组织及职掌、业务、附属机构概况。附国家标准制定办法、国家标准编订规则草案、标准法、中国国家标准分类目录。

收藏单位：重庆馆、广东馆、国家馆、湖南馆、南京馆、上海馆、浙江馆

文摘、索引

哲学、宗教类文摘、索引

04627
道藏子目引得 翁独健编

北平：哈佛燕京学社引得编纂处，1935.7，[253]页，16开（引得 第25号）

本书内容包括：道藏子目的分类引得、经名引得、撰人引得和史传引得。

收藏单位：安徽馆、长春馆、国家馆、近代史所、辽宁馆、首都馆、西南大学馆

04628
佛教文摘（第1—4集） 周圆和 杨法湘编

无锡：佛学文化社，1947，4册，32开

收藏单位：广西馆

04629
佛教文摘（第6集） 周圆和 杨法湘编

无锡：佛学文化社，1948，66页，32开

收藏单位：广西馆、宁夏馆

04630
佛教文摘（第8集） 周圆和 杨法湘编

无锡：佛学文化社，1949.1，60页，32开

收藏单位：广西馆、上海馆

04631
佛藏子目引得 哈佛燕京学社引得编纂处编

北平：哈佛燕京学社引得编纂处，1933.3，3册（[1137]页），16开（引得 第11号）

本书收佛藏4种：《大正新修大藏经》《续藏经》《卍字大藏经》《（弘教书院）大藏经》。

收藏单位：安徽馆、长春馆、国家馆、近代史所、辽大馆、辽宁馆、首都馆、西南大学馆、中科图

04632
心理学论文索引 张耀翔编

上海：南新书局，1931.11，248 页，25 开

本书收 67 种主要中文杂志上发表的心理学论文 845 篇，时限自创刊号至 1931 年 10 月，分 19 编，内容包括：普通心理、儿童心理、青年心理、社会心理、差别心理、变态心理、动物心理、植物心理、生理心理、心理学史等。

收藏单位：上海馆、西南大学馆

04633

心理学论文引得　张德培编

北平：文化学社，1935.6，524 页，25 开

本书收 1930 年 7 月至 1934 年 6 月间全国 115 种杂志上发表的心理学论文 934 篇，分普通心理、神经系、感觉与知觉、情感与情绪、动作、个体社会功能、特殊心理状态、人类心理发展、教育心理、动物与植物行为等类。

收藏单位：国家馆、黑龙江馆、辽大馆、南京馆、上海馆、首都馆、天津馆、浙江馆

04634

印度佛教史地图索引　（日）大盐毒山编著

东京：大雄阁书房，1924.8，1 册，16 开

收藏单位：南京馆

04635

中华基督教文字索引（华英合璧）　广协书局编

外 文 题 名：A classified index to the Chinese literature of the prostestant Christian churches in China

上海：广协书局，1933，260 页，18 开

上海：广协书局，1938，547 页，25 开

本书为 1932 年初全国基督教新书目录。分类法仿照《杜威十进分类法》。内容以图书为限，不收报告表、杂类等。书名后有定价，并列有发行、销售基督教书籍的公会、个人及书铺名录、地址。

收藏单位：国家馆、山东馆、上海馆

社会科学类文摘、索引

04636

八十九种明代传记综合引得　田继综编

外 文 题 名：Combined indices to eighty-nine collections of Ming dynasty biographies

北平：哈佛燕京学社引得编纂处，1935.5，3 册（138+326+281 页），16 开（引得第 24 号）

本书分两部分：字号引得和姓名引得。采用中国字庋撷法编排，另有笔画检字、拼音检字表。

收藏单位：北师大馆、长春馆、桂林馆、国家馆、黑龙江馆、江西馆、近代史所、辽大馆、南京馆、首都馆、天津馆、西南大学馆、中科图

04637

重印巴黎新世纪

上海：世界工厂，1947.5，油印本，46 页

本书是《巴黎新世纪》1907 年 6 月 22 日至 1910 年 5 月 21 日（即 1 号—121 号）的索引。

收藏单位：近代史所

04638

地政新闻索引（第 2 期）　中央政治学校地政学院研究室编

中央政治学校地政学院研究室，1935.1，14 页，25 开

本书按笔画排列，分 4 部分：横、直、点、撇。

收藏单位：国家馆

04639

读史年表附引得　哈佛燕京学社引得编纂处编

北平：哈佛燕京学社引得编纂处，1931.2，1 册，48cm，精装（引得特刊 1）

本书包含年表 14 页，引得 8 页。

收藏单位：国家馆、近代史所、辽大馆、上海馆、首都馆、西南大学馆

04640

杜诗索引　（日）饭岛忠夫　（日）福田福一郎著

东京：松云堂书店，1935，[325] 页，32 开，精装

　　收藏单位：国家馆

04641

二十九年教育部公报分类索引

出版者不详，[1940]，油印本，[56] 页，16 开

　　收藏单位：国家馆

04642

法令索引　军政部会计处编

[重庆]：军政部会计处，1944.7，50 页，16 开（业务简报 第 1—6 卷）

　　本书为军政部、行政院等机关所颁布法令分类索引，分 8 类，内容包括：专载、组织、岁计、会计、审计、服务及有关法令等。

　　收藏单位：国家馆

04643

法学论文索引　喻友信编

司法行政部，[1937]，170 页，18 开

　　收藏单位：江西馆

04644

法学论文索引专号　刘子崧等编

上海：中山文化教育馆，1935.1，501—621 页，16 开

　　本书为《期刊索引》月报第 3 卷第 3 期抽印本（第 501—621 页）。分两编：法学总论和法学分论，共 5193 款目，收杂志 247 种，论文集 9 种、报纸 7 种，时间自 1904 年至 1934 年。

　　收藏单位：国家馆

04645

福建省经济建设参考资料目录索引　协和大学农学院农业经济学系编

福州：协和大学农学院农业经济学系，1942.11，38 页，16 开（经建资料目录索引 1）

　　本书收有关本省经济建设的论文或资料

篇目 800 条，分 12 类，内容包括：一般经济、工业、农业、林业、渔矿业、交通、商业、财政金融、地政、粮政、合作等。

　　收藏单位：重庆馆、福建馆、广东馆、国家馆、江西馆、近代史所、南京馆

04646

福建省政府公报会计法令索引　福建省政府会计处编

[福州]：福建省政府会计处，[1911—1949]，1 册，大 32 开

　　收藏单位：南京馆

04647

福建省政府公报索引（第 1 辑 自 369 期至 600 期）　福建省政府秘书处公报室编

福州：福建省政府秘书处公报室，1936，1 册，16 开

　　收藏单位：南京馆

04648

国立编译馆社会组民众读物摘要表（第 3 册）　国立编译馆社会组 [编]

[重庆]：国立编译馆社会组，[1940—1949]，手写本，1 册，16 开，环筒页装

　　收藏单位：国家馆

04649

畿辅通志索引

出版者不详，[1911—1949]，1 册，32 开

　　收藏单位：南京馆

04650

江西地方教育旬刊自创刊号至二二〇期总目索引　江西省政府教育厅编

[南昌]：江西省政府教育厅，1941.9，47 页，18 开

　　本书分 30 类，内容包括：精神讲话、教育概论、教育行政、学校行政、教法总论、国语教学、自然常识、其他等。其他题名：江西地方教育二二〇期总目索引、江西地方教育总目。

　　收藏单位：国家馆

04651

江西省政府委员会第一一四○次至第一二三六次省务会议议事录索引（第2号） 江西省政府建设厅编

[南昌]：中国合作图书社，1940.2，68页，22开

　　收藏单位：南京馆

04652

交通公报法规索引（民国二十年一月至十二月公报二一二号至三一九号） 交通部交通公报处编

[南京]：交通部交通公报处，[1930—1939]，22页，16开

　　本书共173条，分5类：总务、电政、邮政、航政、其他。

　　收藏单位：国家馆

04653

教学法论文索引

出版者不详，269页，25开

　　本书共899种，分20类，内容包括：教学通论、教学技术、国文教学法、算学、外国语、公民、修身、社会科目、教育科学等。

　　收藏单位：国家馆、辽大馆

04654

教育论文索引 北京清华学校教育学社编

北京：清华学校教育学社，1924.6，390+12页，16开

　　本书收1912年至1923年底全国40余种报刊发表的教育论文。

　　收藏单位：重庆馆、东北师大馆、国家馆、近代史所、山西馆、首都馆、天津馆、中科图

04655

教育论文索引（1—7） 邰爽秋等编

[广州]：[国立中山大学教育研究所]，[1929]，7册，25开

　　本书内容包括：教育通论论文索引、普通教育行政论文索引、学校行政论文索引、重要教育问题论文索引、教学法论文索引、比较教育论文索引、教育报告论文索引（附补遗及勘误）等。有合订本和单行本。

　　收藏单位：国家馆、辽大馆、南京馆、浙江馆

04656

教育论文索引 国立师范学院教育资料室编

[衡阳]：国立师范学院教育资料室，1948，油印本，[12]页，16开（教育参考资料汇编2）

　　收藏单位：国家馆、南京馆

04657

教育杂志索引 陈东原等主编

上海：商务印书馆，1928，[200]页，16开

　　收藏单位：广西馆

04658

教育杂志索引 陈东原等主编

上海：商务印书馆，1936.1，1册，16开

　　本书根据商务印书馆《教育杂志》第1卷至第23卷编制，分3部分：分类索引、篇名索引、著者索引。分类索引采用《杜威十进分类法》，篇名索引与著者索引采用四角号码检字法。

　　收藏单位：重庆馆、近代史所

04659

经济社会资料报纸索引

出版者不详，[1946]，油印本，2册（432页），16开，环筒页精装

　　收藏单位：国家馆

04660

经济书报资料索引（第191、193号） 实业部国际贸易局编

外文题名：Guide to current literature on social science: No. 191, 193

上海：实业部国际贸易局，1936，2册（[46]+[41]页），32开

　　本书取材于中、日文书刊及北平、上海出版的西文杂志，分文种，按类编排。

　　收藏单位：重庆馆、国家馆、河南馆

04661

开明活页文选篇目索引 开明书店编

上海：开明书店，1936.7，54 页，32 开

本书按笔画排列。

收藏单位：山东馆

04662

康藏论文索引 北平图书馆舆图部编

北平图书馆舆图部，[1937]，[16] 页，16 开

本书为《禹贡》半月刊第 6 卷第 12 期单行本，收有关西康、西藏史地论文 500 余编目，分 7 类：书志、地志及游记（附地文）、政治、民族文化、交通、经济、历史。

收藏单位：国家馆

04663

考古质疑引得 梁佩贞编

北平：哈佛燕京学社引得编纂处，1931.7，14 页，16 开（引得 第 3 号）

北平：哈佛燕京学社引得编纂处，1941.2，再版，9 页，16 开（引得 第 3 号）

本书采用字庋撷法编排，另有拼音引得、笔画引得。

收藏单位：桂林馆、国家馆、黑龙江馆、近代史所、内蒙古馆、首都馆、西南大学馆、中科图

04664

科学分类论 阮毅成著

上海：光华书局，1927.10，62 页，42 开

本书分 17 部分，内容包括：科学分类的利便与困难、希腊时代的分类、神学的位置、培根的分类、十七八世纪间学者的分类等。附数学在科学分类上的位置。

收藏单位：重庆馆、河南馆、浙江馆

04665

历史地理论文索引 国立北平图书馆舆图部编

北平：禹贡学会，1936，10 页，16 开

本书选自《禹贡》半月刊第 5 卷第 6 期，收论文目录近 400 条，分 10 类：地理沿革、古地理考证、地方史、古迹、古物、山水考、地文交通、民族与文化、宗教与语言、政治与疆界。

收藏单位：国家馆

04666

两汉不列传人名韵编 庄鼎彝纂录

上海：商务印书馆，1935.2，[304] 页，32 开

上海：商务印书馆，1935.6，再版，[304] 页，32 开

本书分 10 卷，按诗韵类列，宗室、公主、列女编排在第 1 卷。书前有纂录者的题词，书后有两汉不列传人名韵编索引。

收藏单位：重庆馆、东北师大馆、广东馆、广西馆、贵州馆、桂林馆、国家馆、黑龙江馆、湖南馆、江西馆、近代史所、辽大馆、辽东学院馆、南京馆、内蒙古馆、上海馆、首都馆、天津馆、西南大学馆、中科图

04667

辽金元传记三十种综合引得 哈佛燕京学社引得编纂处编

北平：哈佛燕京学社引得编纂处，1940.6，207 页，16 开（引得 第 35 号）

本书将 30 种书中收的辽、金、元三代人物按姓名和字号分为正目、副目两部分，混合编排。正目下注明所在传记书名及卷次和页码；副目下注其本来姓名，不注出处，依姓名再从正目中查检。书前有拼音检字、笔画检字、中国字庋撷表等。

收藏单位：国家馆、近代史所、辽宁馆、南京馆、中科图

04668

六艺之一录目录 哈佛燕京学社引得编纂处编

北平：哈佛燕京学社引得编纂处，1940.9，265+217 页，16 开（引得特刊 15）

本书依据中国字庋撷法排列。书前有拼音检字、笔画检字、中国字庋撷等。

收藏单位：安徽馆、广西馆、桂林馆、国家馆、黑龙江馆、江西馆、近代史所、辽东学院馆、辽宁馆、内蒙古馆、山西馆、上海馆、首都馆、西南大学馆、中科图

04669

[满洲国官厅会社团体别索引]

出版者不详，[1944]，12 页，32 开

　　收藏单位：国家馆

04670

每周重要书报目录索引（第 2 卷第 34 号—第 2 卷第 52 号） 上海中国银行总管理处经济研究室编

上海：[中国银行总管理处经济研究室]，1933.3，1393 页

　　本书分两部分：杂志、报章，分东北问题、各国经济、各国政治、财政、金融、产业等类。

　　收藏单位：近代史所

04671

民众教育概论重要参考书索引（第 1 集） 俞庆棠编

无锡：江苏省立教育学院，1934.11，80 页，23 开

　　本书大部分采用出版五六年内的书籍及刊物，分 11 章，内容包括：民众教育之意义与范例、中国民众教育之演进、民众教育与学制系统之改进、各国成人教育概况、民众教育与农村经济、民众学校、民众教育馆等。

　　收藏单位：重庆馆、近代史所、南京馆、上海馆

04672

民众教育论文索引（第 1 辑） 许公鉴编　陈贻苏校

杭州：浙江省立民众教育实验学校，1937.6，522 页，22 开

　　本书收民国以来中国各种杂志上所有关于民众教育的论文，时限截至 1936 年 5 月，分 30 部分，内容包括：民众教育总论、乡村建设、民众教育史料、民众教育行政、民众教育实施、语文教育、生计教育等。附民众教育专著书目索引、本书业经摘录之杂志卷期一览。

　　收藏单位：贵州馆

04673

民众学校论文索引 刘澡编

杭州：浙江省立图书馆，1932，52 页，32 开（浙江省立图书馆辅导丛书）

　　本书收集国内各地刊物中的论文，分 19 类，内容包括：通论、行政、组织、校舍、经费、成绩考查、教师、教学、学生等。

　　收藏单位：国家馆、南京馆、山东馆、浙江馆

04674

内政问题论文索引（第 1 辑） 内政部图书馆编

内政部图书馆，1934，油印本，1 册，10 开，环筒页装

内政部图书馆，1934.4，誊印本，1 册，13 开，精装

　　收藏单位：国家馆、南京馆

04675

清代笔记地理类索引（第 1 辑） 国立北平图书馆索引组编

北平：禹贡半月刊社，[1930—1949]，7 页，16 开（清代文史笔记子目地理类索引 第 1 辑）

　　本书为《禹贡》半月刊第 5 卷第 12 期抽印本，收东汉前史籍的笔记目录近 300 条。

　　收藏单位：国家馆

04676

清代笔记地理类索引（第 2 辑） 国立北平图书馆索引组编

北平：禹贡半月刊社，[1928—1949]，9 页，16 开（清代文史笔记子目地理类索引 第 1 辑）

　　本书为《禹贡》半月刊第 6 卷第 1 期抽印本，收明代以前史籍的笔记目录 70 余条、各类地理文献的笔记目录 250 条。

04677

清代笔记地理类索引（第 3 辑） 国立北平图书馆索引组编

北平：禹贡半月刊社，[1928—1949]，9 页，16 开（清代文史笔记子目地理类索引 第 1 辑）

　　本书为《禹贡》半月刊第 6 卷第 2 期抽

印本，收地名考释 300 余条。

04678
清代文史笔记子目地理类索引第一辑稿（续）
国立北平图书馆索引组编
国立北平图书馆，[1930—1949]，67—76 页，
16 开
国立北平图书馆，[1930—1949]，79—88 页，
16 开
　　本书分别为《禹贡》半月刊第 6 卷第 1、
2 期单行本。
　　收藏单位：国家馆

04679
三十年各报刊教育文字索引
出版者不详，[1941]，油印本，[368] 页，18
开，环筒页装
　　本书封面题名：教育文字索引。
　　收藏单位：国家馆

04680
三十三种清代传记综合引得　杜连喆　房兆
楹编
北平：哈佛燕京学社引得编纂处，1932.12，
392 页，16 开（引得第 9 号）
　　本书采用中国字庋撷法编排，将诸书所
记的清代人物以姓名或常用称谓立目，下注
所在书名及卷数、页码。同姓名者标明籍贯、
官爵等以资区别。书前有拼音检字、笔画检
字。
　　收藏单位：安徽馆、广东馆、广西馆、国
家馆、黑龙江馆、吉林馆、江西馆、近代史
所、南京馆、山西馆、首都馆、天津馆、西
南大学馆

04681
**社会行政参考资料索引（民国三十六年三月、
六至十二月）**　社会部研究室编
[社会部研究室]，1947，油印本，8 册，13
开，环筒页装
　　本书每月 1 册，缺 4、5 月。
　　收藏单位：国家馆

04682
**社会行政参考资料索引（民国三十七年一至
五月、八月）**　社会部研究室编
[社会部研究室]，1948，油印本，6 册，13
开，环筒页装
　　本书每月 1 册，缺 6、7 月。
　　收藏单位：国家馆

04683
书评索引初编　郑慧英编
广州大学图书馆，1934.7，234 页，16 开
　　本书将 10 余年来报刊上对中、外文书刊
的评论汇集编为索引，分两部分：书名索引和
分类索引。书名索引依书名笔画排列，西文
书名按字母排列；分类索引分总类、哲理科
学、教育、社会科学、艺术、应用科学、语
言学、文学、历史、地理等类。附《书评的
研究》（式纯）、《书评的价值及其作法》（霍
怀恕）、《书评及新书介绍》（许仕廉）。
　　收藏单位：东北师大馆、国家馆、南京
馆、上海馆

04684
书摘　陈原编辑
重庆：五十年代出版社，1945，2 册（182+
193 页），32 开
天津：五十年代出版社，1946，再版，2 册
（182+193 页），32 开
　　本书分两集。第 1 集收《春暖花开的时
候》（姚雪垠）、《延安一月》（赵超构）、《罗
斯福总统传》（麦克根西）、《苏联经济新论》
（多布）等著作的摘要；第 2 集收《这是你们
的战争》（E·派尔）、《第一阶段的故事》（茅
盾）、《公民汤·培恩》（H·法斯脱）、《大凉
山夷区考察记》（曾昭抡）、《苏联需要什么？》
（约斯腾）等著作的摘要。
　　收藏单位：重庆馆、国家馆、湖南馆、南
京馆、内蒙古馆、上海馆、首都馆

04685
四川刊物四川资源论述索引（第 1—5 集）
西华经济研究所编纂
成都：书生书店，1937，132 页，16 开（西华

经济研究所丛书）

本书收 1904 年到 1936 年间四川出版的各种期刊杂志 1000 多种、7000 多期。凡所载的有关四川农业、林业、桑蚕、茶叶、药材、畜产、水产、矿产、手工、纺织、化工、机械、冶炼、动力等方面的文字资料，均一一作了索引。其他题名：四川刊物四川产业经济资料索引。

收藏单位：重庆馆、南京馆

04686

四十年来救国论著概览（一名，救国论著索引） 陆达节编

璧山（重庆）：鸿大印刷社，1939.6，1 册，大 32 开

本书参照欧美图书馆学家所提倡的主题目录及专门索引法，所收论著以标题中含有"救国"一词为限，分 14 类：专著、日报、期刊、论文、方案、宣言、书信、文电、演讲、诗歌、戏剧、图画、杂著、附录。

收藏单位：南京馆

04687

四十七种宋代传记综合引得 哈佛燕京学社引得编纂处编

北平：哈佛燕京学社引得编纂处，1939.2，199 页，16 开（引得第 34 号）

本书取宋元明清以来正史及轶事中关于宋人的传记进行编撰，分两部分：字号引得和姓名引得，将各种传记中的宋代人物以字号或姓名立目，下注该人物传记在各书中的卷数或页数。前有笔画检字、拼音检字、中国字庋撷法等。

收藏单位：长春馆、国家馆、黑龙江馆、江西馆、近代史所、辽宁馆、南京馆、首都馆、西南大学馆、中科图

04688

宋诗纪事著者引得

外文题名：Index to the authors in Sung Shih Chih Shih

北平：哈佛燕京学社引得编纂处，1934.7，127 页，16 开（引得第 19 号）

本书为《宋诗纪事》（厉鹗）与《宋诗纪事补遗》（陆心源）两种书的著者索引。

收藏单位：上海馆、西南大学馆

04689

台湾省行政长官公署第一、二卷公报索引

台湾省行政长官公署秘书处编辑室编

[台北]：台湾省行政长官公署秘书处编辑室，1946.2，38 页，32 开

本书主要刊登台湾省行政长官公署第一、二卷公报里的法规、命令、政令主管类及附录类索引，全部为表格形式。

收藏单位：贵州馆、国家馆

04690

台湾省行政长官公署公报春字号索引 台湾省行政长官公署秘书处编辑室编

[台北]：台湾省行政长官公署秘书处编辑室，1946.3，26 页，16 开

本书主要刊登台湾省行政长官公署公报里的法规、命令、政令主管类及附录类索引，全部为表格形式，著录项目包括项别、主办机构、文别、索由、原发文公报、备考。

收藏单位：安徽馆

04691

统计资料索引（民国二十二年七月至十二月底止） 国民政府主计处统计局编

南京：国民政府主计处统计局，1934.8，74 页，16 开（统计期讯——资料 第 1 号）

本书著录项目包括题目、著者、刊物名称、发行年月日、卷期页。书前有本期统计资料索引用刊物一览表。

收藏单位：国家馆、上海馆

04692

统计资料索引（民国二十三年一月至三月底截止） 国民政府主计处统计局编

南京：国民政府主计处统计局，1934.9，56 页，16 开（统计期讯——资料 第 2 号）

本书著录项目同前。

收藏单位：国家馆

04693

统计资料索引（编至民国二十三年四月底止） 国民政府主计处统计局编

南京：国民政府主计处统计局，1934.11，20页，16开（统计期讯——资料第3号）

本书著录项目同前。

收藏单位：国家馆、南京馆

04694

统计资料索引（编至民国二十三年五月底止） 国民政府主计处统计局编

南京：国民政府主计处统计局，1934，26页，16开（统计期讯——资料第4号）

本书著录项目同前。

收藏单位：国家馆

04695

统计资料索引（编至民国二十五年十二月止） 国民政府主计处统计局编

南京：国民政府主计处统计局，1937.3，110页，16开（统计期讯——资料第13号）

本书著录项目同前。

收藏单位：上海馆

04696

统计资料索引（编至民国二十六年三月止） 国民政府主计处统计局编

南京：国民政府主计处统计局，1937.5，50页，16开（统计期讯——资料第15号）

本书著录项目同前。

收藏单位：上海馆

04697

统计资料索引 国民政府主计处统计局编

南京：国民政府主计处统计局，1937，1册，16开

本书为《统计期讯——资料》第13—16号的合订本。

收藏单位：重庆馆

04698

图书馆学季刊总索引（第1号第1—10卷） 中华图书馆协会编

北平：[中华图书馆协会]，1937，82页

本书共3部分：分类索引、人名索引和题目索引。书后有译名对照表。

收藏单位：近代史所、中科图

04699

图书季刊（新第1卷索引） 国立北平图书馆图书季刊编辑部编

[国立北平图书馆图书季刊编辑部]，1939，16页

本书中西文分列，均包含人名索引和篇名索引。中文按笔画排列，西文按字母排列。

收藏单位：近代史所

04700

文学论文索引 陈璧如等编

[北平]：中华图书馆协会，1932.1，14+314页，32开（中华图书馆协会丛书5）

本书搜集1905年至1929年12月的杂志报章162种，收文4000余篇，分3编：上编为总论，内容包括：文学意义和起源、文学性质、文学分类、文艺思潮、文学创作等；中编为分论，依作品之体制分为诗与歌谣、辞赋、词、戏曲、小说等项；下编为文学家评传，以国家分组。

收藏单位：东北师大馆、广西馆、国家馆、上海馆、西南大学馆

04701

文学论文索引（续编） 刘修业编辑

[北平]：中华图书馆协会，1933.11，330+16页，32开（中华图书馆协会丛书6）

本书搜集1928年至1933年5月的杂志报章193种。分类与前编大体相同，略有增改。

收藏单位：安徽馆、广西馆、国家馆、南京馆、浙江馆

04702

文学论文索引（三编） 刘修业编辑

[北平]：中华图书馆协会，1936.1，20+484页，32开（中华图书馆协会丛书6）

本书搜集1934年6月至1935年12月的

杂志报章 220 余种。分类与前编大体相同。

04703

西南经济资料索引（四川之部） 复旦大学四川经济调查室编

上海：复旦大学四川经济调查室，1939.3，油印本，124 页，16 开

收藏单位：南京馆

04704

银行实务问题索引 银行学会编

上海：银行学会，1942.4，34 页，23 开

本书为《银行实务旬刊》及《银行实务丛刊》的篇名分类索引。

04705

邮政储金汇业局通件索引（三十七年四月至六月） 邮政储金汇业局编

邮政储金汇业局，[1948]，40 页，32 开

本书为该局文电、训令、函件等文牍索引，分 10 类：储金、汇兑、营业、保险、会计、稽核、人事、总务、公众服务、经济研究与统计。

收藏单位：国家馆

04706

豫章丛书索引 张英敏编

南昌：江西省立图书馆，1933，38 页，32 开

本书为《豫章丛书》（胡思敬）的索引。书中索引分书名和著者两种，依笔画排列，注明版本。

收藏单位：重庆馆、国家馆、山西馆

04707

增订教育论文索引 邰爽秋编订 彭仁山增订

上海：民智书局，1932，[30]+698 页，25 开（国立中山大学教育学研究所丛书 18）

本书为 1912 年至 1929 年各杂志发表的 1939 篇教育论文目录，分 7 类：教育通论、普通教育行政、学校行政、各种教育问题、教学法、比较教育、教育报告。

收藏单位：东北师大馆、广东馆、国家

馆、南京馆、天津馆

04708

中国古今作家真名笔名、笔名真名便检 陈天鸿编

上海：图书馆用品社，[1936]，50 页，32 开

收藏单位：上海馆

04709

中国国民党中央执行委员会常务会议决议案分类索引（十八年四月至十二月） 中央执行委员会秘书处编

[南京]：中央执行委员会秘书处，1929，油印本，1 册，16 开

本书为该委员会第三届第一次至六十一次常务会议决议案分类索引。

收藏单位：国家馆

04710

中国名人大辞典索引

出版者不详，[1911—1949]，1 册，22 开

收藏单位：江西馆

04711

中国农村经济参考资料索引 国际贸易导报编辑室编

上海：国际贸易导报编辑室，1934.5，141 页，32 开（国际贸易导报附刊 4）

本书收中、西文参考资料，分 13 类：农村经济的一般理论、农村经济的研究方法、农村实况概述、土地制度、农业经营及雇佣劳动、农村金融及借贷、农产市场及商业资本、农村政治及捐税、农村副业、农民离村及移民、灾况、农民运动、殖民地农村经济。

收藏单位：广东馆、国家馆、南京馆、上海馆、天津馆、浙江馆

04712

中国农村问题文献索引（又名，乡村建设参考资料索引） 言心哲编辑

上海：复旦大学文学院社会学系，1938，油印本，100 页，16 开，环筒页装（复旦大学文学院社会学系丛刊 5）

本书收书籍和杂志论文中关于中国农村问题参考资料，依笔画排列。其内容涉及农村人口、土地、建设、宗教、教育等。

收藏单位：重庆馆、国家馆

04713

中国社会问题参考资料索引　俞庆棠编

无锡：江苏省立教育学院，1936，162 页，25 开

本书分两编：中国社会之背景、中国社会问题。著录项目包括题目、编著者、书名或杂志报纸名称、卷期数或页数、出版处、出版年月、定价、备注。

收藏单位：安徽馆、重庆馆、近代史所、辽大馆

04714

中国铁道问题参考资料索引　麦健曾　李应兆编

国立交通大学研究所北平分所，1936.7，260 页，16 开（铁道问题丛书 4）

本书收清末光绪、宣统至出版时各种有关的中英文书刊资料，分 14 类：铁路经济原理、铁路史、铁路政策、建设计划、铁路概况、沿线经济概况、法规、行政及组织、业务、车务、财务、工务及机务、总务、战时运输。

收藏单位：东北师大馆、国家馆、近代史所、首都馆、浙江馆、中科图

04715

中国银行国库通函分类索引

出版者不详，[1911—1949]，1 册，16 开，精装

收藏单位：广东馆

04716

中华民国法令索引目录

大日本帝国使馆，1944.8，油印本，140 页，18 开，环筒页装

本书辑录 1940 年至 1944 年伪国民政权法令，分两部分：事项索引和年次别索引。事项索引包括 12 类：基本法（法源）、官制（组织法）、官规（服务法）、内政、外事、军事、财政及金融、实业、交通及输送、通信、文化教育、法务。

收藏单位：广东馆、国家馆

04717

中华民国政府公报重要记事索引目录（1 光绪 33 年—民国 17 年）　南满铁道株式会社庶务部调查课编辑

大连：南满洲铁道株式会社，1929，110 页，22 开

本书分 18 类，内容包括：国体、国会、官制、官规、地方制度、内务、外交、财政、军事、法务、教育、产业、交通等。

收藏单位：国家馆

04718

中美农业技术团报告书（摘要）　中美农业技术合作团编

外 文 题 名：Report of the China-United States Agricultural Mission: an abstract

美国新闻处，1948.6，96+53 页，25 开

本书为中英文本，内容包括：中国农业计划内容概要、土地政策、农业经销、国际贸易、中国桐油事业、中国茶叶事业等。

收藏单位：安徽馆、重庆馆、广东馆、国家馆、湖南馆、吉林馆、近代史所、南京馆、首都馆、西南大学馆、中科图

04719

中日国际编年史详目（近代部分　杨家骆编

民族文化书局，1940.5，178 页，32 开（民族文化学会丛书）

本书为《中日国际编年史》（共 80 卷）的第 37 卷至 80 卷（1894 年至 1937 年 7 月 7 日）的索引。

收藏单位：重庆馆、广东馆、国家馆、湖南馆、南京馆、上海馆、西南大学馆

04720

总裁言论索引　丘良任编

重庆：中国国民党中央执行委员会宣传部，1943.6，140 页，32 开

本书包含笔画和分类两种索引。

收藏单位：重庆馆、东北师大馆、国家馆、南京馆、首都馆、中科图

04721

总理遗教索引　陈培玮　胡去非编纂　中山文化教育馆编译部编辑

上海：商务印书馆，1937.2，494页，32开，精装

上海：商务印书馆，1937.4，再版，494页，32开，精装

本书据《总理全集》（胡汉民）、《总理遗教》（中国国民党中央党部）、《孙中山先生外集》（陆达节）编制而成。

收藏单位：重庆馆、大庆馆、东北师大馆、广西馆、贵州馆、国家馆、湖南馆、吉林馆、江西馆、近代史所、辽师大馆、南京馆、山西馆、上海馆、浙江馆、中科图

自然科学类文摘、索引

04722

茶叶资料索引

出版者不详，[1911—1949]，油印本，1册，16开

收藏单位：国家馆

04723

工程论文摘要　六学术团体联合年会编

南宁：六学术团体联合年会，1935.8，7页，16开

本书内收《粤汉铁路株韶段土石方工程统计及分析》《二感应电动机之串联运用特性》《杭江铁路之钩高问题》等12篇论文摘要，作者有凌鸿勋、顾毓琇、茅以新等。

收藏单位：国家馆

04724

国立北京大学医学院研究成绩索引　北京大学医学院图书室编

北京大学医学院图书室，1943.9，18页，16开

本书收该院发表在《国立北平大学医学年刊》《国立北京大学医学杂志》《国立北京医学专门学校十周纪念文集》《国立北京大学医学院二十周年纪念刊》上的论文及报告题目，按著者姓氏笔画顺序排列。

收藏单位：国家馆

04725

交通大学图书馆杂志论文索引（[中英文本]）　交通大学图书馆编

外文题名：Chiao-Tung University Library index to periodical literature

上海：交通大学图书馆，1936，油印本，[34]页，32开

收藏单位：国家馆

04726

交通大学图书馆杂志论文索引（2 科学论文索引）　交通大学图书馆编

外文题名：Chiao-Tung University Library index to periodical literature: ser. 2, science index

上海：交通大学图书馆，[1936]，2册（[26]+[20]页），24开

本书包括中、西文论文的索引。

收藏单位：国家馆

04727

交通大学图书馆杂志论文索引（3 工程论文索引）　交通大学图书馆编

外文题名：Chiao-Tung University Library index to periodical literature: ser. 3, engineering index

上海：交通大学图书馆，1937，6册，32开

本书包括中、西文论文的索引。

收藏单位：国家馆

04728

交通大学图书馆杂志论文索引（3—4 [中英文本]）　交通大学图书馆编

外文题名：Chiao-Tung University Library index to periodical literature: 3-4

上海：交通大学图书馆，1936，油印本，[74]+[54]页，32开

收藏单位：国家馆

04729

经济部中央工业试验所重要论文报告一览

经济部中央工业试验所编

[重庆]：经济部中央工业试验所，1943.4，12 页，16 开

本书为论文篇名索引。

收藏单位：国家馆

04730

科学首十五卷总索引 中国科学社编辑部编

上海：中国科学社，1932.7，164 页，16 开

本书为《科学》杂志 1—15 卷的索引，分 33 类，内容包括：通讯、科学史、传记、算学、天文、物理、化学、气象、地学、生物学、农林、医学、生理、卫生、工业、机械工程、电机工程、土木工程、化学工业等，每类下再分若干门。

收藏单位：广东馆、国家馆、南京馆、上海馆

04731

矿冶论文索引 天府矿业公司研究室编

重庆：天府矿业公司研究室，1945，油印本，29 页，横 4 开

本书主要收矿产资源及矿冶技术方面的论文，一并收入题意笼统而内容确与矿业有关者，按各论文的性质分类编辑。所收期刊的时限为 1928 年至 1945 年 3 月。

收藏单位：重庆馆

04732

[矿冶研究文摘] 李丙墼等著

出版者不详，[1939—1945]，28 页，16 开

本书收《复杂金矿石选治方式之选择》（李丙墼）、《浮选效率与气泡球大小之关系》（王恒守）、《金质提取去选冶过程中所生困难之研究》（李丙墼）、《小型新式炼铁炉之设计与作业》（魏寿崐）、《四川二叠纪煤矿火灾研究》（薛启帆）、《西康会理鹿厂铜矿浮游选矿试验报告》（王世丰）等 22 篇文章的文摘。

收藏单位：国家馆

04733

农业论文索引（前清咸丰八年至民国二十年底） 金陵大学农学院农业经济系农业历史组编 陈祖规主编 万国鼎校

外文题名：Agricultural index: 1858-1931

南京：金陵大学图书馆，1933.12，23+731+153 页，21 开，精装

本书分中文、英文两部分。中文部收中国出版的杂志 312 种、丛刊 8 种，索引共计 3 万余条；英文部收中国出版的杂志及丛刊 36 种，索引共计 6 千余条。

收藏单位：安徽馆、重庆馆、东北师大馆、广东馆、国家馆、河南馆、黑龙江馆、湖南馆、近代史所、辽宁馆、南京馆、山西馆、首都馆、天津馆、西南大学馆

04734

农业论文索引续编（民国二十一年一月至二十三年底） 金陵大学图书馆杂志小册部编

外文题名：Agricultural index supplement: 1932-1934

南京：金陵大学图书馆，1935.7，[398] 页，22 开

本书为前一书的续编。中文部分收杂志 553 种、丛刊 6 种，索引共计 1.3 万余条；英文部分收杂志及丛刊 30 种，索引共计 1 千余条。

收藏单位：东北师大馆、广东馆、广西馆、贵州馆、国家馆、湖南馆、辽宁馆、南京馆、上海馆、首都馆、天津馆

04735

三十五年报章剪辑参考资料（农业与水利）

戈衍禄著

出版者不详，[1946]，1 册，18 开

本书收《农业受着政治的牵累》（大公报）、《漫谈治河大计》（戈衍禄）、《论中美农业技术合作》（黄绍绪）、《绿化甘肃》（文思）、《美国农村生活又一角》（杨刚）、《红河的黑土》（杨刚）、《四川的外销农产》（蒲希平）等 18 篇资料。

收藏单位：重庆馆

04736

实用护病学索引 （英）马克斯韦尔（A. C. Maxwell）（美）波普（A. E. Pope）著 吴建庵译 中华护士会审订

上海：广协书局，1934，78 页，25 开

本书为作者所著《实用护病学》索引的单行本。

收藏单位：重庆馆

04737

世界桐油文献 贺闿 刘瑚编

外文题名：Bibliography on tung tree and tung oil

汉口：实业部汉口商品检验局，1937.6，175 页，16 开

本书为英文索引。

收藏单位：国家馆

04738

水利论文索引 全国经济委员会水利处编

南京：全国经济委员会，1935.12，151 页，16 开（全国经济委员会水利专刊第 3 种）

本书根据水利处所藏 40 种期刊编辑，编辑自 1910 年至 1935 年 6 月，分 19 类，内容包括：行政、水文气象、测量、水工试验、河工、水电等。书前有水利论文索引论文分类表、水利论文索引流域编号表、水利论文索引期刊一览表。

收藏单位：甘肃馆、广东馆、贵州馆、国家馆、近代史所、南京馆、陕西馆、上海馆、首都馆、天津馆

04739

水利论文索引期刊一览表 建设总署综研黄河水利调查委员会 [编]

建设总署综研黄河水利调查委员会，[1930—1939]，抄本，[128] 页，18 开

收藏单位：国家馆

04740

铁路工程论文索引 国立北平图书馆索引组编

南京：工程参考图书馆，1937.4，174 页，25开（工程论文索引 1）

本书收 1912 年 10 月至 1936 年 12 月有关铁路工程（包括工务、机务、车务、厂务等）的技术论文。书前有铁路工程论文索引所收期刊卷期一览表，书末附著者索引。

收藏单位：安徽馆、重庆馆、国家馆、黑龙江馆、南京馆、内蒙古馆、山西馆、上海馆、首都馆、中科图

04741

医药索引 （美）派德制药公司编

外文题名：Index of therapeutics and materia medica

上海：派德制药公司，[1938]，58+110 页，36 开，精装

本书分 7 部分：特制药品、生物制剂、生素制剂、恩波儿、杂类、腺剂品、增编。前有凡例、紧要声名、总目、疗学索引、备忘录。

收藏单位：国家馆

04742

中国地学论文索引 王庸 茅乃文编

国立北平师范大学、国立北平图书馆，1934.4，2 册 [454+48+50] 页，25 开

本书为 1902 年至 1922 年发表在各种期刊中的中国地学论文分类目录，分 8 类：地志及游记、地文、民族、政治、交通、经济、历史、地理图书。附地名索引、著者索引。

收藏单位：安徽馆、长春馆、重庆馆、东北师大馆、广西馆、国家馆、近代史所、辽宁馆、南京馆、内蒙古馆、山东馆、上海馆、首都馆、天津馆、西南大学馆、中科图

04743

中国地学论文索引（续编） 王庸 茅乃文编

外文题名：Index to Chinese geographical literature supplement

国立北平师范大学、国立北平图书馆，1936.6，2 册（16+394+62 页），25 开，精、平装

本书收正编（1934 年）出版后，两年半内国内发表的地学论文目录 4000 余条。体例与正编相同。书前有本编所收杂志卷数号数

一览，书后有作者后记。附地名索引、著者索引。

收藏单位：安徽馆、长春馆、重庆馆、东北师大馆、贵州馆、国家馆、河南馆、南京馆、内蒙古馆、山西馆、上海馆、首都馆、西南大学馆、中科图

04744

中国矿冶资料索引 李峻编

外文题名：Bibliography of Chinese mining and metallurgy

北平：经济部矿冶研究所，1947，146 页，16 开

本书分 6 部分：建设论丛、矿产地质、专题著述、矿冶报告、矿冶法规、杂志 6 部分。

收藏单位：重庆馆、国家馆、近代史所、南京馆

04745

中国棉业文献索引 吴中道编订 冯泽芳校阅

南京：中国棉业出版社，1949.1，155 页，24 开（棉业文摘）

本书为《中国棉业副刊》第 2 年第 4 期。根据文献内容分 20 类，内容包括：总类、世界棉业、中国棉业、棉之历史、棉业地理、形态与分类、品质品级、化学生理、棉作之栽培等。时间下限截至 1948 年 12 月底。

收藏单位：安徽馆、国家馆、近代史所、浙江馆

04746

中国现代农业出版图书分类索引（第 7 辑）

方济霈编

[出版者不详]，1939.8，113 页

收藏单位：近代史所

04747

中外茶业艺文志 傅宏镇辑

[黄山]：屯溪茶业改良场，1940，90 页，16 开

本书为中外有关茶业著述 1400 余篇的资料索引，分 3 篇：中文、日文、英文。封面题名：中外茶叶艺文志。

收藏单位：安徽馆

04748

中华民国地形挂图地名索引 中国地形图编纂会编

上海：申报馆，1939.8，57 页，12

收藏单位：国家馆、吉林馆、近代史所、辽大馆、南京馆、西南大学馆

04749

中华民国国有铁路沿线地图（涞水县分图中文地名附表）（法）普意雅绘制

交通部，1926，30+25 页，32 开

本书包含中、英文地图索引。中文按笔画排列，西文按字母排列。比例尺十万分之一。

收藏单位：国家馆

04750

中文烟草图书及论文索引 技术股编

出版者不详，[1911—1949]，油印本，1 册，16 开

收藏单位：南京馆

国学、综合类文摘、索引

04751

册府元龟奉使部外臣部索引 （日）宇都宫清吉 （日）内藤戊申编

京都：东方文化研究所，1938.5，16+994+21 页，16 开，精装

本书按笔画排列。

收藏单位：国家馆

04752

册府元龟索引 吕绍虞 于震寰编

吕绍虞[发行者]，[1911—1949]，24 页，16 开

收藏单位：上海馆

04753

册府元龟引得　陈鸿飞编

出版者不详，[1911—1949]，1 册，16 开

　　收藏单位：南京馆

04754

崔东壁遗书引得　哈佛燕京学社引得编纂处编

北平：哈佛燕京学社引得编纂处，1937.3，48 页，16 开（引得 第 5 号）

　　收藏单位：长春馆、国家馆、辽宁馆、首都馆、西南大学馆、中科图

04755

丛书子目书名索引　施廷镛编辑

北平：国立清华大学图书馆，1936.3，1 册，18 开，精装

　　本书为 1200 多种丛书、4 万余条子目的索引。前列画数检字、部首检字；后附本编所收丛书一览、丛书书名索引、丛书书名简称索引。

　　收藏单位：近代史所、辽大馆、上海馆、西南大学馆、中科图

04756

丛书子目索引　金步瀛编

上海：开 明 书 店，1935.9，[20]+441 页，32 开，精装（浙江省立图书馆索引丛书）

上海：开明书店，1936.5，再版，1 册，32 开（浙江省立图书馆索引丛书）

　　本书收丛书约 400 种、子目 3000 余条，按笔画排列。版权页及书脊题名：增订丛书子目录索引。

　　收藏单位：重庆馆、桂林馆、国家馆、近代史所、辽大馆、辽宁馆、南京馆、内蒙古馆、上海馆、首都馆、天津馆、西南大学馆

04757

丛书子目索引　金步瀛编

杭州：浙江省立图书馆，1930，547 页，22 开

杭州：浙江省立图书馆，1931.5，20+548+22 页，22 开

　　本书收丛书 390 余种、子目 1.2 万余条，

按笔画排列。

　　收藏单位：国家馆、南京馆、内蒙古馆、上海馆、中科图

04758

法学编译社会文堂新记书局目录　会文堂新记书局 [编]

上海：会文堂新记书局，1933.8，89 页，25 开

　　本书分学理、释义、谈话、浅释、技术、问答、判解、法规、公文、其他等类。

　　收藏单位：国家馆、内蒙古馆

04759

大谷大学图书馆和汉书分类目录索引　大谷大学图书馆 [编]

京都：大谷大学图书馆，1926.9，331 页，16 开

　　本书收 1924 年 9 月至出版前入藏的中日文图书。附书名索引。

　　收藏单位：国家馆

04760

国际每日文选　孙师毅等编

外文题名：International daily article

上海：中外出版公司，1933.4，1 册，32 开

　　本书内容包括：一个国家社会主义建设的可能性、社会主义大经营的优越、金融恐慌的强烈化与世界经济战争等。

　　收藏单位：河南馆、近代史所、浙江馆

04761

国立清华大学图书馆丛书子目书名索引　施廷镛编

北平：国立清华大学图书馆，1936.3，58+1260+[197] 页，22 开，精装

　　本书收 1936 年 1 月以前入藏的丛书 1200 余种、子目 4 万余条，书有丛书分类目录、丛书书名笔画索引、丛书书名简称索引。

　　收藏单位：安徽馆、重庆馆、广东馆、贵州馆、国家馆、湖南馆、江西馆、辽宁馆、南京馆、内蒙古馆、首都馆、天津馆

04762

国学论文索引　北海图书馆编目科编

北平：中华图书馆协会，1929.7，[20]+230页，32开（中华图书馆协会丛书2）

北平：中华图书馆协会，1933.12，再版，[20]+230页，32开（中华图书馆协会丛书2）

本书收1928年7月以前发表于82种杂志上的3000余篇国学论文，分17类：总论、群经、语言文字学、考古学、史学、地学、诸子、文学、科学、政治法律学、经济学、社会学、教育学、宗教学、音乐、艺术、图书目录学。附本书所收杂志卷数号数一览（按刊名笔画排列）。

收藏单位：安徽馆、东北师大馆、广东馆、广西馆、国家馆、湖南馆、江西馆、近代史所、南京馆、山东馆、上海馆、首都馆、浙江馆、中科图

04763

国学论文索引（续编）　北平图书馆编纂部索引组编

北平：中华图书馆协会，1931.7，[16]+196页，32开（中华图书馆协会丛书4）

本书收文300余篇。除少数外，均为1928年至1930年10月杂志上发表的论文。分类同前编。

收藏单位：安徽馆、重庆馆、广东馆、广西馆、国家馆、江西馆、近代史所、南京馆、山东馆、山西馆、上海馆、首都馆、浙江馆、中科图

04764

国学论文索引（三编）　刘修业编辑

北平：中华图书馆协会，1934.10，[36]+386+[18]页，32开（中华图书馆协会丛书2）

本书收192种杂志、报刊在1928年至1933年5月间所载国学论文，分17类：总论、经类、小学、考古学、史学、地学、诸子、文学、科学、政治、经济学、社会学、教育、宗教、艺术、音乐、图书目录学。

收藏单位：安徽馆、东北师大馆、广东馆、国家馆、山西馆、浙江馆

04765

国学论文索引（四编）　刘修业编辑

北平：中华图书馆协会，1936.6，18+482页，32开（中华图书馆协会丛书2）

本书收210余种杂志在1934年1月至1935年12月间所载国学论文，分类同前编。

收藏单位：重庆馆、广西馆、国家馆、近代史所、辽大馆、南京馆、山西馆、上海馆、首都馆、西南大学馆、浙江馆、中科图

04766

记贵阳本书目答问兼论答问补正　柴德赓著

[北平]：辅仁大学，1947.12，177—192页，16开

本书为辅仁大学《辅仁学志》第15卷第1、2合期抽印本。

收藏单位：国家馆

04767

教育部图书馆丛书目录索引（第1辑）　教育部图书馆编

[南京]：教育部图书馆，1937.1，494页，22开

本书收入藏的92种丛书，依书名笔画顺序排列，并列出细目。

收藏单位：重庆馆、国家馆、湖南馆、南京馆、宁夏馆

04768

金陵文摘（民国三十年起至三十一年止）　私立金陵大学金陵文摘编辑委员会编辑

外文题名：Nanking abstracts: 1941-1942

南京：私立金陵大学出版委员会，1943，84页，18开

本书为金陵大学55周年纪念刊物，分3类：人文科学、自然科学、应用科学。附索引。

收藏单位：广东馆、上海馆、天津馆

04769

经史问答篇目分类索引　陈邦贤[编]

陈邦贤[发行者]，1948，手写本，[48]页，18开

收藏单位：国家馆

04770

刊误引得 侯毅编

北平：哈佛燕京学社引得编纂处，1934.11，1册，16开（引得第22号）

本书内容包括：序、叙例、笔画检字、拼音检字、引得等。

收藏单位：长春馆、国家馆、黑龙江馆、近代史所、首都馆、西南大学馆

04771

民国十四年时报索引 上海国民大学图书馆学系编

上海：国民大学图书馆学系，1925，32页，32开

04772

期刊索引（第1—3集） 广西省政府图书馆[编]

[南宁]：[广西省政府图书馆]，1935，3册（[92]+[66]+[154]页），13开

本书收该馆1935年入藏的期刊目录。

收藏单位：桂林馆

04773

日报分类索引（民国三十六年九月份） 国立北平师范学院编

国立北平师范学院，1947，油印本，88页

本书分10类：总部、哲学、宗教、社会科学、语言文字学、自然科学、应用科学、艺术、经济学、教育。

收藏单位：近代史所

04774

日报分类索引（民国三十六年十月份） 国立北平师范学院研究资料室编辑

国立北平师范学院，1948，73页，18开

收藏单位：国家馆

04775

容斋随笔五集综合引得 燕京大学图书馆引得编纂处编

北平：燕京大学图书馆引得编纂处，1933.5，123页，16开（引得第13号）

本书为《容斋随笔》（洪迈）的索引。

收藏单位：北师大馆、长春馆、桂林馆、国家馆、近代史所、辽大馆、辽宁馆、山西馆、首都馆、西南大学馆、中科图

04776

生活书店全国图书分类索引

上海：生活书店，[1932—1949]，1册，25开

收藏单位：江西馆

04777

十三经索引 叶绍钧编

上海：开明书店，1934.8，1718页，32开，精装

上海：开明书店，1934.9，再版，1718页，32开，精装

上海：开明书店，1935.3，3版，1718页，32开，精装

上海：开明书店，1946.10，再版，1718页，32开，精装

本书以开明书店出版的《十三经经文》为准，以一句为单元，根据首字笔画即可查出全句及出处。叶绍钧即叶圣陶。

收藏单位：重庆馆、大庆馆、国家馆、黑龙江馆、湖南馆、江西馆、辽大馆、辽宁馆、南京馆、内蒙古馆、山东馆、上海馆、绍兴馆、首都馆、天津馆、西南大学馆、中科图

04778

世界杰作精华（第1集） 吴乐欣　汪泱编

上海：世界文化出版社，1941.4，362页，32开

本书为该社出版的《世界杰作精华》第1至3期合集，介绍《游德杂记》《我的奋斗》《列宁在一九一八》《音乐与人生》等28部著作的概况。

收藏单位：上海馆、首都馆

04779

世界科学社三十五年度研究论文索引总目

世界科学社编

北平：世界科学社，[1946]，39 页，16 开

　　本书收该社 60 余人撰写的 450 余篇论文，分 32 类，内容包括：天文、数学、化学、物理、地质、生物、工业、农业等。附该社 1947 年度研究工作计划、拟编译书目。其他题名：世界科学社三十五年出版研究论文索引、世界科学社三十五年度研究论文索引。

　　收藏单位：国家馆、南京馆、上海馆

04780

书目答问 （清）张之洞编
北京：慈祥工厂，1926，256+36 页，32 开

　　本书为国学书目。清光绪元年张之洞任四川学政时委托缪荃孙为成都尊经书院学生所开的阅读书目，共列举古籍 2000 余种，按经、史、子、集排列。

　　收藏单位：国家馆、首都馆

04781

书目答问 （清）张之洞著
北平：君中书社，1936.1，290 页，32 开
北平：君中书社，1936，再版，290 页，32 开

　　收藏单位：国家馆、辽宁馆、宁夏馆、首都馆

04782

书目答问 （清）张之洞著
上海：商务印书馆，1929.10，2 册（88+78 页），32 开（万有文库 第 1 集 2）（国学基本丛书）
上海：商务印书馆，1933.5，[166] 页，32 开（国学基本丛书）
上海：商务印书馆，1934.7，再版，2 册（88+78 页），32 开（万有文库 第 1 集 2）（国学基本丛书）
上海：商务印书馆，1934.10，3 版，[166] 页，32 开（国学基本丛书）
上海：商务印书馆，1935.7，4 版，[166] 页，32 开（国学基本丛书）
上海：商务印书馆，1936.1，[166] 页，32 开（国学基本丛书简编）（新中学文库）
上海：商务印书馆，1936.10，3 版，[166] 页，32 开（国学基本丛书简编）（新中学文库）
[长沙]：商务印书馆，1939.9，2 册（88+78

页），25 开（万有文库 第 1—2 集简编 500 种 2）（国学基本丛书）
上海：商务印书馆，1947.1，4 版，[166] 页，32 开（国学基本丛书简编）（新中学文库）

　　收藏单位：安徽馆、长春馆、重庆馆、大理馆、大连馆、大庆馆、东北师大馆、广东馆、广西馆、贵州馆、桂林馆、国家馆、黑龙江馆、湖南馆、江西馆、辽大馆、辽宁馆、辽师大馆、柳州馆、南京馆、内蒙古馆、宁夏馆、上海馆、首都馆、西南大学馆、浙江馆

04783

书目答问补正 （清）张之洞著　范希曾补正
[南京]：国学图书馆，1935，再版，1 册，16 开，环筒页装

　　本书补收一些和《书目答问》性质相近的书，补上了原书漏掉的版本，又纠正其中的一些错误。所补的书止于 1930 年。

　　收藏单位：国家馆

04784

书目答问斠补 叶德辉编
苏州：江苏省立苏州图书馆，1932，92 页，16 开

　　本书按经、史、子、集等分类。

　　收藏单位：南京馆

04785

书目新答问 黎锦熙著
出版者不详，[1935]，10 页，16 开

　　本书据《书目答问》（张之洞）改写，增加该书未见内容和后出书，依北平师范大学图书馆《中国图书十进分类法》编排，原书提要也作了部分修改。

　　收藏单位：国家馆

04786

松坡图书馆书目索引 松坡图书馆 [编]
[北平]：松坡图书馆，[1923—1949]，手写本，7 册，横 14 开，活页装

　　本书按笔画排列，存 7 画 1 册、8 画 1 册、9 画 1 册、10 画 1 册、11 画 1 册、14 画

1 册、18 画 1 册。

收藏单位: 国家馆

04787

太平御览索引 钱亚新编

上海: 商务印书馆, 1934.4, [33]+81 页, 32 开 (文华图书科丛书)

本书分 3 部分: 研究、凡例、索引。索引采用四角号码编排。

收藏单位: 广东馆、桂林馆、国家馆、湖南馆、近代史所、辽宁馆、山西馆、上海馆、首都馆、新疆馆、中科图

04788

太平御览引得 哈佛燕京学社引得编纂处编

北平: 哈佛燕京学社引得编纂处, 1935.1, 98+261 页, 16 开 (引得第 23 号)

本书分两部分: 篇目引得和引书引得。采用中国字庋撷法编排, 另有笔画检字、拼音检字。

收藏单位: 重庆馆、桂林馆、国家馆、吉林馆、江西馆、辽宁馆、南京馆、首都馆、西南大学馆、中科图

04789

天禄琳琅书目索引

外文题名: Index to the catalogue of the Tienlu-linlang

[上海]: 出版者不详, [1919—1949], 油印本, 1 册, 13 开

收藏单位: 国家馆

04790

图书集成分类索引 (日) 沈泽俊亮编

鞍山: 辽鞍印刷株式会社, 1933.4, 62 页, 32 开

本书把《古今图书集成》的纲目, 编为 13 类: 历数、哲学、宗教、社会、教育、政治、历史、地理、博物、文学、经济、美术工艺、医学。书前有编者序。

收藏单位: 国家馆、南京馆

04791

图书索隐 郭以牟著

哈尔滨: 广盛印书局, 1931.7, 143+33 页, 32 开

本书收 316 种图书的索引, 主要来源于中东铁路局图书馆藏书。附分类索引、注音索引。

收藏单位: 国家馆

04792

艺文志二十种综合引得 哈佛燕京学社引得编纂处编

北平: 哈佛燕京学社引得编纂处, 1933.1, 4 册 ([862] 页), 16 开 (引得第 10 号)

本书内容包括: 正史艺文志、经籍志 7 种, 补志 8 种, 禁毁书目 4 种, 征访书目 1 种。

收藏单位: 广东馆、桂林馆、国家馆、黑龙江馆、江西馆、近代史所、南京馆、内蒙古馆、首都馆、西南大学馆

04793

杂志索引 实业部经济年鉴编纂委员会编

[南京]: 实业部经济年鉴编纂委员会, 1934, 油印本, 1 册, 16 开

本书收 1934 年底出版的《时事月报》等杂志子目, 分 15 类, 内容包括农业、工业、商业、矿业、林垦、渔牧等。

收藏单位: 国家馆

04794

杂志索引（廿六年一月份） 实业部经济年鉴编纂委员会编

[南京]: 实业部经济年鉴编纂委员会, 1937, 油印本, 11 页, 16 开

本书收 1935 年底出版的《时事月报》等杂志子目, 分 8 类: 通论、农业、工业、商业、矿业、林垦、渔牧、合作。

收藏单位: 国家馆

04795

支那文杂志内容索引目录 (日) 大塚令三著

上海: 中支建设资料整备事务所编译部,

1940.12，340 页，16 开

　　本书分经济、农业、林业、畜牧业、渔业、矿业、工业、商业、交通、金融、企业、财政、政治、法制、历史地理、社会、文化、气象等类。

　　收藏单位：南京馆

04796

知识文摘（第 1 集）　余天希编译　徐百益校订

人生出版社，1946.4，131 页，32 开（人生出版社知识丛书）

　　本书摘译自美国《读者文摘专集》，分 6 部分：名人生活、励志哲学、家庭教育、处世艺术、新奇经验、科学常识。

　　收藏单位：安徽馆、广东馆、国家馆、内蒙古馆

04797

主要中国杂志新闻记事索引（10）　东亚同文书院支那研究部著

[上海]：东亚同文书院支那研究部，1930.7，[126] 页，28 开

　　本书为 1929 年 10 月至 1930 年 5 月中国所出版杂志的分类篇名索引。

　　收藏单位：南京馆

04798

主要中国杂志新闻记事索引（17）　东亚同文书院支那研究部著

[上海]：东亚同文书院支那研究部，1933.6，

[70] 页，28 开

　　本书为 1932 年 7 月至 12 月中国所出版杂志的分类篇名索引。

　　收藏单位：国家馆

04799

中国杂志新闻记事索引（自民国二十七年七月至民国二十七年九月）

出版者不详，1938，手写本，1 册，18 开，环筒页装

　　本书分经济学·经济学史、经济政策、产业·牧畜·林业·水产业·矿业、农业·农业政策、工业·工业政策、商业·商业政策、贸易、交通·运输、统计及统计学、外交·国际事情及国际法、社会学·社会学史等类。

　　收藏单位：国家馆

04800

中文杂志索引（第 1 集）　岭南大学图书馆编

广州：岭南大学图书馆，1935.10，2 册（62+2059 页），16 开

　　本书收 1929 年以前入藏的杂志 105 种，按《德芸字典》检字法编排。书前有本索引所收杂志一览表、译名对照表、笔画检字表等。

　　收藏单位：安徽馆、大庆馆、广西馆、国家馆、黑龙江馆、湖南馆、吉林馆、近代史所、辽宁馆、辽师大馆、宁夏馆、上海馆、首都馆、天津馆、浙江馆

题名首字汉语拼音检索表

（按题名首字汉语拼音顺序排列，对应页码为题名索引页码）

题名索引

（按题名首字汉语拼音顺序排列，题名尾部五位数码即该书的顺序号）

C

G

gan

gang

gao

ge

geng

gong

gou

H

ha

hai

han

K

kai

L

mo

mu

N

na

nan

Q

X

xi

xun

Y

ya

yan